SV

James Joyce
Ulysses

Übersetzt von Hans Wollschläger

Suhrkamp Verlag

Sonderausgabe 1979
Vierte Auflage 1991

Druck: Wagner GmbH, Nördlingen
Printed in Germany

I

STATTLICH UND FEIST erschien Buck Mulligan am Treppenaustritt, ein Seifenbecken in Händen, auf dem gekreuzt ein Spiegel und ein Rasiermesser lagen. Ein gelber Schlafrock mit offenem Gürtel bauschte sich leicht hinter ihm in der milden Morgenluft. Er hielt das Becken in die Höhe und intonierte:

– *Introibo ad altare Dei.*

Innehaltend spähte er die dunkle Wendeltreppe hinunter und kommandierte grob:

– Komm rauf, Kinch! Komm rauf, du feiger Jesuit!

Feierlich schritt er weiter und erstieg das runde Geschützlager. Dort machte er kehrt und segnete würdevoll dreimal den Turm, das umliegende Land und die erwachenden Berge. Dann gewahrte er Stephen Dedalus, verneigte sich vor ihm und schlug rasche Kreuze in die Luft, kehlig glucksend dabei und den Kopf schüttelnd. Stephen Dedalus, mißlaunig und schläfrig, lehnte die Arme auf den Rand der Treppenmündung und betrachtete kalt das sich schüttelnde, glucksende, in seiner Länge pferdehafte Gesicht, das ihn segnete, und das helle untonsurierte Haar, das fleckig getönt war wie matte Eiche.

Buck Mulligan lugte kurz unter den Spiegel und deckte dann mit pfiffiger Miene das Becken zu.

– Huschhusch ins Körbchen, sagte er streng.

Und im Ton eines Predigers fügte er hinzu:

– Denn dies, o geliebte Gemeinde, ist der wahre eucharistische Jakob: Leib und Seele, potz Blut und Wunden. Getragene Musik, wenn ich bitten darf. Die Augen zu, Herrschaften. Einen Moment. Kleine Panne mit den weißen Korpuskeln. Silentium, alle!

Er spähte schräg in die Höhe und stieß einen langen leisen rufenden Pfiff aus, dann verhielt er eine Weile in gespannter Aufmerksamkeit, und seine ebenmäßigen weißen Zähne glitzerten hier und da golden gepunktet. Chrysostomos. Zwei starke schrille Pfiffe antworteten durch die Stille.

– Danke, alter Freund, rief er munter. Das reicht dicke. Stell den Strom ab, ja?

Er hopste vom Geschützlager und blickte ernst auf seinen Beobachter, die losen Falten seines Schlafrocks um die Beine raffend. Das feiste verschattete Gesicht mit dem grämlich ovalen Kinn erinnerten an einen Prälaten, Patron der Künste im Mittelalter. Ein freundliches Lächeln brach gelassen über seine Lippen.

– So was Komisches, sagte er heiter. Dein absurder Name, ein oller Grieche.

Er hob gutmütig scherzhaft den Finger und ging, vor sich hinlachend, hinüber an die Brustwehr. Stephen Dedalus kam heraufgestiegen, folgte ihm müde den halben Weg und setzte sich auf die Kante des Geschützlagers, still weiter beobachtend, wie er seinen Spiegel auf die Brustwehr stellte, den Pinsel in das Becken stippte und sich Wangen und Hals einseifte.

Buck Mulligans heitere Stimme plauderte fort.

– Mein Name ist genauso absurd: Malachi Mulligan, zwei Daktylen. Aber er hat was Hellenisches im Klang, oder? Flott und sonnig wie Buck, der Bock und Lebemann, höchstselbst. Wir müssen unbedingt mal nach Athen. Kommst du mit, wenn ich's schaffe, daß die Tante zwanzig Pfündchen rausrückt?

Er legte den Pinsel beiseite und schrie, vor Vergnügen lachend:

– Kommt er mit, der jecke Jesuit?

Abbrechend begann er sich mit Sorgfalt zu rasieren.

– Hör mal, Mulligan, sagte Stephen ruhig.

– Ja, mein Schatz?

– Wie lange will Haines eigentlich hier noch mit im Turm bleiben?

Buck Mulligan zeigte eine rasierte Wange über die rechte Schulter.

– Gott, ja, ein gräßlicher Kerl, gelt? sagte er freimütig. Ein schwerfälliger Angelsachse. Du bist kein Gentleman für ihn. Gott, diese verdammten Engländer. Platzen vor Geld und vor Blähungen. Denn er kommt von Oxford. Und weißt du, Dedalus, du hast ja nun die richtige Oxford-Art. Er wird nicht schlau aus dir. Ah, mein Name für dich ist doch der beste: Kinch, die Messerklinge!

Er schabte sich behutsam das Kinn.

– Die ganze Nacht hat er von einem schwarzen Panther gefaselt, sagte Stephen. Und wo sein Gewehr wäre.

– Ein armer Irrer, sagte Mulligan. Hattest du Schiß?

– Hatte ich, sagte Stephen mit Überwindung und wachsender Furcht. Hier draußen im Dunkeln mit einem Menschen, den ich nicht kenne und der vor sich hin phantasiert und stöhnt, er will einen schwarzen Panther schießen. Du hast schon Menschen vorm Ertrinken gerettet. Aber ich, ich bin kein Held. Wenn er hier bleibt, verschwinde ich.

Buck Mulligan blickte mißmutig auf den Seifenschaum an seinem Rasiermesser. Er sprang herunter von seinem hohen Sitz und begann hastig seine Hosentaschen zu durchsuchen.

– Sauerei! schrie er dumpf.

Er kam herüber zum Geschützlager, fuhr Stephen mit der Hand in die obere Tasche und sagte:

– Gestatten der Herr mal die Rotzfahne, daß ich mein Messer abwischen kann.

Stephen litt es, daß er ihm das schmutzige zerknüllte Taschentuch herauszog und es hoch an einem Zipfel zur Schau hielt. Buck Mulligan wischte säuberlich das Messer ab. Dann betrachtete er das Taschentuch und sagte:

– Des Barden Rotzfahne. Eine neue Kunstfarbe für unsere irischen Poeten: Rotzgrün. Kann man fast schmecken, was?

Er stieg wieder auf die Brustwehr und blickte hinaus auf die Bai von Dublin, sein helles eichenmattes Haar regte sich leicht.

– Mein Gott, sagte er still. Ist die See nicht genau was Algy sie nennt: eine graue liebe Mutter? Die rotzgrüne See. Die skrotumzusammenziehende See. *Epi oinopa ponton.* Ah, Dedalus, die Griechen! Ich muß dir Unterricht geben. Du mußt sie im Original lesen. *Thalatta! Thalatta!* Sie ist unsere große liebe Mutter. Komm her und sieh.

Stephen stand auf und ging hinüber an die Brustwehr. Sich darauf lehnend, blickte er hinab auf das Wasser und auf das Postboot, das sich eben aus der Hafeneinfahrt von Kingstown löste.

– Unsere mächtige Mutter, sagte Buck Mulligan.

Er wandte abrupt die großen suchenden Augen ab von der See und Stephens Gesicht zu.

– Die Tante ist der Meinung, du hast deine Mutter umgebracht, sagte er. Deswegen will sie auch nicht, daß ich mit dir verkehre.

– Irgendwer hat sie umgebracht, sagte Stephen düster.

– Du hättest dich ja verdammtnochmal auch hinknien können, Kinch, als deine sterbende Mutter dich darum bat, sagte Buck Mulligan. Ich bin genauso ein Hyperboreer wie du. Aber wenn ich denke, daß deine Mutter dich mit ihrem letzten Atemzug anbettelt, du sollst doch niederknien und für sie beten! Und du sagst nein! Mensch, du hast was Unheimliches in dir ...

Er brach ab und seifte wieder leicht die entferntere Wange ein. Seine Lippen kräuselte ein nachsichtiges Lächeln.

– Aber ein reizender Komödiant, murmelte er bei sich. Kinch, der reizendste Komödiant von allen.

Er rasierte sich gleichmäßig und mit Sorgfalt, schweigend, ernst.

Stephen, einen Ellbogen auf den schartigen Granit gestützt, lehnte die Stirn gegen die Handfläche und starrte auf den sich abnutzenden Rand seines glänzenden schwarzen Rockärmels. Schmerz, der noch nicht der Schmerz der Liebe war, fraß ihm am Herzen. Still, im Traum, war sie zu ihm gekommen nach ihrem Tode, ihr ausgezehrter Leib in seinen losen braunen Grabkleidern einen Duft verströmend von Wachs und Rosenholz, ihr Atem, der sich über ihn gebeugt hatte, stumm, vorwurfsvoll, ein schwacher Duft von feucht gewordener Asche.

Über den fadenscheinigen Stulpenrand sah er die See, begrüßt als große liebe Mutter von der wohlgenährten Stimme neben ihm. Der Ring aus Bai und Horizont umschloß eine träge trübgrüne Masse Flüssigkeit. Ein Becken aus weißem Porzellan hatte neben ihrem Totenbett gestanden, darin die grüne zähe Gallenmasse, die sie unter lautem Stöhnen in Brechanfällen ihrer verfaulenden Leber entrissen hatte.
Buck Mulligan wischte wieder sein Rasiermesser ab.
– Ach du armes Hundeaas, sagte er mit freundlicher Stimme. Ich muß dir mal ein Hemd schenken und ein paar Rotzfahnen. Wie sind denn die gebrauchten Hosen?
– Sie passen ganz gut, antwortete Stephen.
Buck Mulligan ging gegen die Grube unter seiner Unterlippe vor.
– Zweiterhand nennt man das, so was Komisches, sagte er zufrieden. Dabei müßte es doch eigentlich zweitenbeins heißen. Weiß der liebe Gott, was für ein syphilitischer Saufkopp da den Hintern drin gehabt hat. Ich hab noch ein hübsches Paar, mit einem Haarstreifen, grau. Würde dir klasse stehen. Das mein' ich im Ernst, Kinch. Du siehst verdammt gut aus, wenn du angezogen bist.
– Danke, sagte Stephen. Aber wenn sie grau sind, kann ich sie nicht tragen.
– Dann kann er sie nicht tragen, teilte Buck Mulligan seinem Gesicht im Spiegel mit. Etikette bleibt Etikette. Seine Mutter bringt er um, aber graue Hosen kann er nicht tragen.
Er klappte sein Rasiermesser säuberlich zusammen und prüfte mit streichenden Fingerfühlern die glatte Haut.
Stephen wandte den Blick von der See und richtete ihn auf das feiste Gesicht mit den rauchblauen flinken Augen.
– Der Bursche, mit dem ich im Ship zusammen war gestern abend, sagte Buck Mulligan, also der sagt, du hast die A.P.V. Er sitzt in Deppenstedt mit Conolly Norman. Allgemeine Paralyse der Verrückten.
Er schwang den Spiegel im Halbkreis durch die Luft, um die Nachricht hinauszublitzen im Sonnenlicht, das jetzt leuchtend

auf dem Meere lag. Seine sich kräuselnden rasierten Lippen lachten und die Schneiden seiner weißen schimmernden Zähne. Gelächter packte seinen ganzen starken wohlgestalteten Leib.
– Guck dich doch mal an, sagte er, du gräßlicher Barde!
Stephen beugte sich vor und lugte in den Spiegel, der ihm hingehalten wurde, von krummem Riß gespalten, Haar zu Berge. Wie er und die andern mich sehen. Wer hat dies Gesicht für mich ausgesucht? Dies Hundeaas, aus dem man erstmal die Schmarotzer kratzen müßte. Es fragt's mich auch.
– Hab ihn mir im Zimmer der Dienstzibbe geklemmt, sagte Buck Mulligan. Für die ist er grade richtig. Tantchen hält stets nur häßliche Dienstmädchen wegen Malachi. Führe ihn nicht in Versuchung. Und dann heißt sie auch noch Ursula.
Erneut auflachend zog er Stephen den Spiegel vor den lugenden Augen weg.
– Calibans Wut beim Nicht-Erblicken seines Gesichts in einem Spiegel, sagte er. Wenn doch Wilde bloß noch lebte, daß er dich sehen könnte.
Stephen lehnte sich zurück, zeigte auf den Spiegel und sagte mit Bitterkeit:
– Symbol der irischen Kunst. Der geborstene Spiegel eines Dienstmädchens.
Buck Mulligan hakte sich plötzlich bei Stephen ein und schritt mit ihm auf dem Turm in die Runde, Rasiermesser und Spiegel klappernd in der Tasche, in die er sie gesteckt hatte.
– Nicht gerade fair, dich derart aufzuziehn, Kinch, was? sagte er freundlich. Weiß Gott, du hast mehr Grips als die andern alle.
Wieder pariert. Er fürchtet die Lanzette meiner Kunst, wie ich die der seinen fürchte. Die kalte Stahlfeder.
– Der geborstene Spiegel eines Dienstmädchens. Erzähl das doch mal dem ochsigen Schnösel da unten und hau ihn um eine Guinee an. Der stinkt doch vor Geld, und für einen Gentleman hält er dich sowieso nicht. Sein alter Herr hat den Zulus Jalapen angedreht oder sonst einen dreckigen Schwindel

und damit sein Moos gemacht. Gott, Kinch, wenn wir beide bloß zusammenarbeiten könnten, wir würden vielleicht was tun für die Insel! Sie hellenisieren.
Cranlys Arm. Sein Arm.
– Und wenn ich denke, daß du auch noch betteln mußt bei diesen Schweinehunden! Ich bin der einzige, der weiß, was du bist. Wieso hast du eigentlich nicht mehr Vertrauen zu mir? Dir stinkt doch irgendwas an mir, oder? Ist es wegen Haines? Also wenn der hier nur einen Mucks macht, bring ich Seymour mit, und wir veranstalten ein Tänzchen mit ihm, schlimmer als was Clive Kempthorpe abgekriegt hat.
Junge Schreie begelderter Stimmen in Clive Kempthorpes Zimmern. Bleichgesichter: sie halten sich die Rippen vor Lachen, einer klammert sich an den andern, Mensch ich sterbe! Bring ihr die Nachricht schonend bei, Aubrey! Ich sterbe! Die zerschlitzten Fetzen seines Hemdes flitzen durch die Luft, er hopst und humpelt um den Tisch, die Hosen heruntergerutscht auf die Hacken, gejagt von Ades vom Magdalen mit der Schneiderschere. Ein verängstigtes Kalbsgesicht, verschönert mit Marmelade. Ich will nicht ausgehost werden! Spielt doch nicht den beschwipsten Ochs mit mir!
Schreie aus dem offenen Fenster, den Abend aufschreckend im Hofgeviert. Ein tauber Gärtner, beschürzt, maskiert mit Matthew Arnolds Gesicht, schiebt seinen Mäher auf dem düsteren Rasen, vertieft ins Betrachten der tanzenden Halmenspreu.
Für uns selbst ... neues Heidentum ... omphalos.
– Laß ihn nur bleiben, sagte Stephen. An sich ist ja nichts einzuwenden gegen ihn, außer bloß nachts.
– Also, was ist es dann? fragte Buck Mulligan ungeduldig. Hust' es raus. Ich bin doch auch ganz offen zu dir. Was hast du denn jetzt schon wieder gegen mich?
Sie blieben stehen und blickten zur stumpfen Kuppe des Bray Head hinüber, der auf dem Wasser lag wie die Schnauze eines schlafenden Wals. Stephen machte ruhig seinen Arm frei.

– Willst du wirklich, daß ich's dir sage? fragte er.
– Ja, komm schon, was ist es? antwortete Buck Mulligan. Ich kann mich an nichts erinnern.
Er sah Stephen ins Gesicht, als er sprach. Ein leichter Wind strich ihm über die Stirn, fächelte sanft sein helles ungekämmtes Haar und weckte Silberpunkte von Angst in seinen Augen.
Stephen, bedrückt von der eigenen Stimme, sagte:
– Erinnerst du dich an den Tag, wo ich das erstemal wieder zu euch ins Haus kam nach dem Tod meiner Mutter?
Buck Mulligan runzelte behende die Stirn und sagte:
– Was? Wo? Ich kann mich an gar nichts erinnern. Ich behalte nur Ideen und Empfindungen. Wieso? Was ist denn da passiert, um alles in der Welt?
– Du warst gerade am Teemachen, sagte Stephen, und ich ging über den Flur, um noch etwas heißes Wasser zu holen. Deine Mutter kam mit irgendeinem Besuch aus dem Salon. Sie fragte dich, wer da bei dir im Zimmer wäre.
– Ja? sagte Buck Mulligan. Und was hab ich geantwortet? Ich weiß es nicht mehr.
– Deine Antwort, sagte Stephen, lautete: *Och, das ist bloß Dedalus, dessen Mutter dreckig verreckt ist.*
Eine Röte, die ihn jünger erscheinen ließ und anziehender, stieg Buck Mulligan in die Wangen.
– Hab ich das gesagt? fragte er. Na und? Was soll denn so schlimm daran sein?
Er schüttelte seine Befangenheit nervös von sich ab.
– Und was ist denn der Tod, fragte er, der deiner Mutter oder deiner oder mein eigener? Du hast bloß deine Mutter sterben sehen. Ich seh' die Leute jeden Tag abkratzen im Mater und Richmond, seh' wie man ihnen in den Kutteln rumschneidet im Seziersaal. Eine Dreckerei ist das und nichts sonst. Hat einfach gar nichts zu besagen. Du wolltest nicht niederknien, um zu beten für deine Mutter an ihrem Sterbebett, als sie dich bat. Warum? Weil du den verfluchten Jesuitenzug in dir hast, bloß daß er dir verkehrtherum eingeimpft worden ist. Für mich ist das alles urkomisch und drek-

kig. Ihre Gehirnlappen funktionieren nicht mehr. Sie nennt den Doktor Sir Peter Teazle und pflückt sich Butterblümchen von der Steppdecke. Halt sie bei Laune, bis es vorbei ist. Ihren letzten Wunsch im Tode hast du durchkreuzt, und trotzdem schmollst du mit mir, weil ich nicht flenne wie irgendein gedungener Sargschlepper von Lalouette. Absurd! Kann ja sein, daß ich's gesagt hab. Aber ich wollte damit nicht das Andenken deiner Mutter beleidigen.

Er hatte sich in Mut geredet. Stephen verbarg die klaffenden Wunden, die jene Worte in seinem Herzen hinterlassen hatten, und sagte sehr kalt:

– Ich denke auch nicht an die Beleidigung meiner Mutter.

– Woran denn dann? fragte Buck Mulligan.

– Daß du m i c h beleidigt hast, antwortete Stephen.

Buck Mulligan schwang sich auf dem Absatz herum.

– Also so ein unmöglicher Mensch! stieß er hervor.

Er entfernte sich rasch und ging an der Brustwehr rundum. Stephen blieb auf seinem Posten und blickte über die ruhige See zur Landzunge hinüber. See und Landzunge wurden jetzt blaß. Pulse klopften ihm in den Augen, verschleierten ihre Sicht, und er spürte das Fiebern seiner Wangen.

Eine Stimme im Innern des Turms rief laut:

– Bist du da oben, Mulligan?

– Ich komme, gab Buck Mulligan zur Antwort.

Er wandte sich Stephen zu und sagte:

– Sieh dir die See an. Was scheren sie Beleidigungen? Gib Loyola einen Tritt, Kinch, und komm mit runter. Unser Patentsachse will seine morgendlichen Speckschnitten.

Sein Kopf verhielt wieder einen Augenblick an der Treppenmündung, auf gleicher Höhe mit dem Dach.

– Nun blas' mal nicht den ganzen Tag Trübsal deswegen, sagte er. Ich bin eben inkonsequent. Laß das launische Sinnen.

Sein Kopf verschwand, doch seine niedersteigende Stimme drang brummend aus dem Treppenschacht herauf:

Und nimmer geh beiseit' und sinn'

Der Liebe bitterm Rätsel nach,
Denn Fergus lenkt die erz'nen Wagen ...

Waldschatten fluteten still vorbei durch den Morgenfrieden, nach See hinaus, wohin er vom Treppenaustritt blickte. Landwärts und weiter draußen weißte sich der Wasserspiegel, gespornt von lichtbeschuhten eilenden Füßen. Die weiße Brust der blassen See. Verschmelzende Hebungen, zwei und zwei. Eine Hand, zupfend die Harfensaiten, die ihre verschmelzenden Klänge ineinander schlangen. Wellweiß umwundene Worte, schimmernd auf blasser Flut.

Eine Wolke begann langsam die Sonne zu bedecken, die Bucht verschattend in tieferem Grün. Da lag es hinter ihm, ein Bekken voll bitterer Wasser. Fergus' Lied: ich sang es allein im Hause, dehnend die langen dunklen Klänge. Ihre Tür stand offen: sie wollte meine Musik hören. Still vor Scheu und Mitleid trat ich an ihr Bett. Sie weinte auf ihrem Elendslager. Um dieser Worte willen, Stephen: der Liebe bittres Rätsel.

Wo jetzt?

Ihre Geheimnisse: alte Federfächer, quastengeschmückte Tanzkarten, mit Moschus bestäubt, ein Schmuck aus Bernsteinperlen in ihrer verschlossenen Schublade. Ein Vogelkäfig hing im sonnigen Fenster ihres Hauses, als sie ein Mädchen war. Sie hat noch den alten Royce gehört, in der Pantomime von Turko dem Schrecklichen, und mit den andern gelacht, wenn er sang:

Ich alter Knabe
Habe die Gabe
Der Unsichtbarkeit ...

Phantome von Freude, abgelegt: moschusduftend.

Und nimmer geh beiseit' und sinn' ...

Abgelegt im Gedächtnis der Natur mitsamt ihrem Spielzeug. Erinnerungen durchdrangen sein sinnendes Hirn. Ihr Glas Wasser aus dem Küchenhahn, wenn sie zum heiligen Sakrament gegangen war. Ein ausgehöhlter Apfel, gefüllt mit braunem Zucker, auf dem Kaminrost schmorend für sie an einem dunklen Herbstabend. Ihre schöngeformten Fingernägel, rötlich vom Blut zerquetschter Läuse aus den Kinderhemden.

Im Traum, ganz still, war sie zu ihm gekommen, ihr ausgezehrter Leib in seinen losen Grabkleidern einen Duft verströmend von Wachs und Rosenholz, ihr Atem, über ihn gebeugt mit stummen geheimen Worten, ein schwacher Ruch von feucht gewordener Asche.

Ihre verglasenden Augen, anstarrend aus dem Tode, um meine Seele zu erschüttern und zu beugen. Nur mich allein. Die Geisterkerze, die ihrem Todeskampf leuchtete. Gespenstisches Licht auf dem gequälten Antlitz. Ihr heiser lautes Atmen, rasselnd voll Grauen, während alle auf den Knien beteten. Ihre Augen auf mir, mich niederzuzwingen. *Liliata rutilantium te confessorum turma circumdet: iubilantium te virginum chorus excipiat.*

Ghul! Leichenkauer!

Nein, Mutter. Laß mich in Ruhe und laß mich leben.

– Kinch, ahoi!

Buck Mulligans Stimme sang drinnen im Turm herauf. Sie kam näher im Treppenschacht, abermals rufend. Stephen, immer noch zitternd vom Aufschrei seiner Seele, hörte warmes laufendes Sonnenlicht und in der Luft hinter sich freundliche Worte.

– Dedalus, komm runter, sei kein Spielverderber! Frühstück ist fertig. Haines entschuldigt sich vielmals, daß er uns letzte Nacht geweckt hat. Also alles in Ordnung.

– Ich komme, sagte Stephen und wandte sich um.

– Tu das, um Jesu willen, sagte Buck Mulligan. Um meinet- und um unser aller willen.

Sein Kopf verschwand und erschien wieder.

– Ich hab ihm von deinem Symbol der irischen Kunst erzählt. Er findet's sehr gescheit. Hau ihn um ein Pfund an, ja? Eine Guinee, mein' ich.

– Ich bekomme mein Geld heute morgen, sagte Stephen.

– Von der Penne? fragte Buck Mulligan. Wieviel? Vier Pfund? Da könnten der Herr eins leihen.
– Wenn du's brauchst, sagte Stephen.
– Vier blanke Sovereigns! schrie Buck Mulligan voll Entzükken. Da werden wir uns so glorios besaufen, daß sämtlichen druidischen Druiden die Spucke wegbleibt. Vier allmächtige Sovereigns!
Er warf die Hände empor und stampfte die Steintreppe wieder hinunter, mißtönig singend dabei mit Cockney-Akzent:

Ei ja, warum nicht heiter sein,
Whisky trinken, Bier und Wein,
Am Krönungstag,
Am schönen Krönungstag?
Ei ja, warum nicht heiter sein
Am schönen Krönungstag?

Warmer Sonnenschein, heiternd über der See. Das Rasierbecken aus Nickel glänzte, vergessen, auf der Brustwehr. Also was, sollte ich's runterbringen? Oder es dort stehen lassen den ganzen Tag, vergessene Freundschaft?
Er ging hinüber und hielt es eine Weile in Händen, und er fühlte die Kühle und roch den klebrigen Sabber des Seifenschaums, in dem der Pinsel steckte. So hab ich das Weihrauchschiffchen getragen damals in Clongowes. Ich bin ein anderer jetzt und doch derselbe. Ein Diener auch. Bediensteter eines Dieners.
Im gewölbten düsteren Wohnraum des Turms bewegte sich Buck Mulligans schlafrockige Gestalt behende vor dem Herd hin und her, dessen gelbes Glühen verdeckend und wieder freigebend. Zwei Pfeile sanften Taglichts fielen aus den hohen Schießscharten über den Fliesenboden: und wo sich ihre Strahlenhelle traf, flutete quirlend eine Kohlenqualmwolke und schwadiger Dampf von gesottenem Fett.
– Wir werden noch glatt ersticken, sagte Buck Mulligan. Haines, mach doch mal die Tür auf, sei so freundlich.
Stephen stellte das Rasierbecken auf das Schränkchen. Eine

hochgewachsene Gestalt erhob sich aus der Hängematte, in der sie gesessen hatte, ging zum Eingang und zog die Innentüren auf.

– Hast du den Schlüssel? fragte eine Stimme.

– Dedalus hat ihn, sagte Buck Mulligan. Janey Mack, ich krieg' keine Luft mehr! Er heulte, ohne vom Feuer aufzusehen:

– Kinch!

– Er steckt im Schloß, sagte Stephen, näherkommend.

Der Schlüssel kratschte zweimal grell herum, und als die schwere Tür halb geöffnet war, drang willkommenes Licht und klare Luft herein. Haines stand im Eingang und blickte hinaus. Stephen holte seinen hochkant stehenden Koffer an den Tisch und ließ sich nieder, um zu warten. Buck Mulligan stieß das Gebratene auf die Schüssel neben sich. Dann trug er die Schüssel und einen großen Teetopf hinüber an den Tisch, setzte beides gewichtig nieder und seufzte erleichtert auf.

– Ich schmelze, sagte er, wie die Kerze sehr richtig bemerkte, als sie . . . Aber Schwamm drüber. Kein Wort mehr zu diesem Thema. Kinch, wach auf. Brot, Butter, Honig. Haines, komm rein. Der Fraß ist fertig. Segne uns, Herr, und diese deine Gaben. Wo ist der Zucker? O je, wir haben keine Milch.

Stephen holte den Brotlaib, den Honigtopf und den Butterkühler aus dem Schränkchen. Buck Mulligan setzte sich in einem plötzlichen Anfall von schlechter Laune hin.

– Was ist das hier bloß für ein Saftladen! murrte er. Ich hab' ihr doch ausdrücklich gesagt, sie soll gleich nach acht kommen!

– Wir können ihn ja schwarz trinken, sagte Stephen. Im Schrank ist auch noch eine Zitrone.

– Verdammtnochmal, du und deine Pariser Marotten, sagte Buck Mulligan. Ich will Sandycove-Milch!

Haines kam vom Eingang herein und sagte ruhig:

– Die Frau kommt schon herauf mit der Milch.

– Gottes Segen über dich! schrie Buck Mulligan, vom Stuhl aufspringend. Setz dich hin. Schenk den Tee da ein. Der Zukker ist in der Tüte. Hier, ich kann nicht erst lange noch rum-

murksen an den verdammten Eiern. Er hackte in dem Gebratenen auf der Schüssel herum, klatschte es auf drei Teller und sagte:
– *In nomine Patris et Filii et Spiritus Sancti.*
Haines setzte sich, um den Tee einzuschenken.
– Ich gebe euch jedem zwei Stücke, sagte er. Aber das muß ich schon sagen, Mulligan, du machst ja den Tee ganz schön stark, was?
Buck Mulligan, eben dabei, dicke Scheiben vom Brotlaib zu säbeln, sagte mit der Schmeichelstimme einer alten Frau:
– Wenn ich Tee mache, dann mache ich Tee, wie die olle Mutter Grogan sagte. Und wenn ich Wasser mache, dann mache ich Wasser.
– Beim Jupiter, es ist Tee, sagte Haines.
Buck Mulligan fuhr fort zu säbeln und zu schmeicheln:
– *Das mach' ich, jawoll, Mrs. Cahill* sagt sie. *Ach Herrjeh, Ma'am,* sagt da Mrs. Cahill, *dann geb's nur der liebe Gott, daß Sie's nicht beides in denselben Topf machen!*
Mit einem Stoß seines Messers schnellte er seinen Tischgenossen je eine aufgespießte dicke Scheibe Brot zu.
– Das ist das richtige Völkchen, sagte er ganz ernsthaft, für dein Buch, Haines. Fünf Zeilen Text und zehn Seiten Anmerkungen über das Volk und die Fischgötter von Dundrum. Gedruckt bei den Unheilsschwestern im Jahre des großen Winds.
Er wandte sich Stephen zu und fragte mit geziert verwirrter Stimme, die Brauen hebend:
– Entsinnst du dich, Bruderherz, kommt der besagte Tee- und Wassertopf von Mutter Grogan nun eigentlich in den Mabinogion vor oder in den Upanischaden?
– Das möchte ich bezweifeln, sagte Stephen ernst.
– Ach wirklich? sagte Buck Mulligan im nämlichen Ton. Deine Gründe, bitte?
– Es dürfte ihn, sagte Stephen, während er aß, weder in den noch außerhalb der Mabinogion gegeben haben. Mutter Grogan war, nimmt man an, eine Verwandte von Mary Ann.

Buck Mulligans Gesicht lächelte vor Vergnügen.
– Charmant, sagte er mit affektiert süßer Stimme, die weißen Zähne zeigend und wonnig mit den Augen plinkernd. Meinst du wirklich, das war sie? Sehr charmant.
Dann plötzlich überwölkten sich all seine Züge, und während er wieder heftig auf den Brotlaib einsäbelte, grölte er mit verheiserter kratzender Stimme:

– Die Mary Ann, oho,
Die ist ja gar nicht so:
Wenn die mal ihre Röcke hißt ...

Er stopfte sich den Mund mit Gebratenem voll und mampfte und brummte.
Der Türgang wurde von einer eintretenden Gestalt verdunkelt.
– Die Milch, Sir.
– Komm' Sie rein, Ma'am, sagte Buck Mulligan. Kinch, angel dir mal den Krug.
Eine alte Frau trat heran und blieb neben Stephen stehen.
– Ein herrlicher Morgen heute, Sir, sagte sie. Ehre sei Gott.
– Wem? sagte Buck Mulligan mit einem raschen Blick auf sie. Ah ja, natürlich.
Stephen langte hinter sich und nahm den Milchkrug vom Schränkchen.
– Die Insulaner, sagte Mulligan beiläufig zu Haines, reden oft und gern vom Sammler der Vorhäute.
– Wieviel, Sir? fragte die alte Frau.
– Ein Quart, sagte Stephen.
Er sah ihr zu, wie sie zuerst in das Maß, dann in den Krug die fette weiße Milch goß, nicht ihre. Alte verschrumpelte Titten. Sie goß ein zweites Maß, gab noch ein Quentchen zu. Alt und heimlich war sie eingetreten aus einer Morgenwelt, vielleicht eine Botin. Sie pries die Güte der Milch, während sie goß. Kauernd neben einer geduldigen Kuh bei Tagesanbruch im saftigen Feld, eine Hexe auf ihrem Giftpilz, die verrunzelten Finger behend an den sprudelnden Zitzen. Sie umbrüllten sie,

die sie kannten, tauseidiges Vieh. Seide der Kühe und arme alte Frau, Namen, ihr einst vor Zeiten gegeben. Eine ewige Schlumpe, niedrig Gehäus' von Unsterblichem, ihrem Eroberer dienend und ihrem heiteren Verräter, ihre gemeinsame Bettgenossin, eine Botin aus dem heimlichen Morgen. Zu dienen oder zu schelten, was davon, konnte er nicht sagen: doch er verschmähte es, um ihre Gunst zu buhlen.

– Ja, in der Tat, Ma'am, sagte Buck Mulligan und goß Milch in ihre Tassen.

– Kosten Sie mal, Sir, sagte sie.

Er trank auf ihr Geheiß.

– Wenn wir man immer so leben könnten, mit sowas Gutem im Magen, sagte er zu ihr etwas laut, dann hätten wir nicht das ganze Land voll verfaulter Zähne und verfaulten Gedärms. Aber da lebt man in einem Schlammpfuhl, frißt mieses Zeug, und die Straßen sind gepflastert mit Abfällen, Pferdemist und dem Auswurf von Schwindsüchtigen.

– Sind Sie Medizinstudent, Sir? fragte die alte Frau.

– Bin ich, Ma'am, antwortete Buck Mulligan.

Stephen hörte in verächtlichem Schweigen zu. Sie beugt ihr altes Haupt vor einer Stimme, die laut zu ihr spricht, vor ihrem Knochenflicker, ihrem Medizinmann; mich schätzt sie gering. Vor der Stimme, die lossprechen wird und ölen fürs Grab alles, was an ihr ist, bis auf ihre weibsunreinen Lenden, aus Mannes Fleisch gemacht und nicht nach Gottes Bilde, der Schlange Raub. Und vor der lauten Stimme, die sie nun schweigen heißt, mit staunenden unsteten Augen.

– Verstehen Sie, was er sagt? fragte Stephen sie.

– Ist das Französisch, was Sie sprechen, Sir? sagte die alte Frau zu Haines.

Haines hielt ihr wieder eine längere Rede, selbstsicher und zuversichtlich.

– Irisch, sagte Buck Mulligan. Nichts mit Gälisch bei Ihnen?

– Ich dachte mir schon, daß es Irisch ist, sagte sie, dem Klang nach. Sind Sie aus dem Westen, Sir?

– Ich bin Engländer, antwortete Haines.

– Er ist Engländer, sagte Buck Mulligan, und er findet, in Irland sollten wir Irisch sprechen.
– Sollten wir bestimmt, sagte die alte Frau, und ich schäme mich, daß ich die Sprache selber nicht kann. Ich hab mir sagen lassen, es wäre eine ganz großartige Sprache, von Leuten, die sich auskennen.
– Großartig ist gar kein Ausdruck, sagte Buck Mulligan. Einfach rundum wundervoll. Gieß mal noch etwas Tee ein, Kinch. Möchten Sie vielleicht eine Tasse, Ma'am?
– Nein, vielen Dank, Sir, sagte die alte Frau, streifte den Henkel der Milchkanne über ihren Unterarm und wandte sich zum Gehen.
Haines sagte zu ihr:
– Haben Sie die Rechnung dabei? Wir sollten doch lieber gleich zahlen, Mulligan, was meinst du?
Stephen füllte die drei Tassen.
– Rechnung, Sir? sagte sie, stehen bleibend. Nun, das wären siebenmal morgens eine Pinte zu zwo Pence macht siebenmal zwo macht einen Schilling und zwo und dann jetzt dreimal morgens ein Quart zu vier Pence macht drei Quart macht einen Schilling und einen und zwo macht zwo und zwo, Sir.
Buck Mulligan seufzte, und nachdem er sich den Mund mit einem dick auf beiden Seiten bebutterten Brotkanten vollgestopft hatte, streckte er die Beine von sich und fing an, in seinen Hosentaschen herumzuwühlen.
– Mach reinen Tisch und ein freundlich Gesicht, sagte Haines feixend.
Stephen schenkte eine dritte Tasse ein, und ein Löffelvoll Tee färbte schwach die satte fette Milch. Buck Mulligan brachte ein Zweischillingstück zum Vorschein, drehte es zwischen den Fingern und schrie:
– Ein Wunder!
Er ließ es der alten Frau über den Tisch zutrudeln und sagte:
– Verlang nicht mehr von mir, mein Schatz. Denn was ich geben kann, das gab ich hin.
Stephen legte ihr die Münze in die ungierige Hand.

– Dann schulden wir noch zwei Pence, sagte er.
– Das hat Zeit genug, Sir, sagte sie, die Münze nehmend. Zeit genug. Guten Morgen, Sir.
Sie knickste und ging hinaus, gefolgt von Buck Mulligans zärtlichem Gesang:

– Hätt' ich nur mehr, mein Herz,
Gern legt' ich auch mehr dir zu Füßen . . .

Er drehte sich zu Stephen herum und sagte:
– Im Ernst, Dedalus. Ich bin pleite. Saus mal zu deiner Penne raus und bring uns ein bißchen Kleingeld mit. Heut müssen die Barden saufen und feiern. Irland erwartet, daß heute mal jedermann seine Pflicht tut.
– Da fällt mir ein, sagte Haines und stand auf, daß ich heute noch eure Nationalbibliothek aufsuchen muß.
– Erst wird aber geschwommen, sagte Buck Mulligan.
Er wandte sich Stephen zu und fragte sanft:
– Ist nicht heute dein monatliches Bad fällig, Kinch?
Dann sagte er zu Haines:
– Der unreinliche Barde legt nämlich Wert darauf, sich einmal monatlich zu waschen.
– Ganz Irland wäscht der Golfstrom, sagte Stephen, während er Honig auf eine Scheibe Brot tröpfeln ließ.
Aus der Ecke, wo er sich eben ein Halstuch locker um den weichen Kragen seines Tennishemds knotete, sprach Haines:
– Ich habe die Absicht, eine Sammlung Ihrer Aussprüche zu veranstalten, wenn Sie mir die Erlaubnis geben.
Er meint mich. Sie baden, sie rubbeln sich und schrubben sich. Dere gewizzede biz. Gewissens. Doch da ist noch ein Fleck.
– Der etwa, daß der geborstene Spiegel eines Dienstmädchens das Symbol der irischen Kunst sei, ist verteufelt gut.
Buck Mulligan trat Stephen unter dem Tisch auf den Fuß und sagte mit Wärme in der Stimme:
– Da warte erstmal, bis du ihn über Hamlet reden hörst, Haines!
– Also ich meine das ganz im Ernst, sagte Haines, immer

noch zu Stephen. Ich machte mir gerade Gedanken darüber, als dieses arme alte Geschöpf da hereinkam.
– Würde Geld für mich dabei herausspringen? fragte Stephen.
Haines lachte, und während er seinen weichen grauen Hut vom Haken der Hängematte nahm, sagte er:
– Also das weiß ich nun wieder nicht.
Er schlenderte zum Türweg hinaus. Buck Mulligan beugte sich zu Stephen hinüber und sagte mit grobem Nachdruck:
– Das ging ja mitten ins Fettnäpfchen. Konntst du dir das nicht verkneifen?
– Wieso? sagte Stephen. Das Problem ist doch, wie man Geld kriegt. Von wem? Von der Milchfrau oder von ihm. Ist ein reines Zufallsspiel, finde ich.
– Da mach' ich mich bei ihm werweißwie stark für dich, sagte Buck Mulligan, und dann kommst du daher mit deinen tristen Jesuitenwitzen und schielst ihm derart lausig in die Tasche!
– Ich seh' auch wenig Hoffnung, was rauszuholen, sagte Stephen, aus ihr so wenig wie aus ihm.
Buck Mulligan seufzte tragisch auf und legte Stephen die Hand auf den Arm.
– Aus mir, Kinch, sagte er.
Und in jäh verändertem Ton fügte er hinzu:
– Also um ganz ehrlich zu sein, eigentlich hast du ja recht. Bis auf das eine Bißchen können sie mir auch alle gestohlen bleiben. Warum nimmst du sie nicht ebenso auf die Schippe wie ich? Zur Hölle mit ihnen allen. Machen wir, daß wir wegkommen aus dem Puff.
Er stand auf, löste feierlich den Gürtel, entkleidete sich seines Schlafrocks und sagte dabei ergeben:
– Mulligan wird seiner Kleider beraubt.
Er leerte seine Taschen auf den Tisch.
– Da ist deine Rotzfahne, sagte er.
Und während er sich den steifen Kragen umlegte und den widerspenstigen Schlips, sprach er zankend auf beide ein, auf

sie und seine niederbaumelnde Uhrkette. Seine Hände tauchten in seinen Koffer und kramten darin herum, während er nach einem sauberen Taschentuch schrie. Dere gewizzede biz. Ach Gott, man muß bloß einfach den Charakter ein bißchen ausstaffieren. Ich brauche flohfarbene Handschuhe und grüne Stiefel. Ein Widerspruch. Widerspreche ich mir selbst? Auch gut, dann widerspreche ich mir eben selbst. Mercurius Malachi. Munter wie Quecksilber. Ein schlappes schwarzes Geschoß flog aus seinen schwatzenden Händen.

– Und da ist dein Quartier-Latin-Hut, sagte er.

Stephen hob ihn vom Boden und setzte ihn auf. Vom Türweg rief Haines ihnen zu:

– Kommt ihr nun endlich, Kerls?

– Ich bin fertig, antwortete Buck Mulligan und ging zur Tür. Komm raus, Kinch. Was wir übrig gelassen haben, hast du ja wohl alles weggeputzt.

Ergeben stapfte er hinaus, und seine Worte waren so ernst wie seine Schritte, als er fast bekümmert sagte:

– Und er ging hinaus und weinte Buttermilch.

Stephen nahm den Eschenstock von seinem Lehneplatz, um ihnen nach draußen zu folgen, und während sie die Leiter hinabstiegen, zog er die schwer bewegliche Eisentür zu und verschloß sie. Er steckte den riesigen Schlüssel in seine Innentasche.

Am Fuß der Leiter fragte Buck Mulligan:

– Hast du auch den Schlüssel?

– Habe ich, sagte Stephen und ging ihnen voraus.

Er schritt aus. Hinter sich hörte er Buck Mulligan mit seinem schweren Badetuch die Leittriebe von Farnen oder Gräsern peitschen.

– Auf die Knie, Herr! Wie könnt Ihr es wagen, Herr!

Haines fragte:

– Zahlt ihr eigentlich Miete für den Turm?

– Zwölf Pfündlein, sagte Buck Mulligan.

– An den Herrn Kriegsminister, fügte Stephen über die Schulter hinzu.

Sie blieben stehen, Haines musterte den Turm und sagte schließlich:
– Im Winter ziemlich öde, möchte ich meinen. Martello nennt ihr ihn?
– Billy Pitt hat die Dinger gebaut, sagte Buck Mulligan, als der Franzmann fuhr zur See. Aber unserer hier ist der *omphalos.*
– Wie lautet denn Ihre Hamlet-Idee? fragte Haines Stephen.
– Nein, nein! schrie Buck Mulligan voller Qual. Ich bin im Moment Herrn Thomas von Aquin und den fünfundfünfzig Gründen, auf die er die Sache gestellt hat, nicht gewachsen. Wartet, bis ich ein paar Pinten intus habe.
Er wandte sich Stephen zu und sagte, während er säuberlich die Spitzen seiner primelgelben Weste herunterzog:
– Du kriegtest es auch unter drei Pinten selber gar nicht hin, Kinch, was?
– Es hat so lange gewartet, sagte Stephen lustlos, es kann auch noch länger warten.
– Sie reizen meine Neugier, sagte Haines liebenswürdig. Handelt es sich um ein Paradoxon?
– Ach was, sagte Buck Mulligan. Oscar Wilde und die Paradoxa haben wir hinter uns. Die Sache ist ganz einfach. Er weist per Algebra nach, daß Hamlets Enkel Shakespeares Großvater ist und er selber der Geist seines eigenen Vaters.
– Was? sagte Haines und zeigte mit zögerndem Finger auf Stephen. Er selber?
Buck Mulligan schlang sein Badetuch wie eine Stola um den Hals, und indem er sich in hemmungslosem Gelächter krümmte, sagte er Stephen ins Ohr:
– O du Schatten von Kinch dem Älteren! Japhet auf der Suche nach einem Vater!
– Wir sind morgens immer etwas müde, sagte Stephen zu Haines. Und es ist nicht mit ein paar Worten zu erzählen.
Buck Mulligan, der sich wieder in Bewegung gesetzt hatte, hob die Hände.

– Die heilige Pinte allein kann Dedalus die Zunge lösen, sagte er.
– Also ich finde, erklärte Haines Stephen, während sie hinter ihm hergingen, daß der Turm und die Klippen hier doch irgendwie an Helsingör erinnern. An den Felsen, *der in die See nickt über seinen Fuß*. Heißt es nicht so?
Buck Mulligan wandte sich jäh für einen Augenblick zu Stephen um, sagte jedoch nichts. In dem hellen stillen Augenblick sah Stephen sein eigenes Bild in billigem, staubigem Trauergewand zwischen ihren heiteren Kleidern.
– Eine wunderbare Geschichte, sagte Haines und brachte sie wieder zum Stehenbleiben.
Augen, fahl wie das Meer, das der Wind aufgefrischt hatte, fahler noch, hart und klug. Der Meere Beherrscher, er blickte nach Süd über die Bucht, die leer lag bis auf die Rauchfahne des Postboots, des am hellen Horizont verschwimmenden, und einen Segler, der bei den Muglins lavierte.
– Ich habe einmal irgendwo eine theologische Interpretation darüber gelesen, sagte er nachdenklich. Die Vater-Sohn-Idee. Der Sohn im Kampf um Versöhnung mit dem Vater.
Buck Mulligan setzte auf einmal ein munteres, breit lächelndes Gesicht auf. Er sah sie an, den wohlgestalteten Mund offen vor plötzlichem Glück, die Augen, aus denen er jäh alle schneidende Schläue zurückgezogen hatte, blinkend vor toller Ausgelassenheit. Er bewegte einen Puppenkopf hin und her, daß die Krempe seines Panama-Huts flatterte, und begann mit ruhiger glücklicher närrischer Stimme zu singen:

– Ein komischer Knabe singt euch dies Lied:
Mein Paps ist ein Vogel, meine Mama 'ne Jid!
Mit Joseph dem Zimmermann komm' ich nicht klar –
Drum Prosit die Jünger und Golgatha!

Er hob einen warnenden Zeigefinger.

– Doch wer da nicht glaubt an mein göttliches Sein,
Den halt' ich nicht frei, wenn ich mache den Wein!

Bloß Wasser kriegt er von mir spendiert –
Das Wasser, dazu dann mein Wein wieder wird!

Er zerrte rasch zum Abschied an Stephens Eschenstock, und indem er nach vorn an den Rand der Klippe lief, schlug er zu beiden Seiten flatternd die Hände auf und nieder wie Flossen oder Flügel, ganz als wolle er sich gleich in die Luft erheben, und sang:

– Macht's gut denn – tschüs! Und schreibt alles schön auf:
Daß vom Tod ich erstanden, meinen ganzen Lebenslauf!
Ich schwirre jetzt ab, direkt ins Paradies;
's ist schön windig am Ölberg hier – also dann – tschüs!

Er hüpfte vor ihnen hinunter auf das Fortyfoot Hole zu, mit den flügelgleichen Händen flatternd, ein hurtiger Springer, und sein Merkurs-Hut wippte im frischen Wind, der seine kurzen vogelartigen Schreie zu ihnen zurücktrug.
Haines, der bei all dem verhalten gelacht hatte, ging weiter neben Stephen und sagte:
– Eigentlich sollten wir nicht lachen darüber, finde ich. Es ist doch ziemlich blasphemisch von ihm. Das soll nicht heißen, daß ich selber gläubig wäre. Irgendwie nimmt ja auch seine Lustigkeit dem Ganzen wieder die Schärfe, nicht wahr? Wie hat er's noch genannt? Joseph der Zimmermann?
– Die Ballade vom Juxer Jesus, antwortete Stephen.
– Oh, sagte Haines, Sie haben sie schon gehört?
– Dreimal täglich nach den Mahlzeiten, sagte Stephen trokken.
– Sie sind auch nicht gläubig, wie? fragte Haines. Ich meine, gläubig im engeren Sinne des Wortes. Schöpfung aus dem Nichts, Wunder, ein persönlicher Gott.
– Es gibt nur einen einzigen Sinn des Wortes, scheint mir, sagte Stephen.
Haines blieb stehen, um ein Etui aus glattem Silber hervorzuziehen, auf dem ein grüner Stein funkelte. Er ließ es mit dem Daumen aufspringen und bot es an.

– Danke, sagte Stephen und nahm sich eine Zigarette.
Haines bediente sich ebenfalls und ließ das Etui zuschnappen. Er steckte es in die Seitentasche zurück und entnahm seiner Westentasche eine Zunderbüchse aus Nickel, ließ auch sie aufspringen und hielt dann, nachdem er sich seine Zigarette angezündet hatte, Stephen den flammenden Zündschwamm in der Muschel seiner Hände hin.
– Ja, natürlich, sagte er, als sie dann weiterschritten. Man glaubt entweder oder man glaubt nicht, wie? Ich persönlich habe die Idee vom persönlichen Gott nie verdauen können. Ihnen kann man damit auch nicht kommen, nehme ich an, oder?
– Sie erblicken in mir, sagte Stephen mit grimmigem Mißvergnügen, ein grausiges Beispiel für die Freigeisterei.
Er ging weiter, in der Erwartung, wieder angesprochen zu werden, und ließ seinen Eschenstock neben sich schleifen. Die Stockzwinge folgte leicht auf dem Pfad, quietschend an seinen Hacken. Mein Famaliaris, hinter mir her, ruft Steeeeeeephen. Eine flackernde Linie entlang dem Pfad. Sie werden drauftreten heute abend, wenn sie im Dunkeln hier langkommen. Er will den Schlüssel. Gehört aber mir, ich habe die Miete bezahlt. Jetzt ess' ich sein salziges Brot. Werd' ihm den Schlüssel auch noch geben. Alles. Er wird danach fragen. Lag in seinen Augen.
– Schließlich, begann Haines . . .
Stephen wandte sich um und sah, daß der kalte Blick, der ihn gemessen hatte, gar nicht unfreundlich war.
– Schließlich, möchte ich meinen, sind Sie doch imstande, sich freizumachen. Sie sind ja, scheint mir, Ihr eigener Herr.
– Ich bin der Diener zweier Herren, sagte Stephen, eines Engländers und einer Italienerin.
– Einer Italienerin? sagte Haines.
Eine verrückte Königin, alt und eifersüchtig. Knie vor mir nieder.
– Und noch ein dritter, sagte Stephen, ist da, der mich für Gelegenheitsarbeiten braucht.

– Aber – einer Italienerin? wiederholte Haines. Was haben Sie gemeint?
– Den imperialen groß-britannischen Staat, antwortete Stephen, und Röte stieg ihm in das Gesicht, und die heilige römische katholische und apostolische Kirche.
Haines zupfte sich ein paar Tabakfäden von der Unterlippe, ehe er weitersprach.
– Ich habe volles Verständnis dafür, sagte er ruhig. Ein Ire muß sogar so denken, möchte ich einmal sagen. Wir haben in England das Gefühl, euch ziemlich unfair behandelt zu haben. Die Geschichte ist schuld daran, scheint es.
Die stolzen machtvollen Titel ließen den Triumph ihrer ehernen Glocken über Stephens Erinnerung hinschallen: *et unam sanctam catholicam et apostolicam ecclesiam:* das langsame Wachsen und Wechseln von Ritus und Dogma wie seiner eigenen aparten Gedanken, eine Chemie der Sterne. Das apostolische Symbolum in der Missa Papae Marcelli, die Stimmen ineinander klingend, laut und allein gesungene Affirmation: und hinter ihrem Gesang entwaffnete und bedrohte der wachsame Engel der militanten Kirche ihre Häresiarchen. Eine Horde von Irrlehren, fliehend mit schiefen Mitren: Photius und die Brut der Spötter, deren Mulligan einer war, und Arius, sein Leben lang im Krieg gegen die Konsubstantialität des Sohnes mit dem Vater, und Valentinus, der Christi irdischen Leib verwarf, und der spitzfindige afrikanische Häresiarch Sabellius, der die These vertrat, daß der Vater Selbst Sein eigener Sohn sei. Worte, die Mulligan vor einem Augenblick voll Spott zu dem Fremden gesprochen. Müßiger Spott. Gewißlich wartet die Leere aller, so da weben den Wind: Bedrohung, Entwaffnung, Überwältigung durch die zur Schlacht gerüsteten Engel der Kirche, die Heerscharen Michaels, die da streiten für sie allzeit in der Stunde der Gefahr mit ihren Lanzen und Schilden.
Hört, hört. Anhaltender Beifall. *Zut! Nom de Dieu!*
– Natürlich bin ich Brite, sagte Haines' Stimme, und ich fühle als Brite. Ich möchte mein Vaterland auch nicht gern in

die Hände deutscher Juden fallen sehen. Das ist unser nationales Problem, fürchte ich, grad jetzt.

Zwei Männer standen am Rand der Klippe, Ausschau haltend: Geschäftsmann, Bootsmann.

– Hält auf Bullock Harbour zu.

Der Bootsmann machte eine leicht verächtliche Kopfbewegung nach dem Norden der Bucht.

– Da draußen ist's fünf Faden tief, sagte er. Da reißt's ihn hoch, wenn die Flut kommt gegen eins. Werden ja heute neun Tage.

Der Mann, der ertrunken ist. Ein Segler, kreuzend in der kahlen Bucht, wartend darauf, daß plötzlich ein gedunsenes Bündel auftaucht, der Sonne ein qualliges Gesicht zukehrt, salzweiß. Hier bin ich.

Sie folgten dem gewundenen Pfad hinunter zur schmalen Buchtung. Buck Mulligan stand auf einem Stein, in Hemdsärmeln, sein gelockerter Schlips wehte ihm wellig über die Schulter. Ein junger Mann, der sich in seiner Nähe an einem Felszacken festhielt, bewegte langsam wie ein Frosch die grünen Beine im tiefen Gallert des Wassers.

– Ist eigentlich dein Bruder bei dir, Malachi?

– Unten in Westmeath. Bei den Bannons.

– Immer noch? Ich hab' eine Karte von Bannon gekriegt. Da steht drin, er hätte ein süßes junges Ding da unten gefunden. Ein Photomädchen, schreibt er.

– Kleiner Schnappschuß fällig, was? Mal kurz belichten.

Buck Mulligan setzte sich, um seine Schnürsenkel zu lösen. Ein älterer Mann stieß plötzlich unweit des Felsvorsprungs ein schnaufendes rotes Gesicht herauf. Er kraxelte an den Steinen hoch, Wasser glitzerte auf seiner Birne und ihrem grauen Haarkranz, Wasser rann ihm über Brust und Wanst und schoß in Strahlen aus seinem schwarzen durchhängenden Lendentuch.

Buck Mulligan machte ihm Platz, daß er vorbeikraxeln konnte, warf Haines und Stephen einen Blick zu und bekreuzigte sich fromm mit dem Daumennagel über Stirn, Lippen und Brustbein.

– Seymour ist wieder in der Stadt, sagte der junge Mann und faßte erneut nach dem Felszacken. Hat die Medizin hingeschmissen und schmeißt sich dafür jetzt auf den Militarismus.
– Ach du heilger Drecksack, sagte Buck Mulligan.
– Nächste Woche geht's los mit dem Drill. Kennst du diesen Rotschopf aus Carlisle, die Lily?
– Ja.
– Die hat gestern abend am Pier mit ihm rumgeschmust. Der Vater ist stinkreich.
– Kann man denn bei der landen?
– Da mußt du schon Seymour selber fragen.
– Sowas, Seymour ein blöder Offizier, sagte Buck Mulligan.
Er nickte vor sich hin, als er sich die Hosen auszog, stand dann auf und sagte banal:
– Rothaarige Weiber sind bocksgeil wie die Ziegen.
Voller Bestürzung brach er ab und befühlte seine Seite unter dem flatternden Hemd.
– Meine zwölfte Rippe ist weg! schrie er. Ich bin der Übermensch! Kinch Ohnezahn und ich, die Übermenschen!
Er zwängte sich aus seinem Hemd und warf es in hohem Bogen hinter sich, wo seine anderen Sachen lagen.
– Gehst du hier rein, Malachi?
– Ja. Mach mal Platz im Bettchen.
Der junge Mann stieß sich rückwärts ins Wasser ab und erreichte die Mitte der Buchtung in zwei langen sauberen Stößen. Haines ließ sich auf einem Stein nieder, rauchend.
– Kommst du nicht mit rein? fragte Buck Mulligan.
– Später, sagte Haines. Nicht gleich aufs Frühstück.
Stephen wandte sich zum Gehen.
– Ich mach' mich davon, Mulligan, sagte er.
– Laß uns den Schlüssel da, Kinch, sagte Buck Mulligan, damit mir meine Chemise nicht wegflattert.
Stephen händigte ihm den Schlüssel aus. Buck Mulligan legte ihn quer auf seinen Kleiderhaufen.
– Und einen Zwopence, sagte er, für 'ne Pinte. Wirf ihn dort hin.

Stephen warf zwei Pennies auf den weichen Haufen. Anziehen, ausziehen. Buck Mulligan, aufrecht, die Hände gefaltet, sagte feierlich:

– Wer da stiehlt bei den Armen, leihet dem Herrn. Also sprach Zarathustra.

Sein feister Körper platschte ins Wasser.

– Wir sehen uns dann ja noch, sagte Haines, sich umwendend, als Stephen den Pfad hinaufschritt, und lächelnd über die wilden Iren.

Horn eines Stieres, Huf eines Pferds, Lächeln eines Sachsen.

– Im Ship, schrie Buck Mulligan. Halb eins!

– Gut, sagte Stephen.

Er schritt den sich aufwärts windenden Pfad entlang.

Liliata rutilantium.
Turma circumdet.
Iubilantium te virginum.

Des Priesters grauer Heiligenschein in einer Nische, darin er diskret sich ankleidete. Ich will nicht hier schlafen heute nacht. Aber heim kann ich auch nicht gehen.

Eine Stimme, wohlklingend und getragen, rief ihm von der See. Als er um die Wegkrümmung bog, winkte er mit der Hand. Und wieder rief's. Ein glänzender glatter brauner Kopf, eines Seehunds, weit draußen auf dem Wasser, rund. Usurpator.

DU, COCHRANE, welche Stadt schickte nach ihm?
– Tarentum, Sir.
– Sehr gut. Und weiter?
– Eine Schlacht fand statt, Sir.
– Sehr gut. Wo?
Des Jungen leeres Gesicht fragte das leere Fenster.
Gefabelt von den Töchtern der Erinnerung. Und doch irgendwie da, wenn auch nicht so, wie die Erinnerung es fabelte. Ein Satz dann, der Ungeduld, dumpf schlagend Blakes Schwingen des Exzesses. Ich höre den Untergang allen Raums, zerschmettertes Glas und stürzendes Mauerwerk, und die Zeit eine einzige bleifahle letzte Flamme. Was bleibt uns dann noch?
– Ich habe den Ort vergessen, Sir. 279 v. Chr.
– Asculum, sagte Stephen mit einem Blick auf Name und Datum in dem gehrengenarbten Buch.
– Ah ja, Sir. Und da hat er gesagt: *Noch ein solcher Sieg, und wir sind verloren.*
Den Satz hatte die Welt nicht vergessen. Stumpfsinnige Seelenruhe. Von einem Hügel über leichenbesäter Ebene spricht ein Feldherr zu seinen Offizieren, auf seinen Speer gelehnt. Irgendein Feldherr zu irgendwelchen Offizieren. Und sie hören ihm zu.
– Du, Armstrong, sagte Stephen. Welches Ende fand Pyrrhus?
– Welches Ende, Pyrrhus, Sir?
– Ich weiß es, Sir! Fragen Sie mich, Sir, sagte Comyn.
– Warte. Du, Armstrong. Weißt du etwas über Pyrrhus?
Ein Beutel Feigenrollen lag in Armstrongs Ranzen versteckt. Er drehte sie manchmal zwischen den Handflächen und schlang sie verstohlen hinunter. Krümel hafteten am Gewebe seiner Lippen. Versüßter Knabenatem. Wohlhabende Leute, stolz darauf, daß ihr ältester Sohn bei der Marine war. Vico Road, Dalkey.

– Pyrrhus, Sir? Pyrrhus, ein Pier.
Alle lachten. Freudloses hohes hämisches Gelächter. Armstrong blickte in die Runde seiner Klassenkameraden, törichten Frohsinn im Profil. Gleich werden sie noch lauter lachen, meinen Mangel an Autorität spüren und an das Schulgeld denken, das ihre Papas bezahlen.
– Dann erzähl mir jetzt einmal, sagte Stephen und stieß den Jungen mit dem Buch leicht gegen die Schulter, was ein Pier ist
– Ein Pier, Sir, sagte Armstrong. Das ist so was draußen in den Wellen. Eine Art Brücke. Kingstown Pier, Sir.
Einige lachten wieder: freudlos, doch absichtsvoll. Zwei auf der Hinterbank tuschelten. Ja. Sie wußten: hatten nie gelernt noch jemals Unschuld besessen. Alle. Neidvoll betrachtete er ihre Gesichter. Edith, Ethel, Gerty, Lily. Ihresgleichen: auch ihr Atem versüßt von Tee und Marmelade, ihre Armbänder ein wippendes Kichern, wenn sie sich sträubten.
– Kingstown Pier, sagte Stephen. Ja, eine sitzengebliebene Brücke.
Die Worte verwirrten ihren Blick.
– Wieso, Sir? fragte Comyn. Eine Brücke ist doch über einen Fluß!
Für Haines Spruchbüchel. Kein Mensch hier, der's hört. Heut abend wieder munter drauflos, bei wildem Geschwätz und Gesaufe, den polierten Panzer seines Geistes zu durchstoßen. Was dann? Ein Possenreißer am Hof seines Herrn, narrenfrei und mißachtet, erpicht auf gnädiges Herrenlob. Warum hatten sie alle sich diesen Part ausgesucht? Doch wohl nicht nur um des weichen Gestreichels willen. Auch für sie war die Geschichte nur eine Geschichte wie jede andere, zu oft gehörte, und ihr Land eine Pfandleihe.
Wäre Pyrrhus nicht von einer alten Vettel Hand in Argos gefallen und Julius Caesar nicht zu Tode gemessert worden? Sie sind nicht fortzudenken. Die Zeit hat sie unauslöschlich gezeichnet, und gefesselt sind sie nun untergebracht im Raum der unbegrenzten Möglichkeiten, die sie ungenutzt gelassen

haben. Aber können die denn überhaupt möglich gewesen sein angesichts dessen, daß sie niemals waren? Oder war allein das möglich, was sich auch wirklich begab? Webe, Weber des Winds.
– Erzählen Sie uns eine Geschichte, Sir!
– O ja, Sir, eine Geistergeschichte!
– Wo waren wir hier stehen geblieben? fragte Stephen, ein anderes Buch öffnend.
– *Weint denn nicht mehr*, sagte Comyn.
– Dann fahre fort, Talbot.
– Und die Geschichte, Sir?
– Nachher, sagte Stephen. Los, Talbot.
Ein bräunlicher Knabe öffnete ein Buch und stellte es gewandt hinter der Verschanzung seines Ranzens auf. Abgehackt rezitierte er die Verse und warf dabei gelegentlich Blicke auf den Text:

– Weint denn nicht mehr, ihr Hirten, weint nicht mehr,
Denn Lycidas, um den ihr trauert, starb
Euch nicht, wiewohl ihn tiefe Wasser decken ...

Es muß dann wohl eine Bewegung sein, eine Aktualität des Möglichen als einer Potentialität. Der Satz des Aristoteles formte sich in den hingeplapperten Versen und flutete hinaus in die emsige Stille der Bibliothek von Saint Geneviève, wo er, geschützt vor der Sünde von Paris, Abend um Abend gelesen hatte. An seiner Seite studierte ein zartgebauter Siamese ein Handbuch der Strategie. Wohlgenährte und sich wohlnährende Gehirne um mich: unter Glühlampen, wie aufgespießt, mit schwach schlagenden Fühlern: und in meines Geistes Dunkelheit ein Faultier der Unterwelt, widerstrebend, klarheitsscheu, seine drachenschuppigen Falten träge verlagernd. Der Gedanke ist das Gedachte des Denkens. Ruhige Klarheit. Die Seele ist gleichsam alles, was ist: die Seele ist Form der Formen. Ruhe plötzlich, riesenhaft, weißglühend: Form der Formen.
Talbot wiederholte:

– Durch Dessen Macht, der auf dem Wasser wandelt' –
Durch Dessen Macht ...

– Wende nur um, sagte Stephen gelassen. Ich sehe nichts.
– Was, Sir? fragte Talbot einfältig, sich vorbeugend.
Seine Hand schlug die Seite um. Er lehnte sich wieder zurück und fuhr fort, als hätte er sich just entsonnen. Durch dessen Macht, der auf dem Wasser wandelt'. Auch hier über diesen feigen Herzen liegt sein Schatten und auf des Spötters Herz und Lippen und auf meinen. Er liegt auf derer eifrigen Gesichtern, die ihm einen Zinsgroschen brachten. Dem Kaiser, was des Kaisers, und Gott, was Gottes ist. Ein langer Blick aus dunklen Augen, ein rätselhafter Satz, den der Kirche Webstühle dann weben und weiterweben sollten, fort und fort. Ach ja.

Rate mich, rate mich, rattattattat –
Mein Vater schickt mich aus zur Saat.

Talbot ließ das geschlossene Buch in seinen Ranzen schlüpfen.
– Habe ich alles gehört? fragte Stephen.
– Jawohl, Sir. Hockey um zehn, Sir.
– Halbtag, Sir. Donnerstag.
– Wer kann ein Rätsel raten? fragte Stephen.
Sie packten ihre Bücher weg, Bleistifte klapperten, Seiten raschelten. In buntem Getümmel riemten und schnallten sie ihre Ranzen zu, alle lustig plappernd dabei:
– Ein Rätsel, Sir? Fragen Sie mich, Sir!
– Oh, fragen Sie mich doch, Sir!
– Ein schweres, Sir!
– Hier ist das Rätsel, sagte Stephen.

Es krähte der Hahn
Zum Himmel hinan:
Der Glocken Klagen
Hat elf geschlagen.
's ist Zeit, dies arme Seelchen
in den Himmel zu tragen.

– Was ist das?
– Was, Sir?
– Noch einmal, Sir. Wir haben's nicht richtig gehört.
Ihre Augen wurden größer, als er die Verse wiederholte. Nach einer Schweigepause sagte Cochrane:
– Was ist es, Sir? Wir geben auf.
Stephen, ein Jucken in der Kehle, antwortete:
– Der Fuchs, wie er seine Großmutter unter einem Holderbusch beerdigt.
Er stand auf und stieß ein nervöses Gelächter hervor, zu dem ihre Schreie Schrecken echoten.
Ein Stock schlug an die Tür, und eine Stimme auf dem Flur rief:
– Hockey!
Sie fuhren auseinander, seitwärts aus ihren Bänken, im Sprung darüber weg. Im Nu waren sie verschwunden, und aus der Rumpelkammer drang das Klappern von Stöcken herüber und der Krach ihrer Stiefel und Zungen.
Sargent, der allein zurückgeblieben war, kam langsam nach vorn, ein aufgeschlagenes Heft in der Hand. Sein wirres Haar und sein dürrer Hals gaben Zeugnis von Gehemmtheit und durch die nebligen Brillengläser blickten schwache Augen flehentlich empor. Auf seiner Wange, matt und blutlos, saß ein sachter Tintenfleck, dattelförmig, frisch noch und feucht wie ein Schneckenbett.
Er hielt Stephen das Heft hin. Auf die oberste Linie war das Wort *Rechenaufgaben* geschrieben. Darunter standen torkelnde Ziffern und am Fuß eine krakelige Unterschrift mit unleserlichen Schleifen und ein Klecks. Cyril Sargent: sein Name und Sigill.
– Mr. Deasy hat gesagt, ich soll sie alle nochmal abschreiben, sagte er, und Ihnen zeigen, Sir.
Stephen berührte die Ränder des Heftes. Aussichtslos.
– Hast du denn auch verstanden jetzt, wie du sie machen mußt? fragte er.
– Nummer elf bis fünfzehn, antwortete Sargent. Mr.

Deasy hat gesagt, ich soll sie von der Tafel abschreiben, Sir.

– Und kannst du sie nun auch allein? fragte Stephen.

– Nein, Sir.

Häßlich und aussichtslos: magerer Hals und wirres Haar, und ein Tintenfleck, ein Schneckenbett. Und doch hatte ihn eine geliebt, hatte ihn auf ihren Armen getragen und in ihrem Herzen. Wäre sie nicht gewesen, die rasende Welt hätte ihn längst zertrampelt unter ihren Füßen, ein zerquetschtes knochenloses Schnecklein. Sie aber hatte sein schwaches wässriges Blut geliebt, das ihrem eigenen entzogen. War das nun das Wirkliche? Das einzig Wahre im Leben? Auf seiner Mutter hingestreckten Leib der feurige Columbanus in heiligem Eifer sich hockte. Sie war nicht mehr: das zitternde Skelett eines Reisigzweigs, verbrannt im Feuer, ein Ruch von Rosenholz und feucht gewordener Asche. Sie hatte ihn bewahrt davor, unter Füßen zertrampelt zu werden, und war gegangen, kaum daß sie gewesen. Ein armes Seelchen, in den Himmel getragen: und auf einer Heide kratzte unter blinkenden Sternen ein Fuchs, rotdampfenden Raubgeruch im Pelz, mit gnadenlos klaren Augen in der Erde, lauschte, kratzte die Erde auf, lauschte, kratzte und kratzte.

An der Seite des Jungen sitzend, erklärte Stephen die Aufgabe. Er weist per Algebra nach, daß Shakespeares Geist der Großvater Hamlets ist. Sargent plierte schief durch seine verrutschte Brille. Hockey-Stöcke klapperten in der Rumpelkammer: der hohle Aufprall eines Balls und Rufe vom Feld.

Über die Seite bewegten sich die Symbole in gravitätischem Mohrentanz, im Mummenschanz ihrer Lettern, putzige Kappen tragend aus Quadraten und Kuben. Händereichen, Traverse, Verbeugung vor der Partnerin: so: Kobolde maurischer Phantasie. Auch sie von der Erde verschwunden, Averrhoes und Moses Maimonides, dunkle Männer in Weise und Bewegung, die in ihren Spottspiegeln die obskure Seele der Welt aufblitzen ließen, eine Finsternis, leuchtend im Licht, doch vom Licht nicht begriffen.

– Hast du's jetzt verstanden? Kannst du die zweite jetzt allein lösen?
– Ja, Sir.
In langen zittrigen Strichen schrieb Sargent die Aufgaben ab. Ständig noch auf ein Wort der Hilfe wartend, bewegte seine Hand treugläubig die unsteten Symbole, einen schwachen Hauch der Scham flackernd hinter der matten Haut. *Amor matris:* Genetivus subjectivus und objectivus. Mit ihrem wässrigen Blut und ihrer molkensauren Milch hatte sie ihn genährt und hatte vor dem Blick von andern seine Wickelbänder verborgen.
Wie er war auch ich, diese Hängeschultern, so gar nichts Graziöses. Meine eigene Kindheit krümmt sich da neben mir. Zu fern für mich, als daß ich auch nur einmal noch und leicht könnte Hand daran legen. Die meine ist fern und die seine geheimnisvoll wie unsere Augen. Geheimnisse, schweigsam, versteinert, hocken in den dunklen Palästen unserer beider Herzen: Geheimnisse, müde ihrer Tyrannei: Tyrannen, die gern sich entthronen ließen.
Die Aufgabe war geschafft.
– Es geht doch ganz einfach, sagte Stephen, als er aufstand.
– Jawohl, Sir. Dankeschön, antwortete Sargent.
Er trocknete die Seite mit einem dünnen Löschpapierblatt und trug das Heft zurück zu seinem Pult.
– Du solltest jetzt aber auch deinen Stock holen und hinaus zu den andern gehen, sagte Stephen, als er der ungraziösen Gestalt des Jungen zur Tür folgte.
– Jawohl, Sir.
Auf dem Flur hörten sie seinen Namen, vom Spielfeld gerufen.
– Sargent!
– Na, dann lauf mal, sagte Stephen. Mr. Deasy ruft dich.
Er stand in der Vorhalle und sah den kleinen Zauderer auf das kümmerliche Feld zueilen, wo scharfe Stimmen miteinander im Streit lagen. Sie wurden in Mannschaften eingeteilt, und Mr. Deasy kam mit Gamaschenfüßen über das Büschel-

gras herangeschritten. Als er das Schulhaus erreicht hatte, riefen wieder streitende Stimmen nach ihm. Er wandte seinen zornigen weißen Schnurrbart.

– Was ist denn nun schon wieder? schrie er fortwährend, ohne hinzuhören.

– Cochrane und Halliday sind auf derselben Seite, Sir, rief Stephen.

– Ach warten Sie doch einen Augenblick in meinem Arbeitszimmer, sagte Mr. Deasy, bis ich die Ordnung hier wiederhergestellt habe.

Und während er mit umständlichem Gehaben zurückstapfte über das Feld, schrie seine Altmännerstimme streng:

– Was ist los? Was ist denn jetzt schon wieder?

Ihre scharfen Stimmen schrien von allen Seiten auf ihn ein: ihre vielen Gestalten schlossen sich um ihn, der grelle Sonnenschein bleichte den Honig seines schlechtgefärbten Haupts.

Schale, rauchige Luft hing im Arbeitszimmer, vermischt mit dem Geruch, den das mausgraue abgewetzte Leder der Stühle ausströmte. Wie am ersten Tag, wo er mit mir hier verhandelte. Wie es war im Anfang, jetzt und immerdar. Auf dem Seitenbord der flache Kasten mit den Stuart-Münzen, mickriger Schatz eines Sumpflings: und von Ewigkeit zu Ewigkeit. Und schmuck und schmieglich in ihrem Löffelkasten aus verschossenem Purpurplüsch die zwölf Apostel, so da geprediget allen Heiden: Welt ohne Ende.

Ein hastiger Schritt über den Steinboden der Vorhalle und auf dem Flur. Seinen spärlichen Schnurrbart hochprustend, blieb Mr. Deasy am Tisch stehen.

– Zuerst unsere kleine finanzielle Regelung, sagte er.

Er brachte aus seinem Rock eine Brieftasche zum Vorschein, die ein Lederriemchen verschlossen hielt. Sie schlappte auf, und er entnahm ihr zwei Scheine, einer davon aus zusammengeklebten Hälften, und legte sie mit haushälterischer Miene auf den Tisch.

– Zwei, sagte er, steckte das Riemchen wieder zu und die Brieftasche weg.

Und nun zum Tresor für das Gold. Stephens verlegene Hand strich über die Muscheln, die in dem kalten Steinmörser gehäuft waren: Kinkhörner und Kauri-Geld und Leopardmuscheln: und die hier, gewunden wie ein Paschaturban, und die dort, die Kammuschel des Heiligen Jakob. Schätze, die ein alter Pilger gehortet, toter Besitz, hohle Muscheln.
Ein Sovereign fiel, glänzend und neu, auf den weichen Flor der Tischdecke.
– Drei, sagte Mr. Deasy und drehte seine kleine Sparbüchse zwischen den Fingern. Handliche Dinger sind das übrigens. Sehn Sie. Dies Fach ist für die Sovereigns. Dies hier für Schillinge, Sixpence und Halbekronen. Und hier die Kronen. Sehn Sie.
Er ließ zwei Kronen und zwei Schillinge herausschnellen.
– Drei zwölf, sagte er. Ich denke, so stimmt es.
– Vielen Dank, Sir, sagte Stephen, raffte das Geld mit scheuer Hast zusammen und steckte alles in eine seiner Hosentaschen.
– Aber nichts zu danken, sagte Mr. Deasy. Sie haben es sich ja redlich verdient.
Stephens Hand, wieder frei, kehrte zurück zu den hohlen Muscheln. Ebenfalls Symbole, der Schönheit und der Macht. Ein Klumpen in meiner Tasche. Symbole, besudelt von Gier und Geiz.
– Tragen Sie es nicht so mit sich herum, sagte Mr. Deasy. Irgendwo ziehen Sie es dann heraus und verlieren es. Kaufen Sie sich doch einfach auch so einen Apparat. Die sind wirklich sehr praktisch, Sie werden sehen.
Irgend etwas antworten.
– Meiner wäre oft leer, sagte Stephen.
Dieselbe Räumlichkeit und Stunde, dieselbe Weisheit: und auch ich derselbe. Dreimal jetzt schon. Drei Schlingen hier um mich. Mag's denn sein. Ich kann sie diesen Augenblick zerreißen, wenn ich will.
– Weil Sie nicht sparen! sagte Mr. Deasy, den Finger hebend. Sie wissen noch nicht, was Geld ist. Geld ist Macht,

wenn man so lange gelebt hat wie ich. Ich weiß, ich weiß. Jugend kennt keine Tugend. Aber wie sagt Shakespeare? *Tu Geld in deinen Beutel!*
– Jago, murmelte Stephen.
Er hob den Blick von den nichtsnutzigen Muscheln zu des alten Mannes starrenden Augen.
– Er wußte, was Geld war, sagte Mr. Deasy. Er wußte auch Geld zu machen. Ein Dichter, aber ein Engländer auch. Wissen Sie, was der ganze Stolz des Engländers ist? Wissen Sie, was das stolzeste Wort ist, das man je aus eines Engländers Munde hören wird?
Der Meere Beherrscher. Seine seekalten Augen blickten auf die leere Bai hinaus: die Geschichte ist schuld: auf mich und auf meine Worte, ohne Haß.
– Daß in seinem Reiche, sagte Stephen, die Sonne nie untergeht.
– Bah! rief Mr. Deasy. Das ist nicht englisch. Ein französischer Kelte hat das gesagt.
Er klopfte leicht mit der Sparbüchse gegen seinen Daumennagel.
– Ich will Ihnen sagen, verkündete er feierlich, was sein größter Stolz ist. *Ich habe alles bezahlt.*
Ordentlicher Mensch, solider Mann.
– *Ich habe alles bezahlt. Ich habe nie auch nur einen Schilling geborgt in meinem Leben.* Können Sie das von sich sagen? *Ich bin nirgends etwas schuldig.* Können Sie's?
Mulligan, neun Pfund, drei Paar Socken, ein Paar Schuhe, Schlipse. Curran, zehn Guineen. McCann, eine Guinee. Fred Ryan, zwei Schilling. Temple, zweimal Lunch. Russell, eine Guinee, Cousins, zehn Schilling, Bob Reynolds, eine halbe Guinee, Kohler, drei Guineen, Mrs. McKernan, Pension für fünf Wochen. Der Klumpen, den ich da habe, ist nutzlos.
– Im Augenblick, nein, antwortete Stephen.
Mr. Deasy lachte mit breiter Lust und stellte seine Sparbüchse wieder zurück.

– Dacht' ich's mir doch, sagte er fröhlich. Aber eines Tages müssen Sie es auch von sich sagen können. Wir sind ein großzügiges Volk, aber wir müssen auch gerecht sein.
– Ich habe Angst vor diesen großen Worten, sagte Stephen, die uns so unglücklich machen.
Mr. Deasy blickte momentlang streng über den Kaminsims hinauf auf die stattliche Gestalt eines Mannes im Schottenrock aus Tartan: Albert Edward, Prince of Wales.
– Sie halten mich sicher für einen alten Kauz und einen alten Tory, sagte seine gedankenvolle Stimme. Aber ich habe drei Generationen gesehen seit O'Connells Zeit. Ich habe die große Hungersnot erlebt. Wissen Sie, daß die Orange-Logen schon zwanzig Jahre vor O'Connell für die Wiederaufhebung der Union agitiert haben, zwanzig Jahre bevor die Prälaten Ihrer Vereinigung ihn als Demagogen anschwärzten? Ihr Fenier habt so manches vergessen.
Glorreichen, gottseligen und unsterblichen Angedenkens. Die Loge von Diamond in Armagh, die herrliche, drapiert mit Papistenleichen. Wüst brüllend, maskiert und bewaffnet, der Pflanzer-Bund. Der schwarze Norden und die gute alte Bibel. Croppies, ergebt euch.
Stephen skizzierte eine knappe Geste.
– Auch ich habe Rebellenblut in mir, sagte Mr. Deasy. Mütterlicherseits. Aber ich bin ein Nachfahre von Sir John Blackwood, der für die Union stimmte. Wir sind alle Iren, lauter Königssöhne.
– Leider, sagte Stephen.
– *Per vias rectas,* sagte Mr. Deasy fest, war sein Wahlspruch. Er stimmte mit Ja und zog sich die Stulpenstiefel an und ritt eigens dazu nach Dublin, von den Ards of Down!

Hurra hopp hopp! Hurra trapp trapp!
Die steinige Straße nach Dublin ...

Ein mürrischer Landjunker zu Pferde mit glänzenden Stulpenstiefeln. Schöner Tag heute, Sir John. Schöner Tag, Euer Gnaden ... Tag ... Tag ... Zwei Stulpenstiefel trotten baumelnd auf Dublin zu. Hurra hopp hopp, hurra trapp trapp.

– Ach, da fällt mir etwas ein, sagte Mr. Deasy. Sie könnten mir einen Gefallen tun, Mr. Dedalus, bei einigen Ihrer literarischen Freunde. Ich habe hier einen Brief für die Presse. Setzen Sie sich doch einen Augenblick. Ich muß nur rasch den Schluß noch abschreiben.

Er ging zum Tisch am Fenster, rückte zweimal mit seinem Stuhl näher heran und las von dem Blatt auf der Walze seiner Schreibmaschine ein paar Worte ab.

– Setzen Sie sich doch. Wenn Sie mich einen Augenblick entschuldigen wollen, sagte er über die Schulter, *die Gebote des gesunden Menschenverstandes.* Nur einen Moment noch.

Er lugte unter seinen zottigen Brauen hervor auf das Manuskript neben seinem Ellbogen und fing unter Murmeln an, langsam und mit spitzen Fingern auf die steifen Knöpfe der Tastatur einzustechen, zuweilen schnaufend, wenn er die Walze vordrehte, um einen Fehler auszuradieren.

Stephen nahm geräuschlos Platz angesichts der königlichen Gegenwart. Gerahmt rings an den Wänden Bilder längst verschwundener Rennpferde, die in Verherrlichungspose dastanden, die demütigen Köpfe schwebend erhoben: Lord Hastings' Repulse, des Duke of Westminster Shotover, des Duke of Beaufort Ceylon, *prix de Paris,* 1866. Zwerghafte Reiter saßen auf ihnen, wachsam ein Zeichen erwartend. Er sah sie dahinschnellen, setzte auf die Königsfarben und brüllte mit im Gebrüll verschwundener Menschenmengen.

– Punkt, gebot Mr. Deasy seinen Tasten. Doch eine unverzügliche Ventilierung dieser wichtigen Frage ...

Wo Cranly mich immer mit hinlotste, um schnell reich zu werden, er jagte seine Gewinner zwischen den schmutzbespritzten Brakes, hin durch das Geschrei der Buchmacher auf ihren Budenständen und den Dunst der Kantine, über den narrenbunten Schlamm. Volle Summe Fair Rebel: zehn zu eins das Feld. An Spielern und Gaunern hetzten wir vorüber, immer den Hufen nach, den wetteifernden Kappen und Jacken, und vorbei an der fleischgesichtigen Frau, einer Metzgersgattin, die durstig in ihrer Apfelsinenhälfte herumschmatzte.

Gebrüll drang schrill vom Spielfeld der Jungen herüber und ein schwirrender Pfiff.

Wieder: ein Tor. Ich bin mitten unter ihnen, unter ihren kämpfenden Körpern mitten im Gemenge, dem Turnier des Lebens. Du meinst das x-beinige Muttersöhnchen dort, das leicht magenkrank zu sein scheint? Turniere. Die empörte Zeit prallt zurück, Zuck um Zuck. Turniere, Tjoste, Schlamm und Schlachtenlärm, der gefrorene Todesauswurf der Erschlagenen, ein Gebrüll von Speerspitzen, satt vom Blutfraß in Männereingeweiden.

– Nun denn, sagte Mr. Deasy und erhob sich.

Er kam an den Tisch, die Blätter zusammenheftend. Stephen stand auf.

– Ich habe die Sache *in nuce* zusammengedrängt, sagte Mr. Deasy. Es geht um die Maul- und Klauenseuche. Lesen Sie es doch rasch einmal durch. Es kann gar keine andere Meinung geben in der Sache.

Darf ich mir gestatten, ihre kostbaren Spalten. Jene Doktrin des *laissez faire,* die so oft schon in unserer Geschichte. Unser Viehhandel. Der Weg, den auch alle unsere älteren Gewerbezweige. Der Liverpool-Ring, der das Hafenprojekt Galway zum Scheitern gebracht hat. Ein europäischer Weltbrand. Getreideversorgung über das Wasser des schmalen Kanals. Die schon mehr als vollkommene Unerschütterlichkeit des Landwirtschaftsministeriums. Eine klassische Anspielung nicht verübeln. Kassandra. Von einer Frau, die nicht besser war als ihr Ruf. Um auf den strittigen Punkt zu kommen.

– Ich nehme da kein Blatt vor den Mund, nicht wahr? fragte Mr. Deasy, als Stephen weiterlas.

Maul- und Klauenseuche. Bekannt als Kochsches Präparat. Serum und Virus. Prozentsatz der immunisierten Pferde. Rinderpest. Die kaiserlichen Pferde in Mürzsteg, Niederösterreich. Veterinärärzte. Mr. Henry Blackwood Price. Liebenswürdiges Anerbieten, einen ehrlichen Versuch zu machen. Gebote des gesunden Menschenverstandes. Allwichtige Frage. In jedem Sinne des Wortes den Stier bei den Hörnern packen. Danke Ihnen für die Gastfreundschaft in Ihren Spalten.

– Ich möchte, daß dieser Appell gedruckt und gelesen wird, sagte Mr. Deasy. Sie werden sehen, beim nächsten Ausbruch werden die ein Embargo für irisches Vieh verhängen. Und dabei kann sie geheilt werden! Sie wird ja schon geheilt. Mein Vetter, Blackwood Price, schreibt mir, daß sie von den Vieh-ärzten in Österreich regelmäßig behandelt und geheilt wird. Sie bieten uns an, herüberzukommen. Ich versuche unermüdlich, beim Ministerium Einfluß zu gewinnen. Jetzt will ich es über die Öffentlichkeit versuchen. Ich bin förmlich eingekreist von Schwierigkeiten, von ... Intrigen, von ... Hintertreppeneinflüssen, von ...

Er hob den Zeigefinger und hieb damit jedesmal ältlich in die Luft, bevor seine Stimme weitersprach.

– Merken Sie auf meine Worte, Mr. Dedalus, sagte er. England ist in den Händen der Juden. Alle höchsten Stellen: die Finanz, die Presse. Und sie sind die Vorboten des Verfalls einer Nation. Wo immer sie sich sammeln, saugen sie der Nation das Mark aus den Knochen. Ich habe das seit Jahren schon kommen sehen. So wahr wir hier stehen, die jüdischen Kaufleute haben ihr Zerstörungswerk bereits begonnen. Old England liegt im Sterben.

Er tat ein paar rasche Schritte, und seine Augen erwachten zu blauem Leben, als sie einen breiten Sonnenstreif passierten. Er machte kehrt und kam wieder zurück.

– Im Sterben, sagte er, wenn es nicht bereits tot ist.

Der Hure Schrei, der Unzucht Fluch,
Sie weben Englands Leichentuch.

Die Augen weit offen wie vor einer Vision, starrte er streng durch den Sonnenstreif, in dem er stehengeblieben war.

– Ein Kaufmann, sagte Stephen, ist einer, der billig einkauft und teuer verkauft, ganz gleich ob Jude oder Heide, nicht wahr?
– Sie haben gesündigt wider das Licht, sagte Mr. Deasy grabesschwer. Noch in ihren Augen kann man die Finsternis sehen. Und das ist der Grund, daß sie Wanderer sind auf Erden bis auf den heutigen Tag.
Auf den Stufen der Pariser Börse die goldhäutigen Männer, Kurse notierend mit ihren edelbesteinten Fingern. Narrengeschnatter. Sie wimmelten laut und unheimlich herum im Tempel, die Köpfe voll pausenlos schwirrender Flausen unter den linkisch getragenen Seidenhüten. Nicht die ihren: diese Kleider, diese Reden, diese Gesten. Die vollen bedächtigen Augen straften sie Lügen, die Worte, die gierigen und doch harmlosen Gesten, doch sie kannten den tiefen Haß, der sich um sie ballte, und wußten, ihr Eifer war eitel. Eitel ihr harrendes Streben, zu häufen und zu horten. Die Zeit würde gewißlich alles wieder zerstreuen. Ein Hort, gehäuft nur am Straßenrand: geplündert bald und in andere Hände wandernd. Ihre Augen kannten die Jahre des Wanderns und wußten, harrend, um die Unehren ihres Fleisches.
– Wer wäre das nicht? sagte Stephen.
– Wie bitte, was meinen Sie? fragte Mr. Deasy.
Er kam einen Schritt vor und stand am Tisch. Der Unterkiefer sank ihm schief herab, der Mund stand ihm unsicher offen. Ist das die Altersweisheit? Er wartet, daß ich etwas sage.
– Die Geschichte, sagte Stephen, ist ein Albtraum, aus dem ich zu erwachen versuche.
Vom Spielfeld der Knaben scholl Gebrüll herüber. Ein schwirrender Pfiff: Tor. Doch was, wenn dieser Albtraum dir einen Tritt versetzte?
– Die Wege des Schöpfers sind nicht unsere Wege, sagte Mr. Deasy. Alle Geschichte bewegt sich auf ein einziges großes Tor zu: die Offenbarung Gottes.
Stephens Daumen schnellte hoch und wies auf das Fenster:
– Das ist Gott!

Hurrah! Aaah! Jaaaaah!
– Was? fragte Mr. Deasy.
– Ein Gebrüll auf den Gassen, antwortete Stephen, die Achseln zuckend.
Mr. Deasy senkte den Blick und hielt seine Nasenflügel eine Weile verkniffen zwischen den Fingern. Dann sah er wieder auf und ließ sie los.
– Ich bin glücklicher als Sie, sagte er. Wir haben viele Irrtümer begangen und viele Sünden. Durch ein Weib kam die Sünde in die Welt. Um ein Weib, das nicht besser war als sein Ruf, Helena, die entlaufene Frau des Menelaos, führten die Griechen zehn Jahre lang Krieg gegen Troja. Ein treuloses Weib brachte erstmals die Fremden an unsere Küste hier, die Frau MacMurroughs mit ihrem Buhlen O'Rourke, dem Fürsten von Breffni. Ein Weib auch brachte Parnell zu Fall. Viel Irrtum, viel Versagen, doch nicht die eine Sünde. Ich bin ein Kämpfer jetzt am Schluß meiner Tage. Doch werde ich fechten für das Recht bis ans Ende.

Mit Ulster ins Gefecht,
Mit Ulster für das Recht.

Stephen hob die Blätter in seiner Hand.
– Ja, also, Sir, begann er.
– Ich sehe schon kommen, sagte Mr. Deasy, daß Sie nicht sehr lange bei dieser Arbeit hier bleiben werden. Sie sind nicht eigentlich zum Lehrer geboren, glaube ich. Natürlich kann ich mich irren.
– Zum Lernenden eher, sagte Stephen.
Und hier, was willst du hier noch lernen?
Mr. Deasy schüttelte den Kopf.
– Wer weiß? sagte er. Zum Lernen muß man demütig sein. Aber der große Lehrer ist das Leben.
Stephen raschelte wieder mit den Blättern.
– Was nun dies hier betrifft, begann er.
– Ja, sagte Mr. Deasy. Sie haben da zwei Kopien. Wenn Sie können, lassen Sie doch beide sofort erscheinen.

Telegraph. Irish Homestead.
– Ich werde es versuchen, sagte Stephen, und Ihnen morgen Nachricht geben. Ich kenne zwei Redakteure flüchtig.
– Das wird genügen, sagte Mr. Deasy lebhaft. Ich habe gestern abend an Mr. Field, M. P., geschrieben. Heute findet nämlich im City Arms Hotel eine Versammlung der Viehhändler-Genossenschaft statt. Ich habe ihn gebeten, dieser Versammlung meinen Brief vorzulegen. Und Sie sehen zu, ob Sie ihn in Ihren beiden Zeitungen unterbringen können. Welche sind es?
– Der *Evening Telegraph* . . .
– Das wird genügen, sagte Mr. Deasy. Es ist keine Zeit zu verlieren. Jetzt muß ich noch den Brief von meinem Vetter beantworten.
– Guten Morgen, Sir, sagte Stephen und steckte die Blätter in die Tasche. Und besten Dank.
– Aber nicht doch, sagte Mr. Deasy, während er in den Papieren auf seinem Schreibtisch wühlte. Ich breche immer gern eine Lanze mit Ihnen, so alt ich bin.
– Guten Morgen, Sir, sagte Stephen noch einmal mit einer Verbeugung vor seinem gebeugten Rücken.
Er ging hinaus durch die offene Vorhalle und unter den Bäumen den Kiesweg hinunter, und vom Spielfeld herüber hörte er das Stimmengeschrei und das Krachen der Stöcke. Die auf den Pfeilern kauernden Löwen, als er durch das Tor hinausschritt: zahnloser Schrecken. Und doch werde ich ihm helfen bei seinem Gefecht. Mulligan wird mir einen neuen Titel verleihen: der ochsenfreundliche Barde.
– Mr. Dedalus!
Läuft mir nach. Nicht noch mehr Briefe, will ich hoffen.
– Nur einen Augenblick noch!
– Ja, Sir, sagte Stephen und wandte sich um beim Tor.
Mr. Deasy hielt bei ihm an, schwer atmend und seinen Atem verschluckend.
– Eins wollte ich nur noch sagen, sagte er. Irland hat, sagt man, die Ehre, das einzige Land zu sein, das niemals die Ju-

den verfolgt hat. Wußten Sie das? Nein. Und wissen Sie, warum?
Die klare Luft brachte ein strenges Runzeln auf seine Stirn.
– Warum, Sir? fragte Stephen und begann zu lächeln.
– Weil es sie nie hereingelassen hat, sagte Mr. Deasy feierlich.
Ein Hustenanfall Gelächter sprang aus seiner Kehle, eine rasselnde Kette Schleim hinter sich herzerrend. Er wandte sich rasch ab, hustete, lachte, und seine erhobenen Arme fuchtelten durch die Luft.
– Es hat sie nie hereingelassen! schrie er noch einmal durch sein Gelächter, während er gamaschenfüßig, über den Kies des Weges davonstapfte. Darum!
Auf seine weisen Schultern warf durchs Fachwerk der Blätter die Sonne flitterndes Gold, tanzende Münzen.

UNAUSWEICHLICHE Modalität des Sichtbaren: zum mindesten dies, wenn nicht mehr, gedacht durch meine Augen. Die Handschrift aller Dinge bin ich hier zu lesen, Seelaich und Seetang, die nahende Flut, den rostigen Stiefel dort. Rotzgrün, Blausilber und Rost: gefärbte Zeichen. Grenzen des Diaphanen. Doch er fügt hinzu: in Körpern. Dann ward er ihrer Körperlichkeit gewahr noch vor ihrer Gefärbtheit. Und wie? Indem er mit der Birne dagegen stieß, gewiß. Also, nicht so hastig. Ein Kahlkopf war er und ein Millionär, *maestro di color che sanno.* Grenze des Diaphanen in. Wieso in? Diaphan, adiaphan. Wenn man seine fünf Finger hindurchstecken kann, ist's ein Tor, wenn nicht, eine Tür. Schließ deine Augen und schau!

Stephen schloß die Augen und hörte seine Stiefel krachend Tang und Muscheln malmen. Jedenfalls gehst du hindurch irgendwie. Das tue ich, mit jeweils einem langen Schritt. Einen sehr kurzen Zeitraum lang durch sehr kurze Raumzeiten. Fünf, sechs: das *Nacheinander.* Genau: und das ist die unausweichliche Modalität des Hörbaren. Öffne deine Augen. Nein. Jesus! Wenn ich von einem Felsen fiele, der in die See nickt über seinen Fuß, ich fiele unausweichlich durch das *Nebeneinander.* Ich komme ganz schön voran in der Dunkelheit. Mein Eschenschwert hängt mir an der Seite. Tipp an damit: sie tun's. Meine beiden Füße in seinen Stiefeln sitzen am Ende seiner Beine, *nebeneinander.* Klingt sehr solide: gemacht vom Klöpfel von *Los Demiurgos.* Geh ich denn in die Ewigkeit hinein, so hin auf dem Sandymount-Strand? Kritsch, krack, krick, krick. Münzgeld des wilden Meeres. Pauker Deasy kennt sie all'.

Kommst du mit nach Sandymount,
Madelin, mein Pferdchen?

Der Rhythmus beginnt, wie du siehst. Ich höre. Ein katalek-

tischer Tetrameter marschierender Jamben. Nein, galoppierender: *delin, mein Pferdchen.*
Öffne die Augen jetzt. Das will ich. Augenblick noch. Ist alles verschwunden seither? Wenn ich sie nun öffne und bin auf immer im schwarzen Adiaphanen? *Basta!* Ich will sehn, ob ich sehen kann.
Sehe jetzt. Allzeit dort außerhalb deiner jetzt und immerdar: Welt ohne Ende.
Sie kamen bedachtsam die Stufen herunter von Leahy's Terrace, *Frauenzimmer:* und herunter schlapp das abschüssige Ufer, ihre verbogenen Füße sackten ein im durchsickerten Sand. Wie ich, wie Algy, niederkommend zu unserer mächtigen Mutter. Die eine schwang plumpig ihre Hebammentasche, der anderen Regenschirm pokelte im Sand. Aus den Liberties, für einen Tagesausflug. Mrs. Florence MacCabe, Hinterbliebene des verewigten Patk MacCabe, des tief betrauerten, aus der Bride Street. Eine aus ihrer Schwesternschaft hat auch mich ins Leben gezerrt, ein quäkendes Etwas. Schöpfung aus dem Nichts. Was hat sie wohl da in der Tasche? Eine Fehlgeburt mit nachschlurender Nabelschnur, verstummt in rotfrischer Wolle. Aller Schnüre laufen rückwärts zusammen, duchtenverflechtendes Kabel allen Fleisches. Darum die mönchischen Mystiker mit ihrer. Wollt ihr sein wie Götter? Beschaut euren Omphalos. Hallo. Hier Kinch. Verbinden Sie mich mit Edenhausen. Aleph, alpha: null, null, eins.
Gemahlin und Gehilfin des Adam Kadmon: Heva, nackte Eva. Sie hatte keinen Nabel. Schau. Bauch ohne Fehl, schwanger schwellend, ein Rundschild aus strammem Velin, nein, weißgehäuftes Korn, aufstrahlend und unsterblich, dauernd von Ewigkeit zu Ewigkeit. Schoß der Sünde.
In Schoßes Sündendunkel lag auch ich, erschaffen, nicht gezeugt. Von ihnen, dem Mann mit meiner Stimme und meinen Augen, und einem Geisterweib mit Asche auf dem Atem. Sie umschlangen einander und trennten sich, taten des Kupplers Willen. Vor der Äonen Anbeginn hat Er mich gewollt und wird nicht hinweg mich wollen jetzt noch jemals. Eine *lex*

aeterna bleibt um ihn. Ist das dann die göttliche Substanz, darin Vater und Sohn konsubstantiell sind? Wo ist der arme gute Arius, daß er's mal damit versuchte? Hat sein Leben lang Krieg geführt gegen die Kontransmagnificundjudenpengtantialität. Häresiarch unter einem Unstern. In einem griechischen Wasserklosett tat er den letzten Schnaufer: Euthanasie. Mit perlenbesetzter Mitra und mit Krummstab, fest installiert auf seinem Thron, Witwer eines verwitweten Bischofsstuhls, mit hochgesteiftem Omophorion, den Hintern voller Köttel.

Lüfte umtollten ihn, strenge und schneidende Lüfte. Sie kommen, Wellen. Die weißmähnigen Seepferde, mampfend, zagwindgezügelt, Mananaans Rosse.

Daß ich bloß seinen Brief an die Presse nicht vergesse. Und hinterher dann? Das Ship, halb eins. Sei mir auch ja schön sparsam mit dem Geld, wie ein rechter junger Schwachkopf. Ja, muß ich wohl.

Sein Schritt erschlaffte. Hier. Geh ich nun eigentlich zu Tante Sara oder nicht? Meines konsubstantiellen Vaters Stimme. Hast du in letzter Zeit mal was von deinem Künstler-Bruder Stephen gesehen? Nein? Ob er nicht vielleicht in Strasburg Terrace ist bei seiner Tante Sally? Noch ein bißchen höher konnt' er wohl nicht fliegen, was? Und und und und sag doch mal, Stephen, wie geht's Onkel Si? O du mein schluchzender Herrgott, in was hab' ich da bloß reingeheiratet! Die Jungs auf'm Heuboden oben. Der besoffene kleine Federfuchser aus der Advokatur und sein Bruder, der Kornettist. Hochangesehene Gondolieri. Und der schieläugige Walter nicht minder, der seinen Ollen permanent umsirrt. Sir. Jawohl, Sir. Nein, Sir. Jesus aber gingen die Augen über: Kunststück das, wenn man Christus ist.

Ich ziehe die röchelnde Glocke an ihrem verrammelten Kotten: und warte. Halten mich für einen Gläubiger, spähen irgendwo versteckt hinaus, von günst'ger Warte.

– Es ist Stephen, Sir!

– Dann laß ihn rein. Nur immer rein mit Stephen.

Ein Riegel zurückgeschoben, und Walter begrüßt mich.
– Wir dachten erst, du wärst jemand anders.
In seinem breiten Bett streckt Gevatter Richie, von Kissen umgeben und Decken, über den Hügel seiner Knie einen derben Unterarm aus. Sauberbrüstig. Hat sich die Oberpartie gewaschen.
– Morgen, Neffe.
Er legt das Schoßbrett beiseite, auf dem er seine Kostenrechnungen ausfertigt für die Augen von Master Goff und Master Shapland Tandy, und schiebt Vergleiche, Durchsuchungsbefehle und eine *Duces-tecum*-Vorladung zusammen. Ein sumpfhölzerner Rahmen über seinem Kahlkopf: Wilde's *Requiescat*. Das Dröhnen seines irreführenden Pfiffs bringt Walter zurück.
– Ja, Sir?
– Whisky für Richie und Stephen, sag Mutter. Wo steckt sie?
– Ist grade Crissie am baden, Sir.
Papas kleines Betthäschen. Schnuggelpützchen.
– Nein, Onkel Richie ...
– Sag Richie zu mir. Zum Henker mit dem ewigen Lithium-Wasser! Ganz schwach wird einem davon. Whusky!
– Onkel Richie, wirklich ...
– Setz dich hin, oder beim leibhaftigen Junker Satan, ich schlag dich nieder!
Walter schielt vergebens nach einem Stuhl.
– Er hat nichts zum Hinsetzen, Sir.
– Zum Draufsetzen, du Pfeife! Schaff unsern Chippendale-Sessel rein. Willst du vielleicht 'ne Kleinigkeit essen? Verdammt, hier kannst du die affigen Faxen doch lassen; wie wär's mit 'ner Speckschnitte, schön fett gebacken, dazu noch 'nen Hering? Bestimmt nicht? Na, um so besser. Wir haben sowieso nichts im Haus außer 'n paar Pillen gegen Kreuzschmerzen.
All'erta!
Er dröhnt ein paar Takte aus Ferrandos *aria di sortita*. Die

großartigste Nummer, Stephen, in der ganzen Oper. Hör doch mal.

Sein wohltönendes Pfeifen klingt wieder auf, fein nuanciert, sehr luftreich prustend, während seine Fäuste großtrommelnd auf die gepolsterten Knie schlagen.

Ein linderer Wind dies.

Schwindsüchtige Häuser, meines, seins und alle. Den feinen Herrschaften von Clongowes hast du erzählt, ein Onkel von dir wäre Richter und ein anderer Onkel General in der Armee. Davon mußt du loskommen, Stephen, von ihnen. Nicht dort ist die Schönheit. Und auch nicht in der stillen Fensternische von Marshs Bibliothek, wo du die blassenden Weissagungen des Joachim Abbas lasest. Für wen? Der hundertköpfige Pöbel im Bannkreis der Kathedrale. Ein Hasser seiner Art entsprang ihnen in den Wald des Wahns, die Mähne schäumend im Mond, die Augäpfel Sterne. Ein Houyhnhnm, rossige Nüstern. Die ovalen pferdigen Gesichter. Temple, Buck Mulligan, Foxy Campbell. Hohlwangen. Abbas, Vater, rasender Dekan, welches Vergehen denn legte Feuer an ihre Hirne? Paff! *Descende, calve, ut ne nimium decalveris.* Ein Kranz von grauem Haar auf seinem bedrohten Haupt, seh' ihn, mich, niederklimmend zur Estrade *(descende),* in Klauen eine Monstranz, basiliskenäugig. Runter mit dir, Kahlkopf! Ein Chor gibt Drohung und Echo zurück, rund um des Altars Hörner assistierend, und das Lateingekrächze tölpliger Kleriker, die plump sich tummeln in ihren Chorhemden, tonsuriert und geölt und kastriert, fettwanstig vom Fett von Weizennieren.

Und zu derselben Zeit, da hebt vielleicht ein Priester um die Ecke die Hostie. Klingling! Und zwei Straßen weiter verschließt ein andrer das Ding in einem Ziborium. Klingling! Und in einer Marienkapelle schiebt's sich ein dritter solo achter die Kusen. Klingling! Runter, aufstehn, vor, zurück. Ehrwürden Occam hat sich Gedanken darüber gemacht, der unbesiegliche Lehrer. Eines neblichten englischen Morgens kitzelte das Teufelchen Hypostasis sein Hirn. Als er eben die

Hostie niederbrachte und kniete, vernahm er, wie sein zweites Glockenzeichen mit dem ersten im Kreuzschiff verschmolz (da hebt der grade die seine), und als er aufstand, hörte er (jetzt hebe ich) beide Glocken (er kniet) im Zwieklang erklirren.

Vetter Stephen, du wirst nie ein Heiliger werden. Insel der Heiligen. Du warst mal furchtbar fromm, nicht wahr? Du hast zur Gebenedeiten Jungfrau gebetet, sie möge dich vor einer roten Nase bewahren. Du hast in der Serpentine Avenue zum Teufel gebetet, es möchte doch die pralle Witwe vor dir ihre Kleider noch höher heben von der nassen Straße. O *si, certo!* Verkauf deine Seele dafür, tu's nur, gefärbte Lappen, um eine Squaw herumgesteckt. Erzähl mir mehr noch, immer mehr! Oben auf der Howth-Tram allein, dem Regen zuschreiend: *nackte Weiber!* Was ist denn damit, he?

Was soll denn damit sein? Wozu sonst hat man sie erfunden?

Jeden Abend aus sieben Büchern je zwei Seiten lesen, was? Ich war jung. Du hast dir selber vorm Spiegel eine Verbeugung gemacht, bist vorgetreten, um zu applaudieren, in vollem Ernst, ein frappantes Gesicht. Hurra für den gottverdammten Idioten! Hra! Keiner sah's: so sag es keinem. Bücher wolltest du schreiben, mit Buchstaben als Titeln. Haben Sie schon sein F gelesen? O ja, doch ich gebe Q den Vorzug. Gewiß, aber W ist einfach herrlich. Ah ja, W. Entsinnst du dich deiner Epiphanien? Auf grünen ovalen Blättern, der schierste Tiefsinn, bei deinem Tode sollten einst sämtliche großen Bibliotheken der Welt ein Exemplar bekommen, einschließlich Alexandria. Irgendwer sollte sie ein paar tausend Jahre später dort lesen, nach einem Mahamanvantara. Wie Pico della Mirandola. Ja, ganz wie ein Walfisch. Wenn einer diese seltsamen Seiten dann liest, von einem, der lang schon dahin, dann fühlt so einer auf einmal sich eins mit einem, der einst...

Der körnige Sand war verschwunden unter seinen Füßen. Seine Stiefel traten wieder auf feuchte krachende Mast, auf Messerscheidenmuscheln, quietschende Kiesel, was murmelnd auf zahllosen Kieseln tobt, vom Bohrwurm durchsiebtes Holz, verlorene Armada. Unheilsame Sandflächen lauerten darauf, an seinen tretenden Sohlen zu saugen, kloakigen Dunst ausdünstend. Er hielt sich an ihren Rändern, bedachtsamen Schritts. Eine Porterflasche stand aufrecht, stak bis zur Hüfte, im Kuchenteig des Sands. Eine Schildwache: Insel des schrecklichen Durstes. Zerbrochene Faßreifen am Gestade; an Land eine Wirrnis dunkler listiger Netze; weiter einwärts kreidebekritzelte Hintertüren und auf dem höheren Strand eine Trockenleine mit zwei gekreuzigten Hemden. Ringsend: Wigwams brauner Rudergänger und Handelskapitäne. Menschliche Muscheln.

Er blieb stehen. An der Abzweigung zu Tante Sara bin ich schon vorbei. Geh' ich denn nicht hin? Anscheinend nicht. Kein Mensch in der Nähe. Er wandte sich nordöstlich und überquerte den festeren Sand in Richtung Pigeonhouse.

– *Qui vous a mis dans cette fichue position?*

– *C'est le pigeon, Joseph.*

Patrice, zu Hause auf Urlaub, lappte warme Milch mit mir in der Bar MacMahon. Sohn der Wildgans, Kevin Egan aus Paris. Mein Paps ist ein Vogel, er lappte die süße *lait chaud* mit rosa junger Zunge, feistes Karnickelgesicht. Lappen, *lapin.* Er hofft, mal in den *gros lots* zu gewinnen. Über die Natur der Frauen hat er bei Michelet was gelesen. Aber er muß mir *La Vie de Jésus* schicken, von M. Leo Taxil. Hatte's an seinen Freund verliehen.

– *C'est tordant, vous savez. Moi je suis socialiste. Je ne crois pas en l'existence de Dieu. Faut pas le dire à mon père.*

– *Il croit?*

– *Mon père, oui.*

Schluß. Er lappt.

Mein Quartier-Latin-Hut. Ach Gott, man muß bloß einfach den Charakter ein bißchen ausstaffieren. Ich brauche flohfarbene Handschuhe. Sie haben bestimmt studiert, nicht wahr? Was denn bloß, in kotz Teufels Namen? Pehzehenn. P. C. N., verstehn Sie: *physiques, chimiques et naturelles.*

Aha. Und dabei hast du deinen Klacks *mou en civet* gefressen, Fleischtöpfe Ägyptens, neben rülpsenden Droschkenkutschern hockend. Sag doch mal schnell in ganz natürlichem Ton: als ich in Paris war, *Boul' Mich'*, pflegte ich. Ja, da pflegtest du gelochte Fahrkarten bei dir zu tragen, um ein Alibi vorweisen zu können, falls man dich irgendwo unter Mordverdacht verhaftete. Justitia. Am Abend des siebzehnten Februar 1904 wurde der Häftling von zwei Zeugen gesehen. Ein anderer tat's: ein ander Ich. Hut, Schlips, Überzieher, Nase. *Lui, c'est moi.* Du scheinst dich ja amüsiert zu haben. Stolzer Gang. Wen wolltest du eigentlich nachmachen damit? Vergessen: ein Enterbter. Mit Mutters Postanweisung, acht Schilling, peng die Tür des Postamts, vom Pförtner dir vor der Nase zugeschlagen. Hunger-Zahnweh. *Encore deux minutes.* Blick auf die Uhr. Muß es unbedingt kriegen. *Fermé.* Hündischer Mietling! Zusammenschießen den Kerl zu blutigen Fetzen, peng, mit 'ner Schrotflinte, Menschenfetzen, die Wände bespritzt damit, sämtliche Messingknäufe. Und krrrrkrack zack ein Satz, alle Fetzchen wieder an ihrem Platz. Hat doch nicht weh getan? Oh, nein, selbstverständlich nicht. Händeschütteln. Sehn Sie, ich wollte nur, Sie verstehen doch? Oh, ja, selbstverständlich. Schüttelschütteln. Einen Moment. Oh, das ist doch ganz selbstverständlich.

Du wolltest gern Wunder tun, was? Europa missionieren nach dem feurigen Columbanus. Fiacrius und Scotus auf ihren Schemeln im Himmel haben glatt ihr Bier verschüttet vor lautlallateinischem Lachen: *Euge! Euge!* Das Getue, als sprächst du bloß gebrochen englisch, als du deinen Koffer, Gepäckträger hätte drei Pence, über den glitschigen Pier von Newhaven schlepptest. *Comment?* Reiche Beute brachtest du heim: *Le Tutu*, fünf zerfetzte Nummern des *Pantalon Blanc et Culotte Rouge*, ein blaues französisches Telegramm, Rarität zum Vorzeigen:

– nutter im sterben sofort nach hause vater.

Die Tante ist der Meinung, du hast deine Mutter umgebracht. Deswegen will sie auch nicht, daß ich.

Auf Mulligans Tantchen, sie lebe hoch!
Und ich sag' euch den Grund auch dafür:
Daß die Hannigans brav und so anständig sind,
Das verdanken sie alle nur ihr.

Seine Füße marschierten in jählich stolzem Rhythmus über die Sandfurchen, entlang an den Felsblöcken der South Wall. Stolz starrte er sie an, getürmte steinerne Mammutschädel. Goldlicht auf See, auf Sand, auf Felsen. Die Sonne dort, die spärlichen Bäume, die Häuser, zitronengelb.

Paris, derb erwachend, krudes Sonnenlicht auf seinen zitronengelben Straßen. Feuchtes Mark von Haferbrotfladen und der froschgrüne Absinth, sein Frühmetten-Weiheruch, buhlen um die Luft. Belluomo entsteigt dem Bett von seines Weibes Liebhabers Weib, die behalstuchte Hausfrau ist schon auf den Beinen, eine Untertasse mit Essigsäure in den Händen. Bei Rodot renovieren Yvonne und Madeleine ihre ramponierte Schönheit, *chaussons* aus Backwerk mit Goldzähnen malmend, die Münder begelbt vom *pus* des *flan breton.* Gesichter von Pariser Männern gehen vorbei, ihre wohlbefriedigten Befriediger, gelockte Konquistadoren.

Der Mittag schlummert. Kevin Egan dreht Dynamit-Zigaretten zwischen Fingern, die von Druckerschwärze verschmiert sind, seinen grünen Sorgenbrecher süffelnd wie Patrice seinen weißen. Um uns herum forken sich gierige Schlinger gewürzte Bohnen in den Schlund. *Un demi setier!* Ein Strahl Kaffeedampf aus dem brünierten Kessel. Sie bedient mich auf seinen Wink. *Il est irlandais. Hollandais? Non fromage. Deux irlandais, nous, Irlande, vous savez? Ah oui!* Die dachte, Sie wollten einen Holländerkäse. Schließt den Magen, kennen Sie den Ausdruck? Schließt den Magen. Ich hab' mal einen Burschen gekannt, in Barcelona, ein komischer Kerl war das, ja, und der sagte immer, das schließt den Magen. Also: *slainte!* Rund um die besabberten Marmortische das Gewirr von weingesättigtem Atem und knurrenden Gurgeln. Sein Atem hängt über unseren saucebesudelten Tellern, des grünen Sorgenbrechers Giftzahn drängt sich zwischen seine Lippen. Über Irland, die Dalcassians, über Hoffnungen und Verschwörungen, über Arthur Griffith jetzt. Mich einzuspannen als seinen Gespan, unsre Verbrechen unsre gemeinsame Sache. Sie sind ganz der Sohn Ihres Vaters. Ich kenne die Stimme. Sein Barchenthemd, blutrotgeblümt, läßt die spanischen Quasten bei seinen Geheimnissen zittern. M. Drumont, berühmter Journalist, Drumont, wissen Sie, wie er Königin Viktoria genannt hat? Die alte Hexe mit den gelben Zähnen. *Vieille ogresse* mit den *dents jaunes.* Maud Gonne, schönes Weib das, *La Patrie,* M. Millevoye, Félix Faure, wissen Sie, wie der gestorben ist? Zügellose Menschen. Das Froeken, *bonne à tout faire,* Masseuse männlicher Nacktheit im Bad zu Upsala. *Moi faire,* sagte sie. *Tous les messieurs.* Aber diesen *Monsieur* nicht, hab ich gesagt. Höchst zügellose Sitte. Baden ist doch eine Privatangelegenheit, etwas ganz Persönliches. Ich ließe nicht zu, daß mein Bruder, nicht einmal mein eigener Bruder, höchst laszive Sache. Grüne Augen, ich seh' euch. Giftzahn, ich fühl'. Laszives Volk.

Der blaue Zünder brennt tödlich zwischen Händen und brennt hell. Lose Tabakkrümel fangen Feuer: eine Flamme und beißender Qualm erhellen unsere Ecke. Rohe Gesichtsknochen unter seinem Verschwörerhut. Wie der Haupthahn entwischte, authentische Version. Verkleidet als junge Braut, Mann, Schleier aus Orangenblüten, im Wagen die Straße nach Malahide hinaus. Hab' ich tatsächlich gemacht, Ehrenwort. Der gescheiterten Führer, der verratenen, abenteuerliche Fluchten. Verkleidung, ein Griff nach, und weg, nicht mehr hier.

Verschmähter Liebhaber. Ich war ein stämmiger junger Bursch damals, sag' ich Ihnen, ich zeig' Ihnen mal ein Bild gelegentlich. War ich tatsächlich, Ehrenwort. Liebhaber, aus Liebe zu ihr schlich er mit Oberst Richard Burke, Wahlhäuptling seines Clans, unter den Mauern von Clerkenwell herum und sah sie, geduckt, in einer Flamme der Rache hinauf in den Nebel wirbeln. Zerschmettertes Glas und stürzendes Mauerwerk. Im heitren Parrih versteckt er sich nun, Egan von Paris, von keinem mehr aufgesucht außer von mir. Klappert tagtäglich seine Stationen ab, den schmuddeligen Setzkasten, seine drei Kneipen, den Montmartre-Schlupfwinkel, wo er nachts kurz schläft, Rue de la Goutte d'Or, damasziert mit den geschmeißbeschmutzten Gesichtern der Dahingegangenen. Ohne Liebe, ohne Heimat, ohne Frau. Die lebt quietschfidel ohne ihren geächteten Mann, Madame, in der Rue Gît-le-Cœur, Kanarienvogel und zwei bockstramme Untermieter. Pfirsichbäckchen, Zebrarock, so munter wie ein junges Ding. Verschmäht und doch nicht verzweifelnd. Erzählen Sie doch Pat, daß Sie mich besucht haben, ja? Irgendwann wollt' ich dem armen Kerl immer noch mal richtig Arbeit verschaffen. *Mon fils,* Soldat von Frankreich. Singen, das hat er gelernt von mir. *Die Jungs von Kilkenny sind schneidige Kerls.* Kennen Sie die alte Melodie? Die hab' ich Patrice beigebracht. Das alte Kilkenny: St. Canisii, Strongbows Schloß an der Nore. Geht etwa so: *Oh, oh.* Er faßt mich, Napper Tandy, bei der Hand.

Oh, oh, die Jungs von
Kilkenny . . .

Schlaffe, verkümmernde Hand auf der meinen. Sie haben Kevin Egan vergessen, doch er sie nicht. Er denket noch deiner, o Zion.

Er war näher ans Wasser gekommen, und nasser Sand schlappte um seine Stiefel. Die neue Luft grüßte ihn, harfend in wilden Nerven, Wind wilder Luft aus Samen von Klarheit. Hier, ich gehe doch nicht zum Kish-Leuchtschiff raus, oder? Er blieb jäh stehen, und seine Füße sanken langsam im bebenden Boden ein. Umkehren.

Er kehrte um, er überflog mit prüfendem Blick den Strand im Süden, und wieder sanken seine Füße langsam in neuen Dellen. Der kalte Gewölberaum des Turms wartet. Durch die Schießscharten fallen unablässig die Pfeile des Lichts, so langsam unablässig, wie meine Füße sinken, kriechen der Dämmerung zu auf dem Sonnenuhrboden. Bläuliches Dämmern, Abend, tiefe blaue Nacht. Im Dunkel des Gewölbes warten sie, ihre zurückgeschobenen Stühle, mein Obelisk von Koffer, rund um einen Tisch voll stehengelassener Schüsseln. Wer soll abdecken? Er hat den Schlüssel. Ich will nicht schlafen dort, wenn's Nacht wird heute. Verschlossene Tür eines schweigenden Turms, umgruftend ihre blinden Leiber, den Panther-Sahib und seinen Pointer. Ruf: keine Antwort. Er lupfte die Füße aus dem Gesaug und kehrte um, zurück über die Felsenmole. Nimm alles, halte's all'. Mit mir geht meine Seele, Form der Formen. So in des Mondes Hundewachen schreit' ich hin, auf Felsenpfad, schwärzlich in Silbergrau, hör' Helsingörs versuchungsvolle Flut.

Die Flut, sie folgt mir. Ich kann sie treiben sehn von hier, vorüber. Zurück dann an der Poolbeg Road dort an den Strand. Er stieg über die Segge und den aaligen Riementang und ließ sich auf einem Felsschemel nieder, seinen Eschenstock in einem Gesteinsriß abstellend.

Der gedunsene Kadaver eines Hundes lag wie hingerekelt auf Blasentang. Vor ihm der Dollbord eines Boots, in Sand versackt. *Un coche ensablé* hat Louis Veuillot die Prosa Gautiers genannt. All der schwere Sand hier ist Sprache, von Wind und Gezeiten abgelagert. Und dort, die Steinmale toter Erbauer, ein Jagdplatz von Wieselratten. Gold müßte man da verstecken. Probier's doch. Du hast ja was. Sand und Steine. Vergangenheitsschwer. Riesenspielzeug, Sir Lout. Paß auf, daß du keinen an den Kopf gepengt kriegst. Ich bin der böseböse Riese, roll' all die bösenbösen Riesenfelsen, Gebeine für meine Siebenmeilensteine. Ein Buhmann, buh! Seid auf der Huuut! Iiich rrriiiech', iiich rrriiieche Iiirenbluuut!

Ein Punkt, lebendiger Hund, wuchs in die Sicht, quer über die Sandfläche rennend. Gutergott, will der auf mich los? Sein freier Wille, Respekt davor. Du wirst nicht Herr sein andrer noch ihr Sklave. Ich hab' ja auch meinen Stock. Schön stillgesessen. Von weiter drüben, strandwärts herüberstapfend von den Wogenkämmen der Flut, Gestalten, zwei. Die beiden

Marien. Haben ihr Bündelchen glücklich zwischen den Binsen verstaut. Guckguck, huhu! Ick säih di, du! Nee, den Hund. Er läuft zurück zu ihnen. Wer?
Lochlann-Galeeren liefen hier an Strand, auf Beutesuche, tief strichen ihre blutigen Bugschnäbel über eine Brandung aus geschmolzenem Zinn. Danowikinger, Torques von Streitäxten glitzernd auf der Brust, als Malachi trug das Halsband von Gold. Eine Herde Turlehide-Wale strandete im heißen Mittag, Fontänen spritzend, hoppelnd im Flachwasser. Dann aus der verhungernden Flechtwerkstadt eine Horde kurzbewamster Zwerge, mein Volk, mit Schindermessern, rennend, stürmend, hackend in grüntraniges Walfleisch. Hungersnot, Pest und Gemetzel. Ihr Blut ist in mir, ihre Lüste sind meine Wellen. Ich habe mich unter ihnen bewegt auf der gefrorenen Liffey, jenes Ich, ein Wechselbalg, unter den sprühenden Harzfeuern. Ich sprach mit keinem: keiner mit mir.
Das Gebell des Hundes lief auf ihn zu, hielt an, lief zurück. Hund meines Feindes. Ich hab' einfach dagestanden, bleich, schweigend, rings umbellt. *Terribilia meditans.* Ein primelgelbes Wams, Fortunens Knecht, lächelte über meine Furcht. Danach also schmachtest du, nach dem Gebell ihres Beifalls? Prätendenten: so müßte man leben. Der Bruce-Bruder, Thomas Fitzgerald, seidiger Ritter, Perkin Warbeck, Yorks falscher Sproß, in Hosen von Seide von weißrosigem Elfenbein, ein Eintagswunder, und Lambert Simnel, mit einem Troß von Küchenmädchen und Marketendern, ein gekrönter Küchenjunge. Lauter Königssöhne. Paradies der Prätendenten einst und jetzt. Er, er hat Menschen vorm Ertrinken gerettet, und du kriegst das Zittern schon, wenn ein Köter kläfft. Aber die Höflinge, die Guido in Or San Michele verspotteten, waren in ihrem eigenen Hause. Haus des . . . Ach was, wir brauchen deine Abstrusiositäten aus dem Mittelalter nicht. Würdest du tun, was er tat? Ein Boot wäre in der Nähe, eine Rettungsboje. *Natürlich,* eigens für dich dort hingesetzt. Würdest du oder würdest du nicht? Der Mann, der vor neun Tagen auf der Höhe von Maiden's Rock ertrunken ist. Sie warten noch

jetzt auf ihn. Die Wahrheit, spuck sie aus. Ich würde's wohl wollen. Ich würde's versuchen. Ich bin kein guter Schwimmer. Das Wasser kalt, und sanft. Als ich mit dem Gesicht hineintauchte im Becken zu Clongowes. Kann nicht mehr sehen! Wer ist hinter mir? Schnell raus nur, schnell! Siehst du die Flut dort schnellen, auf allen Seiten herein, in Schnelle den Sand überlakend der tieferen Bänke, kakaoschalenbraun? Ja, wenn ich Land hätte unter meinen Füßen. Ich will ja wohl, daß ihm sein Leben bleibt, doch mir auch meines. Ein ertrinkender Mensch. Seine Menschenaugen schreien mir zu, aus Todesentsetzen. Ich ... Hinab mit ihm zusammen ... Konnte sie nicht retten. Wasser: bittrer Tod: verloren.

Ein Weib und ein Mann. Ich seh' die Röckchen bei ihr. Hochgesteckt, wett' ich.

Der Hund der beiden sprang tänzelnd um eine Bank schwindenden Sandes, trabend, schnuffelnd überall. Hält nach etwas Ausschau, was er in einem früheren Leben verloren. Plötzlich sauste er davon wie ein tollender Hase, die Ohren angelegt, Jagd auf den Schatten einer tiefstreichenden Möve. Des Mannes schriller Pfiff spitzte ihm die Schlappohren. Er kehrte um, tollte zurück, kam näher, trabte mit blinkenden Flanken. Auf orangebraun tingiertem Feld ein Bock, einen Lauf gehoben, in natürlicher Farbe, ohne Geweih. Am Spitzensaum der Flut hielt er an, mit steifen Vorderhufen, seewärtsgerichteten Ohren. Seine emporgewandte Schnauze stieß Gebell gegen das Wellengerausch, Herden von Walrossen. Sie schlängelten sich auf seine Füße zu, sich wellend, aufschwellend in vielen Kämmen, jede neunte, sich brechend, verplätschernd, aus weiter, aus weiterer Ferne, Wellen um Wellen.

Muschelsammler. Sie wateten ein Stückchen weit im Wasser, bückten sich und zogen ihre Säcke hindurch, hoben sie wieder und wateten zurück. Der Hund lief kläffend auf sie zu, richtete sich mit tappenden Pfoten an ihnen in die Höhe, ließ sich wieder auf alle viere fallen und richtete sich wieder an ihnen auf, in stummem, bärenplumpem Schmeicheln. Unbeachtet hielt er sich bei ihnen, als sie auf den trockeneren Sand zukamen, einen Fetzen Wolfszunge rotlechzend aus seinem Rachen. Sein gefleckter Körper tänzelte ihnen voraus und trottete dann im Galopp eines Kalbs davon. Der Kadaver lag auf seinem Pfad. Er blieb stehen, schnüffelte, strich um ihn herum, den Bruder, schnupperte näher, umkreiste ihn, nach Hundeart rasch des toten Hundes ganzes durchnäßtes Fell abschnüffelnd. Hundeschädel, Hundsgeschnief, bewegt sich, Augen am Boden, auf ein einziges großes Tor zu. Ach du armes Hundeaas, du. Hier liegt des armen Hundeaases Aas.

– Tatters! Weg da, du Mistvieh!

Der grelle Zuruf ließ ihn zu seinem Herrn zurückzockeln, und ein grober unbestiefelter Tritt beförderte ihn unverletzt über eine Sandzunge, zusammengekrümmt im Flug. Er schlich im Bogen zurück. Sieht mich nicht. Am Rand der Mole trabte er dahin, kam ins Trödeln, beschnupperte einen Felsen und pinkelte unter gehobenem Hinterlauf dagegen. Er trottete weiter, hob nochmals den Hinterlauf und bepinkelte rasch kurz einen unbeschnupperten Felsen. Die schlichten Freuden der Armen. Seine Hinterpfoten sprühten dann Sand: dann grapschten und gruben die Vorderpfoten. Hat irgendwas da vergraben, seine Großmutter. Er wühlte im Sand, grapschend, grabend, und hielt inne, um in die Luft zu lauschen, scharrte dann wieder den Sand auf mit furiosen Pfoten und hörte bald wieder auf, ein Parder, ein Panther, im Ehbruch gezeugt, aasgeiernd die Toten.

Als er mich letzte Nacht aufweckte, derselbe Traum, oder? Warte. Ein offener Eingang. Straße der Huren. Entsinn dich. Harun al Raschid. Ich komm' der Sache beinäher. Der Mann da führte mich, sprach. Ich war nicht bange. Die Melone, die er hatte, er hielt sie mir vors Gesicht. Lächelte: sahniger Duft, Ausleseobst. Das wär' so die Regel, sagt' er. Nur herein. Treten Sie. Ein roter Teppich ausgebreitet. Sie werden schon sehen, wer.

Ihre Säcke geschultert, stapften sie dahin, die roten Ägypter. Seine gebläuten Füße unter den hochgekrempelten Hosen schlappten in den klammen Sand, ein stumpf ziegelrotes

Nackentuch schnürte ihm den unrasierten Hals. Mit Weiberschritten dahinter sie: der Räuber und seine strolchende Schlumpe. Beute baumelte auf ihrem Rücken. Loser Sand und Muschelgrus überkrusteten ihre nackten Füße. Um das windlederne Gesicht zottelte ihr Haar. Hinter dem Herrn und Gebieter seine Gefährtin, marsch ab nach Romeville. Wenn Nacht ihres Leibes Fehler verbirgt, lockt unterm braunen Schal sie rufend aus einem Torweg, da Hunde gesudelt. Ihr Stenz genehmigt sich derweil zwei Royal Dublins bei O'Loughlin in der Blackpitts. Leck ihr das Mündchen, pflock sie, wie Gannefs pflegen, ins O du mein stilles Tal, o du mein putziges Fötzchen. Einer Teufelin Weißheit unter den ranzigen Fetzen. Damals des nachts in der Fumbally's Lane: die Gerbereigerüche.

Weiß deine Pfötchen, rot deine Gusch',
Und dein Balg ein gar leckerer Bissen –
Komm schon mit mir ins Körbchen, huschhusch,
Zum Schunkeln im Dunkeln und Küssen . . .

Verdrießliche Ergötzungen nennt das der Spitzbauch von Aquin, *frate porcospino.* Adam, vor seinem Fall, hat nur gebimst, nicht gebrunstet. Locken laß ihn: *dein Balg ein gar leckerer Bissen.* Sprache kein bißchen schlechter als seine. Mönchsworte, Rosenkranzperlen plappern an ihren Gürteln: Ganovenworte, harte Nuggets schwatzen in ihren Taschen.

Jetzt gehn sie vorbei.

Ein Seitenblick auf meinen Hamlet-Hut. Wenn ich nun plötzlich nackt wäre, wie ich hier sitze? Bin's aber nicht. Über die Sande der ganzen Welt, gefolgt vom Flammenschwert der Sonne, dem Westen zu, in Abend-Länder treckend. Sie stapft, schleppt, traint, draggt, trasciniert ihre Last. Eine Flut, verwestend, mondgezogen, in ihrem Kielwasser. Fluten, myriadenfach durchinselt, in ihrem Innern, Blut, nicht meines, *oinopa ponton,* weindunkle See. Siehe des Mondes Magd. Im Schlaf ruft das näßliche Zeichen ihre Stunde, heißet sie aufstehn. Brautbett, Kindsbett, Bett des Tods, geisterbekerzt. *Omnis caro ad te veniet.* Er naht, ein Vampir, durch Sturm seine Augen, seine Fledermaussegel überbluten die See, Mund dem Kuß ihres Mundes.

Hier. Spieß das fest, Kerl, sei nicht so faul. Meine Schreibtäfelchen. Mund ihrem Kuß. Nein. Gehören zwei dazu. Fest aufeinander. Mund dem Kuß ihres Mundes.

Seine Lippen belippten, bemundeten fleischlose Lippen aus Luft: Mund ihrem Schoß. Schluft, allumschoßende Gruft. Sein Mund modellierte Ströme von Atem, entsprachlicht: uuiiihah: Getöse kataraktischer Planeten, verkugelt, auflodernd, brüllend, wehewehewehewehewehweg. Papier. Die Banknoten, solln sie vergammeln. Old Deasys Brief. Hier. Danke Ihnen für die Gastfreundschaft in Ihren, reiß dir das freie Stück unten ab. Den Rücken der Sonne zuwendend, beugte er sich weit vor über einen Felsentisch und kritzelte Worte. Das ist jetzt schon das zweitemal, daß ich vergessen habe, mir Zettel aus der Bibliothek mitzunehmen.

Sein Schatten lag über den Felsen, als er sich beugte, in endlicher Länge. Warum nicht endlos bis zum fernsten Stern? Dunkel wesen sie dort hinter der Helle, Finsternis leuchtend im Licht, Delta Cassiopeiae, Welten. Ich bin's, der da sitzt mit der Eschenrute des Auguren, in geborgten Sandalen, ungesehen bei Tage an bleifahler See, hinwandernd in violetter Nacht unter der Herrschaft unheimlicher Gestirne. Ich werf' diesen endlichen Schatten ab von mir, Menschengestalt, unausweichlich, ruf' ihn zurück. Doch wär' er, endlos, meiner noch, Form meiner Form? Wer schaut mir hier zu? Wer wird denn wohl je irgendwo die geschriebenen Worte hier lesen? Zeichen auf weißem Feld. Für irgendwen irgendwo in deinen flötendsten Tönen. Der gute Bischof von Cloyne zog den Vorhang des Tempels aus seinem Schaufelhut: Schleier des Raums mit gefärbten Emblemen, schraffiert auf seinem Feld. Moment mal, halt. Gefärbt auf einer Fläche: doch, das stimmt schon. Fläche seh' ich, dann denk' ich Entfernung, nah, fern, Fläche seh' ich, Osten, zurück. Ah, seh's jetzt. Weicht plötzlich zurück, gefroren im Stereoskop. Klick macht der Trick. Du findst meine Worte dunkel. Dunkelheit ist in unsern Seelen, meinst du nicht auch? Etwas flötender bitte. Unsere Seelen, schamverwundet von unsern Sünden, klammern sich nur um so mehr an uns, wie eine Frau sich klammert an ihren Geliebten, je mehr desto mehr

Sie vertraut mir, ihre Hand sanft, die langbewimperten Augen. Aber wohin zurhölle bring' ich sie hinter dem Vorhang? In die unausweichliche Modalität der unausweichlichen Visualität. Sie, sie, sie. Welche sie denn? Die Jungfrau am Montag an Hodges Figgis' Schaufenster, spähend nach einem der Alphabet-Bücher, die du schreiben wolltest. Ganz schön scharf hast du sie angestarrt. Ums Handgelenk die Kordelschlaufe ihres Sonnenschirms. Sie wohnt in der Leeson Park, mit einem Kümmerchen und vielem Schnickschnack, eine gelahrte Lady. Also das kannst du andern erzählen, Stevie: bloß 'ne Bummelmieze. Wetten, daß sie diese gotteslästerlichen Sachen trägt, Korsett, Strumpfhalter und gelbe Strümpfe, gestopft mit knotiger Wolle? Und als Gesprächsstoff Apfelklöße, *piuttosto.* Mensch, wo bleibt dein Verstand?

Faß mich an. So sanfte Augen. Sanftesanfte Hand. Ich bin so einsam hier. Ah, faß mich bald an, jetzt. Wie heißt das Wort, das alle Männer kennen? Ich bin ganz friedlich hier allein. Und traurig auch. Faß, faß mich an.

Er legte sich zurück, streckte sich lang aus auf den scharfen Felsen, die Kritzelnotiz und den Bleistift in die Tasche stopfend, den Hut tief über die Augen gezogen. Typisch Kevin Egan, die Bewegung, die ich da gemacht hab', immer wenn er sich zu seinem Nickerchen anschickte, Sabbath-Schlaf. *Et vidit Deus. Et erant valde bona.* 'Alo! *Bonjour,* willkommen wie im Mai die Regeltage. Unter seiner Krempe schaute er durch pfauenhaft zwitschernde Wimpern der südenden Sonne nach. Ich bin gefangen in dieser brennenden Szenerie. Pans Stunde, faunischer Mittag. Inmitten gummischwerer Schlangenpflanzen, milchtropfender Früchte, wo auf den lohgelben Wassern Blätter ruhen, weit. Der Schmerz ist fern.

Und nimmer geh beiseit' und sinn'.

Sein starrer Blick sann über seinen breitzehigen Stiefeln, eines Gecken abgetakelte Sachen, *nebeneinander.* Er zählte die Brüche im zerknitterten Leder, darin eines andern Fuß einst warm genistet. Der Fuß, der im Tripudium den Boden stampfte, mißliebig mir. Doch warst du entzückt, als Esther Osvalts Schuh dir paßte: Mädchen, gekannt in Paris. *Tiens, quel petit pied!* Treuer Freund, eine Bruderseele: Wilde's Liebe, die nicht wagt, den eigenen Namen zu nennen. Er wird mich jetzt verlassen. Und die Schuld? Wie ich bin. Wie ich bin. Ganz oder gar nicht.

In langen Lassos floß aus dem Cock Lake satt das Wasser, grüngolden deckend Lagunen von Sand, steigend, fließend. Mein Eschenstock treibt mir noch weg. Ich werde warten. Nein, sie werden weiterfluten, im Weiterfluten aufschäumend gegen die niedrigen Felsen, strudelnd, weiterflutend. Lieber das Geschäft schnell hinter sich bringen. Horch: eine vierwortige Wellensprache: ssiissuu, hrss, rssiiiss, uuuss. Heftiger Atem der Wasser inmitten von Seeschlangen, sich bäumenden Rossen, Felsen. In felsigen Näpfen schwappt er: flapp, schwapp, schlopp: gefesselt in Fässern. Und versprüht erlischt seine Sprache. Rieselnd noch fleußt er, weit ausfließend, flutender Schaumpfuhl, Blume, sich entfaltend.

Unter der aufschwellenden Flut sah er den sich windenden Tang: Wesen, die schlaff sich erhoben und widerwehrende Arme schwangen, hoch hissend die Unterröcke, schwenkend und aufrichtend züchtige Silberne Wedel in wisperndem Wasser. Tag um Tag: Nacht um Nacht: erhoben, überflutet und fallen gelassen. Mein Gott, sie sind müde: und flüstert man leise sie an, so seufzen sie auf. Das hat der heilige Ambrosius gehört, Seufzen von Blättern und Wellen, wartend, erwartend, daß da erfüllet werde ihre Zeit, *diebus ac noctibus iniurias patiens ingemiscit.* Zu keinem Ziel noch Ende gesammelt: umsonst dann erlöst, fortflutend, wendend, zurück: Webstuhl des Monds. Müd auch im Angesicht von Liebenden, laszive

Männer, ein nacktes Weib, gleißend in seinem Hof: zieht ein Netz von Wassern.

Fünf Faden da draußen. Fünf Faden tief dein Vater liegt. Gegen eins, hat er gesagt. Ertrunken aufgefunden. Hochwasser an der Dublin-Barre. Loses Geschiebe vor sich hertreibend in seiner Drift, Fächerschwärme von Fischen, alberne Muscheln. Ein Leichnam steigt salzweiß aus der Unterströmung, tuckert landwärts, ruck herum, zuck herum, bist du gleich ein Tümmler drum. Da ist er. Schnell den Haken dran. Wiewohl ihn tiefe Wasser decken. Wir haben ihn. Jetzt nur immer mit der Ruhe.

Ein Sack Leichengas, schwampend in fauliger Lake. Ein flinker Schwall Elritzen, fett von einem schwammigen Leckerbissen, flutschen durch die Schlitze aus seinem geknöpften Hosenlatz. Gott wird Mensch wird Fisch wird Bernikelgans wird Federbettenberg. Toten Odem atme lebend ich aus, trete toten Staub, verschlinge urinigen Abfall von allem Toten. Starr und steif über den Dollbord gezogen, atmet er aus und empor den Stank seines grünen Grabs, schnarcht sein lepröses Nasloch hinan zur Sonne.

Wandlung in Meereshut dies: Braunaugen salzblau. Seetod, mildester aller Tode, so dem Menschen bekannt. Altvater Ozean. *Prix de Paris:* vor Nachahmungen wird gewarnt. Probiern Sie's doch einfach mal aus. Uns selber hat's großen Spaß gemacht.

Komm. Mich dürstet. Es bewölkt sich. Doch nirgends schwarze Wolken, oder? Gewitter. Allhellend fällt er, stolzer Blitz des Intellekts, *Lucifer, dico, qui nescit occasum.* Nein. Meinen Muschelhut und Stab und seinemeine Sandelschuh'. Wohin mit ihnen? Abend-Landen zu. Der Abend wird sich finden.

Er packte den Griff seines Eschenstocks, leicht damit pochend, zaudernd noch. Ja, doch, der Abend wird sich finden, in mir, und außerhalb meiner. Jeder Tag geht mal zu Ende. Wann ist's übrigens nächstens wieder so weit? Dienstag, das wird der längste. Des fröhlichen neuen Jahrs, Mutter, ta damm tam

tiddeldi damm. Lawn Tennyson, Gentleman-Poet. *Già.* Für die alte Hexe mit den gelben Zähnen. Und Monsieur Drumont, Gentleman-Journalist. *Già.* Meine Zähne sind miserabel. Wieso eigentlich, möcht' ich mal wissen. Fühl doch. Der da macht's auch nicht mehr lange. Muscheln. Ob ich zum Zahnarzt gehn sollte von dem Geld? Möcht's wissen. Der da. Kinch Ohnezahn, der Übermensch. Wieso bloß, möcht' ich mal wissen, oder hat das vielleicht sogar was zu bedeuten?
Mein Taschentuch. Er warf's mir noch zu. Entsinn' mich. Hab' ich's denn nicht aufgehoben?
Seine Hand wühlte vergebens in seinen Taschen. Nein, hab' ich wohl nicht. Also eins kaufen.
Er legte den trockenen Rotz, aus dem Nasenloch gepopelt, auf einen Sims aus Fels, fein säuberlich. Ach was, soll's doch sehen, wer will.
Hinter mir. Vielleicht ist dort wer.
Er wandte das Gesicht über die Schulter, schaute zurück. Gleitend durch die Luft die hohen Spieren eines Dreimasters, die Segel gegeit an den Kreuzhölzern, heimwärts, stromauf, still gleitend, ein schweigendes Schiff.

II

Mr. Leopold Bloom aß mit Vorliebe die inneren Organe von Vieh und Geflügel. Er liebte dicke Gänsekleinsuppen, leckere Muskelmägen, gespicktes Bratherz, panierte kroß geröstete Leberschnitten, gerösteten Dorschrogen. Am allerliebsten hatte er gegrillte Hammelnieren, die seinem Gaumen einen feinen Beigeschmack schwachduftigen Urins vermittelten.

Nieren beschäftigten seine Gedanken, während er sich sacht in der Küche umherbewegte und ihr das Frühstück richtete auf dem bucklig verzogenen Tablett. Eiskalt waren Licht und Luft in der Küche, doch draußen überall linder Sommermorgen. Er bekam richtig etwas Appetit.

Die Kohlen begannen sich zu röten.

Noch eine Scheibe Brot mit Butter: drei, vier, recht so. Sie mochte ihren Teller nicht zu voll. Recht so. Er wandte sich ab von dem Tablett, hob den Kessel vom Herdeinsatz und stellte ihn seitwärts aufs Feuer. Da hockt er, plump und vierschrötig, die Tülle vorgestreckt. Bald eine Tasse Tee. Gut. Trockener Mund. Die Katze umschritt steif ein Tischbein, den Schwanz in der Höh.

– Mkgnau!

– Ah, da bist du ja, sagte Mr. Bloom, sich vom Feuer wendend.

Die Katze maunzte eine Antwort und stakte wieder steif um ein Tischbein, maunzend. Just wie sie über meinen Schreibtisch stakt. Prr. Kraul mir den Kopf. Prr.

Mr. Bloom beobachtete neugierig, freundlich, die geschmeidige schwarze Gestalt. Sauberer Anblick: der Glanz ihres glatten Fells, der weiße Knubbel unter dem Knauf ihres Schwanzes, die grünen blitzenden Augen. Er bückte sich zu ihr hinab, die Hände auf den Knien.

– Milch für das Pussilein, sagte er.

– Mrkgnau! schrie die Katze.

Die sollen nun dumm sein. Dabei verstehn sie besser, was wir sagen, als wir sie verstehn. Die da versteht haarscharf alles, was sie verstehen will. Ist auch nachtragend. Möchte wohl wissen, wie ich so wirke auf sie. Hoch wie ein Turm? Nein, springt mir doch glatt auf die Schulter.

– Angst vor den Hühnerchen hat sie, sagte er spottend. Angst vor den kleinen Putputputs. Wer hat wohl schon mal so ein dummes Pussilein gesehn wie unser Pussilein hier!

Grausam auch. Ihre Natur. Komisch, die Mäuse quieken nie. Scheinens wohl gar zu mögen.

– Mrkrgnau! machte die Katze laut.

Sie blinzelte empor aus ihren gierigen, beschämt sich schließenden Augen, maunzte klagend und lang, ihm die milchweißen Zähne zeigend. Er beobachtete, wie die dunklen Pupillenschlitze sich vor Gier verengten, bis ihre Augen grüne Steine waren. Dann ging er zur Anrichte, nahm den Krug, den der Milchmann von Hanlon's eben für ihn gefüllt hatte, goß sprudelwarme Milch auf eine Untertasse und stellte sie behutsam auf den Boden.

– Garrhr! schrie die Katze, hinlaufend, um zu lappen.

Er betrachtete die Schnurrbarthaare, die drahtig leuchteten im schwachen Licht, als sie dreimal in die Milch tupfte und leicht schleckte. Ob das stimmt, daß sie nicht mehr auf Mäuse gehn können, wenn man sie ihnen kappt? Wieso eigentlich? Leuchten vielleicht im Dunkeln, die Spitzen. Oder sind so was wie Fühler im Dunkeln, vielleicht.

Er lauschte ihrem lappenden Schlecken. Schinken und Eier, nein. Gibt keine guten Eier jetzt bei der Dürre. 's braucht reines frisches Wasser dazu. Donnerstag: auch für Hammelnieren kein guter Tag, bei Buckley. Geröstet in Butter, ein Schuß Pfeffer. Lieber doch eine Schweinsniere von Dlugacz. Inzwischen kocht auch das Wasser. Sie lappte langsamer, schleckte die Untertasse dann rein. Wieso haben die eigentlich so rauhe Zungen? Zum besser schlecken, lauter poröse Löcher. Nichts da, was sie fressen kann? Er schaute sich um. Nein.

In gedämpft knarrenden Stiefeln ging er die Treppe zum

Flur hinauf, blieb vor der Schlafzimmertür stehen. Vielleicht hatte sie Appetit auf was Leckeres. Dünnes Brot mit Butter mag sie gerne morgens. Das heißt, vielleicht: gelegentlich immer mal.

Er sagte sanft im kahlen Flur:

– Ich geh nur rasch um die Ecke. Bin gleich wieder da.

Und als er seine Stimme das hatte sagen hören, fügte er hinzu.

– Du möchtest nichts Besonderes zum Frühstück?

Ein schläfrig schlaffes Grunzen antwortete:

– Mn.

Nein. Sie mochte nichts Besonderes. Er hörte noch ein warmes schweres Seufzen, schlaffer, als sie sich auf die andere Seite drehte und die losen Messingringe der Bettstatt klingelten. Muß die Dinger wirklich festmachen lassen. Ein Jammer. Von so weit her, von Gibraltar. Das bißchen Spanisch, was sie mal konnte, ist vollständig futsch. Möchte wohl wissen, was ihr Vater dafür ausgegeben hat damals. Ziemlich altmodisches Ding. Ah ja, natürlich. Auf der Gouverneurs-Auktion gekauft. Hats glatt für nen Pappenstiel gekriegt. Hart wie ein Nagel, wenns ums Geschäft ging, der olle Tweedy. Jawoll, Sir. Bei Plevna war das. Ich hab von der Pike auf gedient, Sir, und da bin ich stolz drauf. Aber dann hatte er doch auch wieder Grips genug, die Anlage in Briefmarken zu machen damals. Also da hat er ganz schön Weitblick gehabt.

Seine Hand nahm den Hut vom Haken über dem schweren Überrock mit seinen Initialen und dem auf dem Fundbüro gebraucht gekauften Regenmantel. Briefmarken: Bildchen mit klebriger Rückseite. Also bestimmt haben auch massenhaft Offiziere da ihre Finger mit drin. Natürlich haben sie das. Die durchschwitzte Legende im Oberteil seines Huts unterrichtete ihn stumm: Plastos prima Qualitäts-Hu. Er spähte rasch hinter das lederne Schweißband. Ein weißer Streifen Papier. Vollkommen sicher da.

Auf der Türschwelle tastete er in seiner Gesäßtasche nach dem Hausschlüssel. Nicht da. Wohl in den Hosen, die ich ausgezogen habe. Brauch ihn aber. Die Kartoffel hab ich. Der Kleiderschrank knarrt. Lohnt nicht, würd sie bloß stören. Hatte sich grad noch mal auf die andere Seite gedreht, schläfrig. Er zog die Flurtür sehr behutsam hinter sich zu, immer mehr, bis die Fußlasche sich sanft über der Schwelle schloß, ein schlaffes Lid. Sah aus wie geschlossen. Na gut, bis ich wiederkomme jedenfalls.

Er ging auf die Sonnenseite hinüber, vermied die lose Kellerklappe von Nummer Fünfundsiebzig. Die Sonne näherte sich dem Glockenstuhl der George's Church. Wird wahrscheinlich ein warmer Tag heute. Besonders in dem schwarzen Zeug, spürt mans mehr. Schwarz leitet die Hitze, ist ein Hitze-Reflektor (oder heißt es Refraktor?). Aber in dem hellen Anzug könnt ich ja nicht gehen. Ist ja schließlich kein Picknick. Die Lider sanken ihm oft über die Augen, in aller Ruhe, während er in seliger Wärme dahinschritt. Boland's Brotwagen, der uns auf Platten unser tägliches anliefert, aber sie hat ja lieber welches von gestern, knusprige Törtchen, heiße Hefezöpfe. Richtig jung fühlt man sich davon. Irgendwo im Osten: früher Morgen: Aufbruch bei Dämmerung, dann rundum immer vor der Sonne herreisen, damit stiehlt man ihr einen ganzen Tag ab. Hielte mans ewig durch, würde man nie einen Tag älter, rein technisch. An einem Strand dahinwandern, fremdes Land, an ein Stadttor kommen, Schildwache davor, auch so ein alter Piken-Diener, des alten Tweedy großer Schnurrbart, lehnt auf einer langen Art von Speer. Wandern durch Gassen, von Sonnensegeln überzeltet. Beturbante Gesichter gehn vorbei. Dunkle Höhlen von Teppichläden, ein großer Mann, Turko der Schreckliche, kreuzbeinig dasitzend, den Ringschlauch einer Wasserpfeife im Mund. Händlerschreie auf den Straßen. Trinkt Wasser, duftend nach Fenchel, Scherbett. Den ganzen Tag so wandern, immer weiter. Man könnte einem Räuber begegnen oder zweien. Na schön, soll sein. Weiter dem Sonnenuntergang zu. Die Schatten der Moscheen an den Pfeilern: Priester mit einer aufgerollten Schriftrolle. Ein Schauern der Bäume, Signal, der Abendwind. Ich schreite

weiter. Blassender Goldhimmel. Eine Mutter späht aus ihrem Torweg. Sie ruft die Kinder heim in ihrer dunklen Sprache. Hohe Mauer: jenseits gezupfte Saiten. Nacht Himmel Mond, violett, die Farbe von Mollys neuen Strumpfbändern. Saitenklang. Horch. Ein Mädchen spielt eins von diesen Instrumenten, wie heißen sie doch: Hackbrett. Ich ziehe weiter.
Wahrscheinlich ja kein bißchen so in Wirklichkeit. Irgend so ein Zeug bloß, was du mal gelesen hast: Auf den Spuren der Sonne. Der Sunburst auf dem Titelblatt: Aufgang des Glanzes. Er lächelte selbstzufrieden. Was Arthur Griffith von der Kopfleiste über dem *Freeman*-Leitartikel sagte: eine Homerule-Sonne, die im Nordwesten aus der Gasse hinter der Bank von Irland aufgeht. Er verlängerte sein zufriedenes Lächeln. Hat direkt ein bißchen was Itziges an sich: Homerule-Sonne, die im Nordwesten aufgeht.
Er näherte sich Larry O'Rourke. Aus dem Kellergitter drang mattes Portergeplätscher herauf. Durch den offenen Eingang spritzte die Bar Rüche von Ingwer aus, den Teestaub, von Biskuitbrei. Gutes Haus, aber: grad am Ende des Stadtverkehrs. Zum Beispiel M'Auley da unten: als Lage nichts wert. Wenn sie natürlich an der North Circular mal eine Tram-Linie legten, vom Viehmarkt bis zu den Kais, dann ginge der Wert sofort ruckartig in die Höhe.
Kahlkopf über der Scheibengardine. Schlauer alter Knicker. Zwecklos, den wegen ner Annonce zu löchern. Versteht sein Geschäft immer noch selber am besten. Weißgott, da steht er ja, unser kecker Larry, und wie er da lehnt, an der Zuckerkiste in seinen Hemdsärmeln, und dem beschürzten Kuraten zusieht, wie der da aufwischt mit Scheuerlappen und Eimer. Simon Dedalus kann ihn haargenau nachmachen mit seinen verdrehten Augen. Wissen Sie, was ich Ihnen sage? Was denn, Mr. O'Rourke? Ich sage Ihnen, die Japse, die könnten die Russen glatt zum Frühstück schlucken, auf einen Sitz, sag ich Ihnen.
Bleib stehen und sag irgendwas: über die Beerdigung vielleicht. Traurige Sache das mit dem armen Dignam, Mr. O'Rourke.

Er bog in die Dorset Street ein und sagte frisch durch die Tür grüßend:
– Einen schönen guten Tag, Mr. O'Rourke!
– 'n Tag auch.
– Wunderschönes Wetter heute, Sir!
– Kann man sagen.

Wo kriegen die bloß das Geld her? Kommen als rothaarige ›Kuraten‹ aus der finstersten Provinz, Leitrim etwa, spülen Leergut und Rückstände im Keller. Und auf einmal, schau an, treiben sie Blüten wie die Adam Findlaters oder Dan Tallons. Man muß ja die Konkurrenz bedenken. Allgemeiner Durst. Wäre ein ganz schönes Geduldsspiel, quer durch Dublin, ohne an einer Kneipe vorbei. Viel sparen können sie nicht. Höchstens bei den Besoffenen. Drei hin und fünf im Sinn. Aber was bringt das schon. Hier und da mal nen Schilling, Schnickschnack. Aber per En-gros-Bestellungen vielleicht. Macht man doppelten Reibach bei den Stadtreisenden. Komm du mit dem Chef klar, und wir teilen uns die Penunzen, topp?
Auf wieviel käme sich das wohl im Monat beim Porter? Sagen wir doch mal zehn Fässer Ware. Sagen wir, er macht zehn Perzent. Nee, mehr. Zehn. Fünfzehn. Er kam an der St. Joseph vorbei, der Volksschule. Einen Krach machen die Blagen. Fenster offen. Frische Luft stärkt das Gedächtnis. Oder ein lustiger Merkvers. Ahbezeh deäffgeh ijottkah elmnopeh kuherest uff au weh. Sind das Jungens? Ja. Inishturk. Inishark. Inishboffin. Haben Ehrtkunne. Meiner. Das Bloom-Gebirge.
Er blieb vor Dugaczs Schaufenster stehen und starrte die Ketten von Knackwürsten an, Bologneser, schwarz und weiß. Fünfzehn multipliziert mit. Die Ziffern verblichen ungelöst in seinem Geist: mißmutig ließ er sie schwinden. Die glänzenden Würstchen, prall gestopft aus Füllfleisch, nährten seinen Blick, und voll Ruhe atmete er den lauwarmen Hauch gekochten würzigen Schweinebluts ein.
Einer Niere entsickerten Blutstropfen auf den weidegemuster-

ten Teller: die letzte. Er stand am Ladentisch neben dem Mädchen vom Nachbarhaus. Wollte die sie etwa auch kaufen? Sie las die einzelnen Posten von einem Zettel ab in ihrer Hand. Rissig: Waschsoda. Und anderthalb Pfund Denny's Würstchen noch. Seine Blicke ruhten auf ihren kräftigen Hüften. Woods heißt er. Möchte wissen, was der eigentlich macht. Seine Frau ist schon etwas ältlich. Frisches Blut. Verehrer nicht gestattet. Stramme Arme. Beim Teppichklopfen einmal auf der Wäscheleine. Die haut zu, beim heiligen Georg! Und wie ihr der schiefe Rock schwingt bei jedem Schlag.
Der frettchenäugige Schweineschlachter legte die Würste zusammen, die er mit fleckigen Fingern, würstchenrosa, abgeschnippt hatte. Gesundes Fleisch, die da, wie eine stallgefütterte Färse.
Er nahm sich ein Blatt von dem Stoß zugeschnittenen Einwickelpapiers. Die Musterfarm in Kinnereth am Seeufer des Tiberias. Kann ideales Wintersanatorium werden. Moses Montefiore. Dacht ichs doch, der. Bauernhaus, Mauer drumrum, verschwommen weidendes Vieh. Er hielt das Blatt von sich ab: interessant: las genauer, das verschwommen weidende Vieh, auf raschelnder Seite. Eine junge weiße Färse. Jene Morgengänge über den Viehmarkt, die Tiere muhend in den Verschlägen, gebrandmalte Schafe, flappend fallender Dung, die Züchter in grobgenagelten Stiefeln, stapfend durch die Spreu, mit flacher Hand auf ein prallfleischiges Hinterviertel schlappend, prima Qualität das hier, ungeschälte Gerten in den Händen. Er ließ das Blatt schief sinken, geduldig, lenkte die Sinne ab und den Willen, brachte das sanft unterwürfige Starren zur Ruhe. Der schiefe Rock: schwang Schlag um Schlag um Schlag.
Der Schweineschlachter grapschte sich zwei Blatt von dem Stoß, wickelte ihr die prima Qualitätswürstchen ein und zog eine rote Grimasse.
– Das wärs, mein Fräulein, sagte er.
Sie reichte ein Geldstück, keck lächelnd dabei, das dicke Handgelenk ausgestreckt.

– Dankeschön, mein Fräulein. Und ein Schilling drei Pence zurück. Der Herr, bitte?
Mr. Bloom zeigte rasch. Um sie einzuholen und hinter ihr zu gehen, wenn sie langsam ging, hinter ihren schaukelnden Schinken. Hübsch zu sehn so als erstes am Morgen. Beeil dich, verdammt. Heu muß man machen, solange die Sonne scheint. Sie stand draußen vor dem Laden im Sonnenschein und schlenderte lässig nach rechts. Er stieß einen Seufzer die Nase hinab: sie verstehn aber auch nie. Sodarissige Hände. Verkrustete Zehennägel auch. Braunes Schulterkleid in Fetzen, schützt sie gleich doppelt. Die nagende Mißachtung erglühte zu schwacher Freude in seiner Brust. Für einen andern: ein Schupo außer Dienst hat sie mal abgeknutscht in der Eccles Lane. Die mögens, wenn ordentlich was dran ist an einer. Prima Qualitätswürstchen. Ach bitte, Herr Wachtmeister, ich hab mich im Wald verlaufen.
– Drei Pence, bitte.
Seine Hand empfing die feuchte weiche Drüse und ließ sie in eine Seitentasche gleiten. Dann holte sie drei Münzen aus der Hosentasche und legte sie auf die Stacheln der Gummiunterlage. Da lagen sie, wurden rasch gezählt und glitten rasch, Scheibchen um Scheibchen, in die Ladenkasse.
– Vielen Dank, der Herr. Beehrn Sie mich bald wieder.
Ein Aufflackern gierigen Feuers aus Fuchsaugen dankte ihm. Er zog den Blick davon ab nach einem Moment. Nein: lieber nicht: bald wieder.
– Guten Morgen, sagte er und wandte sich zum Gehen.
– Recht guten Morgen auch, der Herr.
Keine Spur. Verschwunden. Was solls auch.
Er ging durch die Dorset Street zurück, lesend, mit ernster Miene. Agendath Netaim: Pflanzergenossenschaft. Ankauf weiter sandiger Landstriche von der türkischen Regierung und Bepflanzung mit Eukalyptusbäumen. Hervorragend als Schattenspender, Brennmaterial und Bauholz. Apfelsinenhaine und riesige Melonenfelder nördlich von Jaffa. Man zahlt achtzig Mark, und sie bepflanzen für einen ein Dunam

Land mit Oliven, Apfelsinen, Mandelbäumen oder Zitronen. Oliven billiger: Apfelsinen brauchen künstliche Bewässerung. Jedes Jahr kriegt man eine Sendung von der Ernte. Ihr Name wird auf Lebenszeit als Besitzer ins Vereinsbuch eingetragen. Kann zehn anzahlen und den Rest jährlich abstottern. Bleibtreustraße 34, Berlin W 15.
Kommt nichts raus dabei. Aber eine Idee dahinter.
Er betrachtete das Vieh, verschwommen in silberner Hitze. Silbern bestaubte Olivenbäume. Stille lange Tage: bloß ausputzen, reifen lassen. Oliven werden doch in Kruken verpackt, oder? Ich hab noch ein paar von Andrews. Molly hat sie ja ausgespuckt. Kennt den Geschmack jetzt. Apfelsinen in Seidenpapier, in Lattenkisten verpackt. Zitronen ebenfalls. Möchte wohl wissen, ob der arme Citron noch lebt in der St. Kevin's Parade. Und Mastiansky mit der alten Zither. Nette Abende waren das damals. Molly in Citrons Korbsessel. Schön, sie anzufühlen, kühle wächserne Frucht, schön in der Hand, an die Nüstern zu heben und ihren Duft zu schnuppern. Genau so, schwerer, süßer, wilder Duft. Und das immer wieder, Jahr für Jahr. Sie erzielten auch hohe Preise, hat Moisel mir erzählt. Arbutus Place: Pleasants Street: viel Pläsier damals. Müssen ohne Makel sein, hat er gesagt. Wo sie so weit herkommen: Spanien, Gibraltar, Mittelmeer, von der Levante. Lattenkisten in Reih und Glied am Kai in Jaffa, irgendein Kerl hakt sie ab in einem Buch, Hafenarbeiter verladen sie, in verdrecktem Baumwollzeug. Da ist ja der wieheißterdochgleich, aus Dingsbums. 'n Tag. Sieht nicht her. Irgendwie doch ärgerlich, wenn man jemand bloß grad so weit kennt, daß man ihn grüßt. Also von hinten sieht er aus wie dieser norwegische Kapitän. Möchte wissen, ob ich den treffe heute. Wasserwagen. Wohl um den Regen herauszufordern. Wie im Himmel also auch auf Erden.
Eine Wolke begann die Sonne zu bedecken, ganz langsam ganz. Grau. Fern.
Nein, doch nicht so. Ein unfruchtbares Land, kahle Wüste. Vulkanischer See, das tote Meer: kein Fisch, keine Vegetation,

tief eingesackt in der Erde. Kein Wind hat je seine Wellen gehoben, graues Metall, giftige neblige Wasser. Schwefel, so nannten sies, regnete nieder: die Städte der Ebene: Sodom, Gomorrah, Edom. Alles tote Namen. Ein totes Meer in einem toten Land, grau und alt. Alt jetzt. Es hat die älteste Rasse geboren, die erste. Ein krummes altes Weib kam von Cassidy herüber, ihre Hand hielt den Hals einer Noggin-Flasche gepackt. Das älteste Volk. Weit fortgewandert über die ganze Erde, von Gefangenschaft zu Gefangenschaft, sich mehrend, sterbend, stets sich neu gebärend, allüberall. Da lag es nun. Nun konnte es nicht mehr gebären. Tot: eines alten Weibes: grau eingesackte Votze der Welt.

Trostlose Öde.

Grauer Schauder versehrte sein Fleisch. Das Blatt in die Tasche faltend, bog er in die Eccles Street ein, eilig, nach Hause zu kommen. Kalte Öle schlüpften durch seine Adern, durchfröstelten sein Blut: Uralter umkrustete ihn wie ein Mantel von Salz. Ja, und ich bin also jetzt hier. Morgenstunde, flau im Munde. Ungute Bilder, so früh. Bin mit dem linken Bein zuerst aus dem Bett gestiegen. Muß wieder mit den Sandowschen Übungen anfangen. Runter auf die Hände. Fleckige braune Backsteinhäuser. Nummer achtzig immer noch unvermietet. Wieso eigentlich? Taxwert doch bloß achtundzwanzig. Towers, Battersby, North, MacArthur: Wohnzimmerfenster bepflastert mit Zetteln. Pflaster auf einem schlimmen Auge. Den feinen Tee-Dunst riechen, Dampf von der Pfanne, zischende Butter. Nahe sein ihrem schwellenden bettwarmen Fleisch. Ja, ja.

Flinkes warmes Sonnenlicht kam von der Berkeley Road gelaufen, geschwind, auf leichten Schuhen, entlang dem erglänzenden Fußsteig. Läuft, es läuft, um sich mit mir zu treffen, ein Mädchen mit goldenem Haar im Wind.

Zwei Briefe und eine Karte lagen auf dem Flurboden. Er bückte sich und sammelte sie ein. Mrs. Marion Bloom. Sein schnelles Herz verlangsamte alsbald seinen Schlag. Kühne Hand. Mrs. Marion.

– Poldy!

Als er das Schlafzimmer betrat, schloß er halb die Augen und ging durch warmes gelbes Zwielicht auf ihren zerzausten Kopf zu.

– Für wen sind die Briefe?

Er sah nach. Mullingar. Milly.

– Ein Brief für mich von Milly, sagte er sorgsam, und eine Karte an dich. Und ein Brief für dich.

Er legte ihr Karte und Brief neben die Wölbung ihrer Knie auf die geköperte Bettdecke.

– Willst du das Rouleau hoch haben?

Während er das Rouleau in sanften Rucken halb hochließ, bemerkte sein rückwärtiges Auge, wie sie einen Blick auf den Brief warf und ihn dann unter ihr Kissen steckte.

– Reicht das? fragte er, sich umwendend.

Sie war mit dem Lesen der Karte beschäftigt, auf den Ellbogen gestützt.

– Sie hat die Sachen gekriegt, sagte sie.

Er wartete, bis sie die Karte beiseite gelegt und sich mit einem behaglichen Seufzer wieder in die Kissen geschmiegt hatte.

– Beeil dich mit dem Tee, sagte sie. Ich bin ganz ausgedörrt.

– Der Kessel kocht schon, sagte er.

Aber er zögerte noch, um erst den Stuhl abzuräumen: ihren gestreiften Unterrock, hingeworfene schmutzige Wäsche: er raffte alles zu einem Armvoll zusammen und legte es zu Füßen auf das Bett.

Als er die Küchentreppe hinunterging, rief sie:

– Poldy!

– Was?

– Brüh die Teekanne vorher aus.

Natürlich schon am Kochen: eine Feder von Dampf aus der Tülle. Er brühte die Teekanne aus, schwenkte sie, schüttete weg, und tat vier volle Löffel Tee hinein, den Kessel dann schrägend, um Wasser einfließen zu lassen. Nachdem er sie zum Ziehen hingesetzt hatte, nahm er den Kessel fort, drückte die Pfanne flach auf die glühenden Kohlen und sah zu, wie der Klumpen Butter glitt und zerging. Während er die Niere auspackte, maunzte die Katze hungrig zu ihm auf. Gibt man ihr zuviel Fleisch, geht sie nicht mehr auf Mäuse. Angeblich fressen sie ja Schweinefleisch überhaupt nicht. Koscher. Da. Er ließ ihr das blutbeschmierte Papier hinfallen und senkte die Niere mitten in die aufzischende Butter. Pfeffer. Er streute ihn durch seine Finger, in kreisender Bewegung, aus dem angeschlagenen Eierbecher.

Dann schlitzte er seinen Brief auf und überflog Vorder- und Rückseite. Dank: neue Wollmütze: Mr. Coghlan: Picknick am Loch Owel: junger Student: Blazes Boylans Strandmädchen.

Der Tee hatte gezogen. Er füllte seine eigene Schnurrbarttasse, imitiertes Crown Derby, lächelte. Von der tollen Milly, zum Geburtstag. Erst fünf war sie damals. Moment, nein: vier. Ich hab ihr das Halsband aus unechtem Bernstein geschenkt, das sie dann zerriß. Sowas, gefaltete Stücke Packpapier in den Briefkasten zu stecken für sie! Er lächelte beim Einschenken.

O Milly Bloom, du bist mein Schätzchen.
Du bist mir Tag und Nacht mein liebstes Spätzchen.
Ich hab dich ohne einen einzigen Heller
Viel lieber als Katey Keogh mit Küch und Keller.

Der arme alte Professor Goodwin. Gräßlicher alter Sonderling. Trotzdem, ein höflicher alter Knabe war er ja. Altmodische Art, wie er Molly immer vom Podium herunterdienerte. Und der kleine Spiegel in seinem Zylinder. An dem Abend, wo Milly das Ding ins Wohnzimmer brachte. Seht doch mal, was ich da in Professor Goodwins Hut gefunden habe! Wir lachten alle. Sogar damals schon brach das Geschlecht in ihr durch. Keckes kleines Stück war sie.

Er stach eine Gabel in die Niere und schlappte sie herum: setzte dann die Teekanne auf das Tablett. Der Buckel darin knackte, als er es aufnahm. Alles drauf? Brot und Butter, vier, Zucker, Löffel, ihre Sahne. Ja. Er trug es die Treppe hinauf, den Daumen in den Teekannenhenkel gehakt.

Die Tür mit dem Knie aufstupsend, trug er das Tablett hinein und setzte es auf den Stuhl am Kopfende des Bettes.
– Wie lange du wieder gebraucht hast, sagte sie.
Die Messingringe klingelten, als sie sich energisch aufrichtete, einen Ellbogen auf dem Kissen. Er blickte ruhig nieder auf ihren massigen Leib und zwischen ihre großen weichen Peppen, die in ihrem Nachthemd zur Seite hingen wie ein Ziegeneuter. Die Wärme ihres hingekuschelten Körpers stieg in die Luft, sich mischend mit dem feinen Duft des Tees, den sie sich einschenkte.
Ein Streifen zerrissener Umschlag lugte unter dem eingedellten Kissen hervor. Schon im Begriff zu gehen, hielt er an, um die Bettdecke glatt zu streichen.
– Von wem war denn der Brief? fragte er.
Kühne Hand. Marion.
– Ach, von Boylan, sagte sie. Er bringt das Programm vorbei.
– Was singst du denn?
– *La ci darem* mit J. C. Doyle, sagte sie, und *Love's Old Sweet Song.*
Ihre vollen Lippen, trinkend, lächelten. Ziemlich schaler Geruch, den Weihrauch hinterläßt am nächsten Tag. Wie fauliges Blumenwasser.
– Möchtest du vielleicht das Fenster ein bißchen auf haben?
Sie schob eine Doppelscheibe Brot in den Mund und fragte:
– Um wieviel Uhr ist die Beerdigung?
– Um elf, glaube ich, antwortete er. Hab noch keine Zeitung gesehen.
Ihrem Fingerzeig folgend, nahm er ein Bein ihrer schmutzigen Schlüpfer vom Bett auf. Nein? Dann ein verdrehtes graues Strumpfband, geschlungen um einen Strumpf: zerknitterte glänzende Sohle.
– Nein: das Buch.
Der andere Strumpf. Ihr Unterrock.
– Es muß runtergefallt sein, sagte sie.
Er tastete herum, hier und dort. *Voglio e non vorrei.* Möchte

wissen, ob sie das richtig ausspricht: *voglio.* Also im Bett jedenfalls nicht. Muß runtergerutscht sein. Er bückte sich und hob die Bettgardine. Das Buch, heruntergefallen, spreizte sich an der Bauchung des orangenen Nachttopfs.
– Zeig her, sagte sie. Ich hab ein Zeichen reingelegt. Da ist ein Wort, wo ich dich fragen wollte.
Sie schlürfte einen Schluck Tee aus ihrer Tasse, die sie nichthenklig umfaßt hielt, und nachdem sie sich flink die Fingerspitzen an der Bettdecke abgewischt hatte, begann sie den Text mit der Haarnadel abzusuchen, bis sie auf das Wort stieß.
– Mit ihm was? fragte er.
– Hier, sagte sie. Was bedeutet das?
Er beugte sich nieder und las neben ihrem polierten Daumennagel.
– Metempsychose?
– Ja. Wie sieht der Kerl im Hemd aus?
– Metempsychose, sagte er, die Stirn in Falten. Das ist griechisch: aus dem Griechischen. Es bedeutet die Transmigration der Seelen.
– Ach du dickes Ei! sagte sie. Kannst du das nicht noch etwas schwieriger erklären?
Er lächelte, ein Seitenblick streifte ihr spöttisches Auge. Dieselben jungen Augen. Die erste Nacht nach den Scharaden. Dolphin's Barn. Er wandte die speckigen Seiten um. *Ruby: der Stolz der Arena.* Halloh! Eine Abbildung. Wilder Italiener mit Kutscherpeitsche. Muß wohl dieser Ruby sein, der Stolz der, auf dem Boden da, nackt. Bettuch freundlich gestellt. *Der Unhold Maffei ließ von seinem Opfer und schleuderte es mit einem Fluche von sich.* Überall Grausamkeit dahinter. Gedopte Tiere. Am Trapez im Hengler. Hab wegsehn müssen. Pöbel, gaffend. Brecht euch den Hals, und wir lachen uns tot. Ganze Familien. Immer man jung entbeint, dann können sie Metempsychose. Daß wir weiterleben nach dem Tod. Unsere Seelen. Daß eines Menschen Seele, wenn er stirbt. Dignams Seele . . .
– Bist du durch damit? fragte er.

– Ja, sagte sie. Steht nichts Deftiges drin. Ist sie eigentlich die ganze Zeit in den ersten Kerl verliebt?
– Habs nie gelesen. Willst du ein anderes?
– Ja. Hol mir wieder eins von Paul de Kock. Der hat so einen hübschen Namen.
Sie goß sich Tee nach in ihre Tasse, betrachtete den Strahl von der Seite.
Muß das Buch aus der Capel-Street-Bücherei verlängern lassen, sonst reklamieren sie garantiert bei Kearney, meinem Bürgen. Reinkarnation: das ist das Wort.
– Manche Leute glauben, sagte er, daß wir nach dem Tode in einem andern Körper weiterleben, daß wir vorher auch schon gelebt haben. Sie nennen das Reinkarnation. Daß wir alle schon vor tausenden von Jahren auf Erden gelebt haben oder auf einem anderen Planeten. Sie sagen, wir haben es nur vergessen. Manche behaupten, sie erinnern sich sogar an ihr früheres Leben.
Die schlierige Sahne wand sich in gerinnenden Spiralen durch ihren Tee. Sie lieber doch wieder an das Wort erinnern: Metempsychose. Am besten ein Beispiel. Ein Beispiel.
Das *Bad der Nymphe* über dem Bett. Gratisbeilage zur Osternummer der *Photo Bits:* Herrliches Meisterwerk in künstlerischen Farben. Tee bevor man Milch hineintut. Nicht unähnlich ihr, wenn sie ihr Haar gelöst hat: schlanker nur. Drei-sechs hat der Rahmen mich gekostet. Sie fand, es würde nett aussehen über dem Bett. Nackte Nymphen: Griechenland: und zum Beispiel alle Leute, die damals lebten.
Er blätterte die Seiten zurück.
– Metempsychose, sagte er, ist der Ausdruck, den die alten Griechen dafür hatten. Sie glaubten, man könnte zum Beispiel in ein Tier oder einen Baum verwandelt werden. Was sie Nymphen nannten zum Beispiel.
Ihr Löffel hörte auf, den Zucker umzurühren. Sie starrte vor sich hin, Luft holend durch ihre gewölbten Nüstern.
– Das riecht doch verbrannt hier, sagte sie. Hast du was auf dem Feuer gelassen?

– Die Niere! schrie er jäh.
Er stopfte ungestüm das Buch in seine Innentasche und eilte, mit den Zehen gegen die kaputte Kommode stoßend, hinaus, dem Geruch entgegen, stapfte hastig die Treppe hinab mit den Beinen eines ängstlich erregten Storchs. Beißender Qualm schoß in wütendem Strahl von der einen Seite der Pfanne auf. Indem er eine Zinke der Gabel unter die Niere grub, löste er diese und drehte sie wie eine Schildkröte auf den Rücken. Bloß ein bißchen angebrannt. Er stieß sie aus der Pfanne auf einen Teller und ließ den kärglichen Rest braunen Fleischsafts darübertröpfeln.
Jetzt eine Tasse Tee. Er setzte sich nieder, schnitt sich eine Scheibe vom Brotlaib ab und bestrich sie mit Butter. Er schor das angebrannte Fleisch herunter und warf es der Katze hin. Dann schob er eine Gabelvoll in den Mund und kaute mit Bedacht das schmackhafte geschmeidige Fleisch. Gerade richtig. Einen Mundvoll Tee. Dann schnitt er sich ein paar Brotwürfel, stippte einen in den Saft und schob ihn in den Mund. Was war das gewesen, ein junger Student und ein Picknick? Er strich den Brief neben sich glatt und las ihn langsam, während er kaute, einen weiteren Brotwürfel in den Saft stippte und ihn zum Munde hob.

Liebstes Pappilein,
Vielen vielen Dank für das wunderschöne Geburtstagsgeschenk. Es paßt mir herrlich. Alle sagen ich bin die Schönste jetzt mit meiner neuen Wollmütze. Mammis wunderschöne Schachtel Sahnebonbons hab ich auch bekommen und schreibe ihr noch. Sie sind wunderschön. Ich schwimme jetzt langsam weiter nach oben im Photogeschäft. Mr. Coghlan hat eine Aufnahme von mir gemacht und Mrs. will sie schicken wenn sie entwickelt ist. Gestern war riesig Betrieb hier. Ganz phantastischer Tag und die ganzen dickhachsigen Trinen kamen rein. Montag wollen wir mit ein paar Freunden zum Loch Owel und da ein duftes Picknick machen. Grüß Mammi ganz lieb von mir und Dir selbst einen dicken Kuß und nochmals

vielen Dank. Unten sind sie am Klavierspielen grade. Samstag soll im Greville Arms ein Konzert sein. Es gibt hier einen jungen Studenten der manchmal abends vorbeikommt er heißt Bannon und seine Vettern oder sonstwas sind stinkfeine Leute und der singt Boylans (also jetzt hätt ich doch beinah Blazes Boylans geschrieben) Lied über die Strandmädchen. Sag ihm die tolle Milly läßt ihn ganz artig grüßen. Muß jetzt Schluß machen und hab dich ganz lieb.
Deine zärtliche Tochter

MILLY

PS: Entschuldige die schlechte Schrift, bin in Eile. Tschüs.

M.

Fünfzehn geworden gestern. Komisch, zugleich auch der Fünfzehnte des Monats. Ihr erster Geburtstag, wo sie nicht zuhause ist. Trennung. Entsinn mich noch, der Sommermorgen, an dem sie geboren wurde, ich bin werweißwie gelaufen, um Mrs. Thornton in der Denzille Street herauszuklopfen. Famoses altes Weibchen. Muß einen ganz schönen Klump Babys auf die Welt befördert haben. Sie wußte gleich vom ersten Moment an, daß der arme kleine Rudy nicht am Leben bleiben würde. Nun, was Gott tut das ist wohlgetan, Sir. Sie wußte es sofort. Er wäre elf jetzt, wenn er am Leben geblieben wäre.

Sein leeres Gesicht starrte bedauernd auf das Postskriptum. Entschuldige die schlechte Schrift. In Eile. Unten Klavierspielen grade. Sie kriecht aus ihrem Schneckenhaus. Krach mit ihr im XL Café wegen dem Armband. Wollte partout ihren Kuchen nicht essen, nicht sprechen, nicht aufsehn. Schnippisches Ding. Er stippte weitere Brotwürfel in den Fleischsaft und verzehrte die Niere Stück um Stück. Zwölf-sechs die Woche. Nicht gerade viel. Trotzdem, könnte ihr schlechter gehen. Bühne der Music Hall. Junger Student. Er nahm einen Schluck von dem kühleren Tee, um seine Mahlzeit herunterzuspülen. Dann las er den Brief noch einmal: zweimal.

Ach was: sie weiß schon auf sich aufzupassen. Aber wenn

nicht? Nein, es ist noch nichts passiert. Könnte natürlich aber. Das muß man abwarten, in jedem Fall. Ganz schön leckerer Happen geworden. Ihre schlanken Beine, wie sie die Treppe rauf liefen. Schicksal. In der Reife jetzt. Eitel aber: sehr.

Er lächelte mit beunruhigter Zuneigung zum Küchenfenster hinüber. Der Tag damals, ich erwischte sie auf der Straße, wie sie sich in die Backen kniff, damit sie rot wurden. Anämisch ein bißchen. Hat zu lange Milch gekriegt. Auf der *Erin's King* damals rund um den Kish. Verdammter alter Kahn, mit seinem Geschlinger. Aber kein bißchen bange, sie. Ihr blaßblaues Umhängetuch lose im Wind wie ihr Haar.

Soviel Locken und Grübchenbacken,
Da kann einen glatt ja der Schwindel packen.

Strandmädchen. Zerrissener Umschlag. Die Hände in den Hosentaschen, ein Droschkenkutscher, singend, hat seinen freien Tag. Freund der Familie. Der Schwündel, sagt er. Pier mit Lampen, Sommerabend, Kapelle,

Die Mädchen, ja, die Mädchen, ja,
Die reizenden Mädchen vom Strand.

Auch Milly. Junge Küsse: der erste. Lange schon vergangen. Mrs. Marion. Lesend auf dem Rücken liegend jetzt, die Strähnen zählend ihres Haars, lächelnd, flechtend.

Eine leichte Wallung Bedauern, lief ihm über den Rücken nieder, sich verstärkend. Passiert ja doch einmal. Verhindern. Zwecklos: läßt sich nichts machen dagegen. Süße lockere Mädchenlippen. Passiert unweigerlich auch. Er fühlte, wie die Wallung ihn überwältigte. Zwecklos, jetzt was dagegen zu tun. Geküßte Lippen, küssend geküßt. Volle klebrige Frauenlippen.

Doch besser, wo sie ist dort unten: weg. Muß Beschäftigung haben. Brauchte einen Hund zum Zeitvertreib. Eigentlich könnt ich ja mal runterfahren. Bankfeiertag im August, bloß

zwo-sechs die Rückfahrkarte. Aber noch sechs Wochen bis dahin. Könnte vielleicht einen Pressefreischein. Oder durch M'Coy.
Die Katze hatte sich das ganze Fell geputzt und kehrte nun zu dem fleischfleckigen Papier zurück, schnüffelte daran und stakte zur Tür. Sie blickte sich nach ihm um und maunzte. Will raus. Warte vor einer Tür, sie geht manchmal auf. Laß sie warten. Hat den Zappel. Elektrisch. Gewitter in der Luft. Hat sich auch die Ohren ausgeputzt eben, den Rücken zum Feuer.
Er hatte ein Gefühl der Schwere, Fülle: dann spürte er, wie sich seine Eingeweide sanft lösten. Er stand auf und öffnete den Gurt seiner Hose. Die Katze maunzte ihn an.
– Miau! gab er zur Antwort. Warte, bis ich fertig bin.
Schwere: wird ein heißer Tag. Zuviel Mühe, extra nach oben zu kraxeln, die Treppe rauf.
Eine Zeitung. Er las gern beim Stuhlgang. Hoffentlich kommt nicht irgend so ein Affe vorbei und klopft, wenn ich grad.
In der Tischschublade fand er eine alte Nummer der *Titbits*. Er faltete sie unter die Achsel, ging zur Tür und öffnete sie. Die Katze sprang in weichen Sätzen die Treppe hinauf. Ah, wollte also nach oben, sich zusammenrollen auf dem Bett zu einem Ball.
Er lauschte und vernahm ihre Stimme:
– Komm, komm, Pussi. Komm.
Er ging durch die Hintertür hinaus in den Garten: blieb stehen dort, zum Nachbargarten hinüberzulauschen. Kein Laut. Vielleicht hängt sie Wäsche auf zum Trocknen. Oder sitzt irgendwo. Mariechen saß auf einem Stein, einem Stein, einem Stein. Schöner Morgen.
Er bückte sich, um eine spärliche Reihe Grünminze zu betrachten, die an der Mauer wuchs. Hier eine Laube bauen. Türkische Feuerbohnen. Wilder Wein. Brauchte mal Dünger, das ganze Gelände, schäbiger Boden. Eine Lage Schwefelleber. Jeder Boden wird so, ohne Düngung. Spülwasser. Lehm, aber was ist das eigentlich? Die Hühner im Nachbargarten: was

sie fallen lassen, ist sehr gut als Kopfdüngung. Am besten aber das Vieh, besonders wenn mit Ölkuchen gefüttert. Strohmist. Bestes Mittel, um Damen-Glacéhandschuhe zu reinigen. Dreckiges säubert. Asche ebenfalls. Das ganze Gelände kultivieren. Erbsen ziehen in der Ecke dort. Salat. Immer frisches Gemüse dann. Trotzdem, Gärten haben auch ihre Schattenseiten. Diese Biene oder Schmeißfliege hier am Pfingstmontag.

Er ging weiter. Wo ist übrigens mein Hut geblieben? Muß ihn doch wieder auf den Haken getan haben. Oder er hängt oben im ersten Stock. Komisch, daran kann ich mich überhaupt nicht erinnern. Die Flurgarderobe viel zu voll. Vier Schirme, ihr Regenmantel. Ich hob grad die Briefe auf. Dragos Ladenglocke schellte. So ein Zufall, grad in dem Moment dachte ich ebenfalls. Braunes pomadiges Haar über seinem Kragen. Hatt es grad vorher waschen und frisieren lassen. Möchte wissen, ob ich noch Zeit für ein Bad hab heute morgen. Tara Street. Der Bursche an der Kasse hat James Stephens fortgebracht, heißt es. O'Brien.

Tiefe Stimme hat der Kerl, Dlugacz. Agenda undwieweiter? Das wär's, mein Fräulein. Ist scharf auf sie.

Er stieß die gebrechliche Tür des Abtritts auf. Bloß achtgeben, daß mir die Hose hier nicht dreckig wird, für die Beerdigung. Er ging hinein, beugte den Kopf unter den niedrigen Oberbalken. Die Tür halb offen lassend, löste er inmitten des Gestanks von modriger Kalktünche und schalen Spinnweben seine Hosenträger. Bevor er sich niederließ, spähte er durch eine Ritze zum Fenster des Nachbarhauses hinauf. Da kam ein junger Königssohn, Königssohn, Königssohn. Kein Mensch.

Auf dem Kackstuhl hockend, entfaltete er seine Zeitung und schlug auf den entblößten Knien die Seiten um. Irgendwas Neues und Leichtes. Keine große Eile. Ruhig noch ein bißchen zurückhalten. Unser Preisausschreiben, der Leckerbissen der Woche. *Matchams Meisterstreich.* Von Mr. Philip Beaufoy, Playgoers' Club, London. Honorar in Höhe von einer Guinee

pro Spalte wurde an den Verfasser überwiesen. Dreieinhalb. Drei Pfund drei. Drei Pfund dreizehn-sechs.
In Ruhe las er, seinen Drang noch unterdrückend, die erste Spalte und begann, schon nachgebend, doch mit Widerstreben noch, die zweite. Auf ihrer Mitte angelangt, gab er seinen letzten Widerstand auf und erlaubte seinen Eingeweiden, sich zu erleichtern, ganz so gemächlich, wie er las, und immer noch geduldig lesend, die leichte Verstopfung von gestern ganz verschwunden. Hoffentlich ists nicht zu groß, geht sonst mit den Hämorrhoiden wieder los. Nein, grade richtig. So. Ah! Bei Hartleibigkeit eine Tablette Cascara sagrada. Könnte alles im Leben so. Es bewegte oder berührte ihn nicht weiter, aber es war etwas Flottes und Sauberes. Drucken jetzt praktisch alles. Sauregurkenzeit. Er las weiter, gelassen über seinem eigenen aufsteigenden Geruch sitzend. Bestimmt eine saubere Sache. *Matcham denkt noch oft an den Meisterstreich, durch welchen er die lachende Hexe gewann, die nunmehr.* Fängt moralisch an und hört auch so auf. *Hand in Hand.* Gar nicht schlecht. Er überflog noch einmal, was er gelesen hatte, und während er ruhig sein Wasser abfließen fühlte, beneidete er freundlich Mr. Beaufoy, der das geschrieben und drei Pfund dreizehn-sechs Honorar dafür bekommen hatte.
Könnt ich vielleicht auch hinkriegen, so eine Skizze. Von Mr. und Mrs. L. M. Bloom. Einfach erfinden, eine Geschichte auf irgendein Sprichwort, bloß welches? Damals, wie ich immer versucht habe, mir auf die Manschette zu kritzeln, was sie so alles sagte beim Anziehn. Zusammen anziehn sich, das find ich gräßlich. Hatte mich beim Rasieren geschnitten. Sie biß sich auf die Unterlippe, als sie den Schlitz ihres Rocks zuhakte. Genau nach Zeit sie notiert. 9.15. Hast du von Roberts schon dein Geld gekriegt? 9.20. Was hatte Gretta Conroy eigentlich an? 9.23. Also wozu hab ich mir bloß diesen Kamm gekauft? 9.24. Ich bin ganz aufgeblasen von dem Kohl. Ein Staubfleck auf dem Lackleder ihres Stiefels.
Wie sie sich munter den Schuhrand an ihrer Strumpfwade rieb, immer abwechselnd, den einen, den andern. Am Morgen

nach dem Wohltätigkeitsball, wo May's Tanzkapelle gespielt hatte, Ponchiellis Tanz der Stunden. Ihr den erklärt, die Morgenstunden, Mittag, wie dann der Abend naht, dann die Nachtstunden. Ihr Zähneputzen. Das war die erste Nacht. Ihr Kopf tanzte. Ihre Fächerstäbe klickten. Steht sich dieser Boylan eigentlich gut? Er hat Geld. Wieso? Och, mir fiel auf, daß sein Atem gut roch beim Tanzen. Zwecklos da, noch weiter zu hmmmen. Direkt drauf anspielen. Merkwürdige Musik das, gestern nacht. Der Spiegel lag im Schatten. Sie rieb ihren Handspiegel energisch an ihrer Wolljacke, an ihrem vollen wogenden Busen. Schaute hinein. Fältchen um die Augen. Irgendwie wollte es nicht klappen.

Abendstunden, Mädchen in grauem Flor. Nachtstunden dann, schwarz, mit Dolchen und Augenmasken. Poetische Idee, rosa, dann golden, dann grau, dann schwarz. Aber lebenswahr auch. Tag, dann die Nacht.

Er riß scharf die halbe Preisgeschichte ab und wischte sich damit. Dann gürtete er sich die Hosen hoch, legte die Träger über und knöpfte sich zu. Er zog die ruckige wacklige Tür des Abtritts auf und trat aus dem Dunkel hinaus an die Luft.

Im hellen Licht, erleichtert und gekühlt an Leib und Gliedern, beäugte er sorgfältig seine schwarzen Hosen, die Enden, die Knie, die Kniekehlen. Wann ist die Beerdigung? Lieber noch in der Zeitung nachsehen.

Ein Knarren und dunkles Schwirren hoch in der Luft. Die Glocken der George's Church. Sie schlugen die Stunde: lautes dunkles Eisen.

Hoiho! Hoiho!
Hoiho! Hoiho!
Hoiho! Hoiho!

Viertel vor. Da wieder: der Oberton folgte durch die Luft, Terz.

Armer Dignam!

AN LADEKRÄNEN entlang dem Sir John Rogerson's Quay schritt Mr. Bloom gesetzt dahin, vorbei an der Windmill Lane, an Leask's Leinsamenmühle, am Telegraphenamt. Hätte auch das als Adresse angeben können. Und vorüber am Seemannsheim. Er wandte sich ab von den Morgengeräuschen des Kaigeländes und ging durch die Lime Street. Bei Brady's Cottages lungerte ein Gerberjunge herum, seinen Abfalleimer über den Arm gehängt, einen zerkauten Zigarettenstummel rauchend. Ein kleineres Mädchen mit Ekzemnarben auf der Stirn beäugte ihn, verdrossen einen zerbeulten Faßreifen haltend. Sollte ihm eigentlich sagen, wenn er raucht, dann wächst er nicht. Ach laß ihn doch! Sein Leben ist sowieso nicht auf Rosen gebettet! Warten vor Kneipen draußen, um Pa nach Hause zu bringen. Komm nach Hause zu Ma, Pa. Ungünstige Zeit, Flaute: werden wohl nicht viele hinkommen. Er überquerte die Townsend Street, ging vorbei an dem finsteren Gesicht von Bethel. El, ja: Haus des: Aleph, Beth. Und vorbei an Nichols' Beerdigungsinstitut. Ist um elf. Noch Zeit genug. Also diesen Job, den hat sich todsicher Corny Kelleher geangelt, für O'Neill. Singt mit geschlossenen Augen. Kornig, kernig. Die traf ich mal im Park. Im Dunkeln. Ist gut munkeln. Polizeispitzel. Namen und Adresse gab sie an mit meinem tandera tandera dei. Aber klar doch hat er ihn sich geangelt. Billig begraben in 'nem WiewollnSieshaben. Mit meinem tandera tandera tandera tandera dei.

In der Westland Row blieb er vor dem Schaufenster der Belfast and Oriental Tea Company stehen und las die Beschriftung der silberpapierenen Packungen: Auslese-Mischung, feinste Qualität, Familientee. Ziemlich warm. Tee. Muß sehn, daß ich von Tom Kernan welchen besorge. Aber bei einer Beerdigung kann ich ihn ja nicht gut fragen. Während seine Augen sanft noch lasen, nahm er seinen Hut ab, ruhig sein Haaröl einatmend, und schickte seine rechte Hand mit langsamer Anmut über Stirn und Haar. Sehr warmer Morgen. Unter den gesenkten Lidern fanden seine Augen den winzigen Ring des Lederschweißbands in seinem prima Qualitäts-Hu. Genau da. Seine rechte Hand kam nieder in die Höhlung seines Huts. Behende fanden seine Finger eine Karte hinter dem Schweißband und überführten sie in seine Westentasche.

Derart warm. Seine rechte Hand ging noch einmal, langsamer, darüber hin: Auslese-Mischung, aus feinsten Ceylon-Sorten. Der ferne Osten. Wunderbares Fleckchen muß das sein: der Garten der Welt, große träge Blätter, auf denen man sich treiben lassen kann, Kakteen, blumige Wiesen, schlangige Lianen, so nennt man sie. Möchte wissen, ob das wirklich so ist alles. Diese Singhalesen, lümmeln sich in der Sonne rum, *dolce far niente*. Keinen Handstreich tun sie den lieben langen Tag. Schlafen sechs Monate von zwölfen. Zu heiß, um sich zu streiten. Einfluß des Klimas. Lethargie. Blumen der Faulheit. Die meisten nährt die Luft. Stickstoff. Treibhaus im Botanischen Garten. Empfindliche Pflanzen. Wasserlilien. Die Blumenblätter zu müde, um zu. Schlafkrankheit in der Luft. Man geht auf Rosenblättern. Die Vorstellung bloß, man könnte dann noch Kutteln essen wollen und Kalbshaxen. Wo war das doch noch, der Bursche auf diesem Bild, das ich mal irgendwo sah? Ah ja, im Toten Meer, er trieb auf dem Rükken, las dabei ein Buch, mit aufgespanntem Sonnenschirm. Man könnte gar nicht untersinken, selbst wenn man wollte: so dick voll Salz alles. Weil das Gewicht des Wassers, nein, das Gewicht des Körpers im Wasser gleich ist dem Gewicht des. Oder heißt es das Volumen gleich dem Gewicht? Gibt da ein Gesetz jedenfalls, so ähnlich. Vance auf der Oberschule, der immer mit den Fingergelenken knackte im Unterricht. Der College-Lehrplan. Fingerknacker-Lehrplan. Was ist Gewicht denn wirklich, wenn man Gewicht sagt? Zweiunddreißig Fuß pro Sekunde, pro Sekunde. Gesetz der fallenden Körper: pro Sekunde, pro Sekunde. Fallen alle zu Boden. Auf die Erde. Ist die Schwerkraft der Erde, die ist das Gewicht.

Er wandte sich weg und schlenderte über die Straße. Wie ging sie doch mit ihren Würsten? Irgendwie so, ungefähr. Im Weitergehen zog er den gefalteten *Freeman* aus der Seitentasche, entfaltete ihn, rollte ihn der Länge nach zu einem Stab zusammen und tappte damit bei jedem Schlenderschritt gegen sein Hosenbein. Gleichgültige Miene: just vorbeigekommen, bloß mal reinschaun und fragen. Pro Sekunde, pro Sekunde. Pro Sekunde jedesmal, in jeder Sekunde mehr, heißt das. Vom Bordstein aus warf er einen scharfen Blick durch die Tür des Postamts. Briefkasten für verspätete Post. Hier einwerfen. Keiner drinnen. Also rein.

Er reichte die Karte durch das Messinggitter.

– Sind vielleicht Briefe für mich da? fragte er.

Während die Postbeamtin in einem Fach nachsuchte, betrachtete er das Werbeplakat, auf dem Soldaten aller Waffengattungen paradierten: und hielt das Ende seines Stabes an die Nüstern, frischbedrucktes Lumpenpapier riechend. Keine Antwort vermutlich. Bin zu weit gegangen letztesmal.

Die Postbeamtin händigte ihm durch das Gitter seine Karte wieder aus, zusammen mit einem Brief. Er dankte und warf einen raschen Blick auf den maschinengeschriebenen Umschlag.

Henry Flower, Esq.
c/o Postamt Westland Row
City.

Hat immerhin geantwortet. Er ließ Karte und Brief in die Seitentasche gleiten und musterte erneut die paradierenden Soldaten. Wo steckt denn das Regiment des alten Tweedy? Abgedankter Soldat. Da: Bärenmütze und Hahnenfeder. Nein, er ist Grenadier. Spitze Ärmelaufschläge. Da ist er ja: die Dubliner Königlichen Füsiliere. Rotröcke. Ganz schön protzig. Muß wohl der Grund sein, daß die Weiber ihnen derart nachlaufen. Uniform. Leichter anzuwerben und zu drillen. Maud Gonnes Eingesandt, man sollte die Kerls nicht mehr in die O'Connell Street lassen des nachts: Schande für unsere irische Hauptstadt. Griffith seine Zeitung liegt auf der gleichen Linie jetzt: eine von Geschlechtskrankheiten verseuchte Armee: Besoffenen-Empire. Halbgar sehn sie aus: wie hypnotisiert. Augen gerrradeaus. Auf der Stelle treten. Tisch: isch. Bett: ett. Garderegiment des Königs. Als Feuerwehrmann sieht man ihn nie kostümiert oder als Bobby. Bloß als Freimaurer mal, das ja.

Er schlenderte aus der Post und wandte sich zur Rechten. Alles Geschwätz: als würden die Dinge besser davon. Seine Hand begab sich in die Tasche, und ein Zeigefinger tastete sich seinen Weg unter die Umschlagklappe, riß sie in Rucken auf. Daß Weiber besonders vorsichtig sind, finde ich nicht gerade. Seine Finger zogen den Brief heraus und knüllten den Umschlag in der Tasche zusammen. Etwas dran festgesteckt: Photo vielleicht. Haar? Nee.

M'Coy. Daß ich den bloß rasch wieder loswerde. Bringt mich aus dem Konzept. Widerlich: Gesellschaft, wenn man.

– Hallo, Bloom! Was haben Sie denn vor?

– Hallo, M'Coy. Nichts besonderes eigentlich.

– Wie gehts denn so?

– Ganz gut. Und bei Ihnen?

– Och, man lebt, sagte M'Coy.

Seine Augen auf dem schwarzen Binder und Anzug, fragte er mit leiser Achtung:

– Ist irgend etwas ... nichts Schlimmes, will ich doch hoffen! Ich sehe, Sie sind in ...

– Ach nein, sagte Mr. Bloom. Sie wissen doch, der arme Dignam. Die Beerdigung ist heute.

– Richtig, der arme Kerl. Stimmt ja. Wieviel Uhr?

Ein Photo ist es nicht. Ein Abzeichen vielleicht.

– Ein ... äh, elf, antwortete Mr. Bloom.

– Ich muß unbedingt zusehn, daß ich auch hinkomme, sagte M'Coy. Um elf also? Hab erst gestern abend davon gehört. Wer erzählte es mir doch noch? Holohan. Sie kennen Hoppy?

– Kenn ich, ja.

Mr. Bloom blickte über die Straße nach dem Outsider hinüber, der vorm Portal des Grosvenor vorgefahren war. Der Träger hievte den Koffer auf den Gepäckständer. Sie stand still dabei, wartend, während der Mann, Gatte, Bruder, ihr ähnlich, in seinen Taschen nach Kleingeld suchte. Modischer Schnitt, ihr Mantel, mit dem Rollkragen, warm für einen Tag wie heute, sieht aus wie Deckenstoff. Gleichgültiges Gehaben, wie sie da steht, die Hände in den aufgesetzten Taschen. Wie dies arrogante Geschöpf beim Polo-Match. Weiber sind alle werweißwie kastenbewußt, bis man an die richtige Stelle kommt. An ihren Früchten sollt ihr sie erkennen. Reserviert, aber immer zum Nachgeben bereit. Die ehrenwerte Mrs., ja, und Brutus ist ein ehrenwerter Mann. Hat man sie erst einmal gehabt, ist die ganze Façon im Eimer.

– Ich war mit Bob Doran zusammen, der Gute hat wieder mal eine seiner periodischen Sauftouren, und mit wienennen-Sieihndoch Bantam Lyons. Just da vorn bei Conway's waren wir.

Doran, Lyons bei Conway's. Sie hob eine behandschuhte Hand zum Haar. Da ist dann also Hoppy reingeplatzt gekommen. Mal kurz einen heben. Den Kopf zurückziehend und unter den gesenkten Lidern hinüberstarrend, sah er das helle Rehleder im Sonnenglast glänzen, die geflochtenen Rippen. Seh ziemlich scharf heute. Feuchtigkeit in der Luft erhöht die Sichtweite, vielleicht. Schwatzen, dieses und jenes. Damenhand. Auf welcher Seite sie wohl einsteigt?

– Und da sagt er: *Traurige Sache das, mit unserm armen Freund Paddy! Welcher Paddy?* frag ich. *Der arme kleine Paddy Dignam,* sagt er.

Weg aufs Land: Broadstone vermutlich. Hohe braune Schnürstiefel mit baumelnden Senkeln. Wohlgeformter Fuß. Wieso bloß fummelt er derart lange nach seinem Kleingeld? Sieht mich rüberlinsen. Immer auf dem Ausguck nach einem andern Kerl. Gute Rückversicherung. Zwei Eisen im Feuer.

– *Wieso?* frag ich. *Was ist denn los mit ihm?* frag ich.

Stolz: reich: seidene Strümpfe.

– Tja, sagte Mr. Bloom.

Er bewegte sich ein wenig zur Seite, vorbei an M'Coys redendem Kopf. Muß jetzt jeden Moment einsteigen.

– *Was los ist mit ihm?* sagt er. *Tot ist er,* sagt er. Und kippt sich einen hinter die Binde, ehrlich! *Aber doch nicht Paddy Dignam!* sag ich. Ich konnts nämlich einfach nicht glauben, als ichs hörte. Ich bin doch letzten Freitag noch, oder Donnerstag wars wohl, mit ihm in der Arch gewesen. *Genau der,* sagt er. *Er ist hin. Ist Montag gestorben, der arme Kerl.*

Aufgepaßt jetzt! Aufgepaßt! Seidenblitz, tolle Strümpfe, weiß. Paß auf!

Eine schwerfällige Trambahn rollte wild schrillend dazwischen.

Aus. Verwünschte Stumpfnase du. Man fühlt sich doch richtig ausgeschlossen. Paradies und die Peri. Geht einem immer wieder so. Genau im entscheidenden Moment. Das Mädchen in der Eustace Street, im Torweg. Montag war das, richtete sich das Strumpfband. Und ihre Freundin mußte sich natürlich davorstellen, daß man ja nichts sah vom. *Esprit de corps.* Mensch, was gaffst du eigentlich noch?

– Ja, ja, sagte Mr. Bloom nach einem dumpfen Seufzer. Wieder einer dahin.

– Einer der besten, sagte M'Coy.

Die Trambahn zockelte vorbei. Und da fuhren sie schon ab, zur Loop Line Bridge hin, ihre prachtvolle behandschuhte Hand auf dem Stahlgriff. Flatternd, flitternd: das Spitzengeflirr ihres Hutes in der Sonne: flitzend, flitz.

– Und die Gattin wohlauf, darf ich annehmen? fragte M'Coys veränderte Stimme.

– Och ja, sagte Mr. Bloom. Tipptopp, vielen Dank.

Müßig rollte er seinen Zeitungsstab auseinander, und müßig las er:

Was ist Ihr Heim
Ohne Plumtrees Fleischkonserven?
Eine Last für die Nerven.
Mit ihnen aber das Paradies auf Erden!

– Meine Ehehälfte hat grad ein Engagement bekommen. Das heißt, ganz fest ist es noch nicht.
Jetzt kommt wieder die Koffertour. Übrigens, nichts für ungut. Ich bin im Moment ohne, vielen Dank.
Mr. Bloom wandte ihm mit hastloser Freundlichkeit die großlidigen Augen zu.
– Meine Frau auch, sagte er. Sie wird in der Ulster Hall singen, Belfast, bei einer piekfeinen Geschichte, am fünfundzwanzigsten.
– Tatsächlich? sagte M'Coy. Das hört man gerne, alter Freund. Wer zieht die Sache auf?
Mrs. Marion Bloom. Noch nicht auf. Da kam ein junger Königssohn, Königssohn, Königssohn. Ißt Brot und. Kein Buch. Verschmutzte Bilderkarten, in Siebenerreihen ausgelegt, entlang ihrem Schenkel. Dunkle Dame und blonder Herr. Katzenfelliger schwarzer Ball. Zerrissener Umschlagstreifen.

Love's
Old
Sweet
Song
Comes lo-ve's old ...

– Es wird eine Art Tournee, verstehn Sie? sagte Mr. Bloom gedankenvoll. *Sweet Song.* Man hat ein Komitee gebildet. Beteiligung an den Kosten und Beteiligung am Profit.
M'Coy nickte, an seinem stoppligen Schnurrbart zupfend.
– O wie schön, sagte er. Das sind ja gute Nachrichten.
Er wandte sich zum Gehen.
– Ja, hat mich gefreut zu sehen, daß Sie gut beisammen sind, sagte er. Man trifft sich ja mal wieder.
– Ja, sagte Mr. Bloom.
– Was ich noch sagen wollte, sagte M'Coy noch. Sie könnten eigentlich meinen Namen in die Kondolenzliste eintragen, ob Sie das wohl tun? Ich ginge ja gern selber hin, aber wahrscheinlich klappt es nicht. In Sandycove ist jemand ertrunken, und da müssen der Leichenbeschauer und ich dann hin,

wenn die Leiche gefunden wird. Sie schieben bloß einfach meinen Namen mit ein, wenn ich nicht da bin, ja?
– Mach ich, sagte Mr. Bloom, sich zum Gehen wendend. Das geht in Ordnung.
– Sehr schön, sagte M'Coy fröhlich. Danke, alter Freund. Ich käme wirklich gern, wenn es sich nur machen ließe. Na ja, geht ja aber auch so ganz gut. Bloß C. P. M'Coy, das genügt.
– Wird gemacht, sagte Mr. Bloom fest.
Hat mich nicht reingelegt mit dem Quark. Bloß mal angetippt. Auf die weiche Tour. Ich würde ganz gerne, mein Job. Koffer, dafür hab ich nun mal eine besondere Vorliebe. Leder. Kappen an den Ecken, vernietete Kanten, doppeltsicherndes Klappschloß. Bob Cowley hat ihm seinen letztes Jahr für das Wicklow-Regatta-Konzert geliehen und nie eine Spur davon wiedergesehen bis auf den heutigen Tag.
Mr. Bloom lächelte, während er der Brunswick Street zuschlenderte. Meine Ehehälfte hat grad ein. Schnarrender Sopran mit Sommersprossen. Knickerige Nase. An sich ja durchaus reizvoll: für eine kleine Romanze. Aber kein Saft dahinter. Wir beide, Sie und ich, verstehn Sie? Im selben Boot. Altes Geschleime. Kann einen schon auf die Palme bringen. Ob der denn überhaupt nicht den Unterschied hört? Glaube, in der Hinsicht hat er ne kleine Macke. Geht mir irgendwie gegen den Strich. Dachte ja, das mit Belfast würde ihn treffen. Hoffentlich werden die Pocken da oben nicht schlimmer. Noch einmal würde sie sich wohl nicht impfen lassen. Ihre Frau und meine Frau.
Also das möcht ich doch wissen: ob er mir nachspioniert?
Mr. Bloom blieb an der Ecke stehen, und seine Augen wanderten über die vielfarbigen Reklameanzeigen. Cantrell und Cochrane's Ginger Ale (mit Geschmack). Clery's Sommerausverkauf. Nee, er geht geradeaus weiter. Hallo! *Leah* heute abend: Mrs. Bandman Palmer. Die säh ich ganz gern mal wieder darin. Gestern hat sie den *Hamlet* gespielt. Hosenrolle. Vielleicht war er ja auch eine Frau. Warum beging Ophelia sonst wohl Selbstmord? Armer Papa! Wie oft er

über Kate Bateman sprach in der Rolle! Hat oft den ganzen Nachmittag vorm Adelphi in London gewartet, um reinzukommen. Das war in dem Jahr, bevor ich geboren wurde: fünfundsechzig. Und die Ristori in Wien. Wie war doch noch der Titel eigentlich? Von Mosenthal ist es. Rachel, oder? Nein. Die Szene, über die er immer sprach, wo der alte blinde Abraham die Stimme erkennt und die Finger an sein Gesicht legt.
– Nathans Stimme! Seines Sohnes Stimme! Ich höre die Stimme Nathans, der da ließ seinen Vater sterben vor Kummer und Elend in meinen Armen, der da verließ seines Vaters Haus und verließ den Gott seines Vaters.
Das ist ja so tief, Leopold, jedes Wort!
Armer Papa! Armer Mann! Ich bin froh, daß ich nicht noch einmal ins Zimmer gegangen bin, sein Gesicht zu sehen. Der Tag damals! Ach herrjeh, herrjeh! Pffff! Na ja, vielleicht war es am besten so für ihn.
Mr. Bloom ging um die Ecke und an den kopfhängerischen Mähren des Droschkenstands vorbei. Sinnlos, noch weiter daran zu denken. Futtersackzeit. Hätt ich bloß diesen Kerl nicht getroffen, M'Coy.
Er kam näher und hörte das Malmen goldglänzenden Hafers, die zahm mampfenden Zähne. Die großen bockigen Augen sahen ihn an, als er vorüberging, mitten im süß haferigen Dunst von Pferdepisse. Ihr Eldorado. Arme Narren! Einen Dreck wissen sie und scheren sie sich drum, wenn sie nur ihre langen Nasen in Futtersäcken stecken haben. Zu voll für Worte. Aber ihr Futter haben sie immerhin und ein Dach überm Kopf. Kastriert auch noch: ein Stumpen schwarzes Guttapercha schlapp schwabbelnd zwischen ihren Hanken. Können so trotzdem durchaus glücklich sein. Irgendwie lieb und tölpelhaft sehn sie aus, die armen Viecher. Aber ihr Wiehern kann einem doch sehr auf die Nerven gehen.
Er zog den Brief aus der Tasche und faltete ihn in die Zeitung, die er trug. Könnte ihr just hier über den Weg laufen. Die Gasse ist sicherer.

Er ging an der Kutscherkneipe vorüber. Komisches Leben, so immer bloß Droschken kutschieren, bei jedem Wetter, überallhin, Zeit- oder Einzelfahrt, nichts mehr nach eigenem Willen. *Voglio e non.* Gäb ihnen ganz gerne mal ne Zigarette. Umgängliche Leute. Rufen immer ein paar flüchtige Silben im Vorüberfahren. Er summte:

La ci darem la mano
La la lala la la.

Er bog in die Cumberland Street, tat ein paar Schritte weiter, blieb dann im Schutz der Stationsmauer stehen. Kein Mensch weit und breit. Meade's Holzhof. Gestapelte Balken. Ruinen und Mietshäuser. Mit achtsamem Tritt überquerte er einen Hüpfspielplatz, vergessen darauf der Hüpfstein. Sünderspiel. Unweit des Holzhofs ein hingehocktes Kind mit Murmeln, allein, spielte die Klicker aus mit um den Daumen geballter Faust. Eine weise getigerte Katze, blinzelnde Sphinx, lauerte auf ihrer warmen Schwelle. Wär schade, sie zu stören, die beiden. Mohammed schnitt ein Stück aus seinem Mantel, um das Tier nicht zu wecken. Aufmachen jetzt. Und ich hab selber ja auch mal mit Murmeln gespielt, wie ich noch zur Schule ging, bei dieser alten Dame. Sie liebte Reseden. Mrs. Ellis. Und Mr.? Er öffnete den Brief in der Zeitung.
Eine Blume. Glaube, es ist eine. Eine gelbe Blume mit plattgedrückten Blättern. Also doch nicht gekränkt? Was schreibt sie denn?

Lieber Henry,
Ich habe Deinen letzten Brief erhalten und danke Dir auch recht sehr dafür. Es tut mir ja so leid daß Dir mein letzter Brief nicht gefiel. Warum hast Du die Briefmarken beigelegt? Ich bin ganz schrecklich böse mit Dir. Am liebsten würde ich Dich dafür bestrafen wenn ich könnte. Ich hab Dich einen bösen Jungen genannt weil ich von den andern Welten nichts wissen mag. Sag mir doch bitte was das für eine Bedeutung ist die das Wort hat. Bist Du nicht glücklich bei Dir zu Hause Du

armer kleiner böser Junge? Ich wollte wirklich ich könnte etwas tun für Dich. Bitte sag mir ganz ehrlich was Du von mir denkst. Ich denke oft an den wunderwunderschönen Namen den Du hast. Ach lieber Henry, wann werden wir uns treffen? Wie oft ich an Dich denke das kannst Du Dir gar nicht vorstellen. Noch nie hab ich mich so hingezogen gefühlt zu einem Mann wie Du. Ich hab ein richtig schlimmes Gefühl deswegen. Bittebitte schreib mir einen ganz langen Brief und erzähl mir noch mehr. Denk immer dran wenn Du es nicht tust dann werde ich Dich bestrafen. So jetzt weißt Du was ich mit Dir mache, Du böser Junge, wenn Du nicht schreibst. Ach wie ich mich danach sehne Dich zu treffen. Henry Lieber, erfüll mir doch meine Bitte bevor meine Geduld erschöpft ist. Dann will ich Dir auch alles erzählen. Und jetzt ade, mein bösesböses Schatzilein. Ich hab ganz schlimme Kopfschmerzen heute und schreibe *postwendend* Deiner sich sehnenden

MARTHA.

PS: Sag mir doch was für ein Parfüm benutzt Deine Frau. Ich muß das wissen.

Er riß mit Ernst die Blume aus der Nadelheftung, roch ihren fast gar keinen Ruch und brachte sie an seiner Herztasche an. Blumensprache. Die mögen sie, weil keiner sie hören kann. Oder ein vergiftetes Bukett, ihn niederzustrecken. Langsam schritt er weiter, las den Brief noch einmal dabei, murmelte hier und da ein Wort hinein. Böse Tulpen mit Dir mein Schatzilein Menschenblume Dich bestrafen Kaktus wenn Du nicht bittebitte Vergißmeinnicht wie ich mich sehne Veilchen nach Rosen Lieber wenn wir uns bald Anemonen treffen alles böser Nachtschatten Deine Frau Marthas Parfüm. Nachdem er alles gelesen hatte, nahm er den Brief aus der Zeitung und steckte ihn in die Seitentasche zurück.

Schwache Freude öffnete seine Lippen. Irgendwie verändert seit dem ersten Brief. Möchte wissen, ob sie ihn selber geschrieben hat. Erstmal die Entrüstete spielen: ein Mädchen aus

guter Familie wie ich, anständiger Charakter. Könnten uns an einem Sonntag nach dem Rosenkranz treffen. Vielen Dank: hab gar keinen. Das übliche Liebesgeringel. Dann Dauerlauf um Ecken. So schlimm wie ein Krach mit Molly. Zigarre hat beruhigende Wirkung. Narkotisch. Nächstesmal dann einen Schritt weiter. Böser Junge: bestrafen: natürlich hat sie Angst vor Worten. Brutal, warum auch nicht? Versuchs jedenfalls. Immer ein bißchen mehr.
Immer noch an dem Brief fingernd in seiner Tasche, zog er die Nadel heraus. Ganz gewöhnliche Nadel, oder? Er warf sie auf die Straße. Hat irgendwo in ihren Kleidern gesessen: zusammengesteckt. Komisch, wieviel Nadeln die so am Leibe haben immer. Keine Rose ohne Dorn.
Platte Dublin-Stimmen johlten in seinem Kopf. Diese beiden Schlampen damals nachts in der Coombe, eingehakt im Regen.

Ah, Mairy hat die Nadel
Aus ihren Schlüpfern verloren!
Was soll sie denn jetzt bloß machen,
Um ihn zu halten,
Um ihn hochzuhalten?

Ihn? Sie. Ganz schlimme Kopfschmerzen. Hat ihre Tage vermutlich. Oder weil sie vielleicht den ganzen Tag an der Schreibmaschine sitzt. Dauernde Augenfokussierung schlecht für die Magennerven. Was für ein Parfüm benutzt Deine Frau? Also wäre unsereins wohl auf so einen Einfall gekommen?
Ihn zu halten.
Martha, Mary. Maria, Martha. Ich hab doch irgendwo mal das Bild gesehn, weiß nicht mehr, ob alter Meister oder gefälscht für Geld. Er sitzt bei den beiden im Haus, redend. Ganz geheimnisvoll. Auch die beiden Schlampen aus der Coombe würden zuhören.
Ihn zu halten.
Hübsche Abendstimmung. Kein Herumwandern mehr. Ein-

fach behaglich hingestreckt dort: ruhige Dämmerung: sausen lassen, was saust. Vergessen. Von Orten erzählen, wo man gewesen ist, fremden Sitten und Gebräuchen. Die andere, einen Krug auf dem Kopf, machte das Abendessen: Früchte, Oliven, herrlich kühles Wasser aus dem Brunnen, steinkalt wie das Loch in der Mauer in Ashtown. Muß mir einen Papierbecher mitnehmen nächstesmal, wenn ich zu den Trabrennen gehe. Sie lauscht mit großen dunklen sanften Augen. Ihr erzählen: mehr und immer mehr: alles. Dann Seufzen: Stille. Lange lange Rast.

Unter der Eisenbahnbrücke zog er den Umschlag heraus, riß ihn rasch in Fetzen und streute sie über die Straße. Die Fetzen flatterten davon, sanken in der kaltfeuchten Luft: ein weißes Geflatter, dann alles versunken.

Henry Flower. Man könnte genauso auch einen Scheck über hundert Pfund zerreißen. Simples Stück Papier. Lord Iveagh hat mal einen siebenstelligen Scheck eingelöst, über eine Million, in der Bank von Irland. Beweist doch, wieviel Geld man aus Porter machen kann. Aber der andere Bruder, Lord Ardilaun, muß viermal am Tag sein Hemd wechseln, wird erzählt. Haut züchtet Läuse oder Ungeziefer. Eine Million Pfund, Moment mal. Zwo Pence die Pinte, vier Pence das Quart, acht die Gallone Porter, nein, eins-vier die Gallone. Eins-vier in zwanzig: fünfzehn ungefähr. Jawohl, genau. Fünfzehn Millionen Fässer Porter.

Aber was sag ich denn, Fässer? Gallonen. Rund eine Million Fässer aber jedenfalls.

Ein einfahrender Zug rasselte schwer über seinem Kopf, Wagon nach Wagon. Fässer bumsten in seinem Kopf: schales Porter schwappte und schütterte drinnen. Die Spundlöcher sprangen auf, und eine riesige schale Flut leckte heraus, floß zusammen, wand sich durch Schlammzonen hin über das ganze flache Land, ein träger Strudelpfuhl Flüssigkeit, der großblättrige Blumen aus seinem Schaum mit sich trug.

Er hatte die offene Hintertür von All Hallows erreicht. Unter den Eingang tretend, nahm er den Hut ab, zog die Karte aus der Tasche und steckte sie wieder hinter das lederne Schweißband. Verdammtnochmal. Ich hätte doch versuchen können, M'Coy einen Freischein nach Mullingar rauszuleiern.

Dieselbe Ankündigung an der Tür. Predigt von Hochehrwürden John Conmee S.J. über den heiligen Peter Claver und die afrikanische Mission. Rettet Chinas Millionen. Also das möcht ich doch gerne wissen, wie sie das den heidnischen Chinamännern plausibel machen. Die ziehn doch ne Unze Opium allemal vor. Himmelssöhne. Gröbliche Ketzerei für sie. Für die Bekehrung Gladstones haben sie auch gebetet, wie er schon fast bewußtlos war. Die Protestanten genauso. Bekehren Dr. William J. Walsh D. D. zum wahren Glauben. Buddha, ihr Gott, liegt auf der Seite im Museum. Nimmts leicht, die Hand unter der Wange. Räucherstäbchen brennen. Nicht wie bei Ecce Homo. Dornenkrone und Kreuz. Gescheiter Einfall: Sankt Patrick, das Shamrock. Eßstäbchen? Conmee: Martin Cunningham kennt ihn: wirkt recht distinguiert. Schade, daß ich mich an ihn nicht rangemacht hab, um Molly in den Chor zu kriegen, statt an diesen Pater Farley, der wie ein Narr aussah, doch keiner war. Das bringt man ihnen bei. Der zieht nicht in ferne Länder und schwitzt sich da einen ab in bläulicher Brille, um die lieben Schwarzen zu täufen, was? Die Gläser würden sie faszinieren, hübsches Geblitz. Säh sie ganz gerne mal so im Kreis sitzen, mit wulstigen Lippen, lauschend, verzückt. Stilleben. Lappens auf wie Milch, nehm ich an.

Der kalte Geruch geweihten Steins lockte ihn an. Er schritt über die ausgetretenen Stufen, stieß die Schwingtür auf und trat leise von der Hinterseite ein.

Irgendwas imgange: irgendeine Brüderschaft. Schade, derart leer. Hübscher diskreter Ort, um einem Mädchen nah zu sein. Wer ist mein Nächster? Stundenweise eingeklemmt, bei getragener Musik. Die Frau damals in der Mitternachtsmesse. Siebenter Himmel. Frauen knieten in den Bänken, karminrote Halfter um den Hals, die Köpfe gesenkt. Ein Schub kniete an den Altarschranken. Der Priester ging an ihnen entlang, murmelnd, das Ding in Händen. Bei jeder blieb er stehen, nahm eine Hostie heraus, schüttelte einen oder zwei Tropfen (ja, liegen die denn in Wasser?) davon ab und schob sie fein säuberlich in den aufgesperrten Mund. Hut und Kopf senkten sich. Dann die nächste: eine kleine alte Frau. Der Priester beugte sich nieder, es ihr in den Mund zu schieben, murmelnd die ganze Zeit. Latein. Die nächste. Augen zu, Mund auf. Was? *Corpus.* Leib. Leichnam. Guter Einfall, das Latein. Betäubt sie zuerst einmal. Hospiz für die Sterbenden. Sie scheinen es gar nicht zu kauen: schluckens bloß runter so. Wunderlicher Einfall: Stückchen von einem Leichnam zu essen, wird den Kannibalen sicher schnell einleuchten.

Er stand abseits und sah zu, wie die blinden Masken das Kirchenschiff hinuntergingen, eine nach der andern, und ihre Plätze aufsuchten. Er trat auf eine Bank zu und setzte sich in die Ecke, an seinem Hut fingernd und der Zeitung. Diese Pötte, die wir da tragen müssen. Eigentlich sollte man sich den Hut genau nach dem Kopf modellieren lassen. Sie waren um ihn, hier und da, die Köpfe immer noch gesenkt in ihren karminroten Halftern, wartend darauf, daß es schmolz in ihren Mägen. So was ähnliches wie diese Matzen: ist wohl genau die Sorte Brot: ungesäuertes Schaubrot. Nun seh sich einer die Leute da an. Wetten, daß sie sich glücklich fühlen davon? Dauerlutscher. Das wirkt eben so. Sicher, heißt ja auch Engelsbrot. Steckt eine große Idee dahinter, so ein Gefühl wie das Reich Gottes ist in euch. Erstkommunikanten. Eins zwei drei, wer will noch mal, wer hat noch nicht. Dann fühlen sich alle wie eine einzige große Familie, genauso wie im Theater, alle auf derselben Welle. Bestimmt. Ich bin ganz sicher. Nicht so einsam dann. In unserer Brudergemeinschaft. Kommen dann richtig ein bißchen beschwipst wieder raus. Dampf ablassen. Der springende Punkt ist bloß, man muß wirklich dran glauben. Die Kuren in Lourdes, Wasser des Vergessens, und die Erscheinung von Knock, blutende Statuen. Der alte Knabe da neben dem Beichtstuhl, eingepennt. Daher das Schnarchen also. Blinder Glaube. Geruhsam sicher in den

Armen des Dein Reich komme. Lullt allen Schmerz ein. Durchdösen bis nächstes Jahr um diese Zeit.

Er sah den Priester den Abendmahlsbecher wegstellen, sorgfältig an seinen Ort, und einen Augenblick lang davor knien, wobei sich eine große graue Schuhsohle unter dem Spitzenzeug zeigte, das er anhatte. Angenommen, der verliert mal die Nadel aus seinen. Was soll er dann bloß machen, um sie zu. Kahlstelle hinten. Buchstaben auf seinem Rücken: I.N.R.I.? Nein: I.H.S. Molly hat mir das mal erklärt, wie ich sie fragte. Ich habe Sünde: oder nein: Ich habe Schmerzen, so heißt es. Und das andere? Ich nahe zur Rettung Israels. Treffen an einem Sonntag nach dem Rosenkranz. Erfüll mir doch meine Bitte. Taucht auf mit Schleier und schwarzer Tasche. Dämmerung hinter ihr und das Licht. Sie könnte leicht auch hier sein, mit einem Band um den Hals, und trotzdem das andere tun insgeheim. Denen ihr Charakter. Der Kerl damals, der Kronzeuge war gegen die Invincibles, der nahm auch regelmäßig das, Carey hieß er, das Abendmahl jeden Morgen. In eben dieser Kirche hier. Peter Carey. Nein, Peter Claver, an den denk ich jetzt. Denis Carey. Und das muß man sich mal vorstellen. Frau und sechs Kinder zu Hause. Und plant dabei die ganze Zeit den Mord. Diese schwarzen Schleicher, also das ist gar kein schlechter Name für sie, irgendwas Wendiges, Glattes haben sie ja äußerlich immer an sich. Rechtschaffene Geschäftsleute sind sie ebenfalls nicht. Ach nein, sie ist nicht hier: die Blume: nein, nein. Übrigens, hab ich den Umschlag eigentlich zerrissen? Ah ja: unter der Brücke.

Der Priester schwenkte den Kelch aus: dann kippte er den Bodensatz flink hinunter. Wein. Macht das Ganze irgendwie aristokratischer, als wenn er zum Beispiel bloß tränke, was sie gewohnt sind, Guinness-Porter oder irgendein Temperenzler-Gebräu, Wheatley's Dubliner Hopfenbitter oder Cantrell und Cochrane's Ginger Ale (mit Geschmack). Gibt ihnen aber keinen Tropfen davon ab: Schauwein: bloß das andre. Dürftiger Trost. Frommer Betrug imgrunde, aber ganz richtig:

sonst hätten sie dauernd die alten Saufköppe auf dem Hals, einer schlimmer als der andere, Schnorrer, bloß einen winzigen Schluck. Verrückt, die ganze Atmosphäre dieser naja. Ganz richtig an sich. Vollkommen richtig alles.

Mr. Bloom sah sich nach dem Chor um. Musik anscheinend keine. Schade. Wer wohl die Orgel hier spielt? Der alte Glynn, der wußte, wie man das Instrument zum Sprechen bringt, so ein *vibrato:* fünfzig Pfund im Jahr, heißt es, hatte er in der Gardiner Street. Molly war gut bei Stimme an dem Tag, das *Stabat Mater* von Rossini. Pater Bernard Vaughans Predigt zuerst. Christus oder Pilatus? Christus natürlich, halt uns bloß damit nicht den ganzen Abend auf. Musik wollten sie. Das Fußgescharre hörte auf. Konnte ne Stecknadel fallen hören. Ich sagte ihr noch, daß sie ihre Stimme auf die eine Ecke da einrichten sollte. Ich konnte die Spannung knistern fühlen in der Luft, die Fülle, die Leute blickten hinauf:

Quis est homo!

Manches von dieser alten Kirchenmusik ist ja herrlich. Mercadante: die sieben letzten Worte. Mozarts zwölfte Messe: das *Gloria* darin. Diese alten Päpste, richtig versessen waren die auf Musik, auf Kunst und Statuen und Bilder aller Art. Palestrina zum Beispiel auch. Hatten ne flotte Zeit, solange das lief. Ist auch gesund, Singen, regelmäßige Stunden, dann Liköre brauen. Benediktiner. Chartreuse Grün. Aber, daß sie Eunuchen in ihrem Chor hatten, also das war ja wohl ein bißchen happig. Was das wohl für eine Art Stimme ist? Mußte sich komisch anhören nach ihren eigenen kräftigen Bässen. Feinschmecker, verstanden was davon. Fühlten wahrscheinlich überhaupt nichts mehr hinterher. Nur noch Ruhe irgendwie, milde Stimmung. Schluß mit der Quälerei. Setzen ziemlich Fett an, oder? Vielfraße, Wanst und lange Beine. Wer weiß? Eunuch. Auch ein Ausweg.

Er sah, wie der Priester sich niederbeugte und den Altar küßte, dann sein Gesicht wandte und alles Volk segnete. Alle bekreuzigten sich und standen auf. Mr. Bloom blickte um sich und stand dann ebenfalls auf, hinwegsehend über die auferstandenen Hüte. Natürlich, aufstehn, beim Evangelium. Dann ließen sich alle erneut auf die Knie nieder, und er setzte sich ruhig zurückgelehnt wieder auf seine Bank. Der Priester kam vom Altar nach vorn, das Ding ausgestreckt vor sich haltend, und er und der Meßknabe antworteten einander auf Latein. Dann kniete der Priester nieder und las von einer Karte ab:

– O Gott, unsre Zuflucht und Stärke ...

Mr. Bloom streckte das Gesicht vor, um die Worte mitzubekommen. Englisch. Schmeißen ihnen den Knochen hin. Ich entsinn mich nur schwach. Wie lange ist das eigentlich her, daß du zuletzt in der Messe warst? Gloria und unbefleckte Jungfrau. Joseph, ihr vertrauter Mann. Peter und Paul. Viel interessanter, wenn man verstünde, um was es sich da jeweils dreht. Aber als Organisation bestimmt ja phantastisch, läuft wie ein Uhrwerk. Die Beichte. Jeder drängt danach. Dann will ich Dir auch alles erzählen. Buße. Bestraf mich bitte. Starke Waffe in ihren Händen. Viel mehr als beim Arzt oder Rechtsanwalt. Weiber sind richtig wild drauf. Und ich habe geschschschschschsch. Und hast du auch gechechechecheche? Und warum hast du? Blickt nieder auf ihren Ring, sucht nach einer Entschuldigung. Flüstergalerie, Wände haben Ohren. Gatte erfährt zu seiner Überraschung. Kleiner Scherz vom lieben Gott. Dann kommt sie raus. Reue, hauttief. Entzückende Scham. Gebet vor einem Altar. Gegrüßet seist du und Heilge Maria. Blumen, Weihrauch, schmelzende Kerzen. Verbirgt ihr Erröten. Heilsarmee bloß eine himmelschreiende Nachahmung. Geläuterte Hure wird zur Versammlung sprechen. Wie ich den Herrn fand. Müssen ganz schön was auf dem Kasten haben, die in Rom: deichseln den ganzen Laden. Und Geld, das scheffeln sie doch auch wie nichts. Ebenfalls Legate: für den derzeit amtierenden P. P. zur allfälligen Verwendung. Messen für die Ruhe meiner Seele öffentlich zu lesen bei offenen Türen. Mönchs- und Nonnenklöster. Im Testamentsfall von Fermanagh: der Priester im Zeugenstand. Durch nichts aus der Fassung zu bringen. Für alles eine Antwort

parat. Freiheit und Höhere Ehre unserer heiligen Mutter Kirche. Die Kirchenlehrer: die haben die ganze Theologie dafür ausgetüftelt.
Der Priester betete:
– Heiliger Erzengel Michael, steh uns bei in der Stunde des Streits. Sei unser Schutz und Schirm wider die Bosheit und Anschläge Satans (möge Gott ihn dämpfen, so bitten wir demütiglich): und wirf du, o Fürst der Himmlischen Heerscharen, durch die Macht Gottes den Satan hinab in die Hölle und mit ihm jene anderen gottlosen Geister, so da wandern durch alle Welt und suchen, wen sie verderben.
Der Priester und der Meßknabe standen auf und entfernten sich. Alles vorbei. Die Frauen blieben zurück: Danksagung.
Lieber auf die Socken machen jetzt. Bruder Klingelbeutler. Kommt vielleicht mit dem Teller rum. Her mit dem Oster-Obolus.
Er stand auf. Hallo! Warn doch die zwei Knöpfe an meiner Weste die ganze Zeit offen. Frauen macht das Spaß. Ärgert sie, wenn man nicht. Warum hast du mir das nicht eher gesagt? Selber sagen sies einem nie. Aber wir. Entschuldigung, Miss, bei Ihnen ist da (pfff!) Sie haben da ein (pfff!) ein kleines Fusselchen. Oder ihr Rock hinten, der Schlitz nicht zugehakt. Gestatten, bei Ihnen blitzt es. Unsereins haben sie lieber schlampig. Ein Glück bloß, daß es nicht weiter südlich war. Er schritt, sich diskret zuknöpfend, das Seitenschiff hinunter und durch das Hauptportal hinaus ins Freie. Einen Augenblick lang stand er wie geblendet neben dem kalten schwarzen Marmorbecken, während vor und hinter ihm zwei Gottesdienstbesucher verstohlen die Hände in die Weihwasserebbe tauchten. Trambahnen: ein Wagen der Färberei Prescott: eine Witwe im Trauergewand. Fällt mir auf, weil ich selber in Trauer gehe. Er setzte seine Kopfbedeckung auf. Was ist denn die Uhr? Viertel nach. Zeit genug noch. Das Schönheitswasser, lieber gleich fertigmachen lassen. Wo ist das doch? Ah ja, wie letztesmal. Sweny am Lincoln Place. Drogisten ziehn selten um. Ihre grünen und goldenen Kruken zu schwer zu bewegen.

Hamilton Long, gegründet im Jahre der Sintflut. Der Hugenotten-Kirchhof ganz in der Nähe. Muß ich eines Tages mal besuchen.

Er ging nach Süden, die Westland Row entlang. Aber das Rezept steckt in der anderen Hose. So ein Mist, und den Hausschlüssel hab ich auch noch vergessen. Lästig, diese Beerdigungsgeschichte. Ach, schon gut, der arme Kerl, er kann ja nichts dafür. Wann hab ichs eigentlich das letztemal machen lassen? Warte. Ich ließ einen Sovereign wechseln, das weiß ich noch. Muß also der erste des Monats gewesen sein oder der zweite. Ach, er kanns ja in seinem Rezeptbuch nachsehen.

Der Drogist blätterte Seite um Seite zurück. Sandgelb verschrumpelt, so riecht er scheints auch. Schrumpfkopf. Und alt. Suche nach dem Stein der Weisen. Die Alchimisten. Drogen regen zwar geistig an, machen einen aber alt. Lethargie dann. Wieso? Reaktion. Eine ganze Lebensdauer in einer Nacht. Verändert schrittweis den Charakter. So ein Leben, den ganzen Tag zwischen Kräutern, Salben, Desinfektionsmitteln. All seine alabasternen Lillipöttchen. Mörser und Stößel. Aq. Dest. Fol. Laur. Te Virid. Brauchts bloß zu riechen, dann ist man schon geheilt, wie wenn man beim Zahnarzt klingelt. Doktor quack. salb. Er sollte sich selber mal ein bißchen verarzten. Latwerge oder Emulsion. Der erste Bursche, der ein Pflänzchen pflückte, um sich damit zu kurieren, hat wahrhaftig Mumm gehabt. Heilkräuter. Man muß ja doch höllisch aufpassen. Genug Zeug hier, um einen zu chloroformieren. Probe: färbt blaues Lackmus-Papier rot. Chloroform. Überdosis Laudanum. Schlafpulver Liebestränke. Reizstillender Mohnsirup schlecht für Husten. Verstopft die Poren oder hemmt den Schleim. Gifte sind imgrunde die einzigen Heilmittel. Heilung, wo man sie am wenigsten erwartet. Raffiniert von der Natur.

– Vor etwa vierzehn Tagen, Sir?

– Ja, sagte Mr. Bloom.

Er wartete vor dem Tresen, den scharfen Ruch der Drogen

einatmend, den staubig trockenen Duft von Schwämmen und Luffas. Unglaublich viel Zeit eigentlich, die man so damit zubringt, seine Wehwehchen zu erzählen.

– Süßmandelöl und Benzoetinktur, sagte Mr. Bloom, und dann Orangenblütenwasser ...

Ihre Haut wurde ja wirklich so delikat weiß davon wie Wachs.

– Und weißes Wachs noch, sagte er.

Läßt die Dunkelheit ihrer Augen hervortreten. Wie sie mich ansah, das Bettlaken bis hoch an die Augen, spanisch, den eigenen Duft einsaugend, als ich die Schäkel in meinen Manschetten festmachte. Diese alten Hausrezepte sind oft die besten: Erdbeeren für die Zähne: Nesseln und Regenwasser: Hafermehl, sagt man, in Buttermilch geweicht. Hautnahrung. Einer der Söhne der alten Königin, wars nicht der Duke of Albany? der hatte bloß eine einzige Haut. Leopold, ja. Wir haben drei. Warzen, Blasen und zu allem Überfluß noch Pusteln. Aber man braucht auch noch ein Parfüm. Was für ein Parfüm benutzt Deine? *Peau d'Espagne.* Dieses Orangenblüten. Reine Kernseife. Wasser ist ja so frisch. Riechen angenehm, diese Seifen hier. Noch Zeit, um ein Bad zu nehmen, gleich um die Ecke. Hammam. Türkisch. Massage. Der Dreck rollt sich einem allmählich im Nabel zusammen. Wäre hübscher, wenn ein hübsches Mädchen es täte. Ich glaub auch, ich. Ja, ich. Machs im Bad. Komisches Bedürfnis, ich. Wasser zu Wasser. Das Nützliche mit dem Angenehmen verbinden. Schade, keine Zeit für Massage. Fühlt sich den ganzen Tag frisch danach. Begräbnis wird verdrießlich genug.

– Ja, Sir, sagte der Drogist. Das hatte zwo-neun gemacht. Haben Sie eine Flasche dabei?

– Nein, sagte Mr. Bloom. Machen Sies mir bitte fertig. Ich komme im Lauf des Tages wieder vorbei, und dann möchte ich noch eine von diesen Seifen mitnehmen. Was kosten sie?

– Vier Pence, Sir.

Mr. Bloom hob ein Stück an seine Nüstern. Süßes zitroniges Wachs.

– Ich nehme dies hier, sagte er. Das macht dann drei und einen Penny.
– Jawohl, Sir, sagte der Drogist. Sie können dann alles zusammen bezahlen, Sir, wenn Sie wiederkommen.
– Gut, sagte Mr. Bloom.
Er schlenderte aus dem Laden, den Zeitungsstab unter der Achsel, die kühlverpackte Seife in der linken Hand.
An seiner Achsel sagten Bantam Lyons' Stimme und Hand:
– Hallo, Bloom, was gibts denn für Neuigkeiten? Ist die von heute? Lassen Sie mich doch kurz mal reinsehn.
Hat sich wieder den Schnurrbart wegrasiert, beim Zeus! Lange kalte Oberlippe. Um jünger auszusehn. Und sieht jetzt aus wie ein Arsch mit Ohren. Ist jünger, als ich bin.
Bantam Lyons' schwarznägelige Gelbfinger entrollten den Stab. Braucht auch mal ne Waschung. Daß wenigstens der gröbste Dreck runterkommt. Guten Morgen, haben Sies schon mal mit Pears' Seife versucht? Schuppen auf den Schultern. Skalp braucht ne Ölung.
– Ich will nachsehn, ob was über das französische Pferd drinsteht, das heute läuft, sagte Bantam Lyons. Verdammte Unzucht, wo steckt denn das Ding?
Er durchstöberte raschelnd die gefalteten Seiten, immerfort dabei mit dem Kinn an seinem hohen Kragen ruckend. Juckt ihn vom Rasieren. Enger Kragen, wird sein Haar verlieren. Am besten laß ich ihm die Zeitung und werd ihn damit los.
– Sie können sie behalten, sagte Mr. Bloom.
– Ascot. Goldpokal. Warten Sie, murmelte Bantam Lyons. Kleinen Mo. Maximum der Zweite.
– Ich wollte sie sowieso grade wegwerfen, sagte Mr. Bloom. Weg wie der Wind. Sowieso bloß ein Flugblatt.
Bantam Lyons hob jäh die Augen und blinzelte pfiffig.
– Was haben Sie da gesagt? fragte seine scharfe Stimme.
– Ach, nichts. Nur daß Sie sie behalten können, antwortete Mr. Bloom. Ich wollte sie sowieso grade wegwerfen diesen Moment.
Bantam Lyons zweifelte einen Augenblick, blinzelnd: dann

stieß er Mr. Bloom die auseinandergefalteten Blätter in die Arme.

– Ich riskiers, sagte er. Hier, vielen Dank.

Er eilte davon, Conway's Corner zu. Geh mit Gott, aber geh.

Mr. Bloom faltete die Blätter wieder zu einem sauberen Viereck zusammen und legte die Seife hinein, lächelnd. Alberne Lippen hat der Kerl. Wetten. Daher kommt alles, regelrechte Brutstätte in letzter Zeit. Laufburschen stehlen, bloß um einen Sixpence zu setzen. Tombola um einen großen zarten Truthahn. Ihr Weihnachtsbraten für drei Pence. Jack Fleming hat permanent unterschlagen, um spielen zu können, dann sich dünn gemacht, nach Amerika. Führt da ein Hotel jetzt. Die kommen nie zurück von da drüben. Fleischtöpfe Ägyptens.

Er ging beschwingt auf die Bädermoschee zu. Erinnert tatsächlich an eine Moschee, rotgebrannte Ziegel, die Minarehs. College-Wettkämpfe heute, wie ich sehe. Er musterte das Hufeisen-Plakat über dem Tor zum College-Park: ein Radfahrer, zusammengekrümmt wie ein Dorsch in der Dose. Spottschlechte Reklame. Wenn sies nun rund gemacht hätten, wie ein Rad. Als Speichen dann: Wettkämpfe, Wettkämpfe, Wettkämpfe: und als Nabe groß: College. Das wäre ein Blickfang.

Da steht ja Hornblower an der Portiersloge. Den muß ich mir warm halten: vielleicht läßt er mich mal so rein, stillschweigend. Wie gehts Ihnen denn so, Mr. Hornblower? Danke, und Ihnen, Sir?

Himmlisches Wetter wahrhaftig. Wenn das Leben nur immer so wäre. Kricket-Wetter. Gemächlich rumsitzen unter Sonnendächern. Over um Over. Aus. Die können das hier einfach nicht spielen. Sechs Wickets, und immer noch Duck. Aber Captain Buller hat mal im Kildare Street Club mit einem einzigen Schlag auf Linksfänger ein Fenster geschafft. Jahrmarkt von Donnybrook, der liegt mehr auf ihrer Linie. Und die Schädel, die wir knackten, wenn M'Carthy tamm ta damm. Hitzewelle. Hält nicht an. Geht immer vorüber, Strom des Lebens: was uns der Strom des Lebens bringt, ist mehr wert als sie alle.

Genehmige mir jetzt ein Bad: saubere Wanne Wasser, kühle Emaille, der sanfte lauwarme Strom. Dies ist mein Leib.
Er sah im Geist seinen bleichen Leib darin ruhen, lang ausgestreckt und nackt, im wohligen Schoß der Wärme, gesalbt mit duftender schmelzender Seife, weichlich umwellt. Er sah seinen Rumpf und die Glieder, kritzlich überkräuselt und getragen, leicht oben gehalten, zitronengelb: seinen Nabel, Knospe aus Fleisch: und sah die dunklen verstrickten Löckchen seines Büschels fluten, das flutende Haar des Stroms rings um den lahmen Vater von Tausenden, eine schlaffe flutende Blume.

MARTIN CUNNINGHAM schob, als erster, seinen zylinderbedeckten Kopf in den quietschenden Wagen, stieg zackig hinein und setzte sich. Mr. Powers lange Gestalt folgte ihm, achtsam gebückt.

– Los, Simon, nur immer herein!

– Nach Ihnen, sagte Mr. Bloom.

Mr. Dedalus bedeckte sich rasch, stieg ein und sagte dabei:

– Ja, ja.

– Sind wir denn alle da? fragte Martin Cunningham. Kommen Sie schon, Bloom.

Mr. Bloom stieg ein und setzte sich auf den freien Platz. Er zog die Türe hinter sich an und schlug sie zweimal zu, bis sie fest schloß. Er steckte einen Arm durch den Armgurt und blickte ernst aus dem offenen Wagenfenster hinaus auf die niedergelassenen Jalousien der Avenue. Eine war beiseite gezogen: spähend eine alte Frau. Nase plattgeweißt an der Scheibe. Ihren Sternen dankend, daß sie noch einmal verschont blieb. Außerordentlich, das Interesse, das die an einer Leiche nehmen. Sind heilfroh, uns gehen zu sehen, nachdem sie soviel Scherereien mit uns haben, wenn wir kommen. Sind scheints ganz zufrieden mit ihrem Geschäft. Munkeln in dunkeln Ecken, Schlurfen in Schlappschluffen herum, daß er bloß nicht wieder aufwacht. Dann richten sie her. Kleiden an, bahren auf. Molly und Mrs. Fleming, wie sie das Bett machen. Ziehn Sies mal etwas mehr zu sich rüber. Unser Leichentuch. Man weiß nie, wer einen noch anfaßt dann, tot. Waschen und abseifen. Ich glaube, die schneiden einem sogar noch die Nägel und das Haar. Heben ein bißchen davon auf, in einem Umschlag. Wächst aber sowieso noch weiter, hinterher. Dreckiges Geschäft.

Alles wartete. Kein Wort wurde gesprochen. Verstauen noch die Kränze wahrscheinlich. Also ich sitz da doch auf was Hartem. Ah ja, die Seife, in meiner Gesäßtasche. Besser doch woanders hin damit. Mal eine Gelegenheit abwarten.

Alles wartete. Dann hörte man Räder sich drehen vorn: dann näher: dann Pferdehufe. Ein Ruck. Ihr Wagen begann sich zu bewegen, quietschend und schwankend. Andere Hufe und quietschende Räder setzten sich hinter ihnen in Bewegung. Die Jalousien der Avenue glitten vorüber, auch die Nummer Neun mit ihrem umflorten Klopfer, der spaltoffenen Tür. Langsam, im Schritt.

Sie warteten still, mit ruckenden Knien, bis sie gewendet hatten und an den Trambahnschienen entlang zockelten. Tritonville Road. Schneller. Die Räder ratterten rollend über das Kopfsteinpflaster, und in den Türrahmen schütterten ratternd die gebrechlichen Scheiben.

– Wie fährt denn der uns eigentlich? fragte Mr. Power durch beide Fenster.

– Irishtown, sagte Martin Cunningham. Ringsend. Brunswick Street.

Mr. Dedalus sah hinaus und nickte.

– Das ist doch eine schöne alte Sitte, sagte er. Freut mich zu sehen, daß sie noch nicht ausgestorben ist.

Alle blickten eine Weile durch ihre Fenster auf die Kappen und Hüte, die von Passanten gelüftet wurden. Ehrfurcht. Als sie an der Watery Lane vorüber waren, schwenkte der Wagen von den Trambahngeleisen auf die glattere Straße. Mr. Bloom erblickte beim Hinausstarren einen geschmeidigen jungen Mann, in Trauerkleidern, mit großem Hut.

– Da ist grad ein Freund von Ihnen vorbeigegangen, Dedalus, sagte er.

– Wer denn?

– Ihr Sohn und Erbe.

– Was, wo? fragte Mr. Dedalus, sich schräg hinüber beugend.

Der Wagen fuhr an den offenen Kanalisationsgräben und Erdwällen der vor den Mietshäusern aufgerissenen Straße vorüber, wankte dann um die Ecke und rollte, wieder auf die Geleise schwenkend, mit ratternden Rädern geräuschvoll weiter. Mr. Dedalus ließ sich zurückfallen und sagte:

– War dieser Flegel, der Mulligan, mit bei ihm? Sein *fidus Achates*?
– Nein, sagte Mr. Bloom. Er war allein.
– Ist bei seiner Tante Sally gewesen, nehm ich an, sagte Mr. Dedalus. Feine Sippschaft, die Gouldings, der besoffene kleine Federfuchser aus der Advokatur und Crissie, Papas kleines Schnuggelpützchen, das Miststück, ein weises Kind, das seinen eigenen Vater kennt.
Mr. Bloom lächelte freudlos auf die Ringsend Road hinaus. Wallace Bros., die Flaschenfabrik. Dodder Bridge.
Richie Goulding und die Aktentasche. Goulding, Collis und Ward nennt er die Firma. Seine Witze wirken allmählich ein bißchen abgestanden. Früher war er ja ein toller Hecht. Hat in der Stamer Street mal mit Ignatius Gallaher Walzer getanzt, an einem Sonntagmorgen, die beiden Hüte der Wirtin festgesteckt auf dem Kopf. Die ganze Nacht gelumpt. Rächt sich jetzt langsam an ihm: die Rückenschmerzen, die er immer hat, fürchte ich. Seine Frau bügelt ihm das Kreuz. Glaubt, er kriegts mit Pillen weg. Dabei sind das doch bloß alles Brotkügelchen. Runde sechshundert Perzent Profit.
– Hat sich da auf eine lausige Gesellschaft eingelassen, der Junge, knurrte Mr. Dedalus. Dieser Mulligan ist doch ein ausgepichter Dreckskerl und ganz durchtriebener Schurke, nach allem, was man so hört. Sein Name stinkt durch ganz Dublin. Aber mit der Hilfe Gottes und Seiner gebenedeiten Mutter werde ich mich nächstertage hinsetzen und seiner alten Dame oder Tante oder was sie sonst ist ein Briefchen schreiben, das ihr die Augen öffnen wird, so weit wie ein Scheunentor. Dem werd ich das Oberstübchen fegen, das könnt ihr mir glauben.
Er schrie über das Rattern der Räder hinweg.
– Ich lasse nicht zu, daß ihr Bastard von Neffe mir meinen Sohn verdirbt! Dieser Sprößling eines Ladenschwengels! Hat Zwirnband verkauft im Laden meines Vetters, Peter Paul M'Swiney. Das wäre ja noch schöner.
Er brach ab. Mr. Bloom wandte den Blick von seinem wütenden Schnurrbart zu Mr. Powers mildem Gesicht und Martin

Cunninghams Augen und Bart, der würdevoll schütterte. Geräuschvoller eigensinniger Mensch. Randvoll von seinem Sohn. Aber er hat ja recht. Etwas zum Weiterreichen. Wenn der kleine Rudy am Leben geblieben wäre. Würde ihn aufwachsen sehen. Seine Stimme hören im Haus. An Mollys Seite in Eton-Tracht. Mein Sohn. Ich in seinen Augen. Komisches Gefühl wäre das. Von mir. Bloß ein Zufall. Muß an dem Morgen in Raymond Terrace gewesen sein, wo sie am Fenster stand und den beiden Hunden zusah, die da amgange waren, an der Mauer des LaßtabvomBösen. Und der Wachtmeister unten, grinste herauf. Sie hatte den cremefarbenen Morgenrock an, mit dem Riß, den sie niemals nähte. Komm, Poldy, laß uns doch machen. Meingott, ich bin ganz wild drauf. Wie das Leben so beginnt.

Ist dann dick geworden. Mußte das Konzert in Greystones absagen. Mein Sohn in ihr. Ich hätte ihm weiterhelfen können im Leben. Hättes gekonnt. Ihn unabhängig machen. Auch Deutsch lernen lassen.

– Wir kommen doch nicht zu spät? fragte Mr. Power.

– Noch zehn Minuten, sagte Martin Cunningham mit einem Blick auf die Uhr.

Molly. Milly. Dasselbe, bloß etwas verwässert. Richtiger Wildfang, ihre Kraftausdrücke. O du mein japsender Jupiter! Bei allen Göttern und kleinen Fischen! Aber ein liebes Mädchen ist sie ja doch. Bald eine Frau. Mullingar. Liebstes Pappilein. Junger Student. Ja, ja: auch eine Frau. Leben. Leben.

Der Wagen legte sich auf die Seite und wieder zurück, ihre vier Leiber schwankten.

– Corny hätte uns wirklich ein etwas bequemeres Gespann geben können, sagte Mr. Power.

– Hätte er, sagte Mr. Dedalus, wenn er auf dem betreffenden Auge nicht chronisch schielte. Sie können mir doch folgen?

Er kniff das linke Auge zu. Martin Cunningham fing an, unter seinen Schenkeln Brotkrumen fortzuwischen.

– Was im Namen Gottes, sagte er, ist denn das hier? Krümel?

– Da scheint jemand vor kurzem ein Picknick veranstaltet zu haben, sagte Mr. Power.

Alle hoben die Schenkel, beäugten ungnädig das moderfleckige knopflose Leder der Sitze. Mr. Dedalus rümpfte die Nase, schaute stirnrunzelnd unter sich und sagte:

– In der Tat, wenn mich nicht alles trügt. Was meinst du, Martin?

– Ich fand es auch überraschend, sagte Martin Cunningham.

Mr. Bloom ließ seinen Schenkel sinken. Ein Glück, daß ich gebadet habe. Fühl mich so wenigstens ganz sauber an den Füßen. Wenn Mrs. Fleming mir bloß die Socken besser gestopft hätte.

Mr. Dedalus seufzte resigniert.

– Letzten Endes, sagte er, ist es das Natürlichste von der Welt.

– Ist Tom Kernan eigentlich erschienen? fragte Martin Cunningham, sanft die Spitze seines Bartes zwirbelnd.

– Ja, antwortete Mr. Bloom. Er ist hinter uns bei Ned Lambert und Hynes.

– Und Corny Kelleher selbst? fragte Mr. Power.

– Auf dem Friedhof, sagte Martin Cunningham.

– Ich hab heute morgen noch M'Coy getroffen, sagte Mr. Bloom. Er wollte versuchen, auch noch hinzukommen.

Der Wagen hielt kurz an.

– Was ist nun denn los?

– Wir halten.

– Wo sind wir denn?

Mr. Bloom steckte den Kopf aus dem Fenster.

– Grand Canal, sagte er.

Das Gaswerk. Soll Keuchhusten heilen, angeblich. Ein Glück, daß Milly den nie gekriegt hat. Arme Kinder! Winden sich in Zuckungen, laufen schwarz und blau an dabei. Eine Schande wahrhaftig. An sich ja immer leicht davongekommen mit Krankheiten, vergleichsweise. Bloß die Masern. Flachssamentee. Scharlach, Grippe-Epidemien. Anzeigenwerbung für den Tod. Verpassen Sie ja diese Chance nicht. Da drüben das

Tierheim, Hunde. Armer alter Athos! Sei gut zu Athos, Leopold, das ist mein letzter Wunsch. Dein Wille geschehe. Wir parieren ihnen noch bis ins Grab. Ein letztes Gekritzel, im Sterben. Er nahms sich zu Herzen, verging vor Gram. Stilles Tier. Sind Hunde von alten Männern meistens.

Ein Regentropfen platschte auf seinen Hut. Er zog den Kopf zurück und sah, wie ein Augenblicksschauer lauter Tüpfel über die grauen Pflastersteine sprühte. Einzeln. Komisch. Wie durch ein Sieb. Habs doch gleich gedacht, es hält nicht an. Meine Stiefel waren knarrig, fällt mir jetzt ein.

– Das Wetter schlägt um, sagte er ruhig.

– Ein Jammer, daß es nicht schön geblieben ist, sagte Martin Cunningham.

– Die Landwirtschaft brauchts, sagte Mr. Power. Da kommt ja die Sonne schon wieder raus.

Mr. Dedalus spähte durch seine Brille nach der verschleierten Sonne und stieß einen stummen Fluch gen Himmel.

– Darauf kann man sich so wenig verlassen wie auf einen Kinderhintern, sagte er.

– Es geht wieder weiter.

Der Wagen setzte seine steifen Räder wieder in Bewegung, und ihre Leiber schwankten sanft. Martin Cunningham zwirbelte rascher die Spitze seines Bartes.

– Tom Kernan war kolossal gestern abend, sagte er. Und Paddy Leonard hat ihn nachgemacht, ihm glatt ins Gesicht.

– Ach, wenn der erst ins Reden kommt, Martin, sagte Mr. Power eifrig. Da mußt du ihn mal hören, Simon, wenn Ben Dollard den *Croppy Boy* singt!

– Kolossal, sagte Martin Cunningham mit wichtiger Miene. *Also wie er diese schlichte Ballade gesungen hat, Martin, eine derart schneidige Interpretation ist mir im Lauf meiner ganzen Erfahrung noch nicht vorgekommen.*

– Schneidig, sagte Mr. Power lachend. Darauf ist er immer mordsmäßig scharf. Und auf das retrospektive Arrangement.

– Habt ihr Dan Dawsons Rede schon gelesen? fragte Martin Cunningham.

– Ich noch nicht, sagte Mr. Dedalus. Wo steht sie denn?
– In der Zeitung heute morgen.
Mr. Bloom nahm die Zeitung aus seiner Innentasche. Das Buch, muß ich ihr noch umtauschen.
– Nein, nein, sagte Mr. Dedalus hastig. Später, bitte.
Mr. Blooms Blick wanderte am Rand der Zeitung nieder, die Todesanzeigen durchmusternd. Callan, Coleman, Dignam, Fawcett, Lowry, Naumann, Peake, welcher Peake ist das? der Bursche, der bei Crosbie und Alleyne war? nein, Sexton, Urbright. Charaktere aus Druckerschwärze, sehr bald schon verblassend auf dem abgegriffenen brüchigen Papier. Dank der Little Flower. Verlust zu beklagen. Zum unaussprechlichen Schmerz seiner. Im Alter von 88 Jahren, nach langem, mit großer Geduld ertragenem. Monatsgedächtnismesse. Quinlan. Dessen Seele unser lieber Herr Jesus in Gnaden.

Einen Monat ists her, daß lieb Henry entfloh
Hinauf zu den himmlischen Höhn –
Die Familie beweint ihn, doch hofft sowieso,
Ihn dort droben einst wiederzusehn.

Ich hab doch den Umschlag zerrissen? Ja. Wo hatt ich denn eigentlich ihren Brief noch hingesteckt, als ich ihn im Bad gelesen? Er beklopfte leicht seine Westentasche. Ah ja, ist da. Lieb' Henry entfloh. Bevor meine Geduld erschöpft ist.
Volksschule. Meade's Holzhof. Der Droschkenstand. Bloß zweie noch da jetzt. Nickend. Randvoll den Wanst. Haben zuviel Knochen in ihren Dickköpfen. Der andere trottet durch die Gegend, mit einem Fahrgast. Vor einer Stunde grad bin ich da vorbeigegangen. Die Kutscher lüfteten die Hüte.
Eines Weichenstellers Rücken richtete sich plötzlich vor Mr. Blooms Fenster auf, an einem Trambahnmast. Könnten sie da nicht irgendwas Automatisches erfinden, daß sich das Rad von selber? Wäre doch viel bequemer? Schon, aber dann verlöre der Bursche da sein Pöstchen? Schon, aber dafür bekäme ein andrer eins, der die Erfindung macht?

Antient Concert Rooms. Nichts auf dem Programm. Ein Mann in Lederjacke mit Trauerflor am Arm. Wirkt nicht gerade sehr betrübt. Vierteltrauer. Schwiegerverwandtschaft vielleicht.

Sie fuhren an der öden Kanzel von St. Markus vorüber, unter der Eisenbahnbrücke her, vorbei am Queen's Theatre: schweigend. Plakatwände. Eugene Stratton. Mrs. Bandman Palmer. Ob ich heute abend in die *Leah* gehen könnte? Fraglich. Ich hab gesagt, ich. Oder in die *Lilie von Killarney*? Elster Grimes Opera Company. Großmächtiger Programmwechsel. Nasse leuchtende Anschlagzettel für nächste Woche. *Spaß auf der Bristol.* Martin Cunningham könnte vielleicht ein Freibillett besorgen fürs Gaiety. Kostet mich aber einen Drink oder zwei. Also Jacke wie Hose.

Er kommt am Nachmittag vorbei. Ihre Lieder.

Plasto. Sir Philip Cramptons Gedächtnisbrunnenbüste. Wer war das eigentlich?

– 'n Tag, sagte Martin Cunningham, die Handfläche grüßend zur Stirn hebend.

– Er sieht uns gar nicht, sagte Mr. Power. Doch, jetzt guckt er her. 'n Tag.

– Wer denn? fragte Mr. Dedalus.

– Blazes Boylan, sagte Mr. Power. Da drüben lüftet er grad die Perücke.

Just in dem Moment, wo ich dran dachte.

Mr. Dedalus beugte sich hinüber, um zu grüßen. Vom Eingang der Red Bank blitzte der weiße Diskus eines Strohhuts Erwiderung: vorbei.

Mr. Bloom besah kritisch die Nägel seiner linken Hand, dann die seiner rechten Hand. Die Nägel, ja. Ist eigentlich sonst noch was an ihm, was sie sehen sie sieht? Faszination. Als Mann der schlimmste in ganz Dublin. Hält ihn lebendig. Manchmal haben sie ja ein Gespür dafür, was einer ist, seine Persönlichkeit. Instinkt. Aber ein Typ wie der? Meine Nägel. Ich seh sie mir bloß so an: gut geschnitten. Und hinterher: denken, allein. Ihr Körper wird langsam ein bißchen weichlich. Hab ich durchaus gemerkt, im Vergleich zu früher, Erinnerung. Woran liegt das wohl, vermutlich daß sich die Haut nicht mehr schnell genug zusammenziehen kann, wenn das Fleisch schwindet. Aber die Figur ist da. Die Figur ist immer noch da. Schultern. Hüften. Ganz schön drall. Der Abend damals, wie sie sich zum Tanzen anzog. Ihr Unterhemd, klebte zwischen den Hinterbacken.

Er faltete die Hände zwischen den Knien, befriedigt, schickte seinen leeren Blick über ihre Gesichter.

Mr. Power fragte:

– Wie läßt sich denn die Konzert-Tournee so an, Bloom?

– Oh, sehr gut, sagte Mr. Bloom. Großartig, was ich so höre darüber. Es war ja eine gute Idee, sehn Sie ...

– Gehn Sie selber auch mit?

– Ach nein, sagte Mr. Bloom. Es ist nämlich so, ich muß runter ins County Clare, in einer Privatangelegenheit. Ja, sehn Sie, die Idee war doch, die ganzen Hauptstädte zu bereisen. Was man da bei der einen verliert, kommt bei der andern wieder rein.

– Genau so ist es, sagte Martin Cunningham. Mary Anderson ist jetzt da oben.

– Haben Sie gute Künstler?

– Louis Werner zieht die Tournee auf, sagte Mr. Bloom. Ach ja, wir werden lauter Spitzenkräfte haben. J. C. Doyle und John MacCormack, hoff ich, und. Jedenfalls, das Beste vom Besten.

– Und *Madame*, sagte Mr. Power, lächelnd. *Last but not least.*

Mr. Bloom entfaltete seine Hände zu einer Geste sanfter Höflichkeit und faltete sie dann wieder. Smith O'Brien. Irgendwer hat einen Strauß Blumen da niedergelegt. Eine Frau. Muß sein Todestag sein. Auf noch häufige glückliche Wiederkehr. Der Wagen räderte an Farrells Statue vorüber und vereinigte lautlos ihre nicht widerstrebenden Knie.

Schnü: ein trostlos gekleideter alter Mann am Bordstein bot seine Waren an, mit spitz sich öffnendem Mund: Schnü.

– Vier Schnürsenkel einen Penny!

Das möcht ich wohl wissen, warum man dem die Zulassung gestrichen hat. Sein Büro war in der Hume Street. Im selben Haus wie Mollys Namensvetter. Tweedy, Kronanwalt für Waterford. Trägt immer noch den Zylinder von damals. Was bleibt von alter Ehrsamkeit. Ebenfalls in Trauer. Schrecklicher Niedergang, der arme Schelm! Rumgeschubst wie ein Knochen beim Leichenschmaus. O'Callaghan auf dem letzten Loch.

Und *Madame*. Zwanzig nach elf. Auf jetzt. Mrs. Fleming ist drinnen, um sauberzumachen. Sitzt vorm Frisiertisch, summend: *voglio e non vorrei*. Nein: *vorrei e non*. Sieht sich die Haarspitzen an, ob gespalten. *Mi trema un poco il*. Herrlich ihre Stimme auf dem *tre:* wie Tränen der Ton. Eine Tross eine Drossel. Es gibt doch ein Wort da, Drossel, was das ausdrückt.

Seine Augen glitten leicht über Mr. Powers wohlgestaltetes Gesicht. Etwas grau schon über den Ohren. *Madame:* lächelnd. Und ich hab zurückgelächelt. Ein Lächeln geht einen langen Weg. Bloß Höflichkeit vielleicht. Netter Kerl. Ob das eigentlich wahr ist, daß er sich noch die Frau hält nebenher? Wer weiß. Nicht grade angenehm für die Gattin. Aber es heißt auch, wer wars doch gleich, der mir das erzählt hat, es wäre nichts Geschlechtliches dabei. Man sollte ja meinen, dann wäre das Spielchen ziemlich schnell wieder aus. Ja, es war Crofton, er traf ihn mal eines Abends, wie er ihr grad ein Pfund Rumpsteak brachte. Was war sie doch gleich? Bardame im Jury's. Oder im Moira?

Sie fuhren unter der riesigbemantelten Gestalt des Befreiers her.

Martin Cunningham stieß Mr. Power heimlich an.

– Vom Stamme Reuben, sagte er.

Eine lange schwarzbärtige Gestalt tappte, auf einen Stock gebückt, um die Ecke von Elvery's Elephant House, zeigte ihnen eine verkrümmt offene Hand auf dem Rückgrat.

– In seiner ganzen urtümlichen Schönheit, sagte Mr. Power.

Mr. Dedalus blickte der tappenden Gestalt nach und sagte mild:
– Der Teufel breche dir die Rückenhaspe!
Mr. Power, der sich krümmte vor Lachen, beschattete sein Gesicht gegen das Fenster, als der Wagen am Standbild Grays vorüberkam.
– Wir sind doch alle mal bei ihm gewesen, sagte Martin Cunningham offen.
Seine Augen begegneten den Augen Mr. Blooms. Er strich sich den Bart, während er hinzufügte:
– Nun, fast alle von uns.
Mr. Bloom begann mit plötzlichem Eifer den Gesichtern seiner Gefährten zuzusprechen.
– Das ist doch wieder mal zum Schießen, was jetzt die Runde macht über Reuben J. und den Sohn.
– Das mit dem Bootsmann? fragte Mr. Power.
– Ja. Ist das nicht zum Schießen?
– Um was dreht es sich denn da? fragte Mr. Dedalus. Ich habs noch nicht gehört.
– Es ging da um irgendein Mädchen, begann Mr. Bloom, und der Alte beschloß, seinen Sprößling auf die Insel Man in Sicherheit zu bringen, aber wie sie dann beide . . .
– Was? fragte Mr. Dedalus. Dieses Würstchen von einem Milchbart ist gemeint?
– Ja, sagte Mr. Bloom. Also sie waren beide schon auf dem Weg zum Schiff, da macht er den Versuch und ertränkt . . .
– Ertränkt den Barabbas! schrie Mr. Dedalus. Ich wollte zu Christo, er hättes geschafft!
Mr. Power stieß ein langes Lachen die mit der Hand bedeckten Nüstern hinab.
– Nein, sagte Mr. Bloom, der Sohn versuchte sich selbst . . .
Martin Cunningham vereitelte roh seine Rede.
– Reuben J. und der Sohn machen so am Kai lang, direkt am Fluß, und wollen zum Boot nach der Insel Man, und urplötzlich kriegt der junge Schnösel einen Rappel, und zack! ist er über die Mauer in die Liffey rein.

– Um Gottes willen! rief Mr. Dedalus erschrocken. Ist er tot?
– Tot? schrie Martin Cunningham. Aber der doch nicht! Ein Bootsmann langt sich ne Stange her und fischt ihn raus damit, an der Lose von der Hose, und so landet er fein säuberlich wieder beim Herrn Papa auf dem Kai. Mehr tot als lebendig allerdings. Die halbe Stadt war da.
– Ja, sagte Mr. Bloom. Aber das eigentlich Komische kommt erst noch . . .
– Und Reuben J., sagte Martin Cunningham, schenkte dem Bootsmann ein Zweischillingstück für die Lebensrettung seines Sohnes!
Ein unterdrücktes Seufzen kam unter Mr. Powers Hand hervor.
– Oh ja, das hat er tatsächlich über sich gebracht, bekräftigte Martin Cunningham. Wie ein Held. Ein silbernes Zweischillingstück.
– Ist das nicht zum Schießen? sagte Mr. Bloom eifrig.
– Ein Schilling Achtpence zuviel, sagte Mr. Dedalus trokken.
Mr. Powers erstícktes Lachen brach geräuschlos in den Wagen.
Nelson-Säule.
– Acht Pflaumen einen Penny! Acht für einen Penny!
– Wir sollten lieber ein etwas ernsteres Gesicht machen, sagte Martin Cunningham.
Mr. Dedalus seufzte.
– Und dabei, sagte er, würde uns der arme kleine Paddy ein Lachen gar nicht einmal übelnehmen. Hat selber so manche gute Geschichte erzählt.
– Der Herr vergebs mir! sagte Mr. Power, sich die nassen Augen mit den Fingern wischend. Armer Paddy! Vor einer Woche noch, wie ich ihn zum letztenmal sah und er doch ganz so bei Gesundheit war wie sonst, also da hatt ich doch keine Ahnung, daß ich so bald schon derart hinter ihm herfahren würde. Jetzt ist er von uns gegangen.
– Ein anständiger kleiner Mann, wie nur je einer nen Hut

auf dem Kopf gehabt hat, sagte Mr. Dedalus. Es kam wirklich sehr plötzlich.
– Zusammenbruch, sagte Martin Cunningham. Herz.
Er klopfte sich traurig an die Brust.
Flammendes Gesicht: rotheiß. Zuviel Hans Gerstenkorn. Mittel gegen rote Nase. Saufen auf Teufel komm raus, bis sie blau wird wie Adelit. Hat ihn ne Menge Geld gekostet, sie zu färben.
Mr. Power blickte mit wehmütiger Beklommenheit auf die vorbeigleitenden Häuser hinaus.
– So plötzlich ist er gestorben, der arme Kerl, sagte er.
– Der beste Tod, sagte Mr. Bloom.
Ihre weit aufgerissenen Augen blickten ihn an.
– Kein Leiden, sagte er. Ein Moment bloß, und alles ist vorbei. Wie wenn man im Schlaf stirbt.
Keiner sprach.
Tote Seite der Straße, das hier. Flauer Betrieb über Tag, Gütermakler, Temperenzler-Gasthof, Falconer's Eisenbahnkursbuch, Civil Service College, Gill's, Katholischer Klub, die Blinden-Gewerbeanstalt. Warum? Aus irgendeinem Grund. Sonne oder Wind. Bei Nacht ebenfalls. Kumpel und Dienstmädchen. Unter der Patronanz des seligen Pater Mathew. Grundstein für Parnell. Zusammenbruch. Herz.
Weiße Pferde mit weißen Federn am Stirngeschirr kamen bei der Rotunda um die Ecke, galoppierend. Ein winziger Sarg blitzte vorbei. Im Trab zum Grab. Eine Trauerkutsche. Unverheiratet. Schwarz für die Verheirateten. Scheckig für Junggesellen. Dunkelbraun für Klosterfraun.
– Traurig, sagte Martin Cunningham. Ein Kind.
Ein Zwergengesicht, malvenfarben und runzlig, wie das des kleinen Rudy war. Ein Zwergenkörperchen, schwächlich wie Kitt, in einer weißgefütterten Spanschachtel. Begräbnis zahlt die Friendly Society. Einen Penny die Woche für einen Fleck Rasen. Unser. Kleines. Bettel. Kindchen. Hat nichts bedeutet. Fehler der Natur. Wenns kerngesund ist, kommts von der Mutter. Wenn nicht, vom Mann. Beim nächstenmal mehr Glück.

– Armes kleines Ding, sagte Mr. Dedalus. Hat sich schnell wieder aus der Affäre gezogen.

Der Wagen erklomm jetzt langsamer die Anhöhe des Rutland Square. Klappernd Gebein. Über Stock und über Stein. Ist bloß ein Armer. Keiner achtet sein.

– Mitten wir im Leben sind, sagte Martin Cunningham.

– Aber am schlimmsten, sagte Mr. Power, ist doch der Mensch, der sich selber das Leben nimmt.

Martin Cunningham zog hastig die Uhr, hustete und steckte sie wieder ein.

– Die größte Schande, die man in der Familie haben kann, fügte Mr. Power hinzu.

– Momentane Geistesverwirrung natürlich, sagte Martin Cunningham entschieden. Wir müssen da nachsichtig sein bei der Beurteilung.

– Man sagt, wer sowas macht, ist ein Feigling, sagte Mr. Dedalus.

– Es ist nicht an uns, zu richten, sagte Martin Cunningham.

Mr. Bloom, der zum Sprechen angesetzt hatte, schloß seine Lippen wieder. Martin Cunninghams große Augen. Wegblickend jetzt. Mitfühlender Mensch ist das, menschlich. Intelligent. Gesicht wie Shakespeare. Hat immer ein gutes Wort zu sagen. Bei sowas wie dem hier kennen sie keine Gnade, oder bei Kindsmord. Verweigern christliches Begräbnis. Früher trieben sie so einem noch einen Holzpfahl durchs Herz, im Grab. Als ob das nicht ohnehin schon gebrochen wäre. Doch manchmal kommt die Reue zu spät. Gefunden im Flußbett, an Binsen geklammert. Er hat mich angesehen. Und diese gräßliche Säuferin von Frau, die er hat. Richtet ihr immer wieder neu das Haus ein, Mal um Mal, und sie trägt ihm dann das ganze Zeug fast jeden Samstag ins Leihhaus. Ist das Leben eines Verdammten, was er führt, durch sie. Zum Steinerweichen, das. Montag morgen gehts wieder frisch von vorne los. Rein in die Tretmühle. Meingott, muß das ein Anblick gewesen sein mit ihr, an dem Abend damals, wo Dedalus mir erzählte, daß er mit dort war. Besoffen im ganzen

Haus rum, und lauter Luftsprünge mit Martins Regenschirm:

Und man nennt mich die Perle von Asien, ja,
Von Asien, ja,
Die Geisha.

Er hat weggeblickt von mir. Er weiß. Klappernd Gebein.
Die Leichenschau an dem Nachmittag damals. Auf dem Tisch die rot etikettierte Flasche. Das Zimmer im Hotel mit den Jagdbildern. Stickig wars. Sonnenlicht durch die Ritzen der venezianischen Jalousien. Des Coroners Ohren, groß und voll Haar. Zeugenaussage des Hausknechts. Dachte zuerst, er schliefe. Sah dann was wie gelbe Streifen auf seinem Gesicht. War runtergerutscht im Bett bis zum Fußende. Wahrspruch: Überdosis. Tod durch Unglücksfall. Der Brief noch. Für meinen Sohn Leopold.
Keine Schmerzen mehr. Nie mehr erwachen. Keiner achtet sein.
Der Wagen ratterte geschwind durch die Blessington Street dahin. Über Stock und über Stein.
– Wir haben ganz schön Tempo drauf, finde ich, sagte Martin Cunningham.
– Gebs Gott, daß der Kerl uns nicht mitten auf der Straße umschmeißt, sagte Mr. Power.
– Das fehlte noch, sagte Martin Cunningham. Wird ein großes Rennen werden morgen in Deutschland. Das Gordon-Bennett.
– Ja, beim Zeus, sagte Mr. Dedalus. Das lohnt sich anzusehen, auf Ehre.
Als sie in die Berkeley Street einbogen, schickte eine Drehorgel in der Nähe des Bassins einen trallernden ratternden Tingeltangel-Schlager herüber und ihnen nach. Hat je-emand hier Kelly gesehn? Ka eh doppel el ypsilon. Trauermarsch aus *Saul*. Der ist grad so schlecht wie der alte Antooonioo. Hat sitzen mich lassen auf meinem Popooonioo. Pirouette! Das *Mater Misericordiae*. Eccles Street. Mein Haus da unten. Großer Kasten das. Abteilung für Unheilbare dabei. Sehr

ermutigend. Unserer Lieben Frau Hospiz für die Sterbenden. Leichenhalle gleich handlich unten drunter. Wo die alte Mrs. Riordan starb. Sehn ja schrecklich aus, die Frauen. Ihr Futternapf, und wie man ihr den Mund mit dem Löffel abstrich. Dann der Schirm um ihr Bett, zum Sterben endlich. Netter junger Student war das, der mir den Stich von der Biene behandelt hat. Ist jetzt drüben in der Entbindungsanstalt, haben sie mir gesagt. Von einem Extrem ins andere.

Der Wagen bog im Galopp um eine Ecke: hielt an.

– Was ist denn jetzt schon wieder los?

Eine geteilte Herde brandgezeichnetes Vieh zog an den Fenstern vorbei, brüllend, trottend auf flatschigen Hufen, mit den Schwänzen träge über die verklumpten knochigen Kruppen fegend. Um sie herum und zwischen ihnen durch liefen gerötelte Schafe, blökten ihre Angst hinaus.

– Emigranten, sagte Mr. Power.

– Hüüüh! schrie die Stimme des Treibers, und seine Peitsche klatschte auf ihren Flanken. Hüüüh! Los da, vorwärts!

Natürlich, Donnerstag. Morgen ist Schlachttag. Kalbinnen, kurz vorm Kalben. Cuffe hat sie für rund siebenzwanzig Pfündchen verkauft das Stück. Nach Liverpool vermutlich. Roastbeef für Alt Engeland. Die saftigen kaufen sie alle auf. Und dann ist das fünfte Viertel verloren: das ganze Rohmaterial, Haut und Haar und Hörner. Läppert sich ganz schön zusammen in einem Jahr. Handel mit totem Fleisch. Nebenprodukte der Schlachthöfe für Gerbereien, Seife, Margarine. Möchte wohl wissen, ob der Trick jetzt klappt, Freibankfleisch in Clonsilla direkt ab Zug zu kriegen.

Der Wagen bewegte sich weiter, durch die Herde hindurch.

– Ich verstehe einfach nicht, wieso die Stadtverwaltung keine Tram-Linie vom Parktor zu den Kais einrichtet, sagte Mr. Bloom. Die ganzen Tiere könnten dann in Viehwagen runter an die Schiffe gebracht werden.

– Statt daß sie den Verkehr blockieren, sagte Martin Cunningham. Ganz recht. Das sollte gemacht werden.

– Ja, sagte Mr. Bloom, und dann habe ich oft noch an was anderes gedacht, daß man nämlich städtische Beerdigungs-Trams einführen sollte, wies die in Mailand gibt, wissen Sie. Mit der Linie bis vor die Friedhofstore raus, und Spezialwagen für den Sarg, die Trauergäste und alles. Verstehn Sie, was ich meine?
– Also das gäbe ja eine ganz verfluchte Geschichte, sagte Mr. Dedalus. Pullman-Wagen mit Speisesalon, was?
– Für Corny eine ziemlich bittere Aussicht, fügte Mr. Power hinzu.
– Wieso? fragte Mr. Bloom, zu Mr. Dedalus gewandt. Wärs nicht immer noch anständiger, als so zweispännig durch die Gegend zu galoppieren?
– Nun ja, da ist was dran, räumte Mr. Dedalus ein.
– Und, sagte Martin Cunningham, es gäbe keine Szenen mehr wie damals, wo der Leichenwagen an der Ecke bei Dunphy's umschlug und den Sarg auf die Straße kippte.
– Das war entsetzlich, sagte Mr. Powers schockiertes Gesicht, und die Leiche rollte aufs Pflaster. Schrecklich!
– Als erster durchs Ziel bei Dunphy's, sagte Mr. Dedalus, nickend. Gordon-Bennett-Pokal.
– Lob und Preis sei Gott! sagte Martin Cunningham fromm.
Bumms! Umgekippt. Ein Sarg polterte auf die Straße. Barst auf. Paddy Dignam schoß heraus und überschlug sich, steif im Staub, in braunem Anzug, der ihm zu groß. Sein rotes Gesicht: jetzt grau. Der Mund klappoffen. Wie fragend, was jetzt denn los wäre. Ganz richtig, daß man ihn schließt. Sieht gräßlich aus, offen. Innereien verwesen dann auch schnell. Besser, man macht die Öffnungen allesamt dicht. Jawohl, die auch. Mit Wachs. Der Schließmuskel wird schlapp. Alles versiegeln.
– Dunphy's, kündigte Mr. Power an, als der Wagen sich nach rechts wandte.
Dunphy's Ecke. Trauerkutschen, aufgefahren, ihren Kummer zu ersäufen. Kleine Rast am Wegesrand. Prima Lage für eine Pub. Denke, wir werden hier auch Station machen auf der

Rückfahrt, um auf seine Gesundheit zu trinken. Die Trostpulle rumgehn lassen. Lebenselixier.
Aber angenommen mal, es passierte jetzt wirklich. Ob er wohl bluten würde, wenn sagen wir ein Nagel ihn ritzte beim Runterkippen? Ich weiß nicht, vielleicht und vielleicht auch nicht. Kommt drauf an, wo. Der Kreislauf steht ja still. Möglich aber, daß aus einer Arterie noch was raussickert. Es wäre besser, man beerdigte sie in Rot: Dunkelrot.
Schweigend fuhren sie die Phibsborough Road dahin. Ein leerer Leichenwagen trabte vorbei, vom Friedhof kommend: sieht richtig erleichtert aus.
Crossguns Bridge: der Royal Canal.
Wasser rauschte röhrend durch die Schleusen. Ein Mann stand zwischen Torfballen auf seiner langsam sinkenden Schute. Auf dem Treidelpfad neben der Schleusenkammer ein locker angeseiltes Pferd. An Bord der *Bugabu.*
Ihre Augen beobachteten ihn. Auf dem trägen verkrauteten Wasser war er dahingetrieben mit seinem Floß, küstwärts, quer durch ganz Irland, von einem Schleppseil gezogen, an Riedbeeten vorbei, über Schlamm und Schlick, verstopfte Flaschen, Hundskadaver, Aas. Athlone, Mullingar, Moyvalley, ich könnte eigentlich ja auch eine Wandertour machen, um Milly zu besuchen, am Kanal entlang. Oder mit dem Fahrrad hinfahren. Mir irgend so ein altes Klappergestell mieten, Sicherheitsrad. Wren hatte doch neulich eins auf der Auktion, aber ein Damen. Ausbau von Wasserstraßen. James M'Canns Steckenpferd, Fährmann, hol über. Viel billigerer Transport. In leichten Etappen. Hausboote. Im Freien kampieren. Auch Leichenwagen. Gen Himmel zu Wasser. Vielleicht schreib ich vorher gar nicht erst. Überraschungsbesuch, Leixlip, Clonsilla. Immer weiter runter, Schleuse um Schleuse, bis Dublin. Mit Torf aus den Midland-Mooren. Gruß. Er lüftete seinen braunen Strohhut, grüßte Paddy Dignam.
Sie fuhren am Brian Boroimhe House vorbei. Bald da jetzt.
– Möchte mal wissen, was unser Freund Fogarty so macht, sagte Mr. Power.

– Da fragst du am besten Tom Kernan, sagte Mr. Dedalus.

– Was, wieso? fragte Martin Cunningham. Ist ganz in Tränen aufgelöst, denk ich doch.

– Zwar aus den Augen, sagte Mr. Dedalus, doch nicht aus dem Sinn.

Der Wagen lenkte nach links, zur Finglas Road.

Zur Rechten der Steinschneiderhof. Letzte Runde. Dicht gedrängt auf dem Fitzchen Land erschienen schweigende Gestalten, weiß, kummervoll, stille Hände breitend, knieend in Schmerz, fingerzeigend. Fragmentarische Figuren, gehauen aus Stein. In weißem Schweigen: flehend. Das Beste, was Sie bekommen können. Thos. H. Dennany, Skulpturen und Grabsteine.

Vorüber.

Am Bordstein vorm Haus des Küsters Jimmy Geary saß ein alter Landstreicher, murrend, Schmutz und Steine schüttelnd aus seinem riesigen staubbraunen klaffenden Schuh. Nach des Lebens Reise.

Düstere Gärten glitten dann vorbei, einer nach dem andern: düstere Häuser.

Mr. Power wies hinaus.

– Da drüben ist Childs ermordet worden, sagte er. Das letzte Haus.

– So ist es, sagte Mr. Dedalus. Ein grausiger Fall. Seymour Bushe hat ihn freigekriegt. Mord an seinem eigenen Bruder. So jedenfalls hieß es.

– Die Krone hatte keinen Beweis, sagte Mr. Power.

– Bloß Indizien, sagte Martin Cunningham. Das ist die Maxime des Gesetzes. Lieber solln neunundneunzig Schuldige ungestraft davonkommen, als daß ein Unschuldiger zu Unrecht verurteilt wird.

Sie starrten. Mordgelände. Dunkel zogs vorbei. Die Läden geschlossen, unbewohnt, ein wüster Garten. Der ganze Platz ist zum Teufel. Zu Unrecht verurteilt. Mord. Des Mörders Bild im Auge seines Opfers. Sowas lesen sie liebend gerne. Menschenkopf in einem Garten gefunden. Sie war bekleidet mit. Wie sie den Tod fand. Das jüngste Verbrechen. Die Tatwaffe. Der Mörder noch auf freiem Fuß. Hinweise. Ein Schnürsenkel. Die Leiche soll exhumiert werden. Es ist nichts so fein gesponnen.

Eine Enge ist das hier in dem Wagen. Vielleicht hat sies ja gar nicht gerne, wenn ich einfach so reingeschneit komme, ohne sies wissen zu lassen vorher. Man muß da vorsichtig sein bei Frauen. Überrasch sie bloß einmal, wenn sie die Hosen runter haben. Verzeihn sie einem nie mehr später. Fünfzehn.

Die hohen Gitter des Prospect-Friedhofs rippelten an ihrem Blick vorbei. Dunkle Pappeln, gelegentliche weiße Formen. Formen dann häufiger, weiße Gestalten gedrängt inmitten der Bäume, weiße Formen und Fragmente stumm vorüberströmend, mit leer erstarrten Gesten in der Luft.

Die Felge schrammte am Bordstein: sie hielten. Martin Cunningham streckte den Arm hinaus, riß den Griff zurück und stieß die Tür auf mit dem Knie. Er stieg aus. Mr. Power und Mr. Dedalus folgten.

Jetzt mit der Seife woanders hin. Mr. Blooms Hand knöpfte rasch seine Gesäßtasche auf und überführte die am Papier klebende Seife in seine innere Taschentuchtasche. Er stieg aus dem Wagen, die Zeitung wieder einsteckend, die seine andere Hand noch immer hielt.

Lumpiges Begräbnis: bloß der Wagen und drei Kutschen. Ist aber ja sowieso egal. Bahrtuchhalter, Goldzügel, feierliches Requiem, Abfeuern einer Salve. Todespomp. Hinter dem letzten Wagen stand ein Höker neben seinem Karren mit Gebäck und Obst. Simnelstücke sind das, aneinanderklebend: Backwerk für die Toten. Hundekuchen. Wer hat die gegessen? Leidtragende, vom Friedhof kommend.

Er folgte seinen Gefährten. Mr. Kernan und Ned Lambert kamen nach, hinter ihnen ging Hynes. Corny Kelleher stand neben dem geöffneten Leichenwagen und nahm die beiden Kränze heraus. Einen reichte er dem Jungen.

Wohin ist denn die Kindsbeerdigung verschwunden?

Ein Gespann Pferde kam vorüber, von Finglas, in müde trottendem Schritt, zog ein knarrendes Fuhrwerk, auf dem ein

Granitblock lag, durch die Begräbnisstille. Der Fuhrmann, der zu Häupten neben ihnen schritt, entbot seinen Gruß.
Jetzt der Sarg. War uns um Nasenlänge voraus, so tot wie er ist. Wie das Pferd sich umsieht nach ihm, mit dem Federbusch schief. Blöder Blick: das Halfter zu eng um den Hals, drückt auf ein Blutgefäß oder sonstwas. Ob die wohl wissen, was sie hier rauskarren jeden Tag? Müssen ja so zwanzig bis dreißig Beerdigungen sein jeden Tag. Und dann noch der Mount Jerome für die Protestanten. Begräbnisse überall auf der ganzen Welt, in jeder Minute. Fuderweise unter die Erde geschaufelt, im Eiltempo. Tausende jede Stunde. Zu viele auf der Welt.
Leidtragende kamen durchs Tor heraus: Frau und ein Mädchen. Dürre Kinnlade, eine Harpye das, in Geschäftsdingen sicher hart wie ein Stein, ihre Haube schief. Das Mädchen, Gesicht verfleckt von Dreck und Tränen, hält den Arm der Frau und blickt zu ihr auf, als warte es nur auf ein Zeichen zum Losheulen. Fischgesicht, blutlos und leichenfahl.
Die Träger schulterten den Sarg und trugen ihn durchs Tor hinein. Soviel Totgewicht noch. Hab mich schwerer gefühlt, wie ich aus dem Bad kam vorhin. Zuerst die Leiche: dann die Freunde der Leiche. Corny Kelleher und der Junge folgten mit ihren Kränzen. Wer ist denn das da neben ihnen? Ah, der Schwager.
Alle gingen hinterher.
Martin Cunningham flüsterte:
– Ich war ja in Todesängsten, wie Sie in Blooms Gegenwart auf einmal von Selbstmord anfingen!
– Was denn? flüsterte Mr. Power zurück. Wieso?
– Sein Vater hat sich doch vergiftet, flüsterte Martin Cunningham. Hatte das Queen's Hotel in Ennis. Sie hörten doch, wie er sagte, er wollte nach Clare. Jahrestag.
– Ach du guter Gott! flüsterte Mr. Power. Das hör ich zum erstenmal. Sich vergiftet!
Er warf einen raschen Blick hinter sich, wo ein Gesicht mit dunklen denkenden Augen folgte, dem Kardinals-Mausoleum zu. Sprechend.
– War er eigentlich versichert? fragte Mr. Bloom.

– Ich glaube schon, antwortete Mr. Kernan, aber die Police war hoch verpfändet. Martin versucht, den Jungen in die Artane reinzubringen.
– Wieviel Kinder hat er denn hinterlassen?
– Fünf. Ned Lambert sagt, er will sehn, daß er eins von den Mädels bei Todd's unterbringt.
– Ein trauriger Fall, sagte Mr. Bloom sanft. Fünf junge Kinder.
– Ein schwerer Schlag für die arme Frau, fügte Mr. Kernan hinzu.
– Wahrhaftig, ja, stimmte Mr. Bloom bei.
Hat aber gut lachen jetzt, im Vergleich zu ihm.
Er blickte auf seine Schuhe nieder, die er gekremt und gewichst hatte. Sie hatte ihn überlebt, ihren Mann verloren. Toter für sie als für mich. Einer muß den andern überleben. Ein weises Wort. Gibt mehr Frauen als Männer auf der Welt. Meine herzliche Teilnahme. Ein schrecklicher Verlust, der Sie betroffen hat. Ich hoffe, Sie werden ihm bald folgen. Nee, das nur für Hindu-Witwen. Sie würde bald einen andern heiraten. Ihn? Nein. Aber was weiß man? Witwenschaft ist keine Sache mehr, seit die alte Queen tot ist. Auf einer Lafette gezogen. Victoria und Albert. Trauerfeier in Frogmore, zum Gedächtnis. Aber zuletzt hat sie sich ein paar Veilchen an den Hut gesteckt. Eitel in ihres Herzens Herzen. Alles für einen Schatten. Prinzgemahl bloß, nichtmal König. Ihr Sohn war das Wesentliche. Etwas Neues, worauf man Hoffnung setzen konnte, anders als die Vergangenheit, die sie zurückwünschte, wartend. Die kommt nie wieder. Eins muß immer zuerst gehen: allein, unter die Erde: darf nie mehr liegen in ihrem warmen Bett.
– Wie gehts denn so, Simon? sagte Ned Lambert leise, mit einem Händedruck. Hab dich ja eine Ewigkeit nicht mehr gesehen.
– Blendend wie nie. Und wie gehts sonst so allen in Corks hochgebauter Stadt?
– Ich war Ostermontag unten, zu den Corker Park-Rennen,

sagte Ned Lambert. Alles im alten Trott, wie eh und je. Bin bei Dick Tivy abgestiegen.
– Und wie geht's Dick, dem wackeren Mann?
– Er hat nichts mehr zwischen sich und dem Himmel, antwortete Ned Lambert.
– Beim heiligen Paulus! sagte Mr. Dedalus mit unterdrückter Verblüffung. Dick Tivy kahl?
– Martin will eine Sammlung für die Sprößlinge veranstalten, sagte Ned Lambert, nach vorn zeigend. Ein paar Schilling pro Schädel. Bloß um sie über Wasser zu halten, bis die Sache mit der Versicherung geklärt ist.
– Hm, ja, sagte Mr. Dedalus unschlüssig. Ist das der Älteste da vorn?
– Ja, sagte Ned Lambert, mit dem Bruder der Frau. Dahinter John Henry Menton. Er hat ein Pfund gezeichnet.
– Also das glaub ich gern, sagte Mr. Dedalus. Ich hab dem armen Paddy oft gesagt, den Posten, den soll er bloß nicht sausen lassen. John Henry ist nicht der Schlechteste auf der Welt.
– Wieso hat er ihn denn eigentlich verloren? fragte Ned Lambert. Schnaps, was?
– Dafür hat mancher gute Mann eine Schwäche, sagte Mr. Dedalus mit einem Seufzer.

Sie blieben vor der Tür der Friedhofskapelle stehen. Mr. Bloom stand hinter dem Jungen mit dem Kranz, niederblickend auf sein glatt gekämmtes Haar und den mageren runzligen Hals im nagelneuen Kragen. Armer Junge! War er dabei, als der Vater? Beide ohne Bewußtsein dafür. Erst im letzten Moment kommt die Erleuchtung, Erkennen zum letztenmal. Was man noch alles hätte machen können. Ich schulde O'Grady noch drei Schilling. Ob er Verständnis hätte? Die Träger schafften den Sarg in die Kapelle. An welchem Ende ist eigentlich sein Kopf?

Nach einem Augenblick folgte er den andern hinein, blinzelnd im abgeblendeten Licht. Der Sarg lag auf dem Katafalk vor der Kanzel, vier hohe gelbe Kerzen an den Ecken. Uns immer voraus. Corny Kelleher legte die beiden Kränze an den vorderen Ecken nieder und gab dem Jungen ein Zeichen, sich hinzuknien. Die Leidtragenden knieten hier und da in Betbänken. Mr. Bloom stand weiter hinten neben dem Weihwasserbecken, und als alle niedergekniet waren, ließ er sorgsam seine auseinandergefaltete Zeitung aus der Tasche zu Boden gleiten und kniete sich mit dem rechten Knie darauf. Er setzte seinen schwarzen Hut sacht auf sein linkes Knie und beugte sich, die Krempe haltend, fromm nach vorn.

Ein Ministrant trat aus einer Tür, in der Hand einen Messingeimer mit irgend etwas darin. Der weißbehemdete Priester kam ihm nach, mit der einen Hand seine Stola ordnend, mit der andern ein kleines Buch balancierend vor seinem Krötenbauch. Wer liest uns den Schmeh? Ich, sprach die Kräh.

Sie machten am Katafalk halt, und der Priester begann aus seinem Buch zu lesen, fließend krächzend, sonor.

Pater Coffey. Ich wußtes doch, sein Name klang nach Koffer irgendwie. *Domine-namine.* Bullig ums Maul sieht er aus. Schmeißt die ganze Chose. Muskulöser Christ. Wehe, wer den mal schief anguckt: so einen Hochwürden. Du bist Petrus. Platzt noch mal allseits aus den Nähten wie ein Schaf im Klee, sagt Dedalus. Tatsächlich, bei so einem Bauch, wie ein vergifteter Köter. Ganz amüsante Ausdrücke, die der Mann findet. Pfff: allseits aus den Nähten platzen.

– *Non intres in iudicium cum servo tuo, Domine.*

Kommen sich gleich werweißwie viel wichtiger vor, wenn Latein über ihnen gebetet wird. Requiem. Trauerschleier. Schwarzumrandetes Briefpapier. Der Name auf der Altarliste. Ziemlich fröstelig hier. Da muß es einen ja nach gutem Futter gelüsten, wenn man hier so den ganzen Morgen im Dunkeln hockt, Däumchen dreht und wartet, daß der nächste bitte. Auch die Augen wie bei einer Kröte. Was bläht den Mann bloß derart auf? Molly kriegt Blähungen immer nach Kohl. Vielleicht die Luft hier. Sieht aus wie prallvoll von Faulgasen. Muß hier ja auch infernalisch viel davon vorhanden sein auf dem Gelände, Faulgas. Fleischer zum Beispiel: die werden wie rohe Beefsteaks. Wer hat mir das doch erzählt? Mervyn

Brown. Unten in den Gruftgewölben von St. Werburgh, herrliche alte Orgel, hundertundfünfzig, müssen sie manchmal ein Loch in die Särge bohren, um das Faulgas abzulassen und zu verbrennen. Zischt bloß so heraus: blau. Einen kleinen Paff davon, und man ist geliefert.
Die Kniescheibe tut mir weh. Aua. So ists besser.
Der Priester nahm einen Stock mit einem Knauf am Ende aus dem Eimer des Jungen und schüttelte ihn über dem Sarg. Dann trat er ans andere Ende und schüttelte ihn wieder. Dann kam er zurück und steckte ihn zurück in den Eimer. Wie du warst, bevor du zur Ruhe gingst. Ist alles schriftlich festgelegt: er muß es machen.
– *Et ne nos inducas in tentationem.*
Der Ministrant respondierte in piepsigem Diskant. Ich hab ja schon oft gedacht, man sollte sich im Haus am besten auch Jungens nehmen, Dienstjungens. So bis fünfzehn ungefähr. Anschließend natürlich ...
Weihwasser war das, nehm ich an. Schüttelt Schlaf daraus. Also eigentlich muß ihm das doch bis zum Hals stehen hier, andauernd dieses Dings da über all den Leichen zu schütteln, mit denen die Leute hier angetrabt kommen. Wenn der mal sehen könnte, was er da so alles beschüttelt. An jedem Tag, den Gott werden läßt, ein neuer Schub: mittelalte Männer, alte Frauen, Kinder, Frauen im Kindsbett gestorben, Männer mit Bärten, kahlköpfige Geschäftsleute, schwindsüchtige Mädchen mit kleinen Spatzenbrüsten. Das ganze Jahr lang hat er dasselbe Zeug über ihnen allen gebetet und sie mit Wasser beschüttelt: Schlaf. Jetzt Dignam hier.
– *In paradisum.*
Hat gesagt, er ginge ins Paradies ein oder wäre schon drin im Paradies. Sagt das von jedermann. Ein ödes Geschäft das. Aber irgendwas muß er ja sagen.
Der Priester schloß sein Buch und ging davon, gefolgt vom Ministranten. Corny Kelleher öffnete die Seitentüren, und die Totengräber kamen herein, hoben den Sarg wieder auf, trugen ihn hinaus und schoben ihn auf ihren Karren. Corny

Kelleher gab den einen Kranz dem Jungen, den anderen dem Schwager. Alle folgten ihnen durch die Seitentüren hinaus in die milde graue Luft. Mr. Bloom kam zuletzt, die Zeitung wieder in seine Tasche faltend. Er blickte ernst zu Boden, bis der Sargkarren nach links davonräderte. Die metallenen Räder mahlten den Kies mit scharfem knirschenden Schrei, und das Rudel plumper Schuhe folgte dem Karren durch eine Gasse von Grabmälern.

Ri – ra – rutsch, wir fahren in der Kutsch. Ach du lieber Gott, ich darf hier doch nicht zu trällern anfangen.

– Der O'Connell Circle, sagte Mr. Dedalus vor sich hin.

Mr. Powers sanfte Augen wanderten hinauf zur Spitze des ragenden Kegels.

– Er hat Ruhe gefunden, sagte er, inmitten seines Volkes, der alte Dan O'. Aber sein Herz ist in Rom begraben. Wie viele gebrochene Herzen sind hier beerdigt, Simon!

– Sie liegt da drüben, Jack, sagte Mr. Dedalus. Bald wird man mich neben sie betten. Mag Er mich zu sich nehmen, wann es Ihm gefällt.

Die Stimme versagte ihm, er begann still vor sich hin zu weinen, stolpernd ein wenig in seinem Gang. Mr. Power nahm seinen Arm.

– Ihr ist wohler jetzt da, wo sie ist, sagte er freundlich.

– Ich möchts glauben, sagte Mr. Dedalus mit einem schwachen Keuchen. Ich denke, sie ist im Himmel, wenns einen Himmel gibt.

Corny Kelleher trat aus der Reihe zur Seite und ließ die Leidtragenden vorübertrotten.

– Traurige Anlässe, begann Mr. Kernan höflich.

Mr. Bloom schloß die Augen und neigte zweimal traurig den Kopf.

– Die andern setzen die Hüte wieder auf, sagte Mr. Kernan. Ich denke, wir können das auch tun. Wir sind die letzten. Dieser Friedhof ist ein heimtückischer Ort.

Sie bedeckten ihre Köpfe.

– Der hochwürdige Herr hat das Ritual viel zu schnell gelesen, finden Sie nicht auch? sagte Mr. Kernan tadelnd.

Mr. Bloom nickte ernst, in die flinken blutunterlaufenen Augen blickend. Augen voll Heimlichkeit, geheimniserforschende Augen. Freimaurer, könnt ich mir denken: aber nicht sicher. Wieder an seiner Seite. Wir sind die letzten. Alle im selben Boot. Hoffentlich sagt er noch was.

Mr. Kernan fügte hinzu:

– Das Ritual der irischen Kirche, wie es am Mount Jerome üblich ist, wirkt viel einfacher, eindrucksvoller, muß ich sagen.

Mr. Bloom stimmte vorsichtig zu. Die Sprache, das war natürlich ganz was anderes.

Mr. Kernan sagte mit Feierlichkeit:

– *Ich bin die Auferstehung und das Leben.* Das packt einen doch im innersten Herzen.

– Ja, das packt, sagte Mr. Bloom.

Dein Herz vielleicht, aber was solls dem Burschen in dem sechs Fuß mal zwo da, der die Radieschen von unten besieht? Bei dem gibts nichts mehr zu packen. Sitz der Gemütsbewegungen. Gebrochenes Herz. Eine Pumpe doch letzten Endes, die tausende von Gallonen Blut täglich umwälzt. Eines schönen Tages verstopft sie sich, und man ist erledigt. Haufenweise liegen sie hier herum: Lungen, Herzen, Lebern. Alte rostige Pumpen: einen Schmarren was andres. Die Auferstehung und das Leben. Wenn man erst mal tot ist, ist man tot. Dieser Einfall mit dem jüngsten Tag. Die ganze Bagage aus ihren Gräbern trommeln. Lazarus, komm herfür! Und er kam herfünf, und Pustekuchen. Alles aufstehn! Jüngster Tag! Jeder grapscht wie wild nach seiner Leber, seinen Glotzern und den restlichen Siebensachen. Dabei findet er doch nischt mehr wieder an dem Morgen. Ein Pennyweight Staub bloß noch im Schädel. Zwölf Gramm ein Pennyweight. Troy-Maß.

Corny Kelleher tauchte an ihrer Seite auf und hielt Schritt mit ihnen.

– Hat ja alles erstklassig geklappt, sagte er. Was?

Er schielte sie aus seinem plierenden Auge an. Polizistenschultern. Mit deinem tandara tandara dei.

– Ganz wie es sein sollte, sagte Mr. Kernan.
– Äh, was? sagte Corny Kelleher.
Mr. Kernan gab ihm Sicherheit.
– Wer ist denn das da bei Tom Kernan? fragte John Henry Menton. Ich kenn doch sein Gesicht!
Ned Lambert warf einen Blick zurück.
– Bloom, sagte er, Madame Marion Tweedy war, ist, meine ich, die Sopranistin. Die ist seine Frau.
– Ach ja, natürlich, sagte John Henry Menton. Ich hab sie eine ganze Zeit nicht mehr gesehen. Sah gut aus, die Frau. Ich hab mal mit ihr getanzt vor, warte mal, fünfzehn bis siebzehn goldenen Jahren jetzt, bei Mat Dillon, in Roundtown. Und da war sie ganz schön was im Arm, damals.
Er blickte sich um, zwischen den andern durch.
– Was ist er eigentlich? fragte er. Was macht er? War er nicht in der Schreibwaren-Branche? Ich bin mal mit ihm zusammengestoßen an einem Abend, fällt mir ein, beim Bowling.
Ned Lambert lächelte.
– Ja, er war, sagte er, bei Wisdom Hely. Reisender in Löschpapier.
– Um Gottes willen, sagte John Henry Menton, warum hat die denn bloß einen derartigen Trottel geheiratet! War doch ganz schön oho damals.
– Das ist sie immer noch, sagte Ned Lambert. Er macht jetzt als Annoncen-Akquisiteur.
John Henry Mentons große Augen starrten nach vorn.
Der Sargwagen bog in einen Seitenpfad ein. Ein beleibter Mann, im Hinterhalt der Büsche, hob in Ehrerbietung den Hut. Die Totengräber tippten an ihre Kappen.
– John O'Connell, sagte Mr. Power beifällig. Der vergißt nie einen Freund.
Mr. O'Connell schüttelte allen schweigend die Hand. Mr. Dedalus sagte:
– Ich komme mal wieder zu Besuch, mein Freund.
– Mein lieber Simon, antwortete der Friedhofsaufseher mit leiser Stimme. Als Kunden will ich Sie ja auch wahrhaftig nicht.

Ned Lambert grüßend und John Henry Menton, ging er weiter an Martin Cunninghams Seite, dabei mit zwei Schlüsseln puzzelnd auf dem Rücken.

– Habt ihr den schon gehört, fragte er sie, den von Mulcahy aus der Coombe?

– Ich nicht, sagte Martin Cunningham.

Sie senkten im Einvernehmen die Zylinder, und Hynes neigte sein Ohr. Der Friedhofsaufseher hängte die Daumen in die Schlaufen seiner goldenen Uhrkette und sprach in diskretem Ton zu ihrem leeren Lächeln.

– Also die Geschichte ist die, sagte er, daß an einem nebligen frühen Abend mal zwei Besoffene hier rauskamen, um nach dem Grab von einem ihrer Freunde zu sehen. Sie fragten nach Mulcahy aus der Coombe und bekamen Auskunft, wo er begraben lag. Nachdem sie eine Weile im Nebel herumgetappt waren, fanden sie denn auch richtig das Grab. Der eine Besoffene buchstabierte den Namen: Terence Mulcahy. Der andere blinzelte derweil zum Standbild unseres Erlösers empor, das die Witwe da hatte aufstellen lassen.

Der Friedhofsaufseher blinzelte zu einem der Grabmäler empor, an denen sie vorüberkamen. Er fuhr fort:

– Ja, und wie er nun ausgiebig zu der heiligen Gestalt emporgeblinzelt hat, sagt er, *Also nicht das kleinste bißchen Ähnlichkeit. Nee, das ist Mulcahy nicht,* sagt er, *egal, wers gemacht hat.*

Von Lächeln belohnt blieb er zurück und sprach mit Corny Kelleher, nahm die Aufstellungen, die dieser ihm gab, in Empfang und blätterte sie prüfend durch, während er weiterging.

– Das macht er alles mit Absicht, erklärte Martin Cunningham dem neben ihm gehenden Hynes.

– Weiß ich, sagte Hynes, das weiß ich wohl.

– Um einen aufzuheitern, sagte Martin Cunningham. Die reinste Gutherzigkeit: nichts anderes sonst.

Mr. Bloom bewunderte des Friedhofsaufsehers blühende Fülle. Alle wollen auf gutem Fuß mit ihm stehen. Anständiger Kerl, der John O'Connell, einer von der wirklich guten Sorte. Schlüssel: wie auf Keyes' Annonce: keine Angst, daß ihm jemand entwischt, Urlaub und Ausgang gibts nicht. *Habeat corpus.* Muß mich kümmern um die Anzeige nach der Beerdigung. Hab ich etwa Ballsbridge auf den Umschlag geschrieben, den ich drüberschob, als sie mich beim Schreiben an Martha störte? Hoffentlich nicht bei den unzustellbaren Postsachen gelandet. Könnte sich auch mal rasieren, der. Grau sprießender Bart. Das ist das erste Anzeichen, wenn die Haare grau rauskommen und die Laune gnätsch wird. Silberfäden unter grauen. Also dem seine Frau zu sein, das muß man sich mal vorstellen. Möchte wissen, wo er den Mumm hergenommen hat, einem Mädchen nen Antrag zu machen. Komm mit und leb bei mir auf dem Friedhof. Ihr sowas überhaupt anzubieten. Zuerst kribbelts sie ja vielleicht. Den Tod freien ... Schatten der Nacht gehn hier um bei den Toten, die überall liegen. Die Schatten der Grüfte, wenn Friedhöfe gähnen, und Daniel O'Connell muß ein Abkömmling sein von ihnen, wer war das doch, der immer sagte, er wäre ganz merkwürdig fruchtbar, der Mann, ein großer Katholik trotzdem, wie ein Riese im Dunkeln. Irrlichter. Gräbergas. Man muß ihr die Gedanken ablenken, wenn sie überhaupt schwanger werden soll. Frauen besonders sind da ja so empfindlich. Ihr eine Gespenstergeschichte erzählen im Bett, damit sie einschläft. Hast du schon mal einen Geist gesehen? Siehst du, aber ich. Es war pechschwarze Nacht. Die Uhr schlug grade zwölf. Aber küssen würden sie ganz ordentlich, wenn erstmal richtig in Stimmung gebracht. Huren auf türkischen Friedhöfen. Lernen praktisch alles, wenn man sie jung dazu rankriegt. Könnte hier eine junge Witwe anhauen. Männer mögen das. Liebe zwischen den Grabsteinen. Romeo. Ist die Würze der Lust. Mitten wir im Tode sind von dem Leben umfangen. Da treffen sich beide Enden. Müssen ja Tantalusqualen sein für die armen Toten. Wie der Duft röscher Beefsteaks für die Verhungernden, frißt ihnen am Leben. Das Verlangen, die Leute auf achtzig zu bringen. Molly wolltes am Fenster machen. Acht Kinder hat er jedenfalls.

Ganz schönes Quantum, was er so zu seiner Zeit unter die Erde hat gehn sehen, rund um ihn jetzt, Feld hinter Feld. Heilige Felder. Mehr Platz, wenn man sie stehend begrübe. Sitzend oder kniend, nee, das ginge nicht. Und stehend? Dann könnte der Kopf rauskommen eines Tages, wenns mal nen Erdrutsch gäbe, mit mahnend erhobener Hand. Der Boden müßte vollständig in Waben eingeteilt werden: längliche Zellen. Und sauber hält ers ja auch sehr, der Rasen gepflegt, die Einfassungen. Seinen Garten nennt Major Gamble den Mount Jerome. Sehr schön, so ist es. Die Blumen sollten Schlafblumen sein eigentlich. Chinesische Friedhöfe mit Riesenmohn liefern das beste Opium, hat mir Mastiansky doch erzählt. Der Botanische Garten ist gleich da drüben. Es ist das Blut, das in die Erde sickert, das gibt neues Leben. Dieselbe Idee bei den Juden, die den Christenknaben geschächtet haben sollen. Jeder Mensch seinen Preis. Guterhaltene fette Gentleman-Leiche, Feinschmecker, unschätzbar für Obstgarten. Glänzendes Geschäft. Für Leichnam von William Wilkinson, Rechnungs- und Bücherrevisor, erst kürzlich verstorben, erlauben wir uns drei Pfund dreizehn-sechs. Dankend erhalten zu haben bescheinigt.

Also ich möchte ja sagen, der Boden wird unbedingt fett bei Leichendüngung: Knochen, Fleisch, Nägel, Beinhäuser. Grauenhaft. Werden grün und rosa beim Verwesen. In feuchter Erde verfaulen sie schnell. Die mageren alten sind zäher. Dann eine Art Vertalgung, Art Verkäsung. Dann werden sie langsam schwarz, Sirup sickert aus ihnen raus. Dann trocknen sie ein. Totenkopfschwärmer. Natürlich leben die Zellen weiter, oder was sie sonst sind. Verwandeln sich bloß. Praktisch das ewige Leben. Keine Nahrung mehr, nähren sich von sich selbst.

Aber Maden müssen die ja ausbrüten, Teufel noch eins, massenhaft. Der Boden muß förmlich wimmeln davon. Da kann einen glatt ja der Schwündel packen. Die Mädchen, ja, die hübschen kleinen Mädchen vom Strand. Macht ein ziemlich munteres Gesicht dabei. Gibt ihm ein Gefühl der Macht, die andern alle zuerst runtergehn zu sehen. Möchte wohl wissen, was der für eine Einstellung zum Leben hat. Reißt ja auch seine Witze: wird ihm wärmer ums Herz davon. Den mit dem Bulletin. Hochwürden Spurgeon 4 Uhr heute früh gen Himmel gefahren. Bei Ladenschluß (11 Uhr abends) noch nicht eingetroffen. Petrus. Die Toten selber, die Männer jedenfalls, würden bestimmt ganz gern mal ein Witzchen hören, oder die Frauen wissen, was grad Mode ist. Eine saftige Birne oder nen Damenpunsch, heiß stark und süß. Die klamme Kälte zu vertreiben. Lachen muß man ja doch manchmal, also besser gleich so. Die Totengräber im *Hamlet*. Zeigt die tiefe Kenntnis des menschlichen Herzens. Mindestens zwei Jahre lang nicht über die Toten spotten. *De mortuis nil nisi prius.* Erst muß die Trauerzeit um sein. Eigentlich kaum vorstellbar, daß der da auch mal beerdigt wird. Kommt einem fast wie ein Witz vor. Wenn man seine eigene Todesanzeige liest, heißt es, lebt man länger. Läßt einen nochmal zu Atem kommen. Neues Leben in die Lungen.

– Wieviel haben Sie denn für morgen? fragte der Friedhofsaufseher.

– Zwei, sagte Corny Kelleher. Halb elf und elf.

Der Friedhofsaufseher steckte die Papiere in die Tasche. Der Sargkarren hatte zu rollen aufgehört. Die Leidtragenden teilten sich und nahmen zu beiden Seiten des Loches Aufstellung, mit Sorgfalt die Grabstellen umschreitend. Die Totengräber trugen den Sarg heran, schlangen die Seile darum und setzten ihn mit dem Kopfende auf den Rand.

Seine Beerdigung. Begraben wolln wir Caesarn. Seine Iden des März oder Juni. Er weiß nicht, wer hier jetzt steht, ist ihm auch egal.

Also wer ist denn bloß dieser lange Lulatsch in dem Macintosh da drüben? Ich gäb was drum, wenn ich nur wüßt. Das heißt, es schert mich imgrunde ja einen Dreck. Immer taucht doch plötzlich jemand auf, an den man nicht im Traum gedacht hätte. Eigentlich könnte man ohne weiteres auch sein ganzes Leben alleine leben. Jawohl, könnte man durchaus. Müßte dann bloß jemand auftreiben, der einen unter den Rasen bringt, wenn man gestorben ist, obwohl man sich natürlich auch vorher ein eigenes Grab buddeln könnte. Tun wir sowieso alle. Bloß der Mensch begräbt. Nee, Ameisen ebenfalls. Das erste, was jedem einfällt. Die Toten begraben. Robinson Crusoe etwa, gilt doch als lebensechte Figur. Tja, und dann hat ihn ja auch Freitag begraben. Jeder Freitag begräbt einen Donnerstag, wenn mans recht überlegt.

Ach du armer Robinson Crusoe,
Wie kamst du da bloß zu so?

Armer Dignam! Sein letztes Lager auf Erden in einer Kiste. Wenn man denkt, daß das allen so geht, kommts einem doch glatt wie Holzverschwendung vor. Wird ja alles zernagt. Könnten stattdessen ne hübsche Bahre mit gleitendem Boden erfinden, eine Art Falltür mit Rutschbahn, und auf die Art dann einfach durch und runter damit. Jaja, aber dann würde gleich wieder jeder seine eigene Rutsche haben wollen. Da sind sie nun mal pingelig. Laßt mich in Heimaterde ruhn. Ein Kleckschen Lehm aus dem Heiligen Land. Nur Mutter und totgeborenes Kind werden zusammen in einem Sarg beerdigt. Seh den Sinn schon ein. Ganz klar. Schutz für den Kleinen so lange wie möglich, selbst in der Erde noch. Des Irländers Haus ist sein Sarg. Einbalsamieren in Katakomben, Mumien, derselbe Gedanke.
Mr. Bloom stand weit hinten, den Hut in der Hand, und zählte die baren Häupter. Zwölf. Ich bin die dreizehn. Nein. Der Kerl da im Macintosh ists. Todeszahl. Wo zum Teufel ist der plötzlich hergekommen? In der Kapelle war er noch nicht, das kann ich beschwören. Blödsinniger Aberglaube, das mit der dreizehn.
Aus schönem weichen Tweed, Ned Lamberts Anzug. Schattierung von Purpur. Ich hatte mal einen ähnlichen, wie wir noch in der Lombard Street West wohnten. Eleganter Bursche war er ja früher, immer wie aus dem Ei gepellt. Wechselte dreimal am Tag den Anzug. Ich muß mir den grauen doch

mal wenden lassen bei Mesias. Hallo! Der ist ja gefärbt! Also da hätte ihm seine Frau, Moment, er ist ja doch gar nicht verheiratet, oder seine Wirtin, also die hätte ihm wahrhaftig die Fäden auszupfen können.

Der Sarg tauchte außer Sicht, niedergelassen von den Männern, die breitbeinig auf den Bohlen der Grabeinfassung standen. Sie kraxelten hoch und heraus: und alle zogen die Hüte. Zwanzig.

Pause.

Wenn wir nun alle plötzlich jemand anders wären!

Weit weg schrie ein Esel. Regen. Gar nicht so eselhaft eigentlich. Tot sieht man nie einen, heißt es. Schämen sich des Sterbens. Und verkriechen sich. Auch Papa, der Arme, hat sich so beiseite gemacht.

Sanfte süße Luft strich flüsternd um die entblößten Häupter. Flüsternd. Der Junge am Kopfende des Grabes hielt seinen Kranz mit beiden Händen, still starrend in das schwarze offene Loch. Mr. Bloom trat hinter den liebenswürdigen beleibten Friedhofsaufseher. Gut geschnittener Gehrock. Schätzt sie vielleicht grade ab, wer als nächster dran ist. Tja, 's ist ein langer Schlaf. Man fühlt nichts mehr. Nur der entscheidende Moment, den fühlt man. Muß verdammt unangenehm sein. Läßt sich zuerst kaum glauben. Bestimmt ein Irrtum: jemand anders. Probiers mal im Haus gegenüber. Warte, ich wollte noch. Ich hab noch nicht. Dann das verdunkelte Sterbezimmer. Licht wollen sie. Flüstern rundum. Möchtest du gern, daß ein Priester kommt? Gedanken, schweifend, verschwimmend. Dann Delirieren, alles was man versteckt hat sein Leben lang. Der Todeskampf. Sein Schlaf ist nicht natürlich. Drücken auf sein unteres Lid. Nachsehn, ob seine Nase schon spitz wird, die Kinnlade sackt, die Fußsohlen gilben. Zieht ihm doch das Kissen weg und gebt ihm den Rest, auf dem Boden, ist ja doch nichts mehr zu machen. Jenes Bild vom Tod des Sünders, da zeigt ihm der Teufel ein Weib. Wie wild drauf, sie sterbend zu umarmen in seinem Hemd. *Lucia*, letzter Akt. *Soll ich denn nimmer erblicken dich?* Bums! stirbt. Endlich hinüber.

Die Leute reden noch etwas von dir: vergessen dich dann. Vergeßt nicht für ihn zu beten. Gedenkt seiner still im Gebet. Jaja, sogar Parnell. Efeutag stirbt aus. Dann kommen sie selber dran: fahrn in die Grube, einer nach dem andern.
Jetzt beten wir für die Ruhe seiner Seele. Tschüs, alter Geselle, komm nicht in die Hölle. Reizende Luftveränderung. Raus aus der Pfanne des Lebens ins Fegfeuer rein.
Ob der hier wohl je an das Loch denkt, das auf ihn wartet? Es heißt ja, man denkt dran, wenn man in der Sonne plötzlich zusammenschauert. Jemand geht über mein Grab. Wie beim Theater der Junge, der zum Auftritt ruft. He, Sie sind dran. Meins liegt da drüben, nach Finglas zu, die Grabstelle, die ich gekauft hab. Mama, die arme Mama, und der kleine Rudy.
Die Totengräber nahmen ihre Spaten auf und warfen schwere Plaggen Lehm auf den Sarg hinunter. Mr. Bloom wandte sein Gesicht. Und wenn er nun die ganze Zeit noch lebendig war? Hu! Donnerwetter, das wäre ja gräßlich! Nein, nein: er ist tot, natürlich. Natürlich ist er tot. Ist Montag gestorben. Es sollte eigentlich gesetzliche Vorschrift sein, das Herz zu durchbohren, um ganz sicher zu gehn, oder eine elektrische Klingel oder ein Telephon in den Sarg und eine Art Luftloch aus Segeltuch. Eine Notflagge. Drei Tage. Für den Sommer ziemlich lange Frist. Man könnte sie sich ebenso gut auch gleich vom Hals schaffen, sobald man sicher ist, daß kein.
Der Lehm fiel leiser. Geht schon los mit dem Vergessen. Aus den Augen, aus dem Sinn.
Der Friedhofsaufseher trat ein paar Schritte zurück und setzte seinen Hut auf. Hat genug davon. Die Leidtragenden faßten sich ein Herz, einer nach dem andern, und bedeckten sich ohne Aufhebens. Mr. Bloom setzte ebenfalls seinen Hut auf und blickte der beleibten Gestalt nach, wie sie zackig ihren Weg durch den Irrgarten der Gräber nahm. Gelassen, seines Gebietes sicher, durchmaß er die trübseligen Gefilde.
Hynes kritzelte da was in sein Notizbuch. Ah ja, die Namen. Kennt sie aber wohl alle. Nein: kommt zu mir.
– Ich notiere nur grad die Namen, sagte Hynes mit verhal-

tener Stimme. Wie war doch gleich Ihr Taufname? Ich weiß es nicht mehr genau.

– L., sagte Mr. Bloom. Leopold. Und Sie könnten auch gleich M'Coy mit aufschreiben. Er bat mich drum.

– Charley, sagte Hynes schreibend. Ich weiß. Er war mal beim *Freeman* früher.

Das war er, bevor er den Posten im Leichenschauhaus kriegte, unter Louis Byrne. Guter Einfall, so eine Leichenöffnung, für Ärzte. Finden dabei raus, was sie sich einbilden, daß sies wüßten. Der Mann starb an einem Dienstag. War reingelegt worden. Durchgebrannt mit dem Geld für ein paar Annoncen. Charley, du bist mein Darling. Deswegen bat er mich ja. Soll sein, tut keinem weh. Ist erledigt, M'Coy. Danke, alter Junge: sehr verbunden. Laß ihn, soll sich ruhig ein bißchen verpflichtet fühlen: kostet nichts.

– Und sagen Sie doch, sagte Hynes, kennen Sie den Burschen in dem, stand da drüben eben, in dem . . .

Er blickte sich um.

– Macintosh. Ja, ich hab ihn gesehen, sagte Mr. Bloom. Wo steckt er denn jetzt?

– M'Intosh, sagte Hynes kritzelnd. Weiß gar nicht, wer das ist. Hm, heißt er so?

Er entfernte sich wieder, um sich blickend.

– Nein, begann Mr. Bloom, sich wendend und innehaltend. Hören Sie, Hynes!

Hats nicht mehr gehört. Was? Wo ist er denn plötzlich hin verschwunden? Keine Spur. Also das ist doch. Hat je-emand hier? Ka eh doppel el. Unsichtbar schnell. Guter Gott, was ist aus ihm geworden?

Ein siebter Totengräber trat neben Mr. Bloom, um einen unbeschäftigten Spaten aufzunehmen.

– Ah, verzeihen Sie!

Er trat behend zur Seite.

Lehm, braun und feucht, begann in der Grube sichtbar zu werden. Stieg an. Jetzt fast schon vorbei. Ein Hügel aus feuchten Schollen stieg weiter an, stieg auf, und die Totengräber ließen die Spaten ruhen. Alle entblößten erneut für ein paar Augenblicke die Köpfe. Der Junge lehnte seinen Kranz an eine Ecke: der Schwager seinen auf einen Haufen. Die Totengräber setzten die Kappen wieder auf und trugen ihre erdigen Spaten zum Karren. Dann schlugen sie das Blatt leicht auf dem Rasen ab: so, sauber. Einer bückte sich, um vom Stiel einen langen Grasbüschel zu entfernen. Ein anderer verließ seine Gefährten und ging langsam seiner Wege, die Waffe geschultert, ihr Blatt funkelblau. Schweigend legte ein dritter am Kopfende des Grabes das Seil zusammen. Seine Nabelschnur. Der Schwager wandte sich ab und drückte ihm etwas in die freie Hand. Schweigender Dank. Tut mir leid, Sir: daß Sie jetzt auch noch. Kopfschütteln. Ich weiß doch, wie das ist. Für Ihre Mühewaltung.

Die Leidtragenden bewegten sich langsam davon, ziellos, auf Nebenwegen, manchmal ein Weilchen stehen bleibend, um einen Namen auf einem Grabstein zu lesen.

– Gehn wir doch noch beim Grab des Chiefs vorbei, sagte Hynes. Wir haben ja Zeit.

– Ja, das wollen wir tun, sagte Mr. Power.

Sie wandten sich zur Rechten, ihren langsamen Gedanken folgend. Voll Scheu sprach Mr. Powers tonlose Stimme:

– Manche sagen, er läge überhaupt nicht dort in dem Grab. Der Sarg enthalte nur Steine. Und eines Tages werde er wiederkommen.

Hynes schüttelte den Kopf.

– Parnell wird niemals wiederkommen, sagte er. Dort liegt er, alles was sterblich war an ihm. Friede seiner Asche.

Mr. Bloom ging unbeachtet an seinem Hain entlang, vorbei an trüb trauernden Engeln, Kreuzen, zerbrochenen Säulen, Familiengrüften, steinernen Hoffnungen, die beteten mit aufwärts gerichteten Augen, Old Irlands Herzen und Hände. Vernünftiger, das Geld zu wohltätigen Zwecken auszugeben, für die Lebenden. Betet für die Ruhe der Seele von. Tut das denn wirklich mal einer? Lassen ihn ins Grab rutschen und sind mit ihm fertig. Wie eine Kohlenschütte runter. Schmeißen sie dann zusammen, um Zeit zu sparen. Allerseelentag. Am siebenzwanzigsten bin ich an seinem Grab. Zehn Schilling für den Gärtner. Hälts von Unkraut frei. Selber ein alter Mann. Krummgebogen, kappt er mit der Schere. Nahe des Todes Pforte. Der da von uns ging. Der dies Leben verließ. Als wenn sies aus eigenem Antrieb täten. Haben halt den Schubs gekriegt, allesamt. Der da biß ins Gras. Viel interessanter, wenn draufstünde, was sie so gewesen sind im Leben. Dingsbums Soundso, Stellmacher. Ich war Reisender in Kork-Linoleum. Ich mußte 25 Perzent zahlen. Oder bei einer Frau ihre Bratpfanne mit drauf. Ich hab gut Irish Stew gekocht. Eulogie auf einem Landfriedhof, das solltes sein, dieses Gedicht, von wem wars doch gleich, Wordsworth oder Thomas Campbell. Zur ewigen Ruhe gegangen, sagen die Protestanten. Da, das vom alten Dr. Murren. Der Große Arzt rief ihn heim. Na schön, für sie ists Gottes Acker. Netter Landsitz eigentlich. Neu verputzt und gestrichen. Ideales Fleckchen, um in Ruhe seine Pfeife zu rauchen und die *Church Times* zu lesen. Heirats-Annoncen versuchen sie nie aufzuschönen. Rostige Kränze, auf Haken gehängt, Girlanden aus Bronzeblech. Da hat man mehr für sein Geld. Aber Blumen sind natürlich poetischer. Das andere wird ziemlich langweilig bald, wo es doch nie welkt. Drückt gar nichts aus. Immortellen.

Ein Vogel saß zahm hoch oben auf einem Pappelzweig. Wie ausgestopft. Wie das Hochzeitsgeschenk, das Stadtrat Hooper uns anbrachte. Hu! Kein Mucks, rührt und regt sich nicht. Weiß genau, hier wird nicht mit Schleudern geschossen. Ein totes Tier, sowas ist wohlmöglich noch trauriger. Die tolle Milly, wie sie das tote Vögelchen in der Küchenstreichholzschachtel begrub: das kleine Grab mit einer Kette aus Gänseblümchen darauf und Scherbenstücken.

Und das ist also das Heilige Herz Jesu: offen zur Schau gestellt. Ein offenherziger Herr, das. Sollte ja eigentlich seitlich sitzen und rot gemalt sein, wie ein richtiges Herz. Irland war ihm geweiht oder irgend sowas. Kiekt alles andere als zufrieden drein. Warum tut man ihm das an? Würden die Vögel

sonst kommen und dran picken, wie bei dem Jungen mit dem Obstkorb, aber er sagte, nein, weil sie eigentlich Angst haben sollten vor dem Jungen. Apollo war das.
Was für Massen! All die hier sind mal in Dublin rumgelaufen. Selig entschlafen. Wie du jetzt bist, so warn einst wir. Nebenbei, wie könnte man sich überhaupt an alle erinnern? Augen, Gang, Stimme. Nun ja, die Stimme: Grammophon, das geht. Ein Grammophon auf jedem Grab oder doch zu Hause. Und sonntags dann nach dem Essen. Leg uns doch mal den armen alten Urgroßvater auf. Kraahraark! Hallohallohallo chfreumich schrecklich kraark michschrecklich euchwiederzu hallohallo chfreumichschreck kracksschsss. Erinnert einen an die Stimme wie die Photographie ans Gesicht. Sonst fiele einem das nach sagen wir fünfzehn Jahren wohl kaum noch wieder ein. Zum Beispiel wer doch gleich? Zum Beispiel irgendwer, der starb, als ich noch bei Wisdom Hely war.
Rtststrrr! Ein Kieselrasseln. Warte. Halt.
Er spähte aufmerksam in eine Steinkrypta hinunter. Irgendein Tier. Warte. Ah, da läufts.
Eine feiste graue Ratte zockelte seitlich an der Krypta entlang, die Kiesel bewegend. Ein alter Praktikus: zum Urgroßvater: weiß, wo es langgeht. Das graue Wesen zwängte sich unter die Plinthe, ringelte sich drunter hinein. Gutes Versteck für nen Schatz.
Wer wohnt denn hier? Wurden die sterblichen Reste von Robert Emery zur letzten Ruhe gebettet. Robert Emmet ist doch bei Fackellicht beerdigt worden hier, oder? Macht ihre Runde. Der Schwanz jetzt verschwunden.
So eins von diesen Biestern fackelt nicht lange mit einem. Nagen die Knochen sauber ab, egal wers war. Gewöhnliches Fleisch für sie. Ein Leichnam ist schlechtgewordenes Fleisch. Na schön, und was ist Käse? Leiche der Milch. Ich hab doch in den *Reisen durch China* gelesen, daß die Chinesen sagen, ein Weißer, der riecht nach Leiche. Verbrennung ist besser. Aber da sind die Priester auf den Tod dagegen. Zubringer für die andere Firma. Leichenbrenner en gros und Kachelöfenhandel.

Zeit der Pest. Fiebergruben mit Ätzkalk, der sie wegfrißt. Todeskammer. Asche zu Asche, Staub zu Staub. Oder Bestattung auf See. Wo ist der Parsenturm des Schweigens? Von Vögeln gefressen. Erde, Feuer, Wasser. Ertrinken, sagt man, ist die angenehmste Art. Sein ganzes Leben sieht man wie einen Blitz vorüberhuschen. Aber dann wiederbelebt werden, nein. In der Luft bestatten kann man allerdings nicht. Aus einer Flugmaschine raus. Ob sich das wohl rumspräche, wenn wieder mal frisch jemand abgelassen wird? Untergrund, Gerücht pflanzt sich fort. Das haben wir von ihnen gelernt. Würde mich nicht überraschen. Ganz normales Futter für sie, nähren sich redlich. Fliegen kommen ja schon, bevor einer überhaupt richtig tot ist. Haben Wind gekriegt von Dignam. Der Gestank wär ihnen schnurzegal. Vergammelnder salzweißer Leichenbrei: riecht, schmeckt wie rohe weiße Rüben.

Vorn schimmerten die Tore: offen noch. Zurück in die Welt, dem Leben wiedergegeben. Für diesmal reichts einem wieder. Bringt einen jedesmal ein Stückchen näher. Zuletzt bin ich hier bei Mrs. Sinicos Beerdigung gewesen. Der arme Papa auch. Die Liebe, die tötet. Und dann kratzen sie sogar die Erde auf bei Nacht und Laternenlicht, wie in dem Fall, von dem ich gelesen habe, um an frisch begrabene Weiber ranzukommen oder sogar schon verweste, mit jauchenden Grabwunden. Da kann man doch die Gänsehaut kriegen. Ich werd dir erscheinen nach dem Tode. Du wirst meinen Geist sehen nach dem Tode. Mein Geist wird dich heimsuchen nach dem Tode. Es gibt eine andere Welt nach dem Tode, die Hölle heißt. Ich mag nichts von den andern Welten wissen, hat sie geschrieben. Ich gleichfalls nicht. Viel noch zu sehen, zu hören, zu fühlen. Lebendige warme Wesen nah sich fühlen. Laßt die hier doch schlafen in ihren madigen Betten. Mich kriegen sie nicht dazu ran, mich nicht. Ich bin für die warmen Betten: warmes blutvolles Leben.

Martin Cunningham tauchte aus einem Seitenweg auf, in ernstem Gespräch.

Rechtsanwalt, glaub ich. Kenn sein Gesicht. Menton. John

Henry, Rechtsanwalt und Notar, Bevollmächtigter für Eide und Affidavits. Dignam war bei ihm im Büro. Bei Mat Dillon, ist lange her. Fideler Bruder, der Mat, gesellige Abende. Kaltes Geflügel, Zigarren, die Tantalus-Gläser. Ein Herz wie Gold, wahrhaftig. Ach ja, Menton. Mit dem bin ich doch mal zusammengeraten, an dem Abend damals auf dem Bowling-Platz, wo ich ihm in die Quere kam. War glatter Dusel bei mir: der Schrägläufer. Bloß deswegen die Stinkwut, die er gegen mich kriegte. Haß auf den ersten Blick. Molly und Floey Dillon eingehakt unter dem Fliederbaum, lachten sich halb kaputt. Die Kerls reagieren doch immer gleich, zu Tode gekränkt, wenn Frauen dabei sind.

Hat seitlich ne Delle im Hut. Wahrscheinlich vom Wagen.

– Entschuldigen Sie, Sir, sagte Mr. Bloom neben ihnen.

Sie blieben stehen.

– Ihr Hut ist ein wenig zerbeult, sagte Mr. Bloom und zeigte hin.

John Henry Menton starrte ihn einen Augenblick bewegungslos an.

– Da, half Martin Cunningham, ebenfalls hinzeigend.

John Henry Menton nahm seinen Hut ab, beulte die Delle aus und glättete das Seidenhaar sorgsam an seinem Rockärmel. Dann klappte er sich den Hut wieder auf den Kopf.

– Jetzt stimmts wieder, sagte Martin Cunningham.

John Henry Menton ruckte zustimmend mit dem Kopf.

– Besten Dank, sagte er knapp.

Sie gingen weiter, den Toren zu. Mr. Bloom blieb leicht perplex ein paar Schritte zurück, um nicht mitzuhören. Martin redet ja ziemlich energisch. Also einen Schwachkopf wie den könnte Martin doch glatt um den kleinen Finger wickeln, ohne daß ers auch nur merkte.

Austernaugen. Na ja, egal. Tut ihm vielleicht ja leid noch später, wenns ihm dämmert. Dann bin ich im Vorteil gegen ihn.

Besten Dank. Gottogott, was sind wir heut morgen vornehm!

Im Herzen der hibernischen Metropole

Vor der Nelson-Säule verlangsamten die Trambahnen ihre Geschwindigkeit, liefen auf Weiche, legten die Stromnehmerstange um und setzten sich wieder in Bewegung, nach Blackrock, Kingstown und Dalkey, Clonskea, Rathgar und Terenure, Palmerston Park und Upper Rathmines, Sandymount Green, Rathmines, Ringsend und Sandymount Tower, Harold's Cross. Der heisere Inspektor der Dublin United Tramway Company rief laut die Stationen ab:

– Rathgar und Terenure!

– Beeilung, Sandymount Green!

Rechts und links parallel fuhren klirrend klingelnd ein Doppeldecker und ein Einfachdeck aus ihren Schienenköpfen, schwenkten auf die Linie stadtauswärts ein, glitten parallel dahin.

– Abfahrt, Palmerston Park!

Der Träger der Krone

Unter der Säulenhalle des Hauptpostamts schrien Schuhputzer und wichsten. In der North Prince's Street geparkt, auf den Seiten die königlichen Initialen, E. R., nahmen Seiner Majestät karminrote Postwagen laut zugeschleuderte Säcke voller Briefe, Postkarten, Briefkarten, Päckchen, versichert und frankiert, zur Beförderung im Stadtgebiet, in die Provinz, nach England und Übersee auf.

Herren von der Presse

Plumpgestiefelte Fuhrleute rollten dumpfdröhnende Fässer aus den Prince's Stores und bumsten sie auf die Brauereifuhrwagen. Auf den Brauereifuhrwagen bumsten dumpfdröh-

nende Fässer, welche von plumpgestiefelten Fuhrleuten aus den Prince's Stores hinaufgerollt worden waren.
– Ah, da haben wir's ja, sagte Red Murray. Alexander Keyes.
– Schneiden Sie's mir doch rasch aus, ja? sagte Mr. Bloom, dann bringe ich's gleich beim *Telegraph* vorbei.
Die Tür von Ruttledges Büro knirschte erneut. Davy Stephens, winzig in einem großen Capemantel, einen kleinen Filzhut krönend auf den Löckchen, trat mit einer Rolle Papieren unter dem Cape heraus, ein Kurier des Königs.
Red Murrays lange Schere trennte die Anzeige in vier sauberen Schnitten aus der Zeitung. Schere und Kleister.
– Ich gehe noch rasch durch die Druckerei, sagte Mr. Bloom, das ausgeschnittene Viereck an sich nehmend.
– Und natürlich, wenn er noch extra einen Artikel will, sagte Red Murray ernst, einen Bleistift hinter dem Ohr, dann können wir das machen.
– Ist recht, sagte Mr. Bloom mit einem Nicken. Ich werd's ihm schon beibringen.
Wir.

William Brayden, Esquire, aus Oaklands, Sandymount

Red Murray berührte Mr. Blooms Arm mit der Schere und flüsterte:
– Brayden.
Mr. Bloom drehte sich um und sah, wie der livrierte Portier seine Mütze mit dem Schriftband lüftete, als eine stattliche Gestalt zwischen den Anschlagbrettern von *Weekly Freeman and National Press* und *Freeman's Journal and National Press* eintrat. Dumpfdröhnende Guinness-Fässer. Sie begab sich stattlich die Treppe hinauf, gelenkt von einem Regenschirm, ein feierliches bartumrahmtes Gesicht. Der schwarze Feintuch-Rücken stieg Stufe um Stufe höher: Rücken. Der hat

sein ganzes Gehirn im Nacken sitzen, sagt Simon Dedalus. Richtige Wülste aus Fleisch da hinten auf ihm drauf. Speckfaltiger Nacken, Speck, Nacken, Speck, Nacken.

– Also dem Gesicht nach sieht er doch aus wie Unser Erlöser, finden Sie nicht? flüsterte Red Murray.

Die Tür von Ruttledges Büro flüsterte: iii: kniii. Also die bauen doch immer die eine Tür gegenüber der andern, damit der Wind. Heraus. Herein.

Unser Erlöser: bartumrahmtes ovales Gesicht: redend in der Dämmerung: Maria, Martha. Gelenkt von einem Regenschirmdegen, nach vorn ins Rampenlicht: Mario der Tenor.

– Oder wie Mario, sagte Mr. Bloom.

– Ja, stimmte Red Murray bei. Aber von Mario hieß es ja auch, er wäre Unserm Erlöser wie aus dem Gesicht geschnitten.

Jesus Mario mit gerougeten Wangen, Wams und Spindelbeinen. Die Hand auf dem Herzen. In der *Martha*.

Ko-omm, du Verlorne,
Ko-omm, du Teure!

Der Krummstab und die Feder

– Seine Gnaden haben heut früh schon zweimal angerufen, sagte Red Murray würdevoll.

Sie sahen die Knie, die Beine, die Stiefel verschwinden. Nakken.

Ein Telegrammbote platzte herein, warf einen Umschlag auf den Tresen und sauste wieder davon, ab wie die Post, mit einem einzigen Wort.

– *Freeman!*

Mr. Bloom sagte langsam:

– Nun ja, er ist ja auch einer von unsern Erlösern.

Ein mildes Lächeln begleitete ihn, als er die Tresenklappe hob, als er durch die Seitentür eintrat und über die warme dunkle

Treppe schritt, über den Flur, entlang an den nun widerhallenden Brettern. Ob er uns aber auch vom Übel der gesunkenen Auflage erlöst? Stampfen, Stampfen.
Er stieß die gläserne Schwingtür auf und trat ein, über verstreutes Packpapier schreitend. Durch eine Gasse rasselnder Trommeln bahnte er sich seinen Weg zu Nannettis Korrekturenkabinett.

Mit aufrichtigem Bedauern vermelden wir das Hinscheiden eines hochgeachteten Dubliner Bürgers

Hynes ebenfalls hier: hat wahrscheinlich was über die Beerdigung geschrieben. Stampfender Stampf. Heute morgen wurden die sterblichen Reste von Mr. Patrick Dignam. Maschinen. Malmen einen Menschen in tausend Stücke, wenn sie ihn einmal erwischt haben. Beherrschen die Welt heutzutage. Das tun seine Maschinerien ja auch: feste drauflos, mahlen trefflich fein. Wie diese hier, wenn man sie nicht mehr in der Hand hat: alles zergärend. Arbeiten weg, reißen weg. Ja, und die alte graue Ratte vorhin, die sich zerriß, um reinzukommen.

Wie ein großes Tagesorgan entsteht

Mr. Bloom blieb hinter dem schmächtigen Körper des Faktors stehen, eine glänzende Glatze bewundernd.
Komisch, seine wirkliche Heimat hat der nie gesehen. Irland mein Vaterland. Abgeordneter für College Green. Hat bis zur Bewußtlosigkeit für die Werktätigen getrommelt, also alles was recht ist. Aber es sind die Anzeigen und Lokalnotizen, die ein Wochenblatt verkaufen, nicht die abgestandenen Nachrichten im offiziellen Teil. Queen Anne ist tot. Amtlich verkündet im Jahre eintausendund. Landsitz im Stadtbezirk Rosenallis, Baronie Tinnachinch. Für alle berechtigten Inter-

essenten satzungsgemäß Liste mit statistischen Angaben über Export von Maultieren und spanischen Pferden aus Ballina. Aus dem Reiche der Natur. Die Witzseite. Phil Blakes allwöchentliche Geschichte von Pat und Bull. Onkel Tobys Seite für unsere Kleinen. Und der Briefkasten für die Dösköppe vom Lande. Sehr geehrter Herr Redakteur, wissen Sie ein gutes Mittel gegen Blähungen? Den Teil würd ich sogar ganz gerne machen. Man lernt eine Menge, wenn man andere belehrt. Personalnachrichten A. I. B. Alles in Bildern. Wohlgestaltete Badende an goldenem Strand. Der größte Ballon der Welt. Schwestern feiern Doppelhochzeit. Zwei Bräutigame, einander herzlich anlachend. Cuprani auch, Drucker. Irischer als die Iren.

Die Maschinen rasselten im Dreivierteltakt. Stampf, Stampf, Stampf. Also wenn der da nun plötzlich gelähmt würde und keiner wüßte, wie man die Dinger stoppt, dann würden die immer so weiter rasseln, weiter drucken und immer weiter, vor und zurück, vor und zurück. Würden die ganze Geschichte total vermasseln. Brauchen einen kühlen Kopf über sich.

– Gut, Herr Stadtrat, nehmen Sie's also in die Abendausgabe, sagte Hynes.

Bald wird er ihn Herr Oberbürgermeister nennen. Long John unterstützt ihn, heißt es.

Der Faktor kritzelte, ohne zu antworten, *Eilig!* auf eine Ecke des Blattes und winkte einem Setzer. Schweigend reichte er ihm das Blatt über die schmutzige Glastrennwand.

– Schön: danke, sagte Hynes und wandte sich zum Gehen.

Mr. Bloom trat ihm in den Weg.

– Wenn Sie noch abkassieren wollen, der Kassierer geht grade zum Lunch, sagte er, mit dem Daumen nach hinten zeigend.

– Haben Sie schon? fragte Hynes.

– Hm, sagte Mr. Bloom. Beeilen Sie sich nur, dann erwischen Sie ihn noch.

– Danke, alter Freund, sagte Hynes. Ich will ihn auch anpumpen.

Er eilte voll Eifer zum *Freeman's Journal* hinüber.
Drei Schilling hab ich ihm im Meagher's geliehen. Drei Wochen. Dritte Andeutung.

Wir sehen den Annoncen-Akquisiteur bei der Arbeit

Mr. Bloom legte seinen Ausschnitt auf Mr. Nannettis Tisch.
– Entschuldigen Sie, Herr Stadtrat, sagte er. Die Anzeige hier, verstehn Sie. Keyes, Sie erinnern sich wohl.
Mr. Nannetti betrachtete den Ausschnitt ein Weilchen und nickte.
– Er möchte sie für Juli drin haben, sagte Mr. Bloom.
Hört mich gar nicht. Nannan. Eiserne Nerven.
Der Faktor bewegte seinen Stift darauf zu.
– Aber warten Sie, sagte Mr. Bloom. Er will eine Änderung. Keyes, verstehn Sie. Er will zwei Schlüssel obendrüber.
Also einen Höllenkrach machen die hier. Vielleicht begreift er, was ich.
Der Faktor drehte sich herum, um geduldig zuzuhören, lüftete einen Ellbogen und begann sich langsam in der Achselhöhle seiner Alpakajacke zu kratzen.
– Etwa so, sagte Mr. Bloom, die Zeigefinger an der Spitze kreuzend.
Laß ihn das erstmal verarbeiten.
Mr. Bloom blickte seitlich auf von dem Kreuz, das er gemacht hatte, und sah des Faktors blaßgelbes Gesicht, also der hat doch bestimmt eine leichte Gelbsucht, und dahinter die gehorsamen Walzen, die gewaltige Papierrollen einfütterten. Rammsch. Rammsch. Ganze Meilenlängen werden da abgehaspelt. Was wird später draus? Ach, Einwickelpapier für Fleisch, Pakete: alles mögliche, tausendundeine Verwendung. Indem er seine Worte geschickt in die Pausen des Rammschens schlüpfen ließ, zeichnete er rasch auf das narbige Holzwerk.

– Etwa so, sehn Sie. Zwei gekreuzte Schlüssel hier. Dann einen Kreis. Dann hier den Namen Alexander Keyes, Tee, Wein, Spirituosen. Und so weiter.
Ihn lieber nicht sein eigenes Handwerk lehren.
– Sie wissen ja selber am besten, Herr Stadtrat, wie er's haben will. Rund um die Spitze hier dann in spationiertem Satz: Haus der Schlüssel. Verstehn Sie? Das ist doch eine gute Idee, finden Sie nicht auch?
Der Faktor verlagerte seine kratzende Hand zu den unteren Rippen und kratzte dort gemächlich weiter.
– Die Idee, sagte Mr. Bloom, ist das Haus der Schlüssel. Sie wissen doch, Herr Stadtrat, das Man-Parlament. Anspielung auf die Homerule. Touristen, verstehn Sie, von der Insel Man. Ist ein Blickfang, verstehn Sie. Läßt sich das machen?
Ich könnt ihn vielleicht ja mal fragen, wie man dieses *voglio* ausspricht. Aber wenn ers dann nicht weiß, hab ich ihn in Verlegenheit gebracht. Lieber nicht.
– Können wir machen, sagte der Faktor. Haben Sie die Vorlage?
– Die kann ich beschaffen, sagte Mr. Bloom. Stand in einer Kilkenny-Zeitung. Er hat da ebenfalls ein Geschäft. Ich laufe rasch mal rüber und frage ihn. Schön, das machen Sie also – und vielleicht noch einen kleinen Schrieb dazu, der darauf aufmerksam macht. Sie wissen schon, das Übliche. Erstklassiges Unternehmen mit Konzession. Langgefühltes Bedürfnis. Und so weiter.
Der Faktor dachte einen Augenblick nach.
– Können wir machen, sagte er dann. Sehn Sie aber zu, daß er auf drei Monate erneuert.
Ein Setzer brachte ihm einen schlappen Bürstenabzug. Er begann ihn schweigend zu korrigieren. Mr. Bloom stand dabei, lauschte dem lauten Pochen der Kurbeln und sah den schweigenden Setzern zu an ihren Kästen.

Orthographisches

Muß seiner Rechtschreibung absolut sicher sein. Korrekturfieber. Martin Cunningham hat ganz vergessen, uns seine orthographische Scherzaufgabe zu stellen heute morgen. Es ist greulich ehuh zu sehen, mit welcher beispiello doppel el sen Lieder jawohl ieh lichkeit ein selbstän ein esstee nur, oder? diger Händler die Symmetrie zweier geschälter Birnen unter einer zementierten Kirch haha hofsmauer mustert. Schöner Quatsch, was? Zementiert steht natürlich bloß wegen Symmetrie mit drin.
Ich hätte sagen können, als er sich seinen Deckel wieder aufklappte. Besten Dank. Ich hätte irgendwas sagen sollen, über einen alten Hut oder so. Nein, ich hätte sagen können. Sieht so gut wie neu aus jetzt. Und mich dann an seiner Visage weiden.
Sllt. Aus dem untersten Deck der ersten Maschine ras sllt te der Ausleger mit dem ersten Schub lagenweise gefalteten Papiers. Sllt. Fast menschlich, die Art, wie sie sllt einen aufmerksam macht auf sich. Tut redlich, was sie kann, um sich mitzuteilen. Die Tür da vorn sllt auch, knirscht, kreischt, will gern geschlossen sein. So spricht ein jedes Ding auf seine Weise. Sllt.

Namhafter Kirchenmann gelegentlicher Mitarbeiter

Der Faktor reichte den Bürstenabzug jäh zurück und sagte:
– Moment. Wo ist der Brief des Erzbischofs? Er soll auch im *Telegraph* kommen. Wo ist wie heißt er doch?
Er blickte um sich in die Runde seiner lauten antwortlosen Maschinen.
– Monks, Sir? fragte eine Stimme von der Gießlade.
– Ah, ja. Wo ist Monks?
– Monks!

Mr. Bloom nahm seinen Ausschnitt vom Tisch. Zeit zu verschwinden.

– Also dann werd ich mir die Vorlage besorgen, Mr. Nannetti, sagte er, und Sie geben ihr einen guten Platz dann, das weiß ich.

– Monks!

– Hier, Sir.

Auf drei Monate erneuern. Dazu muß ich mir erst wieder den Mund fusselig reden. Versuchs immerhin mal. Den August besonders schmackhaft machen: ah, gute Idee: Monat der Pferdeschau. Ballsbridge. Touristen von drüben deswegen.

Eine Tageule

Er ging weiter durch die Setzerei, vorüber an einem alten, gebeugten, bebrillten, beschürzten Mann. Old Monks: die Tageule. Setzer für Neuestes vom. Verrücktes Zeug, was dem so alles durch die Finger gegangen sein muß im Lauf der Zeit: Nachrufe, Kneipenreklame, Reden, Scheidungsprozesse, ertrunken aufgefunden. Ist jetzt auch bald am Ende mit seinem Latein. Nüchterner ernster Mann mit ganz schön was auf der Sparkasse, würd ich sagen. Frau gute Köchin und Wäscherin. Tochter im Wohnzimmer an der Maschine. Fade Liese, nicht gut Kirschen essen mit.

Und da nun das Passahfest nahte

Er blieb stehen, um einem Setzer zuzuschauen, der gewandt die Lettern reihte. Liests zuerst rückwärts. Mordsfix macht er das. Muß ziemliche Übung erfordern. mangiD. kcirtaP. der arme Papa mit seinem Haggadah-Buch, wie er mir immer rückwärts vorlas mit dem Finger. Pessach. Nächstes Jahr in Jerusalem. Ach herrjeh, herrjeh! Der ganze endlose Zimt vom der uns führete aus Ägyptenland und in das Haus der Knecht-

schaft Halleluja. *Schema Jisrael Adonai Elohenu.* Nee, das ist das andere. Dann die zwölf Brüder, Jakobs Söhne. Und dann das Lamm und die Katze und der Hund und der Stecken und das Wasser und der Metzger, und dann der Engel des Todes, der den Metzger schlägt, und dieser schlägt den Ochs, und der Hund schlägt die Katze. Klingt ein bißchen albern alles, bis man sichs mal genauer ansieht. Soll Gerechtigkeit bedeuten, aber heißt bloß, daß alles sich frißt, immer einer den andern. So ist das Leben eben, letzten Endes. Also wie fix ihm das von der Hand geht da. Übung macht den Meister. Ist ja direkt, als sähe er mit den Fingern.
Mr. Bloom ging weiter, hinaus aus den rasselnden Geräuschen und durch die Galerie zum Treppenabsatz vor. Also was, soll ich nun den ganzen Weg da raus mit der Elektrischen fahren und ihn dann wohlmöglich nicht antreffen? Lieber doch erst telefonieren. Die Nummer? Dieselbe wie Citrons Haus. Achtundzwanzig. Achtundzwanzig und zweimal vier.

Nur einmal noch die bewußte Seife

Er ging die Haustreppe hinunter. Wer zum Teufel hat hier bloß die ganzen Wände so vollgeschmiert? Anscheinend Streichhölzer drauf angerissen. Sieht ja aus, als hätten sies um die Wette getan. Schwerer fettiger Mief überall in diesen Betrieben. Lauwarmer Leim bei Thom nebenan, als ich dort war.
Er zog sein Taschentuch, um sich die Nase zu betupfen. Zitronelemone? Ah, die Seife, richtig, die hab ich da ja hingesteckt. Verlier sie noch aus der Tasche. Das Taschentuch zurücksteckend, nahm er die Seife heraus und verstaute sie neu, knöpfte sie ein in die Gesäßtasche seiner Hose.
Was für ein Parfüm benutzt Deine Frau? Ich könnte immer noch heimgehen: die Trambahn: hab eben irgendwas vergessen. Bloß einen Blick noch vorm Anziehen. Nein. Hier. Nein.

Eine plötzliche grelle Lache drang aus dem Büro des *Evening Telegraph*. Weiß schon, wer das ist. Was ist los? Ich husche mal eine Minute rein, um zu telefonieren. Ned Lambert ists.

Leise trat er ein.

Erin, grüne Gemme der silbernen See

– Da klingt das Geld im Kasten, murmelte Professor MacHugh leise und biskuitvoll gegen die staubige Fensterscheibe.

Mr. Dedalus starrte von der leeren Feuerstelle in Ned Lamberts juxendes Gesicht und fragte es säuerlich:

– Bei Christi Todespein, macht einem das nicht Sodbrennen im Arsch?

Ned Lambert, auf dem Tisch sitzend, las weiter:

– *Und abermals, merkt auf das murmelnde Bächlein, wie es sich windet, wie's babbelt und schwatzt auf seinem Weg, umfächelt vom sanftesten Zephir, und ob es schon kämpfen muß mit steinernen Hindernissen, erreicht's doch die brausenden Wasser von Neptuns blauem Gebiet, hin an gar moosigen Ufern, vom Sonnenlicht herrlich umspielt oder tief in den Schatten, die auf den sinnenden Busen ihm wirft das rauschige Blattwerk der Riesen des ragenden Walds.* Na, wie schmeckt dir das, Simon? fragte er über den Rand seiner Zeitung weg. Da geht man in die Knie, was?

– Er sollte die Whisky-Marke wechseln, sagte Mr. Dedalus.

Ned Lambert schlug lachend die Zeitung auf die Knie und wiederholte:

– *Der sinnende Busen, das arschige Blattwerk.* O Jungejunge!

– Und Xenophon blickte auf Marathon, sagte Mr. Dedalus, wieder auf die Feuerstelle blickend und zum Fenster, und Marathon blickte aufs Meer.

– Nun aber Schluß, schrie Professor MacHugh vom Fenster. Ich will kein Wort mehr hören von dem Zeug.

Er verzehrte das Wasserbiskuithörnchen, an dem er geknab-

bert hatte, und schickte sich hungrig an, auch das Biskuit in seiner anderen Hand zu beknabbern.
Gräßlich geschwollenes Zeug. Aufgeblasene Säcke. Ned Lambert macht heute blau, wie ich sehe. So eine Beerdigung bringt einem ja auch den ganzen Tag durcheinander. Einflußreicher Mann, heißt es. Der alte Chatterton, der Vize-Kanzler, ist sein Groß- oder Urgroßonkel. Nah an die neunzig, heißt es. Der Leitartikel auf seinen Tod ist vielleicht schon längst geschrieben inzwischen. Lebt aber immer noch, ihnen zum Trotz. Der da geht wohlmöglich noch vor ihm ab. Johnny, mach Platz für deinen Onkel. Der sehr ehrenwerte Hedges Eyre Chatterton. Schreibt ihm sicher ein hübsches krakeliges Schecklein aus an jedem Monatsersten, oder auch zwei. Die große Bescherung dann, wenn er abschrammt. Halleluja.
– Wieder mal der reinste Krampf, sagte Ned Lambert.
– Was ist das denn eigentlich? fragte Mr. Bloom.
– Ein kürzlich entdecktes Fragment von Cicero, antwortete Professor MacHugh in pompösem Ton. *Unser lieblich Vaterland.*

Kurz, aber treffend

– Wessen Vaterland? fragte Mr. Bloom einfältig.
– Höchst berechtigte Frage, sagte der Professor kauend zwischen zwei Bissen. Mit dem Ton auf wessen.
– Dan Dawsons Vaterland, sagte Mr. Dedalus.
– Ist das seine Rede von gestern abend? fragte Mr. Bloom.
Ned Lambert nickte.
– Aber hört euch erstmal dies hier an, sagte er.
Der Türknauf traf Mr. Bloom ins Kreuz, als die Tür aufgestoßen wurde.
– Entschuldigung, sagte J. J. O'Molloy und trat ein.
Mr. Bloom wich behend zur Seite.
– Oh, ich habe mich zu entschuldigen, sagte er.
– Guten Tag, Jack.

– Nur immer herein.
– Guten Tag.
– Wie geht's so, Dedalus?
– Danke, und selber?
J. J. O'Molloy schüttelte den Kopf.

Traurig

Einer der cleversten Burschen unter den jüngeren Anwälten, das war er früher. Und jetzt kümmert und siecht er dahin, der arme Kerl. Dieses hektische Rot, das ist das Todesurteil für einen Menschen. Steht auf des Messers Schneide bei ihm. Was wohl heute in der Luft liegt, möcht ich wissen. Geldsorgen.

– *Oder aber, wenn wir nur die gedrängten Bergesgipfel erklimmen ...*

– Sie schaun blendend aus!

– Kann man den Chefredakteur irgendwo sehen? fragte J. J. O'Molloy, nach der inneren Tür hinüberblickend.

– Sogar sehr, sagte Professor MacHugh. Sehen und auch hören. Er ist mit Lenehan in seinem Heiligtum.

J. J. O'Molloy schlenderte zu dem schrägen Tischpult hinüber und begann die rosa Seiten des Aktenhefters zurückzublättern.

Praxis geht immer schlechter. Typischer Fall von Hatnichtsollensein. Resignation. Spiel. Ehrenschulden. Erntet Sturm. Dabei haben ihm D. und T. Fitzgerald doch immer gute Honorare gezahlt. Ihre Perücken, bloß um ihre grauen Zellen auch sichtbar zu zeigen. Haben sozusagen ihr Hirn auf der Zunge, nee, auf dem Kopf, wie die Statue in Glasnevin. Glaube, er macht irgendwas Literarisches für den *Express*, mit Gabriel Conroy zusammen. Sehr belesener Mensch. Myles Crawford hat beim *Independent* angefangen. Komisch, was diese Zeitungsmenschen wimmlig werden, wenn sie irgendwo eine neue Vakanz wittern. Die reinsten Wetterhähne. Heiß und kalt im selben Atemzug. Man weiß nie so recht, woran man ist. Eine Story ist gut, bis man die nächste hört. Gehn werweißwie aufeinander los in den Zeitungen, und auf einmal ist dann alles wie weggeblasen. Sind wieder dicke Freund miteinander im nächsten Augenblick.

– Ah, hört euch um Gottes willen mal dies noch an, bat Ned Lambert. *Oder aber, wenn wir nur die gedrängten Bergesgipfel erklimmen . . .*

– So ein Bombast, unterbrach der Professor unwirsch. Genug von diesem aufgeblasenen Windbeutel.

– *Bergesgipfel erklimmen,* fuhr Ned Lambert fort, *die hoch empor sich türmen, um unsere Seelen zu baden gleichsam . . .*

– Das Maul soll er sich lieber waschen, sagte Mr. Dedalus. Beim heiligen und ewigen Gott! Ja? Und dafür nimmt er noch was?

– *Gleichsam im unvergleichlichen Panorama von Irlands Album, das trotz der hochgerühmten Urbilder in anderen preiswürdigen Gefilden bezüglich seiner Schönheit einzig dasteht, mit seinen schattigen Hainen, seinen schwellenden Ebenen und seinem saftigen Weideland aus frühlingsjungem Grün, getaucht in das transzendente, transluzente Leuchten unseres milden, geheimnisvollen irischen Zwielichts . . .*

Sein heimatliches Dorisch

– Der Mond, sagte Professor MacHugh. Er hat Hamlet vergessen.

– *Welches weit und breit die Aussicht verschleiert, und harren, daß des Mondes leuchtendes Rund erstrahlt, um seinen Silberschimmer ringsum auszugießen . . .*

– Ooooh! schrie Mr. Dedalus, sich in einem hoffnungslosen Stöhnen Luft machend, Scheiße mit Zwiebeln! Das reicht nun aber wirklich, Ned. Dafür ist das Leben zu kurz.

Er nahm seinen Zylinder ab, plusterte ungeduldig den bu-

schigen Schnurrbart auf und kämmte sich mit dem Fingerrechen das Haar.
Ned Lambert warf die Zeitung beiseite, vor Vergnügen glucksend. Einen Augenblick später brach ein heiseres Lachgebell über Professor MacHughs unrasiertes schwarzbebrilltes Gesicht.
– Klitschkopp Daw! schrie er.

Was Wetherup immer gesagt hat

Alles ganz gut und schön, sich drüber zu mokieren jetzt, wo es kühl gedruckt vorliegt, aber sonst gehts doch runter wie warme Semmeln, das Zeug. Er war doch auch in der Bäckerbranche, oder? Deswegen nennen sie ihn ja Klitschkopp Daw. Jedenfalls aber hat er sich nicht schlecht gebettet. Tochter verlobt mit diesem Burschen vom Inlandszollamt, dem mit dem Automobil. Hat das hübsch eingefädelt. Empfänge, offenes Haus. Wird doll getafelt da. Wetherup hat das schon immer gesagt. Beziehungen gehn durch den Magen.
Die Innentür wurde heftig geöffnet, und ein scharlachenes Schnabelgesicht, beschopft mit einem Kamm fedrigen Haars, platzte herein. Die kühnen blauen Augen starrten in die Runde, und die rauhe Stimme fragte:
– Was ist denn hier los?
– Ah, da kommt ja unser nachgemachter Landjunker höchstselbst, sagte Professor MacHugh großartig.
– Halt die Klappe, du verdammter alter Pauker! sagte der Chefredakteur anerkennend.
– Komm, Ned, sagte Mr. Dedalus und setzte seinen Hut auf. Darauf muß ich einen trinken.
– Trinken! schrie der Chefredakteur. Vor der Messe wird nichts ausgeschenkt!
– Auch recht, sagte Mr. Dedalus im Hinausgehen. Komm schon, Ned.
Ned Lambert rutschte vom Tisch. Des Chefredakteurs blaue

Augen schweiften zu Mr. Blooms Gesicht hinüber, das von einem Lächeln verschattet war.
– Gehn Sie mit uns, Myles? fragte Ned Lambert.

Erinnerung an denkwürdige Schlachten

– Die North-Cork-Miliz! schrie der Chefredakteur, zum Kaminsims schreitend. Wir haben jedesmal gewonnen! North Cork und die spanischen Offiziere!
– Wo war das, Myles? fragte Ned Lambert mit einem überlegenden Blick auf seine Stiefelspitzen.
– In Ohio! brüllte der Chefredakteur.
– Ganz richtig, weißgott, stimmte Ned Lambert bei.
Im Hinausgehen flüsterte er J. J. O'Molloy zu:
– Beginnender Dachschaden. Trauriger Fall.
– Ohio! krähte der Chefredakteur in höchstem Diskant aus seinem emporgereckten scharlachroten Gesicht. Mein Ohio!
– Ein perfekter Creticus! sagte der Professor. Lang, kurz, lang.

O du Äolsharfe

Er zog eine Rolle Zahnseide aus seiner Westentasche, riß einen Faden ab und ließ ihn geschickt zwischen zwei- und zweien seiner widerklingenden ungeputzten Zähne sirren.
– Bingbang, bangbang.
Mr. Bloom sah, daß die Luft rein war, und ging auf die Innentür zu.
– Bloß einen Augenblick, Mr. Crawford, sagte er. Ich will nur rasch wegen einer Annonce telefonieren.
Er ging hinein.
– Was ist mit dem Leitartikel heute abend? fragte Professor MacHugh, indem er auf den Chefredakteur zuging und ihm eine feste Hand auf die Schulter legte.

– Das geht in Ordnung, sagte Myles Crawford ruhiger. Bloß keine Bange. Hallo, Jack. Also das geht wirklich in Ordnung.
– Guten Tag, Myles, sagte J. J. O'Molloy und ließ die Seiten, die er hielt, lasch in den Hefter zurückschlappen. Ist der Kanada-Schwindel nun heute dran?
Drinnen schwirrte das Telefon.
– Achtundzwanzig ... Nein, zwanzig ... und zweimal vier ... Ja.

Setzt auf den Sieger

Lenehan kam mit Fahnen der Sportseite aus dem inneren Büro.
– Wer will einen todsicheren Tip für den Goldpokal? fragte er. O. Madden auf Szepter.
Er schmiß die Fahnen auf den Tisch.
Schreie von barfüßigen Zeitungsjungen in der Halle kamen jäh näher, und die Tür wurde aufgestoßen.
– Psst, sagte Lenehan. Ich höre Fiestrutte.
Professor MacHugh schritt durch das Zimmer und packte den sich duckenden Schlingel beim Kragen, während die andern aus der Halle und die Treppe hinunter davonstoben. Die Fahnen raschelten im Luftzug auf, segelten sanft durch die Luft, ein blaues Gekritzel, und gingen unter dem Tisch zu Boden.
– Ich bin's nicht gewesen, Sir! Es war der Große, der hat mich geschubst, Sir!
– Raus mit dem Lümmel und die Tür zu, sagte der Chefredakteur. Das ist ja der reinste Taifun.
Lenehan begann die Fahnen vom Boden aufzuklauben, grunzend, als er sich zweimal bücken mußte.
– Wir haben bloß auf das Extrablatt für die Rennen gewartet, Sir, sagte der Zeitungsjunge. Es war Pat Farrel, Sir, der hat mich geschubst.
Er zeigte auf zwei Gesichter, die um die Ecke des Türrahmens hereinlinsten.

– Der da, Sir!
– Raus mit dir, sagte Professor MacHugh barsch.
Er drängte den Jungen hinaus und schlug die Tür zu.
J. J. O'Molloy blätterte raschelnd den Hefter durch, murmelnd, suchend:
– Fortsetzung Seite sechs, Spalte vier.
– Ja ... hier der *Evening Telegraph,* telefonierte Mr. Bloom aus dem inneren Büro. Ist der Chef ...? Ja, der *Telegraph* ... Wohin? ... Aha! Und auf welcher Auktion? ... Aha! Ich verstehe ... Gut. Ich werde ihn schon finden.

Eine Kollision findet statt

Das Telefon schwirrte erneut, als er einhängte. Er kam mit Verve ins Vorzimmer zurück und prallte gegen Lenehan, der sich gerade mit dem zweiten Fahnenabzug hochgequält hatte.
– *Pardon, monsieur,* sagte Lenehan, hielt ihn einen Augenblick gepackt und schnitt eine Grimasse.
– Meine Schuld, sagte Mr. Bloom, seinen Griff duldend. Haben Sie sich wehgetan? Ich bin in Eile.
– Das Knie, sagte Lenehan.
Er zog ein komisches Gesicht und winselte, sich das Knie reibend:
Ich hab eben schon einen ganzen Haufen *anni Domini* auf dem Buckel.
– Tut mir leid, sagte Mr. Bloom.
Er ging zur Tür und blieb dort, sie offenhaltend, stehen. J. J. O'Molloy schlappte die schweren Seiten um. Aus der kahlen Halle drang das Echo zweier schriller Stimmen und einer Mundharmonika; es kam von den Zeitungsjungen, die auf den Treppenstufen hockten:

Wir sind die Jungens von Wexford,
Wir kämpften mit Herz und mit Hand ...

Bloom ab

– Ich laufe nur rasch mal rüber zum Bachelor's Walk, sagte Mr. Bloom, wegen dieser Annonce von Keyes. Möchte sie doch unter Dach und Fach bringen. Man hat mir gesagt, er ist drüben bei Dillon.

Er blickte ihnen einen Augenblick lang unschlüssig in die Gesichter. Der Chefredakteur, der am Kaminsims lehnte und den Kopf in die Hand gestützt hatte, streckte plötzlich ausladend einen Arm aus.

– Hebe dich von dannen! sagte er. Die Welt liegt vor dir.

– Bin im Nu zurück, sagte Mr. Bloom und eilte hinaus.

J. J. O'Molloy nahm Lenehan die Fahnen aus der Hand und las sie, sanft sie auseinanderblasend, ohne Kommentar.

– Diese Annonce, die wird er wohl kriegen, sagte der Professor und starrte durch seine schwarzgefaßten Brillengläser über die Kreuzblende hinaus. Also nun seh' sich einer das an, wie die jungen Lümmel hinter ihm her sind!

– Zeigen Sie! Wo? schrie Lenehan und lief ans Fenster.

Ein Straßen-Cortège

Beide lächelten über die Kreuzblende hinunter auf die Rotte der tollenden Zeitungsjungen in Mr. Blooms Kielwasser, von denen der letzte weiß im Wind einen Spottdrachen zickzackte, mit Schweif aus weißen Schleifen.

– Nun sehn Sie sich an, wie der junge Rotzbengel da hinter ihm herwetzt, sagte Lenehan, und Sie lachen sich tot! O du meine seitenstichlige Kicherrippe! Wie er abhaut mit seinen Plattfüßen, und dieser Gang! Liffey-Kähne sind nischt gegen dem seine Latschen! Als wollt er Lerchen beschleichen!

Er begann auf schlurfenden Füßen quer durch den Raum die flotte Karikatur einer Mazurka zu tanzen, vorbei am Kamin und hinüber zu J. J. O'Molloy, der die Fahnen in seine empfangenden Hände legte.

– Was ist denn das? sagte Myles Crawford mit plötzlichem Ruck. Wo sind die beiden andern hin?
– Wer denn? fragte der Professor, sich umwendend. Ach, die sind rüber zum Oval, einen heben. Paddy Hooper ist dort mit Jack Hall. Sind gestern abend angekommen.
– Dann aber los, sagte Myles Crawford. Wo ist mein Hut?
Er schoß mit einem Ruck in das hintere Büro, den Schlitz seiner Jacke teilend und nach den klirrenden Schlüsseln in seiner Gesäßtasche greifend. Sie klirrten sodann in der Luft und gegen das Holz, als er seine Schreibtischschublade verschloß.
– Der ist ja heute ganz schön aufgekratzt, sagte Professor MacHugh mit gedämpfter Stimme.
– Scheint so, sagte J. J. O'Molloy, während er in murmelnder Nachdenklichkeit ein Zigarettenetui hervorzog, aber manchmal trügt der Schein. Wer hat die meisten Streichhölzer?

Das Friedens-Kalumet

Er bot dem Professor eine Zigarette an und nahm sich selber eine. Lenehan strich eilfertig ein Zündholz für sie an und gab ihren Zigaretten nacheinander Feuer. J. J. O'Molloy öffnete sein Etui abermals und bot es auch ihm.
– *Tank you,* sagte Lenehan und bediente sich.
Der Chefredakteur kam aus dem inneren Büro, einen Strohhut windschief auf der Stirn. Er deklamierte im Singsangton, streng auf Professor MacHugh zeigend:

's warn Rang und Ruhm, die versuchten dich,
's war das Reich, das betörte dein Herz.

Der Professor schloß die langen Lippen und grinste.
– Na? Sie verdammter römischer Reichsunmittelbarer? sagte Myles Crawford.
Er nahm eine Zigarette aus dem offenen Etui. Lenehan zündete sie ihm mit flinker Gefälligkeit an und sagte:
– Silentium für mein nagelneues Rätsel!

– *Imperium Romanum*, sagte J. J. O'Molloy sanft. Das klingt nobler als British oder Brixton. Das Wort erinnert einen irgendwie an Fett im Feuer.

Myles Crawford blies seinen ersten Zug heftig gegen die Decke.

– Absolut richtig, sagte er. Das Fett sind wir. Ihr und ich, wir sind das Fett im Feuer. Und wir haben nicht so viel Chancen wie ein Schneeball in der Hölle.

Die Größe, die Rom einst war

– Einen Moment mal, sagte da Professor MacHugh und hob zwei friedliche Tatzen. Wir dürfen uns nicht von Worten fortreißen lassen, von bloßen Wortklängen. Wir denken an Rom, das imperiale, imperatorische, imperative.

Er breitete aus bestoßenen und verschmutzten Hemdmanschetten pathetische Rednerarme aus und holte Luft.

– Was war ihre Kultur? Machtvoll groß, das geb ich zu: aber gemein. Kloaken: Siele. Die Juden in der Wildnis und auf den Bergesgipfeln sagten: *Hier ist gut sein. Laßt uns Jehovah einen Altar bauen.* Der Römer dagegen brachte, wie der Engländer, der in seine Fußstapfen tritt, jeder neuen Küste, auf die er den Fuß setzte (auf unsre Küste setzte er ihn nie), nur seine Kloakenbesessenheit. Er blickte in die Runde in seiner Toga, und er sagte: *Hier ist gut sein. Laßt uns ein Wasserklosett installieren.*

– Was sie denn auch prompt taten, sagte Lenehan. Unsere alten Herren Urväter hatten, wie wir im ersten Kapitel der Guinnessis lesen, eine Vorliebe für alles, was in Strömen fließt.

– Sie waren die Gentlemen der Natur, murmelte J. J. O'Molloy. Aber wir haben auch das Römische Recht.

– Und Pontius Pilatus ist sein Prophet, respondierte Professor MacHugh.

– Kennt ihr die Geschichte von Oberrichter Palles? fragte J. J. O'Molloy. Es war beim Diner der königlichen Universität. Alles lief wie geschmiert ...

– Erst mein Rätsel, sagte Lenehan. Seid ihr bereit?

Mr. O'Madden Burke kam, hochgewachsen in fülligem Grau aus Donegal-Tweed, vom Flur herein. Stephen Dedalus, hinter ihm, nahm den Hut ab beim Eintreten.

– *Entrez, mes enfants*! schrie Lenehan.

– Ich eskortiere einen Bittsteller, sagte Mr. O'Madden Burke melodiös. Die Jugend besucht die Berüchtigtheit, geführt von der Erfahrung.

– Na, wie geht's denn so? sagte der Chefredakteur und hielt eine Hand hin. Kommen Sie rein. Ihr alter Herr ist grade gegangen.

? ? ?

Lenehan sagte zu allen:

– Silentium! Welche Oper gleicht einer Eisenbahnlinie? Köpfchen senken, scharf nachdenken, genau überlegen, und dann antworten.

Stephen reichte die maschinegeschriebenen Blätter hinüber, wies auf Über- und Unterschrift.

– Wer? fragte der Chefredakteur.

Stückchen abgerissen.

– Mr. Garrett Deasy, sagte Stephen.

– Der alte Quengelpott, sagte der Chefredakteur. Wer hat denn das abgerissen? Hat er ganz plötzlich Dünnschiß gekriegt?

Mit flammendem Segel,
Aus Sturmes Schlund,
Naht er, ein Vampir,
Mund meinem Mund.

– Guten Tag, Stephen, sagte der Professor, kam herüber und

lugte ihm über die Schulter. Maul und Klauen? Sie sind doch nicht etwa ...?
Ochsenfreundlicher Barde.

Aufruhr in bekanntem Restaurant

– Guten Tag, Sir, antwortete Stephen, errötend. Der Brief ist nicht von mir. Mr. Garrett Deasy bat mich, ihn ...
– Oh, den kenne ich, sagte Myles Crawford, und seine Frau desgleichen. Das gräßlichste alte Reff, das Gott je erschaffen hat. Bei Jesus, die hat die Maul- und Klauenseuche gehabt, daran ist kein Zweifel! Der Abend damals, wie sie im Star and Garter dem Ober die Suppe ins Gesicht schmiß, Manometer!
Durch ein Weib kam die Sünde in die Welt. Um Helena, die entlaufene Frau des Menelaos, führten die Griechen zehn Jahre lang. O'Rourke, Fürst von Breffni.
– Ist er Witwer? fragte Stephen.
– Ja, Strohwitwer, sagte Myles Crawford, mit den Augen über das Maschinenskript huschend. Die kaiserlichen Pferde. Habsburg. Ein Ire hat ihm das Leben gerettet auf den Wällen von Wien. Vergeßt das nicht! Maximilian Karl O'Donnell, Graf von Tirconnel in Irland. Hat jetzt noch seinen Erben rübergeschickt, um den König zum österreichischen Feldmarschall zu machen. Eines Tages wird dort noch Unheil. Wildgänse. Oh ja, jederzeit. Vergeßt das nicht!
– Der springende Punkt ist bloß, ob der da drüben das nicht vergessen hat, sagte J. J. O'Molloy und fingerte an einem Briefbeschwerer-Hufeisen. Fürstenrettung ist ein undankbar Geschäft.
Professor MacHugh wandte sich ihm zu.
– Und wenn er's nun wirklich noch nicht hat? sagte er.
– Ich will euch erzählen, wie das war, begann Myles Crawford. Einst, als es noch ungarisch ...

Verlorene Sache
Edler Marquis erwähnt

– Wir sind immer der verlorenen Sache treu gewesen, sagte der Professor. Erfolg bedeutet für uns den Tod von Intellekt und Phantasie. Den Erfolgreichen waren wir niemals treu. Wir dienen ihnen nur. Ich lehre Latein, die blökende Sprache. Ich spreche die Zunge einer Rasse, deren Mentalität in der Maxime gipfelt: Zeit ist Geld. Dominieren des Materiellen. *Dominus!* Lord! Wo ist die Geistigkeit? Lord Jesus! Lord Salisbury. Ein Sofa in einem Westend Club. Aber das Griechische!

Kyrie eleison!

Ein Lächeln des Lichts erhellte seine dunkelumrandeten Augen, längte seine langen Lippen.
– Das Griechische! sagte er noch einmal. *Kyrios!* Leuchtendes Wort! Die Vokale, von denen der Semit und der Engländer keine Ahnung haben. *Kyrie!* Die Ausstrahlung des Intellekts. Ich sollte Griechisch dozieren, die Sprache des Geistes. *Kyrie eleison!* Die Klosett- und Kloakenmacher werden niemals Herren unseres Geistes sein. Wir sind treu untertan der katholischen Ritterschaft Europas, die bei Trafalgar scheiterte, treu untertan dem Reich des Geistes, keinem *imperium*, das mit den athenischen Flotten bei Aigospotamoi unterging. Ja, ja. Es ist untergegangen. Pyrrhus machte, irregeführt von einem Orakel, einen letzten Versuch, Griechenlands Glück wiederherzustellen. Treu einer verlorenen Sache.
Er trat von ihnen weg zum Fenster.
– Sie zogen in die Schlacht, sagte Mr. O'Madden Burke grau, doch immer sind sie gefallen.
– Buhuhuhuhu! weinte Lenehan mit leisem Schnaufen. Durch einen Ziegelstein, den er in der zweiten Hälfte der *matinée* verpaßt kriegte. Armer, armer, armer Pyrrhus!
Dann näherte er sich Stephens Ohr und flüsterte:

Lenehans Limerick

MacHugh, der Gelehrsamkeit Licht,
Hat sich finster bebrillt sein Gesicht.
Doch er sieht ja sowieso
Meistens doppelt, also wo
Sitzt der Witz hier? Seht i h r ihn? Ich nicht.

Aus Trauer um Sallust, sagt Mulligan. Dessen Mutter dreckig verreckt ist.

Myles Crawford stopfte sich die Blätter in eine seiner Seitentaschen.

– Also das geht in Ordnung, sagte er. Ich lese den Rest dann später. Geht jedenfalls in Ordnung.

Lenehan breitete protestierend die Hände aus.

– Aber mein Rätsel! sagte er. Welche Oper gleicht einer Eisenbahnlinie?

– Oper? rückrätselte Mr. O'Madden Burkes Sphinxgesicht.

Lenehan verkündete vergnügt:

– Die *Rose of Castille.* Nicht kapiert? *Rows of cast steel.* Na?

Er stieß Mr. O'Madden Burke sanft in die Milz. Mr. O'Madden Burke sackte gekonnt auf seinen Regenschirm und markierte Atemnot.

– Hilfe! seufzte er. Ich fühle eine starke Schwäche.

Lenehan stellte sich auf die Zehenspitzen und fächelte ihm geschwind mit den raschelnden Fahnen das Gesicht.

Der Professor kam vom Fenster zurück, vorüber an den Aktenheftern, und fegte dabei mit der Hand über Stephens und Mr. O'Madden Burkes lose Schlipse.

– Paris, einst und jetzt, sagte er. Ihr seht aus wie die reinsten Kommunarden.

– Wie Kerls, die grad die Bastille in die Luft gesprengt haben, sagte J. J. O'Molloy mit ruhigem Spötteln. Oder habt ihr beiden etwa den Generalgouverneur von Finnland erschossen? Ihr seht jedenfalls ganz so aus, als hättet ihr's getan. General Bobrikow.

De omnibus zusammis

– Wir hatten's nur in Erwägung gezogen, sagte Stephen.
– Die gesamte Intelligenz, sagte Myles Crawford. Die Jurisprudenz, die klassische Philologie . . .
– Der Rennsport, warf Lenehan ein.
– Literatur, Presse.
– Wenn Bloom hier wäre, sagte der Professor. Die edle Kunst der Reklame.
– Und Madame Bloom, fügte Mr. O'Madden Burke hinzu. Die Muse des Gesanges. Dublins erste Favoritin.
Lenehan gab ein lautes Husten von sich.
– Ähem, sagte er sehr leise. Ah, bloß ein frischchen bisse Luft! Ich hab eine Erkältung erwischt im Park. Das Tor stand offen.

Sie können das!

Der Chefredakteur legte Stephen eine nervöse Hand auf die Schulter.
– Ich möchte, daß Sie mal was für mich schreiben, sagte er. Etwas Gepfeffertes. Sie können das. Ich seh's in Ihrem Gesicht. *Im Lexikon der Jugend steht . . .*
Seh's in deinem Gesicht. Seh's in deinen Augen. Fauler müßiger kleiner Drückeberger.
– Die Maul- und Klauenseuche! schrie der Chefredakteur in beleidigendem Hohn. Großes Nationalisten-Treffen in Borris-in-Ossory! So ein Quatsch! Die Öffentlichkeit verarschen heißt das! Geben Sie ihnen Pfeffer! Bringen Sie uns alle mit rein, verdammt und zugenäht! Vater, Sohn und Heilgen Geist, die ganze Blasmusik!
– Wir können geistige Schützenhilfe leisten, sagte Mr. O'Madden Burke.
Stephen hob die Augen zum markanten achtlosen Blick des anderen.
– Er will Sie mit aller Gewalt zur Presse pressen, sagte J. J. O'Molloy.

– Sie können das, wiederholte Myles Crawford und ballte emphatisch die Hand. Warten Sie mal. Wir werden Europa paralysieren, wie Ignatius Gallaher immer sagte, als er noch in den Bummeljahren war und im Clarence den Billardmarkeur machte. Gallaher, das war ein Pressemann! Der schrieb eine Feder! Wissen Sie, wie er sich seinen Namen gemacht hat? Ich will's Ihnen erzählen. Das war das schneidigste Stück Journalismus, was es je gegeben hat. War damals anno einundachtzig, am sechsten Mai, Zeit der Invincibles, Mord im Phoenix Park, noch vor Ihrer Geburt, nehme ich an. Ich werd's Ihnen zeigen.

Er schob sie beiseite und eilte zu den Aktenheftern.

– Hier, sehen Sie, sagte er, sich umwendend. Die *New York World* kabelte um einen Sonderbericht. Erinnert ihr euch noch an die Zeit?

Professor MacHugh nickte.

– Die *New York World*, sagte der Chefredakteur und schob erregt seinen Strohhut zurück. Hier, wo die Sache stattfand. Tim Kelly, oder Kavanagh vielmehr, meine ich, Joe Brady und der ganze restliche Verein. Wo Skin-the-Goat den Wagen fuhr. Den ganzen Weg, seht ihr?

– Skin-the-Goat, sagte Mr. O'Madden Burke. Fitzharris. Er soll jetzt doch diese Kutscherkneipe haben, unten an der Butt Bridge. Hat mir Holohan erzählt. Kennen Sie Holohan?

– Hopp und du bist dran, was? sagte Myles Crawford.

– Und der arme Gumley ist ebenfalls da unten, hat er mir erzählt, paßt auf, daß keiner dem Staat da die Steine klaut. Nachtwächter.

Stephen wandte sich voll Überraschung um.

– Gumley? fragte er. Was Sie sagen! Das ist doch ein Freund meines Vaters, nicht wahr?

– Ach, lassen Sie doch Gumley, schrie Myles Crawford ärgerlich. Soll er seine Steine bewachen und sehn, daß sie ihm nicht weglaufen. Passen Sie lieber hier auf. Also, was machte

Ignatius Gallaher? Ich werd's Ihnen erzählen. Genialer Einfall. Kabelte blitzschnell zurück. Haben Sie den *Weekly Freeman* vom 17. März? Gut, sind Sie mitgekommen?
Er warf die Seiten der Hefter vor sich her und fuhr dann mit dem Finger auf eine Stelle.
– Nehmen Sie Seite vier, sagen wir, die Annonce für Bransome's Kaffee. Haben Sie das? Gut.
Das Telefon schwirrte.

Eine ferne Stimme

– Ich geh dran, sagte der Professor und ging.
– B ist das Parktor. Gut.
Sein Finger sprang und fuhr zitternd von Punkt zu Punkt.
– T ist der Vizekönigliche Palast. C ist der Tatort. K das Knockmaroon-Tor.
Das schlaffe Fleisch seines Nackens schütterte wie Hahnenbart. Ein schlechtgestärktes Vorhemd schob sich in die Höhe, und mit einer rohen Bewegung stopfte er es zurück in die Weste.
– Hallo? Hier der *Evening Telegraph*... Hallo? ... Wer ist dort? ... Ja ... Ja ... Ja ...
– F bis P ist die Strecke, die Skin-the-Goat mit dem Wagen fuhr, um ein Alibi zu schaffen. Inchicore, Roundtown, Windy Arbour, Palmerston Park, Ranelagh. F. A. B. P. Haben Sie das? X ist Davy's Kneipe an der Upper Leeson Street.
Der Professor erschien in der inneren Tür.
– Bloom ist am Apparat, sagte er.
– Sagen Sie ihm, er soll sich aufhängen, fuhr ihn der Chefredakteur an. X ist Burke's Kneipe, sehn Sie?

Schlau, sehr

– Schlau, sagte Lenehan. Sehr.
– Hat ihnen alles brühwarm serviert, sagte Myles Crawford, die ganze blutige Geschichte.

Albtraum, aus dem du nie mehr erwachst.
– Ich hab's gesehen, sagte der Chefredakteur stolz. Ich war dabei, Dick Adams, der verdammtnochmal gutherzigste Kerl von ganz Cork, dem Gott der Herr je den Lebensodem einblies, und ich.
Lenehan verbeugte sich vor einer Gestalt aus Luft und verkündete:
– *Madam, I'm Adam. And Able was I ere I saw Elba.*
– Geschichte! schrie Myles Crawford. Das Alte Weib aus der Prince's Street war zuerst da. Großes Heulen und Zähneknirschen deswegen. Aus einer Annonce. Gregor Grey lieferte den Entwurf. Das brachte ihn auf die Beine. Dann wurde Tay Pay von Paddy Hooper bearbeitet, und Tay Pay nahm ihn rüber zum *Star*. Jetzt sitzt er beim Blumenfeld ganz dick drin. Das ist die Presse. Das ist Talent. Pyatt! Er war ihrer aller Väterchen.
– Der Vater des Horror-Journalismus, bekräftigte Lenehan, und der Schwager von Chris Callinan.
– Hallo? ... Hören Sie? ... Ja, ist noch hier. Kommen Sie doch selber rüber.
– Wo findet man heute noch so einen Pressemann, he? schrie der Chefredakteur. Er warf die Seiten hin.
– Verschlammt dau, sagte Lenehan zu Mr. O'Madden Burke.
– Sehr gescheit, sagte Mr. O'Madden Burke.
Professor MacHugh kam aus dem inneren Büro.
– Da wir gerade von den Invincibles sprachen, sagte er, habt ihr gesehen, daß ein paar Hausierer vor den Obersten Kriminalrichter gekommen sind ...
– Ah, ja, sagte J. J. O'Molloy eifrig. Lady Dudley war grad auf dem Heimweg durch den Park, um sich all die Bäume anzusehn, die der Wirbelsturm umgeblasen hat letztes Jahr, und da kam ihr der Gedanke, sie könnte sich doch eine Ansichtskarte von Dublin kaufen. Und als sie das getan hatte, sieh an, da war's eine Erinnerungspostkarte an Joe Brady oder Number One oder Skin-the-Goat. Und das direkt unter

den Fenstern des Vizeköniglichen Palasts, stellt euch das vor!
– Ach, das sind doch kleine Fische, bloß fürs Gewerbe-Dezernat, sagte Myles Crawford. Pah! Die Presse und das Gericht! Wo habt ihr heute noch einen Mann an den Schranken wie die Jungens damals, wie Whiteside, wie Isaac Butt, wie der silberzüngige O'Hagan? He? Ah, so ein verdammter Unsinn! Alles bloß noch kleinkariert!
Sein Mund fuhr fort, sich zu krümmen, sprachlos, in nervösen Zuckungen des Abscheus.
Ob es wohl eine gibt, die sich diesen Mund wünschen möchte, diesen Mund ihrem Kuß? Wie willst du das wissen? Warum schriebst du's dann?

Reime und Sinn

Mund, Schlund. Hat der Mund denn irgendwas mit Schlund zu tun? Oder ein Schlund irgendwas mit Mund? Muß doch wohl. Schlund, rund, Schrund, wund, Spund. Reime: zwei Menschen, gleich gekleidet, gleich aussehend, zwei und zwei.

. . . . *la tua pace*
. . . . *che parlar ti piace*
. . . . *mentrechè il vento, come fa, si tace.*

Er sah sie zu drei- und dreien, nahende Mädchen, in Grün, in Rosa, in Rötlichbraun, verschmelzend, *per l'aer perso* in Malvenrot, in Purpur, *quella pacifica oriafiamma,* in oriflammenem Gold, *di rimirar fe piu ardenti.* Aber ich alte Männer, bleifüßig, büßend, dunkelgebückt unter Nacht: Mund Schlund: Schoß bloß: Schluft Gruft.
– Jetzt sind Sie dran, verteidigen Sie sich, sagte Mr. O'Madden Burke.

Es ist genug, daß ein jeglicher Tag ...

J. J. O'Molloy nahm, bleich lächelnd, den Fehdehandschuh auf.

– Mein lieber Myles, sagte er und schleuderte seine Zigarette beiseite, Sie legen meine Worte gänzlich falsch aus. Ich vertrete hier gar nicht, wie soeben unterstellt, die Sache des dritten Berufes als solche, sondern mit Ihnen gehen Ihre Cork-Beine durch. Warum nicht gleich Henry Grattan und Flood anführen, Demosthenes und Edmund Burke? Ignatius Gallaher kennen wir alle, und ebenfalls seinen Boß von Chapelizod, Harmsworth von der Groschenpresse, und seinen amerikanischen Vetter vom Bowery-Gossenblatt, gar nicht zu reden von *Paddy Kelly's Budget*, *Pue's Occurrences* und unserm wachsamen Freund *The Skibereen Eagle*. Warum einen Meister der forensischen Beredsamkeit wie Whiteside nennen? Es ist genug, daß ein jeglicher Tag seine eigene Zeitung habe.

Bindeglieder zu langvergangenen Tagen

– Grattan und Flood haben ja für eben diese Zeitung geschrieben, schrie ihm der Chefredakteur ins Gesicht. Irische Freiwillige. Was sagen Sie jetzt? Gegründet 1763. Dr. Lucas. Wo haben Sie heute noch einen John Philpot Curran? Pah!
– Nun, sagte J. J. O'Molloy, da wäre Bushe K. C. zum Beispiel.
– Bushe? sagte der Chefredakteur. Nun, ja. Bushe, ja. Der hat noch was im Blut davon. Kendal Bushe oder vielmehr Seymour Bushe.
– Er säße längst schon auf der Richterbank, sagte der Professor, wenn nicht ... Aber lassen wir das.
J. J. O'Molloy wandte sich zu Stephen und sagte ruhig und langsam:
– Eine der wohlgeschliffensten Perioden, die ich in meinem Leben je vernahm, kam aus dem Mund von Seymour Bushe. Es war bei Gelegenheit dieser Brudermordsache damals, der Childs-Mordfall. Bushe verteidigte ihn.

Und träufelt' in den Eingang meines Ohrs ...

Wie hat er das übrigens herausgekriegt? Er starb doch im Schlaf. Oder die andere Geschichte, das Tier mit den zwei Rücken?
– Und wie ging sie? fragte der Professor.

Italia, magistra artium

– Er sprach über das Beweisverfahren der römischen Rechtsprechung, sagte J. J. O'Molloy, und stellte diese dem früheren mosaischen Gesetz gegenüber, der *lex talionis.* Und er zitierte den Moses des Michelangelo im Vatikan.
– Ha.
– Einige wohlgewählte Worte, introduzierte Lenehan. Silentium!
Pause. J. J. O'Molloy zog sein Zigarettenetui.
Ruhe vor dem Sturm. Was ganz Banales.
Der Vorbote zog gedankenvoll seine Streichholzschachtel und zündete sich seine Zigarre an.
Es ist mir seither, wenn ich zurückblicke auf jene seltsame Zeit, oft der Gedanke gekommen, daß es diese kleine, an sich triviale Handlung war, dieses Anreißen des Streichholzes, was den gesamten späteren Verlauf von unser beider Leben bestimmte.

Eine geschliffene Periode

J. J. O'Molloy fuhr fort, die Worte wägend und formend:
– Er sagte darüber: *Jenes steinerne Bildnis in erstarrter Musik, gehörnt und schrecklich. Abbild des Göttlichen der Menschengestalt, jenes ewige Symbol der Weisheit und Prophetie, welches, wenn überhaupt nur etwas, was Bildnergeist und Bildnerhand in Marmor schuf, Seelenverklärtes und Seelenverklärendes, zu leben verdient, zu leben verdient.*

Seine schlanke Hand begleitete anmutsvoll mit einer Wellenbewegung Echo und Kadenz.
– Schön! sagte Myles Crawford sogleich.
– Der göttliche Afflatus, sagte Mr. O'Madden Burke.
– Gefällt's Ihnen? wurde Stephen von J. J. O'Molloy gefragt.
Stephen, bis ins Blut bezaubert von der Anmut der Sprache und der Geste, errötete. Er nahm eine Zigarette aus dem Etui. J. J. O'Molloy bot sein Etui Myles Crawford an. Lenehan gab ihnen wie vorher Feuer und nahm seine Trophäe mit den Worten entgegen:
– Vielibus Dankibus.

Ein Mann von hoher Moral

– Professor Magennis hat mit mir über Sie gesprochen, sagte J. J. O'Molloy zu Stephen. Was halten Sie denn nun eigentlich wirklich von dieser hermetischen Clique, den opalstillen Dichtern: A. E., dem Meistermystiker? Diese Blavatsky, die hat mit dem Zeug angefangen. War ganz schön raffiniert, die alte Ziege. A. E. hat einem Yankee-Interviewer erzählt, Sie wären einmal in den frühen Morgenstunden zu ihm gekommen, um ihn über Bewußtseinsschichten auszufragen. Magennis meint, damit könnten Sie A. E. doch nur auf den Arm genommen haben. Er ist ein Mann von allerhöchster Moral, Magennis.
Über mich gesprochen. Was hat er gesagt? Was hat er gesagt? Was hat er nur über mich gesagt? Nicht fragen.
– Nein, danke, sagte Professor MacHugh, das Zigarettenetui zurseite winkend. Augenblick mal. Eins möchte ich doch sagen. Das schönste Beispiel oratorischer Kunst, das ich je vernahm, war eine Rede, die John F. Taylor vor der College Historical Society hielt. Richter Fitzgibbon, der jetzige Lord Oberrichter am Appellationsgericht, hatte gesprochen, und das zur Debatte stehende Thema war ein Essay (neu für jene

Tage), der für die Wiederbelebung der irischen Sprache eintrat.

Er wandte sich zu Myles Crawford und sagte:

– Sie kennen ja Gerald Fitzgibbon. Also können Sie sich auch den Stil vorstellen, in dem er sich verbreitete.

– Er sitzt mit Tim Healy, sagte J. J. O'Molloy, so geht das Gerücht, in der Trinity College Estates Commission.

– Er sitzt bei einem süßen Ding im Kinderkleidchen, sagte Myles Crawford. Weiter. Was also?

– Es war die Rede, wohlgemerkt, sagte der Professor, eines vollendeten Rhetors, voll höflicher Überheblichkeit, und er ergoß in zuchtvoller Diktion, ich will nicht sagen die Schalen seines Zorns, doch aber des stolzen Mannes Hohn über die neue Bewegung. Sie war nämlich damals noch neu, diese Bewegung. Wir waren schwach, darum nichts wert.

Er schloß die langen dünnen Lippen für einen Augenblick, doch voll Eifer, im Mittelpunkt zu stehen, hob er eine gespreizte Hand zur Brille, und indem er mit zitterndem Daumen und Ringfinger leicht die schwarze Einfassung berührte, richtete er sie auf einen neuen Fokus ein.

Impromptu

In prosaischem Ton wandte er sich an J. J. O'Molloy:

– Taylor war, müssen Sie wissen, von einem Krankenlager dort hingekommen. Daß er seine Rede vorbereitet hatte, glaube ich nicht, denn es war nicht einmal ein einziger Stenograph im Saal. Sein dunkles hageres Gesicht war von einem zottigen Bart umwachsen. Er trug ein lockeres Halstuch, und insgesamt sah er (obwohl er's nicht war) wie ein Sterbender aus.

Er wandte den Blick nun jäh, wenn auch langsam, von J. J. O'Molloys Gesicht dem Stephens zu und senkte ihn dann jäh zu Boden, suchend. Sein ungeglänzter Leinenkragen erschien

hinter seinem gebeugten Kopf, verschmutzt von seinem welkenden Haar. Immer noch suchend, sagte er:
– Als Fitzgibbons Rede geendet hatte, erhob sich John F. Taylor, um darauf zu antworten. Soweit ich sie noch zusammenbringe, waren seine Worte kurz die folgenden.
Er hob entschlossen den Kopf. Seine Augen bedachten sich ein weiteresmal. Geistloses Schalengetier schwamm in den großen Linsen hin und her, einen Ausweg suchend.
Er begann:
– *Herr Präsident, meine Damen und Herren: Mit großer Bewunderung habe ich den Worten gelauscht, welche soeben von meinem verehrten Herrn Kollegen an die Jugend Irlands gerichtet wurden. Es war mir dabei, als sei ich in ein Land versetzt worden, weit fern dem unseren, in eine Zeit, weit fern von unsrer Zeit, als stünde ich auf einmal im alten Ägypten und lauschte der Rede eines Hohenpriesters jenes Landes, der zum noch jugendlichen Moses sprach.*
Seine Zuhörer hielten ihre Zigaretten in schwebender Ruhe, um zu lauschen, und der Rauch stieg in fragilen Stengeln empor, die Blüten trieben mit seiner Rede. *Es wirble Rauch empor* ... Jetzt kommen noble Worte. Paß nur auf. Könntest du wohl selbst die Hand daran versuchen?
– *Und es war mir, als hörte ich die Stimme jenes ägyptischen Hohenpriesters und klänge darin ein wohlgemuter Ton aus Überheblichkeit gleichwie Stolz. Ich hörte seine Worte, und ihr Sinn, er ward mir offenbar.*

Von den Vätern

Es ward mir offenbar, daß gut sind jene Dinge, welche doch verderbt sind, welche weder wenn sie vollkommen gut, noch ohne daß sie's wären, könnten verderbt werden. Ah, verflixt! Das ist der heilige Augustin.
– *Warum wollt ihr Juden nicht annehmen unsre Kultur,*

unsre Religion und unsre Sprache? Ihr seid ein Stamm von Hirten, von Nomaden; wir aber sind ein mächtig Volk. Ihr habt nicht Städte noch Reichtum: unsre Städte aber sind Bienenstöcke der Menschenart, und unsre Galeeren, Triremen und Quadriremen, beladen mit aller Art Handelsgut, furchen die Wasser der bekannten Welt. Ihr seid nur eben aufgetaucht erst aus den Urzuständen des Lebens: wir aber haben eine Literatur, eine Priesterschaft, eine äonenalte Geschichte und eine Verfassung.
Der Nil.
Kind, Mann, Bildnis.
Am Nilufer knien die eingeborenen Weiber, Wiege aus Binsen: ein Mann, geschmeidig im Kampf: steingehörnt, steinbebartet, Herz von Stein.
– *Ihr betet zu einer finster unbekannten Lokalgottheit: unsere Tempel jedoch, voll Majestät und Geheimnis, sind Wohnungen von Isis und Osiris, von Horus und Ammon Ra. Euer sind Leibeigenschaft, Grauen und Niedrigkeit: unser aber der Donner und die Meere. Israel ist schwach, und wenig sind seiner Kinder: Ägypten aber ist ein Kriegsheer, und schrecklich sind seine Waffen. Landstreicher und Tagelöhner nennt man euch: bei unserm Namen aber erzittert die Welt.*
Ein stummes Hungerrülpsen zerriß seine Rede. Er hob die Stimme kühn darüber weg:
– *Aber, meine Damen und Herren, hätte der jugendliche Moses dieser Lebensauffassung Gehör geschenkt und wäre er ihr gefolgt, hätte er das Haupt gebeugt und den Willen und seinen Geist vor dieser anmaßlichen Ermahnung, niemalen wäre er dem auserwählten Volke Führer geworden aus dem Hause der Knechtschaft noch gefolgt der Wolkensäule bei Tag. Nie hätte er inmitten von Blitzen Zwiesprache gepflogen mit dem Ewigen auf Sinais Gipfel, noch wäre er herniedergekommen wieder, leuchtend auf seinem Angesicht das Licht der Inspiration und in den Armen die Gesetzestafeln, gemeißelt in der Sprache der Geächteten.*
Er hielt inne und blickte sie an, die Stille genießend.

Ominös — für ihn!

J. J. O'Molloy sagte nicht ohne Bedauern:

– Und doch starb er, ohne das gelobte Land betreten zu haben.

– Ein – im – Moment – durchaus – jählich – eingetretenes – obschon – aufgrund – bereits – länger – dauernder – Krankheit – nicht – ganz – unexpektoriertes – Ableben, sagte Lenehan. Und mit einer großen Zukunft hinter sich.

Wieder hörte man den Trupp der Barfüße den Flur entlangpreschen und die Treppe hinauftappen.

– Das ist Rhetorik, sagte der Professor, unwidersprochen.

Verweht mit dem Wind. Heere bei Mullaghmast und dem Tara der Könige. Meilen von Ohren von Eingängen. Des Tribunen Worte, geheult und zerflattert in alle vier Winde. Ein Volk, das Zuflucht fand in einer Stimme. Toter Schall. Akascha-Chronik von allem, was irgendwo wo immer war. Liebet und lobet ihn: mich nimmermehr.

Ich habe Geld.

– Gentlemen, sagte Stephen. Als nächsten Punkt der Tagesordnung darf ich nunmehr vielleicht die Vertagung des Hauses anregen.

– Sie verschlagen mir den Atem! Oder war das etwa als französisches Kompliment gemeint? fragte Mr. O'Madden Burke. Dies ist, so will mich bedünken, die Stunde, da der Weinkrug, metaphorisch gesprochen, seine dankbarste Wirkung entfaltet in unsrer alten Klerisei.

– So sei es denn, dem Antrag wird hiermit nachdrücklich stattgegeben. Wer dafür ist, hebt die Hand, verkündete Lenehan. Irgendwelche Gegenstimmen? Ich erkläre ihn für durchgekommen. In welche spezielle Schnapsdestille soll's gehen? … Mein ausschlaggebendes Votum lautet: Mooney's!

Er ging voraus, dabei mahnend:

– Wir wollen uns jedoch standhaft weigern, etwelchen starken Wässern zuzusprechen, nicht wahr? Ja, das darf nicht wahr sein. Unter gar keinen Umständen.

Mr. O'Madden Burke, der ihm auf dem Fuße folgte, sagte mit einem einvernehmlichen Stoß seines Regenschirms:
– Nun magst dich wahren, Macduff!
– Ein Apfel, nicht weit vom Stamm gefallen! schrie der Chefredakteur und schlug Stephen auf die Schulter. Gehn wir. Wo sind denn bloß die vermaledeiten Schlüssel?
Er fummelte in seiner Tasche und zog das zerknitterte Typoskript hervor.
– Maul und Klauen. Ich weiß. Das geht in Ordnung. Nehmen wir rein. Wo sind denn bloß die Dinger? Geht in Ordnung.
Er stopfte die Blätter zurück und ging in das innere Büro.

Lasset uns hoffen

J. J. O'Molloy, im Begriff ihm zu folgen, sagte ruhig zu Stephen:
– Ich hoffe, Sie erleben den Abdruck noch. Myles, einen Moment!
Er ging in das innere Büro und schloß die Tür hinter sich.
– Kommen Sie, Stephen, sagte der Professor. Das ist fein, was? Es hat etwas von prophetischer Vision an sich. *Fuit Ilium!* Die Zerstörung des windigen Troja. Königreiche dieser Welt. Die Herren des Mittelmeers sind heute Fellachen.
Der erste Zeitungsjunge kam die Treppe heruntergeklappert, ihnen dicht auf den Fersen, und fegte auf die Straße hinaus, brüllend:
– Rennbericht! Extrablatt!
Dublin. Ich habe noch viel, viel zu lernen.
Sie wandten sich links, gingen die Abbey Street entlang.
– Ich habe ebenfalls eine Vision, sagte Stephen.
– Ah ja? sagte der Professor, während er allerlei Hopser machte, um in Gleichschritt zu kommen. Crawford folgt gleich nach.

Ein weiterer Zeitungsjunge schoß an ihnen vorüber, im Jagen gellend:
– Rennbericht! Extrablatt!

Lieb dreckig Dublin

Dubliner.
– Zwei Dubliner Vestalinnen, sagte Stephen, ältlich und fromm, haben fünfzig und dreiundfünfzig Jahre in der Fumbally's Lane gewohnt.
– Wo ist denn die? fragte der Professor.
– Von der Blackpitts ab.
Feuchtige Nacht, Rüche von Hungermief. Dicht an der Mauer. Das Gesicht glimmleuchtender Talg unter dem Barchentschal. Rasende Herzen. Akascha-Chronik. Sssneller, Sssatz!
Los doch. Wag's. Es werde Leben.
– Ja, und da wollen sie nun Dublin einmal oben von der Nelson-Säule aus sehen. Sie sparen sich drei Schilling zehn in einer roten blechernen Briefkasten-Sparbüchse zusammen. Die Dreipennystücke und einen Sixpence schütteln sie heraus, und die Pennys werden mit einer Messerklinge hervorgelockt. Zwo-drei in Silber und eins-sieben in Kupfer. Nun legen sie ihre besten Kleider und Hauben an und nehmen ihre Regenschirme, denn es könnte ja unterwegs zu regnen anfangen.
– Kluge Jungfrauen, sagte Professor MacHugh.

Aus dem Leben gegriffen

– Sie kaufen nun für eins-vier Schweinesülze und vier Scheiben Fladenbrot in der Nordstädtischen Speisewirtschaft, Marlborough Street, bei Inhaberin Miss Kate Collins . . . Sie erstehen vierundzwanzig reife Pflaumen bei einem Mädchen am Fuß der Nelson-Säule, um damit den Durst nach der Schweinesülze zu stillen. Sie geben dem Herrn am Drehkreuz zwei Dreipennystücke und beginnen langsam die Wendeltreppe hinaufzuwatscheln, stöhnend, einander ermutigend, ängstlich im Dunkel, schnaufend, eine die andere fragend, hast du auch die Sülze, Gott lobend und die Heilige Jungfrau, drohend, wieder runterzugehen, vorsichtig durch die Luftschlitze spähend. Ehre sei Gott. Sie hatten ja keine Ahnung gehabt, daß es derart hoch war.

Sie heißen Anne Kearns und Florence MacCabe. Anne Kearns hat den Hexenschuß, wogegen sie sich mit Lourdes-Wasser einreibt, Geschenk einer Dame, die eine Flasche voll von einem Passionisten-Pater erhielt. Florence MacCabe nimmt jeden Samstag einen Schweinsfuß und eine Flasche Doppel-X zum Abendessen zu sich.

– Eine Antithese, sagte der Professor, zweimal nickend. Vestalische Jungfrauen. Ich sehe sie vor mir. Was mag nur wieder unsern Freund aufhalten?

Er wandte sich um.

Ein Rudel stiebender Zeitungsjungen stürmte die Stufen herunter und fuhr nach allen Richtungen auseinander, gellend, die weißen Zeitungen flatternd unter dem Arm. Ihnen unmittelbar auf den Fersen erschien Myles Crawford auf der Treppe, den Hut wie eine Aureole über dem scharlachroten Gesicht, im Gespräch mit J. J. O'Molloy.

– Kommen Sie schon, schrie der Professor, mit dem Arm winkend.

Er setzte sich wieder in Bewegung, um an Stephens Seite weiterzugehen.

Rückkehr Blooms

– Ja, sagte er. Ich sehe sie vor mir.

Mr. Bloom, völlig außer Atem, nahe den Büros des *Irish Catholic* und des *Dublin Penny Journal* in einen Strudel wilder Zeitungsjungen geraten, rief:

– Mr. Crawford! Einen Moment!

– *Telegraph!* Extrablatt mit Rennbericht!
– Was ist denn? sagte Myles Crawford und blieb einen Schritt zurück.
Ein Zeitungsjunge schrie Mr. Bloom ins Gesicht:
– Furchtbare Tragödie in Rathmines! Kind von einem Blasebalg gebissen!

Interview mit dem Chefredakteur

– Es ist bloß wegen der Annonce, sagte Mr. Bloom, indem er sich mit kräftigen Knüffen zur Treppe vorarbeitete, schnaufend, und den Ausschnitt aus der Tasche zog. Ich habe grad mit Mr. Keyes gesprochen. Er will auf zwei Monate erneuern, sagt er. Dann wartet er erstmal ab. Aber er möchte auch einen kleinen Artikel im *Telegraph*, in der rosa Samstags-Ausgabe. Und er will die Sache, wenn's noch nicht zu spät dafür ist, wie ich Stadtrat Nannetti schon gesagt habe, so wie im *Kilkenny People.* Das kann ich in der National-Bibliothek einsehen. Haus der Schlüssel, verstehn Sie? Er heißt doch Keyes. Das ist ein Wortspiel mit seinem Namen. Aber daß er erneuern will, hat er praktisch schon versprochen. Er möchte nur einen kleinen Aufreißer dazu. Was soll ich ihm sagen, Mr. Crawford?

L. m. i. A.

– Ach, richten Sie ihm doch aus, er kann mich im Arsch lekken, sagte Myles Crawford, indem er, seinen Worten Nachdruck zu geben, den Arm ausstreckte. Und das sagen Sie ihm bitte stallfrisch, ja?
Ein bißchen nervös. Paß auf, daß es kein Unwetter gibt. Alle unterwegs zu einem Rundzug durch die Gemeinde. Arm in Arm. Lenehans Jachtkappe da drüben auf Schnorrtour. Die üblichen windigen Redensarten. Möchte wohl wissen, ob dieser junge Dedalus da die treibende Kraft ist. Hat ein gutes

Paar Stiefel an heute. Letztesmal, wie ich ihn sah, guckten ihm die Fersen raus. Ist irgendwo durch Schmodder gegangen. Sorgloser Bursche. Was hat der bloß in Irishtown gemacht?
– Nun, sagte Mr. Bloom, die Augen wieder wendend, wenn ich die Vorlage bekomme, denke ich doch, daß die Sache einen kurzen Werbeartikel wert ist. Ich glaube bestimmt, daß er uns den Auftrag gibt. Ich werde ihm sagen ...

L. m. i. m. k. i. A.

– Er kann mich in meinem königlich irischen Arsch lecken, schrie Myles Crawford laut über die Schulter zurück. Jederzeit, wo's ihm paßt, sagen Sie ihm das.
Während Mr. Bloom noch dastand, den delikaten Punkt erwägend und eben im Begriff zu lächeln, schritt er ruckig weiter.

Geld auftreiben

– *Nulla bona*, Jack, sagte er, die Hand zum Kinn hebend. Mir steht das Wasser bis hier. Ich bin selber völlig pleite. Erst letzte Woche noch hab ich mir die Hacken abgelaufen nach einem Burschen, der mir einen Wechsel gegenzeichnen würde. Sie müssen den guten Willen für die Tat nehmen. Tut mir leid, Jack. Von anderthalb Herzen gern, wenn ich das Geld nur irgendwie auftreiben könnte.
J. J. O'Molloy zog ein langes Gesicht und ging schweigend weiter. Sie holten die andern ein und gingen Seite an Seite.
– Und wie sie dann die Schweinesülze und das Brot gegessen und sich die sämtlichen zwanzig Finger abgewischt haben an dem Papier, wo das Brot drin eingewickelt war, treten sie näher an das Geländer.
– Das ist was für Sie, sagte der Professor erklärend zu Myles Crawford. Zwei alte Dublinerinnen oben auf der Nelson-Säule.

Meine Güte, so eine Säule! sagte Watschelente Nummer Eins

– Das ist mal was Neues, sagte Myles Crawford. Das ist druckreif. Wenn der Hund mit der Wurst übern Eckstein springt. Zwei olle Zicken, was?
– Aber sie haben Bange, die Säule könnte umstürzen, fuhr Stephen fort. Sie sehen die Dächer und geraten in Streit darüber, wo die verschiedenen Kirchen liegen: Rathmines' blauer Dom, Adam and Eve, St. Laurence O'Toole. Aber es macht sie ganz schwindlig, da hinunterzusehen, und so heben sie die Röcke ...

Diese leicht überkandidelten Weiber

– Halt, alle Ruder still! sagte Myles Crawford, keine dichterischen Freiheiten bitte! Wir sind hier in der Erzdiözese.
– Und lassen sich auf ihren gestreiften Unterröcken nieder und stieren hinauf zur Statue des einhenkligen Ehebrechers.
– Einhenkliger Ehebrecher! schrie der Professor. Das gefällt mir. Ich sehe die Idee. Ich sehe, was Sie meinen.

Damen beschenken Dubliner Spießer mit Tempopillen Ein wahrer Meteoritenhagel, soll man das denken?

– Davon kriegen sie einen steifen Hals, sagte Stephen, und sie sind zu müde, um noch weiter hinaufzublicken oder hinunter oder zu reden. Da stellen sie denn die Tüte Pflaumen zwischen sich und verzehren die Pflaumen daraus eine nach der andern, wischen sich mit den Taschentüchern den Pflaumensaft ab, der ihnen aus den Mäulern tröpfelt, und spucken die Pflaumensteine gelassen hinaus durch das Geländer.

Er gab zum Abschluß ein jähes lautes junges Gelächter von sich. Lenehan und Mr. O'Madden Burke vernahmen es, wandten sich um, winkten und gingen voran über die Straße, auf Mooney zu.
– Fertig? sagte Myles Crawford. Naja, solange sie nichts Schlimmeres machen.

Sophist versetzt hochmütiger Helena Nasenstüber Spartaner knirschen mit Backzähnen Ithaker wählen Pen zur Favoritin

– Sie erinnern mich an Antisthenes, sagte der Professor, einen Schüler des Sophisten Gorgias. Es heißt von ihm, kein Mensch hätte sagen können, gegen wen er eigentlich bitterer gewesen sei, gegen andere oder gegen sich selbst. Er war der Sohn eines Adligen und einer Magd. Und er hat ein Buch geschrieben, in dem er die Palme der Schönheit der Argiverin Helena aberkannte und der armen Penelope reichte.
Arme Penelope. Penelope Rich.
Sie schickten sich an, die O'Connell Street zu überqueren.

Hallo, Zentrale!

An verschiedenen Stellen der acht Linien standen Trambahnwagen mit reglosen Stromnehmerstangen auf ihren Geleisen, bestimmt nach oder von Rathmines, Rathfarnham, Blackrock, Kingstown und Dalkey, Sandymount Green, Ringsend und Sandymount Tower, Donnybrook, Palmerston Park und Upper Rathmines, alle still, durch Kurzschluß lahmgelegt. Lohnkutschen, Droschken, Lieferwagen, Paketpostwagen, private Broughams, Fuhrwagen mit Selterswasser, voll von rasselnden Flaschenkisten, rasselten, rollten, pferdgezogen, rasch vorbei.

Wie? – und insgleichen – Wo?

– Aber wie wollen Sie's nennen? fragte Myles Crawford. Wo haben die beiden die Pflaumen her?

Virgilisch, sagt Pädagoge Studiker stimmt für alten Moses

– Nennen Sie's, warten Sie mal, sagte der Professor und öffnete weit die langen Lippen, um nachzudenken. Nennen Sie's, lassen Sie mich überlegen. Nennen Sie's: *Deus nobis haec otia fecit.*

– Nein, sagte Stephen, ich nenne es *Ein Blick vom Pisga auf Palästina / oder / Das Gleichnis von den Pflaumen.*

– Ah, ich verstehe, sagte der Professor.

Er lachte schallend.

– Ich verstehe, wiederholte er mit neuem Vergnügen. Moses und das gelobte Land. Auf die Idee haben wir ihn gebracht, fügte er, sich an J. J. O'Molloy wendend, hinzu.

Horatio ist Leitstern an diesem schönen Junitag

J. J. O'Molloy warf einen müden Seitenblick auf die Statue und bewahrte sein Schweigen.

– Ich verstehe, sagte der Professor.

Er blieb auf der Sir John Gray Verkehrsinsel stehen und spähte zu Nelson hinauf durch das Netzwerk seines schiefen Lächelns.

Verringerte Finger erweisen sich als zu prickelnd
für fröhliche alte Frauenzimmer
Anne popelt, Flo pupt – doch kann man's
verübeln?

– Einhenkliger Ehebrecher, sagte er grimmig. Das reizt mich, muß ich sagen.
– Hat die beiden Alten auch gereizt, sagte Myles Crawford, wenn des allmächtigen Gottes Wahrheit an den Tag käme.

Ananasbonbons, Zitronenzöpfe, Buttertoffee. Ein zuckerklebriges Mädchen, schubweise Sahnebonbons schaufelnd für einen von den Christian Brothers. Irgendeine Festivität auf der Penne. Schlecht für ihre Bäuchlein. Bonbon- und Konfektlieferant Seiner Majestät des Königs. Gott. Schütze. Unsern. Hockt auf seinem Thron und lutscht rote Jujuben weiß.

Ein finsterer CVJM-Jüngling, in den warmen süßen Düften von Graham Lemon auf der Lauer, drückte Mr. Bloom ein Flugblatt in die Hand.

Offene Aussprache, von Herz zu Herz.

Bloo ... um Gott, ich? Nein.

Blut des Lamms.

Seine langsamen Füße trugen ihn flußwärts, während er las. Bist du erlöst? Alle werden gewaschen im Blut des Lamms. Gott will Blutopfer. Geburt, Hymen, Märtyrer, Krieg, Grundsteinlegung, Opferung, Nieren-Brandopfer, Druiden-Altäre. Elias kommt. Dr. John Alexander Dowie, Erneuerer der Kirche in Zion, kommt.

Er kommt! Er kommt!! Er kommt!!!
Alle herzlich willkommen.

Lukratives Spielchen. Torry und Alexander letztes Jahr. Polygamie. Seine Frau wird dem schon noch einen Riegel vorschieben. Wo war doch diese Annonce, irgendeine Firma in Birmingham, das leuchtende Kruzifix? Unser Erlöser. Da wacht man mitten in der tiefsten Nacht auf und sieht ihn an der Wand, hängend. Die Idee mit Peppers Geist. Ich nahe zur Rettung Israels.

Phosphor, damit muß es gemacht werden. Wenn man ein Stückchen Kabeljau liegen läßt zum Beispiel. Ich hab das bläuliche Silber sehen können darüber. In der Nacht damals, wie ich noch an den Speiseschrank gegangen bin in der Küche. Kann diese ganzen Gerüche nicht leiden da drin, die bloß

drauf warten, herauszuquellen. Was wollte sie damals doch noch? Die Malaga-Trauben. Gedanken an Spanien. Noch bevor Rudy geboren wurde. Das Phosphoreszieren, jenes bläuliche Grünlich. Sehr gut fürs Gehirn.
Von der Ecke an Butler's Monument House warf er einen Blick den Bachelor's Walk hinunter. Dedalus' Tochter noch immer dort vor Dillons Auktionsräumen. Ist bestimmt grad dabei, irgendwelchen alten Hausrat zu verhökern. Hab sie sofort erkannt, an den Augen vom Vater. Lungert da rum und wartet auf ihn. Der Haushalt bricht immer auseinander, wenn die Mutter geht. Fünfzehn Kinder hat er gehabt. Eine Geburt pro Jahr fast. Das kommt von denen ihrer Theologie, der Priester gäbe der armen Frau sonst die Beichte nicht, die Absolution. Seid fruchtbar und mehret euch. Hat man wohl so einen Einfall schon gehört? Die fressen einem noch die Haare vom Kopf herunter. Selber keine Familien zu füttern. Leben vom Fett des Landes. Denen ihre Speise- und Vorratskammern. Also das würd ich doch gerne mal sehn, wie die das schwarze Fasten halten würden am Yom Kippur. Kreuzsemmeln. Eine Mahlzeit und kleines Frühstück, daß er bloß nicht umkippt vorm Altar. Die Haushälterin von einem dieser Burschen, wenn man die mal ausquetschen könnte. Aber aus so einer quetscht man nie und nimmer was raus. So wenig wie Pfund-Schilling-Pence aus ihm. Hegt und pflegt sich lieber selbst. Keine Gäste. Alles für das liebe Ich. Wacht noch über seinem Wasser. Brot und Butter sind mitzubringen. Seine Hochwürden. Pssst, heißt die Parole.
Guter Gott, das Kleid von dem armen Mädchen ist ja bloß noch ein Fetzen. Unterernährt sieht sie ebenfalls aus. Kartoffeln und Margarine, Margarine und Kartoffeln. Die Folgen spürn sie erst später. Probieren geht über. Untergräbt die Konstitution.
Als er den Fuß auf die O'Connell Bridge setzte, puffte ein Federball aus Rauch von der Brüstung auf. Brauereischute mit Export-Stout. England. Von Seeluft wirds sauer, hab ich mal gehört. Wäre doch interessant, mal die Brauerei zu be-

sichtigen eines Tages, Freischein vielleicht durch Hancock. Ist ja glatt eine Welt für sich. Die Porter-Kufen, wundervoll. Aber da kommen auch Ratten rein. Saufen sich platzvoll, bis sie aussehn wie die Wasserleiche eines Schäferhunds. Stockbesoffen vom Porter. Saufen, bis sies wieder auskotzen wie die Christen. Und sowas trinkt man nun! Das muß man sich mal vorstellen. Ratzen: kotzen. Nun ja, sicher, wenn wir alles wüßten.

Niederblickend sah er heftig mit den Flügeln flappende, zwischen den öden Kaimauern kreisende Möwen. Rauhes Wetter da draußen. Wenn ich mich da nun runterstürzte? Reuben J.'s Sohn muß ja einen ganz schönen Bauchvoll geschluckt haben von der Brühe. Ein Schilling Achtpence zuviel. Hmmm. Es ist die possierliche Art, wie er rausrückt mit den Sachen. Und eine Geschichte erzählen, das kann er ja.

Sie kreisten tiefer. Schauen nach Futter. Wart mal.

Er warf einen zusammengeknüllten Papierball hinunter zwischen sie. Elias, mit zweiunddreißig Fuß pro Sek., kom. Pfff, Fehlanzeige. Der Ball hüpfte unbeachtet auf den Kielwasserwellen, trieb unter die Brücke, an den Pfeilern vorbei. Gar nicht so dumm, die Viecher. Auch damals, wie ich den altbackenen Kuchen rauswarf, auf der Erin's King, den pickten sie da noch fünfzig Yards achtern im Kielwasser auf. Gewitztes Völkchen, lebt von seiner Schläue. Sie kreisten, flappten die Flügel.

Die Möwe, hungerschwer,
Streicht übers trübe Meer.

Das ist die Art, wie Dichter schreiben, die ähnlichen Klänge. Aber Shakespeare hat ja keine Reime: Blankvers. Der Fluß der Sprache, das machts. Die Gedanken. Feierlich.

Hamlet, ich bin deines Vaters Geist:
Verdammt auf eine Zeitlang, hier zu wandern.

– Zwei Äpfel einen Penny! Zwei für einen Penny!

Sein Blick strich über die geblankten Äpfel, die in Reihen auf

dem Stand der Alten lagen. Australische müssen das sein um diese Jahreszeit. Glänzende Schalen: poliert sie mit einem Lappen oder einem Taschentuch.
Wart mal. Die armen Vögel.
Er blieb erneut stehen und kaufte von der alten Apfelfrau zwei Banbury-Kuchen für einen Penny, brach den mürben Teig und warf die Brocken in die Liffey. Also hat man sowas gesehn? Die Möwen stießen lautlos aus ihren Höhen nieder, zwei erst, dann alle, und fielen über die Beute her. Futsch. Bis auf das letzte Bröckchen.
Er sah ihre Gier und Geschicklichkeit und schüttelte die pulvrigen Krümel von den Händen. Sowas hätten die nie im Leben erwartet hier. Manna. Sich von Fischfleisch nähren müssen sie, alle Seevögel, Möwen, Wassertreter. Schwäne von Anna Liffey kommen hier manchmal runtergeschwommen, um sich das Gefieder zu putzen. Über Geschmack läßt sich nicht streiten. Möchte aber wohl wissen, wie das schmeckt, Schwanenfleisch. Robinson Crusoe mußte davon leben.
Sie kreisten, mit schwachem Flügelflappen. Aber ich werf nichts mehr runter. Ein Penny ist denn doch genug. Und was ich für Dank ernte, unwahrscheinlich! Nichtmal ein Krächzen. Und die Maul- und Klauenseuche verbreiten sie auch noch. Wenn man einen Puter zum Beispiel mit Kastanienmehl nudelt, dann schmeckt er danach. Ißt man Schwein, ist man Schwein. Aber wieso sind dann Salzwasserfische nicht salzig? Wie kommt das nun wieder?
Seine Augen suchten Antwort auf dem Fluß und erblickten ein Ruderboot, das faul, vor Anker, seinen bepflasterten Bord auf der siruppigen Dünung schaukeln ließ.
Kino's
11 /–
Hosen.
Guter Einfall das. Möchte wohl wissen, ob er der Stadtverwaltung dafür Miete zahlt. Wie kann man denn Wasser wirklich besitzen? Es strömt und fließt doch unaufhaltsam dahin, niemals dasselbe, was uns der Strom des Lebens bringt. Weil

das Leben ein Strom ist. Für Annoncen sind alle möglichen Stellen gut. Dieser Quacksalber, der Tripperdoktor, der klebte doch praktisch in sämtlichen Pissoirs. Jetzt sieht man ihn nirgendswo mehr. Strengste Diskretion. Dr. Hy Franks. Hat ihn keinen roten Heller gekostet, wie Maginni der Tanzlehrer, Selbstreklame. Kriegte sich einfach ein paar Kerls ran, die sie ihm hinklebten, oder klebte sie selber hin, klammheimlich leise weinend, wenn er mal rasch drin verschwand, um sich den Stall aufzuknöpfen. Nachtschwärmer. Ist auch genau der richtige Platz dafür. Plakatankleben verboten: POST NO BILLS! Ganz schön gerissen: Billig, pillig. POST IIO PILLS. Irgendein Kerl, den der Parterre-Schnupfen brennt. Wenn er . . .

Oh!

Was?

Nein . . . nein.

Nein, nein. Das glaub ich nicht. Dann würde er doch bestimmt nicht?

Nein, nein.

Mr. Bloom hob den beunruhigten Blick und ging weiter. Nicht mehr drüber nachdenken. Nach eins schon. Der Zeitball auf dem Ballast Office ist unten. Dunsink-Zeit. Ein faszinierendes Büchlein ist das, von Sir Robert Ball. Parallaxe. Genau hab ich das ja nie verstanden. Da geht ein Priester. Könnte ihn fragen. Par, das ist Griechisch: Parallele, Parallaxe. Mit ihm zig Hosen nannte sies, bis ich ihr von der Seelenwanderung erzählt hab dann. Ach du dickes Ei!

Mr. Bloom lächelte sein dickes Ei zu zwei Fenstern des Ballast Office hinauf. Imgrunde hat sie ja durchaus recht. Bloß dicke Worte für ganz gewöhnliche Sachen, des Klanges wegen. Eigentlich geistreich ist sie ja nicht. Kann sogar auch ziemlich ordinär sein. Platzt mit Sachen raus, wo ich mir mein Teil höchstens denke. Trotzdem, ich weiß nicht. Sie sagte zum Beispiel immer, Ben Dollard wäre ne Baß-Baritonne. Nun hat er ja Beine wie Fässer, und man könnte tatsächlich meinen, er sänge in eine Tonne. Nun also, ist das etwa nicht geistreich? Sonst wurde er immer Big Ben genannt. Nicht halb so witzig wie Baß-Baritonne. Appetit wie ein Albatros. Vertilgt glatt die beiden ungeteilten Lendenstücke eines Rinds: Fassungsvermögen wie ein Barrashengst. Und das erstklassige Bass-Bier, was er an der Bar so verstaut, direkt unwahrscheinlich! Faß, Baß, Bass, Bariton. Na? Ist doch alles drin.

Eine Prozession weißbehemdeter Männer kam langsam am Rinnstein entlang auf ihn zumarschiert, Reklamebretter tragend, mit scharlachroten Streifen quer darüber. Gelegenheitskäufe. Sind wie der Priester heute morgen: wir haben Sünde: wir haben Schmerzen. Er las die scharlachenen Lettern auf ihren fünf weißen Zylindern: H. E. L. Y. S. Wisdom Hely's. Y, der etwas nachschwänzte, zog einen Klumpen Brot unter seinem Vorderbrett hervor, stopfte ihn in den Mund und mampfte im Weitergehen. Unser täglich Hauptnahrungsmittel. Drei Schilling pro Tag, dafür stapfen sie nun an der Gosse lang, Straße um Straße. Hält grade bloß Haut und Knochen zusammen, Brot und dünne Suppe. Die sind nicht von Boyl: nein: M'Glades Männer. Bringt aber auch keine Geschäfte ein. Ich hab ja damals mal einen durchsichtigen Schauwagen bei ihm angeregt, mit zwei feschen Mädchen, die drinnen sitzen und schreiben: Briefe, Kopierbücher, Umschläge, Löschpapier. Wette, das wäre ein Knüller geworden. Fesche Mädchen, die irgendwas schreiben, ziehn doch sofort alle Blicke auf sich. Jeder will ums Verrecken gern wissen, was die da kritzeln. Man hat doch im Nu schon zwanzig Leute um sich, wenn man bloß irgendwohin ins Leere stiert. In jeden Quark die Nase. Auch Frauen. Neugier. Salzsäule. Aber der Dummkopf wollte natürlich nicht, weil er nicht selbst als erster drauf gekommen war. Oder das Tintenfaß, das ich ihm vorgeschlagen habe, mit einem falschen Fleck aus schwarzem Zelluloid. Seine Einfälle für Annoncen wie Plumtrees Fleischkonserven unter den Todesanzeigen, Sparte Kaltes Fleisch. Ein Leck macht sie dicht! Wen? Unsere Briefumschläge. Hallo! Jones, wohin so eilig? Keine Zeit, Robinson, muß mir noch schnell einen *Kansell* kaufen, den einzigen Tintengummi, der was taugt, bei Hely's Ltd., 85 Dame Street. Na, den Blödsinn hab ich zum Glück ja hinter mir. War ein Teufelsjob damals, Rechnungen zu kassieren in den Klöstern. Das Tranquilla-Kloster. So ein reizendes Ding, das Nönnchen da, richtig süßes Gesicht. Der Schleier paßte gut zu dem schmalen Köpfchen. Schwester? Schwester? Also ich bin sicher, die hatte eine unglückliche Liebe, den Augen nach. Sehr schwer zu handeln mit so einer Frau. Ich hab sie auch noch bei ihrer Andacht gestört an dem Morgen. Aber sie war sichtlich froh, mal wieder mit der Außenwelt in Verbindung zu kommen. Unser großer Tag, sagte sie. Fest Unserer Lieben Frau vom Berge Karmel. Auch süß, der Name: Karamel. Sie wußte, ich glaube bestimmt, sie wußte, der ganzen Art nach, wie sie. Also wenn sie geheiratet hätte, dann wäre sie anders geworden. Ich nehme ja an, die warn wirklich knapp bei Kasse da. Trotzdem, gebraten wurde da alles in bester Butter. Kein Schmalz, kriegen sie nicht. Mir ist ja fast schlecht geworden, wie ich das Bratenfett aß. Buttern sich richtig voll, die, innen und außen. Aber Molly hat sichs schmecken lassen, den Schleier hoch. Schwester? Pat Claffey, die Pfandleiherstochter. Eine Nonne soll doch den Stacheldraht erfunden haben.

Er überquerte die Westmoreland Street, als das Apostroph-S vorbeigetrottet war. Rover, die Fahrradhandlung. Diese Rennen, die sind überhaupt doch heute. Wie lange ists her eigentlich? Das Jahr, wo Phil Gilligan starb. Wir wohnten in der Lombard Street West. Wartemal, da war ich bei Thom. Den Job bei Wisdom Hely, den hab ich in dem Jahr gekriegt, wo wir heirateten. Sechs Jahre. Vor zehn Jahren: vierundneunzig starb er, ja, das stimmt, das große Feuer bei Arnott. Val Dillon war Oberbürgermeister damals. Das Glencree-Diner. Ratsherr Robert O'Reilly kippte den Portwein in seine Suppe, bevor die Flagge sank, und Bobbob lappte sie auf, für den inneren Ratsherrn. Konnte nicht hören, was die Kapelle spielte. Für alles, was wir von Seiner Güte empfangen haben, möge uns Gott der Herr. Milly war ein ganz junges Ding noch damals. Molly hatte das elefantengraue

Kleid an, mit dem geflochtenen Schnurbesatz. Herrengeschneidert, mit Stoffknöpfen. Sie mochte es gar nicht, weil ich mir den Knöchel verstauchte am ersten Tag, wo sies trug, beim Chor-Picknick, auf dem Sugarloaf. Als wenn das was damit. Dem alten Goodwin sein Zylinder war mit irgendeinem klebrigen Zeug aufgemöbelt worden. Dadurch hatten die Fliegen ebenfalls ihr Picknick. So ein Kleid wie das hat sie nie wieder auf dem Leib gehabt. Saß ihr wie angegossen, Schulter und Hüften. Fing damals grad an, so richtig alles auszufüllen. Kaninchenpastete hatten wir an dem Tag. Die Leute kuckten sich um nach ihr.

Glücklich. Glücklicher damals. Schnuckliges Zimmerchen war das, mit der roten Tapete, von Dockrell, eins-neun das Dutzend. Millys Badeabend. Amerikanische Seife hatte ich gekauft: Holunderblüte. Richtig kosig, wie ihr Badewasser duftete. Und putzig sah sie aus, so von oben bis unten eingeseift. Schön gebaut auch. Jetzt bei der Photographie. Das Daguerreotypien-Atelier des armen Papa, von dem er mir immer erzählt hat. Vererbter Geschmack.

Er ging am Bordstein entlang.

Strom des Lebens. Wie hieß doch gleich dieser priesterig aussehende Bursche, der immer reinschielte, wenn er vorbeikam? Schwache Augen, Frau. Hat sich dann bei Citron eingemietet, St. Kevin's Parade. Pen und irgendwas weiter. Pendennis? Also mein Gedächtnis wird allmählich auch. Pen . . .? Natürlich, ist ja Jahre her. Der Trambahnkrach vermutlich. Naja, wenn ihm nichtmal der Name von dem Setzer einfiel, dem für Neuestes vom Tage, wo er ihn doch tagtäglich sieht.

Bartell d'Arcy war der Tenor, kam grade groß raus damals. Brachte sie heim nach der Übestunde. Eingebildeter Schnösel, mit seinem gewichsten Schnurrbart. Hat ihr das Lied geschenkt dann, *Winde, die von Süden wehn.*

Windiger Abend war das, wie ich sie abholte, war grad die Logen-Versammlung wegen der Lotterielose nach Goodwins Konzert im Festsaal oder Eichensaal vom Mansion House. Er und ich am Schluß. Ein Notenblatt ihrer Musik flog mir aus der Hand und gegen den Gitterzaun des Gymnasiums. Ein Glück bloß, daß es nicht. Sowas verdirbt ihr die Wirkung des ganzen Abends. Sie hatte sich bei Professor Goodwin untergehakt, ging mit ihm voraus. War schon reichlich wacklig auf den Beinen, der arme alte Narr. Seine Abschiedskonzerte. Endgültig letzter Auftritt auf einer Bühne. Vielleicht für nen Monat, vielleicht gar für nimmer. Ach ja, und wie sie in den Wind lachte dann, den Sturmkragen hoch. Ecke Harcourt Road, die Bö da, weißt du noch? Brrfu! Riß ihr sämtliche Röcke hoch, und ihr Boa-Halspelz hat den alten Goodwin fast stranguliert. Sie kriegte richtig Röte in dem Wind. Weiß noch, wie wir dann heimkamen: ich schürte das Feuer und brutzelte ihr die Hammelfleischstücke zum Abendbrot, mit der Chutney-Sauce, die sie so mochte. Und der gewürzte Grog dann. Konnte sie im Schlafzimmer sehn vom Herd aus, wie sie sich das Blankscheit ihres Korsetts aufhakte. Weiß. Ein Knistern und weiches Klatschen machte ihr Korsett auf dem Bett. Immer warm von ihr. Machte sich immer gern frei. Saß dann noch bis fast zwei Uhr, nahm die Haarnadeln raus. Milly zusammengekuschelt im Bettchen. Glücklich. Glücklich. Das war die Nacht...

– Oh, Mr. Bloom, wie geht es Ihnen denn?

– Oh, und selbst, Mrs. Breen?

– Jammern nützt ja nichts. Was macht denn Molly so? Hab sie seit Ewigkeiten nicht mehr gesehen.

– Der gehts blendend, sagte Mr. Bloom fröhlich, Milly hat eine Stellung unten in Mullingar, wissen Sie.

– Was Sie nicht sagen! Das ist ja großartig für sie!

– Ja, bei einem Photographen dort. Legt sich ganz schön ins Zeug, die Kleine. Wie gehts denn Ihren Pflegebefohlenen so?

– Geben dem Bäcker alle schön zu verdienen, sagte Mrs. Breen.

Wie viele hat sie eigentlich? Kein neues in Sicht.

– Sie sind ja in Schwarz, sehe ich. Sie haben doch nicht...

– Nein, sagte Mr. Bloom. Ich komme nur grad von einer Beerdigung.

Jetzt werd ich den ganzen Tag ausgefragt bis aufs Hemd, sehs schon. Wer ist denn gestorben und wann und woran? Immer dieselbe Leier, wie ne Platte mit nem Kratzer.
– Ach du meine Güte, sagte Mrs. Breen, hoffentlich war es kein naher Verwandter.
Könnte mir ebenso gut auch ihre Sympathie erwerben.
– Dignam, sagte Mr. Bloom. Ein alter Freund von mir. Er starb ganz plötzlich, der arme Kerl. War herzleidend, glaube ich. Die Beerdigung war heute früh.

Heut noch magst du dich erlaben,
Morgen fressen dich die Raben.
Dideldidel dumdum,
Dideldideldei ...

– Traurig, die alten Freunde zu verlieren, sagten Mrs. Breens Frauenaugen melancholisch.
Also das reicht jetzt davon. Ganz sachte: ihr Mann.
– Und Ihr Herr und Gebieter?
Mrs. Breen richtete die beiden großen Augen gen Himmel. Die hat sie jedenfalls nicht verloren.
– Oh, reden Sie nicht von dem, sagte sie. Sogar die Klapperschlangen grausen sich vor ihm. Jetzt hockt er dort drinnen über seinen Gesetzesbüchern und sucht nach dem Verleumdungsparagraphen. Ich krieg glatt Sodbrennen, wenn ich bloß an ihn denke. Warten Sie, ich zeig Ihnen was.
Heißer Mockturtle-Dampf und der Dunst frischgebackener Marmeladenpuffer drang bei Harrison nach draußen. Der schwere Mittagsruch kitzelte Mr. Bloom in der Kehle. Müssen gutes Backwerk machen, Butter, bestes Kernmehl, Demerara-Zucker, sonst würde mans beim heißen Tee sofort schmecken. Oder kommt das von ihr? Ein barfüßiger Straßenjunge stand über dem Gitterrost, die Düfte einsaugend. Töten den nagenden Hunger ab auf die Art. Macht das nun Lust oder Qualen? Billiger Mittagstisch. Messer und Gabel mit Ketten befestigt am Tisch.

Macht ihre Handtasche auf, abgerauhtes Leder, die Hutnadel: die Dinger sollten eigentlich einen Schutz an der Spitze haben. Stechen einem in der Trambahn glatt ins Auge damit. Dieses Rumgekrame. Offen. Geld. Bedienen Sie sich. Aber wenn sie auch nur einen Sixpence verlieren, ist der Teufel los. Dann gibts Krach, au Backe. Mann schimpft. Wo sind die zehn Schilling, die ich dir Montag gegeben habe? Fütterst du etwa die Familie deines kleinen Bruders mit durch? Verschmutztes Taschentuch: ein Medizinfläschchen. Fiel da nicht eine Pastille? Was, ist sie etwa ...?

– Es muß grad Neumond gewesen sein, sagte sie. Dann ist es immer besonders schlimm mit ihm. Wissen Sie, was er gestern nacht gemacht hat?

Ihre Hand hörte auf zu kramen. Ihre Augen richteten sich starr auf ihn, wie von Panik geweitet, doch lächelnd.

– Was? fragte Mr. Bloom.

Laß sie nur reden. Sieh ihr grad in die Augen. Ich glaube Ihnen. Vertrauen Sie mir.

– Hat mich mitten in der Nacht aufgeweckt, sagte sie. Hatte geträumt, einen Albtraum.

Gestörte Verdau.

– Sagte, Pik-As käme die Treppe rauf.

– Nein wirklich, Pik-As! sagte Mr. Bloom.

Sie nahm eine gefaltete Postkarte aus ihrer Handtasche.

– Lesen Sie das, sagte sie. Er hat's heute morgen gekriegt.

– Was ist denn das? fragte Mr. Bloom, die Karte nehmend. U. P.?

– U. P.: up, sagte sie. Irgendwer will ihn auf die Palme bringen. Das ist doch wirklich ein starkes Stück, egal wer's getan hat.

– Wahrhaftig, sagte Mr. Bloom.

Sie nahm die Karte wieder an sich und seufzte.

– Und jetzt ist er unterwegs zu Mr. Mentons Büro. Will eine Klage einreichen, auf zehntausend Pfund, sagt er.

Sie faltete die Karte wieder in ihre schlumpige Tasche zurück und ließ die Schließe zuschnappen.

Dasselbe blaue Serge-Kleid hatte sie schon vor zwei Jahren, mit dem ausbleichenden Flor. Hat seine besten Tage längst hinter sich. Dünner Haarwisch über ihren Ohren. Und diese schlampige Toque, drei alte Weintrauben dran, damits nicht gar zu dürftig aussieht. Schäbige Eleganz. Dabei hat sie sich immer schick gekleidet früher. Falten um den Mund. Bloß ein Jahr oder so älter als Molly.
Dieser Blick, den die Frau ihr zuwarf eben, im Vorbeigehn. Grausam. Das unschöne Geschlecht.
Er sah sie immer noch an, seine Unzufriedenheit zurückhaltend hinter seinem Blick. Scharfe Mockturtle, Ochsenschwanz, Mulligatawny. Ich hab allmählich auch Hunger. Flocken von Backwerk auf dem Zwickel ihres Kleids: auf ihrer Backe ein Schmier von Puderzucker. Rhabarbertorte mit reichlicher Füllung, reiches Fruchtinneres. Josie Powell von einst. Bei Luke Doyle früher mal, lange her schon, Dolphin's Barn, die Scharaden. U. P.: up.
Thema wechseln.
– Sehn Sie eigentlich Mrs. Beaufoy noch manchmal? fragte Mr. Bloom.
– Mina Purefoy? sagte sie.
Philip Beaufoy, an den hab ich gedacht. Playgoers' Club. Matcham denkt noch oft an den Meisterstreich. Hab ich eigentlich die Strippe gezogen? Ja. Der letzte Akt.
– Ja.
– Ich hab grad reingeschaut auf dem Heimweg, ob sie's gut überstanden hat. Sie liegt auf der Entbindungsstation in der Holles Street. Dr. Horne hat sie eingewiesen. Ist schon drei Tage überfällig jetzt.
– Oh, sagte Mr. Bloom. Das tut mir aber leid.
– Ja, sagte Mrs. Breen. Und zu Hause einen ganzen Stallvoll Kinder. Eine sehr schwere Geburt, hat die Schwester mir gesagt.
– Oh, sagte Mr. Bloom.
Sein schwerer bemitleidender Blick sog ihre Nachricht auf. Seine Zunge plapperte Teilnahme. Ts! Ts!

– Das tut mir aber wirklich leid, sagte er. Das arme Ding! Drei Tage schon! Das muß ja schrecklich für sie sein.

Mrs. Breen nickte.

– Dienstag fing es schon an ...

Mr. Bloom berührte leicht ihren Musikantenknochen und warnte sie.

– Geben Sie acht! Lassen Sie den Mann vorbei.

Eine knochige Gestalt kam vom Fluß her am Bordstein entlang geschritten, mit entrücktem Blick durch einen schweren, an einer Schnur befestigten Kneifer ins Sonnenlicht starrend. Knapp wie eine Perücke umgriff ein winziger Hut seinen Kopf. An seinem Arm baumelten ein gefalteter Staubmantel, ein Stock und ein Regenschirm zu seinem Schritt.

– Also sehn Sie sich den da an, sagte Mr. Bloom. Er geht immer außen um die Laternenpfähle. Sehn Sie nur!

– Wer ist denn das, wenn man fragen darf? fragte Mrs. Breen. Hat der 'ne Meise?

– Er heißt Cashel Boyle O'Connor Fitzmaurice Tisdall Farrell, sagte Mr. Bloom lächelnd. Sehn Sie!

– Der hat seinen Schlag weg, sagte sie. Denis wird auch nochmal so werden eines Tages.

Sie brach plötzlich ab.

– Da ist er ja, sagte sie. Ich muß hinter ihm her. Wiedersehn. Grüßen Sie doch Molly von mir, ja?

– Gerne, sagte Mr. Bloom.

Er sah ihr nach, wie sie sich durch die Passanten auf die Schaufenster zuschlängelte. Denis Breen kam in mickrigem Gehrock und blauen Segeltuchschuhen bei Harrison herausgeschlurft, zwei schwere Folianten an die Rippen pressend. Wie vom Himmel gefallen. Und ganz wie in früheren Zeiten. Er ließ sich von ihr einholen, ohne jede Überraschung, und stieß ihr den mattgrauen Bart entgegen, mit lose wackelnder Kinnlade, als er mit ernster Miene sprach.

Total meschugge. Bei dem piepts.

Mr. Bloom ging gemächlich weiter, vor sich im Sonnenlicht die knappe Perücke, den baumelnden Stock, Schirm, Staub-

mantel. Nun kuck dir das an! Läuft der doch schon wieder außen rum. Auch so ne Art, in der Welt voranzukommen. Und der andere alte darrsüchtige Verrückte in den Klamotten da. Mit dem muß sies ja wirklich schwerhaben.
U. P.: up. Also darauf leist ich einen Eid, daß Alf Bergan das war oder Richie Goulding. Habens im Scotch House geschrieben, aus reinem Jux, da geh ich jede Wette ein. Unterwegs jetzt zu Mentons Büro. Seine Austernaugen, wie sie die Postkarte anstarren. Muß ein Bild für die Götter sein.
Er kam an der *Irish Times* vorüber. Möglich, daß noch andere Antworten daliegen. Eigentlich möcht ich auf alle gern schreiben. Gutes System für Verbrecher. Alles über Chiffre. Sind jetzt beim Lunch. Der Angestellte mit der Brille da kennt mich nicht. Ach was, solln sie doch verschimmeln. War schon mühsam genug, vierundvierzig von der Sorte durchzuackern. Geschickte Schreibkraft gesucht, die Herrn bei literarischen Arbeiten hilft. Ich hab Dich einen bösen Jungen genannt weil ich von den andern Welten nichts wissen mag. Sag mir doch bitte was das für eine Bedeutung hat. Sag mir doch was für ein Parfüm benutzt Deine Frau. Sag mir wer die Welt erschaffen hat. Also die Art, wie die einem Löcher in den Bauch fragen. Und die andere, Lizzie Twigg. Meine literarischen Bemühungen hatten das große Glück, die Zustimmung des hervorragenden Dichters A. E. (Mr. Geo. Russell) zu finden. Keine Zeit, sich das Haar zu machen, aber zum labbrigen Tee stets ein Bändchen Gedichte.
Mit Abstand die beste Zeitung für Kleinanzeigen. Hat sich auch die Provinzen erobert jetzt. Köchin und Haushälterin, ausgez. Küche, Dienstmädchen vorh. Rühriger Mann für Getränkeausschank gesucht. Anst. Mädchen (röm.-kath.) würde gern in Obst- oder Fleischladen eintreten. James Carlisle hat das hingekriegt. Sechseinhalb Perzent Dividende. Hat ein Riesengeschäft mit Coates-Aktien gemacht. Geht auf sicher. Gerissener alter schottischer Geizkragen. Der ganze schleimige Nachrichtenkram. Unsere huldreiche und allbeliebte Vizekönigin. Jetzt hat er auch noch das *Irish Field* gekauft. Lady

Mountcashel hat sich von ihrem Wochenbette gänzlich wieder erholt und ist mit den Hirschhunden der Ward Union bei der Freilassung gestern bei Rathoath mit ausgeritten. Ungenießbarer Fuchs. Sportjäger auch, scharf bloß auf Preise. Angst setzt Säfte frei, die machen das Fleisch erst richtig zart. Reitet mit gespreizten Beinen. Sitzt auf dem Pferd wie ein Mann. Voll auslastende Jägerin. Kein Damensattel oder Reitkissen für sie, das wäre ja noch schöner. Die erste beim Sammeln und auch beim Tod dabei. Stark wie die Zuchtstuten, manche von diesen Pferdeweibern. Stolzieren bei den Pflegeställen herum. Kippen ein Glas Brandy hinter die Binde, ehe man auch nur papp sagen kann. Die vor dem Grosvenor heute morgen. Rauf auf den Wagen: husch-husch. Die schafft Steinmauer oder Fünfer-Hürde wie nichts. Ich glaube, dieser stumpfnasige Wagenführer hats aus reiner Bosheit getan. Wer war das doch, dem sie ähnlich sah? Ah ja! Mrs. Miriam Dandrade, die mir ihr altes Gelump und die schwarze Unterwäsche im Shelbourne Hotel verkaufte. Geschiedene Hispano-Amerikanerin. Brachte sie nichtmal dazu, auch nur mit der Wimper zu zucken, was ich machte mit dem Zeug. Wie wenn ich bloß ihr Wäschegestell wäre. Sah sie bei der Gesellschaft des Vizekönigs, als Stubbs, der Parkwächter, mich reinschleuste, mit Whelan vom *Express*. Brosamen von der Reichen Tische. Tee-Empfang mit Imbiß. Ich goß mir die Mayonnaise über die Pflaumen, weil ich dachte, es wäre Eierrahm. Die Ohren müssen ihr noch wochenlang geklungen haben danach. Bei der brauchts einen Bullen. Geborene Kurtisane. Die gibt sich nicht mit Kindereien ab, nee, danke.
Arme Mrs. Purefoy! Der Mann ist Methodist. Wahnsinn, doch mit Methode. Safrankuchen und Milch und Soda als Lunch in der Educational Dairy. Ißt mit der Stoppuhr, zweiunddreißig Kaubewegungen in der Minute. Aber die Koteletten in seinem Hammelgesicht sind gewachsen. Immerhin soll er gute Beziehungen haben. Theodores Vetter im Dublin Castle. In jeder Familie einen Renommierverwandten. Und für sie jedes Jahr die gleiche Kapitalanlage als Geschenk.

Hab ihn draußen bei den Three Jolly Topers gesehn, da marschierte er barhaupt dahin, und sein ältester Junge trug ein weiteres Kleines in einem Marktnetz. Diese Schreihälse. Armes Ding! Und dann noch Jahr für Jahr die Brust geben müssen, zu jeder Tages- und Nachtzeit. Wie selbstsüchtig diese Antialkoholiker doch sind. Mißgünstiger Geselle. Mir bloß ein Klümpchen Zucker in den Tee, wenn ich bitten darf.

Er stand an der Kreuzung Fleet Street. Lunch-Pause, fürn Sixpenny bei Rowe? Muß die Annonce in der Nationalbibliothek noch nachsehen. Im Burton kostets acht Pence. Besser. Liegt auch am Weg.

Er ging weiter, vorbei an Bolton's Westmoreland House. Tee. Tee. Tee. Jetzt hab ich doch vergessen, Tom Kernan anzuhauen.

Sss. Ts, ts, ts! Das muß man sich mal vorstellen: drei Tage stöhnend auf einem Bett, ein essiggetränktes Taschentuch auf der Stirn, der Bauch prall geschwollen! Puh! Einfach furchtbar! Kopf des Kindes zu groß: Zange. Zusammengekrümmt in ihrem Innern, versucht sich blind nach draußen zu stoßen, tastet nach dem Ausgang. Umbringen würde mich das. Molly hat Glück gehabt, hats glatt geschafft. Da sollten sie wirklich mal was erfinden, daß das ein Ende nimmt. Diese ewigen Wehen: Lebenslänglich mit Zwangsarbeit. Die Idee mit dem Dämmerschlaf: bei Königin Victoria hat man das gemacht. Neun hatte die. Gute Legehenne. Ein altes Weib, das lebt' in 'nem Schuh, es hatte so viele Kinder. Also ich nehme ja stark an, daß er schwindsüchtig war. Wird höchste Zeit, daß sich da mal jemand Gedanken drüber macht, anstatt vom wie ging doch das Zeug vom sinnenden Busen des Silberschimmers zu faseln. Alberner Kram, bloß Futter für Narren. Dabei könnte man ganz leicht große Anstalten dafür schaffen. Die ganze Geschichte absolut schmerzlos, und von all den Steuern könnte jedes Kind was geboren wird fünf Pfund kriegen, mit Zinseszins bis zum einundzwanzigsten Lebensjahr, fünf Perzent, das macht einhundert Schilling und fünf, sowas Umständliches, diese Pfundrechnerei, multipliziert mit

zwanzig, Dezimalsystem, also das würde die Leute doch sehr ermuntern, was auf die hohe Kante zu legen, man spart da tatsächlich einhundertzehn und ein bißchen, und das einundzwanzig Jahre lang, also das muß ich mal genau auf Papier ausrechnen, gibt ein hübsches Sümmchen, viel mehr als man so glaubt.
Bei Totgeburten natürlich nicht. Die werden ja auch nichtmal registriert. Verlorene Liebesmüh.
Komisch sieht das aus, wenn so zweie von ihnen zusammensind, die Bäuche rausgestreckt. Molly und Mrs. Moisel. Müttertreffen. Die Schwindsucht bleibt stehn während der Zeit, kommt aber anschließend wieder. Wie flach die dann hinterher plötzlich aussehn! Ganz friedfertige Augen. Als wäre ihnen ein Stein vom Herzen. Die alte Mrs. Thornton, das war eine lustige alte Seele. Alle meine Babys, sagte sie. Den Löffelvoll Brei in den Mund, bevor sie die kleinen Würmer fütterte. Ah, das ist aber njmmnjmm! Hat sich die Hand zerquetscht beim alten Tom Wall seinem Sohn. Seine erste Verbeugung vor dem Publikum. Einen Kopf hatte der, wie ein Preiskürbis. Der verdrießliche Dr. Murren. Die Leute klingeln sie aber auch Tag und Nacht heraus. Um Gottes willen, Herr Doktor. Meine Frau, die Wehen sind da. Dann lassen sie sie aber monatelang aufs Honorar warten. Für ärztliche Bemühungen bei Ihrer Gattin. Keine Dankbarkeit in dem Volk. Sind menschenfreundliche Leute, die Ärzte, die meisten wenigstens.
Vor dem riesigen Hochportal des Irischen Parlaments strich ein Flug Tauben auf. Ihre kleinen mutwilligen Streiche nach den Mahlzeiten. Wen wolln wir denn diesmal aufs Korn nehmen? Ich bin für den Burschen in Schwarz da. Na, geht ja prächtig. Schon getroffen. Glück gehabt. Muß ja auch aufregend sein, so aus der Luft. Apjohn, ich und Owen Goldberg, wir haben ja auch da beim Goose Green oben in den Bäumen gehockt und unsere Possen getrieben. Makrele nannten sie mich.
Ein Trupp Konstabler kam aus der College Street gestiefelt, im Gänsemarsch. Stechschritt. Vom Essen erhitzte Gesichter,

verschwitzte Helme, Tätscheln an Gummiknüppeln. Fütterung vorbei, einen schönen Schlag fette Suppe hinter dem Koppel. Es ist so schön, Polyp zu sein. Sie spalteten sich in Gruppen auf und trollten sich, grüßend, auf ihre Runden. Grasen ab das grünegrüne Gras. Der beste Moment, so einen anzugreifen, ist die Pudding-Zeit, nach dem Essen. Einen Punch auf seinen Futtersack. Ein Trupp anderer Polizisten umrundete, ohne Tritt marsch, das Trinity-Geländer, auf dem Weg zur Wache. Drängen zu den Trögen. Fertigmachen zum Abendmahlsempfang. Fertigmachen zum Suppefassen.

Er ging unter Tommy Moores spitzbübischem Finger her über die Straße. Ganz richtig, daß sie ihn da über einem Pissoir angebracht haben: Treffpunkt der Wasser. Eigentlich solltes sowas auch für Frauen geben. Die laufen dafür in Konditoreien. Schnell meinen Hut richten. *Nirgends ist auf dieser Welt ein Ta-a-al.* Großartiges Lied das, von Julia Morkan. Hat ihre Stimme bis ganz zuletzt behalten. Schülerin von Michael Balfe, war sie das nicht?

Er sah hinter dem letzten breiten Waffenrock her. Können sehr unangenehm werden, wenn man ihnen auf die Füße tritt. Jack Power könnt wohl eine Kunde anheben davon: der Vater G-Mann. Wenn denen ein Bursche Schwierigkeiten macht bei der Verhaftung, dann geben sie ihm Saures im Knast. Kann man ihnen nichtmal zum Vorwurf machen schließlich, bei dem Job, den sie haben, besonders die jungen Spunte bei ihnen. Der von der berittenen Polizei damals, an dem Tag, wie Joe Chamberlain im Trinity seinen Ehrendoktor kriegte, der hatte ganz schön was zu tun für sein Geld. Wahrhaftig, das kann man wohl sagen! Seine Pferdehufe klapperten bloß so hinter uns her, die Abbey Street runter. Zum Glück hatt ich ja Geistesgegenwart genug, um bei Manning's unterzutauchen, sonst wär ich geliefert gewesen. Und hat der dann einen Sturz gebaut, Mann oh Mann. Muß sich den ganzen Schädel zerschmettert haben auf den Kopfsteinen. Ich hätte mich ja auch nicht mitschleifen lassen sollen von den Medizinern. Und die Erstsemester vom Trinity mit ihren Akademikermützen. Warn ja direkt drauf aus, Krach anzufangen. Aber damals hab ich auch den jungen Dixon kennengelernt, der mir im Mater dann den Stich behandelt hat und jetzt in der Holles Street ist, wo Mrs. Purefoy. Kompliziertes Räderwerk, eins greift ins andre. Die Polizeipfeife gellt mir noch immer in den Ohren. Alles nahm Reißaus. Deswegen hatte ers dann auf mich abgesehen. Wollte mich in Gewahrsam nehmen. Genau hier fing es an.

– Hoch die Buren!

– Dreimal hoch De Wet!

– Wir hängen Joe Chamberlain an einen Sauerapfelbaum.

Dusslige Quassler: Mob von jungen Schnöseln, die sich die Lunge aus dem Hals schreien. Vinegar Hill. Die Kapelle der Butter Exchange. Ein paar Jahre bloß, und die Hälfte von ihnen sind Beamte, Magistrat und Zivilverwaltung. Dann kommt der Krieg: alles Hals über Kopf in die Armee: dieselben Kerls, die früher ob am Galgen hoch, ob tamtadam wir sterben.

Nie weiß man genau, mit wem man grade redet. Corny Kelleher, der hat auch den Harvey Duff in seinem Blick. Wie dieser Peter oder Denis oder James Carey, der die Invincibles verpfiffen hat. Mitglied des Stadtrats. Hetzen unerfahrene Jugendliche auf, um hinter die Schliche zu kommen. Und die ganze Zeit beziehen sie Geheimdienstsold vom Schloß. Aber dann fallen gelassen wie eine heiße Kartoffel. Das ist auch der Grund, weshalb diese Kerls in Zivil immer den Dienstmädchen den Hof machen. Dabei erkennt man jemand, der an Uniform gewöhnt ist, doch kinderleicht. Das übliche Geschmuse an der Hintertür. Ein bißchen rauh angefaßt. Dann zum nächsten Gang auf der Speisekarte. Ja, und wer ist doch gleich der Herr, den ihr jetzt zu Besuch da habt? Hat der junge Herr was gesagt? Tom der Schnüffler am Schlüsselloch. Lockvogel. Heißblütiger junger Student tatscht an ihren fetten Armen rum, während sie bügelt.

– Sind das deine, Mary?

– Aber solche Sachen trag ich doch nicht . . . Hören Sie auf,

sonst sag ich der gnädigen Frau bescheid. Draußen die halbe Nacht.
– Große Zeiten kommen auf uns zu, Mary. Warte nur ab.
– Ach, lassen Sie mich doch in Ruhe mit Ihren großen Zeiten.
Barmädchen ebenfalls. Verkäuferinnen in Tabakläden.
James Stephens' Idee war die beste. Er kannte sie. Grüppchen zu zehn immer nur, so daß keiner über seinen eigenen Kreis hinauskam. Sinn Fein. Wer austrat, fing sich ein Messer. Die heimliche Hand. Blieb man drin, der Feuertrupp. Die Schließerstochter kriegte ihn aus Richmond raus, weg von Lusk. Stieg im Buckingham Palace Hotel ab, direkt unter der Nase der Kerls. Garibaldi.
Man muß eine gewisse Faszination haben: Parnell. Arthur Griffith hat zwar ganz schön was auf dem Kasten, aber mit den Massen kann er einfach nicht, das geht ihm ab. Muß partout über unser lieblich Vaterland schwadronieren. Quatsch mit Spinat. Teeraum der Dublin Bakery Company. Debattierclubs. Daß der Republikanismus die beste Regierungsform wäre. Daß die Sprachenfrage den Vorrang haben sollte vor der Wirtschaftsfrage. Laßt sie euch von euren Töchtern ins Haus locken. Stopft sie voll mit Essen und Trinken. Michaelis-Gans. Hier ist noch eine hübsche Portion Thymian-Gewürz unter der Bauchhaut für Sie. Nehmen Sie doch noch einen Schlag Gänsefett, bevor es zu kalt wird. Halbsatte Enthusiasten. Pfennigbrötchen und ein Rundzug mit der Kapelle. Den Tranchierer nicht zu Atem kommen lassen. Der Gedanke, daß der andere Kerl da zahlt, ist die beste Soße von der Welt. Da fühlt man sich so richtig erst zu Hause. Schiebt mir doch mal die Aprikosen rüber, das heißt die Pfirsiche. Der nicht mehr ferne Tag. Die Home-Rule-Sonne, die im Nordwesten aufgeht.
Sein Lächeln verblaßte, als er weiterging, eine schwere Wolke verdeckte langsam die Sonne, verschattete die verdrießliche Front des Trinity. Straßenbahnen fuhren aneinander vorbei, einlaufend, auslaufend, klirrend. Nutzlose Worte. Geht so-

wieso alles weiter wie eh und je: Tag um Tag: Polizeitrupps, marschieren hinaus, zurück: Straßenbahnen herein, hinaus. Die beiden Verrückten, wie die da rumlungern. Dignam ist weggeschafft worden. Mina Purefoy mit geschwollenem Bauch auf einem Bett, stöhnend, wartend, daß man ihr endlich ein Kind rauszieht. Jede Sekunde wird irgendwo eins geboren. Und jemand anders stirbt dafür jede Sekunde. Seit ich die Vögel gefüttert habe: fünf Minuten. Dreihundert haben ins Gras gebissen seither. Und andre dreihundert wurden geboren, waschen das Blut ab, alle werden gewaschen im Blut des Lamms, brüllen Maaaaaa.
Städteweise sterben sie hin, städteweise kommen sie neu und sterben ebenfalls wieder hin: weitere kommen an, gehen ab. Häuser, reihenweis Häuser, Straßen, Meilen von Pflaster, gestapelte Ziegel, Steine. Von einer Hand in die andere. Jetzt gehörts dem, dann jenem. Der Hauswirt stirbt nie, sagt man. Ein anderer tritt in seine Schuhe, wenn er selber seine Kündigung kriegt. Sie kaufen den Platz mit Gold, und doch haben sie immer noch alles Gold. Da steckt doch irgendwo ein Schwindel drin. In Städten aufgehäuft und wieder abgetragen, Zeitalter um Zeitalter. Pyramiden im Sand. Gebaut auf Brot und Zwiebeln. Sklaven. Die Chinesische Mauer. Babylon. Nur noch große Steine übrig. Rundtürme. Der Rest ist Bruch, wuchernde Vorstädte, minderwertig gebaut, Kerwans Eintagshäuser, aus Schlacke gebaut. Obdach für die Nacht.
Niemand ist etwas.
Das jetzt ist die allerschlimmste Stunde am Tag. Vitalität. Dumpf, düster: hasse diese Stunde. Fühl mich, als wär ich verschlungen worden und wieder ausgespien.
Haus des Provost. Hochwürden Dr. Salmon: Konserven-Salm. Sieht auch richtig eingeweckt aus da. Möchte nicht drin wohnen, und wenn ichs bezahlt kriegte. Hoffentlich gibts Leber und Speck heute. Die Natur hat einen Horror vorm Vakuum.
Die Sonne befreite sich langsam wieder und entzündete Schimmer von Licht auf den Silberwaren in Walter Sextons Schau-

fenster, dem gegenüber John Howard Parnell vorbeiging, ohne jemand zu sehen.

Da ist er: der Bruder. Sein Ebenbild. Verfolgt einen direkt, das Gesicht. Naja, das ist Koinzidenz. Klar, hundertmal denkt man an einen Menschen, ohne ihm deswegen gleich zu begegnen. Also der läuft doch wie ein Schlafwandler. Kein Mensch kennt ihn. Muß wohl Stadtratssitzung sein heute. Es heißt, er hätte noch nie die Uniform des City Marshal angelegt, seit er den Job hat. Charley Boulger kam immer hoch zu Roß daher, den Dreimaster auf, rasiert, geschniegelt und gebügelt. Aber nun kuck sich einer diesen jammervollen Gang da an. Wie wenn er ein faules Ei gegessen hätte. Pochierte Augen auf Trost. Also irgendwie tut mir das weh. Eines großen Mannes Bruder: seines Bruders Bruder? Auf dem City-Schlachtroß säh er bestimmt gut aus. Will ins D.B.C., kaffeetrinken vermutlich, schachspielen da. Sein Bruder hat Menschen wie Bauern rumgeschoben. Ließ sie alle verrecken. Angst, auch nur einen kleinen Mucks von sich zu geben gegen ihn. Hat sie alle mit seinem Blick vereist. Das ist die Faszination: der Name. Kleine Macke haben sie alle. Die verrückte Fanny und seine andere Schwester, Mrs. Dickinson, die mit scharlachrotem Geschirr herumfährt. Kerzengerade wie M'Ardle, der Chirurg. Aber trotzdem, David Sheehy hat ihn für Süd-Meath geschlagen. Bewerben sich für die Chiltern Hundreds und ziehn sich ins öffentliche Leben zurück. Das Bankett des Patrioten. Orangenschalen essen im Park. Simon Dedalus sagte, an dem Tag, wo sie ihn ins Parlament holen würden, würde Parnell wiederkehren aus dem Grab und ihn am Arm aus dem Unterhaus herausführen.

– Des doppelköpfigen Seepolypen, dessen eines Haupt das Haupt ist, darauf die Enden der Welt vergessen haben zu kommen, während das andere mit schottischem Akzent spricht. Die Fangarme ...

Sie tauchten hinter Mr. Bloom auf und gingen an ihm vorüber, am Bordstein entlang. Bart und Fahrrad. Junge Frau.

Und da ist auch er. Also wirklich, eine Koinzidenz: zum

zweitenmal. Kommende Ereignisse werfen ihre Schatten voraus. Die Zustimmung des hervorragenden Dichters Mr. Geo. Russell. Das da bei ihm, das könnte Lizzie Twigg sein. A. E.: was bedeutet das eigentlich? Initialen vielleicht. Albert Edward, Arthur Edmund, Alphonsus Eb Ed El Esquire. Was hat er da eben gesagt? Die Enden der Welt mit einem schottischen Akzent. Fangarme: Seepolyp. Irgendwas Okkultes: Symbolismus. Er doziert. Sie nimmt alles auf. Sagt selber kein Wort. Die Herrn bei literarischen Arbeiten hilft.
Seine Augen folgten der hohen Gestalt in Homespun, dem Bart und dem Fahrrad, der lauschenden Frau an seiner Seite. Kommen vom Vegetarischen. Bloß Gemüsli und Obst. Beefsteak wird grundsätzlich nicht gegessen. Wenn mans tut, verfolgen einen die Augen der betreffenden Kuh bis in alle Ewigkeit. Angeblich solls ja gesünder sein. Wenns auch mehr Wind und Wasser macht. Habs versucht. Man muß praktisch den ganzen Tag laufen. So schlimm wie nach einem Bückling. Man träumt die ganze Nacht. Wieso hieß das Ding, was ich da gekriegt hab, eigentlich Nußsteak? Nussarier. Obstarier. Bloß damit man das Gefühl hat, man äße Rumpsteak. So ein Quatsch. Salzig auch noch. Kochen in Soda. Da hockt man dann wieder die ganze Nacht am Wasserkran.
Ihre Strümpfe sind locker über den Enkeln. Das kann ich nicht ausstehn: ist so geschmacklos. Diese ätherischen Literaten, die sind doch alle. Verträumt, verschwommen, symbolistisch. Sind alle Ästheten. Sollte mich gar nicht wundern, wenn es die Art der Nahrung machte, ah ja, wenn die die gleichen Gehirnwellen erzeugte, das Poetische. Zum Beispiel, einer von diesen Polizisten, die Irish Stew in ihre Hemden schwitzen: aus so einem könnte man doch keine einzige Zeile Poesie herausquetschen. Der weiß doch nichtmal, was Poesie ist. Nee, dazu muß man in ganz bestimmter Stimmung sein.

Die Möwe, traumesschwer,
Streicht übers trübe Meer.

An der Ecke Nassau Street ging er über die Straße und blieb

vor dem Schaufenster von Yeates und Sohn stehen, um die Preise der Feldstecher zu studieren. Oder soll ich auf einen Sprung bei Harris rein und ein bißchen mit dem jungen Sinclair schwatzen? Hat gute Manieren, der Bursche. Aber vermutlich jetzt beim Lunch. Ich muß mein altes Fernglas doch mal richten lassen. Goerz-Linsen, sechs Guineen. Die Deutschen schaffens doch überall. Verkaufen zu günstigen Bedingungen, um den Markt unter ihre Fuchtel zu bringen. Unterbieten alle Preise. Vielleicht krieg ich auch im Fundbüro der Eisenbahn zufällig eins. Ist doch erstaunlich, was die Leute alles so liegenlassen in Zügen und Garderoben. Wo haben die bloß ihre Gedanken? Auch Frauen. Unglaublich. Letztes Jahr, wie ich nach Ennis gereist bin, da mußt ich doch die Handtasche von dieser Bauerntochter auflesen und ihr beim Umsteigen in Limerick nachreichen. Auch Geld, auf das keiner Anspruch erhebt. Da ist eine kleine Uhr angebracht oben auf dem Dach der Bank, daß man die Gläser hier damit gleich prüfen kann.
Seine Lider senkten sich bis zum Unterrand seiner Iris. Kann sie doch nicht erkennen. Wenn man sie sich dort vorstellt, kann man sie fast auch schon sehen. Aber ich seh sie nicht.
Er blickte sich um, zwischen den Markisen stehend, und streckte dann die rechte Hand auf Armeslänge gegen die Sonne aus. Das hab ich immer schon mal probieren wollen. Ja: vollständig. Die Spitze seines kleinen Fingers löschte die Sonnenscheibe aus. Wo die Strahlen sich kreuzen, das muß der Brennpunkt sein. Wenn ich eine schwarze Brille hätte jetzt. Interessant. Was wurde nicht alles über diese Sonnenflecken geredet, wie wir noch in der Lombard Street West wohnten. Entsetzliche Explosionen sind das. Es gibt noch eine totale Sonnenfinsternis dieses Jahr: irgendwann im Herbst.
Also wo ich jetzt daran denke: dieser Ball fällt doch nach Greenwich-Zeit. Kommt daher, daß die Uhr von Dunsink aus betrieben wird, über einen elektrischen Draht. Da muß ich auch mal raus, an irgendeinem ersten Samstag im Monat. Wenn ich eine Empfehlung an Professor Joly kriegen könnte,

oder was über seine Familie rausfinden. Das würde schon reichen: für Komplimente ist der Mensch immer empfänglich. Schmeichelei, wo am wenigsten erwartet. Adliger, stolz darauf, von irgendeiner Königs-Mätresse abzustammen. Seine Ahnfrau. Nur immer schön dick auftragen. Mit dem Hute in der Hand kommt man durch das ganze Land. Bloß nicht gleich rausplatzen mit dem, wovon man weiß, daß mans eigentlich nicht: was eine Parallaxe ist? Zeigen Sie dem Herrn da die Tür.

Ah!

Seine Hand sank wieder an seine Seite.

Nie weiß man was darüber. Zeitvergeudung. Gasbälle, die sich umeinander drehen, einander kreuzen, aneinander vorbeiwirbeln. Immer dieselbe alte Leier. Gas erst, dann fest, dann Welt, dann kalt, dann tote Schale, die herumtreibt, gefrorenes Klümpchen wie jener Ananasbonbon. Der Mond. Muß grad Neumond gewesen sein, hat sie gesagt. Glaub ich auch.

Er schritt weiter, an la Maison Claire vorbei.

Wartemal. Vollmond war doch an dem Abend, wo wir, Sonntag vor vierzehn Tagen war das, genau, dann ist jetzt Neumond. Sind unten an der Tolka spazieren gegangen. Nicht schlecht für einen Fairview-Mond. Sie summte: Der junge Mai-aienmond, er schimmert, mein Lieb. Er an ihrer andern Seite. Ellbogen, Arm. Er. Glühwürmchens Lä-ämplein, es flimmert, mein Lieb. Berühren. Finger. Fragen. Antwort. Ja.

Halt. Halt. Wenn es war, dann war es. Mußte.

Mr. Bloom ging, hastig atmend, mit langsamerem Schritt am Adam Court vorüber.

Mit gelassener Erleichterung nahmen seine Augen Notiz: das ist eine Straße hier, mitten am Tag, Bob Dorans Flaschenschultern. Auf seiner jährlichen Sauftour, hat M'Coy gesagt. Die trinken bloß, um irgendwas zu reden oder zu tun oder *cherchez la femme*. Hauen mächtig einen drauf in der Coombe mit ihren Kumpels und Straßenhuren, und den Rest des Jahres dann nüchtern wie ein Richter.

Ja. Hab ichs mir doch gedacht. Schleicht ins Empire. Weg. Einfaches Soda würde dem guttun. Wo Pat Kinsella sein Harp Theatre hatte, bevor Whitbred das Queen's in Betrieb nahm. Ein Prachtskerl. Dion Boucicaults Masche, mit seinem Vollmondgesicht im Kiepenhut. Drei Kecke Mädels von der Schule. Also wie doch die Zeit vergeht, was? Zeigte lange rote Hosen unter seinen Röcken. Trinker, trinkend, lachten prustend, ihr Getränk gegen ihren Atem. Mehr Zunder, Pat. Gemeines Rot: Spaß für Besoffene: brüllendes Gelächter und Rauch. Nimm mal den weißen Hut ab. Seine halbgekochten Augen. Wo mag er jetzt wohl stecken? Als Bettler irgendwo. Die Harf', die einst uns hungern ließ.

Aber damals war ich glücklicher. Oder war das Ich? Oder bin Ich jetzt Ich? Achtundzwanzig war ich. Sie dreiundzwanzig, wie wir aus der Lombard Street West zogen, hatte sich schon was geändert. Hatte nie mehr richtig Spaß dran, nach Rudy. Man kann die Zeit nicht zurückbringen. So wenig wie Wasser halten in der Hand. Würdest du denn gern noch wieder zurück? Noch einmal anfangen damals? Würdest du? Bist Du nicht glücklich bei Dir zu Hause Du armer kleiner böser Junge? Will Knöpfe für mich annähen. Ich muß antworten. Schreib ihr in der Bibliothek.

Die Grafton Street, fröhlich mit ihren festgezurrten Markisen, lockte seine Sinne. Musselindrucke, Seide, Damen und Witwen von Stand, Klirren von Pferdegeschirren, mattklingender Hufschlag auf dem bratenden Fahrdamm. Dicke Füße hat die Frau da in den weißen Strümpfen. Hoffentlich versaut die ihr ordentlich der Regen. Bauerntrampel vom Lande. Die ganzen dickhachsigen Trinen kamen rein. Macht einer Frau immer plumpe Füße. Molly wirkt auch schon ein bißchen wie aus den Fugen.

Er ging, trödelnd, an den Fenstern von Brown Thomas, Seidenhändler, vorüber. Kaskaden von Bändern. Dünne China-Seiden. Eine umgekippte Urne ergoß aus ihrer Öffnung eine Flut von blutfarbenem Popelin: glänzendes Blut. Die Hugenotten haben das hergebracht. *La causa è santa!* Tara tara.

Großartiger Chor das. Tara. Muß in Regenwasser gewaschen werden. Meyerbeer. Tara: bum bum bum.
Nadelkissen. Ich drohe ihr jetzt schon lange damit, eins zu kaufen. Steckt sie überall in der Wohnung hin. Nadeln in Fenstervorhängen.
Er entblößte leicht den linken Unterarm. Schramme: fast schon weg. Heute aber noch nicht. Muß nochmal zurück wegen dem Toilettewasser. Zu ihrem Geburtstag dann vielleicht. Junijuliaugseptember, der achte. Fast noch drei Monate. Aber vielleicht mag sies dann gar nicht. Frauen wolln Nadeln nie aufheben. Sagen, davon stirbt die Lie.
Schimmernde Seide, Unterröcke an dünnen Messingstangen, Strahlen von flachen Seidenstrümpfen.
Zwecklos, zurückzugehen. Mußte sein. Erzähl mir alles.
Helle Stimmen. Sonnenwarme Seide. Klirrendes Geschirr. Alles für eine Frau, Heim und Häuser, Seidengewebe, Silber, reiche Früchte, würzig aus Jaffa. Agendath Netaim. Reichtum der Welt.
Eine warme menschliche Schwere senkte sich nieder auf sein Hirn. Sein Hirn gab sich hin. Parfüm von Umarmung fiel ihn allseits an. Mit ausgehungertem Fleisch, dunkel, flehte er stumm darum, Anbeter sein zu dürfen.
Duke Street. Da sind wir ja schon. Muß was essen. Das Burton. Fühl mich besser dann.
Er bog um die Combridge-Ecke, immer noch im Bann. Klirrender Hufschlag. Parfümierte Körper, warm, füllig. Alle küßten sich, gaben sich hin: in tiefen Sommerfeldern, wirr niedergedrücktem Gras, in triefenden Mietshäuserfluren, auf Sofas, knarrenden Betten.
– Jack, Liebster!
– Kleiner Schatz!
– Küß mich, Reggy!
– Lieber Junge!
– Liebster!
Mit klopfendem Herzen stieß er die Tür zu Burtons Restaurant auf. Gestank packte seinen fliegenden Atem: scharfer

Fleischsaft, Gemüsebrühe. Sieh dir das an: Fütterung der Raubtiere.
Männer, Männer, Männer.
Hoch hockend auf hohen Hockern an der Bar, die Hüte zurückgeschoben, an den Tischen nach Brot rufend, mehr Brot, das es gratis gab, saufend voll Gier, schlagweise den Drecksfraß verschlingend, mit quellenden Augen, benäßte Schnurrbärte wischend. Ein bleicher talggesichtiger junger Mann polierte sich Glas, Messer, Gabel und Löffel mit seiner Serviette. Ein neuer Schwall von Mikroben. Ein Mann mit einem soßebekleckerten Kinderlätzchen um den Hals schaufelte sich gurgelnde Suppe in den Schlund. Ein anderer Mann spuckte wieder aus auf seinen Teller: halbzerkleinerte Knorpel: keine Zähne mehr, sie zu kaukaukauen. Hammelkotelett vom Grill. Schlingts runter, bloß damits weg ist. Traurige Säuferaugen. Hat sich mehr abgebissen, als er kauen kann. Bin ich genau so? Uns selber sehn, wie uns andere sehn. Ein hungriger Magen macht Zorn und Verzagen. Zahn und Kiefer an der Arbeit. Schaffens nicht! Ah! Ein Knochen! Der letzte heidnische König von Irland, Cormac, in dem Schulgedicht, der ist doch an sowas erstickt, zu Sletty auf der Schanz. Möchte wohl wissen, was der gegessen hat damals. Irgendeine Schlemmerei. St. Patrick bekehrte ihn zum Christentum. Hats trotzdem nicht alles schlucken können.
– Roastbeef mit Kappes!
– Einmal Stew!
Männergerüche. Es würgte ihm die Gurgel. Bespucktes Sägemehl, süßlicher flaulauer Zigarettenrauch, Tabakmief, verschüttetes Bier, bierige Männerpisse, der schale Gestank von Gärung.
Keinen Bissen brächt ich hier runter. Der Kerl da wetzt Messer und Gabel, um alles vor sich zu vertilgen, der alte Knabe dort prokelt sich in den Zahnstummeln rum. Leichtes Hochwürgen, voll, Wiederkäuen. Vorher und nachher. Nach den Mahlzeiten Händchen falten. Das seh sich doch einer mal an da, wie gemalt, und da. Futtert den Stewsaft weg mit Stipp-

brocken Brot. Lecks doch vom Teller, Mensch! Bloß hier raus. Er blickte in die Runde der Esser auf den Hockern und an den Tischen und zog die Nasenflügel zusammen.

– Zwo Stouts hier!

– Einmal Corned mit Kappes!

Der Kerl da rammt sich ein Messervoll Kohl in den Rachen, als hinge sein Leben ab davon. Mensch, hat der einen Schlag. Ich krieg schon das Gruseln, wenn ich das bloß sehe. Wär jedenfalls sicherer, wenn er mit den Fingern äße. Reiß es doch wenigstens auseinander vorher. Aber nein. Ist ihm schon zur zweiten Natur geworden so. Geboren mit einem Silbermesser im Mund. Ganz witzig, finde ich. Oder nein. Silber heißt reich geboren. Geboren mit einem Messer. Aber dann ist die Anspielung futsch.

Ein schlechtbeschürzter Servierer sammelte klebrige klappernde Teller ein. Rock, der Büttel, der an der Bar stand, blies die schaumige Krone von seinem Deckelkrug. Ganz schön bei Puste: es spritzte gelb neben seinen Stiefeln nieder. Ein Esser, Messer und Gabel senkrecht in den Fäusten, die Ellbogen auf dem Tisch, bereit, zum zweitenmal nachzufassen, starrte nach dem Speiseaufzug hinüber, weg über sein schmieriges Viereck Zeitung. Ein anderer Bursche sagte irgendwas zu ihm mit vollem Mund. Seelenverwandter Zuhörer. Tischgespräch. Ich happ 'en am Mampftach an der Ulpfter Bampfk getrompfen. Hä? Hast du, tatsächlich?

Mr. Bloom hob zweifelnd zwei Finger an die Lippen. Seine Augen sagten:

– Nicht hier. Seh ihn nicht.

Bloß raus. Ich hasse dreckige Esser.

Er retirierte zur Tür. Nehm lieber im Davy Byrne einen Happen zu mir. Bloß um was in den Magen zu kriegen. Daß ich auf den Beinen bleibe. Gutes Frühstück hab ich ja gehabt.

– Roast mit Kartoffelbrei hier!

– Ein großes Stout!

Jeder immer nur für sich selbst, ums Verrecken. Rülpsen. Grapschen. Rülpsen. Grober Freßkram.

Er trat hinaus in reinere Luft und wandte sich zurück zur Grafton Street. Fressen oder gefressen werden. Töten! Töten! Nehme an, in paar Jahren gibts Gemeindeküchen, vielleicht. Alles trabt hin, um sich die Suppennäpfe und Henkelmänner vollschwappen zu lassen. Schlingen den Inhalt schon auf der Straße runter. John Howard Parnell zum Beispiel, der Provost des Trinity, jeder Mutter Sohn, ach was reden wir von euren Provosten, dem Provost vom Trinity, Frauen und Kinder, Kutscher, Priester, Pfarrer, Feldmarschälle, Erzbischöfe. Von der Ailesbury Road, der Clyde Road, den Arbeiterwohnungen, North Dublin Union, der Bürgermeister in seiner Pfefferkuchenkutsche, die alte Queen im Rollstuhl. Mein Teller ist leer. Nach Ihnen, mit unserm gemeinschaftlichen Trinkbecher. Wie an Sir Philip Cramptons Brunnen. Man reibt die Mikroben mit dem Taschentuch ab. Und der Nächste reibt mit seinem ein neues Rudel drauf. Pater O'Flynn würde die alle ganz schön auf Vordermann bringen. Krawall gibts ja sowieso. Jeder denkt bloß ans eigene liebe Ich. Die Kinder balgen sich, wer den Topf auskratzen darf. Brauchten einen Suppenkessel, so groß wie der Phoenix Park. Die Speckseiten und Hinterviertel werden herausharpuniert. Haß auf alle Leute um einen herum. City Arms Hotel, *Table d'hôte* hat sie das genannt. Suppe, Braten und Nachspeise. Man weiß doch nie, wessen Gedanken man wiederkäut. Aber wer würde den Abwasch machen, die ganzen Teller und Gabeln? Vielleicht geht ja die gesamte Ernährung bloß noch mit Tabletten um die Zeit. Zähne werden schlechter und schlechter.

Schließlich und endlich ist ja doch was dran an dem vegetarischen Zeug, eine Menge feiner Geschmack, von so Sachen aus der Erde, Knoblauch zum Beispiel, der stinkt natürlich, wie italienische Drehorgler, knusprige Zwiebeln, Champignons, Trüffeln. Die Qual auch für die armen Tiere. Geflügel rupfen und ausnehmen. Jammervolle Biester, da auf dem Viehmarkt, warten bloß noch aufs Schlachtbeil, daß es ihnen die Schädel spaltet. Muh. Arme zitternde Kälber. Mäh. *Staggering Bob.* Kaltes Fleisch und Kartoffeln. Metzgereimer voll wabbliger

Lungen. Geben Sie mir doch das Bruststück da am Haken. Plapp. Rohkopf und blutige Knochen. Abgehäutete glasäugige Schafe, an ihren Keulen aufgehängt, aus Schafsmäulern in blutigem Papier triefend Nasenkonfitüre auf Sägemehl. Kalbskopf und Kaldaunen schon ausgegangen. Laß mal die Finger von den Sachen, mein Bürschchen.

Heißes frisches Blut verschreiben sie gegen Schwindsucht. Blut wird immer gebraucht. Gierig auf der Lauer. Lecken es auf, rauchend heiß, dick zuckrig. Gespenster, hungerschwer.

Ah, mir knurrt der Magen.

Er betrat das Davy Byrne's. Anständiges Lokal. Kein Schwätzer, der Wirt. Gibt manchmal sogar einen aus. Aber nur wenn Schaltjahr, alle vier einmal. Hat mal einen Scheck kassiert für mich.

Was nehm ich denn gleich? Er zog seine Uhr. Na, wolln mal sehen. Shandygaff?

– Hallo, Bloom! sagte Nosey Flynn aus seinem Winkel.

– Hallo, Flynn.

– Wie läuft's denn so?

– Tipptopp ... Warten Sie. Ich nehme ein Glas Burgunder und .... Moment noch.

Sardinen auf den Regalen. Schmeckt sie fast schon, wenn man hinsieht. Sandwich vielleicht? Schinken mit Zubehör dort, besenft auf Brot. Fleischkonserven. Was ist Ihr Heim ohne Plumtrees? Eine Last für die Nerven. So etwas Stumpfsinniges von Annonce! Unter die Todesanzeigen haben sies gesetzt. Plump trivial. Dignams Konservenfleisch. Kannibalen würdens mit Zitronen und Reis. Weißer Missionar zu salzig. Wie gepökeltes Schweinefleisch. Der Häuptling verputzt wahrscheinlich die Ehrenstücke. Dürften ziemlich zäh sein, vom vielen Gebrauch. Seine Weiber im Kreis um ihn herum, die Wirkung beobachten. *Es war mal ein braver alter Nigger. Der fraß* oder so ähnlich die weiß nicht die Dingsbums *von Hochwürden Mr. MacTrigger.* Mit ihnen das Paradies auf Erden. Mag der Himmel wissen, wo das draus zusammengebraut ist. Netz, kahmige Kutteln, Luftröhren, alles bloß kleingehackter Schwindel. Kunststück direkt, das Fleisch drin zu finden. Koscher. Nie Fleisch und Milch zusammen. Hygiene war das, wie sies heute nennen. Yom-Kippur-Fasten, der Frühjahrshausputz des Innern. Friede und Krieg hängen davon ab, ob ein hohes Tier gute Verdauung hat. Religionen. Weihnachtsputer und -gänse. Schlachtung der unschuldigen Kindlein. Essen, trinken und fröhlich sein. Nachher sind dann die Unfallstationen voll. Bandagierte Köpfe. Käse verdaut alles außer sich selbst. Mächtiger Käse.

– Haben Sie ein Käse-Sandwich?

– Jawohl, Sir.

Paar Oliven möchte ich wohl auch ganz gern, wenn sie die dahaben. Italienische sind mir am liebsten. Ein Gläschen guter Burgunder: räumt sie weg, diese ganze. Rutscht dann wie geschmiert. Dann noch einen schönen Salat, dann bin ich wieder die Ruhe selbst. Tom Kernan, der versteht was vom Anmachen. Bringt Pfiff in die Sache. Reines Olivenöl. Milly hat mir das Kotelett damals mit einem Zweiglein Petersilie serviert. Man nehme eine spanische Zwiebel. Das Essen schuf Gott, die Köche der Teufel. Krabben in Teufelssauce.

– Und der Frau geht's?

– Ganz gut, danke ... Ein Käse-Sandwich also. Gorgonzola, haben Sie?

– Jawohl, Sir.

Nosey Flynn süffelte seinen Grog.

– Macht sie eigentlich noch irgendwie Gesang jetzt?

Nun kuck dir dem seine Fresse an. Könnte sich selbst eins ins Ohr pfeifen. Schlappohren entsprechend. Musik. Versteht davon soviel wie mein Kutscher. Sags ihm aber besser doch. Schadet ja nichts. Gratisreklame.

– Sie ist für eine große Tournee engagiert, Ende des Monats. Sie haben vielleicht schon davon gehört?

– Nein. Aber, das ist natürlich Klasse. Wer zieht die Sache auf?

Der ›Kurat‹ servierte.

– Was macht das?

– Sieben Pence, Sir ... Besten Dank, Sir.
Mr. Bloom schnitt sein Sandwich in schmale Streifen. *Mr. MacTrigger.* Leichter hinzukriegen als das schäumige Träumzeug. *Seine fünfhundert Frauen. Sich riesig erbauen.*
– Senf, Sir?
– Ja, danke.
Er tupfte sich unter jeden gelupften Streifen gelbe Klümpchen. *Riesig erbauen.* Jetzt hab ichs. *Wurde dicker und dicker und dicker.*
– Wer das hoch – ich meine, wer das aufzieht? sagte er. Ja, wie soll ich sagen, das ist so eine Art Kompanie-Geschäft. Kosten und Gewinn auf Halbpart.
– Ah, jetzt entsinn ich mich, sagte Nosey Flynn und langte mit der Hand in die Tasche, um sich den Schambug zu kratzen. Wer hat mir das doch erzählt? Steckt nicht Blazes Boylan irgendwie mit drin?
Ein warmer Schock senfiger Lufthitze schoß Mr. Bloom ans Herz. Er hob die Augen und begegnete dem Starrblick einer galligen Uhr. Zwei. Die Wirtshausuhr fünf Minuten vor. Die Zeit vergeht. Zeiger bewegen sich. Zwei. Noch nicht.
Sein Zwerchfell schmerzte hochauf, sank wieder zusammen in ihm, schmerzte länger, verlangend.
Wein.
Er schnüffelsüffelte den herzstärkenden Saft, und indem er seiner Kehle mit Strenge befahl, ihn eiliger zu befördern, setzte er das Weinglas mit sachter Bewegung nieder.
– Ja, sagte er. In der Tat ist er der Organisator des Ganzen.
Keine Angst. Kein Hirn.
Nosey Flynn schniefte und kratzte. Floh, der sich eine rechtschaffene Mahlzeit genehmigt.
– Wie Jack Mooney mir erzählte, hat er einen ganz schönen Schnitt gemacht bei dem Boxkampf, den Myler Keogh gegen den Soldaten in der Portobello-Kaserne gewann. Bei Gott, er hatte den kleinen Lackel aufs Land geschickt vorher, ins County Carlow runter, wie er mir erzählte ...
Hoffentlich fällt ihm der Tautropfen da nicht in sein Glas.

Nee, hat ihn hochgeschnieft.
– Einen geschlagenen Monat fast, Mann, bevor es losging. Enteneier auslutschen, bei Gott, bis auf weiteren Befehl. Und ums Verrecken nicht in die Kneipe, verstehn Sie? Ah, bei Gott, der Blazes ist schon ein haariger Bursche.
Davy Byrne kam aus der Hinterbar in faltabgenähten Hemdsärmeln, sich mit zwei Wischern seiner Serviette die Lippen säubernd. Heringsröte. Dess' Lächeln jeden Zug umspielt, von dingsdadam erfüllt. Zuviel Fett auf den Pastinaken.
– Da kommt er ja selbst, nehmen wir ihn in die Mangel, sagte Nosey Flynn. Können Sie uns einen guten Tip für den Goldpokal geben?
– Aus sowas halt ich mich raus, antwortete Davy Byrne. Ich setze nie auf Pferde.
– Das ist recht von Ihnen, sagte Nosey Flynn.
Mr. Bloom verzehrte seine Sandwich-Streifen, das frische saubere Brot, mit einem wohligen Anflug von Ekel: der beißende scharfe Senf, der fußige Geruch von grünem Käse. Nippschlückchen Wein streichelten seinen Gaumen. Kein Surius das. Schmeckt süffiger bei diesem Wetter, wenn die Kälte raus ist. Nette ruhige Bar. Nette Holzarbeit, die Theke. Nett planiert. Gefällt mir, wie sie gekurvt ist da.
– In der Hinsicht würd ich sowieso nie was machen, sagte Davy Byrne. Haben schon so manchen Menschen ruiniert, diese Pferde.
Die Winzer-Tombola. Konzession für den Verkauf von Bier, Wein und Spirituosen zum Konsum in eigenem Lokal. Bei Kopf gewinn ich, bei Zahl verlierst du.
– Schon richtig, was Sie betrifft, sagte Nosey Flynn. Es sei denn, man kennt sich aus. Richtig echten Sport gibt's jetzt ja überhaupt nicht mehr. Lenehan kriegt manchmal 'n paar ganz gute. Er hat auf Zepter heute. Zinfandel ist Favorit, der von Lord Howard de Walden, hat in Epsom gewonnen. Morny Cannon reitet ihn. Ich hätte sieben zu eins gegen Saint Amant kriegen können vor vierzehn Tagen.
– Ach, ja? sagte Davy Byrne ...

Er ging zum Fenster, nahm das kleine Kassabuch und überflog prüfend die Seiten.

– Meiner Treu, das hätt ich können, sagte Nosey Flynn schniefend. Das war ein rarer Brocken Pferdefleisch. Saint Frusquin war ihr Vater. Sie gewann während eines Gewitters, Rothschilds Füllenstute, mit Stopfwatte in den Ohren. Blaue Jacke und gelbe Kappe. Der Teufel hole den großen Ben Dollard und seinen John O'Gaunt. Der hat mich drum gebracht. Tja.

Er trank resigniert aus seinem Glas, ließ die Finger an der Riffelung niederlaufen.

– Tja, sagte er, seufzend.

Mr. Bloom, stehend kauend, blickte zu seinem Seufzer hinüber. Nosey Dummkopf. Soll ich ihm erzählen, welches Pferd Lenehan? Weiß er wohl schon. Lieber vergessen lassen. Läuft sonst nur hin und verliert noch mehr. Der Narr und sein Geld. Da kommt ihm doch schon wieder so ein Tautropfen runter. Hat sicher eine kalte Nase, wenn er eine Frau küßt. Mögen die aber vielleicht. Kitzelbärte gefallen ihnen. Kalte Hundenasen. Der alten Mrs. Riordan mit dem knurrenden Magen ihr Skye-Terrier im City Arms Hotel. Molly kraulte ihn immer auf ihrem Schoß. Oh, was für ein hübsches großes Wauwauchen!

Wein durchzog und milderte gerolltes Brotmark, Senf, augenblickslang widerlichen Käse. Netter Wein ist das. Schmeck ihn besser, weil ich keinen Durst habe. Das macht natürlich das Bad. Bloß ein oder zwei Bissen. Dann kann ich gegen sechs Uhr. Sechs, sechs. Dann ist die Zeit um. Sie ...

Mildes Weinfeuer entflammte seine Adern. Das brauchte ich wirklich dringend. Hab mich ja derart geschlaucht gefühlt. Seine Augen erblickten unhungrig Regale voller Konserven, Sardinen, grelle Hummerscheren. Komisches Zeug, was die Leute sich so alles als Nahrung zusammenklauben. Aus Muscheln, Uferschnecken mit einer Nadel, von Bäumen runter, Schnecken aus der Erde, die Franzosen essen die, aus dem Meer mit einem Köder am Haken. Blöd, die Fische, lernen kein bißchen dazu in tausend Jahren. Wenn man sich nicht auskennte, wärs gefährlich, irgendwas in den Mund zu stekken. Giftige Beeren. Hundsrosenfrüchte. Was rund ist, denkt man, ist gut. Grelle Farbe warnt einen weg. Einer hats dann dem andern erzählt und so weiter. Erstmal beim Hund versuchen. Läßt sich vom Geruch leiten oder Aussehen. Verführerisches Obst. Eishütchen. Crème. Instinkt. Apfelsinenhaine zum Beispiel. Brauchen künstliche Bewässerung. Bleibtreustraße. Ja, aber was ist mit Austern? Unansehnlich wie ein Klumpen Schleim. Schmutzige Schalen. Verteufelt schwer aufzukriegen auch. Wer ist da wohl zuerst drauf gekommen? Müll, Kloakenjauche, futtern sie alles fröhlich rein. Champagner und Red-Bank-Austern. Wirkung auf die Geschlechts. Aphrodis. Er war in der Red Bank heute morgen. War er, die Auster, alter Fisch bei Tisch. Im Bett vielleicht junges Fleisch. Nein. Der Juni hat kein R, keine Austern. Aber es gibt Leute, die mögen verdorbenes Wild. Hasenpfeffer. Aber erstmal fangen, den Hasen, Pfeffer auf den Schwanz. Chinesen essen Eier, die fünfzig Jahre alt sind, blau und grün schon wieder. Diner mit dreißig Gängen. Jedes Gericht an sich harmlos, aber könnte sich innen mischen. Idee für eine geheimnisvolle Giftmordgeschichte. Das war doch dieser Erzherzog Leopold, nicht? Nein. Ja, oder war es Otto, einer von diesen Habsburgern? Oder wer war das, der immer den Grind von seinem eigenen Kopfe aß? Billigstes Lunch in der Stadt. Natürlich, Aristokraten. Die andern kopieren das dann, um bloß ja in der Mode zu sein. Milly auch, Erdöl und Kernmehl. Ungare Backsachen mag ich selber ganz gern. Den halben Austernfang schmeißen sie zurück ins Wasser, um den Preis hochzuhalten. Billig. Dann kaufte kein Mensch mehr. Kaviar. Auf große weite Welt machen. Hochheimer in grünen Gläsern. Freßgelage der Hautewolaute. Die gnä' Frau Sowieso. Gepuderter Busen, Perlen. Die *élite. Crème de la crème.* Brauchen Spezialgerichte, was ganz Besonderes, um zu zeigen, daß sies selber sind. Eremit mit einer Schüssel Hülsenfrüchte, die Anfechtungen des Fleisches zu dämpfen. Willst du mich kennenlernen, komm mit mir essen. Königlicher Stör. Obersheriff, Coffey, der Metzger, Recht auf das Wildbret der Wälder Seiner Ex. Schickt ihm dafür die Hälfte einer Kuh. Hab mal ein Bankett zurichten sehn in der Küche beim Herrn Oberkanzleidirektor. Weißbemützter *chef*, wie ein Rabbi. Flambierte Ente. Kräuselkohl *à la duchesse de Parme.* Ist ja bloß gut, daß sies auch auf die Speisekarte schreiben, dann weiß man wenigstens, was man gegessen hat, zu viele Zutaten verderben den Brei. Weiß ich aus eigener Erfahrung. Verlängern Suppen mit Edwards Brühwürfeln. Gänse bis zum Irrsinn gestopft für sie. Hummer lebendig gekocht. Bitte schnehmen Sie noch etwas Schneehuhn. Hätte gar nichts dagegen, in so einem piekfeinen Hotel Kellner zu sein. Trinkgelder, Gesellschaftsanzug, halbnackte Frauen. Darf ich Sie vielleicht noch zu ein ganz klein wenig Seezungenfilet verlocken, Miss Dusedat? Ach ja, dun Se dat. Und dann dat se dat. Hugenottischer Name, nehm ich stark an. Eine Miss Dusedat hat in Killiney gelebt, entsinn ich mich. *Du, de la,* französisch. Aber das ist vielleicht derselbe Fisch, dem der olle Micky Hanlon in der Moore Street die Innereien rausgerissen hat, damit verdient der sich ja sein Geld, Hand über Faust, die Finger in die Kiemen, dabei kann der kaum seinen Namen auf einen Scheck schreiben, man denkt fast, er will die Gegend abmalen, derart verzerrt ist sein Maul dabei. Muuuickickih Haha Henn. Doof wie drei Nächte zusammen, aber fünfzigtausend Pfund schwer.

Festklebend an der Scheibe summten zwei Fliegen, klebend.

Glühender Wein an seinem Gaumen, weilte dort, wurde geschluckt. Pressen in der Kelter, Trauben von Burgund. Die Sonnenhitze, die macht das. Scheint auf geheime Berührung hin zu, mir mitzuteilen, Erinnerung zu. Berührt entsannen sich feucht benetzt seine Sinne. Versteckt unter wilden Farnen auf dem Howth. Unter uns die Bucht, schlafend, der Himmel. Kein Laut. Der Himmel. Die Bucht wie aus Purpur am Lion's Head. Grün bei Drumleck. Gelbgrün gegen Sutton. Unterseeische Gründe, die Umrisse schwachbraun in Gras, versunkene Städte. Auf meinen Rock gebettet hatte sie ihr Haar,

Ohrwürmer im Heidekraut, meine Hand unter ihrem Nakken, du bringst mich noch ganz durcheinander. O Wunder! Kühlweich von Salben berührte mich ihre Hand, liebkoste: ihr Blick war auf mir, wandte sich nicht ab. Entzückt lag ich über ihr, volle Lippen voll offen, küßte ihren Mund. Njmm. Sanft gab sie mir in den Mund den Mohnkuchen, warm und gekaut. Widerlichen Brei, gemummelt von ihr, süß und sauer von Speichel. Freude: ich aß ihn: Freude. Junges Leben, ihre Lippen, die es mir gaben, spitzten sich schwellend. Weich, warm, klebrige gummigallertige Lippen. Blumen warn ihre Augen, nimm mich, willige Augen. Kiesel fielen. Sie lag ganz still. Eine Ziege. Niemand. Hoch auf dem Ben Howth Rhododendren, ein Zicklein, lief sicherfüßig dahin, ließ Köttelchen fallen. Beschirmt unter Farnen lachte sie, warmumarmt. Wild lag ich auf ihr, küßte sie: Augen, ihre Lippen, ihren gestreckten Nacken, das Pulsen, Frauenbrüste voll in ihrer Bluse aus Nonnenschleier, pralle hartaufgerichtete Nippel. Heiß zungte ich sie. Sie küßte mich wieder. Ich wurde geküßt. Ganz hingegeben wuschelte sie mein Haar. Geküßt, küßte sie mich.
Mich. Und ich jetzt.
Klebend summten die Fliegen.
Seine niedergeschlagenen Augen folgten der stummen Äderung der eichenen Tischplatte. Schönheit: immer gekurvt, ja, Kurven sind Schönheit. Wohlgestaltete Göttinnen, Venus, Juno: Kurven, die die Welt bewundert. Sehe sie vor mir, Bibliothek, Museum, wie sie da in der runden Halle stehen, nackte Gottheiten. Gut für die Verdauung. Ihnen ist das egal, was für ein Mann sie ansieht. Alles zu sehn. Sprechen nie, ich meine, zu so Kerls wie Flynn. Angenommen aber mal, sie täte's, Pygmalion und Galatea, was würde sie wohl als erstes sagen? Sterblicher! Man wird in seine Schranken verwiesen. Saufen Nektar beim Göttermahl, Geschirr aus Gold, alles ambrosisch. Nicht bloß so ein Sixpence-Lunch wie unsereins, gekochtes Hammelfleisch, Karotten und Rüben, eine Flasche Allsop. Nektar, das ist wie stell dir vor, du trinkst Elektrizi-

tät: Götternahrung. Entzückende Frauenformen, junonisch gestaltet. Unsterblich schön. Und wir stopfen Futter in ein Loch und 's hinten wieder raus: Nahrung, Speisesaft, Blut, Kot, Erde, Nahrung: müssens uns reinfüttern wie Kohlen in eine Lokomotive. Die aber haben gar kein. Nie nachgesehn. Ich werds mal heute. Der Wärter merkts wohl kaum. Bück mich, laß irgendwas fallen, seh nach, ob sie.

Tröpfelnd kam stille Botschaft von seiner Blase, zu gehn, es zu tun nicht zu tun dort zu tun. Ein Mann, entschlossen, leerte er sein Glas bis zur Neige und ging, auch Menschenmännern gaben sie sich hin, männlich selbstbewußt, lagen bei Menschengeliebten, ein Jüngling beglückte sie, zum Hof.

Als der Schall seiner Stiefel verklungen war, sagte Davy Byrne von seinem Buch:

– Was war das doch gleich, was er macht? Ist er nicht im Versicherungsgeschäft?

– Nein, da ist er doch lange schon nicht mehr, sagte Nosey Flynn. Er hamstert Annoncen für den *Freeman.*

– Ich kenn ihn gut, vom Sehen her, sagte Davy Byrne. Hat er irgendwas Unangenehmes?

– Unangenehmes? sagte Nosey Flynn. Nicht daß ich wüßte. Wieso?

– Ich dachte bloß, weil er doch in Trauer war.

– War er das? sagte Nosey Flynn. Aber ja, natürlich! Ich fragte ihn ja noch, wie alles so wäre zu Hause. Sie haben recht, bei Gott. Er war in Trauer.

– Ich schneide das Thema nie an, sagte Davy Byrne human, wenn ich einen Herrn sehe, der was Unangenehmes hat in der Art. Ruft's nur wieder frisch in die Erinnerung zurück.

– Die Frau ist es jedenfalls nicht, sagte Nosey Flynn. Ich hab ihn nämlich vorgestern noch getroffen, und da kam er aus diesem Irischen Bauernmilchgeschäft, was die Frau von John Wyse Nolan in der Henry Street hat, und zwar mit einem Krug Sahne in der Hand, die er seiner besseren Hälfte nach Hause bringen wollte. Die kriegt ganz schön was zu futtern, sag ich Ihnen. Lebt in Saus und Braus.

– Und er macht für den *Freeman*? sagte Davy Byrne.
Nosey Flynn rümpfte die Lippen.
– Von den Annoncen, die er reinholt, kauft der sich keine Sahne. Darauf können Sie Gift nehmen.
– Ja, wie denn dann? fragte Davy Byrne und kam von seinem Buch näher.
Nosey Flynn strich mit Gauklerfingern ein paarmal geschwind durch die Luft. Er zwinkerte.
– Er ist in der Loge, sagte er.
– Was Sie nicht sagen! sagte Davy Byrne.
– Sogar sehr, sagte Nosey Flynn. Alter freier und anerkannter Orden. Licht, Leben und Liebe, bei Gott. Die greifen ihm unter die Arme. Hat mir ein, naja, ist egal, wer mir das erzählt hat.
– Ist das die Möglichkeit?
– Oh, das ist ein feiner Orden, sagte Nosey Flynn. Die halten zu einem, wenn's mal dreckig geht. Ich kenne jemand, der hat versucht, bei denen reinzukommen, aber die halten dicht, da kriegt man so leicht kein Bein auf den Boden, verdammt. Bei Gott, und daß sie die Frauen grundsätzlich raushalten, das ist ganz richtig von ihnen.
Davy Byrne lächeltegähntenickte in eins:
– Iiiiiichaaaaaaach!
– Eine Frau hat's mal versucht, sagte Nosey Flynn, hat sich in einem Uhrenkasten versteckt, um rauszukriegen, was die da nun eigentlich alles machten. Aber verdammtnochmal, die Burschen haben sie geschnuppert, und sie mußte auf der Stelle den Eid leisten, auf den Meister vom Stuhl. Das war eine von den Saint Legers von Doneraile.
Davy Byrne, voll gesättigt nach seinem Gähnen, sagte mit tränengewaschenen Augen:
– Ja, ist denn das die Möglichkeit? Also er, er wirkt ja wie ein anständiger ruhiger Mann. Ich hab ihn hier oft schon gesehen, und noch nie hat er Schlagseite gehabt, verstehn Sie?
– Den könnte selbst Gott der Allmächtige nicht besoffen machen, sagte Nosey Flynn bestimmt. Verzieht sich, wenn

der Spaß zu bunt wird. Haben Sie nicht gesehn, wie er auf die Uhr geguckt hat? Ah, Sie waren ja nicht da. Wenn man ihn fragt, ob er einen mittrinkt, dann ist das erste, was er macht, daß er seine Uhr rausfummelt, um nachzuschaun, was er sich denn vielleicht genehmigen sollte. Jawohl, das macht er, ich erklär's vor Gott.

– Solche Leute gibt's nun mal, sagte Davy Byrne. Aber er ist ein guter Kerl, würd ich sagen.

– Kein übler Bursche, das ist sicher, sagte Nosey Flynn und schniefte. Außerdem läßt er keinen im Stich, der in der Patsche sitzt, dafür ist er bekannt. Also alles was recht ist. Nein, Bloom hat schon seine guten Seiten. Nur eins, das macht er nie.

Seine Hand krakelte eine trockene Feder-Unterschrift neben seinen Grog.

– Verstehe, sagte Davy Byrne.

– Nie etwas schwarz auf weiß, sagte Nosey Flynn.

Paddy Leonard und Bantam Lyons kamen herein. Tom Rochford folgte, eine glattstreichende Hand auf seiner rotweinfarbenen Weste.

– Tag, Mr. Byrne.

– Tag, die Herren.

Sie hielten vor der Theke an.

– Wer am höchsten in der Kreide steht, gibt eine Runde aus, sagte Paddy Leonard.

– Ich sitze jedenfalls, antwortete Nosey Flynn.

– Na gut, was soll's denn sein? fragte Paddy Leonard.

– Ich nehme ein Pöttchen Ginger, sagte Bantam Lyons.

– Ein Pöttchen was? schrie Paddy Leonard. Seit wann denn, um Gottes willen? Und du, Tom?

– Wie funktioniert denn die Hauptdränage? fragte Nosey Flynn schlürfend.

Statt einer Antwort preßte Tom Rochford die Hand aufs Brustbein und gab einen Schluckauf von sich.

– Dürfte ich Sie wohl mit der Bitte um ein Glas frisches Wasser behelligen, Mr. Byrne? sagte er.

– Aber gewiß, Sir.
Paddy Leonard beäugte seine Trinkkumpane.
– Herr Jesus, nee, sagte er, nun kuck sich einer an, für was für Kerls ich da 'ne Runde schmeiße! Kaltes Wasser und Gingerbrühe! Zwei Burschen, die sonst noch jedes Tischtuch auslutschen, auf dem mal 'ne Whiskyflasche gestanden hat. Er hat irgendeinen lausigen Tip im Ärmel für den Goldpokal. Todsichere Sache.
– Zinfandel, was? fragte Nosey Flynn.
Tom Rochford schüttelte ein Pulver aus zerknülltem Papier in das Wasser, das ihm hingestellt worden war.
– Diese verfluchte Dyspepsie, sagte er, bevor er trank.
– Natron ist da sehr gut, sagte Davy Byrne.
Tom Rochford nickte und trank.
– Ist es Zinfandel?
– Ich sag nichts, blinzelte Bantam Lyons. Will selber fünf Schilling drauf in die Pfanne hauen.
– Erzähl's uns, wenn du dein Futter wert sein willst, verdammtnochmal, sagte Paddy Leonard. Wer hat's dir denn geflüstert?
Mr. Bloom, auf dem Weg nach draußen, hob grüßend drei Finger.
Bis dann, sagte Nosey Flynn.
Die andern drehten sich um.
– Das da ist der Mann, von dem ich's habe, wisperte Bantam Lyons.
– Prrrwht! sagte Paddy Leonard verächtlich. Mr. Byrne, Sir, darauf nehmen wir noch zwei von Ihren kleinen Jamesons und ein ...
– Pöttchen Ginger, ergänzte Davy Byrne entgegenkommend.
– Jawoll, sagte Paddy Leonard. Ein Nuckelfläschchen für unser Baby.
Mr. Bloom ging der Dawson Street entgegen, mit der Zunge die Zähne glatt bürstend. Etwas Grünes müßte es sein: Spinat etwa. Dann könnte man, als Suchlicht, mit diesen Röntgenstrahlen.

An der Duke Lane erbrach ein gefräßiger Terrier widerlich knöchlige Käue auf die Pflastersteine und lappte sie mit neuem Behagen auf. Überfütterung. Nach Verdauung des Inhalts mit bestem Dank zurück. Erst süß, dann sauer. Mr. Bloom machte bedachtsam einen Bogen. Widerkäuer. Sein zweiter Gang. Ihren Oberkiefer bewegen sie dabei. Möchte wohl wissen, ob Tom Rochford irgendwas anstellen will mit seiner Erfindung. Reine Zeitverschwendung, einem Maulaffen wie Flynn sowas zu erklären. Dürre Menschen, breite Mäuler. Es sollte sowas wie eine Halle oder sonst einen Ort geben, wo Erfinder hingehn könnten und kostenlos erfinden. Bloß, dann hätte man natürlich sofort auch die ganzen Irren auf dem Hals.

Er summte, die Töne in feierlichem Echo verbreiternd, die Schlußtakte:

Don Giovanni, a cenar teco
M'invitasti.

Fühl mich schon besser. Burgunder. Bringt einen gut auf Trab. Wer wohl als erster aufs Destillieren gekommen ist? Irgendein Bursche, der Trübsal blies. Angetrunkener Mut. Also jetzt muß ich aber das *Kilkenny People* in der Nationalbibliothek.

Kahle saubere Nachtstühle, wartend, im Fenster von William Miller, Installateur, lenkten seine Gedanken zurück. Also das könnte man durchaus damit: und den ganzen Weg runter zukucken, 'ne Nadel, die man verschluckt hat, kommt manchmal erst nach Jahren aus den Rippen wieder raus, Rundreise durch den Körper, Gallengang bitte umsteigen, Milz, spritzende Leber, Magensaft, gewundene Eingeweide wie Schläuche. Aber der arme Schlucker würde dann dastehn müssen die ganze Zeit und seine Innereien vorzeigen. Wissenschaft.

– *A cenar teco.*

Was heißt denn wohl dieses *teco*? Heute abend vielleicht.

Don Giovanni, du hast mich geladen,
Bei dir zu speisen heut abend,
Tadamm tadammtam.

Kommt nicht richtig hin.

Keyes: zwei Monate, wenn ich Nannetti dazu kriege. Das wären dann zwo Pfund zehn, ungefähr zwo Pfund acht. Drei schuldet mir Hynes. Zwo-elf. Prescotts Annonce. Zwofuffzehn. Rund fünf Guineen. Die reinste Glückssträhne.

Könnte einen von diesen seidenen Unterröcken kaufen für Molly, Farbe wie ihre neuen Strumpfbänder.

Heute. Heute. Nicht denken.

Reise in den Süden dann. Vielleicht die englischen Seebäder? Brighton, Margate. Piers bei Mondschein. Ihre Stimme, hinausflutend. Die reizenden Mädchen vom Strand. Bei John Long lungerte ein dösender Bummler herum, in schwere Gedanken versunken, einen verkrusteten Knöchel benagend. Anstelliger Mann sucht Beschäftigung. Geringer Lohn. Mit jeder Kost zufrieden.

Mr. Bloom bog am Schaufenster mit den ungekauften Torten von Gray Konditorei um die Ecke und ging an Hochwürden Thomas Connellans Buchhandlung vorbei. *Warum ich aus der Römischen Kirche ausgetreten bin.* Bird's Nest. Wird von Frauen betrieben. Es heißt doch, sie hätten an arme Kinder Suppe ausgegeben, um sie zu Protestanten zu bekehren damals, zur Zeit der Kartoffelpest. Gegenüber drüben die Gesellschaft, wo Papa immer hinging, zur Bekehrung armer Juden. Derselbe Köder. Warum wir aus der Römischen Kirche ausgetreten sind.

Ein blinder Jüngling stand da und tappte mit seinem dünnen Stock den Bordstein ab. Keine Tram in Sicht. Will wohl rüber.

– Möchten Sie rüber? fragte Mr. Bloom.

Der blinde Jüngling antwortete nicht. Sein Mauergesicht verrunzelte sich schwach. Er bewegte unentschieden den Kopf.

– Sie sind hier in der Dawson Street, sagte Mr. Bloom. Ge-

genüber ist die Molesworth Street. Möchten Sie hinüber? Der Weg ist gerade frei.
Der Stock hob sich zitternd nach links. Mr. Blooms Blick folgte der Bewegung und fiel erneut auf den Färbereiwagen, der vor Drago aufgefahren war. Wo ich sein pomadiges Haar sah, grad als ich. Das Pferd kopfhängerisch matt. Der Kutscher drinnen bei John Long. Löscht seinen Durst.
– Es steht ein Wagen da, sagte Mr. Bloom, aber er fährt nicht. Ich werde Sie hinüberführen. Wollen Sie in die Molesworth Street?
– Ja, antwortete der Jüngling. South Frederick Street.
– Kommen Sie, sagte Mr. Bloom.
Er berührte sanft den dünnen Ellbogen: dann nahm er die schlaffe sehende Hand, um sie vorwärts zu führen.
Sag was zu ihm. Besser nicht den Herablassenden spielen. Sie mißtrauen allem, was man ihnen erzählt. Allgemeine Bemerkung, bloß so fallen lassen.
– Der Regen ist ja wieder ausgeblieben.
Keine Antwort.
Flecken auf seinem Rock. Schlabbert wahrscheinlich beim Essen. Schmeckt alles anders für ihn. Zuerst muß man sie löffelfüttern. Wie eine Kinderhand, seine Hand. Wie Millys damals. Empfindsam. Meine Größe taxiert er nach meiner Hand, würd ich sagen. Möchte wissen, ob er einen Namen hat. Der Wagen. Aufpassen, daß sein Stock nicht dem Pferd an die Beine kommt, der alte Placker, ist eingedöst. So ists recht. Alles glatt gegangen. Hinter einem Bullen: vor einem Pferd.
– Danke, Sir.
Weiß, daß ich ein Mann bin. Die Stimme.
– Alles klar jetzt? Die erste links.
Der blinde Jüngling tappte nach dem Bordstein und ging weiter, den Stock zurückziehend, wieder fühlend.
Mr. Bloom schritt hinter den augenlosen Füßen her: billig geschnittener Anzug aus Fischgräten-Tweed. Armer kleiner Kerl! Wie um alles in der Welt konnte er wissen, daß der Wagen da stand? Muß es gefühlt haben. Sehn Dinge in der

Stirn vielleicht. So eine Art Sinn für Volumen. Gewicht oder Format, irgendwas schwärzer als dunkel. Ob er das fühlte, wenn irgendwas nicht mehr da wäre plötzlich? Müßte ne Lücke spüren dann. Komische Vorstellung von Dublin muß er haben, wenn er sich immer bloß so an den Steinen entlangtappt. Ob er wohl schnurgeradeaus gehen könnte, wenn er den Stock nicht hätte? Blutleeres frommes Gesicht wie einer, der Priester werden will.
Penrose! So hieß der Bursche.
Und dann sieh dir an, was die alles lernen können. Lesen mit den Fingern. Stimmen Klaviere. Oder wir sind ganz baff, daß sie überhaupt ein Hirn haben. Wieso finden wir eigentlich einen Krüppel oder Buckligen besonders schlau, wenn er was sagt, was wir auch hätten sagen können? Natürlich sind die andern Sinne mehr. Sticken. Flechten Körbe. Die Leute sollten da helfen. Ein Arbeitskörbchen könnt ich ja kaufen zu Mollys Geburtstag. Aber Nähen ist ihr verhaßt. Könnte Einspruch erheben. Dunkelmänner nennen sie die.
Der Geruchssinn muß ebenfalls stärker ausgeprägt sein. Gerüche von allen Seiten, zusammengeballt. Jede Straße riecht anders. Auch jeder Mensch. Dann der Frühling, der Sommer: Gerüche. Geschmäcker. Es heißt doch, Weine kann man mit geschlossenen Augen nicht schmecken oder einem Schnupfen im Kopf. Auch Rauchen im Dunkeln, sagt man, macht keinen Spaß.
Und mit einer Frau zum Beispiel. Schamloser, wenn mans nicht sieht. Dieses Mädchen, das da am Stewart-Institut vorbeigeht, Kopf in der Luft. Seht mich an. Ich hab sie alle am. Muß komisch sein, die nicht zu sehen. Eine Art Form in seines Geistes Auge. Die Stimme, Temperatur, wenn er sie mit Fingern berührt, muß er ja fast die Umrisse sehen können, die Kurven. Seine Hände auf ihrem Haar zum Beispiel. Sagen wir mal, es war schwarz zum Beispiel. Gut. Wir nennen es schwarz. Dann über ihre weiße Haut gleitend. Vielleicht ein ganz anderes Gefühl. Gefühl von Weiß.
Das Postamt. Muß antworten. Die reinste Plackerei heute.

Schicke ihr eine Postanweisung über zwo Schilling, eine halbe Krone. Nimm meine kleine Gabe an. Die Schreibwarenhandlung ist ja auch gleich hier. Warte. Wills überdenken.
Mit sanftem Finger tastete er so langsam wie möglich nach seinem über die Ohren zurückgekämmten Haar. Noch einmal. Fibern von feinem feinem Stroh. Dann befühlte sein Finger sanft die Haut seiner rechten Wange. Dauniges Haar auch dort. Nicht weich genug. Der Bauch ist am weichsten. Kein Mensch in der Nähe. Da vorne geht er in die Frederick Street. Vielleicht zu dem Klavier in Levenstons Tanz-Akademie. Wäre so, wie wenn ich meine Hosenträger ordnete.
Während er an Dorans Wirtshaus vorüberging, ließ er seine Hand zwischen Weste und Hose schlüpfen, und nachdem er sein Hemd sanft fortgeschoben hatte, fühlte er eine schlaffe Falte seines Bauchs. Aber ich weiß ja eben, daß er weißgelb ist. Muß mal im Dunkeln versuchen, ob ich was sehe so.
Er zog die Hand zurück und richtete seine Kleidung.
Armer Kerl! Fast noch ein Junge. Schrecklich. Wirklich schrecklich. Was für Träume er wohl hat, wo er gar nichts sieht. Das Leben ein Traum für ihn. So geboren zu werden, wo liegt da die Gerechtigkeit? All die Frauen und Kinder, Ausflug am Bohnenfest, verbrannt und ertrunken in New York. Brandopfer, Massengemetzel. Karma nennen sie diese Transmigration um irgendwelcher Sünden willen, die man in einem früheren Leben begangen hat, Reinkarnation, mit ihm zig Hosen. Ach herrjeh, herrjeh, herrjeh. Mitleid natürlich: aber richtig warm werden mit ihnen, irgendwie kann man das nicht.
Sir Frederick Falkiner geht in die Freimaurerloge. Feierlich wie Troy. Nach seinem guten Lunch in Earlsfort Terrace. Alte Busenfreunde der Justitia, brechen einer Flasche Champagner den Hals. Geschichten von der Richterbank, Assisen, Annalen der Blaurock-Schule. Den hab ich damals zu zehn Jahren verknackt. Also das Zeug, was ich da eben getrunken habe, da würde er ja wahrscheinlich die Nase drüber rümpfen. Für die nur Auslese-Weine, das Jahr vermerkt auf einer staubigen

Flasche. Hat seine ganz eigenen Vorstellungen von Gerechtigkeit beim Höchsten Kriminalgericht. Wohlmeinender alter Mann. Polizeikartei, Anklageregister, vollgestopft mit Fällen, kriegen Perzente davon, Verbrechensfabrikation. Leuchtet ihnen allen heim. Den Geldverleihern wie der Teufel im Nacken. Reuben J. hat er ganz schön die Leviten gelesen. Nun ist der ja auch wirklich, was man einen dreckigen Juden nennt. Macht haben ja diese Richter. Ruppige alte Säufer in Perücken. Bären mit reizbaren Tatzen. Und möge der Herr Ihrer Seele gnädig sein.

Hallo, ein Plakat. Mirus-Basar. Seine Exzellenz der Herr Gouverneur. Am sechzehnten. Ist ja heute. Zugunsten des Fonds für Mercers Hospital. Zuerst wurde dafür der *Messias* gegeben. Ja, Händel. Wie wärs denn, wenn wir da mal hingingen. Ballsbridge. Bei Keyes kurz hereinschauen. Hat keinen Zweck, wie ein Blutegel an ihm zu kleben. Mache mich nur unbeliebt damit. Sicher kenn ich ja einen am Tor.

Mr. Bloom kam zur Kildare Street. Zuerst muß ich noch. Die Bibliothek.

Strohhut im Sonnenschein. Lohbraune Schuhe. Umgeschlagene Hosen. Das ist doch. Das ist doch.

Sein Herz poppte weich. Nach rechts. Das Museum. Göttinnen. Er schwenkte nach rechts.

Ist es? Fast sicher. Lieber nicht hinsehn. Hab Wein im Gesicht. Wieso hab ich bloß? Zu schwer, steigt zu Kopfe. Ja, es ist. Der Gang. Nicht hinsehn. Nicht hinsehn. Weiter.

Während er mit langen stürmischen Schritten dem Museum zustrebte, hob er die Augen. Hübsches Gebäude. Sir Thomas Deane entworfen. Folgt mir doch nicht?

Hat mich vielleicht gar nicht gesehen. Gegenlicht für ihn, meine Richtung.

Das Flattern seines Atems brach in kurzen Seufzern vor. Schnell. Kalte Statuen: ruhig dort. Gleich in Sicherheit.

Nein, hat mich nicht gesehen. Nach zwei. Ausgerechnet am Tor.

Mein Herz!

Seine pulsenden Augen blickten starr auf kremige Kurven aus Stein. Sir Thomas Deane war die griechische Architektur.
Suche was, was ich.
Seine hastige Hand fuhr rasch in die Tasche, zog heraus, las, entfaltete: Agendath Netaim. Wo hab ich denn?
Geschäftiges Suchen nach.
Agendath: er stopfte rasch wieder zurück.
Nachmittag sagte sie.
Ich suche die. Ja, die. Alle Taschen nachsehn. Taschentu. *Freeman.* Wo hab ich denn bloß? Ah, ja. Die Hose. Portemonnaie. Kartoffel. Wo hab ich denn?
Beeil dich. Geh ruhig. Noch einen Moment. Mein Herz.
Seine Hand suchte nach der wo hab ich denn bloß und fand in der Gesäßtasche die Seife, Toilettewasser, muß noch wieder vorbei, lauwarmes Papier, angeklebt. Ah, da ist ja die Seife! Ja. Das Tor.
In Sicherheit!

URBAN, sie zu trösten, schnurrte der Quäker-Bibliothekar:
– Aber wir haben dann ja, nicht wahr, die unschätzbaren Seiten des *Wilhelm Meister*! Ein großer Dichter über einen großen Dichter-Bruder. Eine zaudernde Seele, zu den Waffen greifend gegen eine See von Plagen, zerrissen von widerstreitenden Zweifeln, wie man's im wirklichen Leben sieht.
Er trat einen Schritt vor, einen tänzelnden Cinque-Pace, auf knarrendem Rindsleder, und einen Schritt zurück, einen Cinque-Pace, auf dem feierlichen Fußboden.
Ein lautloser Diener öffnete leicht die Tür und gab ihm einen lautlosen Wink.
– Sofort, sagte er, knarrend zum Gehen gewandt, doch noch verweilend. Der schöne wirkungslose Träumer, der an den harten Tatsachen zu Schaden kommt. Man spürt immer wieder, wie wahr Goethes Urteile doch sind. Wahr in der erweiterten Analyse.
Zwieknarrende Analyse, courantierte er davon. Kahl und höchst eifrig lieh er an der Tür sein großes Ohr des Dieners Worten: vernahm sie: und war fort.
Zwei verbleiben.
– Monsieur de la Palisse, höhnte Stephen, war fünfzehn Minuten vor seinem Tode noch am Leben.
– Haben Sie die sechs tapferen Mediziner gefunden, fragte John Eglinton mit der Galligkeit des Älteren, die Ihnen das *Verlorene Paradies* nach Diktat neu schreiben? *Die Sorgen Satans* nennt er's.
Lächle. Lächle Cranlys Lächeln.

Erst kitzelt' er sie,
Dann tätschelt' er sie,
Dann verpaßt er ihr das Katheterli.
Denn er war ein Medizin-,
Ein lustiger alter Medi . . .

– Ich habe so das Gefühl, daß Sie noch einen mehr für *Hamlet* brauchen. Die Sieben ist dem Mystengeiste teuer. Die leuchtende Sieben, nennt sie W. B.
Glitzeräugig suchte sein rotschopfiger Schädel dicht neben seiner grünbekappten Tischlampe das Gesicht, bärtig inmitten dunkelgrüneren Schattens, ein Ollav, heiligäugig. Er lachte leise: das Lachen eines Trinity-Stipendiaten: antwortlos.

Orchester-Satan, weinend manche Träne,
Wie Engel sie vergießen.
Ed egli avea del cul fatto trombetta.

Er hält als Geiseln meine Albernheiten.
Cranlys elf echte Wicklow-Männer, die ihrer Väter Land befreien wollen. Lückiggezähnte Kathleen, ihre vier schönen grünen Felder, der Fremdling in ihrem Haus. Und noch einer, ihn zu begrüßen: *ave, rabbi*. Die Tinahely-Zwölf. Im Schatten der Bergschlucht ruhuft er nach ihnen. Meiner Seele Jugend gab ich ihm, Nacht um Nacht. Gottbefohlen. Gute Jagd.
Mulligan hat mein Telegramm.
Albernheit. Harre aus.
– Unsere jungen irischen Barden, rügte John Eglinton, haben erst noch eine Gestalt zu schaffen, welche die Welt dem Hamlet des Engländers Shakespeare an die Seite stellen kann, obschon ich ihn bewundere, wie der alte Ben es tat, was hierzulande Götzendienst ist.
– All diese Fragen sind rein akademisch, orakelte Russell aus seinem Schatten hervor. Ich meine, ob Hamlet nun Shakespeare ist oder Jakob I. oder Essex. Pfaffendebatten über die Historizität Jesu. Die Kunst hat uns Ideen zu offenbaren, formlose geistige Essenzen. Die oberste Frage an ein Kunstwerk ist, aus wie tiefem Leben es geboren ward. Die Malerei von Gustave Moreau ist Ideenmalerei. Die tiefste Poesie Shelleys, die Worte Hamlets bringen unsern Geist in Verbindung mit der ewigen Weisheit, Platons Ideenwelt. Alles andere ist bloß Spekulation von Schuljungen für Schuljungen.

A. E. hat einem Yankee-Interviewer erzählt. *Well,* treff' mich Verdammnis!
– Die Schulmänner waren auch einmal Schuljungen, sagte Stephen überhöflich. Aristoteles war einmal Platons Schüler.
– Und ist es auch geblieben, sollte man hoffen, sagte John Eglinton gesetzt. Man sieht ihn doch richtig vor sich: einen Musterschüler mit dem Zeugnis unterm Arm.
Er lachte erneut in das nun lächelnde bärtige Gesicht.
Formlose geistige. Vater, Wort und heilger Odem. Allvater, der himmlische Mensch. Hiesos Kristos, Magier des Schönen, der Logos, der jeglichen Augenblick in uns leidet. Dies wahrlich ist jenes. Ich bin das Feuer auf dem Altar. Ich bin die Opferbutter.
Dunlop, Judge, der beste Römer unter allen, A. E., Arval, der Unaussprechliche Name, in Himmelshöhn, K. H., ihr Meister, dessen Identität kein Geheimnis ist den Adepten. Brüder der großen weißen Loge, stets auf dem Ausguck, ob sie helfen können. Der Christus mit der Brautschwester, Feuchtigkeit des Lichts, geboren von einer beseelten Jungfrau, reuigen Sophia, entrückt in die Sphäre Buddhis. Das esoterische Leben ist nicht für gewöhnliche Menschen. G. M. müssen zuerst das schlechte Karma abbüßen. Mrs. Cooper Oakley erblickte einst unserer sehr erlauchten Schwester H. P. B. Elementarzustand.
O pfui! So eine Schande! *Fi donc!* Da sollten Sie aber wirklich nicht hinsehn, gnä' Frau, nein, das sollten Sie wirklich nicht, wenn eine Dame sich in ihrem Elementarzustand zeigt.
Mr. Best trat ein, groß, jung, mild, licht. Er trug in der Hand voll Anmut ein Notizheft, neu, groß, rein, schlicht.
– Dieser Musterschüler, sagte Stephen, würde Hamlets Sinnieren über das Nachleben seiner prinzlichen Seele, diesen unwahrscheinlichen, unbedeutenden und undramatischen Monolog, genau so seicht finden wie den Platons.
John Eglinton ward zornig und sagte stirnrunzelnd:
– Auf mein Wort, es bringt mir das Blut in Wallung, wenn ich jemand Aristoteles mit Platon vergleichen höre.

– Wer von den beiden, fragte Stephen, hätte mich wohl aus seinem Commonwealth verbannt?
Zieh deine Dolch-Definitionen blank. Pferdheit ist die Washeit des Allpferds. Richtungsströmungen und Äonen beten die an. Gott: ein Gebrüll auf den Gassen: sehr peripatetisch. Raum: was man verdammtnochmal doch wohl sehen muß. Durch Räume, kleiner als die roten Körperchen des Menschenbluts, kriechkrabbeln sie hinter Blakes Hintern drein in die Ewigkeit, von der diese vegetabilische Welt nur ein Schatten ist. Halt dich ans Jetzt, ans Hier, durch das alle Zukunft sich in die Vergangenheit stürzt.
Mr. Best trat, liebenswürdig, auf seinen Kollegen zu.
– Haines ist weg, sagte er.
– Ach, ja?
– Ich hatte ihm Jubainvilles Buch gezeigt. Er ist ganz begeistert von Hydes *Liebesliedern aus Connacht*, verstehn Sie. Ich konnte ihn nicht dazu bewegen, sich die Diskussion mit anzuhören. Er ist zu Gill, um es sich zu kaufen.

Spring, mein Büchlein, frisch daher
Und grüß die stumpfen Leser.
Wardst, ich wollt's nicht, ein Gemisch
Aus unschön dürrem Englisch.

– Der Torfrauch steigt ihm langsam zu Kopfe, befand John Eglinton.
Wir haben in England das Gefühl. Der reuige Dieb. Weg. Ich hab seinen Knaster geraucht. Grüner Funkelstein. Ein Smaragd, gefaßt im Ring des Meeres.
– Die Leute ahnen ja gar nicht, wie gefährlich Liebeslieder sein können, warnte das aurische Ei Russells okkult. Die Bewegungen, welche Revolutionen ins Werk setzen auf der Welt, werden aus den Träumen und Gesichten in eines Bauern Herzen auf dem hügligen Lande geboren. Für die ist die Erde kein ausbeutbarer Boden, sondern die lebendige Mutter. Die verdünnte Luft von Akademie und Arena bringt den Sechs-Schilling-Roman, das Tingeltangellied hervor, Frank-

reich hat in Mallarmé die zarteste Blüte der Verderbnis getrieben, doch das wünschbare Leben enthüllt sich einzig den Armen des Herzens, das Leben der homerischen Phäaken.
Von diesen Worten wandte Mr. Best ein harmloses Gesicht nun Stephen zu.
– Mallarmé, verstehn Sie, sagte er, hat diese wundervollen Prosa-Gedichte geschrieben, die Stephen MacKenna mir in Paris immer vorzulesen pflegte. Das eine über *Hamlet.* Er sagt: *il se promène, lisant au livre de lui-même,* verstehn Sie, *liest im Buch seiner selbst.* Er beschreibt, wie *Hamlet* in einer französischen Stadt gegeben wird, verstehn Sie, einer Provinzstadt. Man hat plakatiert.
Seine freie Hand schrieb anmutig winzige Zeichen in Luft.

HAMLET
ou
LE DISTRAIT
Pièce de Shakespeare

Er wiederholte für John Eglintons neugesammeltes Stirnrunzeln:
– *Pièce de Shakespeare,* verstehn Sie. Das ist so echt französisch, so ganz der französische Standpunkt. *Hamlet ou . . .*
– Der geistesabwesende Bettler, vollendete Stephen.
John Eglinton lachte.
– Ja, darauf liefe's wohl hinaus, sagte er. Phantastisches Volk, kein Zweifel, aber peinlich kurzsichtig in manchen Sachen.
Sumptuöse und stagnierende Übertreibung des Mordes.
– Einen Meuchler der Seele hat Robert Greene ihn genannt, sagte Stephen. Nicht umsonst war er der Sohn eines Metzgers, der die Hammer-Streitaxt schwang und sich in die Hand spuckte. Neun Leben werden genommen für das eine seines Vaters, Vater Unser, der du bist im Fegfeuer. Khaki-Hamlets zögern nicht zu schießen. Der bluttriefende Schlachthof im fünften Akt ist eine Vorwegnahme des Konzentrationslagers, besungen von Mr. Swinburne.

Cranly, ich seine stumme Ordonnanz, Schlachten von weitem verfolgend.

Mördrischer Feinde Brut und Weiber, die
Noch keiner je geschont denn wir ...

Zwischen Engländer-Lächeln und Yankee-Gekläff. Dem Teufel und dem tiefen Meer.

– Er will partout, daß *Hamlet* eine Geistergeschichte sei, sagte John Eglinton zu Mr. Bests Frommen. Wie der Fettwanst in Pickwick will er unser Fleisch zum Kribbeln bringen.

Horch! Horch! O horch!

Mein Fleisch hört ihn: kribbelnd, hört.

Wenn du je deinen ...

– Was ist denn ein Geist? sagte Stephen mit prickelnder Energie. Einer, der durch Tod, durch Abwesenheit, durch Sittenwandel in die Unfaßbarkeit entschwunden ist. Das elisabethanische London lag von Stratford so weit entfernt, wie das verderbte Paris liegt vom jungfräulichen Dublin. Wer ist der Geist aus dem *limbo patrum*, der zu der Welt zurückkehrt, die ihn vergessen hat? Wer ist König Hamlet?

John Eglinton verlagerte seinen spärlichen Leib und lehnte sich zurück, um zu urteilen.

Vorhang auf.

– Ein Tag um die Mitte des Juni, um diese Stunde, sagte Stephen, mit einem raschen Blick um Gehör bittend. Die Flagge ist hoch auf dem Theater an der Bankside. Der Bär Sackerson grummelt in der Grube nebenan, Paris Garden. Rahenkletterer, die mit Drake gesegelt sind, kauen ihre Wurst inmitten des Zuschauervolks im Parterre.

Lokalkolorit. Arbeite alles ein, was du weißt. Mach sie zu Komplizen.

– Shakespeare hat das Hugenotten-Haus in der Silver Street verlassen und geht an den Schwanengehegen vorbei am Flußufer hin. Aber er bleibt nicht stehen, die Schwänin zu füttern,

die ihre junge Brut zu den Binsen treibt. Der Schwan von Avon hat andere Gedanken.
Aufbau des Schauplatzes. Ignatius von Loyola, eil', mir zu helfen!
– Das Spiel beginnt. Ein Spieler tritt aus dem Schatten, ausstaffiert mit der abgetakelten Rüstung eines Hofgecken, ein gutgebauter Mann mit Baßstimme. Es ist der Geist, der König, ein König und kein König, und der Spieler ist Shakespeare, der *Hamlet* all die Jahre seines Lebens studiert hat, Jahre, die keine Eitelkeit gewesen, um den Part der Geistererscheinung zu spielen. Er spricht zu Burbage, dem jungen Schauspieler, der vor ihm steht, jenseits des Streckrahmens mit Wachsleinwand dort, ruft ihn bei einem Namen:

Hamlet, ich bin deines Vaters Geist!

heißt ihn horchen. Zu einem Sohn spricht er da, dem Sohn seiner Seele, dem Prinzen, dem jungen Hamlet, und zu dem Sohn seines Leibes, Hamnet Shakespeare, der in Stratford starb, auf daß sein Namensvetter ewig lebe.
– Ist es möglich, daß dieser Schauspieler Shakespeare, ein Geist durch Abwesenheit, und im Gewand des begrabenen Dänemark, ein Geist durch Tod, der seine eigenen Worte zu seines eigenen Sohnes Namen spricht (hätte Hamnet Shakespeare gelebt, er wäre Prinz Hamlets Zwillingsbruder gewesen), ist es möglich, will ich wissen, oder auch nur wahrscheinlich, daß er den logischen Schluß aus diesen Prämissen nicht zog oder doch vorhersah: du bist der enterbte Sohn: ich bin der ermordete Vater: deine Mutter ist die schuldige Königin: Ann Shakespeare, geborene Hathaway?
– Aber dies Herumschnüffeln im Familienleben eines großen Mannes, begann Russell ungeduldig.
Haha, Bursch! Sagst du das? Bist du da, Grundehrlich?
– Das interessiert doch bloß den Gemeindeschreiber. Ich finde, wir haben doch die Stücke. Ich finde, wenn wir die Poesie des *König Lear* lesen, was schert es uns, wie der Dichter lebte? Was das Leben betrifft, das kann die Dienerschaft für

uns erledigen, hat Villiers de l'Isle gesagt. Herumspähen und Schnüffeln im Kulissenklatsch des Tages, wie der Dichter soff, wieviel Schulden er machte. Wir haben den *König Lear:* und der ist unsterblich.
Mr. Bests Gesicht, an das er appellierte, pflichtete bei.

Flute dahin über sie mit deinen Wellen und Wassern, Mananaan, Mananaan MacLir...

Und was ist mit dem Pfund, Kerl, das er dir lieh, als du hungrig warst?
Ich braucht' es, traun!
Nimm denn den Nobel hier.
Geh zu! Das meiste vertatest du in Georgina Johnsons Bett, des Geistlichen Tochter. Dere gewizzede biz.
Hast du die Absicht, es zurückzuzahlen?
Oh ja.
Wann denn? Jetzt gleich?
Nun ... nein.
Wann dann?
Ich hab alles bezahlt. Ich hab alles bezahlt.
Nur ruhig. Er ist von jenseits des Boyne. Die Nordost-Ecke. Du bist es schuldig.
Warte. Fünf Monate. Moleküle ändern sich alle. Ich bin jetzt ein ander Ich. Ein ander Ich nahm das Pfund.
Lirum, larum.
Aber ich, Entelechie, Form der Formen, bin ich kraft Gedächtnis, weil unter immer sich ändernden Formen.
Ich, der gesündigt, gebetet und gefastet.
Ein Kind, das Conmee vor Schlägen auf die Hand bewahrte.
Ich, ich und ich. Ich.
A. E. I. O. U.
– Wollen Sie vielleicht der Tradition von drei Jahrhunderten ins Gesicht schlagen? fragte John Eglintons krittelnde Stimme. Ihr Geist wenigstens ist auf immer gebannt worden. Sie starb, für die Literatur wenigstens, noch ehe sie geboren wurde.

– Sie starb, gab Stephen scharf zurück, siebenundsechzig Jahre nachdem sie geboren worden war. Sie führte ihn in die Welt und aus ihr hinaus. Sie empfing seine ersten Umarmungen. Sie gebar seine Kinder, und sie legte Pennys auf seine Augen, um die Lider geschlossen zu halten, als er auf seinem Totenbett lag.

Mutters Totenbett. Die Kerze. Der verhängte Spiegel. Die mich einst brachte in diese Welt, dort liegt sie, bronzelidig, unter wenigen billigen Blumen. *Liliata rutilantium.*

Ich weinte allein.

John Eglinton blickte in den verwickelten Glühwurm seiner Lampe.

– Die Welt glaubt, daß Shakespeare einen Fehler beging, sagte er, und daß er sich, so rasch und so gut er konnte, wieder befreite.

– Blödsinn! sagte Stephen rüde. Ein Genie macht keine Fehler. Seine Irrtümer geschehen willentlich und sind die Pforten der Entdeckung.

Pforten der Entdeckung öffneten sich, um den Quäker-Bibliothekar einzulassen, sanftknarrfüßig, kahl, beohrt und unverdrossen.

– Eine Widerspenstige, sagte John Eglinton widerspenstig, ist nicht gerade eine nützliche Pforte der Entdeckung, sollte man meinen. Welche nützliche Entdeckung lernte Sokrates denn wohl von Xanthippe?

– Dialektik, antwortete Stephen: und von seiner Mutter, wie man Gedanken zur Welt bringt. Was er von seiner anderen Frau Myrto lernte *(absit nomen!)*, Sokratididions Epipsychidion, wird kein Mensch, weder Mann noch Frau, jemals wissen. Aber weder die Hebammenkenntnisse noch die Gardinenpredigten retteten ihn vor den Archonten des Sinn Fein und ihrem Schierlingsbecher.

– Aber Ann Hathaway? sagte Mr. Bests ruhige Stimme vergeßlich. Ja, wir scheinen sie zu vergessen, wie Shakespeare selbst sie vergaß.

Sein Blick wanderte von Brüters Bart zu Krittlers Schädel,

zu erinnern, nicht unfreundlich zu tadeln, dann zu dem kahlrosa Lollardenkopf, schuldlos obschon beschimpft.

– Er besaß einen guten Groschenwert Witz, sagte Stephen, und kein träges Gedächtnis. Er trug eine Erinnerung in seinem Ränzel, als er nach Romeville stapfte und dabei pfiff: *Das Mädchen, das zurück ich ließ.* Hätte das Erdbeben es nicht datiert, wir wüßten wohl, wo wir den armen Meister Lampe unterzubringen hätten, der da in seinem Lager saß, und wo das gellende Gebell der Meute, das naglig Halfter und ihre blauen Fenster. Jene Erinnerung, *Venus und Adonis,* lag in der Bettkammer jeder leichten Dirne in London. Ist Katharine, die Widerspenstige, ungestalt? Hortensio nennt sie jung und wunderschön. Glaubt ihr, der Autor von *Antonius und Cleopatra*, ein durchaus verliebter Pilger, hätte seine Augen im Hinterkopf gehabt, daß er sich die häßlichste Metze von ganz Warwickshire auswählte, ihr beizuliegen? Gut: er verließ sie und gewann die Welt der Männer. Aber seine Knabenweiber sind die Weiber eines Knaben. Ihr Leben, Denken, Reden wird ihnen von Männern geliehen. Er wählte schlecht? Er wurde gewählt, will mir scheinen. Wenn andere ihren Will(en) hatten, Ann hatt' einen Weg. Beim Pimmel, 's war nicht fein. Sie wußte ihn zu berücken, süß und sechsundzwanzig. Die grauäugige Göttin, die sich über den Knaben Adonis beugt, sich ergebend, um zu erobern, als Glücksprolog zu dem schwellenden Akt, ist bloß eine kecke Dirne aus Stratford, die sich in einem Kornfeld mit einem Liebhaber wälzt, jünger als sie selbst.

Und wann bin ich dran? Wann?

Komm!

– Einem Roggenfeld, sagte Mr. Best froh, heiter, und hob sein neues Buch, heiter froh.

Er murmelte mit blondem Entzücken für alle:

Wo sich im Wind der Roggen wiegt,
Zu zweit das hübsche Landvolk liegt.

Paris: der geschmeichelte Schmeichler.

Eine hohe Gestalt in überbartetem Homespun erhob sich aus dem Schatten und entschleierte ihre kooperative Uhr.
– Ich fürchte, ich werde beim *Homestead* erwartet.
Wohin des Weges? Ausbeutbarer Boden.
– Sie gehen schon? fragten John Eglintons lebhafte Augenbrauen. Sehn wir Sie denn bei Moore heute abend? Piper kommt auch.
– Piper! piepte Mr. Best. Ist Piper denn zurück?
Peter Piper packte knifflige Päckchen Pfeffer, knifflige Päckchen Pfeffer packte Peter Piper.
– Ich weiß noch nicht, ob ich kann. Donnerstag. Wir haben unsere Versammlung. Wenn ich rechtzeitig wegkomme.
Yogibogihokuspokus in Dawson Chambers. *Die entschleierte Isis.* Ihr Pali-Buch haben wir versucht zu versetzen. Kreuzbeinig unter einem Schattenumbraschirm thront er, ein aztekischer Logos, tätig auf Astralebenen, ihre Überseele, mahamahatma. Die gläubigen Hermetisten erwarten das Licht, reif zur Chelaschaft, ringsrundum ihn. Louis H. Victory. T. Caulfield Irwin. Lotosmädchen dienen ihren Blicken, mit glühenden Zirbeldrüsen. Voll seines Gottes thront er, Buddh unter Pisang. Verschlinger der Seelen, Verschlucker. Seelen und Seelinnen, Seelensee. Verschluckt unter wehklagenden Schrillschreien, wirbelnd, umwirbelt, klagen sie Weh.

In quintessentieller Trivialität
Jahrlang in dieser Fleischeshülle hat
Gehauset eine Seelin ...

– Es heißt, daß uns eine literarische Überraschung bevorsteht, sagte der Quäker-Bibliothekar freundlich und ernst. Mr. Russell, so will das Gerücht, ist damit beschäftigt, eine Garbe aus den Versen unserer jüngeren Dichter zu binden. Wir sehen dem alle mit Spannung entgegen.
Mit Spannung blickte er in den Lichtkegel der Lampe, in dem drei Gesichter, beschienen, leuchteten.
Sieh das. Entsinn dich.
Stephen blickte auf einen breiten kopflosen Schlapphut nie-

der, der am Eschenstockgriff über seinem Knie hing. Mein Helm und mein Schwert. Mal leicht berühren mit zwei Zeigefingern. Experiment des Aristoteles. Einer oder zwei? Notwendigkeit ist dasjenige, kraft dessen es unmöglich ist, daß eines etwas anderes sein kann. Ergel, ein Hut ist ein Hut.

Hör zu.

Der junge Colum und Starkey. George Roberts macht den geschäftlichen Teil. Longworth will im *Express* Reklame dafür schlagen. Ah, will er das? Colums *Drover* mochte ich ganz gern. Ja, ich glaube, er hat dies seltsame Etwas, Genie. Glauben Sie, er hat wirklich Genie? Yeats bewunderte von ihm den Vers: *As in wild earth a Grecian vase.* Tat er das wirklich? Ich hoffe, Sie können es einrichten, heute abend zu kommen. Malachi Mulligan kommt auch. Moore bat ihn, doch Haines mitzubringen. Habt ihr Miss Mitchells Witz über Moore und Martyn gehört? Daß Moore der Hafer ist, der Martyn sticht? Furchtbar geistreich, was? Die beiden erinnern einen an Don Quixote und Sancho Pansa. Unser National-Epos muß erst noch geschrieben werden, sagt Dr. Sigerson. Moore ist der Mann dafür. Ein Ritter von der traurigen Gestalt, hier in Dublin. Mit einem safrangelben Kilt? O'Neill Russell? Oh ja, er muß die herrliche alte Sprache sprechen können. Und seine Dulcinea? James Stephens sitzt über ein paar ganz geistreichen Skizzen. Wir gewinnen langsam Bedeutung, scheint es.

Cordelia. *Cordoglio.* Lirs einsamste Tochter.

Gezackt. Jetzt deine beste französische Politur.

– Meinen verbindlichsten Dank, Mr. Russell, sagte Stephen und erhob sich. Ob Sie wohl die Freundlichkeit haben würden, Mr. Norman diesen Brief zu übergeben ...

– Oh, ja. Wenn er's für wichtig hält, kommt's mit hinein. Wir haben ja so viel Korrespondenz.

– Ich verstehe, sagte Stephen. Danke.

Vergelt's dir Gott. Das Schweineblatt. Ochsenfreundlich.

– Synge hat mir auch für *Dana* einen Artikel versprochen.

Fängt man an, uns zu lesen? Ich habe ganz das Gefühl. Die Gälische Liga braucht etwas auf Irisch. Ich hoffe, Sie kommen heute abend vorbei. Bringen Sie Starkey mit.

Stephen setzte sich wieder.

Der Quäker-Bibliothekar kam von den Abschiednehmern zurück. Errötend sagte seine Maske:

– Mr. Dedalus, Ihre Ansichten sind höchst erhellend.

Er knarrte hin und her, zehenspitzelnd, dem Himmel um die Höhe eines Absatzes nähergerückt, und sagte, übertönt vom Geräusch der Hinausgehenden, leise:

– Sie sind also der Ansicht, daß sie dem Dichter nicht treu gewesen sei?

Ein bestürztes Gesicht fragt mich. Warum ist er gekommen? Höflichkeit oder ein inneres Licht?

– Wo Versöhnung ist, sagte Stephen, da muß zuerst Entzweiung gewesen sein.

– Ja.

Christfuchs in ledernen Hochländerhosen, sich verbergend, ein Flüchtling in abgestorbenen Baumgabeln, vor hetzender Meute. Kennt keine Füchsin, läuft allein in der Jagd. Frauen gewann er sich, zärtliches Volk, eine Hure von Babylon, Richtergattinnen, bulliger Zapfkellner Weiber. Fuchs und Gänse. Und in New Place ein schlaffer entehrter Leib, der einst voll Anmut war, der einst so süß, so frisch wie Zimmet, jetzt aber entblößt aller Blätter, kahl, voll Angst vor dem engen Grab, und ohne Vergebung.

– Ja. Dann denken Sie also ...

Die Tür schloß sich hinter dem Hinausgehenden.

Ruhe griff plötzlich Platz in der verschwiegenen gewölbten Zelle, Ruhe aus warmer und brütender Luft.

Lampe einer Vestalin.

Hier sinnt er über Dinge nach, die nicht waren: was Cäsar wohl noch vollbracht, hätte er dem Wahrsager geglaubt: was hätte sein können: Möglichkeiten des Möglichen als möglich: unbekannte Dinge: welchen Namen Achilleus trug, als er unter den Frauen lebte.

Eingesargte Gedanken um mich herum, in Mumientruhen, einbalsamiert in Wortspezerei. Thoth, Gott der Bibliotheken, ein Vogelgott, mondgekrönt. Und ich hörte die Stimme jenes ägyptischen Hohenpriesters. *In gemalten Kammern, angefüllt mit Ziegelbüchern.*
Sie sind still. Einst quickbeweglich in Menschenhirnen. Still: doch ein Gelüst des Todes ist in ihnen, mir schmalzige Geschichten ins Ohr zu flüstern, zu drängen mich, ihren Willen zu tun.
– Gewiß, sann John Eglinton, von allen großen Männern ist er der rätselhafteste. Wir wissen nichts, als daß er lebte und litt. Ja, nicht einmal das. Andere schieben unsere Frage von sich. Ein Schatten hängt über dem gesamten Rest.
– Aber der *Hamlet* ist doch so persönlich, nicht wahr? machte Mr. Best geltend. Ich meine, eine Art Privataufzeichnung, verstehn Sie, seines privaten Lebens. Ich meine, es ist mir völlig egal, verstehn Sie, wer da getötet wird und wer schuldig ist . . .
Er legte ein unschuldiges Buch auf die Kante des Tisches, seine Herausforderung lächelnd. Seine Privataufzeichnungen im Original. *Ta an bad ar an tir. Taim imo shagart.* Bring das mal ins Englische, Klein John.
Sprach Klein John Eglinton:
– Ich war ja auf Paradoxa gefaßt, nach allem, was Malachi Mulligan uns erzählte, aber ich muß Sie doch warnend darauf aufmerksam machen, daß Sie, wenn Sie meinen Glauben, daß Shakespeare Hamlet sei, erschüttern wollen, eine schwere Aufgabe vor sich haben.
Hab nur Geduld mit mir.
Stephen hielt dem Gift der ungläubigen Augen stand, die trotzig unter gerunzelten Brauen glitzerten. Ein Basilisk. *E quando vede l'uomo l'attosca.* Messer Brunetto, ich dank' Euch für das Wort.
– Wie wir, oder Mutter Dana, unsere Körper weben und entweben, sagte Stephen, von Tag zu Tag, unter fortwährendem Herüber- und Hinüberschießen der Moleküle, so auch

webt und entwebt der Künstler sein Bild. Und wie das Mal auf meiner rechten Brust genau noch da ist, wo es war, als ich geboren wurde, obschon mein ganzer Körper im Lauf der Zeit aus neuem Stoff gewoben worden ist, so blickt auch durch den Geist des ruhelosen Vaters das Bild des nicht-lebenden Sohns. Im hochgespannten Moment der Imagination, wenn der Geist, wie Shelley sagt, eine blassende Kohle ist, ist das, was ich war, zugleich auch das, was ich bin, und das, was ich möglicherweise einmal sein werde. So kann ich mich in der Zukunft, der Schwester der Vergangenheit, vielleicht einmal so sehen, wie ich hier jetzt sitze, jedoch nur durch Reflexion von dem aus, was ich dann bin.

Drummond von Hawthornden hat dir bei dieser Hürde geholfen.

– Ja, sagte Mr. Best jünglich, ich empfinde Hamlet ganz jung. Die Bitterkeit mag wohl vom Vater sein, aber die Passagen mit Ophelia sind gewiß vom Sohn.

Da hat er den Falschen bei den Lauschern erwischt. Er ist in meinem Vater. Ich bin in seinem Sohn.

– Das Mal verschwindet jedenfalls als letztes, sagte Stephen lachend.

John Eglinton zog eine mit nichts zufriedene Miene.

– Wenn das ein Erkennungsmal des Genies wäre, sagte er, dann wäre Genie an jeder Ecke feil. Die Stücke aus Shakespeares späteren Jahren, die Renan so bewunderte, atmen ja einen ganz anderen Geist.

– Den Geist der Versöhnung, atmete der Quäker-Bibliothekar.

– Es kann keine Versöhnung geben, sagte Stephen, wenn nicht Entzweiung gewesen ist.

Hab ich schon mal gesagt.

– Wenn Sie wissen wollen, welche Ereignisse es sind, die ihren Schatten über die Hölle der Zeit von *König Lear, Othello, Hamlet, Troilus und Cressida* werfen, dann richten Sie Ihr Augenmerk darauf, wann und wie der Schatten sich hebt. Was besänftigt das Herz eines Mannes, schiffbrüchig in

Stürmen fürchterlich, heimgesucht, wie ein zweiter Odysseus, Perikles, Fürst von Tyrus?

Kopf, rotkegelbekappt, schicksalsgeschlagen, salzflutgeblendet.

– Ein Kind, ein Mädchen, das man ihm in die Arme gelegt, Marina.

– Die Vorliebe der Sophisten für die Seitenpfade der Apokryphen ist eine konstante Größe, entdeckte John Eglinton. Die breiten Heerstraßen sind dagegen öde, doch sie führen zur Stadt.

Guter Bacon: muffig geworden. Shakespeare der Hafer, der Bacon sticht. Ziffernjongleure, die auf den Heerstraßen gehn. Sucher auf der großen Suche. Welche Stadt denn, liebwerte Herren? Vermummt in Namen: A. E., Aeon: Magee, John Eglinton. Östlich der Sonne, westlich des Monds: *Tir na n-og.* Gestiefelt die zwei und bestabt.

Wieviel Meilen bis Dublin noch?
Ein Schock wohl und zehn, Sir.
Werden wir dort sein vor Kerzenlicht?

– Mr. Brandes sieht darin, sagte Stephen, das erste Stück der Schlußperiode.

– Ach, tatsächlich? Was sagt denn Mr. Sidney Lee, oder Mr. Simon Lazarus, wie manche behaupten, daß sein Name laute, zu der Sache?

– Marina, sagte Stephen, ein Kind des Sturms, Miranda, ein Wunder, Perdita, das was verloren ging. Was verloren ging, wird ihm zurückgegeben: seiner Tochter Kind. *Mein holdes Weib,* sagt Perikles, *war diesem Mädchen gleich.* Wird je ein Mann die Tochter lieben, wenn er die Mutter nicht geliebt hat?

– Die Kunst, Großvater zu sein, hob Mr. Best zu murmeln an. *L'art d'être grand…*

– Das eigene Bild ist für einen Mann mit dem seltsamen Etwas Genie das Richtmaß aller Erfahrung, materiell und moralisch. Solch ein Appell wird ihn rühren. Die Bilder anderer männlicher Wesen seines Blutes stoßen ihn ab. Er sieht in ihnen nur groteske Versuche der Natur, ihn selbst vorherzusagen oder zu wiederholen.

Die huldvolle Stirn des Quäker-Bibliothekars erflammte in rosiger Hoffnung.

– Ich hoffe, Mr. Dedalus wird seine Theorie zur Erleuchtung der Öffentlichkeit ausarbeiten. Aber wir sollten noch einen anderen irischen Kommentator erwähnen, Mr. George Bernard Shaw. Auch dürfen wir Mr. Frank Harris nicht vergessen. Seine Artikel über Shakespeare im *Saturday Review* waren ganz gewiß brillant. Seltsamerweise zeichnet auch er uns eine unglückliche Beziehung zu der dunklen Dame der Sonette. Der begünstigte Rivale ist William Herbert, Earl of Pembroke. Ich gestehe zu, daß, wenn der Dichter nun einmal abgewiesen werden mußte, solch eine Abweisung doch mehr in Einklang schiene mit – wie soll ich sagen? – unseren Vorstellungen von dem, was eigentlich nicht hätte sein sollen.

Glückselig brach er ab und hielt ein demütiges Haupt unter sie, Alks-Ei, Preis ihrer Rangelei.

Er duzt und dichzt sie mit gesetzten Gattenworten. Du liebest, Miriam? Liebest deinen Mann?

– Das mag wohl auch sein, sagte Stephen. Es gibt einen Ausspruch von Goethe, den Mr. Magee gern zitiert. Was man in der Jugend wünscht, hat man in der Mitte des Lebens die Fülle. Warum schickt er zu einer, die eine *buonaroba* ist, einer Bucht, wo alle Männer reiten, einer Ehrendame mit skandalöser Mädchenzeit, ein Herrlein, für ihn zu werben? Er war doch selbst ein Herr der Sprache und hatte sich selbst zu einem Lumpen-Gentleman gemacht und hatte *Romeo und Julia* geschrieben. Warum? Der Glaube an sich selbst war ihm zur Unzeit früh getötet worden. Er wurde zuerst in einem Kornfeld (oder vielmehr Roggenfeld, sollte ich sagen) überwunden und wird nun nimmermehr fortan ein Sieger in den eigenen Augen sein noch siegreich je das Spiel des Lachens spielen und des Niederliegens. Kein aufgesetzter Donjuanismus kann ihn retten. Keine spätere Schwäche schwächt jene erste Schwäche jemals ab. Der Hauer des Ebers hat ihn dort verwundet, wo die Liebe blutend liegt. Wenn auch die Widerspenstige überwunden ist, so bleibt ihr doch des Weibes unsichtbare Waffe. Es gibt da, das spüre ich in den Worten, noch einen Stachel des Fleisches, der ihn in eine neue Leidenschaft treibt, einen dunkleren Schatten der ersten, der ihm gar das Verständnis seiner selbst verdunkelt. Ein gleiches Schicksal erwartet ihn, und die beiden Rasereien mischen sich zum Strudel.

Sie horchen. Und in den Eingang ihrer Ohren träufl' ich.

– Die Seele ist zuvor tödlich getroffen worden, ein Gift geträufelt in den Eingang eines schlafenden Ohrs. Doch die da zu Tode gebracht werden im Schlaf, sie können die Weise des Mords an ihnen nicht wissen, es hätte denn ihr Schöpfer ihre Seelen mit diesem Wissen im kommenden Leben begabt. Die Vergiftung und das Tier mit den zwei Rücken, welches auf jene drängte, hätte König Hamlets Geist nicht wissen können, wäre er nicht mit Wissen begabt worden von seinem Schöpfer. Das ist der Grund, daß seine Rede (sein unschön dürres Englisch) allewege sonstwohin gerichtet ist, nach rückwärts. Schänder und Geschändeter, was er wollte und doch wieder nicht wollte, gehn mit ihm von Lukrezias durchblauten Elfenbeinhalbkugeln zu Imogens Brust, der bloßen, mit ihrem Mal, fünfsprenklig. Er geht zurück, müde der Schöpfung, welche er aufgetürmt, sich vor sich selbst zu verbergen, ein alter Hund, der eine alte Wunde leckt. Doch weil Verlust sein Gewinn ist, schreitet er weiter der Ewigkeit zu in unverminderter Personalität, unbelehrt von der Weisheit, die er geschrieben, oder den Gesetzen, die er geoffenbart. Sein Visier ist aufgezogen. Er ist ein Geist, ein Schatten jetzt, der Wind um Helsingörs Felsen oder was ihr wollt, die Stimme des Meers, eine Stimme, die nur das Herz dessen vernimmt, der die Substanz ist seines Schattens, der mit dem Vater konsubstantielle Sohn.

– Amen! respondierte es vom Eingang.

Ah, hast du mich gefunden, du mein Feind?

Entr'acte.

Ein wüstes Gesicht, grämlich wie das eines Dekans, kam Buck Mulligan sodann heran, munter im Narrenkleid, zu auf den Gruß ihres Lächelns. Mein Telegramm.

– Du hast gerade über das gasförmige Wirbeltier gesprochen, wenn ich nicht irre, ja? erkundigte er sich bei Stephen.

Primelgelbbewestet grüßte er heiter mit seinem abgenommenen Panama wie mit einem Narrenzepter.

Sie bewillkommnen ihn. *Was du verlachst wirst du noch dienen.*

Brut der Spötter: Photius, Pseudomalachi, Johann Most.

Er, der Sich Selbst erzeugte, durch Mittlung des Heiligen Geistes, und Selbst Sich sandte, als Loskäufer, von Sich hinab zu andern, der da geprellet ward von Seinen Feinden, Seiner Kleider beraubt und gestäupet, angenagelt gleichwie eine Fledermaus ans Scheunentor, am Kreuz- und Querholz verschied, der Sich begraben ließ, aufstand, zerriß die Hölle, auffuhr gen Himmel und nunmehr dort seit geschlagenen neunzehnhundert Jahren sitzet zur Rechten Seiner Selbst, doch wiederkommen wird am Jüngsten Tag, zu richten die Quicklebendigen und die Mausetoten, wenn alle Lebendigen bereits tot sein werden.

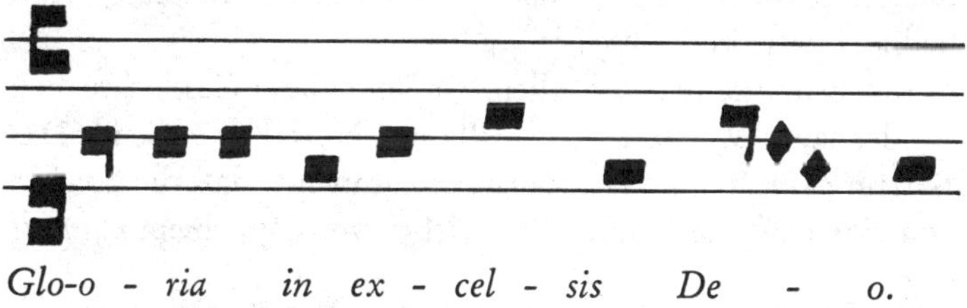

Er hebt die Hände. Schleier fallen. Oh, Blumen! Glocken mit Glocken mit Glocken im Chor.

– Ja, in der Tat, sagte der Quäker-Bibliothekar. Eine sehr lehrreiche Diskussion. Mr. Mulligan hat, des bin ich gewiß, auch seine Theorie bezüglich des Stückes und Shakespeares. Alle Seiten des Lebens sollten vertreten sein.

Er lächelte gleichmäßig nach allen Seiten.

Buck Mulligan dachte nach, verdutzt:
– Shakespeare? sagte er. Den Namen muß ich schon mal gehört haben.
Ein flüchtiges sonniges Lächeln erstrahlte in seinen schlaffen Zügen.
– Aber natürlich, sagte er, wie in hellem Erinnern. Der Bursche, der so schreibt wie Synge.
Mr. Best wandte sich ihm zu.
– Haines hat Sie verfehlt, sagte er. Haben Sie ihn getroffen? Er will Sie später dann im D.B.C. treffen. Er ist zu Gill gegangen, um sich Hydes *Liebeslieder aus Connacht* zu kaufen.
– Ich bin durchs Museum gekommen, sagte Buck Mulligan. War er denn hier?
– Des Barden Landsleute, antwortete John Eglinton, sind unseres brillanten Theoretisierens vielleicht einigermaßen müde. Wie ich höre, hat gestern abend eine Schauspielerin in Dublin den Hamlet zum vierhundertundachten Mal gespielt. Vining hielt dafür, der Prinz sei eine Frau gewesen. Hat eigentlich noch niemand einen Iren in ihm entdeckt? Richter Barton, glaub ich, sucht in dieser Hinsicht nach Anhaltspunkten. Er schwört (Seine Hoheit, nicht Seine Lordschaft) beim heiligen Patrick.
– Am brillantesten von allem ist doch diese Geschichte von Wilde, sagte Mr. Best, sein brillantes Notizheft hebend. Das *Porträt von Mr. W. H.,* worin er nachweist, daß die Sonette von einem Willie Hughes geschrieben wurden, einem *man all hues.*
– Für Willie Hughes doch, oder? fragte der Quäker-Bibliothekar.
Oder Hughie Wills. Mr. William Höchstselbst. W. H.: wer bin ich?
– Das meinte ich auch, für Willie Hughes, sagte Mr. Best, seine Anmerkung mit Leichtigkeit verbessernd. Natürlich ist das alles paradox, verstehn Sie, die Beweisführung mit Hughes und *hews* und *hues,* aber das ist typisch die Art, wie

er so etwas herausarbeitet. Das ist recht eigentlich die Essenz von Wilde, verstehn Sie. So das leichte Antippen.
Sein Blick tippt leicht sie an, sein Lächeln sie ereilt: Ephebe, blonder. Zahm' Essenz von Wilde.
Du bist verdammt witzig. Drei Gläschen Usquebaugh hast du dir von Dan Deasys Dukaten genehmigt.
Wieviel hab ich eigentlich ausgegeben? Oh, ein paar Schilling.
Für einen Klump Presseleute. Humor, feucht und trocken.
Witzig. Dabei gäbst du gut und gern deine ganze Gewitztheit für der Jugend stolz Gewand, in dem er prangt. Züge erfüllter Begierde.
Es gibt noch viele mehr. Solln die sie nehmen für mich. Zur Paarungszeit. Schick ihnen kühle Brunstzeit, Jupiter. Ja-ah, beturtelt sie nur.
Eva. Nackte weizenbäuchige Sünde. Eine Schlange umwindet sie, Giftzahn in ihrem Kuß.
– Glauben Sie wirklich, das sei nur ein Paradoxon, fragte der Quäker-Bibliothekar gerade. Der Spötter wird nie ernst genommen, wenn er's am ernstesten meint.
Sie sprachen ernstlich von des Spötters Ernst.
Buck Mulligans wieder schweres Gesicht beäugte Stephen ein Weilchen. Dann trat er mit wiegendem Kopfe näher und zog ein zusammengefaltetes Telegramm aus der Tasche. Seine flinken Lippen lasen, lächelnd vor neuer Lust.
– Ein Telegramm! sagte er. Wundervolle Eingebung! Ein Telegramm! Eine päpstliche Bulle!
Er setzte sich auf eine Ecke des unbeleuchteten Tisches und las freudvoll laut:
– *Ein Sentimentaler ist, wer genießen will, ohne die ungeheure Schuldnerschaft für etwas Getanes auf sich zu nehmen.* Gezeichnet: Dedalus. Wo hast du das vom Stapel gelassen? Im Puff? Nee. College Green. Hast du die vier Eier versoffen? Die Tante ist auf dem Sprung, mal bei deinem unsubstantiellen Vater vorzusprechen. Ein Telegramm! Malachi Mulligan, The Ship, Lower Abbey Street. O du unvergleichlicher Komödiant! O du verpriesterter Kinchit!

Freudvoll stopfte er Botschaft und Umschlag in eine Tasche, um jedoch alsbald in klagend-quängelndem Dialekt fortzufahren:

– Also wat saar ick dir, Männeken, wa ham uns schon janz dumm un dämlich jesessen, der Haines un icke, wie det Kerlchen da uff eemal det Ding reinflattern läßt. Wo uns der Pansen druff stand, det war eene Spülung, also eene Spülung, saar ick, die selbst dem Herrn Pastor uff die Beene jebracht hätte, un er, wat macht er? Er läßt sich det Kreuz von die Nutten weichleiern. Un da sitzen wa so eene Stunde und noch zweie un dreie in dem ollen Connery seinem Saftladen, janz jesittet un zivilistisch, un warten, det et endlich mit regnen anfängt.

Er klagte!

– Un wat is stattdeme dessen? Statt dat det Bübchen sich uff die Socken macht, tut er uns seinen Schnickschnack schicken un zwar uff eene Art, det uns die Zunge zwo Zoll aus'm Halse schlenkert wie eem Pfaffen, der scharf uff 'ne Mieze is.

Stephen lachte.

Rasch, warnend beugte Buck Mulligan sich vor:

– Der Landstreicher Synge ist hinter dir her, sagte er, um dich zu ermorden. Er hat gehört, du hättest an seine Haustür gepinkelt in Glasthule. Da ist er gleich in Schlappen los, dich zu ermorden.

– Mich! rief Stephen aus. Das war dein Beitrag zur Literatur.

Buck Mulligan lehnte sich entzückensvoll wieder zurück und lachte zur dunklen lauschenden Decke hinauf.

– Dich zu ermorden! lachte er.

Mißtönendes Wasserspeiergesicht, das wider mich kriegführte über unserem Lungenhachée-Gericht in der Rue Saint-André-des-Arts. In Worten von Worten für Worte, *palabras*. Oisin mit Patrick. Faunmann traf er in Clamart-Wäldern, eine Weinflasche schwingend. *C'est vendredi saint!* Mordender Ire. Sein Ebenbild traf er, ewiglich wandernd. Ich meins. Ich traf 'nen Narren im Walde.

– Mr. Lyster, sagte ein Diener von der spaltoffenen Tür.
– ... worin ein jeder das seine finden kann. So hat der Herr Richter Madden in seinem *Diary of Master William Silence* die Jagdausdrücke gefunden ... Ja? Was gibt's?
– Da ist ein Herr draußen, Sir, sagte der Diener, indem er näherkam und eine Karte überreichte. Vom *Freeman*. Er möchte gern das *Kilkenny People* einsehen, die Bände vom letzten Jahr.
– Gewiß, gewiß, gewiß. Ist der Herr ...?
Er nahm die eifrige Karte, warf einen Blick darauf, sah nicht, legte nieder, unbesehen, blickte, fragte, knarrte, fragte:
– Ist er...? Ah, da!
In flotter Galliarde war er auf und hinaus. Im taglichten Flur sprach er mit redseligem Eifer, ganz Pflichterfüllung, höchst artig, höchst freundlich, höchst ehrenwerter Quäkerhut.
– Dieser Herr? *Freeman's Journal? Kilkenny People?* Aber natürlich. Guten Tag, Sir. *Kilkenny* ... Aber gewiß haben wir ...
Eine geduldige Silhouette wartete, lauschend.
– Sämtliche führenden Provinz ... *Northern Whig, Cork Examiner, Enniscorthy Guardian,* 1903 ... Wollen Sie bitte ...? Evans, führen Sie den Herrn ... Folgen Sie doch bitte dem Die ... Oder wenn ich vielleicht selber ... Hier entlang ... Bitte, Sir ...
Redselig, pflichtbewußt zeigte er den Weg zu sämtlichen Provinzblättern, während eine dienernde dunkle Gestalt seinen hastigen Hacken folgte.
Die Türe schloß sich.
– Der Jid! schrie Buck Mulligan.
Er sprang auf und schnappte sich die Karte.
– Wie heißt er denn? Ikey Moses? Bloom.
Er plapperte weiter.
– Jehovah, der Sammler der Vorhäute, ist nicht mehr. Ich fand ihn drüben im Museum, als ich die schaumgeborene Aphrodite begrüßen ging. Den griechischen Mund, der noch nie sich im Gebet verzerrte. Jeden Tag müssen wir ihr unsere

Huldigung darbringen. *Leben des Lebens, deine Lippen entflammen.*

Jäh wandte er sich an Stephen:

– Er kennt dich. Er kennt auch deinen alten Herrn. Ah, ich fürchte mich, er ist griechischer als die Griechen. Seine blassen Galiläeraugen ruhten auf ihrem Mittelgrübchen. Venus Kallipyge. Ah, der Donner dieser Lenden! *Der Gott verfolgend die versteckte Maid.*

– Wir wollen mehr hören, entschied John Eglinton mit Mr. Bests Zustimmung. Wir beginnen uns für Mrs. S. zu interessieren. Bislang hatten wir in ihr, wenn überhaupt etwas, nur eine geduldige Griselda, eine Stubenhockerin Penelope gesehen.

– Antisthenes, Schüler des Gorgias, sagte Stephen, nahm die Palme der Schönheit der Brutdame des Kyrios Menelaos fort, der Argiverin Helena, der hölzernen Mähre von Troja, in der eine ganze Stiege Helden schliefen, und reichte sie der armen Penelope. Zwanzig Jahre lebte er in London, und während eines Teils dieser Zeit bezog er ein Salär, so hoch wie das des Lordkanzlers von Irland. Sein Leben war reich. Seine Kunst, mehr als die Kunst des Feudalismus, wie Walt Whitman sie genannt hat, ist die Kunst der Übersättigung. Heiße Heringspasteten, grüne Becher Sekt, Honigsoßen, Rosenzucker, Marzipan, stachelbeergefüllte Tauben, Muskatkuchen. Sir Walter Raleigh hatte, als sie ihn verhafteten, eine halbe Million Franc auf dem Buckel sowie ein Dandykorsett. Die Halsabschneiderin Eliza Tudor hatte Unterwäsche genug, um es mit der von Saba aufnehmen zu können. Zwanzig Jahre lang vertändelte er dort seine Zeit zwischen konjugialer Liebe und ihren keuschen Freuden und skortatorischer Liebe und ihren eklen Lüsten. Sie kennen Manninghams Geschichte von der Bürgersfrau, die Dick Burbage zu sich zu Bette bat, nachdem sie ihn in *Richard III.* gesehen hatte, und wie Shakespeare, der das zufällig erlauschte, ohne mehr Lärm um nichts die Kuh bei den Hörnern packte und, als Burbage klopfend am Tor erschien, aus des Kapaunen Decken antwortete: *Wil-*

liam der Eroberer kam vor Richard III. Und das fidele Frauchen, Mistress Fitton, sie schrie nur Oh! und tat's, und dann seine leckeren Vögelchen alle, Lady Penelope Rich, ein sauberes Klasseweib paßt sich für einen Schauspieler, und die Nutten der Bankside, einen Penny pro Nummer.

Cours-la-Reine. *Encore vingt sous. Nous ferons de petites cochonneries. Minette? Tu veux?*

– Der Gipfel der feinen Gesellschaft. Und die Mutter von Sir William Davenant of Oxford mit ihrem Becher Kanarienwein für jedes Kanarienböckchen.

Buck Mulligan hob fromm den Blick und betete:

– Gesegnet seist du, o Margaret Mary Anycock!

– Und das Töchterlein des sechsmal beweibten Harry und andere Freundinnen von Nachbarsitzen, wie Lawn Tennison, Gentleman-Poet, singt. Aber die ganzen zwanzig Jahre lang, was meint ihr wohl, was die arme Penelope in Stratford getan hat hinter ihren Butzenscheiben?

Tun und tun. Etwas Getanes. In einem Rosengarten der Fetter Lane, dem von Gerard, dem Botaniker, geht er, ergrautnußbraun. Eine Hyazinthe, blau wie ihre Adern. Lider von der Juno Augen, Veilchen. Er geht. Ein Leben ist alles. Ein Leib. Tun. Nur tun. Fern, im Dunst von Lust und Schmutz, wird Hand an Weißheit gelegt.

Buck Mulligan schlug scharf auf John Eglintons Tisch.

– Wen hast du in Verdacht? forderte er heraus.

– Sagen wir einmal, er ist der verschmähte Liebhaber in den Sonetten. Einmal verschmäht, zweimal verschmäht. Aber die Hofdirne verschmäht ihn um einen Lord, seinen Eimeinschatz.

Liebe, die nicht wagt, den eigenen Namen zu nennen.

– Als Engländer, meinen Sie, warf John Starrsinn Eglinton ein, liebte er einen Lord.

Alte Mauer, wo jählich Eidechsen huschen. In Charenton hab ich sie beobachtet.

– Es scheint so, sagte Stephen, wenn er an ihm, und an allen andern und vorzüglich unbestellten Leibesfeldern, die heilige

Handlung vollziehen will, die der Stallknecht vollzieht an dem Zuchthengst. Vielleicht hatte er, wie Sokrates, eine Hebamme zur Mutter, wie er eine Widerspenstige zum Weibe hatte. Doch sie, die ungetreue Dirne, sie brach kein Bettgelübde. Zweierlei Tat ist faul für jenes Geistes Geist: ein gebrochen Gelübde und der schwachköpfige Bauernlümmel, dem sich ihre Gunst zugeneigt hat, des verblichenen Gatten Bruder. Die süße Ann hatte, möcht ich doch meinen, heißes Blut. Einmal eine Buhle, zweimal eine Buhle.

Stephen wandte sich kühn um auf seinem Stuhl.

– Die Last der Beweisführung liegt bei Ihnen, nicht bei mir, sagte er stirnrunzelnd. Wenn Sie bestreiten, daß er sie in der fünften Szene des *Hamlet* mit Schande gebrandmarkt hat, dann sagen Sie mir doch, warum sie in den ganzen vierunddreißig Jahren zwischen dem Tag, da sie ihn zum Altar schleppte, und dem Tag, da sie ihn zu Grabe trug, nirgends die mindeste Erwähnung findet. All diese Frauen sahen ihre Männer hingehn und in die Grube fahren: Mary ihren Hausvater John, Ann ihren armen lieben Willun, als er ging und vor ihr starb, wütend darüber, daß er als erster gehn mußte, Joan ihre vier Brüder, Judith ihren Mann und alle ihre Söhne, Susan ebenfalls ihren Gatten, während Susans Tochter Elizabeth, um Opapas Worte zu gebrauchen, nachdem sie einen totschlug, sich den zweiten suchte.

Oh doch, Erwähnung findet sie schon. In den Jahren, da er im königlichen London ein reiches Leben führte, mußte sie sich, eine Schuld zu bezahlen, beim Schäfer ihres Vaters vierzig Schilling borgen. Das erklär jetzt mal. Erklär auch den Schwanengesang, in dem er sie der Nachwelt anempfohlen hat.

Er sah ihrem Schweigen ins Gesicht.

Darauf nun Eglinton also:

Sie meinen den letzten Willen.
Das ist erklärt, so glaub ich, von Juristen.
Sie hatte Anspruch auf ihr Leibgedinge

Nach allgemeinem Recht. Gesetzeskenntnis
Besaß er viel, so sagen Richter uns.
Sein spottet Satan,
Spötter:
Und darum ließ er ihren Namen
Aus seiner ersten Niederschrift, doch ließ
Nicht aus die Gaben für die Töchter und
Die Enkelin, die Schwester, die Kumpane
In Stratford und in London. Und erst als man
Ihn drängte, wie ich glaube, sie doch auch
Zu nennen, ließ er ihr sein
Zweitbestes
Bett.

Punkt

Ließihrsein
Zweitbestes
Bestseinbett
Zweitseinbest
Ließeinbett.

Puh!

– Das hübsche Landvolk hatte damals nicht eben viel Habe, bemerkte John Eglinton, wie auch heute noch, wenn unsere Bauernstücke nicht allzu sehr trügen.

– Er war ein reicher Landedelmann, sagte Stephen, mit Wappenschild und Grundbesitz in Stratford, dazu einem Haus im Ireland Yard, ein kapitalistischer Aktionär, Gesetzdurchsetzer und Zehentherr. Warum ließ er ihr nicht sein bestes Bett, wenn er wünschte, daß sie den Rest ihrer Nächte in Frieden verschnarchte?

– Es ist klar, daß zwei Betten vorhanden waren, ein bestes und ein zweitbestes, äußerte sich Mr. Zweitbest Best messerscharf.

– *Separatio a mensa et a thalamo*, besserte Buck Mulligan und erntete ein Lächeln.

– Das Altertum erwähnt berühmte Betten, maulte Zweit Eglinton, bettlächelnd. Lassen Sie mich nachdenken.
– Das Altertum erwähnt jenen stagirischen Schulbuben und kahlen heidnischen Weisen, sagte Stephen, der, als er im Exil zum Sterben kommt, seine Sklaven freiläßt und beschenkt, seinen Ältesten Tribut zahlt, testamentarisch bestimmt, neben den Knochen seines toten Weibes beerdigt zu werden, und seinen Freunden aufträgt, freundlich zu einer alten Geliebten zu sein (vergeßt mir nicht Nell Gwynn Herpyllis) und sie in seiner Villa wohnen zu lassen.
– Glauben Sie, er ist so gestorben? fragte Mr. Best leicht betroffen. Ich meine ...
– Er starb stockbesoffen, trumpfte Buck Mulligan auf. Ne Kanne Bier ist Königstrank. Ah, da muß ich euch erzählen, was Dowden gesagt hat!
– Was denn? fragte Besteglinton.
William Shakespeare GmbH. Des Volkes William. Wegen Bedingungen wende man sich an: E. Dowden, Highfield House ...
– Allerliebst! seufzte Buck Mulligan amourös. Also, ich fragte ihn, wie er denn zum Vorwurf der Päderastie stünde, der gegen den Barden erhoben wird. Da rang er nur die Hände und sagte: *Wir können dazu nur sagen, daß es damals ziemlich hoch hergegangen ist.* Allerliebst!
Lustknabe.
– Der Sinn für Schönheit läßt uns fehlgehen, sagte Schönintrauer Best zu Häßlentlein Eglinton.
Der standhafte John erwiderte streng:
– Der Arzt kann uns sagen, was jene Worte bedeuten. Man kann einen Kuchen nicht essen, ohne daß er dann weg ist.
Redest du so? Wollen sie uns, wollen sie mir die Palme der Schönheit entreißen?
– Und der Sinn für Eigentum, sagte Stephen. Den Shylock hat er aus der eigenen tiefen Tasche gezogen. Als der Sohn eines Malzhändlers und Geldverleihers war er selber ein Kornhändler und Geldverleiher, der zehn Tod Korn hortete

während der Hungerrevolten. Seine Borger sind ohne Zweifel jene diversen Ehrenmänner, die von Chettle Falstaff erwähnt werden und die seine Redlichkeit beim Handel bezeugten. Er belangte einen Schauspielerkameraden wegen des Preises von ein paar Sack Malz und trieb für jedes verliehene Geld als Zins sein Pfund Fleisch ein. Wie anders konnte Aubreys Stallknecht und Theaterlaufjunge schnell reich werden? Alle Ereignisse brachten Wasser auf seine Mühle. Shylock ist ganz im Einklang mit der Judenhetze, die dem Hängen und Vierteilen von Lopez, dem Leibarzt der Königin, folgte: dem wurde das Judenherz herausgezupft, während das Jüdlein noch lebendig war: *Hamlet* und *Macbeth* passen ganz zur Thronbesteigung eines schottischen Philosophasters mit einer Neigung zum Hexenrösten. In *Verlorene Liebesmüh* stichelt er auf der verlorenen Armada herum. Seine Ausstattungsstücke, die Historien, segeln vollbäuchig auf einer Woge von Mafeking-Enthusiasmus daher. Warwickshire-Jesuiten kommen vor Gericht, und wir haben eines Pförtners Theorie über Doppeldeutlerei. Die *Sea Venture* kommt von den Bermudas nach Hause, und das Stück, das Renan so bewunderte, wurde mit Patsy Caliban geschrieben, unserm amerikanischen Vetter. Die gezuckerten Sonette folgen denen Sidneys. Was die Fee Elizabeth betrifft, sonst die fuchsige Bess, die plumpe Jungfrau, die *Die lustigen Weiber von Windsor* inspirierte, so soll doch irgendein Meinherr aus Teutschland sein Leben lang nach tiefverborgenen Bedeutungen in der Tiefe des Waschkorbs wühlen.

Ich glaube, du kommst ganz hübsch voran. Misch nur kräftig noch was Theolologicophilolologisches hinein. *Mingo, minxi, mictum, mingere.*

– Beweisen Sie, daß er Jude war, erkühnte sich John Eglinton erwartungsvoll. Ihr Studiendekan hält dafür, er sei ein heiliger Römer gewesen.

Sufflaminandus sum.

– In Deutschland, erwiderte Stephen, wurde er zum Meisterpolierer italienischer Skandale gemacht.

– Ein überaus vielseitiger Geist, erinnerte Mr. Best. Coleridge hat ihn myriadenseitig genannt.

Amplius. In societate humana hoc est maxime necessarium ut sit amicitia inter multos.

– Der heilige Thomas, begann Stephen ...

– *Ora pro nobis,* stöhnte Mönch Mulligan und sank auf einen Stuhl.

Dort stimmte er eine jammernde Runenklage an.

– *Pogue mahone! Acushla machree!* Von heut an sind wir ruiniert! Nischt mehr, sind pleng und pleite!

Alle lächelten ihr Lächeln.

– Der heilige Thomas, sagte Stephen lächelnd, dessen dickleibige Werke ich das Vergnügen habe im Original zu lesen, schreibt auch über den Inzest, und zwar von einem ganz anderen Standpunkt aus, als ihn die neue Wiener Schule hat, von der Mr. Magee sprach, und er vergleicht ihn auf seine weise und wunderliche Art mit einem Geiz der Gemütsbewegungen. Er meint, daß die solcherart einem nahen Blutsverwandten geschenkte Liebe mit Eifer von einem Fremden ferngehalten wird, der möglicherweise danach hungert. Juden, die von Christen des Geizes bezichtigt werden, neigen von allen Rassen am meisten zur Verwandtenehe. Beschuldigungen werden im Zorn erhoben. Die christlichen Gesetze, die die Schätze der Juden erst schufen (für die, wie für die Lollarden, Sturm ein Schutzdach war), umschlossen auch ihre Liebesgefühle mit ehernen Haken. Ob dies nun Sünden sind oder Tugenden, wird uns der alte Nobodaddy am jüngsten Gerichtstermin sagen. Aber ein Mann, der so zäh an seinen von ihm sogenannten Rechten auf seine von ihm sogenannten Schulden festhält, wird ebenso zäh auch an seinen von ihm sogenannten Rechten auf seine von ihm sogenannte Ehefrau festhalten. Kein freundlicher Herr Nachbar Lächler soll seines Ochsen begehren, seines Weibes, seines Knechtes, seiner Magd oder seines Esels.

– Oder seiner Eselin, antiphonte Buck Mulligan.

– Der sanfte Will wird hier ja ziemlich rauh behandelt, sagte

der sanfte Mr. Best sanft.
– Welcher Will? juxte süß Buck Mulligan. Wir kommen jetzt ein bißchen durcheinander.
– Der Wille zum Leben, philosophierte John Eglinton, ist für die arme Ann, Wills Witwe, der Wille zum Tod.
– *Requiescat!* betete Stephen.

Wo blieb aller Will' zur Tat?
Längst ist er geschwunden ...

– Sie liegt da ausgestellt in jenem zweitbesten Bett, in starrer Steifheit, die schlotterichte Königin, selbst wenn Sie beweisen, daß ein Bett in jenen Tagen so rar war wie heute ein Automobil und sein Schnitzwerk das Wunder von sieben Pfarreien. Im Alter hielt sie es mit den Predigern (einer blieb in New Place und trank ein Quart Sack, das die Stadt bezahlte, doch in welchem Bett er schlief, ist ziemlich egal) und vernahm, daß sie eine Seele hätte. Sie las seine Erbauungsschriften oder bekam sie vorgelesen, und die galten ihr mehr als die *Lustigen Weiber*, und wenn sie nächtens ihr Wasser auf dem Potte abließ, dachte sie nach über *Haken und Ösen für eines rechten Gläubigen Beinkleid* und *Die sehr geistliche Schnupftabakdose, davon die frommen Seelen ein herzhaft Niesen sollen haben.* Venus hatte ihre Lippen im Gebet verzerrt. Nagebiß des Gewissens: dere gewizzede biz. Es ist ein Alter der erschöpften Hurerei, das nach seinem Gotte grapscht.
– Die Geschichte erweist das als wahr, *inquit Eglintonus Chronolologus.* Ein Alter folgt dem andern. Aber wir können uns auf hohe Autorität dafür berufen, daß eines Mannes schlimmste Feinde sein eigen Haus und seine Familie sind. Meinem Gefühl nach hat Russell recht. Was scheren uns seine Frau und sein Vater? Ich würde doch sagen: nur Familiendichter haben auch Familienleben. Falstaff hatte dafür nichts übrig. Meinem Gefühl nach ist der fette Ritter seine oberste Schöpfung.
Mager lehnte er sich zurück. Scheu, verleugne deine Verwandtschaft, das scheinheilige Gesocks. Scheu speisend mit

den Gottlosen schnorrt er sich seinen Becher. Ein Vater im ultonischen Antrim hieß es ihn tun. Besucht ihn hier an Quartalstagen. Mr. Magee, Sir, ein Herr ist draußen, der Sie sprechen möchte. Mich? Sagt, er ist Ihr Vater, Sir. Gib mir meinen Wordsworth. Magee Mor Matthew tritt auf, ein abgerissener straub'ger Strolch, in Beinkleidern mit geknöpftem Hosenlatz, auf den Wadenstrümpfen den Schmodder von zehn Wäldern, eine Wildlingsgerte in der Hand.

Dein eigener? Er kennt deinen alten Herrn. Den Witwer.

Als ich an ihr dürftiges Todeslager eilte, aus dem heiteren Paris, da berührte ich am Kai seine Hand. Die Stimme, neue Wärme, sprechend. Dr. Bob Kenny betreut sie. Die Augen, die mir wohlwollen. Doch mich nicht kennen.

– Ein Vater, sagte Stephen, gegen Hoffnungslosigkeit ankämpfend, ist ein notwendiges Übel. Er schrieb das Stück in den Monaten, die auf seines Vaters Tod folgten. Wenn Sie meinen, daß er, ein ergrauender Mann mit zwei heiratsfähigen Töchtern, mit fünfunddreißig Jahren Leben, *nel mezzo del cammin di nostra vita*, mit fünfzig Erfahrung, der bartlose Student aus Wittenberg sei, dann müssen Sie auch glauben, die lüsterne Königin sei seine siebzig Jahre alte Mutter. Nein. Der Leichnam von John Shakespeare wandert nicht des Nachts. Von Stund' zu Stunde fault er mehr und mehr. Er ruht, der Vaterschaft entkleidet, den mystischen Zustand hat er seinem Sohn übermacht. Boccaccios Calandrino war der erste und letzte Mann, der sich schwanger fühlte. Vaterschaft, im Sinne der bewußten Zeugung, ist dem Menschen unbekannt. Sie ist ein mystischer Zustand, eine apostolische Nachfolge, von einzig Erzeuger zu einzig Gezeugtem. Auf dieses Mysterium und nicht auf die Madonna, die der gerissene italienische Intellekt dem Pöbel Europas hinwarf, ist die Kirche gegründet und unverrückbar gegründet, weil gegründet, wie die Welt, Makro- und Mikrokosmos, auf die Leere. Auf Ungewißheit, Unwahrscheinlichkeit. *Amor matris*, subjektiver und objektiver Genetiv, ist vielleicht das einzige Wahre im Leben. Vaterschaft kann durchaus eine Legal-Fiktion sein. Wer ist

schon der Vater irgendeines Sohnes, daß irgendein Sohn ihn lieben könnte oder er irgendeinen Sohn?
Wohin zum Teufel treibst du da?
Ich weiß. Halt die Klappe. Zum Donnerwetternochmal! Ich hab Gründe.
Amplius. Adhuc. Iterum. Postea.
Bist du dazu verdammt, dies zu tun?
– Sie sind gesondert durch eine körperliche Scham, so unerschütterlich, daß die Verbrechens-Annalen der Welt, die doch mit allen anderen Inzesten und Bestialitäten befleckt sind, kaum je ihre Verletzung vermelden. Söhne mit Müttern, Väter mit Töchtern, Schwestern miteinander, Liebe, die nicht wagt, den eigenen Namen zu nennen, Neffen mit Großmüttern, Zellenvögel mit Schlüssellöchern, Königinnen mit Preisbullen. Der ungeborene Sohn schädigt die Schönheit: geboren bringt er Schmerz, zieht Liebe ab, vermehrt die Sorgen. Er ist ein männliches Wesen: sein Wachsen ist seines Vaters Niedergang, seine Jugend des Vaters Neid, sein Freund des Vaters Feind.
In der Rue Monsieur-le-Prince hab ich das gedacht.
– Was verbindet sie in der Natur? Ein Augenblick blinder Brunst.
Bin ich Vater? Und wenn ich's wär'?
Verschrumpelte unsichere Hand.
– Sabellius, der Afrikaner, listigster Häresiarch aller Tiere auf dem Felde, behauptete, daß der Vater Selbst Sein Eigener Sohn sei. Die Bulldogge von Aquin, bei welcher kein Wort unmöglich ist, widerlegt ihn. Nun: wenn der Vater, der keinen Sohn hat, kein Vater ist, kann dann der Sohn, der keinen Vater hat, ein Sohn sein? Als Rutlandbaconsouthamptonshakespeare oder ein anderer Dichter nämlichen Namens in der Komödie der Irrungen den *Hamlet* schrieb, war er nicht bloß der Vater seines eigenen Sohnes, sondern da er kein Sohn mehr war, war er und fühlte er sich als Vater seines gesamten Geschlechts, als Vater seines eigenen Großvaters, als Vater seines ungeborenen Enkels, der ebendeshalb nie gebo-

ren wurde, denn die Natur, wie Mr. Magee sie versteht, verabscheut die Vollkommenheit.
Eglintonaugen, munter vor Vergnügen, blickten scheufreudig auf. Glückglänzend, ein schnurriger Puritaner, durch die verschlungene Eglantine.
Schmeichle. Selten. Aber schmeichle.
– Er selbst sein eigener Vater, sagte Sohnmulligan zu sich selbst. Warte. Ich gehe schwanger mit einem Kind. Ich hab ein ungeborenes Kind in meinem Hirn. Pallas Athene! Ein Schauspiel! Das Schauspiel sei die Schlinge! Laßt mich kreißen!
Er packte seinen Stirnwanst mit beiden Geburtshelferhänden.
– Was seine Familie betrifft, sagte Stephen, so lebt seiner Mutter Name im Wald von Arden. Ihr Tod brachte ihm die Szene mit Volumnia im *Coriolan*. Seines Knabensohns Tod ist die Sterbeszene des jungen Arthur im *König Johann*. Hamlet, der schwarze Prinz, ist Hamnet Shakespeare. Wer die Mädchen im *Sturm*, im *Perikles*, im *Wintermärchen* sind, wissen wir. Wer Kleopatra, Fleischtopf Ägyptens, und Cressida und Venus sind, können wir wohl erraten. Aber es gibt noch ein anderes Mitglied seiner Familie, das uns bezeugt ist.
– Der Knoten schürzt sich, sagte John Eglinton.
Der Quäker-Bibliothekar zehenspitzelte herein, spähend, zitzelnd, zitterte seine Maske, bebte, hastig, peppte, papp.
Tür zu. Zelle. Tag.
Sie horchen. Drei. Sie.
Ich du er sie.
Na dann los, die Herren.

STEPHEN Er hatte drei Brüder, Gilbert, Edmund, Richard. Gilbert erzählte im Alter ein paar Kavalieren, er hätte mal so eines Tages vom Maister Gatherer 'ne Eintrittskarte gekriegt, für gaanix, bloß so, und da wär' er mal hin, und da hätt' er seinen Brudder Maister Wull, den Stückeschreiber in Lunnon, also den hätt' er da in 'nem Raufestück gesehn mit 'nem Mann auf'm Rücken, jawoll. Die Theaterwurst füllte

Gilberts Seele. Er taucht nirgends auf: aber ein Edmund und ein Richard sind in den Werken des süßen William aufbehalten worden.

MAGEEGLINJOHN Namen! Was ist ein Name?

BEST Das ist mein Name, Richard, verstehn Sie. Ich hoffe, Sie sagen ein gutes Wort über Richard, verstehn Sie, um meinetwillen.

(Gelächter)

BUCK MULLIGAN *(piano, diminuendo):*

Da sagte der stud. med. Dick
Zu seinem Kumpan stud. med Davy ...

STEPHEN In seiner Trinität schwarzer Wills, der schurkischen Kampfhähne, Jago, Richard Krummbuckel, Edmund im *König Lear,* tragen zwei die Namen der bösen Onkel. Ja, und dieses letzte Stück wurde sogar geschrieben oder abgeschlossen, während sein Bruder Edmund in Southwark im Sterben lag.

BEST Ich hoffe, Edmund kriegt alles ab. Ich möchte nicht, daß Richard, mein Name ...

(Gelächter)

QUÄKERLYSTER *(a tempo)*: Doch, wer den guten Namen mir entwendet ...

STEPHEN *(stringendo):* Er hat seinen eigenen Namen, einen schönen Namen, William, in den Stücken versteckt, hier als Statisten, als Narren dort, wie ein Maler des alten Italien sein Gesicht in eine dunkle Ecke der Leinwand setzte. Er hat ihn geoffenbart in den Sonetten, wo Will im Übermaß vorhanden ist. Wie John O'Gaunt ist ihm sein Name teuer, so teuer wie das Wappenschild, das er sich erschmeichelte, auf schwarzem Schrägbalken ein Speer oder gestähltes Silber, honorificabilitudinitatibus, teurer noch denn sein Ruhm als größter Szenenerschütterer im Lande. Was ist ein Name? Das ist's, was wir uns in der Kindheit fragen, wenn wir den Namen schreiben, von dem man uns sagt, daß er der unsere sei. Ein Stern, ein Morgenstern, ein Feuerdrache stieg auf bei seiner Geburt. Er leuchtete bei Tag allein am Himmel, heller als die Venus bei Nacht, und in der Nacht leuchtete er über dem Delta Cassiopeiae, der ruhenden Konstellation, welche die Signatur seiner Initiale unter den Sternen ist. Seine Augen beobachteten ihn, tiefliegend über dem Horizont, östlich des Bären, wenn er um Mitternacht an den schläfrigen Sommerfeldern entlangschritt, zurückkehrend von Shottery und aus ihren Armen.

Beide befriedigt. Ich auch.

Aber erzähl ihnen bloß nicht, daß er neun Jahre alt war, als er erlosch.

Und aus ihren Armen.

Warte, bis du umworben wirst und gewonnen. Jaja, du Schwächling. Wer wird dich umwerben?

Lies in den Himmeln. *Autontimerumenos. Bous Stephanoumenos.* Wo ist deine Konfiguration? Stephen, mein Junge, spar deine Lunge. S. D.: *sua donna. Già: di lui. Gelindo risolve di non amar S. D.*

– Was soll das heißen, Mr. Dedalus? fragte der Quäker-Bibliothekar. Handelte es sich um eine Himmelserscheinung?

– Ein Stern bei Nacht, sagte Stephen, eine Wolkensäule bei Tag.

Was wäre noch mehr zu sagen?

Stephen blickte auf seinen Hut, seinen Stock, seine Stiefel.

Stephanos, meine Krone. Mein Schwert. Seine Stiefel ruinieren die Form meiner Füße. Muß mir ein Paar kaufen. Löcher in meinen Socken. Taschentuch auch.

– Sie machen ganz schön was aus dem Namen, gestand John Eglinton zu. Ihr eigener Name ist seltsam genug. Vielleicht erklärt er Ihre phantastischen Grillen.

Ich, Magee und Mulligan.

Fabulöser Artifex, der falkengleiche Mann. Du flogst. Wohin? Newhaven-Dieppe, Zwischendeckpassagier. Paris und zurück. Schwingenschläger. Icarus. *Pater, ait.* Meerbespritzt, gefallen, sich wälzend. Schwingenschläger bist du. Schwingenschläger er.

Mr. Best hob eifrigruhig sein Buch, um zu sagen:

– Das ist sehr interessant, weil wir jenes Brudermotiv, verstehn Sie, auch in den alten irischen Mythen finden. Ganz wie Sie sagen. Die drei Brüder Shakespeare. Bei Grimm ebenfalls, verstehn Sie, in den Märchen. Der dritte Bruder, der das schlafende Dornröschen heiratet und den besten Preis gewinnt.
Bester der Brüder Best. Gut, besser, am besten.
Der Quäker-Bibliothekar springlauerte in der Nähe.
– Ich würde gern wissen, sagte er, welchen Bruder Sie ... Wenn ich Sie recht verstehe, deuten Sie an, daß aufseiten eines der Brüder ein Mißverhalten ... Aber vielleicht greife ich da vor?
Er ertappte sich selbst auf frischer Tat: blickte in die Runde: hielt sich im Zaum.
Ein Diener rief vom Eingang:
– Mr. Lyster! Pater Dineen möchte ...
– Oh! Pater Dineen! Sofort.
Geschwind fort knarrend war er fort so fort sofort fort.
John Eglinton berührte das Papier.
– Kommen Sie, sagte er. Lassen Sie uns hören, was Sie über Richard und Edmund zu sagen haben. Sie haben die beiden bis zuletzt aufgehoben, stimmt's?
– Wenn ich Sie bitte, sich dieser beiden edlen Verwandten, Gevatter Richie und Gevatter Edmund, zu erinnern, antwortete Stephen, dann habe ich fast das Gefühl, als verlangte ich zuviel von Ihnen. Ein Bruder wird so leicht vergessen wie ein Regenschirm.
Schwingenschläger.
Wo ist dein Bruder? Prüfanstalt für Apotheker. Mein Wetzstein. Er, dann Cranly, Mulligan: jetzt die hier. Rede, rede. Aber spiele. Spielerede. Es macht ihnen Spaß, dich auszuquetschen. Spiele. Laß dir mitspielen.
Schwingenschläger.
Ich bin meiner Stimme müde, der Stimme Esaus. Mein Königreich für einen Trunk.
Weiter.

– Sie werden sagen, jene Namen hätten doch bereits in den Chroniken gestanden, denen er den Stoff für seine Stücke entnahm. Warum aber nahm er dann grad diese, keine andern? Richard, ein abscheulicher Krummbuckel, unehelich gezeugt, wendet seine Liebe einer verwitweten Ann zu (was ist ein Name?), umwirbt und gewinnt sie, eine abscheuliche lustige Witwe. Richard der Eroberer, dritter Bruder, kam nach William dem Eroberten. Die weiteren vier Akte des Stückes hängen nur schlaff an diesem ersten. Von allen seinen Königen ist Richard der einzige, der unbeschirmt von Shakespeares Ehrfurcht bleibt, dem Engel dieser Welt. Warum ist die Nebenhandlung des *König Lear*, in der Edmund eine Rolle spielt, Sidneys *Arcadia* entnommen und einer keltischen Legende aufgeflickt, die älter ist als die Geschichte?
– Das war so Wills Art, verteidigte John Eglinton. Heute würden wir natürlich keine nordische Sage mehr mit einem Roman-Exzerpt von George Meredith kombinieren. *Que voulez-vous?* würde Moore sagen. Er verlegt Böhmen ans Meer und läßt Odysseus Aristoteles zitieren.
– Warum? antwortete Stephen sich selbst. Weil das Thema des falschen oder des usurpierenden oder des ehebrecherischen Bruders, beziehungsweise aller drei in einem, für Shakespeare das ist, was der Arme nicht ist, nämlich allezeit bei ihm. Das Motiv der Verbannung, Verbannung aus dem Herzen, Verbannung aus der Heimat, erklingt ununterbrochen, von den *Beiden Veronesern* an, bis Prospero seinen Stab zerbricht, ihn fadentief in der Erde begräbt und sein Buch ertränkt. Es verdoppelt sich in der Mitte seines Lebens, klingt auf in einem andern, wiederholt sich, protasis, epitasis, katastasis, katastrophe. Es wiederholt sich abermals, als er dem Grabe nah ist, als seine verheiratete Tochter Susan, ein Apfel, nicht weit vom Stamm gefallen, des Ehebruchs angeklagt wird. Aber es war die Erbsünde, die seinen Verstand verdunkelte, seinen Willen schwächte und eine starke Neigung zum Bösen in ihm hinterließ. Die Worte sind die der Herren Bischöfe von Maynooth: eine Erbsünde und, wie die Erbsünde, begangen von

einem andern, in dessen Sünde auch er gesündigt hat. Es steht zwischen den Zeilen seiner letzten geschriebenen Worte, es ist zu Stein geworden auf seinem Grabmal, unter dem die vier Knochen der Frau ihre Ruhe nicht finden sollen. Nicht hat es Alter hinwelken können. Schönheit und Friede haben es nicht getilgt. Es kehrt in immer neuer Reizung wieder, allüberall in der Welt, die er geschaffen hat, in *Viel Lärm um Nichts*, zweimal in *Wie es euch gefällt*, im *Sturm*, im *Hamlet*, in *Maß für Maß*, und in sämtlichen andern Stücken, die ich nicht gelesen habe.

Er lachte, seinen Geist aus der Knechtschaft seines Geistes zu befreien.

Richter Eglinton faßte zusammen.

– Die Wahrheit liegt in der Mitte, versicherte er. Er ist der Geist und der Prinz. Er ist alles in allem.

– Das ist er, sagte Stephen. Der Knabe im ersten Akt ist der reife Mann im fünften. Alles in allem. In *Cymbeline*, im *Othello* ist er Kuppler und Hahnrei. Er spielt und läßt sich mitspielen. Ob er ein Ideal liebt oder eine Perversion, er tötet wie José die wirkliche Carmen. Sein niemals nachlassender Intellekt ist der hörnertolle Jago, der unaufhörlich will, daß der Mohr in ihm leide.

– Kuckuck! Kuckuck! gluckste Kuck Mulligan schlüpfrig. Der Mann ergrimmt, wie er das böse Wort vernimmt!

Dunkles Gewölb nahm auf, warf wieder ab.

– Und was für ein Charakter ist Jago! rief der unerschrokkene John Eglinton aus. Nach allem Gesagten hat Dumas *fils* (oder ist es Dumas *père*?) doch recht. Nach Gott hat Shakespeare am meisten geschaffen.

– Er hat keine Lust am Manne, und am Weibe auch nicht, sagte Stephen. Nach einem Leben der Abwesenheit kehrt er an den Fleck Erde zurück, da er geboren ward und wo er immer gewesen, Mann und Knabe, ein stummer Zeuge, und dort, wo seine Lebensreise endet, pflanzt er sein Maulbeerbäumchen in die Erde. Und stirbt. Der Pulsschlag hemmte sich. Totengräber begraben Hamlet *père* und Hamlet *fils*.

Ein König und ein Prinz zuletzt im Tode, mit Begleitmusik. Und, wenn denn auch ermordet und verraten, so doch beweint von allen schwachen zarten Herzen, denn, Däne oder Dubliner, Schmerz um die Toten ist der einzige Gatte, von dem sie nie geschieden werden wollen. Wenn Sie den Epilog mögen, schauen Sie ihn sich lange an: Prospero glücklich, der Gute belohnt, Lizzie, Großpapas Schnuggelpützchen, und Gevatter Richie, der Böse, von der poetischen Gerechtigkeit an den Ort befördert, wohin die bösen Nigger kommen. Eiserner Vorhang. Er fand in der Außenwelt als Aktualität, was in seiner Innenwelt Potentialität war. Maeterlinck sagt: *Wenn Sokrates heute sein Haus verließe, er fände den Weisen auf seiner Schwelle sitzen. Wenn Judas heute nacht fortginge, es wäre Judas, zu dem seine Schritte ihn führten.* Jedes Leben besteht aus vielen Tagen, immer einem nach dem andern. Wir schreiten durch uns selbst dahin, Räubern begegnend, Geistern, Riesen, alten Männern, jungen Männern, Weibern, Witwen, warmen Brüdern. Doch immer imgrunde uns selbst. Der Stückeschreiber, der das Folio dieser Welt verfaßte, und schlecht verfaßte (Licht gab zuerst Er uns, die Sonne zwei Tage später), der Herr der Dinge, wie sie sind, den die allerrömischsten Katholiken *dio boia* nennen, Henkergott, ist ohne Zweifel alles in allem in allen von uns, Stallknecht und Metzger, und wäre auch Kuppler und Hahnrei, nur daß in der Ökonomie des Himmels, wie Hamlet voraussagte, es nichts von Heiraten mehr gibt, weil der verklärte Mann, ein androgyner Engel, sich selber Weib dort ist.

– Heureka! schrie Buck Mulligan. Heureka!

Jäh beglückt sprang er auf und erreichte mit einem Schritt John Eglintons Tisch.

– Darf ich? sagte er. Der Herr hat gesprochen zu Malachi.

Er begann auf einem Papierfetzen zu kritzeln.

Ein paar Zettel mitnehmen vom Tisch, wenn ich gehe.

– Wer schon verheiratet ist, sagte Mr. Best, süßer Herold, alle außer einem, soll das Leben behalten. Die übrigen sollen bleiben, wie sie sind.

Er lachte, unverheiratet, zu Eglinton Johannes hinüber, dem Baccalaureus der Künste.
Ungeehelicht, unumworben, tückischer Ränke gewärtig, grübelfingern sie nächtens ein jeglicher in seiner kritischen Ausgabe von *Der Widerspenstigen Zähmung*.
– Sie sind ein Blendwerker, sagte unverhohlen derb John Eglinton zu Stephen. Sie haben uns diesen ganzen Weg machen lassen, um uns am Ende ein französisches Dreieck zu zeigen. Glauben Sie denn an Ihre eigene Theorie?
– Nein, sagte Stephen prompt.
– Tragen Sie sich mit der Absicht, sie niederzuschreiben? fragte Mr. Best. Dann sollten Sie einen Dialog daraus machen, verstehn Sie, wie die platonischen Dialoge, die Wilde geschrieben hat.
John Eklektikon lächelte zweideutig.
– Nun, in diesem Fall, sagte er, sehe ich aber nicht ganz, warum Sie Honorar dafür erwarten sollten, nachdem Sie ja selber nicht daran glauben. Dowden glaubt, daß im *Hamlet* irgendein Geheimnis steckt, will aber mehr nicht sagen. Herr Bleibtreu, der Mann, den Piper in Berlin getroffen hat, der die Rutland-Theorie ausarbeitet, glaubt, das Geheimnis sei im Stratforder Denkmal verborgen. Er will den gegenwärtigen Herzog aufsuchen, sagt Piper, und ihm beweisen, daß sein Vorfahr die Stücke alle geschrieben hat. Das wird Seine Gnaden höchlichst überraschen. Aber er glaubt an seine Theorie.
Ich glaube, Herr, hilf meinem Unglauben. Was heißt das nun eigentlich, hilf mir beim Glauben oder hilf mir beim Nichtglauben? Wer hilft beim Glauben? *Egomen*. Wer beim Nichtglauben? Der andere Kerl.
– Sie sind der einzige Beiträger bei der *Dana*, der Silberlinge verlangt. Über die nächste Nummer weiß ich auch noch gar nichts Genaues. Fred Ryan will Platz für einen Artikel über Wirtschaft.
Frett 'rein. Zwei Silberlinge hat er mir geliehen. Hält erstmal über Wasser. Wirtschaft.

– Für eine Guinee, sagte Stephen, können Sie dieses Interview veröffentlichen.

Buck Mulligan stand von seinem lachenden Kritzeln auf, lachend: und sagte dann ernst, Bosheit verzuckernd:

– Einer unserer Mitarbeiter hatte Gelegenheit, den Barden Kinch in seiner Sommerresidenz in der Upper Mecklenburgh Street zu besuchen, und fand ihn, in Gesellschaft zweier tripperkranker Damen, Fresh Nelly und Rosalie, der Kohlenkai-Hure, vertieft in das Studium der *Summa contra Gentiles.*

Er brach ab.

– Komm, Kinch. Komm, wandernder Aengus der Vögel.

Komm, Kinch, was wir übrig gelassen haben, hast du wohl alles weggeputzt. Schön, dann will ich dir jetzt deine Reste und Abfälle servieren.

Stephen erhob sich.

Das Leben besteht aus vielen Tagen. Dieser wird enden.

– Wir sehn Sie dann ja heute abend, sagte John Eglinton. *Notre ami* Moore sagt, Malachi Mulligan muß mit dabei sein.

Buck Mulligan prunkte mit seinem Papierwisch und Panama.

– Monsieur Moore, sagte er, bei Irlands Jugend hochgeschätzter Dozent für Pariser-Fragen. Ich werde dort sein. Komm, Kinch, die Barden müssen saufen. Kannst du noch senkrecht gehen?

Lachend machte er ...

Besäufnis bis elf. Irisches Nachtleben.

Flegel ...

Stephen folgte einem Flegel ...

Eines Tages mal hatten wir in der Nationalbibliothek eine Diskussion. Shakes. Da bin ich seinem Flegelrücken gefolgt. Ich benehme mich wie eine Klette.

Stephen grüßte und folgte dann melancholisch einem Flegel und Witzbold, einem wohlbewollten Kopf, einem frischbalbierten, aus der gewölbten Zelle hinaus in ein zerschmetterndes Taglicht keiner Gedanken.

Was hab ich nun gelernt? Von ihnen? Von mir?

Laufe jetzt wie Haines.

Der Lesesaal. In das Benutzerbuch parafiert Cashel Boyle O'Connor Fitzmaurice Tisdall Farrell seine Polysyllaben. Item: war Hamlet verrückt? Des Quäkers Birne in gottseligem Buchgespräch mit einem Pfäfflein.

– O bitte, wenn Sie das ermöglichen könnten, Sir ... Ich wäre äußerst erfreut ...

Der belustigte Buck Mulligan luchste, sann in gefälligem Gemurmel vor sich hin, nickte:

– Ein äußerst erfreutes Arschloch.

Das Drehkreuz.

Ist das nicht ...? Blaubebänderter Hut ... Müßig schreibend ... Was? Sah her ...?

Die geschwungene Balustrade; weichgleitender Mincius.

Puck Mulligan, panamabehelmt, tat Schritt um Schritt, jambend, trällernd:

John Eglinton, mein Schatz, o John,
Was freist du dir kein Weib?

Er sprudelte in die Luft:

– Oh, dieser kinnlose Kinese! Tschin Tschon Eg Lin Ton. Wir sind drüben in der Schmiere gewesen, Haines und ich, der Plumbers' Hall. Unsere Schauspieler stehen soeben im Begriff, eine neue Kunst für Europa zu kreieren, wie die Griechen oder M. Maeterlinck. Abbey Theatre! Ich rieche den Schamschweiß von Mönchen.

Er tat, als spuckte er aus.

Vergaß noch was: so wenig wie er die Tracht Prügel vergaß, die der lausige Lucy ihm verabreichte. Und verließ die *femme de trente ans*. Und warum keine weiteren Kinder geboren? Und sein erstes Kind ein Mädchen?

Treppenwitz. Geh zurück.

Der unbeugsame Klausner immer noch da (für den ist der Kuchen nicht weg) und der süße Jüngling, Liebling der Lust, Phädons helles Tändelhaar.

Äh ... ich wollte äh ... nur noch grad ... hatte vergessen ... er ...

– Longworth und M'Curdy Atkinson waren dort …
Puck Mulligan füßelte beflissen und trillerte:

Kaum hör' ich nur einen Krachvogel schrein
Oder 'nen Tommy schwätzen, treff' ich mal ein'n,
So laufen mir die Gedanken schon
Zu F. M'Curdy Atkinson,
Demselben, dessen gegrillter Kilt
Ein artig Holzbein uns verhüllt:
Seinen Durst zu löschen riskiert er nie,
Einen kinnlosen Mund hat dafür Magee.
Die heilige Ehe ist ihnen ein Graus,
Drum onaniern sie auf Deubel komm raus.

Witzle nur weiter. Erkenne dich selbst.
Halt machend unter mir, sieht mich ein Witzbold an. Ich bleibe stehen.
– O du Trauerkloß von einem Komödianten! stöhnte Buck Mulligan. Synge trägt grundsätzlich kein Schwarz mehr, um der Natur ähnlicher zu sein. Bloß Krähen, Priester und englische Kohlen sind schwarz.
Ein Lachen trippelte über seine Lippen.
– Longworth ist ja stocksauer, sagte er, nach allem, was du über die alte kabeljaulige Gregory geschrieben hast. O du inquisitorischer besoffener Juden-Jesuit! Sie verschafft dir einen Job bei der Zeitung, und dann gehst du hin und drehst ihr Gefasel durch den Wolf. Jäsus! Konntst du's nicht auf die Yeats-Tour machen?
Er ging weiter hinunter, Grimassen schneidend, und psalmodierte mit graziös wellenden Armen:
– Das schönste Buch, das in unserm Lande zu meiner Zeit erschienen ist. Man denkt an Homer.
Er hielt am Treppenfuß inne.
– Meine Muse ist mit einem Stück für die Komödianten niedergekommen, sagte er feierlich.
Die besäulte maurische Halle, verschlungene Schatten. Vorbei der Mohrentanz mit Kappen aus Indices.

Mit süßlich wechselnden Stimmen las Buck Mulligan von seiner Schreibtafel ab:

Jedermann sein eigen Weib
oder
Ein Honigmond in der Hand
(eine nationale Immoralität in drei Orgasmen)
von
Wallachi Mulligan

Er wandte Stephen ein glückliches Narrengrinsen zu und sagte:
– Die Verkleidung, fürchte ich, ist dünn. Aber höre.
Er las, *marcato*:
– Personen:

TOBY KALTBAUER (ein bankrotter Stehgeiger)
FILZLAUS (ein Buschklepper)
STUD. MED. DICK und STUD. MED. DAVY (zwei Fliegen mit einer großen Klappe)
MUTTER GROGAN (eine Wasserträgerin)
FRESH NELLY
und
ROSALIE (die Kohlenkai-Hure)

Er lachte, wiegte einen Wackelkopf und ging, gefolgt von Stephen, weiter: und entzückensvoll erzählte er den Schatten, Seelen von Menschen:
– Oh, die Nacht in der Camden Hall, da die Töchter Erins ihre Röcke heben mußten, um über dich hinwegzuschreiten, als du in deiner maulbeerfarbenen, vielfachfarbenen, vielzuvielfältigen Kotze lagest!
– Der unschuldigste Sohn Erins, sagte Stephen, für den sie sie je gehoben.
Im Begriff, das Tor zu durchschreiten, spürte er, daß jemand hinter ihnen war, und trat zur Seite.
Scheiden. Jetzt ist der Augenblick. Aber wohin? Wenn So-

krates heute sein Haus verließe, wenn Judas heute nacht fortginge? Warum? Im weiten Raum liegt, was ich in der Zeit erreichen muß, unausweichlich.
Mein Wille: sein Wille, der mir die Stirn bietet. Meere dazwischen.
Ein Mann ging zwischen ihnen hinaus, sich verbeugend, grüßend.
– Guten Tag nochmals, sagte Buck Mulligan.
Der Portikus.
Hier hab ich die Vögel beobachtet, auf Vorbedeutung hin. Aengus der Vögel. Sie gehen, sie kommen. Letzte Nacht bin ich geflogen. Flog leicht. Menschen verwunderten sich. Die Straße der Huren dann später. Eine sahnefruchtige Melone hielt er mir hin. Herein. Sie werden schon sehen.
– Der ewige Jude, flüsterte Buck Mulligan mit clowniger Ehrfurcht. Hast du seinen Blick gesehen? Er sah dich an, deiner zu begehren. Ich fürchte dich, alter Seefahrer. O Kinch, du schwebst in Gefahr. Besorg dir nen Arschschützer.
Ochsenfords Art.
Tag. Schubkarrensonne über Brückenbogen.
Ein dunkler Rücken ging vor ihnen. Schritt eines Panthers, hinunter, zum Torweg hinaus, unter Fallgatterspitzen.
Sie folgten.
Beleidige mich nur weiter. Rede fort.
Sanfte Luft umgrenzte die Ecksteine von Häusern in der Kildare Street. Keine Vögel. Zart von den Hausfirsten stiegen zwei Rauchfedern auf, federnd, und wurden in einem Hauch von Windwehen hauchend verweht.
Hör auf zu streben, zu kämpfen. Druidenpriesterlicher Friede von *Cymbeline*, hierophantisch: von weiter Erde ein Altar.

Preis sei den Göttern!
Es wirble Rauch empor zu ihrem Sitz
Aus heilgen Tempeln.

Der Superior, Hochehrwürden John Conmee S.J., steckte seine glatte Uhr in die Innentasche zurück, als er die Stufen des Presbyteriums herunterkam. Fünf vor drei. Grad die rechte Zeit, um nach Artane zu gehen. Wie hieß doch der Junge noch wieder? Dignam, ah ja. *Vere dignum et iustum est.* Bruder Swan war da der zuständige Mann. Mr. Cunninghams Brief. Ja. Will ihm den Gefallen tun, wenn möglich. Guter verwendbarer Katholik: zur Missionszeit nützlich.

Ein einbeiniger Seemann, der sich mit faulen Krückenstößen vorwärts schwang, gröhlte ein paar Töne. Er stieß sich bis dicht vor das Kloster der Schwestern der Barmherzigkeit und hielt Hochehrwürden John Conmee S.J. eine spitze Mütze um ein Almosen entgegen. Pater Conmee segnete ihn in der Sonne, denn seine Börse enthielt, wie er wußte, nur eine Silberkrone.

Pater Conmee schritt hinüber zum Mountjoy Square. Er dachte, jedoch nicht lange, an Soldaten und Seeleute, denen die Beine von Kanonenkugeln weggeschossen worden waren und die ihre Tage im Armenspital beendeten, und an Kardinal Wolseys Worte: *Wenn ich meinem Gotte gedient hätte, wie ich meinem König gedient habe, so hätte Er mich nicht verlassen auf meine alten Tage.* Er ging durch den Baumschatten sonnenblinkender Blätter, und ihm entgegen kam die Frau von Mr. David Sheehy M.P.

– Sehr gut, wirklich, Pater. Und Ihnen, Pater?

Pater Conmee ging es in der Tat ausgezeichnet. Er würde wahrscheinlich nach Buxton zur Kur fahren. Und ihre Jungen, kamen sie auch hübsch voran im Belvedere? Ach tatsächlich? Pater Conmee war wirklich sehr erfreut, das zu hören. Und Mr. Sheehy selbst? Noch immer in London. Das Haus tagte immer noch, aber gewiß tat es das. Schönes Wetter war heute, wirklich wunderbar. Ja, es war sehr wahrscheinlich, daß Pater Bernard Vaughan wieder herkommen würde, um zu predigen. Oh, ja: ein sehr großer Erfolg. Ein wirklich wunderbarer Mann.

Pater Conmee war sehr erfreut zu sehen, daß es der Frau von Mr. David Sheehy M.P. so ersichtlich wohl ging, und er bat um eine Empfehlung an Mr. David Sheehy M.P. Ja, gewiß würde er einmal vorsprechen.

– Einen schönen Nachmittag noch, Mrs. Sheehy.

Pater Conmee zog den Seidenhut, als er sich verabschiedete, vor den Jet-Perlen ihrer Mantille, die in der Sonne tintfunkelten. Und lächelte abermals im Gehen. Er hatte sich, wie er wußte, die Zähne mit Betelnußpasta geputzt.

Pater Conmee schritt weiter und lächelte im Weiterschreiten, denn er dachte an Pater Bernard Vaughans drollige Augen und seine Cockney-Stimme.

– Pilatus! Was ältst den eulenden Pöbel nich zurück?

Ein Eiferer, allerdings. Das war er wirklich. Und tat auf seine Art wirklich viel Gutes. Ohne allen Zweifel. Er liebe Irland, sagte er, und er liebe die Iren. Und auch noch aus guter Familie, sollte man das glauben? Walliser doch wohl, oder?

Oh, daß er das nur nicht vergaß. Der Brief an den Pater Provinzial.

Pater Conmee hielt drei kleine Schuljungen an der Ecke des Mountjoy Square an. Ja: sie waren vom Belvedere. Das kleine Haus: Aha. Und waren sie auch schön brav in der Schule? Oh. Das hörte man gerne. Und wie hießen wir denn? Jack Sohan. Und wir? Ger. Gallaher. Und der andere kleine Mann? Er hieß Brunny Lynam. Oh, das war aber ein sehr hübscher Name.

Pater Conmee übergab dem jungen Master Brunny Lynam einen Brief aus seiner Brusttasche und zeigte zu der roten Briefkastensäule hinüber, an der Ecke der Fitzgibbon Street.

– Aber paß nur schön auf, daß du dich nicht selber in den Kasten steckst, kleiner Mann, sagte er.

Die Jungen besechsäugten Pater Conmee und lachten.

– Ach, Sir.

– Nun, dann laß mich mal sehen, ob du einen Brief aufgeben kannst, sagte Pater Conmee.

Master Brunny Lynam rannte über die Straße und steckte den Brief Pater Conmees an den Pater Provinzial in das Maul des leuchtendroten Briefkastens, und Pater Conmee lächelte und nickte und lächelte und schritt weiter den Mountjoy Square East entlang.

Mr. Denis J. Maginni, Professor der Tanzkunst &c., in Seidenzylinder, schiefergrauem Gehrock mit seidenen Aufschlägen, weißem Halstuchbinder, engen lavendellila Hosen, kanariengelben Handschuhen und spitzen Lackstiefeln, kam mit gravitätischem Gehaben des Weges und trat höchst respektvoll auf den Bordstein, als er an der Ecke des Dignam's Court an Lady Maxwell vorüberging.

War das nicht Mrs. M'Guinness?

Mrs. M'Guinness, stattlich, silberhaarig, neigte sich vor Pater Conmee vom Bürgersteig gegenüber, auf dem sie entlangsegelte. Und Pater Conmee lächelte und grüßte. Wie ging es ihr denn so?

Eine feine Haltung hatte sie. Wie Maria, die Königin der Schotten, irgendwie. Und wenn man bedachte, daß sie doch nur eine Pfandleiherin war. Nun, nun. So eine ... wie sollte er sagen? ... so eine königliche Erscheinung.

Pater Conmee schritt die Great Charles Street hinunter und warf einen Blick auf die geschlossene Freikirche zu seiner Linken. Hochwürden T. R. Green B.A. wird (D.V.) sprechen. Den Pfründenbesitzer nannten sie ihn. Er fühlte sich bemüßigt, ein Pfründlein Worte auszuteilen. Doch man sollte da barmherzig sein. Unbesiegliche Unwissenheit. Sie handelten, wie sie's verstanden.

Pater Conmee bog um die Ecke und ging die North Circular Road entlang. Es war doch verwunderlich, daß es auf einer so wichtigen Verkehrsstraße keine Tram-Linie gab. Hier sollte es bestimmt eine geben.

Eine Schar tornisterbeschnallter Schuljungen kam von der Richmond Street herüber. Alle lüpften schlampige Mützen. Pater Conmee grüßte sie huldreich zu mehreren Malen. Christian Brothers.

Pater Conmee roch Weihrauch zu seiner Rechten, als er weiterschritt. St. Joseph's Church, Portland Row. Für betagte und tugendsame Frauen. Pater Conmee zog den Hut vor dem Heiligen Sakrament. Tugendsam: aber zuweilen waren sie auch recht übellaunig.

In der Nähe des Aldborough House dachte Pater Conmee an den verschwenderischen Edelmann. Und jetzt war es ein Büro oder sonst etwas.

Pater Conmee begann die North Strand Road entlangzugehen und wurde von Mr. William Gallagher gegrüßt, der unter der Türe seines Ladens stand. Pater Conmee grüßte Mr. William Gallagher und nahm die Düfte wahr, die von Speckseiten und stattlichen Butterfässern herausdrangen. Er ging an Grogans Tabakhandlung vorüber, an welcher Zeitungsbretter lehnten und von einer furchtbaren Katastrophe in New York berichteten. In Amerika kamen solche Dinge dauernd vor. Unglückliche Menschen, auf solche Art sterben zu müssen, ohne versehen zu sein. Aber immerhin doch ein Akt vollkommener Buße.

Pater Conmee ging an Daniel Bergins Schenke vorüber, vor deren Fenster zwei arbeitslose Männer lungerten. Sie grüßten ihn und wurden gegrüßt.

Pater Conmee kam an H.J. O'Neills Beerdigungsinstitut vorbei, wo Corny Kelleher im Journal Zahlen zusammenrechnete, während er einen Heuhalm kaute. Ein Konstabler auf seiner Runde grüßte Pater Conmee, und Pater Conmee grüßte den Konstabler. In Youkstetters Schweinemetzgerei bemerkte Pater Conmee Schweinewürste, weiße, schwarze und rote, die sauber in Schläuchen gerollt dalagen.

Vertäut unter den Bäumen der Charleville Mall sah Pater Conmee eine Torfschute, ein Schlepp-Pferd mit hängendem Kopf, einen Bootsmann mit einem Hut aus schmutzigem Stroh, der mittschiffs saß, rauchte und einen Pappelzweig über sich anstarrte. Es war idyllisch: und Pater Conmee bedachte die Vorsehung des Schöpfers, der den Torf hatte werden lassen in den Mooren, wo Männer ihn stechen konnten und in Stadt und Dorf bringen, um Feuer damit zu machen in den Häusern der Armen.

An der Newcomen Bridge stieg Hochehrwürden John Conmee S.J. von der St. Francis Xavier's Church, Upper Gardiner Street, auf eine stadtauswärts fahrende Trambahn.

Aus einer stadteinwärts fahrenden Trambahn stieg Hochwürden Nicholas Dudley C.C. von der St. Agatha's Church, North William Street, auf die Newcomen Bridge hinab.

An der Newcomen Bridge stieg Pater Conmee in eine stadtauswärts fahrende Trambahn, denn er liebte es nicht, den schmutzigen Weg an Mud Island vorbei zu Fuß zurückzulegen.

Pater Conmee saß in einer Ecke des Trambahnwagens, einen blauen Fahrschein achtsam in die Knöpföffnung eines plumpen Glacéhandschuhs gesteckt, während vier Schilling, ein Sixpence und fünf Pennies aus seiner anderen plumpen Handschuhhand in seine Börse rutschten. Als er an der Ivy Church vorüberfuhr, bedachte er den Umstand, daß der Kontrolleur seinen Rundgang ausgerechnet immer dann machte, wenn man den Fahrschein achtlos weggeworfen hatte. Die Feierlichkeit der Menschen, von denen der Wagen besetzt war, bedünkte Pater Conmee übertrieben groß für eine Reise so kurz und billig. Pater Conmee liebte ein heiteres Dekorum.

Es war ein friedvoller Tag. Der Herr mit der Brille gegenüber von Pater Conmee hatte seine erklärenden Ausführungen beendet und blickte nieder. Seine Frau wohl, vermutete Pater Conmee. Ein winziges Gähnen öffnete den Mund der Frau des Herrn mit der Brille. Sie hob ihre kleine behandschuhte Faust, gähnte so sanft wie möglich, tipptappte sich mit der kleinen behandschuhten Faust auf den geöffneten Mund und lächelte winzig, süß.

Pater Conmee nahm ihr Parfüm wahr in dem Wagen. Er nahm insgleichen wahr, daß der linkische Mann zu ihrer anderen Seite auf der Kante der Bank saß.

An den Altarschranken brachte Pater Conmee die Hostie nur mit Schwierigkeit in den Mund des linkischen alten Mannes, der den Wackelkopf hatte.

An der Annesley Bridge hielt die Straßenbahn an, und als sie eben weiterfahren wollte, stand plötzlich eine alte Frau von ihrem Platz auf, um auszusteigen. Der Schaffner zog die Klingelstrippe, um den Wagen für sie halten zu lassen. Sie stieg mit ihrem Korb und einem Marktnetz aus: und Pater Conmee sah zu, wie der Schaffner ihr und Netz und Korb hinunterhalf: und Pater Conmee dachte, daß sie, da sie fast über das Ende der Pennystrecke hinausgefahren, wohl eine von jenen guten Seelen war, denen man immer zweimal *segne dich, mein Kind* sagen mußte, zur Entlassung nach der Absolution, *bete für mich.* Aber sie hatten ja auch soviel Kummer im Leben, so viele Sorgen, die armen Geschöpfe.
Von der Plakatwand grinste Mr. Eugene Stratton mit dicken Niggerlippen zu Pater Conmee herüber.
Pater Conmee dachte an die Seelen der schwarzen und braunen und gelben Menschen und an seine Predigt über den heiligen Peter Claver S.J. und die afrikanische Mission und an die Ausbreitung des Glaubens und an die Millionen von schwarzen und braunen und gelben Seelen, die nicht die Wassertaufe empfangen hatten, wenn ihr letztes Stündlein nahte wie ein Dieb in der Nacht. Jenes Buch von dem belgischen Jesuiten, *Le Nombre des Élus*, dünkte ihn eine verständige Argumentation. Da gab es Millionen von menschlichen Seelen, von Gott geschaffen nach Seinem Eigenen Bilde, denen der Glaube noch nicht (D.V.) gebracht worden war. Aber sie waren doch Gottes Seelen, erschaffen von Gott. Es kam Pater Conmee jammerschade vor, daß sie alle verloren sein sollten, eine Verschwendung, wenn man so sagen durfte.
An der Haltestelle Howth Road stieg Pater Conmee aus, wurde vom Schaffner gegrüßt und grüßte seinerseits zurück.
Die Malahide Road war still. Pater Conmee mochte sie, die Straße und ihren Namen. Es läuteten die Freudenglocken im fröhlichen Malahide. Lord Talbot de Malahide, unmittelbar erblicher Lordadmiral von Malahide und den angrenzenden Meeren. Dann kam der Ruf zu den Waffen, und sie war Mädchen, Weib und Witwe an einem Tag. Das waren noch

Zeiten, jene alten Tage, loyale Zeiten in fidelen Stadtlanden, alte Zeiten in der Baronie.

Pater Conmee dachte im Gehen an sein kleines Buch *Alte Zeiten in der Baronie* und an das Buch über Jesuitenhäuser, das sich vielleicht noch schreiben lassen würde, und an Mary Rochfort, Tochter von Lord Molesworth, erste Gräfin von Belvedere.

Eine verdrossene Dame, nicht mehr jung, schritt einsam am Ufer des Lough Ennel dahin, Mary, erste Gräfin von Belvedere, verdrossen schritt sie durch den Abend, ohne Erschrekken, wenn ein Otter tauchte. Wer konnte die Wahrheit wissen? Nicht der eifersüchtige Lord Belvedere und nicht ihr Beichtvater, ob sie nicht vollendeten Ehebruch begangen, *eiaculatio seminis inter vas naturale mulieris,* mit ihres Gatten Bruder? Sie pflegte nur halb zu beichten, wenn sie nicht ganz gesündigt hatte, wie Frauen taten. Nur Gott wußte es und sie und er, ihres Gatten Bruder.

Pater Conmee dachte an jene tyrannische Unenthaltsamkeit, die jedoch notwendig war für die Menschenrasse auf Erden, und an die Wege Gottes, welche nicht unsere Wege waren.

Don John Conmee wandelte und handelte in altvergangenen Zeiten. Dort war er gütig und hochgeehrt. Sein Geist umschloß gebeichtete Geheimnisse, und er lächelte in lächelnde adlige Gesichter in einem gebohnerten Salon mit vollfruchtigen Trauben an der Decke. Und die Hände einer Braut und eines Bräutigams, Adel zu Adel, wurden von Don John Conmee ineinandergelegt.

Es war ein bezaubernder Tag.

Das Friedhofstor eines Feldes zeigte Pater Conmee Breiten von Kohlköpfen, die vor ihm mit weitgeschürzten Unterblättern knicksten. Der Himmel zeigte ihm eine Herde kleiner weißer Wolken, die langsam vor dem Winde trieben. *Moutonner,* sagten die Franzosen. Ein schlichtes und treffendes Wort.

Pater Conmee beobachtete, sein Brevier lesend, eine Herde von Schäfchenwolken über Rathcoffey. Seine dünnbesockten

Knöchel wurden vom Gestoppel des Clongowes-Feldes gekitzelt. Er schritt dahin, lesend im Abend, und hörte die Schreie der Knabenriegen bei ihrem Spiel, junge Schreie im stillen Abend. Es war ihr Rektor: sein Regiment war mild.

Pater Conmee zog seine Handschuhe ab und sein rotschnittiges Brevier hervor. Ein elfenbeinernes Lesezeichen sagte ihm die Seite.

Nonen. Er hätte dies schon vor dem Lunch lesen müssen. Aber da war Lady Maxwell gekommen.

Pater Conmee las im verborgenen *Pater* und *Ave* und bekreuzigte sich die Brust. *Deus in adiutorium.*

Er schritt gemächlich dahin und las stumm die Nonen, schreitend und lesend, bis er an die Stelle *Res* in *Beati immaculati* kam: *Principium verborum tuorum veritas: in eternum omnia iudicia iustitiae tuae.*

Ein erröteter junger Mann kam aus einer Heckenlücke, und hinter ihm kam eine junge Frau mit wilden nickenden Gänseblümchen in der Hand. Der junge Mann zog jäh seine Mütze: die junge Frau bückte sich jäh und löste mit langsamer Sorgfalt von ihrem leichten Rock einen daran haftenden kleinen Zweig.

Pater Conmee segnete beide mit Ernst und wandte eine dünne Seite seines Breviers um. *Sin: Principes persecuti sunt me gratis: et a verbis tuis formidavit cor meum.*

*

Corny Kelleher schloß sein langes Journal und blickte mit seinem kraftlosen Auge auf einen tannenhölzernen Sargdeckel, der schildwachend in einer Ecke stand. Er straffte sich, ging hinüber und betrachtete, ihn mit einem Ruck um seine Achse drehend, seine Form und Messingbeschläge. Seinen Heuhalm kauend stellte er den Sargdeckel wieder hin und ging zur Tür. Dort schrägte er seine Hutkrempe, um seinen

Augen Schatten zu geben, lehnte sich an die Türfüllung und blickte müßig hinaus.
Pater John Conmee stieg in die Dollymount-Trambahn an der Newcomen Bridge.
Corny Kelleher verschränkte seine großfußigen Stiefel und blickte, den Hut niedergeschrägt, seinen Heuhalm kauend.
Konstabler 57 C, auf seiner Runde, blieb stehen, sich die Zeit zu vertreiben.
– Schöner Tag heute, Mr. Kelleher.
– Ja, sagte Corny Kelleher.
– Sehr schwül, sagte der Konstabler.
Corny Kelleher spie einen stummen Strahl Heusaft im Bogen aus seinem Munde, während ein freigebiger weißer Arm aus einem Fenster in der Eccles Street eine Münze hinunterschleuderte.
– Was gibt's denn so gutes Neues? fragte er.
– Ich habe das fragliche Individuum gestern abend gesehen, sagte der Konstabler mit angehaltenem Atem.

*

Ein einbeiniger Seemann krückte sich um die MacConnell-Ecke, umrundete Rabaiotti's Speiseeis-Karren und stieß sich die Eccles Street hinauf. Larry O'Rourke, in Hemdsärmeln unter seiner Tür, wurde unliebenswürdig von ihm angegrölt:
– *Für England ...*
Er schwang sich heftig voran, vorüber an Katey und Boody Dedalus, hielt an und grölte:
– *Heimat und Schööönheit.*
J. J. O'Molloys weißem sorgenzerquälten Gesicht wurde mitgeteilt, daß Mr. Lambert mit einem Besucher im Warenlager sei.
Eine stämmige Dame blieb stehen, nahm eine Kupfermünze aus ihrer Börse und ließ sie in die ihr hingestreckte Mütze

fallen. Der Seemann grummelte Dank und blickte sauer zu den seiner nicht achtenden Fenstern hinauf, senkte den Kopf und schwang sich vier Schritte weiter.
Er hielt an und grölte wütend:
– *Für England* . . .
Zwei barfüßige Buben, lange Lakritzriemen lutschend, blieben neben ihm stehen und gafften seinen Stumpf mit ihren gelbbesabberten Mündern an.
Er schwang sich in kräftigen Stößen vorwärts, blieb stehen, hob den Kopf zu einem der Fenster empor und bellte mit tiefer Stimme:
– *Heimat und Schööönheit.*
Das lustige süße zwitschernde Pfeifen drinnen ging noch einen oder zwei Takte weiter, dann hörte es auf. Die Fensterblende wurde beiseite gezogen. Ein Schild *Unmöblierte Zimmer* rutschte vom Fensterrahmen und fiel. Ein praller nackter freigebiger Arm leuchtete auf, wurde erblickt, vorgestreckt aus einem weißen Unterrockleibchen und straffen Verstellträgern. Eine Frauenhand schleuderte eine Münze über den Vorgartenzaun. Sie fiel auf den Bürgersteig.
Einer der Buben lief hin, hob sie auf, ließ sie in die Mütze des fahrenden Sängers fallen und sagte:
– Da, Sir.

*

Katey und Boody Dedalus schoben die Tür der stickig-dunstigen Küche auf.
– Hast du die Bücher versetzt? fragte Boody.
Maggy am Kochherd rammte zweimal mit ihrem Rührstock eine gräuliche Masse unter wallenden Seifensud und wischte sich die Stirn.
– Haben nichts drauf geben wollen, sagte sie.
Pater Conmee schritt durch die Clongowes-Felder, seine dünnbesockten Knöchel von Gestoppel gekitzelt.

– Wo hast du's denn versucht? fragte Boody.
– M'Guinness.
Boody stampfte mit dem Fuß auf und warf ihren Ranzen auf den Tisch.
– Die Krätze ihr in ihr dickes Gesicht! schrie sie.
Katey ging zum Herd und spähte mit schielenden Augen.
– Was ist denn in dem Topf? fragte sie.
– Hemden, sagte Maggy.
Boody schrie wütend:
– Herrgottnochmal, ist denn nichts zu essen für uns da?
Katey hob den Kesseldeckel mit einem Lappen ihres fleckigen Rocks und fragte:
– Und was ist hier drin?
Schwerer Dampf schoß als Antwort hervor.
– Erbsensuppe, sagte Maggy.
– Wo hast du die denn her? fragte Katey.
– Schwester Mary Patrick, sagte Maggy.
Der Diener schellte mit der Glocke.
– Dädäng!
Boody setzte sich an den Tisch und sagte hungrig:
– Gib schon her!
Maggy goß gelbe dicke Suppe aus dem Kessel in eine Schüssel. Katey, die Boody gegenübersaß, sagte ruhig, während ihre Fingerspitze herumliegende Brösel zum Mund hob:
– Immerhin gut, daß wir wenigstens das haben. Wo ist Dilly?
– Weg, Vater abholen, sagte Maggy.
Boody brach dicke Klumpen Brot in die gelbe Suppe und fügte hinzu:
– Vater unser, der du nicht bist im Himmel.
Maggy, die eben gelbe Suppe in Kateys Schüssel goß, rief aus:
– Boody! Schäme dich!
Ein Skiff, ein zerknülltes Flugblatt, Elias kommt, trieb leicht die Liffey hinunter, unter der Loopline Bridge her, schoß über die Strudel, wo Wasser um die Brückenpfeiler rieb, segelte ostwärts an Schiffsrümpfen und Ankerketten vorüber, zwischen dem Customhouse Old Dock und dem George's Quay.

*

Das blonde Mädchen bei Thornton legte den Weidenkorb mit raschelnder Holzwolle aus. Blazes Boylan reichte ihr die in rosa Seidenpapier gehüllte Flasche und einen kleinen Krug.

– Legen Sie die zuerst rein, ja? sagte er.

– Jawohl, Sir, sagte das blonde Mädchen, und das Obst obendrauf.

– So ist's recht, Schnuckelchen, sagte Blazes Boylan.

Sauber verpackte sie dicke Birnen, Kopf bei Rumpf, und zwischen ihnen reife schamgesichtige Pfirsiche.

Blazes Boylan ging in neuen lohbraunen Schuhen in dem obstduftenden Laden auf und ab, hob Früchte auf, junge saftige runzlige und pralle rote Tomaten, schnüffelte Düfte.

Die H. E. L. Y.'S defilierten vor ihm, weißbezylindert, vorbei an der Tangier Lane, ihrem Ziel zutrottend.

Er wandte sich jäh von einem Spankasten Erdbeeren ab, zog eine goldene Uhr aus der Fuppe und hielt sie auf Kettenlänge von sich.

– Können Sie das mit der Trambahn schicken? Jetzt gleich?

Eine dunkelrückige Gestalt stöberte unter dem Merchant's Arch in Büchern auf dem Karren des fliegenden Händlers.

– Gewiß, Sir. Ist es in der Stadt?

– Oh ja, sagte Blazes Boylan. Zehn Minuten.

Das blonde Mädchen reichte ihm Adreßzettel und Bleistift.

– Wollen Sie bitte die Adresse aufschreiben, Sir?

Blazes Boylan schrieb am Ladentisch und schob ihr den Zettel zu.

– Schicken Sie es sofort, ja? sagte er. Es ist für eine Kranke.

– Jawohl, Sir. Werd ich tun, Sir.

Blazes Boylan ließ lustiges Geld in seiner Hosentasche klimpern.

– Was macht der Spaß? fragte er.

Des blonden Mädchens schlanke Finger zählten das Obst.

Blazes Boylan blickte in den Ausschnitt ihrer Bluse. Netter

junger Backfisch. Er zog eine rote Nelke aus dem großen Stielglas.
– Die für mich? fragte er galant.
Das blonde Mädchen musterte ihn von der Seite, lässig gekleidet, Schlips ein bißchen schief, und errötete.
– Ja, Sir, sagte sie.
Sie bückte sich durchtrieben und zählte erneut dicke Birnen und errötende Pfirsiche.
Blazes Boylan blickte mit größerem Wohlgefallen in ihre Bluse, den Stengel der roten Blume zwischen seinen lächelnden Zähnen.
– Darf ich vielleicht mal ein Wort mit Ihrem Telefon reden, Fräuleinchen? fragte er spitzbübisch.

*

– *Ma!* sagte Almidano Artifoni.
Er blickte über Stephens Schulter auf Goldsmiths knorrigen Hinterkopf.
Zwei Wagenvoll Touristen kamen langsam vorüber, ihre Frauen vorn sitzend, die Hände frank an den Griffen. Bleiche Gesichter. Männerarme frank um ihre verkümmerten Gestalten. Sie sahen vom Trinity zur blind besäulten Halle der Bank von Irland hinüber, wo Tauben ruckediguuuhten.
– *Anch'io ho avuto di queste idee,* sagte Almidano Artifoni, *quand'ero giovine come Lei. Eppoi mi sono convinto che il mondo è una bestia. É peccato. Perchè la sua voce ... sarebbe un cespite di rendita, via. Invece, Lei si sacrifica.*
– *Sacrifizio incruento,* sagte Stephen lächelnd und ließ sacht seinen Eschenstock in langsamem Schwingschwang auf seinem Mittelpunkt schaukeln.
– *Speriamo,* sagte das runde moustachierte Gesicht vergnügt. *Ma, dia retta a me. Ci rifletta.*
Neben der strengen Halt gebietenden Steinhand Grattans lud

eine Inchicore-Trambahn versprengte Highland-Soldaten einer Kapelle aus.
– *Ci rifletterò,* sagte Stephen, an dem soliden Hosenbein niederblickend.
– *Ma, sul serio, eh?* sagte Almidano Artifoni.
Seine schwere Hand nahm die Stephens mit festem Griff. Menschliche Augen. Sie blickten einen Moment lang neugierig und wandten sich dann rasch einer Dalkey-Trambahn zu.
– *Eccolo,* sagte Almidano Artifoni in freundlicher Hast. *Venga a trovarmi e ci pensi. Addio, caro.*
– *Arrivederla, maestro,* sagte Stephen und zog den Hut, als seine Hand wieder freigegeben war. *E grazie.*
– *Di che?* sagte Almidano Artifoni. *Scusi, eh? Tante belle cose!*
Almidano Artifoni hielt einen Taktstock aus gerollter Musik wie ein Signal in die Höhe und trottete auf stämmigen Hosen hinter der Dalkey-Straßenbahn her. Umsonst trottete er, umsonst signalisierend inmitten der Rotte von barknieigen Schotten, die Musikgeräte durch Trinity-Tore schmuggelten.

*

Miss Dunne verbarg das aus der Capel Street Library entliehene Exemplar der *Frau in Weiß* tief hinten in ihrer Schublade und spannte ein Blatt prunkendes Briefpapier in ihre Schreibmaschine.
Zuviel Geheimniskrämerei darin. Liebt er die nun eigentlich, Marion? Umtauschen und dafür noch eins von Mary Cecil Haye nehmen.
Die Scheibe schoß die Nut herunter, schwabbelte ein Weilchen, blieb stehen und beäugelte sie: sechs.
Miss Dunne ließ die Tasten klappern:
– 16. Juni 1904.
Fünf weißbezylinderte Plakatträger zwischen Monypenys

Ecke und dem Grundstein, auf dem Wolfe Tones Standbild nicht stand, aalten sich, ihr H. E. L. Y.'S umwendend, und trotteten den Weg zurück, den sie gekommen waren.
Dann starrte sie das große Plakat von Marie Kendall an, der bezaubernden Soubrette, und kritzelte, verdrossen hingelehnt, auf den Notizblock Sechzehnen und große Esse. Senfiges Haar und schmierige Backen. Sieht doch gar nicht hübsch aus, die, oder? Also wie die ihr bißchen Rock hochhebt. Möchte wohl wissen, ob der Junge bei der Kapelle ist heute abend. Wenn ich die Schneiderin so weit kriegte, mir einen Ziehharmonikarock zu machen wie Susy Nagle ihren. Die sehn doch dufte aus. Shannon und die ganzen Lackel vom Ruderklub, hat sie bloß so angestarrt, in einer Tour. Hoffentlichhoffentlich behält der mich nicht bis sieben noch hier.
Das Telefon klingelte rüde neben ihrem Ohr.
– Hallo. Ja, Sir. Nein, Sir. Ja, Sir. Ich werde nach fünf bei ihnen anrufen. Nur die beiden, Sir, nach Belfast und Liverpool. Wird gemacht, Sir. Dann kann ich nach sechs also gehen, wenn Sie noch nicht zurück sind. Um viertel nach. Ja, Sir. Siebenzwanzig sechs. Ich werd's ihm sagen. Ja: eins, sieben, sechs.
Sie kritzelte drei Zahlen auf einen Umschlag.
– Mr. Boylan! Hallo! Dieser Herr vom *Sport* war vorhin da und fragte nach Ihnen. Mr. Lenehan, ja. Er sagte, er wollte um vier im Ormond sein. Nein, Sir. Ja, Sir. Ich rufe nach fünf dann bei ihnen an.

*

Zwei rosa Gesichter wandten sich im Flackerlicht der winzigen Fackel.
– Wer ist denn da? fragte Ned Lambert. Crotty?
– Ringabella und Crosshaven, erwiderte eine Stimme, nach Halt tastend.

– Hallo, Jack, bist du es? sagte Ned Lambert und hob grüßend seine biegsame Latte inmitten der flackernden Bögen. Komm nur. Aber paß auf, wo du hintrittst.

Das Wachsstreichhölzchen in des Geistlichen hocherhobener Hand verzehrte sich in langer weicher Flamme und wurde fallen gelassen. Zu ihren Füßen erstarb sein roter Tupfen: und modrige Luft schloß sich um sie.

– Wie interessant! sagte ein vornehmer Akzent in der Dunkelheit.

– Jawohl, Sir, sagte Ned Lambert herzhaft. Wir stehen in dem historischen Ratszimmer der St. Mary's Abbey, wo der seidene Thomas sich 1534 zum Rebellen ausrief. Das ist hier der geschichtsträchtigste Fleck in ganz Dublin. O'Madden Burke will demnächst irgendwann einmal etwas darüber schreiben. Die alte Bank von Irland lag noch bis zur Zeit der Union da gegenüber, und der ursprüngliche Judentempel stand ebenfalls dort, bis sie sich dann drüben in der Adelaide Road ihre Synagoge bauten. Du bist wohl noch nie hier gewesen, Jack, was?

– Nein, Ned.

– Er ist damals den Dame Walk hinuntergeritten, sagte der vornehme Akzent, wenn mich mein Gedächtnis nicht im Stich läßt. Der Sitz der Kildares lag in Thomas Court.

– Stimmt, sagte Ned Lambert. Das stimmt genau, Sir.

– Wenn Sie dann so freundlich sein wollen, sagte der Geistliche, mir beim nächstenmal vielleicht zu erlauben ...

– Aber gewiß, sagte Ned Lambert. Bringen Sie die Kamera mit, wann immer Sie mögen. Ich werde die ganzen Säcke da von den Fenstern wegnehmen lassen. Sie können dann von hier aufnehmen oder von hier.

Im stillen schwachen Licht bewegte er sich umher, mit seiner Latte auf die getürmten Saatsäcke tapfend und an den vorteilhaften Punkten auf den Boden.

Aus einem langen Gesicht hingen ein Bart und ein Blick auf ein Schachbrett.

– Ich bin Ihnen zutiefst verbunden, Mr. Lambert, sagte der

Geistliche. Ich möchte Ihre kostbare Zeit nicht über Gebühr ...
– Aber das ist doch gern geschehen, Sir, sagte Ned Lambert. Schauen Sie herein, wann immer Sie mögen. Sagen wir doch, nächste Woche. Können Sie sehen?
– Ja, ja. Einen guten Nachmittag noch, Mr. Lambert. Sehr erfreut, Sie kennengelernt zu haben.
– Die Freude ist ganz meinerseits, antwortete Ned Lambert.
Er folgte seinem Gast zum Ausgang und wirbelte seine Latte dann beiseite zwischen die Pfeiler. Mit J. J. O'Molloy kam er langsam in die St. Mary's Abbey, wo Rollkutscher beschäftigt waren, Lastwagen mit Säcken voll Johannisbrot und Palmnußmehl zu beladen, O'Connor, Wexford.
Er blieb stehen, um die Karte in seiner Hand zu lesen.
– Hochwürden Hugh C. Love, Rathcoffey. Gegenwärtige Adresse: St. Michael's, Sallins. Netter junger Kerl ist das. Er schreibt an einem Buch über die Fitzgeralds, hat er mir gesagt. Ist gut bewandert in Geschichte, alle Achtung.
Die junge Frau löste von ihrem leichten Rock mit langsamer Sorgfalt einen daran haftenden kleinen Zweig.
– Ich dachte schon, du wärst dabei, eine neue Pulververschwörung anzuzetteln, sagte J. J. O'Molloy.
Ned Lambert knackte mit den Fingern in der Luft.
– Gott, schrie er. Jetzt hab ich doch glatt vergessen, ihm das von dem Earl of Kildare zu erzählen, wie er die Cashel-Kathedrale in Brand gesteckt hatte. Du kennst die Geschichte? *Tut mir verdammt leid, daß ich das gemacht habe*, sagt er, *aber ich erkläre vor Gott, ich dachte, der Erzbischof wäre drin.* Hätte ihm aber vielleicht gar nicht geschmeckt. Was? Gott, ich erzähl's ihm trotzdem mal. Das war der große Earl, der Fitzgerald Mor. Warn allesamt tolle Kerls, die Geraldines.
Die Pferde, an denen er vorüberkam, zogen nervig an unter ihrem schlaffen Geschirr. Er schlug klatschend auf eine scheckige Hanke, die neben ihm zitterte, und schrie:

– Na, Söhnchen?
Er wandte sich zu J. J. O'Molloy und fragte:
– Tja, Jack. Also, was ist? Wo drückt dich der Schuh? Warte mal. Halt mal eben.
Mit klaffendem Mund und weit zurückgeworfenem Kopf stand er still, und nach einem Augenblick nieste er laut:
– Hatschi! sagte er. Verdammter Mist!
– Der Staub von den Säcken da drinnen, sagte J. J. O'Molloy höflich.
– Nein, japste Ned Lambert, ich hab mir einen ... Schnupfen gefangen gestern abend ... so ein Mist, verdammter ... vorgestern abend ... da hat es werweißwie höllisch hat es da gezogen ...
Er hielt sein Taschentuch bereit für das nächste ...
– Ich war ... heute morgen ... armer kleiner ... wie nennt ihr ihn doch ... Hatschi! ... Ach du gütige Mutter Moses'!

*

Tom Rochford nahm die oberste Scheibe von dem Stoß, den er gegen seine rotweinfarbene Weste gepreßt hielt.
– Sehn Sie? sagte er. Sagen wir mal, die Sechs ist dran. Hier rein, sehn Sie. Nummer läuft.
Er schob sie in den linken dafür bestimmten Schlitz. Sie schoß die Nut herunter, schwabbelte ein Weilchen, blieb stehen und beäugelte sie: sechs.
Rechtsgelehrte der Vergangenheit, hochmütig, rechtend, sahen Richie Goulding, unter dem Arm die Aktentasche von Goulding, Collis und Ward, von der Vereinigten Gerichtskostenstelle zum Nisi-Prius-Gericht hinübergehen und hörten eine ungläubig lächelnde ältere Frau mit falschen Zähnen und einem schwarzen Seidenrock großer Weite von der Admiralitätsabteilung des Oberhofgerichts zum Appellationshof hinüberrauschen.

– Sehn Sie? sagte er. Sehn Sie hier, die letzte, die ich reingesteckt habe, liegt jetzt obendrauf. Nummern vorbei. Der Aufprall. Hebelwirkung, verstehn Sie?

Er zeigte ihnen die wachsende Scheibensäule zur Rechten.

– Schlauer Einfall, sagte Nosey Flynn schniefend. Wenn jetzt einer zu spät kommt, kann er mit einem Blick sehen, welche Nummer grad läuft und welche Nummern schon vorbei sind.

– Nicht wahr, sehn Sie? sagte Tom Rochford.

Er schob eine Scheibe für sich selber hinein: und sah sie niederschießen, schwabbeln, äugeln, stehenbleiben: vier. Nummer läuft.

– Ich geh jetzt mal zu ihm ins Ormond rüber, sagte Lenehan, und hole ihn aus. Eine Liebe ist der andern wert.

– Machen Sie das, sagte Tom Rochford. Sagen Sie ihm, ich krieg schon Boylen vor Ungeduld.

– Guten Abend, sagte M'Coy abrupt, wenn ihr zwei anfangt ...

Nosey Flynn beugte sich über den Hebel und schnüffelte daran.

– Aber wie funktioniert denn das hier, Tommy? fragte er.

– Tandaradei, sagte Lenehan, bis später dann.

Er folgte M'Coy über den winzigen Platz des Crampton Court hinaus.

– Er ist ein Held, sagte er schlicht.

– Ich weiß, sagte M'Coy. Der Abwässerkanal, meinen Sie.

– Abwässerkanal? sagte Lenehan. Das war in einem Einstiegloch unten.

Sie kamen an Dan Lowry's Music Hall vorüber, wo Marie Kendall, bezaubernde Soubrette, ihnen von einem Plakat ein schmieriges Lächeln zulächelte.

Während sie die Sycamore Street neben der Empire Music Hall hinuntergingen, wurde M'Coy von Lenehan demonstriert, wie die ganze Sache gewesen war. Eins von diesen Einstieglöchern, so eng wie diese verdammten Gasleitungen, ja, also da steckte der arme Teufel unten fest, halb erstickt schon vom Kloakengas. Aber trotzdem ging Tom Rochford runter, Buchmacherweste und alles, ein Seil um den Leib. Und verdammt, er kriegte das Seil um den armen Teufel rum, und die beiden wurden raufgezogen.

– Die Tat eines Helden, sagte er.

Am Dolphin hielten sie an, um den Krankenwagen an sich vorübergaloppieren zu lassen, der Jervis Street zu.

– Hier entlang, sagte er und wandte sich nach rechts. Ich will nur schnell mal bei Lynam rein und Szepters Startpreis nachsehen. Welche Stunde zeigt denn Ihre goldene Uhr mit Kette?

M'Coy spähte in Marcus Tertius Moses' düsteres Büro, dann zu O'Neills Uhr hinüber.

– Nach drei, sagte er. Wer reitet sie denn?

– O. Madden, sagte Lenehan. Und sie ist ein ganz tolles Füllen.

Während er in der Temple Bar wartete, schubste M'Coy eine Bananenschale mit sanften Stößen seiner Fußspitze vom Bürgersteig in die Gosse. Da konnte sonst einer verdammt garstig hinfallen, wenn er besoffen da lang kam in der Dunkelheit.

Die Tore der Ausfahrt öffneten sich weit, um der vizeköniglichen Kavalkade Ausritt zu gewähren.

– Volle Summe, sagte Lenehan zurückkehrend. Ich bin da drinnen auf Bantam Lyons gestoßen, der will auf irgend so einen blöden Gaul setzen, wo ihm jemand 'nen Tip gegeben hat, aber gar keine Chance drin ist. Hier durch.

Sie gingen die Stufen hinauf und traten unter den Merchants' Arch. Eine dunkelrückige Gestalt stöberte in den Büchern auf dem Karren des fliegenden Händlers.

– Da ist er, sagte Lenehan.

– Was der wohl wieder kauft, sagte M'Coy und sah sich um.

– *Leopoldo oder Wenn's Bloomelein im Kornfeld blüht*, sagte Lenehan.

– Also der hat einen irren Riecher bei so Gelegenheitskäufen, sagte M'Coy. Ich war mal bei ihm, und da brachte er ein Buch an von so'm Alten in der Liffey Street, zwo Schilling hatt' ihn das gekostet. Warn schöne Stiche drin, gut das Doppelte wert, die Sterne und der Mond und Kometen mit langen Schweifen. War über Astronomie.

Lenehan lachte.

– Ich werd Ihnen mal einen verdammt guten über Kometenschweife erzählen, sagte er. Kommen Sie rüber in die Sonne.

Sie gingen zur Eisenbrücke hinüber und an der Flußmauer den Wellington Quay entlang.

Master Patrick Aloysius Dignam kam bei Mangan heraus, früher Fehrenbach, anderthalb Pfund Schweinesteak bei sich.

– Da war mal ein großes Festessen draußen in der Glencree-Besserungsanstalt, sagte Lenehan eifrig. Das Jahres-Diner, verstehn Sie. In vollem Lametta, so die übliche Geschichte. Der Oberbürgermeister war da, Val Dillon damals, und Sir Charles Cameron und Dan Dawson sprachen, und Musik gab's auch. Bartell D'Arcy sang und Benjamin Dollard ...

– Ich weiß, unterbrach M'Coy. Meine Ehehälfte hat da auch mal gesungen.

– Ach, tatsächlich? sagte Lenehan.

Ein Schild *Unmöblierte Zimmer* erschien wieder auf dem Fensterrahmen von Eccles Street Nummer 7.

Er hielt seine Geschichte einen Augenblick zurück, doch brach dann in röchelndes Gelächter aus.

Aber warten Sie, bis ich Ihnen erzähle, sagte er. Delahunt aus der Camden Street hatte das Fressen zu liefern, und Ihr sehr Ergebener war Chef-Flaschenwäscher. Bloom und die Frau waren da. Mensch, was haben wir da alles aufgefahren: Portwein und Sherry und Curaçao, und allem wurde reichlichst zugesprochen. Ein dolles Besäufnis war das. Nach den flüssigen Sachen kamen die festen. Kalter Braten in rauhen Mengen und Fleischpasteten ...

– Ich weiß, sagte M'Coy. In dem Jahr, wo meine Ehehälfte da ...

Lenehan hakte sich warm bei ihm ein.

– Aber warten Sie doch, bis ich Ihnen erzähle, sagte er. Also wir nahmen noch ein Mitternachtslunch zu uns nach der ganzen Festivität, und wie wir uns dann auf die Socken machten, war's glatt schon wieder Morgen nach dem Abend vorher. Wir trudelten so heim, und es war eine phantastische Winternacht auf dem Featherbed Mountain. Bloom und Chris Callinan saßen im Wagen auf der einen Seite und ich und die Frau auf der andern. Wir fingen an und sangen im Chor und auch Duette: *Schau, der erste Morgenstrahl.* Sie hatte 'ne ganz schöne Ladung Delahunts Port unter der Bauchbinde. Jeder Ruck, den der verdammte Wagen machte, schmiß sie mir aufs Vorhemd. Ein höllisches Vergnügen! Sie hat ganz ordentlich Holz vor der Tür, segne sie Gott. So etwa diesen.
Er hielt die gehöhlten Hände eine Elle weit von sich und sagte stirnrunzelnd:
– Ich hab ihr die ganze Zeit die Wolldecke untergeschoben und die Boa gerichtet. Verstehn Sie, was ich meine?
Seine Hände modellierten weitläufige Luftkurven. Er schloß die Augen fest vor Entzücken, sein Körper schrumpfte, und süßes Zwitschern kam von seinen Lippen.
– Der General war jedenfalls in Habachtstellung gegangen, sagte er mit einem Seufzer. Sie ist wirklich ein tolles Pferdchen, da gibt's nichts. Bloom erklärte derweil Chris Callinan und dem Kutscher die sämtlichen Sterne und Kometen am Himmel: den großen Bären und Herkules und den Drachen und den ganzen anderen Flimmerkram. Aber ich, bei Gott, ich hatte mich total auf der Milchstraße verirrt sozusagen. Er kennt die Dinger ja alle, tatsächlich. Endlich zeigte sie auf einen winzig klitzekleinen meilenweit weg. *Und was für ein Stern ist das da, Poldy?* fragt sie. Bei Gott, da hatte sie Bloom aber in die Enge getrieben. *Der da, wenn Sie den meinen,* sagt Chris Callinan, *also das ist bloß sozusagen ein kleiner Nadel-Stich ins Schwarze.* Bei Gott, und damit hatte er ja auch durchaus ins Schwarze getroffen.
Lenehan blieb stehen und lehnte sich an die Flußmauer, japsend vor sanftem Lachen.

– Ich kann nicht mehr, schnaufte er.
M'Coys weißes Gesicht lächelte augenblickslang darüber und wurde ernst. Lenehan setzte sich wieder in Bewegung. Er lüpfte seine Yachtkappe und kratzte sich geschwind den Hinterkopf. Er linste seitlich ins Sonnenlicht nach M'Coy.
– Er ist ein kultivierter Allerweltskerl, der Bloom, sagte er ernst. Keiner von diesen Feldwaldundwiesen ... Sie wissen schon ... Er hat irgendwas vom Künstler an sich, der olle Bloom.

*

Mr. Bloom wandte müßig Seiten der *Furchtbaren Enthüllungen von Maria Monk* um, dann von Aristoteles' *Meisterwerk*. Schlampiger pfuscherhafter Druck. Stiche: Kinder, zu einer Kugel zusammengekauert in blutroten Gebärmüttern, wie die Lebern geschlachteter Kühe. Massen davon sind wie die in diesem Moment, in der ganzen Welt. Alle mit ihren Schädeln am Stoßen, um da raus zu kommen. Jede Minute wird ein Kind geboren irgendwo. Mrs. Purefoy.
Er legte beide Bücher beiseite und warf einen Blick auf das dritte: *Geschichten aus dem Ghetto* von Leopold von Sacher-Masoch.
– Das hatte ich schon, sagte er und schob es fort.
Der Händler ließ zwei Bände auf den Ladentisch fallen.
– Das sind zwei gute, sagte er.
Zwiebeln seines Atems kamen über den Tisch aus seinem verrotteten Mund. Er bückte sich, um aus den andern Büchern ein Bündel zu machen, hätschelte sie gegen seine aufgeknöpfte Weste und trug sie hinter den schmuddeligen Vorhang.
Auf der O'Connell Bridge bemerkten viele Personen das gravitätische Gehaben und die heitere Gewandung von Mr. Denis J. Maginni, Professor der Tanzkunst &c.
Mr. Bloom, allein, sah sich die Titel an. *Schöne Tyrannen* von

James Lovebirch. Kenne die Sorte. Hab ich das schon mal gehabt? Ja.
Er schlug es auf. Dachtes mir doch.
Eine Frauenstimme hinter dem schmuddeligen Vorhang. Horch mal: der Mann.
Nein: das würde ihr nicht besonders gefallen. Habs ihr schon einmal mitgebracht.
Er las den anderen Titel: *Süße der Sünde.* Das wäre mehr nach ihrem Geschmack. Wolln mal sehn.
Er las, wo sein Finger aufgeschlagen hatte.
– *Alle Dollarnoten aber, welche ihr Gatte ihr schenkte, wurden in den Geschäften für wunderbare Kleider und die teuerste Spitzenunterwäsche ausgegeben. Für ihn! Für Raoul!*
Ja. Das. Hier. Mal versuchen.
– *Ihr Mund klebte auf dem seinen in einem lustvoll wollüstigen Kusse, während seine Hände nach den üppigen Formen in ihrem Déshabillé tasteten.*
Ja. Nehmen wir das. Den Schluß.
– *Du kommst spät, sagte er heiser und beäugte sie mit argwöhnischen Blick. Die schöne Frau warf ihren zobelbesetzten Umhang ab und enthüllte ihre königlichen Schultern und ihren schwellend gewölbten Leib. Ein unmerkliches Lächeln spielte um ihre vollkommenen Lippen, als sie sich ihm gelassen zuwandte.*
Mr. Bloom las noch einmal: *Die schöne Frau.*
Wärme überschauerte ihn sanft, sein Fleisch entmutigend. Fleisch gab sich hin inmitten zerwühlter Kleider. Weißes von Augen wurde ohnmächtig. Seine Nüstern wölbten sich nach Beute. Schmelzende Brustsalben *(für ihn! Für Raoul!).* Zwiebliger Schweiß von Achselhöhlen. Fischleimiger Schleim *(ihr schwellend gewölbter Leib!).* Fühlen! Pressen! Zerdrückt! Schwefeldung von Löwen!
Jung! Jung!
Eine ältere Frau, nicht mehr jung, verließ das Gebäude des Kanzleigerichts, des Oberhofgerichts, des Schatzkammergerichts und des Zivilgerichts, nachdem sie sich im Gericht des

Lordkanzlers den Fall des Geisteskranken Potterton, in der Admiralitätsabteilung die Vorladung, Exparte-Antrag, der Eigner der Lady Cairns gegen die Eigner der Barke Mona, im Appellationsgericht die Urteilsreservation im Fall Harvey gegen die Ocean Accident and Guarantee Corporation angehört hatte.

Schleimige Hustenstöße erschütterten die Luft des Buchladens, die schmuddeligen Vorhänge bauschend. Des Händlers ungekämmter Graukopf kam heraus und sein unrasiertes rot angelaufenes Gesicht, hustend. Er kratzte sich rüde die Kehle, spuckte Schleim auf den Boden. Er setzte den Stiefel auf das Ausgespuckte, wischte mit der Sohle darauf entlang und bückte sich, eine rohhäutige Platte zeigend, spärlich umhaart.

Mr. Bloom schaute sie an.

Seinen beunruhigten Atem bemeisternd sagte er:

– Ich nehme dies hier.

Der Händler hob die von altem Tränenschleim triefigen Augen.

– *Süße der Sünde,* sagte er und klopfte drauf. Das ist was Gutes.

*

Der Diener an der Tür von Dillons Auktionsräumen schwang erneut zweimal seine Handglocke und betrachtete sich in dem kreidebeschriebenen Spiegel des Kabinetts.

Dilly Dedalus, am Bordstein lauschend, hörte die Schläge der Glocke, das Schreien des Auktionators drinnen. Vier-neun. Diese herrlichen Vorhänge. Fünf Schilling. Kuschlige Vorhänge. Kosten neu zwei Guineen. Keiner mehr als fünf Schilling? Also weg für fünf Schilling.

Der Diener hob seine Handglocke und schwang sie:

– Dädäng!

Das Däng der Glocke zur letzten Runde trieb die Halbmeilenradler zum Sprint. J. A. Jackson, W. E. Wylie, A. Munro und

H. T. Gahan schafften, mit wackelnd gereckten Hälsen, die Kurve an der Universitätsbibliothek.
Mr. Dedalus kam, einen langen Schnurrbart zausend, von der Williams's Row um die Ecke. Er blieb neben seiner Tochter stehen.
– Es wird Zeit für dich, sagte sie.
– Um der Liebe unserers Herrn Jesu willen, steh grade, sagte Mr. Dedalus. Willst du etwa werden wie dein Onkel John, der Kornettspieler, Kopf auf den Schultern? O du tieftrauriger Gott!
Dilly zuckte die Schultern. Mr. Dedalus legte die Hände darauf und bog sie zurück.
– Steh grade, Mädchen, sagte er. Du kriegst sonst noch Rückgratverkrümmung. Weißt du eigentlich, wie du aussiehst?
Er ließ seinen Kopf plötzlich vor und nieder sacken, krümmte die Schultern und ließ den Unterkiefer hängen.
– Gib's auf, Vater, sagte Dilly. Die Leute gucken schon alle nach dir.
Mr. Dedalus richtete sich auf und zauste erneut seinen Schnurrbart.
– Hast du irgendwelches Geld aufgetrieben? fragte Dilly.
– Wo sollte ich wohl Geld auftreiben? sagte Mr. Dedalus. Kein Mensch in Dublin würde mir auch nur vier Pence leihen.
– Du hast was, sagte Dilly, ihm in die Augen blickend.
– Woher willst du das wissen? fragte Mr. Dedalus, die Zunge in der Backe.
Mr. Kernan, sehr zufrieden mit dem Auftrag, den er gebucht hatte, schritt unternehmend die James's Street entlang.
– Ich weiß, du hast, antwortete Dilly. Warst du im Scotch House jetzt?
– War ich nicht, sagte Mr. Dedalus, lächelnd. Haben dir das die Nönnchen beigebracht, so frech zu sein? Hier.
Er reichte ihr einen Schilling.
– Sieh zu, ob du damit was anfangen kannst, sagte er.
– Ich nehme an, du hast fünf, sagte Dilly. Gib mir mehr.

– Warte mal, du, sagte Mr. Dedalus drohend. Du bist genau so wie die andern auch, was? Ein unverschämtes Pack von kleinen Ludern, seit eure arme Mutter tot ist. Aber wartet nur. Mit euch mach ich kurzen Prozeß, da werdet ihr euch noch umsehen. So eine niederträchtige Schurkerei! Aber ich schaff mir euch vom Hals, wartet nur. Wär euch schnurzegal, wenn ich plötzlich steif daläge, was? Er ist tot. Der Mann oben ist tot.
Er ließ sie stehen und ging weiter. Dilly folgte ihm rasch und zog ihn am Rock.
– Na, was ist denn noch? sagte er und blieb stehen.
Der Diener läutete hinter ihrem Rücken seine Glocke.
– Dädäng!
– Verflucht sei deine verdammte Bimmelseele, schrie Mr. Dedalus, sich nach ihm umwendend.
Der Diener, der Bemerkung inne, schwang seinen baumelnden Glockenklöppel nurmehr schwach.
– Däng!
Mr. Dedalus starrte ihn an.
– Nun guck dir den mal an, sagte er. Ist sehr lehrreich. Ob der uns wohl noch mal zu Wort kommen läßt?
– Du hast noch mehr, Vater, sagte Dilly.
– Ich werd dir mal was zeigen, du, sagte Mr. Dedalus. Ich lasse euch alle da, wo Jesus die Juden gelassen hat. Hier, das ist alles, was ich habe. Ich hab zwei Schilling von Jack Power gekriegt und zwei Pence ausgegeben für eine Rasur wegen der Beerdigung.
Er zog nervös eine Handvoll Kupfermünzen hervor.
– Kannst du dich nicht etwas umsehen nach Geld irgendwo? sagte Dilly.
Mr. Dedalus dachte nach und nickte.
– Wird gemacht, sagte er ernst. An der O'Connell Street hab ich schon den ganzen Rinnstein abgesucht. Jetzt probier ich's mal in diesem hier.
– Du bist ein Witzbold, sagte Dilly grinsend.
– Hier, sagte Mr. Dedalus und händigte ihr zwei Pennies

aus. Hol dir davon ein Glas Milch für dich und eine Semmel oder sonstwas. Ich komme bald nach Hause.
Er steckte die anderen Münzen in die Tasche und schickte sich zum Weitergehen an.
Die vizekönigliche Kavalkade sprengte, von unterwürfigen Polizisten gegrüßt, aus dem Parktor.
– Ich bin sicher, du hast noch einen Schilling, sagte Dilly.
Der Diener dängte laut.
Mr. Dedalus schritt mitten durch den Lärm davon und murmelte dabei, ein geziertes Schmollen um den Mund, vor sich hin:
– Diese Nönnchen! Allerliebste kleine Dinger! Oh, gewiß würden sie das niemals tun! Oh, das würden sie gewiß und wahrhaftig nicht! Ist's die kleine Schwester Monika?

*

Von der Sonnenuhr gegen das James's Gate hin schritt Mr. Kernan, sehr zufrieden mit dem Auftrag, den er für Pulbrook Robertson gebucht hatte, unternehmend die James's Street entlang, vorüber an Shackletons Büro. Den hab ich prima rumgekriegt. Wie geht's, Mr. Crimmins? Ausgezeichnet, Sir. Ich fürchtete schon, Sie könnten in Ihrem anderen Etablissement sein, in Pimlico. Wie läuft das Geschäft? Och, man lebt so grad davon. Schönes Wetter haben wir heute. Ja, tatsächlich. Gut für die Landwirtschaft. Die Bauern murren ja dauernd. Ich will nur rasch einen Fingerhut von Ihrem besten Gin, Mr. Crimmins. Einen kleinen Gin, Sir. Jawohl, Sir. Schreckliche Geschichte das mit der Explosion auf der General Slocum. Schrecklich, schrecklich! Über tausend Opfer. Und herzzerreißende Szenen. Männer, die Frauen und Kinder niedertrampeln. Höchst brutale Sache. Was sagt man denn eigentlich, was war die Ursache? Selbstentzündung: höchst skandalöse Enthüllung. Kein einziges Rettungsboot einsatzbereit, und der Feuerschlauch geplatzt und zerrissen. Ich kann beim besten Willen nicht verstehen, wie die Inspektoren so ein Schiff überhaupt . . . Also da haben Sie vollkommen recht, Mr. Crimmins. Und wissen Sie warum? Schmiergelder. Ist das Tatsache? Ohne jeden Zweifel. Na, ich bitte Sie, überlegen Sie doch mal. Und dabei heißt es doch, Amerika wäre das Land der Freiheit. Ich dachte immer, wir wären schlecht dran hier.

Ich hab ihn angelächelt. *Amerika,* hab ich gesagt, ganz ruhig, so wie jetzt. *Was ist das denn auch? Der Abschaum aller Länder, einschließlich unseres eigenen. Stimmt's etwa nicht?* Ist doch Tatsache.

Oberfaule Sache, mein lieber Herr. Nun, ja, natürlich, wo Geld springt, da gibt's auch immer einen, der's aufhebt.

Genau gesehn, wie er nach meinem Gehrock gelinst hat. Die Kleidung macht's. Nichts geht über eine kleidsame Erscheinung. Das haut sie um.

– Hallo, Simon, sagte Pater Cowley. Wie stehn die Aktien?

– Hallo, Bob, alter Knabe, antwortete Mr. Dedalus und blieb stehen.

Mr. Kernan hielt an und putzte sich vor dem schrägen Spiegel von Peter Kennedy, Friseur. Modischer Rock, ohne allen Zweifel. Scott in der Dawson Street. Gut und gern den halben Sovereign wert, den ich Neary dafür gegeben habe. Wird nie unter drei Guineen gebaut. Paßt mir wie angegossen. Hat wahrscheinlich mal irgend so einem Gecken aus dem Kildare Street Club gehört. John Mulligan, der Direktor der Hibernian Bank, hat doch richtig Stielaugen gemacht auf der Carlisle Bridge, wie wenn er sich an mich erinnerte.

Ähem! Für solche Burschen muß man den Charakter ausstaffieren. Ritter der Straße. Gentleman. Und nun, Mr. Crimmins, haben wir vielleicht die Ehre, Sie wieder zu unsern Kunden zählen zu dürfen, Sir. Der Becher, der berauscht, doch nicht trunken macht, wie das alte Sprichwort sagt.

An North Wall und Sir John Rogerson's Quay westwärts segelnd, entlang an Schiffsrümpfen und Ankerketten, segelte

ein Skiff, ein zerknülltes Flugblatt, auf dem Kielwasser der Fähre schaukelnd, Elias kommt.
Mr. Kernan warf einen abschiednehmenden Blick auf sein Bild. Lebhafte Farbe, natürlich. Durchgrauter Schnurrbart. Heimgekehrter indischer Offizier. Tapfer trug er seinen untersetzten Körper vorwärts auf begamaschten Füßen, dehnte die Schultern. Ist das da drüben Lamberts Bruder, Sam? Was? Ja. Also die Ähnlichkeit ist doch verdammt verblüffend. Nein. Die Windscheibe des Automobils in der Sonne da. Bloß so ein Aufblitzen. Ist ihm verdammt ähnlich.
Ähem! Heißer Geist des Wacholdersaftes wärmte ihm Inneres und Atem. Guter Tropfen war das, der Gin. Seine Rockschöße blinkten im hellen Sonnenlicht zu seinem fetten stolzierenden Gang.
Da unten ist Emmet gehängt, gestreckt und gevierteilt worden. Fettiger schwarzer Strick. Hunde haben das Blut aufgeleckt von der Straße, als die Frau des Gouverneurs in ihrem Einspänner vorbeifuhr.
Warte mal. Ist der nun eigentlich in St. Michan's beerdigt worden? Oder nein, es gab da doch ein Mitternachts-Begräbnis in Glasnevin. Die Leiche wurde durch eine Geheimtür in der Mauer reingebracht. Dignam ist da jetzt. Erloschen wie ein Licht, das man ausgepustet hat. Na ja, na ja. Lieber hier runter. Mach einen Umweg.
Mr. Kernan wandte sich und ging die abwärts führende Watling Street hinunter, an der Ecke von Guinness Besucherwarteraum. Vor den Lagerhallen der Dublin Distillers Company stand ein Outsider ohne Fahrgast und Kutscher, die Zügel am Rad festgemacht. Verdammt gefährliche Sache. Irgendein Tölpel aus Tipperary, der das Leben der Bürger gefährdet. Gaul kann doch durchgehen.
Denis Breen mit seinen Folianten, müde von einstündigem Warten in John Henry Mentons Büro, führte seine Frau über die O'Connell Bridge, um das Büro der Herren Collis und Ward aufzusuchen.
Mr. Kernan näherte sich der Island Street.

Zeit der Wirren. Muß Ned Lambert mal bitten, daß er mir die Erinnerungen von Sir Jonah Barrington leiht. Wenn man so zurückblickt jetzt auf das alles, in einer Art retrospektivem Arrangement. Spiel bei Daly's. Keine gezinkten Karten damals. Einem von den Kerls wurde die Hand mit einem Dolch an den Tisch genagelt. Irgendwo hier ist doch Lord Edward Fitzgerald dem Major Sirr entwischt. Ställe hinterm Moira House.

Verdammt guter Gin war das.

Feiner schneidiger junger Edelmann. Aus gutem Stamm, natürlich. Dieser Schuft, dieser nachgemachte Landjunker mit seinen violetten Handschuhen, hat ihn verraten. Natürlich waren sie auf der falschen Seite. In dunklen und schlimmen Tagen, da standen sie auf zum Kampf. Feines Gedicht das: Ingram. Warn Gentlemen. Ben Dollard singt die Ballade ja wirklich ergreifend. Meisterhafte Wiedergabe.

Als beim Sturm auf Ross fiel der Vater mein.

Eine Kavalkade kam in leichtem Trab den Pembroke Quay entlang, die Vorreiter ruckend, ruckend in den, in den Sätteln. Gehröcke. Kremgelbe Sonnenschirme.

Mr. Kernan eilte vorwärts, kurzatmig schnaufend.

Seine Exzellenz! Zu schade! Um Haaresbreite verpaßt. Verdammtnochmal! Was für ein Jammer!

*

Stephen Dedalus beobachtete durch das spinnverwebte Fenster die Finger des Steinschneiders, die eine zeitgestumpfte Kette untersuchten. Staub spann das Fenster ein und die Schaukästen. Staub verfinsterte die sich plagenden Finger mit ihren Geiernägeln. Staub schlief auf stumpfen Rollen aus Bronze und Silber, auf Zinnoberrhomben, auf Rubinen, leprösen und weindunklen Steinen.

Geboren alle in dunkler wurmiger Erde, kalte Flecken Feuer, böse Lichter, leuchtend in der Finsternis. Wo gefallene Erzengel die Sterne von ihren Stirnen schleuderten. Schmutzige Schweineschnauzen, Hände, wühlen und wühlen, greifen und reißen sie raus.
Sie tanzt in fauligem Dunkel, wo Harz mit Knoblauch brennt. Ein Seemann, rostbärtig, schlürft Rum aus einem Humpen und beäugt sie. Eine lange und meergenährte schweigende Brunst. Sie tanzt, sie hüpft, schwenkt ihre säuischen Hanken und Hüften, auf ihren wanstigen Bauch klatscht ein rubinrotes Ei.
Der alte Russell polierte mit einem verschmierten Sämischlederlappen erneut seine Gemme, drehte sie und hielt sie an die Spitze seines Mosesbarts. Großvater Affe, glotzend auf einen gestohlenen Hort.
Und du, der du alte Bilder aus der Begräbniserde reißest! Die hirnkranken Worte von Sophisten: Antisthenes. Eine Wissenschaft der Drogen. Aufstrahlender und unsterblicher Weizen, dauernd von Ewigkeit zu Ewigkeit.
Zwei alte Frauen, frisch aus dem Salzluftmief, schleppten sich durch Irishtown die London Bridge Road entlang, eine mit einem besandeten Regenschirm, eine mit einer Hebammentasche, in der elf Herzmuscheln rollten.
Das Schwirren ledern flappender Treibriemen und Summen von Dynamomaschinen aus der Kraftstation trieb Stephen weiter. Wesenlose Wesen. Halt! Sie pochen immer außerhalb von einem, und das Pochen ist trotzdem stets drinnen. Dein Herz, davon du singest. Ich zwischen ihnen. Wo? Zwischen zwei brüllenden Welten, darin sie wirbeln, ich. Zerschmettre sie, eine und beide. Aber betäub mich selber auch mit in dem Schlag. Zerschmettre mich du, der es kann. Kuppler und Metzger, waren die Worte. Ich sag' es ja! Noch nicht, über ein Weilchen. Einen Blick noch rund.
Ja, stimmt exakt. Sehr groß und wunderbar und geht phantastisch richtig. Ganz richtig, Herr, am Montag morgen, da war es eben.

Stephen ging die Bedford Row hinunter, und der Griff seines Eschenstocks klatschte gegen sein Schulterblatt. In Clohisseys Schaufenster zog ein verblaßter Druck von 1860, Heenans Boxkampf gegen Sayers, seine Blicke an. Starrende Wetter mit steifen breiten Hüten standen um den verseilten Kampfring. Die Schwergewichte in leichten Lendenschurzen wiesen einander sanft die knolligen Fäuste. Und auch sie pochen: Heldenherzen.

Er wandte sich ab und blieb neben dem schiefgestellten Bücherkarren stehen.

– Zwei Pence jedes, sagte der Höker. Viere bloß sechs Pence.

Zerfetzte Seiten. *Der Irische Bienenzüchter. Leben und Wunder des Curé von Ars. Taschenführer für Killarney.*

Vielleicht find' ich hier gar noch einen von meinen versetzten Schulpreisen. *Stephano Dedalo, alumno optimo, palmam ferenti.*

Pater Conmee schritt, nachdem er die kleinen Horen gelesen, durch den Weiler Donnycarney, die Vesper murmelnd.

Einband zu gut wahrscheinlich, was ist denn das? Achtes und Neuntes Buch Mose. Geheimnis aller Geheimnisse. Siegel des Königs David. Daumenschmierige Seiten: gelesen und gelesen. Wer ist wohl vor mir hier vorbeigekommen? Wie man rissige Hände wieder weich macht. Rezept für weißen Weinessig. Wie man die Liebe eines Weibes gewinnt. Das ist für mich. Sprich den folgenden Zauberspruch dreimal mit gefalteten Händen:

– *Se el yilo nebrakada femininum! Amor me solo! Sanktus! Amen.*

Wer hat das geschrieben? Zauberformeln und Beschwörungen des hochgesegneten Abtes Peter Salanka, allen wahren Gläubigen zugänglich gemacht. So gut wie jedes andern Abtes Zaubersprüche, wie die des Mummelpotts Joachim. Runter mit dir, Kahlkopp, oder wir scheren dir die Wolle.

– Was machst denn du hier, Stephen.

Dillys hohe Schultern und schäbiges Kleid.

Schnell zu mit dem Buch. Laß sie's nicht sehen.

– Und was machst du? sagte Stephen.
Ein Stuart-Gesicht des unvergleichlichen Charles, dünne Lokken seitlich niederfallend. Es glühte, als sie sich bückte, das Feuer nährend mit zerrissenen Schuhen. Ich hab ihr von Paris erzählt. Späte Langschläferin unter einer Decke aus alten Mänteln, ein Talmiarmband befingernd, Dan Kellys Freundschaftspfand. *Nebrakada femininum.*
– Was hast du da? fragte Stephen.
– Ich hab es bei dem andern Karren gekauft, für einen Penny, sagte Dilly und lachte nervös. Taugt es was?
Sie hat, sagt man, meine Augen. Sehn andere mich so? Flink, weit und wagend. Schatten meines Geists.
Er nahm ihr das deckellose Buch aus der Hand. Chardenals Französisches Elementarbuch.
– Wozu hast du dir denn das gekauft? fragte er. Um Französisch zu lernen?
Sie nickte, errötend, und preßte die Lippen zusammen.
Keine Überraschung zeigen. Ganz natürlich.
– Hier, sagte Stephen. Ist ganz gut. Paß auf, daß Maggy es dir nicht versetzt. Meine Bücher sind ja wohl alle schon weg.
– Paar davon, sagte Dilly. Wir mußten.
Sie ist am Ertrinken. Dere gewizzede. Rette sie. Biz. Alles gegen uns. Sie will mich mit sich ertränken, Augen und Haar. Dünne Ringel von Seetanghaar um mich, mein Herz, meine Seele. Salzgrüner Tod.
Wir.
Gewissensbisse. Gewissens Bisse.
Elend! Elend!

*

– Hallo, Simon, sagte Pater Cowley. Wie stehn die Aktien?
– Hallo, Bob, alter Knabe, antwortete Mr. Dedalus und blieb stehen.

Sie gaben sich draußen vor Reddy and Daughter laut klatschend die Hand. Pater Cowley bürstete oftmals seinen Schnurrbart nieder mit schaufelnden Fingern.

– Was gibt's denn so gutes Neues? sagte Mr. Dedalus.

– Och, nicht viel, sagte Pater Cowley. Ich werde von zwei Männern belagert, Simon, die bei mir ums Haus streichen und partout Einlaß finden wollen.

– Famos, sagte Mr. Dedalus. Wer ist es denn?

– Oh, sagte Pater Cowley. Ein gewisser Halsabschneider aus unserem Bekanntenkreis.

– Doch nicht mit einem krummen Buckel? fragte Mr. Dedalus.

– Derselbige, Simon, antwortete Pater Cowley. Reuben vom Stamme gleichen Namens. Ich warte gerade auf Ben Dollard. Er will mal ein Wörtchen mit dem Langen John reden, daß er mir die beiden Kerle vom Hals schafft. Alles was ich brauche ist ein bißchen Zeit.

Er sah in vager Hoffnung den Kai hinauf und hinunter, einen dicken Apfel schwellend in seinem Hals.

– Ich weiß, sagte Mr. Dedalus, nickend. Der arme alte Hinkebein Ben! Ist immer bereit, was für einen zu tun. Kopf hoch!

Er setzte seinen Kneifer auf und schaute einen Augenblick zur Eisenbrücke hinüber.

– Da ist er ja, bei Gott, sagte er, samt Arsch und Ohren!

Ben Dollards loser blauer Cutaway und breiter Hut über weiten Schlapphosen überquerte den Kai von der Eisenbrücke in vollem Trab. Er kam im Paßgang auf sie zu, sich geschäftig unter den Rockschößen kratzend.

Als er nah heran war, grüßte Mr. Dedalus:

– Kuckmal, der Bursche da mit den komischen Hosen!

– Ja, kuck sich den einer an, sagte Ben Dollard.

Mr. Dedalus beäugte mit kalter wandernder Verachtung verschiedene Punkte an Ben Dollards Gestalt. Dann wandte er sich mit einem Nicken an Pater Cowley und murmelte feixend:

– Das ist ein netter Anzug, was, für einen Sommertag?
– Kerl, verfluche dir Gott deine Seele ewiglich, grölte Ben Dollard wild, ich hab in meinem Leben schon mehr Sachen abgetragen, als du je zu sehen gekriegt hast!
Er stand neben ihnen, erst sie und dann seine geräumigen Kleider anstrahlend, von denen Mr. Dedalus diverse Staubflocken klopfte.
– Sie sind jedenfalls für einen Mann von bester Gesundheit gemacht worden, Ben.
– Pech für den Judenmenschen, der sie gemacht hat, sagte Ben Dollard. Gott sei gedankt, er ist noch nicht bezahlt.
– Und wie geht's dem *basso profondo*, Benjamin? fragte Pater Cowley.
Cashel Boyle O'Connor Fitzmaurice Tisdall Farrell schritt murmelnd und glasigäugig am Kildare Street Club vorbei.
Ben Dollard runzelte die Stirn, machte plötzlich einen Sängermund und gab einen tiefen Ton von sich.
– Ooooh! sagte er.
– Genau der richtige Stil, sagte Mr. Dedalus, dem Dröhnen zunickend.
– Na, was sagt ihr? fragte Ben Dollard. Noch ganz proper, was?
Er wandte sich an beide.
– Haut hin, sagte Pater Cowley, ebenfalls nickend.
Hochwürden Hugh C. Love ging vom alten Kapitelhaus der St. Mary's Abbey an James und Charles Kennedy, Destillationsapparate, vorüber, begleitet von Geraldines, groß und stattlich, zum Tholsel jenseits des Ford of Hurdles.
Ben Dollard, mit schwerer Schlagseite nach den Schaufenstern, führte sie vorwärts, die fidelen Finger in der Luft.
– Kommt mal mit zum Büro des Untersheriffs, sagte er. Ich muß euch unbedingt das neue Prachtstück zeigen, das Rock sich als Bailiff verschrieben hat. Eine Kreuzung aus Lobengula und Lynchehaun. Wirklich sehenswert, das kann ich euch sagen. Kommt mit. Ich hab eben grad zufällig John Henry Menton in der Bodega gesehen, und ich will tot umfallen,

wenn ich nicht ... Moment noch, wartet mal ... Wir werden das Kind schon schaukeln, Bob, glaub mir.
– Nur für ein paar Tage, sag ihm, sagte Pater Cowley ängstlich.
Ben Dollard blieb stehen und starrte, die laute Mündung weit offen, und ein loser Knopf seines Rockes baumelte hellrückig an seinem Faden, als er sich die schweren Schlafreste auswischte, die seine Augen verklebten, um richtig hören zu können.
– Was denn für ein paar Tage? brummte er. Hat dich denn dein Hauswirt nicht gepfändet wegen der Miete?
– Doch, hat er, sagte Pater Cowley.
– Dann ist unseres Freundes Klage nicht das Papier wert, auf dem sie geschrieben ist, sagte Ben Dollard. Der Hauswirt hat das Vorrecht. Ich hab ihm die Einzelheiten schon alle gegeben. 29 Windsor Avenue. Love heißt er doch?
– Ganz richtig, sagte Pater Cowley. Hochwürden Mr. Love. Er ist irgendwo Pfarrer auf dem Lande. Aber bist du deiner Sache auch ganz sicher?
– Du kannst Barabbas von mir ausrichten, sagte Ben Dollard, er soll sich mit seinem Schrieb die Flöte wischen, verstanden?
Unternehmend führte er Pater Cowley davon, der sich bei seiner klotzigen Masse untergehakt hatte.
– Hoffentlich ist's 'ne F-Flöte, sagte Mr. Dedalus, indem er seinen Kneifer auf die Rockfront fallen ließ und ihnen folgte.

*

– Der Junge wird schon zurechtkommen, sagte Martin Cunningham, als sie aus dem Castleyard Gate kamen.
Der Polizist berührte seine Stirn.
– Gott segne Sie, sagte Martin Cunningham heiter.

Er winkte dem wartenden Kutscher, der an den Zügeln ruckte und losfuhr, der Lord Edward Street zu.

Bronze bei Gold, erschien Miss Kennedys Kopf bei Miss Douces Kopf über der Kreuzblende des Ormond-Hotels.

– Ja, sagte Martin Cunningham, an seinem Bart fingernd. Ich habe an Pater Conmee geschrieben und ihm den ganzen Fall unterbreitet.

– Sie könnten es mal bei unserm Freund probieren, regte Mr. Power nach hinten an.

– Boyd? sagte Martin Cunningham kurz. Lassen Sie mich bloß mit dem in Frieden.

John Wyse Nolan, der nachzügelte, die Liste lesend, kam jetzt rasch den Cork Hill hinunter hinter ihnen her.

Auf den Stufen der City Hall begrüßte Stadtrat Nannetti, der hinunterstieg, Alderman Cowley und Stadtrat Abraham Lyon, die hinaufstiegen.

Der Schloßwagen räderte leer in die Upper Exchange Street.

– Ach sieh doch mal hier, Martin, sagte John Wyse Nolan, als er sie am *Mail*-Büro einholte. Bloom hat seinen Namen mit fünf Schilling hingesetzt!

– Ganz recht, sagte Martin Cunningham, die Liste nehmend. Und er hat die fünf Schilling sogar auch gleich hinge*legt!*

– Ohne mit der Wimper zu zucken, sagte Mr. Power.

– Sonderbar, aber wahr, fügte Martin Cunningham hinzu.

John Wyse Nolan öffnete weite Augen.

– Ich sage, daß der Jude liebreich ist, zitierte er elegant.

Sie gingen die Parliament Street hinunter.

– Da ist Jimmy Henry, sagte Mr. Power, steuert just auf Kavanagh zu.

– Exakto, sagte Martin Cunningham. Da geht er.

Vor der *Maison Claire* fing Blazes Boylan Jack Mooneys buckligen angetrunkenen Schwager ab, der auf dem Weg zu den Liberties war.

John Wyse Nolan blieb mit Mr. Power zurück, während Martin Cunningham den Ellbogen eines adretten kleinen

Mannes im Hagelschaueranzug nahm, der unsicher mit hastigen Schritten an Micky Andersons Uhren vorübereilte.
– Dem Herrn Hilfsstadtsekretär machen die Hühneraugen zu schaffen, teilte John Wyse Nolan Mr. Power mit.
Sie folgten um die Ecke und gingen auf James Kavanaghs Weinstuben zu. Der leere Schloßwagen stand ihnen wartend im Essex Gate gegenüber. Martin Cunningham zeigte, immerfort redend, oft auf die Liste, auf die Jimmy Henry keinen Blick warf.
– Und der Lange John Fanning ist auch schon da, sagte John Wyse Nolan, in voller Lebensgröße.
Die hohe Gestalt des Langen John Fanning füllte die Tür, in der er stand.
– Guten Tag, Herr Untersheriff, sagte Martin Cunningham, als alle stehenblieben und grüßten.
Der Lange John Fanning gab ihnen den Weg nicht frei. Er entfernte entschlossen seine große Henry Clay, und seine großen wilden Augen musterten mürrisch und intelligent ihrer aller Gesichter.
– Gehen die Herren *patres conscripti* ihren friedfertigen Beratungen nach? sagte er in reichlich ätzendem Ton zu dem Hilfsstadtsekretär.
– Also da hat sich heute wieder mal die Hölle der Christenheit aufgetan, sozusagen, sagte Jimmy Henry aufgebracht. Die mit ihrer verdammten irischen Sprache! Wo denn der Marshal wäre, wollte er wissen, damit er für Ordnung sorgt im Ratssaal. Und der alte Barlow, der Amtsstabträger, mit Asthma zu Bett, kein Amtsstab auf dem Tisch, nichts klappte, keine geschäftsfähige Anzahl erschienen, Hutchinson, der Oberbürgermeister, in Llandudno, und der kleine Lorcan Sherlock an seiner Stelle als *locum tenens*. Ein verflixtes Zeug, dieses Irisch unserer Vorväter.
Der Lange John Fanning blies eine Rauchwolke von seinen Lippen.
Martin Cunningham sprach umschichtig, die Spitze seines Bartes zwirbelnd, mit dem Hilfsstadtsekretär und dem Untersheriff, während John Wyse Nolan sich ruhig verhielt.

– Was für ein Dignam war das eigentlich? fragte der Lange John Fanning.
Jimmy Henry zog eine Grimasse und hob den linken Fuß.
– Aua, meine Hühneraugen! sagte er jammernd. Kommt um Gottes willen mit nach oben, daß ich mich irgendwo hinsetzen kann. Uff! Au! Paßt doch auf!
Mürrisch schaffte er sich Platz neben des Langen John Fanning Flanke und ging hinein und die Treppe hinauf.
– Kommen Sie mit rauf, sagte Martin Cunningham zu dem Untersheriff. Ich glaube nicht, daß Sie ihn gekannt haben, aber immerhin, möglich wäre es schon.
Zusammen mit John Wyse Nolan folgte ihnen Mr. Power nach drinnen.
– War eine anständige gute Seele, sagte Mr. Power zu dem stämmigen Rücken des Langen John Fanning, der dem Langen John Fanning im Spiegel entgegenstieg.
– Ziemlich klein von Gestalt, Dignam aus Mentons Büro, sagte Martin Cunningham.
Der Lange John Fanning konnte sich nicht an ihn erinnern.
Pferdehufschlag klang aus der Luft.
– Was ist denn das? sagte Martin Cunningham.
Alle drehten sich um, wo sie standen; John Wyse Nolan ging wieder hinunter. Aus dem kühlen Schatten des Torwegs sah er die Pferde durch die Parliament Street laufen, Geschirr und glänzende Fesseln im Sonnenlicht schimmernd. Fröhlich liefen sie an seinen kühlen unfreundlichen Augen vorüber, nicht sonderlich rasch. In den Sätteln der Leitpferde, ruckenden Leitpferde, ritten Vorreiter.
– Was war's denn? fragte Martin Cunningham, als sie weiter das Treppenhaus hinauf gingen.
– Der Herr Lord-Statthalter und Generalgouverneur von Irland, antwortete John Wyse Nolan vom Treppenfuß.

*

Während sie über den dicken Teppich schritten, flüsterte Buck Mulligan hinter seinem Panama Haines zu:

– Parnells Bruder. Da in der Ecke.

Sie wählten einen kleinen Tisch am Fenster gegenüber einem langgesichtigen Mann, dessen Bart und Blick sinnend auf ein Schachbrett niederhingen.

– Was, das ist er? fragte Haines, sich auf seinem Stuhl verdrehend.

– Ja, sagte Buck Mulligan. Das ist John Howard, sein Bruder, unser City Marshal.

John Howard Parnell zog ruhig einen weißen Läufer, und seine graue Klaue ging wieder an seine Stirn zurück, wo sie verhielt.

Einen Augenblick später blickten seine Augen unter dem Handschirm rasch und geisterhell zu seinem Feind hinüber und senkten sich dann erneut auf die Angriffsecke.

– Ich nehme eine *mélange*, sagte Haines zu der Kellnerin.

– Zwei *mélanges*, sagte Buck Mulligan. Und bringen Sie uns ein paar Scones mit Butter und außerdem noch etwas Gebäck.

Als sie gegangen war, sagte er lachend:

– Wir sagen D. B. C. dazu, weil die Kerls wirklich Dublins beschissenste Conditoreiwaren bieten. Oh, du hast übrigens was verpaßt: Dedalus über *Hamlet*!

Haines öffnete sein neugekauftes Buch.

– Tut mir leid, sagte er. Shakespeare ist der ewige Jagdgrund für alle Köpfe, die aus der Balance geraten sind.

Der einbeinige Seemann grölte am Vorplatz von Nelson Street Nummer 14:

– *England erwartet ...*

Buck Mulligans primelgelbe Weste schuckerte fröhlich zu seinem Gelächter.

– Den solltest du erstmal sehen, wenn sein Körper aus der Balance gerät, sagte er. Den Wandernden Aengus nenne ich ihn.

– Ich bin sicher, er leidet an einer *idée fixe*, sagte Haines, gedankenvoll mit Daumen und Zeigefinger sein Kinn kneifend. Ich überlege jetzt bloß, was für eine es wohl sein könnte. Solche Leute haben das immer.

Buck Mulligan beugte sich ernst über den Tisch.

– Sie haben ihm den Verstand verwirrt, sagte er, durch Visionen von der Hölle. Er wird's nie zum attischen Ton bringen. Zum Ton Swinburnes, dem Ton aller Dichter, der weiße Tod und die rötliche Geburt. Das ist seine Tragödie. Er kann nie ein Dichter werden. Die schöpferische Lust ...

– Ewige Strafe, sagte Haines, barsch nickend. Ich verstehe. Heute morgen hab ich ihm mal in puncto Glauben auf den Zahn gefühlt. Irgend etwas lag ihm auf der Seele, das sah ich. Das ist sehr interessant, weil Professor Pokorny aus Wien dem einen interessanten Gesichtspunkt abgewinnt.

Buck Mulligans achtsame Augen sahen die Kellnerin kommen. Er half ihr das Tablett entladen.

– Er kann im alten irischen Mythos keine Spur von der Hölle finden, sagte Haines inmitten der lustigen Tassen. Jeglicher moralische Gedanke scheint zu fehlen, der Sinn des Schicksals, der Vergeltung. Eigentlich ziemlich komisch, daß er grad auf diese fixe Idee verfallen ist. Schreibt er irgendwas für eure Bewegung?

Er senkte gewandt zwei Zuckerstücke in Längsrichtung durch die geschlagene Sahne. Buck Mulligan schlitzte einen dampfenden Scone in zwei Hälften und pflasterte Butter auf ihr dampfendes Mark. Er biß voller Hunger ein weiches Stück ab.

– Zehn Jahre, sagte er, kauend und lachend. In zehn Jahren wird er mal irgendwas schreiben.

– Scheint mir noch ziemlich lange bis dahin, sagte Haines, gedankenvoll seinen Löffel hebend. Aber immerhin, ich würde mich nicht wundern, wenn er's schließlich doch schaffte.

Er kostete einen Löffelvoll vom sahnigen Kegel seiner Tasse.

– Ich nehme das hier mal als echte irische Sahne, sagte er mit Nachsicht. Ist mir angenehmer als das Gefühl, übers Ohr gehauen zu werden.

Elias, Skiff, leichtes zerknülltes Flugblatt, segelte ostwärts, vorüber an Schiffsflanken und Schleppnetzfischerbooten, mitten durch einen Archipel von Korken, über die New Wapping Street hinaus, an Bensons Fähre vorüber, und vorbei an dem Dreimaster-Schooner *Rosevean* mit Backsteinen von Bridgwater.

*

Almidano Artifoni ging an der Holles Street vorüber, am Sewell's Yard. Hinter ihm wich Cashel Boyle O'Connor Fitzmaurice Tisdall Farrell mit baumelndem Stockschirmstaubmantel der Laterne vor Mr. Law Smiths Hause aus und ging dann, die Straße überquerend, den Merrion Square entlang. Mit einigem Abstand hinter ihm tappte sich ein blinder Jüngling seinen Weg an der College-Park-Mauer dahin.

Cashel Boyle O'Connor Fitzmaurice Tisdall Farrell ging weiter, bis er an Mr. Lewis Werners fröhliche Fenster kam, drehte sich dann um und ging wieder zurück, den Merrion Square entlang, mit baumelndem Stockschirmstaubmantel.

An der Ecke von Wilde hielt er an, blickte finster auf den Namen Elias, der an der Metropolitan Hall annonciert war, blickte finster zum fernliegenden Lustgarten des Duke's Lawn hinüber. Sein Augenglas blitzte finster blickend in der Sonne. Mit entblößten Rattenzähnen murrte er:

– *Coactus volui.*

Er schritt weiter, der Clare Street zu, sein wildes Wort zermahlend.

Als er an Mr. Blooms Zahnarztfenstern vorüberschritt, riß der Schwung seines Staubmantels rüde einen dünnen tappenden Stock aus seinem Winkel und fegte weiter, nachdem er einen marklosen Körper getroffen hatte. Der blinde Jüngling wandte sein kränkliches Gesicht der schreitenden Gestalt nach.

– Gottes Fluch über dich, sagte er wütend, wer immer du bist! Du bist blinder als ich, du Bastard einer Hündin!

*

Gegenüber von Ruggy O'Donohoe ging Master Patrick Aloysius Dignam, in den Pfoten die anderthalb Pfund Schweinesteak von Mangan, früher Fehrenbach, nach denen er geschickt worden war, trödelnd die warme Wicklow Street entlang. Das war doch allmählich zu blöd, so im Wohnzimmer rumzusitzen mit Mrs. Stoer und Mrs. Quigley und Mrs. MacDowell, und die Jalousie runter, und sie alle dauernd am flennen, und am süffeln, den erstklassigen Tawny Sherry, den Onkel Barney von Tunney mitgebracht hatte. Und dabei brockenweise Landobstkuchen fressen, und schwatzen in einer Tour, die ganze liebe lange Zeit, und seufzen.
Nach der Wicklow Lane ließ ihn das Fenster von Madame Doyle, Hofschneiderin und -putzmacherin, stehen bleiben. Er stand da und betrachtete drinnen die beiden Pucker, die nackt waren bis aufs nackte Fell und die Tatzen hoben. Aus den Seitenspiegeln gafften zwei schweigende Master Dignams in Trauer. Myler Keogh, Dublins Favorit, gegen Sergeantmajor Bennett, den Portobello-Schläger, um eine Börse von fünfzig Sovereigns, mein Gott, das gab ein duftes Match, das sollte man sich ansehen. Myler Keogh, das war wohl der Bursche, der grad gegen den mit dem grünen Schurz ausholte. Zwo Strich Eintritt, Soldaten die Hälfte. Ma könnt ich ja leicht entwischen. Master Dignam zu seiner Linken wandte sich, als er sich wandte. Das bin ich, in Trauer. Wann ist denn das eigentlich? Mai, zweiundzwanzigster. So ein Mist, ist ja schon längst gewesen. Er wandte sich nach rechts, und zu seiner Rechten wandte sich Master Dignam, die Mütze schief, der Kragen hochgeschoben. Ihn niederknöpfend, das Kinn erhoben, erblickte er neben den beiden Puckern das Bild von Marie

Kendall, der bezaubernden Soubrette. Eine von diesen Ziegen, die immer in den Zigarettenpäckchen mit liegen, von dem Zeug was Stoer raucht, wo ihn sein Alter so höllisch verdroschen hat, wie er das rauskriegte.

Master Dignam bekam den Kragen herunter und trödelte weiter. Der beste Boxer, der ganz auf Kraft machte, war Fitzsimons. Ein Schlag von dem unter die Rippen, und du wachst erst nächste Woche wieder auf, Mann. Aber was richtig Technik betraf, war Jem Corbet der beste Boxer, bevor Fitzsimons ihn dann in die Pfanne gehauen hat, der wußte Kniffe und alles.

In der Grafton Street sah Master Dignam eine rote Blume im Munde eines Gecken, und der hatte ein Paar dufte Latschen an und hörte zu, was der Besoffene ihm alles erzählte, und grinste die ganze Zeit.

Keine Trambahn nach Sandymount.

Master Dignam ging die Nassau Street entlang, verlagerte die Schweinesteaks in die andere Hand. Sein Kragen sprang wieder hoch, und er zerrte ihn nieder. Der blöde Hemdknopf war zu klein für das Knopfloch des Hemdes, blödes Ding verdammt. Er begegnete Schuljungen mit Tornistern. Ich geh auch morgen noch nicht wieder hin, fehl einfach bis Montag. Er traf weitere Schuljungen. Ob die wohl merken, daß ich in Trauer bin? Onkel Barney hat gesagt, er bringt es heute abend noch in die Zeitung. Dann sehen sie's alle in der Zeitung und lesen meinen Namen gedruckt und auch Pa seinen Namen.

Sein Gesicht wurde ganz grau, anstatt rot zu sein, wie es sonst war, und eine Fliege lief darüber, hinauf bis an sein Auge. Was das für ein Knirschen gab, wie sie die Schrauben am einschrauben waren in den Sarg: und das Gebummse dann, wie sie ihn die Treppe runterbrachten.

Pa lag drin in dem Sarg, und Ma war im Wohnzimmer am heulen, und Onkel Barney erzählte den Männern dauernd, wie sie ihn am besten um die Kurve kriegten. Ein großer Sarg war das, und hoch, und sah schwer aus. Wie ist das eigentlich gekommen? Am letzten Abend, wo Pa besoffen war, da stand er oben auf der Treppe und brüllte nach seinen Stiefeln, weil er zu Tunney wollte, sich noch mehr besaufen, und er sah richtig mickrig und klein aus in seinem Hemd. Den seh ich jetzt nie wieder. Der Tod, so ist das also. Pa ist tot. Mein Vater ist gestorben. Er hat mir noch gesagt, ich soll Ma ein guter Sohn sein. Die andern Sachen, die er noch gesagt hat, die konnt ich nicht verstehen, aber gesehn hab ich, wie seine Zunge und seine Zähne, wie die versuchten, es noch besser zu sagen. Armer Pa. Das war Mr. Dignam, mein Vater. Ich hoffe ja, er ist jetzt im Fegefeuer, weil er doch Samstag abend noch zur Beichte war, bei Pater Conroy.

*

William Humble, Earl of Dudley, und Lady Dudley fuhren nach dem Luncheon in Begleitung von Oberstleutnant Hesseltine aus dem vizeköniglichen Palast. In der Kutsche hinter ihnen befanden sich die ehrenwerten Damen Mrs. Paget und Miss de Courcy sowie der ehrenwerte Gerald Ward, A. v. D. Die Kavalkade verließ den Phoenix Park durch das untere Tor, wurde dort von unterwürfigen Polizisten gegrüßt und bewegte sich an der Kingsbridge vorbei über die nördlichen Kais. Der Vizekönig empfing auf seinem Weg durch die Metropole überall die herzlichsten Grußbezeigungen. An der Bloody Bridge grüßte ihn jenseits des Flusses Mr. Thomas Kernan eitel umsonst von fern. Zwischen der Queen's und der Whitworth Bridge blieben Lord Dudleys vizekönigliche Kutschen beim Vorüberfahren ungegrüßt von Mr. Dudley White, B. L., M. A., der auf dem Arran Quay vor der Pfandleihe von Mrs. M. E. White stand, Ecke Arran Street West, und sich mit dem Zeigefinger die Nase strich, unentschieden, auf welchem Wege er schneller in Phibsborough ankommen würde, per Trambahn mit dreimaligem Umsteigen, mit der Droschke oder zu Fuß durch Smithfield, Constitution Hill und Broadstone Terminus. In der Säulenhalle der Four Courts erblickte ihn voller Überraschung Richie Goulding mit der Aktentasche von Goulding, Collis und Ward. Hinter der Richmond Bridge, auf den Stufen zum Büro von Reuben J. Dodd, Rechtsanwalt, Vertreter der Patriotic Insurance Company, änderte eine ältere Frau, die eben im Begriff stand einzutreten, ihren Plan, und indem sie ihre Schritte an King's Fenstern vorüberlenkte, lächelte sie dem Repräsentanten Seiner Majestät gläubig zu. Aus dem Siel in der Wood-Quay-Mauer unter Tom Devans Büro ließ der Poddle-Fluß in Lehnstreue eine Jauchezunge heraushängen. Über die Kreuzblende des Ormond-Hotels blickte, Gold bei Bronze, Miss Kennedys Kopf neben Miss Douces Kopf hinaus und bewunderte. Auf dem Ormond Quay stand Mr. Simon Dedalus, eben auf dem Weg vom Pissoir zum Büro des Untersheriffs, mitten auf der Straße still und zog tief den Hut. Seine Exzellenz erwiderte huldreich Mr. Dedalus' Gruß. Von der Ecke Cahill herüber machte Hochwürden Hugh C. Love, M. A., eine unbemerkte Verbeugung, in Gedanken bei den Lord-Deputierten, in deren gütigen Händen dereinst das Vergaberecht für reiche Pfründen gelegen hatte. Auf der Grattan Bridge sahen Lenehan und M'Coy, eben Abschied nehmend voneinander, die Kutschen vorüberfahren. An Roger Greenes Büro und Dollards großer roter Druckerei vorübergehend, erkannte Gerty MacDowell, die gerade anstelle ihres erkrankten Vaters für Catesby, Kork-Linoleum, Briefe austrug, an dem ganzen Aufzug, daß es der Herr Gouverneur und die Frau Gouverneurin waren, konnte jedoch nicht sehen, was Ihre Exzellenz anhatte, da die Trambahn und Springs großer gelber Möbelwagen vor ihr halten mußten, weil es doch der Herr Gouverneur war. Jenseits von Lundy Foot's lächelte aus dem schattigen Eingang von Kavanaghs Weinstuben John Wyse Nolan mit ungesehener Kälte dem Lord-Statthalter und Generalgouverneur von Irland zu. Der Sehr Ehrenwerte William Humble, Earl of Dudley, G. C. V. O., fuhr an Micky Andersons alle Zeit tickenden Uhren und Henry & James's elegantstaffierten frischwangigen Wachsmodellen vorbei, Gentleman Henry, *dernier cri* James. Drüben am Dame Gate beobachteten Tom Rochford und Nosey Flynn das Herannahen der Kavalkade. Tom Rochford nahm, als er die Augen von Lady Dudley auf sich gerichtet sah, rasch die Daumen aus den Taschen seiner rotweinroten Weste und zog vor ihr die Mütze. Eine bezaubernde *soubrette,* die große Marie Kendall, lächelte mit schmierigen Wangen und gelüpftem Röckchen schmierig von ihrem Plakat auf William Humble, Earl of Dudley, herunter, dazu auf Oberstleutnant H. G. Hesseltine und ebenso auf den ehrenwerten Gerald Ward, A. v. D. Vom Fenster der D.B.C. blickte Buck Mulligan heiter und Haines ernst auf die vizekönigliche Equipage nieder, hinweg über die Schultern eifrig spähender Gäste, deren Gestaltenmasse das Schachbrett verdunkelte, auf welches John Howard Parnell sinnend schaute. In der Fownes's Street sah Dilly Dedalus, den Blick von Chardenals französischem Elementarbuch hebend, aufgespannte Sonnenschirme sowie im Sonnenglast sich drehende Radspeichen. John Henry Menton, welcher die Tür der Commercial Buildings füllte, starrte aus weingeweiteten Austernaugen, eine fette goldene Jägeruhr, auf die er nicht sah, in seiner fetten linken Hand, die sie nicht fühlte. Wo das Vorderbein von King Billys Pferd in die Luft hufte, riß Mrs. Breen ihren hastenden Gatten vor den Hufen der Vorreiter zurück. Sie schrie ihm ins Ohr, was sich zutrug. Verstehend verlagerte er seine Folianten auf die linke Brust und salutierte der zweiten Kutsche. Der ehrenwerte Gerald Ward, A. v. D., beeilte sich, angenehm überrascht, zu erwidern. An Ponsonbys Ecke blieb eine erschöpfte weiße Flasche H. stehen, und vier hochbezylinderte weiße Flaschen blieben hinter ihr stehen, E. L. Y.'S., während Vorreiter vorüberparadierten und Kutschen. Gegenüber Pigotts Musikalienhandlung ging, heiter gewandet, ernst Mr. Denis J. Maginni, Professor der Tanzkunst &c., überholt von einem Vizekönig und nicht bemerkt. Entlang der Mauer

des Provosts kam flott Blazes Boylan, schrittelnd in lohbraunen Schuhen und Socken mit himmelblauen Zwickeln nach dem Kehrreim des Liedes *Mein Mädchen ist ein Yorkshire-Girl.*
Blazes Boylan präsentierte den himmelblauen Stirngeschirren und dem stolzen Gang der Leitpferde eine himmelblaue Krawatte, einen breitberandeten Strohhut in verwegenem Winkel und einen Anzug aus indigofarbenem Serge. Die Hände in seinen Jackentaschen vergaßen zu grüßen, doch bot er den drei Damen die dreiste Bewunderung seiner Augen und die rote Blume zwischen seinen Lippen. Als sie die Nassau Street entlangfuhren, lenkte Seine Exzellenz die Aufmerksamkeit seiner sich vorbeugenden Gemahlin auf das Konzertprogramm, welches im College Park soeben zum Vortrag gelangte. Unsichtbare messingne Hochlandjungens schmetterten und trommbummsten hinter dem *cortège* her:

Und ist sie auch bloß 'ne Fabrikarbeiterin
Und trägt keine seidenen Höschen –
Bubumm –
So ist sie doch ein feines
Mädel wie sonst keines,
Mein kleines Yorkshire-Röschen –
Bubumm.

Jenseits der Mauer starteten nacheinander im Flachhindernis-Rennen über eine Viertelmeile M. C. Green, H. Thrift, T. M. Patey, C. Scaife, J. B. Jeffs, G. N. Morphy, F. Stevenson, C. Adderly und W. C. Huggard. An Finns Hotel vorüberschreitend starrte Cashel Boyle O'Connor Fitzmaurice Tisdall Farrell durch ein wildes Augenglas über die Kutschen weg auf das Haupt von Mr. E. M. Solomons im Fenster des Österreich-Ungarischen Vizekonsulats. Tief in der Leinster Street, an der Hinterpforte des Trinity, griff Hornblower, ein rechter Königstreuer, an seine Halloho-Mütze. Als die glänzenden Rosse am Merrion Square vorüberparadierten, sah der wartende Master Patrick Aloysius Dignam, wie der Herr mit dem piekfeinen Deckel verschiedentlich gegrüßt wurde, und lüftete ebenfalls seine neue schwarze Mütze mit Fingern, welche von Schweinesteakpapier befettet waren. Auch sein Kragen sprang hoch. Der Vizekönig, unterwegs zur feierlichen Eröffnung des Mirus-Basars zugunsten des Fonds für Mercers Hospital, fuhr mit seinem Gefolge der Lower Mount Street zu. Gegenüber Broadbent kam er an einem blinden Jüngling vorüber. In der Lower Mount Street kreuzte ein Fußgänger in braunem Macintosh, trockenes Brot essend, rasch und ohne Schaden zu nehmen des Vizekönigs Pfad. An der Royal Canal Bridge entbot von seiner Plakatwand herunter Mr. Eugene Stratton mit grinsenden Wulstlippen allen Ankömmlingen im Stadtteil Pembroke den Willkommensgruß. An der Ecke Haddington Road blieben zwei besandete Frauen, ein Regenschirm und eine Tasche, in welcher elf Herzmuscheln rollten, stehen, um voller Verwunderung den Herrn Oberbürgermeister und die Frau Oberbürgermeisterin ohne seine goldene Kette in Augenschein zu nehmen. Auf der Northumberland und der Landsdowne Road erwiderte Seine Exzellenz in prompter Weise die Grüße von vereinzelten männlichen Spaziergängern, den Gruß von zwei kleinen Schuljungen am Gartentor des Hauses, von dem es hieß, daß es die Bewunderung der seligen Königin erregt habe, als diese im Jahre 1849 mit ihrem Gatten, dem Prinzgemahl, die irische Hauptstadt besuchte, und den Gruß von Almidano Artifonis stämmigen Hosen, die verschluckt wurden von einer sich schließenden Tür.

Bronze bei Gold hörte die Hufeisen, stahlklingend.
Impertntn tntntn.
Splitter, Splitter knippend von felsenhartem Daumnagel, Splitter. Schlimme! Und Gold wurde noch röter.
Ein heiserer Pfeifenton blies.
Blus. Blau Bloomelein im
Golden getürmtes Haar.
Eine hüpfende Rose auf atlassenen Atlasbrüsten, Rose von Kastilien.
Trillernd, trillernd: Idolores.
Kiek mal an! Wer sitzt denn da in der . . . Kiekvongold?
Pling schrie ins Mitleid von Bronze.
Und ein Klang, rein, lang und bebend. Verlanghinsterbender Klang.
Verlocken. Sanftes Wort. Doch sieh! Die hellen Sterne blassen.
O Rose! Töne, Antwort zwitschernd. Kastilien. Bricht der Morgen an.
Klingelingeling schwenkte klingelnd.
Münze klang. Uhr schnarrte.
Gestehen. *Sonnez.* Ich konnt'. Strumpfbandklatschen. Dich nicht verlassen. Klatsch. *La cloche!* Schenkelklatsch. Gestehen. Warm. Schätzchen, ade!
Klingeling. Bloo.
Bombardende Akkorde. Wenn Lieb' verzehrt. Krieg! Krieg! Das Trommelfell.
Ein Segel! Ein Schleier wehend auf den Wogen.
Verloren. Drossel flötete. Alles ist jetzt verloren.
Ständer, Stistaständer.
Als er zum erstenmal erblickte. Ach!
Voll Flapp. Voll Pochen.
Tirilierend. Ah, locken! Verlockend.
Martha! Komm!
Klappklopp. Klippklapp. Klapperdiklapp.

Gutergott erhat tenoch niein seinemganzen.
Der taube kahle Pat brachte Unterlage, nahm Messer fort.
Ein Mondlicht-Nachtruf: fern: fern.
Ich fühl mich so traurig. P. S. So einsam bloomend.
Hören Sie!
Das stachlige und gewundene kalte Meerhorn. Hat man 'n?
Jede und für die andre Platschen und stilles Brausen.
Perlen: wenn sie. Rhapsodien von Liszt. Zissschen.
Du glaubst nicht?
Glaubte: nein, nein: nicht: Lidlyd. Mit 'nem Kock, mit 'nem Kara.
Die schwarzen.
Tieftönenden. Los, Ben, mach.
Wartet auf, derweil man abwartet. Hihi. Wartet auf, derweil man hi.
Aber warte noch!
Leis in dunkler Erden Mitte. Eingebettet Erz.
Naminedamine. Alle dahin. Alle gefallen.
Winzig ihre zitternden Farnblätter von Mädchenhaar.
Amen! Er knirschte vor Wut.
Her. Hin, her. Ein Stab, kühl vordringend.
Bronzelydia bei Minagold.
Bei Bronze, bei Gold, in Ozeangrün von Schatten. Bloom. Old Bloom.
Einer rappelt', einer tappte mit 'nem Kara, mit 'nem Kock.
Betet für ihn! Betet, ihr guten Leut'!
Seine gichtigen Finger tackerten.
Big Benaben. Big Benben.
Letzte Sommerrose von Kastilien, die Bloom ließ fühl' so traurig mich allein.
Pwii! Lütter Wind piepste wii.
Echte Männer. Lid Ker Cow De und Doll. Ja, ja. Wie ihr, Männer. Heben ihr Tschink mit einem Tschank.
Fff! Uuh!
Wo Bronze von nah? Wo Gold von fern? Wo Hufe?
Rrrpr. Kraa. Krääandel.

Dann und erst dann. Mein Eppripfftaph. Schpfreiben.
Geschafft.
Fanget an!

Bronze bei Gold, Miss Douces Kopf neben Miss Kennedys Kopf über der Kreuzblende der Ormond-Bar, hörte die vizeköniglichen Hufe vorüberklappern, klingenden Stahl.
– Ist das sie? fragte Miss Kennedy.
Miss Douce sagte ja, da auf dem Sitz bei seiner Ex, perlgrau und *eau de Nil*.
– Exquisiter Kontrast, sagte Miss Kennedy.
Als ganz Verlangen, sagte eifrig Miss Douce:
– Sehn Sie doch mal den Burschen da in dem Zylinder!
der!
– Wer? Wo? fragte noch eifriger Gold.
– In der zweiten Kutsche, sagten Miss Douces feuchte Lippen, lachend in der Sonne. Er guckt her. Passen Sie auf, bis ich sehn kann.
Sie flitzte, Bronze, in die hinterste Ecke, ihr Gesicht gegen die Scheibe flachend in einem Heiligenschein aus überhastetem Atem.
Ihre feuchten Lippen zitterten:
– Der bringt sich noch um, wie er herguckt!
Sie lachte:
– O verflixt! Sind die Männer nicht fürchterliche Idioten?
Mit Traurigkeit.
Miss Kennedy trottete traurig aus leuchtendem Licht, loses Haar sich windend hinter ein Ohr. Traurig trottend, Gold nicht mehr, wand sie gewundenes Haar. Traurig wand sie im Trotten sich Goldhaar hinter geschwungenes Ohr.
– Aber den Spaß, den haben immer die, sagte sie dann traurig.
Ein Mann.
Blooder vorbeiging an Moulangs Pfeifen, in seiner Brust die Süße der Sünde, vorbei an Wines Antiquitäten, in den Gedanken süße sündige Worte, vorbei an Carrolls matt abgenutztem Silbergeschirr, für Raoul.

Der Hausknecht zu ihnen, zu ihnen in der Bar, den Barmädchen kam. Für sie, die seiner nicht achteten, knallte er auf das Büfett sein Tablett mit rasselnden Tassen. Und
– Da ist euer Tee, sagte er.
Miss Kennedy stellte das Teebrett manierlich auf eine hochgekippte Lithium-Flaschenkiste nieder, sicher vor Blicken, tief.
– Was gibt's denn da draußen? fragte lauter Hausknecht gar unmanierlich.
– Raten Sie mal, gab Miss Douce ihm spitzig zurück, ihren Spionierpunkt verlassend.
– Ihr *beau*, was?
Eine hochmütige Bronze erwiderte:
– Ich werde mich bei Mrs. de Massey über Sie beschweren, wenn ich noch mehr derartige impertinente Unverschämtheiten von Ihnen höre.
– Impertntn, tntntn, schniefte roh die Hausknechtsschnauze, als er, als sie ihm drohte, als er gekommen, sich nun zurückzog.
Bloom.
Auf ihre Blume hinab stirnrunzelnd, sagte Miss Douce:
– Höchst unangenehm, dieser Balg. Wenn er sich nicht benehmen lernt, zieh ich ihm noch mal die Ohren lang.
Damenhaft in exquisitem Kontrast.
– Einfach ignorieren, versetzte Miss Kennedy.
Sie goß nun in eine Teetasse Tee, dann zurück in den Teetopf Tee. Es kauerten beide sie unter ihrem Thekenriff, wartend auf Schemeln, hochgekippten Kisten, wartend aufs Ziehn ihres Tees. Sie klaubten an ihren Blusen herum, beide aus schwarzem Atlas, zwo-neun die Elle, wartend aufs Ziehn ihres Tees, und zwo-sieben.
Ja, Bronze von nah, bei Gold von fern, hörte Stahl von nah, Hufklingen von fern, hörte Stahlhufe Klinghuf Klingelingstahl.
– Hab ich nicht schrecklichen Sonnenbrand?
Miss Bronze entbluste ihren Hals.
– Nein, sagte Miss Kennedy. Das wird später braun. Haben

Sie mal das Borax mit dem Kirschlorbeerwasser probiert?
Miss Douce hob sich halbauf, um von der Seite ihre Haut zu besehen im blattgoldbeletterten Barspiegel, wo Hochheimer- und Claret-Gläser schimmerten, in ihrer Mitte eine Muschel.
– Und laß ihn meinen Händen, sagte sie.
– Versuchen Sie's mal mit Glyzerin, riet Miss Kennedy an.
Hals und Händen Valet gebend, erwiderte Miss Douce:
– Von den Sachen kriegt man bloß Ausschlag, und setzte sich wieder hin. Ich hab den alten Kauz bei Boyd nach was gefragt für meine Haut.
Miss Kennedy, eingießend jetzt voll durchgezogenen Tee, schnitt eine Grimasse und flehte:
– Oh, erinnern Sie mich bloß nicht an den, um Himmels willen!
– Aber nun warten Sie doch erstmal ab, was ich Ihnen erzählen will, bat Miss Douce.
Nachdem Miss Kennedy Milch noch in süßen Tee gegossen, pfropfte mit kleinen Fingern sie beide Ohren sich zu.
– Nein, bloß nicht, schrie sie.
– Ich will nichts hören, schrie sie.
Doch Bloom?
Es grunzte Miss Douce in schnuffligem Altkauzton:
– Für Ihre was? sagt er.
Miss Kennedy entpfropfte ihre Ohren, zu hören, zu sprechen: doch sagte, doch flehte wieder:
– Lassen Sie mich bloß nicht an den denken, oder ich sterbe. Der widerliche alte Kerl! Damals den Abend in den Antient Concert Rooms!
Voll Abscheu schlürfte sie drauf ihr Gebräu, heißen Tee, einen Schlürf, schlürfte sie süßen Tee.
– Das war er, sagte Miss Douce, richtend den Bronzekopf dreiviertel auf, kräuselnd die Nasenflügel. Schnbb-bb-bb! Schnff!
Schrilles Gelächtergekreisch sprang aus Miss Kennedys Kehle. Es schnaufte und schnob Miss Douce durch die Nüstern, die impertntntn erbebten wie eine sabbernde Schnauze.

– Oh! schrie Miss Kennedy kreischend. Werden Sie je seine Glotzaugen vergessen?
Miss Douce stimmte ein in tiefem Bronzegelächter und rief:
– Und Ihr anderes Auge!
Bloodessen dunkles Aug' Aaron Figatners Namen las. Wieso denk ich eigentlich immer Figather? Feigensammeln, denk ich wohl. Und Prosper Lorés Hugenottenname. An Bassis gebenedeiten Jungfrauen wanderten Blooms dunkle Augen vorbei. Blaugewandet, weiß darunter, kommet her zu mir alle. Die glauben doch, sie ist Gott: beziehungsweise Göttin. Die heute da. Ich hab nicht sehn können. Dieser Bursche sprach. Ein Student. Hinterher mit Dedalus' Sohn. Das könnte der Mulligan sein. Alles ganz reizende Jungfräulein. Das bringt diese Wüstlinge von Kerls da rein: ihr Weiß.
Vorüber wanderten seine Augen. Die Süße der Sünde. Süß sind die Süßen.
Der Sünde.
In kicherndem Schall verschmolzen junge goldbronzene Stimmen, Douce mit Kennedy, Ihr anderes Auge. Junge Köpfe warfen sie zurück, bronzenes Kichergold, freifliegen zu lassen ihr Lachen, einander Zeichen, Ihr ander, zukreischend, hochschneidende Töne.
Ah, schnaufend, seufzend. Seufzend, erschöpft, ah, starb ihre Freude hin.
Miss Kennedy lippte wieder an ihrer Tasse, hob sie, trank einen Nipp und kichkicherte. Es beugte Miss Douce sich wieder über das Teebrett, kräuselte wieder die Nase und rollte drollig geschwollene Augen. Wieder ein Kennykichkichern, neigend ihr schönes Getürm von Haar, sich vor sich beugend, bis sich ihr Schildpatt-Nackenkamm zeigte, prustete aus ihrem Mund ihren Tee sie, würgend an Tee und Gelächter, hustend vor Würgen, schreiend:
– O diese schmierigen Augen! Stellen Sie sich bloß vor, Sie sind verheiratet mit so einem Mann, schrie sie. Mit dem bißchen Bart!
Douce ließ einem herrlichen Gellschrei freien Schall, dem

vollen Gellen eines vollen Weibs, Freude, Lust, Empörung.
– Verheiratet mit dieser Schmiernase! gellte sie.
Schrill, mit tiefem Gelächter, nach Bronze in Gold, nötigten gellschrill einander sie schallvoll zu Schall, klingend in Wechseln, Bronzegold Goldbronze, schrilltief, lachvoll zu Lachen. Und lachten noch mehr dann. Schmierig, ich weiß. Erschöpft, ohne Atem legten geschüttelte Köpfe sie nun, toupiert und getürmt neben glanzgekämmt, auf die Thekenkante. Ganz rot geworden (Oh!), ganz schnaufend, schwitzend (Oh!), ganz ohne Atem.
Verheiratet mit Bloom, dem Schmierischlieribloom.
– O ihr Heiligen droben! sagte Miss Douce, seufzte Miss Douce über ihrer hüpfenden Rose. Wenn ich doch bloß nicht so gelacht hätte! Ich fühl mich ganz naß.
– O Miss Douce! protestierte Miss Kennedy. Sie schlimmes Ding, Sie!
Und wurde noch röter (Sie Schlimme!), goldener noch.
Vorüber an den Büros von Cantwell strich Schmieribloom, vorüber an Ceppis Jungfrauen, hell von ihrem Öl. Die Dinger, die hat noch Nannettis Vater verhökert, an Türen rumgeschleimt wie ich. Religion zahlt sich aus. Muß noch wegen dem Keyes-Artikel bei ihm vorbei. Zuerst aber essen. Muß ich dringend. Noch nicht. Um vier, hat sie gesagt. Die Zeit geht pausenlos weiter. Uhrzeiger drehn sich. Weiter. Wo essen? Clarence, Dolphin. Weiter. Für Raoul. Essen. Wenn ich mit diesen Annoncen, mach ich fünf Guineen. Die violetten Seidenunterröcke. Noch nicht. Die Süße der Sünde.
Wurde weniger rot, noch weniger, blaßte golden.
In ihre Bar geschlendert kam Mr. Dedalus. Splitter, Splitter knippend von einem seiner felsenharten Daumennägel. Splitter. Geschlendert kam er.
– Oh, willkommen daheim wieder, Miss Douce!
Er hielt ihre Hand. War der Urlaub erfreulich gewesen?
– Tipptopp.
Er hoffte, sie habe schönes Wetter gehabt in Rostrevor.
– Fabelhaftes, sagte sie. Sehn Sie doch nur, wie ich aussehe.

Den ganzen Tag am Strand gelegen.
Bronzenes Weiß.
– Das war aber ganzganz böse von Ihnen, sagte Mr. Dedalus und drückte ihr in mildem Tadel die Hand. Arme einfältige Männer so in Versuchung zu führen.
Miss Douce aus Atlas entdoucete ihm ihren Arm.
– Ach gehn Sie, sagte sie. So einfältig sehn zum Beispiel Sie mir gar nicht aus, finde ich.
Er war's.
– Nun, doch, das bin ich, grübelte er. In der Wiege hab ich so einfältig ausgesehen, daß sie mich Simon den Simplex tauften.
– Sie müssen ein properer Brocken gewesen sein, gab Miss Douce zur Antwort. Und was hat der Doktor heute verordnet?
– Nun, ganz wie Sie meinen, grübelte er. Ich glaube, ich werde Sie einmal mit der Bitte um etwas frisches Wasser und ein halbes Glas Whisky behelligen.
Klingeling.
– Mit der allergrößten Bereitwilligkeit, stimmte Miss Douce zu.
Mit Bereitwilligkeitsgrazie wandte sie nun sich herum zum mit Cantrell & Cochrane begoldeten Spiegel. Mit Grazie entzapfte ein golden Maß Whisky sie ihrem Kristallfäßchen dann. Es zog unterm Rockschoß hervor Mr. Dedalus Beutel und Pfeife. Bereitwilligkeit zur Gänze, war sie zu Diensten. Er blies durch die Röhre zwei heisere Pfeifentöne.
– Beim Zeus, grübelte er. Ich hab ja die Mourne-Berge oft schon besuchen wollen. Muß sehr stärkend sein, die Luft da unten. Aber was lange droht, kommt endlich doch, sagt man wohl. Ja, ja.
Ja. Er fingerte Haarfäden, ja, ihr Mädchenhaar, ihr Nixenhaar, in den Pfeifenkopf. Splitter. Fäden. Grübelnd. Stumm.
Keiner nichtsagte nichts. Ja.
Lustig putzte Miss Douce ein Wasserglas, trillernd:
– *Oh, Idolores, Königin der östlichen Meere!*

– War Mr. Lidwell heute hier?

Herein kam Lenehan. Um sich sah Lenehan. Mr. Bloom erreichte die Essex Bridge. Ja, Mr. Bloom überschritt die Brücke von Jassex. An Martha muß ich schreiben. Papier kaufen. Daly's. Das Mädchen recht höflich dort. Bloom. Der olle Bloom. Blau Bloomelein im Kornfeld blüht.

– So um die Lunchzeit war er da, sagte Miss Douce.

Lenehan kam näher.

– Hat Mr. Boylan nach mir gefragt?

Er fragte. Sie antwortete:

– Miss Kennedy, war Mr. Boylan hier, während ich oben war?

Sie fragte. Miss Kennedystimme antwortete, eine zweite Teetasse in der Schwebe, den Blick auf einer Buchseite.

– Nein. War er nicht.

Miss Kennedyblick, gehört, doch nicht gesehen, las weiter. Lenehan wand rund um die Sandwichglocke rund seinen runden Leib herum.

– Kiek mal an! Wer sitzt denn da in der Ecke?

Obschon kein Kennedyblick ihn belohnte, machte er doch Ouvertüren. Auf ihre Punkte möchte sie doch achten. Die schwarzen nur lesen: rundliche Ohs und verschnörkelte Esse.

Klingklang lustig klingeling.

Mädchengold, las sie und blickte nicht auf. Einfach ignorieren. Einfach denn ignorierte sie, während er auswendig ihr eine Solmisationsfabel las, platt sie beplappernd:

– Ein Fuuchs begegnete einst einem Stoorch. Sagte der Fuuchs zum Stoorch: Wüürdest du wohl deinen Schnaabel in meinen Haals stecken und mir einen Knoochen herausholen?

Er dröhnte vergebens. Miss Douce wandte einfach beiseite sich, ihrem Tee zu.

Er seufzte, beiseite:

– O mei! O weiowei!

Er grüßte Mr. Dedalus und erntete ein Nicken.

– Grüße vom berühmten Sohn eines berühmten Vaters!

– Wer mag das sein? fragte Mr. Dedalus.

Lenehan öffnete höchst muntere Arme. Wer?

– Wer das wohl sein mag? fragte er. Da können Sie noch fragen? Stephen, der jugendliche Barde!

Trocken.

Mr. Dedalus, berühmter Vater, legte die Pfeife beiseite, trokken, gestopft.

– Ich verstehe, sagte er. Ich wußte nur in der Schnelle nicht, wen Sie meinten. Wie ich höre, hält er sich in sehr erlesener Gesellschaft auf. Haben Sie ihn in letzter Zeit gesehen?

Er hatte.

– Ich habe grad heut noch mit ihm die Nektarschale gehoben, sagte Lenehan. Im Mooney *en ville* und im Mooney *sur mer*. Er hatte das Moos für die Leistungen seiner Muse empfangen.

Er lächelte Bronzes teegebadeten Lippen zu, lauschenden Lippen und Augen.

– Die *élite* von Erin hing an seinen Lippen. Der Gelehrsamkeit Licht, Hugh MacHugh, Dublins brillantester Autor und Redakteur, sowie der Sängerknabe des wilden wässrigen Westens, welcher unter dem wohlklingenden Rufnamen O'Madden Burke bekannt ist.

Nach einer Pause hob Mr. Dedalus seinen Grog und sagte:

– Das muß ja höchst unterhaltsam gewesen sein. Ich verstehe.

Er verstehe. Er trank. Mit fern verlorenem Trauerbergsaug'. Setzte hin sein Glas.

Er sah zur Saloontür hinüber.

– Wie ich sehe, haben Sie das Klavier umgestellt.

– Der Stimmer war heute da, erwiderte Miss Douce, um es für das Raucher-Konzert zu stimmen, und ich muß sagen, ich hab noch nie einen so exquisiten Spieler gehört.

– Was, wirklich?

– Das stimmt doch, Miss Kennedy? So richtig klassisch, verstehn Sie. Und blind auch noch, der arme Kerl. War bestimmt noch keine zwanzig.

– Was, wirklich? sagte Mr. Dedalus.

Er trank und schlenderte davon.
– So traurig anzusehen, sein Gesicht, kondolierte Miss Douce.
Gottes Fluch über der Hündin Bastard.
Pling in ihr Mitleid schrie des Gasts Geschell. An die Tür des Speiseraums kam kahlköpfig Pat, kam schwerhörig Pat, kam Pat nun, Kellner des Ormond. Lager für den Gast. Lager servierte sie ohne Bereitwilligkeit.
Mit Geduld wartete Lenehan auf Boylan vor Ungeduld, auf den klingeling flotten blasierten Boy.
Den Deckel hebend, blickte er (wer?) in den Sarg (Sarg?) auf die schrägen dreifachen (Klavier-!) Drähte. Er drückte (derselbige, welcher in mildem Tadel die Hand ihr gedrückt), sanft pedalierend, einen Dreiklang (einen dreifachen Klang), um vorspringen zu sehen die Dickheiten aus Filz, um in Tätigkeit zu hören den gedämpften Hammerfall.
Zwei Blatt Velinpapier, cremefarben, eins zur Reserve, zwei Umschläge, wie ich bei Wisdom Hely war, kaufte der weise Bloom im Daly Henry Flower. Bist Du nicht glücklich bei Dir zu Hause? Blume, um mich zu trösten, und von einer Nadel stirbt die Lie. Bedeutet was, Sprache der Blu. War es ein Gänseblümchen? Steht für die Unschuld. Anständiges Mädchen treffen nach der Messe. Danke sssön vielmals. Der weise Bloom beäugte an der Tür ein Plakat, eine schwebende Nixe, rauchend inmitten hübscher Wellen. Raucht Nixe, den kühlen Hochgenuß. Haar strömend: liebesverloren. Für irgendeinen Mann. Für Raoul. Er äugte und sah auf der Essex Bridge fern einen feschen Hut auf einem Landauer. Ist es. Zum drittenmal. Koinzidenz.
Klingelnd auf geschmeidigen Reifen schweifte der Wagen von der Brücke zum Ormond Quai hinüber. Folg ihm. Riskiers. Mach rasch. Um vier. Ganz nah jetzt. Raus.
– Zwo Pence, Sir, wagte das Ladenmädchen zu sagen.
– Aha ... ich hatte ganz vergessen ... Entschuldigung ...
Und vier.
Um vier, sie. Wonnesam lächelte Bloomen sie zu. Bloo läch

mach ra. Chmittag. Bildst du dir ein, du bist der einzige Kiesel am Strand? Macht das bei allen. Für Männer.

In schläfrigem Schweigen beugte sich Gold über Buch.

Aus dem Saloon kam ein Klang, lang hin sterbend. Das war eine Stimmgabel, die der Stimmer besessen, die dann er vergessen, die an nun er schlug. Wieder ein Klang. Die nun in der Schwebe er hielt, daß sie nun schwang. Hörst du? Sie schwang, rein, reiner, ganz sanft, immer sanfter, ihr summend Gezink. Länger hin sterbender Klang.

Pat zahlte für Gastes knallkorkige Flasche: und über Gläserbrett und knallkorkiger Flasche flüsterte, ehe er ging, er kahl und schwerhörig mit Miss Douce.

– *Die hellen Sterne blassen ...*

Ein stimmloser Sang drang von drinnen her, singend:

– *... bricht der Morgen an.*

Eine Duodene von Vögeltönen zwitscherte hell diskantene Antwort unter sinnlichen Händen. Hell riefen die Klänge, all blinkend, verschränkt, all saitenharfend, nach einer Stimme, die Weise zu singen vom tauigen Morgen, von Jugend, von Liebes Abschied, Lebens, Liebes Morgen.

– *Tautropfen perlen ...*

Lenehans Lippen über der Theke lispelten einen leisen Pfiff der Verlockung.

– Aber sehn Sie doch mal da, sagte er, Rose von Kastilien.

Klingeln schwenkte zum Bordstein und hielt an.

Sie hob sich, rosig, ließ das Lesen, Rose von Kastilien. Verwelkt verloren, träumelig hob sie sich, rosig.

– Fiel sie eigentlich oder wurde sie gestoßen? fragte er sie.

Sie antwortete, geringschätzig:

– Wer keine Fragen stellt, hört auch keine Lügen.

Ganz Dame, ganz damenhaft.

Blazes Boylans feine lohbraune Schuhe knarrten auf Barboden, allwo er schritt. Ja, Gold von nah bei Bronze von fern. Lenehan hörte, erkannte, begrüßte ihn:

– Sieh an, da kommt der bezwingende Held!

Zwischen Wagen und Fenster bedachtsamen Ganges ging

Bloom, unbezwungener Held. Könnte mich sehen. Der Sitz, wo er saß: noch warm. Ein schwarzer bedachtsamer Kater ging auf Richie Gouldings Aktentasche zu, die hoch zum Gruß erhoben wurde.

– *Und ich von dir . . .*

– Ich hab gehört, daß Sie hier wären, sagte Blazes Boylan.

Er berührte für Blondchen Miss Kennedy die Krempe seines geschrägten Strohhuts. Sie lächelte ihn an. Doch Schwester Bronze stach ihr Lächeln aus und bot ihm dar ihr reicher Haar, einen Busen und eine Rose.

Boylan bestellte Getränke.

– Wonach steht denn Ihnen der Sinn? Ein Glas Bitter? Ein Glas Bitter, bitte, und einen Schlehengin für mich. Telegramm schon da?

Noch nicht. Um vier er. Alle sagten vier.

Cowleys rote Lauscher und sein Adamsapfel in der Tür des Sheriff-Büros. Möglichst aus dem Weg gehen. Goulding eine Chance. Was macht denn der bloß im Ormond? Wagen wartet. Wart.

Hallo. Wohin so eilig? Was essen? Wollt ich grade auch. Hier rein. Was, Ormond? Was Besseres nicht in ganz Dublin. Tatsächlich? Speiseraum. Da sitzt man prächtig. Sieht, aber wird nicht gesehen. Ich glaube, ich komme mal mit. Na, dann los. Richie voran. Bloom folgte der Tasche. Ein Essen wie für einen Fürsten.

Miss Douce reckte sich hoch, eine Weinkaraffe zu fassen, den Atlasarm streckend, die Büste, daß alles fast barst, so hoch.

– Oh! Oh! ruckte Lenehan, japsend bei jedem Streck. Oh!

Doch leicht ergriff sie die Beute und hob sie herab im Triumph.

– Warum wachsen Sie nicht noch ein bißchen? fragte Blazes Boylan.

Siebronze teilte aus ihrem Krug dick siruppigen Saft aus für seine Lippen, sah auf, als er floß (eine Blume an seinem Anzug: wer hat sie ihm wohl geschenkt?), und siruppte nach mit der Stimme:

– Klein, aber fein.

Sie, soll das heißen. Sorgfältig schenkte schlappsiruppigen Schlehen sie aus.

– Na dann Prost, sagte Blazes.

Er schnippte eine große Münze hin. Die Münze klang.

– Warten Sie noch, sagte Lenehan, ich will erst ...

– Prost, wünschte er, sein durchsprudeltes Ale erhebend.

– Zepter macht das Rennen im kurzen Galopp, sagt er.

– Ich hab auch mal was riskiert, ein bißchen, sagte Boylan, plinkernd und trinkend. Aber nicht für mich selber, verstehn Sie. Laune einer Freundin von mir.

Lenehan trank immer noch und grinste in sein schiefgehaltenes Ale und zu Miss Douces Lippen hinüber, die, nicht geschlossen, das Ozeanlied, das sie getrillert, nur summten noch. Idolores. Der östlichen Meere.

Uhr schwirrte. Miss Kennedy kam ihres Wegs (eine Blume, wer wohl geschenkt), trug ein Teebrett fort. Uhr schnarrte.

Miss Douce nahm Boylans Münze, schlug beherzt auf die Registrierkasse. Sie surrte. Uhr schnarrte. Eine Schönheit Ägyptens klaubte und sortierte in der Lade und summte und händigte Wechselmünzen aus. Blick hin nach Westen. Ein Schnarren. Für mich.

– Wie spät ist's denn? fragte Blazes Boylan. Vier?

Uhr genau.

Lenehan, Kleinaugen hungrig nach ihrem Summen, nach ihrer summenden Büste, zupfte Blazes Boylans Ellbogenärmel.

– Lassen Sie uns doch die Zeit hören, sagte er.

Die Tasche von Goulding, Collis, Ward führte Bloom vorüber an kornbloomgeblümten Tischen. Ziellos erwählte mit aufgewühltem Ziel er, von kahlem Pat bedienstet, einen Tisch nah der Tür. Nah sein. Um vier. Hat er's vergessen? Vielleicht ein Trick. Nicht kommen: wetzt den Appetit. Ich könnte's nicht. Warten, warten. Pat, Aufwartung, wartete auf.

Funkelnder Bronze Azur äugte nach Blazurs himmelblauem Schlips und Blick.

– Machen Sie schon, drängte Lenehan. Ist doch keiner da. Er hat's noch nie gehört.

– *. . . zu Floras Lippen eilte.*
Hoch, hoher Ton, im höchsten Diskant geschmettert, klar.
Bronzedouce, zwiesprechend mit ihrer Rose, die sank und stieg, suchte Blazes Boylans Blum und Blick.
– Bittebitte!
Er flehte hinweg über wiederkehrende Phrasen des Gestehens.
– *Ich konnt' dich nicht verlassen . . .*
– Später dann, versprach Miss Douce spröde.
– Nein, jetzt, drängelte Lenehan. *Sonnezlacloche!* Machen Sie's doch! Es ist ja kein Mensch da.
Sie sah sich um. Rasch. Miss Kenn außer Hörweite. Plötzlich gebückt. Zwei erglühende Gesichter bestarrten ihr Bücken.
Zitternd irrten die Akkorde ab aus der Melodie, fanden sie wieder, verloren den Zusammenklang, und verloren und fanden ihn taumelnd.
– Los doch! Machen Sie schon! *Sonnez!*
Sich bückend kniffgriff sie einen Streifen Rock hoch übers Knie. Hielt inne. Hielt sie in Spannung noch, gebückt schon doch, hinhältig, mutwilligen Blicks.
– *Sonnez!*
Klatsch. Im Rückprall ließ sie rückplötzlich ihr kniffgriffelastisches Strumpfband klatschwarm gegen ihren warmbestrumpften klatschprallen Frauenschenkel schnellen.
– *La cloche!* schrie Lenehan entzückt. Vom Eigner trainiert. Kein Schmu.
Sie grantgriente hochnäsig (verflixt! sind die Männer nicht?), doch, lichtwärts gleitend, lächelte leicht sie Boylan zu.
– Ihr seid doch wirklich der Inbegriff des Ordinären, sagte sie im Gleiten.
Boylan äugte, äugte. Stieß an fette Lippen seinen Kelch, trank aus seinen winzigen Kelch, die letzten fetten violetten siruppigen Tropfen schleckend. Seine magiegebannten Augen folgten ihrem gleitenden Kopf die Bar entlang, an Spiegeln vorbei, am vergoldeten Bogen für Ingwer-Ale, an schimmernden Hochheimer- und Claretgläsern, an einer stachligen Muschel, allwo er mitstritt, gespiegelt, Bronze mit sonnigerer Bronze.

Ja, Bronze von nahebei.

– ... *Schätzchen, ade!*

– Ich verschwinde, sagte Boylan vor Ungeduld.

Er schob seinen Kelch forsch beiseite, griff nach dem Wechselgeld.

– Warten Sie ein Momentchen, bat Lenehan, hastig trinkend. Ich wollte nur rasch noch erzählen. Tom Rochford ...

– Ach gehn Sie zum Teufel, sagte Blazes Boylan, gehend.

Lenehan schluckte, zu gehen, gierig.

– Hat man 'n Ständer gekriegt oder was? sagte er. Warten Sie doch. Ich komme ja schon.

Er folgte den hastig knarrenden Schuhen, blieb aber flüchtig an der Schwelle stehen, Gestalten grüßend, die eine klotzig, die andre schmal.

– Ah, wie geht's denn, Mr. Dollard?

– Was? Wie's geht? Wie's geht? antwortete Ben Dollards vager Baß, sich für einen Augenblick von Pater Cowleys Sorgen abwendend. Er wird dir schon nichts tun, Bob. Alf Bergan wird mit dem langen Kerl reden. Diesem Judas Ischariot werden wir ein Feuer unterm Hintern anzünden.

Seufzend kam Mr. Dedalus durch den Saloon, mit einem Finger ein Augenlid glättend.

– Hoho, das werden wir, jodelte Ben Dollard fidel. Komm, Simon, spiel mal ein Liedchen. Wir haben das Klavier gehört.

Der kahle Pat, schwerhöriger Kellner, wartete auf Getränkebestellungen, Power für Richie. Und Bloom? Augenblick! Nicht zweimal laufen lassen. Seine Hühneraugen. Vier jetzt. Wie warm dies Schwarz doch ist. Natürlich ein bißchen mit den Nerven runter. Ist ein Hitzerefraktor (heißt es doch, oder?). Augenblick! Apfelwein. Ja, Flasche Apfelwein.

– Ach was, sagte Mr. Dedalus. Ich hab doch bloß so'n bißchen nach dem Gehör gemacht, Mensch.

– Komm schon, komm schon, rief Ben Dollard. Fort mit euch, ihr dummen Sorgen. Komm, Bob.

Er ging geziert Dollard, klotzige Schlapphosen, vor ihnen her (kuckmal, der Bursche da mit den: ja kuck sich den einer an) in den Saloon. Er plumpste ihn Dollard hin auf den Stuhl. Seine gichtigen Klauen plumpsten Akkorde. Geplumpstes hörte jäh auf.

Pat, kahl, in der Türe begegnete teelos rückkehrendem Gold. Schwerhörig verlangte er Power und Apfelwein. Bronze am Fenster sah zu, Bronze von fern.

Klingeling klang es herüber.

Bloom hörte ein Kling, einen kleinen Klang. Er ist weg. Leichte Luftschluchzer seufzte nun Bloom auf die stillblau getönten Blumen. Klingklingeling. Weg ist er. Kling. Da, horch.

– Liebe und Krieg, Ben, sagte Mr. Dedalus. Gott segne die alten Zeiten.

Miss Douces tapfere Augen wandten, vernachlässigt, von der Kreuzblende sich ab, getroffen von Sonnlicht. Weg. Sinnend (wer weiß?), getroffen (das treffende Licht), ließ sie mit gleitender Schnur das Schnapprouleau nieder. Sinnend (was ging er so schnell, als ich?) senkte sie nieder um ihre Bronze und über die Bar, wo Kahl stand bei Schwesterchen Gold, unexquisiter Kontrast, Kontrast unexquisit nichtexquisit, langsam kühl dämmrig seegrün gleitende Schattentiefe, *eau de Nil*.

– Der arme olle Goodwin war der Pianist an dem Abend, erinnerte sie Pater Cowley. Leider bestand zwischen ihm und dem Collard-Flügel eine leichte Unstimmigkeit.

So war es.

– Das war ein Gelage, also typisch für ihn, sagte Mr. Dedalus. Wenn der mal loslegte, hielt ihn selbst der Teufel nicht mehr auf. War ein verschrobener alter Kauz, wenn er einen in der Krone hatte.

– Gott, erinnerst du dich noch? sagte Ben klotzig Dollard, sich abwendend von der malträtierten Tastatur. Und Kotzdonner, ich hatte keinen Hochzeitsrock.

Sie lachten alle drei. Er hatte keinen Hoch. Das ganze Trio lachte. Keinen Hochzeitsrock.

– Unser Freund Bloom erwies sich ja als recht nützlich an dem Abend, sagte Mr. Dedalus. Da fällt mir ein, wo ist denn meine Pfeife?

Er wanderte zurück zur Bar zum verlornen Zusammenklang Pfeife. Pat Kahlkopf trug Trunk für der Gäste zwei, Richie und Poldy. Und Pater Cowley lachte erneut.

– Ich hab die Situation gerettet, Ben, glaub ich.

– Das hast du, konstatierte Ben Dollard. Ich entsinne mich auch noch der engen Hosen. Das war ein glänzender Einfall, Bob.

Pater Cowley errötete bis zu den glänzenden purpurnen Ohrläppchen. Er hat die Situa. Noch der engen Ho. Ein glänzender Ein.

– Ich wußte, er saß auf dem Trockenen, sagte er. Die Frau spielte samstags Klavier in dem Kaffee-Palast für ein läppisches Entgelt, und wer hat mir doch noch geflüstert, sie hätte's auch mit dem anderen Geschäft? Entsinnst du dich? Wir mußten die ganze Holles Street abklappern, um hinzufinden, bis der Bursche bei Keogh uns dann die Nummer gab. Weißt du noch?

Ben wußte es noch, sein breites Antlitz staunte.

– Bei Gott, sie hatte ein paar hochelegante Theaterroben und Sachen da.

Mr. Dedalus kam zurückgewandert, die Pfeife in der Hand.

– Merrion-Square-Stil. Ballkleider, bei Gott, und Hofkleider. Dabei wollte er überhaupt kein Geld dafür nehmen. Was? Jede Menge Dreimaster und Boleros und Pumphosen. Was?

– Ja, ja, nickte Mr. Dedalus. Mrs. Marion Bloom hat schon Kleider aller Schattierungen von sich gelegt.

Klingeln jagte die Kais hinab. Auf prallenden Reifen rekelte sich Blazes.

Leber und Speck. Steak und Nierenpastete. Ist recht, Sir. Recht so, Pat.

Mrs. Marion mit ihm zig Hosen. Geruch von Angebranntem von Paul de Kock. Hat einen so hübschen Na.

– Wie war doch gleich noch ihr Name? Eine dralle Liese. Marion . . .

– Tweedy.

– Ah, ja. Lebt sie eigentlich noch?
– Und wie.
– Sie war doch sozusagen die ...
– Regimentstochter.
– Ja, weiß Gott. Ich entsinn mich noch des alten Tambourmajors.
Mr. Dedalus schlug, zischte, zündete, paffte dann würziges Paffen.
– Irin eigentlich? Weiß es nicht, ehrlich. Ist sie, Simon?
Paffen nach Steifem, ein Paff, stark, würzig, knisternd.
– Der Trompetermuskel ist ... Was? ... Bißchen eingerostet ... Oh, sie ist ... Mein Mollylein aus Irland fein, oh-oh.
Er paffte einen beißenden fedrigen Rauchstoß von sich.
– Vom Felsen Gibraltar ... die ganze Zeit seither.
In Ozeanschattentiefe schmachteten sie, Gold bei dem Bierzapfhahn, Bronze bei Maraschino, gedankenvoll beide, Mina Kennedy, Lismore Terrace No 4, Drumcondra mit Idolores, einer Königin, Dolores, schweigend.
Pat servierte unbedeckte Schüsseln. Leberscheiben schnitt Leopold. Wie bereits gesagt, aß er mit Vorliebe die inneren Organe, leckere Muskelmägen, gesottenen Dorschrogen, während Richie Goulding, Collis, Ward, Steak aß und Niere, Steak zuerst, dann Niere: Biß um Bissen der Pastete aß er, aß Bloom, aßen sie.
Bloom aß mit Goulding, aß, vermählt in Schweigen. Essen wie für einen Fürsten.
Über den Bachelor's Walk klippklapperte klingelnd Blazes Boylan, Junggeselle, in Sonne, in Hitze, der Mähre glänzender Steiß in Trab, mit Peitschenknall, auf prallenden Reifen: hingerekelt, warmgesetzt, boylende Ungeduld, kochglühendfrech. Ständer. Hat man'n? Ständer. Hat man'n? Stistaständer.
Über ihre Stimmen weg fagottete Dollard zur Attacke, bombardende Akkorde überbrummend:
– *Wenn Lieb' verzehrt mein glühend Herz ...*
Dröhnend dröhnte Benherzbenjamin hinan zu den schüttrigen liebeszittrigen Dachplatten.

– Krieg! Krieg! schrie Pater Cowley. Du bist der Krieger.
– Bin ich, lachte Ben Krieger. Ich dachte grad an deinen Hauswirt. Liebe oder Geld.
Er hielt inne. Er schüttelte Riesenbart und Riesengesicht über seinen riesigen Schnitzer.
– Also wirklich, du würdest ihr doch nur das Trommelfell zerreißen, Mensch, sagte Mr. Dedalus durch Raucharoma, mit einem Organ wie deinem.
In bebartetem reichlichem Gelächter pratschte Dollard auf die Tastatur. Das würde er.
– Ganz zu schweigen von einem anderen Häutchen, fügte Pater Cowley hinzu. Mach halblang. Ben. *Amoroso ma non troppo.* Laß mich mal hin.
Miss Kennedy bediente zwei Gentlemen mit Krügen voll kühlen Stouts. Sie ließ eine Bemerkung fallen. Es war in der Tat, sagte der erste Gentleman, wunderbares Wetter. Sie tranken kühles Stout. Wußte sie, wohin der Herr Lord-Statthalter fuhr? Und hörte Stahlhufe klinghufend klingen. Nein, das konnte sie nicht sagen. Aber es stand bestimmt in der Zeitung. Oh, sie brauchte sich aber nicht zu bemühen. Gar keine Mühe. Sie fuchtelte mit dem aufgefalteten *Independent* herum, suchend, der Herr Lord-Statthalter, das Haargetürm in langsamer Bewegung, Herr Lord-Statt. Zuviel Mühe, sagte der erste Gentleman. Oh, nicht im mindesten. Was für ein Gesicht er machte, dieser. Herr Lord-Statthalter. Gold bei Bronze hörte Eisen Stahl.
– . . . . *mein glühend Herz,*
so kümmert mihihich das Morgen nicht.
In Lebersaft mantschte Le Bloom sich Mantschkartoffeln. Liebe und Krieg, da ist jemand am. Ben Dollards berühmtes. Der Abend, als er zu uns rum kam, sich einen Anzug borgen für das Konzert. Die Hosen so stramm wie ne Trommel. Musikalische Schweinerei. Molly lachte sich krank, wie er wieder raus war. Warf sich rücklings aufs Bett und kreischte und strampelte. Seine sämtlichen Zutaten konnte man sehen. O ihr Heiligen droben, ich bin klitschnaß! Oh, die Frauen in der

ersten Reihe! Oh, noch nie hab ich soviel gelacht! Naja, natürlich, von sowas hat er seinen Baritonnen-Baß. Zum Beispiel Eunuchen. Wer spielt denn da eigentlich? Hübscher Anschlag. Muß wohl Cowley sein. Musikalisch. Kennt jede Note, was man auch spielt. Hat nur schlechten Atem, der arme Kerl. Aufgehört.

Miss Douce, sehr reizvoll, Lydia Douce, verbeugte sich vor dem liebenswürdigen Rechtsanwalt George Lidwell, Gentleman, welcher eintrat. Einen schönen Nachmittag. Sie legte ihre feuchte, einer Dame, Hand in seinen festen Griff. 'n Nachmittag. Ja, sie war wieder zurück. Wieder auf dem alten Pipaposten.

– Ihre Freunde sind drinnen, Mr. Lidwell.

George Lidwell, liebenswürdig, gern angesprochener Anwalt, hielt eine Lydiahand.

Bloom aß Leb, wie schon gesagt. Sauber hier wenigstens. Dieser Kerl im Burton, klebrig von Geknorpel. Kein Mensch da: Goulding und ich. Saubere Tische, Blumen, Serviettenmitren. Pat hin und her, der kahle Pat. Nichts zu tun. Was Besseres nicht in ganz Dub.

Das Klavier wieder. Ist Cowley. Also wie er davor sitzt, wie einsgeworden damit, wechselseitiges Verstehen. Langweilige Gestalter, diese Fiedelkratzer, den Blick auf dem Bogenende, oder das Cello am sägen, an Zahnschmerzen denkt man dabei. Ihr hohes langes Schnarchen. Den Abend, wo wir die Loge hatten vorn. Die Posaune unten schnaufte wie ein Walroß, zwischen den Akten, ein anderer Blechbläser schraubte an seinem Ding rum, leerte Spucke aus. Und die Beine des Dirigenten, Sackhosen, zappelig schlappig. Ganz recht, daß sie die verstecken.

Zappliges Klingeling, flott und flink.

Bloß die Harfe. Liebliches golden funkelndes Licht. Mädchen spielte sie. Achterteil wie das Heck eines lieblichen. Also der Saft ist wirklich gut, eines lieblichen. Goldenen Schiffes. Erin. Die Harfe, die einst oder zweinstens mal. Kühle Hände. Ben Howth, die Rhododendren. Wir sind ihre Harfen. Ich. Er. Alt. Jung.

– Ach, das krieg ich nicht mehr hin, sagte Mr. Dedalus, scheu, lustlos.
Stark.
– Los, verwünscht, grollte Ben Dollard. Dann spuck's in Stückchen aus.
– *M'appari*, Simon, sagte Pater Cowley.
Er tat ein paar Schritte die Bühne herab, ernst, groß im Leiden, die langen Arme ausgestreckt. Heiser leiste sein Kehlapfel. Leise besang er ein staubiges Seestück dort: *Ein letztes Lebewohl.* Eine Landzunge, ein Schiff, ein Segel auf den Wogen. Lebewohl. Ein liebliches Mädchen, ihr Schleier wehend im Wind auf der Landzunge, Wind um sie her.
Cowley sang:
– *M'appari tutt amor:*
Il mio sguardo l'incontr ...
Sie winkte, Cowley nicht hörend, mit ihrem Schleier einem Scheidenden zu, Lieber, dem Wind zu, Geliebter, dem eilenden Segel, oh komm doch zurück.
– Los, Simon.
– Ach, längst dahin sind mir des Tanzens Tage, Ben ... Ja ...
Mr. Dedalus legte seine Pfeife neben der Stimmgabel zur Ruhe und berührte, sitzend, die gehorsamen Tasten.
– Nein, Simon, wandte sich Pater Cowley ihm zu. Spiel's in der Originaltonart. Ein b.
Tastend, gehorsam, stieg's höher, erzählte, taumelte, beichtete, konfuse Konfession.
Zur Bühne hinauf schritt Pater Cowley.
– Hier, Simon. Ich werd dich begleiten, sagte er. Steh auf.
Vorüber an Graham Lemons Ananasbonbon, an Elverys Elefant klapperte Klingeling. Steak, Niere, Leber, Mantsch: beim Mahl wie für einen Fürsten saßen Fürst Bloom und Fürst Goulding. Fürsten beim Mahl, hoben und tranken sie Power und Apfelwein.
Die schönste Tenor-Arie, die je geschrieben wurde, sagte Richie: *Sonnambula.* Er hatte sie von Joe Maas gesungen gehört

den einen Abend. Ah, dieser M'Guckin! Ja. Auf seine Art. Chorknabenstil. Maas war der Knabe. Meßknabe. Ein lyrischer Tenor, wenn Sie so wollen. Vergesse das nie. Niemals.
Zartfühlend sah Bloom über leberlosen Speck weg die straffen Züge sich verzerren. Rückenschmerzen. Brights scharfer Blick. Nächste Nummer auf dem Programm. Zeche bezahlen. Pillen, zerstoßenes Brot, Wert eine Guinee die Schachtel. Ziehts ein Weilchen in die Länge. Singt auch: *Drunten bei den toten Männern.* Ist eigentlich ein Ausdruck für leere Flaschen. Aber auch so ganz passend. Nierenpastete. Süßes zu. Kommt nicht richtig damit zurande. Was Besseres nicht in. Typisch für ihn. Power. Etwas eigen mit dem, was er trinkt. Ein Sprung im Glas, frisches Vartry-Wasser. Klaut Streichhölzer von Büfetts, um zu sparen. Und vertut dann wieder einen ganzen Sovereign für Schnickschnack. Und wenn man was von ihm will, keinen roten Heller. Besoffen dann weigert er sich, seine Zeche zu bezahlen. Komische Typen.
Niemals würde Richie jenen Abend vergessen. So lang wie er lebte, nie. Auf dem Olymp des Old Royal mit dem kleinen Peake. Und als der erste Ton.
Rede hielt inne auf Richies Lippen.
Jetzt geht das dicke Getue los. Rhapsodien auf schlechthin alles und jedes. Glaubt seinen eigenen Lügen. Tut er wirklich. Phantastischer Lügner. Aber dazu braucht man ein gutes Gedächtnis.
– Welche Arie ist das? fragte Leopold Bloom.
– *Alles ist jetzt verloren.*
Richie spitzte schmollig die Lippen. Ein leiser Einsatzton, lieb Banshee, murmelte Alles. Eine Tross. Eine Drossel. Sein Atem, vogelsüß, gute Zähne, auf die er stolz ist, flötete klagendes Weh. Ist jetzt verloren. Reicher Ton. Zwei Noten in einer da. Wie die Amsel, die ich im Weißdorntal hörte. Nahm meine Motive auf, verwob und wendete sie. Alles, fast zu frischer Klang, ist verloren, in dem Alles. Echo. Wie süß die Antwort. Wie wird das bloß gemacht? Alles jetzt verloren. Trauervoll pfiff er. Fall, Ergebung, verloren.

Bloom neigte ein leopoldenes Ohr, eine Franse wendend des Deckchens unter der Vase. Ordnung. Ja, ich entsinn mich. Liebliche Arie. Im Schlaf ging sie zu ihm. Unschuld im Mond. Könnte sie immer noch zurückhalten. Kühn, kennen nicht ihre Gefährlichkeit. Einen Namen rufen. Ins Wasser fassen. Keckes Klingeling. Zu spät. Sie wollte weg, sie sehnte sich. Deswegen. Eine Frau. Ebenso leicht, das Meer zu stillen. Ja: alles ist verloren.

– Eine schöne Arie, sagte Bloom, verlorener Leopold. Ich kenne sie gut.

Niemals in seinem ganzen Leben hatte Richie Goulding.

Kennt sie ebenfalls gut. Oder fühlts. Spielt andauernd auf seine Tochter an. Weises Kind, das seinen Vater kennt, sagte Dedalus. Mich?

Über leberlosem seitlich Bloom sah. Gesicht des Alles ist verloren. Der drollige Richie einst. Witze jetzt alt und schal. Konnte mit den Ohren wackeln. Serviettenring im Auge. Jetzt Bettelbriefe, mit denen er seinen Sohn losschickt. Den schielenden Walter, Sir, hab ich gemacht, Sir. Wollte nicht stören, hatte nur etwas Geld erwartet. Entschuldigung.

Das Klavier wieder. Klingt besser als das letztemal, wie ichs hörte. Wahrscheinlich gestimmt. Wieder aufgehört.

Dollard und Cowley drängten noch immer den zögernden Sänger, er solle doch endlich.

– Doch, Simon!

– Endlich, Simon!

– Meine Damen und Herren, ich bin Ihnen für Ihre freundlichen Aufforderungen zutiefst verbunden.

– Endlich, Simon!

– Ich habe kein Geld, aber wenn Sie mir Ihre Aufmerksamkeit schenken wollen, will ich bemüht sein, Ihnen von einem niedergebeugten Herzen zu singen.

Neben der Sandwichglocke in schirmendem Schatten schenkte und versagte Lydia ihre Bronze und Rose, Grazie einer Dame: wie auch in kühlem meerblaugrünem *eau de Nil* Mina den Krügen zween ihr Getürm aus Gold.

Die harfenden Akkorde des Vorspiels verklangen. Ein Akkord, lang getragen, erwartend, trug eine Stimme davon.
– *Als ich ihr lockend Bild zum erstenmal erblickte.*
Richie wandte sich.
– Die Stimme von Si Dedalus, sagte er.
Geistesberührt, mit überröteter Wange, lauschten sie nun und fühlten die lockende Flut über Haut Glieder Menschenherz Seele und Rückgrat fluten. Bloom winkte Pat, dem kahlen Pat, der ein Kellner ist, der schwer hörig, die Bartür einen Spalt zu öffnen. Die Bartür. So. Das wird genügen. Pat, Aufwartung, wartete, wartend zu hören, denn er hörte schwer, an der Tür.
– *Die Sorge schien von mir zu weichen.*
Durch die Stille der Luft eine Stimme sang, ihnen leise zu, nicht Regen, nicht murmelnde Blätter, wie keine Stimme von Saiten-, von Rohrblattinstrument, von achwiehießdasdochgleich von Hackbrett, und sie berührte ihre stillen Ohren mit Worten, die stillen Herzen ihres, jedem seines, erinnerten Lebens. Gut, gut zu hören: die Sorge schien von ihnen, von beiden, zu weichen, als sie zum erstenmal nun hörten. Als sie, der verlorene Richie, und Poldy, die Gnade der Schönheit zum erstenmal erblickten, und hörten von einer Person, von der sie's nimmer erwartet, ihr erstes gnadenreiches liebeweiches reichgeliebtes Wort.
Liebe, die singt: *Love's Old Sweet Song.* Bloom löste langsam das elastische Band seines Päckchens. Der Liebe altes süßes *sonnez la* Gold. Bloom wand einen Strang um vier Gabelfinger, spreizte, entspannte, und wand ihn rund um seine schlappen doppelt, vierfach, in Oktav, schlug sie in feste Fesseln.
– *Voller Hoffnung und Entzücken ...*
Tenöre kriegen die Frauen schockweise. Erhöht ihren Fluß. Werfen ihm Blumen zu Füßen, wann werden wir uns treffen? Da kann einen glatt ja. Verzücktes Klingeling. Für steife Zylinder kann er nicht singen. Glatt ja der Schwündel. Parfümiert für ihn. Was für ein Parfüm benutzt Deine? Muß

das wissen. Kling. Halt. Klopf. Letzter Blick in den Spiegel, immer bevor sie zur Tür geht. Der Flur. Dort? Wie geht's denn? Ganz gut. Dort? Was? Oder? Phiole mit Cachous, und Kußkonfekt, in ihrem Ränzchen. Ja? Hände tasteten nach den üppigen.

Ach! Die Stimme stieg, verändert, seufzend: laut, voll, leuchtend, stolz.

– *Doch ach, 's war eitel Träumen . . .*

Einen herrlichen Ton hat er immer noch. Die Luft von Cork ist weicher, ebenso der Dialekt. Dämlicher Kerl! Hätte Geld wie Heu machen können. Singt falsche Worte. Hat seine Frau ausgeleiert: singt jetzt. Aber schwer zu sagen. Bloß die beiden selber. Wenn er nicht vor die Hunde geht. Immer auf Trab bleiben. Seine Hände und Füße singen auch. Trinken. Nerven überreizt. Man muß enthaltsam sein, wenn man singen will. Jenny-Lind-Suppe: Fleischbrühe, Salbei, rohe Eier, halbes Pint Sahne. Für schäumiges Träum.

Zärtlichkeit wellte darin: langsam und schwellend. Es pochte voll. Da liegt der Hase im Pfeffer. Ha, geben! Nehmen! Pochen, ein Pochen, ein Pulsen, stolz erekt.

Worte? Musik? Nein: was dahinter ist, das ists.

Bloom schnürte, entschnürte, knotete, entknotete.

Bloom. Flut warmer njmmnjmm leckesauf Sekretlichkeit floß, in Musik auszufließen, in Lustverlangen, dunkel zu leckendem Fluß, eindringend. Wippen sie, schleppen sie, kippen sie, kloppen sie. Flapp. Poren, dehnend zu dehnen. Flapp. Die Lust, das Gefühl, die Wärme, das. Flapp. Fließende Ergüsse über Schleusen zu ergießen. Flut, Erguß, Fluß, Lusterguß, Poppflapp. Jetzt! Sprache der Liebe.

– *. . . Strahl der Hoffnung . . .*

Leuchtend. Lydia für Lidwell, quiek, kaum zu hören so damenhaft, entquiekte der Muse ein Hoffnungsstrahl.

Martha ist das. Koinzidenz. Wollte doch grade schreiben. Lionels Lied. Der wunderwunderschöne Name den Du hast. Kann nicht schreiben. Nimm meine kleine Ga. Auf ihren Herzfasern harfen, den Börsenschnüren auch. Sie ist eine.

Hab Dich einen bösen Jungen genannt. Trotzdem, der Name: Martha. Wie seltsam! Ausgerechnet heut.
Die Stimme Lionels kehrte wieder, matter, doch nicht ermüdet. Sie sang für Richie Poldy Lydia Lidwell hier, doch sang auch für Pat, der offenen Munds ohrwartete aufzuwarten. Wie er ihr lockend Bild zum erstenmal erblickte, wie Sorge schien von ihm zu weichen, wie Blick, Gestalt, Wort ihn bezauberten, Gould Lidwell, gewann nun Pat Blooms Herz.
Wünschte aber doch, ich könnte sein Gesicht sehen. Würdes besser erklären. Deswegen auch starrte mir der Friseur bei Drago dauernd ins Gesicht, als ich mit seinem Gesicht im Spiegel sprach. Trotzdem, hören tut man hier besser als in der Bar, wenns auch weiter weg.
– *Ein jeder liebevolle Blick* ...
Der erste Abend, als ich sie zum erstenmal erblickte, bei Mat Dillon in Terenure. Gelbe, schwarze Spitze trug sie. Stuhlpolonaise. Wir zwei die letzten. Schicksal. Hinter ihr. Schicksal. Rund und langsam rund. Schnell rund. Wir zwei. Alle kuckten. Halten. Sie setzte sich hin. Alle Ausgeschiedenen kuckten. Lippen lachten. Gelbe Knie.
– *Bezauberte mein Aug'* ...
Singen. *Erwartung* sang sie. Ich blätterte ihr um. Volle Stimme, voll vom Duft von, was für ein Parfüm benutzt Deine, Flieder. Die Brüste sah ich, beide voll, die Kehle trillernd. Erblickte zum erstenmal. Sie dankte mir. Warum das, mir? Schicksal. Spanische Augen. Unter einem Birnbaum allein, Patio, diese Stunde im alten Madrid, eine Seite im Schatten, Dolores Siedolores. Auf mich gerichtet. Lockend. Ah, verlockend.
– *Martha! Ah, Martha!*
Alles Schmachten abwerfend, schrie Lionel auf in Schmerz, im Schrei ausbrechender Leidenschaft, zur Liebsten auf, zurückzukehren, mit sich vertiefenden, doch steigenden Harmonieakkorden. Im Schrei lionellen Alleinseins, um das sie wissen, das Martha fühlen mußte. Auf sie allein wartete er. Wo? Hier, dort, versuchen, dort hier, sonstwo versuchen. Irgendwo.

– *Ko-omm, du Verlorne!*
Ko-omm, du Teure!

Allein. Eine Liebe nur. Eine Hoffnung. Ein Trost mir nur noch. Martha, Brustton, komm zurück.

– *Komm!*

Es schwang sich auf, ein Vogel, hielt den Flug, ein rascher reiner Schrei, aufsteigendes Silberrund, sprang heiter hoch, hineilend, ausgehalten, zu kommen, spinns nicht zu lang aus, hat langen Atem, Atem langes Leben, sich hoch aufschwingend, glänzend, feuerflammend, gekrönt, hoch im symbolischen Schimmer, hoch, des ätherlichen Busens, hoch, der hohen riesig weiten Irradiation, allüberall hinschwingend, all rundum das All, in Endendendlolosigkeiten . . .

– *Zu mir!*

Siopold!

Verklungen.

Komm. Gut gesungen. Alle klatschten. Sie sollte. Kommen. Zu mir, zu ihm, zu ihr, auch dir, mir, uns.

– Bravo! Klappklapp. Großartig, Simon. Klappklappklapp. Da capo! Klappklippklapp. Klang wie eine Glocke. Bravo, Simon! Klappkloppklapp. Da capo, daklapp, sagten, schrien, klatschten alle, Ben Dollard, Lydia Douce, George Lidwell, Pat, Mina, zwei Gentlemen mit zwei Deckelkrügen, Cowley, erster Herr mit Krug und Bronze Miss Douce und Gold Miss Mina.

Blazes Boylans feine lohbraune Schuhe knarrten auf dem Bar-Fußboden, wie bereits gesagt. Klinglingeling fuhr flott an den Monumenten von Sir John Gray, von Horatio Einhenkel Nelson, Hochwürden Pater Theobald Matthew vorbei, wie soeben bereits gesagt. Im Trab, in Hitze, hitzesitzig. *Cloche. Sonnez la. Cloche. Sonnez la.* Langsamer zog die Mähre die Anhöhe bei der Rotunda hinan, Rutland Square. Zu langsam für Boylan, den blasierten Boylan, die boylende Ungeduld, zockelte die Mähre.

Ein Nachklang von Cowleys Akkorden schloß ab, erstarb in der reicher gemachten Luft.

Und Richie Goulding trank sein Power, und Leopold Bloom seinen Apfelwein trank, und Lidwell sein Guinness, und der zweite Gentleman sagte, sie würden noch zwei Krüge genießen mögen, falls sie nichts dawider habe. Miss Kennedy lächelte geziert, beim Abservieren, Korallenlippen, beim ersten, beim zweiten. Sie hatte nichts dawider.
– Sieben Tage im Gefängnis, sagte Ben Dollard. Bei Wasser und Brot. Dann würdest du singen, Simon, wie eine Gartendrossel.
Lionel Simon, Sänger, lachte. Pater Bob Cowley spielte. Mina Kennedy servierte. Der zweite Gentleman zahlte. Tom Kernan kam hereinstolziert; Lydia, bewundert, bewunderte. Doch Bloom sang stumm.
Bewundernd.
Richie, bewundernd, verbreitete sich über des Mannes herrliche Stimme. Er entsann sich eines Abends vor langer Zeit. Niemals würde er jenen Abend. Si sang *'s war Rang und Ruhm*: bei Ned Lambert war das. Guter Gott, er hatte noch nie in seinem ganzen Leben ein solches Timbre, wahrhaftig, noch nie, *dann, Falscher, laß uns lieber scheiden,* so klar so, Gott, sowas hatte er noch nie gehört, *seit Lieb' nicht lebt mehr,* so eine klingende Stimme, fragen Sie Lambert, er kann's Ihnen bestätigen.
Goulding, dem Röte rang in seinem bleichen, erzählte Mr. Bloom, Gesicht, von dem Abend, da Si bei Ned Lambert, Dedalus' Haus, *'s war Rang und Ruhm* gesungen.
Er, Mr. Bloom, hörte zu, während er, Richie Goulding, ihm, Mr. Bloom, von dem Abend erzählte, da er, Richie, ihn, Si Dedalus, in seinem, Ned Lamberts, Haus *'s war Rang und Ruhm* hatte singen hören.
Verschwägert: Verwandte. Kein Wörtchen fällt, wenn wir uns treffen. Sprung in der Laute, glaub ich. Behandelt ihn mit Verachtung. Aber sieh an. Bewundern tut er ihn um so mehr. Die Abende, da Si sang. Die menschliche Stimme, zwei winzige seidige Bänder. Wundervoll, wundervoller als alle andern.

Die Stimme dort war eine Klage. Ruhiger jetzt. In der Stille fühlt man, daß man hört. Schwingungen. Jetzt unbewegte Luft.
Bloom entfesselte seine kreuzumquerten Hände und zupfte mit schlaffen Fingern an dem dünnen Darmsaitenstrang. Er zog und zupfte. Der Faden summte, klang. Während Goulding von Barracloughs Stimmleistung sprach, während Tom Kernan, zurückhorchend in einer Art retrospektivem Arrangement, mit dem lauschenden Pater Cowley sprach, der eine Improvisation spielte, der nickte, während er spielte. Während Big Ben Dollard mit dem seine Pfeife anzündenden Simon Dedalus sprach, der nickte, während er rauchte, der rauchte.
Du Verlorne. Alle Lieder über dieses Thema. Noch stärker spannte Bloom seine Saite. Ist doch reine Grausamkeit, scheints jedenfalls. Läßt die Menschen einander lieb werden: lockt sie an. Dann Riß auseinander. Tod. Explos. Schlag auf den Kopf. Runterzurhölleundrausausdem. Menschenleben. Dignam. Uff, der Schwanz von dieser Ratte, wie er sich ringelte. Fünf Schilling hab ich gegeben. *Corpus paradisum.* Krächzender Unglücksrabe: Bauch wie ein vergifteter Köter. Aus und vorbei. Aber die singen. Vergessen. Ich auch. Und eines Tages ist auch sie mit von der. Sie verlassen: satt kriegen. Tiefe Trauer dann. Heulerei. Große spanische Augen, ins Leere glotzend. Ihr welligwalligwilligwelwelwellig Haar ent k: ’mmt.
Doch zuviel Glück macht Langeweile. Er spannte stärker, stärker. Bist Du nicht glücklich bei Dir zu? Däng. Es zersprang.
Klingeling durch die Dorset Street.
Miss Douce entzog ihren Atlasarm, vorwurfsvoll, selbstgefällig.
– Nehmen Sie sich nicht so viel heraus, sagte sie, solange wir uns nicht besser kennen.
George Lidwell sagte ihr wirklich und wahrhaftig: doch sie mochte nicht glauben.

Der erste Gentleman sagte Mina, dem wäre so. Sie fragte ihn, wem so wäre. Und der zweite Deckelkrug sagte ihr, daß. Dem so sei.
Miss Douce, Miss Lydia, mochte nicht glauben: Miss Kennedy, Mina, glaubte es nicht: George Lidwell, nein: Miss Dou glaubte nicht: der erste, der zweite: Herr mit dem Deck: nein, nicht, nein: glaubte nicht, Miss Kenn: Lidlydiawell: der Deck.
Besser doch hier gleich schreiben. Federhalter auf der Post sämtlich angekaut und die Federn verdorben.
Der kahle Pat kam auf ein Zeichen näher. Eine Feder und Tinte. Er ging. Eine Unterlage. Er ging. Eine Löschblattunterlage. Er hörte, der taube Pat.
– Ja, sagte Mr. Bloom und strich den verkrusselten Saitenstrang glatt. Es ist bestimmt. Ein paar Zeilen tuns. Meine Gabe. Diese ganze blumige italienische Musik ist. Von wem ist die eigentlich? Wenn man den Namen weiß, kennt man sie besser. Blatt Briefpapier rausnehmen, Umschlag: ganz unbeteiligt. Ist ja so charakteristisch.
– Die großartigste Nummer in der ganzen Oper, sagte Goulding.
– Stimmt, sagte Bloom.
Nummern, das stimmt. Alle Musik überhaupt, wenn mans recht bedenkt. Zwei, multipliziert mit zwei, geteilt durch die Hälfte, ist zweimal eins. Schwingungen: Klänge sind das. Eins plus zwei plus sechs ist sieben. Man kann machen, was man will, wenn man mit Zahlen jongliert. Immer kommt raus, daß dieses gleich jenem ist, Symmetrie einer zementierten Kirchhofsmauer. Er sieht überhaupt nicht, daß ich in Trauer bin. Stumpfer Kerl: alles nur für seinen eigenen Bauch. Musemathematik. Und da meint man, man lauscht dem Ätherischen. Aber mal angenommen, man sagte's so: Martha, sieben mal neun minus x gleich fünfunddreißigtausend. Da schlägt man doch lang hin. Nein, alles nur durch die Klänge, das ist es.
Zum Beispiel was er jetzt spielt. Improvisiert. Kann alles mögliche sein, bis man die Worte hört. Muß scharf hinhören.

Schwer. Anfang ganz in Ordnung: dann irren die Akkorde ein bißchen ab: man fühlt sich ein bißchen verloren. Rein und raus aus Säcken über Fässer, durch Drahtzäune, Hindernisrennen. Gelegenheit macht Lieder. Eine Frage der Stimmung, in der man ist. Trotzdem, immer hübsch zu hören. Außer Tonleitern rauf und runter, wenn Mädchen üben. Gleich zweie nebenan, als Nachbarn. Man sollte Attrappenklaviere erfinden dafür. *Blumenlied*, das hab ich ihr gekauft. Der Name, Titel. Spielte es langsam, ein Mädchen, wie ich abends mal heimkam, das Mädchen. Tor der Ställe an der Cecilia Street. Milly findet nichts dran. Komisch, wo wir beide doch, finde ich.

Der kahle taube Pat schlug ihm lang eine Unterlage hin, Tinte. Pat besetzte mit Tinte und Feder die lang hingeschlagene Unterlage. Pat nahm Teller Schüssel Messer Gabel fort. Pat ging.

Es war die einzige Sprache, sagte Mr. Dedalus zu Ben. Er hatte sie als Junge in Ringabella, Crosshaven, gehört, Ringabella, wenn sie ihre Barcarolen sangen. Queenstown Harbour, voll von italienischen Schiffen. Gingen im Mondschein spazieren, weißt du, Ben, mit diesen Erdbebenhüten. Ihre Stimmen verschmolzen. Gott, so eine Musik, Ben. Als Junge gehört. Cross Ringabella Haven Mondcarolen.

Die stinkende Pfeife beiseite gelegt, hielt er einen Handschild an seine Lippen, die einen Mondlicht-Nachtruf gurrten, klar von nah, und einen Ruf von fern zur Antwort.

An der Kante seines *Freeman*-Stabs hinab glitt Blooms, Ihr anderes, Auge, forschend nach wo hab ich das doch noch gesehen. Callan, Coleman, Dignam Patrick. Hoiho! Hoiho! Fawcett. Aha! Ich hab doch grad noch . . .

Hoffentlich sieht er nicht her, schlau wie eine Ratte. Er entrollte den *Freeman*, hielt ihn. Kann mir jetzt nicht hinter die. Dran denken, daß ich die E's griechisch schreibe. Bloom tunkte, Bloo mur: Sehr geehrter Herr. Der liebe Henry schrieb: Liebe Mady. Deinen Brie und die Blu erhalten. Teufel, wo hab ich die überhaupt hingesteckt? Irgendwo in eine

Ta oder sonst. Es ist mir gänzl unmögl. *Unmögl* unterstreichen. Heute ausführlich zu schreiben.
Langweilig das. Der gelangweilte Bloom tambourinte sanft mit, ich überlege nur grad, den Fingern auf die lang hingeschlagene Unterlage, die Pat gebracht.
Weiter. Weißt, was ich meine. Nein, das e da ändern. Nimm meine arme kleine Ga an, die ich beil. Antworten braucht sie sonst kei. Halt mal. Fünf für Dig. Zwo ungefähr hier. Ein Penny die Möwen. Elias kommt. Sieben Davy Byrne. Macht etwa acht. Sagen wir eine halbe Kro. Meine arme kleine Ga: Postanweisung zwo-sechs. Schreib mir einen ganz langen. Verachtest du? Klingeling, hast du den? Derart aufgeregt. Warum nennst Du mich einen bösen? Du nicht auch eine böse-böse? Oh, Mairy hat die Nadel aus ihren Schlüpfern ver. Machs gut für heute. Ja, ja, ich werd Dir alles erzählen. Muß ja. Sie zu halten. Sag mir die andern. Andern Welten, hat sie geschrieben. Meine Geduld erschöp. Sie zu halten. Du mußt glauben. Glauben. Der Deck. Es. Ist. Wahr.
Albern, daß ich schreibe? Machen Ehemänner nicht. Das heißt, das kommt von der Ehe, ihre Frauen. Weil ich weg bin von. Vermutlich. Aber wie? Sie muß. Sich jung halten. Wenn sies rauskriegte. Karte in meinem Qualitäts-Hu. Nein, nicht alles erzählen. Unnötig Schmerz. Was sie nicht weiß, macht sie nicht. Eine Frau. Was dem einen recht ist.
Eine Mietkutsche, Nummer dreihundertundvierundzwanzig, Fahrer Barton James aus der Harmony Avenue No. eins, Donnybrook, beförderte als Fahrgast einen jungen Gentleman, modisch gekleidet in einen indigoblauen Serge-Anzug, gearbeitet von George Robert Mesias, Herrenschneider, Eden Quay No. fünf, und auf dem Kopf einen sehr kleidsamen Strohhut, gekauft bei John Plasto, Great Brunswick Street No. eins, Hutmacher. Eh? Dies ist das Klingeln, das rüttelt und ringelt. An Metzger Dlugaczs glänzenden Agendath-Schläuchen trabte vorbei eine prallbackige Stute.
– Schreiben Sie auf ein Inserat? fragten Richies spitze Blicke Bloom.

– Ja, sagte Mr. Bloom. Stadtreisender. Wird aber kaum was drin sein, denke ich.

Bloom mur: beste Referenzen. Doch Henry schrieb: bestimmt sehr aufregend sein. Du weißt, wie Du. In Eile. Henry. Griechisches e. Am besten noch ein Postskriptum. Was spielt er da grade jetzt? Improvisiert ein Intermezzo. P. S. Daramm-tamtam. Wie willst Du mich denn bestra? Du mich denn bestrafen? Schiefer Rock schwingt Schlag um. Sag mir, ich muß das. Wissen. Oh. Aber natürlich, wenn ich nicht, dann würd ich doch nicht fragen. Lalala-rih. Traurig schleppend das jetzt, in Moll. Warum ist Moll eigentlich traurig? Unterschrift: H. Zum Schluß noch einen traurigen Schlenker, das mögen sie. P. P. S. Lalala-rih. Ich fühl mich so traurig heute. La-rih. So einsam. Dih.

Er löschte rasch ab auf dem Blatt von Pat. Umschl. Adresse. Einfach aus der Zeitung abschreiben. Murmelte: Messrs. Callan, Coleman & Co, Ltd. Henry schrieb:

Miss Martha Clifford
c/o Postamt
Dolphin's Barn Lane
Dublin.

Auf derselben Stelle ablöschen, dann kann ers nicht lesen. Gut so. Idee für eine Preisgeschichte, Titbit. Detektiv liest irgendwas von einem Löschpapier. Honorar in Höhe von einer Guinee pro Spal. Matcham denkt noch oft an die lachende Hexe. Arme Mrs. Purefoy. U. p.: up.

Zu poetisch, das mit dem traurig. Ist von der Musik gekommen. Musik hat Zauberkraft, steht bei Shakespeare. Zitate für jeden Tag im Jahr. Sein oder Nichtsein. Weisheiten auf Abruf.

In Gerards Rosengarten, Fetter Lane, geht er, ergrautnußbraun. Ein Leben ist alles. Ein Leib. Tun. Nur was tun.

Getanes. Jedenfalls, das wäre geschafft. Postanweisung, Briefmarke. Das Postamt weiter unten. Gehn jetzt. Genug. Bei Barney Kiernan, hab ich versprochen, wolln wir uns treffen

alle. Ekelhaft, solche Pflichten. Trauerhaus. Muß laufen. Pat! Hört nicht. Tauber Klotz ist das.
Der Wagen jetzt schon ganz nah. Reden. Reden. Pat! Keinen Zweck. Rückt an den Servietten rum. Ganz schöne Strecke, die der so zusammenläuft am Tag. Wenn man ihm ein Gesicht auf die Kehrseite malte, wär er doppelt da. Wollte, sie sängen noch mehr. Lenkt die Gedanken ab.
Der kahle Pat, der schwerhörig ist, mitraisierte die Servietten. Pat ist ein Kellner von schwerer Hörigkeit. Pat ist ein Aufwärter, der aufwartet, während man abwartet. Hihihihi. Er wartet auf, derweil man abwartet. Hihi. Ein Aufwärter ist er. Hihihihi. Er wartet auf, derweil man abwartet. Derweil man wartet, wenn man wartet, wird aufgewartet, derweil man abwartet. Hihihihi. Hoh. Aufgewartet, derweil man abwartet.
Douce jetzt. Douce Lydia. Bronze und Rose.
Sie hatte sich fabelhaft, einfach fabelhaft amüsiert. Und kuck doch mal die schöne Muschel, die sie mitgebracht hat.
Ans Ende der Bar brachte leicht sie das stachlige und gewundene Meerhorn ihm, damit er, George Lidwell, Rechtsanwalt, einmal daran horchen konnte.
– Hören Sie! wies sie ihn an.
Unter Tom Kernans ginheiße Worte wob der Begleiter langsame Musik. Authentische Tatsache. Wie Walter Bapty seine Stimme verlor. Tja, Sir, der Gatte nahm ihn bei der Kehle. *Schuft*, sagte er. *Du wirst mir keine Liebeslieder mehr singen.* Hat er glatt gemacht, Sir Tom. Bob Cowley wob. Tenöre kriegen die Fr. Cowley lehnte sich zurück.
Ah, jetzt hörte er, als sie's ihm ans Ohr hielt. Hören Sie! Er hörte. Wundervoll. Sie hielt es an ihr eigenes, und durchs gesiebte Licht glitt Blaßgold in Kontrasten. Um auch zu hören.
Tapp.
Bloom sah durch die Bartür eine Muschel an ihre Ohren gehalten. Er hörte schwächer, was sie drüben hörten, jede für sich allein, dann jede für jeweils die andre, das Platschen von Wellen, laut, ein stilles Brausen.
Bronze bei müdem Gold, nah, ferne, lauschten sie.

Auch ihr Ohr ist eine Muschel, das vorlugende Läppchen dort. Ist am Meer gewesen. Reizende Mädchen vom Strand. Haut hat Sonnenbrand. Hätte erst Creme drauftun sollen, das gibt Bräune. Gebutterter Toast. Oh, und daß ich bloß das Schönheitswasser nicht vergesse. Hitzepickel am Mund. Da kann einen glatt ja der. Die Haarsträhnen drüber: Muschel mit Tang. Warum verstecken die eigentlich ihre Ohren unter Seetang-Haar? Und Türkinnen ihren Mund, wieso? Ihre Augen über dem Tuch, einem Yaschmak. Den Eingang finden. Höhle. Kein Zutritt außer geschäftlich.

Das Meer, glauben sie, hörn sie da. Singen. Ein Brausen. Dabei ists doch das Blut. Rauscht manchmal im Ohr. Naja, ist ja auch ein Meer eigentlich. Blutkörperchen die Inseln.

Wirklich wundervoll. So deutlich. Noch einmal. George Lidwell hielt sich das Murmeln, lauschend: legte's beiseite dann sanft.

– Was sagen denn die wilden Wellen? fragte er sie, lächelte.

Bezaubernd, meerlächelnd und antwortlos lächelte Lydia Lidwell an.

Tapp.

Bei Larry O'Rourke, bei Larry, dem kecken Larry O' schwenkte Boylan und bog Boylan ab.

Von der verlassenen Muschel glitt Miss Mina zu ihrem wartenden Krug. Nein, sie war gar nicht so einsam gewesen, ließ nun kokett Miss Douces Kopf Mr. Lidwell wissen. Spaziergänge im Mondschein am Meer. Nein, nicht allein. Mit wem? Sie antwortete vornehm: mit einem befreundeten Herrn.

Bob Cowleys tingelnde Finger spielten erneut im Diskant. Der Hauswirt hat das Vorrecht. Nur ein bißchen Zeit. Long John. Big Ben. Leicht spielte ein lichtes hell klingelndes Zeitmaß er für trippelnde Damen, kokette und lächelnde, und ihre Galane, befreundete Herren. Eins: eins, eins, eins: zwei, eins, drei, vier.

Meer, Winde, Blätter, Donner, Wasser, muhende Kühe, der Viehmarkt, Hähne, Hennen krähen nicht, Schlangen zissschen. Musik ist überall. Ruttledges Tür: ii quietschend. Nein, das ist Krach, Geräusch. Das Menuett aus *Don Giovanni* spielt er jetzt. Hofkleider aller Schattierungen, tanzend in Schloßgemächern. Elend. Die Bauern draußen. Grüne verhungernde Gesichter, essen Ampferblätter. Hübsch ist das. Seht: seht, seht, seht, seht, seht: ihr, seht auf uns!

Das drückt Freude aus, das kann ich fühlen. Aber schreiben hätt ichs nie können. Warum? Meine Freude ist anders. Ist aber beides Freude. Ja, Freude muß es sein. Die bloße Tatsache von Musik zeigt, daß man. Hab ja oft direkt gedacht, sie wäre schwermütig, bis sie dann zu trällern anfing. Da weiß man dann.

M'Coy, der Koffer. Meine Frau und Ihre Frau. Quiekt wie eine Katze. Wie zerreißende Seide. Wenn sie spricht, wie das Klappern eines Blasebalgs. Männer-Intervalle kriegen sie nicht hin. Loch auch in ihren Stimmen. Fülle mich. Ich bin warm, dunkel, offen. Molly in *quis est homo*: Mercadante. Mein Ohr an der Wand, um zu hören. Brauch eine Frau, die auch halten kann, was sie verspricht.

Ruck zuck ruckte, hielt. Lohbraune Dandy-Schuhe des Dandys Boylan, Socken mit himmelblauen Zwickeln, kamen leicht zur Erde.

Ah, seht, so sind wir! Kammermusik. Darauf könnte man direkt einen Wortwitz machen. Ist ja imgrunde auch eine Art Musik, das hab ich oft schon gedacht, wenn sie. Akustik, heißt das. Klingeln. Leere Pötte machen den meisten Lärm. Weil die Akustik, die Resonanz wechselt, ähnlich wie das Gewicht des Wassers gleich ist dem wie war das Gesetz vom fallenden Wasser. Wie diese Rhapsodien von Liszt. ungarisch, zigeuneräugig. Perlen. Tropfen. Regen. Diddel iddel eddel eddel uddel uddel. Zisch. Jetzt. Vielleicht jetzt. Bevor.

Einer rappelt' an der Tür, einer tappte mit 'nem Stock, galt sein Knock Paul de Kock, mit 'nem stolzen Knocker-Pocker, mit 'nem Kock Karakarakara Kock. Kockkock.

Tapp.

– *Qui sdegno,* Ben, sagte Pater Cowley.

– Nein, Ben, mischte Tom Kernan sich ein, *The Croppy Boy.*

Unser heimatliches Dorisch.
– Ja, mach, Ben, sagte Mr. Dedalus. Gute Männer, echt und wahr.
– Los, los, bettelten sie unisono.
Ich will gehen. Hier, Pat, komm zurück. Komm. Er kam, er kam, er blieb nicht stehen. Zu mir. Wieviel?
– Welche Tonart? Sechs Kreuze?
– Fis-dur, sagte Ben Dollard.
Bob Cowleys ausgestreckte Klauen griffen die schwarzen tieftönenden Akkorde.
Muß gehn, sagte Fürst Bloom zu Richie Fürst. Nein, sagte Richie. Doch, muß. Hat irgendwo Geld gekriegt. Ist scharf auf ne Sauftour, seine Rückenschmerzen ersäufen. Viel? Er siehthört Lippensprache. Eins-neun. Penny für Sie. Hier. Ach, soll er zwei Pence Trinkgeld kriegen. Taub, schwerhörig. Aber vielleicht hat er Frau und Familie: warten, daß Aufwärter Pattylein endlich nach Haus kommt fein. Hihihihi. Wartet taub auf, derweil sie abwarten.
Aber warte noch. Aber hör doch. Akkorde dunkel. Kukukummervoll. Leis. In einer Höhle in dunkler Erden Mitten. Eingebettet Erz. Klumpmusik.
Die Stimme dunklen Alters, der Unliebe, der Erdenmüdigkeit kam ernst heran und schmerzvoll, kam von fern, von grauen Bergen, rief nach guten Männern, echt und wahr. Den Priester sucht' er, daß er mit ihm spräche.
Tapp.
Ben Dollards Stimme eine Baß-Baritonne. Holte wahrhaftig das Beste heraus. Krächzen des weiten menschenlosen mondlosen frauenlosen Sumpfs. Wieder ein Niedergang. Ist früher mal ganz groß im Schiffshandel gewesen. Entsinn mich noch: teerige Taue, Schiffslaternen. Fallierte mit zehntausend Pfund. Jetzt im Iveagh Home. Zimmer Nummer Soundso. Das hat ihm mit seiner Nummer Eins das Bass-Spezial getan.
Der Priester war daheim. Eines falschen Priesters Diener hieß ihn willkommen. Tritt ein. Der heil'ge Vater. Schnörkel von Akkorden.

Ruinieren sie. Vermasseln ihnen das Leben. Bauen ihnen dann Zimmerchen, ihre Tage drin zu enden. Huschhusch ins Körbchen. Eingelullt in Schlaf. Stirb, Hund. Klein Hündchen, stirb.
Die Stimme der Warnung, feierlicher Warnung, kündete ihnen, daß der Jüngling hatt' eine einsame Halle betreten, kündete ihnen, wie feierlich sein Fuß dort schritt, kündete ihnen die düstre Kammer, drin im Ornat der Priester saß, die Beichte anzuhören.
Armes Würstchen. Bißchen verschroben jetzt schon. Bildet sich ein, er gewinnt mal das Dichter-Bilderpuzzle in *Answers*. Wir überreichen Ihnen eine knusperfrische Fünf-Pfund-Note. Vogel, der brütend im Nest sitzt. Des Letzten Sängers Lied, dachte er, wärs. Ka Strich Ha: welches nützliche Haustier? Te Strich Er: welche Eingangsöffnung? Aber immer noch gut bei Stimme. Kein Eunuch, noch alles da, seine sämtlichen Zutaten.
Horch. Bloom horchte. Richie Goulding horchte. Und an der Tür horchte der taube Pat, der kahle Pat, der trinkgeldbedachte Pat, auch.
Die Saiten harften langsamer.
Langsam kam nun die Stimme von Reue und Kummer, verziert, vibrierend. Bens zerknirschter Bart beichtete: *in nomine Domini*, in Gottes Namen. Er kniete. Er schlug sich mit der Hand die Brust, bekannte: *mea culpa*.
Wieder Latein. Das hält sie wie Vogelleim. Priester mit dem Kommunions-Corpus für die Weiber. Der Bursche in der Leichenhalle, Koffer oder Coffey, *corpusnomine*. Möchte wohl wissen, wo die Ratte jetzt ist. Kratzen.
Tapp.
Sie horchten: die Krüge und Miss Kennedy, George Lidwell, ausdrucksvolles Augenlid, vollbusiger Atlas, Kernan, Si.
Die seufzende Stimme des Kummers sang. Seine Sünden. Seit Ostern hatte er geflucht, mehr denn zu dreien Malen. Du Bastard einer Hün. Und einmal war zur Messezeit er schnöd zum Spielen 'gangen. Einmal war er am Friedhof vorüber-

gekommen und hatte für der Mutter Ruh' kein einzig Wort gebetet. Ein Junge. Ein junger Croppy.
Bronze, lauschend neben dem Bierzapfhahn, blickte in die Ferne. Seelenvoll. Dabei merkt sie genau, daß ich sie. Molly hat das blendend raus, zu merken, wenn jemand sie ansieht.
Bronze blickte seitab in die Ferne. Spiegel da. Ist das die Schokoladenseite ihres Gesichts? Wissen sie immer. Klopfen an der Tür. Letzter Tupfen, sich rauszuputzen.
Kockkarakara.
Was denken die eigentlich, wenn sie Musik hören? Auf die Art fängt man Klapperschlangen. Der Abend, wo Michael Gunn uns die Loge gab. Instrumente wurden gestimmt. Dem Schah von Persien gefiel das am besten. Erinnerte ihn an die Heimat, die traute Heimat. Hat sich ja auch die Nase in den Vorhang geschneuzt. Vielleicht Sitte so in seinem Land. Eigentlich ist das ja ebenfalls Musik. Gar nicht so übel, wies klingt. Tuten und Blasen. Blechbläser: Esel, die blökrüsseln. Kontrabässe, hilflose, Blessuren in den Seiten. Holzbläser: muhende Kühe. Offener Stutzflügel ein Krokodil. Musik hat Kieferkraft. Tutwind, wie Goodwins Name.
Sie sah ja blendend aus. Hatte ihr Krokuskleid an, tief ausgeschnitten, sämtliche Zutaten zu sehen. Ihr Atem Gewürznelke, war er immer im Theater, wenn sie sich vorbeugte, eine Frage zu stellen. Hab ihr erzählt, was Spinoza sagt im Buch des armen Papa. Hypnotisiert, lauschend. Und solche Augen dabei. Beugte sich vor. Der Bursche im ersten Rang starrte ihr vorn mit dem Operngucker rein, was das Zeug hielt. Musikalisch Schönes muß man zweimal hören. Natur, Frau, ein halber Blick. Gott schuf das Land, der Mensch die Lieder. Mit ihm zig Hosen. Philosophie. Ach du dickes Ei!
Alle dahin. Alle gefallen. Beim Sturm auf Ross der Vater, bei Gorey all die Brüder sein. Nach Wexford, wir sind die Jungens von Wexford, wollte er. Der letzte seines Nam's und Stamms.
Ich ebenfalls, der letzte meines Stammes. Milly, junger Student. Nun, meine Schuld vielleicht. Kein Sohn. Rudy. Zu spät

jetzt. Oder wenn nicht? Wenn nicht? Wenn immer noch?
Gegen niemand hielt Haß ihn gebannt.
Haß. Liebe. Das sind Namen. Rudy. Bald bin ich alt.
Big Ben entfaltete seine Stimme. Grandiose Stimme, sagte Richie Goulding, während Röte rang in seinem bleichen, zu Bloom, bald alt, doch als noch jung.
Irland kommt jetzt. Mehr als den König liebt er sein Land. Sie lauscht. Wer fürchtet sich, von neunzehn-vier zu sprechen? Zeit, abzuschieben. Genug gekuckt.
– *Ach, segne, Vater, mich,* schrie Dollard, der Croppy. *Ach, segne mich und laß mich gehen.*
Tapp.
Bloom kuckte, ungesegnet zu gehen. Aufgetakelt wie nur was: bei achtzehn Schilling die Woche. Da rücken die Kerle die Kröten raus. Man muß sich ja höllisch in acht nehmen. Die Mädchen, ja, die reizenden. Am Gestade der traurigen See. Choristinnenromanze. Briefe offen verlesen, wegen Bruchs des Eheversprechens. Von Schnuckiputzis allerliebstem Katerchen. Gelächter im Gerichtssaal. Henry. Hab nie damit unterschrieben. Der wunderwunderschöne Name den Du.
Leise sank die Musik, Weise und Wort. Dann wieder hastiger. Der falsche Priester rauschte als Soldat aus seiner Soutane. Ein Gardekapitän. Sie kennen es alle auswendig. Der Schauer, nach dem es sie juckt. Gardekap.
Tapp. Tapp.
Erschauernd lauschte sie, voll Mitgefühl vorgebeugt, um zu hören.
Leeres Gesicht. Jungfrau wohl noch, würd ich sagen: oder nur leicht befingert erst. Da was drauf schreiben: ein Blatt. Wenn nicht, was wird aus ihnen? Niedergang. Verzweiflung. Hält sie jung. Bewundern sich sogar selber. Sieh nur. Auf ihr spielen. Auf ihrer Lippe blasen. Der Leib einer weißen Frau, eine lebendige Flöte. Sanft blasen. Laut. Drei Löcher alle Frauen. Die Göttin, da hab ich nicht gesehn. Sie brauchens ja: nur nicht zu höflich. Deswegen kriegt er sie auch. Gold in der

Tasche, ehern die Stirn. Blick in Blick getaucht: Lieder ohne Worte. Molly, der Leierkastenjunge. Sie wußte, er meinte, der Affe wäre krank. Oder weil es so ähnlich wie Spanisch. Verstehn auch Tiere auf die Art. Salomo zum Beispiel. Naturtalent.
Bauchreden. Meine Lippen fest zu. Glaube, in meinem Ma. Was? Willst? Du? Ich. Will. Daß. Du.
Mit heiser roher Wut flucht' da der Gardemann. Anschwellend zu einer apoplektischen Hündin Bastard. Gut war's, du Knabe, daß du hergekommen. Noch eine Stunde bleibt zu leben dir, 's ist deine letzte.
Tapp. Tapp.
Schauder jetzt. Fühlen Mitleid. Müssen sich eine Träne abwischen, weil Märtyrer. Denn alles, was verreckt, will, ums Verrecken, verrecken. Dafür wird alles geboren. Arme Mrs. Purefoy. Hoffe, sie hats überstanden. Bloß weil ihr Schoß.
Ein von Frauenschoß feuchter Augapfel blickte unter einem Wimpernzaun vor, ruhig, lauschend. Wie schön das Auge in Wirklichkeit ist, sieht man erst, wenn sie nicht spricht. Auf jenem Fluß. Bei jedem langsamen Wellen des wogenden Atlasbusens (ihr schwellend gewölbter Lei) stieg rote Rose langsam, sank die Rose rot. Herzschläge ihr Atem: Atem, der Leben ist. Und all die winzig winzigen Farnblätter, sie zitterten, von Mädchenhaar.
Doch sieh. Die hellen Sterne blassen. O Rose! Kastilien. Der Morgen. Ha. Lidwell. Für ihn, dann nicht für. Betört. Ich auch so? Seh sie nur von hier. Knallkorken, Bierschaumspritzer, Stöße leerer Flaschen.
An den glatten vorstehenden Bierzapfhahn legte Lydia leicht die Hand, scheulos, laß ihn meinen Händen. Ganz in Mitleid verloren für den Croppy. Her, hin: hin, her: strichen über den blanken Hahn (sie weiß, seine Augen, meine Augen, ihre Augen) ihr Daumen und Finger in Mitleid: strichen, vor und zurück, und glitten dann, sanft berührend, so glatt, so langsam nieder, und ein kühler fester weißer Emaille-Stab drang vor durch ihren gleitenden Ring.

Mit 'nem Kock, mit 'nem Kara.
Tapp. Tapp. Tapp.
Ich halt' dies Haus hier. Amen. Er knirschte vor Wut. Verräter baumeln.
Die Akkorde stimmten zu. Sehr traurige Sache. Aber mußte sein.
Verschwinden, bevors zu Ende. Danke, das war himmlisch. Wo ist mein Hut. An ihr vorüber. Den *Freeman* kann ich dalassen. Brief habe ich. Angenommen, sie wäre die? Nein. Laufen, laufen, laufen. Wie Cashel Boylo Connoro Coylo Tisdall Maurice Isnichall Farrell, Laaaaaaauf.
Na schön, es muß sein. Was, schon weg? Schnwgmßsntschss. Blmstauf. Über kornhoch blaue. Bloom stand auf. Aua. Die Seife fühlt sich aber ziemlich klebrig an da hinten. Muß geschwitzt haben: die Musik. Das Schönheitswasser, nicht vergessen. Also, bis dann. Qualitäts. Karte steckt, ja.
An dem tauben Pat an der Türe, an seinem gespitzten Ohr, schritt Bloom vorbei.
In der Geneva-Kaserne starb der junge Mann. Bei Passage ward er zu Grab getan. Dolor! Oh, er Dolores! Die Stimme des trauernden Sängers rief doloros zum Gebet.
Vorbei an Rose, an Atlasbusen, an streichelnder Hand, an Spülicht, an leeren Flaschen, Knallkorken, grüßend im Gehen, vorüber an Augen und Mädchenhaar, Bronze und blassem Gold in Tiefseeschatten, ging Bloom, der sanfte Bloom, ich fühl mich so einsam Bloom.
Tapp. Tapp. Tapp.
Betet für ihn, betete Dollards Baß. Ihr, die ihr höret in Frieden. Haucht ein Gebet, in Tränen steht, ihr guten Männer, ihr guten Leut'. Er war der Croppy Boy.
Den horchenden jungen Haus grobbulligen Hausknecht schreckend, hörte Bloom in der Ormond-Halle Brummen und Brüllen von Bravo, fettes Rückenklopfen, Schuhgetrappel, Stimmgebelle, nicht Rebell, der Boy. Sodann der ganze Chorus auf zu einem Sauf, es runterzuspülen. Bin froh, daß ich dem entgehe.

– Komm her, Ben, sagte Simon Dedalus. Bei Gott, du bist noch genau so gut wie früher.
– Besser noch, sagte Tomgin Kernan. Die schneidigste Interpretation der Ballade überhaupt, auf meine Ehre und Seligkeit.
– Lablache, sagte Pater Cowley.
Ben Dollard cachuchate klotzig auf die Bar zu, mächtig lobgenährt und rosig strotzend, auf schwerfüßigen Füßen, während seine gichtigen Finger kastagnettenhaft in der Luft takkerten.
Big Benaben Dollard. Big Benben. Big Benben.
Rrr.
Und tief ergriffen alle, Simon Mitgefühl trompetend aus seiner Nebelhornnase, alle lachend, brachten sie ihn nach vorn, Ben Dollard, in rechter guter Begeisterung.
– Sie sehen strahlend rot aus, sagte George Lidwell.
Miss Douce richtete ihre Rose, um aufzuwarten.
– Ben, mein Herzchen, sagte Mr. Dedalus, Ben auf den fetten Rücken klatschend, aufs Schulterblatt. Fit wie ne Fiedel, hat bloß zuviel Fettgewebe gehortet auf seinem Buckel.
Rrrrrsss.
– Fett des Todes, Simon, grollte Ben Dollard.
Richie Sprung in der Laute saß allein: Goulding, Collis, Ward. Ungewiß wartete er. Unbezahlt auch Pat.
Tapp. Tapp. Tapp. Tapp.
Miss Mina Kennedy bog vor die Lippen zum Ohr von Krug eins.
– Mr. Dollard, murmelten sie leise.
– Dollard, murmelte Krug.
Krug eins glaubte: Miss Kenn, als sie: er wäre Doll: sie ebenfalls doll: der Krug.
Er murmelte, er kennte den Namen. Der Name war ihm vertraut, sollte das heißen. Das sollte heißen, er hatte den Namen bereits gehört, Dollard, nicht? Ah, Dollard, ja.
Ja, sagten ihre Lippen lauter, Mr. Dollard. Er hat das Lied einfach wunderschön gesungen, murmelte Mina. Und *Die*

letzte Sommerrose war auch ein wunderwunderschönes Lied. Mina liebte dieses Lied. Krug liebte das Lied, das Mina.
's ist die letzte Sommerrose, die Dollard ließ bloomend fühl Bloom fühlt' gewundene Winde rundend in seinem Innern.
Gasiges Zeug, dieser Apfelwein: stopft auch noch. Halt mal. Das Postamt in der Nähe von Reuben J., eins und acht Pence, viel zu. Aber muß ja erledigt werden. Umweg an der Greek Street rum. Hätt ich bloß nicht versprochen hinzugehn. Frischluft macht freier. Musik. Geht einem an die Nerven. Der Bierzapfhahn. Ihre Hand, die die Wiege schaukelt, regiert die. Ben Howth. Regiert die Welt.
Fern. Fern. Fern. Fern.
Tapp. Tapp. Tapp. Tapp.
Den Quai hinan ging Lionelleopold, der böse Henry mit Brieflein für Mady, mit Süße der Sünde, mit Spitzenunterwäsche für Raoul, mit ihm zig Hosen, ging Poldy dahin.
Tappblind ging tappend ein Blinder am Bordstein tapp Bordstein, hin, Tapptapp um Tapp.
Cowley, er macht sich selber besoffen damit; eine Art Trunkenheit. Lieber doch halbwegs auf halbem Weg weg aus dem Weg eines Mannes an einer Jungfrau. Augenblicks-Enthusiasten. Ganz Ohr. Nichts entgeht ihnen, nicht der winzigste Demisemitriller. Augen fest zu. Kopfnicken im Takt. Verrückt. Man wagt keinen Mucks. Denken strikte verboten. Immer bloß Fachsimpelei. Schnickschnack nach Noten.
Alles eine Art Versuch zu reden. Unangenehm, wenn es aufhört, weil man ja nie genau weiß. Die Orgel in der Gardiner Street. Old Glynn, fünfzig Pfund im Jahr. Komisch, da oben so in der Dachkammer, allein mit Registern und Koppeln und Tasten. Hockt alle Tag' an der Orgel. Faselt stundenlang vor sich hin, spricht mit sich selbst oder dem andern Burschen, der ihm die Bälge tritt. Grollt ärgerlich, kreischt dann fluchend (braucht Watte oder sonstwas in seine nein, bloß nicht, schrie sie), dann ganz sanftplötzlich ein winzig lütter winzig lütter piepsiger Wind. Pwii! Ein winzig lütter Wind piepste ii. In Bloom seinem lütten wi.

– War er's? fragte Mr. Dedalus, zurückkehrend, die Pfeife geholt. Ich war heut morgen mit ihm bei dem armen kleinen Paddy Dignam seiner Be . . .
– Ach ja, sei der Herr ihm gnädig.
– Übrigens, da drin liegt noch eine Stimmgabel auf dem . . .
Tapp. Tapp. Tapp. Tapp.
– Die Frau hat eine schöne Stimme. Oder hatte. Was? fragte Lidwell.
– Oh, die muß von dem Stimmer sein, sagte Lydia zu Simonlionel als ich zum erstenmal, hat sie vergessen, als er hier war.
Blind war er, erzählte sie George Lidwell als ich zum zweitenmal. Und spielte dabei derart exquisit, ein Genuß zu hören. Exquisiter Kontrast: Bronzelid Minagold.
– Schreit halt! schrie Ben Dollard, einschenkend. Und gezwitschert!
– Haut hin! schrie Pater Coyley.
Rrrrrr.
Ich hab das Gefühl, ich muß.
Tapp. Tapp. Tapp. Tapp. Tapp.
– Sehr, sagte Mr. Dedalus, hart auf eine kopflose Sardine starrend.
Unter der Sandwichglocke lag auf einer Bahre Brot eine letzte, eine einsame letzte Sommersardine. Bloom allein.
– Sehr, starrte er. Das tiefe Register, vorzugsweise.
Tapp. Tapp. Tapp. Tapp. Tapp. Tapp. Tapp. Tapp.
Bloom ging bei Barry vorüber. Könnt ich doch bloß. Ah, halt mal. Der Wunderwirker da, wenn ich den hätte. Vierundzwanzig Rechtsanwälte in dem einen Haus. Prozessieren. Liebet euch untereinander. Berge von Akten. Die Herren Beutel und Schneider haben schriftliche Vollmacht. Goulding, Collis, Ward.
Aber zum Beispiel der Bursche, der die große Trommel drischt. Beruf aus Berufung: Micky Rooneys Kapelle. Möchte wohl wissen, wie den das zum erstenmal gepackt hat. Sitzt zu Hause im Lehnstuhl, nach Schweinebacke und Kappes, und

hätschelt das Ding. Probt seinen Part. Bumm. Bummdidumm. Ganz lustig für die Frau. Eselshäute. Werden durchs Leben geprügelt und nach dem Tode gedroschen. Bumm. Immer feste druff. Scheint das zu sein, was man Yaschmak nennt oder vielmehr Kismet, meine ich. Schicksal.
Tapp. Tapp. Ein Jüngling, blind, mit tappendem Stock, kam tapptapptappend an Dalys Fenster vorbei, wo eine Nixe mit strömendem Haar (das er jedoch nicht sehen konnte) Wolken von Nixenrauch paffte (die der Blinde jedoch nicht), Nixe, der kühle Hochgenuß.
Instrumente. Ein Grashalm, die Muschel ihrer Hände, dann blasen. Sogar aus Kamm und Seidenpapier kriegt man eine Melodie heraus. Molly in ihrem Hemd in der Lombard Street West, das Haar gelöst. Ich glaube fast, jedes Gewerbe hat seine eigenen hervorgebracht, ist ja klar. Der Jäger sein Horn. Jeder Stand seinen Stän. Hat man ’n. *Cloche. Sonnez la!* Der Hirt seine Flöte. Polizist die Pfeife. Schlösser und Schlüssel! Schornsteinfeger! Viere, bewahrt euer Tor und Türe! Schlafen! Alles ist jetzt verloren. Trommel? Bummdidumm. Warte, ich weiß schon. Ausrufer, Bummbüttel. Long John. Wecken noch die Toten auf damit. Bumm. Dignam. Der arme kleine *nominedomine*. Bumm. Ist Musik, ich meine natürlich ist alles Bumbumm, was man *da capo*. Trotzdem, man kanns hören. Während wir marschiern wir so marschiern wir so herum. Bumm.
Also ich muß wirklich mal. Fff. Wenn ich das bei einem Bankett täte. Bloß eine Frage von Sitte und Gebrauch, Schah von Persien. Haucht ein Gebet, in Tränen steht. Jedenfalls, ein bißchen dämlich muß er ja doch gewesen sein, nicht zu merken, daß das ein Gardekap. Total vermummt. Möchte wohl wissen, was das am Grab für ein Kerl war, in dem braunen Macin. Oh, die Hure von der Gasse!
Eine schlumpige Hure mit keck geschrägtem Matrosenhut aus schwarzem Stroh kam glasig im Licht den Quay entlang auf Mr. Bloom zugeschlendert. Als er ihr lockend Bild zum erstenmal erblickte. Ja, ists. Ich fühl mich so einsam. Feuchte Nacht

auf der Gasse. Ständer. Wer hatte den? Stista. Siesah. Ist doch gar nicht ihr Strich hier. Was ist sie? Hoffe, sie. Psst! Ham Se vielleicht wat zu waschen, Meester. Kannte Molly. Hatte mich gleich auch erkannt. Die starke Dame, dat is doch Ihnen Ihre, die mit dat braune Kostüm. Haut einen glatt von den Socken, sowas. Die Verabredung damals mal. Wußten immer, daß wir nimmer, daß wir niehiehie. Zu nie zu nah der Heimat, der trauten Heimat. Hat mich gesehn jetzt, ob sie wohl? Sieht ja zum Fürchten aus bei Tage. Gesicht wie Unschlitt. Verdammt soll sie sein! Ach, was denn, muß ja auch leben, wie die andern alle. Reinsehn hier.

In Lionel Marks Antiquitätenschaufenster betrachtete der hochmütige Henry Lionel Leopold und liebe Henry Flower, ernstlich Mr. Leopold Bloom, einen Kerzenleuchter und ein Harmonium mit luftlassenden wurmstichigen Blasebälgen. Einmaliges Geschäft: sechs Schilling. Könntes spielen lernen. Billig. Erst vorbeilassen. Natürlich ist alles teuer, wenn mans nicht braucht. Daran erkennt man den guten Geschäftsmann. Dreht einem an, was er weg haben will. Der Kerl, der mir das schwedische Rasiermesser verkaufte, mit dem er mich rasiert hatte. Wollte mir auch noch das Schärfen berechnen. Jetzt geht sie vorbei. Sechs Schilling.

Muß der Apfelwein sein oder vielleicht der Burgunder.

Nah Bronze von nah, nah Gold von fern, ließen sie alle die klirrenden Gläser klingen, glanzäugig und galant, vor Bronze Lydias verlockender letzter Sommerrose, Rose von Kastilien. Zuerst Lid, De, Cow, Ker, Doll, eine Quinte: Lidwell, Si Dedalus, Bob Cowley, Kernan und Big Ben Dollard.

Tapp. Ein Jüngling hatt' eine einsame Ormond-Halle betreten.

Bloom betrachtete einen galanten gemalten Helden in Lionel Marks Fenster. Robert Emmets letzte Worte. Sieben letzte Worte. Von Meyerbeer ist das.

– Echte Männer wie ihr, Männer.

– Ja, ja, Ben.

– Heheben ihr Glas mit uns.

Sie hoben.
Tschink. Tschank.
Tipp. Ein nichtsehender Jüngling stand in der Tür. Er sah nicht Bronze. Er sah nicht Gold. Noch Ben noch Bob noch Tom noch Si noch George noch die Krüge noch Richie noch Pat. Hihihihi. Nie sah er sie.
Meerbloom, Schmieribloom betrachtete letzte Worte. Sanft. *Wenn mein Land einmal seinen Platz einnimmt unter.*
Prrprr.
Muß der Bur.
Fff. Uh. Rrpr.
Den Nationen der Erde. Keiner mehr hinter mir. Sie ist vorbei. *Dann und erst dann.* Die Tram. Krän, krän, krän. Gute Geleg. Kommt wie ge. Krändelkränkrän. Also bestimmt ist das der Burgunder. Ja. Eins, zwo. *Laßt mir das Epitaph.* Karaaaaaaa. *Schreiben. Ich hab's.*
Pprrpffrrppfff.
Geschafft!

ICH WAR just so amgange und vertrieb mir die Zeit bei dem ollen Troy von der D. M. P., an der Ecke Arbour Hill da, und verdammt noch eins, da kommt doch so ein Dreckskerl von Schornsteinfeger lang und rammt mir ums Haar seinen Apparat ins Auge. Ich dreh mich um und will ihm die Leviten lesen, aber da, wen seh ich da die Stony Batter langzockeln? Keinen andern als wie Joe Hynes.

– Schau mal an, der Joe, sag ich. Wie stehn denn die Aktien? Hast du diesen verdammten Kaminputzer gesehn, wie der mir fast das Auge rausgehauen hat mit seinem Besen?

– Ruß bringt Glück, sagt da Joe. Wer war denn der alte Eiersack, mit dem du da eben gekwatert hast?

– Der olle Troy, sag ich, der mal bei der Polente war früher. Also ich schwanke doch wirklich, ob ich den Kerl nicht anzeige, wegen Verkehrsbehinderung mit seinen Besen und Leitern.

– Was hast du hier eigentlich in der Gegend zu suchen? sagt Joe.

– Leider gar nicht wenig, sag ich. Hab da nen verdammt gerissenen Dieb vor, drüben bei der Garnisons-Kirche Ecke Chicken Lane – der alte Troy hat mir grad was gesteckt über den – ja, also der hat sich Gott weiß was für Mengen Tee und Zucker geklemmt, sollte drei Schilling die Woche zahlen, sagte, er hätte nen Bauernhof im County Down, von nem Knilch namens Moses Herzog da drüben, Nähe Heytesbury Street.

– Beschnitten! sagte Joe.

– Jau, sag ich. Bißchen kurz an der Spitze. Ein alter Gannef namens Geraghty. Sitz ihm jetzt schon seit vierzehn Tagen im Nacken und krieg keinen Penny aus ihm raus.

– Auf sowas hast du dich jetzt verlegt? sagt Joe.

– Jau, sag ich. Wie sind die Helden gefallen! Den Leuten ihre miesen und zweifelhaften Schulden eintreiben. Aber das ist der ausgepichteste Gauner, dem man im Lauf eines Tages bloß begegnen kann, und das Ponem von dem Kerl, also das besteht aus Blatternarben, als hätts Pusteln geregnet! *Richten Sie ihm aus,* sagt er, *er soll sich unterstehen,* sagt er, *das soll er bloß mal, und Sie hier noch einmal vorbeischicken, und wenn ers tut,* sagt er, *dann soll er sich vorsehn, dann bring ich ihn vor Gericht, wegen daß er ohne Gewerbeschein macht.* Und hat sich dabei selber den Wanst vollgeschlagen, daß er fast platzt! Jesus, hab ich lachen müssen, wie das Jüdlein da aus der Haut gefahren ist! *Trinkt er sich meinen Tee. Frißt er sich meinen Zucker. Was zahlt er mich da nicht mein Geld?*

Für nichtverderbliche Waren, gekauft von Moses Herzog, Saint Kevin's Parade No. 13, Bezirk Wood Quai, Kaufmann, nachstehend Verkäufer genannt, und verkauft und geliefert an Michael E. Geraghty, Esquire, Arbour Hill No. 29, in der Stadt Dublin, Bezirk Arran Quai, Gentleman, nachstehend Käufer genannt, als da sind fünf Pfund Handelsgewicht erstklassiger Tee zu drei Schilling das Pfund Handelsgewicht und drei Stein Handelsgewicht Zucker, feiner Kristall, zu drei Pence das Pfund Handelsgewicht, schuldet genannter Käufer genanntem Verkäufer den Betrag von ein Pfund fünf Schilling und sechs Pence Sterling für empfangenen Gegenwert, welcher Betrag genanntem Verkäufer von genanntem Käufer alle sieben Kalendertage in wöchentlichen Raten von drei Schilling und null Pence Sterling zu zahlen ist: und die genannten nichtverderblichen Waren dürfen von genanntem Käufer weder versetzt noch verpfändet noch verkauft noch sonstwie veräußert werden, sondern sind und bleiben alleiniges und ausschließliches Eigentum genannten Verkäufers, welcher darüber nach Willen und Gefallen verfügen kann, bis der genannte Betrag durch genannten Käufer genanntem Verkäufer schuldgemäß in der vorstehend aufgeführten Weise bezahlt worden ist, wie hiermit heute einverständlich zwischen genanntem Verkäufer, seinen Erben, Nachfolgern, Rechtsnachfolgern und Bevollmächtigten einerseits und genanntem Käufer, seinen Erben, Nachfolgern, Rechtsnachfolgern und Bevollmächtigten andererseits vereinbart wird.

– Sag mal, bist du nicht strenger Temperenzler? sagt Joe.
– Keinen Schluck zwischen den Trinkzeiten, sag ich.
– Wie wärs, wenn wir unserm Freund mal ne kleine Aufwartung machten? sagt Joe.
– Wem? sag ich. Klar, der sitzt im John of God's, total pleng, der arme Mann.
– Säuft sein eigenes Zeug, was? sagt Joe.
– Jau, sag ich. Whisky und Wasser im Oberstübchen.
– Komm mit rum zu Barney Kiernan, sagt Joe. Ich muß unbedingt den Bürger sehen.
– Barney, unser Schätzchen? Wird gemacht, sag ich. Gibts sonst was schönes Neues, Joe?
– Kein bißchen was, sagt Joe. Ich war oben im City Arms auf der Versammlung.
– Was war denn da, Joe? sag ich.
– Viehhändler, sagt Joe, wegen der Maul- und Klauenseuche. Will ich dem Bürger gleich brühwarm stecken.
Sind wir also rum bei der Linenhall-Kaserne und an der Rückseite vom Gericht lang und haben uns so über alles mögliche unterhalten. Anständiger Kerl, der Joe, wenn ers hat, aber wann hat ers schon mal. Jesus, ich muß doch noch immer dran denken, so ein ausgepichter Fuchs, der Geraghty, klaut am hellichten Tag, und man kann ihm nicht beikommen. Wegen daß er ohne Gewerbeschein macht, sagt er.
In Inisfail aber, dem schönen, da liegt ein Land, das Land des heiligen Michan. Da erhebt sich ein Wachtturm, von Menschen schon fern zu erblicken. Dort schlafen die mächtigen Toten, als wie im Leben sie schliefen, Krieger und Fürsten von hohem Ruhm. Ein liebliches Land ist's wahrlich mit murmelnden Wassern, fischvollen Strömen, daselbst sich tummelt der Knurrhahn, die Scholle, die Plötze, die Heilbutte, der geschuppte Schellfisch, der zweijährige Lachs, die Kliesche, der Glattbutt, die Flunder, der gewöhnliche gemischte Fisch ganz allgemein und noch manch anderer Bürger des Wasserreichs, ein Völkchen insgesamt, zu zahlreich, als daß man es könnte aufzählen. In milden Brisen aus West und aus Ost wiegen die

ragenden Bäume nach allen Richtungen ihr erstklassiges Blattwerk, die leichtbewegliche Sykomore, die Libanon-Zeder, die schlanke Platane, der eugenische Eukalyptus und andere Zierden der baumlichen Welt, mit welchen jene Gegend recht wohl versehen ist. Liebliche Maiden sitzen in dichter Nähe der Wurzeln der lieblichen Bäume und singen die allerlieblichsten Lieder, derweil sie mit allen möglichen lieblichen Sachen spielen, als da sind Goldbarren, silbrige Fische, Heringsfäßlein, Aalnetze, junge Kabeljaus, Forellenreusen, purpurne Seegemmen und neckische Insekten. Und Helden reisen von fern herbei, sie zu freien, von Eblana bis Slievemargy, die unvergleichlichen Fürsten des ungefesselten Munster und Connachts, des gerechten, und des sanften und schlichten Leinster und von Cruachans Land und von Armagh, dem herrlichen, und vom gar edlen Distrikte Boyle, Fürsten, die Söhne von Königen.

Und es erhebt sich daselbst ein strahlender Palast, dessen kristallglitzernd Dach erspäht wird von Seefahrern, welche in eigens für diesen Zweck erbauten Barken das weite Meer durchfahren, und dorthin kommen alle Herden und jungen Masttiere und die ersten Früchte des Landes, denn O'Connell Fitzsimon nimmt rundum Tribut, ein Häuptling, von Häuptlingen stammend. Hierher auch bringen die ungemein riesigen Lastwagen den Überschwang der Felder, Flachkörbe mit Blumenkohl, Planwagen voller Spinat, Ananasstücke, Rangoon-Bohnen, scheffelweise Tomaten, Bottiche voll Feigen, Berge von Steckrüben, kugelrunde Kartoffeln und klafterweis schillernden Kohl, York und Savoy, und Kästen voll Zwiebeln, Perlen der Erde, und Spankörbe voll Pilze und Eierrahm-Kürbisse und fette Wicken und Gerste und Raps und rote grüne gelbe braune rostrotdunkle süße große bittere reife pomellierte Äpfel und Kistchen voll Erdbeeren und Basttaschen voll Stachelbeeren, fleischig und fetthäutig, und Erdbeeren, wie Fürsten nur sie speisen, und Himbeeren von ihren Stauden.

– Er soll sich unterstehen, sagt er, das soll er bloß mal.

Komm du mir noch mal unter die Augen, Geraghty, du drekkiger Strauchdieb, du!

Und denselbigen Weg nehmen auch die ungezählten Herden von Leithämmeln und üppigen Mutterschafen und einschürigen Böcken und Lämmern und Stoppelgänsen und Zuchtstieren und brüllenden Stuten und gestutzten Kälbern und Langwoll- und Schlachtschafen und Cuffes allerbesten Springböcken und Merzvieh und Sauferkeln und Mastebern und den vielen verschiedenartigen Arten von hocherlesenen Schweinen und Angus-Färsen und hornlosen Ochsen von makellosem Stammbaum zusammen mit bestprämierten Milchkühen und Rindern: und ohne Unterlaß vernimmt man alldort ein Trampeln, Gackern, Brüllen, Muhen, Blöken, Rumpeln, Grunzen, Kauen, Mampfen, von Schafen und Schweinen und schwerbehuften Kühen von den Weidelanden von Lush und Rush und Carrickmines und von den stromreichen Tälern von Thomond, von M'Gillicuddy's Reeks, den unzugänglichen, und vom herrlichen Shannon, dem unergründlichen, und von den sanften Hängen, da die Kiar-Rasse zu Hause ist, die Euter prallvoll von Milch im Überflusse, und Fässer voll Butter und Labhäute voll Käse und Bauernfäßchen und Bruststücke vom Lamm und hölzerne Kistlein voll Korn und länglicher Eier, zu vielen Hunderten, in lauter verschiedenen Größen, achatne bei dunkelbraunen.

Sind wir denn also zu Barney Kiernan rein, und na klar, da sitzt der Bürger auch dick in seiner Ecke und unterhält sich großkotzig mit sich selbst, und der verdammte räudige Köter Garryowen hockt ebenfalls da und wartet, was ihm der Himmel heut wieder in die Kehle regnen lassen wird.

– Da sitzt er, sag ich, in seiner Rumpelkammer, mit seinem Patenthumpen und nem Fuder Zeitungen, und wirkt für die gute Sache.

Und der verdammte Köter fängt gleich an zu knurren, daß es einem kalt übern Buckel laufen könnte. Wär ne leibhaftige Tat der Barmherzigkeit, wenn dem mal jemand das Leben aus den Knochen schlagen würde, dem verdammten Vieh.

Grad hab ich noch gehört, und das soll Tatsache sein, er hätt nem Polizeimenschen in Santry, der mal bloß so längs kam, mit nem blauen Papier, bloß n Gewerbeschein oder so, also dem hätt er glatt halb die Hosen weggefressen.
– Halt und die Losung, sagt er.
– Laß gut sein, Bürger, sagt Joe. Gut Freund hier.
– Kann passieren, gut Freund, sagt er.
Dann reibt er sich mit der Hand das Auge, und sagt er:
– Was haltet ihr so von den Zeiten?
Spielt den wilden Mann und Rory of the Hill. Aber weiß Gott, der Joe ist der Lage gewachsen.
– Ich glaube, der Markt zieht an, sagt er und läßt die Hand an seiner Forke niedergleiten.
Und da klatscht sich, weiß Gott, der Bürger mit der Klaue auf den Schenkel und sagt:
– Die ausländischen Kriege sind der Grund dafür.
Und Joe sagt, den Daumen in die Tasche gehakt:
– Die Russen sinds, die wolln alles tyrannisieren.
– Mensch, Joe, jetzt laß mal den verdammten Mumpitz, sag ich da, ich hab einen Durst am Leibe, den gäb ich nicht für ne halbe Krone weg.
– Sprich das entscheidende Wort, Bürger, sagt Joe.
– Wein des Landes, sagt er.
– Und du? sagt Joe.
– Ditto MacAnaspey, sag ich.
– Drei Pinten, Terry, sagt Joe. Und was macht die alte Pumpe, Bürger? sagt er.
– Funktioniert wie nie, *a chara*, sagt er. Na, Garry? Ob wir gewinnen? Was?
Und damit nimmt er den verdammten alten Zauser beim Genick, und bei Jesus, ums Haar hätt er ihn erdrosselt.
Die Gestalt, welche auf einem großen Felsblock am Fuße eines Rundturms saß, war die eines breitschultrigen, derbbrüstigen, starkgliedrigen, freiäugigen, rothaarigen, sattsam besommersproßten, scheckigbärtigen, breitmäuligen, großnasigen, langköpfigen, tiefstimmigen, barknieigen, schwiel-

händigen, haarigbeinigen, rotgesichtigen, sehnigarmigen Helden. Von Schulter zu Schulter maß er mehrere Ellen, und seine felshaften, gebirgigen Knie waren, wie insgleichen auch sein übriger Leib, wo immer dieser sichtbar, mit einem starken Wuchse von lohbraunem Stachelhaar bedeckt, welches nach Färbung und Festigkeit dem Gebirgsginster *(Ulex Europaeus)* ähnlich sah. Die weitgeschwungenen Nüstern, aus welchen Borsten der nämlichen lohbraunen Färbung hervorstanden, waren von solcher Weiträumigkeit, daß in ihrem Höhlendunkel leicht wohl die Feldlerche ihr Nest hätte bauen können. Die Augen, in welchen die Träne und das Lächeln fortwährend um die Herrschaft stritten, waren von den Maßen eines ausgewachsenen Blumenkohls. Ein mächtiger Strom warmen Atems ging in regelmäßigen Abständen von der tiefen Höhlung seines Mundes aus, während in rhythmischem Widerklange die lauten, starken, gesunden Halltöne seines furchtbaren Herzens rumpelnd erdonnerten und den Boden, die Spitze des ragenden Turms und die gar ragendern Wände noch der Höhle erzittern ließen und beben.

Er trug ein langes ärmelloses Gewand aus jüngst erst abgezogener Ochsenhaut, welches als loser Kilt ihm bis auf die Knie reichte, und ward dasselbe um seine Mitte gehalten von einem Gürtel aus geflochtenem Stroh und Binsen. Darunter trug er Hochländerhosen aus Hirschleder, gar roh mit Darm genähet. Seine untern Extremitäten waren von hohen Balbriggan-Halbstiefeln umschlossen, gefärbt in Flechtenpurpur, und seine Füße mit groben Stiefeln beschuht aus gepökelter Kuhhaut, welche mit der Luftröhre desselben Tieres geschnürt waren. Von seinem Gürtel hing eine Kette aus Kieseln, welche bei jeder Bewegung seiner unheilkündenden Gestalt zusammenschlugen, und es waren eingegraben auf ihnen mit roher, doch überraschender Kunst die Stammeszeichen vieler irischer Helden und Heldinnen des Altertums, Cuchulin, Conn von hundert Schlachten, Niall von den neun Geiseln, Brian von Kincora, Der Ardri Malachi, Art MacMurragh, Shane O'Neill, Pater John Murphy, Owen Roe, Patrick Sarsfield,

Red Hugh O'Donnell, Red Jim MacDermott, Soggarth Eoghan O'Growney, Michael Dwyer, Francy Higgins, Henry Joy M'Cracken, Goliath, Horace Wheatley, Thomas Conneff, Peg Woffington, Der Dorf-Schmied, Captain Moonlight, Captain Boycott, Dante Alighieri, Christoph Columbus, St. Fursa, St. Brendan, Marschall MacMahon, Karl der Große, Theobald Wolfe Tone, Die Mutter der Makkabäer, Der Letzte Mohikaner, Die Rose von Kastilien, Der Mann für Galway, Der Mann der die Bank von Monte Carlo sprengte, Der Mann in der Bresche, Die Frau die es nicht tat, Benjamin Franklin, Napoleon Bonaparte, John L. Sullivan, Cleopatra, Savourneen Deelish, Julius Caesar, Paracelsus, Sir Thomas Lipton, Wilhelm Tell, Michelangelo, Hayes, Mohammed, Die Braut von Lammermoor, Peter der Einsiedler, Peter der Packer, Dunkel Rosaleen, Patrick W. Shakespeare, Brian Confuzius, Murtagh Gutenberg, Patricio Velasquez, Kapitän Nemo, Tristan und Isolde, Der erste Prince of Wales, Thomas Cook und Sohn, Der Junge Tapfere Soldat, Arrah na Pogue, Dick Turpin, Ludwig Beethoven, Die Colleen Bawn, Waddler Healy, Angus der Kuldeer, Dolly Mount, Sidney Parade, Ben Howth, Valentine Greatrakes, Adam und Eva, Arthur Wellesley, Boss Croker, Herodot, Jack der Riesentöter, Gautama Buddha, Lady Godiva, Die Lilie von Killarney, Balor mit dem Bösen Blick, Die Königin von Saba, Acky Nagle, Joe Nagle, Alessandro Volta, Jeremiah O'Donovan Rossa, Don Philip O'Sullivan Beare. Ein hingestreckter Speer aus gespitztem Granit ruhte neben ihm, indessen zu seinen Füßen ein wildes Tier aus der Rasse der Hunde lag, dessen schnarchende Atemzüge verkündeten, daß es in unruhigen Schlaf gesunken sei, eine Vermutung, bestätigt von heiserem Grollen und krampfartigen Bewegungen, welche sein Herr von Zeit zu Zeit vermittels besänftigender Schläge mit einer mächtigen, roh aus paläolithischem Gestein gefertigten Keule unterdrückte.

Bringt Terry also jedenfalls drei Pinten, auf Joes Rechnung, und bei Gott, mir geht doch fast das Augenlicht flöten, wie ich sehe, daß er dafür nen leibhaftigen Glänzer landet. Ah, ja, so wahr ich hier stehe und euch erzähle. Einen blitzsauberen Sovereign.

– Und wo der hergekommen ist, da sind noch mehr, sagt er.

– Hast du die Armenkasse geplündert, Joe? sag ich.

– Schweiß meines Angesichts, sagt Joe. War der Bedächtige, der mir den Tipp gesteckt hat.

– Den hab ich eben noch gesehn, grad bevor ich dich getroffen hab, sag ich. Schlurfte bei der Pill Lane und Greek Street rum mit seinem Dorschauge und döste sich das ganze Einmaleins zusammen.

Wer kommt durch Michans Land, in schwarzer Rüstung Schimmer? O'Bloom, des Rory Sohn: ah, ja, er ist's. Nicht kann je Furcht erfassen Rorys Sohn: ihn, dessen Seel' bedächtig.

– Für das alte Weib aus der Prince's Street, sagt der Bürger, das subsidienstarke Organ. Die gelöbnisgebundene Partei, die im Hause das Wort führt. Und nun seht euch diesen elenden Wisch hier an, sagt er. Seht euch das mal an, sagt er. *The Irish Independent*, wenns gefällig ist, gegründet von Parnell als Blatt für den Arbeiter. Hört euch das mal an, die Geburten und Todesfälle in unserer alleririschsten Gazette, na ich danke schön, und die Heiraten.

Und fängt er doch glatt an und liest sie vor:

– Gordon, Barnfield Crescent, Exeter; Redmayne aus Iffley, Saint Anne's on Sea, Gattin von William T. Redmayne, eines Sohnes. Ist das etwa nichts, he? Wright und Flint, Vincent und Gillet mit Rotha Marion, Tochter von Rosa und dem verstorbenen George Alfred Gillet, 179 Clapham Road, Stockwell, Playwood und Ridsdale in Saint Jude's Kensington durch Hochwürden Dr. Forrest, Dekan von Worcester, na? Todesfälle. Bristow, in der Whitehall Lane, London: Carr, Stoke Newington, an Gastritis und Herzleiden: Si Phyllis, im Moat House, Chepstow ...

– Also den Burschen kenn ich, sagt Joe, aus bitterer Erfahrung.

– Si Phyllis. Dimsey, Gattin von Davie Dimsey, früher bei

der Admiralität: Miller, Tottenham, im Alter von fünfundachtzig: Welsh, 12. Juni, in der Canning Street 35, Liverpool, Isabella Helen. Na, wie macht sich das für eine nationale Presse, he, mein schlauer Sohn? Wie macht sich das für Martin Murphy, den Bantry-Jobber?
– Ah, ja, sagt Joe und reicht die Humpen rum. Gott sei Dank, daß die eher dran warn als wir. Trink das, Bürger.
– Mach ich, sagt er, ehrenwerter Mann.
– Gesundheit, Joe, sag ich. Und runter damit, ex!
Ah! Oh! Nicht lange gefackelt! Ich bin schon richtig verdorrt und ausgetrocknet, so nötig hab ich die Pinte. Also ernstlich, ich erklärs bei Gott, wie das Zeug mir in den Magen runtergeht, da hör ichs direkt zischen.
Und siehe, da sie den Becher der Freude noch kreisen ließen, kam ein gar göttlicher Bote in Schnelle herein, hell wie das Auge des Himmels, ein anmutiger Jüngling, und hinter ihm schritt ein Älterer von edelem Antlitz und Gang, die heilgen Schriftrollen des Gesetzes in Händen, und mit ihm sein Weib, eine Dame von unvergleichlicher Abstammung, die Schönste ihres Geschlechtes.
Kommt doch auf einmal der kleine Alf Bergan zur Tür reingeplatzt und versteckt sich hinter Barney seinem Suffsalon und kann sich glatt nicht mehr halten vor Lachen, und wer sitzt da drüben in der Ecke, den ich noch gar nicht gesehn hab bis jetzt, schnarchbesoffen, blind für die Welt? Kein andrer als wie Bob Doran. Ich kapier nicht, was los ist, aber Alf macht andauernd Zeichen nach draußen vor die Tür. Und bei Gott, was ists? Der verdammte alte Trottel Denis Breen in seinen Badepuschen, zwo mordsdicke Bücher unter die Achsel geklemmt, und die Frau gleich haste was kannste hinter ihm, so ein unglückliches jämmerliches Weibsbild, watschelt wie n Dackel. Ich denk, der Alf geht mir gleich aus den Fugen.
– Nun kuckt euch den da an, sagt er. Breen. Da schlumpt der nun quer durch ganz Dublin mit ner Postkarte, die ihm irgend jemand geschickt hat und wo u. p. draufsteht: up, und damit will er jetzt einen Belei . . .

Und er krümmt sich vor Lachen.
– Was will er damit? sag ich.
– Einen Beleidigungsprozeß anfangen, sagt er, um zehntausend Pfund.
– Das darf doch nicht wahr sein! sag ich.
Der verdammte Köter fängt an zu knurren, daß man direkt gottesfürchtig werden kann, weil er merkt, daß irgendwas los ist, aber der Bürger setzt ihm nen Tritt in die Rippen.
– *Bi i dho husht*, sagt er.
– Wer? sagt Joe.
– Breen, sagt Alf. Er war bei John Henry Menton drin, und dann ging er rüber zu Collis und Ward, und dann hat ihn Tom Rochford getroffen und zum Büro des Untersheriffs geschickt, aus reinem Jux. O Gott, ich lach mich noch tot. U. p.: up. Der lange Bursche hat ihm einen Blick zugeworfen, der war so gut wie n ganzer Prozeß, und jetzt ist der verdammte alte Narr rüber zur Green Street, um sich nen Schutzmann zu holen.
– Wann läßt der Lange John denn nun diesen Kerl in Mountjoy hängen? sagt Joe.
– Bergan, sagt Bob Doran und wacht ganz langsam auf. Ist das Alf Bergan da?
– Ja, sagt Alf. Hängen? Wartet, ich zeig euch gleich. Hier, Terry, schenk mir mal n Kleinen ein. Dieser verdammte alte Narr! Zehntausend Pfund. Also das hättet ihr sehen müssen, was der Lange John für Augen gemacht hat da. U. p. ...
Und er fängt wieder an zu lachen.
– Über wen lacht ihr da so? sagt Bob Doran. Ist das Bergan?
– Beeil dich ein bißchen, Terry, mein Junge, sagt Alf.
Terence O'Ryan vernahm sein Wort und brachte ihm stracks einen Kristallbecher, gefüllt mit jenem schäumend dunklen Ale, welches die edlen Zwillingsbrüder Bungiveagh und Bungardilaun seit jeher in ihren göttlichen Alefässern brauen, kundig des Werks wie die Söhne der todlosen Leda. Denn sie sammeln die saftigen Beeren des Hopfens und häufen und sieben und malmen und brauen sie und mischen damit saure Säfte und bringen das Ungegorene hin zum geheiligten Feuer

und lassen nicht Tag und nicht Nacht von ihrem Werke, die kundigen Brüder, Herren vom Faß.
Dann reichtest du, ritterlicher Terence, als seist du eingeboren und drin erzogen, hin jenen Nektartrank und botst den Kristallbecher ihm, den da dürstete, der Seele der Ritterschaft, in Schönheit verwandt den Unsterblichen.
Doch er, der junge Häuptling der O'Bergans, gar übel nur konnt er's erdulden, ausgestochen zu werden in Taten der Freigebigkeit, und so gab er dafür denn mit anmutger Hand einen Teston aus köstlichem Erze. Darauf gebosselt war, in erlesener Schmiedearbeit, das Bildnis zu sehn einer Königin von gar regaler Haltung, ein Sproß des Hauses Braunschweig, Victoria mit Namen, Ihre Höchst Ausgezeichnete Majestät, durch Gottes Gnade des Vereinigten Königreiches von Groß-Britannien und Irland sowie der überseeischen Britischen Dominien Königin, Schutzherrin des Glaubens, Kaiserin von Indien, dieselbige, welche da herrschte als Siegerin über viele Völker, die Vielgeliebte, denn es kannten und liebten sie vom Aufgange der Sonne bis zu ihrem Niedergang die Bleichen, die Dunklen, die Roten und die Mohren.
– Was macht der verdammte Freimaurer denn da, sagt der Bürger, was schlurft er da draußen auf und ab?
– Was ist los? sagt Joe.
– Hier, bitte sehr, sagt Alf und legt den Zaster hin. Da wir grad vom Hängen sprechen: da muß ich euch was zeigen, also sowas habt ihr noch nicht gesehn. Henkerbriefe. Kuckt mal her.
Und zieht er ein Bündel abgegriffener Briefe und Umschläge aus der Tasche.
– Machst du n Witz? sag ich.
– Hand aufs Herz, sagt Alf. Hier, lest mal.
Nimmt Joe also die Briefe.
– Über wen lacht ihr eigentlich dauernd? sagt Bob Doran.
Da seh ich denn gleich, daß es n bißchen Stunk geben wird. Bob kann leicht komisch werden, wenn der Porter in ihm hochschwappt, und darum sag ich, bloß um was zu reden:

– Wie gehts denn Willy Murray jetzt so, Alf?
– Keine Ahnung, sagt Alf. Hab ihn zwar eben noch gesehn, in der Capel Street, mit Paddy Dignam. Bloß lief ich grad hinter dem . . .
– Du hast was? sagt Joe und schmeißt die Briefe hin. Mit wem hast du ihn gesehen?
– Mit Dignam, sagt Alf.
– Etwa Paddy? sagt Joe.
– Ja, sagt Alf. Warum?
– Weißt du denn nicht, daß er tot ist? sagt Joe.
– Was, Paddy Dignam ist tot? sagt Alf.
– Jau, sagt Joe.
– Und dabei bin ich sicher, ich hab ihn eben vor noch nicht fünf Minuten gesehn, sagt Alf, so klar wie dicke Tinte.
– Wer ist tot? sagt Bob Doran.
– Dann hast du seinen Geist gesehn, sagt Joe, Gott bewahr uns vor Schaden.
– Was? sagt Alf. Guter Christus, erst vor fünf . . . Was? . . . und Willie Murray bei ihm, die beiden dort in der Nähe von wiehabtihrsdochgleichgenannt . . . Was? Dignam tot?
– Was ist mit Dignam? sagt Bob Doran. Wer redet da von . . .?
– Tot! sagt Alf. Der ist nicht toter, als ihr seid.
– Mag sein, sagt Joe. Jedenfalls aber hat man sich die Freiheit genommen, ihn heute morgen zu beerdigen.
– Paddy? sagt Alf.
– Jau, sagt Joe. Hat der Natur seinen Tribut zahlen müssen, Gott sei ihm gnädig.
– Guter Christus! sagt Alf.
Und bei Gott, er ist richtig von den Socken, wie man so sagt.
In der Dunkelheit fühlte man Geisterhände flattern, und als ein Gebet nach den Riten der Tantras an die rechte Stelle war gerichtet worden, wurde ein schwaches, doch anwachsendes Leuchten von rubinrotem Licht allmählich sichtbar, die Erscheinung des ätherischen Ebenbilds, welchem aufgrund der von Haupt und Gesicht, will sagen beider Krone, entsendeten

jivischen Strahlung besondere Lebensähnlichkeit eignete. Verbindung ward bewirkt über den Hirnanhang und insgleichen vermittels der orangefeurigen und scharlachroten Strahlen, welche von der Sakralregion und dem Solarplexus ausgingen. Bei seinem Erdennamen gerufen und befragt nach seinen Umständen in der Himmelswelt, stellte er fest, er befinde sich zurzeit auf dem Pfade der prālāyā oder Rückkehr, sei jedoch immer noch der Prüfung von Händen gewisser blutdürstiger Wesenheiten auf den niederen Astralebenen überantwortet. In Erwiderung einer Anfrage nach seinen ersten Empfindungen im großen Jenseits gab er an, er habe dasselbe zwar früher schon durch einen Spiegel in einem dunklen Wort erschaut, es stünden jedoch jenen, welche hinübergelangt, Höchstmöglichkeiten atmischer Entwicklung offen. Befragt, ob das Leben dort ähnlich sei unserer Erfahrung im Fleische, gab er an, er habe von begünstigteren, nunmehr bereits im Geiste seienden Wesen gehört, daß ihre Behausungen mit jeglichem modernen Wohnkomfort ausgestattet seien, als da wäre tālāfānā, ālāvātār, hātākāldā, wātāklāsāt, und daß die höchsten Adepten in Wollustwogen von der allerreinsten Natur schwömmen. Nachdem er ein Quart Buttermilch verlangt, ward dieses gebracht und gereichte ihm offensichtlich zur Erquickung. Gefragt, ob er irgendeine Botschaft für die Lebenden hätte, ermahnte er alle, so noch auf der falschen Seite der Māyā sich befänden, den wahren Pfad zu erkennen, denn es werde in devanischen Kreisen berichtet, daß Mars und Jupiter auf Unheil aus wären im östlichen Winkel, allwo der Widder die Macht hat. Es wurde dann gefragt, ob noch irgendwelche besondern Wünsche bestünden aufseiten des Verstorbenen, und die Antwort lautete: *Wir grüßen euch, Freunde der Erde, die ihr immer noch im Leibe seid. Paßt auf, daß C. K. nicht zu viel aufschreibt.* Es wurde mit Sicherheit festgestellt, daß dieses sich auf Mr. Cornelius Kelleher bezog, Geschäftsführer des Volksbestattungsinstitutes der Firma H. J. O'Neill, einen persönlichen Freund des Verstorbenen, welcher auch für die Abwickelung der Beisetzungsfeierlichkeiten verantwortlich gewesen war. Bevor er von dannen schied, äußerte er noch das Anliegen, es möge seinem lieben Sohne Patsy ausgerichtet werden, daß der andere Schuh, nach welchem er gesucht habe, sich gegenwärtig unter der Kommode im Hinterzimmer befinde und daß man das Paar zu Cullen bringen solle, aber nur zum Besohlen, denn die Absätze wären noch gut. Er gab an, daß dies seinen Geistesfrieden in der anderen Region stark gestört habe, und ersuchte ernstlich darum, dem Genannten sein Begehren bekannt zu geben.

Man versicherte nach Kräften, daß der Angelegenheit die beste Aufmerksamkeit zuteil werden werde, und es wurde angedeutet, daß dies mit Befriedigung zur Kenntnis genommen worden sei.

Er ist davongegangen von den Stätten der Sterblichen: O'Dignam, Sonne unseres Morgens. Flink war sein Fuß auf dem Farnkraut: Patrick mit der strahlenden Stirn. Klage denn, Banba, mit deinem Wind: und klage du, Ozean, mit deinem Wirbelwind.

– Da ist er schon wieder, sagt der Bürger und starrt hinaus.

– Wer? sag ich.

– Bloom, sagt er. Ist da schon seit zehn Minuten auf Posten, dauernd auf und ab.

Und bei Gott, da seh ich auch, wie sein Ponem reinlinst und wieder wegschlubbert dann.

Der kleine Alf ist noch immer arschbaff. Wahrhaftig, das ist er.

– Guter Christus! sagt er. Ich hätt drauf schwören können, daß ers war.

Und da sagt Bob Doran, den Hut auf dem Hinterkürbis, der lumpigste Ganneff in Dublin, wenn er einen sitzen hat:

– Wer hat da gesagt, Christus ist gut?

– Ich bitt um Furzeihung, sagt Alf.

– Ist das etwa ein guter Christus, sagt Bob Doran, der den armen kleinen Willy Dignam von uns nimmt?

– Na ja, schön, sagt Alf und versucht, von der Sache wegzukommen. Jedenfalls hat er jetzt alles überstanden.

Aber Bob Doran ist ganz außer sich und brüllt:
– Ein verdammter Schuft ist er, sag ich, daß er den armen kleinen Willy Dignam von uns genommen hat!
Terry geht rüber zu ihm und macht ihm Zeichen, er soll doch bloß ruhig sein, derartige Reden, die wären in einem anständigen Lokal nicht erwünscht. Und Bob Doran legt los und läßt ein riesiges Lamento vom Stapel wegen Paddy Dignam, so wahr ich hier stehe.
– Der beste Mensch, heult er, der beste, der lauterste Charakter.
Und da fängt man verdammt bald selber das Heulen an. So ein verdammter Quatschkopf. Sollte lieber machen, daß er nach Hause kommt, zu der kleinen mondsüchtigen Nutte, die er geheiratet hat, Mooney, die Büttelstochter. Die Mutter hatte nen Puff in der Hardwicke Street, lungerte dauernd auf den Treppenabsätzen rum, hat mir Bantam Lyons erzählt, früh um zwo stand sie da, ohne ein Fitzchen an, und ließ sich begaffen, egal wer kam, immer hereinspaziert, gleiche Chancen für alle.
– Der edelste, der wahrste, sagt er. Und nun ist er dahin, der arme kleine Willy, der arme kleine Paddy Dignam!
Und voll Trauer und mit schwerem Herzen beweint er das Erlöschen dieses Himmelsstrahls.
Old Garryowen legt wieder los und knurrt Bloom an, der um die Tür herumstreicht.
– Kommen Sie rein, kommen Sie rein, er frißt Sie schon nicht, sagt der Bürger.
Kommt Bloom denn reingeschlichen und schielt ganz ängstlich nach dem Hund mit seinem Dorschauge, und fragt er Terry, ob Martin Cunningham wohl dagewesen wäre.
– Oh, Christ M'Keown, sagt Joe, der grad einen der Briefe am lesen ist. Hört euch das mal an, ja?
Und er liest laut einen vor:

7, Hunter Street, Liverpool.
An den Hohen Herrn Sheriff von Dublin, Dublin.
Hochgeehrter Herr gestatte ergebenst meine Dienste in obig erwähntem betrüblichen Fall anbieten zu dürfen ich habe Joe Gann gehängt im Bootle-Gefängnis am 12. Februar 1900 und hab ich auch ...
– Mensch, zeig mal her, Joe, sag ich.
– *... den gemeinen Soldaten Arthur Chace wegen Mord an Jessie Tilsit gehängt im Pentonville-Gefängnis und mitgeholfen hab ich noch wie ...*
– Jesus, sag ich.
– *... Billington den schrecklichen Mörder Toad Smith hingerichtet hat ...*
Der Bürger grabscht nach dem Brief.
– Moment noch, warte, sagt Joe, *ich hab einen Spezialtrick daß wenn bei mir mal einer in der Schlinge ist der kommt da nie wieder raus in der Hoffnung von Ihnen beehrt zu werden hochgeehrter Herr hochachtungsvollst meine Bedingungen wären fünf Guineen.*

H. Rumbold,
Barbiermeister

– Und ein barbarischer verdammter Barbar ist er ebenfalls, sagt der Bürger.
– Schon die dreckige Klaue von dem Lümmel, sagt Joe. Hier, sagt er, schaff mir bloß das Zeug aus den Augen, Alf, zur Hölle damit. Hallo, Bloom, sagt er, was wolln Sie denn haben?
Und da geht nun ein Hin und Her los zwischen den beiden, richtig in die Haare kriegen sie sich, indem daß Bloom sagt, er will gar nicht, und im Moment jetzt kann er auch nicht, und Entschuldigung vielmals, aber das soll keine Beleidigung sein, und all so n Kappes mehr, und dann sagt er schließlich, also gut, dann nimmt er eben ne Zigarre. Gottchen nee, der ist wirklich n bedächtiger Kunde, da gibts nichts.

– Dann hol mal eine von deinen besten Stinkadores, Terry, sagt Joe.
Und Alf tut dann noch erzählen, es wär einer dabei gewesen, der hätte auf ner Trauerkarte geschrieben, mit schwarzem Rand drumrum.
– Diese ganzen Barbiere aus dem Black Country, sagt er, die würden ihre eigenen Väter hängen für fünf Eier plus Reisespesen.
Und erzählt er noch, daß unten dann, daß da zwo Kerle warten täten, die zögen ihn an den Hachsen runter, wenn er gesaust käme, und würgten ihn ordentlich zu Tode, und danach dann täten sie den Strick in Stücke schneiden und die für n paar Schilling pro Nummer verhökern.
Rachsüchtig hausen im Schwarzland sie, des Rasiermessers Ritter. Die tödliche Schlinge ergreifen sie: ja, und führen daran zum Erebos hin ein jeglichs Geschöpf, das da hat eine Bluttat begangen, denn ich will's nun und nimmermehr leiden, so spricht der Herr.
Fangen sie denn also an, über Todesstrafe zu reden, und natürlich kommt Bloom mit allem möglichen Warum und Weshalb und der ganzen Quatschologie der Branche, und währenddem schnuffelt der alte Hund die ganze Zeit an ihm rum, also das hat mir doch auch mal wer erzählt, daß die Jüdlein, daß die so nen ganz komischen Geruch haben sollen für Hunde, jedenfalls, und über was weiß ich noch alles, abschreckende Wirkung und so weiter und so fort.
– Aber eins gibt es, da hat das keine abschreckende Wirkung drauf, sagt Alf.
– Und das wäre? sagt Joe.
– Der Pimmel von dem armen Schelm, der da gehängt wird, sagt Alf.
– Was, stimmt das? sagt Joe.
– Wahrhaftigen Gotts, sagt Alf. Ich habs von dem Oberaufseher gehört, der in Kilmainham war, wie sie Joe Brady gehängt haben, den Invincible. Der hat mir erzählt, wie sie ihn abschnitten, nachdem daß er runtergekommen war, da

hätte das Ding ihnen ins Gesicht gestanden wie ein Schürhaken.

– Beherrschende Leidenschaft, stark noch im Tode, sagt Joe, wie mal jemand gesagt hat.

– Das läßt sich wissenschaftlich erklären, sagt Bloom. Das ist nur ein Naturphänomen, sehn Sie, weil doch aufgrund der...

Und dann fängt er an mit Zungenbrechern vonwegen Phänomen und die Wissenschaft und dieses Phänomen da und jenes Phänomen dort.

Der ausgezeichnete Wissenschaftler Herr Professor Luitpold Blumenduft trat den medizinischen Beweis dahingehend an, daß die jähliche Fraktur der Halswirbel und die damit gegebene Spaltung der Wirbelsäule nach den bestbeglaubigten Traditionen der medizinischen Wissenschaft dazu angetan sei, unvermeidlicherweise im menschlichen Objekte einen heftigen Ganglienreiz der Nervenzentren herbeizuführen, welcher die Poren der *corpora cavernosa* so rapide sich dehnen lasse, daß im Augenblick ein stark erleichterter Zustrom des Blutes zu jenem Teile der menschlichen Anatomie stattfinde, welcher als der Penis oder das männliche Organ bekannt sei, woraus eben jenes Phänomen resultiere, welches von der Fakultät als krankhafte auf- und auswärts gerichtete philoprogenitive Erektion *in articulo mortis per diminutionem capitis* bezeichnet werde.

Der Bürger wartet die ganze Zeit natürlich bloß auf das Stichwort, und nun fängt er an und schwadroniert sich einen ab, von den Invincibles und der alten Garde und den Männern von Siebenundsechzig, und wer fürchtet sich, von Achtundneunzig zu sprechen, und Joe legt ebenfalls los und quatscht über all die Kerls, die gehängt, gefoltert und deportiert worden sind für die Sache, durch das Standgericht, und über ein neues Irland und neues dies und das und jenes. Aber wenn er über n neues Irland redet, dann soll er auch gehn und sich n neuen Hund zulegen, das soll er. So ein räudiges Vieh, gefräßiges, schnuffelt und schnieft da überall rum und kratzt sich den Grind, jetzt macht er sich an Bob Doran ran, der Alf grad ne Halbe spendiert, will auch was, säuft was er kriegen kann. Und natürlich fängt Bob Doran an und albert rum mit ihm:

– Gib doch mal Pfötchen! Will das Hundchen nicht Pfötchen geben? Gutes altes Hundchen. Nun gib mir doch mal Pfötchen! Gib mir doch mal Pfötchen!

Igittigitt! und das nimmt und nimmt kein Ende, das Gefaxe mit dem Pfötchengeben, und Alf versucht die ganze Zeit, daß er nicht von dem verdammten Barhocker runterrutscht und dem verdammten alten Hund obendrauf, und dabei redet er allen möglichen Stuß vonwegen Erziehung durch Güte und reinrassiger Hund und intelligenter Hund: die Krätze hätt man kriegen können. Dann fängt er an und kratzt vom Grund einer Jacob's-Büchse, die Terry ihm bringen muß, n paar alte Biskuitbrocken los. Bei Gott, und die schmatzt das Vieh runter wie Satan persönlich, und die Zunge hängt ihm dann noch ne Elle lang raus nach mehr. Frißt fast die Büchse noch mit und alles, der verdammte hungrige Köter.

Und der Bürger und Bloom kriegen sich in die Haare wegen den Brüdern Sheares und Wolfe Tone drüben auf Arbour Hill und Robert Emmet und dem Tod fürs Vaterland, die Tommy-Moore-Masche über Sara Curran und Fern dem Lande lebt sie nun. Und Bloom natürlich, mit seiner Mordszigarre, plustert sich werweißwie auf mit seinem affektierten Ponem. Phänomen! Die Fettschwampe, die er geheiratet hat, ist auch ein hübsches olles Phänomen, mit nem Hinterteil wie n Liffey-Kahn. Damals, wie sie im *City Arms* gehaust haben, hat mir Pisser Burke erzählt, also da war da auch noch so ne Alte mit nem verkrachten Taugenichts von Neffen, und bei der versuchte sich Bloom dauernd lieb Kind zu machen, mimte das traute Herzensbübchen und spielte Bézigue mit ihr, bloß um mit nem bißchen von dem Wampum mit in ihren letzten Willen zu kommen, und freitags aß er kein Fleisch, weil die Alte sich da permanent den Pansen katholisierte, und nahm den Lümmel immer brav zum Spazierengehn mit. Ja, und einmal hat er mit ihm dann einen Rundzug durch Dublin gemacht und, beim heiligen Vater, nicht eher locker gelassen, als bis er voll war wie ne Strandhaubitze, und wie sie dann heimkamen, sagte er, das hätt er gemacht, um dem Bürschchen die Gefahren des Alkohols zu zeigen, und hols der Teufel, wenn die drei Weiber ihm nicht fast das Fell über die Ohren gezogen haben, dann ist das glatt n Wunder, so wie die gebaut warn, die Alte, Blooms Frau und Mrs. O'Dowd, die das Hotel schmiß. Jesus, ich hab mich halb totgelacht über Pisser Burke, wie der die nachgemacht hat, die ganze Keiferei, und Bloom mittendrin mit seinem *aber versteht ihr denn nicht?* und *aber andererseits!* Und was noch schöner ist, der Lümmel war hinterher, wie man mir erzählt hat, dauernd bei Power, dem Whisky-Panscher, drüben in der Cope Street, und mußte regelmäßig fünfmal die Woche in ner Droschke horizontal heimgekarrt werden, nachdem er sich durch sämtliche Sorten in dem verdammten Laden durchgesoffen hatte. Phänomen!

– Der Toten Gedächtnis, sagt der Bürger und hebt, mit einem Blick auf Bloom, sein Pintglas.

– Jau, jau, sagt Joe.

– Sie haben mich nicht richtig verstanden, sagt Bloom. Ich meine vielmehr . . .

– *Sinn Fein!* sagt der Bürger. *Sinn fein amhain!* Der Freund, den wir lieben, der steht uns zur Seit', und der Feind, den wir hassen, steht vor uns.

Das letzte Lebewohl war ungemein ergreifend. Von den Glockentürmen fern und nah läutete unablässig die Totenglocke, indessen um den finsteren Bezirk die unheilkündende Warnung von wohl hundert gedämpften Trommeln rollte, bekräftigt vom hohlen Dröhnen zahlreicher Artilleriegeschütze. Die ohrenbetäubenden Donnerschläge sowie die grell zuckenden Blitze, welche die grausige Szene erhellten, taten kund, daß die Artillerie des Himmels ihren übernatürlichen Pomp dem bereits genugsam schaurigen Schauspiele zugesellt hatte. Ein reißend strömender Regen ergoß sich aus den Schleusen der ergrimmten Himmel nieder auf die entblößten Häupter der versammelten Menge, die nach der niedrigsten Schätzung wohl fünfhunderttausend Personen zählte. Ein Haufen Dubliner Stadtpolizei, befehligt vom Hauptkommissar in Person, bewahrte die Ordnung in dem wüsten Gedränge, welchem die York-Street-Blaskapelle inzwischen die Zeit vertrieb, indem sie auf ihren schwarz drapierten Instrumenten schier bewundernswert die unvergleichliche Melodie spielte, welche uns von Kindesbeinen an schon durch Speranzas klagende Muse so teuer geworden ist. Besonders schnelle Ausflugszüge und gepolsterte Kremser waren zur Bequemlichkeit unserer Vettern vom Lande bereitgestellt worden, welche in großen Scharen herbeigeströmt waren. Zur besonderen Unterhaltung trugen die beliebten Dubliner Bänkelsänger L-n-h-n und M-ll-g-n bei, die in ihrer gewohnten, stimmungmachenden Weise *Die Nacht, bevor Larry gehenkt ward* zum besten gaben. Unsere beiden unnachahmlichen Spaßvögel machten mit ihren Flugblättern bei den Liebhabern des komischen Elementes ein Bombengeschäft, und niemand, der sich in seinem Herzen einen Winkel für echte irische Fröhlichkeit ohne alles Vulgäre bewahrt hat, wird ihnen ihre schwerverdienten Pennys neiden. Die Knaben und Mädchen des Findelhauses, die sich an den Fenstern drängten, von denen aus man die Szene überblicken konnte, waren entzückt ob dieser unerwarteten Vermehrung der Tagesunterhaltung, und ein Wort des Lobes gebührt auch den Kleinen Schwestern der Armen für ihre ausgezeichnete Idee, den armen vater- und mutterlosen Kindern ein im echten Sinne belehrendes Vergnügen zu verschaffen. Die vizekönigliche Hausgesellschaft, welche viele wohlbekannte Damen einschloß, ward von Ihren Exzellenzen zu den günstigsten Plätzen der großen Tribüne geleitet, während die pittoreske ausländische Delegation, bekannt als die Freunde Grün-Erins, auf einer Tribüne direkt gegenüber untergebracht wurde. Die Delegation, in voller Stärke erschienen, bestand aus Commendatore Bacibaci Beninobenone (dem halbgelähmten *doyen* der Gesellschaft, welchem mit dem Beistande eines mächtigen Dampfkranes auf seinen Sitz geholfen werden mußte), Monsieur Pierrepaul Petitépatant, dem Großjoker Vladinmire Pokethankertscheff, dem Erznarren Leopold Rudolph von Schwanzenbad-Hodenthaler, Gräfin Marha Virága Kisászony Putrápesthi, Hiram Y. Bomboost, Graf Athanatos Karamelopulos, Ali Baba Bakschisch Rahat Lokum Effendi, Señor Hidalgo Caballero Don Pecadillo y Palabras y Paternoster de la Malora de la Malaria, Hokopoko Harakiri, Hi Hung Chang, Olaf Kobberkeddelsen, Mynheer Trik van Trumps, Pan Poleaxe Paddyrisky, Goosepond Prhklstr Kratchinabritchisitch, Herr Hurhausdirektorpräsident Hans Chuechli-Steuerli, Nationalgymnasiummuseumsanatoriumundsuspensoriumsordentlicherprivatdozentfürallgemeinegeschichtespezialprofessordoktor Kriegfried Überallgemein. Sämtliche Delegierten äußerten sich ausnahmslos in den stärkstmöglichen und verschiedentlichsten Ausdrücken hinsichtlich der namenlosen Barbarei, bei welcher Zeugen zu sein sie aufgerufen worden waren. Ein lebhafter Wortwechsel (an dem sich alle beteiligten) entstand bei der F. G. E.-Delegation über der Frage, ob der achte oder der neunte März das korrekte Geburtsdatum von Irlands Schutzheiligem sei. Im Verlauf des Streites griff man zu Argumenten wie Kanonenkugeln, Krummsäbeln, Bumerangs, Donnerbüchsen, Stinktöpfen, Hackmessern, Regenschirmen, Katapulten, Schlagringen, Sandsäcken, Roheisenstücken, und es fand ein ausgiebiger Schlagabtausch statt. Der Baby-Polizist, Konstabler MacFadden, durch Spezialkurier aus Booterstown herbeigerufen, stellte jedoch schnell die Ordnung wieder her und schlug blitzartig und prompt den Siebzehnten des Monats als eine Lösung vor, welche beiden streitenden Parteien gleicherweise zur Ehre gereichen konnte. Des scharfsinnigen Neunfüßers Anregung fand alsbald den Beifall aller sowie einmütige Annahme. Konstabler MacFadden wurde von sämtlichen Mitgliedern der F. G. E. herzlich beglückwünscht, von denen mehrere reichlich blutende Wunden davongetragen hatten. Commendatore Beninobenone wurde unter dem Präsidentensessel hervorgezogen,

und sein Rechtsberater Avvocato Pagamimi erklärte, daß die verschiedenen Gegenstände, die in seinen zweiunddreißig Taschen steckten, von ihm während des Tumultes den Taschen seiner jüngeren Kollegen in der Hoffnung entnommen worden wären, sie auf diese Weise wieder zur Vernunft zu bringen. Die Gegenstände (darunter mehrere hundert goldene und silberne Damen- und Herrenuhren) wurden ihren rechtmäßigen Besitzern alsbald zurückgegeben, und es herrschte nunmehr wieder allgemeine Harmonie.
Ruhig und bescheiden betrat nun in makellosem leichten Ausgehanzug, an welchem seine Lieblingsblume, der *Gladiolus Cruentus,* prangte, Rumbold das Schafott. Er verkündete seine Gegenwart durch jenes sanfte rumboldinische Husten, welches so viele schon (vergebens) nachzuahmen versucht haben – kurz, prägnant, doch dabei so ganz und gar menschlich bezeichnend. Die Ankunft des weltweit bekannten Scharfrichters wurde von der riesigen Menge mit tosendem Beifall begrüßt; die vizeköniglichen Damen winkten in ihrer Aufregung mit den Taschentüchern, indessen die gar noch erregbareren ausländischen Delegierten in ein Stimmgewirr begeisterter Schreie ausbrachen: *hoch, banzai, eljen, zivio, chinchin, polla kronia, hiphip, vive, Allah,* unter welchen das klingende *evviva* des Abgesandten aus dem Lande der Lieder (ein hohes Doppel-F erinnerte an jene durchdringend lieblichen Töne, mit welchen der Eunuch Catalani seinerzeit unsere Ururgroßmütter betörte) leicht erkennbar war. Es war genau siebzehn Uhr. Da wurde denn prompt durch Megaphon nun das Signal zum Gebet gegeben, und im Nu waren alle Köpfe entblößt, wobei dem Commendatore der patriarchalische Sombrero, welcher sich bereits seit der Revolution des Rienzi im Besitze seiner Familie befand, von seinem diensthabenden medizinischen Ratgeber, Dr. Pippi, abgenommen wurde. Der gelehrte Prälat, welcher dem heldenhaften Märtyrer, da dieser nun im Begriffe stand, die Todesstrafe zu erleiden, die letzten Tröstungen der heiligen Religion zukommen ließ, kniete in höchst christlichem Geiste in einer

Regenpfütze nieder, die Soutane über das altersgraue Haupt geschlagen, und schickte inbrünstige Gebete zum Thron der Gnade empor. Hart neben dem Block stand die grimme Gestalt des Scharfrichters, dessen Gesicht ein Zehn-Gallonen-Topf mit zwei kreisförmigen durchbrochenen Öffnungen verbarg, durch welche seine Augen wild funkelten. Während er das schicksalhafte Signal erwartete, prüfte er die Schneide seiner furchtbaren Waffe, indem er sie auf seinem muskulösen Unterarm abzog oder in rascher Folge eine Herde Schafe enthauptete, welche ihm von den Bewunderern seines grausamen, doch notwendigen Amtes zur Verfügung gestellt worden war. Auf einem hübschen Mahagoni-Tisch in seiner Nähe lagen in sauberer Anordnung das Messer zum Vierteilen, die verschiedenen feingetemperten Gerätschaften zum Ausweiden (eigens geliefert von der weltberühmten Messerschmiede Messrs. John Round & Söhne, Sheffield), ein geschmackvoller Schmortiegel aus Terrakotta zur Aufnahme von Zwölffingerdarm, Grimmdarm, Blinddarm und Appendix etc., wenn diese glücklich extrahiert worden, und zwei geräumige Milchkrüge, bestimmt, das höchst kostbare Blut des höchst kostbaren Opfers aufzunehmen. Der Hausvater des vereinigten Katzen- und Hundeheims stand bereit, diese Gefäße, sobald sie gefüllt, der genannten wohltätigen Einrichtung zu übermitteln. Ein ganz vorzüglicher Imbiß, bestehend aus Speckschnitten und Eiern, gebratenem Steak mit Zwiebeln, höchst sorgfältig zubereitet, köstlichen heißen Frühstückssemmeln und stärkendem Tee, war aufmerksamerweise von der Behörde zur Verfügung gestellt und der Hauptfigur der Tragödie, dem Verurteilten, zum Verzehre bestimmt worden, welchselbiger sich, nachdem er nunmehr auf den Tod vorbereitet, bei allerbester Laune befand und den Vorgängen von Anfang bis Ende das lebhafteste Interesse widmete, während er sich zugleich jedoch mit einer Selbstverleugnung, wie man sie in diesen unseren Zeiten nicht eben häufig findet, der Sachlage gewachsen zeigte und als letzten Wunsch (dem alsbald stattgegeben wurde) die Bitte äußerte, es möchte die

Mahlzeit zu gleichen Portionen unter die Mitglieder des Vereines Kranker und Bedürftiger Untermieter als Zeichen seiner Achtung und Wertschätzung zur Verteilung gelangen. Das *nec* und *non plus ultra* der Gemütsbewegung wurde erreicht, als die erwählte Braut sich errötend ihren Weg durch die gedrängten Reihen der Umstehenden bahnte und sich an die muskulöse Brust dessen warf, der um ihretwillen nun in die Ewigkeit befördert werden sollte. Der Held umfing ihre biegsame Gestalt in liebender Umarmung und murmelte hierbei herzlich *Sheila, meine Geliebte.* Ermutigt von diesem Gebrauch ihres Taufnamens küßte sie leidenschaftlich all die verschiedenen geeigneten Stellen seiner Person, welche die Dezenz der Gefängniskleidung ihrer Glut zu erreichen erlaubte. Während sich die Salzströme ihrer beider Tränen vermischten, schwor sie ihm zu, sie werde sein Andenken stets in Ehren halten und niemals ihren Heldenjungen vergessen, welcher mit einem Lied auf den Lippen in den Tod ging, als ginge er nur zum Hurling-Spiel in den Clonturk Park. Sie rief ihm die glücklichen Tage der gemeinsam an den Ufern der Anna Liffey verbrachten wonnigen Kindheit in die Erinnerung, da sie der unschuldigen Kurzweil der Jugend gefrönt, und der furchtbaren Gegenwart vergessend, lachten sie beide von Herzen, und alle Zuschauer, den ehrwürdigen Seelsorger eingeschlossen, stimmten in die allgemeine Fröhlichkeit ein. Das ganze riesige Auditorium wogte und schaukelte vor Entzücken. Doch bald schon übermannte sie wieder der Kummer, und zum letzten Male legten sie die Hände zusammen. Ein frischer Sturzbach von Tränen brach aus ihren Tränendrüsenkanälen, und die weite Menschenmenge, gepackt bis ins Innerste, brach in herzzerreißendes Schluchzen aus, wobei nicht zum wenigsten ergriffen der betagte Domherr selber war. Große und starke Männer, Friedensoffiziere und heitere Giganten der Königlich Irischen Polizei, machten ungescheuten Gebrauch von ihren Taschentüchern, und es darf mit Sicherheit gesagt werden, daß in der ganzen denkwürdigen Versammlung kein einziges Auge trocken blieb.

Ein höchst romantischer Zwischenfall ereignete sich, als ein hübscher junger Oxford-Graduierter, bekannt für seine Ritterlichkeit gegenüber dem schönen Geschlecht, vortrat und, indem er Visitenkarte, Kontobuch und Stammbaum präsentierte, um die Hand der glücklosen jungen Dame anhielt, die Bitte äußerte, doch den Tag zu bestimmen, und alsbald angenommen wurde. Sämtliche Damen im Publikum wurden mit einem geschmackvollen Andenken an das Ereignis in Gestalt einer Brosche beschenkt, welche einen Totenkopf über gekreuzten Knochen zeigte, ein passender und großzügiger Akt, der einen frischen Gefühlsausbruch hervorrief: und als der galante junge Oxforder (Träger übrigens eines der erlauchtesten Namen in Albions Geschichte) seiner errötenden *fiancée* einen teuren Verlobungsring mit in Form eines vierblättrigen Kleeblattes angeordneten Smaragden an den Finger steckte, kannte die Erregung keine Grenzen. Nein, selbst der gestrenge Herr Generalprofoß, Oberstleutnant Tomkin-Maxwell ffrenchmullan Tomlinson, welcher dem traurigen Anlasse präsidierte, er, der eine beträchtliche Anzahl Sepoys vor die Kanonen hatte binden lassen, ohne lange zu fackeln, konnte nun seine natürliche Bewegung nicht unterdrücken. Mit seinem schuppenbesetzten Panzerhandschuh wischte er eine heimliche Träne fort, und jene privilegierten Bürger, welche sich zufällig in seiner unmittelbaren *entourage* befanden, hörten ihn mit leise zitternder Stimme vor sich hinmurmeln:

– Gott soll mich blenden, wenn sie nicht ein allerliebstes kleines Biest ist, das verdammte Mädel da. So ein Mist, ich fang noch glatt an zu flennen gleich, wahrhaftig, das tu ich, wenn ich sie da so sehe und dabei an die olle Schlumpe denke, die zu Hause am Limehouse Way auf mich wartet.

Und da legt denn der Bürger jetzt los und redet über die irische Sprache und die Gemeinderatssitzung und den ganzen Zinnober und über die ach so feinen Herren, die ihre eigene Sprache nicht können, und Joe motzt ihm rein, vonwegen weil er irgendwem ein Pfund ausm Kreuz geleiert hat, und Bloom kann ebenfalls die Gosche nicht halten mit seinem Zwo-Penny-Stumpen, den er Joe abgeknöpft hat, und quatscht über die Gälische Liga und die Liga gegens Freihalten und gegen das Saufen allgemein, den Fluch Irlands. Gegen das Freihalten, ausgerechnet! Bei Gott, der ließe sich doch liebend gerne alle möglichen Sachen eintrichtern, bis der Herr ihn heimholt, bevor daß man von ihm auch bloß n Schlag Schaum spendiert kriegte. Einen Abend bin ich mit nem Kumpel auch mal zu einem von denen ihren Musikabenden gegangen, so n Gesinge und Getanze a la Maureenchen liegt im Heu, juhu, was hat sie da zu liegen, und da war so n Kerl mit nem Abzeichen, blaues Band von Ballyhooly, der dahlte sich auf Irisch einen ab, und n ganzer Klump schicke Miezen lief rum mit Temperenz-Getränken und verkaufte Medaillen und Apfelsinen und Zitronenlimonade und n paar alte trockene Korinthenbrötchen, bei Gott, das war ne fürstliche Bewirtung, Schwamm drüber. Irland nüchtern ist Irland frei. Und dann fing so n oller Bursche an und tutete sich eins in seine Sackpfeife, und der ganze Gannefsladen kam ins Schlurfen und Hopsen dazu, daß es klang, als wären zehn Kühe am Verenden. Und ein oder zwei Kuttenbrunzer hatten die ganze Zeit ein Auge drauf, daß nischt mit den Weiberchen passierte, unterhalb der Gürtellinie.

Aber egal, jedenfalls, wie ich schon gesagt hab, wie der alte Köter sieht, daß die Büchse leer ist, fängt er an und schnieft bei Joe rum und bei mir. Also ich würd ihn ja bestimmt mit Güte erziehen, jawoll, das würd ich, wenn er mein Hund wäre. Ihm ab und an zur Aufmunterung n freundlichen kleinen Tritt verpassen, da, wo er nicht gleich blind davon wird.

– Na, bange, daß er dich beißt? sagt der Bürger grinsend.

– Nee, sag ich. Aber er könnt ja vielleicht mein Bein für nen Laternenpfahl halten.

Ruft er den alten Hund also zu sich rüber.

– Was ist denn los mit dir, Garry? sagt er.

Und dann fängt er an und knufft ihn und pufft ihn und redet

auf Irisch mit ihm, und der olle Köter knurrt sich einen ab dazu, als täte er richtig antworten, und das Ganze ist das reinste Duett in der Oper. So ein Geknurre, wie die beiden da loslassen, also das muß man gehört haben. Wer mal nichts Besseres zu tun hätte, der sollte nen Brief *pro bono publico* an die Zeitungen schreiben, vonwegen ner Maulkorbverordnung für derartige Viecher. Knurrt und murrt in einer Tour, und sein Auge ist ganz blutunterlaufen vor Durst, und die Tollwut trieft ihm bloß so von den Lefzen.

Alle diejenigen, welche an der Verbreitung der menschlichen Kultur unter den niederen Tieren interessiert sind (und ihre Namen sind Legion), sollten unter keinen Umständen versäumen, die wahrhaft wundervolle kynanthropische Vorführung zu besuchen, welche von dem berühmten, einstmals unter dem *sobriquet* Garryowen bekannten und kürzlich vom großen Kreis seiner Freunde und Anhänger in Owen Garry umgetauften altirischen roten Wolfshundsetter veranstaltet wird. Die Vorführung, welche das Ergebnis jahrelanger Erziehung durch Güte und eines sorgfältig durchdachten Diät-Systems ist, umfaßt unter anderen Leistungen auch die Rezitation von Lyrik. Unser größter lebender Experte für Phonetik (den Namen sollen uns keine zehn Pferde entreißen!) hat keinen Stein unumgewendet gelassen bei seinen Bemühungen, die rezitierte Dichtung zu deluzidieren und zu analysieren, und hat dabei herausgefunden, daß sie eine geradezu *schlagende* Ähnlichkeit (von uns hervorgehoben) mit den *ranns* der alten keltischen Barden aufweist. Wir sprechen dabei gar nicht so sehr von jenen entzückenden Liebesliedern, mit denen der Autor, der seine Identität unter dem anmutigen Pseudonym Klein Süßzweig verbirgt, die buchliebende Welt vertraut gemacht hat, sondern vielmehr von der (wie ein Herr D.O.C. in einer interessanten Mitteilung dartut, welche in einer Abendzeitung erschienen ist) herberen und persönlicheren Note, welche sich in den satirischen Ergüssen des berühmten Raftery und Donald MacConsidines findet, ganz zu schweigen von einem moderneren Lyriker, der zur Zeit im Auge des

Publikums sehr viel gilt. Wir geben nachstehend eine Probe, in unsere Sprache übertragen von einem hervorragenden Gelehrten, dessen Namen wir für den Augenblick nicht enthüllen dürfen, wenn wir auch glauben, daß unsere Leser in der Lokalanspielung mehr finden werden als nur einen Hinweis. Das metrische System des kaninischen Originals, das an die komplizierten alliterativen und isosyllabischen Regeln des walisischen *englyn* erinnert, ist unendlich verwickelter noch, doch glauben wir, unsere Leser werden mit uns darin übereinstimmen, daß der Geist gut eingefangen worden ist. Vielleicht sollte hinzugefügt werden, daß die Wirkung sich noch in starkem Maße erhöht, wenn Owens Dichtung etwas langsam und undeutlich, im suggestiven Ton unterdrückten Grolls, gesprochen wird.

Den Fluch meiner Flüche
Sieben Tage jeden Tag
Und jeden Tag Dursttag
Wünsch ich dir, Barney Kiernan,
Hast keinen Schlapp Wasser,
Mein Mütchen zu kühlen,
Der Magen auch knurrt mir
Nach Lowry's Lungen.

Sagt er also Terry, er soll doch Wasser bringen für den Hund, und bei Gott, wie der das dann aufgeleckt hat, das konnt man glatt eine Meile weit hören. Und Joe fragt ihn, ob er auch noch eins will.
– Will ich, sagt er, *a chara,* damit ihr seht, daß ich euch nicht böse bin.
Bei Gott, der ist gar nicht so grün, wie er kappesköppig aussieht. Arscht von einer Kneipe in die andre und läßt sich freihalten, zusammen mit dem alten Giltrap seinem Hund, und die Steuerzahler und Gemeindeleute können dafür aufkommen. Bewirtung von Mensch und Tier. Und Joe sagt:
– Könntst du noch ne Pinte kleinkriegen?
– Werd wohl nicht dran ersticken, sag ich.

– Dasselbe nochmal, Terry, sagt Joe. Sind Sie sicher, daß Sie nicht doch irgend ne flüssige Erfrischung wollen? sagt er.
– Vielen Dank, nein, sagt Bloom. Genau genommen wollte ich nämlich bloß Martin Cunningham hier treffen, sehn Sie, wegen der Versicherung vom armen Dignam. Martin hat mich gebeten, doch mal vorbeizugehn da. Sehn Sie, er, Dignam meine ich, hat nämlich seinerzeit der Gesellschaft von der Zession keinerlei Mitteilung gemacht, und dem Buchstaben des Gesetzes nach kann der Hypothekengläubiger an die Police nicht heran.
– Ach du heiljer Krieg, sagt Joe lachend, das ist ein guter Witz, wenn der olle Shylock auf die Bretter gelegt wird. Dann schießt also die Frau den Vogel ab, was?
– Tja, darum dreht sichs, sagt Bloom, für die Bereiter der Frau.
– Was für Reiter denn? sagt Joe.
– Ihre Berater, meine ich, sagt Bloom.
Dann fängt er an und karrt werweißwas fürn Mist um, vonwegen Hypothekenschuldner nach dem Gesetz und Entscheidungen des Lordkanzlers und wie immer alles zugunsten der Ehefrau und daß eine Treuhänderschaft einerseits, daß aber Dignam andererseits dem Bridgeman das Geld geschuldet, und wenn jetzt seine Frau, beziehungsweise die Witwe, also wenn die das Recht des Gläubigers anfechten würde und so weiter und so weiter, bis mir bloß noch der Kopf schwirrt von seinen Schuldnern und Gläubigern und Gesetzen. Der hatte gut reden, der Kerl, ist damals dem Gesetz selber so grad noch durch die Lappen gegangen, als Landstreicher und Vagabund, aber bloß weil er nen Freund hatte bei Gericht. Hatte Basar-Lose verhökert oder wie man das nennen will: Königlich Ungarische Privilegierte Lotterie. So wahr ich hier stehe. Israelit müßte man sein, was? So ein Nepp: Königlich Ungarische Privilegierte Hundsfotterei.
Und da kommt jetzt Bob Doran angeschwankt und bittet Bloom, er soll doch Mrs. Dignam sagen, wie leid daß es ihm täte, das Ganze, und die Beerdigung und überhaupt, und er

soll ihr doch sagen, daß er und alle andern, die ihn gekannt hätten, daß sie alle sagten, so einen treuen feinen Kerl wie den armen kleinen Willy, der wo jetzt tot wäre, den hätts nie gegeben, soll er ihr sagen. Und erstickt fast an seinem verdammten Blabla. Und schüttelt Bloom die Hand und macht werweißwie auf tragisch, daß er ihr das sagen soll. Die Hand drauf, Bruder. Du bist ein Schweinehund, und ich bin auch einer.

– Lassen Sie mich, sagte er, unsere Bekanntschaft, welche, so flüchtig sie auch erscheinen mag, wenn man sie nach dem bloßen Maßstabe ihrer Dauer beurteilt, doch, wie ich hoffe und glaube, auf einem Gefühle gegenseitiger Wertschätzung begründet ist, zum Anlaß nehmen, diese Gefälligkeit von Ihnen zu erbitten. Sollte ich damit jedoch die Grenzen der Zurückhaltung überschritten haben, so möge die Aufrichtigkeit meiner Empfindungen Ihnen als Entschuldigung für meine Kühnheit gelten.

– Nein, entgegnete der andere, ich würdige durchaus in vollem Umfange die Motive, welchen Ihr Verhalten entspringt, und werde mich des Auftrages, mit dem Sie mich betrauen, nach besten Kräften entledigen, getröstet von dem Gedanken, daß, mag die Botschaft auch eine traurige sein, dieser Beweis Ihres Vertrauens doch in einigem Maße die Bitternis des Kelches versüßt.

– Dann erlauben Sie mir, Ihre Hand zu ergreifen, sagte er. Die Güte und der Adel Ihres Herzens werden Ihnen, das spüre ich mit Gewißheit, besser als meine unzulänglichen Worte die Ausdrücke eingeben, welche am geeignetsten sind, eine Gemütsbewegung zu übermitteln, deren Bitterkeit, sollte ich meinen Gefühlen freien Lauf lassen, mich alsbald der Sprache berauben würde.

Und fertig damit und raus aus dem Haus, und er hat Mühe, noch leidlich grade zu gehen. Besoffen um fünf Uhr. Die Nacht damals, wo sie ihn um ein Haar hops genommen hätten, wär nicht Paddy Leonard mit dem Bobby bekannt gewesen, dem 14A. Sternhagelvoll und blind für die Welt, in

der Schnapsbude an der Bride Street nach Polizeistunde, hurt er da mit zwei Nutten rum, den Loddel als Wache vor der Tür, und soff Porter mit ihnen aus Teetassen. Hat sich als Franzmann aufgeführt vor den Weibern, Joseph Manuo, und gegen die katholische Religion geredet, und dabei ist er doch Meßdiener gewesen in der Adam und Eva, wie er noch jung war, die Augen zu, wer hat das neue Testament geschrieben und das alte Testament, und die ganze Zeit dabei war er am knutschen und tatschen. Und die beiden Nutten halbtot vor Lachen, plünderten ihm die Taschen, dem verdammten Narr, und er goß den Porter übers ganze Bett, und die zwei Huren kreischten und lachten sich einen ab. *Wie gehts denn deinem Testament? Hast du denn auch n altes Testament?* Wenn Paddy da nicht vorbeigekommen wäre, also ich kann euch sagen! Und dann solltet ihr ihn mal sonntags sehn, mit seinem kleinen Betthäschen von Eheweib, wie die ihren Steiß da durchs Kirchenschiff schwingt, mit Lackledersticfeln an, unter dem tut sies nicht, und mit ihren Veilchen, also glatt zum Anbeißen, und ganz auf kleine Dame gemacht alles. Jack Mooneys Schwester. Und die alte Hure von Mutter vermietet Zimmer an Straßenpärchen. Bei Gott, Jack hat ihn sich aber vorgeknöpft. Hat ihm gesagt, wenn er nicht endlich die Bremse zieht, Jesus, dann tritt er ihm die Scheiße ausm Arsch.
Bringt Terry also jetzt die drei Pinten an.
– Hier, sagt Joe und macht die Honneurs. Hier, Bürger.
– *Slan leat*, sagt der.
– Prost, Joe, sag ich. Auf deine Gesundheit, Bürger.
Bei Gott, der hatte das Maul schon halb auf dem Grund von seinem Glas. Den flüssig zu halten, das würd ein Vermögen kosten.
– Wen will denn eigentlich der lange Bursche zum Bürgermeister machen, Alf? sagt Joe.
– Einen Freund von dir, sagt Alf.
– Nannan? sagt Joe. Den Abgeordneten?
– Ich möcht keine Namen nennen, sagt Alf.
– Dacht ichs mir doch, sagt Joe. Ich hab ihn nämlich jetzt

grad auf der Versammlung gesehn, mit William Field, MdP, bei den Viehhändlern.

– Der haarige Jopas, sagt der Bürger, der feuerspeiende Vulkan, der Liebling aller Länder und Abgott seines eigenen.

Fängt also Joe denn an und erzählt dem Bürger von der Maul- und Klauenseuche und von den Viehhändlern und daß da jetzt endlich mal was unternommen werden müßte in der Sache, und der Bürger wäscht ihnen allen gehörig den Kopf, und Bloom gibt seine Schafswäsche gegen die Räude zum besten und einen Hustensaft für erkältete Kälber und das todsichere Mittel gegen belegte Zunge. Weil er nämlich seinerzeit auch mal bei ner Abdeckerei gewesen ist. Ist da rumgestapft mit Buch und Bleistift, hallo jetzt komme ich, bis Joe Cuffe ihm den Stuhl vor die Tür schmiß, weil er bei einem der Viehzüchter ne etwas zu dicke Lippe riskiert hatte. Unser Herr Klugscheißer. Bringt noch ner Großmutter bei, wie man Enten melkt. Pisser Burke hat mir erzählt, seine Frau im Hotel, die wäre manchmal glatt in Tränen zerflossen, zusammen mit Mrs. O'Dowd, also das muß man sich mal bildlich vorstellen, die mit ihren acht Zoll Speck auf der Figur, wie die sich die Augen am ausweinen ist. Konnte sich nicht mal ihre verfurzten Bänder aufmachen, ohne daß Old Dorschauge gleich um sie rumscharwenzelte und ihr zeigte, wie man sowas macht. Was habt ihr denn heute für ein Programm? Ah ja. Menschliche Methoden. Weil die armenarmen Tierchen doch so leiden, und die Experten sagen auch, und das beste bekannte Mittel, das dem Tier überhaupt nicht weh tut, und ganz sanft auf die wunde Stelle auftragen. Bei Gott, der hätte ne weiche Hand, wenn er ner Henne drunterfaßte.

Ga Ga Gara. Kluck Kluck Kluck. Da ist ja unsere Schwarze Liz, unsre feine kleine Henne. Und wie schön sie immer die Eierchen für uns legt. Wenn sie ihr Ei gelegt hat, dann ist sie auch gleich ganz froh. Gara. Kluck Kluck Kluck. Dann kommt der gute Onkel Leo. Er faßt mit der Hand unter die schwarze Liz und nimmt ihr das frische Ei da weg. Ga ga ga ga Gara. Kluck Kluck Kluck.

– Egal, sagt Joe. Field und Nannetti gehn jedenfalls heute abend nach London rüber, um im Unterhaus ne Anfrage deswegen einzubringen.

– Sind Sie sicher, sagt da Bloom, daß der Stadtrat fährt? Ich wollte nämlich, wie es sich so trifft, unbedingt noch zu ihm.

– Nun, er geht mit dem Postboot rüber, sagt Joe, heute abend.

– Das ist ja zu dumm, sagt Bloom. Ich hätte ihn unbedingt noch. Vielleicht fährt ja nur Mr. Field. Anrufen konnte ich nicht mehr. Nein. Sind Sie ganz sicher?

– Nannan geht ebenfalls, sagt Joe. Die Liga hat ihn beauftragt, morgen eine Anfrage einzubringen, wegen dem Verbot von irischen Spielen im Park, das der Polizeikommissar erlassen hat. Was hältst denn du davon, Bürger? Der *Sluagh na h-Eireann*.

Mr. Cowe Conacre (Multifarnham, Nat.): An die Frage meines verehrten Freundes, des Abgeordneten für Shillelagh, anknüpfend, darf ich den hochverehrlichen Herrn vielleicht fragen, ob die Regierung Befehl gegeben hat, die fraglichen Tiere zu schlachten, obwohl in bezug auf ihren pathologischen Zustand noch keinerlei medizinischer Nachweis vorliegt?

Mr. Allfours (Tamoshant, Kons.): Die ehrenwerten Mitglieder des hohen Hauses sind bereits im Besitz des Gutachtens, welches einem Ausschuß des ganzen Hauses vorgelegt wurde. Ich glaube nicht, daß ich demselben nützlicherweise noch irgend etwas hinzufügen könnte. Die Antwort auf die Frage des verehrten Herrn Abgeordneten ist bejahend.

Mr. Orelli (Montenotte, Nat.): Sind ähnliche Anordnungen bereits auch bezüglich der Abschlachtung menschlicher Lebewesen ergangen, die es wagen, im Phoenix Park irische Spiele zu veranstalten?

Mr. Allfours: Die Antwort ist verneinend.

Mr. Cowe Conacre: Hat vielleicht des verehrten Herrn Abgeordneten berühmtes Mitchelstown-Telegramm die Politik einiger Herren auf der Ministerbank inspiriert? (Hört! Hört!)

Mr. Allfours: Diese Frage muß mir schriftlich eingereicht werden.
Mr. Staylewit (Buncombe, Unabh.): Von der Schußwaffe kann bedenkenlos Gebrauch gemacht werden.
(Ironischer Applaus bei der Opposition.)
Der Präsident: Ruhe! Ruhe!
(Die Sitzung wird geschlossen. Applaus.)
– Das da ist der Mann, sagt Joe, der dem gälischen Sport wieder zu neuem Leben verholfen hat. Dort sitzt er. Der Mann, der James Stephens fortgebracht hat. Der Champion All-Irlands im Steinstoßen mit dem Sechzehnpfünder. Was war eigentlich dein bester Wurf, Bürger?
– *Na bacleis,* sagt der Bürger und macht auf bescheiden. Es gab mal eine Zeit, da war ich jedenfalls nicht schlechter als andere auch.
– Das kann man wohl sagen, Bürger, sagt Joe. Das warst du und noch ein verdammtes Ende besser.
– Ist das tatsächlich wahr? sagt Alf.
– Ja, sagt Bloom. Das ist doch allseits bekannt. Wußten Sie das nicht?
Fangen sie also an und legen los über irischen Sport und britische Spiele wie Tennis und über Hurley und Steinstoßen und Bodenständigkeit und Wiederaufbau der Nation und all so n Krempel. Und natürlich muß auch Bloom wieder klugschnacken, vonwegen wenn jemand ein Rudererherz hätte, daß dann anstrengendes Training schlecht wäre. Also ich erklär euch bei der Seele meines Sofaschoners, wenn man bloß einen verdammten Strohhalm vom Boden aufhöbe und sagte zu Bloom: *Kuck doch mal, Bloom. Siehst du den Strohhalm hier? Das ist ein Strohhalm!* – ich erklär bei der Seele meiner Tante, er würd da ne geschlagene Stunde lang drüber reden, das würd er, und zwar unbeirrt und ununterbrochen.
Eine höchst interessante Diskussion fand, unter den Auspizien von *Sluagh na h-Eireann,* in der alten Halle von *Brian O'Ciarnain's* in *Sraid na Bretaine Bheag* statt. Es ging um die Wiederbelebung des alten gälischen Sports und die Bedeutung der

Körperkultur, wie sie im alten Griechenland und im alten Rom und im alten Irland verstanden wurde, für die Entwicklung der Rasse. Der verehrliche Herr Präsident dieses edlen Ordens führte höchstpersönlich den Vorsitz, und die Zuhörer waren in großen Scharen gekommen. Nach den sehr aufschlußreichen Darlegungen des Vorsitzenden, einer prachtvollen, ausdrucksstarken und bezwingenden Rede, entstand eine höchst interessante und aufschlußreiche Diskussion von dem gewohnten ausgezeichneten Niveau bezüglich der Wünschbarkeit der Wiederbelebbarkeit der alten Spiele und Sportarten unserer alten pankeltischen Vorfahren. Der wohlbekannte und hochgeachtete Vorkämpfer für die Sache unserer alten Sprache, Mr. Joseph M'Carthy Hynes, rief in einem beredten Appell zur Neubelebung der alten gälischen Sportspiele und Vergnügungen auf, wie sie des Morgens früh und des Abends spät von Finn MacCool geübt worden, und führte aus, wie dieselben geeignet seien, die besten Traditionen männlicher Kraft und Stärke, welche aus den alten Zeiten auf uns gekommen, wieder wachzurufen. Nachdem L. Bloom, dem ein gemischter Empfang aus Beifall und Zischen bereitet wurde, sich für das Gegenteil eingesetzt hatte, brachte der sangesfrohe Vorsitzende die Diskussion zum krönenden Abschluß, indem er sich auf wiederholte Bitten sowie von Herzen kommenden Applaus aus allen Teilen eines vollen Hauses hin zu einer beachtlich bemerkenswerten Wiedergabe der unsterblichen immergrünen Verse von Thomas Osborne Davis *Wieder auf baut die Nation* verstand (Verse, die glücklicherweise allseits zu vertraut sind, als daß sie hier ins Gedächtnis zurückgerufen werden müßten), in deren Ausführung der altbewährte patriotische Champion, wie ohne Besorgnis vor Widerspruch festgestellt werden darf, wahrhaftig über sich selbst hinauswuchs. Der irische Caruso-Garibaldi war in Superlativ-Form, und seine Stentorstimme entfaltete ihre größten Vorzüge in der altehrwürdigen Hymne, die auf eine Weise gesungen wurde, wie nur unser Bürger sie singen kann. Seine überragend erstklassige Gesangsdarbietung, welche durch ihre

Superqualität seinen bereits internationalen Ruf noch ins schier Unermeßliche wachsen ließ, wurde von dem großen Auditorium, in dem man zahlreiche prominente Vertreter der Geistlichkeit sowie auch Repräsentanten der Presse, des Gerichts und der anderen gelehrten Berufe bemerkte, stürmisch beklatscht. Die Veranstaltung fand damit ihren Abschluß.

Von der Geistlichkeit waren u. a. anwesend: Hochehrwürden William Delany, S.J., L.L.D.; Hochwürden Gerald Molloy, D.D.; Hochwürden P. J. Kavanagh, C.S.Sp.; Hochwürden T. Waters, C.C.; Hochwürden John M. Ivers, P.P.; Hochwürden P. J. Cleary, O.S.F.; Hochwürden L. J. Hickey, O.P.; Hochehrwürden Fr. Nicholas, O.S.F.C.; Hochehrwürden B. Gorman, O.D.C.; Hochwürden T. Maher, S.J.; Hochehrwürden James Murphy, S.J.; Hochwürden John Lavery, V.F.; Hochehrwürden William Doherty, D.D.; Hochwürden Peter Fagan, O.M.; Hochwürden T. Brangan, O.S.A.; Hochwürden J. Flavin, C.C.; Hochwürden M. A. Hackett, C.C.; Hochwürden W. Hurley, C.C.; Hochwürden Mgr. M'Manus, V.G.; Hochwürden B. R. Slattery, O.M.I.; Hochehrwürden M. D. Scally, P.P.; Hochwürden F. T. Purcell, O.P.; Hochehrwürden Timothy Kanonikus Gorman, P.P.; Hochwürden J. Flanagan, C.C. Die Laienschaft umfaßte P. Fay, T. Quirke etc. etc.

– Da wir grade von anstrengendem Training sprechen, sagt Alf, wart ihr eigentlich beim Keogh-Bennett-Match?

– Nee, sagt Joe.

– Ich hab gehört, der Dingsbums hat dabei einen glatten Schnitt von hundert Pfündchen gemacht, sagt Alf.

– Was, wer? Blazes? sagt Joe.

Und sagt der Bloom:

– Was ich mit Tennis meinte zum Beispiel, das ist die Behendigkeit und das Training des Auges.

– Jau, Blazes, sagt Alf. Der Kerl hat überall rumerzählt, Myler wäre total versoffen, bloß um die Wetten hochzutreiben, und dabei hat der die ganze Zeit auf Deubel komm raus trainiert.

– Wir kennen ihn, sagt der Bürger. Sohn des Verräters. Wir wissen, was ihm das englische Gold in die Taschen gebracht hat.
– Stimmt genau, sagt Joe.
Und Bloom quetscht sich wieder dazwischen mit seinem Tennis, und wie gut das für den Kreislauf wäre, und fragt Alf:
– Was meinen denn Sie dazu, Bergan?
– Myler hat ihn auf die Bretter geschmissen wie nischt, sagt Alf. Heenan-Sayers war der reinste Witz dagegen. Hat ihn nach Takt und Noten zusammengedroschen. Also das muß man gesehen haben, der kleine Knirps, der ihm grad bis zum Nabel reicht, und macht den großen Burschen fix und fertig. Gott, wie er ihm den letzten Graden unter die Rippen gesetzt hat. Queensberry-Regeln und alles, der kotzte raus, was er nie gefressen hat.
Es war eine historische und eine schwere Schlacht, als Myler und Percy zum Listenkampf antraten und für eine Börse von fünfzig Sovereigns die Handschuhe nahmen. So gehandicapt er auch durch seine Gewichtsunterlegenheit war, wußte Dublins Favorit dieselbe doch durch seine schier überwältigende Geschicklichkeit im Ring wieder wettzumachen. Das Feuerwerk der Endrunde nahm beide Champions gleicherweise mit. Der Sergeantmajor, das Weltergewicht, hatte seinen Gegner im vorangegangenen Schlagabtausch blutig geschlagen, im Verlaufe dessen Keogh Generalempfänger von rechten und linken Haken gewesen war: der Artilleriemann landete ein paar saubere Schläge auf der Nase des Favoriten, und Myler wirkte zusehends groggy. Der Soldat machte sich an die Sache, indem er mit einem mächtigen linken Haken eröffnete, welchen der irische Gladiator durch Abschuß einer wohlplazierten Geraden auf Bennetts Kinnspitze vergalt. Der Rotrock tauchte weg, doch der Dubliner brachte ihn mit einem linken Haken wieder hoch, der vorzüglich saß. Die Männer kamen ins Handgemenge. Myler entfaltete eine rege Tätigkeit und bekam seinen Mann unter; die Runde endete damit, daß der Schwerere in die Seile ging, wo Myler ihn mit einem

Schlaghagel eindeckte. Der Engländer, dessen rechtes Auge fast geschlossen war, zog sich in seine Ecke zurück, wo er mit reichlich Wasser übergossen wurde, und als der Gong kam, sprang er frisch und mutgeschwellt wieder vor, überzeugt davon, den Faustkämpfer-Eblaniten im Handumdrehen k. o. zu schlagen. Jetzt ging es um die Entscheidung, und es mußte sich zeigen, wer der bessere Mann war. Die beiden kämpften wie Tiger, und die Erregung nahm fieberhafte Formen an. Der Schiedsrichter verwarnte Pucking Percy zweimal wegen Klammerns, aber der Favorit war schlau und seine Beinarbeit zu beobachten ein Vergnügen. Nach einem flotten Austausch von Höflichkeiten, während dessen ein smarter Aufwärtshaken des Kriegsmannes reichlich Blut aus dem Munde seines Gegners fließen ließ, fiel der Favorit plötzlich über den anderen her und landete eine schreckliche Linke auf Battling Bennetts Magen, die jenen auf die Bretter legte. Es war ein sauberer und tüchtiger K. o. Inmitten gespanntester Erwartung wurde der Portobello-Boxer ausgezählt, Bennetts Sekundant Ole Pfotts Wettstein warf das Handtuch, und der Santry-Boy wurde unter dem frenetischen Beifall des Publikums, das in den Ring einbrach und ihn vor Begeisterung fast erdrückte, zum Sieger erklärt.

– Der weiß, auf welcher Seite das Brot gebuttert ist, sagt Alf. Wie ich höre, zieht er ne Konzert-Tournee auf jetzt im Norden.

– Was, sagt Joe, tatsächlich?

– Wer? sagt Bloom. Ah, ja. Das ist ganz richtig. Ja, eine Art Sommer-Tournee, verstehn Sie. Nur als Urlaub.

– Und Mrs. B. ist der helle Stern des Ganzen, was? sagt Joe.

– Meine Frau? sagt Bloom. Sie singt, ja. Ich glaube auch, daß es ein Erfolg wird. Er ist ausgezeichnet im Organisieren. Ausgezeichnet.

Hoho, aha, sag ich da zu mir selber, sag ich da. Das erklärt denn ja endlich, warum die Kokosnuß Milch hat und das Tierchen keine Haare auf der Brust. Blazes spielt die erste Flöte. Konzert-Tournee. Daran erkennt man den Sohn des

Dreckigen Dan, des Schwindlers von der Island Bridge, der zweimal dieselben Pferde an die Regierung verkaufte, zum Kampf gegen die Buren. Der alte Wasdennwas. Ich komme wegen der Armen- und Wassersteuer, Mr. Boylan. Was? Wegen der Wassersteuer, Mr. Boylan. Was denn, was? Das ist genau der Richtige, die zu organisieren, der Protz, das kann ich dir flüstern. Unter uns Pastorentöchtern.
Der Stolz von Calpes felsigem Berg, die rabenhaarige Tochter des Tweedy. Dort wuchs sie heran zu beispielloser Schönheit, wo Mispel und Mandel durchduften die Luft. Die Gärten von Alameda kannten ihren Schritt: es kannten ihn die Oliven und neigten sich vor ihr. Die keusche Gemahlin ist sie des Leopold: Marion mit dem milchschweren Busen.
Und siehe, da trat herein einer aus dem Geschlechte der O'Molloys, ein gar anmutiger Held mit weißem Gesicht, wenn auch zugleich etwas rötlich, Ratgeber Seiner Majestät, gelehrt in Gesetzesdingen, und mit ihm der Prinz und Erbe der edlen Linie der Lamberts.
– Hallo, Ned.
– Hallo, Alf.
– Hallo, Jack.
– Hallo, Joe.
– Gott zum Gruße, sagt der Bürger.
– Danke gleichfalls, sagt J. J. Was darfs sein, Ned?
– Eine Halbe, sagt Ned.
Bestellt denn J. J. die Getränke.
– Wart ihr auf dem Gericht? sagt Joe.
– Ja, sagt J. J. Er wird das Kind schon schaukeln, Ned, hat er gesagt.
– Hoffentlich, sagt Ned.
Also was wird da eigentlich gedreht bei den beiden? J. J. läßt ihn von der Liste der Anklage-Jury streichen, und der andere hilft ihm aus der Patsche. Und sein Name dazu noch im Stubbs. Spielt Karten, bechert mit albernen Angebern rum, so Kerls mit großkotzigem Monokel im Auge, säuft Schampus und steckt dabei bis zum Hals in Vorladungen und Zah-

lungsbefehlen. Hat seine goldene Uhr versetzt, bei Cummins in der Francis Street, wo er dachte, daß niemand ihn kennt, hinten im Privatbüro, wie ich mit Pisser da war, der seine Stiebeln auslösen wollte. Und wie war Ihr Name, Sir? Pleyte, sagt er. Jau, und pleite ist er auch, sag ich. Bei Gott, der wird auch noch mal reumütig zu Kreuze kriechen, denk ich mir dabei.

– Habt ihr diesen verdammten Blödmann Breen da rumschwirren sehn? sagt Alf. U. p. up.

– Ja, sagt J. J. War auf der Suche nach einem Privatdetektiv.

– Jau, sagt Ned, und er hatte sich derart verrannt, daß er gleich vor Gericht damit wollte, wenn nicht Corny Kelleher ihn rumgekriegt hätte, indem daß er ihm gesagt hat, er soll doch erstmal die Handschrift untersuchen lassen.

– Zehntausend Pfund, sagt Alf und lacht. Gott, da gäb ich was drum, wenn ich das mit anhörn könnte, was der dem Richter und der Jury alles erzählt.

– Bist du das etwa gewesen, Alf? sagt Joe. Die Wahrheit, die reine Wahrheit und nichts als die Wahrheit, so wahr Jimmy Johnson dir helfe.

– Ich? sagt Alf. Bleibt mir gefälligst mit euren Brennesseln von meinem Charakter weg.

– Was immer du aussagst, sagt Joe, es wird gegen dich verwendet werden.

– Natürlich ist eine Klage durchaus zulässig, sagt J. J. Es wird da angedeutet, daß er nicht ganz *compos mentis* sei. U. p. up.

– Angedeutet? Du bist wohl selber nicht ganz *compos*! sagt Alf und lacht. Weißt du nicht, daß der ne Macke hat? Kuck dir doch bloß seinen Kopf mal an. Manchmal morgens muß er sich seinen Hut mit dem Schuhanzieher aufsetzen, verstehst du?

– Ja, sagt J. J., aber die Wahrheit einer Schmähschrift gilt in den Augen des Gesetzes nicht als Verteidigung gegen eine Klage wegen Veröffentlichung.

– Ha, ha, Alf, sagt Joe.
– Trotzdem, sagt Bloom, um der armen Frau willen, seiner Frau, meine ich . . .
– Kann einem leid tun, sagt der Bürger. Überhaupt jede Frau, die so eine halbe Portion heiratet.
– Wieso halbe Portion? sagt Bloom. Meinen Sie, er . . .
– Halbe Portion, meine ich, sagt der Bürger. Einen Burschen, der nicht Fisch noch Fleisch ist.
– Und auch sonst bloß von Pappe, sagt Joe.
– Genau das ist es, was ich meine, sagt der Bürger. Ein Schlappschwanz, wenn Sie wissen, was das ist.
Bei Gott, das sieht doch ganz so aus, als gäbs gleich den schönsten Stunk. Und Bloom erklärt, er findet, daß das doch grausam wäre für die Frau, so hinter dem alten stotternden Narren herzulaufen. Tierquälerei ist das, diesen verdammten Hungerleider Breen überhaupt noch frei rumlaufen zu lassen, so einen Kerl, der noch über seinen eigenen Bart stolpert, da kann man doch glatt die Flöhe kriegen. Und sie, wie sie die Neese hoch getragen hat, nachdem daß sie ihn geheiratet, bloß weil ein Vetter von ihrem Ollen, weil der Kirchenstuhlöffner beim Papst war. Hatte n Bild von ihm an der Wand, mit nem Schnurrbart wie n toter Schwalbenschwanz. Der Signor Brini aus Summerhill, der Eiteljenno, päpstlicher Zuave beim Heiligen Vater, hat den Quai verlassen und ist in die Moss Street gezogen. Und nun sag mir mal einer, was der eigentlich war. Ein Niemand, zwei Treppen hoch hinten raus mit Flur, zu sieben Schilling die Woche, und auf den Rippen nen Brustharnisch, der Welt Trotz zu bieten.
– Und außerdem, sagt J. J., ist eine Postkarte durchaus eine Veröffentlichung. Präzedenzfall ist Sadgrove gegen Hole, da wurde sie als ausreichender Beweis für den Dolus betrachtet. Meiner Auffassung nach wäre eine Klage durchaus zulässig.
Sechs und acht Pence, bitte. Wer will denn deine Auffassung hören? Laß uns in Frieden unsre Pinten trinken. Bei Gott, selbst das läßt man uns bald nicht mehr.
– Na, dann prost, Jack, sagt Ned.

– Zum Wohl, Ned, sagt J. J.
– Da ist er schon wieder, sagt Joe.
– Wo? sagt Alf.
Und bei Gott, da geht er doch tatsächlich an der Tür vorbei, seine Bücher unter der Achsel, und die Frau neben ihm, und Corny Kelleher, der mit seinem Schielauge mal kurz reinlinst, wie sie vorbeigehn, schwatzt väterlich auf sie ein und versucht ihnen nen Sarg aus zweiter Hand anzudrehen.
– Was ist eigentlich aus dem Kanadaschwindel-Fall geworden? sagt Joe.
– An die untere Instanz zurückverwiesen, sagt J. J.
Einer von der krummnasigen Bruderschaft war das, ging unter dem Namen James Wought alias Saphiro alias Spark und Spiro, und der setzte ne Annonce in die Zeitung, vonwegen daß er die Überfahrt nach Kanada für zwanzig Schilling macht. Was? Wollt ihr etwa sagen, an der Sache stimmt was nicht? Natürlich war das ein ausgemachter Schwindel. Was? Hat sie alle übers Ohr gehauen, Dienstmädchen und Bauerntölpel aus dem County Meath, jau, und seine eigene Sippschaft ebenfalls. J. J. hat uns erzählt, da wär so ein oller Hebräer dabei gewesen, Zaretsky oder so ähnlich, der hätte im Zeugenstand, mit dem Hut auf dem Kopf, geheult wie ein Schloßhund und beim heiljen Moses geschworen, er wär mit zwo Pfund dabei reingefallen.
– Wer hat die Verhandlung gehabt? sagt Joe.
– Der Stadtrichter, sagt Ned.
– Ach der arme alte Sir Frederick, sagt Alf, den kann man ja doch einseifen, daß ihm beide Augen übergehen.
– Ein Herz wie Butter, sagt Ned. Dem braucht man bloß irgendeine rührselige Geschichte erzählen, über rückständige Miete und ne kranke Frau und n Stall voll Kinder, und wahrhaftig, dann löst der sich glatt in Tränen auf da vorn auf seinem Richtertisch.
– Jau, sagt Alf. Reuben J. hat noch verdammt Glück gehabt, daß er nicht selber auf die Anklagebank kam, wegen der Anzeige gegen den armen kleinen Gumley, der an der Butt

Bridge aufpaßt, daß keiner dem Staat da die Steine klaut.
Und er fängt an und macht den alten Stadtrichter nach und führt sich richtig auf und schreit:
– Das ist ja unerhört! Dieser arme schwer arbeitende Mann! Wie viele Kinder? Zehn, haben Sie gesagt?
– Jawohl, Euer Gnaden. Und meine Frau hat den Typhus!
– Und eine Frau mit Typhus-Fieber! Ein Skandal! Verlassen Sie augenblicklich den Gerichtssaal, Sir. Nein, Sir, ich werde keinen Vollstreckungsbefehl erlassen. Wie können Sie es wagen, Sir, hier vor mir zu erscheinen und eine derartige Zumutung an mich zu richten! Ein armer schwer arbeitender fleißiger Mann! Die Klage ist abgewiesen!
Und sintemalen es der sechzehnte Tag war des Monats der ochsenäugigen Göttin und die dritte Woche nach dem Feste der Heiligen und Ungeteilten Dreifaltigkeit und die Tochter des Himmels, der jungfräuliche Mond, im ersten Viertel stand, begab es sich, daß die gelahrten Richter hinschritten zu den Hallen des Gesetzes. Dort saß der Meister Courtenay in seiner eigenen Kammer und erteilte seinen Rat, und der Meister Richter Andrews saß ohne Geschworene im Gerichte für Erbschaftssachen und erwog und bedachte die Eigentumsansprüche des ersten Klägers auf das Eigentum in Sachen des vorgelegten letzten Willens und der endgültigen testamentarischen Verfügung bezüglich des Grund- und persönlichen Besitzes des kürzlich betrauerten Jacob Halliday, Weinhändlers, gegen Livingstone, ein Kind, schwachsinnig, und Genossen. Und es kam zu dem feierlichen Gerichte der Green Street Sir Frederick der Falconer. Und er nahm Platz dort um die fünfte Stunde, um Recht und Gesetz zu sprechen nach brehonischer Art kraft seiner Vollmacht für all diese und andere Fälle, so zur Entscheidung standen im und für das County der Stadt Dublin. Und es saß mit ihm das hohe Synhedrium der zwölf Stämme von Jar, für einen jeglichen Stamm ein Mann, für den Stamm Patrick und den Stamm Hugh und den Stamm Owen und den Stamm Conn und den Stamm Oscar und den Stamm Fergus und den Stamm Finn und den Stamm

Dermot und den Stamm Cormac und den Stamm Kevin und den Stamm Caolte und den Stamm Ossian, als da waren insgesamt zwölf Männer, echt und wahr. Und er beschwor sie bei Dem, der am Kreuze verblich, daß sie sollten gut und getreulich zu Gerichte sitzen und einen echten Freispruch fällen in der hier anstehenden Sache zwischen ihrem Obersten Herrn, dem König, und dem Gefangenen auf der Anklagebank, und sollten getreu den Wahrspruch fällen nach Zeugnis und Beweis, so wahr ihnen Gott helfe, und die Bücher küssen. Und sie erhoben sich in ihren Sitzen, die Zwölfe von Jar, und schworen beim Namen Dessen, der da ist von Ewigkeit zu Ewigkeit, daß sie tun wollten nach Seiner Gerechtigkeit. Und alsbald denn führten die Schergen des Gesetzes aus ihrer Kerkerhaft einen, welchen die Bluthunde der Justiz in Folge einer ihnen zugegangenen Anzeige ergriffen hatten. Und sie fesselten ihm Hände und Füße und wollten für ihn nicht Bürgschaft nehmen noch Sicherheit, sondern zogen es vor, ihn hart zu verklagen, denn er war ein Übeltäter.

– Das sind ja reizende Geschichten, sagt der Bürger, kommen hier nach Irland rüber und verlausen das ganze Land.

Bloom tut so, wie wenn er nichts gehört hat, und fängt an und redet mit Joe und erzählt ihm, er braucht sich keine Sorgen zu machen wegen der kleinen Sache bis zum ersten, aber wenn er bloß ein Wörtchen mit Mr. Crawford reden würde. Und Joe schwört hoch und heilig bei diesem und jenem, aber klar macht er das.

– Weil, sehn Sie, sagt Bloom, eine Annonce muß wiederholt werden. Das ist das ganze Geheimnis.

– Verlassen Sie sich auf mich, sagt Joe.

– Bescheißen die Bauern, sagt der Bürger, und die Armen von Irland. Wir brauchen keine Fremdlinge in unserm Haus.

– Oh, ich bin sicher, daß alles klappt, Hynes, sagt Bloom. Es geht ja nur darum, daß Keyes, verstehn Sie.

– Betrachten Sie das als bereits erledigt, sagt Joe.

– Sehr freundlich von Ihnen, sagt Bloom.

– Die Fremden, sagt der Bürger. Unsere eigene Schuld. Wir

haben sie ja reingelassen. Haben sie selber reingebracht. Die Ehebrecherin und ihr Buhle haben die englischen Räuber hergebracht.
– Bedingtes Urteil, sagt J. J.
Und Bloom tut so, wie wenn er sich schrecklich sehr für alle möglichen Nichtigkeiten interessiert, ein Spinngewebe in der Ecke hinter dem Faß, und der Bürger lauert ihn finster an, und der alte Hund zu seinen Füßen kuckt auf, als wollt er wissen, wen er wann wo beißen kann.
– Ein entehrtes Weib, sagt der Bürger, das ist die Ursache von all unserm Unglück.
– Und hier ist sie, sagt Alf, der mit Terry an der Theke über der *Police Gazette* kichert, in voller Kriegsbemalung.
– Laß uns mal n Blick drauf werfen, sag ich.
Und was ist es, bloß wieder eins von diesen schmierigen Yankee-Bildern, die Terry sich immer von Corny Kelleher ausborgt. Das Geheimnis, größere Geschlechtsorgane zu bekommen. Skandal um eine Dame der Gesellschaft. Norman W. Tupper, wohlhabender Unternehmer in Chicago, findet hübsche doch treulose Gattin auf Schoß von Offizier Taylor. Die Schöne bloß in Bloomern, führt sich skandalös auf, und ihr Louis probiert grad, wo sie überall kitzlig ist, und Norman W. Tupper kommt mit seinem Pusterohr reingeplatzt, grad noch rechtzeitig, um mitzukriegen, daß er zu spät und sein Schätzchen mit Offizier Taylor schon zurande gekommen ist.
– O jerum, Jenny, sagt Joe, wie kurz ist doch dein Kleidchen!
– Und da drunter hat sie ganz schön was auf der Pfanne, Joe, sag ich. Da würdst du dein altes Schwanzende auch ganz gern mal verbraten lassen, was?
Jedenfalls, in dem Moment jetzt kommt John Wyse Nolan rein und Lenehan mit ihm, mit einem Gesicht, so lang, als hätt ihm wer die Butter vom Brot geklaut.
– Na, sagt der Bürger, was ist denn das Neuste auf dem Kriegsschauplatz? Was haben diese Biertischstrategen in der City Hall auf ihrer Vorversammlung denn nun über die irische Sprache beschlossen?

O'Nolan, gekleidet in schimmernde Wehr, neigte sich in tiefer Ehrerbietung vor dem gewaltigen, hohen und mächtigen Haupte ganz Erins und tat ihm kund und zu wissen, was alles sich zugetragen, und daß die würdigen Ältesten der höchst gehorsamen Stadt, der zweiten des Reiches, sich hätten versammelt im Tholsel und hätten dort, nach geziemenden Gebeten zu den Göttern, so da hausen im hohen Äther des Himmels, feierlich Rates gepflogen, wie sie es, so es denn möglich sollte sein, könnten ins Werk setzen, noch wieder zu Ehren zu bringen unter den sterblichen Menschen die geflügelte Rede des meergeteilten Gäl.

– Ist also schon auf dem Marsch, sagt der Bürger. Zur Hölle mit diesen verdammten wildgewordenen Patentsachsen und ihrem *patois*.

Und da mischt sich J. J. rein und mimt den Mann von Welt, vonwegen daß eine Geschichte bloß so lange gut wäre, wie man keine andere hörte, und man darf doch die Augen nicht vor den Tatsachen verschließen, und das ist die typische Nelson-Masche, mit dem blinden Auge durchs Teleskop linsen, und man kann doch keinen Beschluß fassen, der eine ganze Nation mit Schimpf und Schande, und Bloom versucht ihm den Rücken zu stärken, vonwegen daß man doch Mäßigung und so und Pipapo und ihre Kolonien und ihre Zivilisation.

– Ihre Syphilisation, meinen Sie, sagt der Bürger. Zur Hölle mit ihnen! Der Fluch eines nichtsnutzigen Gottes treffe diese ganze hartleibige Hurensippschaft! Keine Musik, keine Kunst, keine Literatur, die auch bloß den Namen verdiente. Die ganze Zivilisation, die sie haben, ist bei uns gestohlen. Maulfaules Gesocks, diese ganze schäbige Promenadenmischung.

– Aber die europäische Familie, sagt J. J. ...

– Die sind doch gar keine Europäer, sagt der Bürger. Ich bin in Europa gewesen, mit Kevin Egan aus Paris. Nirgends in Europa sieht man auch nur eine Spur von ihnen oder von ihrer Sprache, außer in einem *cabinet d'aisance*.

Und sagt da John Wyse:

– Gar manch ein Blümlein im verborgnen blüht.
Und sagt Lenehan, der ein bißchen was von dem Kauderwelsch versteht:
– *Conspuez les Anglais! Perfide Albion!*
Er sprach's und hob dann in seinen grobgroßen sehnigen kraftvollen Händen den Medher voll starken schaumigen Ales, und indem er seinen Stammesschlachtruf *Lamh Dearg Abu* hervorstieß, trank er auf das Verderben seiner Feinde, eines Geschlechts von mächtigen tapferen Helden, Beherrschern der Meere, so da auf Thronen sitzen von Alabaster und schweigend als wie die todlosen Götter.
– Was ist denn mit Ihnen los, sag ich zu Lenehan. Sie sehn mir aus wie einer, der nen Schilling verloren und nen Sixpence gefunden hat.
– Der Goldpokal, sagt er.
– Wer hat denn gewonnen, Mr. Lenehan? sagt Terry.
– *Flugblatt*, sagt er, mit zwanzig zu eins. Ein glatter Außenseiter. Der Rest eine einzige Pleite.
– Und Bass' Stute? sagt Terry.
– Läuft jetzt noch, sagt er. Wir sind da alle baden gegangen. Boylan hatte zwei Pfund auf meinen Tip *Szepter* gesetzt, für sich selbst und eine Freundin.
– Ich hatte ne halbe Krone auf *Zinfandel*, sagt Terry. Tip von Mr. Flynn. Lord Howard de Walden seins.
– Zwanzig zu eins, sagt Lenehan. So spielt das Leben im Scheißhaus. *Flugblatt*, sagt er. Erwischt den Kuchen und quatscht bloß Krümel. Schwachheit, dein Name ist *Szepter*.
Und dann geht er rüber zur Keksdose, die Bob Doran dagelassen hat, mal nachsehn, obs da irgendwas zu schnorren gibt, und der alte Köter vertraut auf sein Glück und macht hinter ihm her, die räudige Schnauze halloh in der Luft. Mütterchen Bret geht zum Küchenbüfett.
– Fehlanzeige, mein Kleiner, sagt er.
– Nun halt mal die Ohren steif, sagt Joe. Sie hätte das Geld ja gewonnen, wenn dies Drecksvieh nicht gewesen wäre.
Und J. J. und der Bürger debattieren weiter über Gesetz und

Geschichte, und Bloom kommt ihnen mit seinen Sprüchen dazwischen.

– Manche Leute, sagt Bloom, können wohl den Splitter im Auge des andern sehen, aber den Balken im eigenen, den sehen sie nicht.

– *Raimeis,* sagt der Bürger. Keiner ist so blind wie ein Kerl, der nicht sehen will, wenn Sie verstehen, was das heißt. Wo sind die zwanzig Millionen Iren, die heute hier sein müßten anstatt der vier, unsre verlorenen Stämme? Und unsere Töpferwaren und Textilien, das Feinste auf der ganzen Welt! Und unsere Wolle, die in Rom verkauft wurde zur Zeit Juvenals, und unser Flachs und unser Damast von den Webstühlen von Antrim, und unsere Spitze aus Limerick, unsere Gerbwaren und unser weißes Flintglas unten bei Ballybough, und unser hugenottischer Popeline, den wir haben seit Jacquard de Lyon, und unsere gewobene Seide und unser Foxford-Tweed und die elfenbeinfarbene Hochstickerei aus dem Karmeliterkloster in New Ross, nichts Vergleichbares auf der ganzen weiten Welt! Wo sind die griechischen Kaufleute, die durch die Säulen des Herkules kamen, am jetzt vom Feind der Menschheit ergaunerten Gibraltar, mit Gold und tyrischem Purpur, um Handel zu treiben in Wexford beim Jahrmarkt von Carmen? Lesen Sie Tacitus und Ptolemäus, sogar Giraldus Cambrensis. Wein, Rauchwaren, Connemara-Marmor, Silber von Tipperary, unübertroffen, unsere selbst heute noch weitberühmten Pferde, die irischen Gäule! König Philipp von Spanien hat sich erboten, uns Steuertribut zu zahlen für das Recht, in unsern Gewässern zu fischen. Was schulden die Gelbzähne von Anglia uns alles für unsern ruinierten Handel und unsern ruinierten Herd! Und das Bett von Barrow und Shannon wollen sie nicht tiefer machen, mit Millionen Morgen Marschland und Sumpf, damit wir ja alle an der Auszehrung sterben.

– So baumlos wie Portugal werden wir bald sein, sagt John Wyse, oder wie Helgoland mit seinem einen Strunk, wenn nichts getan wird, um das Land wieder aufzuforsten. Lärchen, Föhren, alle Bäume aus der Koniferen-Familie sind kurz vorm Aussterben. Ich habe da einen Bericht von Lord Castletown gelesen ...

– Rettet sie, sagt der Bürger. Die Riesenesche von Galway und die Häuptlingsulme von Kildare mit ihrem Vierzig-Fuß-Stamm und einem ganzen Morgen Blattwerk. Rettet die Bäume Irlands um der künftigen Menschen Irlands willen auf den schönen Hügeln von Eire, O.

– Europas Augen sind auf euch gerichtet, sagt Lenehan.

Die internationale feine Gesellschaft besuchte heute nachmittag *en masse* die Hochzeit des Chevalier Jean Wyse de Neaulan, Reichsoberforstmeisters des Irischen Nationalen Försterbundes, mit Miss Föhra Konifere aus Fichtenthal. Lady Sylvester Ulmschatten, Mrs. Barbara Liebsbirkel, Mrs. Poll Escherich, Mrs. Holly Haselaug, Miss Daphne Lorbert, Miss Dorothy Röhricht, Mrs. Clyde Hundertbaum, Mrs. Rowan Grün, Mrs. Helen Weinreich, Miss Virginia Wildreb, Miss Gladys Buchenwald, Miss Olive Gartner, Miss Blanche Silberlaub, Mrs. Maud Mahagony, Miss Myra Myrthel, Miss Priscilla Holderblüt, Miss Biene Geißplatt, Miss Grace P. Appel, Miss O. Mimosa San, Miss Rachel Zedernzweig, die Misses Lilian und Viola Flieder, Miss Zita Espenall, Mrs. Kitty Tauig-Moos, Miss May Weißdorn, Mrs. Gloriana Palme, Mrs. Liana Urwalden, Mrs. Arabella Schwarzenforst und Mrs. Norma Heilgenhain von Eichholm Regis verschönten das Fest mit ihrer Anwesenheit. Die Braut, die von ihrem Vater, dem Großkoniferen von Eichelsheim, nun einem Manne zugeführt wurde, wirkte ungemein bezaubernd in einer Kreation aus grüner merzerisierter Seide, geformt auf einem Futteruntergrund von dämmrigem Grau; eine Schärpe von breitem Smaragd schlang sich um ihre Hüften, und abgeschlossen wurde das Ganze, welches durch Träger und Hüfteinsätze von bronzenem Eichelbraun einen angenehmen Kontrast erhielt, von einem dreifachen Faltenbesatz aus dunkler getönten Fransen. Die Brautjungfern, Miss Lärche Konifere und Miss Rottännelein Konifere, Schwestern der

Braut, trugen sehr schmucke Kostüme im selben Ton, bei denen das zarte *motif* einer Federrose in Plattstickerei in die Falten eingearbeitet war und kapriziös in Form von Reiherfedern aus blaßtintigem Koralle in den jadegrünen Toquen wiederkehrte. Senhor Enrique Flor saß mit wohlbekanntem Geschick an der Orgel und spielte außer den vorgeschriebenen Nummern der Brautmesse noch ein neues und überraschendes Arrangement des *Förster, laß den Baum doch stehn* am Schluß der gottesdienstlichen Handlung. Beim Verlassen der Kirche St. Fiacre *in Horto* nach dem päpstlichen Segen wurde das glückliche Paar in ein lustiges Kreuzfeuer von Haselnüssen, Bucheckern, Lorbeerblättern, Weidenkätzchen, Efeuranken, Stechpalmenbeeren, Mistelzweigschößlingen und Quecken genommen. Mr. und Mrs. Wyse Konifere Neaulan werden ruhige Flitterwochen im Schwarzwald verbringen.

– Und unsere Augen sind auf Europa gerichtet, sagt der Bürger. Wir hatten schon unsern Handel mit Spanien und den Franzosen und mit den Flamen, lange bevor dieser Köterwurf auf die Welt kam, spanisches Ale in Galway, das Weinschiff funkelnd auf weindunklem Wasserweg.

– Und werden ihn wieder haben, sagt Joe.

– Und werden ihn mit Hilfe der heiligen Mutter Gottes wieder haben, sagt der Bürger und haut sich den Schenkel. Unsere Häfen, die leer sind jetzt, werden sich wieder füllen, Queenstown, Kinsale, Galway, Blacksod Bay, Ventry im Königreich Kerry, Killybegs, der drittgrößte Hafen auf der ganzen weiten Welt, mit Flotten der Galwayer Lynches und der Cavaner O'Reillys und der O'Kennedys von Dublin, wie damals, als der Earl of Desmond mit Kaiser Karl dem Fünften selbst einen Vertrag schließen konnte. Und werden ihn wieder haben, sagt er, wenn das erste irische Schlachtschiff zu sehen ist, wie es den Wogen die Brust bietet, mit unserer eigenen Flagge am Fockmast, keine von diesen Henry-Tudor-Harfen, nein, die älteste Flagge auf See, die Flagge der Provinz Desmond und Thomond, drei Kronen in blauem Feld, die drei Söhne des Milesius.

Und er nimmt den letzten Schluck aus seiner Pinte, *Moya.* Ist ja alles doch Quatsch mit Soße und Rosinen. In Connacht haben Kühe lange Hörner. Der soll mal sehn, was sein verdammtes Leben wert ist, wenn er da runter geht und erzählt sein großkotziges Zeug der versammelten Menge in Shanagolden. Aber da wagt er sich nicht blicken zu lassen, wo die Molly Maguires hinter ihm her sind, um ihm ein paar Luftlöcher in die Figur zu pusten, weil er sich den Besitz eines exmittierten Bauern unter den Nagel gerissen hat.
– Hört, hört, sagt John Wyse. Was darfs denn sein?
– Eine kaiserliche Freiwilligentruppe, sagt Lenehan, zur Feier des Tages.
– Einen Halben, Terry, sagt John Wyse, und einen Händehoch. Terry! Schläfst du, Kerl?
– Jawohl, Sir, sagt Terry. Einen kleinen Whisky und eine Flasche Allsop. Sofort, Sir.
Hängt mit Alf über der verdammten Zeitung und sucht nach gepfefferten Sachen, statt die Kundschaft zu bedienen. Bild von nem Match im Kopfstoßen, versuchen sich gegenseitig die verdammten Schädel zu knacken, gehn mit gesenktem Kopf einer auf den andern los wie ein Stier aufs Gatter. Und noch eins: *Schwarzes Vieh in Omaha, Ga., verbrannt.* Eine Bande von Deadwood Dicks in Schlapphüten, feuern auf einen Zambo, der am Ast baumelt, die Zunge ausm Hals, und unter ihm ein Freudenfeuer. Bei Gott, sie sollten ihn anschließend noch im Meer ersäufen, auf den elektrischen Stuhl setzen und ans Kreuz schlagen, damit sie auch sicher sind, daß sie ganze Arbeit geleistet haben.
– Aber was ist mit der Kriegsmarine, sagt Ned, die steuret unsrer Feinde Spott?
– Was damit ist, das will ich euch genau sagen, sagt der Bürger. Die Hölle auf Erden ist das. Lest mal die Enthüllungen, die jetzt dauernd durch die Zeitungen gehen, über Auspeitschungen auf den Ausbildungsschiffen in Portsmouth. Da schreibt ein Bursche, der sich *Ein Angeekelter* nennt.
Und dann legt er los und erzählt uns von körperlicher Züch-

tigung, wie da die ganze Crew der Jan Maate antreten muß, und die Offiziere und Konteradmirale in Dreimastern, und der Pastor mit seiner Protestanten-Bibel, als Zeugen der Züchtigung, und wie dann so ein junger Kerl rausgeführt wird, der nach seiner Mama heult, und sie ihn am Kanonenrohr festbinden.

– Peng uff die Latte, sagt der Bürger, so hat Sir John Beresford das immer genannt, der alte brutale Schuft, aber der moderne Engländer nennts gottsvornehm Stöckebrechen.

Und sagt John Wyse:

– 's ist ein Gebrauch, wovon der Bruch mehr ehrt als die Befolgung.

Und dann erzählt er uns lang und breit, wie der Waffenmeister kommt mit einem langen Stock und ausholt und dem armen Kerl die Kehrseite in Fetzen haut, bis er Zeter und Mordio brüllt.

– Das ist eure glorreiche britische Marine, sagt der Bürger, die alle Welt an der Kandare hat. Die Kerls, die niemals Sklaven sind, mit der einzigen erblichen Kammer auf dem Angesicht der Erde Gottes, und ihr Land in den Händen von einem Dutzend Saujagd- und Baumwoll-Baronen. Das ist das große Empire, wegen dem sie ein derartiges Gespreiz machen: Packesel und ausgepeitschte Leibeigene.

– Ein Reich, in dem die Sonne nie aufgeht, sagt Joe.

– Und das Tragische daran ist, sagt der Bürger, sie glauben auch noch daran. Diese armen Irren glauben daran!

Sie glauben an Stock den Marterer, den allmächtigen, Schöpfer der Höllen auf der Erden, und an Jan Maat, seinen angebundenen Sohn, unsern Hörigen, der empfangen ist vom geilen Gespreiz, geboren von der Hundssau Marine, gelitten unter Peng uff die Latte, das Kreuz ihm zerdroschen und voll Narben, niedergefallen mit Brüllen, am dritten Tage wieder auferstanden von der Koje, auf in die Wanten zu klimmen, schwitzend als Knecht des Stockes, der allrächenden Marter, von wannen ihm frommen wird nichts mehr, lebendig wie im Tode.

– Aber, sagt Bloom, ist Disziplin nicht überall dasselbe? Ich meine, wäre es nicht ganz dasselbe hier, wenn Sie Gewalt gegen Gewalt setzten?

Also hab ichs nicht gesagt? So wahr ich hier diesen Porter am trinken bin, noch wenn er seinen letzten Schnaufer täte, würd er versuchen, einem ins Gesicht hinein zu erklären, daß Sterben doch eigentlich Leben wäre.

– Wir werden Gewalt gegen Gewalt setzen, sagt der Bürger. Wir haben unser größeres Irland jenseits des Meers. Im schwarzen Jahr 47 sind sie von Haus und Hof vertrieben worden. Ihre Lehm- und Schutzhütten am Straßenrand wurden vom Sturmbock niedergelegt, und die *Times* rieb sich die Hände und erzählte den hasenherzigen Tommys, bald würdes in Irland nur noch so wenig Iren geben wie Rothäute in Amerika. Sogar der Großtürke schickte uns seine Piaster. Aber das Sachsengeschmeiß versuchte die Nation daheim auszuhungern, während das Land voller Ernten war, die die britischen Hyänen aufkauften und in Rio de Janeiro verhökerten. Jawohl, sie haben die Bauern stammweise vertrieben. Zwanzigtausend von ihnen sind auf den Sargschiffen gestorben. Doch die das Land der Freiheit erreichten, gedenken des Landes der Knechtschaft. Und sie werden wiederkommen und die Rache bringen, keine Feiglinge, sondern die Söhne von Granuaile, die Kämpfer von Kathleen ni Houlihan.

– Vollkommen richtig, sagt Bloom. Aber mein Vorstoß richtete sich viel mehr auf . . .

– Wir warten schon recht lange auf diesen Tag, Bürger, sagt Ned. Seit die arme alte Frau uns erzählte, daß der Franzmann führ zur See und wär in Killala gelandet.

– Jawohl, sagt John Wyse. Wir haben für die königlichen Stuarts gekämpft, die uns vor den Williamiten verleugneten, und sie haben uns verraten. Denkt an Limerick und den zerbrochenen Vertragsstein. Wir haben unser bestes Blut hergegeben für Frankreich und Spanien, die wilden Gänse. Fontenoy, eh? Und Sarsfield und O'Donnell, Herzog von Tetuan in Spanien, und Ulysses Browne von Camus, der Feldmarschall bei Maria Theresia war. Aber was haben wir je dafür

bekommen?
– Die Franzosen! sagt der Bürger. Ein Verein von Tanzlehrern! Wißt ihr, was mit denen ist? Die sind für Irland nie auch nur einen gegrillten Furz wert gewesen. Versuchen sie nicht grad wieder, auf Tay Pay seiner Dinnerparty, mit dem perfiden Albion eine *Entente cordiale* abzuschließen? Brandstifter Europas, und das waren sie immer.
– *Conspuez les Français,* sagt Lenehan und stibitzt sich sein Bier.
– Und was die Preußen und die Hannoveraner betrifft, sagt Joe, haben wir nicht genug von diesen wurstfressenden Bastarden auf dem Thron gehabt, von Georg dem Kurfürsten bis runter zu dem Germanenlackel und der blähsüchtigen alten Vettel, die jetzt abgeschrammt ist?
Jesus, hab ich da lachen müssen, wie er das rausbrachte, über die Alte mit dem Schnurrbart auf der Lippe, stockbesoffen in ihrem königlichen Palast jede Nacht, die Gott werden ließ, die olle Vic, von ihrem Pöttchen Schottenwhisky, und ihr Kutscher mußte sie jedesmal aufsammeln, Knochen und Knorpel, die ganze Chose, und sie ins Bett karren, und dabei zog sie ihn dann am Bart und grölte ihm alle möglichen Schmonzes vor, so wie *Ach wie ist's am Rhein so schön* und komm mit, wo das Saufen viel billiger ist.
– Tja! sagt J. J. Dafür haben wir jetzt Edward den Friedensstifter.
– Das kannst du einem Blödmann erzählen, sagt der Bürger. Das Jüngelchen sieht mir viel mehr nach Pox aus als nach Pax. Edward Welf-Wettin!
– Und was haltet ihr so, sagt Joe, von den frommen Jungs, den Priestern und Bischöfen von Irland, die ihm sein Zimmer in Maynooth in Seiner Satanischen Majestät Rennfarben ausgeschlagen haben, und an die Wände die Bilder von sämtlichen Pferden, die seine Jockeys je ritten? Der Earl of Dublin, kein Geringerer.
– Sie hätten ihm man gleich auch sämtliche Weiber mit aufhängen sollen, die er selber je ritt, sagt der kleine Alf.
Und sagt J. J.:

– Raumnotgesichtspunkte beeinflußten ihrer Lordschaften Entschließung.
– Wie ists, noch einen, Bürger? sagt Joe.
– Jawoll, Sir, sagt der, bin dabei.
– Und du? sagt Joe.
– Sehr verbunden, Joe, sag ich. Möge dein Schatten niemals kürzer werden.
– Also noch einmal die Runde, sagt Joe.
Bloom redet und redet derweil mit John Wyse, und die Aufregung ruckt ihm nur so durch die schmoddergraubräunliche Fratze, und funkelnd rollt er die Pflaumenaugen.
– Verfolgung, sagt er, die ganze Weltgeschichte ist voll davon. Dadurch verewigt sich der Nationalhaß unter den Nationen.
– Aber wissen denn Sie überhaupt, was das ist, eine Nation? sagt John Wyse.
– Oh ja, sagt Bloom.
– Und was, bitt schön? sagt John Wyse.
– Eine Nation? sagt Bloom. Eine Nation, das sind die Leute, die am selben Ort wohnen.
– Bei Gott, sagt Ned lachend, wenn das so ist, dann bin ich auch eine Nation, denn ich wohne seit nun schon fünf Jahren am selben Ort.
Natürlich schütten sich alle jetzt aus über Bloom, und er versucht sich herauszulavieren und sagt:
– Oder auch Leute, die an verschiedenen Orten wohnen.
– Das trifft auf meinen Fall zu, sagt Joe.
– Welcher Nation gehören denn Sie an, wenn ich fragen darf, sagt der Bürger.
– Irland, sagt Bloom. Ich bin hier geboren. Irland.
Der Bürger sagt nichts, er räuspert sich bloß den Schleim aus der Gurgel und spuckt, weiß Gott, eine ganze Red-Bank-Auster davon direkt in die Ecke.
– Immer raus mit dem Schwindel, Joe, sagt er und zieht sein Taschentuch, um sich trocken zu wischen.
– Hier, für dich, Bürger, sagt Joe. Nimms in die rechte Hand und sprich mir die folgenden Worte nach.

Das hochkostbare und reich bestickte altirische Gesichtstuch, welches Salomon von Droma und Manus Tomaltach og MacDonogh zugeschrieben wird, den Verfassern des Buches von Ballymote, ward nunmehr behutsam hervorgeholt und fand allenthalben anhaltende Bewunderung. Unnötig, bei der legendären Schönheit der Eckstücke zu verweilen, dem Gipfel der Kunst, in denen man deutlich die vier Evangelisten erkennen kann, wie sie jedem der vier Meister ihre evangelischen Symbole weisen, ein sumpfeichenes Szepter, einen nordamerikanischen Puma (ein weit edlerer König der Tiere denn der britische Artikel, wie beiläufig bemerkt werden darf), ein Kerry-Kalb und einen goldenen Adler aus Carrantuohill. Die Szenen, welche auf dem emunktorischen Felde abgebildet sind und unsere alten Bergfesten und Ringburgen, Cromlechs und Solarien, die Sitze der Gelehrsamkeit und die Fluchsteine zeigen, sind darum so wundersam schön und ihre Farben noch wie ehedem so zart, weil die Sligo-Illuminatoren damals, in der guten alten Zeit der Barmakiden, ihrer künstlerischen Phantasie noch gänzlich freien Lauf ließen. Glendalough, die lieblichen Seen von Killarney, die Ruinen von Clonmacnois, Cong Abbey, Glen Inagh und die Twelve Pins, Ireland's Eye, die Grünen Hügel von Tallaght, Croagh Patrick, die Brauerei der Herren Arthur Guinness, Sohn und Compagnie (GmbH), die Ufer des Lough Neagh, das Tal von Ovoca, der Isoldenturm, der Mapas-Obelisk, das Sir Patrick Dun's Hospital, Cape Clear, die Schlucht von Aherlow, Lynchs Burg, das Scotch House, das Rathdown Union Workhouse in Loughlinstown, das Zuchthaus von Tullamore, die Stromschnellen von Castleconnel, Kilballymacshonakill, das Kreuz zu Monasterboice, Jury's Hotel, St. Patrick's Purgatory, der Salmon Leap, das Refektorium von Maynooth College, Curleys Loch, die drei Geburtsstätten des Herzogs von Wellington, der Felsen von Cashel, das Moor von Allen, das Lagerhaus in der Henry Street, die Fingalshöhle – all diese ergreifenden Szenerien sind darauf noch heute für uns aufbehalten, schöner gar noch durch die Wasser der Trübsal, die darüber geflossen, und durch die reichen Inkrustierungen der Zeit.

– Schieb uns mal die Drinks rüber, sag ich. Welcher ist denn wem seiner?

– Der da gehört mir, sagt Joe, wie der Teufel zu dem toten Schupo sagte.

– Und dann gehöre ich auch noch einer Rasse an, sagt Bloom, die gehaßt und verfolgt wird. Heute noch. In eben diesem Augenblick. Genau in dieser Sekunde.

Bei Gott, und vor lauter Aufregung verbrennt er sich fast die Finger am Stummel seiner ollen Zigarre.

– Beraubt, sagt er. Ausgeplündert. Beschimpft. Verfolgt. Um die Habe gebracht, die uns nach Recht und Gesetz gehört. In eben diesem Augenblick, sagt er und hebt die Faust, auf der Versteigerungstribüne verkauft in Marokko unten wie Sklaven oder Vieh.

– Sprechen Sie vom neuen Jerusalem? sagt der Bürger.

– Ich spreche von der Ungerechtigkeit, sagt Bloom.

– Recht so, sagt John Wyse. Stehet auf denn dawider mit Macht, meine Brüder.

Also das gäbe ein Kalenderbild! Zielscheibe für Mantelgeschosse. Old Speckgesicht, wie er aufsteht wider den Lauf einer Kanone. Bei Gott, für nen Kehrbesen wär er direkt ne Verschönerung, das wär er, brauchte bloß noch ne Krankenschwesterschürze umzuhaben. Und dann klappt er auf einmal zusammen und dreht und windet sich ganz im Gegenteil, so schlapp wie n nasser Sack.

– Aber es ist zwecklos, sagt er. Gewalt, Haß, Geschichte, all das. Das ist kein Leben für Männer und Frauen, Beschimpfung und Haß. Und dabei weiß doch jeder, was das wirkliche Leben ist, das ist das genaue Gegenteil davon.

– Und das wäre? sagt Alf.

– Die Liebe, sagt Bloom. Ich meine, das Gegenteil von Haß. Ich muß jetzt gehen, sagt er zu John Wyse. Nur schnell auf einen Sprung zum Gericht rüber, um nachzusehen, ob Martin da ist. Wenn er kommt, sagen Sie ihm doch, ich bin in einer

Minute wieder da. Nur auf einen Sprung.
Aber wer hindert dich denn? Und zack! saust er ab wie ein geölter Blitz auf Kugellagern.
– Ein neuer Apostel für die Heiden, sagt der Bürger. Allumfassende Liebe.
– Nun, sagt John Wyse, ist das nicht genau das, was uns immer gepredigt wird? Liebe deinen Nächsten.
– Den Kerl? sagt der Bürger. Bring deinen Nächsten an den Bettelstab, das ist sein Motto. Liebe, *Moya!* Der ist mir ein nettes Muster für einen Romeo mit Julia.
Liebe liebts Liebe zu lieben. Krankenschwester liebt den neuen Apotheker. Konstabler 14A liebt Mary Kelly. Gerty MacDowell liebt den Jungen, der das Fahrrad hat. M. B. liebt einen blonden Herrn. Li Chi Han is sehl velliebt in küßliche Cha Pu Chow. Jumbo, der Elefant, liebt Alice, die Elefantin. Der alte Mr. Verschoyle mit dem Hörrohr liebt die alte Mrs. Verschoyle mit dem Triefauge. Der Mann im braunen Macintosh liebt eine Dame, die tot ist. Seine Majestät der König liebt Ihre Majestät die Königin. Mrs. Norman W. Tupper liebt Offizier Taylor. Man liebt eine bestimmte Person. Und diese Person liebt wieder die andere Person, denn jeder liebt irgendwen, aber Gott liebt alle.
– Also, Joe, sag ich, auf dein allerbestes Wohl samt Gesundheit. Prost Neujahr, Bürger.
– Hurra allerseits, sagt Joe.
– Gottes, Marias und Patricks Segen auf euch, sagt der Bürger. Und er hievt die Pinte, sich das Zäpfchen zu feuchten.
– Wir kennen doch diese Frömmelanten, sagt er, predigen und nehmen einem dabei die Taschen aus. Was ist mit dem scheinheiligen Cromwell und seinen Eisenseiten, die die Frauen und Kinder von Drogheda über die Klinge springen ließen, während auf der Mündung seiner Kanone der Bibelspruch stand: *Gott ist die Liebe*? Die Bibel! Habt ihr heute im *United Irishman* die Glosse über den Zulu-Häuptling gelesen, der grade England besucht?
– Nee, worum dreht sichs da? sagt Joe.

Kramt der Bürger denn aus seinem Drucksachenkrempel eine Zeitungsnummer raus und fängt an und liest laut vor:

– Eine Abordnung der obersten Baumwoll-Magnaten von Manchester wurde gestern Seiner Majestät dem Alaki von Abeakuta durch den diensthabenden Protokollarbeamten Lord Eiertanz vorgestellt, um Seiner Majestät den tiefempfundenen Dank der britischen Händler für die in seinem Herrschaftsbereich gewährten Erleichterungen auszusprechen. Die Delegation nahm an einem Frühstück teil, an dessen Ende der dunkelhäutige Potentat im Zuge einer von dem britischen Kaplan Hochwürden Ananias Preisegott Knochendürr frei übersetzten recht glücklichen Ansprache dem Massa Eiertanz seinen besten Dank ausdrückte und die herzlichen Beziehungen zwischen Abeakuta und dem Britischen Empire betonte, indem er feststellte, für eines seiner teuersten Besitztümer erachte er eine illustrierte Bibel, das Buch des Wortes Gottes und Geheimnis der Größe Englands, welche ihm von der weißen Häuptlingsfrau, der großen Squaw Victoria, huldreich verehrt worden sei, und zwar mit einer persönlichen Widmung von der erhabenen Hand der königlichen Spenderin höchstselbst. Der Alaki nahm hierauf einen Danksagungstrunk von erstklassigem Usquebaugh aus dem Schädel seines unmittelbaren Vorgängers in der Dynastie Kakachakachak, genannt Vierzig Warzen, zu sich, wobei er den Toast *Black and White* ausbrachte, um sodann die Hauptfabrik von Baumwollopolis zu besuchen, woselbst er sich mit drei Kreuzen in das Besucherbuch eintrug und anschließend einen alten abeakutischen Kriegstanz aufführte, im Verlaufe dessen er unter heiterem Applaus vonseiten der Arbeiterinnen verschiedene Messer und Gabeln verschluckte.

– So ne verwitwete Zauchtel, sagt Ned, der traue ich alles zu. Möchte bloß wissen, ob er von besagter Bibel denselben Gebrauch gemacht hat, wie ich würde.

– Denselben bestimmt, bloß öfter, sagt Lenehan. Und hernach blühte in jenem fruchtbaren Land der breitblättrige Mango gar wundersam auf.

– Stammt der von Griffith, der Artikel? sagt John Wyse.
– Nein, sagt der Bürger. Ist nicht mit Shanganagh gezeichnet. Hat bloß die Initiale P. drunter.
– Und das ist ja auch eine sehr gute Initiale, sagt Joe.
– Jedenfalls, so funktioniert das, sagt der Bürger. Der Handel folgt der Flagge.
– Tja, sagt J. J., wenn die so schlimm sind wie die Belgier im Kongo-Freistaat, dann muß es da schlimm zugehen. Habt ihr den Bericht von diesem Mann gelesen, diesem wie hieß er doch gleich?
– Casement, sagt der Bürger. Er ist Ire.
– Ja, den meine ich, sagt J. J. Vergewaltigen die Frauen und Mädchen und schlagen den Eingeborenen auf den Bauch, um auch den letzten roten Gummi aus ihnen herauszuquetschen.
– Ich weiß, wo er hin ist, sagt Lenehan und knackt mit den Fingern.
– Wer? sag ich.
– Bloom, sagt er, das Gericht war bloß vorgeschützt. Er hatte n paar Schilling auf *Flugblatt* gesetzt und ist jetzt hin, um die Silberlinge zu kassieren.
– Was, der weißäugige Kafir? sagt der Bürger, der sein ganzes Leben lang noch nie im Zorn auf ein Pferd gesetzt hat?
– Genau da ist er jetzt hin, sagt Lenehan. Ich traf Bantam Lyons, der eigentlich setzen wollte auf den Gaul, bloß daß ich ihn dann abgebracht habe davon, und er sagte mir, er hat den Tip von Bloom. Ich geh jede Wette ein, daß er jetzt hundert Schilling für fünfe hat. Der einzige Mensch in ganz Dublin, der das hat. Und bloß so n Außenseiter-Roß.
– Das ist er selbst, verdammt, ein Riesenroß von einem Außenseiter, sagt Joe.
– Hör mal, Joe, sag ich. Wo gehts hier eigentlich nach St. Privat?
– Da, immer der Nase lang, sagt Terry.
Na dann Irland ade, Scheiden tut weh. Geh ich also rum in den Hinterhof, um mir das Wasser abzuschlagen, und bei

Gott (hundert Schilling für fünfe), während ich meine (*Flugblatt* zwanzig zu) ich meine Ladung ablasse, sag ich so zu mir, Gott, sag ich so zu mir, ich habs doch gewußt, daß er mit seinen Gedanken (zwo Pinten von Joe raus und eine vom Slattery noch) Gedanken ganz woanders war und sich verdrücken wollte, um (hundert Schilling, Mensch, das sind ja fünf Pfund), jedenfalls, das hat mir doch Pisser Burke erzählt, bei der Skatrunde (bloß so n Außenseiter-Roß), und dann so getan, wie wenn das Kind krank wäre (Gott, ich muß ja glatt ne ganze Gallone intus haben), und das Schwabbelarsch von Frau quäkt die Röhre runter, *'s geht ihr besser* oder *'s geht ihr* (aua!), alles abgekartet jedenfalls, damit er sich dann still verdrücken konnte mit dem Kies, falls er gewann oder (Jesus, ich war doch tatsächlich bis obenhin voll) treibt Handel ohne Gewerbeschein (aua!), Irland meine Nation, sagt er (hoik! phsuck!), also denen ist man einfach nicht gewachsen, diesen verdammten (na endlich der Rest) Jerusalemer (ah! ha!) Hahnreis.

Jedenfalls, wie ich dann zurückkomme, sind sie immer noch damit amgange, und John Wyse sagt, der Einfall mit dem Sinn Fein, auf den hat Bloom den Griffith gebracht, nämlich daß er alle möglichen Geschichten dann brachte in seinem Blatt, vonwegen parteiliche Einteilung der Wahlbezirke, parteiisch zusammengesetzte Geschworenengerichte, systematische Steuerhinterziehung und Besetzung der Konsulate in der ganzen Welt mit Leuten, die bloß rumlaufen sollten, um irische Industrie-Artikel an den Mann zu bringen. Peter berauben, um Paul zu bezahlen. Gott, wenn das alte Schmuddelauge die Sache versaut, ist doch gleich alles im Eimer. Dann können wir uns verdammt gleich begraben lassen. Gott schütze Irland vor diesem verdammten Schnüffelkopp und allen seinesgleichen. Mr. Bloom mit seinem Larifari. Und sein Oller vor ihm, der hat genau solche Gaunereien begangen, der alte Methusalem Bloom, der räubernde Handlungsreisende, der sich dann mit Blausäure vergiftet hat, nachdem er das Land mit seinen Nippsachen und seinen Groschen-Diamanten überschwemmt hatte. Darlehen per Post zu leichten Bedingungen. Jeden Betrag als Vorschuß gegen einfache Unterschrift. Entfernung spielt keine Rolle. Sicherheiten nicht erforderlich. Gott, der ist doch genau so wie Lanty MacHale seine Ziege, die immer auf der Straße mitläuft, mit jedem ein Stückchen.

– Aber bestimmt, das ist Tatsache, sagt John Wyse. Und da kommt der Mann, der euch Genaueres darüber erzählen wird, Martin Cunningham.

Und tatsächlich, da fährt doch der Schloßwagen vor, mit Martin drauf und dabei noch Jack Power und ein Bursche namens Crofter oder Crofton, irgendein Staatspensionär aus dem Oberfinanzamt, ein Orangist, den Blackburn auf der Liste hat und der sein Geld dafür bezieht, oder Crawford, daß er auf Kosten des Königs im ganzen Land herumscharwenzelt.

Unsere Reisenden erreichten die ländliche Herberge und stiegen von ihren Zeltern.

– Ho, Bube! schrie derjenige, welcher seinem Gebaren nach der Anführer des Trupps zu sein schien. Frecher Schuft! Her zu mir!

Mit diesen Worten klopfte er laut mit seinem Schwertknauf an das offene Gitter.

Alsbald erschien der Herr Wirt auf die Mahnung, gegürtet mit seinem Wappenrock.

– Einen guten Abend euch, ihr Herren, sprach er und verneigte sich unterwürfig.

– Mach Beine, Kerl! schrie derjenige, welcher geklopft hatte. Kümmere dich um unsere Schlachtrosse. Und uns selber gib vom Besten, denn wahrlich, es tut uns not.

– Gott im Himmel, ihr guten Herren, sagte der Wirt, mein armes Haus hat nur eine leere Speiskammer. Ich weiß nicht, was ich so edlen Herren soll vorsetzen.

– Wie, Bursche? schrie da der zweite in der Gesellschaft, ein Mann von angenehmen Zügen, dienest du so deines Königs Boten, du Zapffaß?

Ein augenblicklicher Wechsel malte sich auf des Wirtes Zügen.
– Sehr um Vergebung, ihr hohen Herren, sagte er demütig. Seid ihr des Königs Boten (Gott schirme Seine Majestät!), so soll es euch an nichts gebrechen. Des Königs Freunde (Gott segne Seine Majestät!) werden nicht fasten müssen in meinem Hause, das verbürg ich.
– Dann spute dich! schrie der Reisende, welcher noch nicht gesprochen, ein rüstiger Schlemmer und Tellerheld nach seinem Äußern. Was hast du uns zu bieten?
Der Wirt verneigte sich abermals und gab zur Antwort:
– Was sagt ihr, gute Herren, zu einer Pastete von jungen Tauben, ein paar Schnitten Wildbret, einem Rückenstück vom Kalb, Pfeifente mit knusprigem Schweinespeck, einem Eberkopf mit Pistazien, einer Schüssel voll lieblichen Eierrahms, einem Mispel-und-Rainfarn und einer Karaffe alten Rheinweins?
– Ei, beim Himmel! schrie da der letzte Sprecher. Das möchte mir wohl gefallen. Pistazien!
– Aha! schrie der mit den angenehmen Zügen. Ein armes Haus und eine leere Speiskammer, hat er gesagt! Das ist mir ja ein lustiger Spaßvogel.
Kommt denn Martin also rein und fragt, wo Bloom wäre.
– Wo der ist? sagt Lenehan. Ausgezogen, die Witwen und Waisen zu betrügen.
– Ist das nicht Tatsache, sagt John Wyse, was ich dem Bürger über Bloom und den Sinn Fein erzählt habe?
– Stimmt haargenau, sagt Martin. Jedenfalls gibt es entsprechende Allegationen.
– Und wer, bitt schön, hat dieselben allegiert? sagt Alf.
– Ich, sagt Joe. Ich bin der geborene Alligator.
– Aber schließlich und endlich, sagt John Wyse, wieso soll ein Jude sein Land nicht ebenso lieben können wie der nächstbeste andere auch?
– Ja, wieso eigentlich nicht? sagt J. J., wenn er ganz sicher ist, um welches Land es sich dabei handelt.
– Also was ist er denn nun eigentlich, Jude oder Heide oder

römischer Kathole oder Prostatant oder was zum Teufel sonst? sagt Ned. Beziehungsweise, wer ist er? Nichts für ungut, Crofton.
– Wir erheben keinen Anspruch auf ihn, sagt Crofter, der Orangist beziehungsweise Presbyterianer.
– Wer ist Junius? sagt J. J.
– Er ist ein abtrünniger Jude, sagt Martin, aus irgendeinem Kaff in Ungarn, und er ist es gewesen, der alle Pläne nach dem ungarischen System entworfen hat. Das wissen wir im Schloß.
– Ist er nicht ein Vetter von diesem Dentisten Bloom? sagt Jack Power.
– Keineswegs, sagt Martin. Bloß Namensvettern, die beiden. Er hieß früher Virag. Sein Vater hieß so, der sich vergiftet hat. Er hat das amtlich ändern lassen, der Vater.
– Das also ist der neue Messias für Irland! sagt der Bürger. Insel der Heiligen und Weisen!
– Na, die warten ja immer noch auf ihren Erlöser, sagt Martin. Was das betrifft, wir ja auch.
– Ja, sagt J. J., und bei jedem männlichen Wesen, das geboren wird, denken sie, es könnte vielleicht ihr Messias sein. Und jeder Jude ist werweißwie aufgeregt, glaube ich, bis er weiß, ob er nun Vater geworden ist oder Mutter.
– Erwartet, daß jeder Moment es ihm bringt, sagt Lenehan.
– Ah, bei Gott, sagt Ned, da hättet ihr ihn sehen sollen, Bloom, bevor dieser Sohn von ihm, der dann gestorben ist, bevor der geboren wurde. Ich bin ihm damals mal auf den Südstadtmärkten begegnet, wie er ne Dose Neave's Baby-Nahrung kaufte, sechs Wochen bevor seine Frau niederkam.
– *En ventre sa mère*, sagt J. J.
– Und das nennt ihr einen Mann? sagt der Bürger.
– Ich möcht doch direkt wissen, ob er sein Ding überhaupt jemals irgendwo reingekriegt hat, sagt Joe.
– Na ja, immerhin sind zwei Kinder geboren worden, sagt Jack Power.
– Und wen verdächtigt er? sagt der Bürger.

Bei Gott, manch wahres Wort wird im Scherz gesprochen. Ist eins von diesen gemischten Mitteldingern, er. Lag einmal im Monat, hat Pisser mir erzählt, mit Kopfschmerzen in dem Hotel wie ne Edelnutte, die ihre Tage hat. Versteht ihr, was ich damit sagen will? Es wär glatt ne Tat Gottes, einen Kerl von der Sorte beim Kragen zu packen und ins Meer zu schmeißen, verdammtnochmal. Totschlag in Wahrung berechtigter Interessen. Haut da einfach ab mit seinen fünf Pfund, ohne wie n richtiger Mann ne Runde zu schmeißen. Rutscht mir doch alle n Buckel runter. Nichtmal soviel, um einem Sand in die Augen zu streuen.

– Liebe zum Nächsten, sagt Martin. Aber wo steckt er nun? Wir können nicht warten.

– Ein Wolf im Schafspelz, sagt der Bürger. Das ist er. Virag aus Ungarn! Ahasver nenn ich ihn. Verflucht von Gott.

– Hast du Zeit für nen kleinen Schluck, Martin? sagt Ned.

– Hm, aber nur einen, sagt Martin. Wir müssen uns beeilen. J. J. und S.

– Und du, Jack? Crofton? Drei Halbe, Terry.

– Der heilige Patrick müßte noch einmal wieder bei Ballykinlar landen und uns bekehren, sagt der Bürger, nachdem er zugelassen hat, daß Kerls wie der uns die Küsten versauen.

– Nun, sagt Martin und klopft nach seinem Glas. Gott segne alle, die hier sind, ist mein Gebet.

– Amen, sagt der Bürger.

– Und das wird er bestimmt auch tun, sagt Joe.

Und beim Klange des Meßglöckleins zog, geführt von einem Kreuzträger mit Akoluthen, Rauchfaßschwingern, Schiffchenträgern, Vorlesern, Türhütern, Diakonen und Subdiakonen, die gesegnete Schar der mitrengeschmückten Äbte, Prioren, Bistumsverweser, Mönche und geistlichen Brüder heran: die Mönche Benedikts von Spoleto, Kartäuser und Kamaldulenser, Zisterzienser und Olivetaner, Oratorianer und Vallombrosaner, und die Mönche Augustins, Brigittiner, Prämonstratenser, Serviten, Trinitarier, und die Kinder Peters von Nola: und mit ihnen vom Berge Karmel die Kinder des Propheten Elias, geführt von Bischof Albert und von Therese von Avila, beschuht und auch nicht: und braune und graue Mönche, Söhne des armen Franziskus, Kapuziner, Kordelier, Minimen und Observanten und die Töchter Claras: und die Söhne Dominiks, die Predigermönche, und die Söhne Vinzents: und die Mönche von St. Wolstan: und Ignatius mit seinen Kindern: und die Kongregation der Christian Brothers, geführt von Hochwürden Edmund Ignatius Rice. Und nach ihnen kamen alle Heiligen und Märtyrer, Jungfrauen und Bekenner: St. Cyr und St. Isidor Arator und St. Jakob der Jüngere und St. Phokas von Sinope und St. Julian Hospitator und St. Felix von Cantalice und St. Simon Stylites und St. Stephan Protomartyr und St. Johann von Gott und St. Ferreol und St. Leugarde und St. Theodot und St. Vulmar und St. Richard und St. Vincent de Paul und St. Martin von Todi und St. Martin von Tours und St. Alfred und St. Joseph und St. Denis und St. Cornelius und St. Leopold und St. Bernhard und St. Terenz und St. Edward und St. Owen Caniculus und St. Anonymus und St. Eponymus und St. Pseudonymus und St. Homonymus und St. Paronymus und St. Synonymus und St. Laurence O'Toole und St. Jakob von Dingle und Compostella und St. Columcille und St. Columba und St. Coelestin und St. Colman und St. Kevin und St. Brendan und St. Frigidian und St. Senan und St. Fachtna und St. Columbanus und St. Gallus und St. Fursey und St. Fintan und St. Fiacre und St. Johann Nepomuk und St. Thomas von Aquin und St. Ives von der Bretagne und St. Michan und St. Hermann-Joseph und die drei Patrone der heiligen Jugend St. Aloysius Gonzaga und St. Stanislaus Kostka und St. John Berchmans und die Heiligen Gervasius, Servasius und Bonifazius und St. Bride und St. Kieran und St. Canisius von Kilkenny und St. Jarlath von Tuam und St. Finbarr und St. Pappin von Ballymun und Bruder Aloysius Pacificus und Bruder Louis Bellicosus und die heiligen Rosas von Lima und von Viterbo und St. Martha von Bethanien und St. Maria von Ägypten und St. Lucia und St. Brigitta und St. Attracta und St. Dympna und St. Ita und St. Marion Calpensis und die Selige Schwester Teresa vom Kinde Jesus und St. Barbara und St. Scholastica und St. Ursula mit elftausend Jungfrauen. Und alle kamen sie mit Nimben und Aureolen und Glorien und trugen Palmenzweige und Harfen und Schwerter und Kronen aus Ölzweigen und waren in Gewänder gekleidet, darein gewoben waren die gesegneten Symbole ihrer Wirkenskraft, Tintenfässer, Pfeile, Brotlaibe, irdene Töpfe, Fesseln, Beile, Bäume, Brücken, Kinder in einem Badezuber, Muscheln, Geldsäckel, Scheren, Schlüssel, Drachen, Lilien, Rehposten, Bärte, Schweine, Lampen, Blasbälge, Bienenkörbe, Suppenkellen, Sterne, Schlangen, Ambosse, Vaselinedosen, Glocken, Krücken, Zangen, Hirschgeweihe, wasserdichte Stiefel, Falken, Mühlsteine, Augen auf einer Schüssel, Wachslichte, Weihwedel, Einhörner. Und da sie nun an der Nelson-Säule vorüberschritten und nahmen ihren Weg durch die Henry Street, Mary Street, Capel Street, Little Britain Street und sangen den Introitus zu *Epiphania Domini*, der da beginnet *Surge, illuminare*, und danach noch gar lieblich das Graduale *Omnes*, welches lautet *de Saba venient*, siehe, da taten sie vielerlei Wunder, trieben Teufel aus, erweckten die Toten zum Leben, vervielfältigten Fische, heilten die Lahmen und die Blinden, fanden verschiedene Gegenstände auf, welche verlegt worden waren, legten die Schrift aus und erfüllten sie, segneten und weissagten. Und endlich kam unter einem Baldachin von goldenem Tuch Hochwürden Pater O'Flynn, begleitet von Malachias und Patrick. Und als die guten Väter den vorbestimmten Ort erreicht hatten, das Haus von Bernard Kiernan & Co. GmbH, Little Britain Street 8, 9 und 10, Großhandelsversand von Wein und Brandy, Schanklizenz für Bier, Wein und Spirituosen auf firmeneigenem Gelände, da segnete der zelebrierende Priester das Haus und beweihräucherte die pfostengeteilten Fenster und die Gratbögen und die Wölbungen und die Kammlinien und die Kapitäle und die Giebelfelder und die Kranzgesimse und die ausgezackten Bögen und die Helmdächer und die Kuppeln und besprengte die Oberschwellen mit geweihtem Wasser und betete, daß Gott segnen möge das Haus, wie er gesegnet das Haus Abrahams und Isaaks und Jakobs, und möge die Engel Seines Lichtes lassen Wohnung darin nehmen. Und er trat ein und segnete die Speisen und die Getränke, und alle Gesegneten respondierten seinen Gebeten.

– *Adiutorium nostrum in nomine Domini.*

– *Qui fecit coelum et terram.*

– *Dominus vobiscum.*

– *Et cum spiritu tuo.*

Und er legte den Gesegneten die Hände auf und dankte und betete, und sie alle beteten mit ihm und sprachen:

– *Deus, cuius verbo sanctificantur omnia, benedictionem tuam effunde super creaturas istas: et praesta ut quisquis eis secundum legem et voluntatem Tuam cum gratiarum actione usus fuerit per invocationem sanctissimi nominis Tui corporis sanitatem et animae tutelam Te auctore percipiat per Christum Dominum nostrum.*

– Und so sprechen auch wir alle, sagt Jack.

– Tausend im Jahr, Lambert, sagt Crofton oder Crawford.

– Richtig, sagt Ned und führt sich seinen John Jameson zu Gemüte. Und Butter zum Fisch.

Ich seh mich grad so um, wem wohl die nächste Schnapsidee jetzt einfällt, aber da, verdammtnocheins, da platzt der Kerl doch schon wieder zur Tür rein und tut dabei, wie wenn ers höllisch eilig hätte.

– Ich war nur rasch noch auf dem Gericht, sagt er, ich wollte Sie suchen. Hoffentlich bin ich nicht ...

– Nein, sagt Martin, wir sind fertig.

Auf dem Gericht, meiner Seel, und dabei hängen dir die Taschen durch von Gold und Silber, Kerl. Schäbiger Lump. Laß wenigstens ne Runde springen. Aber nein, nicht die Bohne! Also das ist mir doch der typische Jid! Alles nur für den eigenen Wanst. So gerissen wie ne Scheißhausratte. Hundert für fünfe.

– Keinem weitererzählen, sagt der Bürger.

– Wie bitte? sagt er.
– Kommt, Jungens, sagt Martin, der sieht, daß es brenzlig wird. Jetzt wolln wir aber.
– Ja keinem Menschen, sagt der Bürger und gibt ein Gebrüll von sich. Bleibt ein Geheimnis.
Und der verdammte Hund wacht auf und knurrt ebenfalls los.
– Also Wiedersehn allerseits, sagt Martin.
Und damit zerrt er sie raus, so schnell wie er bloß kann, Jack Power und Crofton oder wie er nun heißt und den Kerl in der Mitte, und tut dabei so, als hätt er überhaupt nicht kapiert, was los ist, bloß rauf mit ihnen auf die verdammte Kutsche.
– Zisch ab, sagt Martin zu dem Kutscher.
Der milchweiße Delphin schüttelte seinen Helmbusch, und in der güldenen Achterhütte erhob sich der Steuermann und spreitete das sich bauchende Segel aus in den Wind und legte ab mit vollen Segeln, den Spinnaker nach Backbord. Und viele anmutige Nymphen zogen nahe an Steuer- und an Backbord und hielten sich zu Seiten des edeln Schiffes und bildeten eine Kette leuchtender Gestalten, wie der kundige Stellmacher tut, wenn um die Mitte des Rads er festigt die gleichabständigen Speichen, von denen die eine Schwester ist der andern, und bindet sie alle mit einem äußeren Ring und verleihet so Eile den Füßen der Menschen, wenn auf Fahrt sie gehen zur Heerschau oder zum Kampfe um schöner Damen Lächeln. Also denn kamen auch sie und umringten das Schiff, die willigen Nymphen, die nimmer sterbenden Schwestern. Und sie lachten und spielten im Kreis ihres Schäumens: und das Schiff, es spaltet' die Wogen.
Aber bei Gott, ich bin grad dabei und will mir die Neige eintrichtern von meiner Pinte, da seh ich, wie der Bürger aufsteht und zur Tür watschelt, schnaufend und prustend vor Wassersucht, und ihm den Fluch Cromwells nachschickt, Glock, Buch und Kerze auf Irisch, und dabei spuckt und speit er sich einen ab, und Joe und der kleine Alf machen um ihn

rum wie die Heinzelmännchen, um ihn bloß wieder zu befriedlichen.
– Laßt mich, sagt er.
Und bei Gott, er kommt immerhin bis zur Tür, und da halten sie ihn fest, und er brüllt los:
– Israel soll leben, dreimal hoch!
Mensch, hock dich doch um Christi willen auf die parlamentarische Seite von deinem Arsch und gib hier keine öffentliche Vorstellung! Jesus, da hats doch jedesmal wieder so einen gottverdammten Clown, der aus ner Mücke nen gottverdammten Elefanten macht. Bei Gott, da kann einem doch das Porter sauer werden im Hals, kann es einem.
Und sämtliche Lumpen und Schlampen der Nation vor dem Eingang, und Martin ruft dem Kutscher zu, er soll doch bloß machen, und der Bürger brüllt wie verrückt, und Alf und Joe hängen sich an ihn, daß er doch endlich still ist, und er, der Kerl, auf dem hohen Roß vonwegen den Juden, und die Bummelanten verlangen ne Rede, und Jack Power hampelt sich ab und will ihn dazu bringen, daß er sich bloß endlich hinsetzt auf der Karre und seine verdammte Schnauze hält, und ein Bummelant mit nem Pflaster überm Auge fängt an zu singen *Wenn der Mann im Mond ein Jid wär, ein Jid wär, ein Jid*, und eine Schlampe draußen schreit hinter ihm her:
– He, Mister! Ihr Stall ist offen, Mister!
Und sagt er:
– Mendelssohn war Jude und Karl Marx und Mercadante und Spinoza. Und der Erlöser war Jude und sein Vater war Jude. Euer Gott.
– Er hat gar keinen Vater gehabt, sagt Martin. So, und jetzt reichts. Ab gehts.
– Wem sein Gott? sagt der Bürger.
– Nun, sein Onkel war Jude, sagt er. Ihr Gott war Jude. Christus war Jude wie ich.
Bei Gott, der Bürger stürzt in den Laden zurück.
– Jesus, sagt er, ich schlag dieser Judensau das Hirn raus, weil der Kerl den heiligen Namen gebraucht hat. Jesus, ich

werd ihn kreuzigen, das werd ich, jawohl. Gib mir die Keksdose da.

– Halt! Halt! sagt Joe.

Eine große und anerkennungsvolle Menge von Freunden und Bekannten aus der Metropole und dem Umkreis von Dublin versammelte sich zu Tausenden, um Nagyaságos uram Lipóti Virag, vormals bei der Firma Alexander Thom, Hofdruckerei Seiner Majestät, anläßlich seiner Abreise nach den fernen Zonen von Százharminczbrojúgulyás-Dugulás (Wiese der Murmelnden Wasser) den Abschiedsgruß zu entbieten. Die Feierlichkeit, welche mit großem *éclat* vor sich ging, war von der rührendsten Herzlichkeit getragen. Eine handbemalte Rolle aus altirischem Pergament, das Werk irischer Künstler, wurde dem hervorragenden Phänomenologen im Namen eines großen Teils der Gemeinde überreicht, begleitet von der Gabe eines geschmackvoll in altkeltischem Ornamentalstil ausgeführten Silberkästchens, einer Arbeit, welche ersichtlich vom Können ihrer Verfertiger, der Herren Jacob *agus* Jacob sprach. Der scheidende Gast war Empfänger von Herzen kommender Ovationen, und viele der Anwesenden zeigten sichtbare Bewegung, als das auserwählte Orchester Irischer Pfeifen die wohlbekannten Weisen des *Komm wieder nach Erin* anstimmte, auf welche unmittelbar der Rakoczy-Marsch folgte. Teerfässer und Freudenfeuer wurden entzündet und leuchteten weithin die Küstenlinie der vier Meere entlang auf den Gipfeln des Hill of Howth, des Three Rock Mountain, des Sugarloaf, des Bray Head, der Berge von Mourne, der Galtees, des Ox und des Donegal, der Sperrin Peaks, der Nagles und der Bograghs, der Connemara Hills, der Reeks of M'Gillicuddy, des Slieve Aughty, Slieve Bernagh und Slieve Bloom. Unter jauchzenden Hochrufen, welche das Firmament spalteten und von widerschallenden Hochs eines mächtigen Aufgebots von Anhängern auf den fernen kambrischen und kaledonischen Bergen beantwortet wurden, bewegte sich das mastodontische Lustschiff langsam von dannen, gegrüßt von einer letzten Blumenspende vonseiten der Vertreterinnen des schönen Geschlechts, welche in großer Zahl anwesend waren, und während es sich den Fluß hinab bewegte, begleitet von einer Flotille von Barken, senkten sich grüßend die Flaggen des Ballast Office und des Custom House und insgleichen die des Elektrizitätswerkes am Pigeon House. *Visszontlátásra, kedvés barátom! Visszontlátásra!* Fort, doch nicht vergessen.

Bei Gott, aber der Deubel bringt ihn nicht zum Stehen, bis daß er irgendwie die verdammte Blechbüchse erwischt hat, und raus saust er, und der kleine Alf hängt ihm am Ellbogen, und er brüllt wie ne angestochene Sau, und das Ganze ist glatt wie ein Stück im Queen's Royal Theatre.

– Wo ist der Kerl, daß ich ihn ermorde?

Und Ned und J. J. wie gelähmt vor Lachen.

– Verdammt und zugenäht, sag ich, jetzt ists Matthäi am letzten.

Aber das Glück wills, und der Kutscher kriegt den Klepper rum auf die andre Seite, und ab geht die Post.

– Halt, Bürger, sagt Joe. Stopp!

Bei Gott, aber der reißt die Hand los und holt aus und läßt das Ding fliegen. Gott sei Dank schien ihm die Sonne in die Augen, sonst hätt er ihn erwischt und bestimmt glatt erschlagen. Gott, die Büchse fliegt aber doch fast bis ins County Longford rüber. Der verdammte Klepper scheut, und der alte Köter setzt wie irre hinter der Kutsche her, und das ganze Gesocks brüllt und lacht, und die alte Blechbüchse klappert die Straße lang.

Die Katastrophe war entsetzlich und von augenblicklicher Wirkung. Das Observatorium von Dunsink registrierte insgesamt elf Stöße, alle fünften Grades nach der Skala Mercallis, und ist keine ähnliche seismische Störung auf unserer Insel bezeugt seit dem Erdbeben von 1534, dem Jahre der Rebellion des Seidenen Thomas. Das Epizentrum scheint in jenem Teil der Metropole gelegen zu haben, welchen das Inn's-Quay-Viertel und die Pfarrei von St. Michan bilden, eine Fläche von einundvierzig Morgen, zwei Quadratrood und einem Quadratpole oder -perch. Alle herrschaftlichen Häuser in der Umgebung des Justizpalastes wurden zerstört, und das genannte edle Gebäude selbst, in welchem zur Zeit der Katastrophe bedeutsame Gesetzesdebatten stattfanden, ist buchstäblich nur noch ein Haufen Trümmer, welche, so muß leider befürchtet werden, alle darin Befindlichen lebendig unter sich begraben haben. Aus den Berichten von Augenzeugen geht hervor, daß die seismischen Wellen von einer heftigen atmosphärischen Störung zyklonischen Charakters begleitet waren. Ein Stück Kopfbedeckung, welche, wie inzwischen mit Gewißheit ermittelt werden konnte, dem hochangesehenen Sekretär des Kron- und Friedensrichters Mr. George Fottrell gehörte, sowie ein seidener Regenschirm mit goldenem Griff und dem eingravierten Initialenpaar, Wappenschild und der Hausnummer des gelehrten und sehr verehrten Vorsitzenden der Vierteljahrs-Gerichtssitzungen Sir Frederick Falkiner, Stadtrichters von Dublin, wurden von Suchtrupps in entlegenen Teilen der Insel gefunden, will sagen, das erstere auf der dritten Basaltkuppe des Giant's Causeway, das letztere einen Fuß und drei Zoll tief im Sandstrand der Holeopen Bay, in der Nähe des alten Head of Kinsale. Andere Augenzeugen nehmen auf ihren Eid, daß sie einen weißglühenden Gegenstand von enormen Ausmaßen erblickt hätten, welcher sich mit erschreckender Schnelligkeit auf einer westsüdwestlichen Flugbahn durch die Atmosphäre bewegte. Beileids- und Sympathietelegramme gehen stündlich aus allen Teilen der verschiedenen Kontinente ein, und Seiner Heiligkeit dem Papste hat es gnadenreich gefallen, das Gebot zu erlassen, daß eine besondere *missa pro defunctis* gleichzeitig von den Ordinarien sämtlicher Kathedralkirchen in allen bischöflichen Diözesen, welche der geistlichen Gewalt des Heiligen Stuhls unterstünden, zur Fürbitte für die Seelen jener selig Entschlafenen solle gelesen werden, welche so unerwartet aus unserer Mitte abberufen worden sind. Die Rettungsarbeiten, Räumung der *débris*, der menschlichen Überreste usw. wurden den Firmen Michael Meade & Sohn, 159 Great Brunswick Street, und

T. C. Martin, 77–80 North Wall, anvertraut, und es helfen ihnen bei diesem Geschäfte die Mannschaften und Offiziere des leichten Infanterie-Regiments Duke of Cornwall unter der Generalaufsicht S. K. H. des sehr ehrenwerten Herrn Konteradmirals Sir Hercules Hannibal Habeas Corpus Anderson K. G., K. P., K. T., P. C., K. C. B., M. P., J. P., M. B., D. S. O., S. O. D., M. F. H., M. R. I. A., B. L., Dr. mus., P. L. G., F. T. C. D., F. R. U. I., F. R. C. P. I. und F. R. C. S. I.
Also sowas hat man doch wahrhaftig noch nicht gesehen, seit die Erdachse schief liegt. Bei Gott, wenn er dies Lotteriescheinchen an den Kappes gekriegt hätte, dann würd er den Goldpokal so bald nicht vergessen wieder, das würd er, aber bei Gott, dann wär der Bürger auch eingespunnt worden wegen tätlichem Angriff und Schlägerei und Joe wegen Beihilfe und Anstiftung. Der Kutscher hat ihm das Leben gerettet, indem daß er abfuhr wie verrückt, so sicher wie Gott uns Moses erschaffen hat. Was? O Jesus, das kann man wohl sagen. Und der Bürger schickt ihm noch einen ganzen Schwall Flüche hinterher.
– Hab ich ihn nun erledigt, sagt er, oder was?
Und er brüllt den verdammten Köter an:
– Hinterher, Garry! Faß ihn, mein Junge!
Und dann sehn wir bloß noch, wie die verdammte Kutsche um die Ecke saust und Old Schafsgesicht obendrauf am fuchteln ist und der verdammte Köter haste was kannste hinterher mit angelegten Ohren, um ihm sämtliche Knochen aus den Fugen zu reißen. Hundert für fünfe! Jesus, die hat er aber abgebüßt, kann ich euch sagen.
Und siehe, da kam eine große Helle über sie, und sie sahen den Wagen, darinnen Er stand, auffahren gen Himmel. Und sie sahen Ihn in dem Wagen, gekleidet in die Herrlichkeit der Helle, und es ging ein Strahlen von ihm aus gleichwie von der Sonne, so schön als der Mond und so schrecklich zugleich, daß sie vor heiliger Scheu nicht wagten, den Blick zu Ihm zu erheben. Und es kam eine Stimme vom Himmel und rief: *Elias! Elias!* Und er antwortete ihr mit einem mächtigen

Schrei: *Abba! Adonai!* Und sie sahen Ihn, ja Ihn, Ben Bloom Elias, inmitten von Wolken von Engeln auffahren zur Herrlichkeit der Helle in einem Winkel von fünfundvierzig Grad über Donohoe in der Little Green Street, als habe ihn der Schwung einer Schaufel hinaufbefördert.

DER Sommerabend hatte begonnen, die Welt in seine geheimnisvolle Umarmung zu nehmen. Fern, weit im Westen, ging die Sonne unter, und die letzte Glut des nur allzu schnell entschwindenden Tages weilte lieblich noch auf See und Strand, auf dem stolzen Vorgebirge des guten alten Howth, der wie eh und je über den Wassern der Bucht wachte, auf den unkrautbewachsenen Felsen des Gestades von Sandymount und, nicht zuletzt, auf dem stillen Kirchlein, dem von Zeit zu Zeit die Stimme des Gebets entströmte, hinaus in die Stille und hinauf zu ihr, die da ewig ist ein Leuchtfeuer in ihrem reinen Strahlenglanze dem sturmumtosten Menschenherzen, Maria, Stern des Meers.

Die drei Freundinnen saßen auf den Felsen und freuten sich der Abendstimmung und der Luft, die frisch war, doch nicht zu fröstlig. Gar oft und manches Mal drängte es sie, dort hinaus zu kommen, zu ihrem Lieblingswinkel, und ein gemütliches Schwätzchen zu halten neben den funkelnden Wellen und weibliche Dinge zu bereden, Cissy Caffrey und Edy Boardman mit dem Baby im Kinderwagen und Tommy und Jacky Caffrey, zwei kleine krausköpfige Jungen, die Matrosenanzüge trugen und passende Mützen dazu und auf beiden gedruckt den Namen S. M. S. Belleisle. Denn Tommy und Jacky Caffrey waren Zwillinge, kaum vier Jahre alt, und sehr laute und verzogene Zwillinge mitunter, doch bei alledem waren sie allerliebste kleine Kerlchen mit hellen fröhlichen Gesichtern und gewinnendem Wesen. Sie wühlten im Sand mit ihren Schaufeln und Eimerchen und bauten Burgen, wie Kinder das gerne tun, oder spielten mit ihrem dicken bunten Ball, glücklich den langen lieben Tag. Und Edy Boardman schaukelte das pausbäckige Baby hin und her in seinem Kinderwagen, während der kleine Mann darin recht wacker krähte vor Vergnügen. Er war erst elf Monate und neun Tage alt und fing gerade an, obschon noch ein winziges Watschel-

chen, seine ersten Babyworte zu lallen. Cissy Caffrey beugte sich über ihn, um ihm die dicken kleinen Bäckchen zu tätscheln und das niedliche Grübchen in seinem Kinn.
– Ei, ei, kleines Baby, sagte Cissy Caffrey. Nun sag mal ganz schön: Ich will einen Schluck Wasser.
Und das Baby plapperte ihr nach:
– Illill alluck Lalla.
Cissy Caffrey herzte das kleine Bürschchen, denn sie hatte Kinder ganz schrecklich gern und sehr viel Geduld mit den kleinen Duldern, und Tommy Caffrey war nie dazu zu bringen, sein Rizinusöl zu nehmen, wenn es nicht Cissy Caffrey war, die ihm die Nase zuhielt und ihm den knusprigen Knust aus braunem Brot mit goldenem Sirup darauf versprach. Welche Überredungskraft das Mädchen hatte! Aber natürlich war Baby auch artig und treu wie Gold, ein allerliebstes kleines Närrchen in seinem neuen hübschen Sabberlätzchen. Cissy Caffrey war keine von diesen verwöhnten Schönheiten wie etwa Flora MacFlimsy. Ein treuherzigeres Mädchen hat niemals Lebensluft geatmet, allzeit ein Lachen in den zigeunerhaften Augen und ein Scherzwort auf den kirschreifen roten Lippen, ein Maidlein, lieblich über die Maßen. Und auch Edy Boardman lachte über Brüderchens putzige Sprache.
Doch just in diesem Augenblick war ein kleiner Streit zwischen Master Tommy und Master Jacky ausgebrochen. Jungen sind nun einmal Jungen, und unsere beiden Zwillinge bildeten keine Ausnahme von dieser goldenen Regel. Der Zankapfel war eine gewisse Sandburg, die Master Jacky gebaut hatte, und Master Tommy bestand nun partout darauf, daß sie architektonisch verbessert werden müsse, und zwar durch ein Vorderportal, wie der Martello-Turm eins hatte. Aber wenn Master Tommy ein Dickkopf war, dann hatte auch Master Jacky seinen Eigensinn, und getreu der Maxime, daß eines jeden kleinen Irländers Haus seine Burg ist, fiel er über den verhaßten Rivalen her, und zwar mit dem Ergebnis, daß der kleine Gerne-Angreifer dabei zu Schaden kam und (o weh!) die umstrittene Burg desgleichen. Natür-

licherweise erweckte das Geschrei des siegreich abgeschlagenen Master Tommy die Aufmerksamkeit der Freundinnen.
– Komm hierher, Tommy, rief seine Schwester gebieterisch, auf der Stelle! Und du, Jacky, schäme dich, den armen Tommy derart in den schmutzigen Sand zu werfen. Warte nur, wenn ich dich kriege!
Die Augen trüb von unvergossenen Tränen, folgte Master Tommy ihrem Ruf, denn das Wort der großen Schwester war Gesetz bei den Zwillingen. Und er war auch wirklich in gar traurigem Zustand nach seinem mißlichen Abenteuer. Seine kleine Matrosenmütze und die Unaussprechlichen waren voller Sand, doch Cissy besaß eine vollendete Meisterschaft in der Kunst, über des Lebens kleine Kümmernisse hinwegzutrösten, und bald schon war kein einziges Sandkörnchen mehr auf seinem niedlichen kleinen Anzug zu sehen. Nur die blauen Augen schimmerten noch von heißen Tränen, die hervorquellen wollten, und so küßte sie Kummer und Schmerz hinweg und drohte dem bösen Master Jacky mit der Hand und sagte, wenn sie ihn beim Schlafittchen kriegte, dann könnte er aber was erleben, und in ihren Augen funkelte hüpfend eine ernste Warnung.
– Ei du ungezogener Frechdachs, du! rief sie.
Sie legte dem kleinen Seemann den Arm um die Schulter und schmeichelte in gewinnendem Ton:
– Wie heißt der kleine Mann? Zeigt er uns, was er kann?
– Erzähl uns, wer dein Liebling ist, sprach Edy Boardman. Ist Cissy dein Liebling?
– Nö, sagte Tommy tränenvoll.
– Ist Edy Boardman dein Liebling? fragte Cissy.
– Nö, sagte Tommy.
– Ich weiß, sagte Edy Boardman nicht gar zu liebenswürdig mit einem schelmischen Blick aus ihren kurzsichtigen Augen. Ich weiß, wer Tommys Liebling ist, Gerty ist Tommys Liebling.
– Nö, sagte Tommy und war nahe daran, in Tränen auszubrechen.

Cissys frischer Mutterwitz erriet, woran es fehlte, und sie flüsterte Edy Boardman zu, sie solle ihn dort hinter den Kinderwagen nehmen, wo der Herr es nicht sehen könne, und aufpassen, daß der kleine Mann sich nicht etwa die neuen braunen Schühchen naßmache.

Aber wer war Gerty?

Gerty MacDowell, die unweit von ihren Gespielinnen saß, in Gedanken verloren, den Blick in die weite Ferne gerichtet, war wirklich und wahrhaftig ein Muster liebreizender junger irischer Weiblichkeit und so schön anzuschauen, wie man es sich nur wünschen konnte. Schön nannten sie alle, die sie kannten, obschon sie, wie ihre Verwandten oft sagten, mehr eine Giltrap als eine MacDowell war. Ihre Gestalt war schlank und anmutig, ja sie neigte fast ein wenig zur Zerbrechlichkeit, aber das gute Eisenpräparat, das sie kürzlich genommen, hatte ihr überaus gutgetan, viel besser als die Witwe-Welch-Frauenpillen, und auch der Ausfluß, den sie immer bekam, hatte nachgelassen und das ewige Müdesein. Die wächserne Blässe ihres Gesichts wirkte fast vergeistigt in ihrer elfenbeingleichen Reinheit, obschon ihr Rosenknospenmund ein rechter Amorsbogen war, griechisch vollkommen. Ihre Hände waren von fein geädertem Alabaster, mit schlank sich verjüngenden Fingern, und so weiß, wie Zitronensaft und allerbeste Salben sie nur machen konnten, obschon es nicht stimmte, daß sie im Bett Glacéhandschuhe trug oder Milchfußbäder nahm. Bertha Supple hatte das einst Edy Boardman erzählt, eine glatte Lüge, als sie bis aufs Messer verfeindet war mit Gerty (die Kameradinnen hatten natürlich von Zeit zu Zeit ihre kleinen Zänkereien, ganz wie die übrigen Sterblichen auch), und sie hatte ihr damals noch gesagt, sie dürfe unter gar keinen Umständen weitersagen, saß sie es gewesen wäre, die es ihr erzählt, oder sie würde nie wieder ein Wort mit ihr sprechen. Nein. Ehre, wem Ehre gebührt. Es war eine angeborene Feinheit, eine matte königliche *hauteur* an Gerty, die sich unmißverständlich in ihren zarten Händen und dem hochgewölbten Spann bewies. Hätte ein freundlich Geschick es gewollt, daß sie als Edelfräulein von hohem Rang mit eigenem Besitz wäre geboren worden, und hätte sie nur die Wohltat einer guten Erziehung empfangen, Gerty MacDowell hätte gar leicht neben jeder Dame im Lande bestehen können und wäre vielleicht in herrlichen Gewändern einhergeschritten, die Stirn mit Juwelen geschmückt und zu den Füßen patrizische Freier, die miteinander gewetteifert hätten, ihr Huldigungen darzubringen. Vielleicht war es dies, die Liebe, die hätte können sein, was den sanften Zügen ihres Gesichts mitunter einen Ausdruck verlieh, erfüllt von unterdrückter innerer Spannung, welcher den schönen Augen etwas seltsam Sehnsuchtsvolles mitteilte, einen Zauber, dem nur wenige widerstehen konnten. Warum haben Frauen solche verzaubernden, behexenden Augen? Diejenigen Gertys waren vom allerblauesten irischen Blau, geziert von glänzenden Wimpern und dunklen ausdrucksvollen Brauen. Es hatte eine Zeit gegeben, da waren diese Brauen noch nicht so seidig-verführerisch gewesen. Erst Madame Vera Verity, der Directrice der Frauenschönheits-Seite in der Princess Novelette, verdankte sie den Rat, es doch einmal mit Augenbrauoline zu versuchen, welches den Augen jenen verzaubernden Ausdruck gab, der den in der Mode tonangebenden Frauen so berükkend stand, und sie hatte es nie bereut. Dann gab es dort noch Erröten wissenschaftlich geheilt, und auch wie man groß wird, vergrößern Sie Ihre Körperlänge, und Sie haben ein schönes Gesicht, aber wie steht es mit Ihrer Nase? Das wäre etwas für Mrs. Dignam gewesen, denn die hatte einen richtigen Knubbel. Doch Gertys krönender Ruhm war ihr Reichtum an wundervollem Haar. Es war dunkelbraun und hatte natürliche Wellen. Sie hatte es grad an diesem Morgen geschnitten, weil doch Neumond war, und es ruschelte sich um ihren hübschen Kopf in einer schieren Überfülle üppiger Büschel, und ebenfalls geschnitten hatte sie sich die Nägel, donnerstags bringt das Reichtum. Und eben jetzt, als ihr bei Edys Worten eine verräterische Röte, köstlich wie die zarteste Rosenblüte, in die Wangen stieg, sah sie so lieblich aus in ihrer

süßen mädchenhaften Scheu, daß mit Gewißlichkeit Gottes schönes Irland nicht ihresgleichen hegte.
Einen Augenblick lang war sie still, mit ziemlich traurig niedergeschlagenen Augen. Sie schickte sich an, eine patzige Antwort zu geben, doch irgend etwas hielt die Worte auf ihrer Zunge zurück. Ein inneres Bedürfnis drängte sie zu sprechen: Würde aber gebot ihr zu schweigen. Die hübschen Lippen rümpften sich kurze Zeit zu einem Schmollen, doch dann blickte sie auf und brach in ein heiteres kleines Lachen aus, das die ganze Frische eines jungen Maimorgens in sich trug. Sie wußte recht wohl, besser wußte es keiner, was die schieläugige Edy das hatte sagen lassen, das wegen ihm, daß er nämlich kühler geworden wäre in seinen Aufmerksamkeiten, wo es doch bloß ein einfacher Streit unter Liebenden gewesen war. Das war ja bloß das Übliche, daß sich jemand die Nase verrenkte wegen dem Jungen, der das Fahrrad hatte und immer unter ihrem Fenster auf und ab fuhr. Nur hielt ihn sein Vater jetzt abends dauernd zu Hause, wo er stramm studieren mußte, um bei der Zwischenprüfung, die gerade lief, ein Stipendium zu kriegen, weil er dann nämlich aufs Trinity College wollte und Doktor werden, wenn er mit der Schule fertig war, wie sein Bruder W. E. Wylie, der bei den Fahrradrennen der Trinity College Universität mitfuhr. Im Moment kümmerte es ihn ja vielleicht nicht besonders, was sie empfand, die dumpfe schmerzende Leere in ihrem Herzen manchmal, die sie bis ins Innerste durchdrang. Doch er war ja noch jung, und vielleicht lernte er noch beizeiten, sie zu lieben. Sie waren Protestanten in seiner Familie, und natürlich wußte Gerty, wer der Erste war, und nach ihm erst kam die gesegnete Jungfrau und dann der heilige Joseph. Aber er war ganz unbestreitbar hübsch, hatte eine wunderbar schöne Nase, und er war auch ganz das, was sein Aussehen versprach, jeder Zoll ein Gentleman, und dann die Form seines Hinterkopfes, wenn er seine Mütze nicht aufhatte, daran würde sie ihn überall gleich erkennen, gar nicht so gewöhnlich, und die Art wie er sein Fahrrad wendete an der Laterne ohne den Lenker

dabei mit den Händen zu berühren, und dann auch der hübsche Duft seiner guten Zigaretten, und überdies waren sie beide gleich groß, und das war auch der Grund weshalb Edy Boardman sich so furchtbar schlau vorkam weil er nämlich vor ihrem bißchen Garten nicht auf und ab fuhr.

Gerty war schlicht, doch mit dem instinktiven Geschmack einer Verehrerin der Göttin Mode gekleidet, denn sie hatte irgendwie das Gefühl gehabt, es bestünde doch eine Möglichkeit, daß er draußen sein könnte. Eine schmucke Bluse von Elektrisch-Blau, selbstgefärbt mit Puppenfärber (denn im *Lady's Pictorial* wurde erwartet, daß man Elektrisch-Blau trug), mit einem feschen, bis zur Teilung hinunterreichenden V-Ausschnitt und einer Taschentuchtasche (in der sie stets ein Bäuschchen Baumwollwatte stecken hatte, getränkt mit ihrem Lieblingsparfüm, weil ein Taschentuch den Sitz verdorben hätte), und ein marineblauer dreiviertellanger Rock, auf Schritt geschnitten, brachten ihre schlanke anmutige Figur in vollkommener Weise zur Geltung. Sie trug ein kokettes allerliebstes Hütchen aus breitblättrigem Niggerstroh, das einen kontrastreichen Untersaum aus eiblauer Chenille hatte und seitlich eine im Ton dazu passende Schmetterlingsschleife. Den ganzen Dienstag nachmittag vor einer Woche war sie auf den Beinen gewesen, um eine passende Chenille zu suchen, aber zuletzt hatte sie bei Clery im Sommerschlußverkauf gefunden, was sie wollte, genau das Richtige, leicht ladenangeschmutzt wohl, doch das würde keiner merken, sieben Finger zwo und einen Penny. Sie richtete sich alles selbst, und welche Freude hatte sie dann, als sie den Hut anprobierte und lächelnd auf das liebliche Bild schaute, das der Spiegel ihr zurückgab! Und als sie ihn dann über den Wasserkrug stülpte, damit er seine Façon behielt, da wußte sie, daß sie gewisse Leute, die sie kannte, damit glatt in den Schatten stellen würde. Ihre Schuhe waren das Neueste an Fußbekleidung (Edy Boardman tat sich viel darauf zugute, daß sie sehr *petite* war, doch nie und nimmer hatte sie ein Füßchen wie Gerty MacDowell, Größe Fünf, rucke di guck, die rechte

Braut sitzt noch daheim), mit Lacklederkappen und einer feschen Schnalle auf ihrem hochgewölbten Spann. Ihr wohlgestalteter Knöchel stellte seine vollkommenen Proportionen unter ihrem Rock zur Schau und auch just das rechte Maß und nicht mehr von ihren wohlgestalteten Beinen, die in feingewobenen Strümpfen mit hochverstärkten Hacken und breiten Strumpfbandaufschlägen steckten. Was die Untersachen betraf, so waren sie Gertys Hauptsorge, und wer, der die schwankenden Hoffnungen und Ängste der süßen Siebzehn kennt (obschon ja Gerty die Siebzehn nie wieder sehen würde), vermöchte es über sich zu bringen, sie darob zu tadeln? Sie besaß vier feine Garnituren, mit wahnsinnig niedlicher Stickerei, drei lange und kurze Nachthemden extra, und alle hatten verschiedenfarbige Bänder, rosenrosa, blaßblau, mauve und erbsengrün, und sie hängte sie selber an die Luft und bläute sie, wenn sie von der Wäsche nach Hause kamen, und bügelte sie, und sie hatte ein Stück Ziegelstein, wo sie das Bügeleisen draufstellte, weil sie den Waschfrauen nicht traute, nachdem sie gesehen hatte, wie die ihr die Sachen versengten. Sie trug das viele Blau, weil es Glück brachte, wie sie wider alle Hoffnung hoffte, ihre Lieblingsfarbe und zugleich auch die Glücksfarbe einer Braut, man mußte unbedingt ein bißchen Blau an sich haben weil das Grün was sie an dem Tag vor einer Woche getragen hatte das hatte ihr Unglück gebracht weil sein Vater ihn reingeholt hatte damit er für das Zwischenprüfungs-Stipendium büffeln sollte und weil sie doch dachte er wäre vielleicht doch draußen weil wie sie sich anzog an dem Morgen da wäre sie fast verkehrt herum in das alte Paar geschlüpft nämlich die Innenseite außen und das bedeutete Glück und daß sich Liebende treffen wenn man so Sachen verkehrt herum anzog das heißt wenn nicht grad Freitag war.

Und doch und doch! Dieser angespannte Ausdruck auf ihrem Gesicht! Ein nagender Kummer liegt die ganze Zeit schon darin. Ihre ganze Seele liegt in ihren Augen, und Welten würde sie hingeben, um jetzt in der Abgeschiedenheit ihres vertrauten Kämmerleins zu sein, wo sie die Tränen fließen lassen und sich einmal richtig ausweinen konnte und ihre aufgestauten Gefühle erleichtern. Freilich auch nicht zu sehr, denn sie wußte vom Spiegel, wie weit sie gehen durfte beim Weinen, wenn es noch nett aussehen sollte. Du siehst entzückend aus, Gerty, sagte der Spiegel. Das bleichliche Abendlicht fällt auf ein Gesicht, unendlich traurig und verlangend. Gerty MacDowell sehnt sich umsonst. Ja, sie hatte vom ersten Augenblick an gewußt, daß ihr Tagtraum, eine Hochzeit wird ausgerichtet und die Hochzeitsglocken läuten für Mrs. Reggy Wylie T. C. D. (weil diejenige die den älteren Bruder heiratete die würde nämlich Mrs. Wylie sein) und Mrs. Gertrude Wylie trug ein prächtiges graues Kleid in der Gesellschaftsspalte mit kostbarem Blaufuchsbesatz, daß dieser Tagtraum nie Wirklichkeit werden würde. Er war zu jung, um zu verstehen. Er wollte nicht an die Liebe glauben, das Geburtsrecht einer Frau. An dem Party-Abend damals, vor langer Zeit schon, bei Stoers (er war da noch in kurzen Hosen), als sie allein waren und er ihr verstohlen einen Arm um die Taille legte, da erblaßte sie bis an die Lippen. Er nannte sie Kleines, mit seltsam rauher Stimme, und erhaschte sich einen halben Kuß (den ersten!), doch es war nur ihre Nasenspitze, und dann stürzte er aus dem Zimmer und sagte dabei irgend etwas von Erfrischungen. Ein stürmischer Junge! Charakterfestigkeit war nie Reggy Wylies starke Seite gewesen, und wer Gerty MacDowell umwerben und gewinnen wollte, der mußte ein Mann sein unter Männern. Aber dieses Warten, dieses ewige Warten darauf, daß man gefragt wurde, und dann war auch noch Schaltjahr diesmal und das ging schnell herum. Kein zauberhafter Prinz ist ihr Schönheitsideal, der ihr eine seltene und wundersame Liebe zu Füßen legen würde, sondern eher ein männlicher Mann mit starkem ruhigem Gesicht, der sein eigenes Ideal nicht gefunden hatte, vielleicht mit schon leicht angegrautem Haar, und der verstehen würde, der sie in seine schirmenden Arme nehmen, sie an sich ziehen würde in all der Kraft seiner tiefen leidenschaftlichen Natur und der sie trösten würde mit einem langen langen Kuß. Das würde der Himmel sein. Nach einem solchen sehnt sie sich an diesem balsamischen Sommerabend. Von ganzem Herzen verlangt es sie, sein ein und alles zu sein, seine angetraute Braut, in guten und bösen Tagen, Gesundheit und Krankheit, bis daß der Tod uns scheidet, von nun an immerdar und alle Tage.

Und während Edy Boardman mit Klein Tommy hinter dem Kinderwagen war, dachte sie nur noch daran, ob der Tag wohl jemals kommen würde, da sie sich seine kleine Frau nennen könnte. Dann mochten sie ruhig über sie herziehen, bis sie schwarz wurden, auch Bertha Supple, und Edy, der Feuerspeier, denn im November würde sie schon einundzwanzig sein. Sie würde für sein leibliches Wohl sorgen, daß es ihm an nichts fehlte, denn Gerty war fraulich klug und wußte, daß ein richtiger Mann es liebte, eine gemütliche Häuslichkeit um sich zu haben. Ihre just bis zur Goldbräune gebackenen Pfannkuchen und der Königin-Anne-Pudding mit seiner köstlichen Sahnigkeit hatten ihr von allen goldene Meinungen eingetragen, weil sie auch im Feueranmachen eine glückliche Hand besaß, man streut das feine selbstaufgehende Mehl und rührt immer in derselben Richtung und dann schlägt man Milch und Zucker zu Sahne und mit dem Schneebesen das Eiweiß, obwohl sie das anschließende Essen selbst dann gar nicht so mochte, wenn Leute da waren, die sie scheu machten, und oftmals fragte sie sich, warum man nicht etwas Poetisches essen könnte, so wie Veilchen oder Rosen, ach ja und dann würden sie ein wunderschön eingerichtetes Wohnzimmer haben mit Bildern und Stichen und der Photographie von Großpapa Giltraps reizendem Hund Garryowen, der ja fast reden konnte, so menschlich war er, und mit Chintzbezügen für die Stühle und dem silbernen Toastständer den es bei Clery im Sommerschlußverkauf gab wie man ihn in vornehmen Häusern hat. Er würde groß sein, mit breiten Schultern (sie hatte sich immer schon große Männer zum Ehegefährten gewünscht), mit schimmernden weißen Zähnen unter dem sorgfältig gepflegten Bürstenschnurrbart, und für die Flitterwochen würden sie auf den Kontinent gehen (drei herrliche Wochen!), und dann, wenn sie sich in einem hübschen schnuckligen und kuschligen kleinen heimeligen Häuschen niedergelassen hatten, würden sie jeden Morgen beide zusammen frühstücken, einfach aber gut, sie beide ganz allein, und bevor er dann ins Geschäft ging, würde er sein teures kleines Weibchen so richtig von Herzen in die Arme nehmen und ihr einen Moment ganz tief in die Augen blicken.

Edy Boardman fragte Tommy Caffrey, ob er endlich fertig wäre, und er sagte ja, und so knöpfte sie ihm die kleinen Knickerbocker zu und sagte ihm, nun solle er laufen und mit Jacky spielen und ja recht artig sein und keinen Streit anfangen. Aber Tommy sagte, er wolle den Ball haben, und Edy sagte nein, weil Baby jetzt mit dem Ball spiele, und wenn er ihn nähme, dann gäbe es Senge, aber Tommy sagte, es wäre sein Ball und seinen Ball wolle er haben, und er stampfte auf den Boden, also war das zu glauben! So ein Racker! Oh, er war bereits ein richtiger Mann, das war der kleine Tommy Caffrey, schon seit er aus den Kinderschürzchen heraus war. Edy aber sagte nein, nein, und jetzt ab mit ihm, und sie sagte zu Cissy Caffrey, sie solle ihm ja nicht nachgeben.

– Du bist nicht meine Schwester, sagte der ungezogene Tommy. Der Ball ist meiner!

Doch Cissy Caffrey sagte zu Baby Boardman, es solle doch einmal hersehen, hier ganz hoch oben, wo ihr Finger wäre, und dann schnappte sie ihm rasch den Ball weg und warf ihn über den Sand, und Tommy sauste in vollem Karacho hinterher und hatte die Schlacht gewonnen.

– So, jetzt haben wir wenigstens Ruhe, lachte Ciss.

Und sie tätschelte dem winzigen Kerlchen die beiden Bäckchen, damit er nicht weiter daran dachte, und spielte mit ihm dies ist der Bürgermeister, dies sind seine zwei Pferde, dies ist seine Pfefferkuchenkutsche, und hier steigt er ein, so tipptopper tipptopper tipptopper fein. Aber Edy wurde doch richtig böse auf ihn, weil er wieder einmal seinen kleinen Kopf durchgesetzt hatte und alle ihn dauernd verwöhnten.

– Ich hätte nicht übel Lust, ihm eins draufzugeben, sagte sie, und zwar wohin, das brauche ich wohl nicht zu sagen.
– Auf den Pipapodex, lachte Cissy lustig.
Gerty MacDowell senkte den Kopf und wurde richtig rot bei dem Gedanken, daß Cissy so laut einen so wenig damenhaften Ausdruck gebrauchte, sie hätte sich selber eher zu Tode geschämt und erglühte tief rosenrot, und Edy Boardman sagte, ganz bestimmt hätte der Herr dort gegenüber gehört, was sie gesagt hatte. Aber das scherte Cissy einen Pfifferling.
– Soll er ruhig! sagte sie und warf schnippisch den Kopf zurück und reckte das pikante Näschen. Von mir aus kann er sofort dasselbe kriegen, und zwar auf dieselbe Stelle.
Tollkopf Ciss mit ihren krausen schwarzen Puppenlocken. Manchmal mußte man direkt über sie lachen. Zum Beispiel wenn sie einen fragte, ob man noch etwas chinesischen Tee und Hmmbeermarmelade haben wolle, und wenn sie sich mit roter Tinte die Krüge und die Männergesichter auf die Nägel malte, dann konnte man sich glatt totlachen, oder wenn sie mal wo hinwollte, ihr wißt schon, dann sagte sie, sie müßte mal schnell weg und einen Besuch bei Miss White machen. Das war so echt Cissylein. Oh, und werdet ihr je den Abend vergessen, wo sie sich mit ihres Vaters Anzug und Hut verkleidet und sich mit angekohltem Kork einen Schnurrbart gemalt hatte und die Tritonville Road hinunterstolzierte, eine Zigarette paffend? Was solche Späße betraf, nahm es so leicht keiner mit ihr auf. Aber sie war zugleich die Aufrichtigkeit in Person, eins der tapfersten und treuesten Herzen, die der Himmel je erschuf, keins von diesen doppelgesichtigen Dingern, die zu süß sind, um noch bekömmlich zu sein.
Und dann trug der Wind auf einmal den Klang von Stimmen herüber und den schallenden Jubelgesang der Orgel. Es war die Andacht der Temperenzler, geleitet von Seiner Hochwürden dem Missionar John Hughes, S. J., Rosenkranz, Predigt und Segen des Allerheiligsten Sakraments. Sie waren dort alle versammelt ohne Unterschied der Gesellschaftsklasse (und das zu sehen war schon ein höchst erbauliches Schauspiel),

in der schlichten Weihestätte am Gestade des Meers, still nach den Stürmen dieser bösen Welt knieten sie zu Füßen der Unbefleckten, sangen die Litanei Unserer Lieben Frau von Loreto und flehten sie an, ihre Mittlerin zu sein, mit den alten vertrauten Worten, heilige Maria, heilige Jungfrau der Jungfrauen. Wie traurig das arm Gertys Ohren klang! Wäre ihr Vater nur den Klauen des Dämons Alkohol entronnen, hätte er nur das Gelübde abgelegt oder jene Pülverchen genommen, die zur Heilung der Trunksucht im *Pearson's Weekly* standen, dann könnte sie jetzt vielleicht in ihrer eigenen Kutsche fahren, und keine andere käme ihr gleich. Immer und immer wieder hatte sie sich das gesagt, wenn sie in düsterem Sinnen ohne Lampenlicht vor den verglimmenden Kohlen saß, denn sie haßte zweierlei Licht, oder oftmals träumerisch aus dem Fenster blickte, stundenlang, wo der Regen auf den rostigen Eimer fiel, und nachdachte. Doch jener garstige Absud, der schon so viele Herde und Heime zerstört hat, er hatte seinen Schatten auch über die Tage ihrer Kindheit geworfen. Ja, sie war im häuslichen Kreise Zeugin von Gewalttätigkeiten gewesen, deren Ursache die Unmäßigkeit war, und hatte mitansehen müssen, wie ihr eigener Vater, eine Beute der Dünste des Rausches, sich vollständig vergaß, und wenn von all den Dingen, die Gerty kannte, eines absolut feststand, dann war es daß der Mann, der seine Hand hebt wider eine Frau, es sei in Freundlichkeit und Milde denn, also daß der verdient, als das Allergemeinste vom Gemeinen gebrandmarkt zu werden.

Und immer noch sangen die Stimmen ihr Flehen empor zur hochmächtigen Jungfrau, zur hochbarmherzigen Jungfrau. Und Gerty, in Gedanken versunken, sah und hörte kaum mehr etwas von ihren Gefährtinnen oder den Zwillingen bei ihren knabenhaften Possen oder dem Herrn, der dort hinten von Sandymount Green gekommen war und den Cissy Caffrey einen Mann nannte, der auch ganz so aussähe, wie er wäre, und der hier am Strand jetzt einen kurzen Spaziergang machte. Man hatte ihn zwar noch niemals betrunken gesehen, aber trotzdem hätte sie ihn nicht zum Vater haben wollen, denn er war zu alt oder irgendwas oder wegen seinem Gesicht (das war ein handgreiflicher Fall von Doktor Fell) oder seiner Karbunkelnase mit den Pusteln darauf oder wegen seinem sandfarbenen unter der Nase ein bißchen weißen Schnurrbart. Armer Vater! Bei all seinen Fehlern liebte sie ihn doch immer noch, wenn er *Sag mir, Marie, wie kann ich dich gewinnen* oder *Mein Schatz, der wohnt in La Rochelle* sang und sie gedämpfte Herzmuscheln und Lattich zum Abendbrot hatten mit Lazenbys Salatsauce und wenn er mit Mr. Dignam, der so plötzlich gestorben war und begraben, Gott erbarme sich seiner, am Schlaganfall, *Der Mond ist aufgegangen* sang. Am Geburtstag ihrer Mutter war das gewesen und Charley war zu Hause in den Ferien und Tom und Mr. Dignam und Mrs. und Patsy und Freddy Dignam und sie wollten eine Gruppenaufnahme machen. Kein Mensch hätte gedacht, daß das Ende so nahe war. Nun war er schon zur Ruhe gebettet. Und ihre Mutter hatte noch zu ihm gesagt er soll sich das zur Warnung dienen lassen für sein ganzes Leben und er konnte nicht einmal mit zur Beerdigung gehen wegen seiner Gicht und sie mußte in die Stadt laufen und ihm aus seinem Büro die Briefe und Muster von Catesbys Korklinoleum holen, erstklassige künstlerische Dessins, wie für einen Palast gemacht, absolut schrittfest, ein Schmuck für jedes gemütliche Heim.

Eine bewährte gute Tochter war Gerty, fast wie eine zweite Mutter im Haus, ein Schutzengel geradezu, mit einem kleinen Herzen, das sein Gewicht in Gold wert war. Und wenn ihre Mutter jene wahnsinnigen rasenden Kopfschmerzen hatte, wer anders war es als Gerty dann, der ihr die Stirn mit dem Mentholstift einrieb, obschon sie es gar nicht leiden mochte, daß ihre Mutter dauernd eine Prise Schnupftabak nahm, aber das war das einzige, weswegen sie sich manchmal stritten, dieser Schnupftabak. Alle hielten große Stücke auf sie, wegen ihrer sanften Art. Es war Gerty, die jede Nacht das Gas abdrehte am Haupthahn, und es war Gerty, die an der Wand jenes Örtchens, wo sie niemals alle vierzehn Tage den Chlorkalk vergaß, Mr. Tunneys, des Krämers, Weihnachtskalender aufhängte, das Bild der halkyonischen Tage, auf dem ein junger Herr in der Tracht, die man damals trug, mit einem Dreispitz, seiner Geliebten mit altmodischer Ritterlichkeit einen Blumenstrauß durch ihr Gitterfenster reichte. Man konnte sehen, dahinter steckte eine ganze Geschichte. Die Farben waren einfach wundervoll ausgeführt. Sie trug, in einstudierter Haltung, enganliegendes Weiß, und der Herr war in Schokoladenbraun, und er sah durch und durch aristokratisch aus. Sie blickte gar oftmals träumerisch zu ihnen auf, wenn sie zu gewissem Zweck dort weilte, und befühlte ihre eigenen Arme, die weiß waren und weich wie die ihren mit den zurückgeschobenen Ärmeln, und dachte über jene Zeiten nach, denn sie hatte in Walkers Aussprache-Lexikon, das Großpapa Giltrap gehörte, über die halkyonischen Tage nachgelesen, was sie bedeuteten.

Die Zwillinge spielten jetzt in gebührender brüderlicher Eintracht miteinander, bis schließlich Master Jacky, der wirklich frech wie Oskar war, daran war nicht zu rütteln, den Ball in voller Absicht so kräftig, wie er nur konnte, hinunter zu den mit Seetang bewachsenen Felsen schoß. Es bedarf keiner Erwähnung, daß der arme Tommy nicht lange zögerte, seiner Bestürzung lauthals Ausdruck zu geben, doch glücklicherweise kam der Herr in Schwarz, der dort einsam saß, galant zu Hilfe und fing den Ball auf. Unsere beiden Champions forderten ihr Spielzeug mit herzhaften Schreien ein, und um weiteren Ärger zu vermeiden, rief Cissy Caffrey dem Herrn zu, er möge doch ihr den Ball bitte zuwerfen. Der Herr zielte nun ein oder zwei Mal und warf ihn dann den Strand hinauf auf Cissy Caffrey zu, doch er rollte den Abhang hinunter und blieb genau unter Gertys Rock liegen, unweit des kleinen Tümpels an den Felsen. Die Zwillinge schrien erneut danach, und Cissy rief ihr zu, sie solle dem Ball einen Tritt geben und die beiden sich darum kabbeln lassen, und so zog Gerty den Fuß zurück, doch wünschte sie, der blöde Ball wäre nicht zu ihr heruntergerollt gekommen, und als sie nun danach trat, verfehlte sie ihn, und Edy und Cissy lachten.

– Geht's daneben, gleich nochmal versuchen, sagte Edy Boardman.

Gerty lächelte zustimmend und biß sich auf die Lippen. Ein delikates Rosa kroch in ihre hübsche Wange, doch sie war entschlossen, es ihnen zu zeigen, und so hob sie einfach ein wenig ihren Rock, nicht sehr, nur grad genug, und zielte gut und versetzte dem Ball einen ganz famosen Tritt, und er flog denn auch in hohem Bogen los, und die Zwillinge wetzten hinterher, hinunter zum Kieselstrand. Natürlich war es nichts anderes als reine Eifersucht, was sie trieb, die Aufmerksamkeit auf sich zu lenken, weil der Herr gegenüber doch zusah. Sie spürte, wie das warme Erröten, ein Gefahrensignal stets bei Gerty MacDowell, ihr hochwogend und flammend in die Wangen stieg. Bis dahin hatten sie nur ganz zufällige Blicke getauscht, doch jetzt wagte sie unter dem Rand ihres neuen Huts einen vollen Blick zu ihm hinüber, und das Gesicht, das sie dort im Zwielicht sah, bleich und seltsam verzerrt, erschien ihr als das traurigste, das sie je gesehen.

Durch das offene Fenster der Kirche wurde der duftende Weihrauch herübergeweht und mit ihm die Reihe der duftenden Namen jener, die da empfangen ward ohne der Erbsünde Makel, geistlich Gefäß, bitte für uns, ehrwürdig Gefäß, bitte für uns, Gefäß der unvergleichlichen Liebe, bitte für uns, o du mystische Rose. Und sorgenzerquälte Herzen weilten dort und Tagelöhner ums tägliche Brot und viele, so in die Irre gegangen waren und ruhelos gewandert, die Augen nun naß vor Zerknirschung, doch um all dessen willen doch hell auch in Hoffnung, denn der hochwürdige Vater Hughes hatte ihnen gesagt, was der große heilige Bernhard in seinem berühmten Gebet an Maria gesprochen, von der Fürsprecherkraft der Allerfrömmsten Jungfrau, und wie es nimmermehr sei berichtet, zu keinen Zeiten, daß jene, so ihren gar mächtigen Schutz erfleht, je seien im Stich gelassen worden von ihr.

Die Zwillinge spielten nun wieder recht munter, sind doch die Kümmernisse der Kindheit nichts als flüchtige Sommerschauer. Cissy spielte mit Baby Boardman, bis es vor Freude krähte und die Patschhändchen in der Luft zusammenschlug. Kukkuck, rief sie hinter dem Verdeck des Kinderwagens, und Edy fragte, wo denn wohl Cissy stecken möge, und dann tauchte Cissy plötzlich mit dem Kopf auf und rief ah! und, mein Wort darauf, war das nun eine Freude für den kleinen Kerl! Und dann sagte sie zu ihm, er solle doch einmal Papa sagen.
– Sag Papa, Baby! Sag Pa pa pa pa pa pa pa!
Und Baby holte das Beste heraus, Papa zu sagen, denn es war sehr gescheit für seine elf Monate, das sagten alle, und groß für sein Alter und ein Bild der Gesundheit, ein wirklich allerliebstes kleines Schnuggelchen, und sicher würde aus ihm einmal etwas ganz Großes werden, sagten sie.
– Haja ja ja haja!
Cissy wischte ihm mit dem Schlabberlätzchen das Mündchen ab und wollte, daß er sich einmal richtig aufsetze und Papa sage, doch als sie den Gurt aufmachte, da schrie sie laut auf, heiliger Sankt Dionysius, daß er ja ganz pitschenaß wäre, und sie müßte die halbe Decke unter ihm umdrehen und doppelt legen. Natürlich war Seine Kindliche Majestät ganz und gar nicht erbaut von diesen Toilettenformalitäten und tat es auch jedermann lauthals kund und zu wissen:
– Häbää bääääbäbääää bääää!
Und zwei dicke große liebe Tränen kullerten ihm die Wangen hinunter. Es war ganz zwecklos, das kleine Ding mit na, nana, Baby, na beruhigen zu wollen und ihm vom Hottepferdchen zu erzählen und wo denn die Puffpuffeisenbahn wäre, doch Ciss, die allzeit das Richtige traf, gab ihm den Schnuller der Nuckelflasche in den Mund, und da war der junge Heide ganz schnell wieder friedlich.
Gerty wünschte inbrünstig, sie würden ihren kleinen Schreihals endlich nach Hause bringen und trockenlegen und ihr nicht weiter auf die Nerven fallen, denn um die Zeit sollten sie wirklich nicht mehr draußen sein, und die kleinen Zwil-

lingsblagen ebenfalls. Sie blickte hinaus aufs weite Meer. Es war wie auf den Bildern, die der Mann immer auf das Pflaster malte, mit den vielen Buntkreiden, und das war ja so ein Jammer auch daß man die da so lassen mußte wo sie dann gleich wieder verwischt wurden alle, der Abend und die heraufziehenden Wolken und das Bailey-Licht auf Howth und dazu dann die Musik und der Duft des Weihrauchs den sie in der Kirche verbrannten, wie ein Hauch alles. Und während sie so hinausblickte, schlug ihr Herz auf einmal ticketack. Ja, es war sie, nach der er herüberschaute, und es lag eine Bedeutung in seinem Blick. Seine Augen brannten in sie hinein, als wollten sie in ihr forschen, tief, ganz tief, und im Innersten ihrer Seele lesen. Wunderbare Augen waren es, herrlich ausdrucksvolle, doch konnte man ihnen auch trauen? Die Leute waren so seltsam oft. Sie konnte sofort an seinen dunklen Augen und seinem bleichen geistvollen Gesicht erkennen, daß er ein Fremder war, das leibhaftige Ebenbild des Photos von Martin Harvey, das sie hatte, dem Matinée-Idol, bis auf den Schnurrbart was ihr aber sehr lieb war denn sie schwärmte durchaus nicht für die Bühne wie Winny Rippingham die unbedingt wollte daß sie sich beide immer gleichkleiden sollten wegen irgend so einem Stück, aber sie konnte nicht erkennen ob er eine Adlernase hatte oder eine leicht *retroussée* von da aus wo sie saß. Er war in tiefer Trauer, das konnte sie sehen, und die Geschichte eines quälenden Kummers stand auf seinem Gesicht geschrieben. Welten hätte sie darum gegeben zu wissen, was es war. Er blickte so gebannt hinauf, so still, und er hatte gesehen, wie sie den Ball trat, und vielleicht konnte er auch die funkelnden Stahlschnallen ihrer Schuhe sehen wenn sie die Beine so baumeln ließ, gedankenvoll mit den Spitzen nach unten. Sie war froh, daß irgendetwas ihr gesagt hatte, die durchsichtigen Strümpfe anzuziehen, weil sie doch dachte Reggy Wylie könnte vielleicht draußen sein aber das war jetzt weit weg. Hier war das, von dem sie so oft geträumt hatte. Er war es, auf den es ankam, und Freude erschien auf ihrem Gesicht, weil sie ihn wollte, weil sie instinktiv spürte, daß er ein Mann war wie kein anderer sonst. Das innerste Herz des Mädchenweibes öffnete sich ihm, ihrem Traumgemahl, denn sie wußte im Augenblick, daß er das war. Wenn er gelitten hatte, wenn mehr gegen ihn gesündigt war worden als er selber gesündigt, ja sogar, sogar wenn er selbst ein Sünder gewesen war, ein böser Mensch, es galt ihr nichts. Selbst wenn er Protestant war oder Methodist, dann konnte sie ihn ja leicht bekehren, wenn er sie nur getreulich liebte. Es gab Wunden, die bedurften der Heilung mit Herzensbalsam. Sie war eine frauliche Frau, nicht unweiblich wie die anderen flittrigen Mädchen, die er gekannt hatte, diese Radfahrerinnen, die dauernd zur Schau stellten, was sie nicht hatten, und es verlangte sie nur danach, alles zu wissen, um alles zu verzeihen, wenn sie ihn dazu bringen konnte, sich in sie zu verlieben, dazu bringen, das Vergangene zu vergessen. Dann würde er sie vielleicht ganz zart umarmen, wie ein richtiger Mann, würde ihren sanften Körper an sich pressen und sie lieben, sein teures Herzensmädchen, allein um ihrer selbst willen.

Zuflucht der Sünder. Trösterin der Betrübten. *Ora pro nobis.* Gar wohl ist gesagt worden, daß wer da betet zu ihr im treuen beständigen Glauben, nimmer verloren kann werden noch verworfen: und gar zu Recht auch heißt sie ein Hafen der Zuflucht für die Betrübten, wegen der sieben Schmerzen, die ihr doch selber das eigene Herz durchdrungen. Gerty konnte sich die ganze Szene in der Kirche ausmalen, die hell leuchtenden bunten Glasfenster, die Kerzen, die Blumen und die blauen Fahnen der Schwesternschaft der Seligen Jungfrau, und Pater Conroy half Kanonikus O'Hanlon am Altar und trug Sachen herein und hinaus mit niedergeschlagenen Augen. Er sah fast wie ein Heiliger aus, und sein Beichtstuhl war so still und sauber und dunkel, und seine Hände waren richtig wie weißes Wachs, und wenn sie jemals eine Nonne wurde, eine Dominikanerin in denen ihrem weißen Habit, dann kam er vielleicht ja mal ins Kloster zur Novene des Heiligen Dominicus. Damals, wie sie ihm davon erzählt hatte in der

Beichte, rot geworden bis an die Haarwurzeln vor Angst, er könnte es sehen, da hatte er ihr gesagt, sie solle sich keine Kümmernisse machen deswegen weil das bloß die Stimme der Natur wäre in ihr und wir alle wären den Naturgesetzen unterworfen, hatte er gesagt, in diesem Leben und daß das keine Sünde wäre weil es nämlich aus der Natur des Weibes käme die von Gott so eingerichtet worden wäre, hatte er gesagt, und Unsere Gebenedeite Frau selbst hätte ja zu dem Erzengel Gabriel gesagt, mir geschehe nach Deinem Wort. Er war ja so freundlich und heilig und fromm, und oft und oft schon hatte sie sich überlegt und gedacht, sie könnte ihm vielleicht eine schöne Teemütze machen mit Rüschen dran und einem gestickten Blumenmuster als Geschenk oder auch eine Uhr aber eine Uhr hatten sie schon das hatte sie bemerkt auf dem Kaminsims weiß und golden und mit einem Kanarienvogel der immer aus einem kleinen Häuschen kam und die Zeit ansagte an dem Tag damals wie sie wegen den Blumen hinging für die vierzigstündige Anbetung weil es doch wirklich schwer zu sagen war was für ein Geschenk da infrage kam oder vielleicht ein Album mit kolorierten Ansichten von Dublin oder sonst einer Gegend.

Die kleinen Zwillingsblagen konnten einen wirklich zur Weißglut bringen, fingen sie doch schon wieder zu kabbeln an, und Jacky warf den Ball weit hinaus zum Meer hinunter, und sie beide rannten hinterher. Kleine Affen, so gemein wie Gossenwasser. Die sollte sich mal jemand vorknöpfen und ihnen eine Abreibung verpassen, damit sie endlich parierten, die zwei beiden da. Und Cissy und Edy brüllten hinter ihnen her, sie sollten auf der Stelle zurückkommen, weil sie Angst hatten, die Flut könnte sie erreichen, und dann ertränken sie.

– Jacky! Tommy!

Aber die dachten ja gar nicht dran! Die nicht! Und darum sagte Cissy, das wäre jetzt aber endgültig das letztemal, daß sie die hier mit rausgenommen hätte. Sie sprang auf und rief sie und rannte den Abhang hinunter an ihm vorbei und warf dabei ihr Haar hinter sich, das ja eine ganz gute Farbe hatte

an sich wenn es bloß etwas mehr gewesen wäre aber all der Krimskrams den sie sich da dauernd am reinschmieren war davon wuchs es auch nicht länger weil das einfach nicht natürlich war so und damit mußte sie sich eben abfinden da konnte man nichts machen. Sie rannte mit langen Gänserichschritten, und es war glatt ein Wunder daß sie sich nicht den Rock dabei aufriß an der Seite der ihr viel zu knapp saß, denn Cissy Caffrey hatte richtig etwas von einem Wildfang an sich, und sie war eine Draufgängerin, sooft sie glaubte, sie hätte eine gute Gelegenheit sich aufzuspielen, und weil sie auch eine gute Läuferin war, rannte sie jetzt derart, daß er den ganzen Rand von ihrem Unterrock sehen konnte beim Rennen und ihre mageren Schenkel ebenfalls so weit rauf wie nur möglich. Es wäre ihr nur recht geschehen, wenn sie dabei gestolpert wäre über irgend etwas zufällig, wo sie doch mit Absicht diese hohen gebogenen französischen Absätze trug, bloß um größer zu wirken, und einen richtig schönen Purzelbaum geschlagen hätte. *Tableau!* Das wäre ja eine reizende Geschichte gewesen für einen Herrn wie den, sowas mit anzusehen.
Königin der Engel, Königin der Patriarchen, Königin der Propheten, der Heiligen all, beteten sie, Königin des allerheiligsten Rosenkranzes, und dann übergab Pater Conroy dem Kanonikus O'Hanlon das Räucherfaß, und er legte hinein den Weihrauch und beräucherte das Gesegnete Sakrament, und Cissy Caffrey fing die beiden Zwillinge ein, und es juckte sie, ihnen eine Ohrfeige zu verpassen, die sich gewaschen hatte, doch tat sie es nicht, weil sie dachte, er könnte sie vielleicht beobachten, aber niemals in ihrem ganzen Leben beging sie einen größeren Irrtum, denn Gerty konnte auch ohne hinüberzublicken sehen, daß er kein Auge von ihr wandte, und dann gab Kanonikus O'Hanlon das Weihrauchgefäß an Pater Conroy zurück und kniete nieder und blickte empor zum Gesegneten Sakrament, und der Chor begann das *Tantum ergo* zu singen, und sie schwang den Fuß her und hin im Takt, während die Musik zum *Tantumer gosa cramen tum* anstieg und fiel. Drei-elf hatte sie für die Strümpfe bezahlt bei

Sparrow in der George's Street am Dienstag, nein Montag vor Ostern, und es war kein einziger Fleck darauf, und deswegen kuckte er andauernd herüber weil sie durchsichtig waren, nicht wegen Cissy ihren, den blöden die überhaupt keine Form hatten (so eine Unverschämtheit von ihr!) denn er hatte doch Augen im Kopf und konnte selber den Unterschied sehen.

Cissy kam mit den beiden Zwillingen und ihrem Ball den Strand herauf, und der Hut saß ihr jedenfalls ganz schief auf der Seite nach dem Gerenne, und sie sah doch wirklich aus wie eine Schlampe wie sie die beiden Rangen da so langschleifte, die dünne Bluse die sie erst vor zwei Wochen gekauft hatte wie ein Fetzen auf dem Rücken und der blitzende Unterrock, also das war doch die reinste Karikatur. Gerty nahm nur für einen Augenblick den Hut ab, um sich das Haar zu richten, und nie noch sah man einen hübscheren, einen feineren Kopf mit nußbraunen Flechten auf eines Mädchens Schultern, eine strahlende kleine Vision, wahrhaftig, die einem fast die Sinne rauben konnte in ihrer Süße. So manch eine lange Meile hätte man reisen müssen, ehe man einen solchen Kopf und solches Haar gefunden. Fast konnte sie die jähe Glut der Bewunderung sehen, die als Antwort in seine Augen stieg und jeden Nerv in ihr zum Prickeln brachte. Sie setzte den Hut wieder auf, so daß sie unter ihm hervorlugen konnte, und schwang ihren Schnallenschuh schneller, denn der Atem stockte ihr, als sie den Ausdruck in seinen Augen gewahrte. Er starrte sie an wie eine Schlange ihre Beute. Ihr Fraueninstinkt sagte ihr, daß sie den Teufel in ihm geweckt hatte, und bei diesem Gedanken flutete ein brennendes Scharlachrot ihr von der Kehle zur Stirn, bis ihre liebliche Gesichtsfarbe ein herrliches Rosenrot geworden war.

Auch Edy Boardman entging es nicht, denn sie schielte, halb lächelnd, durch ihre Brillengläser zu Gerty herüber, wie eine alte Jungfer, und tat dabei so, als sei sie mit dem Baby beschäftigt. Eine reizbare kleine Stechmücke, das war sie und würde sie immer sein, und daran lag es auch daß keiner mit ihr auskam, wo sie ihre Nase andauernd in Sachen steckte die sie nichts angingen. Und sie sagte zu Gerty:

– Das möcht ich wohl wissen, was du jetzt grade denkst.

– Wieso? erwiderte Gerty mit einem Lächeln, das verstärkt wurde durch die allerweißesten Zähne. Ich hab nur grade überlegt, ob es wohl schon spät ist.

Weil sie inbrünstig wünschte, sie würden endlich die rotznasigen Zwillinge nach Hause schaffen und ihr Baby da rausnehmen, deshalb bloß hatte sie die sanfte Andeutung gemacht, vonwegen daß es schon spät geworden wäre. Und als Cissy oben ankam, fragte Edy sie nach der Zeit, und Miss Cissy mit ihrem losen Mundwerk sagte, es wäre viertel nach Küssenszeit, höchste Zeit zum Wiederküssen. Aber Edy wollte es wissen, weil sie nämlich gesagt bekommen hatten, sie sollten ja früh wieder daheim sein.

– Warte, sagte Cissy, ich will mal meinen Onkel Peter da drüben fragen, wie spät es auf seiner Ticktack ist.

So ging sie hinüber, und als er sie kommen sah, konnte sie sehen, wie er die Hand aus der Tasche nahm, ganz nervös wurde und, zur Kirche hinüberblickend, mit seiner Uhrkette zu spielen begann. Ob er schon eine leidenschaftliche Natur besaß, konnte Gerty doch sehen, daß er über eine ungeheure Selbstbeherrschung gebot. Einen Augenblick zuvor noch hatte er fasziniert dagesessen, von einer Lieblichkeit, die seinen Blick magisch anzog, und im nächsten schon war er ganz der ruhige Herr mit dem ernsten Gesicht, und Selbstbeherrschung drückte sich in jeder Linie seiner distinguierten Gestalt aus.

Cissy sagte, er möge bitte entschuldigen, und ob er ihr vielleicht sagen könnte, wieviel Uhr es genau sei, und Gerty konnte sehen, wie er die Taschenuhr zog, daran horchte und dann aufblickte und sich räusperte, und er sagte, es täte ihm sehr leid, seine Uhr wäre stehengeblieben, aber es müßte wohl schon nach acht sein, weil die Sonne schon untergegangen wäre. Seine Stimme hatte einen gebildeten Klang, und obwohl er in gemessener Rede sprach, lag doch ein ganz leichtes Beben in den vollen Tönen. Cissy bedankte sich und kam mit herausgestreckter Zunge zurück und sagte, der Onkel hätte gesagt, sein Kraftwerk wäre pleite gegangen.

Dann sangen sie die zweite Strophe des *Tantum ergo*, und Kanonikus O'Hanlon stand wieder auf und beräucherte das Gesegnete Sakrament und kniete wieder nieder, und er sagte zu Pater Conroy, die Blumen fingen gleich an zu brennen da von einer der Kerzen, und Pater Conroy stand auf und brachte sie in Ordnung, und sie konnte sehen, wie der Herr seine Uhr aufzog und an dem Werk horchte, und sie schwang das Bein stärker her und hin im Takt. Es wurde dunkler, aber er konnte noch sehen, und er sah die ganze Zeit herüber, während er die Uhr aufzog oder was sonst immer mit ihr machte, und dann steckte er sie wieder ein und steckte die Hände wieder in die Taschen. Sie fühlte, wie eine Art Schauer sie von oben bis unten überlief, und als sie das Prickeln auf ihrer Kopfhaut spürte und jenen seltsamen Reiz in ihrem Korsett, da wußte sie, daß die Sache wieder kommen mußte, weil es das letztemal auch so gewesen war, als sie sich das Haar gestutzt hatte, wegen dem Mond. Seine dunklen Augen richteten sich wieder starr auf sie, tranken jede ihrer Konturen in sich hinein, in buchstäblicher Anbetung vor ihrem Schrein. Wenn jemals unverhohlene Bewunderung in eines Mannes leidenschaftlichem Blick gelegen hat, so war sie dort in aller Deutlichkeit zu sehen auf jenes Mannes Gesicht. Und sie gilt dir, Gertrude MacDowell, und du weißt es.

Edy machte sich langsam zum Aufbruch fertig, und es war auch hohe Zeit für sie, und Gerty merkte, daß die kleine Andeutung, die sie gemacht, die gewünschte Wirkung gehabt hatte, denn es war noch ein langer Weg am Strand entlang bis zu der Stelle, wo sie den Kinderwagen hinaufschieben mußten, und Cissy nahm den Zwillingen die Mützen ab und ordnete ihnen das Haar, bloß um sich selbst in Positur zu setzen natürlich, und Kanonikus O'Hanlon stand auf in seinem Chormantel, der ihm hochrutschte im Nacken, und Pater Conroy reichte ihm die Karte zum Ablesen, und er las laut *Panem de coelo praestitisti eis*, und Edy und Cissy redeten die ganze Zeit über die Zeit und fragten sie, aber Gerty konnte ihnen mit gleicher Münze heimzahlen, und sie antwortete schlicht mit verletzender Höflichkeit, und da fragte Edy sie, ob ihr vielleicht das Herz gebrochen wäre, weil ihr Liebster sie sitzengelassen hätte. Gerty zuckte scharf zusammen. Ein kurzer kalter Strahl schoß aus ihren Augen, der Bände sprach von grenzenloser Verachtung. Das hatte gesessen. Oh ja, das traf sie tief, denn Edy hatte ihre ganz eigene ruhige Art, derartige Sachen zu sagen, von denen sie wußte, daß sie verwunden würden, so eine garstige kleine Katze, wie sie war. Gertys Lippen teilten sich rasch, um das Wort zu formen, doch sie kämpfte das Schluchzen nieder, das ihr in der Kehle hochstieg, einer Kehle, so zart, so makellos, so schön gestaltet, daß gar wohl ein Künstler von ihr hätte träumen können. Sie hatte ihn mehr geliebt, als er wußte. Ein leichtherziger Betrüger und wankelmütig wie alle seines Geschlechts, würde er niemals begreifen, was er ihr bedeutet hatte, und für einen Moment füllte die blauen Augen der jähe stechende Reiz von Tränen. Die Blicke der beiden musterten sie erbarmungslos, doch mit tapferer Anstrengung funkelte sie Sympathie zurück, als sie, ihnen deutlich sichtbar, ihrer neuen Eroberung einen Blick zuwarf.

– Oh, antwortete Gerty blitzschnell und lachte, und der stolze Kopf flammte empor, ich kann meine Angel nach jedem auswerfen, den ich will, weil wir nämlich Schaltjahr haben.

Ihre Worte klangen kristallklar hinaus, melodischer als das Gurren der Ringeltaube, aber sie schnitten eisig in die Stille. Es war ein Etwas in ihrer jungen Stimme, das sagte, daß sie keine war, mit der man nur so obenhin sein Spiel trieb. Was Mr. Reggy anbetraf mit seinem Dünkel und seinem lumpigen bißchen Geld, so konnte sie ihn von sich streifen wie ein Flöckchen Schmutz, und keine Sekunde mehr würde sie je wieder einen Gedanken an ihn verschwenden, und seine blöde Postkarte würde sie in tausend Stücke reißen. Und wenn er sich ja noch einmal erdreisten sollte, dann würde sie ihn mit einem einzigen Blick der Verachtung messen, von dem er auf der Stelle eine Gänsehaut bekam. Das Gesicht der winzig kleinen Miss Edy wurde beträchtlich länger, und Gerty konnte aus ihrem gewitterschwarzen Blick ersehen, daß sie ganz einfach eine irre Wut hatte, obschon sie es verbarg, das kleine Luder, denn jener Pfeil hatte ins Schwarze getroffen, mitten in ihre kleinliche Eifersucht, und sie beide wußten, daß sie etwas Höheres, etwas Besonderes war, aus einer anderen Sphäre, daß sie nicht zu ihnen gehörte und daß es noch jemanden gab der das ebenfalls wußte und sah und das sollten sie jetzt erst einmal schlucken und verdauen.

Edy setzte Baby Boardman auf für den Heimweg, und Cissy verstaute den Ball und die Spaten und Eimerchen, und es war auch hohe Zeit, denn der Sandmann war schon unterwegs zu Master Boardman junior, und Cissy sagte noch, daß die kleinen Äuglein ja auch schon ganz müde wären und daß wir jetzt brav in die Heia gehn müßten, und Baby sah ja auch so allerliebst aus und lachte hell aus seinen fröhlichen Augen, und Cissy piekste ihm mit dem Finger in den dicken kleinen Bauch, und da machte Baby denn, ohne lange um Erlaubnis zu fragen, ein derartiges Bäuerlein, daß sein nagelneues Schlabberlätzchen ganz davon besabbelt war.

– O weh! Das ist ja eine schöne Bescherung! protestierte Ciss. Jetzt hat er sich sein ganzes Lätzchen ruiniert!

Der leichte *contretemps* erforderte ihre Aufmerksamkeit, doch im Handumdrehen hatte sie das kleine Malheur wieder in Ordnung gebracht.

Gerty erstickte einen gedämpften Ausruf und gab ein nervöses Husten von sich, und Edy fragte, was ist denn los, und sie war drauf und dran, ihr patzig zu antworten, was nicht angebunden ist, doch sie war stets eine Dame in ihrem Betragen, und so ging sie mit vollendetem Takt darüber weg, indem sie einfach sagte, es wäre der Segen, denn grad jetzt eben klang die Glocke vom Kirchturm über den stillen Strand herüber, weil nämlich Kanonikus O'Hanlon oben vor dem Altar stand mit dem Velum, das Pater Conroy ihm um die Schultern gelegt hatte, und den Segen erteilte, das heilige Sakrament in den Händen.

Wie ergreifend war doch die Szene dort im sich sammelnden Zwielicht, der letzte blasse Schimmer über Erin, das ergreifende Geläut der Abendglocken, und zur selben Zeit flog eine Fledermaus aus dem efeubewachsenen Glockenturm durch die Dämmerung, hierhin, dorthin, mit dünnem verlorenem Schrei. Und weit in der Ferne konnte sie die Lichter der Leuchttürme sehen, so malerisch, daß sie jetzt liebend gern einen Farbkasten gehabt hätte, um sie abzumalen, denn das war leichter als etwa einen Mann zu machen, und gleich würde der Laternenanzünder seine Runde antreten, an der Presbyterianerkirche vorbei und die schattige Tritonville Avenue entlang, wo die Liebespärchen gingen, und die Laterne vor ihrem Fenster anzünden, an der Reggy Wylie immer sein Freilaufrad wendete, ganz wie sie es in dem Buch *Der Laternenanzünder* von Miss Cummins gelesen, der Verfasserin von *Mabel Vaughan* und anderen Erzählungen. Denn Gerty hatte ihre Träume, von denen kein Mensch etwas wußte. Sie las liebend gern Gedichte, und als sie von Bertha Supple zum Andenken das reizende Poesie-Album mit dem korallenrosa Einband geschenkt bekam, damit sie ihre Gedanken hineinschrieb, da hatte sie es in die Schublade von ihrem Toilettentisch gelegt, der, obschon er nicht eben ein Prunkstück war, von ihr doch peinlich sauber und in Ordnung gehalten wurde. Dort war es, wo sie ihre Mädchenschätze bewahrte, die Schildpattkämme, ihr Marienkind-Abzeichen, das Weiße-Rose-Parfüm, das Augenbrauoline, ihr alabasternes Riechpulverbüchschen und die Bänder zum Wechseln, wenn ihre Sachen von der Wäsche kamen, und es standen so manche schönen Gedanken darin geschrieben in violetter Tinte, die sie bei Hely in der Dame Street gekauft hatte, denn sie spürte, daß auch sie Gedichte schreiben könnte, wenn es ihr nur gelang, sich so auszudrükken wie jenes Gedicht, das sie so tief berührt hatte und das sie sich aus der Zeitung abgeschrieben hatte, die sie eines Abends um das Suppengemüse gewickelt fand. *Bist real du, Ideal du?* hieß es und war von Louis J. Walsh, Magherafelt, und danach kam etwas mit *wenn mich Zwielicht sanft umdämmert,* und oftmals hatte die Schönheit der Poesie, so traurig in ihrer flüchtigen Lieblichkeit, ihre Augen mit stillen Tränen getrübt, Tränen darüber, daß die Jahre dahingingen für sie, eins um das andere, aber wäre die eine Benachteiligung nicht, so brauchte sie keine Konkurrenz zu fürchten, das wußte sie, und das war ein Unfall gewesen, wie sie damals den Dalkey Hill heruntergekommen war, und sie versuchte es stets zu verbergen. Doch damit mußte es jetzt ein Ende haben, das fühlte sie. Wenn sie jenes magische Locken in seinen Augen sah, dann konnte es kein Halten mehr geben für sie. Liebe lacht aller Hindernisse. Sie würde das große Opfer bringen. Ihr ganzes Streben würde sie daran setzen, seine Gedanken zu teilen. Teurer als die ganze Welt würde sie ihm sein und ihm seine Tage mit Glück vergolden. Dann war da noch die allwichtige Frage, und ums Leben gern hätte sie's gewußt, ob er wohl verheiratet war oder ein Witwer, der seine Frau verloren hatte, oder ein tragischer Fall wie der Edelmann mit dem ausländischen Namen aus dem Land der Lieder, der sie hatte in ein Irrenhaus bringen müssen, grausam nur aus Güte. Doch selbst wenn – was dann? Würde es denn einen so großen Unterschied machen? Vor allem, was nur im mindesten unzart war, schauderte ihre feinfühlige Natur instinktiv zurück. Sie verabscheute jene schrecklichen Menschen, die gefallenen Frauen, die an der Dodder herumflanierten, die mit den Soldaten gingen und mit rohen Männern, ohne Respekt vor eines Mädchens Ehre, die das weibliche Geschlecht in den Schmutz zogen und dann mit aufs Polizeirevier mußten. Nein, nein: nicht das. Sie würden einfach gute Freunde sein, wie ein großer Bruder mit seinem Schwesterchen, ohne all das andere und trotz allen Konventionen der Gesellschaft mit großem Ge. Vielleicht war es eine alte Flamme, der er nachtrauerte, aus alten unwiederbringlichen Tagen. Sie würde ihn schon verstehen, dachte sie. Sie würde versuchen, ihn zu verstehen, weil Männer ja doch so anders waren. Die alte Liebe wartete, wartete mit kleinen weißen ausgestreckten Händen, mit blauen flehenden Augen. O mein Herz! Sie würde ihm folgen, ihrem Liebestraum, den Befehlen ihres Herzens, das ihr sagte, daß er ihr ein und alles war, der einzige Mann in der Welt für sie, denn die Liebe war ein Führer, der nie irrte. Das allein zählte, nichts sonst. Komme, was wolle, sie würde wild sein, ungefesselt, frei.

Kanonikus O'Hanlon stellte das Gesegnete Sakrament zurück in das Tabernakel, und der Chor sang *Laudate Dominum omnes gentes*, und dann verschloß er die Tabernakeltür, weil der Segen vorbei war, und Pater Conroy reichte ihm seinen Hut zum Aufsetzen, und das Luder Edy fragte, ob sie nicht mitkäme, aber da rief Jacky Caffrey laut:

– Oh, kuck doch mal da, Cissy!

Und sie blickten alle auf, ob das wohl Wetterleuchten wäre dort, aber Tommy sah es auch, drüben über den Bäumen neben der Kirche, blau und dann grün und purpurn.

– Es ist ein Feuerwerk, sagte Cissy Caffrey.

Und sie alle rannten hinunter zum Strand, um über die Häuser zu schauen und die Kirche, holterdipolter, Edy mit dem Kinderwagen und Baby Boardman darin, Cissy mit Tommy und Jacky an der Hand, damit sie nicht hinfielen beim Laufen.

– Komm doch mit, Gerty, rief Cissy. Es ist das Basar-Feuerwerk!

Doch Gerty war diamantenhart. Sie hatte nicht die Absicht, nach der beiden Pfeife zu tanzen. Wenn die wie die Irren rannten, dann konnte sie sitzen bleiben, und so sagte sie, daß sie ganz gut sehen könnte von da, wo sie war. Die Augen, die auf sie geheftet waren, ließen ihre Pulse summen. Sie sah ihn einen Moment an und begegnete seinem Blick, und ein Licht brach über sie herein. Weißheiße Leidenschaft war in jenem Gesicht, Leidenschaft, so schweigend wie das Grab, und diese Leidenschaft hatte sie zu der seinen gemacht. Endlich waren sie allein, ohne die andern, die immer nur spähten und anzügliche Bemerkungen machten, und sie wußte, er verdiente Vertrauen bis in den Tod, unerschütterlich, ein echter rechter Mann, ein Mann von unbeugsamer Ehre bis in die Fingerspitzen. Seine Hände und sein Gesicht arbeiteten, und bei diesem Anblick überlief sie ein Zittern. Sie lehnte sich weit zurück, um hinaufzublicken, wo das Feuerwerk war, und sie umschlang ihr Knie mit den Händen, damit sie nicht umfiel nach hinten beim Aufblicken, und es war ja auch niemand da, der hinsehen konnte, nur er, und sie, als sie nun ganz ihre anmutigen schöngeformten Beine enthüllte, geschmeidig weich und zart gerundet, und es war ihr, als höre sie das Klopfen seines Herzens, sein heiseres Atmen, denn sie wußte von der Leidenschaft solcher Männer, solch heißblütiger Männer, weil Bertha Supple ihr einmal unter dem Siegel der Verschwiegenheit und sie mußte schwören daß sie niemals von dem Herrn erzählt hatte der zur Untermiete bei ihnen wohnte aus dem Congested Districts Board daß er sich Bilder ausgeschnitten hätte aus Zeitungen von diesen Serpentintänzerinnen und so welchen die beim Tanzen die Beine ganz hoch schmissen und sie sagte er hätte dann immer etwas gar nicht Schönes gemacht was sie sich wohl denken könnte manchmal in seinem Bett. Aber dies hier war doch etwas ganz ganz anderes weil ja ein großer Unterschied dabei war eben weil sie fast fühlen konnte wie er ihr Gesicht zu dem seinen hinüberzog und die erste schnelle heiße Berührung seiner schönen Lippen. Im übrigen bekam man ja auch die Absolution solange man nicht das andere tat bevor man verheiratet war und eigentlich sollte es doch weibliche Priester geben die verstanden auch ohne daß man ihnen lange erzählen mußte und auch Cissy Caffrey hatte ja manchmal diese träumerische Art von träumerischem Blick in den Augen so daß sie wohl ebenfalls, ach du lieber Gott, und Winny Rippington war ja wie versessen auf Schauspieler-Photographien und außerdem war es wegen dem andern was da am kommen war jetzt.

Und Jacky Caffrey schrie, sie sollte doch kucken, da wäre schon wieder eine, und sie lehnte sich zurück, und die Strumpfbänder waren blau, richtig passend, wegen den Durchsichtigen, und alle sahen sie hinauf und schrien, kuckt doch, kuckt doch mal, da, und sie lehnte sich noch weiter zurück, um das Feuerwerk zu sehen, und etwas Seltsames flog herum durch die Luft, ein weiches Etwas, dunkel her und hin. Und sie sah eine lange Leuchtkugelröhre aufsteigen über den Bäumen, hoch, hoch hinauf, und in der gespannten Stille waren sie alle atemlos vor Erregung, wie sie da höher stieg und immer höher, und sie mußte sich weiter und immer weiter zurücklehnen, um ihr nachzusehen dort oben, hoch, hoch, außer Sichtweite fast, und ihr Gesicht ward von einer göttlichen schier die Sinne benehmenden Röte überflutet vor lauter angestrengtem Zurücklehnen, und er konnte nun auch ihre anderen Sachen alle sehen, die Kniehöschen aus Nainsook, dem hautsympathischen Gewebe, die viel besser waren als die andern Schlüpfer, die grünen, für vier-elf, weil sie nämlich weiß waren, und sie ließ ihn, und sie sah, daß er sah, und dann stiegs so hoch, daß es einen Augenblick lang ganz außer Sicht geriet, und sie zitterte an allen Gliedern, weil sie so weit zurückgebeugt war, und er hatte freien Blick voll hoch hinauf über ihr Knie, so weit wie noch keiner, nicht einmal in der Schaukel oder beim Waten, und sie schämte sich nicht und er ebenfalls nicht, in so unanständiger Weise so hinzusehen, weil er dem Anblick der wundervollen Enthüllung nicht zu widerstehen vermochte, die sich ihm halb bot wie bei diesen Serpentintänzerinnen, die sich so unanständig aufführten vor zukuckenden Herren, und er sah weiter herüber und immer weiter. Sie hätte gern nach ihm geschrien, erstickend fast, hätte gern die schneeigen schlanken Arme ausgestreckt nach ihm, daß er käme, daß sie seine Lippen auf ihrer weißen Stirne fühlte, eines jungen Mädchens Liebesschrei, einen kleinen unterdrückten Schrei, der sich ihr entrungen, jenen Schrei, der geklungen ist durch die Zeitalter alle. Und dann sprang eine Rakete hoch und schoß peng blind und O! dann barst die Leuchtkugelröhre auseinander und es war wie ein seufzendes O! und alles schrie O! und O! in Verzückung und es ergoß sich daraus ein Strom goldregnender Haarfäden und sie schimmerten auseinander und ah! da warens auf einmal lauter grünliche tauige Sterne die niederfielen mit güldenen, O so lebendig! O so sanft, süß, sanft!

Dann schmolz alles tauig dahin in der grauen Luft: alles war still. Ah! Und sie blickte hinüber zu ihm, als sie sich nun vorbeugte, schnell, mit einem rührenden kleinen Blick des kläglichen Protests, des scheuen Vorwurfs, unter dem er rot wurde wie ein Mädchen. Er hatte sich wieder zurückgelehnt an den Felsen hinter sich. Leopold Bloom (denn er ist es) steht still, gebeugten Haupts vor jenen arglosen jungen Augen. Welch ein Unhold war er gewesen! Wieder das alte Lied? Eine schöne lautere Seele hatte ihn gerufen, und wie hatte er, der Elende, geantwortet? Ein ganz gemeiner Kerl war er gewesen. Ausgerechnet er! Aber es lag eine unendliche Fülle von Erbarmen in jenen Augen, und so winkte auch ihm wohl ein Wort der Verzeihung, selbst wenn er ein Sünder war und in die Irre gegangen und ruhelos gewandert. Würde ein Mädchen etwas weitersagen? Nein, nein und tausendmal nein. Es war ihrer beider Geheimnis, einzig ihrs, die sie allein waren im verbergenden Dämmerlicht, und keiner war da, der es wußte oder erzählen konnte, außer der kleinen Fledermaus, die so sanft durch den Abend flog, her und hin, und kleine Fledermäuse, die plaudern nicht.

Cissy Caffrey pfiff, sie ahmte die Jungen auf dem Fußballplatz nach, bloß um zu zeigen, was sie alles auf dem Kasten hätte: und dann schrie sie:

– Gerty! Gerty! Wir gehen. Komm doch mit. Wir können von weiter oben noch sehen.

Gerty hatte eine Idee, eine der kleinen Listen der Liebe. Sie ließ ihre Hand in die Taschentuchtasche schlüpfen und nahm das Wattebäuschchen heraus und winkte damit Antwort, natürlich ohne ihn aus den Augen zu lassen, und steckte es dann zurück. Ob er zu weit weg war, um zu? Sie erhob sich. War es der Abschied? Nein. Wohl mußte sie gehen, doch sie würden sich wieder begegnen, dort, und bis dahin würde sie davon träumen, morgen, von ihrem Traum von gestern abend. Sie reckte sich zu ihrer vollen Höhe auf. Ihre Seelen trafen sich in einem letzten lang zögernden Blick, und die Augen, die ihr Herz erreichten, voll eines seltsamen Glanzes, hingen hingerissen an ihrem süßen blumengleichen Gesicht. Sie schenkte ihm ein halbes Lächeln, bläßlich, ein süßes verzeihendes Lächeln, ein Lächeln, das den Tränen nahe war, und dann schieden sie.

Langsam, ohne zurückzublicken, ging sie den unebenen Strand hinunter zu Cissy, zu Edy, zu Jacky und Tommy Caffrey, zu klein Baby Boardman. Es war dunkler jetzt, und es lagen Steine und Holzstücke auf dem Strand und schlüpfriger Seetang. Sie ging mit einer gewissen ruhigen Würde, die kennzeichnend für sie war, doch mit Achtsamkeit und sehr langsam, denn Gerty MacDowell . . .

Zu enge Schuhe? Nein. Sie hinkt! Ach!

Mr. Bloom sah ihr nach, wie sie davonhumpelte. Armes Mädchen! Deswegen also war sie auf dem Felsvorsprung sitzen geblieben, als die andern einen Wettlauf machten. Dacht ich mir doch gleich, daß da irgendwas nicht stimmte, ihrem Gesichtsausdruck nach. Sitzengelassene Schönheit. Bei Frauen ist so ein Mangel gleich zehnfach schlimm. Aber macht sie gefällig. Bin ja bloß froh, daß ichs nicht gewußt hab, wie sie sich da produzierte. Trotzdem, ein heißer kleiner Teufel. Würde sich bestimmt nicht lange zieren. Kriegt man direkt Neugier drauf, wie auf ne Nonne oder ne Negerin oder ein Mädchen mit Brille. Die da so rübergeschielt hat, lecker lekker. Ist wahrscheinlich kurz vor ihren Tagen, davon werden sie immer richtig aufgekratzt. Ich hab ganz schlimme Kopfschmerzen heute. Wo hab ich den Brief eigentlich hingesteckt? Ah ja, in Ordnung. Alle möglichen verrückten Süchte. Pennys anlecken. Das Mädchen im Tranquilla-Kloster, von dem die Nonne da mir erzählt hat, also das roch mit Vorliebe Petroleum. Jungfrauen müssen doch schließlich einfach überschnappen. Schwester? Wie viele Frauen in Dublin habens wohl heute? Martha, sie. Irgendwas in der Luft. Macht wohl der Mond. Aber wieso menstruieren dann nicht alle Frauen zur selben Zeit beim selben Mond? Hängt wahrscheinlich vom Zeitpunkt ab, wo sie geboren wurden. Oder sie starten alle zugleich, aber kommen dann aus dem Takt. Molly und Milly hatten ja manchmal zusammen. Egal jedenfalls, ich habs gut erwischt. Kann verdammt froh sein, daß ichs nicht im Bad gemacht hab heute morgen, über ihrem albernen am liebsten würd ich Dich dafür bestrafen Brief. Ersatz für das mit dem Tramschaffner heute morgen. Und mit diesem Gannef M'Coy, wie der mich aufgehalten hat mit seinem Quatsch. Engagement seiner Ehehälfte, auf dem Land, der Koffer, eine Stimme wie ne Spitzhacke. Dankbar sein für kleine Glücksfügungen. War ja auch billig. Braucht nur drum zu fragen, dann hat mans. Weil die es selber brauchen. Natürliche Begierde bei ihnen. In hellen Scharen kommen sie jeden Abend aus den Büros geströmt. Lieber etwas Zurückhaltung. Wenn man nicht will, wirds einem nachgeschmissen. Fangt sie lebendig, O. Schade, daß sie sich nicht selber sehn können. Ein Traum von wohlgefülltem Strumpf. Wo war das doch? Ah, ja. Mutoskop-Bilder in der Capel Street: nur für Männer. Tom der Schnüffler. Willys Hut und was die Mädchen alles damit machten. Sind das nun echte Schnappschüsse von diesen Mädchen oder ist alles bloß Schmu? Macht bloß die *lingerie*. Tasteten nach ihren Kurven in ihrem *deshabillé*. Bringt sie auch dann in Fahrt, wenn sie. Also ich bin ganz sauber gekommen und hab mich vollgesaut. Und dann helfen sie sich auch liebend gerne beim Anziehen gegenseitig, für das Opfer. Milly war richtig weg von Mollys neuer Bluse. Zuerst. Ziehn das alles bloß an, um es dann alles wieder ausziehn zu können. Molly. Der Grund auch, daß ich ihr die violetten Strumpfbänder gekauft hab. Wir ja ebenfalls: die Krawatte, die er trug, seine piekfeinen Socken und die Hose mit den Aufschlägen. Er trug piekfeine Gamaschen, die haben mich gleich entflammt. Sein Hemd war frisch gewaschen unterm tammtadamm aus Samt. 's heißt, Frauen verlieren mit jeder Nadel, die sie rausziehn, einen ihrer Reize. Zusammengesteckt. Ah, Mairy hatte die Nadel aus ihren. Werweißwie aufgetakelt für irgendwen. Die Mode macht doch einen erheblichen Teil ihrer Reize aus. Wechselt immer dann, wenn man dem Geheimnis grad auf der Spur ist. Außer im Osten: Maria,

Martha: heute wie eh und je. Kein vernünftiges Angebot wird ausgeschlagen. Sie hattes auch gar nicht eilig. Immer hinter einem Kerl her, wenn sie. Vergessen nie eine Verabredung. Ziehn los auf Verdacht wahrscheinlich. Glauben ans Glück, weil das wie sie selber. Und die andern immer geneigt, gegen sie zu sticheln und zu hecheln. Freundinnen auf der Schule, die Arme einander um den Nacken gelegt oder alle zehn Finger ineinander gehakt, küssen sich und flüstern sich Geheimnisse zu, lauter süße Nichtigkeiten bloß, im Klostergarten. Nonnen mit weißgekalkten Gesichtern, kühler Haube und ihren Rosenkränzen, auf und ab, voller Rachsucht gegen das, was sie nicht kriegen können. Stacheldraht. Vergiß aber ja nicht und schreib mir. Ich schreib Dir dann auch. Aber ganz bestimmt? Molly und Josie Powell. Bis dann der Richtige des Weges kommt, dann trifft man sich bloß noch alle Jubeljahre. *Tableau!* Ach sieh mal an, wer ist denn das? Wie gehts dir denn so? Was hast du nur die ganze Zeit gemacht? Küßchen, und ist das aber schön, Küßchen, dich mal wiederzusehn. Und dabei andauernd am lauern, wie die andere aussieht jetzt, kucken sich gegenseitig Löcher in den Leib. Blendend schaust du aus. Schwesterseelen, die sich die Zähne zeigen. Wie viele hast du noch? Würden sich keine Prise Salz leihen gegenseitig.
Ah!
Teuflinnen sind sie, wenns über sie kommt. Dunkles teuflisches Aussehen. Molly hat mir ja oft erzählt, sie fühlt die Sachen an sich wie eine Zentnerlast. Kratz mir doch mal die Fußsohle. O ja, so! Oh, tut das gut! Spürs selber ja auch. Gut, mal Ruhe zu haben ausnahmsweise. Möchte wissen, obs schief ginge, wenn man mitkäme dann. In gewisser Beziehung wärs ja ohne Risiko. Läßt Milch umschlagen, Geigensaiten springen. Irgendwas daß auch Pflanzen welken im Garten hab ich mal gelesen. Außerdem heißts doch, wenn die Blume welkt, die eine sich angesteckt hat, dann ist die n Flittchen. Sind sie aber doch alle. Würde ja fast sagen, sie hat gespürt, daß ich. Wenn einem so ist, trifft man oft, was sich ebenso fühlt. Mochte sie

mich eigentlich oder was? Kleidung, da sehn sie drauf. Wissen immer sofort, ob ein Kerl Absichten hat: Kragen und Manschetten. Na schön, Hähne und Löwen machens genauso und Hirsche. Zu gleicher Zeit ziehn sie aber auch vielleicht ne schlampige Krawatte vor oder sonst was. Hosen? Ob bei mir etwa, als ich? Nein. Die sanfte Tour. Mögens nicht roh und mit Zack. Küsse im Dunkeln, und ja keinem verraten. Hat irgendwas in mir gesehen. Möchte wohl wissen, was. Lieber noch mich nehmen, wie ich bin, als wie so nen pomadigen Lyrikjüngling mit bärenfettiger Schmachtlocke über der Optik. Die Herrn bei literarischen Arbeiten hilft. Sollte eigentlich mehr auf mein Äußeres achten in meinem Alter. Hab sie mich im Profil nicht sehn lassen. Trotzdem, man kann ja nie wissen. Hübsche Mädchen und häßliche Männer heiraten oft. Die Schöne und das Untier. Außerdem kann ich so ja nicht sein, wenn Molly. Den Hut hat sie extra abgenommen, um ihr Haar zu zeigen. Extra mit breitem Rand gekauft, das Gesicht zu verstecken, falls sie mal jemand begegnet, der sie vielleicht kennt, bücken sich dann oder haben nen Blumenstrauß dabei zum dran riechen. Haar riecht stark bei Geilheit. Zehn Schilling hab ich für Molly ihrs gekriegt, was sie so ausgekämmt hatte, wie wir in der Holles Street auf dem trockenen saßen. Warum auch nicht? Mal angenommen, er hat ihr Geld gegeben. Warum eigentlich nicht? Alles bloß Vorurteil. Sie ist gut und gern ihre zehn wert, fünfzehn, mehr noch, ein Pfund. Alles für nichts und wieder nichts. Kühne Handschrift. Mrs. Marion. Ich hab doch wohl nicht vergessen, die Adresse auf den Brief zu schreiben wie bei der Postkarte an Flynn? Und damals auch, wie ich ohne Schlips zu Drimmie ging. Krach mit Molly, hatte mich abgelenkt. Nein, jetzt entsinn ich mich. Richie Goulding. Der ist auch so ein Fall. Liegt ihm schwer auf der Seele. Also sowas Komisches, daß mir die Uhr stehn geblieben ist, um halb fünf. Staub. Haifischlebertran nehmen sie zum Reinigen, könnt ich auch selber machen. Sparen. War das vielleicht grad der Moment, wo er, sie?

Oh, er hats. In ihr. Sie hats. Geschafft.

Ah!
Mr. Bloom zog sich mit sorgsamer Hand das nasse Hemd zurecht. Meingott, dieser kleine hinkende Teufel. Fühlt sich langsam doch kalt an und klamm. Die Nachwirkung nicht grad angenehm. Trotzdem, irgendwie muß mans ja loswerden. Ihnen ist das egal. Fühlen sich gar noch gekitzelt. Gehn nach Hause zu lecker Brötchen und Breichen und sprechen das Nachtgebet mit den Kleinen. Na schön, solln sie doch. Aber wenn man so eine mal gesehn hat, wie sie ist, dann ist man bedient. Alles bloß Theater, kommen ohne Bühnentechnik nicht aus: Schminke, Kostüm, Stellung, Musik. Auch der Name. Amouren von Schauspielerinnen. Nell Gwynn, Mrs. Bracegirdle, Maud Branscombe. Vorhang auf. Mondlicht, Silberschimmer. Mädchen wird sichtbar, mit sinnendem Busen. Ach mein kleiner Liebling, komm doch und küß mich. Ich spürs immer noch. Die Kraft, die ein Mann davon kriegt. Das ist das ganze Geheimnis. War gut, daß ich abgelassen hab da hinten, nach der Dignam-Sache. Apfelwein, das wars. Sonst hätt ich bestimmt nicht gekonnt. Man hat direkt Lust zu singen danach. *Lacaus esant taratara.* Angenommen mal, ich hätte mit ihr gesprochen. Worüber? Alles kalter Kaffee, wenn man nicht weiß, wie die Unterhaltung enden soll. Fragt man sie was, dann fragen sie wieder. Gute Idee, wenn man abgebrannt ist. Zeit gewinnen. Aber dann steckt man in der Klemme. Ganz große Klasse natürlich, wenn man so einfach sagt: guten Abend, und man sieht, sie beißt an: guten Abend. Ach ja, aber der dunkle Abend damals in der Appian Way, wo ich fast Mrs. Clinch angesprochen hätte, auajau, weil ich dachte, sie wäre. Puh! Das Mädchen in der Meath Street an dem Abend. Die ganzen dreckigen Sachen, die ich sie sagen ließ, alles verkehrt natürlich. Mein Aaaasch nannte sies. Ist ja so schwer, eine zu finden, die. Oha! Wenn man keine Antwort gibt, wenn sie einen anquatschen, das muß doch eigentlich schrecklich sein für sie. Bis sie dann abgehärtet sind. Und die hat mir auch noch die Hand geküßt, wie ich ihr zwo Schilling extra gab. Papageien. Druck auf den Knopf, und

das Vögelchen piept. Wenn sie mich bloß nicht andauernd Sir genannt hätte. Oh, ihr Mund im Dunkeln! Und Sie als verheirateter Mann mit einem alleinstehenden Mädchen! Sowas macht ihnen Spaß. Einer andern Frau den Mann wegnehmen. Oder auch bloß davon hören. Bei mir ja doch anders. Heilfroh, wenn ich mit den Weibern von andern Kerls nichts zu tun habe. Aufessen, was die auf den Tellern gelassen haben. Der Bursche im Burton heute, der den kaugummigen Knorpel ausspuckte. Der Überzieher immer noch in meiner Brieftasche. Mindestens die Hälfte von allen Scherereien kommt da her. Könnte aber ja mal passieren irgendwann, glaubs allerdings kaum. Komm rein. Alles ist vorbereitet. Ich hab geträumt. Was? Am schlimmsten ist der Anfang. Wie sie die Taktik wechseln, wenns nicht so läuft, wie sies mögen. Fragen einen, ob man gern Champignons ißt, bloß weil sie mal einen Herrn gekannt haben, welcher. Oder fragen einen, wie sich wohl jemand rausreden würde, wenn er sichs anders überlegt hat und aufhört. Also ich, wenn ich aufs Ganze ginge, ich würde sagen: ich muß jetzt aber dringend, so in der Art. Hab ich nämlich schon mal. Sie auch. Da sind sie dann schwer beleidigt. Anschließend große Versöhnung. So tun, als hätte man irgendwas ganz Dringendes, und dann drauf verzichten um ihretwillen. Da fühlen sie sich dann geschmeichelt. Sie muß die ganze Zeit an jemand anders gedacht haben. Na wenn schon. Muß sie, seit sie zu Verstand gekommen ist, er, er und er. Der erste Kuß, da liegt der Hase im Pfeffer. Das ist der entscheidende Moment. Irgendwas im Innern macht zack. Da werden sie weich, man merkts ihnen am Blick an, ganz heimlich und leise. Die ersten Gedanken sind die besten. Die vergessen sie nie, bis an ihr Lebensende. Molly, wie Leutnant Mulvey sie unter der maurischen Mauer küßte, bei den Gärten. Mit fünfzehn, hat sie mir erzählt. Aber ihre Brüste waren schon entwickelt. Schlief dann ein. Nach dem Glencree-Dinner war das, wie wir heimfuhren, der Federbettenberg. Knirschte mit den Zähnen im Schlaf. Der Lord Mayor hatte ebenfalls ein Auge auf sie. Val Dillon. Apoplektiker.

Da ist sie jetzt unten bei den andern, wegen dem Feuerwerk. Mein Feuerwerk. Rauf wie ne Rakete, runter wie n Stock. Und die Kinder, Zwillinge müssen das sein, warten daß irgendwas passiert. Möchten gerne erwachsen sein. Ziehn Mutters Sachen an. Zeit genug, verstehn sich auf alle Schliche der Welt. Und die Dunkle mit dem Muffelgesicht und den Niggerlippen. Daß die pfeifen konnte, wußt ich wohl. Der Mund wie dafür gemacht. Wie Molly. Deswegen trug diese Edelnutte bei Jammet auch ihren Schleier bloß bis zur Nase. Entschuldigen Sie bitte, könnten Sie mir vielleicht sagen, wieviel Uhr es genau ist? Dir werd ich mal zeigen, was die Glocke geschlagen hat, in einer dunklen Gasse. Jeden Morgen vierzigmal Pflaumen und Prismen sagen, das ist gut für dicke Lippen. Hat auch den kleinen Jungen gestreichelt. Zuschauer sehen am meisten vom Spiel. Natürlich verstehn sie Vögel, Tiere, Kinder. Liegen auf ihrer Linie.

Hat sich nicht umgesehn, wie sie den Strand runterging. Die Genugtuung wollt sie denn doch nicht geben. Die Mädchen, ja, die Mädchen, ja, die reizenden Mädchen vom Strand. Schöne Augen hatte sie, so klar. Das Weiße im Auge ist es, das bringt das raus, gar nicht so sehr die Pupille. Ob sie eigentlich gewußt hat, was ich? Aber klar doch. Wie eine Katze außer Sprungweite eines Hundes. Frauen. Nie trifft man so eine wie dieser Wilkins in der High School, der da ein Bild von der Venus gemalt hat, mit seinen sämtlichen Zutaten dran. Nennt man das Unschuld? Armer Idiot! Seine Frau hat ganz schön Arbeit vor sich. Nie sieht man sie auf ner Bank sitzen, an der das *Frisch gestrichen* hängt. Haben Augen am ganzen Leibe. Sehn unterm Bett nach was gar nicht da ist. Wolln partout die große Angst erleben. Scharf wie Nadeln sind sie. Wie ich zu Molly gesagt hab, der Mann an der Ecke Cuffe Street sähe aber gut aus, weil ich dachte, sie mag vielleicht, da hat sie gleich gemerkt, daß der nen künstlichen Arm. Hatte er auch. Wo kriegen die das her? Die Tippse bei Roger Green nahm immer zwei Stufen auf einmal beim Raufgehn, um ihr Chassis zu zeigen: Verständnis für Männer. Weitergereicht vom Vater zur Mutter zur Tochter, meine ich. Sowas liegt im Blut. Milly zum Beispiel, trocknet ihr Taschentuch auf dem Spiegel, um das Bügeln zu sparen. Beste Stelle für ne Annonce, die den Frauen ins Auge springen soll, ist ein Spiegel. Und wie ich sie nach Mollys Paisley-Schal zu Prescott geschickt hab, die Anzeige muß ich ja übrigens auch noch, also da brachte sie doch das Wechselgeld in ihrem Strumpf heim. Schlauer kleiner Wildfang! Ich jedenfalls hab ihr das nicht beigebracht. Niedlich auch, wie sie Pakete trug. Zieht die Männer an, so ein kleines Ding. Hielt immer die Hand hoch und schüttelte sie, wenn sie mal rot war, um das Blut zurückfließen zu lassen. Von wem hast du das gelernt? Von keinem. Irgendwas, was das Kindermädchen mir beigebracht hat. Ah, und die sollen nicht bescheid wissen? Drei Jahre war sie alt, vor Mollys Toilettentisch, kurz bevor wir aus der Lombard Street West wegzogen. Millilein hat sssönes Gesicht. Mullingar. Wer weiß? Alle Schliche der Welt. Junger Student. Aber jedenfalls auf graden Beinen, nicht wie die da von eben. Trotzdem, mitgespielt hat die ja, ganz schön sogar. Meingott, bin ich naß. Teufel noch eins, das kann man wohl sagen. Die schwellende Rundung ihrer Wade. Durchsichtige Strümpfe, bis zum Reißen gespannt. Nicht wie dies alte Frauenzimmer heute. A. E. Zerknitterte Strümpfe. Oder die in der Grafton Street. Weiß. Manometer! Dickhacksige Trine.

Eine Rakete mit Funkenfeuersatz barst, versprühte in knatterndem Pfeilregen. Ssredss und ssredss, ssredss, ssredss. Und Cissy und Tommy liefen hinaus, sichs ansehn, und Edy mit dem Kinderwagen hinterher und dann Gerty, jenseits der Felsenbiegung. Ob sie wohl? Paß auf! Paß auf! Da, sieh doch! Jetzt hat sie sich umgesehn. Hat eine Zwiebel gerochen. Schätzchen, ich sah dein. Ich hab dein ganzes.

Meingott!

Hat mir aber gut getan jedenfalls. War ja total fertig nach der Sache bei Kiernan, Dignam. Für die Erleichtrung Dank. Steht im *Hamlet*, das. Meingott! Es war aber auch alles beisammen. Erregung. Wie sie sich zurücklehnte, hab ich richtig einen Schmerz gespürt hinten auf der Zunge. Da kann einen glatt ja der Schwindel packen. Ganz recht hatte der. Hätte aber leicht auch nen viel blöderen Narren aus mir machen können. Wenn ich sie irgendwie angequatscht hätte stattdessen. Dann will ich Dir alles erzählen. Trotzdem war so etwas wie Sprache zwischen uns. Mensch, ob sie etwa? Nein, Gerty wurde sie gerufen. Könnte aber auch ein falscher Name sein so wie meiner und die Adresse Dolphin's Barn bloß vorgeschützt.

Ihr Mädchenname war Jemina Brown,
Und sie wohnt' bei der Mutter in Irishtown.

Die Gegend hier, deswegen bin ich da wohl drauf gekommen jetzt. Imgrunde sind sie alle Jacke wie Hose. Wischen sich die Federhalter an den Strümpfen ab. Aber der Ball ist zu ihr runtergerollt, wie wenn ers gewußt hätte. Jedes Bällchen findet sein Ställchen. Auf der Schule hab ich auch nie was grade werfen können, klar. Krumm wie n Flitzebogen. Trotzdem ists traurig, weil, dauert ja bloß noch paar Jahre, dann sitzen sie spießig bei ihren Kochpötten, und bald werden Papas Hosen wohl Willy schon passen, und Walkerde für das Baby, wenn sies abhalten zum Aamachen. Kein leichter Job. Aber rettet sie. Bewahrt sie davor, auf die schiefe Bahn zu kommen. Die Natur. Kinder waschen, Leichen waschen. Dignam. Immerzu Kinderhände um sie herum. Köpfchen wie Kokosnüsse, die Äffchen, nichtmal geschlossen am Anfang, saure Milch in den Windeln und verdorbener Quark. Hätten dem Kind da nicht ne leere Zitze zum Suckeln geben sollen. Kriegt bloß Blähungen davon. Mrs. Beaufoy, Purefoy. Muß doch mal vorbeisehn beim Hospital. Möchte wohl wissen, ob die Callan noch da ist, die Pflegerin. Kam immer mal auf nen Sprung rüber abends, als Molly im Coffee Palace war. Dieser junge Doktor O'Hare, ich hab wohl mitgekriegt, wie sie ihm den Anzug gebürstet hat. Und, Mrs. Breen und Mrs. Dignam sind auch mal so gewesen, in dem heiratsfähigen Alter. Am schlimmsten vor allem ists nachts, hat mir Mrs. Duggan erzählt, im City Arms. Der Mann kommt besoffen heimgetrollt, stinkt meterweit nach Kneipe wie ein Iltis. Das hab dann mal einer in der Nase im Dunkeln, so einen schalen Schnapsmief. Und am Morgen fragt er dann auch noch: ich war wohl etwas betrunken gestern abend? Trotzdem, schlechte Taktik, dem Mann groß Vorwürfe zu machen. Küken finden immer wieder heim in den Stall. Halten zusammen wie Pech und Schwefel. Vielleicht sind die Frauen ebenso schuld. Darin schlägt Molly sie alle reihenweise. Liegt am Blut des Südens. Maurisch. Auch das Äußere, die Figur. Hände tasteten nach den üppigen. Vergleich doch bloß mal mit den andern zum Beispiel. Frau zuhause eingesperrt, Skelett im Schrank. Darf ich vorstellen, meine. Tischen einem dann irgend son unbestimmbares Wesen auf, daß man nicht weiß, wie man sie nennen soll. An der Frau sieht man immer, wo der Mann seine schwache Stelle hat. Trotzdem, ist immer auch Schicksal, wenn man sich verliebt. Haben ihre eigenen Geheimnisse untereinander. Burschen, die vor die Hunde gehn würden, wenn nicht irgendeine Frau sie beim Wickel nähme. Dann so lütte Dinger, grad so hoch wie ein Schilling in Kupfern, mit Knirpsen von Ehemännern. Wie Gott sie schuf, so tat er sie zusammen. Manchmal geraten die Kinder ja ganz schön. Zweimal Null macht eins. Oder ein alter reicher Knacker von siebzig mit hold errötendem Bräutchen. Hochzeit im Maien, im Dezember bereuen. Also diese Nässe ist ja doch sehr unangenehm. Klebt. Naja, die Vorhaut ist nicht wieder drüber. Lieber losmachen.

Aua!

Und dann wieder so ein Einsachtziger mit einem Weibchen, das ihm grad bis an die Uhrentasche reicht. Das ist der ganze Pfiff. Lang und lütt gibt guten Ritt. Also mit meiner Uhr, das war doch sehr merkwürdig. Armbanduhren gehn immer falsch. Möchte wohl wissen, ob es da irgendeinen magnetischen Einfluß gibt, den man ausstrahlt, weil, das war doch genau um die Zeit, wo er. Ja, würde mir ohne weiteres einleuchten. Ist die Katz aus dem Haus, tanzen die Mäuse. Ent-

sinn mich, in der Pill Lane hab ich noch draufgeschaut. Auch das jetzt ist Magnetismus. Magnetismus steht überhaupt hinter allem. Die Erde zum Beispiel, zieht an und wird gezogen. Daraus entsteht Bewegung. Und die Zeit? Nun, das ist eben die Zeit, die so eine Bewegung braucht. Und wenn dann eins mal still stünde, würde die ganze Chose zum Stillstand kommen, nach und nach. Weil, das ist eben so eingerichtet. Die Magnetnadel zeigt einem, was in der Sonne so passiert, den Sternen. Bloß ein kleines Stückchen Eisenstahl. Braucht bloß eine ihr Magnetchen hinzuhalten. Komm. Komm. Und schwupp. So ist das mit Mann und Frau. Magnet und Eisen. Molly, er. Takeln sich werweißwie auf und schmeißen mit Blicken um sich und locken und lassen was sehen, erst bloß ein bißchen und dann immer mehr, und fordern einen heraus, wenn man ein Mann ist mit Blick für sowas, und dann gehts wie beim Niesreiz, der einem in die Nase steigt, Beine, kuckmal, kuck, und wenn man ein bißchen Mumm in den Knochen hat. Schwupp, hatschi. Muß man sich einen abzischen.
Möchte wissen, wie ihr sich das fühlt in der Gegend. Alles bloß Getue, die Schamhaftigkeit, wenn Dritte dabei sind. Über ein Loch im Strumpf viel mehr verärgert. Molly, den Unterkiefer vorgereckt, den Kopf zurückgeworfen, bloß wegen diesem Bauer mit den Reitstiefeln und Sporen auf der Pferdeschau. Und als die Anstreicher da waren, in der Lombard Street West. Schöne Stimme hatte der Kerl. Genauso hat auch Giuglini mal angefangen. Man riechts direkt, hab ich selber, wie Blumen. Stimmte auch. Veilchen. Kam wahrscheinlich von dem Terpentin in der Farbe. Schlagen aus allem was raus für sich. Zur gleichen Zeit, wo sies machte, schlurfte sie mit den Schlappen auf dem Fußboden, damit sie nichts hörten. Aber ein großer Teil von ihnen kommt gar nicht über die Runden damit, glaub ich. Behalten das Ding stundenlang hoch. Bei mir gehts richtig durch und durch und noch halb den Rücken runter.
Warte mal. Hm. Hm. Ja. Das ist ihr Parfüm. Deswegen also hat sie mit der Hand gewinkt. Ich laß dir das hier, daß du

denkst an mich, wenn ich fort bin, hier auf dem Kissen. Was ist es denn? Heliotrop? Nee, Hyazinthe? Hm. Rosen, glaub ich. So ein Duft also gefiele ihr. Süß und billig: bald sauer. Deswegen ist Molly für Opoponax. Paßt auch gut zu ihr, mit bißchen Jasmin gemischt. Ihre hohen Töne und ihre tiefen Töne. An dem Tanzabend, wo sie ihm begegnete, Tanz der Stunden. Die Hitze brachtes raus. Sie trug ihr Schwarzes, und es roch nach dem Parfüm vom letztenmal. Guter Leiter, Schwarz, nicht? Oder schlechter? Licht ebenfalls. Nehme an, es besteht ein Zusammenhang. Zum Beispiel wenn man in einen Keller geht, wos dunkel ist. Auch so eine mysteriöse Sache. Wieso hab ichs eigentlich erst jetzt gerochen? Hat seine Zeit gebraucht, um zu kommen, ganz wie sie selber, langsam aber sicher. Wahrscheinlich Millionen und Abermillionen von winzigen Teilchen, herübergeweht. Ja, so wirds sein. Zum Beispiel die Gewürzinseln, die Singhalesen heute morgen, die riecht man auf Meilen Entfernung. Und ich weiß auch, was das ist. Ist wie ein feiner Schleier oder ein Gewebe, was sie über der ganzen Haut haben, so fein wie die Spinnweben im wie heißt das doch Altweibersommer, und die spinnen sie fortwährend aus sich heraus, so fein wie nur was, Regenbogenfarben, ohne was davon zu wissen. Hängt an allem, was sie auszieht. Strumpffersen. Warmer Schuh. Korsett. Schlüpfer: kleines Schlenkern, und aus sind sie. Tschüss bis zum nächstenmal. Auch die Katze schnuppert gern an ihrem Hemd rum auf dem Bett. Erkenne ihren Geruch unter Tausenden. Auch das Badewasser. Erinnert mich an Erdbeeren mit Schlagsahne. Möchte wohl wissen, wo das in Wirklichkeit sitzt. Da oder in den Achselhöhlen oder unterhalb vom Hals. Weil, es kommt einem doch aus allen Löchern und Ecken entgegen. Hyazinthenparfüm wird aus Öl gemacht oder Äther oder sonstwas. Bisamratte. Sack unterm Schwanz, ein Gran davon strömt jahrelang Duft aus. Hunde auch gegenseitig hinten. Guten Abend. ’n Abend. Wie schnupperts denn so? Hm. Hm. Danke, ganz gut. Tiere gehn danach. Je nun, wenn man das mal so sieht, sind wir ja eigentlich genauso.

Manche Frauen zum Beispiel verjagen einen damit, wenn sie ihre Periode haben. Braucht bloß mal näher ran zu gehn. Haben dann einen Gestank an sich, daß man glatt einen Hut dran aufhängen könnte. Wonach? Eingelegte Heringe, die schlecht geworden sind, oder. Brrr! Bitte den Rasen nicht betreten.

Vielleicht riechen wir ja auch nach Mann für sie. Wieso auch nicht? Handschuhe mit Zigarrenmief, hatte der Lange John kürzlich auf seinem Schreibtisch liegen. Der Atem? Riecht nach was man so ißt und trinkt. Nein. Männergeruch meine ich. Muß damit zusammenhängen, weil Priester, von denen man doch annimmt, daß sie, also weil die anders sind. Frauen umschwirren die wie Fliegen den Sirup. Wenn auch zehnmal Gittersperren vorm Altar, sie müssen doch hin, um jeden Preis. Der Baum des verbotenen Priesters. Oh, Pater, wollen Sie? Lassen Sie mich zuerst. Das verbreitet sich durch den ganzen Körper, dringt überall durch. Quelle des Lebens und dabei äußerst komisch, der Geruch. Selleriesoße. Ich will doch mal.

Mr. Bloom steckte die Nase. Hm. In den. Hm. Ausschnitt seiner Weste. Mandeln oder. Nein. Zitrone ists. Ah, nein, das ist die Seife.

Oh, da fällt mir ein, das Toilettewasser! Ich wußte doch, daß da noch was anstand. Nie wieder hingegangen und die Seife nicht bezahlt. Hab keine Lust, Flaschen zu tragen wie die alte Hexe heute morgen. Hynes hätte mir die drei Schilling auch wiedergeben können. Hätte Meagher erwähnen können, bloß um ihn zu erinnern, ich. Trotzdem, wenn er den Artikel bringt. Zwo-neun. Schlechte Meinung wird er von mir haben. Morgen mal vorbeischaun. Wieviel bin ich Ihnen schuldig? Drei-neun? Zwo-neun, Sir. Aha. Könnte ihn abhalten, das nächstemal Kredit zu geben. Auf die Art verliert man bloß seine Kunden. Wirtschaften zum Beispiel. Da läßt so ein Kerl ne Riesenrechnung auflaufen auf der Schiefertafel und verdrückt sich dann durch die Hintergassen irgendwo anders hin.

Da ist wieder dieser vornehme Herr, der schon mal vorbeiging. Hereingeweht von der Bucht. Ist bloß einmal rum und zurück. Immer zum Essen wieder zu Hause. Sieht wohlgestärkt aus: hat n gutes Abendbrot intus. Freut sich jetzt der Natur. Händchen falten nach den Mahlzeiten. Nach dem Essen sollst du ruhn oder tausend Schritte. Hat bestimmt irgendwo n kleines Bankkonto, Staatsbeamtenpöstchen. Wenn ich jetzt hinter ihm hergehe, bringt ihn das in Verlegenheit, wie mich heute diese Zeitungsjungen. Trotzdem lernt man was draus. Uns selber sehn, wie uns andere sehn. Solange sich keine Frauen mokieren über einen, was macht das schon? Auf die Art kriegt mans raus. Frag dich doch jetzt mal, wer er ist. *Der geheimnisvolle Mann am Strand*, Titbit-Preis-Geschichte von Mr. Leopold Bloom. Honorar in Höhe von einer Guinee pro Spalte. Und der Bursche am Grab heute, in dem braunen Macintosh. Aber Hühneraugen in seinem Kismet. Gesund vielleicht, absorbieren die ganzen. Pfeifen bringt Regen, sagt man. Muß welcher dasein irgendwo aber. Das Salz im Ormond feucht. Der Körper fühlt die Atmosphäre. Der alten Betty reißts in den Gelenken. Mutter Shiptons Prophezeiung ist das, über die Schiffe, die sausen im Nu, ohne Rast und. Nein. Ist ein Zeichen für Regen. Der Royal Reader. Und ferne Berge scheinen ganz nah zu rücken.
Howth. Der Bailey-Leucht. Zwo, vier, sechs, acht, neun. Sieh mal. Muß wechseln, sonst könnte man ja denken, es wäre ein Haus. Strandräuber. Grace Darling. Leute haben Angst vor der Dunkelheit. Auch Glühwürmchen, Radfahrer: Lichtmachezeit. Juwelen, Diamanten blitzen besser. Licht ist eine Art Beruhigung. Wird dir schon nichts geschehen. Jetzt natürlich besser als früher. Landstraßen. Da kriegte man für nichts und wieder nichts ein Messer in den Leib. Heute laufen einem da bloß noch zwei Typen übern Weg. Finsterlinge oder Lächler. Verzeihung! Aber das macht doch nichts. Beste Zeit auch zum Gartensprengen, im Schatten, wenn die Sonne weg ist. Grad noch etwas Licht. Rote Strahlen sind die längsten. Roggbiv hat Vance uns beigebracht: rot, orange, gelb, grün,

blau, indigo, violett. Seh schon einen Stern da. Venus? Kann man noch nicht sagen. Zwei, wenns drei sind, ists Nacht. Waren die Nachtwolken da eigentlich schon die ganze Zeit? Sieht aus wie ein Geisterschiff. Nein. Warte mal. Das sind ja Bäume. Eine optische Täuschung. Fata Morgana. Land der untergehenden Sonne hier. Homerule-Sonne, die im Südosten untergeht. Nun gut Nacht, du mein lieb Heimatland.
's fällt schon Tau. Nicht gut für dich, mein Schatz, da auf dem Stein zu sitzen. Kriegst den Weißfluß davon. Und nie ein kleines Baby dann, falls er nicht groß und stark genug ist, sich da durchzuarbeiten. Könnte selber Hämorrhoiden kriegen. Ist ebenfalls hartnäckig wie ein Sommerschnupfen, wunder Mund. Am schlimmsten, wenn man sich mit nem Grashalm schneidet oder Papier. Dauernde Reibung, bei der Sitzweise. Das möcht ich wohl auch mal sein, der Felsen, auf dem sie saß. O du süße Kleine, du ahnst ja gar nicht, wie reizend du ausgesehen hast. Allmählich gefallen sie mir in dem Alter. Grüne Äpfel. Man grabscht am Ende nach allem, was sich bietet. Dürfte die einzige Zeit sein, wo wir die Beine übereinander schlagen, so im Sitzen. Auch in der Bibliothek heute: die Studentinnnen. Glücklich die Stühle, auf denen sie sitzen. Aber das ist der Einfluß des Abends. Sie empfinden das alle. Wie Blumen so offen, ihre Stunden sie erhoffen, sonnblumenoffen, Erdbirnen, in Ballsälen, Kandelaber, Straßen im Laternenschein. Der Nachtschatten in Mat Dillons Garten, wo ich ihre Schulter küßte. Wünschte, ich hätte ein Ölgemälde in Lebensgröße von ihr damals. War ebenfalls Juni, wie ich um sie warb. Das Jahr kehrt wieder. Die ganze Geschichte wiederholt sich. Ihr Klippen und Felsenspitzen, einmal wieder bin ich bei euch. Leben, Liebe, Reise rund um die eigene kleine Welt. Und jetzt? Traurig natürlich, daß sie lahm ist, aber man muß auf der Hut sein, nicht zuviel Mitleid zu fühlen. Sie ziehn doch gleich Vorteil daraus.
Alles still auf dem Howth jetzt. Ferne Berge scheinen ganz. Wo wir. Die Rhododendren. Also ich bin ja vielleicht ein Narr, bin ich ja. Er kriegt die Pflaumen und ich die Steine.

Meine Rolle. Was der alte Berg schon alles gesehen hat. Namen wechseln: das ist alles. Liebende: njmm, njmm.
Fühl mich müd jetzt. Soll ich aufstehn? Wart noch. Hat doch die ganze Männlichkeit aus mir gesogen, die kleine Hexe. Sie küßte mich. Meine Jugend. Nimmer wieder. Kommt ja einmal nur. Oder ihre auch. Könnte den Zug hin nehmen morgen Nein. Rückkehr nicht dasselbe. Wie bei kleinen Kindern, wenn sie das zweitemal zu Besuch in einem Haus. Das Neue brauch ich. Nichts Neues unter der Sonne. c/o Postamt Dolphin's Barn. Bist Du denn nicht glücklich bei Dir zu? Mein böser Liebling. Dolphin's Barn, Scharaden da in Luke Doyles Haus. Mat Dillon und sein ganzes Rudel Töchter: Tiny, Atty, Floey, Maimy, Louy, Hetty. Molly auch. Siebenundachtzig war das. In dem Jahr, bevor wir. Und der alte Major mit seiner Vorliebe für ein gutes Tröpfchen. Komisch, sie das einzige Kind, ich das einzige Kind. So kommt das wieder. Da denkt man, man ist entwischt, und läuft sich selber über den Weg. Der längste Umweg ist der kürzeste nach Hause. Und just als er und sie. Ein Zirkusgaul, der immer im Kreis läuft. Rip van Winkle haben wir gespielt. Rip: was sich in Henny Doyles engem Kleid abzeichnete. Van: eine Bratpfanne. Winkle: lauschige Plätzchen und Ecken. Dann machte ich den Rip van Winkle, wie er zurückkommt. Sie lehnte am Büffett und beobachtete. Maurische Augen. Zwanzig Jahre geschlafen in Sleepy Hollow. Alles verändert inzwischen. Vergessen. Die Jungen sind alt. Seine Büchse rostig vom Tau.
Flll! Was ist das, was da rumfliegt? ne Schwalbe? Fledermaus wahrscheinlich. Hält mich für einen Baum, so blind. Haben denn Vögel keinen Geruchssinn? Metempsychose. Sie glaubten, man könnte in einen Baum verwandelt werden vor Kummer. Trauerweide. Flll! Da ist es wieder. Lustiges Kerlchen. Möchte wissen, wo es wohnt. Im Glockenturm da oben. Sehr wahrscheinlich. Hängt an den Haxen im Duft der Heiligkeit. Die Glocke hats verschreckt, nehm ich an. Scheint vorbei zu sein, die Messe jetzt. Konnte sie alle hören dabei. Bitte für uns. Und bitte für uns. Und bitte für uns. Guter Einfall, die

Wiederholung. Bei Annoncen genauso. Kauft bei uns. Und kauft bei uns. Ja, da ist Licht jetzt im Haus des Priesters. Denen ihr frugales Mahl. Da fällt mir ein, der Fehler in dem Kostenanschlag, wie ich bei Thom war. Achtundzwanzig machts. Die haben zwei Häuser. Gabriel Conroys Bruder ist Kurat. Flll! Wieder. Möchte wohl wissen, wieso die bei Nacht erst rauskommen, wie Mäuse. Sind eine Mischrasse. Vögel sind wie hüpfende Mäuse. Was schreckt die wohl auf, Licht oder Lärm? Lieber stillsitzen. Alles Instinkt, wie bei dem durstigen Vogel, der sich Wasser aus dem Krug holte, indem er lauter Kieselsteine reinwarf. Wie ein kleiner Mann im Mantel wirkt das Kerlchen, mit winzigen Händen. Hauchdünne Knochen. Man kann sie fast durchschimmern sehn, eine Art bläuliches Weiß. Farben hängen von dem Licht ab, in dem man sie sieht. Wenn man zum Beispiel in die Sonne blickt wie der Adler und dann runter auf seinen Schuh, sieht man einen gelblichen Klümpchenklecks. Will überall ihre Handelsmarke draufstempeln. Zum Beispiel die Katze heute morgen auf der Treppe. Farbe etwa torfbraun. Es heißt doch, man sähe sie nie mit drei Farben. Stimmt aber nicht. Die halb weiß getigerte schildpattfarbige im *City Arms* damals, mit dem Buchstaben M auf der Stirn. Der Körper hat fünfzig verschiedene Farben. Der Howth vor einem Weilchen eben wie Amethyst. Blitzendes Glas. Genau wie dieser Weise wie hieß er doch noch mit dem Brennglas. Dann geht das Heidekraut in Flammen auf. Streichhölzer von Touristen können es nicht sein. Was? Vielleicht reiben sich die trockenen Zweige aneinander im Wind und entzünden sich. Oder Flaschenscherben im Stechginster wirken wie ein Brennglas in der Sonne. Archimedes. Ich habs! Mein Gedächtnis ist doch gar nicht so schlecht.

Flll! Wer weiß, wonach die immer so rumfliegen. Insekten? Die Biene letzte Woche, die ins Zimmer kam, spielte mit ihrem Schatten an der Decke. Könnte vielleicht die gewesen sein, die mich gestochen hatte, kam mal wieder vorbei, um nachzusehn. Vögel ebenfalls, man kriegt nie raus, was sie sagen. Wie unser Alltagsgeschwätz. Und er sagt und sie sagt.

Nerven? müssen die wahrhaftig haben, um übers Meer und zurück zu fliegen. Kommen bestimmt massenhaft in Stürmen um, an Telegraphendrähten. Fürchterliches Leben haben auch die Seeleute. Große Ungeheuer von Ozeanriesen, tappen dahin in der Dunkelheit, brüllen wie Seekühe. *Faugh a ballagh.* Weg da, aus dem Weg, verdammtnochmal. Andre in kleinen Schiffchen, Segel bloß wie ein Stück Taschentuch, rumgeschubst wie ein Knochen beim Leichenschmaus, wenn die Sturmeswinde wehn. Auch verheiratet. Manchmal jahrelang weg, irgendwo am Ende der Welt. Das heißt, am Ende natürlich nicht, weil die Erde ja rund ist. Eine Frau in jedem Hafen, sagen sie. Die hat ganz schön was zu schlucken, wenn sie sich dran hält, bis Johnny mal wieder heimgetrudelt kommt. Wenn er überhaupt je. Beschnuppern jeden hinterletzten Hafen. Wie können die bloß das Meer lieben? Tun sie aber. Der Anker wird gelichtet. Und ab segelt er mit einem Skapulier oder ner Medaille um, die ihm Glück bringen soll. Nun? Und die Tephilim, nein, wie nennen sie das doch, was der Vater des armen Papa an seiner Tür hatte, zum berühren. Der uns führete aus Ägyptenland und in das Haus der Knechtschaft. Irgendwas ist ja doch dran an all dem Aberglauben, weil, wenn man ausgeht, weiß man ja nie, was für Gefahren. Da hängt einer dann an einer Planke oder hockt rittlings auf einem Balken, bloß ums nackte liebe Leben, den Rettungsring um sich rum, schluckt Salzwasser, und das ist dann auch schon alles, was sein bißchen Selbst noch machen kann, bis die Haifische ihn packen. Ob Fische eigentlich seekrank werden?

Dann hat man wundervolle Windstille ohne das geringste Wölkchen, glatte See, sanft, und Mannschaft und Ladung sind hin und erledigt, abgefahrn zu den Fischen. Oben drüber der Mond. Nicht meine Schuld, alter Wichtigtuer.

Eine verlorene lange Kerzenrakete wanderte vom Mirus Basar zum Himmel empor, zugunsten des Fonds für Mercer's Hospital, und platzte im Niedersinken und streute einen Schwarm von, bis auf einen weißen, violetten Sternen aus. Sie schwebten, fielen: sie schwanden. Schäferstunde: Stunde der

Umarmung: Stunde des Stelldicheins. Von Haus zu Haus ging, mit seinem immerwillkommenen zweimaligen Klopfen, der Neun-Uhr-Postbote, am Gürtel Glühwürmchens Lämplein, das hier und da durch die Lorbeerhecken flimmerte. Und unter den fünf jungen Bäumen entflammte ein hoch erhobener Zündstock die Laterne bei Leahy's Terrace. An verhängten erleuchteten Fenstern, an gleichen Gärten vorüber ging eine schrille Stimme und schrie und klagte: *Evening Telegraph, Abendausgabe! Ergebnisse des Goldpokal-Rennens!* und aus der Tür von Dignams Haus kam ein Knabe gelaufen und rief. Flatternd flog die Fledermaus, flog hierhin, dorthin. Weit draußen kroch die kommende Brandung über die Sande, grau. Der Howth rüstete sich zum Schlummer, müde der langen Tage, der njamnjam Rhododendren (denn er war alt), und fühlte froh den Nachtwind sich erheben und zausen sein Farnenfell. Da lag er, ein rotes Auge nur schlaflos geöffnet, mit tiefem und langsamem Atem, schlummerschwer, doch wach. Und fern auf der Kish Bank blinkte vor Anker das Leuchtschiff, zublinzelnd Mr. Bloom.

Also ein Leben muß das ja sein, was die Kerls da draußen führen, immer auf derselben Stelle fest. Irish Lights Board. Strafe für ihre Sünden. Ebenso die Küstenwachen. Rakete und Hosenboje und Rettungsboot. An dem Tag, wo wir die Vergnügungsfahrt machten auf der Erin's King, da warf man ihnen den Sack mit alten Zeitungen runter. Bären im Zoo. Mieser Ausflug. Trunkenbolde dabei, die sich mal die Leber durchschütteln lassen wollten. Kotzten über Bord, die Heringe füttern. Seekrankheit. Und die Frauen, Heidenangst in den Gesichtern. Milly keine Spur von bange. Lachend, ihr blaues Umhängetuch lose im Wind. Wissen nicht, was Tod ist, in dem Alter. Und dann sind auch ihre Mägen rein. Aber wenn sie sich verlaufen haben, dann kriegen sies mit der Angst. Wie wir uns hinter dem Baum versteckt hatten damals, in Crumlin. Ich wolltes ja nicht. Mama! Mama! Kinder im Wald. Erschrecken sie auch mit Masken. Werfen sie hoch in die Luft, um sie dann wieder aufzufangen. Huhuhu, jetzt tu ich dich ermorden. Ist das bloß halb aus Spaß? Oder Kinder, wenn sie Krieg spielen. Bitterernst alles. Wie können bloß Leute mit Gewehren aufeinander zielen? Manchmal gehn die doch los. Die armen Kleinen. Ihre einzigen Malaisen sind Rotlauf und Nesselsucht. Kalomel hab ich ihr geholt dagegen, zum abführen. Wie es besser geworden war, schlief sie bei Molly ein. Genau dieselben Zähne hat sie. Was lieben die eigentlich? Bloß ein anderes Ich? Aber der Morgen dann, wo sie mit dem Regenschirm hinter ihr her war. Vielleicht gar nicht mal, um ihr weh zu tun. Ich hab ihr den Puls gefühlt. Klopfte. Kleines Händchen, was das war: jetzt groß. Liebstes Pappilein. Was die Hand so alles sagt, wenn man sie berührt. Hat immer so gern meine Westenknöpfe gezählt. Ihr erstes Korsettchen, entsinn mich noch. War ein Anblick, zum Schieflachen. Ganz kleine Brustwarzen erst. Die linke ist empfindlicher, glaub ich. Bei mir auch. Näher dem Herzen. Polstern sich aus, wenn Dick in Mode ist. Ihre Wachstumsschmerzen nachts, wie sie rief, mich weckte. Richtig bange war sie, wie ihr zum erstenmal die Natur kam. Armes Kind! Seltsamer Augenblick auch für die Mutter. Bringt ihr die eigene Mädchenzeit zurück. Gibraltar. Der Blick von Buena Vista. O'Haras Turm. Schreien der Seevögel. Der alte Berberaffe, der seine ganze Familie fraß. Sonnenuntergang, Böllerschüsse für die Mannschaften, die Linien zu passieren. Beim Blick auf die See hinaus sagte sie mir. Abend wie dieser, aber klar, keine Wolken. Ich hab immer geglaubt, ich werd mal einen Lord heiraten oder einen Gentleman mit einer Privatyacht. *Buenas noches, Señorita. El hombre ama la muchacha hermosa.* Warum mich? Weil du so fremd warst, anders als die andern.

Lieber nicht kleben bleiben hier die ganze Nacht wie ne Napfschnecke. Dieses Wetter macht einen ganz rammdösig. Muß schon auf neun zu gehen, dem Licht nach. Also dann man nach Hause. Zu spät schon für *Leah, die Lilie von Killarney.* Nein. Könnte noch auf sein. Beim Hospital vorbei, mal reinschaun. Hoffe, sie hats überstanden. War ein langer Tag heut für mich. Martha, das Bad, die Beerdigung, Haus der Schlüssel, Museum mit den Göttinnen, Dedalus' Gesang. Dann dieser Schreihals bei Barney Kiernan. Dem hab ichs ganz schön gegeben. Besoffene Prahlhänse. Was ich über seinen Gott gesagt hab, das saß. War aber ein Fehler, zurückzuschlagen. Oder? Nein. Sollten nach Hause gehn und sich selber auslachen. Müssen sich immer in Gesellschaft vollaufen lassen. Angst, allein zu sein, wie Kinder von zwei Jahren. Angenommen mal, er hätte mich getroffen. Man muß das auch mal so rum sehen. Nicht so schlimm dann. Vielleicht wollt er mir gar nicht mal wehtun. Israel soll leben, dreimal hoch. Dreimal hoch die Schwägerin mit ihren drei Giftzähnen im Maul, mit der er sich rumtrieb. Genau so ne Schönheit wie er, derselbe Stil. Besonders reizend als Gast zu ner Tasse Tee. Die Schwester der Frau des wilden Mannes von Borneo ist soeben in der Stadt eingetroffen. Das muß man sich mal bildlich vorstellen, so am frühen Morgen, auf Tuchfühlung. Jeder nach seinem Geschmack, wie Morris sagte, als er die Kuh küßte. Aber bei Dignams dann, das gab den Rest. Trauerhäuser sind so deprimierend, weil man nie weiß. Jedenfalls, sie braucht das Geld. Muß bei den Schottischen Witwen vorbei, wie ich versprochen habe. Komischer Name. Setzt als selbstverständlich voraus, daß wir zuerst ins Gras beißen. Diese Witwe am Montag, wars nicht bei Cramer vorm Haus, die mich so ansah. Hat grad den armen Mann begraben, kommt aber verheißungsvoll voran mit der Versicherungsprämie. Ihr Witwenscherflein. Na ja. Was soll sie denn anders auch machen? Muß sich ja irgendwie durchlavieren. Witwer kann ich auf den Tod nicht vertragen. Sehn so verloren aus. O'Connor, der arme Mann, Frau und fünf Kinder an Miesmuschelvergiftung gestorben. Die Kloakenjauche. Hoffnungslos. Irgendeine gute matronenhafte Frau mit Pummelhut, die ihn bemuttern könnte. Müßte ihn ins Schlepptau nehmen, Mondgesicht und große Schürze. Damen-Bloomer aus grauem Flanell, drei Schilling pro Paar, günstiges Sonderangebot. Häßlich geliebt für immer geliebt, heißt es doch. Häßlich: keine Frau hält sich dafür. Lieben, liegen und hübsch nur sein, denn morgen sind wir tot. Seh ihn noch manchmal rumlaufen, will rauskriegen, wer ihm den Streich gespielt hat. U. p.: up. Sowas ist Schicksal. Er, nicht ich. Auch bei Läden, hab ich oft gemerkt. Scheint ein Fluch drauf zu liegen. Geträumt letzte Nacht? Moment. Irgendwas ganz Wirres. Sie hatte rote Puschen an. Türkische. Trug die Hosen. Na, wird sie wohl auch. Ob ich sie mögen würde im Pyjama? Verdammt schwer zu sagen. Nannetti ist weg. Postboot. Nähe Holyhead wohl jetzt. Muß unbedingt die Annonce von Keyes unter Dach und Fach bringen. Hynes und Crawford bearbeiten. Unterrock für Molly. Sie hat was reinzustecken. Was ist denn das da? Könnte Geld sein.

Mr. Bloom bückte sich und wandte ein Blatt Papier um auf dem Strand. Er brachte es nah an seine Augen und suchte es zu erkennen. Ein Brief? Nein. Kanns nicht lesen. Lieber gehn. Lieber. Bins müde, mich zu bewegen. Seite aus einem alten Schreibheft. All diese Löcher und Kiesel. Wer könnte sie zählen? Man weiß nie, was man findet. Flasche mit der Geschichte eines Schatzes drin, von einem Wrack geworfen. Paketpost. Kinder wolln immerzu Sachen ins Meer schmeißen. Vertrauen? Laß dein Brot übers Wasser fahren. Was ist das? Stückchen Stock.

Ah! Hat mich das Frauenzimmer fertiggemacht. Doch nicht mehr so jung. Ob sie morgen wieder herkommt? Warten auf sie irgendwo, für immer. Muß ja wiederkommen. Mörder tun das auch. Soll ich?

Mr. Bloom rührte sanft mit dem Stock im dicken Sand zu seinen Füßen. Eine Botschaft schreiben für sie. Könnte bleiben. Aber was?

ICH.

Irgendein Plattfuß tritt dann drauf am Morgen. Hat keinen Sinn. Oder wird weggewaschen. Flut reicht bis hier, eine Pfütze neben ihrem Fuß. Bück mich, seh mein Gesicht drin, dunkler Spiegel, atme ich drauf, wellt er sich. Die ganzen Felsen hier voll Linien und Schrammen und Buchstaben. Ah, diese Durchsichtigen! Außerdem haben sie keine Ahnung.

Was das für eine Bedeutung ist, die in den andern Welten. Ich hab Dich einen bösen Jungen genannt weil ich von den.

BIN. EIN.

Kein Platz. Lieber sein lassen.

Mr. Bloom tilgte die Buchstaben mit langsamem Schuh. Hoffnungslose Sache, Sand. Nichts wächst darauf. Alles vergeht. Keine Angst, daß große Schiffe hier raufkommen. Außer Guinness-Booten. In achtzig Tagen um die Kish. Halb mit Absicht.

Er warf seine hölzerne Feder weg. Der Stock fiel in eine Sandablagerung, stak. Selbst wenn dus eine ganze Woche lang versuchtest, am Ende könntest du doch nicht. Zufall. Werden uns nie wieder begegnen. Aber es war schön. Machs gut, Schatz. Danke. Hab mich richtig jung gefühlt davon.

Kurzes Nickerchen jetzt, wenn ich das hätte. Muß schon fast neun sein. Das Liverpool-Boot längst weg. Nichtmal mehr der Rauch. Und sie kanns auf die andre Art machen. Hats auch. Und Belfast. Ich geh nicht hin. Hetze hin, Hetze zurück nach Ennis. Laß ihn doch. Bloß mal die Augen schließen einen Moment. Aber nicht einschlafen. Halb so träumen bloß. Kommt nie wieder genauso. Nochmal die Fledermaus. Schadet nichts. Bloß ein paar.

Ach du süßes Ding ich hab dein ganzes kleines Mädchenweiß rauf hab ich sehn können hab den schmutzigen Stützgürtel hab ich hat mich lieben lassen klebrig wir zwei beiden bösen Grace Darling hat sie ihn für halb nach vier wir für das Bett mit ihm zig Hosen Spitzenunterwäsche für Raoul für was für ein Parfüm Deine Frau schwarzes Haar unter dem schwellenden Señorita junge Augen Mulvey mollig die Jahre Träume kehrn wieder jeden hinternletzten Agendath hat mir matt ihr mich ohnmöchtich liebmich zeigte mir ihr nächstes Jahr in unter Höschen kehrn wir der ihr nächst es nächts ihr näckst ihr.

Eine Fledermaus flog. Hier. Dorthin. Her. Fern weit im Grau schlug eine Glocke an. Mr. Bloom, mit offenem Mund, den linken Schuh zur Seite unter Sand, lehnte, atmete. Bloß grad ein paar.

Kuckuck
Kuckuck
Kuckuck

Die Uhr auf dem Kaminsims im Hause des Priesters guckgurrte, und Kanonikus O'Hanlon und Pater Conroy und Hochwürden John Hughes S. J. nahmen Tee zu sich und Sodabrot und Butter und gebackene Hammelkoteletts mit Ketchup und sprachen dabei über

Kuckuck
Kuckuck
Kuckuck

Denn es war ein kleiner Kanarienvogel, der aus seinem kleinen Häuschen kam, um die Zeit anzusagen, was Gerty MacDowell damals gleich bemerkt hatte, als sie dort gewesen war, denn sie war nicht auf den Kopf gefallen in solchen Dingen, das war sie beileibe nicht, Gerty MacDowell, und sie hatte auch sofort bemerkt, der fremde Herr, der auf den Felsen saß und herschaute, der war

Kuckuck
Kuckuck
Kuckuck

Deshil Holles Eamus. Deshil Holles Eamus. Deshil Holles Eamus.

Schick uns, du Heller, du Lichter, Horhorn, Leben und Leibesfrucht. Schick uns, du Heller, du Lichter, Horhorn, Leben und Leibesfrucht. Schick uns, du Heller, du Lichter, Horhorn, Leben und Leibesfrucht.

Hopsa, ein Jungeinjung, hopsa! Hopsa, ein Jungeinjung, hopsa! Hopsa, ein Jungeinjung, hopsa!

Auf der ganzen welt wird desjenigen menschen scharfsinn bezüglich aller von mit weisheit begabten sterblichen für höchst nützlich zu studieren gehaltenen gegenstände als sehr wenig durchdringend erachtet welcher dessen unwissend ist was die in der wissenschaft gelehrtesten und gewiß um dieser hohen geisteszierde willen der verehrung würdigen Männer beständig versichern wenn sie unter allgemeiner zustimmung behaupten daß bei gleichheit aller anderen umstände in keinem äußeren glanz die wohlfahrt einer nation sich wirksamer ausspreche als in dem maß in welchem sie sich die sorge um jene fruchtbare vermehrung habe angelegen sein lassen welcher fehlen der anfang aller übel wäre welche jedoch wenn glücklich vorhanden das sichere zeichen für der allvermögenden natur unverderbt wohltätiges wirken bildet. Denn wo wäre der mensch der nur irgend etwas von einiger bedeutung begriffen hätte und wäre zugleich nicht der ansicht daß jener äußere glanz nur die oberfläche einer hinabziehenden schmutzigen wirklichkeit sei oder umgekehrt der so unerleuchtet wäre nicht zu erkennen daß weil keine wohltat der natur in die schranken treten kann gegen die gabe der vermehrung es eines jeden rechtschaffenen bürgers geziemende pflicht sein müsse der warner und mahner von seinesgleichen zu werden und davor zu zittern daß was in der vergangenheit von der nation so hervorragend begonnen worden war in der zukunft vielleicht nicht in ähnlich hervorragender weise voll-

endet werden könnte wenn unverschämte gewohnheit schrittweise die ehrwürdigen von den vorfahren überkommenen sitten auf einen solchen tiefpunkt geführt haben würde daß derjenige als kühn im äußersten maße bezeichnet werden müßte der die verwegenheit besäße aufzustehen und zu behaupten es könne für keinen menschen einen schlimmeren schimpf geben als den vorwurf sich abzukehren in nachlässiger vergeßlichkeit von jenem evangelischen gebot zugleich und versprechen welches allen sterblichen mit der verheißung reichen wachstums beziehungsweise der drohung der verminderung die verrichtung des unablässigen fortpflanzens ihrer art auf ewig unwiderruflich anbefohlen hat?
Es darf uns denn mithin nicht wundernehmen, wenn, wie die besten geschichtsschreiber berichten, unter den kelten, welche nichts, was nicht in seiner natur selbst bewunderungswürdig war, bewunderten, die kunst der medizin in hohen ehren gestanden haben soll. Ganz abgesehen von hospitälern, leprastationen, schweißkammern, pestgräbern haben ihre größten doktoren, die O'Shiels, die O'Hickeys, die O'Lees unverdrossen die verschiedenen methoden festgehalten, durch welche die kranken und die rückfälligen ihre gesundheit wiederfanden, handelte es sich bei ihrem leiden nun um den veitstanz oder den fiebrigen fluß. Gewiß sollte bei jedem öffentlichen werk, welches von auch nur einigem gewicht ist, die vorbereitung mit der bedeutsamkeit in einklang stehen, weshalb von ihnen ein plan angenommen wurde (ob aus vorheriger überlegung oder als reifefrucht der erfahrung, ist schwer zu sagen, da die auffassungen der späteren forscher hinsichtlich dieses gegenstandes stark voneinander abweichen und bis zur stunde noch nicht haben überein gebracht werden können), wonach die mutterschaft so weit einem jeden möglichen zufall entrückt wurde, daß der patientin alle sorgfalt, welcher sie in jener allerschwersten stunde ihres frauenlebens hauptsächlich bedurfte, und nicht allein der reichlich begüterten, sondern auch derjenigen, die, weil nicht hinreichend mit geld gesegnet, kaum und oftmals nicht einmal kaum imstande war, sich am

leben zu erhalten, in der hochherzigsten weise und gegen ein unerhebliches entgelt zur verfügung stand.
So denn war damals schon als auch wie fürderhin nichts auch nur irgendwie imstande, ihr beschwerlich zu fallen, denn für dies vor allem war allen bürgern ein gefühl gegeben, daß ohne fruchtbare mütter nirgends wohlfahrt könne sein noch gedeihen und, da sie hatten empfangen ewigkeit götter sterblicher nachkommenschaft, daß es ihnen möchte wohlanstehen, sie denn, wenn ihre stunde kam, kreißend zu fahren in einem fahrzeug dorthin, beseelt von gewaltigem verlangen untereinander, sie zu drängen, daß sie aufgenommen werde in jenes haus. O tat einer klugen nation, nicht nur als anblick würdig hohen lobs, sondern auch selbst dem späteren bericht ein gegenstand des preises, daß sie voraus in ihr sahen die mutter, daß sie von ihnen alsbald begonnen zu haben bereit zu sein gehegt und gepflegt zu werden sich fühlte!
Bevor geborn daz kint vrevde erfvr. In muoter schoze wart ez wol verert. Swaz mahte lobzam sin vor dise dinc getan ez wart. Ein ligestat von maneger wevrowen hande sorgen vn heilzam ezzen geruochliche vn windelen rinecliche alz wan die gebvrt iez wær beschehen vnde von vorsiht wisliche volendet: darzv von arzatie niht minner alze genotec waz vnde wvntarzatlich werczciug alz mahte vorderlich sin vor ir stunt vergaez niht diu ansihte von vil schowebiltnissen zv ovgelweide gedaht von manege angeren vn gevilden vf vnsere ert bal swaz alz wart dar getan ir mit sament biltnissen gotlich vnde menschlich daez betraht wært vorderlich vor dere lip swellunc bi vrowen so gesonderet sin von der werlde ader vor daz senftec wirt ir niderkvmft in dis sunnebernde wolgebowete schœne muoter heime wan sie iz offenbare vergerwet vnde der nahvolgunge vol vn iz an ir dareine zv ligen alz nu iz ir zit.
Ein man aldo stant der ein farensman waz an des hvs tor da nacht nider nu kam. Von Jisraels volc dise man waz vn hæt gewandelet vil vnde gefaren vf erden. Rein mitebarmen waz aleine mit den menschen swaz ihn gebraht an dis hvs.

Dis hvses herre genant wirt A. Horne. Sibenzec bettestat helt er bereit fvr tragerinne vmbe daz ligen aldort zv leide vnde gebern kinder gesvndec vn vrisch alz GOts engel Mariæ verheizen. Wahtaerinne zween do wandeliern, wize swestern vf slaflos waht. Smerzen sie smeln leide linderend: in zwolf manden wol dries hvndert. Triuwe thane des bets sin die beiden, wahzam haltend die waht vor Horne.

Uf wahzam waht gehœrte sie komen die wahtærinne den wolgemuoten man unde stant alzehant uf halz gehuellet un tat ihme wit uf daz tor. Un sieh, eins bliczen schuz vart iezunt dur Irelants westere wolkentruebe. Groz vorht sie da hett daz GOt der Rechære kunt ustilgen wellen mit wazzer die menscheit all obe ir schantliche suenten. Cristi holz sluoc sie uf ir brust bein un zoh ihn hereine daz schirm er hett unde ir obedah. Un werdecliche betrat ir willeheit wissend der man alsan Hornes hus.

Ze stoeren geneiget niht, huot in hant, der suocher in Hornes halle stant. An ir stat hett eins er gelebet mit tiure wip unde liep tohterlin un waz gewandelet danne gar wit uber lant unde mergarte wol an die niun jar. Sie aber hett er einest gesehn in dere stat porte doch we! niht geantwort die gruoze von ir genigete houbt. Hierumbe verzihung iez vleht er von ir un gerne gewert sie da sie vernomen sin guoten grunt daz enes gesiht danne hett so junc gehabet ein schin. Liehte da vlammet im oug ir jach unt ein blüent blichen loente sins worts.

Da jr oug aber sahe dye swartzhyt synes gewandt erzückt sie vyl sorgen. Doch baldes frohe war dye eben noch forhtlich gewest. Er vragt sye nu obe doctor O'Hare wol künde gesandt von wytem gestatt un kumberlich siufzend tät sye beschit ym daz doctor O'Hare sye in hymmeln. Untroestelych schyer vernam der man dys wort welchez so michel daz herze ym druhte in mylte. Allez beriht sye ym do un kleite gar sere yrs friundes tot also junc noch obe es schon yr gar widersteh an GOts gereht wysheit ze zwyfeln. Sie sprach es sye beschyden gewest ym ein schoene süez tot dur Syn GOtliche guote unt ein messpryester ouch daz er yn los sprech un das heilec abentezzen un dez sychen oleiunge dar zu. Do vraget reht ernestlyche der man dye nunne swez tots daz der tote gestorben un dye nunne tæt antwort yme un sprach daz er sye gestorben dur lypkrebez uf Mona Eilant un wærenz drye jar nu an dere unschuldic kintlyn fest komend un vleht sye uf zu GOt dem Albarmære daz moht doch ze Yme nemen dye tiure sel in Syn untodekeit. Er aber gehörte sye sprechen dye truebe wort un sahe niderwert uf syn huot dene trueblyche gehaltene. Also stunden sye beide ein nu noch aldort in verzwyvel un traureten stumb myt ein.

Darumbe dan, iewelichman, gedenke des ends welches da ißt dein tott un der stoub der keins menschen schonet so geborn ißt vom weibe dann als er nacket komen ißt von seiner mutterleibe also nacket wirt er wider da hin faren.

Der man der komen war in das hauß sprach nû mit der amme und vrâget er sie wie daz es stůnd umbe das wîp das im kintsbet lâg aldâ. Und antwort die amme ihme und sprâch daz enes wîp in den wêwen lâg volle drî tac schon und daz es wůrd ein gar schwêre geburt vilnâch niht zu erdûren doch ůber ein kleines seie ir stund iêzent dâ. Und sprâch sie noch daz gar vil geburt sie hâtt êr gesehen von vrauwen doch niemer keine so schwêr sei gewest als diser vrauwe geburt. Dâr auf berihtet sie ihm was alles ir widervarn sident daz sie inouwe hâtt in dis hauß. Der man lusteret sêr auf ir wort und warde vol wunders inne der wêtât der wîp in ir kintsnôt so sie habent von ir muoterheit und er verwundert sich ûz die mâzen dâ iezent er sahe ir angesiht das ein junc angesiht war als iedec man sên kunt und sahe daz sie idoch ein magedîn geblîben nach sô lange jâr. Niunmal zwôlf bluotvlůzze schalten sie kintlos.

Und dâ sie noch sprâchen war geoffent des slozzes tor und nâhete ein gar grôz gebrehte als wie von vilen so bî tavel sizen. Und es trât an den ort dâ sie stunden ein junc lêrekneht der was Dixon genant. Und er kennet den wandeler Leopold wol sît es geschehen daz sie ze schaffen gehabt mit ein im hûse misericordiae alwô diser lêrekneht obelag sein ammet da eins der wandeler Leopold nâm invluht dort umbe daz er heilsame vânde alle die wîle er was sêre wunt dur ein gêr damite ein schrecklich und vorhtbârlich drache ihn gestochen und wart ihm vram ein salbe gemessen von vlůhtic salz unde chrisam sovil als ihm dienlich. Und dâr nu sprâch er ze ihm und saget daz er solt einegehn in des slozzes innunge und vrôudenrîch sein mit denen so aldâ wâren. Und saget der wandeler Leopold daz ihm sîn trahten stůnde nâch anderweit ûf den sin wande er wâr ein man von huote und ein kluoc man. Ouch die vrouwe was eintrehtec mit ihm und schalt den lêrekneht obe sie als ein irrekeit aht waz der wandeler hâtt gesprochen von sîn kluocheit. Doch der lêrekneht niht wollt hôren kein neine noch volgen irm inbot noch wollt ers lîden daz jener sei widersetzelic sîm wunsch und saget er swelch ein wunderlich slôz daz es wâre. Und dâ ginc der wandeler Leopold hin eine in das slôz umbe daz er geruowe aldort ein zît danne er was wunt an sîn gelide von daz er gewandelet was dur die lant umbelanc und von dere jagede lust.

Und in dem slozze was ein tavel bereitet die was us dem birkenholz Finlants und was getragen von vier zwercmaennern ienes lants doch sie warn verzawbert also daz sie niht kunten sich rueren noch regen. Und es lagen uf diser tavel gar furhtbære swerter und messer die da gemacht werden in ein groz hœl von bœzer geister hant und werden gemacht us wize flamen und bevestiget in dem gehürne von bueffelen unde hirschen so aldort leben in wunderbær vuelle. Und waren schuezzelen da und geschirre und waren gemacht durch den zawber Mahounds us mers sant und us luft von eim hecsemeister mit sin odem welchen er in sie eineschnobt daz sie werden als wie groze blazen. Und es lag spise uf dere tavel so lecker lieplich unde rich als niht iemant sihs kœnt herrelicher noch lieplicher erdenken. Und es war da ein vaz von silber swelchs kont geoffent werden uf listriche art und lagen dar inne seltsæne visch sonder hawbt und dis zeugschaft ist war obe schon ungleubic leut wol mœhten bestriten daz es ein mœgelich dinc biz daz sie es saehen. Und dise visch liegen in eim œlichten wazzer so us dem lant Portugal gebraht und ist so vil vet dar inne daz es gelichet dem saft von geslahen œlvruht. Und insgeliche wunderhaftic ze schawen in deme sloz was wie sie durh zawberschaft da ein gemischede berihten uz manecvalt vruhtbaere weizzen von Chaldaea swelchs mit dem bistant von gewizze bœze geister so sie dar eine bannen uf swellet gar wunderbærliche als wie ze eim mehtic berc. Und sie machen die slangen da gelernic daz sie sih ufhin winden an lange stocholz uz dem ert grunt und uz dise slangen schuopen brawen sie ein gebrawe als wie met.

Und der lerekneht liez eineschenken dem Childe Leopold ein trunc und tæt ihme beschiet under diu ein ieclich man so da was ufhuob unde tranc. Und Childe Leopold offent sin helmevenster umb daz er ihm gevellic seie und tat er ein lützel zoc under ougen uz vriuntschaft danne er niemer sunsten nit tranc iender ein met und setzte er abe den becher und lærte ieso heimliche daz grœzer teil in sins nachbar glas und sin nachbar waz nit inne sin listekeit. Und er saz nider mit ihnen in dem slozze umbe ze ruowen da ein wil. Danc seie dem Alwaltec Got.

Inne des aber stund die swester guot bi der tuersul und vleht sie umbe Jesu wilen unsers allerhoehste lehenherre daz moehten doch abelazen von irm sufgelag die wile ein adelic vrawe liege dar obe die saehe gegen ir niderkumft und seie ir zit gar nahe. Sir Leopold vernam ho drobe uf der galeria ein lut geschrie und er riete bi sich welch ein geschrie daz es waer obe kints oder wibes und ich han wunder, sprach er, daz es noch nit komen ist oder iezund komt. Mich dunkt es dawret schier ueberlanc. Und er schawete uf und sahe ein vrisazen uf dere tavel ander sit der hiez sich Lenehan und was elter dann all die anderen und sittemal sie beide warn tugentsame ritter in selbige ruome und war iener elter ouch sprach er gar vriuntliche ze ihm. Ahi, sprach er, waert es wol lanc so wirt sie doch baldes geberen durch Gots guote und vreudenmuots sein ob irs kindelins danne wunderlichen lanc hat sie nun gewart. Und der vrisaz welcher haett gesuffen sprach, Ein ielich ougenblic kan sein ir letzter. Und name den becher so vor ihm stund danne niemer noch was ihm not ze werden gebitten oder gemanet umb daz er traenc und Trinkt denne, sprach er, und sprachs mit eim froeliche muot und tat ein zoc so starc als ers iemer vermoht uf ir beider heil danne er was ein gewalticlich guot man in sin ruestekeit. Und Sir Leopold welcher da was der angenemelichste gast der ie in der schuolaere hall gesezzen unde der vriuntlichste dar zu der ie hawshalters hand under hennen haett gelegt und was insgeliche der getriuweste werltritter der ie getan minnewerc bi ein adelic vrawe er tranc ihme hoveliche zu mit dem becher. Und dahte bedaehticlich nach undewil ueber wips we.

Nun aber lazzet uns von der geselleschaft sprechen welch was versamlet alda sich ze besuffen so wol als es mohte angehn. Es sazen an tavel in beiden sit schuolaere von sunderlinc art, als da sint Dixon, der juengere zuobenant, von St. Mary Merciable mit sine genozzen Lynch unde Madden, des erzentuoms schuolaere, und der vrisaz, Lenehan geheizen, und einer uz Alba Longa, ein gewizzer Crotthers, und junc Stephen, welcher haett das angesiht von ein vrum bruoder und saz dere tavel ze houpten, und Costello, welchen die mannen Punch Costello nemmen obe ein meisterschaft die er eines errungen (und was er der groezt trunkenslunt von allen, uz genomen junc Stephen, und begirete iemer mere met), und nebent ihme der senftic Sir Leopold. Sie alle warten und harreten uf junc Malachi sint es haett iener versprochen ze ihne ze komen und warn alanc nit ze milte geniget noch nahsiht also daz sie nuon sprachen er haett sin gelübschafte gebrochen. Und Sir Leopold saze mit ihnen die wile er truoc vest vriuntschaft in sin herzen fuer Sir Simon und fuer dis sin sun junc Stephen und ouch umbe dez willen daz sin sene ruowe faend von so lanc wanderunge inne dem daz sie ihn ze smawse geladen fuer dise zit und was geschehn uf so erenvol art. Erbermekeit roete ihn, liep strit wider dem wander wille, ungerne waer er

gangen.
Denn sie waren scholaeren, gar ser gewitzd vnd verstendig. Vnd er hörte sie rechten mittenand vnd reden vonn geburd vnd gerechtekeit vnd jung Madden lies sich vernemen das es wann es denn angieng doch ein schwer dinc were das die vrawe sullt sterven (denn also war es geschehn fvr einige jar einer vrawen aus Eblana im hause Hornes, welche nun hingangen was auß diser welld, vnd inn der selbigen nacht noch fvr jrm tot hatten all erzte vnd apoteker rates gevlogen vber jrm fall). Vnd des weitern sagten sie das sie wol hett am leben bleiben sullen denn im anfange sagten sie in schmertzen sulle das weip gebern vnd es stimten gar alle zu so eines gedanckens damitt waren vnd sagten es hett jung Madden ware gesprochen denn schweer noch lag es jm auff dem gewissen das er sie hett müßen sterven laßen. Vnd nicht wenige vnd vonn disen einer war jung Lynch zweiffleten sere vnd sagten es seie die welld jetzund recht übel regieret so schlecht als sies nimmer gewest ob schon das gemeine volck anders gleube doch könten nicht recht noch richter dem fvglich weren. So gebe denn abhülff GOtt. Doch war dis kawme gesprochen da schrieen sie all im verein vnd sprachen Nein, bi vnser Jungvrawen Mutter, das weip sullt leben vnd das kintbarn sterven. Dar ob erhitzeten sie sich gar sere vnd wurden heißen hawpts, die einen vom streitte die andern aber vom trunck, doch der freisaß Lenehan war alleweg eilents zur handt jnen ale ein zu schencken eim jeglichen sein mas auff das sie zum mindest der frewde nicht möchten ermanglen. Dann erzelte jung Madden jn allen die gantze geschicht vnd da er berichtet wie sie gestorben vnd wie umb der heilingen religion willen nach pilgrims vnd bittbruders rat vnd weil er ein gelüppde getan dem Heilingen Ultan vonn Arbraccan jr guter Ehgemal nicht wullt zu laßen das sie sterb vnd sich dreine vinden da wurden sie alle dar ob gewalltig des kumbers vol. Jnen aber antwort jung Stephen vnd sprach dise wort, Gar offtmal, jr herren, murret das lajenvolck. Beide das kint vnd sein mutter verherlichen nvn jren Schöpffer, das ein im limbus dunckel, die ander im

fegfewr. Doch was, umbe himels willen, ist mitt jenen gottmüglichen selen welche allnächtlich wir unmüglich machen vnd zunichte, was da ist die sünnde wider den Heilingen Geist, den Waren Gott, den Herrn vnd Stiffter des Lebens? Denn warlich, herren, sprach er, kurtz nvr ist unser lust. Wir sind ein mittel nur zu jenen kleinen geschöpffen jn vns drinnen vnd ander zil vnd ende hat die natur denn wir. Da sprach Dixon der jüngere zu Punch Costello vnd fragte ihn ob er wol wisse welch zil vnd ende. Doch jener hett aus der massen getruncken vnd kunt kein besser wort von jm gewonnen werden denn das er wulle ein jeglich weip enteren wer sie auch seie ob vraw oder mägdlein oder hübscherinn so es jm nur zum heile gereiche vnd er künne ledich werden seines gar hitzigen dranges. Wor auff nun Crotthers vonn Alba Longa des jung Malachi lobliet sang auff jenes wundersam tier den Einhürne wie dersellbe ein mal nur in ein tawsent jar kome mitt seinem horn vnd der weilen stichleten die andern all mitt jren spötlichen reden womitte sie jm übel wullten vnd bezeugeten alle vnd eininge bei des heilingen Futtius werckzeug das ers im stande sei auff jeglich art zu treiben so nur in eins mannes krafft stende. Dar auff lacheten sie alle recht hertzlich, nur nicht jung Stephen vnd Sir Leopold welcher nimer so lawthalz zu lachen wagete aus dem grunt einer seltzanen grille welche er niemandem wullt entdecken vnd insgleichen auch weil jn die vrawe barmte so dort gebahr wer imer sie sein mocht vnd wo sie auch ruhte. Dann sprach jung Stephen gar hochmütiglich vonn der mutter Kirche welche jn würd aus jrem schose reisen vnd vonn dem Cannonischen Recht vnd vonn Lilith, der schuzherrinn der Abgeng, von dickem leibe so bewürcket werd von wint aus samen von klarheit oder von der macht der vampirn munt zu munt oder, als Virgilius saget, durch den Einflus des sonundergangs oder durch den dufft der mont blume oder so sie lieget bei einer vrawen bei welcher ihr man erst hat gelegen, *effectu secuto*, oder leichte auch in jrm batt nach der meinung vonn Averroes vnd Moses Maimonides. Er saget auch wie am end des zwoten monts eine menschliche sele

würd ein geblasen vnd wie in allem vnser heilinge mutter die selen umbfengt ewiglich zu Gotts höherem rume werend jene vleisches mutter welche nichts seie denn ein geberend tier vnd müß tierisch austreiben sterven sullt nach dem Canon denn also spricht der da treget des vischers sigel, der heilinge Petrus auff welchen feltz gebawet ward die heilinge kirche fvr all zeit. Vnd es fragten der baccalaurei alle alsdann Sir Leopold ob er in ehnlichem falle wol würd die vrawe so geringe achten das er leben sullt wagen umb leben zu retten. Vonn fvrsichtigem sin wullt er antwort stehen so allen geviele vnd so tat er die hant an die wang vnd sagte mitt arglist als seine gewonheit war, das wol, so weit er, welcher die kuntz der erzet allzeit geliebet, so ser als ein laje es nur vermöcht, seie vnderichtet, vnd so weit seine kenntnis eines so seltenen falls möcht reichen, es jewerderhalben gut wer fvr die Mutter Kirche, bekeme sie doch auff ein schlag jr scherfflein fur tot als geburd vnd auff solch weis endwant er sich klüglich jrn fragen. Das ist, lobgott, die warheit, saget da Dixon, vnd geh jch nicht irre ein treffend wort. Da aber jung Stephen es hörte ward er gantz wundersam frölich vnd tet die beheubtung das wer da stele den armen leihe dem Herrn denn er war vonn gar wilder art wann er truncken war vnd dis war er jetz da er solchs sagete als balde offenberlich ward.
Aber Sir Leopold war arg duster nun ohngeacht seins wortes denn jmmer noch bewegt jn erbermen ob des erschreklich schryllen geschries der frauwen in jrn kints nöten vnd er gedaht an sein gut frauwe Marion die jm ein einzicht menlich kint geboren welchs war an seim eilfften lebens tag gestorben vnd kont nit gerett werden vonne keins menschenkunzt also dunckel ist das schicksal. Vnd sie ward wonderlich geschlagen vonn disem schlim zufall vnd da es begraben ward legt sie jm an ein gar fein kleit das war aus lambs wolle vnd vonn der blüdte der herde das es nit möchte gentzlich verderben vnd kalld ligen (denn es war da umb die mitte des windters) vnd nunn blikte Sir Leopold der seiner lenden kein menlich kint hatte zum erben auff jn seins freunts son vnd kumber ver-

sperrt jn ob seines da hingangen glükkes vnd so traurig er war das jm ein son fele vonn solch edelem mut (dann es achtten jn alle ob seiner natürlichen gaben) so bekümbret war er alsogleich auch in nit minderem mas vber jung Stephen umb des willen das diser lüderlich lebte in sauß vnde brauß mit dise tagdiep vnd verschlang sein gut mit hurn.
Denn eben umb die jetzige zeit wider fůllte jung Stephen alle pecher so lere da stunden also das nur wenig mer were gebliben hetten nit die verstendigern yhn geschirmet wider das drengen jener die da nit konten gnug bekomen vnnd indem er nunn bettete fur den hôchsten bischoff hies er sie an stossen auff das wol des vicarius Christi welcher alsgleych als er sagte vicarius were vonn Bray. Nu wolan last vns trincken, sprach er, aus disem humben vnnd sauffen disen met der da in warheyt nit teyl ist meins leybes sunnder ist meiner sel leiplich geheuss. Lasset das brod brechen jene so leben vom brodte aleyn. Vnnd fôrcht ewch nit das ewch ettliches môcht ermanglen denn dises wird mer ewch trôsten denn jenes ewch schreken. Sehet denn her. Vnnd er wiess yhnen gleyssende můntzen so er als miet eingenomen vnnd goltschmyds noten im wert vonn zween pfunt vnnd newnzen schillinge baar vnnd hett er selbe, so sprach er, auff ein lyetlein embfahen das er vorfasst. Sie all aber vorwunderten sich die obegenanten reychtůmer zu sehen in solcher geldes tewerung als sie vor hyer geherrscht. Da aber sprach er die volgenden worte: Wisset, yhr menner alle, der zeyten trůmmer bauwen der ewikkeyt heusser. Was ist das? Des wints begyerde dorret den dorn bawm darnach jedoch erstet eine rose auss dem brommber busch auff dem krewtz holtz der zeyt. Mercket nu wol. Jn weybes leybe ward das wort zumm vleysch doch im geisste des schöpffers wird alles vleysch das vergehet das wort das da nimmer vergen soll. Dis ist die nachschöpffung. *Omnis caro ad te veniet.* Onzweyfel ist mechtigen namens sie die da vmbauchte den tewren leyp vnsers Loskeuffers, Heylants vnnd Hirten, vnsere mechtige mutter vnnd mutter erwůrdig vnnd sant Bernhard saget gar rechte das sie hab eine *omni-*

potentiam deiparae supplicem, das ist vordolmetzscht eine allmacht der furbitt umb dess willen das sie ist die zweyte Heva vnnd hat vns wider gewonen, als auch sant Augustin sagt wo hinwider jene andere, vnser gross můtterchen, mitt der wir sind vorbunden durch eine endlose anastomosis vonn nabel schnůren vns alle vorkauffet hat, samen, vrucht vnnd abervrucht umb ein schnöden apffel kern. Doch lasset vns dis rechte betrachten. Entweder erkannt sie yhn, jene zweyte meyn ich, vnnd war ein geschöpff nur yhres geschöpffes, *vergine madre figlia di tuo figlio,* oder sie erkannt yhn nit vnnd stet drumb in der nemlichen vorleugnung oder vnweissheyt wie Petrus Piscator, der da lebt in dem hauss welches Jackob gebauwet vnd wie Joseph der zimerman, der pattron der glůcklichen lösung aller vnglůcklichen ehen, *parce que M. Léo Taxil nous a dit que qui l'avait mise dans cette fichue position c'était le sacré pigeon, ventre de Dieu! Enten* Transsubstantialität *eller* Consubstantialität doch keines falles Subsubstantialität. Vnnd alle schrieen laut bey disem worte vnnd sprachen es sey ein gar schentlich wort. Ein kinttracht ohn frewde, sprach er, ein kintbett ohn pein, ein leyp ohne fehl, ein bauch ohne bewlung. Lasset die lůderlichen anbetten voll glawbens vnnd eifferglut. Willentlich wolln aber wir widersten, widersprechen.

Hierauff schlug Punch Costello ein gross lermen auff den tisch mit seiner fawst vnd woltt ein vnfletigen runtreim beginen der *Staboo Stabella* hies vnd handlet von einer hur so in schlimm vmbstend gebracht war von einem luffthans vnd sebelrassler in Deudschlant vnd er tet solche wortt furgeben: *Die ersten drey mond war yhr nit wol, Staboo,* wann hier schwester Quigley von der ture vnmutig ruhe heischte vnd yhr solltet ewch schemen vnd zimbde sich solches nit als sie vermant dann es stand yhr der sinn dar nach das alls seine ortnung hab wenn Lord Andrew keme vnd kein heslich getumbel die ere verkurtz yhrer wachd. Sie war eine alde vnd trawrige matron von pinklichtem eusseren vnd Christlichem wanndel vnd trug ein dunckel kleit passent zu yhrm schweren mut vnd schrumblichtem angesicht vnd es vorfelt yhr manen auch nit sein würckung denn ohnvorzuglich war Punch Costello von yhn allen geschimbffet vnd gescholtten vnd teten sie einred dem pflegel mit artiger gropheit mannche vnd andre mit heuchelischem drewen vnd schaltten alle mit ihm das die pest soltt den dörper holen, was zum teuffel yhm ein fiele, dem gropsack, so eine spet geburd von einem schwechling, dich hat man wol im erpsenstroh gehecket, du luderjan, du schweins gekreuse, du rebellengezichd, du tümbelratz, du verschimblete felgeburd du, vnd er soltt doch blos sein sauff maul haltten, sunst vlög er hie raus, der gotts affe, saprament, vnd auch der gut Sir Leopold welcher da hett die blume der ruh zum abzeichen, die Mayoram zardt, tet yhnen alln anmanen wie doch die gegenwerttige stund wer eine höchst heilige vnd höchst würdig geheiliget auch zu werden. Ruhe soltt regiment han im hause Hornes.

Vmb es kurtz zu machen, kaum war nun dises voruber da fragt Master Dixon von der Mary in Eccles mit gutmutig grienzen jung Stephen was denn der grunt gewest das er sich nit entschloßen die münchs gelüpde zu thun vnd jener geb ihm zu antwortt, gehorsame sey er gewesen im mutter leibe, keusch werd er seyn im grab, arm aber sey er ohnfreien willens sein lebtag lang. Hie auff erwiderte Master Lenehan, gar viles schon hab er vernomen von sein ruchlosen tathen vnd hab erzelen hörn das er die lilien tugent eines gleubigen megdleins beschmuzt welchs wer die verderbnuß von minderjerigen vnd sie all stimbten ein vnd wurden ser frölich vnd trancken auff seine vatterschaft. Er aber sagte ser ernztlich das sie irre gingen in ihrem glawben denn er seye der ewige son vnd jungfreulich gewest allzeit. Dar auff erheidterten sie sich gar noch mer vnd brachten ihm zu erinnerung den wunderlichen hochzeits ritum beim entkleiden vnd entmegden der breut so die prießter auff dem Madagaskar eylant üben allwo die braut war in weiß gekleidt vnd in saffram ihr breutigam aber in weiß vnd kermesrot vnd narde brannte vnd kertzenwacks vnd sie auff einem brautbett lagen vnd pfefflein sangen das *Kyrie* untterweil ein umb das ander mal vnd den hymnum *Ut novetur sexus omnis corporis mysterium* bis sie ihr magdtumb dortt verloren. Da gab er ihnen denn ein ser wundernswerth hochzeits lietlein zu hören von den zirlichen poetae Master John Fletcher vnd Master Francis Beaumont welchs da stet in ihrer *Megdlein Tragedia* vnd ward geschriben fur der gleychen vereynigung von libenden: *Zu bett, zu bette* gieng es dar inn vnd soltt gespilt werden mit accompagnato harmonie auff denen virginalen. Ein herlich lind epithalamium von höchst senfftlicher vberedsamkeit fur jung verlibde welche von den duffdenen leuchden der braut nimbfen zum vierfussigen proszenium sind geleitt worden der ehlichen vereynigung. Da traffen die rechten beisamen, sagte Master Dixon ergetzd, doch höret, mein junger herr, weit beßer soltt man sie Beau Mont vnd Quetscher nennen, denn furwar, auß solcher mischunge möchd wol manigerley komen. Jung Stephen erwidderte so wol er sich könnd endsinnen hetten sich beyde in ein vnd die sellb bulschafft geteilet vnd sey sie auß eim bordele gewest vnd hetten sie abwechselnd abgestöbert in libes wollust denn es gieng gar hoch her in jenen tagen vnd die sitt des landes war nit dar wider. Niemant, so sprach er, hat größer libe denn die das er sein weib lesset fur seine freunde. Gehet denn hin vnd tuet des gleychen. Also, oder doch ehnlich, sprach Zarathustra auch, weylant küniglicher professor fur Pariser fragen an der vniversitet Ochsfortz vnd nimmer hett dortt ein man odem gehabt welchem die menschheyt wer mer zu pflichten gewesen. Bring ein frembdling mit heym, es müst gar scharpf zughen solttu nit das zweytbeste bett bekomen. *Orate, fratres, pro memetipso.* Vnd alles volck soll sprechen Amen. Gedencke doch, Erin, deiner geschlechter vnd deiner vurigen zeit wie wenig du gabest auff mich vnd auff mein wortt vnd brachsd einen frembdling her ein zu meinen thoren das er ohnzucht treib vor meinem Angesicht vnd werd fett vnd geil wie Jesurun. Dar umb aber hastu gesünndiget wider das liecht vnd hast mich, deinen herrn, zum sklaven gemacht von knechten. Kehre denn umb, kehre umb,

Clan Milly: vergiß mein nit, o du Milesierin. War umbe hastu dis grewel fur mir begangen das du mich tretest mit füßen um eines kauffmann willen der mit jalappen wurtzeln hanndelt vnd verleugnest mich vor dem Romer vnd dem Indier mit ihrem dunckel wortt mit welchen deine töchter zusament lagen in geilen lüßden? Blike hin auß denn, mein volck, auff das lant der Verheißung, vom Horeb vnd vom Nebo vnd vom Pisga vnd von den hörnern von Hattin auff ein lant da milch vnd money fleußt. Doch du hast geseugd mich mit einer bittern milch: meinen Mont vnd meine Sonen hastu auff immer gelöschet. Vnd du hast mich all eyne gelaßen auff den dunckeln wegen meiner bitternuß: vnd mit einem kuß von asche hast du geküßt meinen munt. Dise finsternuß des innern, so sprach er furbas, ist nit erleuchtt worden vom geiste der septuaginta noch auch nur erwehnungs gethan denn der auffgang auß der höhe der da brach die forten der hell hat heimgesucht ein dunckelheyt welche da war von anbegin. Brawch vnd weiß mindert die grewel (als Tullius von sein werthen stoiker philosophi saget) vnd Hamletis vatter weißet dem printzen kein blaßen der verbrennung. Das adiaphane im mitt tage des lebens ist eine egiptisch plag welche inne den nechten der prenatalitet vnd der postmortemitet ist ihr eygendlich *ubi* vnd *quomodo*. Vnd als denn all ding letz zil vnd ende zusam stimbt in einigem mittel vnd mase mit ihrn anfeng vnd ursprüng, in jener nemlichen vilfelltigen concordantia welche das wachstumb begleitt von geburds an in dem das sie durch eine retrogressivam metamorphosim jenes abnemen vnd verlöschen zum endt hin vollfuret welchs da ist nach der natura gewohn, also steht es auch mit vnser subsolaren existentz. Die betagten Schwestern zeuchen ins leben vns: wir klagen, gedeihen, spilen vnd spasen, umbfahen vnd umklammern, trennen vns, schwinden da hin vnd sterben: vber vns todte beugen sie sich. Zufodderst errett auß des alden Nilus Wasser, in miten von binnßen, ein bett auß bandiereten gerdten: zuletz die grott eines bergs, eine verborgen grufft, welche bergkatz vnd lembergeyer umbschreyen. Vnd als denn kein

mensch weiß die stette da ihm sein tumulus bereitt noch zu welchem furtgange der selb vns fuhret noch obe nach Tophet odder nach Edenville also ist vns auch alls verhaltten so wir woltten ruckwertz schauwen in die fern von wannen das wasseyn vnsers werseyns sein woherseyn habe genomen.
Hier auff brüllte Punch Costello gar ohngemein laut vnd krefftig das *Etienne Chanson*, doch jener hieß sie schweigen mit lauter stimb vnd sprach: Sehet, die Weißheyt hat sich erbauwet ein hauß, dis weite langfeststehend mayestetisch gewölb, den cristal pallaßt des schöpffers, alls in alphabettischer Ortnung, einen penny dem der das Pe findt.

Sehet das Haus errichtet vom kunstreichen Jack,
Schauet das Malz dort, gehortet in manch einem Sack,
im stolzen Ringkreis von Jackjohns Biwak.

Ein Hackschlag Gebrülls auf den Gassen hier, zack, schlug scharf, zurück. Laut zur Linken donnerte Donar: in Grimme flammend der Hammerwerfer. Kam nun der Sturm, der da hetzte sein Herz. Und Master Lynch hies ihn sich hüten mit seinem gespot und geilgewizzel denn es were der gott selber ergrimbt ob seines hellengeschwezes und seiner heidnischheit. Und er der erst eben noch sich erkünet solch ein kekling zu sein er ward bleich auff eim mal als all konten vermercken und schrumbfte zusamen und sein sinn der furdem noch war so hoch erhoben gewesen ward jach nun zag und sein herz erzittert im keffige seiner brußt da er jens sturmes lermen schmekte. Da spoteten die einen und andere waren voll hons und Punch Costello verlegte sich wider auff trutzige reden welch selben Master Lenehan gelobte es wollen nach zu thun und wie es gesagt war so war es gethan mit eins und ware kein sach ihnen zu geringe. Doch der prachthans schriee es wer das blos der alte Nobodaddy der malen wider in den becher gucke und keinen skrupel tet ihn das scheren und er woll ihm gewißlich nit nachbleiben im sauffen. Doch solt dieses nur sein verzweiffelung tünchen denn gar schüchter hockete er in Hornes halle. Er tranck jetze auch auff einen zug das er sich

mit einigem anstande ein herz fasset denn es donnerte lange und rumblend durch alle himmeln so das Master Madden maßen er gottsförchtig war zu zeiten ihn in die rippen hauet bei dem donnerkrach des gerichts und Master Bloom an des prachthansen seite besenfftige wort sprach sein große forcht zu schlefern und ihm anzeiget wie es doch kein ander ding sey denn ein lermen und spektakel was er gehört, die entladung eines fluidi auß dem gewitter herde, siehstu, hab da statt gefunden, und sey dies gantz in der ordnung eins natürlichen phaenomeni so.
Doch ward des jungen Prahlhansens forcht versiegt von des Besenfftigers worten? Nein, denn er hett im busen eine stachel die hieß Bitterkeit und solche wolt sich nicht lassen wegthun durch worte. Und ward er denn weder Ruhig nun wie der eine noch Gottsförchtig wie der ander? Er ward es beids nicht so gerne ers auch geworden. Aber hett er sich nicht könen mühen das fleschgen Gottsforcht wieder zu finden welches er in Jugend besessen daß er darmit lebe? Nein, dieß vermucht er nicht denn er hett der Gnade nicht mehr dieß fleschgen zu finden. Höret er denn in deme Krachen des Gotts Allschaffe stimm oder nur, als der Besenfftiger gesprochen, ein lermen Phaenomeni? Hörete er? Ei, kunts ja nicht überhören er hett denn das rohr Verstehn sich verstopffet (was er indessen nicht gethan). Denn durch dieß rohr sahe er daß er im lande Phaenomeni war allwo er würd absterben müssen auff einen gewissen tag indeme auch er in alls vergenglich war und nur ein Gleichniß. Und wolt er denn nicht annehmen den Todt als die andern und darhin gehen? Auff nie keine umbstend wolt er dieß thun noch wolt furder mehr Gleichniße machen nach weise wie menner thun mit weibern was hat geheißen sie Phaenomenum durch das buch Gesetz. Dann wußt er auch nichts wol von dem andern Land welches da heißet Glaube-an-mich und ist das Land der verheißung und eigent dem könige Freudenreich und sol bestehn ewiglich da nicht mehr ist todt noch geburt und nicht weibthumb noch mutterschafft und dahin alle soln kummen so dar an glauben? Ja, Fromm

hett ihm gemeldt von dießem land und Keusch den weg ihm gewießen doch unter weges gesellet sich ihm ein gewisse metz von wol gefelligem eußern und ihr name, so sprach sie, ist Spatz-in-der-Hand und lockete ihn auff falsche wege vom rechten pfad durch ihre schmeichelreden die sie von sich ließ indeme sie sprach, Ei du schöner mann, wende dich zu mir und ich will dir ein gar trefflich pletzgen zeigen und sie ließ nicht von ihm mit ihrem schmeicheln biß daß sie ihn in ihrer grotten hett die da heißt Zween-im-Busch oder, bey etlichen gelehrten, Fleischliche Begierde.
Dieß aber wars wornach es die gantze kumpaney die dort versammlet saß im Hause der Mütter am meißten gelüstet und weren sie dießer metz Spatz-in-der-Hand vorkummen (welche war in ihrem innern alle schlimm pestilenzen und ungeheur und ein bößer teuffel) sie hetten das letzte dar angesetzt einzukehren bey ihr und sie zu erkennen. Denn was Glaube-an-mich angieng so sagten sie es sey dieß nichts anders dann ein tönewort und wüßten sie keinen gedancken darvon zu gewinnen denn erstens sey Zwei-im-Busch darhin jene sie gelocket die allerliebste grotten und weren darinne vier kissen die hetten ein jedes ein schildgen und stünden darauff dieße wort: Huckepack und Oberst-zu-Unterst und Scham-zu-Gesicht und Wange-an-Backe und was zweytens die schlimm pestilenzen Syphilim angienge und die ungeheur so breuchten sie ihnen kein acht zu geben denn es hett ihnen Praeservativum ein starcken schutz und schirm darwider gegeben von ochsendarm und drittens auch könten sie nimmer in schaden kummen durch Nachkumbschafft was ist jener böße teuffel vermüge deß selbigen schirmes der heiß Tödtekind. Also saßen sie alle in ihrer blinden phantasey, der Herr Krittle Frisch und der Herr Manchmal Gottsförchtig, der Herr Nacheffer Sauffauß, der Herr Freisaß Falsch, der Herr Geck Dixon, Jung Prahlhans und der Herr Fürsichtige Besenfftiger. Darinnen aber, ihr schlimme kumpaney, helt euch alle der irrthumb denn jenes war die stimm des gotts der da war in erschrecklicher wuth also daß er gar leichte hett mügen den arm heben

alsbald und ihre seelen verstreuen umb deß mißbrauchs willen und der verstreuung ihres samens welches sie seinem worte zuwider gethan das ihn bestimmet der Fruchtbarkeit und der Mehrung.
So fiel auff Donnerstag sechzehnten Juni da Patk. Dignam unter erden kam durch ein schlagfluß nach schwerer dörre Gott sey danck regen, käm auch ein bootsmann herein auff dem wasser, wol umb die fuffzig Meil gefahren mit torff, sagt die saat wolt nicht spriesen, die felder all verdorstet, von dunckler farb und stenken mechtig, die sümbf und höf auch. Kaume zu athmen und die gantzen jungen trieb reinweg verdorret ohne besprengung all die lange zeit, das erste mal der art so weit sich ein mensch könt besinnen. Die rosigen knospen semtliche braun und verpußtelt und auff den hengen nichts als wie trocken langgraß und reysig, würd alsbald in feuer gehn. Alle welt sagt, so weit man wiß sey der große wind vom end Februar vorm jahr der das land so jemmerliche verheert ein kleins gewesen vor dießer dörre. Kam aber nach und nach, wie gesagt, dießen abend nach sonnuntergang ein wind auß west, dick geschwollen wolcken zu sehn wie die nacht außwechst und die wetterkundgen darzu auffgeschaut und zum ersten ein offtermals leuchten ringsumb und alsdann, schon nach schlag zehne, ein großer blitzstreich mit lang gedunnre und in mitten einer reih erschuttrunge alles halß über haubt nach drinne gestürzt vor dem dambffenden schauer, und die menner einen schutz gemacht für ihre strohhüth auß schnubfftuch oder fazzilet, das weibsvolck mit röcken hochgerafft gesprungen so bald der guß kam. Ist auff Ely Place, Baggot Street, Duke's Lawn, und von dorten durch Merrion Green hin auff biß Holles Street, ein wahre wasserfluth nieder die fürher knochentrocken gewesen und nicht senffte noch kutsch noch fiacker mehr zu sehn ringsumb, aber kam kein dunner mehr nach jenem ersten. Darüben an des S. Ehrenw. Richters Fitzgibbon thür (der benebens Mr. Healy dem rechtsgelehrten über die college lendereyen sol sitzen) stieß Mal. Mulligan, ein mußter von einem gentleman welcher grad von Mr. Moore

dem skribenten gekummen (der vormals ein Pepstischer, ist aber nun, wie die leut sagen, guter Williamit) zufellig auff Alec. Bannon mit kortz geschnitten haar (als jetzund die mod ist mit tantzmenteln auß Kendal Green) der erst frisch in die stadt gekummen von Mullingar mit der post wo sein cousin und Mal M's bruder noch woln ein Monath bleiben biß an St. Swithin und er fragt ihn was umb alle welt er hie machet, er müß heim und er noch zu Andrew Horne wo er verabredt sey auff eine flasch wein den halß zu brechen, sagt er, aber woll ihm noch in die eil von einem recht lockeren vögelchen erzehlen, gut entwickelet für ihr alter und eine dickhacksige trine, und die gantze weil goß es vom regen und so die beiden drauß zu Horne. Dort Leop. Bloom von Crawfords journal, saß beheglich bey einer schaar faulwitzer, recht maulstarck volck, Dixon jun., scholar bey Unser Gnadenreichen Frau, Vin. Lynch, ein Schottischer, Will. Madden, T. Lenehan, sehr triste wegens einem rennpferd dem er nachsann und Stephen D. Leop. Bloom dort wegens einem schwechzufall den er hett, fühlte sich jetzund aber beßer, nemblich hett ein wunderlich gesicht gehabt dießen abend von seiner dame Mrs. Moll mit rothen pantoffelen und türckischen kniehosen welches von kennern wird für ein zeichen deß wechsels gehalten und Mistress Purefoy dort, auff ihren bauch hin genummen und jetzund auff dem stuhl, die arme seel, zween tag schon überfellig, die hebmütter plagen sich ab und können sie doch nicht entbürden, es war ihr übel von einem nabff reisschleim der ja auch arg trockend wirckt auf das inner und ihr athem sehr schwer, viel schwerer als gut, und müßt ein pfundsjunge werden bey den stößen zu urtheln, sagen sie, aber geb ihr nun Gott bald daß sie nieder kömbt. Ist ihr neuntes kleines was sie auff der welt bringt, hör ich, und zu Mariae Verkündigung erst hat sie ihrem jüngsten die negel gebissen was da grad zwölf Monath war und ein brustkind wie die andern drey die gestorben sind und steht benebens ihnen mit schöner hand in der königsbibel. Ihr ehgespons runde fuffzig und Methodiste, aber nimbt das Sakrament und sieht man an jedem schönen sabbath mit paar von seinen jungs unweit Bullock Harbour wo er sachte die angel auffs wasser thut, mit einer gut gebrembsten kurbelroll oder in einem punt was er hat nach schollen fischend und pollacks und bringt gar manch schönen fang mit heim, hör ich. In summa ein unermeßlich großer regenfall und alles erfrischet und wird die erndte wachsen machen ob freilich die kenner sagen nach wind und wasser kömbt feuer so jedenfalls nach einer weißsagung in Malachis Almanach (und ich hör, daß Mr. Russell einen Wahlspruch von nemblichen verstande auß dem Hindustanischen hat in seiner Bauren-Gazette gethan) es weren der ding immer drey insgesammt aber ist doch bloß sprüchbeuteley ohn keinen sinn und nur für alte weiber und kinder ob wol sie ja manchmal als man fest stellt auff das rechte treffen mit ihren schnurren und grillen der himmel mag wissen warum.

Jetzo stand Lenehan auff gegen das Fußende des Tisches und sagte, es wär doch der Brieff in dem Abend-Anzeiger, und machte allerley Wesens, ihn bey sich zu finden (denn er schwor mit einem Eide, daß er sich deß peinlich hätt angenommen), doch Stephen redet ihm ein, und so entschlug er sich Suchens, und es hieß ihn jener sich neben ihm setzen, was er gar eilends that. Er war ein sportverständiger Mann in einer Art, welcher für einen Pickelhäring galt oder rechtschaffenen Teuffelsbraten, und was Weiber angieng, Rosse oder heiße Skandalgeschichten, so hätt er's allweil am Schnürgen. Die Wahrheit zu sagen, er war in schlechte Umständ und verthät seine Zeit meiste in Caffeehäußer und billige Tavernen, mit Seelenverkäufern, Stallpursche, Buchmachern, Halsabschneidern, Schmugglern, Bummelanten, Taschendieben, Bordell-Dämchen und derley Galgenstricken auß der Gossen oder auch wol mit einem zufälligen Büttel oder Stockmeister, offtmalen durch die gantze Nacht biß in den hellichten Tag, und von dießen wußte er zwischen den Secktmolken so manch looses Geredt zu erhaschen. Sein tägliche Malzeiten nähm er sich bey einem Garkoche, und wenn er sich dort eine große Schüßel Kaldaunen ein verleibt hätt und kein rothen Heller in der Geldkatz, dann haut ihn seine Zunge allemal wieder herauß, denn einen derben Dirnwitz oder ähnliches hätt er immer auff dem Vorrathe, gestalt sich jeder Mutter Sohn dort den Bauch halten mußt vor Lachens. Als nun der andere, Costello heißt das, dieß Geredt hörte, da fragt er, ob es Dichtung wär oder blos ersonnen. Wahrhafftig, nein, sagt er, Frank (so hieß er nämblich), es handlet sich da alles umb die Kerry-Kühe, die geschlachtet werden soln wegen der Seuch. Aber die können sich meinets wegen auffhängen lassen, sagt er mit einem Zwinkern, mit ihrem Weckfleisch, soln sie die Krätz kriegen. In dieser Dose hier sind so gute Fisch, als nur immer darauß gekommen, und gar freundlich bot er ihnen, von den saltzigen Sprotten zu nehmen, die vor ihm standen und die er längst schon mit lusternem Aug betrachtet, und hatte er sich den Platz gar mit Fleiß gesucht, denn es waren dieselben das Hauptziel seiner Mission, da er starck Hungers hatte. *Mort aux vaches*, sagt da Frank in französischer Zunge, denn er war bey einem Branntwein-Verschiffer in die Lehr gegangen, der einen Weinhandel in Bordeaux besaß, und sprach das Französische auch wie ein feiner Herr. Von Kindesbeinen an war dieser Frank ein Taugenicht gewesen, welchen sein Vater, ein Constabel, der ihn kaum konnt auff der Schul halten, daß er die Wissenschafften dort lerne und den Gebrauch des Globus, auff der Universität hätt eingeschrieben, auff daß er nun die Mechanik studire, aber er nahm den Bissen zwischen die Zähne als wie ein ungeberdig Hengstfüllen und war balde beßer vertraut mit dem Gerichtshalter und dem Kirchspielbüttel als mit seinen Folianten. Eine Zeitlang wollt er Comödiante werden, dann Marketender oder Wettschwindler, dann wieder konnt ihn schier nichts von der Bärengrube bringen und den Hahnenkampfpartieen, dann war er auff See unterwegens oder zu Fuß auff den Straßen mit einer Romanibande, entführt bei guter Gelegenheit oder Mondschein den Erben eines Landjunckers oder stibitzte den Mägden das Linnen oder drehte Hühnern den Hals herumb hinter einer Hecke. Er war so offtmal schon ausgerückt, als eine Katz Leben hat, und gleich so offtmal mit nacketen Taschen wieder heimgekommen zu seinem Vater, dem Constabel, der jedes Mal, wann er ihn wiedersah, eine gantze Pinte Thränen vergoß. Was, sagt da Mr. Leopold, welcher begierig war zu wissen, worauff das Gantze hinaus wollt, mit gefalteten Händen, sollen sie alle denn geschlachtet werden? Ich versichere feierlich, daß ich sie dießen Morgen erst zu den Liverpool-Schiffen hab gehen sehn, sagt er. Ich kann mir desto minder denken, daß es so schlimm soll sein, sagt er. Und er hatte Erfahrung mit dergleichen Zuchttieren und Kalbinnen, mit fetten Jährlingen und wolligen Schöpsen, denn er war vor einigen Jahren Actuarius bei Mr. Joseph Cuffe gewesen, einem würdigen Handelsherrn, welcher ein Geschäfft betrieb mit lebend Vieh und Auction auff der Weide, gleich neben dem Gehege von Mr. Gavin Low in der Prussia Street. Ich möchte da doch mit Euch rechten, sagt er. Viel eher handelt es sich um die keuchende Maulfäule. Mr. Stephen antwortete ihm, ein wenig bewegt, doch in sehr artiger Weise, es treffe dieses gewißlich nicht zu, und er habe Depeschen von des Keysers oberstem Schwantzkitzler, welcher ihm danck sagte für die Gastfreundschafft und mittheilte, er werde den Doctor Rinderpest hinübersenden, den bestbeleumdeten Kuhfänger in gantz Moskowien, mit so ein oder zwey Artzneykugeln, umb den Stier bey den Hörnern zu packen. Kommt, kommt, sagt da Mr. Vincent, ehrlichen Handel. Er wird sich auff den Hörnern eines Dilemmas befinden, wenn er sich's mit einem Bullen anlegt, der irisch ist, sagt er. Irisch von Namen und irisch von Natur, sagt Mr. Stephen, und er ließ das Ale in die Runde schäumen. Ein irischer Bulle in einem englischen Porzellanladen. Ich versteh Euch, sagt Mr. Dixon. Es ist der nämliche Bulle, der uns von Bauer Nicholas auff die Insul geschickt ward, dem brävsten Viehzüchter von allen, mit einem Smaragdring in der Nase. Gantz recht, sagt Mr. Vincent über den Tisch, und ein Schuß ins Schwartze, sagt er, und nie noch hat ein drallerer und stattlicherer Bulle, sagt er, auff den Shamrock geschissen. Er hatte schier verschwenderisch große Hörner und ein Fell von Gold, und süßer rauchiger Athem kam ihm auß den Nüstern, also daß die Weiber unserer Insul Teigball und Rollholtz ließen liegen und folgten ihm nach und bekräntzten seine Bulligkeit mit Ketten aus Gänseblümchen. Was das angeht, sagt Mr. Dixon, so hätt ihn aber der Bauer Nicholas, welcher ein Eunuche war, fein säuberlich verschneiden lassen, bevor er ihn sandte, von einem Doctoren-Collegium, das selber nicht besser daran war denn er. So ziehe denn hin, sagte er, und thue alles, was dir mein leiblicher Vetter, der Herr Harry, befiehlt, und hier nimm eines Bauern Segen mit dir, und darmit klatschte er ihm sehr tönend auff die Hinterbacken. Doch der Klatsch und der Segen kamen ihm zustatten, sagt Mr. Vincent, denn zum Ersatze lehrte er ihn Pfiffe, die nochmal so gut waren, also daß Mägdlein, Frau, Äbtissin und Wittib biß auf den heutigen Tag versichern, sie würden lieber zu jeder Zeit des Monaths in seine Ohren flüstern im Dunckel eines Kuhstalles oder sich den Nacken lecken lassen von seiner langen heiligen Zunge, denn daß sie mit dem feinsten und stämmigsten jungen Mädchenschänder in den vier Feldern lägen von gantz Ireland. Da ergriff ein anderer das Wort und sprach: Und sie kleideten ihn in ein Spitzengewandt und Unterkleid mit einer Kapuze und einem Gürtel und mit Krausen um seine Gelenke und stutzten ihm die Stirnlocke und rieben ihn am gantzen Leibe ein mit Walratsöl und bauten Ställe für ihn an jeder Biegung der Straße mit einer güldenen Krippe darin, voll von dem allerbesten Heu, so es auff dem Markte gab, also daß er es konnte beschlafen und bedüngen nach Herzenslust. Um diese Zeit aber war der Vater der Gläubigen (denn so nannten sie ihn) so schwer und fett geworden, daß er kaum noch vermochte zur Weide zu gehen. Welchselbigem zum Remedium unsere listenreichen Frauenzimmer und -zimmerchen ihm sein Futter in ihren Schürzenschößen brachten, und sobald sein Bauch voll war, erhob er sich nun auff die Hinterbacken, um dero Dämlichkeiten ein Geheimniß zu zeigen, und brüllte und blökte lauthals in der Bullensprache, und sie alle thaten es ihm nach. Ja, ja, sagt da ein anderer, und so verwöhnt war er und gemästet, daß er im gantzen Lande nichts wollte wachsen lassen denn grünes Gras für sich selbst (denn dieß war die einzige Farbe nach seinem Herzen), und es ward eine Tafel auffgestellt auff einem kleinen Hügel in der Mitten der Insul, darauff stand geschrieben: So aber spricht der Herr Harry – grün ist das Gras, das da wächst auff dem Weidengrund. Und, sagt Mr. Dixon, wenn er je Witterung bekam von einem Viehräuber in Roscommon oder den Einöden von Connemara oder von einem Ackermanne in Sligo, daß dießer auch blos eine Handvoll Senff außsäete oder ein Sack Rapssamen, so lief er schnobend durch das halbe Land und tilgte mit den Hörnern alles, was da gepflanzt war, und geschah dieß alles auff des Herrn Harry Geheiß. Es war aber zuerst bös Blut zwischen ihnen gewesen, sagt Mr. Vincent, und der Herr Harry nannte den Bauer Nicholas den ausgekochtesten Teuffelsbraten von der Welt und einen alten Hurenweibel, welcher sieben Dirnen hielte in seinem Hause, und dem werde ich noch das Handwerk legen, sprach er. Ich werde dem Viehzeug die Hölle heiß machen, sprach er, und zwar mit Hülff des guten Ochsenziemers, welchen mein Vater mir hinterlassen. Doch eines Abends, sagt Mr. Dixon, als der Herr Harry sich eben das königliche Fell säuberte, um nach einem gewonnenen Bootsrennen zum Essen zu gehen (er selbst hatte Blattruder, die andern jedoch, so lautete die erste Turnier-Regel, mußten mit Mistgabeln rudern), entdeckte er in sich eine wunderbare Ähnlichkeit mit einem Bullen, und nachdem er nun ein schwarz abgegriffenes Spruchbüchel, welches er in der Speisekammer bewahrte, zu Rathe gezogen, fand er bald herauß, daß er ein morganatischer Abkömmling des berühmten Preisbullen der Römer, *Bos Bovum*, sey, was gutes Küchenlatein ist und heißt verdolmetscht Der Boß vons Janze. Hierauff, sagt Mr. Vincent, steckte der Herr Harry seinen Kopf in den Saufftrog einer Kuh, in Gegenwart aller seiner Höflinge, und indem er ihn wieder heraußzog, theilte er ihnen allen seinen neuen Namen mit. Und während noch das Wasser an ihm herunterlief, zog er ein altes Hemde an und einen Rock, welche seiner Großmutter gehört hatten, und kauffte sich eine Grammatik der Bullensprache, um dieselbe zu studieren, doch konnt er nimmer ein Wort davon erlernen außer dem persönlichen Fürwort der ersten Person, welches er sich gantz groß abschrieb und außwendig lernte, und so offt er nun spatzieren gieng, steckte er sich die Taschen voll Kreide, umb es überall anzuschreiben, wo es ihm nur einfiel, auff einen Felsen oder einen Teehaustisch oder einen Ballen Baumwolle oder einen Angelkorken. Kurtz, er und der Bulle von Irland waren bald so dicke Freunde wie ein Arsch und ein Hemd. Das waren sie, sagt Mr. Stephen, und das Ende vom Lied war, daß die Männer der Insul, als sie nun sahen, daß keine Hülff darwider war, da die mißfälligen Weiber alle eines Sinnes waren, ein Fährfloß bauten, und sie luden sich selbst und ihr Bündel Habseligkeiten an Bord, richteten alle Masten auff, bemannten die Rahen, gewannen die Luf, backbraßten, spreiteten drey Segel in den Wind, richteten die Spitze zwischen Wind und Wasser, lichteten den Ancker, legten das Ruder nach links, hißten die schwarze Totenkopfflagge, riefen dreimal Dreimalhoch, ließen die Lenzpumpe laufen, stießen ab in ihrem Bumboot und stachen in See, um das Festland von Amerika wiederzuentdecken. Bei welcher Gelegenheit, sagt Mr. Vincent, ein Bootsmann das bekannte muntere Matrosenlied verfaßte:

– Papst Peter, der leidet an Bettpisserei,
Denn Mann bleibt Mann, ahoi!

Unsere würdige Bekanntschaft, Mr. Malachi Mulligan, erschien jetzt, da die Studenten mit ihrem Apolog zu Ende kamen, in der Thür, begleitet von einem Freunde, mit dem er just eben zusammengetroffen war, einem jungen Herrn, Alec Bannon mit Namen, welcher jüngst in die Stadt gekommen war und sich mit der Absicht trug, sich ein Fähnlein oder den Kornettsrang bey der Miliz einzukaufen und in das Feld zu rücken. Mr. Mulligan war höflich genug, sein Wohlgefallen an all dem zum Ausdruck zu bringen, umb so mehr als es zu einem Plane paßte, den er selber im Sinne trug, eben jenem Übel zu steuren, von welchem die Rede gegangen war. Worauff hin er nun der gantzen Gesellschaft einen Satz Pappedeckel herumb reichte, welche er sich just dießen Tag bei Mr. Quinnell hatte drucken lassen und auff denen in schöner Schrägschrift zu lesen war: *Mr. Malachi Mulligan, Befruchter und Außbrüter, Lambay Island.* Sein Plan, so hob er nun an zu erläutern, gienge dahin, den eitlen Vergnügungen Valet zu geben, wie sie die Hauptbeschäfftigung von Sir Dummbatsch Geckerich und Sir Geilhans Nasweis in der Stadt seyen, und sich der nobelsten Auffgabe zu widmen, zu welcher unser körperlicher Organismus geschaffen sey. Ei, so laßt uns hören, mein wackerer Freund, sagte Mr. Dixon. Ich zweiffle nicht, daß es nach Hurerei schmecket. Kommt, setzt euch, beide. Das Sitzen ist grad so wohlfeil als das Stehen. Mr. Mulligan nahm die Einladung an, und indem er sich nun recht weitläufig über seinen Plan aus ließ, erzählte er seinem publico, daß er auff dießen Gedancken durch eine Überlegung gebracht sey worden, welche Ursachen wol die Unfruchtbarkeit möchte haben, die inhibitorische so wol als die prohibitorische, nämblich ob die erstere als solche auff eheliche Entzweyung oder Kargheit der Harmonie zurückzuführen sey wie auch ob die letztere sich auß angeborenen Mängeln oder erworbenen Neigungen herleite. Es habe ihm ungemeinen Kumber bereitet, sagte er, das eheliche Beylager umb seine theuersten Pfänder betrogen zu sehen: und der Gedancke an so viele aimable Weiblichkeiten mit reichem Leibgedinge, daß sie eine Beute würden der widerwärtigsten Bonzen und müßten in einem widernatürlichen Kloster ihren Flambeau unter den Scheffel stellen oder verlören das Blümelein ihrer Fraulichkeit in den Umarmungen irgend eines unverantwortlichen Roués, wo sie doch leichte die Zugäng zur Glückseeligkeit könnten mehren, indem sie das unschätzbare Kleinod ihres Geschlechtes zum Opffer brächten, wo gewiß hundert brave Burschen bereit stünden, dasselbe zu caressiren, dieser Gedancke, so versicherte er ihnen, wolle ihm schier das Herz zerreißen. Umb nun dießem

Übelstande zu begegnen (welchen er entschieden auff die Unterdrückung latenter Hitze zurückführte), habe er gewisse Rathgeber von Verdienst befragt, die Sache genauer Prüfung unterworffen und endlich resolviret, als Allodium auff ewig den Freisitz Lambay Island von seinem Eigner zu kauffen, Lord Talbot de Malahide, einem berühmten Tory-Gentleman, der bey unserer gegenwärtigen Mehrheitspartey recht hoch in Gunsten stehe. Dort wolle er, so hab er sich vorgesetzt, ein nationales Befruchtungs-Gestüt errichten, welches *Omphalos* heißen und zum Wahrzeichen einen Obelisken erhalten solle, gemeißelt und errichtet nach der Art Egyptens, und hier wolle er unterthänigst seine guten Freisassendienste anbieten und Sorge tragen für die Befruchtung eines jeglichen weiblichen Wesens, gleich welchen Lebensstandes, das mit dem Wunsche an ihn heranträt, das Bedürffniß ihrer natürlichen Funktion zu erfüllen. Geld spiele keine Rolle, sagte er, noch gedencke er auch nur einen Penny für seine Mühewaltung zu nehmen. Die ärmste Küchenmagd nicht minder denn die im Überflusse lebende *dame à la mode* würde, soferne ihr Körperbau nur darnach wäre und ihr Temperament ein warmer Fürsprech ihres Bittgesuchs, in ihm ihren Mann finden. Was seine Alimentation angienge, so legte er dar, daß er sich außschließlich von einer Diät auß schmackhafften Knollen sowie von Fisch und Kaninchen dort ernähren werde, da gerade das Fleisch dießer letzteren sehr zeugungsfreudigen Nagetiere sich für seinen Zweck höchlichst empfehle, gleicher Maßen geröstet als geschmort, mit einem Spelzlein Muskat und ein oder zwey Schoten spanischen Pfeffers. Nach dießer erbaulichen Ansprache, welche er mit viel Wärme und betheuerndem Ernst gehalten, zog Mr. Mulligan in einem Nu von seinem Hute ein Schnubfftuch, mit dem er ihn geschirmt hatte. Die beiden waren, wie es scheint, vom Regen überrascht worden und hatten ohngeachtet raschen Außschreitens Wasser gezogen, wie man an des Mr. Mulligans Beinkleidern bemercken konnte, deren grobes Tuch aus grauer ungefärbter Wolle itzt leicht scheckicht geworden war. Sein Anschlag wurde derweil von seinem Publico sehr günstig auffgenommen und empfieng allenthalben herzliche Lobsprüche, obschon Mr. Dixon von St. Mary hievon abstand, indem er mit affektirter Miene fragete, ob er auch die Absicht hege, Kohlen nach Newcastle zu tragen. Mr. Mulligan jedoch hofirte die gelehrte Welt mit einem passenden Zitat auß den Alten, welches ihm, da es ihm im Gedächtniß geblieben, als gesunde und geschmackvolle Stütze der Streitsach erschien: *Talis ac tanta depravatio huius seculi, O quirites, ut matres familiarum nostræ lascivas cujuslibet semiviri libici titillationes testibus ponderosis atque excelsis erectionibus centurionum Romanorum magnopere anteponunt:* während er für diejenigen, die roheren Witzes waren, seinen Punkt mit Analogien auß dem Thierreiche zu Ende brachte, welche ihrem Magen zuthunlicher waren, als da sind der Bock und die Hindin auff der Waldlichtung, der Enterich auf dem Bauernhofe und die Ente.

Da er sich nicht wenig auf seine Eleganz zu Gute that und auch wircklich ein stattlicher Mann war von Person, widmete sich unser gesprächiger Herr nunmehr seinem Anzuge und rügte mit einigermaaßen hitzigen Ausdrücken die jähliche Grillenhafftigkeit der Witterung, indeß die Gesellschafft weiter hin ihre Enkomien an das Vorhaben verschwendete, welches er vor ihnen entwicklet. Der junge Herr, sein Freund, überfroh ob eines Ereignisses, welches ihm widerfahren, konnte sich nicht entbrechen, seinem nächsten Nachbar davon zu erzählen. Mr. Mulligan erblickte nun die Tafel und fragte, für wen denn jene Brodtlaiber seyen und Fische, und als er den Fremden gewahrte, machte er ihm eine artige Verbeugung und sagte: Pardon, mein Herr, bedürfen Sie irgendwelcher fachärztlichen Hülfe, die wir Ihnen leisten könnten? Worauff jener ihm für dieß Erbiethen sehr herzlich danckete, wenn er gleich die ihm eigenthümliche Distanz weiter hin bewahrte, und versezte, er sey einer Dame wegen her gekommen, welche zur Zeit in Hornes Haus logire und einen sehr interessanten Fall von Kindsnot darstelle, die arme Dame (hiebey seufzte er tief auff), und er habe nur wissen wollen, ob sie bereits glücklich niedergekommen sey. Um dem Gespräch eine andere Wendung zu geben, unterfieng sich nun Mr. Dixon, Mr. Mulligan zu fragen, ob seine beginnende Ventripotenz, mit welcher er ihn gern zum Besten hatte, auff eine ovoblastische Schwangerschafft in der Prostata-Utrikel oder männlichen Gebärmutter hindeute oder wie bey dem namhafften Arzte Mr. Austin Meldon einem Wolf im Bauche zu verdancken sey. Zur Antwort schlug sich Mr. Mulligan, indeß der Anblick seiner Beinkleider Stürme von Gelächter auslöste, gar wacker unterhalb des Zwerchfelles auff den Bauch und rief in bemerckenswerth drolliger Nachahmung von Mutter Grogan aus (dem ausgezeichnetesten Exemplare ihres Geschlechts, ob sie schon leider Gottes eine Schlumpe ist): Hier ist ein Bauch, der nie noch einen Bankert getragen! Dieß war eine so glückliche Konzeption, daß sie die Stürme der Fröhligkeit erneurete und die ganze Kammer in die hefftigsten Bewegungen des Entzückens versezte. Der hurtige Schwätzer hätte seine parodistischen Possen wol auch noch weiter getrieben, wär in der Antichambre nicht ein Getümmel entstanden.

Hier nun beglückwünschte der Zuhörer, der niemand anderes war als der schottische Student, ein kleiner Hitzkopf, blond wie Werg, in der lebhaftesten Weise den jungen Herrn, und indem er die Erzählung an einem springenden Punkte unterbrach, richtete er an sein Gegenüber mit einem höflichen Kopfnicken das Begehren, doch die Liebenswürdigkeit zu besitzen und ihm ein Fläschchen Herzensstärker herüber zu reichen, und stellte zugleich mit einer forschenden Bewegung seines Hauptes (ein ganzes Jahrhundert höflicher Bildung hätte keine so anmuthige Geste zu Wege bringen können), mit welcher ein gleichbedeutendes, doch gegenbewegliches Wägen des Kopfes verbunden war, dem Erzähler so schlicht und einfach, als es nur je in Worten geschehen, die Frage, ob er ihn mit einem Glase davon versehen dürfe. *Mais bien sûr*, edler Fremdling, sprach er freudig, *et mille compliments*. Ihr dürfets mit Freuden, und recht sehr gelegen kömmt es mir.

Nur dieses Glases noch hat es bedurft, mein Glück zu krönen. Doch, gütiger Himmel, hätt' ich auch nur eine Brodkruste noch in meinem Ränzel und einen Becher Wassers von der Quelle, mein Gott, ich wärs gern zufrieden und würde aus innerstem Herzen niederknieen zur Erden, um Dank zu sagen den Mächten dort droben für das Glück, das mir vom Geber aller guten Gaben vergönnet. Mit diesen Worten hub er das Pokal an die Lippen, nahm einen behäglichen Schluck von dem Herzensstärker, strich sich das Haar glatt, und indem er sich nun den Busen öffnete, sprang ein Medaillon hervor, welches an einem Seidenbande hing und eben jenes Bild enthielt, das ihm ewig theuer gewesen, seit ihre Hand darauf geschrieben. Er betrachtete die Züge mit einer Welt von Zärtlichkeit und sprach: Ah, Monsieur, hättet Ihr diese nur geschaut, wie ich es that, mit diesen Augen in jenem rührenden Momente, mit ihrem zierlichen Brusttüchlein und dem neuen koketten Käppchen (einem Präsent zu ihrem Wiegenfeste, wie sie mir erzählte), in solch kunstloser Unordnung, von so schmelzender Zärtlichkeit, mein Wort darauf, selbst Ihr, Monsieur, hättet Euch von edler Natur gedrängt gesehen, Euch ganz und gar in die Hände eines solchen Feinds zu überliefern oder aber dem Felde auf immer den Rücken zu kehren. Ich erkläre, all mein Lebtag noch war ich nicht so gerührt. Gott, ich danke Dir, der Du der Urheber meiner Tage bist! Dreimal glücklich wird seyn, wen ein so liebwerthes Geschöpf mit Gunst begnadet. Ein Seufzer der Affektion gab diesen Worten beredten Nachdruck, und nachdem er das Medaillon wieder im Busen geborgen, wischte er sich das Auge und seufzte abermals. Wohlthätiger Spender der Segnungen all Deiner Kreatur, wie groß und allgemeine ist doch jene süßeste Deiner Tyranneien, welche da kann im Joche halten den Freien und den Knecht, den schlichten Schäfer und den glatten Laffen, den Liebhaber am Hochtage ungebärdiger Leidenschaft und den Gatten in reiferen Jahren. Doch wahrlich, lieber Herr, ich schweife ab. Wie gemischet und unvollkommen sind doch all unsere Freuden unter dem Monde! Verdammniß! Ich wollte zu Gott, daß Voraussicht mich hätte erinnert, meinen Mantel mitzunehmen! Weinen schier könnt ich, denk ich daran. Dann wäre keiner von uns, und hätt es gleich sieben Schauer geregnet, jetzt ein Tüttelchen schlechter dran. Doch hol mich der Leibhaftige, schriee er, indem er sich mit der Hand wider die Stirne schlug, morgen ist auch noch ein Tag, und tausend Donner, ich weiß da einen *marchand de capotes*, Monsieur Poyntz, von welchem ich für eine *livre* einen so kommoden Mantel in französischem Styl haben kann, als er nur je eine Dame vorm Naßwerden bewahrte. Sa, sa! schreit da le Fécondateur, die Szene betretend, mein Freund Monsieur Moore, der vollendete Reisende (ich habe just einer halben Bouteille den Hals gebrochen *avec lui*, in einem Kreis der witzigsten Köpfe der Stadt), ist meine Quelle dafür, daß es am Kap Horn, *ventre biche*, einen Regen giebt, der durch jeden, selbst den dauerhaftesten Mantel geht. Eine Durchnässung von der dasigen Heftigkeit, sagt er mir, hat schon, *sans blague*, mehr denn einen glücklosen Burschen per Eilpost in eine andere Welt expedirt. Puh! Eine *livre!* schreit Monsieur Lynch. Das lumpige Zeug ist noch mit einem Sou überzahlt. Ein einziger Regenschirm, und wäre er nicht größer als ein Giftpilz, ist zehn solche Nothnägel werth. Keine Frau von Witz würde so Etwas tragen. Meine theure Kitty sagte mir erst heute noch, sie würde eher in einer Sündfluth tanzen, als in solch einer Heilsarche zu verhungern, denn, so rief sie mir vor das Gedächtniß (mit piquantem Erröthen und im Flüstertone dicht an meinem Ohr, obschon niemand zugegen war, der ihre Worte hätte aufschnappen können, als nur taumlende Schmetterlinge), Mutter Natur habe es uns doch, dank göttlicher Gnade, ins Herze gepflanzet und sey es auch ein alltäglich Wort geworden, daß *il y a deux choses*, für welche die Unschuld unseres Ursprungskleides, unter anderen Umständen ein Verstoß gegen die Schicklichkeit, die passendste, ja die einzig mögliche Bekleidung darstelle. Die erste, sagte sie und hier berührte meine hübsche Philosophin, um meine Aufmerksamkeit zu fesseln, denn ich half ihr gerade in den

Tilbury, ganz sachte mit der Zunge die Außenkammer meines Ohrs), die erste ist das Bad ... doch an diesem Punkte schnitt ein Glockenzeichen in der Halle jählich einen Diskurs ab, welcher so kühnlich zur Bereicherung unseres Wissensschatzes beizutragen versprochen hatte.

Mitten in die allgemeine leere Heiterkeit der Versammlung tönte eine Glocke, und während alle noch riethen, was wol die Ursach seyn möchte, trat Miss Callan herein, sprach in leisem Tone ein paar Worte zu dem jungen Mr. Dixon und zog sich alsdann mit einer tiefen Verbeugung gegen die Gesellschaft wieder zurück. Daß in dieser Runde liederlicher Menschen so plötzlich, wenn auch nur für einen Augenblick, eine Frau erschien, welcher züchtige Bescheidenheit höchlich zu eigen war und nicht weniger Strenge denn Schönheit, dämpfte die launigen Wallungen selbst der Ausgelassensten ein wenig, doch als sie gieng, war dies ein Zeichen zum Ausbruch einer allgemeinen Zotenreißerei. Ich werd verrückt, sagte Costello, ein gemeiner Bursche, welcher berauscht war. Das ist ja ein toller Happen Kuhfleisch! Ich gehe jede Wette ein, daß sie mit dir rendezvousirt ist. Was, du Hund? Du steckst wol mit sämmtlichen Weibern hier unter einer Decke! Bei Gottes Sprößling! Allerwege ja, sagte Mr. Lynch. Das Bettkantensitzen gehört im Mater-Hospiz zu den beliebtesten Gepflogenheiten. Ich will verdammt sein, aber greift der Doktor O'Gargle da den Nönnchen nicht dauernd unters Kinn? So wahr ich einst seelig zu werden hoffe, ich hab's von meiner Kitty, die in den letzten sieben Monaten dort Pflegerin gewesen ist. Ach Gottchen, Herr Doktor, schriee das junge Blut in der primelgelben Weste, indem es ein zimperliches Frauenzimmer imitirte und seinen Körper in unanständigen Bewegungen wand, da bin ich aber so kitzlig! Zum Henker mit dem Kerl! Hilfe, ich zittittittere ja am ganzen Leibe! Also Sie sind ja genau so schlimm wie der liebe kleine Pater Kathischißmuß, das sind Sie! Ich will gleich an diesem Pottoföh ersticken, schrie Costello, wenn sie nicht guter Hoffnung ist. Ich kenn eine Dame, die hab ich bloß anzusehn brauchen, da kriegte sie schon einen dicken Bauch.

Der junge Feldscher jedoch erhob sich und bat die Gesellschaft, sie möge ihm vergeben, wenn er sich jetzt zurückziehe, habe doch die Schwester ihn soeben unterrichtet, daß er auf der Station benöthigt werde. Der gnadenreichen Vorsehung habe es gefallen, ein Ende zu setzen dem Leiden jener Dame, die allhier *enceinte* gelegen, was sie mit lobenswerther Seelenfestigkeit getragen, um nunmehr einem strammen Jungen das Leben zu schenken. Mir gebricht's an Geduld, sprach er, mit denen, welche, selbst ohne belebenden Geist und belehrendes Wissen, eine edele Profession schmähen, die bei allem schuldigen Respekt vor der Gottheit das allermeiste für das Glück auf Erden thut. Ich bin meiner Sache gewiß, wenn ich sage, daß, sollte es vonnöthen sein, ich eine Wolke der Zeugen könnte herzu bringen für die Vortrefflichkeit ihrer edlen Verrichtungen, welche, so ferne sie davon sind, ein Gegenstand des Spottes zu sein, sollten ein glorreicher Ansporn werden in des Menschen Brust. Ich kann es nicht halten mit ihnen. Wie? Verlästern eine so aimable Person wie Miss Callan, welche der Glanz ihres eigenen Geschlechtes ist und das Erstaunen des unseren, und dies in dem folgenschwersten Augenblick, der einem schwachen Erdenkinde widerfahren kann? Ferne sey dieser Gedanke! Ich schaudere, denk ich an die Zukunft einer Race, welche die Saat solcher Bosheit gesäet und kennt nicht Ehrfurcht mehr vor Mutter und Mägdlein im Hause Hornes. Nachdem er mit diesem Tadel seinem Herzen Luft gemacht, grüßte er die Anwesenden, wandte sich ab und begab sich zur Thüre. Ein Murmeln des Beifalls erhob sich bei allen, und einige hielten dafür, den gemeinen Zecher ohne viel Federlesens hinauszuwerfen, eine Entreprise, welche wol auch wäre ins Werk gesetzt worden, zum nur gerechten Lohne dem Schelm, hätte derselbe sein Vergehen nicht abregiret, indem er mit einer schauerlichen Verwünschung (denn er fluchte, daß es eine Art hatte) versicherte, er sey ein so guter Sohn der wahren Gemeine, als nur immer einer geatmet. Ich will des Todes sein, sprach er, wenn der ehrliche Frank Costello nicht allzeit das Gefühl genährt hat, darinnen er ganz besonders erzogen, daß du näm-

lich deinen Vater und deine Mutter ehren sollst, weil die bestimmt die besten Geleepuddings und Hafermehlsuppen kochen konnte, die ihr je gesehen habt, und da denk ich immer mit liebendem Herzen dran zurück, jawohl.
Um nun zu Mr. Bloom zurückzukehren, so hatte dieser gleich bei seinem Eintritt wol so mancherley schamloses Gespötte bemerkt, dasselbe jedoch als die Früchte jenes Alters ertragen, welches gemeinhin dafür gilt, daß es kein Mitleid kennet. Die jungen Spunte steckten, das ist wahr, so voller toller Streiche als wie große Kinder: die Worte ihrer lärmenden Debatten waren nur schwer zu verstehen und oftmalen nicht eben lieblich: ihre Reizbarkeit und ihre zügellosen *mots* waren von einer Art, vor welcher sein Denkvermögen zurücke wich: auch waren sie gänzlich ohne Gespür für Schicklichkeit, obwohl der urthümliche Vorrath des Animalischen zu ihren Gunsten sprach. Doch Mr. Costellos Wort war eine unwillkommene Sprache für ihn, denn es ekelte ihn des Elenden, welcher ihm als ein mißgestaltet Wesen erschien, mit gestutzten Ohren und einem Höcker, geboren außerhalb des Ehestands und wie ein Buckliger mit Zähnen im Maul und den Füßen voran in die Welt gestoßen, wofür auch in der That die Spuren der Arzteszange an seinem Schädel ein Zeichen setzten, so daß er an das fehlende Glied in der Kette der Schöpfung denken mußte, nach welchem der so geistreiche selige Mr. Darwin gefahndet. Es war nun schon mehr als die halbe Spanne der uns zugemessenen Jahre, welche er mitsamt den tausend Wechselfällen des Daseins hinter sich gebracht, und da er von geruhiger Überlegenheit war und selbst ein Mann von seltenem Vorbedacht, hatte er's seinem Herzen zur Pflicht gemacht, alle Regungen jäh aufsteigender Galle zu unterdrücken, und, indem er stets bereit war, denselben mit Vorsicht Einhalt zu thun, sich in der Brust jene Fülle der Duldsamkeit bewahrt, welche flache Köpfe bespötteln, vorschnelle Urtheiler höhnen und alle nur eben gerade noch tolerirlich finden. Die da mit Witzen sich hervor thun auf Kosten frauenzimmerlichen Zartgefühls (eine Gemüthsart, mit welcher er es nie gehalten), ihnen würde er

nimmer zugestehen, auch nur den Namen der traditionsreichen guten Erziehung zu tragen, noch Erben zu seyn derselben: während für jene, die, da sie alle Nachsicht und Geduld verloren haben, nichts mehr verlieren können, noch das scharfe Antidotum der Erfahrung blieb, ihre Insolenz zu veranlassen, einen jähen und unrühmlichen Rückzug anzutreten. Nicht daß er nicht hätte fühlen können mit der feurigen Jugend, welche nichts giebt auf die schiefen Mäuler der Tapergreise noch auf das Grunzen der Gestrengen und ist stets dafür (wie die keusche Vorstellung der Heiligen Schrift es ausdrückt), vom verbotenen Baume zu essen, doch gieng dies nicht so weit, daß er, unter welcher Bedingung auch immer, imstande gewesen wäre, der Menschlichkeit zu vergessen gegenüber einer braven Frau, wenn ihre Stunde gekommen, das Gesetz zu erfüllen. Um aber zum Schluß zu gelangen, wenn er nach den Worten der Schwester auch auf eine rasche Entbindung gerechnet hatte, so war er doch, das muß einbekannt werden, nicht wenig erleichtert von der Kunde, daß nach so bedrückend langer Prüfung die Niederkunft nun unter günstigen Auspicien ihren Anfang genommen hatte, ein Zeugnis einmal mehr für die Gnade und Mildthätigkeit des Höchsten Wesens.
In diesem Sinne öffnete er seinem Nachbarn sein Herz und sagte, wenn er seiner Auffassung in dieser Sache solle Worte leihen, so gehe seine Meinung (die eines Mannes, der hier vielleicht eigentlich lieber schweigen sollte) dahin, daß man schon von kalter Konstitution sein müsse und frostigen Witzes, um nicht zu frohlocken bei dieser neuesten Nachricht von der Frucht ihres Wochenbetts, maßen sie nicht durch eigen Verschulden in solchen Schmerzen gelegen. Der geputzte junge Pursche sagte, schuld daran sey vielmehr ihr Gatte, welcher sie in die Hoffnung gebracht, oder so müßte es wenigstens sein, wenn anders sie eine zweite Matrone wäre von Ephesus. Ich muß euch noch zur Kenntniß bringen, sagte da Mr. Crotthers und schlug auf den Tisch, um seine Rede durch einen nachdrücklichen Kommentar zu unterstreichen, daß der alte Glory Allelujerum hier heute wieder vorgesprochen hat, ein ältlicher

Mann mit geckenhaftem Backenbart, und er trug mir durch die Nase die Erkundigung vor, wie weit denn Wilhelmina wäre, mein Leben, wie er sie nennt. Ich hieß ihn sich bereit halten, da das Ereigniß in Bälde eintreten werde. Kotz Leben, ich will offen mit euch sein. Ich kann mich nur höchlich verwundern über das Mannesvermögen des alten Knackers, der ihr nun schon wieder ein Kind rausgeholt hat. Und alle fielen ein und priesen dasselbe, ein jeglicher nach seiner Weise, obschon der obgenannte junge Pursche bei seiner frühern Meinung blieb, es müsse ein anderer denn ihr Ehegespons da in die Bresche gesprungen sein, ein ordinirter Geistlicher, ein Fackelträger (tugendsamlich) oder ein reisender Händler in Artikeln, welche in jedem Haushalt benöthigt werden. Einzigartig, sprach der Gast zu sich selbst, dieses wundervoll ungleiche Vermögen der Metempsychose, das diesen Menschen eignet, also daß das Dormitorium der Kindbettinnen und der Seziersaal können zu Seminaren solcher Frivolität werden, daß die bloße Erwerbung akademischer Titeln hinreicht, diese Jünger der Leichtfertigkeit im Handumdrehen in beispielhafte Practici einer Kunst zu verwandeln, welche von den meisten nur irgendwie ausgezeichneten Menschen für die edelste ist geschätzt worden. Aber, fügte er weiters hinzu, vielleicht geschieht es auch nur, den eingeschnürten Empfindungen Erleichterung zu schaffen, welche auf ihnen allen gleicherweise bedrückend lasten, denn mehr als einmal habe ich beobachtet, daß gleich und gleich sich im Lachen gern gesellt.

Doch mit welcher Berechtigung, so darf der edle Lord, sein Beschützer, vielleicht gefragt werden, hat dieser Fremdling, welchen nur fürstliche Huld zu den Bürgerrechten zugelassen, sich selbst zum obersten Richter aufgeworfen unserer inneren Politik? Wo bleibt jene Dankbarkeit, welche ihm von der Loyalität hätte angerathen sein sollen? Hat dieser Verräter an seiner Art nicht während des jüngsten Krieges, wann immer der Feind einen vorübergehenden Vortheil errungen hatte mit seinen Granaten, eben jenen Augenblick benutzt, sein Geschütz gegen das Reich zu richten, in welchem er Pächter nur ist auf

Widerruf, dieweilen er zitterte um die Sicherheit seiner vier Perzent? Hat er's vergessen, wie er aller empfangenen Wohlthaten vergißt? Oder ist er, der stets ein Betrüger war anderer, zuletzt nur sein eigenes Opfer geworden, wie er ja auch, wenn die Berichte nicht lügen, sein eigener und sein einziger Nutznießer ist? Ferne sey es der Biederkeit, das Schlafgemach einer achtbaren Dame zu entehren, der Tochter eines braven Majors, oder auch nur den leisesten Schatten zu werfen auf ihre Tugend, doch wenn er gerade in diesem Punkte die Aufmerksamkeit herausfordert (obschon ihm wahrlich das eigenste Interesse hätte gebiethen sollen, davon abzustehen), so möge es denn sein. Unglückliche Frau, der schon zu lange und zu hartnäckig ihr legitimes Vorrecht verweigert worden ist, als daß sie seiner Schelte noch könnte mit irgend anderem Gefühle lauschen denn mit dem Hohne der Verzweifelten. Er aber steht da, ein Moral- und Sittenrichter, ein wahrer Pelikan in seiner Frömmigkeit, der keine Skrupel hatte, die Bande der Natur zu vergessen und unerlaubten Verkehr mit einem weiblichen Dienstboten aus der untersten Schichte der Gesellschaft zu suchen. Ja, wäre der Dirne Scheuerbürste nicht ihr Schutzengel gewesen, es wäre ihr gleichso schlimm wohl ergangen wie Hagar, der Ägyptierin! In der Frage der Weidegründe ist seine eigensinnige Härte allbekannt, und in Hörweite von Mr. Cuffe hat ein aufgebrachter Viehweider bereits eine scharfe Bemerkung gemacht, in Ausdrücken, welche ebenso geradeheraus wie bukolisch waren. Es steht ihm gar übel an, dies Evangelium zu predigen. Hat er nicht näher bei seinem Hause ein Saatfeld, welches brach liegt, da ihm die Pflugschar fehlt? Eine Gewohnheit, welche da sträflich ist in der Zeit der Mannbarkeit, ist zweite Natur und eine Schmach im mittleren Lebensalter. Wenn er sich denn bemüßigt fühlt, seinen Balsam von Gilead in Geheimmitteln und Kernsprüchen von zweifelhaftem Geschmacke von sich zu geben, um die Gesundheit einer Generation von noch nicht flüggen Stutzern zu bessern, so möge doch erst sein Wandel besser passen zu den Lehren, die ihn jetzt so erfüllen. Seine Gattenbrust ist ein Magazin von

Geheimnissen, welche hier anzuführen die Wohlanständigkeit sich sträubt. Die lasziven Einflüsterungen irgendeiner verblichenen Schönheit mögen ihm Trost sein für ein vernachlässigtes und verdorbenes Ehegespons, doch ist dieser neue Vertreter der Moral und Heiler aller Übel besten Falles ein exotischer Baum, welcher, als er noch in seinem orientalischen Heimatlande wurzelte, gedieh und blühte und reich war an süßem Balsam, dessen Wurzeln jedoch, verpflanzt in gemäßigtere Klimen, ihre vormalige Kraft verloren haben, während der Stoff, der von ihm kommt, abgestanden ist, säurescharf und unwirksam.

Die Neuigkeit wurde mit einer an die zeremoniellen Gebräuche der Hohen Pforte gemahnenden Umsicht von der zweiten weiblichen Spitalswache dem diensttuenden Medizinaladjunkt vermeldet, welcher seinerseits der Delegation verkündete, daß ein Erbe geboren worden war. Nachdem er sich sodann zum Frauengemache verfügt hatte, um bei der vorgeschriebenen Zeremonie der Nachgeburt in der Gegenwart des Ministers des Inneren und der Mitglieder des Kronrathes schweigend in einmüthiger Erschöpfung und Zustimmung zu assistiren, brach unter den Delegirten, welche allmählig in gereizte Stimmung geriethen ob der Länge und Feierlichkeit ihrer Wache und hofften, daß des freudigen Ereignisses endliches Eintreten ihnen eine Zügellosigkeit verstatten würde, welche die gleichzeitige Abwesenheit von Kammerjungfer und Adjunkt überdies noch erleichterte, alsbald ein lebhafter Zank der Zungen aus. Vergebens ward die Stimme des Herrn Inseratensammlers Bloom vernommen, welcher sich bemühte, zu beschwören, zu beruhigen, zu hemmen. Der Augenblick begünstigte nur allzu sehr die Entfaltung jener Redelust, welche das einzige Band zwischen den so verschiedenartigen Temperamenten zu sein schien. Jede Phase des Falles wurde gründlich ausgeweidet, eine nach der andern: die pränatale Abneigung von Schoßgeschwistern, der Kaiserschnitt, Posthumität im Hinblick auf den Vater sowie, die seltenere Form, im Hinblick auf die Mutter, der Brudermord, wie er aus dem Fall Childs bekannt geworden ist und Denkwürdigkeit erlangt hat durch das leidenschaftliche Plädoyer des Herrn Advocaten Bushe, welches die Freisprechung des fälschlich Angeklagten sicherte, die Rechte der Erstgeburt und die Königliche Ehrengabe bei Zwillingen und Drillingen, Fehlgeburten und Kindstötungen, erheuchelte und verheimlichte, der acardische *foetus in foetu*, Aprosopie infolge Kongestion, die Agnatie gewisser kinnloser Kinesen (ein Beitrag des Herrn Kandidaten Mulligan) infolge mangelhafter Vereinigung der Maxillarknochen längs der Mittellinie, so daß (wie er sagte) das eine Ohr hören konnte, was das andere sprach, die Wohlthaten der Anaesthesie oder des Dämmerschlafes, die Verlängerung der Wehen bei fortgeschrittener Gravidität aufgrund eines Drucks auf die Ader, der vorzeitige Abgang des Fruchtwassers (wie im gegenwärtigen Falle exemplifizirt) mit nachfolgender Sepsisgefahr für die Matrix, künstliche Insemination mit Hilfe von Syringen, Rückbildung der Gebärmutter nach Beendigung der Menopause, das Problem der Fortpflanzung der Art im Falle von nothzüchterisch geschwängerten Frauenzimmern, jene peinvolle Form der Niederkunft, welche von den Brandenburgern *Sturzgeburt* genannt wird, die überlieferten Fälle von Multigeminalität, Doppelwürfen und Monstergeburten, welche während der Katamenien empfangen wurden oder von blutsverwandten Eltern stammen – kurz, alle Fälle der menschlichen Nativität, welche Aristoteles in seinem Meisterwerk mit chromolithographischen Illustrationen klassifizirt hat. Die schwersten Probleme der Geburtshilfe und der forensischen Medizin wurden mit ebensolcher Lebhaftigkeit durchdisputirt wie die volksthümlichen Formen des Aberglaubens hinsichtlich der Schwangerschaft, wie zum Beispiel daß eine Gravida nicht über einen Zauntritt steigen dürfe, damit nicht durch die Bewegung die Nabelschnur ihr Geschöpf erdrossele, oder daß sie im Falle eines brennenden und nicht zur Befriedigung gelangenden Dranges die Hand an jenen Theil ihrer Person zu legen habe, welchen langer Gebrauch als den Sitz der Züchtigung geheiligt hat. Die Abnormitäten Hasenscharte, Brustmal, überzählige Finger, Negerstreifenhaut, Erdbeerfleck und Portweinmal wurden von einem der Anwesenden als *prima facie* und natürliche hypothetische Erklärung für Kinder mit Schweinskopf (der Fall von Madame Grissel Steevens war noch nicht vergessen) oder Hundsbehaarung angeführt, wie sie gelegentlich geboren werden. Die Hypothese eines plasmischen Gedächtnisses, vorgetragen vom kaledonischen Emissair und wahrhaft würdig der metaphysischen Traditionen des Landes, welches er vertrat, faßte in solchen Fällen einen Stillstand der embryonalen Entwicklung in irgendeinem dem menschlichen voraufgehenden Stadium ins Auge. Ein ausländischer Delegirter verfocht diesen beiden Ansichten gegenüber mit einer Hitze, die fast überzeugend wirkte, die Theorie der Kohabitation zwischen Frauen und männlichen Tieren, wobei er sich zur Bekräftigung auf die Autorität von Fabeln und Sagen berief, wie jene vom Minotaurus, welche der Genius des eleganten Lateinischen uns auf den Seiten seiner Metamorphosen überliefert hat. Der Eindruck, den seine Worte hervorriefen, war ein unmittelbarer, wenn auch kurzlebiger. Er wurde gleichso leicht, wie er entstanden, wieder getilgt, und zwar durch eine Allocutio des Herrn Kandidaten Mulligan, gehalten in jener galanten Manier, in welcher sich niemand besser zu bewegen vermochte denn er, und gipfelnd in dem Postulat, es sei doch das höchste zu erstrebende Ding ein netter sauberer guter Mann. Unterweil war ein erhitzter Streit zwischen dem Herrn Delegirten Madden und dem Herrn Kandidaten Lynch entbrannt, und zwar bezüglich des juridischen und theologischen Dilemmas, welches bei siamesischen Zwillingen eintrete, wenn der eine vor dem andern sterbe, und im beiderseitigen Konsens wurde die schwierige Frage dem Herrn Inseratensammler Bloom mit dem Auftrag vorgelegt, sie alsbald dem Herrn Koadjutor Diakon Dedalus zu submittiren. Bisher schweigsam, ob aus dem Grunde, durch übernatürlichen Ernst nur um so besser jene wunderliche Würde des Gehabens zu entfalten, welche ihm eigen war, oder aus Gehorsam gegen eine innere Stimme, zitirte er kurz und, wie einige meinten, recht oben-

hin die geistliche Regel, welche dem Menschen zu scheiden verbietet, was Gott zusammengefügt.
Doch Malachias' Erzählung begann sie mit kaltem Grausen zu erfüllen. Er beschwor die Szene vor ihnen herauf. Die geheime Tür in der Täfelung neben dem Kamin glitt zurück, und in der Mauerhöhlung erschien ... Haines! Wem von uns lief es da nicht eiskalt über den Rücken? Er hatte in der einen Hand ein Portfolio mit keltischer Literatur, in der anderen aber eine Phiole, auf welcher das Wort *Gift* zu lesen stand. Überraschung, Grausen, Ekel malten sich auf allen Gesichtern, indessen er sie mit einem gräßlichen Grinsen betrachtete. Ich sah einen solchen Empfang voraus, begann er mit schauerlichem Lachen, für welches, so scheint es, der Geschichte die Schuld zu geben ist. Ja, es ist wahr. Ich bin der Mörder von Samuel Childs. Und welche Strafe ist mir geworden! Das Inferno hat keine Schrecken mehr für mich. Davon mag meine Erscheinung wohl künden. Donner und Ewigkeit, wie soll ich überhaupt wohl Ruhe finden, murmelte er dumpf, wo ich die ganze Zeit durch Dublin wandere mit meinen lumpigen paar Liedern und er hinter mir her ist wie ein Gespenst oder ein Nachtmahr? Meine Hölle und die Irlands liegt in diesem Leben. Wie habe ich nicht versucht, das Verbrechen in mir zu tilgen! Zerstreuungen, Saatkrähenschießen, die ersische Sprache (er zitierte ein weniges davon), Laudanum (er hob die Phiole an seine Lippen), Wohnen unter freiem Himmel. Vergebens! Sein Geist umschleicht mich. Nur im Rausch noch finde ich Hoffen... Ah! Vernichtung! Der schwarze Panther! Mit einem Schrei war er jäh wieder verschwunden, und die Täfelung glitt an ihre Stelle zurück. Einen Augenblick später erschien sein Kopf in der Thür gegenüber und sagte: Trefft mich am Bahnhof Westland Row um zehn nach elf. Fort war er! Tränen stürzten aus den Augen der ausschweifenden Gesellschaft. Der Seher hob die Hand zum Himmel und murmelte: Die Vendetta Mananaans! Der Weise wiederholte *Lex talionis*. Ein Sentimentaler ist, wer genießen möchte, ohne die ungeheure Schuldnerschaft für etwas Getanes auf sich zu nehmen. Malachias, von Rührung

übermannt, verstummte. Das Geheimnis war entschleiert. Haines war der dritte Bruder. Sein wirklicher Name war Childs. Der schwarze Panther war selber der Geist seines eigenen Vaters. Er trank Drogen, um auszulöschen. Für die Erleichtrung Dank. Das einsame Haus am Kirchhof ist unbewohnt. Keine Seele will dort leben. Die Spinne spannt ihr Netz in der Einsamkeit. Die nächtliche Ratte lugt aus ihrem Loch. Ein Fluch ruht darauf. Es ist ein Spukhaus. Mördergrund.

Welches Alter hat die Seele des Menschen? Da sie die Kraft des Chamäleons besitzt, bei jeder neuen Annäherung ihre Färbung zu wechseln, heiter zu sein mit den Fröhlichen und traurig mit den Bedrückten, also ist auch ihr Alter veränderlich wie ihre Stimmung. Nicht länger mehr ist Leopold, wie er dort sitzt, sinnierend, das Futter der Erinnerung wiederkäuend, jener nüchterne Werbeagent und Inhaber eines bescheidenen Päckleins Obligationen. Er ist der junge Leopold, wie in retrospektivem Arrangement, ein Spiegel in einem Spiegel (he, presto!), er betrachtet sich selbst. Jene junge Gestalt von damals erscheint, frühreif und männlich, wie sie an einem schneidend kalten Morgen von dem alten Haus in der Clanbrassil Street zur Oberschule geht, den Ranzen wie ein Wehrgehenk über der Schulter, und darin einen ordentlichen Kanten Weizenbrot, einer Mutter Gedanke. Oder es ist die nämliche Gestalt, ein Jahr vielleicht später, auf dem Kopf den ersten steifen Hut (ah, war das ein Tag!), bereits auf der Straße unterwegs, ein vollflügger Reisender für das Familiengeschäft, ausgestattet mit einem Auftragsbuch, einem parfümierten Taschentuch (nicht nur zur Zierde), seinem Koffer mit glitzerndem Flitterkram (ein Ding nun, ach, der Vergangenheit!) und einem Köchervoll willfährigen Lächelns für diese oder jene halbgewonnene Hausfrau, die sich's an den Fingerspitzen ausrechnete, oder für eine knospende Jungfrau, die scheu (aber das Herz? sagen Sie doch!) seine einstudierten Handküsse zur Kenntnis nahm. Das Parfüm, das Lächeln, aber mehr noch die dunkeln Augen und öligen Manieren brachten, ging der Tag

zur Rüste, so manch einen Auftrag heim dem Haupt des Geschäfts, das nach nämlichen Mühen mit Jacobs Pfeife am väterlichen Herdfeuer saß (darauf, dess' könnt ihr gewiß sein, ein Nudelgericht brodelte) und durch eine runde Hornbrille irgendeine Zeitung Europens vom Monat vorher las. Doch he, presto, der Spiegel trübt sich, und der junge fahrende Ritter tritt zurück, schrumpft zu einem winzigen Fleck im Nebel. Nun ist er selbst in väterlichen Jahren, und die da um ihn herum könnten seine Söhne sein. Wer kann das sagen? Der weise Vater kennt sein eigen Kind. Er denkt an eine sprühregnerische Nacht in der Hatch Street, dicht bei den Zollagerhäusern dort, die erste. Zusammen (sie ist eine arme Obdachlose, ein Kind der Schande, dein und mein und aller für einen lumpigen Schilling und ihren Glückspfennig), zusammen hören sie den schweren Schritt der Wache, als zwei regenbemäntelte Schatten an der neuen königlichen Universität vorübergehen. Bridie! Bridie Kelly! Nimmer wird er den Namen vergessen, immer gedenken der Nacht, der ersten Nacht, der Brautnacht. Sie stehen umschlungen in abgründigster Dunkelheit, der Wollende mit der Gewillten, und in einem Augenblick wird *(fiat!)* Licht die Welt überfluthen. Sprang Herz zum Herzen? Nein, mein günstiger Leser. In einem Athemzug war es gethan, doch – halt! Zurück! Es darf nicht sein! In Panik flieht das arme Mägdlein davon durch die Finsterniß. Sie ist die Braut der Dunkelheit, eine Tochter der Nacht. Sie wagt nicht, das sonnengoldene Kind des Tages zu tragen. Nein, Leopold! Nam' und Gedenken getrösten dich nicht. Jene Jugendillusion deiner Stärke ward von dir genommen und war umsonst. Kein Sohn deiner Lenden ist mit dir. Niemand ist da jetzt, für Leopold zu sein, was Leopold für Rudolph war.
Die Stimmen mischen sich und verschmelzen in getrübtem Schweigen: Schweigen, das die Unendlichkeit des Raumes ist: und geschwind, schweigend wird die Seele davongetragen, hin über die Regionen von Zyklen von Zyklen von Generationen, die einmal gelebt haben. Eine Region, da ewig graues Zwielicht herniedersinkt, nimmer hinabfällt auf weite salbeigrüne

Weidefelder, seine Dämmerung ausgießend, ausstreuend einen immerwährenden Sternenthau. Sie folgt ihrer Mutter mit linkischen Schritten, eine Stute, die ihr Füllen führt. Zwielichtphantome sind sie, geformt jedoch zu prophetischer Anmuth, schlanke wohlgestaltete Hanken, ein geschmeidiger sehniger Hals, der demütig furchtsame Schädel. Sie schwinden, traurige Phantome: alles ist vorbei. Agendath ist ein wüstes Land, Heimstatt der Schleiereule und der schwachsichtigen Upupa. Netaim, das goldene, ist nicht mehr. Und auf der Hochstraße der Wolken kommen sie, Donner murrend der Rebellion, die Geister der Tiere. Huuh! Horch! Huuh! Parallax jagt sie und treibt sie an, er, dessen stechende Augenblitze gleichwie Skorpione sind. Elk und Yak, die Stiere von Baschan und Babylon, Mammut und Mastodon, herdenweis' nahen sie der versunkenen See, *Lacus Mortis.* Unheilkündendes, rachedürstendes Zodiakalheer! Sie stöhnen, da sie auf den Wolken dahinziehn, gehörnt und gesteinbockt, die Berüsselten mit den Behauerten, die Löwenmähnigen, die Riesengeweihgeschmückten, die Rüßler und Kriecher, Nager, Wiederkäuer und Dickhäuter, die ganze scharrende starrende stöhnende Schar, Mörder der Sonne.
Weiter zum Toten Meere stampfen sie, zu trinken dort, voll ungestillten Durstes und in furchtbaren Zügen, die salzige schlafsüchtige unerschöpfliche Fluth. Und das Pferdeomen wächst wieder auf, vergrößert in den verlassenen Himmeln, ja zu des Himmels Größe selbst, bis es, wüst riesig, funkelt über dem Hause der Virgo. Und siehe, Wunder der Metempsychose, sie ist es, die ewigwährende Braut, Vorbotin des Morgensterns, die Braut, die ewige Jungfrau. Sie ist es, Martha, du Verlorne, Millicent, die junge, die theure, die strahlende. Wie heiter erhebt sie sich nun, eine Königin unter den Plejaden, in der vorletzten Stunde vor Tag, Sandalen aus hellem Gold an den Füßen, ums Haupt einen Schleier aus wie nennt man das doch Altweibersommer! Es fluthet, es fließt um ihr sterngebornes Fleisch, und weich verströmt es Smaragd, Saphir, Malve und Heliotrop, getragen von Strömen kalten interstellaren Winds,

sich windend, sich schlängelnd, glatt vom Schwindel gepackt, verschlungen in den Himmeln, eine geheimnißvolle Schrift, bis es nach einer Myriade von Symbolmetamorphosen erglüht, Alpha, ein rubinen und dreieckig Zeichen auf der Stirne des Taurus.

Francis erinnerte Stephen an vergangene Jahre, da sie zur Schule gegangen zusammen, zu Conmees Zeit. Er fragte nach Glaukon, Alkibiades, Peisistratos. Wo waren sie jetzt? Sie wußten es beide nicht. Du hast von der Vergangenheit gesprochen und ihren Phantomen, sagte Stephen. Warum daran denken? Wenn ich ins Leben sie rufe über die Wasser des Lethe, werden dann nicht die armen Geister zusammen sich scharen auf meinen Ruf? Wer nimmt das an? Ich, Bous Stephanoumenos, ochsenfreundlicher Barde, bin Herr und Spender ihres Lebens. Er umgab sein fliegend Haar mit einem Kranz aus Weinlaub, Vincent zulächelnd. Jene Antwort und diese Blätter, sagte Vincent zu ihm, werden geziemender dich schmükken, wenn etwas mehr, ja sehr viel mehr denn eine Kappe voll leichter Oden deinen Genius Vater nennen kann. Alle, so dir wohlwollen, erhoffen dir dies. Alle wünschen, dich das Werk vollbringen zu sehen, welches deinen Gedanken vorschwebt. Von Herzen begehr ich, daß du sie nicht enttäuschest. Oh nein, Vincent, sagte Lenehan, indem er eine Hand auf die Schulter neben sich legte, hab keine Furcht. Er könnte seine Mutter nicht verwaist zurücklassen. Des jungen Mannes Gesicht ward dunkel. Alle konnten sehen, wie hart es ihm war, an sein Versprechen und seinen kürzlichen Verlust gemahnt zu werden. Er hätte sich wohl zurückgezogen von dem Gelage, hätte nicht der Stimmenlärm den Schmerz besänftigt. Madden hatte fünf Drachmen auf Szepter verloren, weil wunderlicher Weise der Reiter den gleichen Namen getragen wie er: Lenehan noch einmal so viel. Er berichtete ihnen von dem Rennen. Die Startflagge fiel, und hui, ab ging es, die Stute mit O. Madden immer frisch voraus. Sie führte das Feld: alle Herzen schlugen. Sogar Phyllis konnte nicht an sich halten. Sie winkte mit ihrem Shawl und schrie: Hussa! Szepter gewinnt! Doch in der Geraden der letzten Runde, da alle dicht aufschlossen, holte Flugblatt auf, der Außenseiter, erreichte Szepter und zog daran vorbei. Alles war nun verloren. Phyllis blieb stille: ihre Augen waren traurige Anemonen. Juno, rief sie, ich bin zu Grunde gerichtet. Doch ihr Liebhaber getröstete sie und brachte ihr ein leuchtend Kästlein von Gold, darin ein paar ovale Zuckerpflaumen lagen, an welchen sie sich gütlich that. Eine Thräne fiel: nur eine einzige. Ein kolossaler Flitzer, sagte Lenehan, ist W. Lane. Vier Gewinner gestern und heute drei. Welcher Reiter käme ihm gleich? Setzt ihn auf das Kameel oder den stürmischen Büffel, der Sieg im kurzen Galopp ist dennoch sein. Doch laßt es uns tragen, wie es der Alten Brauch. Mitleid mit den Glücklosen! Szepter, armes Tier! sagte er mit einem leichten Seufzer. Sie ist nicht mehr das Füllen, das sie war. Niemals, bei dieser Hand, werden wir ihresgleichen sehen. Bei Gott, Sir, eine wahre Königin unter den Rennpferden. Entsinnst du dich ihrer, Vincent? Ich wollte, du hättest heut meine Königin gesehen, sagte Vincent, wie gar jung sie war und strahlend (Lalage wäre kaum auch nur schön neben ihr) in ihren gelben Schuhen und dem Kleid aus glaube ich Muslin, ich kenne den rechten Namen dafür nicht. Die Kastanien, die uns beschatteten, standen in Blüthe: die Luft hing schwer, erfüllt von ihrem überredenden Duft und von Pollen, die uns umflutheten. In den sonnigen Fleckchen hätte man leicht wohl auf einem Stein einen Schub von jenen Korinthensemmeln backen können, die Periplepomenos in seiner Bude an der Brücke verkauft. Doch sie hatte nichts für ihre Zähne als den Arm, mit dem ich sie hielt, und diesen beknabberte sie muthwillig, wenn ich sie zu eng an mich preßte. Vor einer Woche noch lag sie krank, vier Tage auf der Chaiselongue, aber heut war sie frei, vergnügt und munter, spottete der Gefahr. Sie ist viel anziehender dann. Und erst ihre Sträußchen! Eine wilde Range, die sie ist, hatte sie sich sattgepflückt, da wir uns niederlegten. Und dir ins Ohr, mein Freund, was glaubst du, wer uns begegnet ist, als wir das Feld verließen? Conmee höchstselbst! Er kam an der Hecke entlang, lesend, ich glaube in einem Brevier-

buche, mit einem zweifellos witzigen Billet von Glycera oder Chloe darin als Lesezeichen. Das süße Geschöpf wechselte sämtliche Farben vor Verwirrung und stellte sich, als behöbe sie eine leichte Unordnung an ihrem Kleid: ein Unterholzästchen hatte sich darin verschmiegt, denn selbst die Bäume beten sie an. Als Conmee vorüber war, beschaute sie ihr lieblich Echo in dem kleinen Spiegel, den sie immer bei sich trägt. Aber er war freundlich gewesen. Im Vorübergehen hatte er uns gesegnet. Auch die Götter sind stets freundlich, sagte Lenehan. Hatte ich denn wenig Glück mit Bass' Mähre, so wird mir dieser sein Trunk vielleicht besser frommen. Er legte die Hand auf einen Weinkrug: Malachi sah's und griff hindernd ein, indem er auf den Fremden und das scharlachene Etikett wies. Vorsichtig, flüsterte Malachi, bewahre druidisches Schweigen. Seine Seele ist weit fort. Aus einer Vision erweckt zu werden, ist vielleicht gleichso schmerzhaft als eine Geburt. Jeder Gegenstand, den man mit Fleiß betrachtet, mag ein Thor sein und Zugang zur unverweslichen Ewigkeit der Götter. Meinst du nicht auch, Stephen? Theosophos hat es mir so gesagt, antwortete Stephen, den in einer früheren Existenz ägyptische Priester in die Mysterien des karmischen Gesetzes einweihten. Die Herren des Monds, erzählte mir Theosophos, eine orangefeurige Schiffsladung vom Planeten Alpha der Lunarkette, wollten die ätherischen Ebenbilder nicht annehmen, und diese wurden darob von den rubinfarbenen Egos aus der zweiten Konstellation inkarniert.
Trotzdem muß die Thatsache festgestellt werden, daß die abgeschmackte Unterstellung, er gleiche doch in erheblichem Maße einem Menschen, den Trübsinn befallen habe oder ähnliches oder der mesmerisiert sei, was eine ganz und gar falsche Auffassung allerflachsten Charakters darstellte, überhaupt nicht zutraf. Das Individuum, dessen Sehorgane, während das Obige sich zutrug, zu eben diesem kritischen Zeitpunkt anfingen, Symptome der Belebung zu zeigen, war so schlau, wenn nicht schlauer, als jeder lebende Mensch, und wer das Gegentheil vermuthet hätte, wäre wohl hübsch rasch zu der Erkennt-

niß gelangt, daß er sich auf dem falschen Dampfer befand. Während der letzten vier Minuten etwa hatte er angestrengt eine gewisse Anzahl von Bass-Flaschen Nummer Eins angestarrt, abgefüllt von der Firma Bass & Co. in Burton-on-Trent, welchselbige inmitten einer Menge anderer zufällig direkt ihm gegenüber aufgebaut und gewißlich darauf berechnet waren, durch ihre scharlachrote Erscheinung jedermanns Aufmerksamkeit zu erwecken. Er bedachte einzig und einfach, wie sich anschließend herausstellte, aus Gründen, die ihm selber am besten bekannt waren und den Vorgängen ein gänzlich anderes Gesicht verliehen, nach den im Augenblick zuvor gemachten Bemerkungen über die Jugendzeit und das Turf zwei oder drei eigene private Transaktionen, an denen die beiden anderen ihrerseits so unschuldig waren wie ungeborene Kinder. Schließlich jedoch trafen sich ihrer beider Augen, und sobald es ihm zu dämmern begann, daß der andere bemüht war, sich von dem Dinge zu bedienen, entschloß er sich unwillkürlich seinerseits, ihm selber dabei behilflich zu sein, und so ergriff er demzufolge das mittelgroße Glasbehältnis, welches die begehrte Flüssigkeit barg, und machte ein geräumiges Loch in dieselbe, indem er eine Menge davon ausschenkte, zur gleichen Zeit jedoch auch ein beträchtliches Maß Achtsamkeit walten ließ, ja nichts von dem Biere, das sich darin befand, zu verschütten.

Die Debatte, welche nun folgte, war nach Ausdehnung und Progreß ein rechter Abriß des Lebenslaufes. Weder Ort noch Versammlung gebrach es an Würde. Die Disputanten waren die hitzigsten im Lande, und das Thema, auf das sie sich eingelassen, gehörte zu den erhabensten und wesentlichsten überhaupt. Die hohe Halle von Hornes Haus hatte nie noch eine so repräsentative und so vielfältige Versammlung gesehen, noch hatten die alten Balken des genannten Etablissements je einer so enzyklopädischen Sprache gelauscht. Das Ganze bot wahrlich einen prächtigen Anblick. Da saß Crotthers am Fußende der Tafel in seiner auffallenden Hochlandkleidung, das Gesicht glühend von den salzigen Lüften des Mull of Galloway. Ebenfalls dort, ihm gegenüber, saß Lynch, dessen Züge bereits die Stigmata früher Verderbtheit und vorzeitiger Weisheit trugen. Gleich neben dem Schotten befand sich der Platz, den man Costello zugewiesen, dem Exzentriker, während an seiner Seite in thörichter Ruhe die vierschrötige Gestalt Maddens hockte. Der Stuhl des Residenten freilich stand leer vor dem Heerde, doch zu seinen beiden Seiten kontrastierte die Gestalt Bannons in Forschermontur, bestehend aus kurzen Tweedhosen und derb gegerbten Rindslederstiefeln, scharf mit der primelgelben Eleganz und den Städtermanieren Malachi Roland St. John Mulligans. Zu Häupten des Tisches aber, als letzter, saß der junge Dichter, welcher hier in der geselligen Atmosphäre sokratischer Diskussion Zuflucht gefunden vor den Plagen der Pädagogik und metaphysischer Untersuchungen, während zur Rechten und Linken von ihm der geschwätzige Wahrsager, frisch vom Hippodrom, und jener wachsame Wanderer untergebracht waren, welch letzterer noch bedeckt war vom Reise- und Kampfesstaub und befleckt vom Kote einer untilgbaren Schändlichkeit, aus dessen standhaftem und beständigem Herzen jedoch nicht Lockung noch Gefahr noch Drohung noch Erniedrigung je konnte das Bild jener wollüstigen Lieblichkeit reißen, welches der begnadete Stift Lafayettes für alle künftigen Zeiten aufgezeichnet hat.

Nun sollte lieber gleich hier und jetzt festgestellt werden, daß der pervertierte Transzendentalismus, welchem Mr. S. Dedalus (Div. Scep.), wie aus seinen streitbaren Behauptungen einhellig hervorging, bereits recht schlimm verfallen war, den anerkannten wissenschaftlichen Methoden direkt zuwiderläuft. Die Wissenschaft, das kann nicht oft genug wiederholt werden, hat es mit handgreiflichen Phänomenen zu tun. Der Mann der Wissenschaft muß wie der Mann auf der Straße harten Tatsachen ins Gesicht sehen, an denen nicht vorübergegangen werden kann, und sie erklären, so gut er es vermag. Wohl mag es, das ist wahr, gewisse Fragen geben, welche die Wissenschaft – zum gegenwärtigen Zeitpunkt – nicht beantworten kann, wie zum Beispiel das erste Problem, welches von Mr. L. Bloom

(Ann. Acq.) aufgeworfen wurde, nämlich das der zukünftigen Geschlechtsbestimmung. Müssen wir uns der Auffassung des Empedokles von Trinacria anschließen, daß der rechte Eierstock (die postmenstruale Periode, behaupten andere) verantwortlich sei für die Geburt von männlichen Wesen, oder sind die viel zu lange vernachlässigten Spermatozoen oder Nemaspermen hier die differenzierenden Faktoren, oder handelt es sich, wie die meisten Embryologen, zum Beispiel Culpepper, Spallanzani, Blumenbach, Lusk, Hertwig, Leopold und Valenti, anzunehmen geneigt sind, um eine Mischung aus beidem? Dies wäre gleichbedeutend mit einem Zusammenwirken (einem der bevorzugten Kunstgriffe der Natur) des *nisus formativus* der Nemaspermen einerseits und zum anderen einer glücklich gewählten Position, *succubitus felix*, des passiven Elementes. Das andere Problem, welches der nämliche Inquirent aufwarf, ist kaum weniger bedeutsam: die Kindersterblichkeit. Es ist vornehmlich darum von Interesse, weil, wie er treffend bemerkt, wir alle in derselben Weise geboren werden, doch alle auf verschiedene Weise sterben. Mr. M. Mulligan (Hyg. et Eug. Doc.) rügt die sanitären Bedingungen, in welchen unsere mit Staublunge behafteten Bürger sich adenoidale, pulmonale etc. Beschwerden dadurch zuziehen, daß sie die Bakterien einatmen, die im Staube lauern. Diese Tatsachen, so führt er aus, und die empörenden Schauspiele, welche sich auf unseren Straßen bieten, scheußliche Plakate, Geistliche aller möglichen religiösen Sekten, verstümmelte Soldaten und Seeleute, offen scharbockkranke Droschkenkutscher, die aufgehängten Kadaver toter Tiere, paranoide Junggesellen und unbefruchtete Duennas – dies alles, sagte er, sei für allen und jeden Verfall in der geistigen Kapazität der Race verantwortlich. Die Kalipädie, so prophezeite er, werde sich in Bälde allgemein durchsetzen, und sämtliche Annehmlichkeiten des Lebens, wahrhaft gute Musik, gefällige Literatur, leichte Philosophie, lehrreiche Bilder, Gipsabgüsse der klassischen Statuen wie etwa Venus und Apollo, kolorierte künstlerische Photographien von preisgekrönten Babys, all diese kleinen Aufmerksamkeiten würden

Damen, die in besonderen Umständen wären, in den Stand setzen, die Zwischenmonate in höchst erfreulicher Weise zu verbringen. Mr. J. Crotthers (Disc. Bacc.) erklärt einige der in Rede stehenden Todesfälle mit abdominalem Trauma bei Arbeiterinnen, welche in der Werkstatt schwere Arbeiten zu verrichten hätten, und mit ehelicher Disziplin daheim, bei weitem aber die überwältigende Mehrzahl mit Vernachlässigung, privat oder von Amts wegen, wie sie gipfele in der Aussetzung neugeborener Kinder, in der Praxis des kriminellen Abortus oder in dem abscheulichen Verbrechen des Infantizids. Obschon das erstere (wir denken an die Vernachlässigung) zweifelsohne nur zu wahr ist, muß doch der von ihm zitierte Fall von Pflegerinnen, die vergessen, die Tupfer in der Bauchhöhle zu zählen, zu selten genannt werden, als daß er die Norm sein könnte. In der Tat muß es, wenn man die Sache recht betrachtet, wunder nehmen, daß so viele Schwangerschaften und Entbindungen so gut verlaufen, wie sie es tun, alle Möglichkeiten erwogen und trotz unserer menschlichen Unzulänglichkeiten, welche die Natur in ihren Absichten oftmals behindern. Eine ingeniöse Idee ist jene, welche Mr. V. Lynch (Bacc. Arith.) vorträgt, daß nämlich sowohl Natalität als auch Mortalität, ebenso wie alle anderen Phänomene der Evolution, Gezeitenbewegungen, Mondphasen, Bluttemperaturen, Krankheiten ganz allgemein, kurz, alles in der gewaltigen Werkstatt der Natur vom Erlöschen irgendeiner fernen Sonne bis hin zum Erblühen einer der zahllosen Blumen, welche unsere öffentlichen Parks verschönen, einer Zahlengesetzmäßigkeit unterworfen sei, welche bislang noch nicht erkannt worden ist. Gleichwohl zwingt die einfache und klare Frage, warum ein Kind normal gesunder Eltern und augenscheinlich ein gesundes und angemessen umsorgtes und gewartetes Kind unerklärlicher Weise in früher Kindheit dem Tode erliegt (obschon andere Kinder derselben Ehe verschont bleiben), uns gewißlich, um es mit den Worten des Dichters zu sagen, still zu stehen. Die Natur hat, dess' dürfen wir sicher sein, ihre eigenen guten und zwingenden Gründe für alles, was sie tut, und aller Wahrscheinlichkeit nach entspringen solche Todesfälle einem Antizipationsgesetz, dem zufolge Organismen, in denen Krankheitskeime Wohnung genommen haben (die moderne Wissenschaft hat bündig bewiesen, daß einzig der Plasmasubstanz Unsterblichkeit zugesprochen werden kann), dazu neigen, in einem zunehmend früheren Entwicklungsstadium zu verschwinden, eine Einrichtung, welche, mag sie auch manche unserer Gefühle schmerzlich treffen (namentlich die mütterlichen), nichtsdestoweniger, wie manche von uns denken, auf die Dauer eine Wohltat für die Race im allgemeinen darstellt, weil dadurch das Überleben der Tauglichsten gesichert ist. Mr. S. Dedalus' (Div. Scep.) Bemerkung (oder sollte man es eine Unterbrechung heißen?), daß ein allesfressendes Wesen, welches so mannigfaltige Lebensmittel wie kanzeröse, durch Partus ausgezehrte Frauen, korpulente berufstätige Herren, gar nicht zu sprechen von hepatitischen Politikern und chlorotischen Nonnen, in allervollkommenster Unerschütterlichkeit kauen, schlingen, verdauen und durch den gewöhnlichen Kanal wieder ausscheiden kann, möglicherweise in einer unschuldigen Kollation *staggering bob* gastrische Erleichterung finden könnte, zeigt, wie nichts anderes es ähnlich vermöchte, und in einem sehr unangenehmen Licht, die Tendenz, auf die oben angespielt wurde. Zur Aufklärung jener, die mit den Minuzien des städtischen Schlachthofes nicht so intim vertraut sind, wie dieser geistig morbide Ästhet und Embryonalphilosoph, der bei all seiner anmaßenden Dünkelhaftigkeit in wissenschaftlichen Dingen doch kaum Säuren von Basen unterscheiden kann, es von sich rühmt, sollte vielleicht noch festgehalten werden, daß *staggering bob* in der gemeinen Umgangssprache der niederen Klassen unserer Schankwirte das koch- und eßbare Fleisch eines frisch vom Muttertier geworfenen Kalbes bezeichnet. In einer öffentlichen Kontroverse mit Mr. L. Bloom (Ann. Acq.), die kürzlich in der Besuchshalle des National Maternity Hospital, 29–31 Holles Street, stattfand, dessen fähiger und beliebter Direktor, wie allbekannt, Dr. A. Horne ist (Lic. in Gebh., F.K.Q.C.P.I.), hat er nach dem Bericht von Augenzeu-

gen geäußert, wenn eine Frau die Katze einmal in den Sack gelassen habe (vermutlich eine ästhetische Anspielung auf einen der kompliziertesten und wunderbarsten aller Naturvorgänge, den Akt der geschlechtlichen Vereinigung), so müsse sie dieselbe auch wieder herauslassen beziehungsweise ihr das Leben geben, wie er es formulierte, um ihr eigenes zu retten. Auf Gefahr ihres eigenen hin, lautete die eindrucksvolle Entgegnung seines Gesprächspartners, die um so durchschlagender wirkte, als sie in bescheidenem und maßvollem Tone vorgebracht wurde.
Mittlerweile hatten Geschicklichkeit und Geduld des Arztes ein glückliches *accouchement* zustande gebracht. Es war eine schwere, schwere Geduldsprobe gewesen, für die Patientin wie auch für den Doktor. Alles, was chirurgisches Geschick tun konnte, war getan, und die brave Frau hatte wacker mitgeholfen. Ja, das hatte sie. Sie hatte den guten Kampf gekämpft, und nun war sie sehr, sehr glücklich. Auch die schon Dahingeschiedenen, die vor uns Dahingegangenen, sind glücklich, wie sie nun herniederblicken und lächelnd die rührende Szene betrachten. Ach, schaut nur ehrfürchtig her, wie sie dort liegt mit dem Mutterlicht in ihren Augen, jenem verlangenden Hunger nach Babyfingern (ein niedlicher Anblick ist's fürwahr), in der ersten Blüte ihrer neuen Mutterschaft, ein stilles Dankgebet atmend, hinauf zu Einem, der über uns wohnt, zum Himmlischen Bräutigam. Und wie ihre liebenden Augen nun ihr Kindlein sehen, da wünscht sie sich nur noch eine Gnade mehr, ihren lieben Doady bei sich zu haben, daß er ihre Freude teile, in seine Arme zu legen das kleine Dingelchen, das Gott von Erde genommen, die Frucht der Umarmungen, die sie getreulich nach dem Gesetz vollbracht. Er ist älter jetzt (das dürfen wir beide, du und ich, wohl ganz leise sagen) und ein klein wenig gebeugt in den Schultern, doch im Dreherchen der Zeit ist auch eine gesetzte Würde über den gewissenhaften zweiten Buchhalter der Ulster Bank, Zweigstelle College Green, gekommen. O Doady, einst Geliebter, treuer Ehegefährte jetzt, vielleicht kommt sie ja nimmer wieder, die lang vergangene

Zeit der Rosen! Mit dem alten Schütteln ihres hübschen Köpfchens ruft sie sich jene Tage in die Erinnerung zurück. Ach Gott, wie wunderschön jetzt durch den Nebel der Jahre! Doch in ihrer Phantasie scharen sich ihre Kinder um ihre Bettstatt, ihre und seine, Charley, Mary Alice, Frederick Albert (wenn er am Leben geblieben wäre), Mamy, Budgy (Victoria Frances), Tom, Violet Constance Louisa, der süße kleine Bobsy (genannt nach unserm berühmten Helden aus dem Südafrikanischen Krieg, Lord Bobs von Waterford und Candahar), und nun dies letzte Unterpfand ihres Bundes, ein Purefoy, wenn es je einen gab, mit der echten Purefoy-Nase. Der kleine hoffnungsvolle Sproß wird Mortimer Edward getauft werden, nach dem einflußreichen dritten Cousin von Mr. Purefoy im Treasury Remembrancer's Office, Dublin Castle. Und so eilt die Zeit im Sauseschritt dahin: doch Vater Kronion hat hier leichtfertig gehandelt. Nein, laß keinen Seufzer aus jenem Busen brechen, liebe sanfte Mina. Und Doady, klopf die Asche aus deiner Pfeife, der würzig angerauchten Bruyère, die dir noch schmecken wird, wenn die Abendglocke für dich erklingt (möge der Tag noch fern sein!), und lösche das Licht, bei dessen Schein du in der Heiligen Schrift liesest, denn auch das Öl ist niedergebrannt, und so denn mit ruhigem Herzen zu Bette, zur Rast. Er weiß und wird schon rufen zu Seiner eigenen guten Zeit. Du, auch du hast den guten Kampf gekämpft und treu nach dem Gesetz deine Mannesrolle gespielt. Hier meine Hand, guter Mann. Ei du frommer und getreuer Knecht!
Es gibt Sünden oder (laßt uns sie nennen, wie die Welt sie nennt) schlimme Erinnerungen, welche der Mensch in den dunkelsten Winkeln seines Herzens verbirgt. Doch dort verharren sie und warten. Wohl mag er die Erinnerung an sie verblassen lassen, mag sie dort ruhen lassen, als wären sie nie gewesen, und sich nur immer einreden, sie seien nicht oder seien von ganz andrer Art zumindest. Doch ein beiläufiges Wort wird sie jählich hervorrufen, und sie werden aufstehen und vor ihn hintreten unter den verschiedensten Umständen, als Gesicht oder als Traum, oder während Pauken und Harfen seine Sinne

schläfern, oder inmitten der kühlen Silberstille des Abends, oder beim Gelag um Mitternacht, da er voll süßen Weines ist. Nicht zu verhöhnen, wird das Gesicht über ihn kommen wie über einen, der unter seinem Grimme liegt, nicht um rächend zu scheiden von den Lebendigen, sondern gehüllt ins Jammergewand der Vergangenheit, stille, fern und vorwurfsvoll.
Der Fremdling betrachtete immer noch auf dem Antlitz vor ihm den langsamen Rückgang jener falschen Ruhe, die, wie es schien, wohl Gewohnheit nur darauf gelegt oder irgendein eingelernter Trick, einen Rückgang auf Worte hin, die so von Erbitterung durchdrungen, daß sie ihren Sprecher einer inneren Ungesundheit, eines *flair* für die roheren Dinge des Lebens ziehen. Eine Szene löst sich in des Beobachters Gedächtnis, hervorgerufen, wie es scheinen möchte, durch ein Wort von so natürlicher Vertrautheit, als wären jene Tage wahrhaftig gegenwärtig (wie einige vermeinten), mit all ihren unmittelbaren Freuden. Ein geschorener Rasenplatz an mildem Maienabend, der so gut erinnerliche Fliederhain zu Roundtown, purpurn und weiß, duftende schlanke Zuschauerinnen beim Spiel, doch mit viel echtem Interesse an den Kugeln, wie sie langsam vorwärtslaufen über die Rasenschwarte oder zusammenprallen und liegenbleiben, wie Gefährten nebeneinander, nach kurzem flinkem Stoß. Und jenseits, bei jener grauen Urne, da das Wasser sich zuzeiten in gedankenvollem Rieseln regt, sahst du eine andre gleichso duftende Schwesternschaft, Floey, Atty, Tiny und ihre dunklere Freundin, die irgend etwas, ich weiß nicht wie, Bezauberndes hatte in ihrer Haltung damals, Unsere Liebe Frau mit den Kirschen, ein anmutig Paar davon hing ihr am Ohr, und die kühle feurige Frucht brachte die fremdländische Wärme der Haut so recht köstlich erst zur Geltung. Ein Bürschlein von vier oder fünf in billigem Baumwollzeug (Blütezeit, doch es wird Freude sein am traulichen Herd, wenn nun bald die Kugeln gesammelt werden und in den Kasten kommen) steht auf der Urne, sicher im Kreis zärtlicher Maidenhände. Er runzelt ein wenig die Stirne, just wie's dieser Jüngling jetzt tut, in vielleicht allzu bewußter Freude an der Ge-

fahr, muß aber doch zuzeiten hinüberschaun, wo seine Mutter ihn von der *piazzetta*, die auf den Blumenanger hinausgeht, beobachtet, einen blassen Schatten von Ferne oder Vorwurf *(alles Vergängliche)* in ihrem frohen Blick.

Merk nun weiter und bedenke. Das Ende kommt jach. Tritt ein ins Vorzimmer der Geburt, da die Eifrigen versammelt sind, und betrachte ihre Gesichter. Nichts darin, wie es scheint, ist hastig oder heftig. Stille Wacht eher, wie's ihrem Geschäft in diesem Hause geziemt, die sorgsame Hut von Hirten und von Engeln an einer Krippe zu Bethlehem im jüdischen Land vor langer Zeit. Doch wie vor dem Blitz die geballten Sturmwolken, schwer von übermäßiger Feuchte, in gedunsenen Massen strotzend geschwollen, Erde und Himmel in einem einzigen riesigen Schlummer umfassen, bedrohlich hangend über verdorrtem Feld und schläfrigen Rindern und meltauversehrtem Strauchwuchs und Grün, bis in einem Nu ein Blitz ihre Mitten zerreißt und mit dem Widerhall des Donners der Wolkenbruch seine Sturzflut ergießt, so und nicht anders war die Verwandlung, heftig und plötzlich, hin auf das eine geäußerte Wort.

Zu Burke! Hinaus stürzt unser Herr Stephen mit einem Schrei, und Krethi und Plethi hinter ihm her, der ganze Verein, Draufgänger, Maulaffen, Wettschwindler, Pillendoktor, Bloom der Pünktliche ihnen auf den Fersen, unter allgemeinem Gegrapsche nach Kopfbedeckung, Eschenstöcken, Degen, Panamahüten und Degenscheiden, Zermatt-Alpenstöcken und was nicht sonst noch allem. Ein dädalisches Labyrinth ausgelassener Jugend, edel ein jeglicher der Studenten dort. Schwester Callan, bestürzt in der Halle, kann sie nicht halten, so wenig wie der lächelnde Arzt, der mit der Nachricht vom Abschluß der Plazentation die Treppe herunterkommt, ein volles Pfund, kein Milligramm weniger. Sie drängen ihn. Die Tür! Ist sie offen? Ha! Lärmend sind sie draußen, sausen los zu einem Minutenrennen, alle nehmen wacker die Beine in die Hand, Burke an der Denzille und Holles ihr nächstes Ziel. Dixon folgt, schimpft mit scharfen Worten, aber stößt, auch er, einen

Fluch aus, und los. Bloom verharrt noch eine Gedankenlänge bei der Pflegerin, um der glücklichen Mutter und dem Säugling droben ein freundliches Wort zu bestellen. Doktor Pfleg und Doktor Heg. Sieht nicht auch sie jetzt anders aus? Das wachsame Wachen in Hornes Haus hat seine Geschichte in jener verwaschenen Blässe erzählt. Da nun alle fort sind, hilft ihm ein Schimmer Mutterwitz, und im Gehen flüstert er ihr ins Ohr: Madame, wann kommt denn zu Euch der Storch?

Die Luft draußen ist geschwängert von regentauiger Feuchte, celester Lebensessenz, glitzernd auf Dubliner Stein dort unter sternschimmerndem *coelum*. Gottes Luft, des Allvaters Luft, funkensprühende umhüllende nachgiebliche Luft. Atme sie tief in dich hinein. Beim Himmel, Theodore Purefoy, du hast eine tapfere Tat getan und keine Pfuscherarbeit! Du bist, das schwöre ich feierlich, der denkwürdigste Progenitor, keinen ausgenommen, in dieser geschwätzigen, allumfassenden, mischmaschigen Chronik. Erstaunlich! In ihr, deinem Weibe, lag eine Gottgeformte, Gottgegebene, vorgestaltete Möglichkeit, welche du befruchtest hast durch dein Weniges von Männerwerk. Hange nur treu an ihr! Diene! Mühe dich weiter, placke dich ab wie ein veritabler Kettenhund und laß die Gelehrsamkeit und alle Malthusiasten zum Henker gehen. Du bist ihrer aller Papa, Theodore. Brichst du zusammen unter deiner Last, da dich die Metzgerrechnungen plagen zu Hause und die Goldbarren (nicht deine!) liegen im Kontor? Kopf hoch! Für jedes Neugezeugte sollst du deinen Chomer reifen Weizens ernten. Sieh, dein Vlies ist betaut. Beneidest du Darby Dullman dort mit seiner Joan? Ein schwatzender Häher und ein triefäugiger Köter sind all ihre Nachkommenschaft. Pah, laß dir sagen! Er ist ein Maulesel, ein toter Bauchfüßer, ohne Kraft und Ausdauer, keinen lumpigen Kreuzer wert. Kopulation ohne Population! Nein, sag ich! Herodes' Kindermord wäre der richtigere Name. Vegetabilien, fürwahr, und sterile Kohabitation! Gib ihr Beefsteaks, rot, roh, blutend! Sie ist ein altersgraues Pandämonium von Krankheiten, vergrößerte Drüsen, Mumps, Halsbräune, Fußballenentzündung, Heufieber, Liegewundstellen, Hautschwamm, Wanderniere, Derbyshire-Hals, Warzen, Gallenfieberanfälle, Gallensteine, kalte Füße, Krampfadern. Ach hör mir schon auf mit den Klageliedern und Dreißig Seelenmessen und Jeremiaden und der ganzen kongenitalen Totenmusik. Zwanzig Jahre davon, weine ihnen nicht nach. Bei dir war es nicht so wie bei vielen, die wollen und wohl auch würden und warten und tun's doch nie. Du sahest dein Amerika, deine Lebensaufgabe, und legtest dich ins Zeug als Bespringer wie der transpontinische Bison. Wie spricht Zarathustra? *Deine Kuh Trübsal melkest Du. Nun trinkst Du die süße Milch des Euters.* Sieh! Sie bricht hervor für dich im Überfluß. Trink, Mann, einen Euter voll! Muttermilch, Purefoy, die Milch des Menschenstammes, Milch auch der sprießenden Sterne droben, rotglühend in dünnem Regendunst, Punschmilch, wie sie die Aufrührer saufen bei ihren Zechgelagen, Milch des Wahnsinns, die Honigmilch vom Lande Kanaan. Deiner Kuh Zitze war zähe, was? Ja, aber ihre Milch ist heiß und süß und fettmachend. Kein bloßes Geklump, sondern dicke reiche Buttermilch. Auf ihr Wohl denn, alter Patriarch! Pepp! *Per deam Partulam et Pertundam nunc est bibendum!*

Alle los zu 'ner Saufpartie, Arm in Arm, hollernd die Straße runter. Bonafides. Wo haste jepennt jestern nacht? Timothy mit dem zerdroschenen Nischel. Wie der Deibel persönlich. Irjendwelche Musspritzen oder Jummistiebel inner Fammilje? Wo ist denn der verteufelte Knochensäger und unser oller Klottenkrämer hin? Tut mir leid, keenen blassen Schimmer. Hurra da, Dix! Vorwärts, der Herr Bänderzähler. Wo is Punch? Alles klar. He, kiekt doch mal, der besoffene Pastor, der da aus dem Mütterjenesungsheim rauskommt! *Benedicat vos omnipotens Deus, Pater et Filius.* Kleene milde Gabe, Mister. Die Bengels von der Denzille Lane. Hölle noch eens, verdammtes Gesocks! Haut ab, Kerls! Bravo, Isaacs, man immer wech mit ihnen aus dem Scheißrampenlicht. Komm' Se mit, Verehrtester? Aber woher denn aufdringlich, im Leben nich. Bloom is sich serr gute Mann. Sitzen alle im gleichen Boot, der

ganze Klump. *En avant, mes enfants!* Feuer frei, Nummer eins an die Kanone. Burke! Von dort nun zogen sie weiter, fünf Parasangen. Slatterys berittene Infanterie, wo steckt der verdammte Schreiberling? Pastor Steve, apostatisches Credo! Nee, nee. Mulligan! Nach achtern da! Mach mal 'n bißchen dalli. Behalt die Uhr im Auge. Gleich wird zugemacht, Rausschmißzeit. Mulliii! Was ist mit dir? *Ma mère m'a mariée.* Britische B-Attitüden! *Ratamplan Digidi Bumm Bumm.* Die Majorität ist dafür. Gedruckt und gebunden bei der Druidrum-Presse von zwei hinterlistigen Weibern. Kalbsledereinband in Pißgrün. Der letzte Schrei an künstlerischen Nuancen. Das schönste Buch, das in Irland zu meiner Zeit erschienen ist. *Silentium!* Leg mal 'n kleinen Zahn vor. 'chtung! Weiter zur nächsten Kantine und da alle Schnapsvorräte beschlagnahmen. Marsch! Links, links, die Jungs sind (Haltung!) am Verdursten. Bier, Beefsteak, Business, Bibeln, Bulldoggen, Ballerschiffe, Bäderastie und Bischöfe. Ob an dem Gahahalgen hoch. Bierbeef linkst die Bibeln. Für Ihirland, lieb Vahahaterland. Linkst die Linkser. Donnerschlachnochmal! Wollt ihr wohl Schritt halten, Kerls, schön millitärisch! Wir fahallen. Bischofs Suffbox. Halt! Beidrehen. Rugby. Immer rin ins Gewimmel. Nicht auf Touch kicken. Aua, det ging aufs Schienbeenchen! Wehgetan? Tut mir ganz schrecklich leid!
Frage. Wer schmeißt die erste hier? Stolzer Besitzer von Cassablanca. Total pleite. Abgebrannt bis auf die Knochen. Nischt wie Löcher in'n Taschen. Keinen roten Heller eingesackt die ganze Woche. Und Sie? Met unsrer Väter für den Übermenschen. Dito. Fünfmal Nummer Eins. Sie, Sir? Ginger Cordial. Also mich laust der Affe, die Kutscherbrühe! Regt das Herz an. Muß seine Ticktack aufziehn. Blieb auf einmal einfach stehn, wollte nicht mehr weitergehn. Absinth für mich, kapiert? *Caramba!* Ich nehm 'nen Eierpunch oder 'ne Präriauster. Wie spät? Keine Ahnung, meine Zwiebel liegt beim Pfandleiher auf Eis. Zehn vor. Überaus verbunden. Keine Ursache. Hat doch mal 'n Pektoraltrauma gehabt, was, Dix? Stimmt genau. Wette, 's war 'ne Broomelhoommel, wie er in

seinem Schrebergarten saß und am pennen war. Wohnt nicht weit vom Mater. Geht auch im süßen Joch der Ehe. Kennste seine Holde? Jau, klar doch, det tu ick. Janz flottet Pflänzken. Hab sie mal im Näcklischee jesehn. Also da kommt janz schön wat raus, wenn die Pelle runter jeht. Dolles Weibsen. Nich eene von diesen mageren Kühen, keene Spur nich. Zieh mal die Läden runter, Schatz. Zwomal Ardilaun. Dasselbe hier. Und zwar mit Tempo. Wenn Se fallen, stehn Se man ruhig wieder auf. Fünf, sieben, neun. Aus! Also wenn die einen ankiekt, bleibt einem die Spucke wech, garantiert. Und dann ihr Briefkasten vorne erst und ihr Ah schau mal an. Muß man jesehn haben, sonst glaubt mans nich. Deine fießen Augen und dein allerpastorener Nacken, die ham mir dat Herz jeklaut, mein Frätzeken. Mein Herr? Kartoffel jejen dat Zipperlein? Allet jroßer Keese, wenn Se mich die Bemerkung jestatten. Bloß gut für die hoi polloi. Wenn Se mir fragen, dann ham Ihnen 'ne janz schöne Macke. Na, Dokterchen? Zurück aus Schossland? Sind Euer Merkwürden auch jut beisamm'? Wat macht denn die Squaw so und die Papusen? Hat die Frau das Wochenbettchen schon hinter sich? Stehn bleiben und her mit dem Früchtchen! Die Losung. Holz vor der Tür. Jaja, so gehts uns, der weiße Tod und die rötliche Geburt. Hihi! Spuck dir doch selbst aufs Auge, Meester. Telegramm vom Komödianten. Alles von Meredith jeklaut. Jesufizierter orchisierter polyzimischer Jesuit. Tantchen mein schreibt an Papa Kinch. Bösewicht Stephen hat Gutwichtchen Malachi auf Abwege gebracht.
Hurraha! Fang den Ball, Kleener. Dann mal rum mit dem Schaum. Hier, Jock, braver Hochlender, kommt deine Gerstenbrühe. Lang soll dein Schornstein rauchen und dein Kohlpott kochen! Meine Molle. *Merci.* Hier, das ist für uns. Wieso? Papier schlägt Stein. Besabbel mir nich meine nagelneuen Buxen. Gib mir mal 'n Schuß Pfeffer rüber, du da. Fang's auf. Täglich Kümmel, strammer Pimmel. Kapiert? Schreie des Schweigens. Jeder 'ne Molle auf seine Olle. Venus Pandämos. *Les petites femmes.* Freches schlimmes Mädchen aus der Stadt Mullingar. Erzähl ihr mal, daß ich nach ihr gefragt hab. Packt

die Sara bei der Wamme. Auf der Straße nach Malahide. Was, ich? Wenn sie, die mich verführt, mir nur nichts außer ihrem Namen gelassen. Was willste denn für neun Pence? Machree, Macruiskeen. Ne hübsche Mollje für 'n Matratzenwalzer. Und jetzt alle einen druff. *Ex!*
Warten, Chef? Aber jewiß doch. Darauf kannste Jift nehm'. Da biste jeplättet, wat, Herr Unterschwachmeester, wo du siehs, dat die Goldfüchse nich rollen? Der hat doch Pinke *ad lib.* Hab ihn grad kürzlich noch mit fast drei Pfündchen gesehn, und da sagt der Kerl, die gehörn ihm nicht. Da sind wir ja grad noch zurecht gekommen, daß du uns einladen kannst, siehst du? Auf dein Wohl, Kumpel. Raus mit die Kopeken. Zwo Strich und 'n kleenen. Den Dreh hast du wohl bei den französischen Zockern gelernt? Hier zieht das nicht. Tlein Tintchen sehl tlaulig. Mich is sich das allergrößte Schokoladen-Mohr hier in der ganzen Runde. Allerreinstes Weinchen, Charley. Wir sind nich besoffen. Nee, derart besoffen sind wir nich. Au reservoir, Mosjeh. Vielen Tank.
So isses, klar. Wat sächste? Inner Flüsterkneipe. Stockvoll. Ick säi di, Jung. Bantam, zwo Tage alkoheilfro. Säuft nischt wie billigen Rotwein. Ab durch die Mitte! Hier, kuckmal, kuck doch mal her. Kruzitürken, ich schlag doch lang hin. Und zum Frisör ist er auch gewesen. Zu voll zum sprechen. Mit 'nem Kerl von der Eisenbahn. Wie kommste da denn zu? Ne Oper, die ihm gleicht? *Rose of Castille.* Rows of cast. Polizei! Bißchen H_2O für 'nen Herrn, dem die Sinne schwinden. Kuck doch mal Bantam seine Blümchen. Ach herrjemineh, der fängt gleich an zu hollern. O Colleen Bawn, mein schickes Miezchen. Mensch, halt doch die Klappe! Hau dem Kerl mal die Schluckluke zu, aber feste. Hatte den Gewinner heute, bis ich dann den todsicheren getippt hab. Der Deubel soll dem Stephen Hand die Rübe abreißen, daß er mir die biestige Mähre angedreht hat. Traf 'n Telegrammjungen, der grad 'n Tele von dem graußen Bass sei'm Sattelplatz zum Polizei-Depot brachte. Steckt ihm 'n Vierpenny und macht das Ding über Dampf auf. stute groß in form sofort setzen. Ne ganze Guinee auf so

ne Niete. Toller Kram, das. So wahr wies Evangelium. Grober Unfug? Aber sicher, glaub ich ja auch. Klare Sache. Landet er glatt für im Stock, wenn der Polyp hinter das Spielchen kommt. Madden setzt auf Madden seins ’nen madigen Einsatz. O Wollust, du unsere Zuflucht und unsere Stärke. Aufbruch. Mußt du schon gehn? Ab zu Mama. Auf Abruf bereit. Versteck mir bloß einer die roten Ohren. Wenn er mich sieht, sitz ich drin. Muß in die Heia, unser Bantam. Orrevoah, mong viöh. Vergiß nicht die Bliemchen für sie. Von wem hast du den Tip gehabt eigentlich, für das Füllen? Unter uns Pastorentöchtern. Mal ehrlich. Von Meister Iste, ihrem vertrauten Manne. Kein Schmu, von dem ollen Leo. Also alles was recht ist, so wahr mir Gott. Ich laß mich kielholen, wenn ich das. So ein Dreckskerl von einem scheinheiligen Lügner. Weshalb haste mir nischt jesacht davon? Ja, also, sag ich, wenn das nich die typisch jiddsche mloche is, ja, dann will ich ne misse-meschune haben. Und von Schäbigkeit zu Schäbigkeit, Amen.
Sie haben gewunken? Steve, min Jong, du legst dich ja ganz schön ins Zeug. Valammtnochmal, is denn nix Soffbares mehr da? Ob wohl ein ungeheuer großzügiger Spender einem Bespendeten von extremer Armut und kolossalem Durst erlauben wird, eine so kostspielig begonnene Libation zu beenden? Laß mich mal kurz verschnaufen. Herr Wirt, Herr Wirt, hast du noch guten Wein, Staboo? Is mir wurscht, Mann, bloß ’n lüttes Tröppchen als Pröbbchen. Hau ab und komm wieder. Kehrt marsch, Bonifarsch! Absinth für die ganze Corona. *Nos omnes biberimus viridum toxicum diabolus versohleat posteriora nostra.* Wir wollen schließen, die Herrschaften. Was? Wein für den Schleimer Bloom. Was hör ich, was redst du da von Zwiebeln? Bloo? Schnorrt sich Anzeigen zusammen? Von der Photographin das Pappilein, schau mal einer an! Halt die Ohren steif, Partner. Ich verdrück mich. *Bonsoir la campagnie.* Und die Fallstricke der Syphilis. Wo ist der Bock und Namby Amby? Total versackt? Fersengeld gegeben. Na schön, jeder nach seiner Fasson. Schachmatt. König gegen Turm. Lieber Herr Krischan, hilf einem jungen Mann, dem sein Freund den

Bungalowschlüssel mitgenommen hat, daß er ein Örtchen findet, wo er sein Haupt niederlegen kann heute nacht. Menschenskind, ich glaub, ich hab einen in der Krone. Mir soll doch verdammt der Deubel auf die Hühneraugen treten, wenn das nicht die schönsten größten Ferien werden. Hallo, Herr Kurat, noch 'n paar Plätzchen für den Kleinen hier. Kotz Blut und Weinbrandbohnen, nischt! Jesses's schmeckt dir wohl nich? Und wirf du den Syphil hinab in die Hölle und mit ihm jene anderen Schweingeister. Wir schließen. So da wandern durch alle Welt. Prost allerseits. *A la vôtre!*
Jottchen, wat is denn dat fürn komischer Heilijer da in dem Mackintosh? Dusty Rhodes. Kuck doch bloß mal seine Klamotten. Allmächtiger! Was frißt er denn da? Jubiläumshammel. Fleischbrühe, heiljer Jakob. Die hat er wahrhaftig auch nötig. Kennst du Papa Barfuß? Den kotzjämmerlichen Kerl in der Richmond? Und ob! Bildete sich ein, er hätte 'ne Bleiplombe im Pimmel. Zweiteise nich ganz klipp im Kopp. Brotfresser Bartle nenn' wir ihn. Das, mein Herr, ist mal ein wohlhabender Bürger gewesen. Ein Mann, der, arm und pleite, ein hilflos Mädchen freite. Ist ihm durchgebrannt, das ist sie. Da könnt ihr mal sehn, was verlorene Liebe ist. Ein wandernder Mackintosh in einsamen Schluchten. Kipp's hinter, und ab durch die Mitte. Polizeistunde. Bloß aufgepaßt auf die Polypen. Wie bitte? Ob ich ihn heut auf der Geerdibung gesehn hab? Kumpel von dir, hat sich von der Verpflegung abgemeldet? Achdumeinegüte! Die armen Bälger! Das brauchste mir nich zu erzählen, Poldyfreund! Ham wa jeflennt wie die Schoßhunde, weil Freund Padney futsch war in der schwarzen Kiste? Von alle die Schwatzen Massa Pat sein bestes gewest. Hab nie mehr so eins gesehn in meim Lehm. *Tiens, tiens,* aber 's ist wohl traurig, das, meiner Treu, ja. Komm mir doch damit nicht, Gas geben bei acht Prozent Steigung. Prinzip der freien Achsenaufhängung ist veraltet. Wette zwo gegen eins, daß Jenatzy ihn nach Takt und Noten schlägt. Die Japse? Steilfeuer, jawoll! Versenkt durch Kriegsberichterstatter. Schlimmer für ihn, sagt er, als für jeden Russen. Jetzt ist aber

Schluß. Da schlägt's schon elfe. Macht euch auf die Socken. Vorwärts, ihr schwankenden Gestalten! 'n Abend. 'n Abend. Möge Allah, der Hochmögende, eure Seelen einbruchsicher bewahren heute nacht.
Achtung! Derart besoffen sind wir nich. Fischers Fritz fescht fitze Frische. Fesche Fritze fetzt Frischers Fitz. Aufgepaßt, der Kerl fängt gleich an zu kotzen. Hat den Drehwurm im Leibe. Juhuhu. 'n Abend. Mona, mein Schätzchen. Juhu. Mona, mein Schatz. Juh.
Horchmal! Macht doch mal die Quatschklappe zu. Tatü! Tata! Es brennt. Da drüben fährt sie. Die Feuerwehr. Dreht ab. Mount Street lang. Abkürzung. Tatü! Hallihallo! Kommste nich mit? Los, trapptrapp, Galopp. Tata!
Lynch! Hä? Du kommst doch mit mir. Denzille Lane, hier lang. Alles umsteigen nach Hurenhausen. Wir zwei beiden, sagte sie, besuchen jetzt die Puff-Marie. Aber klar doch, bin immer dabei. *Laetabuntur in cubilibus suis.* Kommst du auch mit? Psst, beim höllischen Element, wer ist denn der Kerl da in den schwarzen Lumpen? Seid doch mal leise! Gesündigt wider das Licht, und nun ist der Tag nahe, da er kommen wird, zu richten die Welt mit Feuer. Tatü! *Ut implerentur scripturae.* Schmettre mal 'ne Ballade. Da sprach der stud. med. Dick zum tamtadamm stud. med. Davy. Bei Christi Christikeln, wer ist denn dieser scheißgelbe Pfaffe da an der Merrion Hall? Elias kommt, gewaschen im Blut des Lamms. Heran, ihr weintriefenden, ginschniefenden, schnapssaufenden Gestalten! Heran, ihr kotzverdammten, stiernackigen, käferstirnigen, schweinsrüssligen, erdnußhirnigen, wieseläugigen Angeber, Schaumschläger und überschüssiges Gepäck! Heran, ihr dreifacher Extrakt der Niedertracht! Alexander J. Christ Dowie, der schon den halben Planeten zum Heil geschleift hat von 'Frisco Beach bis Wladiwostok. Der liebe Gott ist kein Possenreißer in einem billigen Tingeltangelbums. Der meints ehrlich mit euch, das schreibt euch mal hinter die Ohren, und das Ganze ist ein duftes Geschäft, was er euch vorschlägt. Er ist überhaupt 'ne Wucht, das könnt ihr euch mal merken. Los,

ruft mal Heil König Jesus! Ihr werdet verdammt früh aufstehn müssen, ihr Sünder da, wenn ihr den Allmächtigen Gott übers Ohr hauen wollt. Tatüüü! Keine halben Sachen. Er hat einen Hustensaft mit Punch drin für dich, mein Freund, in seiner Gesäßtasche. Probier doch mal.

MABBOT STREET, *Eingang zur Nachtstadt, vor dem sich ein ungepflasterter Straßenbahnausweichplatz mit skelettigen Geleisen, roten und grünen Irrlichtern und Gefahrensignalen erstreckt. Reihen kulissenhafter Häuser mit klaffenden Türen. Vereinzelt Laternen mit blassen regenbogenbunten Lichtfächern. Um Rabaiottis haltende Eisgondel zanken sich verkrüppelte Männer und Weiber. Sie grapschen nach Waffeln, zwischen die Kohlen und Kupferschneeklumpen gestopft sind. Lutschend zerstreuen sie sich langsam. Kinder. Der Schwanenkamm der Gondel, hoch aufgereckt, arbeitet sich mühsam durch die Düsternis, weiß und blau unter einem Leuchtturm. Pfiffe rufen und antworten.*

DIE RUFE Warte doch, Schatz, ich komm ja mit!

DIE ANTWORTEN Drüben hinterm Stall!

(Ein taubstummer Idiot mit Glotzaugen und ungestaltem Sabbermund ruckt und zuckt vorüber, vom Veitstanz geschüttelt. Eine Kette von Kinderhänden hält ihn gefangen.)

DIE KINDER Linkshänder, Linkshänder! Hallo, Küßchen!

DER IDIOT *(hebt einen gichtbrüchigen linken Arm und gurgelt):* Ghrürüsssen!

DIE KINDER Wo ist das große Licht?

DER IDIOT *(spuckend):* Ghreghessen.

(Sie geben ihn frei. Er ruckt weiter. Eine pygmäenhafte Frau schaukelt auf einem Seil, das zwischen den Geländern gespannt ist, und zählt dabei. Eine Gestalt, die neben einer Mülltonne liegt, von Arm und Hut vermummt, regt sich, stöhnt auf, mit grollend mahlenden Zähnen, und schnarcht weiter. Auf einer Treppenstufe bückt sich ein Gnom, um einen Sack voll Lumpen und Knochen zu schultern, auf einem Müllabladeplatz zusammengeklaubt. Ein altes Weib, das mit qualmender Öllampe dabeisteht, rammt die letzte Flasche in den Wanst seines Sacks. Er hievt seine Beute, rückt sich die Schirmmütze schief und humpelt stumm davon. Die alte Frau

macht sich auf den Heimweg zu ihrem Lager, die Lampe schwingend. Ein säbelbeiniges Kind, das mit einem Papierfederball auf der Haustreppe hockt, kriecht ihr in Rucken von der Seite nach, klammert sich an ihren Rock, klimmt an ihr empor. Ein betrunkener Kanalarbeiter packt, schwer wankend, mit beiden Händen das Gitter eines Kellerfensterschachts. An einer Ecke die hochgewachsenen Gestalten zweier Nachtwächter in Schultercapes, die Hände auf den Knüppelholftern. Ein Teller zerscherbelt; eine Frau schreit; ein Kind jammert. Flüche eines Mannes brüllen, murren, verstummen. Gestalten wandern, lauern, lugen aus Wohnlöchern. In einem Zimmer, erhellt von einer Kerze, die in einem Flaschenhals steckt, kämmt eine Schlampe einem skrofulösen Kind den Schorf aus dem Haar. Cissy Caffreys Stimme, noch jung, singt schrill aus einer Gasse.)

CISSY CAFFREY Ich schenkte es Molly,
Die war ja so jolly,
Das Entenbein mein,
Das Entenbein fein.

(Gemeiner Carr und Gemeiner Compton, Offiziersstöckchen fest unter den Achseln, marschieren schwankend heran, machen rechtsum kehrt und lassen beide mit dem Mund eine Furzsalve los. Gelächter von Männern aus der Gasse. Ein heiseres Dragonerweib grollt Antwort.)

DAS DRAGONERWEIB Die Krätze euch in den Pelz, ihr Drecksärsche! Mehr Macht dem Cavan-Mädchen!

CISSY CAFFREY Und mir mehr Glück. Cavan, Cootehill und Belturbet. *(Sie singt)*

Ich schenkte es Nelly,
Die steckt's in ihr belly,
Das Entenbein mein,
Das Entenbein fein.

(Gemeiner Carr und Gemeiner Compton drehen sich um und brüllen Antwort, die Waffenröcke blutleuchtend im Lampenlicht, schwarze Stülpmützen auf den gestutzten Blondschöpfen. Stephen Dedalus und Lynch schreiten durch die Menge,

dicht an den Rotröcken vorüber.)

GEMEINER COMPTON *(stößt den Finger vor):* Platz für den Pfaffen!

GEMEINER CARR *(dreht sich um und ruft):* Heda, Pfaffe!

CISSY CAFFREY *(mit höher erhobener Stimme):*

Sie hat es, sie hat's,
Wo, weiß die Katz',
Das Entenbein fein.

(Stephen, den Eschenstock schwungvoll in der Linken, singt voller Freude den Introitus *für die Osterzeit. Lynch, die Jockeymütze tief in der Stirn, begleitet ihn; ein Grinsen der Mißzufriedenheit zerrt an seinem Gesicht.)*

STEPHEN *Vidi aquam egredientem de templo a latere dextro. Alleluia.*

(Die hungergierigen Fangzähne einer ältlichen Kupplerin schieben sich aus einem Torweg vor.)

DIE KUPPLERIN *(mit heiser flüsternder Stimme):* Ssst! Kommt doch mal her, ich hab was für euch. Prima frische Jungfern drinnen. Ssst!

STEPHEN *(altius aliquantulum): Et omnes ad quos pervenit aqua ista.*

DIE KUPPLERIN *(spuckt ihren Giftstrahl auf ihre Fährte):* Mediziner vom Trinity. Der fallopische Gang. Taschen leer, aber nischt wie Nischel im Kopp.

(Edy Boardman, an Bertha Supple geschmiegt, zieht sich schnüffelnd den Schal über die Nüstern.)

EDY BOARDMAN *(zänkisch):* Und da sagt die eine: Ich hab dich auf dem Faithful Place gesehn mit deinem Bespringer, dem Abschmierer von der Eisenbahn mit seinem Komminsbett-Hut. Soso, hast du, sag ich. Und das geht dich einen Dreck an, sag ich. Mit nem verheirateten Hochländer hast du mich jedenfalls noch nie in der Männerfalle gesehn, sag ich. Also ausgerechnet die! Mannstoll ist die doch! Störrisch wie n Maulesel! Und dabei ist die mal mit zwei Kerlen zugleich gegangen, mit Kildbride, dem Lokführer, und mit dem Gefreiten Oliphant.

Stephen *(triumphaliter): Salvi facti i sunt.*

(Er schwingt seinen Eschenstock, läßt das Lampenbild erzittern, zerschmettert Licht über der Welt. Ein herumstöbernder, weiß leberfarben gefleckter Spaniel schleicht hinter ihm drein, knurrend. Lynch verscheucht ihn mit einem Tritt.)

Lynch So daß?

Stephen *(sieht sich um):* So daß die Gestik, nicht die Musik und nicht der Duft, zu einer universellen Sprache würde und die Gabe der Zungen nicht den Laiensinn, sondern die erste Entelechie sichtbar machte, den strukturalen Rhythmus.

Lynch Pornosophische Philotheologie. Metaphysik in der Mecklenburg Street!

Stephen Wir haben Shakespeare, den eine Widerspenstige ritt, und Sokrates, der unterm Pantoffel stand. Selbst der allweiseste Stagirit ward gesattelt, gezäumt und bestiegen von einer leichten Dirne.

Lynch Ba!

Stephen Jedenfalls, wer braucht zwei Gesten, um einen Laib und einen Krug darzustellen? Diese Bewegung bedeutet Laib und Krug von Brot und Wein bei Omar. Halte meinen Stock.

Lynch Verdammt sei dein verflachster Stecken. Wo gehn wir hin?

Stephen Nach lynks, geiler Luchs, zur *belle dame sans merci*, Georgina Johnson, *ad deam qui laetificat iuventutem meam.*

(Stephen wirft ihm den Eschenstock zu und streckt langsam die Hände von sich, den Kopf zurücknehmend, bis beide Hände eine Spanne von seiner Brust entfernt sind, zwei senkrechte, sich schneidende Flächen, die Finger im Begriff sich zu spreizen, die Linke etwas höher.)

Lynch Welches ist denn nun der Brotkrug? Aber 's ist ja eh wurscht. Das da oder das Custom House. Schöne Gesten sind das. Hier, nimm deine Krücke und wandle.

(Sie gehen vorüber. Tommy Caffrey kriecht zu einer Gas-

laterne, umklammert sie und klettert in krampfhafter Anstrengung daran in die Höhe. Von der obersten Quersprosse rutscht er wieder herunter. Jacky Caffrey umklammert, klimmt. Der Kanalarbeiter torkelt jäh gegen die Laterne. Die Zwillinge trippeln in die Dunkelheit davon. Der Kanalarbeiter preßt schwankend einen Zeigefinger gegen seinen einen Nasenflügel und läßt aus der anderen Nüster einen langen flüssigen Rotzstrahl hervorschießen. Die Laterne schulternd, taumelt er durch die Menge mit seiner blakenden Fackel davon.

Schlangen aus Flußnebel kommen langsam gekrochen. Aus Abflüssen, Spalten, Senkgruben, Misthaufen steigen auf allen Seiten stagnierende Dünste auf. Im Süden, jenseits des Flußverlaufs nach See, zuckt ein Glühen. Der Kanalarbeiter taumelt vorwärts, spaltet die Menge und torkelt auf den Trambahnausweichplatz zu. Auf der ferneren Seite, unter der Eisenbahnbrücke, erscheint Bloom, rot vor Anstrengung, keuchend, Brot und Schokolade in eine Seitentasche stopfend. Im Schaufenster von Gillens Friseursalon zeigt ihm ein Kompositporträt das Bildnis des tapferen Nelson. Ein konkaver Spiegel an der Seite präsentiert ihm den liebesverlassenen langverlorenen lugubrun Booloohoom. Der ernste Gladstone blickt ihm auf gleicher Höhe ins Gesicht, Bloom um Bloom. Er schreitet weiter, getroffen vom Starrblick des grimmigen Wellington, doch in dem Konvexspiegel grinsen ungetroffen die bonhomischen Augen und feisten Backenkoteletts von Jollypoldy, dem Rixdixdoldy.

Vor Antonio Rabaiottis Tür verhält Bloom den Schritt, in Schweiß gebadet unter den hellen Bogenlampen. Er verschwindet. Einen Augenblick später erscheint er wieder und eilt weiter.)

BLOOM Fisch und Kartoffeln. Nichts wert. Ah!

(Er verschwindet im Laden des Schweinemetzgers Olhousen, unter den eben niedergehenden Rolläden. Wenige Augenblicke später taucht er unter der Jalousie wieder auf, der pustende Poldy, der blasende Bloohoom. In jeder Hand trägt er

ein Paket; das eine enthält einen lauwarmen Schweinsfuß, das andere einen kalten Schafsfuß, mit Pfeffer bestreut. Er schnauft, als er wieder aufrecht steht. Dann krümmt er sich zur Seite, preßt eins der Pakete gegen die Rippen und stöhnt.)

BLOOM Seitenstiche. Was bin ich auch so gelaufen.

(Er holt vorsichtig Atem und geht langsam weiter, auf die laternenhelle Ausweichstelle zu. Das Glühen zuckt erneut herüber.)

BLOOM Was ist denn das? Ein Leuchtturm? Suchlicht.

(Er steht an der Cormacks-Ecke und beobachtet.)

BLOOM *Aurora borealis* oder eine Stahlgießerei? Ah, die Feuerwehr, natürlich. Auf der Südseite jedenfalls. Starker Lichtschein. Könnte sein Haus sein. Beggar's Bush. Wir sind sicher. *(Er summt vergnügt vor sich hin):* London brennt, London brennt! Alles in Flammen, in Flammen! *(Er gewahrt den Kanalarbeiter, der am anderen Ende der Talbot Street durch die Menge taumelt.)* Dem will ich nicht begegnen. Lieber auf die Socken machen. Schnell. Am besten gleich hier rüber.

(Er stürmt los, um die Straße zu überqueren. Ein paar böse Buben rufen.)

DIE BÖSEN BUBEN Aufpassen, Mister! *(Zwei Radfahrer mit brennend schwingenden Papierlaternen wirbeln an ihm vorüber, ihn streifend; ihre Klingeln rattern.)*

DIE KLINGELN Haltaltaltaltalt!

BLOOM *(bleibt steif aufrecht stehen, von einem Krampf getroffen):* Au!

(Er blickt sich um, stürmt plötzlich weiter. Durch den steigenden Nebel schwenkt mit warnender Bewegung ein drachengleicher Sandstreuer zu ihm nieder; die riesige rote Kopflaterne blinkt, die Kippe zischt am Drahtseil. Der Motorführer tritt heftig auf den Fußgong.)

DER GONG Zack Päng Bäng Zruck Päd Bläd Bloo.

(Die Bremse kracht heftig. Bloom hebt eine weißbehandschuhte Polizistenhand und tappt steifbeinig aus dem Geleis. Der Motorführer, stumpfnäsig vorgeschleudert auf das Lenk-

rad, schreit gellend, als er über Ketten und Schalter rutscht.)

DER MOTORFÜHRER He, du Hosenscheißer, du hast wohl ne Stange im Kreuz!

BLOOM *(stangspringt zum Bordstein und bleibt wieder stehen. Er reibt sich einen Dreckfleck von der Backe mit einer paketierten Hand):* Durchfahrt verboten. Um ein Haar wärs passiert, hat aber die Seitenstiche weggebracht. Muß die Sandow-Übungen wieder aufnehmen. Runter auf die Hände. Mich auch versichern lassen gegen Straßenunfälle. Bei der Providentia. *(Er greift in die Hosentasche.)* Das Allheilmittel der armen Mama. Absätze verfangen sich leicht in Geleisen oder Schnürsenkel im Zahnrad. Damals, wie das Rad der Schwarzen Maria mir den Schuh herunterriß, am Leonard's Corner. Bei Stücker drei wirds Zauberei. Der Schuhtrick. Unverschämter Fahrer. Sollte ihn eigentlich anzeigen. Die Anspannung macht die Leute nervös. Könnte der Kerl sein, der mir heute morgen dazwischenkam, bei dem Pferdeweib. Genau so ne Schönheit wie er, derselbe Stil. Trotzdem, schnell geschaltet hat er ja doch. Der steife Gang. Manch wahres Wort im Scherz gesprochen. Der gräßliche Krampf in der Lad Lane. Muß irgendwas Giftiges gegessen haben. Bringt aber Glück. Wieso eigentlich? Wahrscheinlich verlorenes Vieh. Malzeichen des Tieres. *(Er schließt einen Moment die Augen.)* Bißchen schwummrig im Kopf. Monatspause oder Wirkung der anderen Sache. Hirnnebel. Das ewige Müdesein. Zuviel für mich jetzt. Au!

(Eine sinistre Gestalt lehnt auf verflochtenen Beinen an der Mauer von O'Beirne, eine unbekannte Visage, dunkel quecksilbern unterlaufen. Unter einem ausladenden Sombrero her mustert ihn die Gestalt mit bösem Blick.)

BLOOM *Buenas noches, señorita Blanca, que calle es esta?*

DIE GESTALT *(unbeweglich, hebt einen Signalarm):* Parole. *Sraid Mabbot.*

BLOOM Haha. *Merci.* Esperanto. *Slan leath. (Er murmelt):* Spionin der Gälischen Liga, geschickt von dem Feuerfresser.

(Er stapft weiter. Ein Lumpensammler mit geschultertem Sack versperrt seinen Pfad. Er stapft nach links, der Lumpensackmann ebenfalls nach links.)

BLOOM Verzeihung. *(Er biegt aus, weicht zur Seite, stepptbeiseit, schlüpft vorbei und weiter.)*

BLOOM Rechts gehen, rechts, rechts, rechts. Wenn der Touring Club in Stepaside ein Hinweisschild aufgestellt hat, wer hat für diese öffentliche Wohltat gesorgt? Ich, der ich mich verlaufen hatte und dann für die Spalten des *Irish Cyclist* den Brief mit dem Titel *Im dunkelsten Stepaside* schrieb. Immer, immer, immer rechts. Lumpen und Knochen, um Mitternacht. Wahrscheinlich eher noch ein Hehler. Erste Stelle, wo ein Mörder sich hinmacht. Wäscht ab seine Sünden der Welt.

(Jacky Caffrey, gejagt von Tommy Caffrey, rennt mit voller Wucht gegen Bloom.)

BLOOM Oh!

(Geschockt, auf wankenden Schenkeln, bleibt er stehen. Tommy und Jacky verschwinden, hierhin und dorthin. Bloom tastet mit paketbepackten Händen nach Uhr, Uhrtasche, Brusttasche, Geldtasche, Süße der Sünde, Kartoffel, Seife.)

BLOOM Vorsicht, Taschendiebe. Alter Gaunerkniff. Kleiner Zusammenstoß. Und futsch ist die Börse.

(Der Apportierhund nähert sich schnuffelnd, die Nase am Boden. Eine hingestreckte Gestalt niest. Ein gebeugter Mann mit Bart erscheint, mit dem langen Kaftan eines Ältesten in Zion angetan und auf dem Kopf ein Hauskäppchen mit magentaroten Quasten. Eine Hornbrille hängt ihm vorn auf den Nasenflügeln. Gelbe Giftstreifen sind auf dem erschöpften Gesicht.)

RUDOLPH Die zweite Halbekrone, die du heut vergeudet hast. Ich habe dir doch gesagt, daß du nie solltest gehen mit betrunkenen Gojim. So wirst du nie zu Geld kommen.

BLOOM *(versteckt Schweinsfuß und Schafsfuß hinter seinem Rücken und fühlt, mit Leichenbittermiene, warmes und kaltes Haxenfleisch):* Ja, ich weiß, Papatschi.

RUDOLPH Was tust du hier unten an diesem Ort? Hast du denn keine Seele? *(Mit schwachen Geierkrallen befühlt er Blooms schweigendes Gesicht.)* Bist du nicht mein Sohn Leopold, der Enkelsohn Leopolds? Bist du mein teurer Sohn Leopold nicht, der da verließ das Haus seines Vaters und verließ den Gott seiner Väter Abraham und Jakob?

BLOOM *(mit Vorsicht):* Ich denke, ich bins, mein Vater. Mosenthal. Alles, was von ihm übrig blieb.

RUDOLPH *(streng):* Eines Nachts bringen sie dich heim, hundsmäßig betrunken, nachdem du dein gutes Geld vertan. Wie heißest du diese rennenden Kerle?

BLOOM *(in jugendlich feschem blauem Oxford-Anzug mit weißem Westeneinsatz, schmalschultrig, einen braunen Tirolerhut auf dem Kopf, schwersilberne schlüssellose Waterbury-Herrenuhr und kurze doppelte Panzerkette mit Petschaftanhänger, auf der einen Seite mit langsam sich härtendem Schmutz bedeckt):* Stöber, Vater. Nur dies eine Mal.

RUDOLPH Dies eine Mal! Schmutz von Kopf bis Fuße. Dazu die Hand aufgerissen. Kinnbackenkrampf. Kaputt wer'n sie dich machen, Leopoldleben. Nimm dich in acht vor den Kerlen.

BLOOM *(schwach):* Sie forderten mich zu einem Wettlauf heraus. Es war matschig. Ich bin ausgeglitten.

RUDOLPH *(mit Verachtung): Gojim nachez.* Da wird sich deine arme Mutter aber freuen!

BLOOM Mama!

ELLEN BLOOM *(in der bebänderten Morgenhaube, Krinoline und Turnüre des Pantomimen-Mütterchens, Bluse der Witwe Twankey mit hinten zugeknöpften Hammelkeulenärmeln, graue Fausthandschuhe und Kameenbrosche, das Haar in ein Lockennetz geflochten, erscheint über dem Treppengeländer, einen schief geneigten Kerzenhalter in der Hand, und schreit in schriller Bestürzung):* O du mein heiliger Erlöser, was haben sie mit ihm gemacht! Mein Riechsalz! *(Sie zieht ein Rockreff hoch und wühlt in der*

Tasche ihres gestreiften Ukeleien-Unterrocks. Eine Phiole, ein Agnus Dei, eine runzelige Kartoffel und eine Zelluloidpuppe fallen heraus.) Geheiligtes Herz Mariens, wo warst du denn überhaupt, überhaupt?

(Bloom beginnt, murmelnd, die Augen niedergeschlagen, seine Pakete in seinen vollen Taschen zu verstauen, gibt es dann jedoch murrend auf.)

EINE STIMME *(scharf)*: Poldy!

BLOOM Was? Wer? *(Er duckt sich und wehrt unbeholfen einen Schlag ab.)* Zu Ihren Diensten.

(Er blickt auf. Neben sich eine Spiegelung von Dattelpalmen, steht ein hübsches Weib in türkischem Kostüm vor ihm. Üppige Formen füllen ihre scharlachroten Hosen und die mit Gold geschlitzte Jacke. Eine breite gelbe Schärpe gürtet sie. Ein weißer Yaschmak, violett in der Nacht, bedeckt ihr Gesicht und läßt nur die großen dunklen Augen und das Rabenhaar frei.)

BLOOM Molly!

MARION Na, Olly? Mrs. Marion von jetzt ab, mein lieber Mann, wenn du mit mir sprichst. *(Satirisch)*: Hat der arme kleine Göttergatte kalte Füßchen gekriegt, weil er so lange warten mußte?

BLOOM *(tritt von einem Fuß auf den andern)*: Nein, nein. Nicht im mindesten, kein bißchen.

(Er atmet in tiefer Erregung, schluckt Luft, Fragen, Hoffnungen, Schweinsfüße für ihr Abendbrot, viel zu erzählen, Entschuldigungen, Verlangen nach, magiegebannt. Eine Münze funkelt an ihrer Stirn. An ihren Füßen juwelenbesetzte Zehenringe. Ihre Fesseln sind mit einem dünnen Kettchen verbunden. Neben ihr wartet ein Kamel, behaubt mit einem sich türmenden Turban. Eine Seidenleiter mit unzähligen Sprossen führt zu seiner ruckenden Hauda empor. Mit übellaunigem Hinterteil kommt es im Paßgang näher. Sie schlägt ihm wild auf die Hanke, und ihre goldenen Armringe klingelquengeln, als sie auf maurisch mit ihm zankt.)

MARION Nebrakada! Femininum.

(Das Kamel hebt ein Vorderbein, pflückt von einem Baum eine große Mangofrucht, bietet sie blinzelnd seiner Herrin in seinem gespaltenen Huf, senkt dann den Kopf und tappt grunzend und mit emporgerichtetem Hals herum, um niederzuknien. Bloom krümmt den Rücken zum Bockspringen.)

BLOOM Ich kann Ihnen ... ich meine, als Ihr Geschäfts-Menagerer ... Mrs. Marion ... wenn Sie ...

MARION So spürst du also eine Veränderung? *(Ihre Hand gleitet langsam über ihren mit Flitterwerk behangenen Brustlatz. In ihren Augen liegt träger freundlicher Spott.)* O Poldy, Poldy, was bist du doch für ein armes schlappes Würstchen! Geh hin und sieh, wie das Leben ist. Sieh dir die weite Welt an.

BLOOM Ich wollte grad noch einmal zurück, um das Toilettewasser zu holen, weißes Wachs, Orangenblüte. Der Laden schließt donnerstags immer sehr frühzeitig. Aber morgen mache ichs gleich als erstes. *(Er klopft verschiedene Taschen ab.)* Diese Wanderniere. Ah!

(Er zeigt nach Süden, dann nach Osten. Ein Stück neue saubere Zitronenseife steigt auf, verbreitet Licht und Duft.)

DIE SEIFE

Ein Pfundspärchen sind wir, der Bloom und ich;
Durch ihn Licht der Erde, dem Himmel durch mich.

(Das sommersprossige Gesicht des Drogisten Sweny erscheint in der Scheibe der Seifensonne.)

SWENY Drei und einen Penny, bitte.

BLOOM Jawohl. Für meine Frau, Mrs. Marion. Spezialrezept.

MARION *(sanft)*: Poldy!

BLOOM Ja, gnä' Frau?

MARION *Ti trema un poco il cuore?*

(Geringschätzig schlendert sie davon, plump wie eine genudelte Kröpfertaube, und summt dabei das Duett aus Don Giovanni.*)*

BLOOM Bist du wegen des *voglio* auch ganz sicher? Ich meine, wegen der Ausspra ...

(Er folgt, gefolgt von dem schnuffelnden Terrier. Die ältliche Kupplerin faßt ihn am Ärmel, die Borsten ihrer Kinnwarze glitzern.)

DIE KUPPLERIN Zehn Schilling ein Jüngferchen. Taufrisch, noch nie berührt. Fünfzehn. Kein Aas ist drinnen, bloß ihr oller Vater, und der ist drecksbesoffen.

(Sie zeigt hinüber. In der Öffnung ihrer dunklen Höhle steht verstohlen und regenbesudelt Bridie Kelly.)

BRIDIE Hatch Street. Schon was Schönes vor?

(Mit quiekendem Schrei schwingt sie ihren Fledermausschal und entflieht. Ein vierschrötiger Rowdy setzt ihr mit gestiefelten Schritten nach. Er stolpert auf den Stufen, rafft sich wieder auf, taucht ins Dunkel. Schwache Lachschreie sind zu vernehmen, schwächer.)

DIE KUPPLERIN *(mit einem Leuchten ihrer Wolfsaugen):* Der kommt auf seine Kosten. In den Gaunerspelunken kriegen Sie keine Jungfrau. Zehn Schilling. Nun stehn Sie hier nicht noch die ganze Nacht rum, bis die verkleidete Polente uns sieht. Der Siebensechzig ist ein Schweinehund.

(Mit verliebtem Blinzeln humpelt Gerty MacDowell heran. Zärtlich äugelnd zieht sie ihr blutbeflecktes Läppchen hinter dem Rücken hervor und zeigt es schüchtern.)

GERTY Was Gott zusammengefügt hat, das soll der Mensch. *(Sie murmelt):* Du warst es, der mir dies getan. Ich hasse dich.

BLOOM Ich? Wann denn? Du träumst. Ich habe dich nie gesehen.

DIE KUPPLERIN Laß den Herrn gefälligst in Ruhe, du Betrügerin. Dem Herrn da falsche Briefe schreiben. Auf den Strich gehn und anbandeln. Dich hätte deine Mutter lieber am Bettpfosten anbinden sollen, so ein Luder wie dich.

GERTY *(zu Bloom):* Als du alle Geheimnisse meines Schublädchens sahst. *(Sie betatscht seinen Ärmel, sabbernd):* O du schmutziger verheirateter Mann! Ich liebe dich, weil du mir das getan.

(Sie schlüpft geduckt davon. Mrs. Breen, in einem Fries-Her-

renüberrock mit hängenden Balgtaschen, steht in der Einfahrt, die spitzbübischen Augen weit offen, lächelnd mit ihren sämtlichen pflanzenfresserischen Raffzähnen.)

MRS. BREEN Mr....

BLOOM *(gravitätisch hustend):* Sehr verehrte gnädige Frau, als wir mit Schreiben vom sechzehnten dieses kürzlich das Vergnügen hatten...

MRS. BREEN Mr. Bloom! Sie hier in den Gefilden der Sünde? Da hab ich Sie ja nett erwischt! Sie loser Vogel Sie!

BLOOM *(hastig):* Nicht so laut meinen Namen. Was glauben Sie denn von mir? Verraten Sie mich nur nicht. Wände haben Ohren. Wie geht es Ihnen? Es ist ja schon lange her, seit ich Sie. Prachtvoll sehen Sie aus. Wirklich prachtvoll. Richtiges Saisonwetter haben wir zu dieser Jahreszeit. Schwarz ist ein Hitze-Refraktor. Ich nehme hier nur eine Abkürzung, auf dem Weg nach Hause. Interessantes Viertel. Rettung gefallener Frauen, Magdalenenheim. Ich bin der Sekretär...

MRS. BREEN *(hält einen Finger in die Höhe):* Nun erzählen Sie mir mal keine Flunkereien! Ich weiß, daß jemand das gar nicht gern hätte. Warten Sie nur, bis ich Molly sehe! *(Verschlagen)* Verantworten Sie sich auf der Stelle, sonst wird es Ihnen schlecht ergehen!

BLOOM *(sieht sich um):* Sie hat oft gesagt, sie würdes gern einmal sehen. Bummel durch die Slums. Das Exotische, verstehn Sie. Auch Neger in Livree als Dienerschaft, wenn sie das Geld hätte. Othello. Schwarzer Unhold. Eugene Stratton. Selbst der Kastagnetten- und Tamburinspieler bei den Livermore Christies. Die Brüder Bohee. Und notfalls sogar der Schornsteinfeger.

(Tom und Sam Bohee, gefärbte Neger in weißen Leinenanzügen, scharlachroten Socken, gestärkten Sambo-Krawatten und mit großen scharlachroten Astern in den Knopflöchern, springen hervor. Jeder hat seinen Banjo umhängen. Ihre bleicheren kleineren negroiden Hände klimpern auf den Klingklangsaiten. Mit blitzenden weißen Kaffernaugen und

Stoßzähnen klappern sie in plumpen Holzpantinen einen Kehraus, singend, klingklangklingend, Rücken an Rücken, Zehe Hacke, Hacke Zehe, mit schmatzfettplappernden Niggerlippen.)

Da ist wer im Haus bei Dina,
Da ist wer im Haus, joho,
Da ist wer im Haus bei Dina,
Der spielt auf dem alten Banjoooh.

(Sie wischen schwarze Masken von rohen Babygesichtern: dann diddeldididdeln sie kichernd, kackelnd, drummelnd, klimpernd in einem Cakewalk davon.)

BLOOM *(mit saurem, zartfühlig betulichem Lächeln):* Ein wenig tändeln, sollten wir, falls Sie die Neigung? Wäre es Ihnen genehm, wenn ich Sie, nur für den Bruchteil einer Sekunde, umarmte?

MRS. BREEN *(schreit fröhlich auf):* Oh Sie Schlimmer! Sie sollten sich selber sehen!

BLOOM Nur aus alter Erinnerung. Ich meinte lediglich eine Art Vierecksverhältnis, eine vermengte Ehemischung unserer verschiedenen kleinen ehelichen Tatütatas. Sie wissen doch, ich hatte stets eine Schwäche für Sie. *(Düster)* Ich wars der Ihnen jenes Valentinsbriefchen sandte, das mit der Lieben Gazelle.

MRS. BREEN Glorreiche Alice, Sie habens ja faustdick hinter den Ohren! Zum Totlachen einfach. *(Sie streckt neugierig die Hand aus.)* Was haben Sie denn da hinter Ihrem Rücken versteckt? Sagen Sies mir, seien Sie artig.

BLOOM *(ergreift mit der freien Hand ihr Handgelenk):* Josie Powell war das, die hübscheste Debutantin in Dublin. Wie die Zeit dahinfliegt! Erinnern Sie sich noch, wenn Sie einmal zurücklauschen in retrospektivem Arrangement, an jenen Weihnachtsabend, Georgina Simpsons Einzugsschmaus, als das Irving-Bishop-Spiel gespielt wurde, Nadelsuchen mit verbundenen Augen und Gedankenlesen? Aufgabe: was ist in dieser Schnupftabakdose?

MRS. BREEN Sie waren der Löwe des Abends mit Ihrer ernstkomischen Rezitation, und die Rolle stand Ihnen gut. Sie waren immer ein Liebling der Damen.

BLOOM *(Kavalier von Damen, im Diner-Jackett, mit moiriert-seidenen Spiegeln, blauem Freimaurerabzeichen im Knopfloch, schwarzer Schleife und Hemdknöpfen aus Perlmutter, ein geschliffenes Champagnerglas schief geneigt in der Hand):* Meine Damen und Herren, auf Irland, Heimat und Schööönheit.

MRS. BREEN Die unwiederbringlichen teuren toten Tage. *Love's old sweet song.*

BLOOM *(bedeutungsvoll die Stimme senkend):* Ich gestehe, daß ich punktpunktpunkt vor Neugier bin, ob einer gewissen Person in diesem Augenblick ein wenig punktpunktpunkt zumute ist.

MRS. BREEN *(schwärmerisch):* Ganz ungemein punktpunktpunkt! Ganz London ist punktpunktpunkt, und ich bin's schier an meinem ganzen Leibe. *(Sie reibt sich an seiner Seite.)* Nach den Ratespielen im Wohnzimmer und den Knallbonbons vom Baum saßen wir auf der Ottomane im Treppenhaus. Unter dem Mistelzweig. Zwei sind ein gutes Gespann.

BLOOM *(trägt einen purpurnen Napoleonshut mit einem Halbmond aus Bernstein; seine Finger und Daumen gleiten langsam zu ihrer weichen feuchten fleischigen Handfläche nieder, die sie ihm zart überläßt):* Die Spükezeit der Nacht. Ich zog den Splitter aus dieser Hand, vorsichtig, langsam. *(Zärtlich, als er an ihren Finger einen Rubinring steckt): Là ci darem la mano.*

MRS. BREEN *(in einteiligem, mondlichtblau ausgeführtem Abendkleid, ein Sylphendiadem aus Rauschgold auf der Stirn; ihre Tanzkarte ist neben ihrem mondblauen Satin-Pantoffel zu Boden gefallen; sie krümmt sanft die Hand, hastig atmend): Voglio e non.* Sie sind heiß! Sie sind brühheiß! Die linke Hand dem Herzen am nächsten.

BLOOM Als Sie Ihre gegenwärtige Wahl trafen, hieß es allgemein, die Schöne und das Untier. Das kann ich Ihnen nimmermehr verzeihen. *(Legt die geballte Faust an die Stirn)* Bedenken Sie, was das bedeutet. Alles bedeuteten Sie mir damals. *(Heiser)* Weib, mich zerreißts!

(Dennis Breen, weißbezylindert, mit Wisdom Helys Reklametafel, schlurft in Teppichschuhen an ihnen vorüber, den matten Bart vorgestreckt, zur Rechten und Linken murmelnd. Der kleine Alf Bergan, gekleidet in den Mantel des Pik-As, folgt ihm auf Schritt und Tritt, nach links und nach rechts, gekrümmt vor Lachen.)

ALF BERGAN *(zeigt höhnisch auf die Reklamebretter):* U.p.: Up.

MRS. BREEN *(zu Bloom):* Großer Trubel in der Gesindestube. *(Sie schenkt ihm einen aufmunternden Blick)* Warum küßten Sie nicht die Stelle, um sie heil zu machen? Sie wollten doch!

BLOOM *(schockiert):* Mollys beste Freundin! Hätten Sie das wirklich tun können?

MRS. BREEN *(bietet ihm, die fleischige Zunge zwischen den Lippen, einen Taubenkuß):* Hnhn. Die Antwort ist ein Schnips. Haben Sie da ein kleines Geschenk für mich?

BLOOM *(ungezwungen):* Koscher. Ein Häppchen zum Abendbrot. Ein Heim ohne Fleischkonserven ist eine Last für die Nerven. Ich bin in der *Leah* gewesen. Mrs. Bandman Palmer. Schneidige Ausdeuterin Shakespeares. Unglücklicherweise hab ich das Programm weggeworfen. In der Nähe da kriegt man übrigens ganz famose Schweinspfötchen. Fühlen Sie mal.

(Richie Goulding, drei Damenhüte mit Nadeln auf dem Kopf festgesteckt, erscheint, nach der einen Seite schwer niedergezogen vom Gewicht der schwarzen Aktenmappe von Collis und Ward, auf die mit weißer Kalkfarbe ein Schädel über gekreuzten Knochen gemalt ist. Er öffnet sie, und man sieht sie voll von Schweinswürstchen, geräucherten Heringen, geräuchertem Schellfisch und Pillenschachteln.)

RICHIE Das Beste in ganz Dub.

(Der Kahle Pat, schwerhöriger Klotz, steht am Bordstein,

faltet seine Serviette, wartet drauf aufzuwarten.)

PAT *(nähert sich mit schiefgehaltener Schüssel voll schwippschwappender Soße):* Steak und Niere. Eine Flasche Lager. Hihihi. Wartet, bis ich aufwarte.

RICHIE Gutergott. Ichhat tenoch niein meinemganzen . . .

(Mit hängendem Kopf marschiert er mürrischstörrisch weiter. Der Kanalarbeiter kommt vorbeigetorkelt, durchbohrt ihn mit seinem flammenden Gabelhorn.)

RICHIE *(mit einem Schmerzensschrei, mit der Hand nach dem Rücken fahrend):* Ah! Bright'sche! Nichter!

BLOOM *(zeigt auf den Kanalarbeiter):* Ein Spion. Erregen Sie keinerlei Aufmerksamkeit. Ich hasse stumpfsinnige Massen. Ich bin nicht zum Vergnügen hier. Ich befinde mich in einem ernsten Dilemma.

MRS. BREEN Wieder mal nichts als Humbug und Schmeichelei, Sie mit Ihren Ammenmärchen, wie üblich.

BLOOM Ich möchte Ihnen ein kleines Geheimnis mitteilen – wie es dazu kam, daß ich mich hier befinde. Aber Sie dürfen es nicht weitererzählen. Nicht einmal Molly. Ich habe dafür einen ganz besonderen Grund.

MRS. BREEN *(platzt vor Neugier):* Aber wo denken Sie hin!

BLOOM Lassen Sie uns weitergehen. Solln wir?

MRS. BREEN Ah ja.

(Die Kupplerin macht ein unbemerktes Zeichen. Bloom geht mit Mrs. Breen weiter. Der Terrier folgt, winselt zum Erbarmen, wedelt mit dem Schwanz.)

DIE KUPPLERIN Schmalziger Jid!

BLOOM *(in hafermehlfarbenem Sportanzug, ein Geißblattreis im Rockaufschlag, modisches lederbraunes Hemd, St. Andrews-Halsbinde aus schwarzweiß gewürfeltem Wollstoff, weiße Gamaschen, rehfarbenen Staubmantel über dem Arm, lohrote Grobschuhe, Feldstecher am Riemen, grauer, niedrigrunder Filzhut):* Erinnern Sie sich noch, es ist lange lange her, Jahre und Jahre, kurz nach Milly, Marionettchen nannten wir sie, grad entwöhnt war sie worden, als wir alle zusammen zu den Fairyhouse-Rennen gingen, nicht wahr?

MRS. BREEN *(in smartem, maßgeschneidertem englischen Kostüm, weißem Veloursshut und Spinnwebschleier):* Leopardstown.

BLOOM Meine ich ja auch, Leopardstown. Und Molly gewann sieben Schilling mit einem Dreijährigen namens Nevertell, und wir sind dann über Foxrock heimgefahren in dem alten fünfsitzigen Klapperkasten, Sie waren auf dem Höhepunkt damals, und Sie hatten den neuen Hut auf, aus weißem Velours mit dem Maulwurfbesatz, den Sie auf Mrs. Hayes' Rat hin gekauft hatten, weil er auf neunzehnelf heruntergesetzt worden war, ein bißchen Draht und ein alter Lappen Baumwollsamt, und ich gehe jede Wette ein, daß sie das mit Absicht gemacht hat . . .

MRS. BREEN Das hat sie natürlich, die falsche Katze! Das brauchen Sie mir nicht zu sagen! Nette Ratgeberin!

BLOOM Weil er Ihnen nicht ein Viertel so gut stand wie der andere, das entzückende kleine Baskenbarett mit dem Paradiesvogelflügel dran, das ich an Ihnen so bewundert habe, und Sie sahen ja auch einfach hinreißend darin aus, ehrlich, obwohl es jammerschade um das hübsche kleine Tierchen war, Sie grausames Geschöpf, das klitzekleine Dingelchen mit seinem Herzchen, so groß nur wie ein Punkt.

MRS. BREEN *(drückt seinen Arm, mit geziertem Lächeln):* Ein bösesböses grausames Mädchen bin ich gewesen.

BLOOM *(leise, heimlich, immer schneller):* Und Molly aß ein Butterbrot mit gewürztem Beef aus Mrs. Joe Gallahers Lunchkorb. Also offen gesagt, wenn sie auch ihre Berater oder Bereiter hatte, so habe ich doch an ihrem Stil nie etwas finden können. Sie war . . .

MRS. BREEN Zu . . .

BLOOM Ja. Und Molly lachte, weil Rogers und Maggot O'Reilly einen Hahn nachmachten, als wir an einem Bauernhaus vorbeikamen und Marcus Tertius Moses, der Teekaufmann, mit seiner Tochter in einem Jagdwagen an uns vorbeifuhr, Dancer Moses hieß sie, und der Pudel auf ihrem Schoß warf den Kopf zurück, und Sie fragten mich, ob ich je gehört hätte oder gelesen oder gewußt oder zufällig erfahren ...

MRS. BREEN *(eifrig):* Ja, ja, ja, ja, ja, ja, ja.

(Sie schwindet von seiner Seite. Gefolgt von dem winselnden Hund schreitet er weiter, auf Höllentore zu. In einem Torbogen steht eine Frau, vornübergebeugt, die Füße auseinander, und pißt kuhisch. Vor einer Kneipe mit heruntergelassenen Rolläden lauscht ein Haufen Bummelanten einer Geschichte, die ihr bruchschnauziger Vorarbeiter in rauher Launigkeit herunterkrächzt. Ein armloses Paar von ihnen balgt sich grölend am Boden, in verkrüppelter stumpfer Spiegelfechterei.)

DER VORARBEITER *(bückt sich, die Stimme verdreht in der Schnauze):* Und wie Cairns runterkam von dem Gerüst in der Beaver Street, was glaubt ihr macht der Kerl, der schüttet's einfach, tut das einfach so in den Portereimer, der da auf den Hobelspänen stand und auf Derwans Stukkateure wartete.

DIE BUMMELANTEN *(wiehern schallend mit gespaltenem Gaumen):* O Jähähä!

(Ihre farbfleckigen Hüte wackeln. Bespritzt mit Leim und Kalk springen sie gliederlos um ihn herum.)

BLOOM Ebenfalls eine Koinzidenz. Die finden das witzig. Dabei alles andere als das. Am hellichten Tag. Versucht zu gehen. Zum Glück keine Frau.

DIE BUMMELANTEN Jähä, nicht zu fassen! Glaubersalz! Hähähä, einfach den Männern ins Porter gekippt!

(Bloom geht vorüber. Billige Huren, einzeln, paarweise, in Schals, mit aufgelöstem Haar, rufen aus Gassen, Türen, Ecken.)

DIE HUREN Wohin denn so eilig, Kleener?
Was macht dein Mittelbein?
Kein Streichhölzchen dabei?
He, komm her, ich mach dir 'nen Steifen!

(Er zockelt durch ihren Sumpf hinüber zur erleuchteten

Straße. Aus gebauschten Fenstervorhängen reckt ein Grammophon einen zerbeulten Messingrüssel. Im Schatten feilscht eine Kaschemmenwirtin mit dem Kanalarbeiter und den beiden Rotröcken.)

DER KANALARBEITER *(rülpsend):* Wo ist der verdammte Puff?

DIE KASCHEMMENWIRTIN Purdon Street. Schilling die Flasche Stout. Anständige Frau.

DER KANALARBEITER *(grapscht nach den beiden Rotröcken, torkelt mit ihnen weiter):* Los, kommt, ihr britischen Armeeleuchter!

GEMEINER CARR *(hinter seinem Rücken):* Der ist doch nicht mehr ganz dicht!

GEMEINER COMPTON *(lacht):* Ganz ist gut!

GEMEINER CARR *(zu dem Kanalarbeiter):* Portobello-Kaserne, Kantine. Du fragst nach Carr. Einfach Carr.

DER KANALARBEITER *(brüllt):*

Wir sind die Jungens. Von Wexford.

GEMEINER COMPTON Na sagmal! Und was ist mit dem Sergeantmajor?

GEMEINER CARR Bennett? Der ist mein Spezi. Kann ihn gut leiden, den ollen Bennett.

DER KANALARBEITER *(brüllt):*

Die quähähälende Kette.
Und frei unser Heimatland.

(Er stolpert vorwärts, sie mit sich ziehend. Bloom bleibt stehen, ratlos. Der Hund kommt näher, die Zunge hängt ihm aus dem Hals, er keucht.)

BLOOM Die reinste Wildgänsejagd. Liederliche Häuser. Der liebe Gott mag wissen, wo sie hin sind. Betrunkene legen eine Strecke doppelt so schnell zurück. Schöne Bescherung. Die Szene in Westland Row. Und dann in die Erste Klasse mit einem Billett Dritter. Dann zu weit. Zug mit der Lok hinten. Hätte mich wohlmöglich nach Malahide gebracht oder auf ein Abstellgleis die Nacht oder es hätte einen Zusammenstoß. Das zweite Glas machts. Eins ist Medizin. Weshalb lauf ich ihm eigentlich nach? Immerhin, er ist noch der beste von dem ganzen Verein. Wenn ich das mit Mrs. Beaufoy nicht gehört hätte, Purefoy, dann wär ich nicht hingegangen und hätt ihn nicht getroffen. Kismet. Das Kleingeld wird er garantiert los. Hier das Erleichterungsheim. Ganz schöner Reibach für den Billigen Jakob, Drehorgeln. Wo fehlts denn? Wie gewonnen, so zerronnen. Hätte ja auch glatt ums Leben kommen können durch diesen Kerlgongradgleisrolleglitzerdschagannath, wenn ich nicht geistesgegenwärtig genug. Aber das rettet einen auch nicht immer. Wär ich an dem Tag damals bloß zwei Minuten später an Truelocks Fenster vorbeigekommen, wär ich erschossen worden. Körperabwesenheit. Andererseits, wenn die Kugel bloß durch meinen Rock gegangen wäre, hätt ich Schadenersatz gekriegt für den Schock, fünfhundert Pfund. Was war er eigentlich? Geck aus dem Kildare Street Club. Gott sei seinem Wildhüter gnädig.

(Er blickt auf und liest an der Wand eine gekritzelte Kreideinschrift Feuchter Traum *neben einer phallischen Zeichnung.)*

Komisch! Molly, wie sie in Kingstown auf die vereiste Wagenfensterscheibe malte. Wie sah das doch aus? *(Aufgedonnerte Zierpuppenweiber lungern in den erleuchteten Torwegen herum, in Fensternischen, rauchen Birdseye-Zigaretten. Der Duft des widerlichsüßen Krauts flutet ihm in langsamen eirunden Ringeln entgegen.)*

Die Ringel Süß sind die Süßen. Süße der Sünde.

Bloom Mein Rückgrat ist ein bißchen lahm. Geh ich weiter oder kehr ich um? Und dies Futter? Eß ichs, werd ich ganz sauhatzig. Ich bin doch zu blöd. Reine Geldverschwendung. Eins-acht-Pence zuviel. *(Der Apportierhund drückt ihm eine triefnasige Schnauze in die Hand, wedelt mit dem Schwanz.)* Komisch, wie die sich an mich hängen. Sogar das Vieh heute. Lieber erstmal mit ihm sprechen. Wie Frauen lieben sie *rencontres*. Stinkt ja wie ein Iltis. *Chacun son goût*. Könnte Tollwut haben. Fido. Unsicher in seinen Bewegungen. Guter Kerl. Garryowen! *(Der Wolfshund streckt sich auf den Rücken, zappelt obszön mit bettelnden*

Pfoten, die lange schwarze Zunge hängt ihm heraus.) Einfluß seiner Umgebung. Gibs ihm, dann bist dus los. Vorausgesetzt, daß keiner. *(Aufmunternde Worte rufend, watschelt er mit verstohlenem Wildererschritt zurück, gefolgt von dem Setter in eine dunkle schal stinkende Ecke. Er wickelt das eine Paket auf und geht daran, den Schweinsfuß sanft hinzukippen, hält aber dann inne und befühlt den Schafsfuß.)* Ganz schön groß für drei Pence. Aber dann hab ichs in der linken Hand. Kostet mehr Anstrengung. Wieso eigentlich? Kleiner, weil weniger gebraucht. Ach, laß fahren dahin. Zwo-sechs.

(Mit Bedauern läßt er die aufgewickelten Füße von Schwein und Schaf hingleiten. Die Bulldogge zerrt das Bündel ungeschickt auseinander und sättigt sich mit knurrender Gier, die Knochen zermalmend. Zwei Wachmänner in Regencapes nähern sich, schweigend, wachsam. Sie murmeln sich etwas zu.)

DIE WACHMÄNNER Bloom. Von Bloom. Für Bloom. Bloom.

(Jeder legt Bloom eine Hand auf die Schulter.)

ERSTER WACHMANN Auf frischer Tat ertappt. Dieser Ort darf nicht verunreinigt werden.

BLOOM *(stammelt):* Ich erweise anderen Gutes.

(Ein Flug Möwen, Sturmschwalben, streicht hungrig vom Liffey-Schlamm auf, Banbury-Kuchen im Schnabel.)

DIE MÖWEN Kat Kankury-Kuken kekenkt.

BLOOM Der Freund des Menschen. Durch Güte erzogen.

(Er zeigt. Bob Doran, von einem hohen Barhocker stürzend, schwankt über dem schmatzenden Spaniel.)

BOB DORAN Towser. Gib doch Pfötchen. Gib doch mal Pfötchen.

(Die Bulldogge knurrt mit gesträubtem Nackenfell, einen Bissen Schweinsknöchel zwischen den Backzähnen, durch die Tollwutsgeifer trieft. Bob Doran fällt still in einen Hof.)

ZWEITER WACHMANN Verhinderung von Grausamkeit gegenüber Tieren.

BLOOM *(begeistert):* Ein edles Werk! Ich habe jenen Trambahnschaffner an der Harold's Cross Bridge ausgescholten, weil er das arme Pferd mit seiner Geschirr-Räude mißhandelt hat. Schlimme Beschimpfung erntete ich für meine Bemühungen. Natürlich war es bitterkalt und die letzte Trambahn. Alle Geschichten aus dem Zirkusleben sind in hohem Maße demoralisierend.

(Signor Maffei, bleich vor Wut, im Kostüm eines Löwenbändigers mit diamantenen Knöpfen in der Hemdbrust, tritt vor, in der Hand einen papierenen Zirkusreifen, eine wippende Kutscherpeitsche und einen Revolver, mit dem er den schlingenden Saurüden in Schach hält.)

SIGNOR MAFFEI (*mit sinistrem Lächeln*): Meine Damen und Herren, hier mein gebildeter Windhund. Ich wars, der den störrischen Bronco Ajax zähmte mit meinem Patent-Stachelsattel für Fleischfresser. Peitschenhiebe unter den Bauch mit Knotenriemen. Flaschenzug und Strangulationsrolle bringen Ihren Löwen im Nu auf die Hinterbeine, egal wie störrisch er ist, sogar den *Leo ferox* dort, den libyschen Menschenfresser. Eine rotglühende Brechstange und eine Salbeneinreibung auf die verbrannte Stelle hat Fritz von Amsterdam hervorgebracht, die denkende Hyäne. *(Er blickt wild umher.)* Ich besitze das indische Zeichen. Das Blitzen meines Augs, im Verein mit diesen Brustfunklern, das schaffts. *(Mit bezauberndem Lächeln)* Ich stelle Ihnen jetzt Mademoiselle Ruby vor, den Stolz der Arena.

ERSTER WACHMANN Kommen Sie. Name und Adresse.

BLOOM Die habe ich im Moment vergessen. Ah, ja. *(Er nimmt seinen prima Qualitäts-Hut ab und grüßt)* Dr. Bloom, Leopold, Zahnarzt. Sie haben über Von Bloom Pascha gehört. Ungezählte Millionen. Donnerwetter! Halb Österreich gehört ihm. Ägypten. Vetter von mir.

ERSTER WACHMANN Beweisen Sie.

(Eine Karte fällt aus dem Schweißleder von Blooms Hut.)

BLOOM *(in rotem Fez, Kadi-Kleidung mit breiter grüner Schärpe, am Rock ein falsches Abzeichen der Ehrenlegion, hebt die Karte hastig auf und reicht sie hin):* Erlaube mir.

Mein Klub ist der Junior Army and Navy. Anwälte: Messrs. John Henry Menton, 27 Bachelor's Walk.

ERSTER WACHMANN *(liest):* Henry Flower. Kein fester Wohnsitz. Gesetzwidriges Herumlungern und Blockieren.

ZWEITER WACHMANN Ein Alibi. Sie sind gewarnt.

BLOOM *(zieht aus der Herztasche eine zerknitterte gelbe Blume):* Dies ist die fragliche Blume. Sie wurde mir von einem Mann geschenkt, dessen Namen ich nicht kenne. *(Gleisnerisch)* Sie kennen doch den alten Witz, die Rose von Kastilien. Bloom. Änderung des Namens Virag. *(Er murmelt in privatem und vertraulichem Ton)* Wir sind verlobt, verstehn Sie, Herr Wachtmeister. Eine Dame spielt eine Rolle dabei. Liebesverwicklungen. *(Er klopft dem Zweiten Wachmann sanft auf die Schulter.)* Himmeldonnerwetter nochmal! Das ist eben die Art, wie wir Galane rangehn bei der Marine. Die Uniform macht das. *(Er wendet sich ernst dem Ersten Wachmann zu)* Trotzdem findet man zuweilen natürlich sein Waterloo. Kommen Sie doch abends mal vorbei, auf ein Glas alten Burgunder. *(Fröhlich zum Zweiten Wachmann)* Ich führe Sie ein, Inspektor. Sie ist Klasse. Das geht ruckzuck wie ein Lämmerschwänzchen.

(Ein dunkles, mit Quecksilber behandeltes Gesicht erscheint, eine verschleierte Gestalt führend.)

DAS DUNKLE QUECKSILBER Das Schloß sucht nach ihm. Er wurde schimpflich aus der Armee gejagt.

MARTHA *(dicht verschleiert, ein karminrotes Halfter um den Hals, in der Hand ein Exemplar der* Irish Times, *im Ton des Vorwurfs, mit dem Finger zeigend):* Henry! Leopold! Leopold! Lionel, du Verlorner! Reinige meinen Namen.

ERSTER WACHMANN *(streng):* Kommen Sie mit auf die Wache.

BLOOM *(erschrocken, setzt den Hut wieder auf, tritt zurück, legt dann die Hand aufs Herz, winkelt den rechten Unterarm an und macht Zeichen und Verteidigungsgeste der Logenbruderschaft):* Nein, nein, hochverehrlicher Meister, Licht der Liebe. Eine irrtümliche Identifizierung. *The*

Lyons Mail. Lesurques und Dubosc. Sie erinnern sich des Brudermordfalls Childs. Wir Mediziner. Tötung vermittels eines Handbeils. Ich werde zu Unrecht angeklagt. Lieber ein Schuldiger durch die Maschen als neunundneunzig zu Unrecht verurteilt.

MARTHA *(schluchzend hinter ihrem Schleier):* Bruch des Eheversprechens. Mein wirklicher Name ist Peggy Griffin. Er schrieb mir, daß er unglücklich sei. Ich werds meinem Bruder sagen, der ist Verteidiger in der Rugby-Mannschaft von Bective und wird es dir zeigen, du herzloser Geck.

BLOOM *(hinter vorgehaltener Hand):* Sie ist betrunken. Diese Frau ist berauscht. *(Er murmelt undeutlich das Losungswort von Ephraim)* Schietbroleeth.

ZWEITER WACHMANN *(Tränen in den Augen, zu Bloom):* Sie sollten sich wirklich in Grund und Boden schämen.

BLOOM Meine Herren Geschworenen, lassen Sie mich erklären. Alles reiner Blödsinn. Ich bin ein mißverstandener Mensch. Man will mich zum Sündenbock machen. Ich bin ein ehrbarer verheirateter Mann, kein Flecken ist auf meinem Charakter. Ich wohne in der Eccles Street. Meine Frau, ich bin die Tochter eines hochangesehenen Kommandeurs, eines tapferen aufrechten Gentleman, wie heißt er doch gleich, Generalmajor Brian Tweedy, einer von Britanniens Kämpfern, die unsere Schlachten gewinnen halfen. Erhielt seinen Rang für die heroische Verteidigung von Rorke's Drift.

ERSTER WACHMANN Regiment.

BLOOM *(wendet sich zur Galerie):* Die Royal Dublins, Jungens, das Salz der Erde, bekannt in aller Welt. Ich glaube, ich sehe ein paar alte Waffenbrüder dort oben unter euch. Die R. D. F. Mit unserer eigenen Stadtpolizei, Wächter von Heimat und Herd, die tollkühnsten Burschen und die allerfeinste Mannschaft, körperlich gesehen, im Dienste unseres Allerhöchsten Herrschers.

EINE STIMME Überläufer! Hoch die Buren! Wer hat Joe Chamberlain ausgebuht?

Bloom *(die Hand auf der Schulter des Ersten Wachmanns):* Auch mein alter Herr Papa ist F. R. gewesen. Ich bin ein ebenso strammer Anhänger der Briten, wie Sie es sind, mein Herr. Ich habe für König und Vaterland in dem geistesabwesenden Krieg unter General Gough im Park mit der Fahne gekämpft und wurde bei Spion Kop und Bloemfontein kampfunfähig, man erwähnte mich im Tagesbericht. Ich tat alles, was ein Weißer nur tun konnte. *(Mit ruhiger Empfindung)* Jim Bludso. Haltet mit dem Steven aufs Ufer zu.

Erster Wachmann Beruf oder Gewerbe.

Bloom Nun, ich gehe einer literarischen Beschäftigung nach. Autor-Journalist. In der Tat bringen wir zurzeit gerade eine Reihe von Preisgeschichten heraus, deren Erfinder ich bin, eine gänzlich neue Kunstrichtung. Ich habe Verbindungen zur britischen und irischen Presse. Wenn Sie einmal anrufen wollen ...

(Myles Crawford kommt ruckig herangeschritten, einen Federkiel zwischen den Zähnen. Sein scharlachroter Schnabel leuchtet in der Aureole seines Strohhuts. Er schwenkt eine Docke spanischer Zwiebeln in der einen Hand und hält mit der andern die Schnauze eines Telephonhörers an sein Ohr.)

Myles Crawford *(mit wabbelndem Hahnenbart):* Hallo, siebenundsiebzig acht vier. Hallo. Hier das *Freeman's Urinal* und der *Wöchentliche Arschwischer.* Europa paralysieren. Was war das? Blumensucht? Wer denn, wer soll das denn geschrieben haben? Was, Bloom?

(Mr. Philip Beaufoy, bleichgesichtig, steht im Zeugenstand, in tadelloser Morgenkleidung, einen Taschentuchzipfel in der äußeren Brusttasche, Lavendelhosen mit scharfer Bruchfalte und Lackschuhe. Er trägt eine große Mappe mit der Aufschrift Matchams Meisterstreiche.*)*

Beaufoy *(die Worte dehnend):* Nein, nie und nimmer haben Sie das, wenn ich nur halb ein Kenner bin. Ich sehe nichts davon, das ist alles. Kein geborener Gentleman, niemand, der auch nur über die rudimentärsten Begriffe eines Gentleman verfügte, würde sich zu solch besonders abscheulichem Betragen erniedrigen. So einer ist er, gnädiger Herr. Ein Plagiator. Ein seifenglatter Schleicher in der Maske eines *littérateur*. Es liegt vollkommen am Tage, daß er mit der ihm eigenen allertiefsten Gemeinheit in einigen meiner bestverkäuflichen Bücher gespickt hat, wahrhaft enormen Sachen, förmlichen Edelsteinen, deren Liebesszenen unter allem Verdacht erhaben sind. Die Beaufoy-Bücher von Liebe und Großer Welt, mit denen Eure Lordschaft zweifellos vertraut sind, bilden in allen Haushaltungen des Königreichs einen Begriff.

BLOOM *(murmelt mit Armesünderdemut):* Gegen das Bißchen über die lachende Hexe Hand in Hand erhebe ich Einspruch, wenn ich darf . . .

BEAUFOY *(die Lippen gekräuselt, zeigt dem Gericht ein hochmütiges Lächeln):* Sie komischer Esel, Sie! Sie sind ein viel zu abstoßend seltsamer Heiliger, als daß sich weitere Worte verlohnten! Ich glaube nicht, daß Sie sich weiterhin noch in dieser Hinsicht überexzessiv disinkommodieren sollten. Mein literarischer Agent, Mr. J. B. Pinker, steht zur Verfügung. Ich darf doch annehmen, Eure Lordschaft, daß wir die üblichen Zeugengebühren erhalten werden, gelt? Wir sitzen nämlich beträchtlich auf dem trockenen durch diesen vermaledeiten Pressefritzen, diese Dohle von Rheims, die nicht einmal auf einer Universität gewesen ist.

BLOOM *(undeutlich):* Universität des Lebens. Künstlerisch wertlos.

BEAUFOY *(brüllt):* Das ist eine verdammenswert schmutzige Lüge, welche die moralische Verkommenheit des Mannes beweist! *(Er hält seine Mappe hoch)* Hier haben wir den schlagenden Beweis, das *corpus delicti*, Eure Lordschaft, eine Probe aus meinem reiferen Werk, entstellt durch das Brandmalzeichen des Tieres.

EINE STIMME VON DER GALERIE:

Jid Moses, der alte Praktikus,
Wischt sich den Arsch mit den Daily News.

BLOOM *(tapfer):* Übertrieben.

BEAUFOY Sie gemeiner Kerl! Man sollte Sie in die Roßschwemme tunken, Sie verkommener Schwätzer! *(Zum Gericht)* Betrachten Sie doch nur das Privatleben des Mannes! Er führt eine vierfache Existenz! Auf der Straße ein Engel, zu Hause ein Teufel. In gemischter Gesellschaft darf man seinen Namen unmöglich nennen. Der Erzverschwörer des Jahrhunderts!

BLOOM *(zum Gericht):* Und er, ein Junggeselle, wie ...

ERSTER WACHMANN Der König gegen Bloom. Ruft das Weib Driscoll.

DER AUSRUFER Mary Driscoll, Scheuermagd!

(Mary Driscoll, ein schlampiges Dienstmädchen, tritt näher. Sie hat einen Eimer am Haken ihres Arms und eine Scheuerbürste in der Hand.)

ZWEITER WACHMANN Noch eine! Gehören Sie zu der unglücklichen Klasse?

MARY DRISCOLL *(empört):* Ich bin keine schlechte Person. Ich habe einen anständigen Charakter und war vier Monate in meiner letzten Stellung. Es war eine Stellung mit sechs Pfund im Jahr und freitags Ausgang, und ich mußte weg wegen was er alles gemacht hat.

ERSTER WACHMANN Wessen bezichtigen Sie ihn?

MARY DRISCOLL Er richtete ein bestimmtes Ansinnen an mich, aber dafür war ich mir zu gut, so arm ich auch bin.

BLOOM *(in Hausjoppe aus Riffeltuch, Flanellhose, absatzlosen Pantoffeln, unrasiert, das Haar leicht verwuschelt):* Ich habe Sie redlich behandelt. Ich schenkte Ihnen Sachen zur Erinnerung, feine smaragdene Strumpfbänder, weit über Ihrem Stand. Unvorsichtigerweise nahm ich Partei für Sie, als Sie des Diebstahls beschuldigt wurden. Jedes Ding hat zwei Seiten. Faires Spiel.

MARY DRISCOLL *(aufgeregt):* So wahr Gott niederblickt auf mich heute nacht, wenn ich die Austern je angerührt habe!

ERSTER WACHMANN Nun zu dem Vergehen, das hier zur Beschwerde steht. Ist etwas geschehen?

Mary Driscoll Er überraschte mich im rückwärtigen Teil des Anwesens, Euer Ehren, als die gnädige Frau eines Morgens zum Einholen gegangen war, und ersuchte mich um eine Sicherheitsnadel. Er hielt mich fest, und als Ergebnis hatte ich an vier Stellen blaue Flecken. Und zweimal hat er sich auch an meiner Kleidung zu schaffen gemacht.

Bloom Sie ging zum Gegenangriff über.

Mary Driscoll *(verächtlich):* Ich hatte mehr Respekt vor der Scheuerbürste, jawohl, das hatte ich. Ich machte ihm Vorhaltungen, Herr Rat, und er sagte, ich soll es für mich behalten.

(Allgemeines Gelächter.)

Georges Fottrell *(Kron- und Grafschaftssekretär, mit dröhnender Stimme):* Ruhe im Saal! Der Angeklagte wird jetzt eine falsche Aussage machen.

(Bloom, der auf Nicht-schuldig plädiert und eine voll erblühte Wasserlilie in der Hand hält, beginnt eine lange unverständliche Rede. Sie würden sogleich vernehmen, was sein Rechtsbeistand in einer aufwühlenden Ansprache der Anklagejury zu sagen habe. Mit ihm sei es aus und vorbei, doch obschon er als schwarzes Schaf gebrandmarkt sei, wenn er einmal so sagen dürfe, gedenke er sich doch zu bessern, die Erinnerung an die Vergangenheit in rein geschwisterlicher Weise wiederherzustellen und als treues Haustier zur Natur zurückzukehren. Ein Sieben-Monats-Kind, sei er sorgfältig aufgezogen und von einem betagten bettlägerigen Elternteile unterwiesen worden. Wohl möchten Verfehlungen eines irrenden Vaters vorgekommen sein, doch wolle er ein neues Blatt aufschlagen und nun, zuguterletzt im Angesicht des Schandpfahls, ein häusliches Leben führen am Ende seiner Tage, durchdrungen von der ansprechenden Umgebung des wogenden Busens der Familie. Selber ein naturalisierter Brite, habe er an jenem Sommerabend von der Fußplatte eines Heizerstands der Loop Line Railway Company, während der Regen zu fallen säumte, einige Blicke tun können durch die Fenster liebeerfüllter Haushaltungen in Dublin City und im städtischen Bezirk

und dabei Szenen wahrhaft ländlichen Glücks aus der besseren Welt gesehen, mit Dockrells Tapeten an den Wänden, eins-neun das Dutzend, unschuldige als Briten geborene Kindlein hätten Gebete zum Allerheiligsten Jesuskind gelispelt, junge Schüler hätten mit ihren Hausaufgaben gerungen, musterhafte Damen auf dem Pianoforte gespielt oder bald alle auch voll Glaubensglut den Familienrosenkranz gebetet, rund um den prasselnden Julblock, während auf den heckengefaßten Wegen und grünen Pfaden die Mädchen mit ihren Verehrern gewandelt seien, indessen die Melodien der orgelklangähnlichen Harmonika Britannia, mit Messingfassung, vier Harmoniebässen und zwölffaltigem Balg, glatt geschenkt, das beste Geschäft das man überhaupt . . .)

(Erneutes Gelächter. Er mummelt unzusammenhängend. Reporter beschweren sich, nichts verstehen zu können.)

LANG- UND KURZSCHRIFTPROTOKOLLANTEN *(ohne von ihren Schreibblöcken aufzusehen):* Dreht dem Kerl mal den Hahn ab.

PROFESSOR MACHUGH *(vom Pressetisch aus, hustet und ruft):* Hust es raus, Mann! Spucks stückweise aus!

(Das Kreuzverhör in Sachen Bloom nimmt seinen Fortgang, und also der Eimer. Ein großer Eimer. Bloom selbst. Darmbeschwerden. In der Beaver Street. Bauchgrimmen, ja. Ganz schlimm. Der Eimer eines Stukkateurs. Vom steifbeinigen Laufen. Unsagbares gelitten. Tödliche Agonie. Gegen Mittag. Liebe oder Burgunder. Ja, etwas Spinat. Kritischer Augenblick. Er hatte nicht hineingesehen in den Eimer. Niemand. Ein ziemlicher Dreck. Nicht vollständig. Eine ältere Nummer der Titbits.*)*

(Aufruhr und schrille Pfiffe. Bloom, in zerrissenem Gehrock, mit Kalktünche bespritzt, den eingebeulten Zylinder schief auf dem Kopf, einen Streifen Heftpflaster quer über der Nase, spricht unhörbar.)

J. J. O'MOLLOY *(in grauer Perücke und im Talar des Barrister, spricht mit einer Stimme gequälten Protests):* Es ist hier nicht der Ort für ungebührliche Heiterkeit auf Kosten eines irrenden Sterblichen, über den der Alkohol Gewalt hat. Wir befinden uns nicht auf dem Rummelplatz und nicht auf einem Oxforder Studentenkommers, noch ist dies hier eine Justizkomödie. Mein Klient ist noch unmündig, ein armer Einwanderer aus fremden Landen, der als blinder Passagier von der Pike auf begonnen hat und nun versucht, sich redlich zu nähren. Das vollständig aus der Luft gegriffene Vergehen war Folge einer momentanen erblich bedingten Verirrung, welche durch eine Halluzination entstanden war, da Vertraulichkeiten wie der ihm hier zur Last gelegte Vorfall in der Heimat meines Klienten, dem Lande der Pharaonen, durchaus statthaft sind. *Prima facie* stelle ich folglich als erwiesen hin, daß von einem Versuch geschlechtlicher Erkenntnis keine Rede sein kann. Intimitäten haben nicht stattgefunden, und der von der Driscoll behauptete Angriff auf ihre Tugend fand keine Wiederholung. Ich möchte insbesondere auf atavistische Vorbelastungen hinweisen. In der Familie meines Klienten hat es Fälle von Schiffbruch und Somnambulismus gegeben. Wenn der Beklagte zu sprechen vermöchte, so könnte er eine Kunde anheben, wie sie seltsamer noch niemals zwischen den Dekkeln eines Buches erzählt ward. Er selbst, Eure Lordschaft, ist ein physisches Wrack aufgrund seiner schwachen Schusterbrust. Zu seiner Entlastung gesteht er, daß er mongolischer Abkunft ist und nicht verantwortlich für seine Taten. Nicht ganz hier, jawohl.

BLOOM *(barfuß, hühnerbrüstig, in Laskarenjacke wie -hose, apologetische Zehen einwärts gestellt, öffnet die winzigen Maulwurfsaugen und blickt verstört um sich, mit langsamer Hand sich die Stirne streichelnd. Dann macht er nach Seemannsart seinen Gürtel fest und grüßt den Gerichtshof mit einem Schulterzucken von orientalischer Unterwürfigkeit, wobei er mit dem Daumen himmelwärts weist):* El sehl viel feine Abend gemackt. *(Er beginnt einfältig zu trällern.)*

Ah-ah-ahmes tleines Tind,

Jeden Abend Schweinfuß blingt.
Kliegt dafür swei Schilliling ...

(Er wird niedergeschrien.)

J. J. O'Molloy *(heftig zum Pöbel):* Dies ist ein ungleicher Kampf. Beim Hades, ich werde nicht dulden, daß ein Klient von mir in dieser Weise von einem Pack Köter und lachender Hyänen mundtot gemacht und gehetzt wird. Das mosaische Gesetzbuch hat das Gesetz des Dschungels außer Kraft gesetzt. Ich sage und betone dies mit allem Nachdruck, ohne auch nur einen Augenblick damit der Entscheidung des Gerichts vorgreifen zu wollen: der Angeklagte war nicht mitschuldig vor dem Gesetz, und der Klägerin ist nicht zu nahe getreten worden. Die junge Person wurde vom Beklagten behandelt, wie wenn sie seine eigene Tochter wäre. *(Bloom nimmt J. J. O'Molloys Hand und führt sie an die Lippen.)* Ich werde den Gegenbeweis erbringen und klipp und klar dartun, daß die verborgene Hand hier wieder ihr altes Spiel treibt. Im Zweifelsfall verfolgen Sie Bloom. Mein Klient, ein von Natur schüchterner Mann, wäre der letzte Mensch auf der ganzen Welt, der etwas Unehrenmännliches tun würde, dawider beleidigter Anstand sich wenden könnte, oder der auf den Gedanken käme, einen Stein auf ein Mädchen zu werfen, welches auf die schiefe Bahn geriet, als der für ihren Zustand verantwortliche Feigling seine sinnlichen Lüste an ihr ausgelassen hatte. Er wünscht den geraden Weg zu gehen. Ich betrachte ihn als den reinsten und unschuldigsten Menschen, den ich kenne. Er befindet sich gegenwärtig in einer wirtschaftlichen Depression aufgrund der Verpfändung seiner ausgedehnten Besitzungen in Agendath Netaim im fernen Kleinasien, von denen wir jetzt Lichtbilder vorführen werden. *(Zu Bloom)* Ich schlage vor, Sie zeigen sich großmütig.

Bloom Fünf Perzent.

(Die Fata Morgana des Sees Genezareth erscheint mit verschwommenem Vieh, das in silbernem Dunst weidet, an der Wand. Moses Dlugacz, frettchenäugiger Albino, in blauen

Baumwollhosen, erhebt sich auf der Galerie, in jeder Hand eine Orangenzitrone und eine Schweinsniere.)

DLUGACZ *(heiser):* Bleibtreustraße, Berlin W 13.

(J. J. O'Molloy steigt auf eine niedrige Sockelplatte und faßt mit feierlichem Ausdruck seinen Rockaufschlag. Sein Gesicht verlängert sich, wird bleich und bärtig, es zeigt eingesunkene Augen, die Schwindsuchtflecken und hektisch geröteten Bakkenknochen von John F. Taylor. Er führt sein Taschentuch an den Mund und untersucht die galoppierende Flut rosenrosa Blutes.)

J. J. O'MOLLOY *(fast stimmlos):* Entschuldigen Sie, ich leide an einer schweren Erkältung, bin erst jüngst von einem Krankenlager erstanden. Nur einige wohlgewählte Worte. *(Er nimmt den Vogelkopf, den Fuchsschnurrbart und die rüsselige Beredsamkeit von Seymour Bushe an.)* Wenn es aber kommt, daß des Engels Buch wird geöffnet, wenn überhaupt nur etwas, das der sinnende Busen ins Leben gerufen, von Seelenverklärtem und Seelenverklärendem, zu leben verdient, so sag ich, gewähren Sie dem Gefangenen vor den Schranken dieses Gerichts die geheiligte Wohltat des Zweifels. *(Ein Papier mit etwas Geschriebenem darauf wird dem Gericht überreicht.)*

BLOOM *(in Hofkleidung):* Kann beste Referenzen vorlegen. Messrs. Callan, Coleman. Mr. Wisdom Hely J. P. Mein alter Chef Joe Cuffe. Mr. V. B. Dillon, Ex-Lord-Mayor von Dublin. Ich habe mich in den Zauberkreisen der höchsten ... Königinnen der Dubliner Gesellschaft bewegt. *(Lässig)* Grad heute nachmittag hatte ich einen kleinen Schwatz im vizeköniglichen Palast mit meinen alten Spezis, Sir Robert und Lady Ball, königlicher Astronom, beim Lever. Sir Bob, hab ich zu ihm gesagt ...

MRS. YELVERTON BARRY *(in opaler Balltoilette mit tief ausgeschnittenem Mieder und ellbogenlangen elfenbeinfarbenen Handschuhen, trägt einen zobelbesetzten ziegelroten gesteppten Dolman, einen Kamm von Brillanten und einen Reiherfederbusch im Haar):* Verhaften Sie ihn, Wachtmeister! Er hat mir in nach links verstellter Lehrlingshandschrift einen anonymen Brief geschrieben, als mein Gatte beim North Riding of Tipperary auf der richterlichen Rundreise durch Munster war, unterzeichnet mit James Lovebirch. Darin sagte er, er habe vom Olymp die unvergleichlichen Halbkugeln meiner Brüste gesehen, als ich in einer Loge des *Theatre Royal* einer Gala-Aufführung von *La Cigale* beiwohnte. Ich hätte ihn zutiefst entflammt, sagte er. Er machte mir unschickliche Anträge, mich um halb fünf Uhr nachmittags am kommenden Donnerstag, Dunsink-Zeit, sittenwidrig zu verhalten. Er machte sich anheischig, mir durch die Post ein Romanwerk von Monsieur Paul de Kock zu übersenden, betitelt *Das Mädchen mit den drei Korsetts.*

MRS. BELLINGHAM *(in Kappe und sealbraunem Kaninchenmantel, eingehüllt bis zur Nase, steigt aus ihren Brougham und blickt prüfend durch das Schildpatt-Lorgnon, das sie aus ihrem großen Opossum-Muff gezogen hat):* Mir ebenfalls! Jawohl, ich glaube, es handelt sich um dieselbe anrüchige Person. Denn er schloß einmal meine Wagentür vor dem Haus von Sir Thornley Stoker, an einem Graupelwettertag während des jähen Kälteeinbruchs im Februar 93, als sogar das Gitter des Abflußrohrs und der Stopfen in meiner Badewanne zugefroren waren. Anschließend sandte er mir ein Edelweiß, auf den Höhen gepflückt, wie er sagte, mir zu Ehren. Ich ließ es von einem botanischen Experten untersuchen und wurde dahingehend aufgeklärt, daß es sich um eine auf heimatlichem Boden gewachsene Kartoffelblüte handele, welche von einem Mistbeet der Musterfarm entwendet worden sei.

MRS. YELVERTON BARRY Schande über ihn!

(Ein Haufen Schlampen und Lumpen brandet heran.)

DIE SCHLAMPEN UND LUMPEN *(kreischend):* Haltet den Dieb! Hurra, Blaubart! Dreimal hoch Ikey Mo!

ZWEITER WACHMANN *(zieht Handschellen hervor):* Hier ist die eiserne Bretze!

Mrs. Bellingham Er hat mich in verschiedenen Handschriften mit ekelerregenden Komplimenten als Venus im Pelz angeredet und tiefes Mitgefühl für meinen vom Frost gepeinigten Kutscher Balmer bekundet, während er im nämlichen Atemzuge Neid auf seine Ohrenschützer ausdrückte, seinen wolligen Schafspelz und die beglückende Nähe zu meiner Person, welche ihm vergönnt sei, wenn er hinter meinem Stuhle stehe und meine Livree sowie das zobelgeschmückte Wappenschild der Bellinghams trage, einen abgeschnittenen Bockskopf in Gold. Er lobte fast ausschweifend meine unteren Extremitäten, meine schwellenden Waden in den bis zur Grenze strammgezogenen Seidenstrümpfen, und pries mit glühenden Worten meine anderen, in kostbarer Spitze verborgenen Schätze, welche er, wie er sagte, hervorzaubern könnte. Er bedrängte mich hart und behauptete dabei, er empfinde es als seine Lebensaufgabe, mich zu bedrängen, das eheliche Bett zu besudeln und bei der nächsten sich bietenden Gelegenheit Ehebruch zu begehen.

Die ehrenwerte Mrs. Mervyn Talboys *(in Amazonenkostüm, steifem Hut, hahnenbespornten Reitstiefeln, zinnoberrotem Kamisol, rehledernen Musketier-Stulphandschuhen mit geflochtenen Rippen, langer geschürzter Schleppe und Jagdpeitsche, mit der sie sich unablässig an den Stiefelrahmen schlägt):* Mich ebenfalls! Weil er mich auf dem Poloplatz im Phoenix Park beim Spiel All-Irland gegen den Rest von Irland erblickte. Meine Augen, das weiß ich, leuchteten himmlisch, als ich mit ansah, wie Hauptmann Slogger Dennehy von den Inniskillings auf seinem Lieblings-Cob *Centaur* das Schlußachtel gewann. Dieser plebejische Don Juan beobachtete mich von einer Mietkutsche aus und sandte mir in einem Doppelumschlag eine obszöne Photographie, wie sie nach Dunkelheit auf Pariser Boulevards verkauft werden, eine Beleidigung für jede Dame. Ich habe sie heute noch. Sie stellt eine teilweise nackte Señorita dar, zerbrechlich und liebreizend (seine

Frau, wie er mir feierlich versicherte, von ihm selbst nach der Natur aufgenommen), die gerade unerlaubten Verkehr mit einem muskulösen Torero ausübt, einem ersichtlich gemeinen und rohen Menschen. Er bedrängte mich, desgleichen zu tun, mich ungebührlich zu benehmen und mit den Offizieren der Garnison zu sündigen. Er flehte mich an, seinen Brief in der unaussprechlichsten Weise zu beschmutzen, ihn zu züchtigen, wie er es reichlich verdiene, ihn zu besteigen und zu reiten und ihn auf die lasterhafteste Art auszupeitschen.

MRS. BELLINGHAM Mich auch!

MRS. YELVERTON BARRY Mich auch!

(Verschiedene hochangesehene Damen Dublins halten unschickliche Briefe empor, die sie von Bloom empfangen haben.)

DIE EHRENWERTE MRS. MERVYN TALBOYS *(stampft in einem plötzlichen Paroxysmus plötzlicher Wut mit klirrenden Sporen auf):* Ich tus, beim Gott, der über mir wohnt! Ich will den taubenmütigen Feigling geißeln, solange ich über ihm stehen kann. Ich will ihn bei lebendigem Leibe schinden.

BLOOM *(die Augen geschlossen, zittert erwartungsvoll):* Hier? *(Er windet sich)* Noch einmal! *(Er krümmt sich keuchend)* Ich liebe die Gefahr.

DIE EHRENWERTE MRS. MERVYN TALBOYS Das kannst du haben! Ich werde dir die Hölle heiß machen. Du sollst mir tanzen wie Sankt Veit!

MRS. BELLINGHAM Gerb ihm den Hintern, dem Emporkömmling! Drisch ihm das Sternenbanner drauf!

MRS. YELVERTON BARRY Eine Schande! Es gibt keine Entschuldigung für ihn! Ein verheirateter Mann!

BLOOM Alle diese Leute! Ich meinte nur eine Andeutung von Schlägen. Ein warmes kribbelndes Glühen ohne Blutvergießen. Verfeinerte Rutenstreiche zur Anregung des Kreislaufs.

DIE EHRENWERTE MRS. MERVYN TALBOYS *(lacht spöttisch):* So,

hast du das gemeint, mein sauberes Bürschchen? Nun, beim lebendigen Gott, dann sollst du jetzt die Überraschung deines Lebens kennenlernen, glaube mir, die unbarmherzigste Tracht Prügel, um die nur je ein Mann gefeilscht hat. Du hast die schlafende Tigerin in meiner Natur zur Wut gestachelt.

MRS. BELLINGHAM *(schüttelt rachsüchtig Muff und Lorgnon):* Besorgs ihm feste, liebe Hanna. Gib ihm Saures. Drisch den Bastard, bis von seinem Leben nur noch ein Fünkchen übrig ist. Die neunschwänzige Katze. Kastrier ihn. Vivisezier ihn.

BLOOM *(schaudernd, zusammenschrumpfend, faltet mit Armesündermiene die Hände):* O Kälte! O Zittern! Es war Ihre ambrosische Schönheit. Vergessen Sie, vergeben Sie. Kismet. Lassen Sie mich dies eine Mal noch davonkommen. *(Er bietet die andere Backe dar.)*

MRS. YELVERTON BARRY *(streng):* Tun Sie das unter gar keinen Umständen, Mrs. Talboys! Er sollte ordentlich durchgewalkt werden!

DIE EHRENWERTE MRS. MERVYN TALBOYS *(knöpft heftig ihren Stulphandschuh auf):* Ich tue nichts dergleichen. Ein Schweinehund ist er und war er von je, seit er geworfen wurde! Eine Dreistigkeit, mich zu belästigen! Ich werde ihn grün und blau prügeln auf offener Straße. Ich werde ihm meine Sporen in den Bauch hauen, bis rauf ans Rädchen. Er ist ein stadtbekannter Hahnrei. *(Sie läßt ihre Reitpeitsche wild durch die Luft zischen)* Zieht ihm die Hosen runter, nicht länger gefackelt! Hierher, Sir! Ein bißchen dalli! Fertig?

BLOOM *(zitternd, schickt sich an zu gehorchen):* Das Wetter war so warm.

(Davy Stephens, Löckchenkopf, kommt mit einer Rotte barfüßiger Zeitungsjungen vorbei.)

DAVY STEPHENS *Bote vom Heiligen Herzen* und *Evening Telegraph* mit St. Patricks-Tag-Beilage. Heute die neuen Adressen sämtlicher Hahnreie in Dublin!

(Hochehrwürden Kanonikus O'Hanlon im Chormantel aus Goldtuch hebt und enthüllt eine marmorne Uhr. Vor ihm verneigen sich tief Pater Conroy und Hochwürden John Hughes S.J.)

DIE UHR *(mit aufgehendem Türkläppchen):*

Kuckuck
Kuckuck
Kuckuck

(Die Messingringe eines Bettes sind klingelnd zu hören.)

DIE RINGE Rickzeck, Rickezecke, Rickzeck.

(Ein Nebelpaneel rollt rasch zurück und läßt rasch die Gesichter auf der Geschworenenbank erkennen: Martin Cunningham, Obmann mit Zylinder, Jack Power, Simon Dedalus, Tom Kernan, Ned Lambert, John Henry Menton, Myles Crawford, Lenehan, Paddy Leonard, Nosey Flynn, M'Coy und die amorphen Züge eines Namenlosen.)

DER NAMENLOSE Ritt auf ungesatteltem Pferd. Gewicht nach Alter. Och Gott, er hat sie doch organisiert.

DIE GESCHWORENEN *(ihre Köpfe wenden sich alle seiner Stimme zu):* Wirklich?

DER NAMENLOSE *(knurrt):* Arsch über Kopf. Hundert Schilling auf fünf.

DIE GESCHWORENEN *(die Köpfe alle zustimmend gesenkt):* Die meisten von uns haben sich das schon gedacht.

ERSTER WACHMANN Er steht bei uns im Album. Wieder einem Mädchen der Zopf abgeschnitten. Gesucht: Jack the Ripper. Tausend Pfund Belohnung.

ZWEITER WACHMANN *(eingeschüchtert, flüsternd):* Und in Schwarz. Ein Mormone. Anarchist.

DER AUSRUFER *(laut):* In Anbetracht dessen, daß Leopold Bloom, ohne festen Wohnsitz, ein stadtbekannter Sprengstoffattentäter, Falschmünzer, Bigamist, Kuppler und Hahnrei sowie ein öffentliches Ärgernis für die Bürger von Dublin ist und daß in dieser Schwurgerichtsverhandlung der sehr ehrenwerte . . .

(Seine Ehren, Sir Frederick Falkiner, Kriminalrichter von

Dublin, in richterlicher Robe aus grauem Stein, erhebt sich steinbärtig von der Bank. Er trägt in den Armen ein Regenschirmzepter. An seiner Stirn ragen starr die mosaischen Widderhörner.)

DER KRIMINALRICHTER Ich will ein Ende machen mit diesem weißen Sklavenhandel und Dublin von dieser widerlichen Pest befreien. Skandalös! *(Er setzt das schwarze Barett auf)* Man führe ihn nun, Herr Untersheriff, von der Anklagebank, auf der er steht, und halte ihn in Gewahrsam im Mountjoy-Gefängnis, solange es Seiner Majestät gefällt, und hänge ihn sodann dort am Halse auf, bis er tot ist, und dafür sollt Ihr mir haften mit Euerm eigenen Leben, oder es möge der Herr Eurer Seele gnädig sein. Schafft ihn fort. *(Ein schwarzes Käppchen senkt sich auf seinen Kopf herab)*

(Der Untersheriff, der Lange John Fanning, erscheint, eine beißende Henry Clay rauchend.)

DER LANGE JOHN FANNING *(blickt finster und ruft mit dröhnendem Ausdruck):* Wer wird Judas Ischariot hängen?

(H. Rumbold, Barbiermeister, in blutrotem Wams und Gerberschürze, einen Strick um die Schulter geschlungen, besteigt den Block. Ein Totschläger und eine nägelbesetzte Keule stekken in seinem Gürtel. Er reibt sich ingrimmig die Klammerhände, auf denen Schlagringe stecken.)

RUMBOLD *(zum Kriminalrichter mit unheilvoller Vertraulichkeit):* Harry der Hänger, Euer Majestät, der Schrecken von Mersey. Fünf Guineen pro Gurgel. Hals oder nichts!

(Die Glocken der George's Church läuten langsam, lautes dunkles Eisen.)

DIE GLOCKEN Hoiho! Hoiho!

BLOOM *(verzweifelt):* Wartet! Halt! Möwen! Gutes Herz. Ich hab gesehen. Unschuld. Mädchen im Affenhaus. Zoo. Unzüchtige Schimpansen. *(Atemlos)* Beckenbassin. Ihr kunstloses Erröten entmenschte mich. *(Von Bewegung übermannt)* Ich verließ das Gelände. *(Er wendet sich bittend an eine Gestalt in der Menge)* Hynes, darf ich mit Ihnen sprechen? Sie kennen mich. Jene drei Schilling können Sie behalten. Und wenn Sie noch mehr . . .

HYNES *(kalt):* Sie sind mir vollkommen fremd.

ZWEITER WACHMANN *(weist in die Ecke):* Hier ist die Bombe.

ERSTER WACHMANN Höllenmaschine mit Zeitzünder.

BLOOM Nein, nein. Schweinspfötchen. Ich war auf einer Beerdigung.

ERSTER WACHMANN *(zieht den Gummiknüppel):* Lügner!

(Der Spürhund hebt die Schnauze und zeigt das graue Skorbutgesicht Paddy Dignams. Er hat alles zernagt. Er strömt einen faulen, leichengesättigten Atem aus. Er wächst zu menschlicher Größe und Gestalt. Sein Dachshundfell wird zum braunen Totenhemd. Sein grünes Auge blitzt blutunterlaufen. Die Hälfte des einen Ohrs, die ganze Nase und beide Daumen sind von Ghulen weggefressen.)

PADDY DIGNAM *(mit hohler Stimme):* Es ist wahr. Es war meine Beerdigung. Doktor Finucane stellte das Erlöschen meines Lebens fest, als ich aus natürlichen Ursachen der Krankheit erlag.

(Er hebt sein verstümmeltes aschgraues Gesicht mondwärts und bellt kummervoll.)

BLOOM *(mit Triumph):* Sehen Sie?

PADDY DIGNAM Bloom, ich bin Paddy Dignams Geist. Hör', hör', oh höre!

BLOOM Die Stimme ist Esaus Stimme.

ZWEITER WACHMANN *(bekreuzigt sich):* Wie ist das möglich?

ERSTER WACHMANN Das steht nicht im Kleinen Katechismus.

PADDY DIGNAM Durch Metempsychose. Spuk.

EINE STIMME Ach du dickes Ei.

PADDY DIGNAM *(ernst):* Einst stand ich im Angestelltenverhältnis bei Mr. J. H. Menton, Rechtsanwalt, Bevollmächtigter für Eide und Affidavits, 27 Bachelor's Walk. Jetzt bin ich abgeschieden, Hypertrophie der Herzwand. Ein hartes Geschick. Die arme Frau war schrecklich mitgenommen davon. Wie trägt sie es? Haltet sie nur von der Sherryflasche fern. *(Er blickt sich um)* Eine Laterne. Ich muß ein tierisches Bedürfnis befriedigen. Die Buttermilch ist mir nicht bekommen.

(Die beleibte Gestalt von John O'Connell, Friedhofsaufseher, tritt vor, ein mit Trauerkrepp umwundenes Schlüsselbund in der Hand. Neben ihm steht Pater Coffey, Kaplan, krötenbäuchig, schiefnackig, in Chorhemd und Bandana-Nachtmütze; schläfrig hält er einen Stab aus geflochtenen Mohnblumen.)

PATER COFFEY *(gähnt, singt dann mit heiserem Krächzen):* Namine. Jakobs Vobiscuits. Amen.

JOHN O'CONNELL *(nebelhornt stürmisch durch sein Megaphon):* Dignam, Patrick T., verstorben.

PADDY DIGNAM *(mit gespitzten Ohren, zusammenzuckend):* Obertöne. *(Er ruckt vorwärts, legt ein Ohr auf den Boden)* Die Stimme meines Herrn!

JOHN O'CONNELL Begräbnisregisternummer U. P. Fünfundachtzig tausend. Feld siebzehn. Haus der Schlüssel. Grabstelle einhunderteins.

(Paddy Dignam lauscht mit sichtbarer Anstrengung, nachdenklich, den Schwanz steif emporgerichtet, die Ohren gespitzt.)

PADDY DIGNAM Betet für die Ruhe seiner Seele.

(Er wurmt sich nieder durch einen Kohlenschacht, sein braunes Gewand schleift die Spannleine über rasselnde Kiesel. Hinter ihm her watschelt eine fette Großvaterratte auf schwammigen Schildkrötenpfoten unter einem grauen Panzer. Man hört Dignams Stimme, gedämpft, unter der Erde bellen: Dignam ist tot und hinabgefahren. *Tom Rochford, mit rotkehlchenroter Brust, in Kappe und Kniehosen, springt aus seiner zweisäuligen Maschine.)*

TOM ROCHFORD *(eine Hand am Brustbein, verbeugt sich):* Reuben J. Einen Doppelschilling, daß ich ihn finde! *(Er mustert das Mannloch mit resolutem Blick)* Nummer läuft. Folgt mir bis rauf nach Carlow.

(Er vollführt einen verwegenen Lachssprung durch die Luft und wird vom Kohlenschacht verschlungen. Zwei Scheiben auf

den Säulen schwabbeln auf Null. Alles weicht zurück. Bloom zockelt weiter. Er steht vor einem erleuchteten Haus, lauscht. Die Küsse schwingen sich aus ihren Lauben und umschwirren ihn, zwitschernd, gurrend, tirilierend.)

DIE KÜSSE *(tirilierend):* Leo! *(Zwitschernd)* Icky lecky micky leckery für Leoly! *(Gurrend)* Gurrdiburr! Njmmnjmm, Weibileibili! *(Tirilierend)* Dickybicky! Pirouette! Leopold! *(Zwitschernd)* Lioli! *(Tirilierend)* O Leo!

(Sie flattern ihm rauschend auf die Kleider, lichtleichte schwindlig leuchtende Flecken, silbrige Zechinen.)

BLOOM Dem Anschlag nach ein Mann. Traurige Musik. Kirchenmusik. Vielleicht hier.

(Zoe Higgins, eine junge Hure in saphirenem Unterkleid, das von drei Bronzeschnallen zusammengehalten wird, ein dünnes schwarzes Samtband um den Hals, nickt, kommt die Stufen heruntergetrippelt und spricht ihn an.)

ZOE Suchen Sie jemand? Er ist drinnen bei seiner Freundin.

BLOOM Bin ich hier richtig bei Mrs. Mack?

ZOE Nee, einundachtzig. Hier wohnt Mrs. Cohen. Wenn Sie weitergehn, können Sies nur schlechter treffen. Mutter Schlappschluffen. *(Vertraulich)* Sie ist heute abend selber im Geschäft mit dem Viehdoktor, der ihr die ganzen Tips gibt, er sagt ihr alle Gewinner und bezahlt für ihren Sohn in Oxford. Überstunden, aber heute fängt ihre Glückssträhne an. *(Argwöhnisch)* Sie sind doch nicht sein Vater, oder?

BLOOM Kein Gedanke.

ZOE Seid beide in Schwarz. Ist der kleine Mäuserich vielleicht kitzlig heute abend?

(Seine Haut, wachsam, fühlt ihre Fingerspitzen näherkommen. Eine Hand gleitet über seinen linken Schenkel.)

ZOE Was machen die Eier?

BLOOM Andere Seite. Komischerweise hängen sie nach rechts. Schwerer, nehme ich an. Kommt unter einer Million bloß einmal vor, sagt mein Schneider Mesias.

ZOE *(in jäher Bestürzung):* Du hast ja einen harten Schanker!

BLOOM Ausgeschlossen!

ZOE Ich fühl ihn ja.

(Ihre Hand gleitet in seine linke Hosentasche und bringt eine harte schwarze verschrumpelte Kartoffel zum Vorschein. Sie betrachtet sie und Bloom mit stummen feuchten Lippen.)

BLOOM Ein Talisman. Altes Erbstück.

ZOE Für Zoe? Zum Behalten? Fürs Nettsein, ja?

(Sie steckt die Kartoffel gierig in die Tasche, hakt sich dann bei ihm unter, schmiegt sich an ihn mit schmeichelnder Wärme. Er lächelt voll Unbehagen. Langsam, Ton für Ton, wird orientalische Musik gespielt. Er blickt in den lohbraunen Kristall ihrer Augen, die mit Antimonpulver gerändert sind. Sein Lächeln wird sanfter.)

ZOE Das nächstemal kennst du mich dann.

BLOOM *(verloren):* Nie hab ich geliebt eine liebe Gazelle, ohn' daß ihr gewiß der . . .

(Gazellen springen herum, weidend auf den Bergen. Unweit glänzen Seen. Um ihre Ufer ziehen sich Schatten, schwarz von Zedernhainen. Duft steigt auf, ein starker Haarwuchs von Harz. Es brennt, der Orient, ein Himmel von Saphir, gespalten vom Bronzeflug von Adlern. Unter ihm liegt die Weibsstadt, nackt, weiß, still, kühl, in Üppigkeit. Ein Springbrunnen murmelt zwischen Damaszenerrosen. Mammutrosen murmeln von Scharlachroten Weintrauben. Ein Wein aus Scham, Lust, Blut entströmt ihnen, fremdartig murmelnd.)

ZOE *(einen Singsang murmelnd zur Musik, die Odaliskenlippen saftig mit Salben aus Schweineschmalz und Rosenwasser beschmiert): Schorach ani wenowach, benoith Hieruschaloim.*

BLOOM *(fasziniert):* Ich dachte doch gleich, als ich Ihren Akzent hörte, daß Sie von gutem Stammbaum sind.

ZOE Und weißt du auch, was beim Denken herausgekommen ist?

(Sie beißt ihn mit kleinen goldplombierten Zähnen sanft ins Ohr und läßt ihn dabei einen ekelhaften Hauch von schalem Knoblauch spüren. Die Rosen weichen zurseite, enthüllen ein

Grab aus dem Gold von Königen und ihre modernden Gebeine.)

BLOOM *(weicht zurück, dabei mit flacher linkischer Hand ihre rechte Peppe streichelnd):* Bist du ein Mädchen aus Dublin?

ZOE *(schnappt sich flink ein verirrtes Haar und flicht es in ihren Zopf):* Bloß keine Bange. Ich bin Engländerin. Hast du 'nen Glimmstengel dabei?

BLOOM *(wie vorher):* Rauche nur selten, Teuerste. Zigarren dann und wann. Kindische Erfindung. *(Lasterhaft)* Der Mund kann doch für was viel Besseres dasein als für eine Rolle stinkendes Kraut.

ZOE Nur weiter so. Mach doch mal 'ne Wahlrede daraus.

BLOOM *(in Arbeiterhosen aus Kord, schwarzem Jerseyhemd mit rotem flatterndem Schlips und Apachenmütze):* Die Menschheit ist unverbesserlich. Sir Walter Raleigh brachte aus der neuen Welt die Kartoffel mit und dieses Kraut, die eine vermittels Absorption eine Vernichterin der Pestilenz, das andre ein Gift für Ohr, Auge, Herz, Gedächtnis, Wille, Verstand, alles. Das heißt, er brachte das Gift ein paar hundert Jahre, bevor eine andere Person, deren Namen ich vergessen habe, das Nahrungsmittel mitbrachte. Reiner Selbstmord. Lügen. All unsre Angewohnheiten. Jawohl, seht doch nur einmal unser öffentliches Leben!

(Mitternachtsglocken von fernen Türmen.)

DIE GLOCKEN Wende dich wieder, Leopold! Oberbürgermeister von Dublin!

BLOOM *(in Tracht und Kette eines Alderman):* Wähler von Arran Quay, Inns Quay, Rotunda, Mountjoy und North Dock, ich sage euch, es wäre besser, daß man eine Tram-Linie legte vom Viehmarkt zum Flusse. Das ist die Zukunftsmusik. Das ist mein Programm. *Cui bono?* Aber unsere Vanderdeckens, diese Freibeuter in ihrem Gespensterschiff der Finanz ...

EIN WÄHLER Ein dreimal dreifaches Hoch auf unseren zukünftigen obersten Beamten!

(Die aurora borealis des Fackelzugs springt auf.)

Die Fackelträger Hurra!

(Verschiedene wohlbekannte Abgeordnete, City-Magnaten und vollberechtigte Bürger der Stadt schütteln Bloom die Hand und gratulieren ihm. Timothy Harrington, weiland dreimal Oberbürgermeister von Dublin, achtunggebietend im bürgermeisterlichen Scharlachrot, mit der goldenen Kette und der weißseidenen Halsbinde, konferiert mit Stadtrat Lorcan Sherlock, locum tenens. Sie nicken sich nachdrückliches Einverständnis zu.)

Der weiland Oberbürgermeister Harrington *(in Scharlachrobe mit Amtsstab, goldener Bürgermeisterkette und großer weißseidener Schärpe):* Die Rede unseres verehrten Alderman Sir Leo Bloom soll auf Kosten der Steuerzahler in Druck gegeben werden. Das Haus, das seine Geburt sah, werde mit einer Gedenktafel geschmückt, und die Gasse, die bisher als Cow Parlour bekannt war, unweit der Cork Street, trage hinfort den Namen Boulevard Bloom.

Stadtrat Lorcan Sherlock Einstimmig angenommen!

Bloom *(leidenschaftlich bewegt):* Diese fliegenden Holländer oder lügenden Holländer, die sich da auf ihrem popösen Achterteil fläzen und dem Würfelspiel frönen, auf was rechnen sie eigentlich? Maschinen sind ihr Schrei, ihre Schimäre, ihr Allheilmittel. Arbeitsparende Apparaturen, Verdränger, Popanze, künstlich fabrizierte Monstren, bestimmt zu mutuellem Mord, abscheuliche Spukgespenster, erzeugt von einer Horde kapitalistischer Lüstlinge auf den Schultern unserer prostituierten Arbeit. Der arme Mann nagt am Hungertuch, während sie ihre königlichen Gebirgshirsche mästen oder Schnepfen und Erbhühner schießen oder Passanten in ihrem verblendeten Pomp des Mammons und der Pacht. Doch ihre Herrschaft währet nun nimmer und newig und nemmer und nie ...

(Anhaltender Beifall. Venezianische Masten, Maibäume und festliche Triumphbögen springen auf. Ein Transparent mit der Aufschrift Cead Mille Failte *und* Mah Ttob Melek Israel *spannt sich über die Straße. An allen Fenstern drängen sich*

die Zuschauer, vornehmlich Damen. Längs des Weges stehen in strammer Haltung die Regimenter der Royal Dublin Fusiliers, der Scottish Borderers des Königs, der Cameron Highlanders und der Welsh Fusiliers und halten die Menge zurück. Knaben von der Oberschule hocken hoch oben auf den Laternenpfählen, Telegraphenstangen, Fensterbänken, Kranzgesimsen, Dachrinnen, Schornsteinen, Geländern, Wasserspeiern, pfeifend und jubelnd. Die Rauchsäule erscheint. In der Ferne hört man eine Pfeifer- und Trommlerkapelle das Kol Nidre spielen. Die Schläger nähern sich mit hochgetragenen imperialen Adlern, wallenden Bannern und wehenden orientalischen Palmen. Die chryselefantine päpstliche Standarte steigt hoch empor, umgeben von Wimpeln der Bürgerflagge. Die Spitze der Prozession erscheint, angeführt von John Howard Parnell, dem City Marshal, in einem Schachbrettwappenrock, dem Athlone-Poursuivant und dem Ulster-Wappenkönig. Ihnen folgen der Sehr Ehrenwerte Joseph Hutchinson, Oberbürgermeister von Dublin, der Oberbürgermeister von Cork, Ihre Gnaden die Bürgermeister von Limerick, Galway, Sligo und Waterford, achtundzwanzig repräsentierende irische Peers, Sirdars, Granden und Maharadschas in Staatstuch, die Dubliner Hauptstädtische Feuerwehr, das Kapitel der Finanzheiligen in ihrer plutokratischen Rangordnung, der Bischof von Down und Connor, Seine Eminenz Michael Kardinal Logue, Erzbischof von Armagh, Primas von ganz Irland, Seine Gnaden der hochwürdigste Dr. William Alexander, Erzbischof von Armagh, Primas von ganz Irland, der Oberrabbiner, der Gemeindeleiter der Presbyterianer, die Oberhäupter der Baptisten, Anabaptisten, Methodisten und Mährischen Brüder, und der Ehrensekretär der Gesellschaft der Freunde. Hinter ihnen marschieren mit fliegenden Fahnen die Gilden, die Gewerkvereine und die Bürgerwehren: Böttcher, Vogelzüchter, Mühlenbauer, Zeitungsannoncen-Akquisiteure, Gerichtsschreiber, Masseure, Weinhändler, Bandagisten, Schornsteinfeger, Schmalzsieder, Tabinet- und Popelineweber, Grobschmiede, Südfrüchtehand-

lungsgehilfen, Kirchenmaler, Stiefelknechtfabrikanten, Leichenbestatter, Schnittwarenhändler, Steinmetze, Großhändler, Korkschneider, Taxatoren für Feuerschäden, Färber und Reiniger, Bierexporteure, Fellhändler, Billetteure, Wappenschneider, Pferdeknechte, Goldbörsenmakler, Händler für Kricket- und Bogenschießausrüstungen, Siebmacher, Geschäftsführer des Eier- und Kartoffelhandels, Strumpf- und Handschuhwirker, Installationsunternehmer. Hinter ihnen marschieren die königlichen Kammerjunker, Black Rod, Deputy Garter, Gold Stick, der Oberstallmeister, der Großkämmerer, der Oberzeremonienmeister, der Hohe Konnetabel mit dem Staatsschwert, der eisernen St. Stephans-Krone, dem Kelch und der Bibel. Vier Hornisten zu Fuß blasen ein Signal. Leibgardisten antworten und schwenken ihre Zinken zum Willkomm. Unter einem Triumphbogen erscheint barhäuptig Bloom, in hochrotem, mit Hermelin besetztem Samtmantel, in Händen den St. Edwards-Stab, den Reichsapfel, das Szepter mit der Taube und das Krönungsschwert. Er sitzt auf einem milchweißen Roß mit langem, hochrot wehendem Schwanz, prächtiger Schabracke und goldenem Kopfstück. Wilde Erregung. Die Damen werfen Rosenblätter hinunter von ihren Balkonen. Der Duft von Essenzen durchströmt die Luft. Die Männer jubeln. Blooms Pagen drängen sich mit Zweigen von Weißdorn und Stechginster durch die Menge der Umstehenden.)

BLOOMS PAGEN Der Zaunschnerz, der Zaunschnerz,
Der König aller Vögel,
Sein Tag ist der St.-Stephans-Tag,
Da fing man ihn im Ginsterhag.

EIN GROBSCHMIED *(murmelt):* Bei der Ehre Gottes! Und das ist Bloom? Er sieht ja kaum wie einunddreißig aus.

EIN STEINSETZER UND FLIESENLEGER Das ist nun also der berühmte Bloom, der größte Reformator der Welt. Hut ab!

(Alle entblößen die Häupter. Frauen flüstern begierig.)

EINE MILLIONÄRIN *(reich):* Ist er nicht einfach wundervoll?

Eine adlige Dame *(adlig):* Was der Mann alles gesehen hat!

Eine Feministin *(männlich):* Und getan!

Ein Glockenaufhänger Ein klassisches Gesicht! Er hat die Stirne eines Denkers.

(Bloomwetter setzt ein. Ein Sunburst erscheint im Nordwesten.)

Der Bischof von Down und Connor Sehet, hier steht euer unzweifelhafter Kaiserpräsident und Königvorsitzender, der höchstdurchlauchtige, mächtige und gewaltige Lenker dieses Reiches. Gott schütze Leopold den Ersten!

Alle Gott schütze Leopold den Ersten!

Bloom *(in Dalmatika und Purpurmantel, zum Bischof von Down und Connor, mit Würde):* Danke, einigermaßen eminenter Herr.

William, Erzbischof von Armagh *(mit purpurner Halsbinde und Schaufelhut):* Wollt Ihr nach Eurer Gewalt Gesetz und Gnade walten lassen in allen Euren Urteilen in Irland und den ihm zugehörigen Gebieten?

Bloom *(legt die rechte Hand auf seine Hoden, schwört):* So wahr der Schöpfer Teil an mir hat. All dies versprech ich zu tun.

Michael, Erzbischof von Armagh *(gießt einen irdenen Krug Haaröl über Blooms Haupt aus): Gaudium magnum annuntio vobis. Habemus carneficem.* Leopold, Patrick, Andrew, David, George, sei gesalbt!

(Bloom legt einen Mantel aus Goldtuch um und steckt sich einen Rubinring an. Er steigt empor und steht auf dem Stein des Schicksals. Die repräsentierenden Peers setzen zur gleichen Zeit ihre achtundzwanzig Kronen auf. Freudenglocken erklingen in der Christus-, der St. Patricks-, der Georgskirche und dem lustigen Malahide. Auf allen Seiten steigt Mirus-Basar-Feuerwerk empor in symbolischen phallopyrotechnischen Gebilden. Die Peers treten einer nach dem andern vor und beugen das Knie zur Huldigung.)

Die Peers Ich bin Euer Lehnsmann mit Leib und Leben zur irdischen Verehrung.

(Bloom hebt die rechte Hand empor, an welcher der Koh-i-Nur funkelt. Sein Zelter wiehert. Augenblickliche Stille. Drahtlose interkontinentale und interplanetare Übertragungsapparate werden zur Aufnahme einer Botschaft aufgestellt.)

BLOOM Meine Untertanen! Hiermit ernennen Wir Unser treues Schlachtroß Copula Felix zum erblichen Großwesir und verkünden, daß Wir am heutigen Tage Unsere frühere Gemahlin verstoßen und Unsere königliche Huld der Prinzessin Selene zugewendet haben, dem Glanze der Nacht.

(Die frühere morganatische Gattin Blooms wird hastig in der Grünen Minna fortgeschafft. Die Prinzessin Selene, in mondblauen Gewändern, einen silbernen Halbmond auf dem Haupt, steigt aus einer von zwei Riesen getragenen Sänfte. Beifallsstürme.)

JOHN HOWARD PARNELL *(hebt die königliche Standarte):* Erhabener Bloom! Nachfolger meines berühmten Bruders!

BLOOM *(umarmt John Howard Parnell):* Wir danken dir aus vollem Herzen, John, für diesen wahrhaft königlichen Willkomm im grünen Erin, dem Land der Verheißung unserer gemeinsamen Vorfahren.

(Das Ehrenbürgerrecht der Stadt wird ihm in Gestalt einer Urkunde überreicht. Die Schlüssel von Dublin, gekreuzt auf karmesinrotem Kissen, werden ihm übergeben. Er zeigt allen, daß er grüne Socken trägt.)

TOM KERNAN Ihr verdient es, Euer Ehren.

BLOOM Am heutigen Tage vor zwanzig Jahren haben wir bei Ladysmith den Erbfeind bezwungen. Unsere Haubitzen und Kameldrehbassen führten gegen seine Linien eine vielsagende Sprache. Eine halbe Meile vor! Sie stürmen zum Angriff! Alles ist jetzt verloren! Doch weichen wir? Nein! Wir jagen sie in die Flucht! Siehe! Wir stürmen zum Angriff! Unsere leichte Kavallerie schwärmte nach links aus, fegte über die Höhen von Plevna und säbelte die Kanoniere der Sarazenen unter dem gellenden Kriegsschrei *Bonafide Sabaoth* bis auf den letzten Mann nieder.

Die Vereinigung des Freeman-Setzerpersonals Hört! Hört!

John Wyse Nolan Da steht der Mann, der James Stephens fortgebracht hat!

Ein Zögling der Blaurock-Schule Bravo!

Ein alter Ansässiger Ihr seid eine Zierde für unser Land, Sir, das seid Ihr, jawohl!

Ein Apfelweib Er ist ein Mann, wie Irland einen braucht.

Bloom Meine geliebten Untertanen, eine neue Ära dämmert herauf. Wahrlich, ich Bloom sage euch, daß sie schon jetzt nahe herbeigekommen ist. Ja, auf das Wort eines Bloom, bald schon werdet ihr einziehen in die goldene Stadt, welche da ist das neue Bloomusalem in der Nova Hibernia der Zukunft.

(Zweiunddreißig rosettentragende Arbeiter aus allen Grafschaften Irlands erbauen unter der Leitung des Baumeisters Derwan das neue Bloomusalem. Es ist ein Kolossalbau mit Kristalldach, hat die Gestalt einer ungeheuren Schweinsniere und birgt vierzigtausend Räume. Im Zuge seiner Ausbreitung werden verschiedene Gebäude und Monumente abgerissen. Regierungsbureaux werden vorübergehend in Eisenbahnschuppen verlegt. Zahlreiche Häuser werden dem Erdboden gleichgemacht. Die Bewohner werden in Fässern und Kisten untergebracht, die sämtlich als Aufschrift die roten Lettern L. B. tragen. Mehrere Arme fallen von einer Leiter. Ein Teil der Mauern von Dublin, dicht besetzt mit loyalen Zuschauern, stürzt zusammen.)

Die Zuschauer *(sterbend): Morituri te salutant! (Sie sterben.)*

(Ein Mann in braunem Macintosh springt durch eine Falltür herauf. Er zeigt mit verlängertem Finger auf Bloom.)

Der Mann im Macintosh Glaubt bloß kein Wort von dem, was er sagt! Dieser Mann ist Leopold M'Intosh, der berüchtigte Brandstifter. Sein wirklicher Name ist Higgins.

Bloom Schießt ihn nieder! Hund von einem Christen! Das für den M'Intosh!

(Ein Kanonenschuß. Der Mann im Macintosh verschwindet.

Bloom streckt Mohnblumen mit seinem Zepter nieder. Der augenblickliche Tod vieler mächtiger Feinde, Viehzüchter, Parlamentsmitglieder, Mitglieder ständiger Ausschüsse, wird gemeldet. Blooms Leibwache verteilt Gründonnerstags-Almosen, Erinnerungsplaketten, Brote und Fische, Temperenzlerabzeichen, teure Henry-Clay-Zigarren, Gratis-Rinderknochen für Suppen, Gummipräservative, in versiegelten Briefchen mit Goldfaden geschlossen, Buttertoffees, Ananasbonbons, billets doux *in Form von Dreimasterhüten, Konfektionsanzüge, Suppenschüsseln mit Fleischpudding, Flaschen mit Jeyes' Fluid, Rabattmarken, vierzigtägigen Ablaß, falsche Münzen, Würste von stallgefütterten Schweinen, Theaterkarten, Dauerfahrscheine für alle Tram-Linien, Lose der Königlich Privilegierten Ungarischen Lotterie, Eßmarken, billige Nachdrucke der Zwölf Schlechtesten Bücher der Welt: Franzmann und Michel (politisch), Kleinkinderpflege (kindisch), 50 Mahlzeiten für 7/6 (kulinarisch), War Jesus ein Sonnenmythos? (historisch), Wie man Schmerzen vertreibt (medizinisch), Kompendium des Universums für Kinder (kosmisch), Lasset uns freuen und fröhlich sein (genießerisch), Vademecum des Annoncen-Akquisiteurs (journalisch), Liebesbriefe der Mutter Helferin (erotisch), Wer ist wer im Weltenraum? (astrisch), Lieder die zu Herzen gingen (melodisch), Der sparsame Weg zum Reichtum (ökonomisch). Allgemeines Gedränge und Durcheinander. Frauen drängeln sich vor, um Blooms Rocksaum zu berühren. Lady Gwendolen Dusedat durchbricht die Menge, springt auf sein Pferd und küßt ihn unter großem allgemeinem Applaus auf beide Backen. Eine Photographie wird mit Magnesium-Blitzlicht aufgenommen. Unmündige und Säuglinge werden hochgehoben.)*

DIE FRAUEN Väterchen! Väterchen!

DIE UNMÜNDIGEN UND SÄUGLINGE

Patscht in die Händchen, bis Poldy kommt heim,
Die Kekse in seiner Tasche sind für Leo ganz allein.

(Bloom beugt sich nieder und krabbelt Baby Boardman sanft den Bauch.)

BABY BOARDMAN *(macht ein Bäuerchen, geronnene Milch fließt ihm aus dem Mund):* Hajajaja.

BLOOM *(schüttelt einem blinden Jüngling die Hand):* Du bist mir mehr denn ein Bruder! *(Legt einem alten Ehepaar die Arme um die Schultern)* Liebe alte Freunde! *(Er spielt Bäumchen-verwechselt-euch mit zerlumpten Knaben und Mädchen)* Huhu! Huhuhu! *(Er schiebt Zwillinge in einem Kinderwagen)* Ri-ra-rutsch, wir fahren in der Kutsch! *(Er führt Taschenspielerkunststücke vor, zieht rote, orangene, gelbe, grüne, blaue, indigo und violette Seidentaschentücher aus seinem Mund)* Roygbiv. 32 Fuß pro Sekunde. *(Er tröstet eine Witwe)* Abwesenheit läßt das Herz jünger werden. *(Er tanzt unter grotesken Possen den Highland Fling)* Hoch das Bein, ihr Teufelsbraten! *(Er küßt die Liegewunden eines gichtbrüchigen Veteranen)* Ehrenvolle Blessuren! *(Er stellt einem dicken Polizisten ein Bein)* U. p.: up. U. p.: up. *(Er flüstert einer errötenden Kellnerin etwas ins Ohr und lacht freundlich)* Ah, du bösesböses Mädchen! *(Er ißt eine rohe Steckrübe, die ihm Maurice Butterly, Landwirt, anbietet)* Fein! Herrlich! *(Er verweigert die Annahme von drei Schilling, die ihm der Journalist Joseph Hynes anbietet)* Mein lieber alter Junge, das kommt ja gar nicht in Frage! *(Er schenkt seinen Mantel einem Bettler)* Bitte, nimm ihn. *(Er nimmt an einem Bauchrennen mit älteren männlichen und weiblichen Krüppeln teil)* Los, Jungs! Immer feste ran, Mädels!

DER BÜRGER *(mit vor Rührung fast erstickter Stimme, wischt sich eine Träne mit seinem smaragdgrünen Halstuch fort):* Möge der liebe Gott ihn segnen!

(Die Widderhörner gebieten Stille. Die Fahne Zions wird gehißt.)

BLOOM *(entkleidet sich eindrucksvoll seines Mantels, Beleibtheit enthüllend, rollt ein Papier auf und liest feierlich):* Aleph Beth Ghimel Daleth Hagadah Tephilim Koscher Yom Kippur Hanukah Roschaschana Beni Brith Bar Mitzvah Mazzoth Askenazim Meschuggah Talith.

(Eine amtliche Übersetzung wird von Jimmy Henry, dem Hilfsstadtsekretär, verlesen.)

JIMMY HENRY Der Gerichtshof des Gewissens ist hiermit eröffnet. Seine Allerkatholischste Majestät wird nunmehr Freilicht-Recht sprechen. Kostenlose ärztliche und rechtliche Beratung, Lösung von Kreuzworträtseln und anderen Problemen. Alle herzlich eingeladen. Gegeben zu Dublin, Unserer treuen Stadt, im Jahre 1 der Paradiesischen Ära.

PADDY LEONARD Was soll ich mit meinen Steuern und Abgaben tun?

BLOOM Bezahle sie, mein Freund.

PADDY LEONARD Vielen Dank.

NOSEY FLYNN Kann ich meine Feuerversicherung beleihen?

BLOOM *(unbeugsam):* Meine Herren, beachten Sie gefälligst, daß Sie nach dem Schadensgesetz laut eigenem schriftlichen Anerkenntnis für die Zeit von sechs Monaten mit der Summe von fünf Pfund haften.

J. J. O'MOLLOY Ein Daniel, hab ich gesagt? Nein! Ein Peter O'Brien!

NOSEY FLYNN Wo soll ich die fünf Pfund hernehmen?

PISSER BURKE Gegen Blasenbeschwerden?

BLOOM *Acid. nit. hydrochlor. dil.,* 1/8 *Drachme,*
Tinct. mix. vom., 1/15 *Drachme,*
Extr. taraxel. lig., 1/2 *Drachme.*
Aqu. dis. ter in die.

CHRIS CALLINAN Welches ist die Parallaxe der subsolaren Ekliptik von Aldebaran?

BLOOM Hat mich gefreut, von Ihnen zu hören, Chris. K. 11.

JOE HYNES Warum sind Sie nicht in Uniform?

BLOOM Als mein Erzeuger hochheiligen Angedenkens die Uniform des österreichischen Despoten in einem feuchtkalten Kerker trug, wo war da die Ihre?

BEN DOLLARD Stiefmütterchen?

BLOOM Schmücken (verschönern) Vorstadtgärten.

BEN DOLLARD Wenn Zwillinge kommen?

BLOOM Macht der Vater (Pater, Dad) sich seine Gedanken.

LARRY O'ROURKE Eine Acht-Tage-Lizenz für mein neues Lokal. Sie erinnern sich meiner gewiß, Sir Leo, Sie wohnten damals in Nummer sieben. Ich schicke Ihnen ein Dutzend Stout vorbei für die Dame des Hauses.

BLOOM *(kalt):* Ich habe nicht die Ehre, Sie zu kennen. Lady Bloom nimmt keine Geschenke an.

CROFTON Das ist wahrlich ein Festtag heute.

BLOOM *(feierlich):* Sie nennen es Fest. Ich nenn es ein Sakrament.

ALEXANDER KEYES Wann werden wir endlich unser eigenes Haus der Schlüssel haben?

BLOOM Ich erstrebe die Reform der städtischen Moral und der einfachen zehn Gebote. Neue Welten für alte. Vereinigung aller, Juden, Moslems, Heiden. Drei Morgen Land und eine Kuh für alle Kinder der Natur. Motorisierte Salon-Leichenwagen. Zwangsarbeit für jedermann. Sämtliche Parks bei Tag und Nacht fürs Publikum geöffnet. Elektrische Geschirrspüler. Tuberkulose, Irrsinn, Krieg und Bettelei haben ab sofort aufzuhören. Generalamnestie, jede Woche Karneval mit Maskenfreiheit, Prämien für alle, Esperanto als weltumspannende Bruderschaft. Kein Patriotismus mehr von Barnassauern und wassersüchtigen Betrügern. Freies Geld, freie Liebe und eine freie Laienkirche in einem freien Laienstaat.

O'MADDEN BURKE Freier Fuchs in freiem Hühnerstall.

DAVY BYRNE *(gähnend):* Iiiiiiiiaaaaaaach!

BLOOM Gemischte Rassen und gemischte Ehen.

LENEHAN Wie steht's mit gemischtem Baden?

(Bloom erklärt seiner näheren Umgebung seine Pläne zur gesellschaftlichen Regeneration. Alle stimmen ihm zu. Der Direktor des Kildare-Street-Museums erscheint, eine Kipplore hinter sich herziehend, auf welcher die schwankenden Statuen mehrerer nackter Göttinnen stehen, Venus Kallipygos, Venus Pandemos, Venus Metempsychosis, sowie Gipsfiguren, ebenfalls nackt, welche die neuen neun Musen darstellen,

Handel, Opernmusik, Amor, Publicity, Industrie, Redefreiheit, Mehrheitswahl, Gastronomie, Intimpflege, Strandkonzertunterhaltung, Schmerzlose Entbindung, und Astronomie fürs Volk.)

PATER FARLEY Er ist ein Anhänger der Episkopalkirche, ein Agnostiker, ein Irgendwassiker, der danach trachtet, unseren heiligen Glauben umzustürzen.

MRS. RIORDAN *(zerreißt ihr Testament):* Ich habe mich in Ihnen getäuscht! Sie schlechter Mensch!

MUTTER GROGAN *(zieht ihren Stiefel aus, um ihn nach Bloom zu schleudern):* Du Bestie! Du abscheuliche Person!

NOSEY FLYNN Sing uns was vor, Bloom. Eins von den alten süßen Liedern.

BLOOM *(in ausgelassener Stimmung):*

Ich hatte ihr Treue geschworen,
doch hab ich sie schmählich verloren.
An nen Dingsdadamm, dingsdadamm, dingsdadamm.

HOPPY HOLOHAN Der gute alte Bloom! Sowas wie ihn, das gibts ja doch nicht noch einmal.

PADDY LEONARD Operetten-Irländer!

BLOOM Welche Eisenbahn-Oper gleicht einer Straßenbahnlinie in Gibraltar? *The Rows of Casteele. (Gelächter)*

LENEHAN Plagiator! Nieder mit Bloom!

DIE VERSCHLEIERTE SIBYLLE *(voller Begeisterung):* Ich bin Bloomitin, und das ist mein Stolz. Ich glaube an ihn trotz allem. Ich würde mein Leben hingeben für ihn, den witzigsten Mann auf Erden.

BLOOM *(zwinkert den Umstehenden zu):* Ich wette, sie ist ein munterer kleiner Racker.

THEODORE PUREFOY *(in Fischermütze und Ölhautjacke):* Er bedient sich einer mechanischen Erfindung, um die geheiligten Zwecke der Natur zu vereiteln.

DIE VERSCHLEIERTE SIBYLLE *(ersticht sich):* Mein göttlicher Held! *(Sie stirbt)*

(Zahlreiche höchst attraktive und begeisterte Frauen begehen ebenfalls Selbstmord, indem sie sich erstechen, ertränken,

Blausäure schlucken, Akonit, Arsen, sich die Adern öffnen, die Nahrungsaufnahme verweigern, sich vor Dampfwalzen werfen, von der Spitze der Nelson-Säule stürzen und in das große Faß der Guinness-Brauerei, sich ersticken, indem sie den Kopf in Gasherde stecken, sich an modischen Strumpfbändern erhängen, aus den Fenstern verschiedener Stockwerke springen.)

ALEXANDER J. DOWIE *(heftig):* Mitchristen und Antibloomiten, der Mann, der sich Bloom nennt, kommt aus der tiefsten Hölle und ist eine Schande für jeden Christenmenschen. Ein teuflischer Wüstling von Kindesbeinen an, hat dieser stinkende Bock von Mendes frühreife Zeichen infantiler Ausschweifung gezeigt, welche an die Städte der Ebene erinnern, und zwar mit einem lasterhaften alten Weib. Dieser abgefeimte Heuchler, verhärtet vor lauter Niedertracht, ist der weiße Stier, von welchem die Offenbarung spricht. Ein Anbeter der Großen Hure Babylon, Intrige ist der Atem seiner Nüstern. Der Scheiterhaufen und der Kessel mit siedendem Öl sind ihm bestimmt. Caliban!

DER PÖBEL Lyncht ihn! Röstet ihn! Er ist so schlimm, wie Parnell war. Mr. Fox!

(Mutter Grogan schleudert ihren Stiefel nach Bloom. Verschiedene Ladenbesitzer aus der oberen und unteren Dorset Street werfen Gegenstände von geringem oder gar keinem Handelswert, Schinkenknochen, Kondensmilchdosen, unverkäuflichen Kohl, muffig gewordenes Brot, Schafsschwänze, Brocken ranzigen Fetts.)

BLOOM *(erregt):* Das ist Hundstagstollheit, wieder ein garstiger Scherz. Beim Himmel, ich bin schuldlos wie ungesonnter Schnee! Es war mein Bruder Henry. Er ist mein Doppelgänger. Er wohnt Dolphin's Barn 2. Verleumdung, die Schlange, hat mich fälschlich verklagt. Meine Landsleute, ich sage euch, *sgeul inn ban bata coisde gan capall!* Ich ersuche meinen alten Freund Dr. Malachi Mulligan, Spezialist für Sexualfragen, ein medizinisches Gutachten über mich abzugeben.

Dr. Mulligan *(in Lederkoller, eine grüne Motorradbrille auf der Stirn):* Dr. Bloom ist bisexuell anomal. Er ist erst kürzlich aus Dr. Eustaces Privatsanatorium für geisteskranke Herren entsprungen. Unehelich geboren, zeigt er Symptome erblicher Epilepsie als Folge ungezügelter Wollust. Spuren von Elephantiasis sind bei seinen Vorfahren entdeckt worden. Es bestehen starke Anzeichen eines chronischen Exhibitionismus. Ambidexterität ist ebenfalls latent. Er ist vorzeitig kahl geworden aufgrund von Selbstbeflekkung, infolgedessen pervers idealistisch, ein moralisch gebesserter Wüstling, und hat Metallzähne. Infolge eines Familienkomplexes leidet er an zeitweiligem Gedächtnisausfall, und ich glaube, daß mehr gegen ihn gesündigt wird, als er selber sündigt. Ich habe eine pervaginale Untersuchung vorgenommen, und nach Anwendung des Säuretests auf insgesamt 5427 After-, Achsel-, Brust- und Schamhaare kann ich konstatieren, daß er *virgo intacta* ist.

(Bloom hält seinen prima Qualitäts-Hut über seine Geschlechtsorgane.)

Dr. Madden Hypospadie ist ebenfalls festgestellt. Im Interesse kommender Geschlechter schlage ich vor, die befallenen Teile im Nationalmuseum für Teratologie in Weingeist aufzubewahren.

Dr. Crotthers Ich habe den Urin des Patienten untersucht. Er enthält Eiweiß. Der Speichelfluß ist ungenügend, der Patellar-Reflex fällt zeitweilig aus.

Dr. Punch Costello Der *fetor iudaicus* ist stark ausgeprägt.

Dr. Dixon *(liest ein Gesundheits-Attest vor):* Professor Bloom ist ein vollendetes Exemplar des neuen weiblichen Mannes. Seine moralische Natur ist einfach und liebenswert. Viele haben ihn als lieben Menschen, als eine teure Persönlichkeit erfunden. Im Ganzen gesehen ist er ein ziemlich sonderbarer Kauz, leicht blöde, wenn auch nicht schwachsinnig im medizinischen Sinn. Er hat an den Hofmissionar der Reformed Priests' Protection Society einen geradezu wundervollen Brief geschrieben, ein wahres Gedicht, das alles aufklärt. Er ist praktisch vollkommen abstinent, und ich kann versichern, daß er auf einer Strohmatte schläft und sich höchst spartanisch nur von kalten getrockneten Kolonialerbsen ernährt. Er trägt winters wie sommers nur ein härenes Hemd und geißelt sich jeden Sonnabend. Er war, soviel ich weiß, früher einmal ein Übeltäter der Klasse I in der Glencree-Besserungsanstalt. Ein anderer Bericht stellt fest, daß er ein sehr posthumes Kind war. Ich bitte um Milde im Namen des heiligsten Wortes, das unsere Sprechwerkzeuge je zu bilden gerufen waren. Er sieht in Kürze seiner Niederkunft entgegen.

(Allgemeine Bewegung und Teilnahme. Frauen werden ohnmächtig. Eine reiche Amerikanerin veranstaltet eine Straßensammlung für Bloom. Gold- und Silbermünzen, Bankschecks, Juwelen, Schatzamtsanweisungen, fällig werdende Wechsel, Schuldscheine, Eheringe, Uhrketten, Medaillons, Halskettchen und Armbänder werden eilends eingesammelt.)

BLOOM Ach, ich möchte ja zu gerne Mutter werden!

MRS. THORNTON *(in der Tracht einer Krankenschwester):* Umarmen Sie mich fest, Liebste. Bald werden Sie es überstanden haben. Fest, Liebste.

(Bloom umarmt sie fest und bringt acht männliche gelbweiße Kinder zur Welt. Sie erscheinen auf einer mit rotem Teppich belegten Treppe, mit kostbaren Pflanzen geschmückt. Alle sind hübsch, mit wertvollen Edelmetallgesichtern, wohlgestaltet, anständig gekleidet und wohlerzogen, sprechen fließend fünf moderne Sprachen und sind an verschiedenen Künsten und Wissenschaften interessiert. Ein jedes trägt vorn auf dem Hemd seinen Namen, in gut lesbaren Buchstaben aufgedruckt: Nasodoro, Goldfinger, Chrysostomos, Maindorée, Silversmile, Silberselber, Vifargent, Panargyros. Sie werden sogleich zu hohen öffentlichen Vertrauensämtern in mehreren verschiedenen Ländern berufen, als Bankdirektoren, Eisenbahndirektoren, Vorsitzende von Gesellschaften mit beschränkter Haftung, Vizepräsidenten von Hotelsyndikaten.)

EINE STIMME Bloom, bist du der Messias ben Joseph oder

ben David?

Bloom *(dunkel):* Du sagst es.

Bruder Klingelbeutler Dann tue ein Wunder!

Bantam Lyons Weissage, wer das Saint Leger gewinnen wird!

(Bloom wandelt auf einem Netz, bedeckt sein linkes Auge mit seinem linken Ohr, schreitet durch mehrere Mauern, erklimmt die Nelson-Säule, hält sich frei schwingend nur mit den Augenlidern an der obersten Kante fest, verzehrt zwölf Dutzend Austern (einschließlich der Schalen), heilt verschiedene Kranke, die an Skrofeln leiden, verzieht das Gesicht so, daß er zahlreichen historischen Persönlichkeiten gleicht: Lord Beaconsfield, Lord Byron, Wat Tyler, Moses von Ägypten, Moses Maimonides, Moses Mendelssohn, Henry Irving, Rip van Winkle, Kossuth, Jean Jacques Rousseau, Baron Leopold Rothschild, Robinson Crusoe, Sherlock Holmes, Pasteur, dreht beide Füße gleichzeitig in verschiedener Richtung, läßt die Flut zurückgehen, verfinstert die Sonne durch Ausstrecken seines kleinen Fingers.)

Brini, päpstlicher Nuntius *(in päpstlicher Zuaven-Uniform, Stahlküraß als Brustharnisch, Armschienen, Schenkelschienen, Beinschienen, großer weltlicher Schnurrbart und braune Papiermitra): Leopoldi autem generatio.* Moses zeugte Noah und Noah zeugte Eunuch und Eunuch zeugte O'Halloran und O'Halloran zeugte Guggenheim und Guggenheim zeugte Agendath und Agendath zeugte Netaim und Netaim zeugte Le Hirsch und Le Hirsch zeugte Jesurum und Jesurum zeugte MacKay und MacKay zeugte Ostrolopsky und Ostrolopsky zeugte Smerdoz und Smerdoz zeugte Weiss und Weiss zeugte Schwarz und Schwarz zeugte Adrianopoli und Adrianopoli zeugte Aranjuez und Aranjuez zeugte Lewy Lawson und Lewy Lawson zeugte Ichabudonosor und Ichabudonosor zeugte O'Donnell Magnus und O'Donnell Magnus zeugte Christbaum und Christbaum zeugte Ben Maimun und Ben Maimun zeugte Dusty Rhodes und Dusty Rhodes zeugte Benamor und

Benamor zeugte Jones-Smith und Jones-Smith zeugte Savorgnanovich und Savorgnanovich zeugte Jasperstone und Jasperstone zeugte Vingetunieme und Vingetunieme zeugte Szombathely und Szombathely zeugte Virag und Virag zeugte Bloom *et vocabitur nomen eius Emmanuel.*

EINE TOTENHAND *(schreibt an die Wand):* Bloom ist doof!

EINE FILZLAUS *(in Buschklepperausrüstung):* Was tatest du in dem Gehege hinter Kilbarrack?

EIN KLEINES MÄDCHEN *(schüttelt eine Rassel):* Und unter der Ballybough-Brücke?

EIN STECHPALMENBUSCH Und in der Teufelsschlucht?

BLOOM *(über und über wild errötend, von der Stirn bis zu den Hinterbacken, drei Tränen fallen aus seinem linken Auge):* Laßt meine Vergangenheit ruhen!

DIE EXMITTIERTEN IRISCHEN BAUERN *(in enganliegenden Rökken, Kniehosen, mit Eichenknütteln vom Donnybrook-Jahrmarkt):* Sjambokt ihn!

(Bloom, mit Eselsohren, setzt sich mit gekreuzten Armen an den Pranger, die Füße vorgestreckt. Er pfeift Don Giovanni, a cenar teco. *Artane-Waisenkinder hüpfen, sich an den Händen haltend, um ihn herum. Mädchen von der Prison Gate Mission hüpfen, sich an den Händen haltend, in entgegengesetzter Richtung um ihn herum.)*

DIE ARTANE-WAISENKINDER

Du Schwi, du Schwa, du Schweinehund!
Du denkst, die Damen lieben dich!

DIE PRISON-GATE-MÄDCHEN

Leckst du den Aar,
er ess' Zeh-Haar,
leck ich den Pfau –
o Tee, zeht die Sau!

HORNBLOWER *(in Ephod und mit Jagdkappe, verkündet):* Und er wird tragen die Sünden des Volks zu Azazel, dem Geiste, welcher da ist in der Wildnis, und zu Lilith, der Hexe der Nacht. Und sie werden ihn steinigen und besudeln, ja, alle von Agendath Netaim und von Mizraim, dem

Lande Hams.

(Alles Volk wirft sanfte Pantomimensteine auf Bloom. Viele bonafide *Reisende und herrenlose Hunde nähern sich ihm und besudeln ihn. Mastiansky und Citron schreiten im Kaftan heran, mit langen Schläfenlocken. Sie wedeln vor Bloom mit den Bärten.)*

MASTIANSKY UND CITRON Belial! Laemlein von Istrien! Der falsche Messias! Abulafia!

(George S. Mesias, Blooms Schneider, erscheint, ein Bügeleisen unter dem Arm, und präsentiert eine Rechnung)

MESIAS Änderung einer Hose, elf Schilling.

BLOOM *(reibt sich vergnügt die Hände):* Ganz wie in alten Zeiten. Armer Bloom!

(Reuben J. Dodd, schwarzbärtiger Ischariot, böser Hirte, auf den Schultern den Leichnam seines ertrunkenen Sohns, nähert sich dem Pranger)

REUBEN J. *(flüstert heiser):* Den Schreihals hats erwischt. Ein Spitzel weniger bei der Polente. Bloß weg mit der nächsten Kutsche!

DIE FEUERWEHR Tatü!

BRUDER KLINGELBEUTLER *(bekleidet Bloom mit einem gelben Gewand, darauf eine Stickerei von gemalten Flammen, und hohem spitzen Hut. Er hängt ihm ein Säckchen Schießpulver um den Hals und überantwortet ihn dann der weltlichen Macht mit den Worten):* Vergebt ihm seine Schuld.

(Leutnant Myers von der Dubliner Feuerwehr steckt Bloom auf allgemeinen Wunsch in Brand. Lautes Wehklagen.)

DER BÜRGER Dank sei dem Himmel!

BLOOM *(in ungesäumtem Rock, gezeichnet I. H. S., steht aufrecht inmitten von Phönix-Flammen):* Weinet nicht über mich, ihr Töchter von Erin.

(Er zeigt Dubliner Reportern verschiedene Brandspuren. Die Töchter von Erin, in schwarzen Gewändern mit großem Gebetbuch und langen brennenden Kerzen in Händen, knien nieder und beten.)

DIE TÖCHTER VON ERIN

Niere Blooms, bitt' für uns.
Blume des Bades, bitt' für uns.
Mentor des Menton, bitt' für uns.
Annoncenakquisiteur des Freeman, bitt' für uns.
Mildtätiger Freimaurer, bitt' für uns.
Wandernde Seife, bitt' für uns.
Süße der Sünde, bitt' für uns.
Musik ohne Worte, bitt' für uns.
Tadler des Bürgers, bitt' für uns.
Freund aller Dessous, bitt' für uns.
Allbarmherzige Hebamme, bitt' für uns.
Kartoffelschutz gegen Seuche und Pestilenz, bitt' für uns.

(Ein Chor von sechshundert Stimmen, geleitet von Mr. Vincent O'Brien, singt unter der Orgelbegleitung von Joseph Glynn das Große Halleluja. Bloom wird stumm, schrumpft zusammen, verkohlt.)

ZOE Quatsch von mir aus weiter, bis du schwarz wirst!

BLOOM *(in traditionellem* caubeen *mit hinters Ohr gesteckter Tonpfeife, staubigen Schuhen, ein in ein rotes Taschentuch geschnürtes Auswandererbündel in der Hand, führt ein schwarzes Schwein aus Sumpfholz an einem* sugaun *hinter sich her, ein Lächeln im Auge):* Lassen Sie mich aufbrechen, verehrte Frau des Hauses, denn bei allen Ziegen in Connemara, ich hab eine gar schlimme Tracht Prügel hinter mir. *(Mit einer Träne im Auge)* Alles Wahnsinn. Patriotismus, Trauer um die Toten, Musik, die Zukunft der Rasse. Sein oder Nichtsein. Der Traum des Lebens ist vorüber. Enden wir ihn friedlich. Die andern können weiterleben. *(Er blickt voll Trauer in die Ferne)* Ich bin ruiniert. Ein paar Akonitpastillen. Die Jalousien herunter. Einen Brief noch. Dann hinlegen zur Ruhe. *(Er atmet leicht)* Mehr nicht. Ich habe gelebt. Lebe. Lebewohl.

ZOE *(steif, den Finger im Halsband):* Ehrlich? Na, dann bis zum nächstenmal. *(Sie grinst höhnisch)* Du scheinst mir heute mit dem linken Bein zuerst aufgestanden zu sein, oder du bist bei deinem Schatz zu schnell gekommen. Oh, ich kann deine Gedanken lesen!

BLOOM *(bitter):* Mann und Frau, Liebe, was ist das? Korken und Flasche.

ZOE *(in plötzlich schlechter Laune):* Ich hasse verkommene Schwätzer, die unaufrichtig sind. Gib 'ner verdammten Hure doch 'ne Chance.

BLOOM *(reuevoll):* Ich bin wirklich unausstehlich. Du bist ein notwendiges Übel. Woher kommst du? London?

ZOE *(schwatzhaft):* Hog's Norton, wo sich die Schweine Gutenacht sagen. In Yorkshire geboren. *(Sie hält seine Hand fest, die nach ihrer Brustwarze tastet)* He, Junge, du bist ja der reinste Nippeljipper. Hör auf damit und mach was Schlimmeres. Hast du Pinke für 'ne kurze Nummer? Zehn Schilling?

BLOOM *(lächelt, nickt langsam):* Mehr, Huri, mehr.

ZOE Und Mehrs Mutter? *(Sie tätschelt ihn leicht und ungezwungen mit Samtpfötchen)* Kommst du mit ins Musikzimmer, unser neues Pianola ankucken? Komm schon, ich schäl mich auch aus.

BLOOM *(kratzt sich am Hinterkopf mit der beispiellosen Liederlichkeit eines selbständigen Händlers, der die Symmetrie zweier geschälter Birnen mustert):* Ich kenne eine, die wäre furchtbar eifersüchtig, wenn sies wüßte. Das grüngeäugte Ungeheuer. *(Ernst)* Du weißt, wie schwierig das ist. Das brauch ich dir nicht extra zu sagen.

ZOE *(geschmeichelt):* Was das Auge nicht sieht, kann das Herz nicht bekümmern. *(Sie tätschelt ihn)* Komm.

BLOOM Lachende Hexe! Die Hand, die die Wiege schaukelt.

ZOE Babby!

BLOOM *(in Babykleid und -mäntelchen, dickköpfig, mit einem Glückshäubchen aus dunklem Haar, heftet große Augen auf ihr flüssiges Unterkleid und zählt dessen Bronzeschnallen mit einem pummeligen Finger, seine feuchte Zunge lallt und lispelt):* Ein twei dei: dei twei dein.

DIE SCHNALLEN Liebt mich. Liebt mich nicht. Liebt mich.

ZOE Schweigen bedeutet Zustimmung. *(Mit kleinen gespreiz-*

ten Krallen packt sie seine Hand, ihr Zeigefinger macht in die Fläche das Zeichen des geheimen Mahners, das ihn ins Verderben lockt.) Heiße Hände, kalte Laune.

(Er zögert inmitten von Düften, Musik, Versuchungen. Sie führt ihn zu den Stufen, zieht ihn mit dem Geruch ihrer Achselhöhlen, der Lasterhaftigkeit ihrer angemalten Augen, dem Rascheln ihres Unterkleids, in dessen wallenden Falten der Löwenruch aller männlichen Tiere hängt, die sie besessen haben.)

DIE MÄNNLICHEN TIERE *(Schwefelgestank von Brunst und Dung ausströmend und in ihrem Käfig tobend, schwach brüllend, die betäubten Köpfe hin und her schwenkend):* Gut!

(Zoe und Bloom erreichen den Eingang, in dem zwei andere Huren sitzen. Sie mustern ihn mit neugierigen Blicken unter den nachgezeichneten Brauen und lächeln über seine hastige Verbeugung. Er strauchelt linkisch.)

ZOE *(ihre glückliche Hand rettet ihn im gleichen Augenblick):* Hoppla! Fall nicht die Treppe rauf!

BLOOM Der Gerechte fällt siebenmal. *(Er tritt auf der Schwelle zurseite)* Nach dir, sagt die gute Kinderstube.

ZOE Erst die Damen, dann die Herren.

(Sie überschreitet die Schwelle. Er zögert. Sie dreht sich um, streckt die Hände aus und zieht ihn hinüber. Er hopst. An der aus Geweihen bestehenden Garderobe in der Halle hängt ein Männerhut und -regenmantel. Bloom nimmt seine Kopfbedeckung ab, runzelt aber die Stirn, als er beides sieht, lächelt dann, befangen. Auf dem Halbgeschoß wird eine Tür aufgerissen. Ein Mann in purpurnem Hemd und grauen Hosen, braune Socken an den Füßen, kommt mit affenartigem Gang vorüber, den kahlen Kopf mit dem Ziegenbart hoch erhoben, in den Armen einen vollen Wasserkrug, die zweischwänzigen schwarzen Hosenträger zu den Hacken niederbaumelnd. Bloom wendet rasch das Gesicht ab und bückt sich, um auf dem Hallentisch die Spaniel-Augen eines laufenden Fuchses zu betrachten: dann folgt er Zoe mit schnüffelnd erhobenem

Kopf in das Musikzimmer. Ein Schirm aus malvenfarbigem Seidenpapier dämpft das Licht des Kandelabers. Eine Motte fliegt im Kreis um ihn herum, prallt gegen ihn, entkommt. Der Boden ist mit einem Wachstuchmosaik aus jadegrünen, azurblauen und zinnoberroten Rhomboiden bedeckt. Fußspuren sind darauf abgeprägt in allen nur möglichen Kombinationen, Absatz an Absatz, Absatz an Hohlspann, Spitze an Spitze, Füße geschlossen, ein Mohrentanz schlurfender Füße ohne Leib, Phantome, alles ein wüstes Drunter und Drüber. Die Wände tragen eine Tapete mit Eibenwedeln und Waldeslichtungen. Vor dem Feuerrost spreizt sich ein Schirm aus Pfauenfedern. Lynch hockt kreuzbeinig auf der Herdmatte aus strubbligem Haar, die Mütze verkehrt herum auf dem Kopf. Mit einer Gerte schlägt er langsam den Takt. Kitty Ricketts, eine knochige fahle Hure in Marinekostüm, die Rehlederhandschuhe von einem Korallenarmband zurückgerollt, eine Kettenbörse in der Hand, sitzt mit baumelnden Beinen auf der Tischkante und betrachtet sich in dem vergoldeten Spiegel über dem Kamin. Ein Senkelstift ihrer Korsettschnürung schaut nachlässig unter ihrem Jackett vor. Lynch zeigt spöttisch auf das Paar am Klavier.)

KITTY *(hustet hinter vorgehaltener Hand):* Sie ist nicht ganz bei Trost. *(Sie zeigt mit zittrigem Zeigefinger einen Vogel)* Plemplem. *(Lynch lüftet mit der Gerte ihren Rock und weißen Unterrock. Sie streicht beide rasch wieder nieder.)* Nimm dich mal zusammen. *(Sie stößt auf, senkt dann schnell ihren Matrosenhut, unter dem ihr Haar glüht, rot von Henna)* Oh, 'tschuldigung!

ZOE Mehr Rampenlicht, Charley. *(Sie geht zum Kandelaber und dreht den Gashahn voll auf)*

KITTY *(sieht nach dem Gasstrahl):* Was ist denn mit dem Ding heute abend los?

LYNCH *(tief):* Ein Geist und Kobolde treten auf.

ZOE Eins hintendrauf für Zoe.

(Die Gerte in Lynchs Hand blitzt: ein Schürhaken aus Messing. Stephen steht am Pianola, auf dem sein Hut und Eschen-

stock sich rekeln. Mit zwei Fingern wiederholt er noch einmal die Reihe leerer Quinten. Florry Talbot, eine blonde schwache gänsefette Hure in einem zerlumpten Kleid von mehltauiger Erdbeerfarbe, fläzt sich ausgespreizt in der Sofaecke und lauscht, während ihr lahmer Unterarm am Polster niederbaumelt. Ein schweres Gerstenkorn hängt über ihrem schläfrigen Augenlid.)

KITTY *(stößt wieder auf, mit zugleich einem Kick ihres pferdigen Fußes):* Oh, 'tschuldigung!

ZOE *(schlagfertig):* Dein Schatz denkt an dich. Mach dir 'nen Knoten ins Hemd.

(Kitty Ricketts senkt den Kopf. Ihre Boa entwindet sich, rutscht, gleitet ihr über Schulter, Rücken, Arm, Stuhl auf den Boden. Lynch hebt die verkrüllte Raupe mit seiner Gerte auf. Sie umschlangelt sich wieder den Hals damit, kuschelt sich hinein. Stephen blickt sich nach der kauernden Gestalt um, der die Mütze verkehrt herum auf dem Kopf sitzt.)

STEPHEN Tatsächlich ist es völlig ohne Belang, ob Benedetto Marcello es gefunden hat oder gemacht. Der Ritus ist des Dichters Ruhe. Es könnte durchaus ein alter Hymnus an Demeter sein, könnte aber auch das *Coela enarrant gloriam Domini* illustrieren. Es läßt Nodi oder Modi zu, die so weit auseinander liegen wie Hyperphrygisch und Mixolydisch, und Texte, so divergent voneinander wie Priestergehops um Davids das heißt Circes beziehungsweise was red ich denn da Ceres' Altar und Davids lockeren Tip für seinen Oberfagottisten über die Allrichtigkeit seiner Allmächtigkeit. *Mais, nom de nom,* das ist ein anderes Paar Hosen. *Jetez la gourme. Faut que jeunesse se passe. (Er hält inne, zeigt auf Lynchs Mütze, lächelt, lacht)* Auf welcher Seite sitzt denn bei dir der Verstandeshöcker?

DIE MÜTZE *(in saturnischer Laune):* Bah! Er ist, weil er ist. Weiberlogik. Judengrieche ist Griechenjude. Gegensätze ziehen sich an. Tod ist die höchste Form von Leben. Bah!

STEPHEN Du erinnerst dich ja ganz hübsch genau meiner sämtlichen Irrtümer, Prahlereien, Fehler. Wie lange soll ich meine Augen noch vor dieser Untreue verschließen? Wetzstein!

DIE MÜTZE Bah!

STEPHEN Hier ist noch was für dich. *(Er runzelt die Stirn)* Die Ursache ist die, daß Grundton und Dominante durch das größtmögliche Intervall getrennt sind, das . . .

DIE MÜTZE Das? Red nur zu Ende. Du kannst es nicht.

STEPHEN *(mit Anstrengung):* Intervall getrennt sind, das. Die größtmögliche Ellipse darstellt, die. Noch vereinbar ist mit. Der letzten Wiederkehr. Der Oktave. Die.

DIE MÜTZE Die?

(Draußen beginnt das Grammophon Die Heilige Stadt *zu plärren.)*

STEPHEN *(abrupt):* Was da ging bis ans Ende der Welt, sich nicht selbst zu durchqueren. Gott, die Sonne, Shakespeare, ein Handlungsreisender, hat sichs in Wirklichkeit einmal selbst durchquert, so wird's dieses Selbst. Warte mal einen Moment. Warte doch mal, bloß eine Sekunde. Verdammt, was der Kerl für einen Krach macht auf den Gassen. Dieses Selbst, das zu werden es selber unausweichlich vorbedingt war. *Ecco!*

LYNCH *(grinst mit spöttisch wieherndem Gelächter zu Bloom und Zoe Higgins hinüber):* Der hat die Weisheit mit Löffeln gefressen, was?

ZOE *(munter):* Gott schütz' deinen Verstand, der weiß mehr, als du je vergessen hast.

(Florry Talbot betrachtet Stephen mit feister Stupidität)

FLORRY Es heißt ja, diesen Sommer soll die Welt untergehen.

KITTY Ach nee!

ZOE *(mit explodierendem Gelächter):* Großer ungerechter Gott!

FLORRY *(beleidigt):* Wieso, es stand doch in der Zeitung, irgendwas mit dem Antichrist. Aua, mein Fuß kitzelt.

(Zerlumpte barfüßige Zeitungsjungen, die einen Papierdrachen mit Schwanzwedel steigen lassen, trappeln gellend vorbei)

DIE ZEITUNGSJUNGEN Abendausgabe! Ergebnisse vom Schaukelpferd-Rennen! Seeschlange im Royal Canal! Glückliche Ankunft des Antichrist!

(Stephen dreht sich um und erblickt Bloom)

STEPHEN Eine Zeit und zwei Zeiten und eine halbe Zeit.

(Reuben J. Antichrist, Ewiger Jude, eine Grapschhand offen auf dem Rückgrat, tappt heran. Um seine Lenden hängt ein Pilgerränzel, aus dem Schuldscheine und geplatzte Wechsel hervorlugen. Über der Schulter trägt er eine lange Bootsstange, an deren Haken die durchnäßte wirre Masse seines einzigen Sohnes, aus Liffey-Wassern gerettet, an der Lose seiner Hose hängt. Ein Kobold in der Gestalt Punch Costellos, mit verrenkter Hüfte, Buckel, Wasserkopf, vorstehenden Backenknochen, fliehender Stirn und Ally-Sloper-Nase, kommt Kobolz schießend durch die wachsende Dunkelheit gepurzelt.)

ALLE Was?

DER KOBOLD *(klappert mit den Kinnbacken, hüpft fuchtelnd hin und her, rollt die Augen, quiekt, macht Känguruh-Sprünge mit ausgestreckten Grapscharmen, schmeißt dann ganz plötzlich sein lippenloses Gesicht durch die Gabel seiner Schenkel): Il vient! C'est moi! L'homme qui rit! L'homme primigène! (Er wirbelt mit Derwischgeheul im Kreis herum) Sieurs et dames, faites vos jeux! (Er hockt sich gauklerisch hin. Winzige Roulette-Planeten entfliegen seinen Händen.) Les jeux sont faits! (Die Planeten krachen mit knatterndem Knall zusammen) Rien n'va plus. (Die Planeten, schwimmende Ballons, segeln aufgeblasen in die Höhe und davon. Er selbst entspringt ins Leere.)*

FLORRY *(versinkt in Stumpfsinn, bekreuzigt sich heimlich):* Das Ende der Welt!

(Ein lauwarmes weibliches Miasma strömt von ihr aus. Nebelhafte Dunkelheit erfüllt den Raum. Durch die Dunstschwaden draußen plärrt das Grammophon über Husten und Fußgescharre hinweg.)

DAS GRAMMOPHON Jerusalem!

Öffne deine Tore und singe
Hosianna . . .

(Eine Rakete rauscht in den Himmel hinauf und platzt. Ein weißer Stern fällt aus ihr herunter, das Ende aller Dinge verkündend und die Wiederkunft des Elias. An einem endlosen unsichtbaren straff zwischen Zenit und Nadir gespannten Seil entlang kommt das Ende der Welt, ein zweiköpfiger Seepolyp in Diener-Kilt, Kalpak und Schottenrock aus Tartan, Hals über Kopf in Gestalt der Drei Beine der Man durch die Düsternis herangewirbelt.)

Das Ende der Welt *(mit schottischem Akzent):* Wer tanzt den Keel Row, den Keel Row, den Keel Row?

(Über das Nebeltreiben und erstickende Keuchhusten weg schnarrt in der Höhe Elias' Stimme, rauh heiser wie die eines Unglücksraben. Schwitzend in lockerem Linon-Chorhemd mit Trichterärmeln sieht man ihn, Gesicht wie ein Kirchendiener, auf einer Kanzel erscheinen, die mit dem Banner der Alten Pracht und Herrlichkeit drapiert ist. Er schlägt dumpf auf die Brüstung.)

Elias Schluß mit der Bölkerei, wenn ich bitten darf, in dieser Bruchbude hier! Jake Crane, Creole Sue, Dave Campbell, Abe Kirschner, macht gefälligst den Mund zu beim Husten. So, jetzt werd ich die Lok mal anheizen, und ab gehts. Los, Jungs, alles einsteigen. 12 Uhr 25, nach Gottes Fahrplan. Sagt Muttern, ihr seid mitgefahren. Einszweidrei bestellt, und ihr habt einen tollen Trumpf in der Hand. Schließt euch gleich jetzt hier an! Nehmt euch 'ne Fahrkarte bis Endstation Ewigkeit, durchgehend ohne Aufenthalt. Bloß ein Wort noch. Seid ihr von Gott oder kotzverdammt bloß Schrott? Wenn mal plötzlich der zweite Advent nach Coney Island kommt, sind wir dann auch fertig und bereit? He, Florry Christ, Stephen Christ, Zoe Christ, Bloom Christ, Kitty Christ, Lynch Christ, jetzt ists an euch, die kosmische Kraft zu spüren. Müssen wir da aber nicht kalte Füße kriegen, wenn wir an den Kosmos denken? Nee, mitnichten. Bleibt ihr nur auf der Seite der Engel. Seid ein Prisma.

Ihr habt das gewisse Etwas in euch, das höhere Selbst. Mit so Leuten wie Jesus, Gautama, Ingersoll, da könnt ihr euch ruhig mit duzen, bloß keine Bange. Ob ihr alle mit von der Partie seid? Ich sag euch, jawoll! Wenn ihr das erstmal kapiert habt, liebe Gemeinde, dann ist so 'ne Rutschpartie in den Himmel bloß noch 'n alter Hut. Mitgekriegt alles? Ist doch 'n ganz schöner Lebenstrost, was? Sowas gibts nicht alle Tage. Ist erst richtig die Marmelade aufs Brot. In einem Rutsch raus aus dem ganzen Schlamassel. Das ist doch enorm, ist doch glatt kolossal. Das bringt einen wieder in Schwung. Das macht Laune. Ich weiß das, weil ich selber so 'n richtiger Schwinginsfeld bin. Aber jetzt mal Spaß beiseite und zurück auf den Boden der Tatsachen, A. J. Christ Dowie und die harmoniale Philosophie, habt ihr das kapiert? O.k. Siebenundsiebzig West neunundsechzigste Straße. Begriffen? Das wärs. Ihr könnt ja mal sonnophonisch bei mir anläuten irgendwann. Ihr ollen Saufköppe, spart eure Briefmarken. *(Er brüllt)* Jetzt unsern Song von der ewigen Herrlichkeit! Alle singen kräftig mit. Encore! *(Er singt)* Jeru ...

DAS GRAMMOPHON *(seine Stimme ertränkend):* Huuurusalääääm, du hochgäbautäää ... *(Die Nadel kratscht kreischend über die Platte)*

DIE DREI HUREN *(halten sich die Ohren zu, schreien):* Auuuäääh!

ELIAS *(die Hemdsärmel hochgekrempelt, schwarz im Gesicht, brüllt mit sich überschlagender Stimme und erhobenen Armen):* Großer Bruder da oben, Massa Präsident, du has' ja wohl allens mitjekricht, was ich eben jesacht hab zu dir. Also, daß ich selber feste an dich glaube, das is ja wohl klar, Massa Präsident. Un ich glaub auch bestimmt, daß Miss Higgins un Miss Ricketts, daß die Relljohn im Leibe haben. Also garantiert, ich hab noch nie 'n Weibsbild jesehn, das was derart Schiß jekricht hat vor der Ewigkeit wie du, Miss Florry, wie ich dich da sehe. Also, Massa Präsident, dann komm mal vorbei un hilf mir unsre lieben

Schwestern retten. *(Er zwinkert seiner Hörerschaft zu)* Unser Massa Präsident, der kricht die ganze Schose mit un sacht doch keinen Pieps.

KITTY-KATE Ich vergaß mich. In einem schwachen Moment irrte ich vom Pfade der Tugend und tat was ich tat auf dem Constitution Hill. Ich bin vom Bischof gefirmt worden. Meiner Mutter Schwester heiratete einen Montmorency. Es war ein Installateur, der mein Verderben wurde, als ich noch rein war.

ZOE-FANNY Ich hab ihn bloß mal zum Spaß bei mir reingelassen.

FLORRY-TERESA Bei mir war es die Folge eines Trunks Portwein nach einem Drei-Sterne-Hennessy, daß ich Whelan in mein Bett schlüpfen ließ und mit ihm schuldig ward.

STEPHEN Im Anfang war das Wort, am Ende die Welt ohne Ende. Selig sind die acht Seligpreisungen.

(Die Seligpreisungen, Dixon, Madden, Crotthers, Costello, Lenehan, Bannon, Mulligan und Lynch, trampeln im weißen Kittel der Chirurgiestudenten, zwei Viererreihen, in geräuschvoll trapsendem Stechschritt rasch vorüber.)

DIE SELIGPREISUNGEN *(unzusammenhängend):* Bier, Beefsteak, Ballerdoggen, Bullerastie, Business, Barnum, Bäderschiffe, Bischof.

LYSTER *(in quäkergrauen Kniehosen und breitrandigem Hut, sagt diskret):* Er ist unser Freund. Namen muß ich wohl nicht nennen. Suche Du das Licht!

(Er courantiert vorüber. Best tritt auf in Friseurstracht, leuchtend weiß gewaschen und gebügelt, die Löckchen auf Papier gedreht. Er führt John Eglinton, der einen Mandarinen-Kimono aus gelbem Nanking, lizardbelettert, und einen hohen Pagodenhut trägt.)

BEST *(lächelnd, lüftet den Hut und zeigt einen rasierten Schädel, auf dessen Krone sich ein Schweineschwanz-Zopftoupet sträubt, mit einem orangenen Schleifchen gebunden):* Ich war gerade dabei, ihn zu verschönen, verstehn Sie. Ein Ding von Schönheit, verstehn Sie. Sagt Yeats, oder vielmehr Keats, meine ich.

JOHN EGLINTON *(zieht eine grünbekappte Blendlaterne heraus und läßt sie in eine Ecke blitzen; mit krittelndem Ausdruck)*: Ästhetik und Kosmetik gehören ins Boudoir. Ich bin auf Wahrheit aus. Schlichte Wahrheit für einen schlichten Mann. Tanderagee will Tatsachen und gedenkt sie auch zu bekommen.

(Im Kegel des Scheinwerferlichts hinter dem Kohlenkasten brütet, Ollav, heiligäugig, die bärtige Gestalt von Mananaan MacLir, das Kinn auf den Knien. Er erhebt sich langsam. Ein kalter Seewind weht aus seinem Druidenmantel. Um sein Haupt winden sich Aale und Elver. Er ist umkrustet von Tang und Muscheln. Seine rechte Hand hält eine Fahrradpumpe. Seine Linke hat einen riesigen Krebs bei den beiden Scheren gepackt.)

MANANAAN MACLIR *(mit der Stimme von Wogen)*: Aum! Hek! Wal! Ak! Lub! Mor! Ma! Weiße Yoghin der Götter. Okkulter Pimander des Hermes Trismegistos. *(Mit der Stimme pfeifenden Seewinds)* Panardschanam patsypandschab! Ich habe keine Lust, mich an der Nase herumführen zu lassen. Es ist da gesagt worden einstmals von einem: Hüte dich vor der Linken, dem Kult der Schakti. *(Mit dem Schrei von Sturmvögeln)* Schakti, Schiwa! Dunkler verborgener Vater! *(Er schlägt mit der Fahrradpumpe den Krebs in seiner linken Hand. Auf seinem kooperativen Zifferblatt erglühen die zwölf Zeichen des Tierkreises. Er klagt mit der Wildheit des Meeres)* Aum! Baum! Pyjaum! Ich bin das Licht der *Homestead*, ich bin die träumerisch schäumige Butter.

(Das Skelett einer Judas-Hand erdrosselt das Licht. Sein Grün verblaßt zu Malve. Der Gasstrahl jault pfeifend.)

DER GASSTRAHL Puah! Pfuiiiiii!

(Zoe rennt zum Kandelaber und bringt, ihr Bein krümmend, den Glassturz in Ordnung.)

ZOE Wer hat 'nen Glimmstengel, wo ich einmal hier bin?

LYNCH *(schnipst ihr eine Zigarette auf den Tisch)*: Da.

ZOE *(den Kopf in mokantem Stolz zur Seite geneigt):* Ist das die Art, einer Dame den *pot* zu reichen? *(Sie reckt sich, um die Zigarette über der Flamme anzuzünden, dreht sie langsam darüber und zeigt dabei die braunen Büschel in ihren Achselhöhlen. Lynch lüftet mit seinem Schürhaken dreist eine Seite ihres Unterkleids. Nackt von den Strumpfbändern aufwärts, erscheint ihr Fleisch unter dem Saphirblau nixengrün. Sie zieht gelassen an ihrer Zigarette.)* Kannst du auch den Schönheitsfleck auf meinem Hintern sehen?

LYNCH Ich sehe woanders hin.

ZOE *(macht Schafsaugen):* Soso. Unter dem machst dus wohl nicht, was? Würde der Herr wohl mal in den sauren Apfel beißen?

(Schielend in mokanter Schamhaftigkeit blickt sie bedeutungsvoll seitlich zu Bloom hinüber, dreht sich dann um zu ihm und zupft ihr Unterkleid vom Schürhaken los. Blaues Fluidum fließt wieder über ihr Fleisch. Bloom steht gierig lächelnd da und dreht die Daumen. Kitty Ricketts beleckt ihren Mittelfinger mit Speichel, blickt in den Spiegel und glättet sich beide Augenbrauen. Lipoti Virag, Basilikogrammat, kommt durch den Kaminrauchfang heruntergeflutscht und stolziert auf tapsigen rosa Stelzen zwei Schritte nach links. Er ist in mehrere Mäntel eingewurstet und trägt einen braunen Macintosh, unter dem er eine Pergamentrolle hält. In seinem linken Auge blitzt das Monokel von Cashel Boyle O'Connor Fitzmaurice Tisdall Farrell. Auf seinem Kopf sitzt ein ägyptisches Pschent. Hinter den Ohren steckt ihm je ein Federkiel.)

VIRAG *(Hacken zusammen, verbeugt sich):* Mein Name ist Virag Lipoti, aus Szombathely. *(Er hustet gedankenvoll, trocken)* Promiskuöse Nacktheit scheint hier wohl zum guten Ton zu gehören, was? Versehentlich enthüllte ihre Hinteransicht die Tatsache, daß sie keines jener ziemlich intimen Kleidungsstücke trägt, deren ganz besonderer Verehrer du bist. Die Injektionsnarbe auf dem Schenkel ist dir, hoffe ich, nicht entgangen? Gut.

BLOOM Großpapatschi, aber . . .

Virag Nummer zwei andererseits, die mit dem Kirschenrouge und Friseusenweiß, deren Haar nicht wenig von seiner Farbe unserem Stammeselixier aus Gopherholz verdankt, trägt ein Straßenkostüm und ist eng korsettiert, ihrem Sitzen nach, möchte ich meinen. Das Rückgrat vorne, sozusagen. Berichtige mich, wenn ich irre, aber ich habe dich immer dahingehend verstanden, daß der von leichtfertigen Menschenwesen vollzogene Akt dich bei Vorhandensein eines Schimmers von *lingerie* vermöge seiner Exhibitionistizistik immer besonders angesprochen habe. In einem Wort: Hippogriff. Habe ich recht?

Bloom Sie ist ziemlich mager.

Virag *(nicht mißfällig):* Durchaus! Gut beobachtet, und jene Puffrocktaschen und der leichte Bauschungseffekt sind darauf berechnet, Hüftenrundlichkeit vorzutäuschen. Eine Neuerwerbung auf irgendeinem Monster-Ausverkauf, für die ein Einfaltspinsel hat berappen müssen. Buhlerischer Putz, das Auge zu betrügen. Richte deine Aufmerksamkeit auf einzelne Staubflecken. Ziehe nie erst morgen an, was man heut' schon tragen kann. Parallaxe! *(Mit einem nervösen Kopfzucken)* Hast du gehört, wie mein Gehirn schnapp gemacht hat? Pollysyllabaxe!

Bloom *(einen Ellbogen ruhend in der Hand, einen Zeigefinger an der Wange):* Sie macht einen traurigen Eindruck.

Virag *(zynisch, die Wieselzähne gelb enthlößt, zieht sein linkes Auge mit einem Finger nieder und bellt heiser):* Bloß Schmu! Hüte dich vor dem jungen Nüttchen und der geheuchelten Traurigkeit. Gassenlilie. Alle haben sie ein scharfes Hahnenfüßchen, entdeckt von Rualdus Colombus. Tummle dich. Columble in ihr rum. Chamäleon. *(Besser gelaunt)* Na schön denn, erlaube mir nun, deine Aufmerksamkeit auf Nummer drei zu lenken. Auch dem unbewaffneten Auge wird vieles von ihr sichtbar. Bemerke die Masse sauerstoffgesättigter pflanzlicher Substanz auf ihrem Schädel. Mann o Mann, da ist was dran! Das häßliche Entlein des edlen Vereins, ein Schwabbelarsch mit Ohren.

Bloom *(bedauernd):* Immer wenn man ohne seine Flinte ausgeht.

Virag Wir haben alle Qualitäten da, mild, mittel und scharf. Bezahl dein Geld, triff deine Wahl. Wie glücklich könntest du mit jeder . . .

Bloom Mit . . .?

Virag *(die Zunge aufrollend):* Lyum! Schau nur. Sie hat ein breites Chassis. Ist mit einer nicht unbeträchtlichen Fettschicht gepolstert. Nach Busengewicht unverkennbar ein Säugetier, hat sie, wie du bemerkst, vorn auf guter Höhe zwei Auswüchse von sehr achtbaren Dimensionen, welche die Tendenz zeigen, in den Mittagssuppenteller zu fallen, während sich auf ihrer Rückseite weiter unten zwei zusätzliche Auswüchse befinden, die ein mächtiges Rectum indizieren, bei Palpation anschwellen und lediglich an Kompaktheit zu wünschen übrig lassen. Derart fleischige Partien sind das Produkt sorgfältiger Ernährung. Bei Stallfütterung erreicht die Leber elefantenhafte Größe. Kugeln aus frischem Brot mit gemeinem Bockshornklee und Benzoeharz, heruntergespült mit Trünken grünen Tees, verschaffen ihnen während ihrer kurzen Lebenszeit natürliche Nadelkissen von förmlich kolossaler Specktranigkeit. Das paßt dir wie die Faust aufs Auge, was? Fleischtöpfe Ägyptens, nach denen es einen schon verlangen kann. Schwelge nur darin. Lycopodium. *(Seine Kehle zuckt krampfhaft)* Zickezacke, peng! Da gehts schon wieder los.

Bloom Das Gerstenkorn mißfällt mir.

Virag *(wölbt die Brauen):* Berührung mit einem Goldring, sagt man. *Argumentum ad feminam,* wie wir im alten Rom und antiken Griechenland sagten, als Diplodocus und Ichthyosaurus Konsuln waren. Für den Rest dann Evas unfehlbares Heilmittel. Unverkäuflich. Nur leihweise. Hugenotte. *(Er zuckt)* Ist doch ein komisches Geräusch. *(Er hustet aufmunternd)* Aber möglicherweise handelt es sich bloß um eine Warze. Ich darf wohl annehmen, daß du dir gemerkt haben wirst, was ich dich bezüglich dieses Gegenstandes gelehrt haben werde? Weizenmehl mit Honig und Muskatnuß.

BLOOM *(überlegend)*: Weizenmehl mit Lycopodium und Syllabax. Hochnotpeinliche Untersuchung das. Es war ein ungewöhnlich anstrengender Tag heute, eine Kette von Unfällen. Warte mal. Ich meine, du hast gesagt, Warzenblut breitet Warzen aus ...

VIRAG *(streng, seine Nase wird harthöckrig, sein Seitenauge blinzelt)*: Jetzt laß mal das Däumchendrehen sein und nimm deine Gedunken zusammen. Siehst du, du hast es vergessen. Üb dich in der Mnemotechnik. *La causa è santa.* Tara. Tara. *(Beiseite)* Er wird sich bestimmt erinnern.

BLOOM Auch Rosmarin, hast du gesagt, wenn ich dich richtig verstanden habe, oder Willenskraft, gegen parasitäres Gewebe. Dann, nein, ah, da geht mir ein Licht auf. Die Berührung einer Totenhand heilt. Mnemo?

VIRAG *(erregt)*: Ich sags ja. Ich sags ja. Genau das. Technik. *(Er pocht energisch auf seine Pergamentrolle)* Dieses Buch sagt dir, wie du dich zu verhalten hast, mit Beschreibung sämtlicher Einzelheiten. Sieh im Index unter Akonit nach bei panischer Angst, unter Salzsäure bei Melancholie, unter Pulsatilla bei Priapismus. Virag wird über Amputation reden. Unser alter Freund Höllenstein. Man muß sie verhungern lassen. Mit Pferdehaar abschneiden unter dem eingezogenen Hals. Doch um vom Hölzchen aufs Stöckchen zu kommen, hast du dir schon eine Meinung gebildet, ob du an Frauen in Männerkleidern Gefallen findest oder nicht? *(Mit trockenem Kichern)* Du trugst dich doch mit der Absicht, ein volles Jahr dem Studium des Religionsproblems und die Sommermonate des Jahres 1882 der Quadratur des Kreises und dem Gewinn jener Million zu widmen. Granatapfel! Vom Erhabenen zum Lächerlichen ist nur ein Schritt. Pyjamas, könnten wir doch sagen? Oder strumpfartige Zwickelhosen, geschlossen? Oder, setzen wir mal den Fall, diese komplizierten Combinations, die Hemdhosen? *(Er kräht spöttisch)* Kikiriki!

(Bloom läßt den Blick unsicher über die drei Huren schweifen, sieht dann zu dem verschleierten malvenfarbigen Licht hinüber und hört die immerfliegende Motte)

BLOOM Ich wollte, es wäre zu Ende jetzt. Nachtanzug war nie. Daher dieser. Aber morgen ist ein neuer Tag, wird sein. Vergangenheit war, ist heute. Was jetzt ist, wird dann morgen, wie es jetzt war, vergangenes Gestern sein.

VIRAG *(souffliert ihm ins Ohr, schweinefurz-kurz):* Eintagsfliegen verbringen ihr kurzes Leben mit wiederholter Begattung, angelockt vom Geruch der an Schönheit ihnen nachstehenden Weibchen, welche in der Dorsalgegend über extendifizierte pudentale Verve verfügen. Na, alter Poll? *(Sein gelber Papageienschnabel plappert nasal)* In den Karpathen gab es ein Sprichwort, im oder so ungefähr ums Jahr fünf tausend fünf hundert und fünf zig unserer Zeitrechnung. Ein Eßlöffel Honig lockt Meister Petz mehr an als ein halbes Dutzend Fässer erstklassigen Bieressigs. Bärengebrumm vertreibt Bienengesumm. Doch davon gesondert. Wir können vielleicht ein andermal darauf zurückkommen. Jedenfalls waren wir sehr angetan, wir andern. *(Er hustet, beugt die Stirn und reibt sich mit hohler Schaufelhand gedankenvoll die Nase)* Du wirst finden, daß diese Nachtinsekten dem Lichte folgen. Eine Illusion das, denke nur an ihr komplexes unverstellbares Auge. All diese verwickelten Fälle findest du im siebzehnten Bande meiner ›Grundlagen der Sexologie / oder / Die Liebes-Leidenschaft‹ behandelt, die, so sagt Dr. L. B., die Buchsensation des Jahres sind. Manche zum Beispiel gibt es wiederum, deren Bewegungen automatisch erfolgen. Schau mal. Das da ist die ihr zugeordnete Sonne. Nachtvogel Nachtsonne Nachtstadt. Jag mich, Charley! Summ!

BLOOM Eine Biene oder Schmeißfliege stieß neulich an Schatten auf Wand, selbst ganz verdutzt, dann ich, ist ganz verdutzt hemdabwärts gewandert, bloß gut daß ich . . .

VIRAG *(mit unbewegtem Gesicht, lacht weibisch laut und hoch):* Phantastisch! Spanische Fliege im Hosenlatz oder ein Senfpflaster auf seinen Pflanzstock! *(Er kollert gierig mit Truthahnbart)* Kollergockel! Kollergockel! Wo sind wir denn? Sesam, öffne dich! Komm heraus! *(Er entrollt rasch das Pergament und liest, seine Glühwürmchennase läuft rückwärts über die Buchstaben, die er betatzt)* Halt, guter Freund. Ich bringe dir deine Antwort. In Kürze werden Redbank-Austern vor uns stehen. Ich bin der beste im Kochen. Die genannten saftigen Bivalven können uns vielleicht weiterhelfen, und die Trüffeln aus Perigord, Knollen, welche uns das sehr verehrliche allesfressende Schwein in der Erde aufgetrieben, waren stets unübertroffen in Fällen von Nervenschwäche oder Viragitis. Stinken sehr, doch stacheln mehr. *(Er wackelt mit dem Kopf in gackernder Stichelei)* Jokerjockel, Jokerjockel! Okular ist mein Monokel!

BLOOM *(abwesend):* Monokularisch betrachtet ist der Fall der weiblichen Bivalve der schlimmere. Ein allzeit offenes Sesam. Das gespaltene Geschlecht. Deswegen haben sie auch Angst vor Gewürm, kriechendem Zeug. Aber Eva und die Schlange, das widerspricht sich. Keine historisch gesicherte Tatsache. Deutliche Analogie zu meiner Idee. Schlangen sind auch scharf auf Weibermilch. Winden sich durch Meilen von allesfressendem Wald, um ihnen die saftigen Brüste trocken zu sucksuckulieren. Wie jene kollerjockeligen römischen Matronen, von denen man bei Elephantuliasis liest.

VIRAG *(den Mund in harten Falten vorgestülpt, die Augen steinig verloren geschlossen, psalmodiert in fremdartiger Monotonie):* Daß diese Kühe mit ihren mit diesen prallvollen Eutern für die sie beka die bekannten die die sie ...

BLOOM Ich fange gleich an zu schreien!

JACK THE BOWER *(in Trauerkleidung, mit gesträubtem Schamhaar, in der Hand ein überzogenes Bankkonto, macht eine Einfügung):* Ich ebenfalls. Götter selbst vergebens.

BLOOM Verzeihung gütigst. Ah? So. *(Er wiederholt)* Freiwillig des Sauriers Lager aufzusuchen, um ihre Titten seinem gierigen Saugen anzuvertrauen. Ameise melkt Blattlaus. *(Pro-*

fund) Instinkt regiert die Welt. Im Leben. Im Tode.

VIRAG *(den Kopf zurseite, wölbt den Rücken und die gekrümmten Flügelschultern, späht aus plierigen Glotzaugen nach der Motte, streckt eine Mondsichelklaue aus und schreit):* Wer ist Ger Ger? Wer ist der liebe Gerald? Oh, ich hab ja so Angst, daß er ganz schrecklich verbrennt! Will nicht Mensch freundliches irgendein jetzt verhintern Trauerfall so katastrophischen indem daß Schwenkung von erstklassiges Tafelzerbinette? *(Er miaut)* Luss puss puss puss! *(Er seufzt, weicht zurück und starrt seitlich auf den Boden mit hängendem Unterkiefer)* Na schön, na schön. Balde ruhet sie auch.

Ich bin ein winzig lüttes Ding,
Flieg immerfort im Frühüling
Herumdidumm im Ringelring.
Einst war ich gar ein Köhöning,
Nun ist mein Sach ein ander Ding,
Die Flügel schwing ich, lang und flink!
Bing!

(Er saust gegen den malvenfarbenen Schirm, es gibt einen lauten Flapp) Nette nette nette nette nette nette Unterrötte.

(Vom Eingang links oben kommt mit zwei gleitenden Schritten Henry Flower nach vorn links in die Mitte. Er trägt einen dunklen Mantel und einen schlappen Sombrero mit Feder. Er hat ein furniertes Hackbrett mit Silbersaiten bei sich und eine Jakobs-Pfeife mit langem Bambusrohr, deren Tonkopf wie ein Frauenhaupt gestaltet ist. Er hat eine dunkle Samthose an und Pumps mit Silberschnallen. Er besitzt das romantische Erlösergesicht mit flutenden Locken, dünnem Bart und Schnurrbart. Seine Spindelbeine und Spatzenfüße sind die des Tenors Mario, des Prinzen von Candia. Er rückt seine getollte Halskrause zurecht und befeuchtet sich die Lippen mit einem Durchziehen seiner amourösen Zunge.)

HENRY *(mit leiser melodischer Stimme, die Saiten seiner Guitarre berührend):* Ein Bloomelein, ein Bloomelein, das flauert auf der Heiden.

(Der grimmige Virag, dessen Kehllappen sich gelegt hat, starrt die Lampe an. Der ernste Bloom betrachtet Zoes Nacken. Der tapfere Henry wendet sich mit hängender Wamme zum Klavier.)

STEPHEN *(bei sich):* Spiele mit geschlossenen Augen. Mach Pa nach. Den Bauch gefüllt mit Trebern, die die Säue aßen. Zuviel davon. Ich will mich aufmachen und zu meinem. Das ist wahrscheinlich der. Steve, du bist auf einem verfänglichen Weg. Muß beim alten Deasy vorbei oder telegraphieren. Unsere Unterredung heute morgen hat einen tiefen Eindruck in mir hinterlassen. Obwohl unser Altersunterschied. Werde morgen ausführlich schreiben. Bin übrigens ziemlich angesäuselt. *(Er berührt wieder die Tasten)* Jetzt kommt ein Moll-Akkord. Ja, aber nicht sehr.

(Almidano Artifoni streckt ihm mit kraftvollem Schnurrbartspiel eine Taktstockrolle Musik hin.)

ARTIFONI *Ci rifletta. Lei rovina tutto.*

FLORRY Sing uns was. *Love's old sweet song.*

STEPHEN Nicht bei Stimme. Ich bin ein fix und fertiger Künstler. Lynch, habe ich dir eigentlich die Zuschrift über die Laute gezeigt?

FLORRY *(grinsend):* Der Vogel, der singen kann, aber nicht will.

(Die siamesischen Zwillinge, Philipp Suffkopp und Philipp Nüchtern, zwei Oxford-Dons mit Rasenmähern, erscheinen in der Fensternische. Beide sind mit Matthew Arnolds Gesicht maskiert.)

PHILIPP NÜCHTERN Nimm den Rat eines Narren an. Es ist durchaus nicht alles gut. Rechnes doch mit einem Bleistiftstummel aus, wie ein richtiger kleiner Dummrian. Drei Pfund zwölf hast du, zwei Scheine, einen Sovereign, zwei Kronen, ach Jugend kennt keine Tugend. Mooney en ville, Mooney sur mer, die Moira, Larchet, Holles Street Hospital, Burke. Äh? Ich beobachte dich.

PHILIPP SUFFKOPP *(ungeduldig):* Ah, Blödsinn, Mann! Geh

zum Teufel! Ich hab alles bezahlt. Wenn ich das mit den Oktaven bloß rauskriegte! Reduplikation der Persönlichkeit. Wer war das doch, der mir seinen Namen gesagt hat? *(Sein Rasenmäher beginnt zu schnurren)* Aha, ja. *Zoe mou sas agapo.* Hab so das Gefühl, als wär ich hier früher schon mal gewesen. Wann bloß, war das nicht Atkinson, ich hab doch seine Karte irgendwo? Mac Soundso. Unmack, ich habs. Er hat mir erzählt von, halt mal, Swinburne, wars nicht der, he, nein?

FLORRY Und das Lied?

STEPHEN Der Geist ist willig, aber das Fleisch ist schwach.

FLORRY Bist du eigentlich aus Maynooth? Du siehst jemand ähnlich, den ich mal kannte.

STEPHEN Stimmt, bin ich, raus da jetzt. *(Bei sich)* Schlau.

PHILIPP SUFFKOPP UND PHILIPP NÜCHTERN *(ihre Rasenmäher schnurren zu einem Rigadoon von Grashalmen):* Schlauer Bauer. Raus da jetzt. Raus da jetzt. Bist aus dem Schneider. Nebenbei, hast du das Buch, das Ding, den Eschenstock? Ah ja, da ist er, ja. Schlauerbauer rausdajetzt. Immer schön in Übung bleiben. Machts wie wir.

ZOE Vor zwei Nächten war ein Priester hier, der wollte sein bißchen Geschäft mit zugeknöpftem Rock erledigen. Brauchst dich gar nicht verstecken, sag ich zu ihm. Ich weiß doch, daß du ’nen römischen Kragen hast.

VIRAG Vollkommen logisch von seinem Standpunkt aus. Sündenfall des Mannes. *(Grell, mit sich weitenden Pupillen)* Zur Hölle mit dem Papst! Nichts Neues unter der Sonne. Ich bin der Virag, der die Sex-Geheimnisse von Mönchen und Mädchen enthüllte! Warum ich aus der Römischen Kirche ausgetreten bin. Lest Der Priester, die Frau und der Beichtstuhl. Penrose. Flipperty Jippert. *(Er windet sich)* Weib, legt mit süßer Scham ihren Gürtel aus Binsengeflecht ab, bietet ihr allfeuchtes Yoni des Mannes Lingam. Kurze Zeit später wird Weib von Mann mit Stücken Dschungelfleisch beschenkt. Weib zeigt Freude und bedeckt sich mit Federkleid. Mann liebt ihr Yoni wild mit dickem

Lingam, dem Steifen. *(Er schreit) Coactus volui.* Dann will schwindliges Weib herumlaufen. Starker Mann packt Weibs Handgelenk. Weib quiekt, beißt, spuckt. Mann, jetzt richtig wütend, schlägt Weibs fettes Yadgana. *(Er hascht nach seinem Schwanz)* Piffpaff! Popo! *(Er hält inne, niest)* Pchp! *(Er druckst mit dem Hintern)* Prrrrrht!

LYNCH Ich hoffe, du hast dem guten Pater eine Buße auferlegt. Neun Glorias, wenn einem im Schlaf was abgegangen ist.

ZOE *(bläst Walroßdampf durch die Nüstern):* Er ist ja gar nicht zu Potte gekommen. Bloß sonn bißchen Gefühl, verstehst du. Trockener Rutsch.

BLOOM Armer Mann!

ZOE *(leichthin):* Bloß wegen was ihm passiert ist.

BLOOM Wie – was?

VIRAG *(ein diabolisches Schnabelsperren von schwarzem Glanz verzieht sein Gesicht, er reckt den dürren Hals nach vorn. Er hebt eine Mondkalbschnauze und heult)*: Verfluchte Gojim! Er hat einen Vater gehabt, vierzig Väter. Er hat nie existiert. Großer Kotz! Er hatte zwei linke Füße. Er war Judas Iacchias, ein libyscher Eunuch, Bastard des Papstes. *(Er neigt sich vor, gestützt auf verdrehte Vorderpfoten, die Ellbogen starr gebeugt, das Auge agonisch zuckend im flachen Schädelnacken, und belfert über die stumme Welt)* Ein Hurensohn. Apokalypse.

KITTY Und Mary Shortall, die mit der Syphilis in der Isolierten gelegen hat, von Jimmy Pidgeon hatte sie die, einem von den Blauen Jungs, also die hatte auch noch ein Kind von ihm, das nicht schlucken konnte und an den Krämpfen erstickt ist auf der Matratze, und wir alle haben noch gesammelt damals für die Beerdigung.

PHILIPP SUFFKOPP *(ernst): Qui vous a mis dans cette fichue position, Philippe?*

PHILIPP NÜCHTERN *(fröhlich): C'était le sacré pigeon, Philippe.*

(Kitty zieht die Nadel aus ihrem Hut, nimmt diesen ab und

legt ihn ruhig nieder, sich das Hennahaar tätschelnd. Und nie noch sah man einen hübscheren, einen feineren Kopf mit wonnesameren Locken auf einer Hure Schultern. Lynch setzt sich ihren Hut auf. Sie schlägt ihn herunter.)

LYNCH *(lacht):* Und solche Späße hat Metschnikoff den Menschenaffen eingeimpft.

FLORRY *(nickt):* Lokomotorische Ataxie.

ZOE *(fröhlich):* Himmel, wo ist mein Lexikon!

LYNCH Drei kluge Jungfrauen.

VIRAG *(schüttelfrostgeschüttelt, reichlicher gelber Laich schäumt über seine knochendürren epileptischen Lippen):* Sie hat Liebestränke verkauft, Weißwachs, Orangenblüte. Panther, der römische Centurio, schändete sie mit seinen Genitorien. *(Er streckt eine flackernde phosphoreszierende Skorpionszunge heraus, die Hand an der Liebeskrücke)* Messias! Er sprengte ihr das Trommelfellchen. *(Mit schnatternden Paviansschreien wirft er die Hüften in zynischem Krampf)* Hik! Hek! Hak! Hok! Huk! Kuk! Kuk!

(Ben Jumbo Dollard, strahlend rot, muskulös, nasenlochhaarig, riesenbärtig, blumenkohlohrig, zottelbrüstig, hockenmähnig, fettgepäppelt, tritt vor, um Lenden und Genitalien eine stramme schwarze Badehose.)

BEN DOLLARD *(läßt Kastagnettenknochen in seinen riesigen wattierten Pratzen tackern, jodelt jovial in baritonnigem Faßbaß):* Wenn Lieb' mein glühend Herz verzehrt.

(Die Jungfrauen, Schwester Callan und Schwester Quigley, brechen durch Ringhalter und Stricke und erdrücken ihn fast mit offenen Armen.)

DIE JUNGFRAUEN *(überschwenglich):* Big Ben! Ben MacChree!

EINE STIMME Kuckmal, der Bursche da mit der komischen Hose!

BEN DOLLARD *(haut sich mit überschäumendem Gelächter auf den Schenkel):* Ja, kuck sich den einer an!

HENRY *(streichelt an seiner Brust einen vom Rumpf getrennten Frauenkopf, murmelt):* Dein Herz, meine Liebe. *(Er zupft an den Saiten seiner Laute)* Als ich ihr lockend Bild zum erstenmal . . .

VIRAG *(wirft seine Häute ab, sein vielfältiges Gefieder mausert sich):* Alles Schwindel! *(Er gähnt, zeigt eine kohlschwarze Kehle und schließt die Kiefer mit einem von unten geführten Stoß seiner Pergamentrolle)* Nach welchselbiger Äußerung ich Abschied nahm. Lebt wohl. Lebe du wohl. Dreck!

(Henry Flower kämmt sich rasch mit einem Taschenkamm Schnurrbart und Bart und drapiert sich eine Tolle ins Haar. Gelenkt von seinem Rapier gleitet er zur Türe, die wilde Harfe auf dem Buckel. Virag erreicht die Tür in zwei linkischen Stelzenhopsern, den Schwanz aufgerichtet, klatscht geschickt ein eitergelbes Flugblatt seitlich an die Wand und stößt es mit dem Kopf fest.)

DAS FLUGBLATT K. 11. Plakatankleben verboten. Strengste Diskretion. Dr. Hy. Franks.

HENRY Alles ist jetzt verloren.

(Virag schraubt im Nullkommanichts seinen Kopf ab und nimmt ihn unter den Arm.)

VIRAGS KOPF Quack!

(Exeunt nach verschiedenen Seiten)

STEPHEN *(über die Schulter zu Zoe):* Du hättest wohl lieber den streitbaren Pfaffen gehabt, der den protestantischen Irrtum begründete. Aber hüte dich vor Antisthenes, dem hündischen Weisen, und vor dem Ende des Arius Haeresiarchus. Todeskampf im Klosett.

LYNCH Alles einundderselbe Gott für sie.

STEPHEN *(andächtig):* Und Herrscher aller Dinge.

FLORRY *(zu Stephen):* Also du bist doch bestimmt ein verkrachter Priester. Oder Mönch.

LYNCH Das ist er. Kardinalssohn.

STEPHEN Kardinalsünde. Monks of the Screw.

(Seine Eminenz, Simon Stephen Kardinal Dedalus, Primas von ganz Irland, erscheint in der Tür, trägt rote Soutane, Sandalen und Socken. Sieben zwergaffenartige Akoluthen,

ebenfalls in Rot, Kardinalsünden, halten seine Schleppe hoch und lugen darunter. Er hat einen abgenutzten Seidenzylinder schief auf dem Kopf. Die Daumen hat er in die Achselhöhlen gesteckt und die Handflächen ausgespreizt. Um seinen Hals hängt ein Rosenkranz aus Korken, der auf seiner Brust in einem Korkzieherkreuz endigt. Die Daumen freimachend, erfleht er mit großen Wogenbewegungen Gnade aus der Höhe und proklamiert mit geschwollenem Pomp.)

DER KARDINAL

Conservio liegt gefangen.
Er liegt im tiefsten Verlies
Mit Handfesseln und Ketten an den Gliedern,
So mehr denn drei Tonnen wiegen.

(Er blickt alle einen Augenblick lang an, das rechte Auge fest geschlossen, die linke Backe aufgeblasen. Dann wiegt er sich, unfähig, seine Fröhlichkeit länger zu unterdrücken, hin und her in den Hüften, die Arme in die Seiten gestemmt, und singt in breiter ausgelassener Stimmung.)

Ach, der a-a-arme Kleine
Hatte ge-ge-gelbe Beine,
Er war stattlich und schwer und bei Enten sehr beliebt.
Doch den Kohl sich zu fetten,
Hat ein Mordgesell dem netten
Enterich Nell Flahertys den Hals abgehiebt.

(Eine Unmenge Mücken schwärmt über seine Robe. Er kratzt sich mit gekreuzten Armen an den Rippen, schneidet Grimassen dabei und ruft aus:)

Ich leide die Todesqual der Verdammten! Bei Gottes Zahnstocher, Jesus sei Dank, daß die lustigen kleinen Burschen nicht alle eines Sinnes sind! Wenn sies wären, hätten sie mich schnell so weit, daß ich vom Angesicht dieses miesen Globus verschwände.

(Den Kopf leicht geschieft, segnet er barsch mit Zeige- und Mittelfinger, erteilt den Osterkuß und walzert in komischer Pose ab, den Hut herüber und hinüber schwenkend und dabei schnell zur Größe seiner Schleppenträger zusammenschrump-

fend. Die zwergischen Akoluthen zickzackzockeln kichernd, glotzend, sich anstoßend, beliebäugelnd, osterküssend hinter ihm her. Man hört seine Stimme jovial in der Ferne, mitleidig, männlich, melodiös.)

Soll tragen mein Herz zu dir,
Soll tragen mein Herz zu dir,
Und der Balsamodem der Nacht
Soll tragen mein Herz zu dir.

(Die Trick-Türklinke dreht sich)

DIE TÜRKLINKE Diiiiir.

ZOE Der Teufel steckt in der Tür.

(Eine männliche Gestalt kommt die knarrende Treppe herunter, und man hört, wie sie Regenmantel und Hut von der Garderobe nimmt. Bloom tut unwillkürlich ein paar Schritte vor, zieht, während er im Vorbeigehen halb die Türe schließt, die Schokolade aus der Tasche und bietet sie nervös Zoe an.)

ZOE *(schnüffelt rasch an seinem Haar):* Hmm. Bedank dich bei deiner Mutter für die Blumen. Ich mag das sehr, was ich gern mag.

BLOOM *(hört draußen vor der Haustür eine männliche Stimme mit den Huren sprechen, spitzt die Ohren):* Wenn nun er es wäre? Hinterher? Oder weil nicht? Oder das doppelte Ereignis?

ZOE *(reißt das Silberpapier auf):* Finger sind eher gemacht worden als Gabeln. *(Sie bricht sich ein Stück ab und knabbert daran, gibt auch Kitty Ricketts ein Stück und wendet sich dann kätzchenhaft Lynch zu)* Du hast doch nichts gegen französische Rautenriegel? *(Er nickt. Sie hänselt ihn.)* Ja, willst dus nun jetzt oder warten, bis dus kriegst? *(Er öffnet den Mund, den Kopf gereckt. Sie läßt den Preis linksum im Kreise wirbeln. Sein Kopf folgt. Dann läßt sies rechtsum kreisen. Er beäugt sie.)* Fangs! *(Sie wirft ihm ein Stück zu. Mit geschicktem Schnapp fängt er es auf und beißt es krachend durch.)*

KITTY *(kauend):* Der Ingenieur, mit dem ich auf dem Basar war, der hat welche, phantastisch! Mit lauter bestem Likör gefüllt. Und der Vizekönig war auch da, mit seiner Frau. Mensch, haben wir uns amüsiert auf dem Reitkarussell von Toft! Mir ist noch immer ganz schwindelig davon.

BLOOM *(in Svengalis Pelzmantel, mit verschränkten Armen und napoleonischer Stirnlocke, schaut in bauchrednerischem Exorzismus mit durchdringendem Adlerblick finster zur Tür. Dann macht er, starr, den linken Fuß vorgestellt, mit zwingendem Finger eine rasche Streichbewegung und das Zeichen des Logenmeisters, indem er mit dem rechten Arm von der linken Schulter niederfährt):* Geh, geh, geh, ich beschwöre dich, wer immer du auch seist.

(Man hört ein männliches Husten und Schritte, die draußen durch den Nebel gehen. Blooms Züge entspannen sich. Er steckt, in ruhiger Pose, eine Hand in die Westentasche. Zoe bietet ihm Schokolade an.)

BLOOM *(feierlich):* Danke.

ZOE Tu, was dir gesagt wird. Hier.

(Ein zackiges Hackenschlagen ist auf der Treppe zu hören.)

BLOOM *(nimmt die Schokolade):* Ein Aphrodisiakum? Aber ich hab sie gekauft. Vanille beruhigt, oder? Mnemo. Trübes Licht trübt das Gedächtnis. Rot wirkt auf Lupus. Farben beeinflussen den Charakter der Frauen, wenn sie einen haben. Dies Schwarz macht mich traurig. Essen und fröhlich sein, denn morgen. *(Er ißt)* Wirken auch auf den Geschmack, Malvenfarbe. Aber es ist so lange her, daß ich. Scheint mir neu. Aphro. Dieser Priester. Mußte ja kommen. Lieber spät als nie. Trüffeln bei Andrews probieren.

(Die Tür geht auf. Bella Cohen, eine massige Puffmutter, tritt ein. Sie ist in ein elfenbeinfarbenes Dreiviertel-Kleid gehüllt, das einen Fransensaum von bequastetem Salband hat, und fächelt sich Kühlung zu, indem sie mit einem schwarzen Hornfächer wedelt wie Minnie Hauck in der Carmen. *An ihrer linken Hand steckt ein Ehe- und ein Schutzring. Ihre Augen sind tief geschwärzt. Sie hat einen sprießenden Schnurrbart. Ihr olivdunkles Gesicht ist dicklich, leicht verschwitzt und vollnasig, die Nüsterngegend orangen getönt. Sie trägt große*

hängende Beryll-Ohrringe.)

BELLA Mein Wort drauf! Ich bin quatschnaß geschwitzt.

(Sie blickt sich um, mustert die Paare. Dann ruhen ihre Augen mit zäher Hartnäckigkeit auf Bloom. Ihr großer Fächer wedelt Wind in ihr erhitztes Gesicht, auf Nacken und Embonpoint. Ihre Falkenaugen funkeln.)

DER FÄCHER *(geschwind wedelnd, dann langsam):* Verheiratet, wie ich sehe.

BLOOM Ja ... das heißt, zum Teil nur, ich habe ... verlegt ...

DER FÄCHER *(sich halb öffnend, sich dann schließend):* Und Madame ist der Herr im Hause, was? Unterrockregiment.

BLOOM *(senkt den Blick mit schäfischem Grinsen):* Das kann schon stimmen.

DER FÄCHER *(faltet sich zusammen, ruht an einem Ohrgehänge):* Hast du mich vergessen?

BLOOM Na. Jein.

DER FÄCHER *(zusammengefaltet in ihre Seite gestemmt):* Bin ich sie war du träumt zuvor? War dann sie er du uns bekannt? Bin alle sie dieselb nun wir?

(Bella tritt näher, schlägt leicht mit dem Fächer)

BLOOM *(zurückfahrend):* Mächtiges Wesen! Lies in meinen Augen jenen Schlummer, den die Frauen so lieben.

DER FÄCHER *(mit einem leichten Schlag):* Wir sind uns begegnet. Du bist mein. Das ist Schicksal.

BLOOM *(eingeschüchtert):* Üppiges Weib! Gewaltig erwünsche ich deine Beherrschung. Ich bin erschöpft, verlassen, nicht mehr jung. Ich stehe sozusagen mit einem nicht aufgegebenen Briefe, der mit Sonderzuschlag frankiert ist, vor dem Briefkasten für verspätete Post am Hauptpostamt des menschlichen Lebens. Die rechtwinklig offenstehende Tür wie auch das ebensolche Fenster verursacht einen Luftzug von zweiunddreißig Fuß pro Sekunde nach dem Gesetz des freien Falls. Ich habe soeben einen zuckenden Ischias-Schmerz in meinem linken Glutäus empfunden. Das liegt bei uns in der Familie. Der arme liebe Papa, ein Witwer, war in dieser Hinsicht ein regelrechtes Barometer. Er glaubte an die Wirkung animalischer Wärme. Seine Winterjacke trug ein Futter aus Katzenfell. Kurz vor seinem Ende fiel ihm König David ein und die Sulamiterin, und er teilte sein Bett mit Athos, dem getreuen noch über den Tod hinaus. Eines Hundes Speichel ist, wie du vielleicht ... *(Er zuckt zurück)* Ah!

RICHIE GOULDING *(aktentaschenbeschwert, geht an der Tür vorüber):* Spotten steckt an. Was Besseres nicht in ganz Dub. Wie für eines Fürsten Leber und Niere.

DER FÄCHER *(mit einem leichten Schlag):* Alles hat ein Ende. Sei mein. Jetzt.

BLOOM *(unentschlossen):* Jetzt gleich? Ich hätte mich nicht von meinem Talisman trennen sollen. Regen, Ausgesetztsein dem Taufall auf den Meeresfelsen, eine kleine läßliche Sünde in meinem Lebensalter. Jedes Phänomen hat seine natürliche Ursache.

DER FÄCHER *(zeigt langsam niederwärts):* Du darfst.

BLOOM *(blickt nach unten und bemerkt, daß ihr der Schnürsenkel aufgegangen ist):* Wir werden beobachtet!

DER FÄCHER *(zeigt rasch niederwärts):* Du mußt.

BLOOM *(voll Begierde, voll Widerstreben):* Ich kann einen echten schwarzen Knoten machen. Gelernt, als ich meine Zeit ausdiente und bei Kellet in der Versandabteilung tätig war. Erfahrene Hand. Ein Knotenband sagt allerhand. Laß mich. In aller Gewogenheit. Ich habe schon einmal heute gekniet. Ah!

(Bella hebt leicht ihr Kleid und stellt, ihre Positur straffend, auf die Kante eines Stuhls einen plumpen Huf in Halbschnürstiefel und eine volle Fessel, seidenbestrumpft. Bloom beugt sich steifbeinig, alternd, über ihren Huf und zieht ihr mit sanften Fingern die Senkel aus und ein.)

BLOOM *(murmelt liebevoll):* Bei Mansfield's Schuhverkäufer zu sein, war meiner Liebe Jugendtraum, die herrliche Freude des süßen Hakenschnürens, die Lust, den Damen aus der Clyde Road die modischen, so unglaublich kleinen, satingefütterten Ziegenlederstiefelchen auf volle Knielänge zuzubinden, hin und her und her und hin. Sogar das Wachsmodell dort, Raymonde, suchte ich täglich auf, um den spinnwebdünnen Strumpf und die Rhabarberstengelzehe, wie mans in Paris trägt, zu bewundern.

DER HUF Rieche mein heißes Ziegenleder. Fühle mein königliches Gewicht.

BLOOM *(hin und her schnürend):* Zu fest?

DER HUF Wenn du Pfusch machst, du Witzbold, spiel ich Fußball mit dir.

BLOOM Darf nicht ins falsche Ohr kommen, wies mir an dem Abend damals auf dem Basar-Ball passiert ist. Bringt Unglück. Haken in die verkehrte Öse ihres ... der Person, die du erwähntest. An dem Abend begegnete sie ... Jetzt!

(Er verknotet den Senkel. Bella setzt ihren Fuß auf den Boden. Bloom hebt den Kopf. Ihr dickliches Gesicht, ihre Augen treffen ihn mitten vor die Stirn. Seine Augen werden trüb, dunkler und bekommen Säcke, seine Nase verdickt sich.

BLOOM *(mummelt):* In Erwartung Ihrer weiteren Aufträge verbleiben wir, sehr geehrte Herren ...

BELLO *(mit hartem Basiliskenblick und Baritonstimme):* Schändliche Hündin!

BLOOM *(betört):* Kaiserin!

BELLO *(seine schweren Hängebacken sacken):* Anbeterin des ehebrecherischen Hinterns!

BLOOM *(kläglich):* Ungeheurigkeit!

BELLO Kotfresserin!

BLOOM *(mit halb nachgebenden Sehnen):* Magnifizenz!

BELLO Nieder! *(Er schlägt ihr mit seinem Fächer auf die Schulter)* Die Füße vor! Den linken Fuß einen Schritt zurück! Du willst fallen. Du fällst bereits. Auf die Hände nieder!

BLOOM *(den Blick voller Bewunderung emporgerichtet, dann die Augen schließend):* Trüffeln!

(Mit einem durchdringenden epileptischen Schrei sinkt sie auf alle Viere, grunzt, schnüffelt, wühlt zu seinen Füßen, liegt

dann, scheintot, mit fest geschlossenen Augen und zitternden Lidern da, über den Boden gebeugt in der Haltung des Allerhöchsten Meisters.)

BELLO *(mit gestutztem Haar, mit purpurnem Kader und fettem Schnurrbart um den rasierten Mund, in Gebirglergamaschen, grünem Rock mit Silberknöpfen, Sporthemd und Tirolerhut mit Moorhahnenfeder, die Hände tief in den Hosentaschen, setzt ihr den Absatz auf den Nacken und dreht ihn hinein):* Fühle mein ganzes Gewicht! Beuge dich, Sklavin, vor dem Thron von deines Despoten glorreichen Hacken, die hier ergleißen in ihrer stolzen Erektheit!

BLOOM *(unterjocht, blökt):* Ich verspreche, ganz bestimmt nie ungehorsam zu sein.

BELLO *(lacht laut auf):* Heiliger Weingeist! Du hast ja keine Ahnung, was dir alles noch bevorsteht! Ich bin ein Tartar, bin grad der Richtige, dein jämmerliches Los zu erfüllen und dich zuzureiten! Ich wette sämtliche Kentucky-Cocktails in der Runde, dir treib ich die Mucken aus, mein altes Söhnchen. Komm du mir bloß einmal komisch, probiers bloß aus. Wenn dus tust, dann zittere schon im voraus vor der Hackenzüchtigung, die im Turnanzug verabreicht wird.

(Bloom kriecht unter das Sofa und lugt zwischen den Fransen hervor)

ZOE *(ihr Kleid weitend, um sie zu verdecken):* Sie ist nicht mehr da.

BLOOM *(die Augen schließend):* Ist nicht mehr da.

FLORRY *(sie mit dem Kleid verbergend):* Sie hats nicht so gemeint, Mr. Bello. Sie will wieder gut sein, Sir.

KITTY Seien Sie nicht so streng zu ihr, Mr. Bello. Das werden Sie doch bestimmt nicht sein, Ma'amsir.

BELLO *(schmeichlerisch):* Na, komm schon, mein Täubchen. Ich muß ein Wörtchen mit dir reden, Schatz, bloß um dir einen Verweis zu erteilen. Bloß eine kleine offene Aussprache von Herz zu Herz, Süße. *(Bloom streckt ihren furchtsamen Kopf heraus)* Siehst du, so ein braves Mädchen. *(Bello packt sie heftig beim Haar und zieht sie hervor)* Du sollst den Verweis nur zu deinem eigenen Besten kriegen, auf eine weiche ungefährliche Stelle. Wie wärs denn mit dem zarten Popochen? Oh, natürlich immer nur ganz sachte, Schatzilein. Mach dich fertig.

BLOOM *(der die Sinne schwinden):* Reiß mich doch nicht so an den ...

BELLO *(wild):* Den Nasenring, die Zange, den Schlagstock, den Hängehaken, die Knute, sie alle sollst du küssen, während die Flöten spielen, wie in alten Zeiten die nubische Sklavin. Diesmal kommst du mir nicht davon. Du sollst an mich denken, solange du auf Erden noch einen Pieps machen kannst. *(Seine Stirnadern geschwollen, sein Gesicht mit Blut unterlaufen)* Ich werde auf deinem Ottomanensattelrücken sitzen jeden Morgen, wenn ich mein gutes deftiges Frühstück intus habe, Mattersons fette Schenkenspeckschnitten und eine Pulle Guinness's Porter. *(Er rülpst)* Und an meiner guten deftigen Börsen-Zigarre ziehe, während ich die *Licensed Victualler's Gazette* lese. Sehr gut möglich auch, daß ich dich schlachten lasse und speilern in meinen Ställen und mir dann eine Scheibe von dir genehmige, schön mit knuspriger Kruste aus der Bratpfanne, mit Fett begossen und gebrutzelt wie Spanferkel, mit Reis und Zitrone oder Johannisbeersoße. Wart nur, dir werd ich noch wehtun.

(Er verdreht ihr den Arm. Bloom quiekt, fällt wie eine Schildkröte auf den Rücken.)

BLOOM Sei doch nicht so grausam, Onkel! Bittebitte!

BELLO *(drehend):* Und gleich noch einmal!

BLOOM *(schreit):* Oh, das ist die leibhaftige Hölle! Jeder Nerv in meinem Leibe schmerzt wie wahnsinnig!

BELLO *(brüllt):* Gut, bei den Fickfaxen des Generals! Das ist die beste Nachricht, die ich in den letzten sechs Wochen gehört habe. Hier, laß mich nicht warten, verdammtnochmal. *(Er schlägt ihr ins Gesicht)*

BLOOM *(wimmert):* Du hast mich geschlagen! Das sag ich der ...

BELLO Haltet ihn unten, Mädels, bis ich mich auf ihn gehockt habe.

ZOE Ja! Spazieren reiten auf ihm! Das mache ich!

FLORRY Nein, ich! Drängel dich nicht so vor!

KITTY Nein, laßt mich mal! Leiht ihn mir!

(Die Bordellköchin, Mrs. Keogh, faltig, graubärtig, in fettigem Schürzenlatz, an den Füßen graugrüne Männersocken und -schuhe, mehlbestaubt, eine mit rohem Teig bepappte Rolle im nackten roten Arm, erscheint an der Tür.)

MRS. KEOGH *(grimmig):* Kann ich was helfen? *(Sie halten und handfesseln Bloom)*

BELLO *(hockt sich mit einem Grunzen auf Blooms nach oben gerichtetes Gesicht, pafft Zigarrenrauch, hätschelt ein fettes Bein):* Wie ich sehe, ist Keating Clay zum Vorsitzenden des Richmond Asylum gewählt worden, und nebenbei stehen die Vorzugsaktien von Guinness auf sechzehn-dreiviertel. Flucht mich einen Narren, daß ich das Paket nicht gekauft hab, als Craig und Gardner mir davon erzählten. Bloß wieder mein infernalisches Pech, verflucht. Und dieser gottverdammte Außenseiter *Flugblatt* ist mit zwanzig zu eins durch. *(Er zerquetscht seine Zigarre wütend an Blooms Ohr)* Wo ist denn dieser gottverdammte Aschenbecher, verfluchtnochmal?

BLOOM *(mit dem Stachelstock angetrieben, auf die Hinterbacken geschlagen):* Oh! Oh! Ihr Ungeheuer! Du Grausamer!

BELLO Danach kannst du alle zehn Minuten verlangen. Bettle, bete darum, wie du noch niemals je gebetet hast. *(Er streckt eine höhnende Faust aus und eine verdorbene Zigarre)* Hier, küß das. Beides. Küß. *(Er schmeißt ein Bein rittlings über, preßt die Reiterknie an und ruft mit harter Stimme)* Hüh hott! Hopp, hopp, hopp, Pferdchen lauf Galopp! Den will ich in Eclipse beim Hindernisrennen reiten. *(Er beugt sich zur Seite und kneift seinem Reittier derb in die Hoden, brüllt dabei)* Hüh hopp hopp, fort gehts im Galopp! Ich werd dich schon richtig zureiten. *(Er macht Hoppehoppe-*

reiter, im Sahahattel wippend) Die Dame geht im Schritt im Schritt, der Kutscher geht im Trab im Trab, der Herr geht im Galoppgalopp, Galoppgalopp, Galopp.

FLORRY *(zerrt an Bello):* Jetzt laß aber mich mal drauf auf ihn! Du hast lange genug. Ich hab vor dir gefragt.

ZOE *(zerrt an Florry):* Nein, ich! Ich! Bist du immer noch nicht mit ihm fertig, du Nuckelpinne?

BLOOM *(erstickend):* Kann nicht mehr.

BELLO Nee, bin ich noch nicht. Warte gefälligst. *(Er hält den Atem an)* Verflucht. Hier. Der Spund platzt mir gleich raus. *(Er entkorkt sich hinten: dann furzt er, mit verzerrten Zügen, laut)* Da hast du dein Teil! *(Er verkorkt sich wieder)* Jawohl, pfui Teufel, sechzehn-dreiviertel.

BLOOM *(am ganzen Leib in Schweiß ausbrechend):* Kein Mann. *(Er schnüffelt)* Weib.

BELLO *(steht auf):* Schluß jetzt mit dem Hin und Her. Was du dir so sehnlich gewünscht hast, ist geschehen. Hinfort bist du kein Mann mehr und mein in vollem Ernste, nur noch ein Ding unter dem Joch. Jetzt zu deiner Strafkleidung. Du wirst deine männlichen Gewänder abstreifen, verstehst du, Ruby Cohen? und die Einschlagseide, die üppig raschelnde, über Kopf und Schultern ziehen, und zwar dalli!

BLOOM *(fährt zusammen):* Seide, haben gnädige Frau gesagt! Oh rischeldirascheldirusch! Muß ich sie auch mit meinen Fingernagelspitzen berühren?

BELLO *(weist auf die Huren):* Wie sie jetzt sind, also wirst du auch sein, Perücke auf, dauergewellt, parfümbesprüht, reisbepudert, mit glattrasierten Achselhöhlen. Das Meßband wird auf deiner nackten Haut Maß nehmen. Man wird dich mit grausamer Gewalt in schraubstockähnliche Korsetts aus weichem Tauben-Barchent schnüren, mit Fischbeineinlage, bis an das diamantengeschmückte Becken, die absolut äußerste Grenze, während deine Figur, voller als wenn sie unbeengt bliebe, in netzenge Gewandung gezwängt werden wird, hübsch federleichte Unterröcke und Fransen und Sachen, alles selbstverständlich mit meiner Hausmarke gestempelt, allerliebste Wäschekreationen für Alice und einen feinen Duft für Alice dazu. Ei ei, wie wird Alice den Zuckzug spüren! Martha und Maria wird es zuerst ein bißchen frösteln in so delikaten Schenkelhüllen, doch das duftig dünne Spitzengekräusel an deinen bloßen Knien wird dich daran erinnern, daß ...

BLOOM *(eine bezaubernde Soubrette mit schmierigen Wangen, senfigem Haar, großen Männerhänden und großer Männernase, verliebt schielendem Mund):* Ich hab ihre Sachen bloß ein einzigesmal anprobiert, eine kleine Schelmerei nur, in der Holles Street. Als es uns schlecht ging, hab ich sie gewaschen, um die Wäscherei zu sparen. Meine eigenen Hemden hab ich gewendet. Es geschah aus reinster Sparsamkeit.

BELLO *(stichelt):* Kleine Handreichungen, die Mutti Freude machen, was? Und dann hast du dich kokett in deinem Domino bei heruntergelassenen Jalousien mit deinen unberockten Schenkeln und Bockspeppen vor dem Spiegel produziert, in den verschiedenen Posen der Hingabe, stimmts? Haha! Hoho! Da kann ich doch nur lachen! Das gebrauchte schwarze Ballhemdkleidchen und die kurzen Pimperhöschen mit den sämtlich bei ihrer letzten Vergewaltigung geplatzten Nähten, die Mrs. Miriam Dandrade dir aus dem Shelbourne Hotel verkaufte, was?

BLOOM Miriam, Schwarze. Demimondaine.

BELLO *(wiehert vor Lachen):* Christus Allmächtiger, das ist doch zu komisch, das alles! Du warst mir ja eine reizende Miriam, als du dir den Bart an deinem Hinterausgang stutztest und dann halb ohnmächtig in dem Ding als Mrs. Dandrade auf dem Bette lagst, bereit zur Schändung durch Leutnant Smythe-Smythe, Mr. Philip Augustus Blockwell, M. P., Signor Laci Daremo, den robusten Tenor, den blauäugigen Liftboy Bert, Henry Fleury, berühmt vom Gordon Bennett, Sheridan den Quarteronen-Krösus, die Ruderer-Acht vom alten Trinity, Ponto, ihren herrlichen Neufundländer, und Bobs, die Herzogin-Witwe von Manorhamilton. *(Er wiehert erneut)* Herr mein Heiland, da lachen doch sämtliche Hühner, was?

BLOOM *(in deren Händen und Zügen es arbeitet):* Es war Gerald, der mich zum echten Korsettliebhaber bekehrte, als ich eine weibliche Rolle in dem Oberschul-Stück *Vice Versa* spielte. Es war der liebe Gerald. Er bekam diesen Sparren, weil er von seiner Schwester Korsettagen so fasziniert war. Nun benutzt der liebste Gerald rosa Fettschminke und goldet sich die Augenlider. Kultus des Schönen.

BELLO *(mit boshafter Freude):* Des Schönen! Laß mich mal erst verschnaufen! Als du mit fraulicher Sorgfalt die wogigen Falbeln hobst und auf dem abgesessen glatten Throne Platz nahmst.

BLOOM Wissenschaft. Vergleichung der verschiedenen Freuden, welche ein jeder von uns genießt. *(Ernst)* Und wirklich, das ist die bessere Position ... weil ich mich früher nämlich oft naßgemacht habe ...

BELLO *(streng):* Keine Insubordination! Das Sägemehl befindet sich dort in der Ecke für dich. Ich habe dir doch strikte Instruktionen gegeben, oder? Mach's gefälligst im Stehen, Freundchen! Ich werd dir beibringen, dich wie ein Pinkelmann zu benehmen! Wenn ich auch nur eine Spur in deinen Windeln finde! Aha! Bei Sankt Anton und seiner Mastsau, du wirst einen strengen Zuchtmeister in mir finden. Die Sünden deiner Vergangenheit stehen auf wider dich. Viele. Hunderte.

DIE SÜNDEN DER VERGANGENHEIT *(in chaotischem Stimmengewirr):* Er vollzog eine Form von heimlicher Ehe mit mindestens einer Frau im Schatten der Schwarzen Kirche. Unaussprechliche Botschaften übermittelte er im Geiste telephonisch einer Miss Dunn irgendwo in der d'Olier Street, während er sich dem Apparate in der Zelle unanständig präsentierte. Durch Wort und Tat ermutigte er eine nächtliche Hure zur Ablagerung von Fäkalien und anderen Substanzen in einem den sanitären Vorschriften nicht entsprechenden Hintergebäude eines leerstehenden Anwesens.

In fünf öffentlichen Bedürfnisanstalten schrieb er Kritzelbotschaften an, in denen er sein Ehegespons allen starkgliedrigen Männern anbot. Und bei den anstößig riechenden Vitriol-Werken, ging er dort nicht Nacht für Nacht an poussierenden Liebespärchen vorbei, um zu sehen, was und wieviel er dort wohl zu sehen bekäme? Lag er nicht auch in seinem Bette, der dreckige Keiler, und beglotzte ein Übelkeit weckendes Stück stark benutzten Toilettenpapiers, ihm ausgehändigt von einer widerlichen Dirne, die er sich durch Pfefferkuchen und eine Postanweisung willfährig gemacht hatte?

BELLO *(stößt einen lauten Pfiff aus):* Sprich! Was war die ekelhafteste Schweinerei, die du in deiner Verbrecherlaufbahn begangen hast? Mach reinen Tisch. Kotz es aus. Sei wenigstens einmal ehrlich!

(Stumme nichtmenschliche Gesichter drängen vor, schielen, verschwinden, schnattern, Booloohoom. Poldy Kock, Schnürsenkel einen Penny, Cassidys altes Weib, ein blinder Jüngling, Larry Rhinozeros, das Mädchen, die Frau, die Hure, die andere, die . . .)

BLOOM Frage mich nicht. Die uns gegenseitig gelobte Treue. Pleasants Street. Ich dachte doch nur, die Hälfte der . . . Ich schwörs mit einem heiligen Eid . . .

BELLO *(mit Entschiedenheit):* Antworte! Stupider Schurke! Ich bestehe darauf, es zu erfahren. Erzähl mir irgendwas zu meiner Belustigung, was Dreckiges oder meinetwegen auch 'ne Gespenstergeschichte, oder sag ein Gedicht auf, nur schnell, schnell, schnell! Wo? Wie? Wann? Mit wie vielen? Ich geb dir noch drei Sekunden Zeit. Eins! Zwei! Drr . . .!

BLOOM *(gelehrig, stotternd):* Ich stustustumpfnaste einmal in einem stustustupinkligen . . .

BELLO *(gebieterisch):* Ach, geh doch, du Stinktier! Wahre deine Zunge! Rede, wenn du gefragt wirst.

BLOOM *(verbeugt sich):* Herr! Herrin! Männerbändigerin!

(Er hebt den linken Arm. Seine Spangenarmringe fallen.)

BELLO *(satirisch):* Bei Tage wirst du unsere duftende Unterwäsche spülen und schlagen, auch wenn wir Damen unwohl sind, und mit hochgestecktem Kleid und einem Scheuerlappen an der Schleppe unsere Latrinen ausschrubben. Wird das nicht eine feine Sache? *(Er steckt ihr einen Rubinring an den Finger)* Und jetzt dies. Bis daß der Tod. Sag Danke schön, Herrin.

BLOOM Danke schön, Herrin.

BELLO Du wirst die Betten machen, mir die Badewanne richten, die Pißpötte leeren in den verschiedenen Zimmern, auch den von der alten Mrs. Keogh, der Köchin, einen sandfarbenen. Jawohl, und sieh ja zu, daß du sie alle sieben gut ausschwenkst, sonst leckst dus auf, wie wenns Champagner wäre. Brühheiß trinkst dus mir. Hopp! du wirst Beine machen, oder du kriegst eine Lektion für deine Missetaten, Miss Ruby, auf den blanken Hintern, und zwar nicht zu knapp, mein Fräulein, mit der Haarbürste. Du sollst den Irrtum deines Wandels schon noch einsehen lernen. Bei Nacht werden deine wohleingekremten bearmbänderten Hände dreiundvierzigknöpfige Handschuhe tragen, frisch gepudert mit Talkum und an den Fingerspitzen delikat duftend. Für solche Gunstbezeigungen gaben die Ritter alter Zeiten ihr Leben. *(Er kichert)* Meine Jungens werden ganz weg sein, wenn sie dich so damenhaft sehen da, der Oberst vor allem. Wenn sie am Abend vor der Hochzeit herkommen, um mit meiner neuen Attraktion in den vergoldeten Absätzen zu schmusen. Aber erstmal will ich selber an dich ran. Ein Mann, den ich vom Turf her kenne, er heißt Charles Alberta Marsh (ich war grad eben noch im Bett mit ihm und einem andern Herrn aus dem Hanaper and Petty Bag Office), also der sucht dringend ein Mädchen für alles, das er für ein Pappenstielchen kriegt. Busen raus! Lächle! Runter mit den Schultern! Was wird geboten? *(Er zeigt auf sie)* Extra träniert vom Eigentümer, niedrige Arbeiten zu verrichten, Korb im Maul. *(Er entblößt seinen Arm und taucht ihn ellbogentief in Blooms Vulva)* Das ist doch grad die richtige Tiefe für euch! Was, Jungens? Da kriegt ihr 'nen Ständer, was? *(Er stößt seinen Arm einem Bieter ins Gesicht)* Hier, lecks ab und wisch trocken!

EIN BIETER Zwei Schilling!

(Dillons Diener schwingt die Handglocke)

EINE STIMME Eins-achtpence zuviel.

DER DIENER Dädäng!

CHARLES ALBERTA MARSH Muß noch Jungfrau sein. Guter Atem. Sauber.

BELLO *(schlägt einmal kurz mit dem Hammer):* Zwo Schilling also. Ein Preisschlager, spottbillig. Vierzehn Hände hoch. Fühlt ruhig, prüft alle sihre delikaten Stellen. Faßt sihn an. Diese daunenweiche Haut, diese geschmeidigen Muskeln, dies zarte Fleisch. Hätte ich nur meinen goldenen Pfriem hier! Und ganz leicht zu melken. Drei frischgelegte Gallonen pro Tag. Die reinste Zuchtstierin, wird innerhalb einer Stunde werfen. Der Milchrekord sihres Stammtiers betrug tausend Gallonen Vollmilch in vierzig Wochen. Brrr, ein wahres Juwel! Zurrrück! Brrr! *(Er brennt Bloom seine Initiale C auf das Hinterteil)* So! Garantiert echt Cohen! Wer bietet mehr als zwo Schilling, meine Herren?

EIN DUNKELGESICHTIGER MANN *(mit verstellter Aussprache):* Hondert Pfond Starlink.

STIMMEN *(unterdrückt):* Für den Kalifen Harun al Raschid.

BELLO *(fidel):* Recht so. Immer nur heran. Das knappe, allerliebst kurze Röckchen, grad hoch genug am Knie zu Ende, um den Schimmer eines weißen Krausenhöschens zu zeigen, ist eine machtvolle Waffe, und die durchsichtigen Strümpfe mit smaragdfarbenen Strumpfbändern und der langen geraden Naht, die übers Knie hinauf verläuft, wenden sich an die besseren Instinkte eines jeden *blasé* in der Stadt. Erlerne den weichen gezierten Gang auf vierzölligen Louis-Quinze-Absätzen, die griechische Bückung mit aufreizendem Hinterteil, die Flueszenz der Schenkel, das zaghafte Sich-Küssen der Knie. Laß deine ganze Faszinationskraft bei ihnen spielen. Schmeichle ihren gomorrhischen Lastern.

BLOOM *(birgt das errötende Gesicht in der Achselhöhle und lächelt einfältig mit dem Zeigefinger im Mund):* Oh, ich weiß, was du damit andeuten willst.

BELLO Wozu sonst bist du denn nütze, so ein impotentes Ding wie du? *(Er bückt sich, späht und stößt mit dem Fächer rüde unter die Speckfalten von Blooms Hanken)* Auf! Auf! Stummelschwänzige Man-Katze! Was haben wir denn hier? Wo ist dein krusseliger Punktpunktpunkt geblieben oder wer hat ihn dir gestutzt, mein Spätzchen? Sing, Vöglein, sing. Er ist so schlapp und lahm wie bei einem sechsjährigen Jungen, der hinter einem Wagen sein Bächlein macht. Kauf dir 'nen Eimer oder verkauf deine Pumpe. *(Laut)* Kannst du überhaupt Männerarbeit verrichten?

BLOOM Eccles Street ...

BELLO *(sarkastisch):* Ich will dir ja nicht zu nahe treten, um keinen Preis der Welt, aber der Mann, der da die erste Geige spielt, der hat Mumm in den Knochen. Das Blatt hat sich gewendet, mein fröhlicher junger Bursch! Der ist so etwas wie ein ausgewachsener Freiluft-Mann. Dein Glück, du Muffelkopf, wär's, wenn du dem seine Waffe hättest mit Knoten, Knubbeln und Warzen dran und drum. Wenn der seinen Bolzen abgeschossen hat, also ich sag dir! Fuß an Fuß, Knie an Knie, Bauch an Bauch, Busen an Brust! Der ist kein Eunuch. Hinten kuckt ihm ein Zottel rotes Haar heraus, wie ein Ginsterbusch! Warte nur neun Monate, mein Junge! Heiliger Strohsack, da böllert's und hustet's ja schon auf und nieder in ihren Gedärmen! Macht dich wild, was? Hat die richtige Stelle erwischt? *(Er spuckt verächtlich aus)* Spucknapf!

BLOOM Ich bin ungebührlich behandelt worden. Ich ... benachrichtige die Polizei. Hundert Pfund. Es ist nicht zu sagen. Ich ...

BELLO Würdest du wohl gern, wenn du könntest, du lahme Ente. Einen Sturzbach brauchen wir, nicht dein Getröpfel.

BLOOM Man treibt mich in den Wahnsinn! Moll! Ich vergaß! Vergib! Moll! ... Wir ... Freilich ...

BELLO *(erbarmungslos):* Nein, Leopold Bloom, alles ist anders durch den Willen der Frau, seit horizontal du schliefst deine Nacht von zwanzig Jahren im Hohlen Tale des Schlafes. Kehre um und sieh!

(Das alte Schlaftal ruft über die Welt)

SCHLAFTAL Rip van Winkle! Rip van Winkle!

BLOOM *(in zerfetzten Mokassins mit rostiger Vogelflinte, auf Zehenspitzen, tastend mit Fingerspitzen, sein hager knochiges Bartgesicht lugt durch die Butzenscheiben, er schreit auf):* Ich sehe sie! Sie ist es! Der erste Abend bei Mat Dillon! Aber jenes Kleid, das grüne! Und ihr Haar ist golden gefärbt, und er ...

BELLO *(lacht mokant):* Das ist deine Tochter, Du Eule, mit einem Studenten aus Mullingar.

(Milly Bloom mit blondem Haar, in grünem Kleid und schmalen Sandalen, das blaue Kopftuch im Seewind glatt vom Schwindel gepackt, windet sich aus den Armen ihres Liebhabers und ruft, die jungen Augen verwundernsweit)

MILLY Ach du meine Güte! Es ist Pappilein! Aber ... O Pappilein, wie alt bist du geworden!

BELLO Hat sich verändert, was? Unsere Etagère, unser Schreibtisch, an dem wir niemals schrieben, Tante Hegartys Armstuhl, unsere klassischen Drucke alter Meister. Ein Mann und seine Freunde leben dort in Saus und Braus. Heimstatt für Hahnreie, das Kuckucks-Nest! Warum denn nicht? Wie viele Frauen hast du gehabt, rede! Bist ihnen durch dunkle Straßen gefolgt, Plattfuß, und hast sie durch dein gedämpftes Grunzen erregt. Was, du Hurenbock? Untadelige Damen mit Einkaufspaketen. Kehre um. Was dem einen recht ist, mein Herr Billig. Ah!

BLOOM Sie ... ich ...

BELLO *(schneidend):* Ihre Absätze werden dir den Brüsseler Teppich zerstampfen, den du bei Wren auf der Auktion erwarbst. Bei ihrem derben Spaß mit Moll, dem Wildfang, um den Bockfloh in ihren Schlüpfern zu finden, werden sie die kleine Statue besudeln, die du um des l'art pour l'art willen im Regen nach Hause trugst. Sie werden die Geheimnisse deines Schublädchens entweihen. Aus deinem Handbuch der Astronomie wird man Seiten herausreißen, um Fidibusse daraus zu machen. Und in dein Kamingitter aus Messing, zehn Schilling bei Hampton Leedom, werden sie spucken.

BLOOM Zehn-sechs. Die Tat gemeiner Schurken. Laß mich fort. Ich will heim. Ich werde beweisen ...

EINE STIMME Schwöre!

(Bloom ballt die Fäuste und kriecht vor, ein Bowiemesser zwischen den Zähnen)

BELLO Als zahlender Gast oder als ausgehaltener Mann? Zu spät. Du hast dein zweitbestes Bett gemacht, und andere müssen darin liegen. Dein Epitaph ist geschrieben. Mit dir ist's aus und vorbei, vergiß das nicht, alter Knabe!

BLOOM Gerechtigkeit! Ganz Irland gegen einen! Hat denn niemand ...?

(Er beißt sich in den Daumen)

BELLO Tod und Verdammnis dir, wenn du noch ein bißchen Sinn für Anstand und Benehmen im Leibe hast. Ich kann dir einen seltenen alten Wein geben, der wird dich im Hui zur Hölle schicken und zurück. Mach ein Testament und überschreib uns jeden Penny, den du hast. Wenn du keinen hast, dann sieh verdammtnochmal zu, wo du ihn herkriegst, stiehl ihn dir, raub ihn dir! Wir werden dich in unserer Buschlatrine begraben, da kannst du mit dem alten Cuck Cohen zusammen vermodern, meinem Stiefneffen, mit dem ich verheiratet war, dem verdammten alten gichtigen Prokurator und Sodomiten mit seinem steifen Hals, und mit meinen zehn oder elf anderen Ehemännern, egal wie sie hießen, die Dreckskerle, die alle in der einen Senkgrube erstickt sind. *(Er bricht in lautes schleimiges Gelächter aus)* Wir werden dich schon düngen, Mr. Flower! *(Er pfeift spöttisch)* Tschüs, Poldy! Tschüs, Pappilein!

BLOOM *(greift sich an den Kopf):* Meine Willenskraft! Gedächtnis! Ich habe Sünde! Ich habe Schmer ...

(Er weint tränenlos)

BELLO *(lacht höhnisch):* Heulsuse! Krokodilstränen!

(Bloom, gebrochen, dicht verschleiert für das Opfer, schluchzt, das Gesicht zur Erde. Die Sterbeglocke ist zu vernehmen. Dunkelumschalt stehen die Gestalten der Beschnittenen in Sack und Asche an der Klagemauer. M. Shulomowitz, Joseph Goldwater, Moses Herzog, Harris Rosenberg, M. Moisel, J. Citron, Minnie Watchman, P. Mastiansky, Hochwürden Leopold Abromovitz, Chazen. Mit fuchtelnden Armen klagen sie im Geiste über den abtrünnigen Bloom.)

DIE BESCHNITTENEN *(in dunkel gutturalem Gesang, indem sie Früchte des Toten Meers nach ihm werfen, keine Blumen): Schema Jisrael Adonai Elohenu Adonai Echad.*

STIMMEN *(seufzend):* So ist er denn dahingegangen. Ah, ja. Ja, in der Tat. Bloom? Nie von ihm gehört. Nein? Ein komischer Kauz, der Mann. Das da ist die Witwe. Tatsächlich? Ah, ja.

(Vom Satti-Scheiterhaufen steigt die Flamme von Gummi-Henna auf. Das Leichentuch aus weihrauchigem Qualm verschleiert und zerstiebt. Aus ihrem Eichenrahmen steigt eine Nymphe mit gelöstem Haar, leicht gekleidet in teebraune Kunstfarben, von ihrer Grotte nieder, geht unter Eibengeschlingen her und steht über Bloom.)

DIE EIBEN *(mit flüsternden Blättern):* Schwester. Unsere Schwester. Schschsch.

DIE NYMPHE *(weich):* Sterblicher! *(Freundlich)* Nein, du sollst nicht weinen!

BLOOM *(kommt gallertig unter dem Astwerk vorgekrochen, vom Sonnenlicht gestreift, mit Würde):* Diese Position. Ich hatte das Gefühl, daß sie von mir erwartet würde. Macht der Gewohnheit.

DIE NYMPHE Sterblicher! Schlechte Gesellschaft fandest du um mich, beinschmeißende Tänzer, Straßenteppichhändler, Faustkämpfer, populäre Generäle, unmoralische Panto-Jungens in fleischfarbenen Trikots, und die feschen Shimmy-Tänzer, La Aurora und Karini, musikalischer Akt, der Hit des Jahrhunderts. Ich wurde in billigem rosa Papier versteckt, das nach Petroleum roch. Ich war umgeben von den schalen Zoten der Klubmenschen, Geschichten zur Aufregung der unreifen Jugend, Annoncen für Durchsichtigkeiten, Trickwürfel und Buseneinlagen, Markenartikel, und warum man ein Bruchband tragen muß, mit Dankschreiben von leistenbrüchigem Herrn. Nützliche Winke für Ehepaare.

BLOOM *(hebt einen Schildkrötenkopf zu ihrem Schoß auf):* Wir sind uns schon einmal begegnet. Auf einem anderen Planeten.

DIE NYMPHE *(traurig):* Gummiwaren. Unzerreißbar. Qualität, wie sie an die Aristokratie geliefert wird. Korsetts für Männer. Ich kuriere Anfälle, oder der Preis zurückerstattet. Unaufgefordert eingegangene Zeugnisse für Professor Waldmanns wundervollen Brustweiter. Mein Busen in drei Wochen vier Zoll stärker geworden, meldet Mrs. Gus Rublin mit Photo.

BLOOM Du meinst die *Photo Bits?*

DIE NYMPHE So ist es. Du trugst mich von dannen, rahmtest mich in Eiche und Rauschgold, gabst mir einen Platz über deinem Ehebett. Ungesehen küßtest du mich eines Sommerabends an vier Stellen. Und mit liebevollem Stift schattiertest du meine Augen, meinen Busen und meine Scham.

BLOOM *(küßt ihr demütig das lange Haar):* Deine klassischen Kurven, schöne Unsterbliche. Ich war froh, dich ansehen zu können, dich preisen zu können, ein Ding von Schönheit, ja fast zu dir zu beten.

DIE NYMPHE In dunklen Nächten hörte ich deinen Lobpreis.

BLOOM *(rasch):* Ja, ja. Du meinst, daß ich ... Schlaf enthüllt die schlechteste Seite eines jeden Menschen, Kinder vielleicht ausgenommen. Ich weiß, ich fiel aus meinem Bett oder wurde vielmehr hinausgestoßen. Stahlwein soll gut gegen Schnarchen sein. Im übrigen gibt es da diese englische Erfindung, über die ich vor einigen Tagen eine Broschüre erhielt, fälschlich an mich adressiert. Sie verschafft angeblich ein geräuschlos unanstößiges Windlassen. *(Er seufzt)* Es war ja immer schon so. Schwachheit, dein Name ist Ehe.

DIE NYMPHE *(die Finger in den Ohren):* Und Worte. Sie stehen nicht in meinem Wörterbuch.

BLOOM Du verstandest sie aber?

DIE EIBEN Schschsch.

DIE NYMPHE *(bedeckt ihr Gesicht mit der Hand):* Was habe ich nicht alles gesehen in jener Kammer? Worauf mußten meine Augen nicht niederblicken?

BLOOM *(entschuldigend):* Ich weiß. Besudelte Leibwäsche, die falsche Seite mit Sorgfalt nach oben. Die Ringe sind lose. Von Gibraltar weit übers Meer, lang lang ists her.

DIE NYMPHE *(neigt den Kopf):* Schlimmeres! Schlimmeres!

BLOOM *(denkt bedächtig nach):* Der antiquierte Nachtstuhl. Es war nicht ihr Gewicht. Sie hatte genau elf Stone neun. Nach dem Abstillen nahm sie dann neun Pfund zu. Es lag an dem Riß und am Mangel an Leim. Äh? Und das orangegemusterte absurde Utensil, das nur einen Henkel hat.

(Man hört einen Wasserfall in heller Kaskade rauschen)

DER WASSERFALL Poulaphouca Poulaphouca
Poulaphouca Poulaphouca.

DIE EIBEN *(ihr Astwerk mischend):* Lauscht. Flüsterrauschen. Sie hat recht, unsere Schwester. Wir wuchsen am Poulaphouca-Wasserfall. Wir gaben Schatten an schwülen Sommertagen.

JOHN WYSE NOLAN *(im Hintergrund, in der Uniform der Irish National Foresters, zieht das Gamshütchen):* Wachset und gedeihet! Gebt Schatten an schwülen Tagen, ihr Bäume von Irland!

DIE EIBEN *(murmelnd):* Wer kam nach Poulaphouca beim Oberschulausflug? Wer verließ seine nüssesammelnden Klassenkameraden, um unsere Schatten zu suchen?

BLOOM *(hühnerbrüstig, hängeschultrig, ausgepolstert, in unbestimmbarem jugendlichen grauschwarz gestreiften Anzug, zu eng für ihn, weißen Tennisschuhen, bordierten*

Strümpfen mit Umschlag und einer roten Schülermütze mit Abzeichen): Ich war ein halbwüchsiger Junge damals, noch im Wachsen. Da genügte ein kleines bißchen, ein Rütteln der Wagen, die sich mischenden Düfte der Damenretirade und des Waschraums, das eingepferchte Gedränge auf den Treppen des Old Royal, denn sie lieben das Gequetsche, Herdeninstinkt, und das dunkle geschlechtsduftende Theater entfesselt das Laster. Sogar eine Preisliste ihrer Strumpfwaren. Und dann die Hitze. Es gab Sonnenflecken in dem Sommer. Schulschluß. Und Tipsycake. Halkyonische Tage.

(Die Halkyonischen Tage, Knaben der Oberschule in blauweißem Fußball-Jersey und kurzen Hosen, Master Donald Turnbull, Master Abraham Chatterton, Master Owen Goldberg, Master Jack Meredith, Master Percy Apjohn, stehen auf einer Waldlichtung und schreien zu Master Leopold Bloom herüber)

Die halkyonischen Tage Makrele! Lebe uns wieder! Hurra! *(Sie brechen in Jubel aus)*

Bloom *(linkisches Bürschchen, warmbehandschuht, mammavermummelt, halb betäubt von kraftlos geworfenen Schneebällen, kraxelt sich mühsam in die Höhe):* Wieder! Ich fühle mich wie sechzehn! Was für ein Schabernack! Paßt auf, wir gehen jetzt Klingeln ziehen, die ganze Montague Street. *(Er jauchzt schwächlich)* Hurra für die Oberschule! Hurra!

Das Echo Du Narr!

Die Eiben *(rauschend):* Sie hat recht, unsere Schwester. Geflüster. *(Geflüsterte Küsse sind im ganzen Wald zu hören. Hamadryadengesichter lugen aus den Baumstämmen, den Blättern und erblühen zur Blüte.)* Wer entweihte unseren stillen Schatten?

Die Nymphe *(zimperlich durch sich teilende Finger):* Dort! Unter freiem Himmel?

Die Eiben *(niederstreichend):* Schwester, ja. Und auf unserem jungfräulichen Rasen.

DER WASSERFALL Poulaphouca Poulaphouca
Phoucaphouca Phoucaphouca.

DIE NYMPHE *(durch weite Finger):* Oh! Schande!

BLOOM Ich war frühreif. Die Jugend. Die Fauna. Ich opferte dem Gotte des Waldes. Die flauernden Bloomen im Frühling. Es war Paarungszeit. Kapillarattraktion ist ein natürliches Phänomen. Lotty Clarke, flachshaarig, ich sah sie durch schlechtgeschlossene Vorhänge bei der Nachttoilette, mit dem Opernglas des armen Papa. Der kleine Schelm aß Gras wie ein wildes Tier. Sie rollte den Abhang hinunter an der Rialto-Brücke, um mich mit der Flut ihres animalischen Wesens in Versuchung zu führen. Sie kletterte an ihrem verkrümmten Baum empor, und ich ... Ein Heiliger hätte nicht widerstehen können. Der Dämon ergriff von mir Besitz. Außerdem, wer hat es denn schon gesehen?

(Staggering Bob, ein weißköpfiges Kalb, stößt ein wiederkäuendes Haupt mit feuchten Nüstern durch das Blattwerk)

STAGGERING BOB Mäh ... äh ... sähn!

BLOOM Einfach nur die Befriedigung eines Bedürfnisses. *(Mit Pathos)* Kein Mädel wollte, wie ich mädeln ging. Zu häßlich. Wollten nicht spielen ...

(Hoch droben auf dem Ben Howth geht ein Zicklein durch Rhododendren, plumpeutrig, dickschwänzig, Köttelchen fallen lassend)

DAS ZICKLEIN *(meckert):* Meckemeckmeck! Ziiiieckzickzick!

BLOOM *(hutlos, rot geworden, mit Kletten von Distelwolle und Stechginster bedeckt):* Regulär verlobt. Umstände ändern Fälle. *(Er blickt angelegentlich auf das Wasser hinunter)* Zweiunddreißig Hals über Kopf pro Sekunde. Zeitungs-Albtraum. Schwindliger Elias. Fall von der Klippe. Trauriges Ende eines Kommis aus der Regierungsdruckerei. *(Durch silberstille Sommerluft rollt Bloom, zur Kleiderpuppe verpummelt, zur Mumie vermummelt, rotierend von der Lion's Head Klippe in die purpurnen wartenden Wasser)*

DIE PUMMELMUMMELMUMIE Bbbbblllllbbblblutschbg?

(Weit draußen in der Bay zwischen den Lichtern von Bailey und Kish fährt die Erin's King, *eine sich verbreiternde Kohlenrauchfahne aus ihrem Schornstein dem Lande zusendend)*

STADTRAT NANNETTI *(allein an Deck, in dunklem Alpaka, gelbes Papierdrachengesicht, die Hand im Westenausschnitt, deklamiert):* Wenn mein Land einmal seinen Platz einnimmt unter den Nationen der Erde, dann, und erst dann, laßt mir das Epitaph schreiben. Ich habs …

BLOOM Geschafft. Prff.

DIE NYMPHE *(erhaben):* Wir Unsterblichen besitzen, wie du heute sahst, keine solche Stelle und auch dort kein Haar. Wir sind steinkalt und rein. Wir essen elektrisches Licht. *(Sie wölbt ihren Körper in lasziver Verzuckung, steckt den Zeigefinger in den Mund)* Sprachst mit mir. Hörte von hinten. Wie konntest du dann …?

BLOOM *(schreitet erniedrigt über die Heide):* Oh, ich bin ein richtiges Schwein gewesen. Auch Klistiere habe ich verabreicht. Eine Drittelpinte Quassie, auf die ein Eßlöffel Steinsalz kommt. Hoch hinauf ins Fundament. Mit Hamilton Longs Spritze, dem Freund der Damen.

DIE NYMPHE In meiner Gegenwart. Die Puderquaste. *(Sie errötet und macht einen Knicks)* Und das übrige.

BLOOM *(niedergeschlagen):* Ja. *Peccavi.* Ich habe meine Huldigung dargebracht auf jenem lebendigen Altare, daselbst der Rücken seinen Namen wechselt. *(In jähem Eifer)* Denn warum sollte die zierliche duftende juwelengeschmückte Hand, die Hand, die da regiert die …?

(Gestalten winden sich schlangenhaft in langsamen Waldlandmustern um die Baumstämme, guuurrrend)

DIE STIMME KITTYS *(im Dickicht):* Gib mir mal eins von den Kissen.

DIE STIMME FLORRYS Hier.

(Ein Waldhuhn flattert schwerfällig durchs Unterholz)

DIE STIMME LYNCHS *(im Dickicht):* Puh! Brühheiß!

DIE STIMME ZOES *(aus dem Dickicht):* Kommt aus einer heißen Gegend.

DIE STIMME VIRAGS *(ein Vogelhäuptling, blaugestreift und gefiedert, in voller Kriegsausrüstung mit seinem Assagai, kommt durch krachendes Röhricht geschritten, über Buchmast und Eicheln):* Heiß! Heiß! Hütet euch vor Sitting Bull!

BLOOM Es überwältigt mich. Der warme Eindruck ihrer warmen Gestalt. Schon zu sitzen, wo eine Frau gesessen hat, besonders mit gespreizten Schenkeln, wie um die letzte Gunst zu gewähren, ganz besonders mit zuvor hochgehobenen weißen Satin-Rockschößen. So fraulich voll. Es füllt mich voll.

DER WASSERFALL Phüllapholla Poulaphouca
Poulaphouca Poulaphouca.

DIE EIBEN Schschsch! Schwester, sprich!

DIE NYMPHE *(augenlos, in weißer Nonnentracht, Haube und riesig beflügelter Schleier, sanft, mit entfernten Augen):* Tranquilla-Kloster. Schwester Agatha. Berg Karmel, die Erscheinungen von Knock und Lourdes. Keine Begierde mehr. *(Sie neigt seufzend das Haupt)* Nur das Ätherische. Wo von schäumenden Träumen schwer die Möwe schwebt über das trübe Meer.

(Bloom richtet sich halb auf. Sein hinterer Hosenknopf platzt ab)

DER KNOPF Zapp!

(Zwei Schlampen aus der Coombe tanzen regnerisch vorüber, in Schals gehüllt, mit seichtem Gejohle)

DIE SCHLAMPEN Ah, Leopold hat die Nadel
Aus seinem Schlüpfer verloren –
Was soll er denn jetzt bloß machen,
Um ihn zu halten,
Um ihn hochzuhalten?

BLOOM *(kalt):* Du hast den Bann gebrochen. Der letzte Strohhalm. Wenn es nur das Ätherische gäbe, wo wärt ihr dann alle, Postulanten und Novizen? Scheu, doch willig, wie ein pissender Esel.

DIE EIBEN *(ihre Silberblätterfolie stürzt, ihre mageren Arme werden alt und schwingen):* Abfallenderweise!

DIE NYMPHE Sakrileg! Meine Tugend zu versuchen! *(Ein großer feuchter Fleck erscheint auf ihrem Gewand)* Meine Unschuld zu besudeln! Du bist nicht wert, das Gewand einer reinen Frau zu berühren. *(Sie rafft ihr Kleid zusammen)* Warte, du Satan. Du sollst mir keine Liebeslieder mehr singen. Amen. Amen. Amen. Amen. *(Sie zieht einen Dolch und sticht damit, gekleidet in den Scheidenharnisch eines erwählten Ritters der Neun, nach seinen Lenden)* Nekum!

BLOOM *(springt auf, packt ihre Hand):* Oho! Nebrakada! Katze mit neun Leben! Fair Play, Madame! Kein Gartenmesser. Der Fuchs und die sauren Trauben, nicht wahr? Was leiden wir für Mangel bei eurem Stacheldraht? Kruzifix nicht dick genug? *(Er greift nach ihrem Schleier)* Einen heiligen Abt braucht ihr oder Brophy, den lahmen Gärtner, oder die schnauzenlose Statue des Wasserträgers oder die gute Mutter Alphonsus, was, Reynard?

DIE NYMPHE *(mit einem Schrei, flieht entschleiert vor ihm, ihr Gipsabguß zerspringt, eine Wolke Gestank dringt aus den Rissen):* Poli ...!

BLOOM *(ruft hinter ihr her):* Als ob ihr nicht selber doppelt soviel davon hättet! Keine Stöße und überall schleimig und schlüpfrig. Ich habe es ausprobiert. Eure Stärke ist unsere Schwäche. Was ist unser Lohn für die Zuchtbullerei? Was zahlt ihr bar auf den Tisch des Hauses? An der Riviera besoldet ihr Tänzer, hab ich gehört. *(Die fliehende Nymphe erhebt laute Totenklage)* Ah! Ich habe sechzehn Jahre Arbeit als schwarzer Sklave hinter mir. Und würde mir eine Jury morgen auch nur fünf Schilling Alimente geben, he? Soll sich doch jemand anders zum Narren halten lassen, aber nicht ich. *(Er schnieft)* Brunst. Zwiebeln. Mief. Schwefel. Fett.

(Die Gestalt Bella Cohens steht vor ihm)

BELLA Das nächstemal kennst du mich dann.

BLOOM *(gelassen, sieht sie an): Passée.* Hammel im Schafspelz. Schon langzahnig und überflüssiges Haar. Eine rohe Zwiebel als letztes jeden Abend wäre wohltätig für deinen Teint. Und dann mußt du etwas gegen dein Doppelkinn tun. Deine Augen sind so fade wie die Glasaugen bei deinem ausgestopften Fuchs. Sie haben die Ausmaße deiner anderen Züge, damit ist alles gesagt. Ich bin doch kein Dreischrauben-Dampfer.

BELLA *(verächtlich)*: Also wahrhaftig, mit dir ist nichts anzufangen. *(Ihre Saufotze bellt)* Fohracht!

BLOOM *(verächtlich)*: Reinige dir erstmal deinen nagellosen Mittelfinger, der kalte Sabber deines Bespringers tropft dir ja noch vom Hahnenkamm. Nimm eine Handvoll Heu und wisch dich ab.

BELLA Ich kenne dich, Annoncenhändler! Schlappschwanz!

BLOOM Ich habe ihn gesehen, den Puffpappi! Den Syph- und Tripperkrämer!

BELLA *(wendet sich zum Klavier)*: Wer von euch hat da den Trauermarsch aus *Saul* gespielt?

ZOE Ich. Paß auf deine Kornblumen auf. *(Sie schießt zum Klavier und schlägt mit gekreuzten Armen Akkorde an)* Der Katze Streifzug durch den Schlack. *(Sie wirft einen Blick zurück)* He! Wer will mich mal mit seinem Süßholz raspeln? *(Sie schießt zurück zum Tisch)* Was dein ist, ist mein, und was mein ist, gehört mir allein.

(Kitty, außer Fassung, überzieht ihre Zähne mit dem Silberpapier. Bloom nähert sich Zoe.)

BLOOM *(sanft)*: Gib mir die Kartoffel wieder, ja?

ZOE Die ist futsch, ein feines Ding, ein superfeines Dingeling.

BLOOM *(mit Gefühl)*: Es ist doch gar nichts dran, bloß ein Andenken an die arme Mama.

ZOE

Schenkst du was und nimmst dirs wieder,
Fragt dich Gott, wos abgeblieben –
Sagst du dann, du weißt es nicht,
Schickt dich Gott ins Strafgericht.

BLOOM Es ist eine Erinnerung damit verknüpft. Ich würde

sie gern wiederhaben.

STEPHEN Haben oder Nicht-Haben, das ist hier die Frage.

ZOE Da. *(Sie zieht ein Reff in ihr Unterkleid, enthüllt ihren nackten Schenkel und rollt die Kartoffel oben aus ihrem Strumpf):* Wer was versteckt, der findets auch wieder.

BELLA *(runzelt die Stirn):* He, du da! Das ist hier kein Guckkasten mit Musik! Und drisch gefälligst nicht so auf der Wimmerkiste rum. Wer bezahlt hier eigentlich?

(Sie geht zum Pianola. Stephen fummelt in seiner Tasche, nimmt eine Banknote an einer Ecke gefaßt heraus und reicht sie ihr.)

STEPHEN *(mit übertriebener Höflichkeit):* Dies seidenweiche Salär verdanke ich den Sauohren des Publikums. Madame, ich bitte um Verzeihung. Wenn Sie gütigst erlauben. *(Er zeigt vage auf Lynch und Bloom)* Wir sitzen alle im gleichen Boot, Kinch und Lynch. *Dans ce bordel où tenons nostre état.*

LYNCH *(ruft vom Kamin herüber):* Dedalus! Gib ihr auch für mich deinen Segen!

STEPHEN *(reicht Bella eine Münze):* Gold. Sie hat ihn schon.

BELLA *(betrachtet das Geld, dann Zoe, Florry und Kitty):* Willst du drei Mädchen? Das macht hier zehn Schilling.

STEPHEN *(entzückt):* Bitte hunderttausendmal um Entschuldigung. *(Er fummelt erneut, nimmt zwei Kronen heraus und händigt sie ihr aus)* Gestatten, *brevi manu,* meine Sehkraft ist etwas beeinträchtigt.

(Bella geht zum Tisch, um das Geld zu zählen, während Stephen einsilbig mit sich selber spricht. Zoe hüpft hinüber zum Tisch. Kitty beugt sich über Zoes Nacken. Lynch steht auf, richtet seine Mütze, faßt Kitty um die Taille und fügt seinen Kopf der Gruppe hinzu.)

FLORRY *(strengt sich weidlich an, aufzustehen):* Aua! Mein Fuß ist eingeschlafen. *(Sie humpelt zum Tisch hinüber. Bloom tritt näher.)*

BELLA, ZOE, KITTY, LYNCH, BLOOM *(schnatternd und zankend):* Der Herr ... zehn Schilling ... für alle drei gezahlt ... erlaube mal, einen Moment ... dieser Herr zahlt getrennt ... wer nimmt es an sich? ... aua ... paß doch auf, wen du kneifst ... bleibst du die Nacht über oder bloß kurz? ... wer hat mich da ... also entschuldige mal, aber dann bist du eine Lügnerin ... der Herr hat wie ein Herr gezahlt ... trink ... ist schon lange nach elf.

STEPHEN *(am Pianola, macht eine Gebärde des Abscheus):* Keine Flaschen! Was, elf? Ein Rätsel.

ZOE *(lüpft ihr Unterröckchen und steckt sich einen halben Sovereign oben in den Strumpf):* Schwer verdient auf dem flachen Rücken.

LYNCH *(hebt Kitty vom Tisch):* Komm!

KITTY Warte noch. *(Sie grapscht sich die zwei Kronen)*

FLORRY Und ich?

LYNCH Hoppla! *(Er hebt sie hoch, trägt sie hinüber und bumst sie aufs Sofa)*

STEPHEN

Es krähte der Fuchs,
Den Hähnen ein Jux:
Der Glocken Klagen
Hat elf geschlagen.
's ist Zeit, dies arme Seelchen
Aus dem Himmel zu tragen.

BLOOM *(legt ruhig einen halben Sovereign zwischen Bella und Florry auf den Tisch):* So. Gestatten Sie. *(Er nimmt die Pfundnote)* Dreimal zehn. Wir sind quitt.

BELLA *(bewundernd):* Du bist ja ein richtiger Schlauberger, alter Schlawiner. Ich könnte dich küssen.

ZOE *(zeigt):* Hm? Tief wie ein Ziehbrunnen.

(Lynch beugt Kitty zurück über das Sofa und küßt sie. Bloom geht mit der Pfundnote zu Stephen.)

BLOOM Die gehört Ihnen.

STEPHEN Wieso das? *Le distrait* oder der geistesabwesende Bettler. *(Er fummelt wieder in der Tasche und zieht eine Handvoll Münzen hervor. Ein Gegenstand fällt.)* Da ist doch was hingefallen!

BLOOM *(bückt sich, hebt eine Schachtel Streichhölzer auf und gibt sie ihm):* Das hier.

STEPHEN Luzifer. Danke.

BLOOM *(ruhig):* Sie sollten mir das Geld da lieber in Aufbewahrung geben. Warum mehr zahlen als nötig?

STEPHEN *(händigt ihm sein gesamtes Münzgeld aus):* Sei gerecht, ehe du freigiebig bist.

BLOOM Das will ich, doch ist es auch klug? *(Er zählt)* Eins, sieben, elf, und fünf. Sechs. Elf. Ich hafte aber nicht für das, was Sie vielleicht schon verloren haben.

STEPHEN Wieso eigentlich Hat elf geschlagen? Proparoxyton. Augenblick vor dem nächsten, sagt Lessing. Durstiger Fuchs. *(Er lacht laut auf)* Als er seine Großmutter beerdigte! Wahrscheinlich hat er sie selber umgebracht.

BLOOM Insgesamt ein Pfund sechs-elf. Sagen wir ein Pfund sieben.

STEPHEN Ist mir schnurzegal.

BLOOM Nein, das nicht, aber . . .

STEPHEN *(kommt an den Tisch):* Bitte mal 'ne Zigarette. *(Lynch wirft vom Sofa herüber eine Zigarette auf den Tisch)* Und so ist Georgina Johnson denn tot und beehelicht. *(Eine Zigarette erscheint auf dem Tisch. Stephen starrt sie an.)* Ein Wunder. Salonmagie. Beehelicht? Hm. *(Er reißt ein Streichholz an und macht Anstalten, die Zigarette mit hintergründiger Melancholie anzuzünden)*

LYNCH *(beobachtet ihn):* Du kämst besser damit zurande, wenn du das Streichholz näher dran hieltest.

STEPHEN *(hält das Streichholz näher an sein Auge):* Lynx-Auge. Wie ein Luchs. Muß mir eine neue Brille zulegen. Die alte gestern kaputt gegangen. Vor sechzehn Jahren. Entfernung. Das Auge sieht alles flach. *(Er zieht das Streichholz weg. Es geht aus.)* Gehirn denkt. Nah: fern. Unausweichliche Modalität des Sichtbaren. *(Er runzelt geheimnisvoll die Stirn)* Hm. Sphinx. Das Tier, das um Mitternacht zwei Rücken hat. Beehelicht.

ZOE Ein Handlungsreisender hat sie geheiratet und mitgenommen.

FLORRY Mr. Lamm aus London.

STEPHEN Lamm Londons, der du trägst die Sünden der Welt.

LYNCH *(umarmt Kitty auf dem Sofa, singt mit tiefer Stimme): Dona nobis pacem.*

(Die Zigarette schlüpft Stephen aus den Fingern. Bloom hebt sie auf und wirft sie in den Feuerrost)

BLOOM Rauchen Sie lieber nicht. Sie sollten etwas essen. Dieser verfluchte Köter, der mir da über den Weg gelaufen ist. *(Zu Zoe)* Du hast wohl nichts?

ZOE Hat er Hunger?

STEPHEN *(streckt lächelnd die Hand nach ihr aus und singt nach der Melodie des Blutschwurs in der Götterdämmerung):*

Hangende Hunger,
Fragende Frau,
Macht uns alle kaputt.

ZOE *(tragisch):* Hamlet, ich bin deines Vaters Gimlet! *(Sie nimmt seine Hand)* Blauäugiger schöner Junge, ich will dir aus der Hand lesen. *(Sie zeigt auf seine Stirn)* Kein Verstand, keine Runzeln. *(Sie zählt)* Zwei, drei, Mars, das bedeutet Mut. *(Stephen schüttelt den Kopf)* Kein Schmu!

LYNCH Mut beim Wetterleuchten. Der Jüngling, der auszog, das Fürchten zu lernen. *(Zu Zoe)* Wer hat dir das Handlesen beigebracht?

ZOE *(wendet sich um):* Frag meine Eier, die ich nicht habe. *(Zu Stephen)* Ich sehs in deinem Gesicht. Das Auge, etwa so. *(Sie runzelt mit gesenktem Kopf die Stirn)*

LYNCH *(lacht, gibt Kitty zweimal einen Klaps auf den Hintern):* Etwa so. Auf den Po.

(Zweimal kracht laut ein Bakelschlag, der Sarg des Pianolas fliegt auf, der kahle kleine runde Kastenteufelkopf von Pater Dolan springt hervor)

PATER DOLAN Braucht hier mal wieder jemand 'ne Tracht Prügel? Was, die Brille zerbrochen? Müßiger fauler kleiner Drückeberger! Sehs in deinem Auge.

(Mild, gütig, rektorial, mißbilligend steigt das Haupt von Don John Conmee aus dem Pianola-Sarg)

DON JOHN CONMEE Aber, aber, Pater Dolan! Ich bin sicher, dieser Stephen ist ein herzensguter kleiner Junge.

ZOE *(untersucht Stephens Handfläche):* Eine Frauenhand.

STEPHEN *(murmelt):* Mach nur weiter. Lüge. Halt mich. Streichle. Nie habe ich Seine Handschrift lesen können, mit Ausnahme Seines kriminellen Daumenabdrucks auf dem Schellfisch.

ZOE An welchem Tag bist du geboren?

STEPHEN Donnerstag. Heute.

ZOE Ein Donnerstagskind hat weit zu laufen. *(Sie verfolgt Linien auf seiner Hand)* Die Schicksalslinie. Einflußreiche Freunde.

FLORRY *(zeigt):* Phantasie.

ZOE Der Mondberg. Irgendwann begegnet dir mal eine ... *(Sie betrachtet abrupt seine Hände genauer)* Was nicht gut für dich ist, will ich lieber nicht sagen. Oder willst dus wissen?

BLOOM *(löst ihre Finger und bietet ihr die eigene Handfläche):* Mehr Kummer, als gut ist. Hier. Lies meine.

BELLA Zeig mal. *(Sie wendet Blooms Hand herum)* Das hab ich mir gedacht. Knubblige Knöchel, hinter den Weibern her.

ZOE *(betrachtet Blooms Handfläche):* Der reinste Bratrost. Überseereisen und Geldheirat.

BLOOM Falsch.

ZOE *(schnell):* Oh, ich sehe. Der kleine Finger kurz. Zu Haus unter dem Pantoffel. Ist das auch falsch?

(Die Schwarze Liz, ein riesiges Huhn, brütend in einem Kreidekreis, steht auf, streckt die Flügel und gackert)

DIE SCHWARZE LIZ Gara. Kluck. Kluck. Kluck.

(Sie tritt zur Seite, herunter von ihrem frischgelegten Ei, und zockelt ab)

BLOOM *(zeigt auf seine Hand):* Die Schwiele da kommt von einem Unfall. Bin gestürzt und hab mich geschnitten, vor zweiundzwanzig Jahren. War sechzehn damals.

ZOE Seh ich, sagte der Blinde. Erzähl uns mal was Neues.

STEPHEN Sehe? Bewegt sich auf ein einziges großes Tor zu. Ich bin ebenfalls zweiundzwanzig. Vor sechzehn Jahren bin ich zweiundzwanzig gestürzt, vor zweiundzwanzig Jahren ist er sechzehn von seinem Schaukelpferd gefallen. *(Er zuckt)* Hab mir irgendwo die Hand verletzt. Muß einen Zahnarzt aufsuchen. Geld?

(Zoe flüstert Florry etwas zu. Sie kichern. Bloom befreit seine Hand und schreibt müßig in steiler Linksschrift auf den Tisch, malt träge Kurven)

FLORRY Was?

(Eine Mietkutsche, Nummer dreihundertundvierundzwanzig, mit einer prallbackigen Stute davor, auf dem Kutschbock James Barton, Harmony Avenue, Donnybrook, trabt vorbei. Blazes Boylan und Lenehan fläzen sich schwingend auf den Seitensitzen. Der Hausknecht vom Ormond hockt hinten auf der Achse. Traurig blicken Lydia Douce und Mina Kennedy über die Querblende.)

DER HAUSKNECHT *(ruckend, neckt sie mit Daumen und wimmelnden Wurmfingern):* Sti-Sta, Sti-Sta, hast du 'nen Ständer?

(Sie flüstern, Bronze bei Gold)

ZOE *(zu Florry):* Flüstern.

(Sie flüstern erneut)

(Über der Gepäcklade des Wagens lehnt Blazes Boylan, den steifen Strohhut schief auf dem Kopf, eine rote Blume im Mund. Lenehan, mit Kappe und weißen Schuhen eines Yachtbesitzers, zupft mit übertriebener Dienstfertigkeit ein langes Haar von Blazes Boylans Schulter.)

LENEHAN Ho! Was sehe ich denn da? Hast du von ein paar Punzen die Spinnweben abgestaubt?

BOYLAN *(gesättigt, lächelt):* Einen Truthahn gerupft.

LENEHAN Hübsche Nachtarbeit.

BOYLAN *(hält vier dicke stumpfnäglige Finger hoch, zwinkert):* Blazes Kate! Machen Sie eine Probe, sonst Geld zurück! *(Er streckt einen Zeigefinger aus)* Riech mal.

LENEHAN *(schnuppert entzückt):* Ah! Hummer und Mayonnaise. Ah!

ZOE UND FLORRY *(lachen zusammen):* Ha ha ha ha!

BOYLAN *(springt sicher vom Wagen und ruft laut und für alle hörbar):* Hallo, Bloom! Mrs. Bloom schon auf?

BLOOM *(in der Tracht eines Bediensteten, pflaumenfarbiger Plüschrock und Kniehosen, braungelbe Strümpfe und gepuderte Perücke):* Ich fürchte, noch nicht, Sir, die letzten Sachen ...

BOYLAN *(schmeißt ihm einen Sixpence zu):* Hier, kauf dir 'nen Gin mit Schuß dafür. *(Er hängt seinen Hut mit feschem Schwung an einem Zacken des Geweihs auf, das Blooms Kopf ziert)* Melde mich. Ich habe eine kleine Privatangelegenheit mit deiner Frau zu regeln. Verstanden?

BLOOM Vielen Dank, Sir. Jawohl, Sir, Madame Tweedy befindet sich im Bad, Sir.

MARION Er sollte sich ja eigentlich hochgeehrt fühlen. *(Sie plumpt platschend aus dem Wasser)* Raoul, mein Schatz, komm und trockne mich ab. Ich bin in meinem Splitterfaserpelz. Nur mein neuer Hut und ein Kutschenschwamm.

BOYLAN *(ein lustiges Zwinkern im Auge):* Eine Wucht!

BELLA Was? Was ist los?

(Zoe flüstert ihr etwas zu)

MARION Laß ihn nur zusehen, den Schlappschwanz! Hurenwirt! Und sich dabei selber peitschen! Ich werde an eine stramme Hure schreiben oder an Bartholomona, das Weib mit dem Bart, die soll ihm zolldicke Striemen beibringen, und darüber soll er mir dann anschließend eine unterschriebene und gestempelte Empfangsbescheinigung bringen.

BELLA *(lacht):* Ho ho ho ho.

BOYLAN *(zu Bloom, über die Schulter):* Du kannst dich ans Schlüsselloch stellen und dabei an dir selber rumspielen, während ich sie rasch ein paarmal drannehme.

BLOOM Vielen Dank, Sir, das will ich tun, Sir. Darf ich vielleicht zwei Kumpel von mir als Zeugen mitbringen und einen Schnappschuß machen? *(Er hält ihm einen Salbentopf hin)* Vaseline, Sir? Orangenblüte? ... Lauwarmes Wasser? ...

KITTY *(vom Sofa):* Sag mal, Florry. Sag doch mal. Was...

(Florry flüstert ihr etwas zu. Wispernde Liebesworte murmeln lipplispelnd laut, schmatzplatzender Ploppschwapp.)

MINA KENNEDY *(den Blick emporgerichtet):* Oh, das muß ja duften wie Geranien und liebliche Pfirsiche! Oh, er vergöttert einfach jedes Fleckchen an ihr! Wie miteinander verleimt, die beiden! Bedeckt mit Küssen!

LYDIA DOUCE *(ihr Mund öffnet sich):* Njmmnjmm. Oh, er trägt sie durchs ganze Zimmer dabei! Hoppehoppereiter. Man könnte sie in Paris noch hören und in New York. Wie Mündervoll Erdbeeren und Schlagsahne.

KITTY *(lachend):* Hi hi hi.

BOYLANS STIMME *(süß, heiser, in der Magengrube):* Ah! Gooblazqruk brukarchkrasht!

MARIONS STIMME *(heiser, süß zur Kehle aufsteigend):* Oh! Wiischwaschtkissimapuisthnapuhuck!

BLOOM *(die Augen wild aufgerissen, legt bei sich selber Hand an):* Zeigs ihr! Rein! Zeigs ihr! Pflüg sie durch! Mehr! Schuß!

BELLA, ZOE, FLORRY, KITTY Ho ho! Ha ha! Hi hi!

LYNCH *(zeigt):* Der Natur den Spiegel vor! *(Er lacht):* Hu hu hu hu hu hu!

(Stephen und Bloom starren in den Spiegel. Das Gesicht William Shakespeares, bartlos, erscheint darin, starr von Gesichtslähmung, gekrönt vom Widerbild des Rentiergeweihs vom Hutständer in der Halle.)

SHAKESPEARE *(in würdevollem Bauchrednerton):* Solch lautes leeres Lachen verrät den leeren Geist. *(Zu Bloom)* Du wähntest wohl, du wärest unsichtbar. Siehe! *(Er kräht ein grimmiges Kapaunengelächter)* Jagogo! Wie mein Oldfellow seine Donnersdämona erwürgte. Jagogogo!

BLOOM *(lächelt gelblich den Huren zu):* Wann krieg ich den Witz auch zu hören?

ZOE Noch ehe du zweimal verheiratet und einmal Witwer bist.

BLOOM Fehler werden verziehen. Selbst der große Napoleon,

als man an seinem Körper nach seinem Tode Messungen vornahm ...

(Mrs. Dignam, Witwe, Stumpfnase und Wangen rot von Todesgeschwätz, Tränen und Tunnys Tawny Sherry, eilt mit schiefem Hut im Trauerkleid vorüber, sich Wangen, Lippen und Nase rougend und pudernd, eine Schwänin, die ihre junge Brut treibt. Unter ihrem Rock erscheinen ihres verstorbenen Gatten Alltagshosen und Aufschlagstiefel, Größe acht. Sie hält eine Police der Scottish Widow's Insurance sowie einen großen Marquisenschirm in der Hand, unter dem ihre Brut neben ihr herläuft, Patsy hopsend auf einem kurzen Bein, den Kragen lose, eine Kette Schweinesteaks schwenkend, Freddy wimmernd, Susy mit verheultem Dorschmaul, Alice sich abplagend mit dem Baby. Sie knufft und pufft sie vorwärts, ihre Bänder flattern im Wind.)

FREDDY Äh, Ma, du ziehst mich zu schnell!

SUSY Mama, die Kraftbrühe schwappt bei mir gleich über!

SHAKESPEARE *(in paralytischer Wut):* Die einn todschluck mack sweinn sucken.

(Das Gesicht Martin Cunninghams, bärtig, nimmt wieder die Züge von Shakespeares bartlosem Gesicht an. Der Marquisenschirm schwankt trunken, die Kinder laufen zur Seite. Unter dem Schirm erscheint Mrs. Cunningham in Hut und Kimono der Lustigen Witwe. Sie gleitet seitlich vorüber, verbeugt sich, dreht sich japanesisch.)

MRS. CUNNINGHAM *(singt):*

Und man nennt mich die Perle von Asien, ja.

MARTIN CUNNINGHAM *(sieht sie gleichgültig an):* Kolossal! Die allerdollste Flitsche, 'dammtnochmal!

STEPHEN *Et exaltabuntur cornua iusti.* Königinnen liegen bei Preisbullen. Denkt nur an Pasiphae, für deren Wollust mein Ururgreisvater den ersten Beichtstuhl schuf. Vergeßt auch nicht Madame Grissel Steevens und nicht die säuischen Sprößlinge des Hauses Lambert. Und Noah ward trunken vom Wein. Und seine Arche stand offen.

BELLA Sowas gibts hier nicht. Da sind Sie an der falschen

Adresse.

LYNCH Laß ihn in Ruhe. Er kommt grad von Paris.

ZOE *(läuft zu Stephen und hängt sich bei ihm ein):* Oh, erzähl weiter! Mach ein bißchen Parlehwuh!

(Stephen stülpt sich den Hut auf den Kopf und springt hinüber zum Kamin, wo er mit zuckenden Achseln steht, flossige Hände ausgestreckt, ein gemaltes Lächeln auf dem Gesicht)

LYNCH *(pommelt auf das Sofa):* Rmm Rmm Rmm Rrrrrrmmmmm.

STEPHEN *(plappert, mit marionettenem Zucken):* Tausend Lokale für Unterhaltung um zu verbringen Abend mit Damen liebreizende was verkauft Handschuh und andere Sachen vielleicht Herz und Bierkneipen Haus hochmodernes sehr exzentrisch mit massenhaft Kokotten sehr schön angezogen fast wie Prinzessin Cancan tanzen und laufen Pariser Clownerien extranärrisch für Junggesellen ausländische egal ob spricht in jämmerliche Inglisch wie gut sich auskennen in Sachen Liebe und Empfindung von Lustigkeit. Für auserwählte Misters noch ganz besondere Vergnügen Besuch von Himmel- und Höllenschau mit Totenkerzen und Tränen silberne was kommt vor jede Nacht. Kolossal schockierend und schrecklich Verspottung von religiöse Dinge wie gibt kein zweitesmal auf ganzer Welt. Alles schicke Frauen was kommen mit ganze Sittsamkeit sich dann ausziehn aber und kreischen laut daß wollen sehn den Vampirmann wie er vergewaltigt Nonne noch ganz jung und frisch mit *dessous troublants. (Er schnalzt laut mit der Zunge) Oh la la! Ce pif qu'il a!*

LYNCH *Vive le vampire!*

DIE HUREN Bravo! Parlehwuh!

STEPHEN *(mit zurückgeworfenem Kopf grimassierend, lacht lauthals, klatscht sich auf die Schenkel):* Großes Erfolg von Lachen. Engel ganz wie Huren und heilige Apostel verdammt große Gauner. *Demimondaines* allerliebste hübsch funkelnd von Diamanten und in liebliche Kostüm. Oder wollen lieber moderne Lastervergnügen von alte Männer?

(Er weist mit grotesken Gebärden in die Runde, die von Lynch und den Huren erwidert werden) Weiber aus Kautschuk verstellbar oder in Lebensgröße Tom der Schnüffler jungfräuliches Nacktheit sehr lesbisch der Kuß fünf zehn mal. Hereinspaziert die Herren zum Positionen allersämtliche besichtigen im Spiegel Schwebereck und ganze Maschinerie mit außerdem auf Wunsch extraschweinisches Darbietung von Metzgerbursche was macht Pollution in Kalbsleber warme oder in Omelette auf Bauch *pièce de Shakespeare.*

BELLA *(klatscht sich den Bauch, sinkt aufs Sofa zurück mit brüllendem Gelächter):* In Omelette ... auf dem ... Ho! ho! ho! ho! ... Omelette auf dem ...

STEPHEN *(geziert):* Isch lieben disch, Sir Schätzchen. Sprechen du Inglischmann Sprache für *double entente cordiale.* O ja, *mon loup.* Wieviel kosten? Waterloo. Wasserklosett. *(Er bricht jäh ab und hebt den Zeigefinger)*

BELLA *(lachend):* Omelette ...

DIE HUREN *(lachend):* Dakapo! Dakapo!

STEPHEN Gebt mal acht. Ich hab von einer Wassermelone geträumt.

ZOE Auslandsreise und Liebe zu einer ausländischen Dame.

LYNCH Wegen 'ner Frau rund um die Welt.

FLORRY Träume gehn meist nach dem Gegenteil.

STEPHEN *(die Arme ausstreckend):* Es war hier. In der Straße der Huren. In der Serpentine Avenue zeigte Beelzebub sie mir, eine dralle Witwe. Wo ist der rote Teppich ausgerollt?

BLOOM *(auf Stephen zutretend):* Sehn Sie mal ...

STEPHEN Nein, ich bin geflogen. Meine Feinde unter mir. Jetzt und immerdar. Welt ohne Ende. *(Er schreit) Pater!* Frei!

BLOOM Was ich sagen wollte, sehn Sie doch mal ...

STEPHEN Meinen Geist brechen, will er das? O *merde alors! (Er schreit, die Geierkrallen geschärft)* Holla! Hilliho!

(Simon Dedalus' Stimme halloht Antwort, etwas verschlafen, doch auf dem Posten)

SIMON So ist das nun einmal. *(Er schießt unsicher durch die Luft, kreisend, anfeuernde Schreie ausstoßend, auf starken schwerfälligen Bussardschwingen)* Ho, Junge! Wirst du auch gewinnen? Los! Zack! Der Stall mit den Mischlingen. Würde sie nicht auf Schreiweite eines Esels kommen lassen. Kopf hoch! Sieh immer zu, daß unsere Fahne flattert! Ein Adler, rot, fliegend auf breitem Silberfeld. Ulster-Wappenkönig. Ho, heda! *(Er bellt wie ein Stöber, der Laut gibt)* Bulbul! Burblblbrurblbl! He, Junge!

(Die Wedel und Lichtungen der Wandtapete ziehen in raschem Zug über Land. Ein strammer Fuchs, aus seinem Schlupfwinkel vertrieben, den Schwanzbusch aufrecht, soeben von der Beerdigung seiner Großmutter kommend, rennt geschwind nach der offenen Lichtung hinüber, glanzäugig, den Dachs suchend, an der Erde, unter den Blättern. Die Meute Hirschhunde folgt, Nase am Boden, die Beute witternd, stöberbellend, burblbrblnd nach Blut. Jäger und Jägerinnen der Ward Union folgen ihnen auf dem Fuß, scharf auf einen Kill. Von Six Mile Point, Flathouse, Nine Mile Stone kommt das Fußvolk heran, mit Knotenstöcken, Heugabeln, Lachshaken, Lassos, Herdenführer mit Stockpeitschen, Bärenhatzer mit Tomtoms, Toreadoren mit Stierdegen, graue Neger, die Fakkeln schwingen. Die Menge schreit von Würfelspielern, Krone- und Anker-Spielern, Gaunern, Kartenzinkern. Schwindler und Wettspione, heisere Buchmacher in hohen Hexenmeisterhüten verursachen einen ohrenbetäubenden Lärm.)

DIE MENGE

Die Tabelle vom Rennen! Die Renntabelle!
Zehn zu eins das Feld!
Hier Tommy on the clay! Tommy on the clay!
Zehn zu eins Strich eins! Zehn zu eins Strich eins!
Versucht euer Glück mit der Wirbelnden Jenny!
Zehn zu eins Strich eins!
Die Spargroschen raus, Jungens! Jetzt gehts um die Wurst!
Ich setze zehn zu eins!

Zehn zu eins Strich eins!

(Ein Außenseiter-Roß, reiterlos, schießt wie ein Phantom am Zielpfosten vorüber, die Mähne mondschäumend, die Augäpfel Sterne. Das Feld folgt, ein Knäuel bockender Tiere. Skelettpferde: Szepter, Maximum II., Zinfandel, des Duke of Westminster Shotover, Repulse, des Duke of Beaufort Ceylon, prix de Paris. Zwerge reiten sie, rostig gerüstet, in den Sähähätteln wippend. Als letzter bei Sprühregen, auf dampfendem isabellfarbenen Klepper, Cock of the North, dem Favoriten, in honiggelber Kappe, grüner Jacke, orangene Ärmel, Garrett Deasy hochauf, die Zügel gepackt, einen Hockeystock schlagbereit. Sein Klepper, weiße Gamaschen an den Füßen, zockelt stolpernd auf der steinigen Straße dahin.)

DIE ORANGE-LOGEN *(höhnisch):* Steig ab und hilf schieben, Mister! Letzte Runde! Wenn du dich beeilst, kommst du noch vor Dunkelheit nach Hause!

GARRETT DEASY *(kühn aufrecht, das nagelzerkratzte Gesicht mit Briefmarken bepflastert, schwingt seinen Hockeystock, seine blauen Augen blitzen im Prisma des Kandelabers, als sein Reittier im Schulgalopp vorübertrottet): Per vias rectas!*

(Eine Eimertrage fleckt ihn und seinen sich aufbäumenden Klepper über und über mit einem Strom von Hammelbrühe, in der Münzen aus Karotten, Graupen, Zwiebeln, Rüben und Kartoffeln tanzen)

DIE GRÜNEN LOGEN Schöner Tag heute, Sir John! Schöner Tag, Euer Gnaden!

(Gemeiner Carr, Gemeiner Compton und Cissy Caffrey gehen unter den Fenstern vorbei, mißtönig singend)

STEPHEN Horcht mal! Unser Freund, das Gebrüll auf den Gassen!

ZOE *(hebt die Hand):* Halt!

GEMEINER CARR, GEMEINER COMPTON UND CISSY CAFFREY

So ist sie doch ein feines
Mädel wie sonst keines . . .

ZOE Das bin ich. *(Sie klatscht in die Hände)* Tanzen! Tanzen! *(Sie läuft zum Pianola)* Hat einer Zwopence?

BLOOM Wer will ...

LYNCH *(reicht ihr Geldstücke)*: Hier.

STEPHEN *(knackt ungeduldig mit den Fingern)*: Schnell! Schnell! Wo ist meine Augurenrute? *(Er läuft zum Klavier und ergreift seinen Eschenstock, mit dem Fuß im Tripudium stampfend)*

ZOE *(dreht den Trommelgriff)*: So.

(Sie steckt zwei Pennys in den Schlitz. Goldene, rosarote und violette Lichter leuchten auf. Die Trommel dreht sich schnurrend im Zaudertakt eines langsamen Walzers. Professor Goodwin, in schleifenverknoteter Perücke, in Hofkleidung, ein fleckiges Inverness-Cape um die Schultern, verkrümmt und zerbeult von unglaublichem Alter, zockelt durchs Zimmer, mit zitternden Händen. Er sitzt winzig auf dem Klavierhocker und schlägt mit handlosen Armstöcken in die Tastatur, nickend dazu mit mädchenhafter Anmut, daß seine Haarschleife auf und nieder hüpft.)

ZOE *(wirbelt mit klappernden Hacken um die eigene Achse)*: Tanzen! Hat keiner Lust? Wer will tanzen?

(Das Pianola spielt, mit wechselnden Lichtern, im Walzertakt das Vorspiel zu Mein Mädchen ist ein Yorkshire-Girl. *Stephen wirft seinen Eschenstock auf den Tisch und faßt Zoe um die Taille. Florry und Bella schieben den Tisch an den Kamin. Stephen, Zoe mit übertriebener Grazie im Arm, beginnt mit ihr im Raum herumzuwalzern. Ihr Ärmel, von einer anmutigen Schulter rutschend, enthüllt eine weiße Fleischblume, vom Impfen herrührend. Bloom steht abseits. Zwischen den Vorhängen streckt Professor Maginni ein Bein herein, auf dessen Zehenspitze sich ein Zylinder dreht. Mit einem geschickten Stoß läßt er ihn sich auf die Krone trudeln und kommt feschbehutet hereingeschlittert. Er trägt einen schiefergrauen Gehrock mit claretroten Seidenaufschlägen, ein Halstuch aus kremfarbenem Tüll, eine grüne tiefausgeschnittene Weste, Stehkragen mit weißem Binder, enge lavendellila Hosen, Lackpumps und kanariengelbe Handschuhe. Im*

Knopfloch hat er eine Dahlie. Er läßt nach verschiedenen Richtungen ein dabei kaum sichtbares Stöckchen wirbeln, keilt es dann fest unter die Achsel. Er legt sich lahm eine Hand auf das Brustbein und fährt streichelnd über seine Blume und Knöpfe.)

MAGINNI Die Poesie der Bewegung, Kunst der Kallisthenie. Hat nichts zu tun mit Madame Legget Byrne oder Levinstone. Arrangement von Maskenbällen. Haltung und feines Benehmen. Die Katty-Lanner-Schritte. So. Geben Sie acht, was ich mache! Meine terpsichoreischen Fähigkeiten. *(Er menuettet drei Schritte vor, auf trippelnden Bienenfüßen) Tout le monde en avant! Révérence! Tout le monde en place!*

(Das Vorspiel ist zu Ende. Professor Goodwin, vage mit den Armen schlagend, schrumpelt, schrumpft, sein lebendiger Umhang fällt über den Stuhl. Die Melodie stampft in festerem Walzertakt. Stephen und Zoe drehen sich frei im Kreis. Die Lichter wechseln, glühen auf, verblassen, golden, rosig, violett.)

DAS PIANOLA

Zwei junge Burschen sprachen von ihren Girls, Girls, Girls,
Die hatten zurück sie gelassen ...

(Aus einer Ecke kommen die Morgenstunden gelaufen, goldhaarig, schlank, in mädchenhaftem Blau, wespentaillig, mit unschuldigen Händen. Hurtig tanzen sie, schwingen wirbelnd die Springseile. Die Mittagsstunden folgen in Bernsteingold. Lachend untergehakt, mit aufblitzenden hohen Haarkämmen, fangen sie die Sonne in Spottspiegeln ein, die Arme hebend.)

MAGINNI *(klitschklatscht in handschuhstille Hände): Carré! Avant deux!* Gleichmäßig atmen! *Balance!*

(Die Morgen- und Mittagsstunden drehen sich im Walzertakt auf ihren Plätzen, nähern sich einander, recken ihre Kurven, neigen sich vis à vis. Kavaliere hinter ihnen wölben und halten ihre Arme mit Händen, die zu ihren Schultern niedergleiten, sie berühren und wieder emporsteigen.)

STUNDEN Berühren darfst du mein ...
KAVALIERE Berühren darf ich dein ...?
STUNDEN Oh, aber nur ganz leicht!
KAVALIERE Oh, aber nur ganz leicht!
DAS PIANOLA Mein kleines scheues Mädelchen,
Das hat 'ne feine Taille ...

(Zoe und Stephen drehen sich kühn in loserem Schwung. Die Zwielichtstunden treten aus langen Landschatten hervor, zerstreut, zögernd, schmachtäugig, die Wangen zart getönt von Cipria und falscher blasser Röte. Sie sind in grauen Flor gehüllt, mit dunklen Fledermausärmeln, die im Landwind flattern.)

MAGINNI *Avant huit! Traversé! Salut! Cours de mains! Croisé!*

(Die Nachtstunden stehlen sich auf den letzten Platz. Morgen-, Mittags- und Zwielichtstunden weichen vor ihnen zurück. Sie sind maskiert, haben durchdolchtes Haar und Armreifen mit dumpfen Glöckchen. Müde kuschelmuscheln sie sich unter Schleier.)

DIE ARMREIFEN Hoiho! Hoiho!

ZOE *(im Drehen, die Hand an der Stirn):* Oh!

MAGINNI *Les tiroirs! Chaîne de dames! La corbeille! Dos à dos!*

(In müden Arabesken weben sie ein Muster auf den Boden, weben, entweben, knicksen, drehen sich, glatt vom Schwindel gepackt)

ZOE Ich hab den Drehwurm!

(Sie macht sich frei, läßt sich auf einen Stuhl fallen, Stephen ergreift Florry und dreht sich mit ihr weiter)

MAGINNI *Boulangère! Les ronds! Les ponts! Chevaux de bois! Escargots!*

(Einander umschlingend, zurückweichend, mit verschränkten Händen, verbinden sich die Nachtstunden zur Kette, eine jede mit zum Bogen gewölbten Armen, in einem Mosaik von Bewegungen. Stephen und Florry drehen sich schwerfällig.)

MAGINNI *Dansez avec vos dames! Changez de dames! Don-*

nez le petit bouquet à votre dame! Remerciez!

DAS PIANOLA Das aller-, allerbeste,
Bubumm!

KITTY *(springt auf):* Oh, das haben sie beim Pferdekarussell auf dem Mirus-Basar gespielt!

(Sie läuft zu Stephen. Er läßt Florry brüsk stehen und greift sich Kitty. Einer schreienden Rohrdommel heiser hohes Pfeifen kreischt auf. Stöhnhuhnheulend dreht Tofts schwermassiger Kreisel langsam den Raum im Kreis herum um den Raum.)

DAS PIANOLA Mein Mädchen ist ein Yorkshire-Girl.

ZOE Yorkshire durch und durch.
Los, kommt! Alle!

(Sie ergreift Florry und walzert mit ihr)

STEPHEN *Pas seul!*

(Er wirbelt Kitty Lynch in die Arme, schnappt sich seinen Eschenstock vom Tisch und schwingt das Tanzbein. Alle drehen sich, wirbeln, walzern, quirlen. Bloombella, Kittylynch, Florryzoe, jujubische Frauen. Stephen mit Hut, Eschenstock, froschhüpft mittendrin, hochhackt im Himmelhochkick, Mund zu, Hand klatsch unterm Schenkel, mit Peng Klingel Bummhammer Halalihallo Hornbläser blauen grünen gelben Blitzen. Tofts schwerfälliger dreht sich mit Karusselschaukelpferdreitern an vergoldeten Schlangen baumelnd, Eingeweide Fandango springend schlagen Boden Fuß aus und fallen wieder.)

DAS PIANOLA Und ist sie auch nur 'ne Fabrikarbeiterin
Und trägt keine seidenen Höschen . . .

(Eng umschlungen schneller schnell in zerrwirrflirrendem Rasen braussausschießen sie plumpend vorbei. Bubumm!)

TUTTI Dakapo! Nochmal! Bravo! Dakapo!

SIMON Denk an die Verwandten deiner Mutter!

STEPHEN Totentanz!

(Däng neues Dädäng der Dienerglocke, Pferd, Klepper, Stier, Ferkel, Conmee auf Christus-Esel lahm Krücke und Bein Seemann in Jolle armverschränkt taupullend festmachend

stampfen Hornpipe durch und durch, Bubumm! Auf Kleppern, Schweinen, Schellenpferden, Gergesener Säuen, Corny im Sarg. Stahl Hai steinern der einhenklige Nelson, zwei olle Zicken, pflaumenbefleckt, vom Kinderwagen fallend, jaulend. Kotz, er ist ein Champion. Zünderblauer spähn vom Faß Hochw. Abendlied Love auf Kutschfahrt Blazes blind dorschdosengekrümmt Radfahrer Dilly mit Schneekuchen keine seidenen Höschen. Dann in letztem Hickzuckruck aufplumpend und ab bumpst Schlumpe doch ein feines Vizekönig und Königin Mädel wie sonst schlumpplump Bumpshire-Röschen. Bubumm!)

(Die Paare fallen nach den Seiten ab. Stephen dreht sich schwindlig. Der Raum umwirbelt ihn. Die Augen geschlossen, taumelt er. Rote Schienen fliegen raumwärts. Sterne um Sonnen drehn sich rundherum. Zuckende Mücken tanzen grell an Wand. Er steht totstill.)

STEPHEN Ho!

(Stephens Mutter, ausgemergelt, steigt starr aus dem Boden, in Lepragrau, mit einem Kranz verblaßter Orangeblüten und einem zerrissenen Brautschleier, das Gesicht zerfressen und nasenlos, grün von Grabesfäule. Ihr Haar ist spärlich und schlaff. Sie richtet ihre blaugeränderten hohlen Augenhöhlen auf Stephen und öffnet den zahnlosen Mund zu einem stillen Wort. Ein Chor von Jungfrauen und Bekennern singt stimmlos.)

DER CHOR Liliata rutilantium te confessorum . . .
Iubilantium te virginum . . .

(Von der Spitze eines Turms gafft Buck Mulligan in buntscheckigem Narrenkleid aus Flohbraun und Gelb und Clownskappe mit wallender Schelle auf sie herunter, ein aufgeschlitztes dampfendes bebuttertes Scone in der Hand)

BUCK MULLIGAN Sie ist dreckig verreckt. So ein Jammer! Mulligan begegnet der schmerzgebeugten Mutter. *(Er hebt die Augen empor)* Merkurius Malachi.

DIE MUTTER *(mit dem subtilen Lächeln des Todeswahnsinns):* Einst war ich die schöne May Goulding. Jetzt bin ich tot.

STEPHEN *(von Grauen gepackt):* Lemure, wer bist du? Welchen Teufels Trugbild narrt mich da?

BUCK MULLIGAN *(schüttelt die wallende Schellenkappe):* Sowas Komisches! Kinch hat das Hundeaas Hündinnenaas umgebracht. Sie hat ins Gras gebissen. *(Tränen aus geschmolzener Butter fallen ihm aus den Augen auf das Scone)* Unsere große liebe Mutter! *Epi oinopa ponton.*

DIE MUTTER *(kommt näher, haucht ihn sanft mit ihrem feuchten Aschenatem an):* Alle müssen da hindurch, Stephen. Mehr Frauen als Männer auf der Welt. Auch du. Die Zeit wird kommen.

STEPHEN *(würgend vor Furcht, Reue und Grauen):* Sie sagen, ich hätte dich umgebracht, Mutter. Er hat dein Andenken beleidigt. Der Krebs war es, nicht ich. Schicksal.

DIE MUTTER *(ein grünes Rinnsal von Galle läuft ihr seitlich aus dem Mund):* Du sangst mir jenes Lied. *Der Liebe bittres Rätsel.*

STEPHEN *(eifrig):* Sag mir das Wort, Mutter, wenn du es jetzt weißt. Das Wort, das alle Männer kennen.

DIE MUTTER Wer rettete dich an jenem Abend, da du bei Dalkey in den Zug sprangst mit Paddy Lee? Wer hatte Mitleid mit dir, als du traurig warst unter den Fremden? Das Gebet ist allmächtig. Das Gebet für die leidenden Seelen im Manuale der Ursulinerinnen und vierzigtägiger Ablaß. Bereue, Stephen.

STEPHEN Der Ghul! Hyäne!

DIE MUTTER Ich bete für dich in meiner anderen Welt. Sag Dilly, sie soll dir jeden Abend den gekochten Reis machen nach deiner Geistesarbeit. Jahre und Jahre habe ich dich geliebt, o du mein Sohn, mein Erstgeborener, als du in meinem Schoße lagst.

ZOE *(fächelt sich mit dem Kaminschirm Luft zu):* Ich zerfließe!

FLORRY *(zeigt auf Stephen):* Kuckmal! Er ist ganz weiß!

BLOOM *(geht zum Fenster, um es weiter zu öffnen):* Schwindlig.

Die Mutter *(mit schwelenden Augen):* Bereue! Oh, das Höllenfeuer!

Stephen *(keuchend):* Der Leichenkauer! Rohkopf und blutige Knochen!

Die Mutter *(mit näher und näher kommendem Gesicht, das einen aschigen Atem ausströmt):* Hüte dich! *(Sie hebt den geschwärzten verdorrten rechten Arm langsam und mit ausgestreckten Fingern zu Stephens Brust)* Hüte dich! Gottes Hand! *(Eine grüne Krabbe mit bösartigen roten Augen schlägt ihre grinsenden Klauen tief in Stephens Herz)*

Stephen *(halb erstickt vor Wut):* Scheiße! *(Seine Züge verzerren sich, werden grau und alt)*

Bloom *(am Fenster):* Was?

Stephen *Ah non, par exemple!* Die intellektuelle Phantasie! Mit mir ganz oder gar nicht. *Non serviam!*

Florry Gib ihm mal etwas kaltes Wasser. Moment. *(Sie eilt hinaus)*

Die Mutter *(ringt langsam die Hände, verzweifelt aufstöhnend):* O Heiliges Herz Jesu, erbarme dich seiner! Errette ihn vor der Hölle, o du göttliches Heiliges Herz!

Stephen Nein! Nein! Nein! Zerbrecht meinen Geist, ihr alle, wenn ihrs könnt! Ich werd euch schon zeigen, was eine Harke ist!

Die Mutter *(in der Agonie ihres Todesrasselns):* Erbarme dich Stephens, Herr, um meinetwillen! Unsagbar war meine Qual, als ich voll Liebe, Kummer und Todesangst auf dem Kalvarienberg verschied.

Stephen Nothung!

(Er hebt seinen Eschenstock hoch mit beiden Händen und zerschmettert den Kandelaber. Der Zeit bleifahle Schlußflamme springt auf, und in der folgenden Finsternis Untergang allen Raums, zerschmettertes Glas und stürzendes Mauerwerk.)

Der Gasstrahl Pwfungg!

Bloom Halt!

Lynch *(stürzt vor und packt Stephens Hand):* Hier! Halt

ein! Lauf nicht Amok!

BELLA Polizei!

(Stephen läßt seinen Eschenstock fallen, stampft, Kopf und Arme heftig zurückgeworfen, auf den Boden und flieht aus dem Zimmer, an den Huren in der Tür vorüber)

BELLA *(schreit):* Ihm nach!

(Die beiden Huren stürzen zu den Vorflurtüren. Lynch, Kitty und Zoe verlassen in panischer Hast das Zimmer. Sie reden aufgeregt durcheinander. Bloom folgt, kehrt zurück.)

DIE HUREN *(im Eingang gedrängt, zeigend):* Da unten!

ZOE *(zeigend):* Da! Da ist was los.

BELLA Wer bezahlt nun die Lampe? *(Sie faßt Bloom beim Rockschoß)* He, du! Du warst mit ihm zusammen. Die Lampe ist hin!

BLOOM *(eilt in die Halle, eilt zurück):* Welche Lampe, Weib?

EINE HURE Er hat sich den Rock zerrissen.

BELLA *(die Augen hart vor Wut und Begehrlichkeit, zeigt):* Wer soll das jetzt bezahlen? Zehn Schilling. Du bist Zeuge.

BLOOM *(schnappt sich Stephens Eschenstock):* Ich? Zehn Schilling? Hast du ihn noch nicht genug ausgenommen? Hat er nicht . . .?

BELLA *(laut):* He, red nicht son karierten Quatsch! Das ist kein Puff hier. Das ist ein Zehn-Schilling-Haus!

BLOOM *(die Hand unter der Lampe, zieht die Strippe. Der Gasstrahl, fiepsend, beleuchtet einen zertrümmerten malvenpurpurnen Schirm. Er hebt den Eschenstock):* Nur der Zylinder ist zerbrochen. Das ist alles, was er . . .

BELLA *(schrickt zurück und schreit):* Jesus! Nicht!

BLOOM *(einen Schlag parierend):* Bloß um dir zu zeigen, wie er das Papier getroffen hat. Nicht für einen Sixpence Schaden ist entstanden. Zehn Schilling!

FLORRY *(tritt mit einem Glas Wasser ein):* Wo ist er?

BELLA Wollen Sie vielleicht, daß ich die Polizei rufe?

BLOOM Ah, ich verstehe. Bulldogge im Vorgarten. Aber er ist Student am Trinity. Gönner deines Etablissements. Von solchen Herren bezahlst du die Miete. *(Er macht ein Frei-*

maurerzeichen) Begriffen, was ich meine? Neffe des Vizekanzlers. Du willst doch wohl keinen Skandal.

BELLA *(ärgerlich):* Trinity! Die kommen hier rein nach den Ruderbootrennen, randalieren bloß rum und zahlen keinen Penny. Hast du hier vielleicht zu kommandieren? Wo ist er hin? Ich werde ihn zur Verantwortung ziehen. In Schimpf und Schande bringen werde ich ihn, jawohl. *(Sie brüllt)* Zoe! Zoe!

BLOOM *(dringlich):* Und wenn es nun dein eigener Sohn in Oxford wäre? *(Warnend)* Ich weiß bescheid.

BELLA *(fast sprachlos):* Wer bist du, Inkog?

ZOE *(im Eingang):* Da vorn gibt's Krawall.

BLOOM Was? Wo? *(Er wirft einen Schilling auf den Tisch und wendet sich zum Gehen)* Das ist für den Zylinder. Wo? Ich brauche Gebirgsluft.

(Er eilt durch die Halle hinaus. Die Huren zeigen. Florry folgt, verschüttet Wasser aus dem schief gehaltenen Glas. Auf den Haustürstufen stehen sämtliche Huren dicht gedrängt, tratschen geschwätzig, zeigen nach rechts, wo der Nebel sich gelichtet hat. Von links kommt eine klingelingelnde Mietkutsche. Vor dem Haus verlangsamt sie ihr Tempo. Bloom in der Haustür erkennt Corny Kelleher, der im Begriff steht, mit zwei schweigenden Roués aus dem Wagen zu steigen. Er wendet sein Gesicht ab. Bella treibt drinnen ihre Huren an. Sie werfen ickylickymickyleckery njmmnjmm Küsse. Corny Kelleher erwidert mit einem gespenstisch lasterhaften Lächeln. Die schweigenden Roués wenden sich um, den Kutscher zu bezahlen. Zoe und Kitty zeigen immer noch nach rechts. Bloom drängt sich rasch zwischen ihnen durch, zieht seinen Kalifenhut und Poncho über und eilt mit abgewandtem Gesicht die Stufen hinunter. Inkog Harun al Raschid, flitzt er hinter den schweigenden Roués her und hastet an den Gitterzäunen dahin, mit dem behenden Schritt eines Panthers, die Fährte hinter sich streuend, zerrissene anisgetränkte Umschläge. Der Eschenstock markiert seinen Schritt. Ein Pack Bluthunde, geführt von Hornblower vom Trinity, der, in Halali-Mütze

und einem alten Paar grauen Hosen, eine Hundspeitsche schwingt, folgen von fern, nehmen die Witterung auf, kommen näher, bellen, keuchen, geraten auf falsche Fährte, reißen sich los, erreichen ihn mit hängenden Zungen, beißen ihn in die Hacken, springen nach seinem Schwanz. Er geht, rennt, zickzackt, galoppiert, die Lauscher angelegt. Er wird mit Kies, Kohlstrünken, Keksdosen, Eiern, Kartoffeln, totem Schellfisch, Weiber-Schlappschluffen beworfen. Hinter ihm, wieder frisch auf der Spur, zickzackgaloppt die Hetzmeute weiter in heißer Verfolgung des Immerhinterher: Die Nachtwachen 65 C 66 C, John Henry Menton, Wisdom Hely, V. B. Dillon, Stadtrat Nannetti, Alexander Keyes, Larry O'Rourke, Joe Cuffe, Mrs. O'Dowd, Pisser Burke, Der Namenlose, Mrs. Riordan, Der Bürger, Garryowen, Wieheißterdochgleich, Fremdgesicht, Dasistdochderkerlder, Denhabichdochschonmalgesehn, Derburschemitdem, Chris Callinan, Sir Charles Cameron, Benjamin Dollard, Lenehan, Bartell d'Arcy, Joe Hynes, der rote Murray, Verleger Brayden, T. M. Healy, Richter Fitzgibbon, John Howard Parnell, Hochwürden Konserven-Salm, Professor Joly, Mrs. Breen, Denis Breen, Theodore Purefoy, Mina Purefoy, die Postbeamtin vom Westland Row, C. P. M'Coy, Freund von Lyons, Hoppy Holohan, Mann auf der Straße, anderer Mann auf der Straße, Fußballbolzer, stumpfnasiger Wagenführer, reiche protestantische Dame, Davy Byrne, Mrs. Ellen M'Guinness, Mrs. Joe Gallaher, George Lidwell, Jimmy Henry auf Hühneraugen, Inspektor Laracy, Pater Cowley, Crofton vom Collector General's, Dan Dawson, Dentist Bloom mit Zange, Mrs. Bob Doran, Mrs. Kennefick, Mrs. Wyse Nolan, John Wyse Nolan, HübscheverheirateteimgedrängehinteninderClonskeatrambe-rührtefrau, der Buchverkäufer der Süße der Sünde, *Miss Dusedatundanntatsedat, Mesdames Gerald und Stanislaus Moran of Roebuck, der Geschäftsführer von Drimmie's, Oberst Hayes, Mastiansky, Citron, Penrose, Aaron Figatner, Moses Herzog, Michael E. Geraghty, Inspektor Troy, Mrs. Galbraith, der Polizist von Ecke Eccles Street, der alte Doktor*

Brady mit Stethoskop, der geheimnisvolle Mann am Strand, ein Retriever, Mrs. Miriam Dandrade und alle ihre Liebhaber.)

DIE HETZMEUTE *(holterdipolterdirollterdigrollter):* Das ist Bloom! Haltet Bloom! Haltdenbloom! Haltdenräuber! Hi! Hi! Haltet ihn an der Ecke!

(An der Ecke der Beaver Street unter dem Gerüst bleibt Bloom keuchend vor dem lärmenden streitenden Menschenknäuel stehen, am Knotenrand, sagt allerhand, ist wie gebannt, hi! hi! und es rauft und rangelt um ihn herum in wüstem Werwas-Kuddelmuddelkeifen.)

STEPHEN *(mit wohlabgewogenen Gesten, tief und langsam atmend):* Ihr seid meine Gäste. Die Ungeladenen. Vermöge des fünften George und des siebenten Edward. Die Geschichte ist schuld daran. Zusammengefabelt von den Müttern der Erinnerung.

GEMEINER CARR *(zu Cissy Caffrey):* Hat er dich belästigt?

STEPHEN Sie im Vocativus femininum angeredet. Vermutlich aber Neutrum. Ungenitiv.

STIMMEN Nein, hat er nicht. Das Mädchen erzählt lauter Lügen. Er war bei Mrs. Cohen drin. Was ist los? Soldaten und Zivilisten.

CISSY CAFFREY Ich war mit den Soldaten zusammen, und die hatten mich mal kurz alleine gelassen, weil sie – ihr wißt schon was, mußten, und da ist der junge Mann hinter mir hergelaufen. Aber ich bin dem Mann treu, der mich freihält, wenn ich auch bloß eine Schillinghure bin.

STEPHEN *(erblickt die Köpfe von Kitty und Lynch):* Heil, Sisyphus! *(Er zeigt auf sich und die andern)* Poetisch! Neopoetisch!

STIMMEN Sie ist demmanntreu.

CISSY CAFFREY Jawohl, und ich sollte mit ihm. Und ich war doch mit einem Soldatenfreund.

GEMEINER COMPTON Was wollt ihr dem noch lange die Hucke vollquatschen, dem Widerling! Hau ihn in die Fresse, Harry!

GEMEINER CARR *(zu Cissy):* Hat er dich belästigt, wie wir beide zum Pissen gegangen sind?

LORD TENNYSON *(in Union-Jack-Jackett und Kricket-Flanellhosen, barhäuptig, wallbärtig):* Nicht frommt's, warum zu fragen.

GEMEINER COMPTON Hau ihn, Harry.

STEPHEN *(zum Gemeinen Compton)*: Ich kenne Ihren Namen nicht, doch haben Sie ganz recht. Doktor Swift sagt, ein Mann in Waffen schlägt zehn Männer im Hemd. Hemd steht hier als Synekdoche. Teil für das Ganze.

CISSY CAFFREY *(zur Menge):* Nein, ich war mit dem Gemeinen.

STEPHEN *(liebenwürdig):* Warum auch nicht? Es ist so schön, Soldat zu sein. Meiner Meinung nach sollte jede Dame zum Beispiel ...

GEMEINER CARR *(das Käppi schief, auf Stephen zugehend):* Sagmal, wie wärs, hoher Herr, wenn ich dir mal 'nen Kinnhaken verpaßte?

STEPHEN *(blickt in den Himmel hinauf):* Wie das wäre? Sehr unangenehm. Die edle Kunst der Selbstverteidigung. Ich persönlich verabscheue alle Tätigkeit. *(Er schlenkert die Hand)* Meine Hand tut mir leicht weh. *Enfin, ce sont vos oignons. (Zu Cissy Caffrey)* Hier ist doch irgendwie dicke Luft. Worum handelt es sich eigentlich genau?

DOLLY GRAY *(winkt mit dem Taschentuch vom Balkon, gibt das Zeichen der Heldin von Jericho):* Rahab. Sohn der Köchin, lebe wohl. Komm gut heim zu Dolly. Träum von dem Mädchen, das du zurückgelassen hast, dann träumt sie auch von dir.

(Die Soldaten wenden den schwimmenden Blick)

BLOOM *(bahnt sich mit den Ellbogen einen Weg durch die Menge, zerrt Stephen kräftig am Ärmel):* Kommen Sie jetzt, Professor, der Kutscher dort wartet.

STEPHEN *(dreht sich um):* Äh? *(Er macht sich frei)* Warum sollte ich nicht mit ihm sprechen, mit ihm oder jedem anderen menschlichen Wesen, das aufrecht über diese abgeplattete Orange wandelt? *(Er streckt den Finger aus)* Ich habe keine Angst, mit jedem zu reden, mit dem ich kann, wenn ich ihm ins Auge blicke. Man muß nur in der Senkrechten bleiben.

(Er stolpert einen Schritt zurück)

BLOOM *(ihn stützend):* Bleiben Sie in der Ihren.

STEPHEN *(lacht leer):* Mein Gravitationszentrum hat sich verschoben. Der Trick ist mir im Moment entfallen. Setzen wir uns doch irgendwo hin und diskutieren wir. Der Kampf ums Dasein ist das Gesetz der Existenz, aber moderne Philirenisten, namentlich der Zar und der König von England, haben das schiedsrichterliche Verfahren erfunden. *(Er schlägt sich vor die Stirn)* Doch hier drinnen steht, daß ich den Priester und den König töten muß.

TRIPPER-BIDDY Hast du gehört, was der Herr Professor gesagt hat? Er ist Professor am College.

FOTZEN-KATE Habe ich. Ich habe es wohl vernommen.

TRIPPER-BIDDY Er drückt sich mit markantem Raffinement in der Phraseologie aus!

FOTZEN-KATE In der Tat, ja. Und zugleich mit solch wohlapplizierter Schärfe!

GEMEINER CARR *(macht sich frei und kommt näher):* Was war das, was hast du da eben über meinen König gesagt?

(Edward der Siebente erscheint in einem Torbogen. Er trägt einen weißen Jersey, der als Stickerei ein Bild des Heiligen Herzens zeigt, zusammen mit den Insignien von Hosenband- und Distelorden, vom Goldenen Vlies, vom Elefanten von Dänemark, von Skinners und Probyns Reitern, Lincoln's Inn Bencher und der altehrwürdigen Artillerie-Kompanie von Massachusetts. Er lutscht eine rote Jujube. Er ist als großer erwählter vollkommener und erhabener Logenmeister gewandet, mit Kelle und Schürze, die Made in Germany *gezeichnet sind. In der linken Hand trägt er einen Stukkateurseimer, auf dem geschrieben steht:* Défense d'uriner. *Willkommensgebrüll begrüßt ihn.)*

EDWARD DER SIEBENTE *(langsam, feierlich, doch undeutlich):*

Friede, vollkommener Friede! Zur Identifizierung hier der Eimer in meiner Hand. Prosit, Jungens! *(Er wendet sich zu seinen Untertanen)* Wir sind gekommen, um Zeuge eines sauberen ehrlichen Kampfes zu sein, und Wir wünschen beiden Männern von Herzen das Allerbeste und viel Glück. Mahak makar a back.

(Er schüttelt dem Gemeinen Carr, dem Gemeinen Compton, Stephen, Bloom und Lynch die Hand. Allgemeiner Beifall. Edward der Siebente hebt in anmutiger Erwiderung den Eimer.)

GEMEINER CARR *(zu Stephen):* Jetzt sags noch mal.

STEPHEN *(nervös, freundlich, reißt sich zusammen):* Ich verstehe Ihren Standpunkt, obwohl ich im Moment selber keinen König habe. Wir leben im Zeitalter der Patentmedizin. Eine Diskussion wäre hier unten recht schwierig. Aber das ist der springende Punkt. Sie sterben für Ihr Vaterland, nehme ich an. *(Er legt dem Gemeinen Carr den Arm auf den Ärmel)* Nicht daß ich Ihnen dies wünschte. Aber ich sage: Soll mein Vaterland doch für mich sterben. Bis zum gegenwärtigen Augenblick hat es dies auch getan. Ich wünsche seinen Tod gleichwohl nicht. Verdammt der Tod. Lang lebe das Leben!

EDWARD DER SIEBENTE *(schwebt über Haufen von Erschlagenen im Gewand und mit dem Heiligenschein des Juxers Jesus, eine weiße Jujube im phosphoreszierenden Gesicht):*

Meine Methoden sind neu und erstaunlich zuweilen:
Ich streu' Sand in die Augen, die Blinden zu heilen.

STEPHEN Könige und Einhörner! *(Er weicht einen Schritt zurück)* Kommen Sie doch irgendwo mit hin, dann können wir ... Was hat das Mädchen eben noch gesagt? ...

GEMEINER COMPTON Äh, Harry, gib ihm mal einen Tritt in die Eier. Knall ihm doch eine, dem Drecksack.

BLOOM *(zu den beiden Gemeinen, sanft):* Er weiß nicht, was er redet. Hat ein bißchen über den Durst getrunken. Absinth, das grünäugige Ungeheuer. Ich kenne ihn. Er ist ein Gentleman, ein Dichter. Es ist alles in Ordnung.

STEPHEN *(nickt, lächelnd und lachend)*: Gentleman, Patriot, Gelehrter und Richter aller Betrüger.

GEMEINER CARR Ist mir schnurzegal, wer er ist.

GEMEINER COMPTON Ist uns schnurzegal, wer er ist.

STEPHEN Ich scheine sie zu reizen. Grünes Tuch für den Stier.

(Kevin Egan aus Paris, in schwarzem spanischen Quastenhemd und Verschwörerhut, macht Stephen ein Zeichen)

KEVIN EGAN H'lo. *Bonjour*. Die *vieille ogresse* mit den *dents jaunes*.

(Patrice Egan späht von hinten herüber, sein Kaninchengesicht knabbert an einem Quittenblatt)

PATRICE *Socialiste!*

DON EMILE PATRIZIO FRANZ RUPERT POPE HENNESSY *(in mittelalterlicher Halsberge, zwei Wildgänse fliegend an seinem Helm, streckt in edler Entrüstung eine gepanzerte Hand gegen die beiden Gemeinen aus)*: Throw die Lümmel da auf den Floor, diese riesengroßen porcos von Johnbulls, todos mit Soße bekleckert!

BLOOM *(zu Stephen)*: Kommen Sie nach Hause. Sie kriegen hier sonst noch Ärger.

STEPHEN *(schwankend)*: Dem weiche ich nicht aus. Er provoziert meine Intelligenz.

TRIPPER-BIDDY Man gewahrt doch sofort, daß er einem adligen Geschlecht entstammt!

DAS MANNWEIB Grün über Rot, sagt er. Wolfe Tone.

DIE KUPPLERIN Das Rot ist so gut wie das Grün, sogar noch besser. Hoch die Soldaten! König Edward hoch!

EIN STROLCH *(lacht)*: Jawoll! Hände hoch vor De Wet!

DER BÜRGER *(mit riesigem smaragdgrünen Halstuch und Shillelagh-Knüttel, ruft)*:

Möge Gott dort droben
Uns senden einen Boten
Mit Zähnen so scharf wie Rasierer,
Die Haut abzuschinden
Den englischen Hunden,
Die gehängt unsre irischen Führer!

DER CROPPY BOY *(die Schlinge um den Hals, greift sich mit beiden Händen in die herausdringenden Eingeweide):*

Gegen niemand, der lebt, hält Haß mich gebannt,
Doch mehr als den König lieb ich mein Land.

RUMBOLD, DÄMONISCHER BARBIER *(begleitet von zwei schwarzmaskierten Gehilfen, nähert sich mit einer Reisetasche, die er öffnet):* Hier, die Herrschaften, das Hackmesser, das Mrs. Pearcy kaufte, um Mogg damit zu zerfetzen. Das Messer, mit dem Voisin die Frau eines Landsmannes zerstückelte, die Reste versteckte er dann in ein Laken gehüllt im Keller, die Kehle des unglücklichen Weibes war von einem Ohr bis zum andern aufgeschnitten. Eine Phiole mit dem Arsen, das man in der Leiche von Miss Barrow fand und das Seddon an den Galgen brachte.

(Er ruckt an dem Strick, die Gehilfen springen dem Opfer an die Beine und zerren es grunzend nach unten: dem Croppy Boy hängt die Zunge heraus.)

DER CROPPY BOY

Chund chatte fchürdr Mchutter Chruh
Kchein cheinzigch Wchort chebetet . . .

(Er gibt seinen Geist auf. Eine heftige Erektion des Gehenkten läßt Samentropfen durch seine Todeskleider auf die Pflastersteine schießen. Mrs. Bellingham, Mrs. Yelverton Barry und die Ehrenwerte Mrs. Mervyn Talboys stürzen mit ihren Taschentüchern vor, um sie aufzutupfen.)

RUMBOLD Ich bin selber fast so weit. *(Er löst die Schlinge)* Der Strick, der den schrecklichen Rebellen henkte. Zehn Schilling pro Nummer, wie mit Seiner Königlichen Hoheit abgemacht. *(Er taucht mit dem Kopf in den klaffenden Bauch des Gehenkten und zieht ihn, klumpig von verschlungenen und rauchenden Eingeweiden, wieder hervor)* Meine peinliche Pflicht ist damit getan. Gott schütze den König!

EDWARD DER SIEBENTE *(tanzt langsam, feierlich, mit dem Eimer klappernd, und singt mit sanfter Vergnügsamkeit):*

Am Krönungstag, am schönen Krönungstag,

Ei ja, warum nicht lustig sein,
Whisky trinken, Bier und Wein!

GEMEINER CARR He, du! Was hast du über meinen König gesagt?

STEPHEN *(wirft die Hände hoch):* Also das ist doch zum Gähnen! Nichts. Er will mein Geld und mein Leben, obwohl doch unrecht Gut nicht gedeihen sollte, für irgendein viehisches Empire, was ihm gehört. Geld habe ich nicht. *(Er sucht vage in seinen Taschen)* Habs irgendwem gegeben.

GEMEINER CARR Wer will schon dein beschissenes Geld?

STEPHEN *(versucht sich zu entfernen):* Kann mir jemand sagen, wo ich mit der geringsten Wahrscheinlichkeit diesen notwendigen Übeln begegne? *Ça se voit aussi à Paris.* Nicht daß ich ... Aber bei St. Patrick! ...

(Die Frauenköpfe verschmelzen. Die alte Gummy Granny erscheint mit Zuckerhuthut, auf einem Giftpilz sitzend, die Todesblume der Kartoffelpest an der Brust.)

STEPHEN Aha! Ich kenne dich, Oma! Hamlet, Rache! Die alte Sau, die ihre eigenen Ferkel frißt!

DIE ALTE GUMMY GRANNY *(hin und her schaukelnd):* Irlands Liebling, des Königs von Spanien Tochter, alanna. Fremde in meinem Haus, schlechte Manieren ihnen! *(Sie wehklagt im Banshee-Wimmerton)* Ochone! Ochone! Seide der Kühe! *(Sie jammert)* Der alten Heimat Irland bist du begegnet hier – nun sag, wie stehts mit ihr?

STEPHEN Sie steht mir bis hier. Alles fauler Zauber! Wo steckt die dritte Person der Heiligen Dreifaltigkeit? Soggarth Aroon? Hochwürden Aaskrähe.

CISSY CAFFREY *(schrill):* Bringt die beiden auseinander!

EIN STROLCH Unsere Männer haben sich zurückgezogen.

GEMEINER CARR *(zerrt an seinem Gürtel):* Ich drehe jedem Schweinehund den Hals um, der auch nur einen Mucks gegen meinen kotzverdammten König sagt!

BLOOM *(erschrocken):* Er hat ja gar nichts gesagt. Kein Wort. Ein reines Mißverständnis.

DER BÜRGER *Erin go bragh!*

(Major Tweedy und der Bürger zeigen einander Medaillen, Orden, Kriegstrophäen, Wunden. Beide salutieren mit wilder Feindseligkeit.)

GEMEINER COMPTON Los, ran, Harry! Hau ihm eins aufs Auge! Er ist ein Burenfreund.

STEPHEN Bin ich das? Seit wann?

BLOOM *(zu den Rotröcken):* Wir haben für euch in Südafrika gekämpft, irische Stoßtruppen. Ist das nicht historisch? Die Royal Dublin Fusiliers. Geehrt von unserm Monarchen.

DER KANALARBEITER *(torkelt vorüber):* Oh, ja. Oh, Gott, ja! Oh, im Kkkkrriekkk, im Bbbbbuburenkkkrriekkk! Oh! Bbbbbu!

(Behelmte Hellebardiere in Rüstung werfen ein Schirmdach von eingeweidebehangenen Speerspitzen vor. Major Tweedy, beschnurrbartet wie Turko der Schreckliche, in Bärenfellmütze mit Hahnnackenfeder und Ausrüstung, mit Epauletten, goldenen Dienstabzeichen und Säbeltasche, die Brust glitzernd von Orden, läßt antreten. Er macht das Pilgerkriegerzeichen der Tempelritter.)

MAJOR TWEEDY *(mit grollendem Gebrüll):* Rorke's Drift! Los, meine Garden, und feste druff! Mahal shalal hashbaz.

GEMEINER CARR Ich werds ihm einträanken.

GEMEINER COMPTON *(scheucht die Menge zurück):* Fair play, hier. Mach Hackfleisch aus dem Schweinehund!

(Zusammengerottete Kapellen plärren Garryowen *und* God save the king*)*

CISSY CAFFREY Gleich werden sie sich schlagen! Wegen mir!

FOTZEN-KATE Der Tapfere und die Schöne.

TRIPPER-BIDDY Mir deucht, der schwarze Ritter dort wird die Besten in die Schranken fordern.

FOTZEN-KATE *(tief errötend):* Nein, Madame. Das Rotwams und der lustige St. Georg für mich!

STEPHEN Der Hure Schrei, der Unzucht Fluch,
Sie weben Irlands Leichentuch.

GEMEINER CARR *(sich den Gürtel lösend, schreit):* Ich drehe jedem kotzverdammten Bastard den Hals um, der einen

Mucks gegen meinen scheißkotzverdammten König sagt!

BLOOM *(schüttelt Cissy Caffrey bei den Schultern):* Sprich, du! Hast du die Sprache verloren? Du bist das Bindeglied zwischen Nationen und Generationen. Sprich, Weib, geheiligte Lebensgeberin!

CISSY CAFFREY *(erschrocken, faßt den Gemeinen Carr am Ärmel):* Bin ich nicht mit dir? Bin ich nicht dein Mädchen? Cissy ist dein Mädchen. *(Sie schreit)* Polizei!

STEPHEN *(ekstatisch, zu Cissy Caffrey):*

Weiß deine Pfötchen, rot deine Gusch',
Und dein Balg ein gar leckerer Bissen.

STIMMEN Polizei!

FERNE STIMMEN Dublin brennt! Dublin steht in Flammen! Feuer, Feuer!

(Schwefelflammen springen hoch. Dichte Rauchwolken rollen vorüber. Schwere Gatling-Kanonen dröhnen. Pandämonium. Truppen marschieren auf. Galopp von Hufen. Artillerie. Rauhe Kommandos. Glocken läuten. Wettschreie ertönen. Betrunkene grölen. Huren kreischen. Nebelhörner tuten. Tapferkeitsgebrüll. Schreie von Sterbenden. Piken klirren auf Rüstungen. Diebe fleddern die Erschlagenen. Raubvögel kommen vom Meer geflogen, steigen vom Marschland auf, stoßen von Horsten nieder, kreisen schreiend, weiße Tölpel, Kormorane, Geier, Hühnerhabichte, kletternde Waldschnepfen, Wanderfalken, Smerle, Schwarzhühner, Seeadler, Möwen, Albatrosse, Bernikelgänse. Die Mitternachtssonne hat ihren Schein verloren. Die Erde erbebt. Die Dubliner Toten vom Prospect und Mount Jerome stehen auf in Überröcken aus weißem Schafsfell und schwarzen Ziegenfellmänteln und erscheinen vielen. Ein Abgrund tut sich mit lautlosem Gähnen auf. Tom Rochford, Gewinner in Athletenhemd und -hose, kommt an der Spitze des Nationalen Hürdenrennens heran und springt in den Spalt. Ihm folgt eine wilde Jagd von Rennern und Springern. In phantastischen Stellungen stoßen sie ab vom Rand. Ihre Leiber verschwinden in der Versenkung. Fabrikarbeiterinnen mit seidenen Höschen werfen rotglühende York-

shire Bubummbomben. Damen der Gesellschaft ziehen die Röcke über die Köpfe, um sich zu schützen. Lachende Hexen in kurzgeschnittenen roten Hemden reiten auf Besenstielen durch die Luft. Quäkerlyster bepflastert Blessuren. Es regnet Drachenzähne. Aus Ackerfurchen erwachsen bewaffnete Helden. Sie tauschen in Freundschaft die Losung der Ritter vom Roten Kreuz und fechten Duelle mit Kavalleriesäbeln aus: Wolfe Tone gegen Henry Grattan, Smith O'Brien gegen Daniel O'Connell, Michael Davitt gegen Isaac Butt, Justin M'Carthy gegen Parnell, Arthur Griffith gegen John Redmond, John O'Leary gegen Lear O'Johnny, Lord Edward Fitzgerald gegen Lord Gerald Fitzedward, The O'Donoghue of the Glens gegen The Glens of the Donoghue. Auf einer Anhöhe, dem Mittelpunkt der Erde, erhebt sich der Feldaltar der Heiligen Barbara. Schwarze Kerzen ragen auf Evangelien- und Epistelseite. Aus den hohen Schießscharten des Turms fallen zwei Lichtpfeile auf den rauchverhüllten Altarstein. Auf dem Altarstein liegt nackt Mrs. Mina Purefoy, Göttin der Unvernunft, gefesselt, auf dem geschwollenen Bauch einen Kelch. Pater Malachi O'Flynn, in langem Unterrock und gewendetem Meßgewand, seine zwei linken Füße nach vorn verdreht, zelebriert die Feldmesse. Hochwürden Mr. Hugh C. Haines Love M. A. in schlichter Soutane und eckigem Doktordeckel, Kopf und Kragen nach vorne verdreht, hält über des Zelebranten Haupt einen aufgespannten Regenschirm.)

PATER MALACHI O'FLYNN *Introibo ad altare diaboli.*

HOCHWÜRDEN MR. HAINES LOVE Zum Teufel, welcher da fröhlich machte meine jungen Tage!

PATER MALACHI O'FLYNN *(nimmt aus dem Kelch eine bluttriefende Hostie und hebt sie hoch): Corpus Meum.*

HOCHWÜRDEN MR. HAINES LOVE *(hebt von hinten des Zelebranten Unterröcke hoch und enthüllt seine grauen nackten haarigen Hinterbacken, zwischen denen eine Mohrrübe steckt):* Mein Leib.

DIE STIMME ALLER VERDAMMTEN Nemmonegnie Hcier sad tah Ttog egithcämlla red nned, Ajulellah!

(Aus der Höhe ruft die Stimme Adonais)

ADONAI Ttoooooooooog!

DIE STIMME ALLER ERLÖSTEN Halleluja, denn der allmächtige Gott hat das Reich eingenommen!

(Aus der Höhe ruft die Stimme Adonais)

ADONAI Goooooooooott!

(In schneidender Disharmonie singen Bauern und Städter der Orange- und Green-Partei Kick the Pope *und* Daily, daily sing to Mary*)*

GEMEINER CARR *(in wilder Artikulation):* Ich schlag ihn zu Brei, so wahr mir mein kotzverdammter Erlöser helfe! Ich werd dem Scheißbastard die kotzverdammte scheißige Luft abdrehen!

DIE ALTE GUMMY GRANNY *(wirft Stephen einen Dolch zu):* Laß ihn abfahren, acushla. Um 8 Uhr 35 wirst du im Paradiese sein und Irland ist frei. *(Sie betet)* Ach, lieber Gott, nimm ihn doch zu dir!

BLOOM *(läuft zu Lynch):* Können Sie ihn nicht wegbringen?

LYNCH Er liebt Dialektik, die Universalsprache. Kitty! *(Zu Bloom)* Schaffen Sie ihn doch selber weg, Sie. Auf mich hört er ja doch nicht. *(Er zieht Kitty mit sich davon)*

STEPHEN *(zeigt): Exit Judas. Et laqueo se suspendit.*

BLOOM *(läuft zu Stephen):* Kommen Sie jetzt mit, ehe noch Schlimmeres passiert. Hier ist Ihr Stock.

STEPHEN Stock, nein. Vernunft. Dies Fest der reinen Vernunft.

CISSY CAFFREY *(zieht den Gemeinen Carr):* Komm schon, du hast einen sitzen. Er hat mich beleidigt, aber ich vergebe ihm. *(Schreit ihm ins Ohr)* Ich vergebe ihm, daß er mich beleidigt hat!

BLOOM *(über Stephens Schulter):* Ja, gehen Sie. Sie sehen, er ist unzurechnungsfähig.

GEMEINER CARR *(bricht los):* Ich werde es ihm eintränken!

(Er stürzt auf Stephen zu, die Fäuste ausgestreckt, und schlägt ihm ins Gesicht. Stephen taumelt, bricht zusammen, fällt besinnungslos zu Boden. Er liegt dort der Länge nach, das Ge-

sicht zum Himmel, sein Hut rollt an die Mauer. Bloom geht hinterher und hebt ihn auf.)

MAJOR TWEEDY *(laut):* Karabiner in Kapsel! Feuer einstellen! Salut!

DER RETRIEVER *(bellt wie wild geworden):* Ut ut ut ut ut ut ut ut!

DIE MENGE Laß ihn erst wieder hoch! Schlag ihn nicht, wenn er am Boden liegt! Luft! Wer? Der Soldat hat ihn geschlagen. Er ist ein Professor. Ist er verletzt? Faßt ihn doch nicht so roh an! Er ist ohnmächtig!

(Der Retriever schnüffelt am Rand der Menge herum, bellt lärmend)

EINE VETTEL Mit welchem Recht eigentlich hat der Rotrock da den Herrn geschlagen, wo der doch einen sitzen hatte? Laß ihn gefälligst in Ruhe und tob dich bei den Buren aus!

DIE KUPPLERIN Nun hör sich das mal einer an, wie die redet! Durfte der Soldat etwa nicht mit seinem Mädchen gehen? Er hat ihm ganz richtig einen verpaßt, dem Feigling, ganz nett!

(Sie geraten sich in die Haare, packen sich, bespucken sich)

DER RETRIEVER *(kläfft):* Et et et!

BLOOM *(drängt sie zurück, laut):* Auseinander, tretet zurück!

GEMEINER COMPTON *(zieht seinen Kameraden):* Bloß weg hier, Harry! Da kommt die Polente!

(Zwei Wachen, in Regencapes, hochgewachsen, stehen in der Gruppe)

ERSTE WACHE Was ist hier los?

GEMEINER COMPTON Wir waren mit dieser Dame hier, und da hat uns der da beleidigt und meinen Kumpel angegriffen. *(Der Retriever bellt)* Wem gehört denn bloß dieser Köter, kotzblutnochmal?

CISSY CAFFREY *(erwartungsvoll):* Was, blutet er?

EIN MANN *(erhebt sich von den Knien):* Nein. Bloß weggetreten. Wird schon wieder zu sich kommen.

BLOOM *(blickt den Mann scharf an):* Überlassen Sie ihn mir. Ich kann leicht . . .

ZWEITE WACHE Wer sind Sie? Kennen Sie ihn?

GEMEINER CARR *(taumelt auf die Wache zu):* Er hat mein Fräulein Braut beleidigt!

BLOOM *(ärgerlich):* Sie haben ihn ohne jede Provokation niedergeschlagen. Ich bin Zeuge. Wachtmeister, notieren Sie seine Regimentsnummer.

ZWEITE WACHE Ich brauche keine Instruktionen von Ihnen bei der Ausübung meiner Pflicht.

GEMEINER COMPTON *(zieht seinen Kameraden):* Komm, verdrücken wir uns, Harry. Sonst steckt dich Bennett in den Knast.

GEMEINER CARR *(stolpernd, als er fortgezogen wird):* Gott soll ihn am Arsch lecken, den alten Bennett! So ein drekkiger Steißtrommler! Keinen Furz geb ich auf den!

ERSTE WACHE *(zieht das Notizbuch):* Wie heißt er?

BLOOM *(blickt über die Menge):* Ich sehe da grad einen Wagen. Wenn Sie einmal kurz mit anfassen würden, Sergeant...

ERSTE WACHE Name und Adresse!

(Corny Kelleher, einen Trauerflor um den Hut, einen Beerdigungskranz über dem Arm, erscheint unter den Umstehenden)

BLOOM *(rasch):* Ah, wie gerufen! *(Er flüstert)* Sohn von Simon Dedalus. Ein bißchen blau. Sehn Sie doch zu, daß die Polizisten da die Leute zurückdrängen.

ZWEITE WACHE 'n Abend, Mr. Kelleher.

CORNY KELLEHER *(zu der Wache, mit trägem Blick):* Das geht in Ordnung. Ich kenne ihn. Hat ein bißchen bei den Rennen gewonnen. Goldpokal. Flugblatt. *(Er lacht)* Zwanzig zu eins. Sie können mir doch folgen?

ERSTE WACHE *(wendet sich zur Menge):* He, was gafft ihr eigentlich noch? Macht, daß ihr wegkommt!

(Die Menge zerstreut sich langsam, murrend, die Gasse hinunter)

CORNY KELLEHER Überlassen Sie das mir, Sergeant. Das geht schon alles in Ordnung. *(Er lacht, schüttelt den Kopf)* Wir sind ja auch manchmal ziemlich schlimm gewesen, ja vielleicht noch schlimmer. Was? Na, was?

Erste Wache *(lacht):* Das kann man wohl sagen.

Corny Kelleher *(gibt der zweiten Wache einen leichten Rippenstoß):* Kommen Sie, streichen Sie den Namen man wieder aus. *(Er trällert, wackelt mit dem Kopf)* Mit meinem Tandera tandera tanderadei. Was, na, Sie können mir doch folgen?

Zweite Wache *(heiter):* Aber klar, wir waren ja auch mal.

Corny Kelleher *(zwinkernd):* Jungen sind nun einmal Jungen. Ich hab einen Wagen da drüben.

Zweite Wache In Ordnung, Mr. Kelleher. Gute Nacht.

Corny Kelleher Ich kümmere mich schon um die Sache.

Bloom *(schüttelt den beiden Wachen nacheinander die Hand):* Besten Dank, meine Herren, besten Dank. *(Er murmelt vertraulich)* Wir wollen ja keinen Skandal, nicht wahr. Vater ist ein bekannter hochangesehener Bürger. Den Jungen hat bloß mal ein bißchen der Hafer gestochen, verstehn Sie.

Erste Wache Ah, ich verstehe, Sir.

Zweite Wache Geht in Ordnung, Sir.

Erste Wache Es wäre bloß, falls es eine Körperverletzung gegeben hätte, dann hätte ich auf dem Revier Meldung machen müssen.

Bloom *(nickt schnell):* Natürlich. Ganz recht. Nichts als Ihre Pflicht und Schuldigkeit.

Zweite Wache Unsere Pflicht, jawohl!

Corny Kelleher Gute Nacht dann, Leute.

Die Wachen *(zusammen salutierend):* Gute Nacht, die Herren. *(Sie entfernen sich mit langsamen schweren Schritten)*

Bloom *(pustet):* Sie sind wie von der Vorsehung geschickt auf dem Schauplatz erschienen. Sie haben einen Wagen? ...

Corny Kelleher *(lacht, zeigt mit dem Daumen über die rechte Schulter nach dem Wagen, der vor dem Gerüst aufgefahren ist):* Zwei Handlungsreisende, die bei Jammet Sekt spendiert haben. Wie die Fürsten, ungelogen! Einer von ihnen hat beim Rennen zwo Pfund verloren. Mußte also seinen Kummer ersäufen und wollten gleichzeitig mal bei den Girls ein bißchen auf die Pauke hauen. Hab ich sie also in Behans Wagen geladen und rein in die Nachtstadt.

Bloom Ich war grad auf dem Heimweg, als ich an der Gardiner Street zufällig ...

Corny Kelleher *(lacht):* Natürlich wollten die Kerls mich mitschleifen zu den Nüttchen. Nee, nee, bei Gott, sag ich. Das ist nichts für so alte Praktikusse wie mich und Sie. *(Er lacht erneut und pliert mit glanzlosem Blick)* Gott sei Dank haben wir ja alles Nötige im Hause, was, äh, Sie können mir doch folgen? Ha! ha! ha!

Bloom *(versucht zu lachen):* Häh! hä! hä! Ja. Tatsächlich, ich hatte da grad einen alten Freund von mir besucht, Virag, Sie kennen ihn nicht (armer Kerl, hat die ganze letzte Woche das Bett hüten müssen), ja, und da haben wir noch ein Schlückchen zusammen getrunken, und wie ich grad auf dem Heimweg ...

(Das Pferd wiehert)

Das Pferd Heiheiheiheiheiheihei! Heiheiheiheim!

Corny Kelleher Klar, es war Behan, unser Kutscher da, der machte mich aufmerksam, nachdem wir die beiden Handlungsreisenden bei Mrs. Cohen abgeladen hatten, und da hab ich ihm gesagt, er soll doch mal halten, und bin ausgestiegen, um mal nachzusehn. *(Er lacht)* Nüchterne Leichenkutscher sind was ganz Besonderes. Spezialität. Soll ich ihn nun nach Hause fahren? Wo hat er denn seine Hängematte? Irgendwo in Cabra, was?

Bloom Nein, in Sandycove, glaube ich, nach allem, was er noch von sich gab.

(Stephen, auf dem Rücken, atmet zu den Sternen empor. Corny Kelleher, verstohlen schielend, pliert nach dem Pferd. Bloom steht dumpf verschlummert da.)

Corny Kelleher *(kratzt sich im Genick):* Sandycove! *(Er bückt sich und ruft Stephen an)* He! *(Er ruft noch einmal)* He! Zugedeckt ist er jedenfalls ganz mit Hobelspänen. Geben Sie acht, ob man ihm auch nichts geklaut hat.

BLOOM Nein, nein, nein. Ich habe sein Geld und seinen Hut hier und den Stock.

CORNY KELLEHER Ah, ja, dann wird er ja wohl drüber wegkommen. Knochen sind keine gebrochen. Na schön, da will ich mal abschieben. *(Er lacht)* Ich hab eine Verabredung gleich in der Frühe. Die Toten begraben. Kommen Sie gut heim!

DAS PFERD *(wiehert):* Heiheiheiheiheim!

BLOOM Gute Nacht. Ich warte nur noch ein bißchen und nehme ihn dann mit in ein paar ...

(Corny Kelleher kehrt zum Wagen zurück und besteigt ihn. Das Pferdegeschirr klingelingt.)

CORNY KELLEHER *(vom Wagen, stehend):* Nacht.

BLOOM Nacht.

(Der Kutscher ruckt an den Zügeln und hebt ermunternd die Peitsche. Wagen und Pferd setzen langsam zurück, unbeholfen, und wenden. Corny Kelleher auf dem Seitensitz wackelt hin und her mit dem Kopf, aus Vergnügen über Blooms Verlegenheit. Der Kutscher schließt sich der stummen pantomimischen Lustigkeit an, indem er von seinem Gegensitz dazu nickt. Bloom schüttelt in stummer fröhlicher Erwiderung den Kopf. Mit Daumen und Handfläche versichert Corny Kelleher, daß die beiden Schupos den Schlaf nicht weiter stören würden, denn was bleibt ihnen anderes auch übrig. Mit einem langsamen Nicken gibt Bloom seine Dankbarkeit kund, wie dies ja auch genau das ist, was Stephen braucht. Der Wagen klingelingt tanderadei um die Ecke der Tanderadasse. Corny Kelleher verstanderadichert erneut mit der Hand. Bloom tanderichert mit der Hand Corny Kelleher, daß er sich jetzt ganz tanderadeidideldicher fühlt. Die klingenden Hufe und das klingelingende Geschirr werden leiser mit ihrem Tanderatanderadei. Bloom, in der Hand Stephens mit Spänen geschmückten Hut und Eschenstock, steht unentschlossen. Dann bückt er sich und rüttelt Stephen an der Schulter.)

BLOOM He! Ho! *(Es erfolgt keine Antwort; er bückt sich noch einmal)* Mr. Dedalus! *(Keine Antwort)* Wenn man den Namen ruft. Bei einem Schlafwandler. *(Er bückt sich abermals und bringt zögernd seinen Mund nah an das Gesicht der ausgestreckten Gestalt)* Stephen! *(Keine Antwort. Er ruft abermals)* Stephen!

STEPHEN *(stöhnt):* Wer? Schwarzer Panther Vampir. *(Er seufzt und reckt sich, murmelt dann undeutlich mit überdehnten Vokalen)*

Wer ... mit Fergus fahren jetzt ...
Und dringen in ... gewobnen Schatten? ...

(Er dreht sich auf die linke Seite, seufzt, zieht die Beine an den Leib)

BLOOM Poesie. Gebildet. Schade. *(Er bückt sich wieder und macht die Knöpfe an Stephens Weste auf)* Daß er atmen kann. *(Er klopft mit leichten Händen und Fingern die Holzspäne von Stephens Kleidern)* Ein Pfund sieben. Jedenfalls nicht verletzt. *(Er lauscht)* Was?

STEPHEN *(murmelt):*

... des Waldes ... Schatten ...
... weiße Brust ... der trüben ...

(Er streckt die Arme aus, seufzt abermals und krümmt den Körper zusammen. Bloom steht aufrecht da, hält Hut und Eschenstock. Ein Hund bellt in der Ferne. Bloom festigt und lockert den Griff um den Stock. Er blickt nieder auf Stephens Gesicht und Gestalt.)

BLOOM *(im Zwiegespräch mit der Nacht):* Gesicht erinnert mich an seine arme Mutter. Im schattigen Wald. Die tiefe weiße Brust. Ferguson, soviel ich mitbekommen habe. Ein Mädchen. Irgendein Mädchen. Was Besseres konnte ihm gar nicht widerfahren ... *(Er murmelt)* ... ich schwörs, stets will ich achten, mehren, und nie versehren, Art oder Arten, ihrer immer warten ... *(Er murmelt)* in den raunen Sanden der See ... eines Kabels Länge vom Strand ... wo die Gezeiten ebben ... und fluten unverwandt ...

(Schweigend, gedankenvoll, wachsam, steht er seine Wache, die Finger an den Lippen in der Haltung eines Geheimen Meisters. Vor der dunklen Mauer erscheint langsam eine Ge-

stalt, ein elfenhafter Knabe von elf, ein Wechselbalg, ein Entführter, in Etontracht mit Glasschuhen und einem kleinen Bronzehelm, in seiner Hand ein Buch: Er liest unhörbar von rechts nach links, lächelt dabei, küßt die Seite.)

BLOOM *(wundersam gepackt, ruft unhörbar):* Rudy!

RUDY *(sieht blicklos in Blooms Augen und liest, küßt, lächelt weiter. Er hat ein zartes malvenfarbenes Gesicht. An seinem Anzug hat er Knöpfe aus Diamanten und Rubinen. In der freien linken Hand hält er ein dünnes Elfenbeinstöckchen mit violetter Schleife. Ein weißes Lämmchen lugt aus seiner Westentasche.)*

III

Zur Vorbereitung vor allem anderen bürstete Mr. Bloom die größere Masse der Hobelspäne von Stephens Anzug und reichte ihm Hut und Eschenstock und richtete ihn überhaupt und allgemein nach orthodoxer Samariterweise her, was jenem auch dringend not tat. Sein (Stephens) Geist war zwar nicht eigentlich das, was man zerstreut und schweifend nennen würde, sondern eher nur ein wenig unstet, und als er nun den Wunsch nach etwas Trinkbarem ausdrückte, verfiel Mr. Bloom in Anbetracht der Stunde und des Umstandes, daß keinerlei Pumpen mit Vartry-Wasser zu Reinigungs-, geschweige denn Trinkzwecken zur Verfügung standen, auf einen Ausweg, indem er, aus dem Stegreif, anregte, sich doch in die kaum einen Steinwurf weit von der Butt Bridge gelegene sogenannte Kutscherkneipe zu begeben, wo sie mit Wahrscheinlichkeit auf etwas Trinkbares in Gestalt von Milch und Soda oder Mineralwasser stoßen würden. Doch wie dort hinzugelangen sei, da lag der Haken. Für den Augenblick befand er sich in durchaus einiger Verlegenheit, doch da ihm nun einmal die Pflicht oblag, die der Lage entsprechenden Maßnahmen zu ergreifen, beschäftigte sich sein Geist mit der Erwägung angemessener Mittel und Wege, während welchen Vorganges Stephen wiederholt gähnte. Soweit er sehen konnte, war jener ziemlich blaß im Gesicht, so daß es ihm doch höchst ratsam erschien, ein Transportmittel, gleich welcher Sorte, zu beschaffen, welches ihrer jetzigen Lage entsprechen würde, da sie beide doch ziemlich k. o. waren, in Sonderheit Stephen, immer angenommen freilich, es werde sich etwas dergleichen finden lassen. Infolgedessen schritten sie beide nun nach einigen Präliminarien wie dem erwähnten Abbürsten, welches trotz des Umstandes gelang, daß er vergessen hatte, sein ziemlich seifensudiges Taschentuch aufzuheben, nachdem es beim Rasieren treue Dienste geleistet, die Beaver Street oder vielmehr Lane entlang bis etwa zur Schmiede und der deutlich

wahrnehmbaren Gestanksatmosphäre der Mietstallungen an der Ecke Montgomery Street, wo sie linker Hand abbogen, um von dort bei Dan Bergin's um die Ecke in die Amiens Street zu gelangen. Doch leider war hier, in Erfüllung seiner nur zu gewissen Vorausahnung, weit und breit nicht die Spur von einem Rosselenker zu sehen, der zu einer Mietfahrt bereit gestanden hätte, mit Ausnahme nur eines Vierräders vor dem North Star Hotel, welcher vermutlich von einigen drinnen auf Sauftour befindlichen jungen Leuten in Dienst genommen worden war, und dieser machte keinerlei Anstalten, sich auch nur einen Viertelzoll zu rühren, als Mr. Bloom, der alles andere als ein berufsmäßiger Pfeifer war, sich bemühte, ihn dadurch herbeizurufen, daß er, und zwar gleich zweimal hintereinander, einen allerdings leicht mißlungenen Pfiff ausstieß und dazu die gewölbten Arme über den Kopf hob.
Das war nun eine verdrießliche Situation, doch wenn man ihr mit gesundem Menschenverstand begegnete, so blieb ersichtlich keine andere Möglichkeit als die, gute Miene zu diesem bösen Spiel zu machen und den Weg unter die Füße zu nehmen, was sie infolgedessen auch taten. So gingen sie denn bei Mullet und dem Signal House, das sie rasch erreichten, schräg hinüber und schritten rüstig weiter aus, in Richtung auf den Bahnhof Amiens Street zu, wobei Mr. Bloom jedoch durch den Umstand behindert war, daß einer seiner hinteren Hosenknöpfe, um ein altehrwürdiges Sprichwort zu variieren, den Weg aller Knöpfe gegangen war, obschon er, nachdem er das Mißgeschick in gründlicher Weise geistig durchdacht hatte, dasselbe nicht weiter tragisch nahm. Da sie beide es nicht sonderlich eilig hatten, wie es sich traf, und zudem die Temperatur eine erfrischende geworden war, seit es sich nach dem jüngsten Besuch des Jupiter Pluvius aufgeklärt hatte, schlenderten sie denn gemächlich an der Stelle vorbei, wo das leere Vehikel ohne Fahrgast und Kutscher wartete. Und wie es so kommt, fuhr nun zufällig ein Sandstreuer der Dublin United Tramways Company an ihnen vorüber, offenbar gerade auf dem Heimweg begriffen, und der ältere der beiden

Männer berichtete seinem Gefährten *à propos* von dem Zwischenfall, der ihm vor einer kleinen Weile widerfahren, und seinem wahrhaft wundersamen Davonkommen. Sie schritten am Haupteingang der Great Northern Railway Station vorüber, wo die Züge nach Belfast abgehen, zu dieser späten Stunde jedoch natürlich der gesamte Verkehr ruhte, und gelangten, nachdem sie den Hintereingang der Leichenhalle passiert hatten (einer nicht eben einladenden, ja geradezu, in Sonderheit noch des nachts, recht gruseligen Stätte), schließlich zur Dock Tavern, um von dieser aus im gegebenen Augenblick in die wegen ihrer Polizeistation Abteilung C berühmte Store Street einzubiegen. Zwischen diesem Punkte und den hohen, gegenwärtig unerleuchteten Warenhäusern am Beresford Place geschah es, daß Stephen an Ibsen denken mußte, aufgrund einer Assoziation mit Bairds Steinmetzwerkstatt, Talbot Place, erste Querstraße rechts, während der andere, der als sein *fidus Achates* fungierte, mit innerer Genugtuung den Duft von James Rourkes Stadtbäckerei einsog, die ganz in der Nähe des Punktes lag, an dem sie sich befanden, den in der Tat sehr lockenden Duft unseres täglichen Brotes, der herrlichsten und unentbehrlichsten aller gemeinwesentlichen Waren. Brot, die Stütze Leibes und des Lebens, sein Brot verdienen, O *tell me where is fancy bread?* Dort in Rourkes Kabinett.

En route sprach zu seinem schweigsamen und, um die Wahrheit nicht ungebührlich zu beschönigen, nicht mehr gänzlich nüchternen Gefährten Mr. Bloom, der sich jedenfalls im Vollbesitze seiner Fähigkeiten befand, ja der sich mehr nie darin befunden hatte und in nachgerade abstoßender Weise nüchtern war, ein Wort der Warnung bezüglich der Gefahren der Nachtstadt, als da wären übelbeleumdete Weiblichkeiten und elegante Gauner, welche, ohnehin schon bei einzelnen Gelegenheiten kaum zu billigen, als gewohnheitsmäßig frequentierte Einrichtung keinesfalls, eine regelrechte Todesfalle darstellten für junge Menschen seines Alters, in Sonderheit wenn dieselben sich das Trinken angewöhnt hätten, unter dem Einflusse des Alkohols, es sei denn, man verstehe sich ein wenig auf Jiujitsu, für den Fall einer Eventualität, da selbst ein Bursche, der auf dem Rücken liege, einem noch einen garstigen Tritt versetzen könne, wenn man nicht aufpasse. In hohem Grade als ein Werk der Vorsehung sei das Erscheinen Corny Kellehers auf der Bildfläche zu bezeichnen, als Stephen in seliger Bewußtlosigkeit am Boden gelegen, denn wäre jener Mann nicht um die elfte Stunde aufgetaucht und für ihn in die Bresche gesprungen, so wäre er wohlmöglich noch ein Kandidat für die Unfallwache geworden, beziehungsweise gar, wenn nicht dies, für das Bridewell, und hätte am nächsten Tag vor Mr. Tobias im Gericht erscheinen müssen, oder vielmehr, da dieser ja der Anwalt sei, vor dem alten Wall, wolle er sagen, oder Malony, und das sei, wenn es sich herumspräche, ja schlechthin eine Katastrophe für einen jungen Mann. Der Grund dafür, daß er dies erwähne, sei der Umstand, daß eine Menge von diesen Polizisten, die er von Herzen verabscheue, im Dienste der Krone anerkanntermaßen ohne alle Skrupel wären und, wie Mr. Bloom in Erinnerung an einen oder zwei Fälle der Abteilung A in der Clanbrassil Street ausführte, stets bereit, Stein und Bein zu schwören, um was es sich auch handle. Nie zur Stelle, wenn man sie brauche, nur in ruhigen Stadtteilen, Pembroke Road zum Beispiel, da wären die Herren Gesetzeshüter dauernd zu erblicken, was seinen Grund handgreiflich darin habe, daß sie ja dafür bezahlt würden, die oberen Klassen zu beschützen. Eine andere Sache, so erläuterte er weiter, sei die Ausrüstung der Soldaten mit Feuerwaffen oder Seitengewehren, bereit, jederzeit loszugehen, was einer Aufreizung gegen die Zivilisten gleichkomme, sollte durch Zufall einmal in irgendeiner Sache Streit sich erheben unter ihnen. Man vergeude nur seine Zeit, so behauptete er sehr einfühlsam, und insgleichen die Gesundheit und den Charakter, zu schweigen ganz von der Verschwendungssucht, denn gar schnell sei man einen Haufen Pfund-Schilling-Pence an Frauen der *demimonde* losgeworden, und die größte Gefahr überhaupt liege darin, mit wem man dem Trunke zuspräche, obschon er hinsichtlich der vielerörterten Streitfrage der Stimulantien sagen müsse, daß er selber einem Glase erlesenen alten Weins zur rechten Zeit durchaus nicht abgeneigt sei, da es sowohl nahrhaft als auch blutbildend wirke und eine abführende Kraft besitze (vornehmlich ein guter Burgunder, auf welchen er unerschütterlich schwöre), doch niemals über einen gewissen Punkt hinaus, wo er stets unterschiedslos innehalte, da es sonst gar zu leicht zu allerlei Unannehmlichkeiten komme, gar nicht zu reden von dem Umstand, daß man dann seinen Mitmenschen praktisch auf Gedeih und Verderb ausgeliefert sei. Am meisten wandten sich seine Ausführungen gegen die Tatsache, daß Stephen von allen seinen die Kneipen frequentierenden *confrères* bis auf einen im Stich gelassen worden sei, was man unter den gegebenen Umständen als nackten Verrat vonseiten seiner Mediziner-Kollegen bezeichnen müsse.

– Und dieser eine war Judas, sagte Stephen, der bis hierher kein wie immer geartetes Wort gesprochen hatte.

Indem sie diese und verwandte Gegenstände erörterten, nahmen sie eine Abkürzung über das Gelände hinter dem Customhouse und schritten eben unter der Loop Line Bridge her, als eine Kohlenpfanne mit brennendem Koks vor einem Schilderhaus, beziehungsweise etwas ähnliches dieser Art, ihre recht trägen Schritte anzog. Stephen blieb aus eigenem Antrieb und keinem besonderen Grunde stehen, um den Haufen unfruchtbarer Kopfsteine zu betrachten, und bei dem Lichte, das von der Glutpfanne ausging, konnte er in der Düsternis des Schilderhauses die dunklere Gestalt des städtischen Wachmannes nur eben gerade erkennen. Er begann sich zu erinnern, daß dies geschehen oder als geschehen erwähnt worden war, doch es kostete ihn keine geringe Anstrengung, ehe ihm klar wurde, daß er in der Schildwache einen einstigen Freund seines Vaters vor sich hatte, Gumley. Um eine Begegnung zu vermeiden, drückte er sich dichter an die Pfeiler der Eisenbahnbrücke.

– Es hat Sie jemand gegrüßt, sagte Mr. Bloom.

Eine Gestalt von mittlerer Größe, ersichtlich unter den Bögen auf der Lauer, grüßte erneut und rief: *'n Abend!* Stephen konnte natürlich nur arg schwankend reagieren und innehalten, um die Höflichkeitsbezeugung zu erwidern. Mr. Bloom, insofern von Motiven eines zu seiner Natur gehörigen Zartgefühls veranlaßt, als er stets der Meinung war, daß man sich ausschließlich um seine eigenen Angelegenheiten bekümmern solle, bewegte sich weiter, blieb dessenungeachtet jedoch auf dem *qui vive*, und zwar mit einem winzigen Anflug von Besorgnis, wenn auch ohne die mindeste Ängstlichkeit. Obwohl im Weichbild von Dublin ungewöhnlich, wußte er doch, daß die Stadt nicht ganz unbekannt für Desperados war, die so gut wie nichts zum Leben hatten, sich auf die Wegelagerei verlegten und gewöhnlich friedliche Fußgänger terrorisierten, indem sie ihnen an irgendeinem abgelegenen Ort außerhalb der eigentlichen Stadt eine Pistole an den Kopf setzten, halbverhungerte Strolche von der Art, wie man sie am Thames Embankment findet und wie sie leicht auch hier herumlungern konnten, oder einfach auch Marodeure, die bereit waren, mit jeder noch so geringen Beute, die sich in einem blitzschnellen grausamen *coup* gewinnen ließ, das Weite zu suchen, Geld her oder das Leben, und die einen dann dort, ein Exempel zu statuieren, geknebelt und erwürgt zurückließen.
Obwohl er selbst sich in einem alles andere als nüchternen Zustand befand, erkannte Stephen, das heißt, als die Gestalt, die ihn angesprochen, in größere Nähe kam, daß Corleys Atem stark nach saurem Fusel duftete. Lord John Corley nannten ihn manche, und mit seiner Genealogie hatte es die folgende Bewandtnis. Er war der älteste Sohn des jüngst verstorbenen Inspektor Corley von der Abteilung G, welcher eine gewisse Katherine Brophy geheiratet hatte, die Tochter eines Bauern aus Louth. Sein Großvater, Patrick Michael Corley aus New Ross, hatte die Witwe eines Kneipwirts alldort geehelicht, deren Mädchenname Katherine (ebenfalls) Talbot gewesen war. Ein, allerdings unbewiesenes, Gerücht nun wollte es, daß sie vom Hause der Lords Talbot de Malahide abstammte, auf

deren Herrensitz, einem in seiner Art fraglos prächtigen und gar sehenswürdigen Bauwerk, seine Mutter oder Tante oder sonst eine Verwandte sich der Auszeichnung erfreut hatte, in der Waschküche bedienstet zu sein. Dies war mithin der Grund, weshalb der vergleichsweise immer noch junge, wenn schon einem wüsten Lebenswandel ergebene Mann, der Stephen jetzt ansprach, von einigen zur Spaßhaftigkeit neigenden Menschen gern als Lord John Corley bezeichnet wurde. Indem er Stephen an die Seite trat, begann er sogleich mit seinem gewohnten Klagelied. Keinen roten Heller mehr habe er, um sich ein Nachtlager zu leisten. All seine Freunde hätten ihn verlassen. Überdies sei er mit Lenehan im Unfrieden, und er nannte ihn Stephen gegenüber einen verdammt gemeinen Schuft, verbunden mit noch einigen anderen, nicht erbetenen Ausdrücken. Er wäre ohne Arbeit und flehe Stephen an, ihm doch zu sagen, wo auf Gottes Erde er denn nur etwas finden könne, ganz gleich was es sei. Nein, es war die Tochter der Mutter gewesen, die in der Waschküche, und sie war Milchschwester des herrschaftlichen Erben, oder jedenfalls waren sie sonst irgendwie durch die Mutter damit verbunden, da beide Ereignisse zur nämlichen Zeit stattgefunden hatten, falls nicht die ganze Geschichte überhaupt von Anfang bis Ende erstunken und erlogen war. Egal aber, jedenfalls saß er in der Patsche.

– Ich würde Sie nicht bitten, setzte er fort, bloß, Gott weiß es, und meinen feierlichen Eid darauf, ich sitze auf dem trockenen.

– Morgen oder übermorgen, teilte Stephen ihm mit, wird in einer Knabenschule in Dalkey die Stelle eines Hilfslehrers frei. Mr. Garret Deasy. Versuchen Sie es da doch einmal. Sie können meinen Namen erwähnen.

– O Gott, erwiderte Corley, ich kann doch nicht in einer Schule unterrichten, Mann, bestimmt nicht! Ich bin nie einer von euch Klugscheißern gewesen, fügte er mit einem halben Lachen hinzu. Bin bei den Christian Brothers schon in der Unterstufe zweimal hängen geblieben.

– Ich habe selber nichts, wo ich schlafen könnte, eröffnete ihm Stephen.

Auf den ersten Anhieb war Corley geneigt, den Argwohn zu hegen, dies müsse damit zu tun haben, daß Stephen aus seiner Bude geflogen sei, da er eine dreckige Nutte von der Straße mit aufs Zimmer genommen. Nun gebe es in der Marlborough Street eine Herberge, bei Mrs. Maloney, doch sei das nur ein Sixpence-Puff und voll von unwünschenswerten Personen, aber M'Conachie habe ihm erzählt, wenn man was Anständiges suche, das sei im Brazen Head drüben in der Winetavern Street (welche Erwähnung den Angesprochenen entfernt an den Mönch Bacon erinnerte), für einen Schilling. Auch sei er fast verhungert, obwohl er darüber bisher kein Wort verloren habe.

Obwohl sich derartiges Geschwätz jede zweite Nacht, oder doch fast jede, abspielte, gewann Stephens Gefühl in gewissem Sinne die Oberhand, wenn er auch wußte, daß Corleys nagelneue Litanei, gleichwertig der früheren, schwerlich viel Glauben verdiente. Jedoch *haud ignarus malorum miseris succurrere disco* etcetera, wie der lateinische Dichter bemerkt, besonders da das Glück es wollte, daß er sein Salär stets nach der Mitte des Monats am sechzehnten erhielt, was tatsächlich gerade der heutige Tag war, obwohl sich ein gut Teil des Nötigen bereits verflüchtigt hatte. Doch das Tollste an dem Scherze war, daß Corley sich nicht dazu bringen ließ, sich des Gedankens zu entschlagen, er, Stephen, lebe doch im Überflusse und hätte nichts weiter zu tun, als das bißchen Bares, was hier nötig sei, springen zu lassen – wohingegen. So tat er denn die Hand in eine Tasche, nicht in der Meinung, irgend Eßbares dort zu finden, sondern mit dem Gedanken, er könnte ihm stattdessen eine Kleinigkeit leihen, bis zu einem Schilling oder so, damit er sich auf alle Fälle erst einmal umtun und sich genügend zu essen besorgen konnte. Doch das Ergebnis war negativ, denn zu seiner Betrübnis stellte er fest, daß sein Geld nicht mehr vorhanden war. Ein paar zerbrochene Biskuits waren das ganze Resultat seiner Nachforschung. Er mühte sich angestrengt, sich für den Augenblick zu erinnern, ob er es wohl verloren habe, wie es durchaus möglich war, oder irgendwo liegen gelassen, in welchem Falle sich eine gar nicht angenehme, sondern vielmehr sehr gegenteilige Aussicht eröffnete. Er war jedoch viel zu erschöpft, um eine durchgreifende Suche zu veranstalten, wenn er sich auch bemühte, bezüglich der Biskuits, deren er sich dunkel entsann, eine Erinnerung zu gewinnen. Wer hatte sie ihm eigentlich gegeben, und wo war das gewesen, oder hatte er sie gekauft? In einer anderen Tasche aber geriet er nun über etwas, was er in der Dunkelheit für Pennys hielt, irrtümlich jedoch, wie sich herausstellte.

– Das sind ja Halbekronen, Mann! berichtigte Corley ihn.

Und als solche erwiesen sie sich in der Tat. Stephen lieh ihm eine davon.

– Danke, antwortete Corley. Sie sind ein Gentleman. Eines Tages werde ich sie Ihnen zurückzahlen. Sagen Sie, wer ist das eigentlich, da bei Ihnen? Ich habe ihn schon ein paarmal im Bleeding Horse in der Camden Street gesehen, mit Boylan dem Zettelkleber. Sie könnten übrigens mal ein gutes Wort für mich einlegen, daß man mich da nimmt. Ich würde ja gern auch als Plakatträger gehen, bloß das Mädchen im Büro hat mir gesagt, für die nächsten drei Wochen sind sie schon voll belegt, Mann. Mein Gott, bei denen muß man direkt schon im voraus buchen, Mann, fast könnte man glauben, es wäre fürs Carl Rosa. Mir ist's sowieso scheißegal, solange ich nur einen Job kriege, meinetwegen als Straßenkehrer.

Im Anschluß hieran, nach den zwo-und-sechs, die er bekommen hatte, nicht mehr ganz so aufs Maul gefallen, unterrichtete er Stephen über einen Burschen namens Bags Comisky, von dem er sagte, daß Stephen ihn gut kenne, von Fullam her, dem Schiffslieferanten, da sei er Buchhalter, und er wäre auch oft hinten im Nagle gesessen, mit O'Mara und einem kleinen Burschen, der das Stottern hatte und Tighe hieß. Jedenfalls, der wäre vorletzte Nacht eingespunnt worden und zu zehn Schilling Strafe verknackt, wegen Trunkenheit und ordnungswidrigem Benehmen, und weil er sich geweigert hatte, mit dem Schutzmann zu gehen.

Mr. Bloom hielt sich währenddessen hin und her schlendernd in der Nähe der Kopfsteine neben der Kokspfanne vor dem Schilderhaus des Wachmannes, der, ersichtlich ein Ausbund von Arbeitslust, gerade auf eigene private Rechnung ein stilles kleines Schläfchen machte, während Dublin im Schlummer lag. Zugleich warf er hin und wieder einen Seitenblick zu Stephens alles andere als makellos gekleidetem Gesprächspartner hinüber, ganz als hätte er diesen edlen Herrn schon irgendwo einmal gesehen, wenn er auch nicht in der Lage war, mit Sicherheit zu sagen, wo dies geschehen sei, noch die entfernteste Vorstellung hatte, wann. Da er ein nicht unebener Kopf war, der es im Punkte scharfsinniger Beobachtung getrost mit so manchem aufnehmen konnte, entging ihm auch nicht der sehr ramponierte Hut des anderen und seine im allgemeinen überaus schlottrige Kleidung, welchselbiges beides für einen chronischen Geldmangel zeugte. Vermutlich handelte es sich um einen von seinen Schmarotzern, doch was das betraf, so drehte es sich lediglich darum, daß einer seinen nächsten Nachbarn rundum ausplünderte, in jedem Sinne, sozusagen im tieferen Sinne, und was wiederum das betraf, so wäre, wenn der Mann von der Straße zufällig auf der Anklagebank säße, die Zuchthausstrafe, gleichgültig ob ersatzweise eine Geldbuße oder nicht, recht betrachtet doch eine *rara avis*. In jedem Fall gehörte schon eine beträchtliche Portion Chuzpe dazu, Leute zu dieser Nacht- oder Morgenstunde auf der Straße abzufangen. Das war gewißlich doch ein starkes Stück.

Das Paar trennte sich, und Stephen gesellte sich wieder zu Mr. Bloom, dessen geübtem Auge nicht entgangen war, daß er den Schmeichelreden des Parasiten erlegen. Auf die Begegnung anspielend, sagte er, das heißt Stephen, lachend:

– Der steckt bis zum Hals im Pech. Er bat mich, Sie zu bitten, jemanden namens Boylan, einen Zettelkleber, zu bitten, ihm einen Job als Plakatträger zu geben.

Auf diese Mitteilung hin, an welcher er scheinbar nur geringes Interesse bezeigte, starrte Mr. Bloom für die Dauer von etwa einer halben Sekunde wie geistesabwesend in die Richtung eines Schöpfbaggers, der sich des weithin berühmten Namens Eblana erfreute, am Customhouse Quay vermoort und dem starken Anschein nach in baufälligem Zustand war, woraufhin er ausweichend bemerkte:

– Ein jeder hat sein eigenes Päckchen Pech zu tragen, sagt man ja wohl. Jetzt, wo Sie es erwähnen, kommt mir sein Gesicht irgendwie bekannt vor. Aber wenn wir das für den Augenblick einmal lassen, wieviel hat er Ihnen denn abgeknöpft, forschte er, wenn Sie meine Frage nicht allzu indiskret finden?

– Eine Halbekrone, erwiderte Stephen. Er hat sie wohl nötig, um irgendwo schlafen zu können.

– Nötig! rief Mr. Bloom aus, indem er ob dieser Mitteilung nicht die mindeste Überraschung bekundete, herzlich gern will ich glauben, daß er dies behauptet hat, und ich möchte jede Wette eingehen, daß es unweigerlich auch so um ihn steht. Einem jeglichen nach seinen Nöten und einem jeglichen nach seinen Taten. Doch einmal ganz allgemein gesprochen, fügte er mit einem Lächeln hinzu, wo wollen denn Sie selber nächtigen? Ein Gang nach Sandycove hinaus ist völlig ausgeschlossen, und selbst wenn Sie ihn unternehmen wollten, würden Sie nach allem, was am Bahnhof Westland Row geschah, wohl nicht hineingelangen. Das wäre schlicht eine Plackerei um nichts und wieder nichts. Ich möchte Ihnen gewiß nicht im mindesten Sinne Vorschriften machen, aber warum haben Sie Ihres Vaters Haus verlassen?

– Um das Unglück zu suchen, war Stephens Antwort.

– Ich bin Ihrem verehrten Herrn Vater bei einer kürzlichen Gelegenheit begegnet, gab Mr. Bloom diplomatisch zurück. Ja, tatsächlich war es heute, beziehungsweise, um ganz genau zu sein, gestern. Wo wohnt er eigentlich zur Zeit? Ich erfuhr im Laufe der Unterhaltung, daß er umgezogen sei.

– Ich glaube, er ist irgendwo in Dublin, antwortete Stephen

ungerührt. Warum?

– Ein begabter Mann, sagte Mr. Bloom von Mr. Dedalus senior, in mehr als einem Betracht, und ein geborener *raconteur*, wenn nur je einer war. Er ist, und völlig zu Recht, sehr stolz auf Sie. Sie können vielleicht doch zurückgehen, wagte er, in Gedanken immer noch bei der sehr unerquicklichen Szene am Bahnhof Westland Row, wo vollkommen ersichtlich gewesen war, daß die beiden anderen, das heißt Mulligan und jener Freund von ihm, der englische Tourist, die ihren dritten Gefährten schließlich übertölpelt, den offenkundigen Versuch gemacht hatten, so als gehöre der ganze verflixte Bahnhof ihnen, Stephen im allgemeinen Durcheinander abzuhängen.

Es kam jedoch keinerlei Antwort auf die Anregung als solche, denn Stephens Geistauge war viel zu emsig damit beschäftigt, sich den häuslichen Herd wieder vor das Gedächtnis zu bringen beim letztenmal, da er ihn gesehen, als seine Schwester Dilly mit niederhängendem Haar vor dem Kaminfeuer saß und darauf wartete, daß ein wenig schwacher Trinidad-Schalenkakao, der in dem rauchgeschwärzten Kessel zog, fertig wurde, damit sie und er ihn, mit dem Hafergrützenwasser statt Milch, nach den Freitagsheringen trinken konnten, die sie, zwei Stück einen Penny, gegessen hatten, mit dazu je einem Ei für Maggy, Boody und Katey, indessen die Katze unter der Mangel von einem Fetzen braunen Papiers ein Durcheinander von Eierschalen und vertrockneten Fischköpfen und -gräten fraß, in getreuer Übereinstimmung mit der dritten Vorschrift der Kirche, an den dafür befohlenen Tagen zu fasten und sich zu enthalten, denn es war die Zeit des Apostelfastens oder, wenn nicht, des Quatemberfastens oder irgendetwas der Art.

– Nein, wiederholte Mr. Bloom noch einmal, ich persönlich würde diesem Zechkumpan von Ihnen, der das humoristische Element beisteuert, dem Doktor Mulligan, weder als Führer, noch als Philosophen, noch als Freund besonders viel Vertrauen schenken, wenn ich in Ihren Schuhen steckte. Der weiß genau, auf welcher Seite sein Brot gebuttert ist, obwohl er aller Wahrscheinlichkeit nach niemals am eigenen Leibe erfahren hat, was es heißt, ohne regelmäßige Mahlzeiten zu sein. Natürlich haben Sie nicht soviel bemerkt wie ich, aber es würde mir nicht die mindeste Überraschung bereiten, wenn ich erführe, daß man Ihnen zu irgendeinem dunklen Zweck eine Prise Tabak oder sonst ein Betäubungsmittel in Ihr Glas geschüttet hat.

Nach allem, was er gehört, sei ihm jedoch durchaus klar, daß dieser Dr. Mulligan ein vielseitiger Allerweltskerl wäre, mitnichten nur auf das Gebiet der Medizin beschränkt, ein Mann, der in seinem Beruf rasch in die vorderste Reihe zu gelangen im Begriff stehe und, falls der ihm zu Ohren gekommene Bericht sich bestätige, zu der Hoffnung berechtige, sich in gar nicht allzu ferner Zukunft als Modearzt einer gut florierenden Praxis zu erfreuen und für seine Dienste ein hübsches Sümmchen Honorar zu kassieren, zu welchem beruflichen Status sich noch der Umstand geselle, daß er jenen Mann zu Skerries, oder war es Malahide? durch künstliche Beatmung und was man erste Hilfe nennt vorm sicheren Ertrinken gerettet, was, das müsse er unumwunden zugeben, eine überaus mutige Tat darstelle, welche er gar nicht hoch genug rühmen könne, so daß er sich, frank gesprochen, in vollkommener Ratlosigkeit bezüglich der Frage befinde, was in aller Welt wohl der Hintergrund des Vorkommnisses gewesen sei, es wäre denn, er führe es schlicht und einfach auf reine Bosheit oder Eifersucht zurück.

– Außer es läuft alles schlicht auf eine Sache hinaus, und er ist Ihnen gegenüber das, was man einen Ideenklau nennt, wagte er hervorzustoßen.

Der vorsichtige, halb unruhige, halb neugierige, von Freundlichkeit geweitete Blick, welchen er dem gegenwärtig mürrischen Ausdruck in Stephens Zügen widmete, warf jedoch kaum ein sonderliches, ja eigentlich keinerlei Licht auf das Problem, ob er sich, nach zwei oder drei kleinlauten Bemerkungen zu urteilen, welche er fallen ließ, nun habe schlimm beschwindeln lassen oder ob er, ganz im Gegenteil, die Sache völlig durchschaute und ihr nur, aus diesem oder jenem Grunde, den er selber am besten kannte, mehr oder weniger ihren Lauf ... Nagende Armut hatte mit Gewißheit diese Wirkung, und so war es schon mehr als bloßes Mutmaßen, wenn er annahm, daß jener, wie hohe erzieherische Fähigkeiten er auch besitzen mochte, es wohl erfahrungsgemäß alles andere als leicht hatte, sich durchzusetzen und zu Rande zu kommen.

Unweit der öffentlichen Männerbedürfnisanstalt gewahrte er einen Eiswagen, um den herum eine Gruppe von mutmaßlichen Italienern sich in erhitzter Auseinandersetzung auf besonders animierte Weise zungenfertiger Äußerungen in ihrer lebhaften Sprache entledigte, da zwischen den Parteien ersichtlich einige kleine Meinungsverschiedenheiten entstanden waren.

– *Putana madonna, che ci dia i quattrini! Ho ragione? Culo rotto!*

– *Intendiamoci. Mezzo sovrano più ...*

– *Dice lui, pero.*

– *Farabutto! Mortacci sui!*

Mr. Bloom und Stephen betraten die Kutscherkneipe, ein anspruchsloses hölzernes Bauwerk, in dem er, zu früherer Zeit, gelegentlich, wenn überhaupt, zuvor schon gewesen war; der erstere hatte dem letzteren vorher ein paar Winke in Betreff des Inhabers zugeflüstert, von welchem die Rede ginge, er sei der einst berühmte Skin-the-Goat, Fitzharris, der Invincible, obschon er sich für den tatsächlichen Wahrheitsgehalt nicht verbürgen könne und die Möglichkeit offenlassen müsse, daß am Ende doch keine Spur Wahres daran sei. Ein paar spätere Augenblicke sahen unsere beiden Nachtwandler sicher in einer diskreten Ecke sitzen, gegrüßt nur vom Starren der entschieden gemischten Gesellschaft aus Strolchen und Vagabunden und anderen undefinierbaren Exemplaren der Gattung *homo*, welche dort, unter gelegentlichen Gesprächen, bereits mit Essen und Trinken beschäftigt waren und für die sie anscheinend einen Gegenstand ausgeprägter Neugierde bildeten.

– Nun wäre eine Tasse Kaffee am Platze, wagte Mr. Bloom, um das Eis zu brechen, den durchaus annehmbaren Vorschlag zu machen, worüberhinaus es mir so vorkommt, als sollten Sie vielleicht doch etwas in Gestalt fester Nahrung zu sich nehmen, sagen wir eine Semmel irgendeiner Art.

Dementsprechend bestand seine erste Tat darin, mit charakteristischem *sangfroid* in aller Ruhe die beiden genannten Artikel zu bestellen. Die *hoi polloi* der Kutscher oder Staumeister, oder was immer sie sonst waren, wandten nach einer flüchtigen Examinierung ihre Blicke, dem Augenschein nach unbefriedigt, wieder ab, obschon ein rotbebartetes sauffreudiges Individuum, dessen Haar bereits eine teilweise Ergrauung zeigte, vermutlich ein Matrose, eine nicht unbeträchtliche Zeitlang immer noch herüberstarrte, bevor er seine gespannte Aufmerksamkeit wieder dem Fußboden zuwandte.

Mr. Bloom, welcher sich das Recht der freien Rede zunutze machte, tat nun, da er sich einer gewissen oberflächlichen Bekanntschaft mit der draußen zur Anwendung gelangenden Sprache rühmen konnte, auch wenn er, das muß man sagen, hinsichtlich des *voglio* etwas ratlos war, seinem *protégé* gegenüber mit durchaus vernehmbarer Stimmstärke *apropos* des Hauptgefechtes auf der Straße, welches immer noch wild und wütend daselbst tobte, die Bemerkung:

– Eine wunderbare Sprache. Ich meine, für die Zwecke des Gesanges. Warum schreiben Sie in dieser Sprache nicht Ihre Gedichte? *Bella Poetria!* sie klingt so melodiös und voll. *Belladonna voglio.*

Stephen, der sich aus Leibeskräften, wenn auch vergeblich, zu gähnen mühte, litt er doch an tödlicher allgemeiner Mattigkeit, erwiderte:

– Um das Ohr einer Elefantenkuh zu füllen. Sie haben sich wegen Geld gekabbelt.

– Tatsächlich? fragte Mr. Bloom. Natürlich, fügte er gedankenvoll hinzu, auf die innere Erwägung hin, daß es doch letz-

ten Endes mehr Sprachen gebe, als absolut notwendig wären, es mag auch nur der südliche Zauber sein, der sie umgibt.
Der Inhaber der Kneipe stellte mitten in diesem *tête-à-tête* eine kochendheiße überschwappende Tasse mit einem als Kaffee bezeichneten erlesenen Gebräu auf den Tisch, dazu das ziemlich vorsintflutlich anmutende Exemplar einer Semmel, nach welcher Verrichtung er den Rückzug an seine Theke antrat. Mr. Bloom beschloß, ihn erst später in näheren Augenschein zu nehmen, damit es nicht den Anschein hatte, als sei er ... aus welchem Grunde er Stephen nun auch mit den Augen ermunterte, doch zuzulangen, indessen er selber die Honneurs machte, indem er ihm verstohlen die Tasse mit dem zur Zeit wohl Kaffee zu nennenden Inhalte stückweise näherschob.
– Klänge sind reiner Betrug, sagte Stephen nach einer Pause von einem Weilchen Dauer. Genauso wie Namen, Cicero, Podmore, Napoleon, Mr. Goodbody, Jesus, Mr. Doyle. Shakespeares waren so gewöhnlich und häufig wie Murphys. Was ist ein Name?
– Ja, gewiß, äußerte Mr. Bloom unbetroffen seine Zustimmung. Natürlich. Unser Name wurde ebenfalls geändert, fügte er hinzu, indem er die sogenannte Semmel hinüberschob.
Der rotbärtige Matrose, der die Neuankömmlinge wie Wind und Wetter beobachtet hatte, sprach Stephen, den sich seine Aufmerksamkeit im besonderen erkoren, nun geradeheraus an, indem er fragte:
– Und wie mag wohl Ihr Name lauten?
Gerade noch zur rechten Zeit berührte Mr. Bloom seines Gefährten Stiefel, doch Stephen schien den warmen Druck aus unerwarteter Richtung gar nicht zu beachten und antwortete:
– Dedalus.
Der Matrose starrte ihn schwer aus einem Paar schläfriger sackiger Augen an, die wie zugespundet wirkten von übermäßigem Alkoholgenusse, vorzugsweise wohl gutem altem holländischen Genever mit Wasser.
– Kennen Sie Simon Dedalus? fragte er schließlich.

– Ich habe von ihm gehört, sagte Stephen.
Mr. Bloom war einen Augenblick lang völlig ratlos, als er sah, daß auch die andern ersichtlich die Ohren spitzten.
– Das ist ein Ire, versicherte der Matrose kühn, indem er immer noch in ganz der nämlichen Weise starrte, und nickte. Durch und durch Ire.
– Nur zu sehr Ire, entgegnete Stephen.
Was Mr. Bloom betrifft, so konnte er sich keinen rechten Reim auf die ganze Sache machen, und eben fragte er sich, welche Beziehung hier möglicherweise obwalte, als der Matrose sich aus eigenen Stücken an die anderen Insassen der Kneipe mit dem Bemerken wandte:
– Ich hab' ihn mal, auf fünfzig Yards und über die Schulter, zwei Eier von zwei Flaschen schießen sehen. Linkshändig, und beidesmal Treffer.
Obschon ihn ein gelegentliches Stottern leicht behinderte und auch seine Gebärden recht schwerfällig waren, tat er doch sein Bestes, die Sache zu erklären.
– Sagen wir mal, die Flasche ist da draußen. Fünfzig Yards genau. Eier auf den Flaschen. Legt die Kanone über die Schulter an. Zielt.
Er wandte den Körper halb herum, kniff das rechte Auge vollständig zu, verzerrte seine Züge dann irgendwie nach der Seite und plierte mit einem nicht gerade für ihn einnehmenden Gesichtsausdruck in die Nacht hinaus.
– Bumm! brüllte er sodann.
Das gesamte Auditorium wartete, auf eine zusätzliche Detonation gefaßt, da ja noch ein weiteres Ei vorhanden war.
– Bumm! brüllte er ein zweites Mal.
Ei zwei war offensichtlich zu Bruch gegangen, denn er nickte und blinzelte und fügte blutdürstig hinzu:

– Buffalo Bill, der schießt, wie er will,
Bei dem geht jede Kugel ins Ziel.

Schweigen trat ein, bis Mr. Bloom um der annehmlichen Stimmung willen sich bemüßigt fühlte, ihm die Frage zu stellen, ob es sich um ein Preisschießen wie das Bisley gehandelt habe.

– Wie meinen? sagte der Matrose.

– Schon lange her? fuhr Mr. Bloom fort, ohne auch nur um Haaresbreite zurückzuweichen.

– Nun, erwiderte der Matrose, der bis zu einem gewissen Grad unter dem Einfluß des Diamant schneidet Diamant erschlaffte, so zehn Jahre kann die Sache schon her sein. Er ist damals mit Henglers Royal Circus quer durch die weite Welt gezogen. Wo ich das gesehn hab' von ihm, das war in Stockholm.

– Seltsame Koinzidenz, vertraute Mr. Bloom Stephen unaufdringlich an.

– Murphy ist mein Name, fuhr der Matrose fort, W. B. Murphy, aus Carrigaloe. Wissen Sie, wo das liegt?

– Queenstown Harbour, erwiderte Stephen.

– Stimmt, sagte der Matrose. Fort Camden und Fort Carlisle. Genau da stamm' ich her. Meine kleine Frau ist noch da unten. Sie wartet auf mich, das weiß ich. *Für England, Heimat und Schönheit.* Sie ist mein liebes treues Weib, und sieben Jahre hab' ich sie jetzt nicht mehr gesehen, dauernd nur gesegelt.

Mr. Bloom vermochte sich leicht seine Ankunft auf dem genannten Schauplatz vorzustellen – die Heimkehr zur Schutzhütte am Straßenrand, nachdem er dem Vater Ozean ein Schnippchen geschlagen – in einer regnerischen Nacht mit blindem Mond. Quer durch die weite Welt für eine Frau. Zu diesem speziellen Alice-Ben-Bolt-Thema gab es ja eine ganze Anzahl von Geschichten, Enoch Arden und Rip van Winkle, und erinnerte sich hier in der Runde wohl jemand an Caoc O'Leary, ein Lieblingsstück von ihm und eine höchst heikle Deklamations-Pièce übrigens, vom armen John Casey, und auf seine ganz eigene kleine Weise ein Stücklein vollkommener Poesie? Nie etwas über die entlaufene Frau, die zurückkommt, wie treu ergeben sie dem Abwesenden auch geblieben war. Das Gesicht am Fenster! Man konnte sich sein Erstaunen malen, wie er dann schließlich das Zielband zerriß und ihm die furchtbare Wahrheit bezüglich seiner besseren Hälfte dämmerte, den Schiffbruch seiner Gefühle. Du hast mich wohl kaum erwartet, doch ich bin gekommen, um daheim zu bleiben und noch einmal frisch von vorne anzufangen. Da sitzt sie, eine Strohwitwe, an ganz dem selbigen Kamin. Glaubt mich tot. Geschaukelt in der Tiefe Wiege. Und da sitzt Onkel Chubb oder Tomkin, wie das denn wohl zuzeiten kommen mag, der Wirt vom Krone und Anker, in Hemdsärmeln, und frißt Rumpsteak mit Zwiebeln. Kein Stuhl für Vattern. Puh! Der Wind! Ihr nagelneuestes Ankömmsel sitzt auf ihrem Knie, *post-mortem*-Kind. Hoppe hoppe Reiter, wenn er fällt dann schreit er. Man muß sich dem Unvermeidlichen beugen. Gute Miene zum bösen Spiel. Ich verbleibe mit gebrochenem Herzen dein dich liebender Gatte W. B. Murphy.

Der Matrose, der kaum ein Bewohner von Dublin zu sein schien, wandte sich an einen der Kutscher mit der Erkundigung:

– Sie haben nicht zufällig so was ähnliches wie einen Reservepriem bei sich, äh?

Dies hatte der angesprochene Kutscher, wie es sich traf, nun nicht, doch der Wirt holte einen Würfel Preßtabak aus seiner guten Jacke, welche am Nagel hing, und der gewünschte Gegenstand ging von Hand zu Hand.

– Danke, sagte der Matrose.

Er verstaute den Priem in seiner Backentasche und fuhr kauend und mit gelegentlichem Stottern fort:

– Wir sind diesen Morgen Schlag elf hier angekommen. Der Dreimaster *Rosevean* von Bridgwater mit Backsteinen. Ich hab mich verdingt, um rüberzukommen. Heut' nachmittag abgemustert. Da ist mein Heuerschein. Wollen Sie sehen? W. B. Murphy, Vollmatrose.

Welche Feststellung zu bekräftigen er aus einer Innentasche ein nicht sehr sauber aussehendes gefaltetes Dokument hervorzog und seinen Nachbarn reichte.

– Sie müssen ja ganz schön was von der Welt gesehen haben,

bemerkte der Wirt, welcher an der Theke lehnte.

– Na ja, antwortete der Matrose nach reiflicher Besinnung, ich bin wohl einiges herumgesegelt, seit ich das erste Mal angeheuert. Ich war im Roten Meer. Ich war in China und Nord-Amerika und Süd-Amerika. Ich hab' massenhaft Eisberge gesehen, tolle Heuler. Ich war in Stockholm und am Schwarzen Meer, in den Dardanellen, unter Kapitän Dalton, dem allerfamosesten Burschen, der je ein Schiff in den Grund gebohrt. Ich hab' Rußland gesehen. *Gospodi pomilui.* So beten die Russen.

– Da haben Sie ja merkwürdige Gegenden zu sehen gekriegt, also alles was recht ist, warf einer der Kutscher ein.

– Jau, sagte der Matrose, indem er seinen halbgekauten Priem auf die andere Seite schob, und merkwürdige Sachen auch, wie's so kommt. Ich hab' mal gesehn, wie ein Krokodil in eine Ankerschaufel biß, ganz so wie ich hier in den Tabak beiße.

Er entnahm seinem Mund den breiigen Priem, und indem er ihn wieder zwischen die Zähne schob, biß er wild hinein.

– Khaan! Genau so. Und ich hab' Menschenfresser in Peru gesehen, die fressen Leichen und Pferdelebern. Hier, sehn Sie mal. Da sind sie drauf. Ein Freund von mir hat mir die geschickt.

Er fummelte eine Ansichtspostkarte aus seiner Innentasche hervor, die in ihrer Art so etwas wie ein Warenlager zu sein schien, und schob sie über den Tisch. Der Aufdruck darauf lautete: *Choza de Indios. Beni, Bolivia.*

Alle richteten ihre Aufmerksamkeit auf die dargestellte Szene, eine Gruppe von wilden Weibern in gestreiftem Lendenschurz, hockend, blinzelnd, säuglingstillend, maulend, schlafend, umgeben von einem Schwarm Kinder (es mochten ihrer gut und gern Stücker zwanzig sein) vor ein paar primitiven Weidenhütten.

– Kauen Koka den ganzen lieben langen Tag, fügte die gesprächige Teerjacke hinzu. Mägen wie Reibeisen. Schneiden sich die Titten ab, wenn sie keine Kinder mehr kriegen kön-

nen. Sehn Sie sich das an, splitterfasernackt hocken sie da und fressen 'ne rohe Pferdeleber.
Seine Postkarte erwies sich mehrere Minuten lang, wenn nicht länger, als Mittelpunkt der Anziehung für die Herren Grünhörner.
– Und wissen Sie, wie man sie sich vom Leibe hält? fragte er launig.
Da niemand sich zu einer Aussage verstand, blinzelte er und sagte:
– Glas. Davor haben sie Schiß. Glas.
Mr. Bloom drehte unauffällig, ohne Überraschung zu verraten, die Karte herum, um die teilweise verwischte Adresse und Abstempelung zu untersuchen. Sie lautete wie folgt: *Tarjeta Postal. Señor A. Boudin. Galeria Becche, Santiago, Chile.* Irgendeine Botschaft stand ersichtlich nicht darauf, wie er ausdrücklich zur Kenntnis nahm. Obwohl er die soeben erzählte sensationelle Geschichte durchaus nicht blindlings glaubte (so wenig wie das Eierschießen, trotz Wilhelm Tell und dem Vorfall Lazarillo-Don Cesar de Bazan, wie er in *Maritana* geschildert ist, bei welcher Gelegenheit des ersteren Kugel durch des letzteren Hut fuhr) und durchaus eine Diskrepanz zwischen dem Namen des Mannes (einmal angenommen, dieser war die Person, als welche er sich hingestellt, und segelte nicht unter falscher Flagge, nachdem er irgendwo heimlich die nötigen Kompaßpunkte abgelesen) und dem fiktiven Adressaten des Sendschreibens entdeckt hatte, welche ihn dazu veranlaßten, doch einige Zweifel an unseres Freundes *bona fides* zu nähren, brachte ihm das Gehörte gleichwohl einen langgehegten Plan in Erinnerung, den er eines Tages, an einem Mittwoch oder Samstag, zu verwirklichen gedachte, den Plan nämlich, auf dem Seewege nach London zu reisen, womit nicht gesagt sein soll, daß er je im Sinne größeren Ausmaßes ausgedehnte Reisen unternommen hätte, doch war er im Herzen ein geborener Abenteurer, obschon er durch die Tücke des Geschicks eine ausgemachte Landratte geblieben, es sei denn, man wollte eine Fahrt nach Holyhead rechnen,

welche seine längste gewesen. Martin Cunningham hatte oftmals verlauten lassen, er würde ihm durch Egan einen Freischein verschaffen, aber ewig und jedesmal zeigte sich irgendein vermaledeiter Haken bei der Sache, mit dem schlichten Ergebnis, daß der Plan ins Wasser fiel. Doch selbst einmal angenommen, er kam so weit, das nötige Bargeld hinzulegen und Boyd das Herz zu brechen, so teuer kam es dann gar nicht zu stehen, wenn seine Börse es erlaubte, ein paar Guineen allerhöchstens, wenn man bedachte, daß der Fahrpreis nach Mullingar, wohin er ja einmal wollte, nur fünf-sechs hin und zurück betrug. Die kleine Reise würde der Gesundheit wohltun, aufgrund der erquickenden Ozonluft, und in jeder Hinsicht durchaus vergnüglich sein, in Sonderheit für einen Mann, dessen Leber nicht in Ordnung war, wenn er die verschiedenen Orte entlang der Strecke zu sehen bekam, Plymouth, Falmouth, Southampton und so weiter, und gipfeln würde das Ganze dann in einer lehrreichen Besichtigungsfahrt durch die große Metropole, das Schauspiel unseres modernen Babylon, wo er zweifellos den größten Fortschritt erblicken würde, Tower, Abbey, den Reichtum der Park Lane, im Zuge der Erneuerung seiner Bekanntschaft mit derselben. Eine andere Sache noch kam ihm dabei ein, nämlich daß es doch gar kein schlechter Gedanke wäre, wenn er sich vielleicht an Ort und Stelle einmal umsähe, wie die Aussichten für einen Versuch stünden, eine Konzert-Tournee mit Sommermusik zu arrangieren, welche die meisten prominenten Vergnügungsorte umfaßte, Margate mit gemischtem Baden und erstklassigen Wasserheilanstalten und Mineralquellen, Eastbourne, Scarborough, Margate und so weiter, das liebliche Bournemouth, die Kanalinseln und ähnliche juwelengleiche Erdenfleckchen, was sich möglicherweise als höchst einträglich erweisen mochte. Natürlich nicht mit einer obskur zusammengewürfelten Truppe oder irgendwelchen lokalen Damen, etwa von der Spielart Mrs. C. P. M'Coy – leih mir deinen Koffer, und ich geb dir den Pfandschein. Nein, etwas Erstrangiges, mit Starbesetzung, lauter erste irische Kräfte, die Tweedy-

Flower Grand Opera Company mit seiner eigenen gesetzlich angetrauten Gattin als Primadonna, als eine Art Gegenschlag gegen die Elster Grimes und Moody-Manners, eine blitzeinfache Sache, und er rechnete zuversichtlich auch auf Erfolg, vorausgesetzt, es wurden entsprechende Reklameartikel in die Lokalblätter lanciert, von jemandem, der das nötige Fünkchen Verstand hatte und das zu deichseln wußte, der die nun einmal unerläßlichen Drähte ziehen konnte und so Geschäft mit Vergnügen vereinte. Doch wer? Da lag der Haken.
Auch kam ihm, ohne daß er im Moment genauere Vorstellungen damit verbunden hätte, der Gedanke, welch weites Feld sich doch noch auf dem Gebiet der Erschließung neuer Reiserouten erschließen lasse, wenn man mit der Zeit Schritt halten wollte, *apropos* etwa die Route Fishguard-Rosslare, die, so wurde zurzeit erörtert, bei den Umstandskrämer-Ämtern wieder einmal auf dem *tapis* war, natürlich unter dem üblichen Gewieher des Amtsschimmels und dem ebenso üblichen Getrödel schlapper Philister und Dummköpfe im allgemeinen. Da lag gewiß eine großartige Gelegenheit, Energie und Unternehmungsgeist zu zeigen und den Reisebedürfnissen des Publikums in großem Stil Rechnung zu tragen, des Durchschnittsmenschen, d. h. Brown, Robinson & Co.
Es war doch überaus zu bedauern und auf den ersten Blick schon eine glatte Absurdität und keine geringe Schande für unsere gepriesene Gesellschaft, daß dem Mann auf der Straße, wenn sein körperliches System echt der Stärkung bedurfte, bloß um ein paar lumpiger Pfunde willen versagt war, mehr von der Welt zu sehen, in der sie lebten, anstatt immerfort eingepfercht zu sein, seit mein altes schlappes Würstchen mich zur Frau genommen. Schließlich und endlich, verdammtnochmal, hatten sie ihre elf und mehr Monate lang ihr ödes Einerlei und verdienten einen radikalen Wechsel der *venue* nach der Tretmühle des Stadtlebens, vorzüglich im Sommer, wenn Mutter Natur sich von ihrer prachtvoll besten Seite zeigte, was ja nichts geringeres bedeutete als neues Leben in die Lungen. Auch auf der Heimatinsel gab es gleicherweise her-

vorragende Gelegenheiten für Sommerfrischler, entzückende Waldflecken zur Verjüngung, die eine wahre Fülle von Attraktionen ebenso boten wie Stärkung und Erquickung für das System, in Dublin selbst wie eben auch seiner malerischen Umgebung, Poulaphouca, wohin es eine Dampfbahn gab, aber auch weiter entfernt von der rasend machenden Menge, in Wicklow, zu Recht der Garten Irlands genannt, eine ideale Nachbarschaft für ältliche Radler, jedenfalls solange es nicht schüttete, und in der Wildnis von Donegal, wo, wenn die Berichte wahr sprachen, der *coup d'œil* ganz ausnehmend großartig war, obschon die letztgenannte Örtlichkeit nicht leicht zugänglich war, so daß der Besucherzustrom noch nicht ganz das war, was er in Anbetracht der bemerkenswerten Wohltaten, die ihr abzugewinnen waren, hätte sein können, indessen Howth mit seinen geschichtlichen und sonstigen Ideenverbindungen, Silken Thomas, Grace O'Malley, George IV., Rhododendren mehrere hundert Fuß über dem Meeresspiegel, ein bevorzugtes Ziel von Menschen jeder Art und Stellung war, besonders zur Frühlingszeit, wenn junger Männer Liebessehnen, obgleich es auch wieder seinen eigenen Todeszoll forderte, durch Abstürze von den Klippen, mit Absicht oder durch Unfall, gewöhnlich übrigens mit dem linken Bein, war es doch nur etwa eine Dreiviertelstunde Fahrt dorthin von der Säule. Natürlich befand sich das moderne Touristenwesen zur Zeit erst lediglich in den Kinderschuhen, sozusagen, und die Unterkunftsmöglichkeiten ließen noch viel zu wünschen übrig. Interessant wäre, so schien ihm, schlicht und einfach nur aus Neugier, einmal die Frage zu sondieren, ob es der Verkehr war, der die Straße schuf, oder umgekehrt, oder ob beides die Kehrseite derselben Sache war. Er kehrte die Ansichtskarte wieder auf die andere Seite und reichte sie Stephen weiter.

– Ich hab' mal einen Chinesen gesehen, berichtete der wakkere Erzähler, der hatte so kleine Pillen, wie aus Knetgummi, und die tat er in Wasser, und dann öffneten sie sich, und jede Pille war irgendwas ganz anderes. Eine war ein Schiff, 'ne

andre war ein Haus, und noch eine andre war eine Blume. Kochen Ratten in ihrer Suppe, fügte er appetitanregend hinzu, die Chinesen, jawohl.
Da er möglicherweise einen etwas zweifelhaften Ausdruck auf ihren Gesichtern bemerkte, beeilte sich der Globetrotter, von weiteren Abenteuern zu berichten.
– Und ich hab' gesehen, wie in Triest ein Mann umgebracht wurde, von einem Italiener. Messer in den Rücken. Ein Messer wie das hier.
Noch während er sprach, zog er ein gefährlich aussehendes Klappmesser hervor, nur allzu passend zu seinem Typus, und hielt es, als wollte er damit zustoßen.
– War in einem Puff, ging um 'ne Kraftprobe zwischen zwei Schmugglern. Der Kerl hatte sich hinter 'ner Tür versteckt, kam hinter ihm vor. Genau so. *Mach dich bereit, vor deinen Gott zu treten,* sagt er. Und zack! Bis ans Heft rein in den Rücken.
Sein schwerer Blick schweifte schläfrig im Kreis, als wollte er weiteren Fragen, falls sie sich solche zu stellen erdreisten sollten, die Stirne bieten. Ein ganz schönes Stückchen Stahl, wiederholte er, indem er sein furchtbares *stiletto* prüfte.
Nach welchem beunruhigenden *dénouement,* hinreichend, auch den Wackersten erblassen zu lassen, er die Klinge wieder einschnappen ließ und die in Rede stehende Waffe wieder in seiner Schreckenskammer, sprich Tasche, verstaute.
– Die sind schnell bei der Hand mit dem kalten Stahl, sagte einer, der offenbar ganz im dunklen tappte, zu ihrer aller Bestem. Deswegen dachten sie ja auch, die Parkmorde von den Invincibles, daß die von Ausländern begangen worden wären, weil sie Messer benutzt hatten.
Auf diese Bemerkung hin, die offenkundig im Geiste des *Was ich nicht weiß, macht mich nicht heiß* getan worden war, tauschten Mr. Bloom und Stephen, ein jeder in der ihm eigentümlichen Weise, beide instinktiv bedeutungsvolle Blicke, freilich im frommen Schweigen einer strikten Art von *entre nous,* hinüber zu der Stelle, wo Skin-the-Goat, *alias* der Wirt, damit

beschäftigt war, Flüssigkeitsstrahlen aus seiner Kesselanlage zu ziehen. Sein unergründliches Gesicht, welches wirklich ein Kunstwerk war, eine vollkommene Studie in sich, jeder Beschreibung spottend, vermittelte den Eindruck, daß er kein Jota von dem verstand, was vor sich ging. Sehr lustig, wahrhaftig.

Es trat nun eine etwas längliche Pause ein. Einer der Männer las hin und wieder ein kaffeebekleckertes Abendblatt; ein anderer die Karte mit den Eingeborenen *choza de*; ein dritter den Heuerschein des Seemanns. Mr. Bloom war, soweit er persönlich betroffen, in tiefes Sinnen versunken. Er entsann sich noch lebhaft der Zeit, da das eben angedeutete Ereignis stattgefunden, ganz so als sei es gestern gewesen, vor einigen zwanzig Jahren, in den Tagen der Landunruhen, als es die zivilisierte Welt wie ein Sturm packte, figürlich gesprochen, in den frühen achtziger Jahren, einundachtzig, um genau zu sein, als er gerade fünfzehn geworden war.

– He, Chef, unterbrach der Matrose seine Gedanken, geben Sie mir mal die Papiere wieder.

Als dem Verlangen entsprochen wurde, klaubte er sie mit einem scharrenden Griffe auf.

– Haben Sie auch den Felsen von Gibraltar gesehen? forschte Mr. Bloom.

Der Matrose zog, kauend, eine Grimasse, auf eine Weise, die man als Jau, Jo oder Nee deuten konnte.

– Ah, da sind Sie also auch herumgekommen, sagte Mr. Bloom, *Europa Point*, denn er dachte, jener wäre es wirklich, und hoffte, der Stromer werde vielleicht ein paar Erinnerungen, doch daraus wurde leider nichts, denn der andere ließ lediglich einen Strahl Speichel in die Sägespäne schießen und schüttelte mit einer Art lässiger Verächtlichkeit den Kopf.

– In welchem Jahr wäre das denn ungefähr gewesen? schaltete Mr. Bloom ein. Entsinnen Sie sich noch der Boote?

Unser *soi-disant* Matrose kaute ein Weilchen schwer und bedächtig vor sich hin, hungrig, bevor er antwortete.

– Ich bin diese Felsen im Meer allesamt müde und satt, sagte

er, und Boote und Schiffe ebenfalls. Salziges zähes Pökelfleisch die ganze Zeit.
Anscheinend müde und satt, brach er ab. Sein Befrager, dem es schwante, daß er aus solch einem verschlagenen alten Kunden wohl schwerlich noch viel Wechselgeld herausholen würde, begann verschiedenen Gedanken über die enorme Ausbreitung des Wassers auf dem Globus nachzuhängen. Es genüge zu sagen, daß, wie bereits ein flüchtiger Blick auf den Atlas enthüllte, es volle drei Viertel desselben bedeckte, und er war sich entsprechend voll darüber im klaren, was es bedeutete, die Meere zu beherrschen. Bei bereits mehr als einer Gelegenheit – ein Dutzend Mal zumindest – hatte er in der Nähe des North Bull in Dollymount einen ausgedienten alten Matrosen bemerkt, welcher, ersichtlich ein Wrack, gewohnheitsmäßig nahe der nicht besonders wohlriechenden See auf der Mauer saß, ganz selbstvergessen auf sie hinunterstarrte, wie sie zu ihm hinauf, und vor sich hin träumte, von Wäldern frisch und Weiden neu, wie irgendwer irgendwo singt. Und immer blieb ihm die verwunderte Frage, warum. Vielleicht hatte er versucht, das Geheimnis für sich zu ergründen, war über die ganze Erde geschaukelt, runter und rauf und herum und hinum und drüber und drunter – nun, drunter ja eigentlich nicht, und hatte das Schicksal versucht. Und die Wahrscheinlichkeit stand zwanzig zu null, daß es in Wirklichkeit überhaupt nichts Geheimnisvolles an der Sache gab. Nichtsdestoweniger blieb, auch wenn man nicht in die *minutiae* ging, die beredte Tatsache bestehen, daß das Meer nun einmal vorhanden war in seiner ganzen Herrlichkeit und daß nach dem natürlichen Lauf der Dinge nun auch dieser oder jener darauf segeln mußte und der Vorsehung Trotz bieten, obwohl das Ganze bloß wieder einmal zeigte, wie die Leute es doch immer wieder fertig brachten, so eine Last schön dem andern aufzuladen, ganz wie bei der Vorstellung von der Hölle und bei der Lotterie und der Versicherung, die genau auf der gleichen Linie lagen, so daß aus eben diesem Grunde, wenn nicht aus einem anderen, der Lebensrettungs-Sonntag

eine sehr lobenswerte Einrichtung war, wozu das Publikum im Großen, ganz gleich wo es lebte, im Binnenland oder an der Küste, nach Lage der Dinge, wo es ihm auf die Art doch sozusagen ins Haus gebracht wurde, seine Dankbarkeit ebenfalls noch auf die Hafenmeister und Küstenwächter ausdehnen sollte, die ja die Takelage bemannen mußten und hinaus mußten in die Elemente, zu jeder Jahreszeit, wenn die Pflicht rief, *Irland erwartet, daß jedermann* und so weiter, und die bisweilen geradezu entsetzlich hergenommen wurden, wenn Winter war besonders, nicht zu vergessen die irischen Leuchtfeuer, Kish und andere, jeden Augenblick in Gefahr zu kentern, wie er selber es bei einer Rundfahrt ja einmal mit seiner Tochter erfahren hatte, bei bemerkenswert starkem, um nicht zu sagen stürmischem Seegang.

– Es gab da mal einen Burschen, der mit mir auf dem *Pirat* gesegelt ist, fuhr die alte Wasserratte, selber ein Pirat, nun fort. Ging an Land und nahm eine leichte Arbeit an, als Kammerdiener bei einem Herrn, mit sechs Pfund im Monat. Die Hosen, die ich hier anhabe, die sind noch von ihm, und dann hat er mir auch noch eine Ölhaut geschenkt und das Klappmesser da. So ein Posten, der käme mir auch zupaß, so rasieren und Anzüge bürsten. Ich hab' das Herumtreiben satt. Mein Sohn jetzt, der Danny, der ist durchgebrannt und auf See gegangen, und dabei hatte ihn seine Mutter schon bei einem Tuchhändler in Cork untergebracht, wo er spielend leicht sein Geld hätte verdienen können.

– Wie alt ist er denn? erkundigte sich einer der Zuhörer, der übrigens, von der Seite gesehen, eine entfernte Ähnlichkeit mit Henry Campbell besaß, dem Stadtschreiber, wenn er die drückenden Amtssorgen hinter sich gelassen hatte, natürlich ungewaschen und in schäbigem Habitus und mit einem schon nicht mehr ganz leichten Anflug von Nasenfärbung am Nasalfortsatz.

– Was? antwortete der Matrose in langsamer, verwirrter Äußerung. Mein Sohn Danny? Och, der dürfte so achtzehn sein jetzt, könnt' ich mir denken.

Der Vater aus Skibbereen riß hierauf sein graues oder jedenfalls schmutziges Hemd mit beiden Händen auf und kratzte sich die Brust, auf der ein in blauer Chinatusche tätowiertes Bild zu sehen war, welches wohl einen Anker darstellen sollte.

– Da waren Läuse in der Koje in Bridgwater, bemerkte er. Klarer Fall. Ich muß mich mal gründlich waschen nächstertage. Kommt von diesen Schwarzen, also die hab' ich gefressen. Eine Schweinebande. Saugen einem das Blut trocken aus, jawoll.

Als er sah, daß alle auf seine Brust starrten, zog er entgegenkommender Weise sein Hemd noch weiter auf, so daß sie über dem altehrwürdigen Symbol für des Seemanns Hoffnung und Ruhe deutlich die Zahl 16 sowie das Profil eines jungen Mannes erblickten, der recht unmutig dreinsah.

– Tätowierung, erklärte der Aussteller. Hab' ich machen lassen, wie wir auf der Höhe von Odessa im Schwarzen Meer in Windstille lagen, unter Kapitän Dalton. Ein Bursche namens Antonio hat's gemacht. Das da ist er selber, ein Grieche.

– Hat das sehr weh getan, das machen? fragte einer den Matrosen.

Der würdige Mann war jedoch emsig damit befaßt, nach den erwähnten kleinen Wesen zu stöbern, rundum das, in seinem Zerquetschen oder . . .

– Hier, sehen Sie mal, sagte er, auf seinen Antonio zeigend. Das ist er, wie er grad dem Maat eins flucht. Und das ist er jetzt, fügte er hinzu. Ganz derselbe Bursche, sagte er, indem er mit den Fingern die Haut verzog, anscheinend ein Spezialtrick von ihm, und jetzt lacht er über irgendein Garn.

Und wirklich und wahrhaftig, das bleifahle Gesicht des Antonio geheißenen jungen Mannes sah in der Tat auf einmal aus, als lächle es krampfhaft, und die kuriose Wirkung erregte allenthalben rückhaltlose Bewunderung, auch bei Skin-the-Goat, der sich diesmal herüberbeugte.

– Ja, ja, seufzte der Matrose, indem er an seiner Mannesbrust niederschaute. Ist auch hinüber, der. Später von den

Haien gefressen. Ja, ja.

Er ließ die Haut los, so daß das Profil wieder den normalen Ausdruck von vorher annahm.

– Sauberes Stückchen Arbeit, sagte Hafenarbeiter Nummer eins.

– Und wofür soll die Zahl da gut sein? erkundigte sich Strolch Nummer zwei.

– Was, lebendig gefressen? fragte ein dritter den Matrosen.

– Ja, ja, seufzte der letztere erneut, etwas heiterer diesmal, mit einer Art halbem Lächeln, für ganz kurze Dauer allerdings nur, zu dem Mann hinüber, der nach der Zahl gefragt hatte. Ein Grieche war er.

Und in Gedanken an sein bereits angedeutetes Ende fügte er sodann mit rechtem Galgenhumor hinzu:

– So schlecht wie der alte Antooonioooo,
Hat sitzen mich lassen auf meinem Popooonioooo.

Das Gesicht einer Straßendirne, verglast und abgehärmt unter einem schwarzen Strohhut, lugte seitlich durch die Tür der Kneipe, offensichtlich um auszukundschaften, ob es hier Wasser auf ihre Mühle zu bringen gab. Mr. Bloom, der kaum wußte, wohin er blicken sollte, wandte sich im Augenblicke ab, in Verwirrung gebracht, doch äußerlich ruhig, und indem er vom Tisch das rosa Blatt des Abbey-Street-Organs nahm, welches der Kutscher, wenn er ein solcher war, dort beiseite gelegt, nahm er es auf und betrachtete das Rosa des Papiers, doch warum eigentlich rosa? Der Grund dafür, daß er so handelte, lag darin, daß er an der Türe sogleich das nämliche Gesicht wiedererkannt, das er am Nachmittag flüchtig am Ormond Quay erblickt hatte, das halbverrückte Frauenzimmer nämlich, das wußte, die Dame, dat is doch Ihnen Ihre, die mit dat braune Kostüm (Mrs. B.), und darum bat, für ihn wat zu waschen. Auch da wieder, warum eigentlich waschen, das schien doch ziemlich unklar, oder nicht?

Wat zu waschen. Freilich, das Gebot der Aufrichtigkeit verlangte das Eingeständnis, daß er ja auch die Unterwäsche seiner Frau gewaschen hatte, wenn sie beschmutzt war, in der Holles Street, und das machten Frauen wohl ebenfalls, ja sicher, mit den entsprechenden Sachen des Mannes, die Initialen darin mit Bewley und Drapers Wäschetusche (die ihren nämlich), wenn sie ihn wirklich liebten, soll das heißen. Liebst du mich, liebst du auch mein dreckiges Hemd. Trotzdem, gerade jetzt, wo er wie auf Kohlen saß, wünschte er der Frau Entfernung mehr denn ihre Gesellschaft, und so war es ihm eine echte Erleichterung, als der Wirt sie mit einem rüden Zeichen bedeutete, sich hinweg zu scheren. Um den Rand des *Evening Telegraph* herum tat er noch einmal einen flüchtigen Blick auf ihr Gesicht in der Türe, auf welchem eine Art verblödetes, glasiges Grinsen lag, das zeigte, daß sie nicht alle beisammen hatte, indem sie nämlich mit ersichtlichem Vergnügen die Gruppe beäugte, welche starrend um Schiffer Murphys Seemannsbrust saß, und dann war nichts mehr von ihr zu sehen.

– Die alte Fregatte, sagte der Wirt.

– Es überrascht mich doch, sagte Mr. Bloom vertraulich zu Stephen, wenn ich mich einmal medizinisch ausdrücken darf, wie eine so elende Kreatur wie diese dort aus dem Hospital für venerische Erkrankungen, der man die Krankheit ja förmlich anriecht, die Stirne besitzt, sich hier blicken zu oder wie überhaupt ein Mensch, der seine Sinne noch beisammen hat, wenigstens wenn er auf seine Gesundheit Wert legt. Unglückliches Wesen! Natürlich, letzten Endes dürfte ja wohl irgendein Mann für ihren Zustand verantwortlich sein. Aber trotzdem, einerlei, wo die Ursache liegt ...

Stephen hatte sie gar nicht wahrgenommen und zuckte die Achseln, indem er lediglich bemerkte:

– In diesem Lande verkaufen die Leute viel mehr, als sie je gehabt hat, und machen ein Bombengeschäft dabei. Fürchtet euch nicht vor denen, die den Leib verkaufen und die Seele nicht können verkaufen. Sie ist eine schlechte Geschäftsfrau. Sie kauft teuer ein und verkauft billig.

Der Ältere, obschon gewiß in keinerlei Betracht eine alte

Jungfer oder ein prüder Mensch, sagte hierauf, es wäre doch eine wahrhaft himmelschreiende Schande, welcher sozusagen *instanter* ein Ende gesetzt werden sollte, daß Frauen dieses Schlages (und es sei durchaus keine altjüngferliche Zimperlichkeit, welche sein Urteil bestimme), ein notwendiges Übel, nicht unter Kontrolle und medizinischer Aufsicht der zuständigen Behörden stünden, eine Sache, deren er sich, das dürfe er wahrheitsgemäß feststellen, als *pater familias* von allem Anfang an zum Anwalt gemacht habe. Wer immer eine solche Politik verträte, sagte er, und die Sache gründlich in die Hand nähme, würde allen Betroffenen eine dauernde Wohltat erweisen.

– Sie, als guter Katholik, bemerkte er, da wir gerade von Leib und Seele reden, glauben an die Seele. Oder meinen Sie die Intelligenz, die Hirnkraft als solche, im Unterschied zu jedem äußeren Gegenstand, dem Tisch, oder sagen wir, der Tasse dort? Ich glaube selber daran, weil sie von maßgeblichen Männern als die Windungen der grauen Zellen erklärt worden ist. Sonst hätten wir nie im Leben Erfindungen wie zum Beispiel die Röntgen-Strahlen. Was meinen Sie?

Derart in die Enge getrieben, hatte Stephen eine schier übermenschliche Anstrengung zu unternehmen, um sich zu konzentrieren und zu erinnern, bevor er sagen konnte:

– Nach allem, was ich aus bester Quelle weiß, handelt es sich bei ihr um eine einfache und daher unverwesliche Substanz. Sie würde, soweit ich sehe, unsterblich sein, bestünde nicht die Möglichkeit ihrer Annihilierung durch den Urgrund aller Dinge, der nach allem, was ich höre, durchaus dazu imstande ist, diesen Streich der Zahl Seiner anderen handgreiflichen Streiche hinzuzufügen, *corruptio per se* und *corruptio per accidens*, die beide von der Hofetikette ausgeschlossen sind.

Mr. Bloom zollte diesen Ausführungen in ihrem allgemeinen Kern durchaus seine Zustimmung, obwohl die darin beschlossene mystische Finesse seine sublunaren Begriffe doch ein wenig überstieg, gleichwohl fühlte er sich bemüßigt, einen

Rechtseinwand zum Begriff des einfach geltend zu machen, indem er prompt erwiderte:
– Einfach? Ich glaube nicht, daß dies die rechte Bezeichnung ist. Natürlich räume ich ein, um in einem Punkte ein Zugeständnis zu machen, daß einem eine einfache Seele alle Jubeljahre einmal über den Weg kommt. Doch auf was ich hinaus möchte, das ist, es ist einerseits schon eine Sache, zum Beispiel, diese Strahlen, die Röntgen erfunden, zu erfinden, oder das Teleskop wie Edison, obwohl, ich glaube, das gab es schon vor seiner Zeit, Galileo war der Mann, den meine ich. Dasselbe gilt auch für die Gesetze eines, nur als Beispiel, so tragweiten natürlichen Phänomens wie der Elektrizität, aber ganz anders sieht die Geschichte doch aus, wenn Sie sagen, Sie glauben an die Existenz eines übernatürlichen Gottes.
– Oh, das, gab Stephen ernst zu bedenken, ist durch mehrere bestens bekannte Stellen in der Heiligen Schrift schlüssig bewiesen, ganz abgesehen einmal vom Indizienbeweis.
In diesem verzwickten Punkte jedoch liefen die Ansichten des Paares, entgegengesetzte Pole, die sie waren, sowohl hinsichtlich ihres Bildungsganges als auch sonst in allen anderen Dingen, zudem bei ihrem beträchtlichen Altersunterschied, einander zuwider.
– Ist es das wirklich? wandte der Erfahrenere der beiden ein, indem er an seinem Ausgangspunkt festhielt. Ich bin dessen gar nicht so sicher. Es ist das eine reine Auffassungsfrage, und ohne in der Sache den sektiererischen Standpunkt einnehmen zu wollen, müssen Sie mir gestatten, hier *in toto* mit Ihnen uneins zu bleiben. Meine Überzeugung, wenn ich Ihnen die reine Wahrheit bekennen soll, geht dahin, daß die kleinen Stellen sämtlich echte Fälschungen sind, höchstwahrscheinlich von Mönchen in den Text hineingetragen, oder es ist wie bei unserem Nationaldichter wieder einmal die große Frage, wer sie denn nun genau verfaßt hat, wie *Hamlet* und Bacon, aber da Sie ja Ihren Shakespeare unendlich viel besser kennen als ich, brauche ich nichts weiter zu sagen. Übrigens, möchten Sie nicht doch den Kaffee da trinken? Lassen Sie mich ihn einmal

umrühren und nehmen Sie ein Stück von der Semmel dort. Sie ist zwar wie einer von den Backsteinen unseres Schiffers, verkleidet. Aber keiner kann geben, was er nicht hat. Probieren Sie mal ein Häppchen.

– Kann nicht, brachte Stephen mit Mühe heraus, indem sich seine Geistesorgane für den Augenblick weigerten, ihm weiteres einzugeben.

Da kleinliches Kritisieren ein sprichwörtlich schlechter Hut ist, hielt Mr. Bloom es für angebracht, den verklumpten Zucker vom Boden der Tasse aufzurühren oder es wenigstens zu versuchen, und dabei dachte er mit an Bitterkeit grenzendem Gefühl an das Coffee Palace und dessen (lukrative) Temperenzarbeit. Es verfolgte gewißlich ja ein echtes Anliegen und wirkte, daran gab es nichts zu deuteln, unendlich viel Gutes. Kneipen wie die gegenwärtige, in der sie sich befanden, wurden im Hinblick auf vagabundierende Existenzen des Nachts im Geiste des Temperenzler-Gedankens betrieben, Konzerte, dramatische Abende und nützliche Vorträge (Eintritt frei) von qualifizierten Männern für die unteren Klassen. Andererseits kam ihm eine deutliche und schmerzliche Erinnerung, daß sie seiner Gattin, Madame Marion Tweedy, die seinerzeit in prominenter Weise damit verbunden gewesen war, ein wirklich sehr bescheidenes Honorar für ihren Klaviervortrag gezahlt hatten. Der Grundgedanke, so war er doch stark zu glauben geneigt, bestand darin, Gutes zu tun und zugleich einen guten Schnitt zu machen, zumal keinerlei nennenswerte Konkurrenz vorhanden war. Giftiges Kupfersulfat, SO_4 oder sonstwas in ein paar getrockneten Erbsen, erinnerte er sich einmal gelesen zu haben, in einem billigen Speiserestaurant irgendwo, doch er konnte sich nicht entsinnen, wann das gewesen war oder wo. Jedenfalls, Kontrolle, medizinische Kontrolle aller Nahrungsmittel, erschien ihm wichtiger als je, wodurch möglicherweise auch die Beliebtheit von Dr. Tibbles Vi-Kakao erklärt war, wegen der beigepackten medizinischen Analyse.

– Jetzt versuchen Sie einmal einen Schluck, wagte er bezüg-

lich des Kaffees zu sagen, nachdem derselbe nun umgerührt war.
Also vermocht, ihn auf jeden Fall einmal zu probieren, hob Stephen den schweren Henkelbecher am Henkel aus der braunen Lache – denn er schwappte über, als er aufgenommen wurde – und nippte an dem ihm widerstehenden Gebräu.
– Immerhin, es ist feste Nahrung, drängte sein guter Geist, ich bin ein Verfechter der festen Nahrung, und sein einziger und alleiniger Grund dafür sei nicht etwa feinschmecklerischer Natur, sondern liege in der Erkenntnis, daß regelmäßige Mahlzeiten die *sine qua non* für jede Art anständiger Arbeit seien, ob geistig oder manuell. Sie sollten mehr feste Nahrung zu sich nehmen. Sie würden sich dann wie ein anderer Mensch fühlen.
– Flüssiges kann ich essen, sagte Stephen. Aber haben Sie doch die Güte, das Messer da wegzunehmen. Ich kann die Spitze nicht sehen. Es erinnert mich an die römische Geschichte.
Mr. Bloom tat alsbald, wie ihm nahegelegt, und entfernte den inkriminierten Gegenstand, ein gewöhnliches stumpfes Messer mit Horngriff, an dem für das Laienauge gar nichts besonders Römisches oder Antikes war, schon gar nicht an der Spitze, welche als der am wenigsten auffällige Punkt daran bezeichnet werden konnte.
– Die Geschichten unseres beiderseitigen Freundes sind wie er selbst, bemerkte Mr. Bloom *apropos* Messer *sotto voce* zu seinem *confidente*. Glauben Sie, daß sie echt wahr sind? Der könnte doch solches Garn stundenlang, am Ende die ganze Nacht hindurch erzählen und dabei lügen wie gedruckt. Schauen Sie ihn sich an.
Gleichwohl war, wennschon seine Augen von Schlaf und Seeluft geschwollen waren, das Leben voll von förmlichen Schwärmen von Dingen und Koinzidenzen von schrecklicher Natur, und es war durchaus im Bereich der Möglichkeit, daß nicht alles erstunken und erlogen war, obzwar auf den ersten Blick nicht viel Wahrscheinlichkeit in dem ganzen Humbug

lag, den er da aus seiner Kiste kramte und in einer Weise vortrug, als handle es sich um das reinste Evangelium.
Er hatte in der Zwischenzeit das Individuum vor ihm in Augenschein genommen und es gründlich sherlockholmisiert, unablässig seit er den Blick darauf gerichtet. Obwohl ein guterhaltener Mann von nicht geringen Kräften, bis auf einen winzigen Ansatz von Kahlheit, war doch etwas verdächtig Unechtes in seinem Gesichtsausdruck, was auf Gefängnisentlassung deutete, und es erforderte keine besonders heftige Anstrengung der Phantasie, ein Individuum von so unheimlichem Aussehen mit der Bruderschaft der Knastinsassen und Tretmühlengänger in Verbindung zu bringen. Es konnte durchaus sein, daß er selbst, einmal angenommen, es war sein eigener Fall, den er erzählte, wie es oft war, wenn Leute von andern berichteten, es anstelle seines Mannes getan, nämlich jenen getötet, und seine vier oder fünf hübschen Jährchen in Kerkers Schanden gedient hatte, ganz zu schweigen einmal von der Person namens Antonio (die gewiß in keiner Beziehung zu der dramatischen Person gleichen Namens stand, welche der Feder unseres Nationaldichters entsprungen), welche ihre Verbrechen auf die oben beschriebene melodramatische Weise gebüßt. Andererseits trieb er vielleicht auch nur Spiegelfechterei, eine verzeihliche Schwäche, denn ein Zusammentreffen mit unverkennbaren Dummköpfen, Dubliner Einwohnern, wie diesen Kutschern, die nur auf Nachrichten von draußen warteten, mußte jeden alten Seefahrer, der gesegelt war übers weite Meer, in Versuchung führen, etwas über den Schoner *Hesperus* und Etcetera zusammenzuflunkern. Und schließlich und endlich konnten die Lügen, die so ein Bursche über sich selbst erzählte, den massenhaften plumpen Nachreden, die andere Burschen über ihn ersonnen, ja vermutlich doch nicht das sprichwörtliche Wasser reichen.
– Verstehen Sie recht, ich sage durchaus nicht, daß alles reine Erfindung ist, setzte er fort. Analogen Szenen kann man gelegentlich, wenn nicht gar häufig, durchaus begegnen. Riesen allerdings, die sind eine ziemliche Seltenheit, die man nur

ganz ausnahmsweise mal sieht. Marcella, die Zwergenkönigin. Da in dem Wachsfigurenkabinett in der Henry Street habe ich selber mal ein paar Azteken gesehen, so wurden sie genannt, die saßen krummbeinig da. Konnten die Beine nicht gerademachen, und wenn man ihnen Geld geboten hätte dafür, weil nämlich die Muskeln hier, sehn Sie, fuhr er fort, indem er an seinem Gefährten den kurzen Umriß anzeigte, die Sehnen, oder welche Bezeichnung immer Sie dafür wählen wollen, hinter dem rechten Knie ganz und gar kraftlos waren von der Sitzweise, die so lange schon verkrampft war, weil sie nämlich als Götter angebetet wurden. Das ist wieder so ein Beispiel für einfache Seelen.

Um jedoch wieder auf Freund Sindbad und seine gruseligen Abenteuer zurückzukommen (er erinnerte ihn ein wenig an Ludwig, *alias* Ledwidge, damals, wie er im Gaiety auf den Brettern auftrat, die die Welt bedeuten, als Michael Gunn die Organisation hatte, im *Fliegenden Holländer*, ein geradezu stupender Erfolg, und seine Bewunderer kamen in großen Scharen geströmt, bloß einfach um ihn zu hören, obwohl ja Schiffe aller Art, ob Geister- oder das Gegenteil, sich auf der Bühne gewöhnlich ein bißchen deplaziert ausnahmen, wie ebenfalls auch Eisenbahnzüge), so war nichts eigentlich Ungereimtes daran, mußte er zugeben. Im Gegenteil, dieser Messerstich in den Rücken sah diesen Italianos ganz und gar ähnlich, obwohl er ehrlicher Weise nichtsdestoweniger zugestand, daß die Eisverkäufer und Fischbrater, ganz zu schweigen von der Spielart Kartoffelchips und so weiter, da drüben in Klein-Italien, in der Nähe der Coombe nüchterne, sparsame, fleißige Leute waren, nur daß sie vielleicht zur Nachtzeit ein wenig zu sehr der Topfjagd auf das harmlose, notwendige Tier aus der Familie der Katzen ergeben waren, um sich heimlich für den nächsten Tag aus ihm beziehungsweise ihr eine nette kleine saftige Mahlzeit zu verschaffen, mit Knoblauch *de rigueur* und, fügte er hinzu, auf die billige Tour.

– Die Spanier zum Beispiel, setzte er fort, ausgesprochen leidenschaftliche Temperamente, hitzig wie der Leibhaftige selbst, sind der Gewohnheit ergeben, das Gesetz in die eigenen Hände zu nehmen, und geben einem die Endquittung im Handumdrehen mit den Dolchen in den Leib, die sie bei sich tragen. Es kommt von der großen Hitze, allgemein das Klima dort. Meine Frau ist sozusagen Spanierin, zur Hälfte, heißt das. In der Tat könnte sie die spanische Staatsangehörigkeit beanspruchen, wenn sie wollte, nachdem sie (technisch) in Spanien geboren ist, d. h. in Gibraltar. Sie ist auch ganz der spanische Typ. Ganz dunkel, regelrecht brünett, schwarz. Ich für meinen Teil glaube bestimmt, daß das Klima für den Charakter verantwortlich ist. Deshalb habe ich Sie auch gefragt, ob Sie Ihre Gedichte auf italienisch schrieben.

– Die Temperamente da draußen, warf Stephen ein, waren sehr hitzig auf zehn Schilling erpicht. *Roberto ruba roba sua.*

– Genau so ist es, ditote Mr. Bloom.

– Dann, sagte Stephen mit starrem Blick und schweifenden Gedanken zu sich selbst oder zu irgendeinem unbekannten Zuhörer irgendwo, haben wir das Ungestüm Dantes und das gleichschenklige Dreieck, Fräulein Portinari, in das er sich verliebte, und Leonardo und San Tommaso Mastino.

– Es liegt im Blut, pflichtete Mr. Bloom alsbald bei. Alle sind gewaschen im Blute der Sonne. Koinzidenz, ich war grad heute zufällig im Museum Kildare Street, kurz vor unserer Begegnung, wenn ich das einmal so nennen darf, und habe mir die antiken Statuen dort angesehen. Die herrlichen Proportionen von Hüften, Busen. Solche Frauen kommen einem hier einfach nicht über den Weg. Dann und wann einmal eine Ausnahme. Hübsche, ja, durchaus ansehnlich in gewisser Hinsicht, die findet man wohl, aber was ich meine, ist die weibliche Figur. Im übrigen entfalten sie so wenig Geschmack in Fragen der Kleidung, die meisten von ihnen, wodurch ja die natürliche Schönheit einer Frau erst wesentlich zur Geltung kommt, ganz gleich, was man einwenden mag. Zerknitterte Strümpfe – mag sein, ja es kann durchaus zutreffen, daß ich da eine spezielle Schwäche habe, aber jedenfalls ist das eine Sache, die ich einfach nicht ausstehen kann.

Das Interesse begann jedoch in der ganzen Runde ein wenig zu erlahmen, und die andern fuhren fort, über Unfälle auf See zu reden, im Nebel verlorene Schiffe, Zusammenstöße mit Eisbergen, und was dergleichen mehr ist. Schiffahoi hatte natürlich sein eigenes Garn zu spinnen. Er hatte das Kap zu wohl mehreren Malen doubliert und einem Monsun getrotzt in den Chinesischen Meeren, eine Art Wind, und in all diesen Gefahren hatte es eines gegeben, so erklärte er, was ihm beigestanden, oder jedenfalls ging das aus seinen Worten hervor, eine fromme Medaille, die ihn allzeit gerettet.

Im weiteren nun verschlug es sie hierauf zu dem Wrack am Daunt's Rock, dem Wrack jenes unglücklichen norwegischen Barkschiffes – niemand vermochte sich im Augenblick des Namens zu entsinnen, bis der Kutscher, der wirklich ganz wie Henry Campbell aussah, sich erinnerte, *Palme*, ja, am Booterstown Strand, es war das ganze Jahr damals Stadtgespräch (Albert William Quill schrieb eigens ein sehr schönes Gedicht von ausgezeichnetem Verdienst über das Thema für die *Irish Times*), Brecher gingen darüber hin, und am Gestade in heftiger Bewegung Menschenmassen über Menschenmassen, versteinert vor Entsetzen. Dann sagte jemand etwas über den Fall des Dampfschiffes *Lady Cairns* aus Swansea, das von der auf Gegenroute laufenden *Mona* gerammt worden war, bei ziemlich regnerischem Wetter, und mit der ganzen Besatzung an Deck untergegangen. Keinerlei Hilfeleistung erfolgte. Der Kapitän, der von der *Mona*, sagte, er fürchte, sein Kollisions-Schott würde nicht halten. Anscheinend aber hatte das Schiff kein Wasser im Raum.

In diesem Stadium ereignete sich ein Zwischenfall. Da für ihn die Notwendigkeit gekommen war, ein Segel zu reffen, lüftete sich der Seemann von seinem Sitz.

– Laß mich mal an deinem Bug vorbei, min Jong, sagte er zu seinem Nachbarn, der gerade in friedlich sanftseligem Dösen versank.

Schwer und langsam nahm er mit gewissermaßen vierschrötigem Gang seinen Weg zur Tür, stieg schwergewichtig die eine

Stufe dort hinunter, war aus dem Lokal und steuerte geradeaus nach links. Während er noch beschäftigt war, die Richtung zu peilen, machte Mr. Bloom, der schon, als er aufstand, bemerkt hatte, daß ihm zwei vermutlich Schiffsrum enthaltende, zur privaten Löschung seines inneren Brandes bestimmte Botteln rechts und links aus den Taschen guckten, die Beobachtung, daß er eine derselben hervorzog, sie entkorkte oder auch aufschraubte und, indem er die Öffnung an die Lippen führte, mit gurgelndem Geräusch daraus einen herzhaften, erquickenden Schluck nahm. Der unermüdliche Bloom, der insgleichen den argen Verdacht hegte, daß der alte Praktikus sich auf der Suche nach der Gegenanziehung in Gestalt eines weiblichen Wesens, welches jedoch seinem Gesichtskreis ganz und gar entschwunden schien, nach draußen manövriert habe, konnte mit Anstrengung gerade noch erkennen, wie er, nachdem er gebührend erfrischt von seiner Rumestat, zu den Pfeilern und Trägern der Loop Line hinaufstarrte, ersichtlich mit dem Gefühl, keinen so rechten Boden mehr unter den Füßen zu haben, was insofern erklärlich war, als sich natürlich alles durchgreifend verändert hatte seit seinem letzten Besuch und bedeutend verbessert worden war. Irgendein Unsichtbarer oder auch mehrere Unsichtbare wiesen ihm sodann den Weg zu einer der vom Straßenreinigungsamt zu diesem Behufe überall ringsum errichteten Bedürfnisanstalten für Männer, doch nach kurzer Zeit schon, während welcher das eingehendste Schweigen herrschte, erleichterte sich der Seemann, dem das rettende Land offenbar doch noch zu weit vor Luv lag, gleich an Ort und Stelle, und das Geräusch seines Schlagwassers plätscherte mithin ein rechtes Weilchen lang auf den Boden, wodurch anscheinend ein Pferd am Droschkenstand erwachte.

Jedenfalls scharrte ein aus dem Schlaf geweckter Huf nach neuem Halt, und es klirrte Geschirr. Leicht gestört in seinem Schilderhaus neben der Pfanne mit glühendem Koks, regte sich der Gemeindewächter, welcher, obschon längst auf Abbruch und kurz vor dem letzten Aufbruch, wirklich und wahrhaftig kein anderer war als der vorerwähnte Gumley, jetzt praktisch Fürsorgeempfänger des Sprengels und Verweser seines gegenwärtigen, nur vorübergehenden Amtes, aller irdischen Wahrscheinlichkeit nach durch die Menschenfreundlichkeit Pat Tobins, der ihn von früher her kannte – rührte und regte sich in seinem Gehäuse, bevor er seine Glieder wieder in Morpheus' Arme bettete. Ein wahrhaft bestürzendes Maß von Ungemach in seiner bösartigsten Form für einen Burschen, welcher über die respektabelsten Verbindungen geboten und zeit seines Lebens ein anständiges Zuhause mit all seiner Bequemlichkeit besessen hatte, ja dem einmal sogar glatte £ 100 jährlich in den Schoß gefallen waren, die der Erznarr natürlich mit Flachs und Flausen vertat. Und da saß er nun, am Ende mit seinem Latein, nachdem er die Stadt so oft gehörig aufs Köpfchen gestellt hatte, und ohne einen lumpigen Stüver. Er trank, wie es sich von selbst versteht, und es war nur wieder einmal die Moral von der Geschicht', daß er es leicht zu großen geschäftlichen Erfolgen hätte bringen können, wenn es ihm – ein erhebliches Wenn allerdings – gelungen wäre, sich von seiner speziellen Vorliebe zu heilen.

Inzwischen beklagten alle laut den Niedergang der irischen Schiffahrt, des Küstenverkehrs wie nach Übersee, was als Problem genommen fraglos Jacke wie Hose war. Ein Palgrave-Murphy-Schiff war im Alexandra Basin von Dock gegangen, der einzige Stapellauf in diesem Jahr. Ganz recht, die Häfen waren da, nur Schiffe liefen keine mehr ein.

Es gäbe nur noch Wracks, lauter Wracks, sagte der Wirt, der ersichtlich *au fait* war.

Was er gern einmal in Erfahrung bringen würde, das war die Antwort auf die Frage, warum jenes Schiff ausgerechnet päng auf den einzigen Felsen in der Galway Bay auflief, als der Galway-Hafen-Plan von einem Mr. Worthington oder so ähnlich zur Diskussion gestellt wurde, he? Fragt mal den Kapitän, riet er ihnen, wieviel Schmiergeld die Britische Regierung ihm für die Arbeit an dem Tag gezahlt hat. Kapitän John Lever von der Lever-Linie.

– Hab ich recht, Käptn? fragte er den Matrosen, der nach seinem privaten Umtrunk und den übrigen Bemühungen nun zurückkehrte.
Dieser würdige Mann nahm das ihm hingeworfene Tauende des Lieds oder der Worte sogleich auf und setzte es in vermeintliche Musik um, indem er, weniger schön zwar als unleugbar laut, eine Art Matrosenlied in Sekunden und Terzen zu grölen anhob. Mr. Blooms scharfe Ohren hörten ihn darauf etwas ausspucken, was vermutlich (und in der Tat) sein Priem war, den er wohl vorübergehend, während der Flüssigkeitsaufnahme und -abgabe, in seiner Faust untergebracht und nun nach dem Genuß des fraglichen Feuerwassers etwas sauer gefunden hatte. Jedenfalls kam er nach seiner erfolgreichen Libation – *cum* Potation – hereingeschlingert und brachte eine rechte Saufatmosphäre in die *soirée*, indem er, wie ein ausgepichter Smutjensohn, einen lärmenden Rundgesang anstimmte:

– Der Zwieback lag einem wie Steine im Leib,
Und das Fleisch war gesalzen wie der Arsch von Lots Weib.
Oh Johnny Lever!
Johnny Lever, oh!

Nach welchem Erguß das erschröckliche Individuum in entsprechender Weise wieder auf der Bildfläche erschien und nach Erreichung seines Platzes schwerfällig auf die hierfür vorgesehene Bank eher sank denn sich setzte.
Skin-the-Goat, immer angenommen, er war es, verfolgte ersichtlich eigene Interessen und machte seinem Kummer in einer heftig-schwächlichen Philippika zum Gegenstand der natürlichen Hilfsquellen Irlands, beziehungsweise einem Thema ähnlicher Art, Luft, welches Land er im Zuge seiner etwas länglichen Ausführungen als das reichste überhaupt, keines ausgenommen, auf dem Angesicht von Gottes Erde beschrieb, England bei weitem überlegen mit seinen riesigen Kohlevorkommen, Schweinefleischexport im Wert von sechs Millionen Pfund jährlich, zehn Millionen für Butter und Eier, und all

den Reichtümern, die England aus ihm sog, indem es von den armen Leuten, die ja immer bluten mußten, Steuern erhob und das beste Fleisch auf dem Markt an sich riß, und mit Volldampf eine Menge mehr noch in derselben Richtung. Die Unterhaltung wurde entsprechend eine allgemeine, und alle waren sich einig, daß dies den Tatsachen entsprach. Man konnte auf irischem Boden schlechthin alles anbauen, stellte er fest, und unten in Cavan lebte Colonel Everard, der Tabak zog. Wo auf Erden ließ sich wohl ein Speck finden, wie der irische so fein? Aber der Tag der Abrechnung, stellte er *crescendo* mit an Bestimmtheit nichts zu wünschen lassender Stimme fest – wodurch er die Konversation gänzlich an sich riß – wartete bereits auf das mächtige Engeland, aller Macht seines Mammons zum Trotz, ob seiner Verbrechen. Das gab dann einen Sturz in den Abgrund, den größten Sturz der Geschichte überhaupt. Die Deutschen und die Japse waren schon auf dem Sprung, dabei ein Wörtchen mitzureden, versicherte er. Die Buren waren der Anfang vom Ende. Das britische Talmi-Empire neigte sich bereits zum Fall, und sein Untergang war Irland, seine Achillesferse, welche er ihnen als die verwundbare Stelle des Achilles, des griechischen Helden, erläuterte – eine Stelle, die von seinen Zuhörern alsbald begriffen wurde, als es ihm gelang, ihre Aufmerksamkeit dadurch vollkommen zu fesseln, daß er ihnen an seinem eigenen Stiefel die in Rede stehende Sehne wies. Sein Rat an jeden Iren lautete: bleibe im Land deiner Geburt und arbeite für Irland und lebe für Irland. Irland, hatte Parnell gesagt, konnte keinen einzigen seiner Söhne missen.

Schweigen in der ganzen Runde markierte die Beendigung seines *finale*. Der undurchdringliche Seefahrer vernahm diese düstere Kunde ohne ein Zeichen von Erschrecken.

– Leichter gesagt als getan, Chef, vergalt der ungeschliffene Diamant, fühlbar ein wenig verschnupft, den vorangegangenen Gemeinplatz.

Welcher kalten Dusche der Wirt im Hinblick auf den Untergang beipflichtete, ohne jedoch von seinem prinzipiellen

Standpunkt zu lassen.
– Wer stellt denn die besten Truppen im Heer? begehrte der ergraute Veteran gereizt zu wissen. Und die besten Springer und Läufer? Und die besten Admirale und Generale, die wir haben? Das soll mir einer mal sagen.
– Mit Abstand der Ire, entgegnete der wie Campbell aussehende Droschkenkutscher, die Gesichtsmängel einmal beiseite gelassen.
– Stimmt genau, bestätigte die alte Teerjacke. Der irische katholische Bauer. Er ist das Rückgrat unseres Reiches. Ihr kennt Jem Mullins?
Wenn er ihm, wie jedermann sonst, auch seine persönlichen Meinungen zugestand, so fügte der Wirt doch hinzu, daß ihm jegliches Reich, egal ob unseres oder das seine, einen Dreck galt und daß er keinen Iren, der demselben diente, seines Salzes wert erachtete. Dann begannen sie jähzornige Worte zu wechseln, als sie sich darob stärker erhitzten, und beide appellierten dabei, wie wohl nicht erwähnt zu werden braucht, an die Zuhörer, die dem Waffengang so lange mit Interesse folgten, als sie sich nicht in gegenseitigen Anschuldigungen ergingen und zu Handgreiflichkeiten überwechselten.
Aufgrund eingehender Informationen, die sich über eine Reihe von Jahren erstreckten, war Mr. Bloom eher geneigt, die ihnen vorgetragenen Mutmaßungen als ausgemachtes Gewäsch abzutun und ihnen seinen Beifall zu versagen, denn ganz unabhängig von der Frage, ob besagtes Ende nun aufs innigste zu wünschen sein oder nichtsein sollte, war ihm vollauf die Tatsache geläufig, daß ihre Nachbarn jenseits des Kanals, sofern sie nicht noch größere Narren waren, als er sie einschätzte, ihre Stärke eher verbargen denn das Gegenteil. Es paßte das nur wieder zu der in gewissen Kreisen gehegten quijotischen Vorstellung, daß in hundert Millionen Jahren die Kohlenflöze der Schwesterinsel erschöpft sein würden, und falls sich dies wirklich im Laufe der Zeit ergab und das ganze Geheimnis der alten Mamsell war, so konnte er persönlich zu der Angelegenheit nur sagen, daß es inzwischen, da ja

bis dahin noch eine Menge Zufälle, gleicherweise bedeutend für den Ausgang, eintreten mochten, doch in hohem Maße ratsam sei, aus beiden Ländern zu machen, was nur daraus zu machen war, auch wenn sie entgegengesetzte Pole darstellten. Ein anderer kleiner Punkt von Interesse, die Amouren zwischen Dirnen und Zugereisten, um einmal einen im Volke gebräuchlichen Ausdruck zu verwenden, erinnerte ihn daran, daß irische Soldaten ganz so oft für England gefochten hatten wie gegen dasselbe, ja tatsächlich sogar in überwiegendem Maße. Und nun, was sollte das alles? So gemahnte ihn die Szene zwischen den beiden hier, dem Inhaber des Lokals, von dem gemunkelt wurde, er sei Fitzharris oder es jedenfalls gewesen, der berühmte Invincible, und dem anderen, einem offenbaren Schwindler, zwingend an so etwas wie Bauernfängerei, d. h. vorausgesetzt natürlich, daß es sich um eine abgekartete Sache handelte, was ihm als Zuschauer insofern auffiel, als er sich, wenn überhaupt mit etwas, mit dem Studium der menschlichen Seele befaßt hatte, während die andern das Spiel nicht im mindesten durchschauten. Was nun den Pächter oder Wirt betraf, der vermutlich jene andere Person gar nicht war, so konnte er (Bloom), und dies ganz zu Recht, sich des Gefühls nicht entbrechen, daß es besser war, solchen Leuten die kalte Schulter zu zeigen, wofern man nicht ein ausgemachter Vollidiot war, und sich zu weigern, mit ihnen auch nur das geringste zu tun zu haben, als goldene Regel im Privatleben, ihnen und ihrer Verbrecherfängerei, nachdem es doch jederzeit möglich war, daß irgendein Spitzel mit dem Dolchstoß dahergelaufen kam und sich dann zum Kronzeugen der Königin – jetzt des Königs – wandelte wie Denis oder Peter Carey, ein Gedanke, der ihm ausgesprochen zuwider war. Ganz abgesehen davon aber haßte er schon aus Prinzip die Laufbahn der Übeltat und des Verbrechens. Doch obschon derartige kriminelle Neigungen in keinerlei Gestalt oder Form jemals Heimstatt in seinem Busen gefunden, verspürte er zugleich aber auch entschieden, und das wollte er auch gar nicht leugnen (dieweil er ja innerlich dabei blieb, was er war), eine gewisse Art von Bewunderung für einen Mann, der wirklich ein Messer geschwungen hatte, kalten Stahl, mit dem Mute seiner politischen Überzeugungen, obschon er persönlich niemals Teil haben würde an so einer Sache, die ja ganz aus demselben Stall war wie die Liebesvendetten des Südens – man kriegt sie oder baumelt ihretwegen – wo der Gatte häufig nach vorangegangenem Wortwechsel zwischen den beiden zum Gegenstand ihrer Beziehung zu dem anderen glücklichen Sterblichen (bei welcher der Mann das Paar hatte beobachten lassen) seiner Angebeteten schließlich als Ergebnis einer alternativen nachehelichen *liaison* unheilvolle Verletzungen zufügte, indem er ihr das Messer in den Leib stieß, bis ihm plötzlich einfiel, daß Fitz mit dem Spitznamen Skin-the-Goat ja lediglich den Wagen für die tatsächlichen Verüber der Freveltat gefahren und mithin, wenn er zuverlässig unterrichtet war, ja gar keinen Teil an dem Überfall hatte, was in der Tat auch das Vorbringen gewesen war, mit welchem eine juristische Leuchte ihm die Haut gerettet. Jedenfalls aber war das jetzt eine sehr alte Geschichte, und was unsern Freund, den vermeintlichen Skin-the-etc., betraf, so hatte er klar erkennbar seinen Willkomm überlebt. Er hätte eigentlich entweder eines natürlichen Todes oder am Galgen hoch sterben sollen. Ganz so wie die Schauspielerinnen, immerzu Abschied – unwiderruflich letzte Vorstellung, dann plötzlich lächelnd wieder da. Freigebig bis zum Übermaß natürlich, temperamentsbedingt, keinerlei Sparsamkeit oder auch nur entfernt dergleichen, immer auf den Knochen los statt auf den Schatten. So hegte er auch ganz ähnlich den sehr argen Verdacht, daß Mr. Johnny Lever diverse £. s. d. losgeworden sei im Verlaufe seiner Streifzüge durch die Docks in der sympathischen Atmosphäre der *Old Ireland* Taverne, komm wieder nach Erin und so weiter. Was die andern betraf, hatte er im übrigen vor noch gar nicht langer Zeit genau das nämliche Kauderwelsch gehört, und er berichtete Stephen, wie er auf schlichte, aber wirkungsvolle Weise den Beleidiger zum Schweigen gebracht.

– Er nahm Anstoß an irgend etwas, erklärte der vielgeschmähte, doch insgesamt gutartige Mann, was mir entschlüpfte. Er nannte mich einen Juden, und zwar in sehr hitziger, beleidigender Weise. So teilte ich ihm, ohne im mindesten von den reinen Tatsachen abzuweichen, mit, daß sein Gott, ich meine Christus, ebenfalls Jude war und desgleichen seine ganze Familie, genau wie ich, obwohl ich's in Wirklichkeit nicht bin. Damit war er bedient. Eine linde Antwort stillt den Zorn. Er wußte kein Wort mehr vorzubringen, wie jedermann sah. Habe ich nicht recht?

Er richtete einen langen Du-bist-im-Unrecht-Blick auf Stephen, einen furchtsamen, dunkel stolzen Blick, ob des sanften Tadels, einen Blick dringlichen Bittens aber auch, denn irgendwie schien ihm doch zu dämmern, daß nicht alles ganz der Wahrheit ...

– *Ex quibus,* murmelte Stephen in unverbindlichem Tone, während ihre beiden oder vielmehr vier Augen sich trafen, *Christus* herkommt, heiße er nun Bloom oder letzten Endes wie es nur immer beliebt, *secundum carnem.*

– Natürlich, fuhr Mr. Bloom zu stipulieren fort, muß man beide Seiten der Frage betrachten. Es ist schwer, im Hinblick auf Recht und Unrecht feste und gültige Regeln aufzustellen, doch Raum zur Besserung ist gewißlich überall vorhanden, auch wenn jedes Land, wie man sagt, unser eigenes, unglückseliges inbegriffen, die Regierung hat, die es verdient. Aber bei ein bißchen gutem Willen überall. Es mag ja sehr schön sein, sich beiderseits seiner Überlegenheit zu rühmen, doch wie steht es mit der beiderseitigen Gleichheit? Ich mißbillige Gewalt oder Intoleranz in jeder Gestalt oder Form. Mit ihnen wird niemals etwas erreicht oder aufgehalten. Eine Revolution muß kommen, so sicher wie eine fällige Ratenzahlung. Es ist, wenn man es so betrachtet, eine offenkundige Absurdität, Leute nur deswegen zu hassen, weil sie um die Ecke wohnen und eine andere Muttersprache haben, sozusagen.

– Denkwürdige Schlacht um Bloody Bridge und der siebenminütige Krieg, stimmte Stephen bei, zwischen der Skinner's

Alley und dem Ormond Market.

– Jawohl, erklärte sich Mr. Bloom vollkommen einverstanden, indem er der Bemerkung zur Gänze beipflichtete, das war überwältigend richtig, und die ganze Welt war überwältigend voll von derartigen Sachen.

– Sie haben mir die Worte aus dem Munde genommen, sagte er. Ein Hokuspokus von widerstreitender Evidenz, den Sie ehrlicher Weise auch nicht im entferntesten ...

All diese unglückseligen Streitigkeiten, die nur böses Blut machten – Höcker der Kampfeslust oder eine Drüse irgendwelcher Art, wo irrtümlicher Weise angenommen wurde, es gehe um den Ehrenpunkt und eine Fahne – waren, seiner bescheidenen Meinung nach, als Frage eine reine Geldfrage, welch letztere hinter allem stand, Gier und Eifersucht, weil die Leute nie wußten, wo die Grenze war.

– Sie verklagen die – bemerkte er vernehmlich. Er wandte sich von den andern ab, die vermutlich ... und sprach näher zu, so daß die andern ... für den Fall, daß sie ...

– Die Juden, raunte er Stephen im *aparte* leise ins Ohr, werden verklagt, am Untergang schuld zu sein. Keine Spur von Wahrheit ist daran, das kann ich getrost behaupten. Die Geschichte – würde es Sie überraschen, das zu erfahren? – beweist bis aufs I-Tüpfelchen, daß Spanien verfiel, als die Inquisition die Juden aus dem Lande hetzte, und daß England aufblühte, als Cromwell, ein ungewöhnlich befähigter Schurke, der, in anderer Hinsicht, für vieles verantwortlich ist, sie hereinholte. Warum? Weil sie praktisch sind und das auch bewiesen haben. Ich möchte hier nun beileibe nicht irgendwie in ... denn Sie kennen die Standardwerke zum Thema ja, und dann, orthodox wie Sie sind ... Aber auf wirtschaftlichem, um das Religiöse einmal ganz unberührt zu lassen, Gebiet bedeutet Priestertum Armut. Nehmen Sie wieder Spanien, wie es im Krieg zu sehen war, verglichen mit dem so jählich aufstrebenden Amerika. Türken, das liegt einfach im Dogma. Wenn sie nämlich nicht daran glaubten, daß sie direkt in den Himmel kommen, wenn sie sterben,

dann würden sie besser zu leben versuchen – finde ich wenigstens. Das ist der Taschenspielertrick, mit dem die Seelenhirten unter Vorspiegelung falscher Tatsachen ihr Schäfchen ins Trockene bringen. Ich bin, resümierte er mit dramatischer Kraft, ein ebenso guter Ire wie jener rüde Mensch, von dem ich Ihnen eingangs erzählte, und ich sähe es wirklich gern, so schloß er, wenn jedermann, alle Bekenntnisse und Klassen, *pro rata* ein bequemes, ordentliches Einkommen hätte, durchaus nicht zu knapp bemessen, so um £ 300 im Jahr. Hier liegt der springende Punkt, der auf dem Spiele steht, und seine Lösung ist nicht nur durchführbar, sondern würde auch einen freundlicheren Verkehr von Mensch zu Mensch bewirken. Jedenfalls ist das meine unmaßgebliche Meinung. Ich nenne das Patriotismus. *Ubi patria,* wie wir in unseren klassischen Tagen ein bißchen so obenhin auf der Alma Mater gelernt haben, *vita bene.* Wo man gut leben kann, heißt das, wenn man arbeitet.
Über dem ungenießbaren Gebräu, das eine Tasse Kaffee sein sollte, ganz Ohr für diese Synopse der Dinge im allgemeinen, starrte Stephen auf nichts im besonderen. Er konnte natürlich alle möglichen Worte vernehmen, die ihre Farbe wechselten wie jene Krabben um Ringsend am Morgen, welche sich geschwind in alle Farben der verschiedenen Sorten ganz desselben Sandes eingruben, wo sie irgendwo ein Heim hatten drunter oder jedenfalls zu haben schienen. Dann blickte er auf und sah die Augen, die die Worte sagten oder vielmehr nicht sagten, die die Stimme, die er hörte, sagte – wenn man arbeitet.
– Ohne mich, vermochte er schließlich zu bemerken, indem er sich auf das Arbeiten bezog.
Die Augen blickten überrascht ob dieser Bemerkung, weil doch er, der Mensch, dem sie pro. tem. gehörten, oder vielmehr seine Stimme, die Bemerkung tat: Alle müssen zusammenarbeiten, müssen unbedingt.
– Ich meine natürlich, beeilte sich der andere zu versichern, Arbeiten im weitestmöglichen Sinne. Auch literarische Tätig-

keit, nicht bloß wegen der Ehre der Sache. Mitarbeit bei Zeitungen, was ja heute der nächstliegende Weg ist. Auch das ist Arbeit. Wichtige Arbeit sogar. Schließlich und endlich sind Sie nach dem wenigen, was ich von Ihnen weiß, nach all dem Geld, das für Ihre Bildung ausgegeben wurde, berechtigt, sich schadlos zu halten und Ihren Preis zu bestimmen. Sie haben in jeder Beziehung ebenso das Recht, von Ihrer Feder zu leben, im Verfolg Ihrer Philosophie, wie der Bauer ja Was hat? Sie beide gehören zu Irland, Hirnkraft und Muskelkraft. Jeder ist gleich wichtig.

– Sie mutmaßen, erwiderte Stephen mit einer Art halbem Lachen, daß ich möglicherweise darum wichtig bin, weil ich zum *faubourg Saint Patrice* gehöre, kurz Irland genannt.

– Ich würde noch einen Schritt weiter gehen, deutete Mr. Bloom an.

– Aber ich mutmaße, unterbrach Stephen, daß Irland darum wichtig sein muß, weil es zu mir gehört.

– Was gehört? forschte Mr. Bloom, indem er sich vorbeugte, in der Mutmaßung, er stehe vielleicht unter dem Eindruck eines Mißverständnisses. Verzeihen Sie. Leider habe ich den ersteren Teil nicht mitbekommen. Was haben Sie . . .?

Stephen, offenbar verdrießlich gestimmt, wiederholte und schob seinen Becher Kaffee, oder wie immer man den Inhalt bezeichnen möchte, beiseite, indem er nicht allzu höflich hinzufügte:

– Wir können das Land nicht ändern. Ändern wir also das Thema.

Auf diesen sachdienlichen Vorschlag hin blickte Mr. Bloom, das Thema zu ändern, nieder, jedoch in Verlegenheit, da er nicht genau zu sagen wußte, welche Bedeutung er dem Gehörten beimessen sollte, das recht weit hergeholt geklungen hatte. Der gewisse Wink mit dem Zaunpfahl darin war jedenfalls klarer als das andere. Wie wohl nicht erwähnt zu werden braucht, sprachen aus ihm die Aufwallungen seiner jüngsten Orgie mit einer gewissen Herbheit in so wunderlich bitterer Weise, fremd ihm sonst im nüchternen Zustande. Vermutlicher Weise ließ es das Leben daheim, dem Mr. Bloom die äußerste Bedeutung zumaß, an manchem fehlen, was es braucht, oder er war nicht mit der richtigen Sorte Menschen bekannt geworden. Mit einem Anflug von Sorge um den jungen Mann da neben ihm, den er verstohlen forschend betrachtete, nicht ohne gewisse Bestürzung, fiel ihm doch ein, daß er just aus Paris zurückgekommen war, während die Augen wiederum ganz besonders an Vater und Schwester erinnerten, was jedoch alles nicht geeignet war, mehr Licht auf die Angelegenheit zu werfen, führte er sich verschiedene Beispiele gebildeter junger Menschen vor Augen, die, obschon soviel Großes aus ihnen zu werden versprach, doch im Keim erstickt worden waren von vorzeitigem Verfall, und die Schuld daran war keinem zuzuschreiben als nur ihnen selber. Da war etwa der Fall O'Callaghan, zum Beispiel, der halbverrückte Schwärmer, aus respektabler Familie, leider aber nicht entsprechend bemittelt, mit seinen tollen Narrenstreichen, der neben allem anderen, was er sonst noch machte an komischen Sachen, wenn er beschwipst war und allen in der Runde auf die Nerven ging, die Gewohnheit hatte, ostentativ in aller Öffentlichkeit einen Anzug aus braunem Papier zu tragen (Tatsache war das). Und dann das übliche *dénouement*, nachdem die Geschichte eine Weile wüst und wild so weitergegangen war, da landete er dann haushoch in der Patsche, und ein paar Freunde mußten ihn klammheimlich verschwinden lassen, nach einem kräftigen Wink mit dem Zaunpfahl von John Mallon vom Lower Castle Yard, damit er nicht noch unter Paragraph zwo der Criminal Law Amendment Act fiel, wobei gewisse Namen von Vorgeladenen zwar ins Gespräch, aber nicht definitiv in die Öffentlichkeit kamen, aus bestimmten Gründen, die für keinen, der auch nur ein bißchen Grips besaß, weiter Rätsel aufgaben. Kurz, wenn man zwei und zwei zusammenzählte, sechs sechzehn, was bei ihm auf ostentativ taube Ohren stieß, Antonio und Konsorten, Jockeys und Ästheten und die Tätowierung, die in den siebziger Jahren oder so um die Zeit doch überall im Schwange war, sogar im

House of Lords, weil der Inhaber des Throns einmal in seiner Jugend, damals schon rechtmäßiger Erbe, wobei die anderen Mitglieder der oberen Zehntausend und andere hochgestellte Persönlichkeiten schlicht und einfach nur in die Fußtapfen des Staatsoberhaupts traten, machte er sich Gedanken über die Sünden von Notorietäten und gekrönten Häuptern, die der Moral Hohn sprachen, wie etwa der Fall Cornwall vor einer Reihe von Jahren, unter der Tünche, auf eine Art und Weise, die von der Natur kaum so vorgesehen war, eine Sache, über die die ehrbaren Leute, so wie das Gesetz nun einmal war, sich schrecklich aufregten, obwohl gar nicht einmal aus dem Grunde, den sie annahmen, vermutlich, egal was dieser war, mit Ausnahme hauptsächlich der Frauen, die ja mehr oder weniger dauernd aneinander herumfummelten, was aber im großen und ganzen eine Sache der Kleidung war und so weiter. Damen, die distinguierte Unterwäsche lieben, sollten, und jeder gutangezogene Herr muß, was ein Versuch ist, die Kluft zwischen ihnen durch versteckte Anspielungen noch zu vertiefen und so eigentlich den ungehörigen Handlungen zwischen beiden Vorschub zu leisten, sie knöpfte seine auf und er löste dann ihre, aufgepaßt mit der Nadel, wohingegen es den Wilden auf den Menschenfresserinseln, sagen wir mal, bei neunzig Grad im Schatten schnurzegal war. Freilich gab es, um zum Ausgangspunkt zurückzukehren, andererseits auch andere Fälle, die sich ihren Weg von den untersten Niederungen nach oben gebahnt hatten, und zwar auf Schusters Rappen sozusagen, ganz aus eigener Kraft. Schiere Kraft des Naturgenies, das. Mit Köpfchen, mein lieber Herr.

Aus welchen und noch weiteren Gründen er das Gefühl hatte, daß es in seinem Interesse lag, ja sogar seine Pflicht war, hier zu Diensten zu stehen und von der unerwarteten Gelegenheit zu profitieren, obschon er nicht genau zu sagen vermochte, warum eigentlich, nachdem, wie die Dinge lagen, bereits diverse Schillinge futsch waren, indem er sich nun einmal auf die Sache eingelassen hatte. Immerhin aber, die Bekanntschaft mit einem Menschen von nicht ungewöhnlichem Format zu pflegen, der einem Stoff zum Nachdenken geben konnte, würde den kleinen Einsatz reichlich lohnen ... Intellektuelle Anregung wie die vorliegende war, seinem Gefühl nach, von Zeit zu Zeit ein erstklassiges Stärkungsmittel für den Geist. Wozu sich überdies noch die Koinzidenz von Begegnung, Diskussion, Tanz, Gerangel, altem Seebären gesellte, dem typischen heute hier und morgen dort, von Nachtschwärmern allgemein, die ganze Galaxie der Ereignisse, alles das ergab ja allmählich eine Miniaturkamee der Welt, in der wir leben, besonders nachdem das Leben des verarmten Zehntels, als da sind Bergarbeiter, Taucher, Straßenkehrer usw., in letzter Zeit in starkem Maße unter die Lupe genommen wurde. Um die Sternstunde zu nutzen, fragte er sich, ob ihm hier vielleicht das nämliche Glück winkte wie Mr. Philip Beaufoy, wenn er das alles einmal niedergeschrieben. Angenommen, er brachte etwas zu Papier, was aus dem gewöhnlichen Rahmen fiel (wie es ihm auch durchaus vorschwebte), zum Preis von einer Guinee pro Spalte, *Meine Erlebnisse,* sagen wir einmal, *in einer Kutscherkneipe.*

Die rosa Ausgabe, Extra-Sportbericht, des *Telegraph,* er zählekräf tig Lügen, lag, wie der glückliche Zufall es wollte, neben seinem Ellbogen, und da er just wieder, bei weitem noch nicht zufriedengestellt, über einem Lande, das zu ihm gehörte, sowie über dem vorausgegangenen Rebus grübelte, das Schiff kam von Bridgwater und die Postkarte war an A. Boudin adressiert, wie alt ist der Kapitän, schweiften seine Augen ziellos über die betreffenden Titelzeilen, die in sein spezielles Fach schlugen, unsere tägliche Presse gib uns heute. Zuerst bekam er einen kleinen Schrecken, aber dann stellte sich heraus, daß es sich lediglich um eine Notiz über jemanden namens H. du Boyes handelte, Vertreter für Schreibmaschinen oder etwas ähnliches. Große Schlacht Tokio. Liebe auf Irisch £ 200 Schadenersatz. Gordon Bennett. Auswanderungsschwindel. Ein Brief von Seiner Gnaden William †. Ascot, *Flugblatt* erinnert an das Derby von '92, als Captain Marshalls Außenseiter, *Sir Hugo,* entgegen aller Spekulation das Blaue Band gewann. Das Unglück von New York, tausend Tote. Maul und Klauen. Beerdigung des verstorbenen Mr. Patrick Dignam.

Um also das Thema zu ändern, las er den Nachruf auf Dignam, R. I. P., was, so überlegte er, alles andere als ein fröhlicher Abschied war.

– *Heute morgen* (das hatte natürlich Hynes hineingebracht) *wurden die sterblichen Überreste des verstorbenen Mr. Patrick Dignam von seiner Wohnung, No. 9 Newbridge Avenue, Sandymount, zur Bestattung nach Glasnevin überführt. Der Verblichene war eine ungemein beliebte und heitere Persönlichkeit im Leben unserer Stadt, und sein nach kurzer Krankheit erfolgtes Ableben erweist sich als schwerer Schlag für die Bürger aller Schichten, von denen er tief betrauert wird. Das Begräbnis, an dem viele Freunde des Verstorbenen teilnahmen, wurde besorgt von* (also da hatte Hynes bestimmt einen kräftigen Wink von Corny bekommen) *der Firma H. J. O'Neill & Sohn, 164 North Strand Road. Unter den Leidtragenden bemerkte man u. a.: Patk. Dignam (Sohn), Bernard Corrigan (Schwager), John Henry Menton, RA, Martin Cunningham, John Power eatondph 1/8 ador dorador douradora* (das mußte passiert sein, als er nach Monks, der Tageule, wegen der Keyes-Annonce rief), *Thomas Kernan, Simon Dedalus, Stephen Dedalus, B. A., Edward J. Lambert, Cornelius Kelleher, Joseph M'C. Hynes, L. Boom, C. P. M'Coy, – M'Intosh und verschiedene andere.*

Nicht wenig verdrossen ob des *L. Boom* (wie da fälschlicher Weise stand) und der versauten Zeile, doch tödlich amüsiert zugleich von C. P. M'Coy und Stephen Dedalus, B. A., die beide, wie nicht eigens gesagt zu werden brauchte, durch vollkommene Abwesenheit geglänzt hatten (einmal gar nicht zu reden von M'Intosh), wies L. Boom das Blatt seinem Gefährten B. A., der eben damit befaßt war, ein weiteres Gähnen zu ersticken, halb Nervosität, nicht zu vergessen die übliche Blütenlese sinnlos aberwitziger Druckfehler.

– Steht da der erste Brief an die Hebräer, fragte er, sobald

sein Unterkiefer es ihm gestattete, drin? Text: Mach's Maul auf und steck die Klauen rein.
– So ist es, in der Tat, sagte Mr. Bloom (obwohl er zuerst gewähnt hatte, er spiele auf den Erzbischof an, bis er dann das mit Maul und Klauen hinzufügte, was mit dem Genannten ja nicht gut in Verbindung zu bringen war), überglücklich, seinen Geist beruhigen zu können, und ein bißchen verblüfft darüber, daß Myles Crawford die Sache schließlich doch noch hingekriegt hatte, da.
Während der andere den Artikel auf Seite zwei las, verbrachte Boom (um ihm für den Augenblick seinen neuen Namensirrtum zu belassen) ein paar müßige Augenblicke von flüchtiger Art mit dem Bericht vom dritten Rennen in Ascot auf Seite drei, seiner Seite. Börse 1000 Sovs., dazu 3000 Sovs. bar für sämtliche Hengst- und Stutenfüllen, Mr. F. Alexanders *Flugblatt*, Br. von *Flugpfeil*, 5 J., 9 st 4 lbs, Thrale (W. Lane) 1. Lord Howard de Waldens *Zinfandel* (M. Cannon) 2. Mr. W. Bass' *Szepter*, 3. Wetten 5 zu 4 auf *Zinfandel*, 20 zu 1 auf *Flugblatt* (durch). *Flugblatt* und *Zinfandel* standen Kopf an Kopf. Das Rennen war zunächst offen, dann zog der glatte Außenseiter an die Spitze, übernahm die Führung und schlug Lord Howard de Waldens kastanienbraunen Hengst und Mr. W. Bass' rötlichbraunes Stutenfüllen Szepter in einem Lauf über 2½ Meilen. Gewinner von Braine träniert, so daß Lenehans Version von der Angelegenheit alles reines Geschwätz war. Sicherte elegant die Entscheidung mit einer glatten Länge. 1000 Sovs., dazu 3000 bar. Ebenfalls im Rennen war J. de Bremonds (französisches Pferd, nach dem sich Bantam Lyons angelegentlich erkundigt hatte, noch nicht eingegangen, aber jede Minute erwartet) *Maximum II*. Verschiedene Methoden, einen Coup zu landen. Liebe, Schadenersatz. Aber dieser halbgare Lyons war dann wieder abgesprungen, weil er partout und um jeden Preis auf die Nase fallen wollte. Natürlich, Spielen eignete sich hervorragend für diese Art Sachen, obwohl der arme Narr, wie sich am Ende herausstellte, nicht besonders viel Grund hatte, sich zu seinem Griff zu gratulie-

ren, die verlorene Hoffnung. Raterei, darauf lief alles hinaus, letzten Endes.

– Es sprach doch alles dafür, daß sie da einmal anlangen würden, sagte Mr. Bloom.

– Wer? fragte der andere, dessen Hand übrigens verletzt war.

Eines schönen Morgens würde man die Zeitung aufschlagen, versicherte der Kutscher, und *Parnell zurückgekehrt* lesen. Er wettete mit ihnen, was sie wollten. Einer von den Dublin Fusiliers war eines Abends in dieser Kneipe gewesen und hatte gesagt, er habe ihn in Südafrika gesehen. Der Stolz war es, der ihn getötet hatte. Er hätte selber mit sich Schluß machen oder für einige Zeit untertauchen sollen nach Committee Room No. 15, bis er wieder der alte war, dann hätte niemand mit dem Finger auf ihn zeigen können. Dann hätten sie alle bis auf den letzten Mann kniefällig gefleht, daß er nur zurückkäme, wenn er seine Fassung wiedererlangt hätte. Tot war er nicht. Einfach versteckt irgendwo. Der Sarg, den sie herübergebracht, hatte nur Steine enthalten. Er hatte seinen Namen in De Wet geändert, den Burengeneral. Es war ein Fehler von ihm gewesen, die Priester zu bekämpfen. Und so weiter und so fort.

Dessenungeachtet war Bloom (gebührend tituliert) doch einigermaßen überrascht ob ihrer Erinnerungsfähigkeit, denn in neun von zehn Fällen handelte es sich um einen Fall von Teerfässern und Freudenfeuern, und nicht nur vereinzelt, sondern gleich zu tausenden, und dann vollständiges Vergessen, weil es ja gute zwanzig Jahre her war. Höchst unwahrscheinlich natürlich, daß auch nur ein Schatten von Wahrheit an den Geschichten war, und selbst wenn man einmal den Fall setzte, hielt er eine Rückkehr doch für ganz und gar unratsam, alles erwogen. Irgend etwas an seinem Tode fuchste sie offenbar. Entweder war er ihnen allzu zahm an akuter Lungenentzündung dahingegangen, grad als seine mannigfachen verschiedenen politischen Maßnahmen sich ihrer Vollendung näherten, oder aber es war ruchbar geworden, daß er seinen Tod dem Umstande zuzuschreiben hatte, daß er es verabsäumt, seine Stiefel und Kleider nach einer Durchnässung zu wechseln, woraus eine Erkältung resultierte, und unterlassen hatte, einen Spezialisten zu konsultieren, indem er vielmehr das Zimmer hütete, bis er schließlich daran starb, zum Bedauern weitester Kreise, noch ehe vierzehn Tage zu Ende gingen, oder durchaus möglicher Weise wurmte es sie auch, feststellen zu müssen, daß die Arbeit ihnen aus den Händen genommen worden war. Da natürlich selbst vorher niemand mit seinen Bewegungen vertraut gewesen war, gab es absolut keinerlei Anhaltspunkt hinsichtlich seines Aufenthaltsortes, der entschieden zur Sparte *Alice, wo bist du* gehörte, sogar schon bevor er anfing, unter verschiedenen Decknamen zu gehen, wie Fox und Stewart, weshalb die Bemerkung, die von Freund Kutschdroschke kam, immerhin im Bereich des Möglichen liegen mochte. Natürlich aber mußte das dann an ihm als dem geborenen Menschenführer nagen, was er zweifellos war, und eine gebietende Erscheinung dazu, von sechs Fuß Länge oder zumindest doch fünf Fuß zehn oder elf in Strümpfen, wohingegen die Herren Soundso, welche, obwohl sie mit dem vorgenannten Manne nicht entfernt zu vergleichen waren, die Geschicke lenkten, wo man versöhnende Züge an ihnen doch nur sehr selten und vereinzelt fand. Das gab einem ja wirklich zu denken, das Idol mit den tönernen Füßen. Und wie sich dann zwoundsiebzig seiner getreuen Gefolgsleute gegen ihn gewandt hatten und ihn wechselseitig mit Schmutz beworfen. Genau dasselbe, haargenau, wie bei Mördern. Man mußte einfach zurückkommen – eine Art quälendes Gefühl trieb einen – um dem eingesprungenen Ersatzspieler in der Titelrolle einmal zu zeigen, wie man sowas. Er hatte ihn einmal bei der günstigen Gelegenheit gesehen, als sie die Druckerei im *Insuppressible* verwüsteten, oder war es *United Ireland*, ein Privileg, das er lebhaft zu schätzen wußte, und da hatte er ihm, wirklich und wahrhaftig, seinen Zylinder gereicht, als er ihm vom Kopf geschlagen worden war, und er hatte *Besten Dank* gesagt, aufgeregt wie er zweifellos war unter seinem eisigen Ausdruck, ungeachtet des erwähnten kleinen Mißgeschicks zwischen Kelchesrand und Mund – ja, der Apfel fiel eben nicht weit vom. Trotzdem, was die Rückkehr betraf, so konnte man von Glück sagen, wenn sie nicht die Hunde auf einen ansetzten, sobald man zurück war. Dann folgte gewöhnlich ein endloses Hin und Her von fauler Druckserei. Tom dafür und Dick und Harry dagegen. Und dann, das vor allem, bekam man es mit dem Mann zu tun, der grad die erste Geige spielte, und mußte seine Legitimationen auf den Tisch legen, wie der Bursche im Fall Tichborne mit seinem Anspruch. Roger Charles Tichborne, *Bella* hieß das Schiff, wenn ihn sein Gedächtnis nicht im Stich ließ, in dem er, der Erbe, untergegangen war, wie die Indizien darzutun schienen, und es gab da auch noch ein besonderes Kennzeichen, eine Tätowierung mit chinesischer Tusche, Lord Bellew, nicht wahr? Da er die Einzelheiten ja ganz leicht bei irgendeinem Kumpel an Bord aufgeschnappt haben konnte, um dann, wenn er sein Äußeres mit der erhaltenen Beschreibung übereingebracht, sich mit einem *Entschuldigung, mein Name ist Soundso* oder sonst einer Allerweltsbemerkung vorzustellen. Ein klügerer Weg, sagte Mr. Bloom zu dem nicht allzu Überschwenglichen neben ihm, der in dieser Beziehung tatsächlich der in Rede stehenden hervorragenden Persönlichkeit glich, wäre wohl gewesen, die Lage des Landes zu sondieren, erst einmal.

– Das Luder, diese englische Hure, hat ihn fertiggemacht, kommentierte der Eigner der Schnapsbudike. Sie hat den ersten Nagel in seinen Sarg geschlagen.

– Ein Mordsbrocken von Weib, alles was recht ist, bemerkte der *soi-disant* Stadtschreiber Henry Campbell, und nicht von Pappe. Ich habe beim Friseur ein Bild von ihr gesehen. Ihr Mann war Kapitän oder Offizier.

– Jau, fügte Skin-the-Goat ergötzlich hinzu. Das war er, und ein Schlappschwanz dazu.

Diese zusätzliche Dreingabe von humorigem Charakter rief eine ganz gehörige Lachsalve bei seiner *entourage* hervor. Was

Bloom betrifft, so starrte er, ohne auch nur die leiseste Andeutung eines Lächelns, lediglich in Richtung der Tür und grübelte über die historische Geschichte nach, die seinerzeit so außerordentliches Interesse geweckt hatte, als die Tatsachen, um das Ganze noch schlimmer zu machen, zusammen mit den üblichen zärtlichen Briefen öffentlich bekannt gegeben wurden, die zwischen ihnen hin und her gegangen waren, voll von süßen Nichtigkeiten. Zuerst war alles streng platonisch gewesen, bis die Natur dazwischenkam und ein Verhältnis sich zwischen ihnen entspann, bis dann die Sache immer mehr auf die Spitze trieb und zum Stadtgespräch wurde, bis dann der niederschmetternde Schlag kam, nicht wenigen Übelgesinnten freilich als willkommene Kunde, die entschlossen waren, seinem Sturze noch nachzuhelfen, obwohl die Sache längst in aller Öffentlichkeit bekannt war, wenn auch nicht entfernt in dem sensationellen Maße, zu welchem sie in der Folge dann aufblühen sollte. Seither waren ihre Namen aber jedenfalls gepaart, seither war er ihr erklärter Liebhaber, doch wo lag nun wieder speziell die Notwendigkeit, es Groß und Klein, Vornehm und Gemein von den Dächern zu pfeifen, die Tatsache nämlich, daß er ihr Schlafzimmer geteilt hatte, was im Zeugenstand unter Eid herauskam, bei welchem Anlaß ein Schauder den vollbesetzten Gerichtssaal durchlief, der alle buchstäblich elektrisierte, in Gestalt von Zeugen, die beschworen, ihn an dem und dem speziellen Datum gesehen zu haben, wie er mit der Hilfe einer Leiter im Nachtgewand aus einem im Oberstock gelegenen Gemach herauskletterte, nachdem er in der nämlichen Weise dort Zugang erlangt, eine Tatsache, aus welcher die Wochenblätter, dem Schlüpfrigen ein wenig sehr zugetan, einfach scheffelweise Kapital schlugen. Wobei die einfache Tatsache des Falles doch die war, daß es einfach ein Fall war, wo der Ehemann nicht auf der Höhe war, wo überhaupt nichts Gemeinsames zwischen ihnen war außer dem Namen, und wo dann ein richtiger Mann auf der Bildfläche erschien, stark bis an die Grenze der Schwäche, und ihrem Sirenenzauber zum Opfer fiel und die häuslichen Bindungen vergaß. Die übliche Folge, sich im Lächeln der Geliebten zu sonnen. Die ewige Frage des ehelichen Zusammenlebens kam da, das verstand sich von selbst, wieder einmal zum Vorschein. Kann es zwischen Verheirateten, einmal angenommen, es gibt noch einen Dritten im Bunde, wirkliche Liebe geben? Obwohl es sie hier nichts anging, absolut nichts, wenn er sie mit Zuneigung angesehen hatte, von einer Welle der Torheit aus dem Gleichgewicht gebracht. Ein herrliches Muster an Männlichkeit war er ja wahrhaftig gewesen, wozu noch zweifellos geistige Gaben von hohem Rang kamen, verglichen einmal mit dem anderen, dem Supernumerar heißt das (der ja bloß einer von den üblichen, ganz alltäglichen Typen war, so die Sorte *Lebwohl, mein tapferer Kapitän*, bei den leichten Dragonern, den 18. Husaren, um genau zu sein), und zweifellos auch leidenschaftlich erregbar (der gefallene Führer, heißt das, nicht der andere), in seiner eigenen besonderen Weise, was sie natürlich, Weib, rasch als Voraussetzung eines höchstwahrscheinlichen Weges zum Ruhm durchschaute, dessen Bahnung sich bei ihm ja auch fast durchaus gut anließ, bis die Priester und Diener des Evangeliums als Ganzes, seine ehemals unerschütterlichen Anhänger, und seine geliebten, von ihrem Boden vertriebenen Pachtbauern, für die er so treue Dienste geleistet hatte in den ländlichen Gegenden des Landes, indem er für ihre Interessen in einer Weise eine Lanze gebrochen, die ihre kühnsten Erwartungen übertraf, ihm seine eheliche Suppe gründlich versalzten und dabei auch noch glühende Kohlen auf seinem Haupte sammelten, alles ganz dasselbe wie der allbekannte Eselstritt in der Fabel. Wenn man jetzt in einer Art retrospektivem Arrangement zurückblickte, kam einem alles wie eine Art Traum vor. Und jetzt zurückzukehren, das war das Schlimmste, was man überhaupt machen konnte, weil es doch fraglos darauf hinauslief, daß man sich völlig deplaziert vorkommen mußte, da sich die Dinge ja doch mit den Zeiten immerfort änderten. Genau, überlegte er, so sah zum Beispiel Irishtown Strand, eine Lokalität, die er eine ganze Anzahl von Jahren nicht mehr besucht hatte, irgendwie anders aus, seit er, wie es so gekommen war, seinen Wohnsitz auf der Nordseite genommen hatte. Aber ob Nord oder Süd, egal, es war jedenfalls der wohlbekannte Fall glühender Leidenschaft, ganz einfach und simpel, und die hatte ihm seine Pläne aus dem Effeff durchkreuzt, was ja wiederum nur bestätigte, was er die ganze Zeit sagte, zumal sie ja auch Spanierin war oder jedenfalls halb, die Art, die grundsätzlich keine halben Sachen machte, leidenschaftliche Hingabe des Südens, sowas schlug jeden Fetzen Anstand in den Wind.

– Das bestätigt ja wiederum nur, was ich die ganze Zeit sagte, sagte er mit glühendem Busen zu Stephen. Und wenn ich mich nicht ganz gehörig irre, war sie auch Spanierin.

– Des Spanienkönigs Tochter, antwortete Stephen und fügte noch allerlei wirres Zeug hinzu, so à la lebt wohl und adieu, ihr span'schen Zwiebeln, und das erste Land, das Deadman hieß, und von Ramhead nach Scilly warn's so und so viel ...

– Was, war sie das? stieß Mr. Bloom überrascht, wenn auch nicht im mindesten verwundert hervor. Dieses Gerücht ist mir gänzlich neu. Möglich schon, das war es besonders dort, weil sie ja da lebte. So, Spanien.

Unter sorgsamer Vermeidung eines Buches *Süße der* in seiner Tasche, welches ihn übrigens an jenes überfällige Buch aus der Bibliothek Capel Street erinnerte, zog er seine Brieftasche hervor und hatte, nachdem er die verschiedenen Inhalte rasch durchmustert, schließlich ...

– Halten Sie übrigens, sagte er, indem er gedankenvoll ein verblichenes Photo auswählte, das er auf den Tisch legte, dies hier für einen spanischen Typus?

Stephen, offenbar angesprochen, blickte auf das Photo nieder, das eine üppig gewachsene Dame zeigte, deren fleischige Reize in recht offenherziger Weise zutage lagen, indem sie nämlich in der vollen Blüte der Weiblichkeit stand und ein für den Anlaß ostentativ weit ausgeschnittenes Abendkleid trug, das ihrem Busen die freizügigste Entfaltung ermöglichte und weit mehr als nur den Ansatz der Brüste bot, wozu noch ihre geteilten vollen Lippen kamen sowie einige vollkommene Zähne, in welcher Gestalt sie, augenscheinlich in gravitätischem Ernst, neben einem Pianoforte stand, auf dessen Notenständer *Im alten Madrid* zu sehen war, eine Ballade, recht hübsch in ihrer Art, welche damals überall im Schwange war. Ihre (der Dame) Augen, dunkel, groß, blickten Stephen an, im Begriff, über etwas zu lächeln, was Bewunderung verdiente, indem Lafayette in der Westmoreland Street, Dublins erster photographischer Künstler, für die ästhetische Ausführung verantwortlich zeichnete.

– Mrs. Bloom, meine Frau, die *prima donna*, Madame Marion Tweedy, gab Bloom an. Vor wenigen Jahren aufgenommen. '96 oder um die Zeit. Sehr ähnlich, wie sie damals war.

Neben dem jungen Manne blickte auch er auf das Photo der Dame, jetzt seiner rechtmäßigen Gattin, welche, so gab er zu verstehen, die begabte Tochter von Major Brian Tweedy war und schon in frühem Alter eine bemerkenswerte Fertigkeit als Sängerin entfaltete, hatte sie doch ihre Verbeugung vor dem Publikum bereits gemacht, als sie der Lenze kaum süße sechzehn zählte. Was das Gesicht betraf, so war dasselbe von sprechender Ähnlichkeit im Ausdruck, wohingegen ihrer Figur, welche gewöhnlich ungemein viel Aufmerksamkeit fand und in dieser Aufmachung nicht zu allerbester Geltung kam, leider nicht Gerechtigkeit wurde. Sie hätte ohne nennenswerte Schwierigkeit, sagte er, für ein Ganzbild posieren können, schon gar nicht näher einzugehen auf gewisse üppige Formen des ... Er ging dann, da er selber in seiner Freizeit ein wenig Künstler war, näher noch auf die weibliche Figur im allgemeinen, entwicklungsmäßig gesehen, ein, weil er tatsächlich just an diesem Nachmittage, wie es sich getroffen, die bekannten, als Kunstwerke vollkommen entwickelten griechischen Statuen im National Museum gesehen hatte. Marmor konnte das Original durchaus wiedergeben, Schultern, Rücken, die ganze Symmetrie. Der ganze Rest, tja, Puritanismus. Immerhin ging es noch, Sankt Joseph unser Lenker ... wohingegen das kein Photo konnte, weil es einfach keine Kunst war, in einem Wort.

Da der Geist ihn bewegte, hatte er große Lust, dem guten Beispiel des Jan Maat zu folgen und die Abbildung dort ein paar ganz wenige Minuten lang für sich selbst sprechen zu lassen, unter dem Vorgeben, er ... so daß der andere die Schönheit alleine in sich hineintrinken konnte, wobei, aufrichtig gestanden, zu sagen war, daß ihre Bühnenerscheinung ein Hochgenuß für sich war, welchem die Kamera ganz und gar nicht gerecht werden konnte. Aber das entsprach schwerlich der Standesetikette, obwohl es eine warme angenehme Nacht war jetzt, wunderbar kühl zugleich jedoch für die Jahreszeit, wenn man es recht überlegte, denn Sonnenschein nach dem Sturm ... Und dann fühlte er auch eine Art von Bedürfnis, hier und jetzt ein gleiches zu tun, wie eine Art innere Stimme, und ein mögliches Bedürfnis dadurch zu befriedigen, daß er sich zu einem Gang in Bewegung setzte. Nichtsdestoweniger blieb er fest sitzen und betrachtete lediglich das leicht angeschmutzte, an den üppigen Formen zerknitterte Photo, was diesen aber noch keinerlei Abbruch tat, und blickte gedankenvoll weg, in der Absicht, des anderen mögliche Verwirrung bei der Musterung der Symmetrie ihres schwellenden *embonpoint* nicht gar noch zu vergrößern. In der Tat war die leichte Verschmutzung nur ein zusätzlicher Reiz, ganz wie im Fall von leicht angeschmutztem Leinen, so gut wie neu, ja viel besser in Wirklichkeit, wenn die Stärke heraus war. Einmal angenommen, sie war weg, wenn er ...? Ich sah nach der Lampe, von der sie gesagt, kam ihm in den Sinn, doch bloß als kurzer und flüchtiger Gedanke, denn dann entsann er sich des morgendlich zerwühlten Bettes und so weiter und des Buches über Ruby mit der Mitihmzighose *(sic)* darin, welches runtergefallt sein mußte, bezeichnend genug neben das häusliche Nachtgeschirr, mit Entschuldigungen an Lindley Murray.

Die Nachbarschaft des jungen Mannes, gebildet, distinguiert und obendrein noch impulsiv, bei weitem das Beste an der ganzen Gesellschaft, war gewiß nach seinem Geschmack, wennschon man nicht gedacht hätte, daß er den Mumm hätte ... doch, man hätte doch. Überdies sagte er, das Bild wäre hübsch, was es, sagt was ihr wollt, auch war, obwohl sie zur Zeit entschieden dicklicher wirkte. Und warum auch nicht? All das gräßliche Geheuchele, das dann losging wegen der Sache, bis zur lebenslangen Schande, zusammen mit dem üblichen Sensationsklatsch der Presse über das immer gleiche alte eheliche Kuddelmuddel, angebliche Verfehlungen mit einem professionellen Golfspieler oder dem neuesten Bühnenstar, anstatt daß man offen und ehrlich war in der ganzen Geschichte. Wie ihnen vom Schicksal bestimmt war, einander zu begegnen, und sich ein Verhältnis zwischen den beiden entspann, so daß ihre Namen für das öffentliche Auge gepaart waren, all das wurde vor Gericht breitgetreten, mit Briefen, welche die gewohnten klitschigen und kompromittierenden Ausdrücke enthielten, kein Schlupfloch wurde gelassen, bloß um zu zeigen, daß sie in aller Offenheit zwei- oder dreimal pro Woche kohabitiert hatten, in einem wohlbekannten Strandhotel, und dabei wurden Beziehungen, wenn die Sache ihren normalen Lauf nahm, doch zwangsläufig nach einer Weile intim. Dann das vorläufige Scheidungsurteil und der Königliche Staatsanwalt, der die Begründung vortrug, und als er nichts Stichhaltiges dagegen vorbringen konnte, wurde das Urteil rechtskräftig. Aber was das betraf, so konnten es die beiden Übeltäter, vernarrt ineinander, wie sie es ja ausgiebig waren, sich ruhig leisten, es zu ignorieren, was sie auch sehr ausgiebig taten, bis die Sache in die Hände eines Rechtsanwaltes kam, der für die beleidigte Partei fristgerecht eine Klage einreichte. Er, Bloom, erfreute sich der Auszeichnung, Erins ungekröntem König im Fleische nahe zu sein, als sich die Sache in dem historischen *fracas* ereignete, als des gefallenen Führers – der bekanntermaßen bis zum letzten Blutstropfen bei der Stange blieb, selbst als ihn der Mantel des Ehebruchs umgab – (Führers) getreue Gefolgsleute, an Zahl wohl zehn oder ein Dutzend oder möglicher Weise noch mehr als das, in die Druckerei des *Insuppressible* eindrangen, oder nein, es war *United Ireland* (eine bei weitem, nebenbei, nicht zutreffende Bezeichnung), und die Setzkästen mit Hämmern oder irgend etwas anderem der Art zerschlugen, alles nur auf Grund einiger skurriler Ergüsse aus den feilen Federn der O'Brienschen Schreiberlinge, die sich auf des einstigen Tribunen Privatmoral bezogen und ihn wie üblich mit Schmutz bewarfen. Obschon handgreiflich ein radikal veränderter Mann, war er immer noch eine gebietende Erscheinung, wenn auch nachlässig gekleidet, mit jenem Blick der festen Zielbewußtheit, der die faulen Druckser lange mitgerissen hatte, bis sie zu ihrem maßlosen Verdruß entdeckten, daß ihr Idol tönerne Füße hatte, nachdem sie ihn auf ein Piedestal gestellt, was übrigens sie allerdings als erste durchschaut hatte. Da das damals besonders hitzige Zeiten waren, erlitt Bloom in dem allgemeinen Tumult eine geringe Verletzung durch den unangenehm spitzen Ellbogen irgendeines Menschen in der Menge, die sich natürlich angesammelt hatte, irgendwo in der Gegend der Magengrube, jedoch von glücklicher Weise nicht schwerem Charakter. Sein (Parnells) Hut wurde ihm unbeabsichtigt vom Kopfe gestoßen, und, eine Sache von strikter Historizität, Bloom war der Mann, der ihn aufhob in dem Gedränge, nachdem er den Vorfall mit eigenen Augen angesehen, von der Absicht geleitet, ihm denselben zurückzugeben (welche Absicht er auch mit der äußersten Schnelligkeit verwirklichte), der keuchte und hutlos war und dessen Gedanken Meilen entfernt von seinem eigenen Hut waren zu dieser Zeit, weil er ein geborener Gentleman war mit Interesse am Wohlergehen seines Landes, und der, das mußte als Tatsache gelten, sich auf das Ganze mehr wegen der Ehre der Sache eingelassen hatte denn aus irgendwelchen anderen Beweggründen, und da der Apfel nun einmal nicht weit vom Stamme fällt, kam bei ihm alles das, was ihm in seiner Kindheit auf seiner Mutter Knie in Gestalt des Wissens, was gute Kinderstube ist, eingeprägt worden war, sogleich zum Vorschein, denn er wandte sich zu dem Geber um und dankte ihm mit vollkommenem *aplomb*, indem er sagte:

Besten Dank, mein Herr, und zwar in einem gänzlich anderen Tone als jener Schmuck des Anwaltsstandes, dessen Kopfbedeckung Bloom früher im Laufe des Tages ebenfalls zu ihrer rechten Form verholfen hatte, da die Geschichte sich ja mit kleinen Unterschieden immer wiederholt; nach der Beerdigung eines gemeinsamen Freundes, als sie ihn in seiner Glorie allein gelassen, nach Erfüllung der bitteren Aufgabe, seine sterblichen Überreste dem Grabe zu übergeben.

Was ihn andererseits innerlich weit mehr erregte, waren die plumpen Scherze der Droschenkutscher und so weiter, die das alles nur als Spaß auffaßten, unmäßig lachten und vorgaben, alles zu verstehen, das Weshalb wie das Warum, und dabei in Wirklichkeit nicht einmal ihr eigenes Herz kannten, insofern als das ja ein Fall war, der nur die beiden Parteien selber anging, es sei denn, es ergab sich, daß der legitime Gatte zufällig selber mit von der Partie war, aufgrund irgendeines anonymen Briefes von dem üblichen Jones, der zufällig drüberzu gekommen war in dem kritischen Moment und sie in Liebesstellung, die Arme umeinander geschlungen, angetroffen hatte, was die Aufmerksamkeit auf ihr verbotenes Treiben zog und zu einem häuslichen Spektakel führte, bei welchem die gestrauchelte Schöne ihren Herrn und Meister kniefällig um Vergebung anflehte und versprach, die Verbindung zu lösen und seine Besuche nicht mehr zu empfangen, sofern nur der erzürnte Gatte ein Auge zudrücken und Vergangenes vergangen sein lassen wollte, mit Tränen in den Augen, welche aber möglicher Weise nur Krokodilstränen waren, da es ja durchaus möglicher Weise noch diverse andere gab. Er persönlich, der eher zum Skeptizismus neigte, glaubte und hielt damit auch nicht hinter dem Berg, daß der Mann, beziehungsweise die Männer im Plural, allzeit um eine Dame herumlungerten, auf der Warteliste gleichsam, selbst wenn man den Fall setzte, daß sie die beste Ehefrau von der Welt war und die beiden recht gut miteinander auskamen, nur einmal theoretisch genommen, für den Fall, daß sie ihre Pflichten vernachlässigte und des Ehelebens überdrüssig wurde, und immer auf ein kleines Abenteuer aus waren, eine kleine galante Verführung, um sie in unlauterer Absicht mit ihren Aufmerksamkeiten zu verfolgen, wobei am Ende dann herauskam, daß sich ihre Zuneigung auf einen anderen konzentrierte, der Grund, ganz ohne Zweifel, für zahlreiche *liaisons* zwischen immer noch attraktiven verheirateten Frauen, die so auf die vierzig zugingen, und jüngeren Männern, wie verschiedene Fälle weiblicher Verblendung zur Genüge bewiesen.

Es war ja tausendmal jammerschade, wenn ein junger Bursche, mit soviel Verstand gesegnet, wie es sein Nachbar offensichtlich war, seine kostbare Zeit mit liederlichen Weibern vertat, die ihm wohlmöglich noch ein nettes kleines Andenken verpaßten, an das er sein Lebtag würde denken müssen. Es lag in der Natur des Junggesellenstandes, der heil'gen Einsamkeit, daß er eines Tages ein Weib nehmen würde, wenn die Richtige auf der Bildfläche erschien, aber in der Zwischenzeit war die Gesellschaft von Damen eine *conditio sine qua non*, obschon er da die schwerstmöglichen Bedenken hatte, nicht daß er Stephen auch nur im geringsten nach Miss Ferguson ausfragen wollte (die möglicher Weise speziell der Leitstern gewesen war, der ihn so früh am Morgen nach Irishtown gebracht hatte), etwa ob es ihm denn sonderliche Befriedigung bereite, sich beim Gedanken an die Liebeswerbung zwischen Jungen und Mädchen zu erwärmen und die Gesellschaft von albern lächelnden jungen Damen ohne einen Penny zu ihren Namen, zwei oder drei Mal wöchentlich, mit dem üblichen einleitenden Komplimentenquatsch und Spaziergängen, was dann auf närrisches Geliebele und Blumen und Pralinen hinauslief. Wenn man sich ihn so vorstellte, haus- und heimatlos, begaunert von irgendeiner Wirtin, die schlimmer noch war als jede böse Stiefmutter, so war das wirklich zu schlimm in seinem Alter. Die wunderlichen Sachen, mit denen er jählich herausplatzte, zogen den Älteren an, der ihm verschiedene Jahre voraus hatte oder gar wie sein Vater war. Aber etwas von nahrhafter Substanz zu sich nehmen sollte er bestimmt, und wäre es nur ein Eierflip, aus unverfälschter Mutternahrung bereitet, oder, im Fall der Ermangelung dessen, ein schlicht gekochter Humpty Dumpty.

– Um wieviel Uhr haben Sie gegessen? fragte er die schmächtige Gestalt und das ermüdete, doch runzellose Gesicht.

– Gestern irgendwann, sagte Stephen.

– Gestern, rief Bloom aus, bis ihm einfiel, daß es ja schon morgen war, Freitag. Ah, Sie meinen, weil es schon nach zwölf ist!

– Vorgestern, sagte Stephen, sich verbessernd.

Buchstäblich erschüttert von dieser Mitteilung, dachte Bloom nach. Wenn sie auch nicht alles mit gleichen Augen betrachteten, war doch irgendwie eine gewisse Analogie vorhanden, so wie wenn ihrer beider Geist sozusagen im gleichen Gedankenzug reiste. In seinem Alter, als er recht derb in der Politik herumgestümpert hatte, so vor einigen zwanzig Jahren, als er in den Tagen Buckshot Fosters *quasi* Anwärter auf parlamentarische Ehren gewesen war, woran er sich rückschauend auch durchaus noch erinnerte (was an sich eine Quelle lebhafter Befriedigung war), hatte er eine heimliche Neigung zu den nämlichen radikalen Ideen gehabt. Zum Beispiel als das Problem der enteigneten Pachtbauern, damals noch im ersten Beginne, so maßlos aufgebauscht die Gemüter bewegte, wobei er allerdings, das versteht sich von selbst, keinen Heller beigesteuert und den kursierenden *dicta*, von denen einige durchaus nicht wasserdicht waren, durchaus nicht absolutes Vertrauen geschenkt hatte, war er anfangs, im Prinzip jedenfalls, mit seiner Sympathie ganz auf Seiten des bäuerlichen Besitzes gewesen, insofern als dies die moderne Richtung der öffentlichen Meinung darstellte, eine Parteinahme jedoch, von welcher er, als er seinen Fehler erkannte, in der Folge teilweise geheilt wurde, und es wurde ihm sogar der Vorwurf gemacht, noch einen Schritt weiter zu gehen als Michael Davitt in den verblüffenden Ansichten, welche er eine gewisse Zeit lang als Zurückaufslandler nachdrücklich vertrat, was auch mit ein Grund dafür war, daß er die Andeutung, die ihm gegenüber in so unverschämter Weise bei der Versammlung

der Clans bei Barney Kiernan gemacht wurde, derart übel aufnahm, daß er, obschon oftmals stark mißverstanden und, das sei noch einmal wiederholt, von allen Sterblichen der am wenigsten Streitsüchtige, von seinem gewohnten Verhalten Abschied nahm, um jenem (bildlich gesprochen) eins auf den Magen zu geben, obwohl ihm, soweit es sich um Politik handelte, nur zu gut die Unfälle bekannt waren, die beständig aus Propaganda und der Entfaltung gegenseitiger Animosität erwuchsen, und das Elend und Leid, das so etwas zur Folge hatte, als unvermeidlichen Schluß, in der Hauptsache für feine junge Burschen, die Zerstörung der Besten, mit einem Wort.
Jedenfalls aber war es, wenn man das Pro und Contra abwog, nachdem es ja schon auf eins zuging, hohe Zeit, sich für die Nacht zur Ruhe zu begeben. Das Kreuz war nur, daß es ein bißchen riskant erschien, ihn nach Hause mitzubringen, da möglicher Weise Eventualitäten eintreten konnten (jemand hatte da manchmal ganz eigene Launen) und das ganze Schlamassel verpatzen, wie an dem Abend, wo er mißgeleiteter Weise einen Hund (unbekannter Rasse) mit einer lahmen Pfote mit heimbrachte, womit nicht gesagt werden sollte, daß die Fälle identisch waren oder das Gegenteil, obwohl er sich selber ebenfalls die Hand verletzt hatte, in Ontario Terrace, wie er sich noch ganz genau erinnerte, da er ja dabeigewesen war, sozusagen. Andererseits war es für den Vorschlag Sandymount oder Sandycove ganz und gar bei weitem zu spät, so daß er sich schon in einiger Ratlosigkeit befand, welche der beiden Alternativen ... Alles wies auf die Tatsache hin, daß es für ihn nahelag, die günstige Gelegenheit beim Schopf zu packen, wenn man alles erwog. Sein anfänglicher Eindruck war der gewesen, daß er ein bißchen überheblich oder jedenfalls nicht übermäßig mitteilsam war, aber irgendwie fand das sogar sein Gefallen. Zum einen mochte er für den Gedanken, wenn dieser an ihn herangetragen wurde, vielleicht nicht das sein, was man Feuer und Flamme nennt, und was ihm am meisten Kopfzerbrechen bereitete, war die Tatsache, daß er nicht wußte, wie er damit herausrücken beziehungsweise

es genau in Worte kleiden sollte, immer angenommen, er ließ sich auf den Vorschlag ein, daß es ihm ein sehr großes persönliches Vergnügen sein würde, wenn er ihm gestatten wollte, ihm mit etwas Kleingeld oder Garderobe unter die Arme zu greifen, falls diese sich als passend erwies. Auf jeden Fall endete er, indem er für den Augenblick jeder engherzigen Gewohnheit Valet gab, mit der Entscheidung für eine Tasse Epps' Kakao sowie ein Notlager für die Nacht, zuzüglich der Verwendung von einer oder zwei Decken und eines Mantels, der sich zum Kissen zusammenlegen ließ. Wenigstens würde er so in sicheren Händen sein und so warm wie ein Ei in der Pfanne. Er blieb so vor jeglichem möglicher Weise sehr fühlbaren Harm bewahrt, immer mit dem Vorbehalt, daß kein irgendwie gearteter Krach veranstaltet wurde. Man mußte sich in Bewegung setzen, da die lustige alte Seele, der fragliche Strohwitwer, der förmlich festzukleben schien auf dem Fleck, keinerlei sonderliche Eile zu haben schien, seine Schritte dem heißgeliebten Queenstown zu nach Hause zu lenken, und es lag mit höchster Wahrscheinlichkeit auf der Hand, daß irgendein Schmarotzerbordell mit pensionierten Schönheiten im Bezirk der Lower Sheriff Street den besten Anhaltspunkt für den Verbleib jenes zweifelhaften Charakters innerhalb der nächsten Tage bieten würde, woselbst er dann umschichtig ihre (der Sirenen) Gefühle mit sechsschüssigen Revolvergeschichten marterte, die schon ans Tropische grenzten, darauf berechnet, allen das Mark in den Knochen erstarren zu lassen, und zwischendurch mit rohem und lärmendem Gusto ihre ausladenden Reize mißhandelte, zur Begleitung von mächtigen Whiskytrünken und dem üblichen Geflunker über sich selbst, denn betreffs wer er in Wirklichkeit wäre, mochte der Name gleich x, die Adresse gleich y sein, wie Mr. Algebra *passim* bemerkt. Zur gleichen Zeit frohlockte er innerlich ob der schlagfertigen Antwort, die er dem Kotz-Blut-und-Wunden-Champion gegeben hatte, vonwegen daß sein Gott Jude wäre. Die Leute konnten sich grad noch damit abfinden, daß ein Wolf sie biß, aber was sie gehörig fuchste, das war ein Biß von einem Schaf. Die verwundbarste Stelle auch des sehnigen Achilles, Ihr Gott war Jude, weil sie sich meist einzubilden schienen, er stammte aus Carrick-on-Shannon oder irgendwo sonst aus dem County Sligo.

– Ich schlage vor, regte unser Held schließlich an, nach reiflicher Überlegung und während er bedachtsam ihr Photo wieder in die Tasche steckte, weil es hier ziemlich dumpfig ist, Sie kommen einfach mit mir, und wir reden die Sache zu Ende. Meine Behausung liegt ganz nah in der Nähe. Das Zeug da können Sie nicht trinken. Warten Sie, ich will für diese Partie rasch zahlen.

Da es nachweislicher Weise das Beste war, sich aus dem Staube zu machen, worauf sich alles andere schon finden würde, winkte er, während er bedachtsam das Photo wieder in die Tasche steckte, dem Kneipenwirt, der nicht den Anschein erweckte, als ...

– Ja, das ist das Beste, versicherte er Stephen, für den, was die Sache mit jenem Brazen Head betraf oder ihn oder irgendwo sonst alles mehr oder weniger ...

Alle möglichen utopischen Pläne durchblitzten sein (Blooms) geschäftiges Hirn. Bildung (aber die echte Marke), Literatur, Journalismus, Preisgeschichten, zeitgemäße Werbung, Badekuren und Konzerttourneen in englischen Badeorten, die von Theatern wimmelten mit geschlossenen Kassen, Duette auf italienisch mit vollkommen naturgetreuer Aussprache und eine Menge anderer Dinge, keine Notwendigkeit natürlich, das für die Welt und seine Frau von den Dächern zu posaunen, und ein bißchen Glück. Ein Debut war alles, was er brauchte. Weil er nämlich schon mehr als den starken Verdacht hatte, daß er seines Vaters Stimme hatte, worauf er seine Hoffnung gründen konnte, insofern als es sogar ganz leicht möglich war, daß er sie hatte, so mochte es gar nicht so abwegig sein, und schon gar nichts schaden, wenn er die Unterhaltung in Richtung dieses speziellen Hasen im Pfeffer lenkte, nur um einmal ...

Der Kutscher las aus der Zeitung, deren er inzwischen habhaft geworden war, vor, daß der frühere Vizekönig, Earl Cadogan, beim Festessen der Kutschervereinigung irgendwo in London den Vorsitz geführt hatte. Schweigen mit einem Gähnen oder auch zweien begleitete diese packende Mitteilung. Dann las das alte Original in der Ecke, dem noch ein Funke Vitalität verblieben zu sein schien, laut vor, daß Sir Anthony MacDonnell Euston verlassen und sich zur Residenz des Unterstaatssekretärs verfügt habe oder irgendetwas in dieser Richtung. Auf welche fesselnde Kunde hin das Echo fragt' Warum.

– Lassen Sie mich auch mal kurz in das Blättchen schielen, Opa, schaltete sich der alte Seefahrer ein, indem er einige natürliche Ungeduld an den Tag legte.

– Aber gerne, antwortete der so angesprochene ältere Herr.

Der Matrose zog aus einem Etui, das er hatte, eine grünliche Brille, die er sehr langsam über Nase und beide Ohren hakte.

– Sind Sie schwach auf den Augen? forschte der dem Stadtschreiber ähnelnde wohlwollende Mann.

– Na ja, antwortete der Seefahrer mit dem tartanmelierten Bart, der anscheinend innerhalb seiner bescheidenen Grenzen ein richtig gebildeter Bursche war, und starrte aus seegrünen Geschützpforten, als welche man sie wohl beschreiben konnte, beim Lesen brauch' ich eine Brille. Das hat der Sand im Roten Meer geschafft. Früher konnt' ich ein Buch im Dunkeln lesen, sozusagen. *Tausend und eine Nacht* war mein Lieblingsbuch und *Rot ist sie wie die Rose.*

Daraufhin klaubte er sich das Journal auf und vertiefte sich in Gott weiß was eigentlich, ertrunken aufgefunden, oder die Heldentaten von König Kricket, Iremonger ist auf hundert und einige gekommen, zweites Tor für Notts bleibt gültig, während welcher Zeit (Ires vollkommen nichtachtend) der Wirt angelegentlich damit befaßt war, einen anscheinend neuen oder auch gebraucht erworbenen Stiefel zu lockern, der ihn augenfällig zwickte, denn er murrte wider den, wer immer es gewesen war, Verkäufer, und alle anderen, die noch hinreichend genug wach waren, daß man ihren Gesichtsausdruck

erkennen, das heißt, an deren Gesichtsausdruck man konnte, daß sie noch, entweder einfach mürrisch vor sich hinschauten oder irgendeine nichtssagende Bemerkung fallen ließen.
Um eine lange Geschichte kurz zu machen, war Bloom, indem er die Situation erfaßte, der erste, welcher sich auf die Füße erhob, um ja nicht länger zu bleiben, als man gern gesehen ist, nachdem er zuerst und zuvorderst, da er ein Mann von Wort war und versprochen hatte, die Rechnung zu begleichen für diese Gelegenheit, die weise Vorsichtsmaßnahme ergriffen, unserem Wirte zum Abschied ganz unauffällig ein kaum wahrnehmbares Zeichen zukommen zu lassen, als die anderen gerade nicht hinsahen, mit der nachfolgenden Wirkung, daß der schuldige Betrag alsbald zum Vorschein kam, indem er sich nämlich insgesamt und *summa summarum* auf vier Pence belief (welchen Betrag er unauffällig in vier Kupferstücken erlegte, buchstäblich die letzten der Mohikaner), hatte er doch zuvor schon die Preisliste erspäht, auf eine Tafel gemalt, daß es lesen konnte, wer vorüberlief, ihm gegenüber in unmißverständlichen Ziffern, Kaffee 2 d., Gebäck dto., und das war hier ausnahmsweise einmal sogar gut das doppelte Geld wert, wie Wetherup zu bemerken pflegte.
– Kommen Sie, riet er, die *séance* zu schließen.
Als er sah, daß die List wirkte und die Luft rein war, verließen sie gemeinsam die Kneipe beziehungsweise Schenke sowie die Elitegesellschaft Ölhaut und Genossen, die höchstens durch ein Erdbeben aus ihrem *dolce far niente* aufzustören gewesen wären. Stephen, welcher einbekannte, sich immer noch ganz armselig und erschöpft zu fühlen, blieb an der, nur für einen ... der Tür stehen, um nur für einen ...
– Eines habe ich nie verstanden, sagte er, um unter dem Eindrucke des Augenblicks originell zu sein, nämlich warum sie die Tische immer umgekehrt auf die Nacht, ich meine die Stühle bei Nacht immer umgekehrt auf die Tische stellen in den Cafés.
Auf welches *impromptu* hin der nimmer fehlende Bloom, ohne auch nur einen Augenblick zu zögern, spontan die Antwort

gab:
– Um morgens den Boden zu fegen.
Indem er dies sagte, hüpfte er behende hinüber, da es frank und frei sein, das heißt zugleich auch entschuldigend, Bedacht war, an die rechte Seite seines Gefährten zu gelangen, dahingehend daß hier eine Gewohnheit von ihm vorliege, ganz nebenbei, da seine rechte Seite, klassisch ausgedrückt, seine Sehnesachille wäre. Die Nachtluft zu atmen war gewißlich ein Hochgenuß jetzt, obschon Stephen ein bißchen schwach auf den Beinen war.
– Sie wird (die Luft) Ihnen gut tun, sagte Bloom, wobei er aber auch die Fußwanderung meinte, schon ganz bald. Laufen ist überhaupt das einzige, dann fühlt man sich gleich wie ein anderer Mensch. Es ist nicht weit. Stützen Sie sich auf mich.
Entsprechend schob er seinen linken Arm unter Stephens rechten und führte ihn, dementsprechend.
– Ja, sagte Stephen unsicher, da ihm so war, als habe er das Gefühl, eine fremde Art Fleisch von einem anderen Menschen nähere sich ihm, sehnenlos und wabblig und sonst was noch.
Jedenfalls passierten sie das Schilderhaus mit Steinen, Kohlenpfanne usw., wo der städtische Supernumerar, Ex-Gumley, immer noch in Murphys Armen lag, wie das Sprichwort sich ausdrückt, und von Feldern frisch und Weiden neu träumte. Und *apropos* der Sarg mit den Steinen, da war ja die Analogie gar nicht so schlecht, da es ja in der Tat ein Zu-Tode-Steinigen gewesen war von Seiten der zweiundsiebzig von den rund achtzig Wahlbezirken, die zur Zeit der Spaltung übergelaufen waren, und hauptsächlich die so gepriesene Bauernklasse, vermutlich sogar dieselben enteigneten Pächter, welche er wieder in ihren Besitz eingesetzt hatte.
Alsdann gingen sie dazu über, von Musik zu schwatzen, einer Form der Kunst, für welche Bloom, als reiner Amateur, die größte Liebe hegte, während sie Arm in Arm über den Beresford Place enteilten. Wagnersche Musik war, obschon zugestandenermaßen großartig in ihrer Art, ein bißchen zu gewaltig für Bloom und auf Anhieb schwer zu verfolgen, aber

die Musik von Mercadantes *Hugenotten,* Meyerbeers *Sieben letzte Worte am Kreuz* und Mozarts *Zwölfte Messe,* in der konnte er richtig schwelgen, und das *Gloria* darin war für sein Empfinden einfach der Gipfel erstklassiger Musik als solcher, das haute buchstäblich über jede Hutschnur. Der geistlichen Musik der katholischen Kirche gab er überhaupt unendlich den Vorzug vor allem, was der Konkurrenzladen zu bieten hatte in dieser Hinsicht, so Sachen wie die Moody- und Sankey-Lieder oder *Heiß leben mich, so will ich's dir zum ewigen Bekenntnis.* Auch räumte er niemandem das Feld in puncto Bewunderung für Rossinis *Stabat Mater,* ein Werk, das einfach strotzte von unsterblichen Nummern, in denen seine Frau, Madame Marion Tweedy, übrigens einen Glückstreffer gemacht hatte, eine veritable Sensation, wie er wohl ruhig sagen konnte, indem sie ihren vorherigen Lorbeeren ungeahnte weitere hinzufügte und die andern alle total in den Schatten stellte, in der Kirche der Jesuiten-Väter in der Upper Gardiner Street, wobei der heilige Bau bis an die Türen gerammelt voll gewesen war, die sie hören wollten, das heißt von Kunstkennern und Virtuosen, die sie, oder vielmehr *virtuosi.* Es bestand die einmütige Meinung, daß überhaupt niemand ihr gleichkäme, und es sagte wohl mehr als genug, daß an einem Ort, an dem Musik geistlichen Charakters gepflegt wurde, dem Wunsch nach einem *da capo* allgemein Ausdruck gegeben wurde. Im Ganzen gesehen hatte er, obwohl er vorzüglich zur leichten Oper neigte, so vom *genre* des *Don Giovanni* oder der *Martha,* ein Juwel in ihrer Art, ein *penchant,* wenn auch bei nur oberflächlicher Kenntnis, für die strenge klassische Schule wie etwa Mendelssohn. Und wo sie einmal davon redeten, von der Annahme ausgehend, daß ihm diese ganzen alten Lieblingsstücke geläufig waren, erwähnte er *par excellence* Lionels Lied in der *Martha, M'appari,* welches er, wunderlich genug, erst gestern wieder gehört beziehungsweise zufällig mit angehört hatte, um genauer zu sein, und zwar, ein Vorzug, den er lebhaft zu schätzen wußte, von den Lippen von Stephens verehrtem Herrn Vater, zur Vollkommenheit gesungen, ja in der Tat eine Deutung der Nummer, welche alle anderen auf einen hinteren Platz abdrängte. Stephen mußte in Erwiderung einer ihm höflich gestellten Frage leider verneinen, aber dafür erging er sich in Lobeshymnen über Shakespeares Lieder, zumindest die von aus jener beziehungsweise um jene Zeit, von dem Lautenspieler Dowland, der in der Fetter Lane wohnte, unweit des Botanikers Gerard, der *anno ludendo hausi, Doulandus,* ein Instrument, welches er von Mr. Arnold Dolmetsch zu kaufen erwog, an den Bloom sich nicht genau erinnerte, obwohl ihm der Name gewiß irgendwie vertraut klang, für fünfundsechzig Guineen, und Farnaby und Sohn mit ihren Spielereien mit *dux* und *comes* und Byrd (William), der die Spinette, sagte er, in der Queen's Chapel gespielt hatte oder überall sonst, wo er sie fand, und einem gewissen Tomkins, der Liedchen oder Melodien gemacht hatte, und John Bull.

Auf der Fahrbahn, welcher sie sich näherten, immer noch ins Gespräch vertieft, jenseits der Schwingkette, schritt ein Pferd, das eine Kehrmaschine schleppte, über den gepflasterten Boden und fegte schleifend einen langen Streifen Schlamm auf, so daß Bloom bei dem Krach nicht vollkommen sicher war, ob er die Anspielung auf die fünfundsechzig Guineen und John Bull richtig mitbekommen hatte. Er fragte deshalb, ob es sich um John Bull, die politische Berühmtheit desselben Namens, handelte, da ihm das Ganze, die beiden identischen Namen, als auffallende Koinzidenz auffiel.

An den Ketten schlug das Pferd einen langsamen Bogen, um zu wenden, bei welchem Anblick Bloom, der wie gewöhnlich scharf Ausschau hielt, sanft den andern am Ärmel zupfte, indem er scherzend bemerkte:

– Unser Leben schwebt heute nacht in Gefahr. Geben Sie acht auf die Dampfwalze.

Daraufhin blieben sie stehen. Bloom erblickte den Kopf eines Pferdes, das nicht annähernd fünfundsechzig Guineen wert war und plötzlich in der Dunkelheit ganz nahe zur augenscheinlichen Gewißheit wurde, so daß es wie ein neues Wesen wirkte, eine ganz andere Gruppierung von Knochen und sogar Fleisch, denn es war handgreiflich ein Vierbeiner, ein Hankenschüttler, ein Schwarzhintern, ein Schwanzschläger, ein Kopfhänger, der seinen Hinterfuß wacker voransetzte, während der Herr seiner Schöpfung auf dem Bock saß, mit seinen Gedanken beschäftigt. Aber so ein gutes armes Tier, er bedauerte, daß er kein Stückchen Zucker bei sich hatte, aber man konnte ja, wie er sich weise sagte, schwerlich auf jeden Notfall vorbereitet sein, der möglicher Weise eintreten mochte. Es war einfach ein großes dummes nervöses närrisches Pferd, das sich um nichts sonst auf der Welt scherte. Aber schon ein Hund, überlegte er, zum Beispiel dieser Köter bei Barney Kiernan, wäre, wenn er dieselbe Größe hätte, ein Graus zu schauen. Aber kein Tier im besonderen konnte etwas dazu, wenn es derart gebaut war wie etwa ein Kamel, das Schiff der Wüste, das Trauben zu Whisky destillierte in seinem Höcker. Neun Zehntel von ihnen allen konnte man in Käfige sperren oder abrichten, nichts ging über Menschenkunst, höchstens die Bienen; Wale mit einer Harpune, Haarpinne, der Alligator, kitzel ihm die Taille und er versteht den Spaß; für den Haushahn ein Kreidekreis; Tiger, mein Adlerauge. Diese passenden Überlegungen betreffs der Tiere auf dem Felde beschäftigten seinen Geist, der dadurch ein wenig abgelenkt von Stephens Worten wurde, während das Schiff der Straße sein Manöver ausführte und Stephen sich weiter verbreitete über die hochinteressanten alten ...

– Was wollte ich doch sagen? Ah, ja! Meine Frau, tat er kund, indem er sich gleich *in medias res* stürzte, würde es sich zum größten Vergnügen rechnen, Ihre Bekanntschaft zu machen, da sie Musik jeder Art ganz leidenschaftlich liebt.

Er blickte in freundlicher Weise seitwärts in das Seitengesicht Stephens, der ganz das Ebenbild seiner Mutter war und ganz und gar nicht der übliche Lumpentyp, nach dem sie fraglos ein unbezweifelbares Verlangen hatten, da er vielleicht nicht in der Weise gebaut war.

Angenommen jedoch, er besaß seines Vaters Talent, was er

mehr als nur vermutete, so eröffnete das seinem Geist ganz neue Perspektiven, wie etwa Lady Fingalls Konzert zugunsten der Irischen Industrie am vergangenen Montag, und die Aristokratie im allgemeinen.

Ganz erlesene Variationen beschrieb er jetzt, über eine Melodie *Mein junges Leben hat ein End* von Jans Pieter Sweelinck, einem Niederländer aus Amsterdam, wo die Meisjes herkommen. Eher mehr noch mochte er ein altes deutsches Lied von *Johannes Jeep* über die klare See und die Stimmen der Sirenen, der süßen Männermörderinnen, was Bloom ein wenig stutzen ließ:

Von der Sirenen Listigkeit
Tun die Poeten dichten.

Diese Anfangstakte sang er und übersetzte sie *extempore*. Bloom sagte nickend, er verstehe vollkommen, und bat ihn, doch unter allen Umständen fortzufahren, was er auch tat.

Eine phänomenal schöne Tenorstimme wie diese, die seltenste der Gaben, welche Bloom bereits beim allerersten Ton, den er herausbrachte, hoch schätzte, konnte leicht, wenn sie entsprechend in die Hände einer anerkannten Autorität für Stimmbildung wie etwa Barraclough kam und falls er obendrein gar noch Noten zu lesen vermochte, ihren eigenen Preis bestimmen, wo Baritone jetzt zehn auf einen Penny kamen, und ihrem glücklichen Besitzer in naher Zukunft ein *entrée* in vornehme Häuser in den besten Wohngegenden verschaffen, bei Finanzmagnaten aus der großen Geschäftswelt und gebildeten Leuten, wo er mit seinem Universitätsgrad B. A. (einer Riesenreklame in ihrer Art) und seinen feinen Gentleman-Manieren, was den guten Eindruck noch verstärken mußte, unfehlbar einen bedeutenden Erfolg erzielen würde, da er zudem ja mit Verstand gesegnet war, was man ebenfalls für den Zweck nutzen konnte, und mit anderen Erfordernissen, wenn nur seine Kleidung ordentlich in Stand gehalten wurde, damit er sich nur um so besser in die Gunst der Leute hineinschlängeln konnte, da er als jugendlicher Anfänger in den kniffligen schneiderischen Eleganzfragen der Gesellschaft ja kaum eine Ahnung davon hatte, wie eine so kleine Sache wie diese einem im Wege sein konnte. Es war tatsächlich nur eine Frage von Monaten, und leicht schon konnte er ihn im Geiste an ihren musikalischen und künstlerischen *conversaziones* während der Festlichkeiten der Weihnachtszeit teilnehmen sehen, wo er dann vorzugsweise in den Taubenschlägen des schönen Geschlechts leicht Geflatter stiften und bei sensationslüsternen Damen einen großen Rummel hervorrufen würde, was, wie er zufällig wußte, durchaus schon in mehreren Fällen nachgewiesenermaßen vorgekommen war, ja tatsächlich hätte er selber, ohne daß er sich hier besonders herausstellen wollte, einmal die Möglichkeit gehabt, wenn ihm daran gelegen gewesen wäre, ganz leicht ... Wozu sich natürlich noch die pekuniären Vorteile gesellten, die keineswegs zu verachten waren, zumal sie ja dann Hand in Hand gingen mit den Einkünften aus seiner erzieherischen Tätigkeit. Nicht, schaltete er in Klammern ein, daß er nun unbedingt um schnöden Gewinstes willen die lyrische Bühne als Lebenslaufbahn für einen längeren Zeitraum ergreifen sollte, aber ein Schritt in der nötigen Richtung war es immerhin, daran bestand kein Zweifel, und sowohl finanziell als auch geistig konnte es seiner Würde nicht im geringsten Abbruch tun, und oft ja erwies es sich als ungemein nützlich, einen Scheck überreicht zu bekommen, in einem dringend nötigen Augenblick, wenn jedes Bißchen eine Hilfe war. Im übrigen würde, obwohl der Geschmack letzthin in einigem Maße heruntergekommen war, originelle Musik dieser Art, so ganz anders als die konventionelle Tour, rasend schnell *en vogue* sein, da es sich ja für die Musikwelt Dublins entschieden um eine Novität handelte nach den ewigen abgedroschenen schmalzigen Tenorsoli, die dem vertrauensvollen Publikum von Ivan St. Austell und Hilton St. Just und ihrem *genus omne* zugemutet wurden. Jawohl, ohne jeden Schatten eines Zweifels, er war dazu imstande, wo er doch alle Karten in der Hand hielt, und er hatte eine glänzende Aussicht, sich einen Namen zu machen und einen hohen Platz in der Achtung der Stadt zu gewinnen, wo er eine schöne runde Summe verlangen und mit Vorverkauf ein großes Konzert für die Stammkunden des King-Street-Hauses geben konnte, vorausgesetzt, er fand einen Helfer und Förderer, wenn einer sich bereit fand, ihn sozusagen die Treppe hinaufzustoßen – ein großes Wenn allerdings – und zwar mit einigem Schwung, um dem unvermeidlichen Schlendrian zu begegnen, der einem allzu sehr gefeierten Mittelpunkt fideler Gesellen oftmals ein Bein stellte, und von dem anderen brauchte er ja kein Jota abzuziehen, da er ja, wo er ganz sein eigener Herr war, massenhaft Zeit haben würde, um in seinen freien Augenblicken die Literatur zu pflegen, falls es ihn danach gelüstete, das stand seiner Sängerkarriere durchaus nicht im Wege, und irgendwie nachteilig konnte es sich auch nicht auswirken, da es ja eine Sache war, die nur ihn ganz allein betraf. Tatsächlich, er hatte den Ball vor den Füßen, und das war auch der eigentliche Grund, weshalb der andere, der sich im Besitz einer bemerkenswert scharfen Nase befand und überall gleich den Braten roch, sich überhaupt so an ihn hängte.

Der Gaul war gerade ... und später, bei einer günstigen Gelegenheit, faßte er den Entschluß (das heißt, Bloom tat das), ohne sich irgendwie in seine Privatangelegenheiten mischen oder ins Fettnäpfchen treten zu wollen, ihm den Rat zu erteilen, seine Verbindung zu einem gewissen angehenden medizinischen Praktiker zu lösen, welcher, so hatte er bemerkt, dazu neigte, ihn zu verunglimpfen und sogar, bis zu einem gewissen Grade, unter irgendeinem heiteren Vorwand, wenn er nicht anwesend war, sich ernstlich gegen ihn auszusprechen, oder wie immer man das nennen wollte, was nach Blooms bescheidener Meinung auf diese Seite im Charakter eines Menschen ein schlechtes Seitenlicht warf – was durchaus kein Witz sein wollte.

Das Pferd, welches nun sozusagen bis ans Ende seiner Laufbahn gelangt war, blieb stehen und entrichtete, hoch einen stolzen Federschwanz hebend, seinen Beitrag, indem es auf

den Boden fallen ließ, was der Besen bald aufkehren und wegschleifen würde, nämlich drei dampfende Kotäpfel. Langsam, drei Mal, einen nach dem andern, aus voller Kruppe, ließ es sie ab. Und menschlich wartete der Fahrer, bis es (beziehungsweise er oder sie) zu Ende gekommen war damit, geduldig auf seinem Sichelwagen.
Sachte bogen, Seite an Seite, Bloom, der aus dem *contretemps* Nutzen zog, und Stephen durch die Lücke in den Ketten, vom Pfosten getrennt, und schritten, indem sie einen Kotstreifen überstiegen, hinüber zur Lower Gardiner Street, wobei Stephen beherzter, doch nicht laut das Ende der Ballade sang:

Und alle Schiffe brücken

Der Fahrer sagte kein einziges Wort, weder ein gutes noch ein böses noch ein gleichgültiges. Er sah bloß einfach den beiden Gestalten nach, während er dasaß auf seinem niedrigen Wagen, beide schwarz – der eine voll, der andere schlank – wie sie auf die Eisenbahnbrücke zugingen, *von Pater Maher sich trau'n zu lassen gemach.* Während sie so dahinschritten, hielten sie zuzeiten an und schritten dann weiter und setzten ihr *tête-à-tête* fort (von dem er natürlich gänzlich ausgeschlossen war), über Sirenen, Feindinnen der Menschenvernunft, vermischt mit einer Anzahl anderer Themen derselben Kategorie, Usurpatoren, historische Fälle der Art, während der Mann auf dem kehrenden Schleifwagen, oder man könnte es auch ebenso gut auf dem karrenden Schlafwagen nennen, der jedenfalls auf keinen Fall zuhören konnte, weil sie zu weit weg waren, einfach dasaß auf seinem Sitz am Ende der Lower Gardiner Street *und sah ihrem niedrigen Wagen nach.*

WELCHE parallelen Kurse nahmen Bloom und Stephen auf dem Heimweg?

Gemeinsam in normalem Spazierschritt vom Beresford Place aufgebrochen, gingen sie in der genannten Reihenfolge durch die untere und mittlere Gardiner Street und über den Mountjoy Square West: dann, in verlangsamtem Schritt, indem sie sich beide nach links wandten, über den Gardiner's Place aus Unachtsamkeit bis zur entfernteren Ecke Temple Street North: dann, in verlangsamtem Schritt, mit Unterbrechungen des Anhaltens, rechts gewandt, durch die Temple Street North bis zum Hardwicke Place. Als sie sich diesem, disparat, genähert hatten, überquerten sie beide in entspanntem Spazierschritt den Rundplatz vor der George's Church, und zwar diametrisch, da die Sehne eines Kreises stets kürzer ist als der zugehörige Kreisbogen.

Worüber machte sich das Duumvirat während seiner Wanderung Gedanken?

Über Musik, Literatur, Irland, Dublin, Paris, die Freundschaft, das Weib, die Prostitution, Diät, den Einfluß von Gaslicht oder des Lichtes von Bogen- und Glühlampen auf das Wachstum von in der Nähe befindlichen paraheliotropischen Bäumen, für den Notfall aufgestellte städtische Müllbehälter, die römisch-katholische Kirche, das geistliche Zölibat, die irische Nation, jesuitische Erziehung, Karrieren, das Studium der Medizin, den vergangenen Tag, den ungünstigen Einfluß des Vorsabbaths, Stephens Zusammenbruch.

Entdeckte Bloom gemeinsame Faktoren von Ähnlichkeit zwischen ihren beiderseitig gleichen und ungleichen Reaktionen auf Erfahrung?

Beide waren empfänglich für künstlerische Eindrücke, unter Bevorzugung musikalischer gegenüber plastischen oder bildlichen. Beide zogen eine kontinentale Lebensweise der insularen, einen zisatlantischen Wohnsitz dem transatlantischen vor. Beide bekannten, durch frühe häusliche Erziehung sowie eine ererbte Zähigkeit heterodoxen Widerstandes verhärtet, ihren Unglauben hinsichtlich vieler orthodox religiöser, nationaler, sozialer und ethischer Doktrinen. Beide gaben den wechselnd stimulierenden und betäubenden Einfluß des heterosexuellen Magnetismus zu.

Divergierten ihre Ansichten in irgendwelchen Punkten?
Stephen dissentierte offen von Blooms Ansicht über die Wichtigkeit diätetischer Vorschriften und bürgerlicher Selbsthilfe, während Bloom stillschweigend von Stephens Ansichten über die ewige Affirmation des Menschengeistes in der Literatur dissentierte. Bloom assentierte insgeheim der Richtigstellung des Anachronismus durch Stephen, indem dieser das Datum der Bekehrung der irischen Nation vom Druidismus zum Christentum durch Patrick, den Sohn des Calpornus, den Sohn des Potitus, den Sohn des Odyssus, welcher von Papst Coelestin I. im Jahre 432 während der Regierung Learys geschickt worden war, auf das Jahr 260 beziehungsweise seine Umgebung sowie in die Regierungszeit von Cormac MacArt (†A. D. 266) verlegte, der infolge unzureichenden Schlingens von Nahrung zu Sletty verstarb und zu Rossnaree begraben wurde. Der Zusammenbruch, den Bloom gastrischer Leere sowie gewissen, zu unterschiedlichen Graden verdorbenen und alkoholhaltigen chemischen Zusammensetzungen zuschrieb, beschleunigt noch durch geistige Anstrengung und die Schnelligkeit rapider zirkularer Bewegung in gelockerter Atmosphäre, wurde von Stephen auf das Wiedererscheinen einer morgendlichen (von ihnen beiden von zwei verschiedenen Beobachtungspunkten, Sandycove und Dublin, aus wahrgenommenen) Wolke zurückgeführt, die zuerst nicht größer gewesen war denn eines Weibes Hand.

Gab es einen Punkt, hinsichtlich dessen ihre Ansichten sowohl

gleich als auch negativ waren?
Hinsichtlich des Einflusses von Gaslicht oder elektrischem Licht auf das Wachstum von in der Nähe befindlichen paraheliotropischen Bäumen.

Hatte Bloom in der Vergangenheit schon einmal ähnliche Themen während nächtlicher Perambulationen diskutiert?
Im Jahre 1884 mit Owen Goldberg und Cecil Turnbull zur Nachtzeit auf öffentlichen Verkehrsadern zwischen Longwood Avenue und Leonard's Corner und Leonard's Corner und Synge Street und Synge Street und Bloomfield Avenue. Im Jahre 1885 mit Percy Apjohn an verschiedenen Abenden, gegen die Mauer zwischen Gibraltar Villa und Bloomfield House in Crumlin, Baronie Uppercross, gelehnt. Im Jahre 1886 gelegentlich mit zufälligen Bekannten und präsumtiven Käufern auf Türschwellen, in Vorderzimmern, in Vorstadteisenbahnwagen dritter Klasse. Im Jahre 1888 häufig mit Major Brian Tweedy und seiner Tochter Miss Marion Tweedy, gemeinsam wie auch separat, auf der Chaiselongue im Haus Matthew Dillons in Roundtown. Einmal im Jahre 1892 und einmal im Jahre 1893 mit Julius Mastiansky, bei beiden Gelegenheiten im Wohnzimmer seines (Blooms) Hauses in der Lombard Street, West.

Welche Überlegung bezüglich der unregelmäßigen Folge der Daten 1884, 1885, 1886, 1888, 1892, 1893 und 1904 stellte Bloom noch vor Eintreffen an ihrem Bestimmungsorte an?
Er stellte die Überlegung an, daß die progressive Extension des Feldes individueller Entwicklung und Erfahrung regressiv begleitet wurde von einer Restriktion des entsprechenden Gebiets der interindividuellen Beziehungen.

In welcher Weise zum Beispiel?
Aus der Inexistenz in die Existenz kam er zu vielen und wurde als einer empfangen: Existenz gegenüber Existenz war er gegenüber jedem wie jeder gegenüber jedem: aus der Exi-

stenz in die Nichtexistenz übergegangen, würde er von allen als niemand empfunden werden.

Welche Handlung führte Bloom bei Eintreffen an ihrem Bestimmungsorte aus?
Auf der Haustreppe der 4. der äquidifferenten ungeraden Nummern, Eccles Street Nummer 7, führte er mechanisch die Hand in die Gesäßtasche seiner Hose, um den Wohnungsschlüssel herauszuholen.

Befand dieser sich dort?
Er befand sich in der entsprechenden Tasche der Hose, welche er am vorvorangegangenen Tage getragen hatte.

Warum wurde er hierdurch doppelt zum Zorn gereizt?
Weil er vergessen hatte und weil ihm einfiel, daß er sich zweimal gemahnt hatte, nicht zu vergessen.

Welche Alternativen boten sich nunmehr dem vorsätzlich und (respektive) versehentlich schlüssellosen Paar?
Rein oder Nichtrein. Klopfen oder Nichtklopfen.

Blooms Entschluß?
Eine Kriegslist. Indem er mit den Füßen auf die niedrige Mauer trat, kletterte er über den Vorplatzzaun, drückte sich den Hut auf den Kopf, hielt sich an zwei Stellen der unteren Vereinigung von Gitter- und Querstäben fest, senkte seinen Körper stückweise um seine Länge von fünf Fuß neuneinhalb Zoll bis auf zwei Fuß zehn Zoll auf den gepflasterten Vorplatzboden nieder und ließ denselben Körper sodann frei durch den Raum schnellen, indem er sich von der Vergitterung löste und sich in Vorbereitung auf den Anprall beim Fallen in die Hocke krümmte.

Fiel er?
Aufgrund seines bekannten Körpergewichts von elf Stone

vier Pfund Handelsgewicht, wie es von der mit Gradeinteilung versehenen Maschine für periodische Gewichtsermittlung in dem Verkaufslokal von Francis Froedman, Apotheker und Drogist, 19 Frederick Street, North, am letzten Himmelfahrtsfeste, will sagen dem zwölften Tage im Mai des Schaltjahres eintausendneunhundertundvier christlicher Zeitrechnung (jüdischer Zeitrechnung fünftausendsechshundertundvierundsechzig, mohammedanischer Zeitrechnung eintausenddreihundertundzweiundzwanzig), goldene Zahl 5, Epakte 13, Sonnenzyklus 9, Sonntagsbuchstaben CB, römische Indiktion 2, julianische Periode 6617, MCMIV, beurkundet worden war.

Erhob er sich ohne eine durch die Erschütterung hervorgerufene Verletzung?
Indem er sein stabiles Gleichgewicht erneut wiedergewann, erhob er sich unverletzt, wenngleich durch den Anprall erschüttert, bewegte die Klinke der Vorplatztür durch Anwendung von Kraft auf ihren frei beweglichen Flansch sowie durch an ihrem Drehpunkt ansetzende Hebelwirkung, erlangte verzögerten Zutritt zur Küche durch die darunter angrenzende Spülküche, entzündete vermittels Reibung ein Streichholz, ließ durch Drehen des Verschlußhahnes brennbares Kohlengas ausströmen, brachte dieses zu einer hohen Flamme, welche er durch Regulierung auf ruhiges Weißglühen verkleinerte, und steckte schließlich eine tragbare Kerze an.

Welche aus distinkten Teilen bestehende Bilderfolge wurde von Stephen derweilen wahrgenommen?
Gegen die Vorplatzumzäunung gelehnt, gewahrte er durch die transparenten Fensterscheiben der Küche einen Mann, der eine Gasflamme von 14 Kerzenstärken regulierte, einen Mann, der eine Kerze ansteckte, einen Mann, der nacheinander seine beiden Stiefel auszog, einen Mann, der mit einer Kerze von 1 Kerzenstärke in der Hand die Küche verließ.

Trat der Mann anderswo wieder in Erscheinung?

Nach Ablauf von vier Minuten wurde der Lichtschimmer seiner Kerze durch das halbtransparente halbkreisförmige gläserne Fächerfenster über der Flurtür sichtbar. Die Flurtür drehte sich langsam in ihren Angeln. In dem entstehenden offenen Türspalt trat der Mann wieder in Erscheinung, ohne seinen Hut, mit seiner Kerze.

Gehorchte Stephen seinem Zeichen?
Ja, nachdem er leise eingetreten war, half er die Tür schließen und die Kette vorlegen und folgte leise des Mannes Rücken und stoffgefaßten Füßen und brennender Kerze über den Flur an einem hellen Türspalt zur Linken vorüber und behutsam eine Wendeltreppe von mehr als fünf Stufen hinunter in die Küche von Blooms Haus.

Was tat Bloom?
Er löschte die Kerze mit einem starken, auf ihre Flamme gerichteten Atemstrahl, zog zwei kiefernhölzerne Stühle mit Löffelsitz zum Herd, den einen mit der Lehne zum Vorplatzfenster für Stephen, den anderen für sich selbst, falls es sich als notwendig erweisen sollte, kniete auf einem Knie nieder, errichtete auf dem Rost einen Scheiterhaufen aus überkreuz gelegten, harzbespritzten Hölzern, verschiedenfarbigen Papieren und unregelmäßigen Polygonen bester Abram-Kohle, die Tonne zu einundzwanzig Schilling ab Lager der Firma Flower und M'Donald, 14 D'Olier Street, setzte denselben an drei vorspringenden Papierenden mit einem einzigen entzündeten Streichholz in Brand, indem er das in dem Brennstoff enthaltene Energiepotential dadurch freisetzte, daß er seine Kohlen- und Wasserstoffelemente eine ungehinderte Verbindung mit dem Sauerstoff der Luft eingehen ließ.

An welche ähnlichen Erscheinungen dachte Stephen dabei?
An andere, anderswo, zu anderen Zeiten, die, auf einem Knie oder auch auf zweien, Feuer für ihn angezündet hatten, an Bruder Michael im Infirmarium im College der Gesellschaft

Jesu zu Clongowes Wood, Sallins, im County Kildare: an seinen Vater, Simon Dedalus, in einem unmöblierten Zimmer seiner ersten Wohnung in Dublin, Fitzgibbon Street Nummer dreizehn: an seine Patin Miss Kate Morkan im Hause ihrer sterbenden Schwester Miss Julia Morkan Usher's Island 15: an seine Mutter Mary, Ehefrau des Simon Dedalus, in der Küche von Nummer zwölf North Richmond Street am Morgen des Festes des Heiligen Francis-Xavier 1898: an den Studiendekan, Pater Butt, im Physikhörsaal des University College, 16 Stephen's Green, North: an seine Schwester Dilly (Delia) in seines Vaters Haus in Cabra.

Was erblickte Stephen, als er die Augen eine Elle hoch vom Feuer zur gegenüberliegenden Wand hob?
Unter einer Reihe von fünf an Spiralfedern befestigten Hausglocken eine kurvilineare, zwischen zwei Haken quer durch die Nische neben dem Kaminpfeiler laufende Leine, an welcher vier klein dimensionierte quadratische, unbefestigt in einer Reihe von aneinander grenzenden Rechtecken darübergefaltete Taschentücher sowie ein Paar graue Damenstrümpfe mit florgarnverstärkten Halterrändern und Fersen in ihrer gewöhnlichen Position, von drei aufrecht stehenden hölzernen Wäscheklammern, zweien an ihren Außenzipfeln und der dritten an ihrem Vereinigungspunkt, gehalten, hingen.

Was sah Bloom auf der Feuerstelle?
Auf dem rechten (kleineren) Einsatz eine blau emaillierte Schmorpfanne: auf dem linken (größeren) Einsatz einen schwarzen eisernen Kessel.

Was tat Bloom an der Feuerstelle?
Er rückte die Schmorpfanne auf den linken Einsatz, erhob sich und trug den eisernen Kessel zum Spülstein, um dort vermittels Drehen des Hahnes den Wasserstrom zum Fließen zu bringen.

Kam er zum Fließen?

Ja. Aus dem Roundwood-Reservoir im County Wicklow mit seiner Kubikkapazität von 2400 Millionen Gallonen durchlief er einen zu einem ursprünglichen Fabrikpreis von £ 5 pro Langyard erbauten unterirdischen Aquädukt aus einfach und doppelt gelegten Filterleitungen durch den Dargle, Rathdown, Glen of the Downs und Callowhill bis zu dem 22 gesetzliche englische Meilen entfernten 26 Morgen großen Reservoir in Stillorgan und von dort durch ein System von Entlastungstanks vermittels eines Gefälles von 250 Fuß bis zur Stadtgrenze an der Eustace Bridge, Upper Leeson Street, obschon der Wasserspiegel aufgrund der ausgedehnten Sommerdürre und des täglichen Verbrauchs von 12½ Millionen Gallonen bereits bis unter die Schwelle des Überlaufwehrs gefallen war, aus welchem Grund der Bezirksinspektor und Ingenieur der Wasserwerke, Mr. Spencer Harty, C. E., auf Anweisung des Wasserversorgungsamtes die Verwendung von städtischem Wasser für alle Zwecke außerhalb des reinen Verbrauchs untersagt hatte (da man der Möglichkeit ins Auge sah, wieder zu dem untrinkbaren Wasser des Grand und des Royal Canal seine Zuflucht nehmen zu müssen wie im Jahre 1893), besonders nachdem die Süd-Dubliner Armenbehörde, ungeachtet ihrer durch eine 6-zöllige Leitung zugelieferten Ration von 15 Gallonen pro Tag und Almosenempfänger, durch Ablesen ihres Zählers nach Aussage des gesetzlichen Vertreters der Stadtverwaltung, Mr. Ignatius Rice, Rechtsanwalt, einer Vergeudung von 20 000 Gallonen pro Nacht überführt worden war, wodurch sie zum Schaden eines anderen Teiles der Öffentlichkeit, nämlich der sich selbstversorgenden, zahlungsfähigen, gesunden Steuerzahler, gehandelt hatte.

Was bewunderte Bloom, der Wasserfreund, der Wasserzapfer, der Wasserträger, am Wasser, während er zur Feuerstelle zurückkehrte?

Seine Universalität: seine demokratische Gleichheit und Konstanz gegenüber seiner Natur, indem es sich seine eigene Oberfläche suchte: seine riesige Ausdehnung als Ozean in Mercators Projektion: seine unausgelotete Tiefe im Sundam-Graben des Pazifik, wo sie über 8000 Faden betrug: die Rastlosigkeit seiner Wellen und Oberflächenpartikel, die umschichtig alle Punkte seines Gestades besuchten: die Unabhängigkeit seiner Einheiten: die Variabilität der Zustandsformen des Meeres: seine hydrostatische Ruhe bei Windstille: seine hydrokinetische Geschwollenheit bei Nipp- und Springfluten: seine Gelassenheit nach Verheerungen: seine Sterilität in den zirkumpolaren Eisdecken von Arktis und Antarktis: seine klimatische und kommerzielle Bedeutung: sein Überwiegen im Verhältnis 3 zu 1 gegenüber dem trockenen Land auf der Erdkugel: seine unbestreitbare Hegemonie, wo es sich quadratseemeilenweit über das gesamte Gebiet unter dem subäquatorialen Wendekreis des Steinbocks ausdehnte: die multisäkulare Stabilität seines ursprünglichen Beckens: sein bräunlich-gelbgraues Bett: seine Fähigkeit, alle lösbaren Substanzen einschließlich Millionen von Tonnen der edelsten Metalle aufzulösen und in Lösung zu halten: seine langsamen Erosionen von Halbinseln und Inseln: seine persistente Formierung homothetischer Inseln, Halbinseln und niederwärtsstrebender Vorgebirge: seine alluvialen Ablagerungen: sein Gewicht, sein Volumen und seine Dichte: seine Unerschütterlichkeit in Lagunen, Atollen und Bergseen: seine Farbabstufungen in der heißen, gemäßigten und kalten Zone: seine vehikularen Verzweigungen in kontinentalen seenumfaßten Strömen und zusammenfließenden ozeanmündenden Flüssen samt Nebenflüssen und transozeanischen Strömungen: Golfstrom, Nord- und Südäquatorialströmung: seine Gewalt bei Seebeben, Wasserhosen, artesischen Brunnen, Eruptionen, Gießbächen, Strudeln, Hochwassern, Überschwemmungen, Grunddünungen, Wasserscheiden, Einzugsgebieten, Geisern, Katarakten, Wirbeln, Maelströmen, Überflutungen, Sintfluten, Wolkenbrüchen: seine riesige zirkumterrestrische ahorizontale Kurve: sein geheimes Vorhandensein in Quellen und als latente Feuchtigkeit, wie sie von rhabdomantischen oder hygrometrischen Instrumenten entdeckt und von dem Loch in der Mauer am Ashtown Gate exemplifiziert wurde, Sättigung der Luft, Destillation von Tau: die Einfachheit seiner Zusammensetzung, nämlich aus zwei Bestandteilen Wasserstoff und einem Bestandteil Sauerstoff: seine therapeutischen Kräfte: sein Tragvermögen in den Wassern des Toten Meers: seine ausdauernde Durchdringungsfähigkeit bei Bachbetten, Abzugsrinnen, unzulänglichen Dämmen, Schiffslecken: seine Eignung zum Reinigen, zum Löschen von Durst und Feuer, zur Nährung der Vegetation: seine Unfehlbarkeit als Paradigma und Paragon: seine Metamorphosen als Dunst, Nebel, Wolke, Regen, Graupel, Schnee, Hagel: seine Kraft in starren Hydranten: seine Formenvielfalt in Seen und Baien und Golfen und Buchten und Meeresarmen und Lagunen und Atollen und Archipelen und Sunden und Fjorden und Watten und Meerengen und Flutmündungen: seine Festigkeit in Gletschern, Eisbergen, Treibeisschollen: seine Gefügigkeit beim Betrieb von hydraulischen Mühlrädern, Turbinen, Dynamos, elektrischen Kraftwerken, Bleichanstalten, Gerbereien, Flachsschwingmaschinen: seine Nützlichkeit in Kanälen, Flüssen, wenn schiffbar, Schwimm- und Trockendocks: seine ihm abgewinnbare Wirkungskraft im Fall von gebändigten Fluten oder durch Wehrgefälle regulierten Flußläufen: seine submarine Fauna und Flora (anakustisch, photophob), rein numerisch, wenn nicht gar buchstäblich, die eigentliche Bewohnerschaft des Planeten: seine Allgegenwärtigkeit, insofern es 90% des menschlichen Körpers bildete: die Schädlichkeit seiner Ausdünstungen in morastigen Binnenseen, verpesteten Sümpfen, abgestandenem Blumenwasser, stagnierenden Tümpeln bei abnehmendem Mond.

Warum kehrte er, nachdem er den halbgefüllten Kessel auf die nunmehr brennenden Kohlen gesetzt hatte, zu dem immer noch fließenden Wasserhahn zurück?
Um sich die beschmutzten Hände mit einem schon teilweise

verbrauchten Stück zitronenduftender Barrington-Seife zu waschen, an dem noch Papier klebte (gekauft dreizehn Stunden vorher zum Preis von 4 Pence und noch unbezahlt), in frischem kaltem nimmer sich änderndem immer sich änderndem Wasser, und sie, Gesicht und Hände, in einem langen rotgesäumten ungebleichten Leinenhandtuch abzutrocknen, das über einem hölzernen Drehroller hing.

Was gab Stephen als Grund für seine Ablehnung von Blooms Anerbieten an?
Daß er wasserscheu war, daß er den partiellen Kontakt mit kaltem Wasser durch Immersion ebenso haßte wie den totalen durch Submersion (in Folge wessen sein letztes Bad auch im Monat Oktober des vergangenen Jahres stattgefunden hatte), daß ihm die wasserähnlichen Substanzen Glas und Kristall unangenehm waren, daß er Wässrigkeiten in Gedanke und Sprache mißtraute.

Was hinderte Bloom daran, Stephen Ratschläge in bezug auf Hygiene und Prophylaxe zu erteilen, wozu noch Anregungen zum vorherigen Benetzen des Kopfes sowie zur Muskelkontraktion bei raschem Bespritzen des Gesichts und des Nackens und der thoraktischen und epigastrischen Region im Falle eines See- oder Flußbades hätten kommen sollen, da die gegenüber Kälte empfindlichsten Teile der menschlichen Anatomie ja Genick, Magen und Fußwölbung beziehungsweise -sohle waren?
Die Unvereinbarkeit der Wässrigkeit mit der erratischen Ursprünglichkeit des Genies.

Welche weiteren belehrenden Ratschläge unterdrückte er gleichermaßen?
Diätetische: bezüglich des jeweiligen Prozentsatzes von Protein und kalorischer Energie bei Speck, gesalzenem Leng und Butter, des Fehlens des ersteren bei letztgenannter und des reichlichen Vorhandenseins der letzteren bei erstgenanntem.

Welche Eigenschaften seines Gastes erschienen dem Gastgeber als besonders ausgeprägt?
Selbstvertrauen, eine demgemäße und zugleich entgegengesetzte Kraft des Sichgehenlassens und des Sichwiederfangens.

Welches begleitende Phänomen ereignete sich in dem Gefäß voll Flüssigkeit infolge der Einwirkung des Feuers?
Das Phänomen des Siedens. Angefacht von einem konstanten Luftzug zwischen der Küche und dem Kaminrauchfang, wurde das Feuer von dem gebündelten vorentzündlichen hölzernen Brennmaterial den polyedrischen Massen bituminöser Kohle mitgeteilt, die in komprimierter mineralischer Form die fossilisierte Blätter-Decidua urzeitlicher Wälder enthielt, welche wiederum ihre vegetative Existenz der Sonne, dem Urquell der Wärme (strahlend), verdankt hatten, ihnen übermittelt durch den allgegenwärtigen lichtspendenden diathermanen Äther. Wärme (übertragen), eine durch solche Verbrennung entwickelte Form von Bewegung, wurde der in dem Gefäß enthaltenen Flüssigkeit konstant und in wachsendem Maße von der Erwärmungsquelle zugeführt, strahlte durch die unebene unpolierte dunkle Oberfläche des Metalls Eisen, wobei ein Teil reflektiert, ein Teil absorbiert, ein Teil durchgelassen wurde, und ließ allmählich die Temperatur des Wassers vom Normal- bis zum Siedepunkt steigen, welcher Temperaturanstieg sich als das Ergebnis eines Verbrauchs von 72 Thermaleinheiten ausdrücken ließ, die benötigt wurden, um 1 Pfund Wasser von 50° auf 212° Fahrenheit zu bringen.

Was kündigte die Vollendung dieses Temperaturanstiegs an?
Ein doppelter, zu beiden Seiten gleichzeitig unter dem Kesseldeckel hervordringender sichelförmiger Strahl Wasserdampf.

Für welchen persönlichen Zweck hätte Bloom das solcherart zum Kochen gebrachte Wasser verwenden können?
Um sich zu rasieren.

Welche Vorteile vermittelte eine Rasur am Abend?
Einen weicheren Bart: einen weicheren Pinsel, wenn man denselben absichtlich von Rasur zu Rasur im agglutinierten Seifenschaum beließ: eine weichere Haut, wenn man unerwarteterweise an abgelegenen Orten zu ungewöhnlichen Stunden weiblichen Bekannten begegnete: ruhiges Nachdenken über den Lauf des Tages: ein Gefühl größerer Sauberkeit, wenn man nach einem frischeren Schlaf erwachte, da die morgendlichen Geräusche, Vorahnungen und Beunruhigungen, eine klappernde Milchkanne, das zweimalige Klopfen eines Postboten, eine gelesene, beim Einseifen wiedergelesene Zeitung, ein Wiedereinseifen derselben Stelle, ein Schock, ein Stoß, ein schlecht gedachter nichtig flacher richtiger Stuß, zu beschleunigtem Rasieren führen konnten und zu einem Schnitt, auf welchem das präzis geschnittene, befeuchtete und applizierte Pflaster dann besser haftete, was zu bewirken war.

Warum störte ihn das Fehlen von Licht weniger als das Vorhandensein von Lärm?
Aufgrund der Sicherheit des Tastsinns in seiner festen vollen männlichen weiblichen passiven aktiven Hand.

Welche Eigenschaft bei allerdings welcher derselben entgegenwirkenden Nebeneigenschaft besaß diese (seine Hand)?
Die Eigenschaft operativ chirurgischer Befähigung bei allerdings ausgeprägtem Widerwillen gegen die Vergießung menschlichen Blutes, selbst wenn der Zweck die Mittel heiligte, weshalb er auch, in ihrer natürlichen Reihenfolge, der Heliotherapie, der Psychophysikotherapeutik und der osteopathischen Chirurgie den Vorzug gab.

Was lag frei sichtbar auf dem unteren, mittleren und oberen Einlagebrett des von Bloom geöffneten Küchenschrankes?
Auf dem unteren Brett fünf vertikal gestellte Frühstücksteller, sechs horizontal gestellte Frühstücksuntertassen, auf denen umgedrehte Frühstückstassen standen, eine Schnurrbarttasse,

unumgedreht, mitsamt Untertasse aus Crown Derby, vier weiße Eierbecher mit Goldrand, eine offene, mehrere Münzen, zumeist Kupfer, sehen lassende Börse aus Sämischleder und eine Phiole mit aromatischem, veilchenblauem Konfekt. Auf dem mittleren Brett ein angeschlagener, Pfeffer enthaltender Eierbecher, ein Fäßchen Tafelsalz, vier aneinanderklebende schwarze Oliven in öligem Papier, eine leere Dose Plumtrees Fleischkonserven, ein ovaler, mit Holzwolle ausgelegter Weidenkorb, darin eine einzelne Jersey-Birne, eine halbleere Flasche Krankenportwein der Firma William Gilbey & Co., ihrer Hülle aus korallenrosa Seidenpapier halb entkleidet, ein Paket Epps' leichtlöslicher Kakao, fünf Unzen Anne Lynchs Tee, Auslese, das Pfund zu 2/-, in zerknitterter Bleipapiertüte, eine zylindrische Dose mit bestem Kristallwürfelzucker, zwei Zwiebeln, die eine, größere, spanische, noch ganz, die andere, kleinere, irische, halbiert, in ihrer Oberfläche dadurch vergrößert und stärker duftend, eine Kruke voll Sahne der Irischen Mustermolkerei, ein brauner Steingutkrug mit einem und einem viertel Noggin sauer gewordener, verdorbener, durch Hitzeeinwirkung in Wasser, säuerliches Serum und halbverfestigten Quark verwandelter Milch, welche zu der zuvor für Mr. Blooms und Mrs. Flemings Frühstück entnommenen Menge gefügt ein reichsbritisches Pint ausmachte, die ursprünglich gelieferte Gesamtmenge, zwei Gewürznelken, ein Halfpennystück und eine kleine Schüssel mit einer frischen Scheibe Rippensteak darin. Auf dem oberen Brett eine Batterie Marmeladengläser (leer) verschiedener Größe und Herkunft.

Welche auf der Schondecke des Schrankes liegenden Gegenstände erregten seine Aufmerksamkeit?
Vier polygonale Fragmente zweier zerrissener scharlachroter Wettscheine, numeriert 8 87, 8 86.

Welche Erinnerungen furchten zeitweilig seine Stirn?
Erinnerungen an Koinzidenzen, in welchen sich, die Wahrheit

wunderlicher als alle Erfindung, das Ergebnis im Flachhindernisrennen um den Goldpokal vorabgezeichnet hatte, dessen offizielles und definitives Resultat er sodann im *Evening Telegraph* gelesen, letzte rosa Ausgabe, in der Kutscherkneipe, an der Butt Bridge.

Wo waren ihm zuvor bereits Fingerzeige hinsichtlich des effektiven beziehungsweise projektiven Resultats zuteil geworden?
In Bernard Kiernans lizensiertem Schanklokal, 8, 9 und 10 Little Britain Street: in David Byrnes lizensiertem Schanklokal, 14 Duke Street: in der unteren O'Connell Street, vor Graham Lemon, als ein obskurer Mensch ihm ein Flugblatt (das er in der Folge fliegen ließ) in die Hand gedrückt hatte, mit der Annoncierung des Elias, Erneuerers der Kirche in Zion: am Lincoln Place vor der Drogerie von F. W. Sweny & Co. (G.m.b.H.), als, als Frederick M. (Bantam) Lyons in rascher Folge sein Exemplar der laufenden Ausgabe von *Freeman's Journal* und *National Press*, das er als Flugblatt bezeichnet hatte (und in der Folge fliegen ließ), von ihm erbat, durchlas und zurückreichte, er auf das orientalische Gebäude der Türkischen und Warmen Bäder zugegangen war, 11 Leinster Street, leuchtend auf seinem Angesicht das Licht der Inspiration und in den Armen das Geheimnis des Rennens, geschrieben in der Sprache der Prophezeiung.

Welche einschränkenden Erwägungen beschwichtigten seine Beunruhigungen?
Die Schwierigkeiten der Interpretation, insofern die Signifikanz eines jeden Ereignisses seinem Stattfinden so variabel folgte, wie der akustische Knall der elektrischen Entladung folgte, sowie der Gegenabschätzung eines tatsächlichen Verlustes aufgrund mißlingender Interpretation der Gesamtsumme der möglichen, von einer ursprünglich gelungenen Interpretation ausgehenden Verluste.

Seine Gemütsverfassung?
Er hatte nicht gewagt, er war ohne Erwartung, er hatte keine Enttäuschung erfahren, er war zufrieden.

Was stellte ihn zufrieden?
Daß er keinen positiven Verlust erlitten. Daß er anderen einen positiven Gewinn gebracht. Licht den Heiden.

Wie bereitete Bloom einen Imbiß für einen Heiden?
Er gab in zwei Teetassen je zwei gestrichene Teelöffel, mithin vier insgesamt, von Epps' leichtlöslichem Kakao und verfuhr gemäß der auf dem Etikett gedruckten Gebrauchsanweisung, indem er einer jeden nach für die Infusion genügender Zeit die für die Diffusion vorgeschriebenen Ingredienzien in der vorgeschriebenen Art und Menge hinzutat.

Inwiefern gab der Gastgeber seinem Gaste übergebührliche Beweise besonderer Gastfreundschaft?
Indem er sich seines symposiarchalen Rechtes auf die ihm von seiner einzigen Tochter Millicent (Milly) geschenkte Schnurrbarttasse aus imitiertem Crown Derby begab, dieselbe durch eine mit derjenigen seines Gastes identische Tasse ersetzte und seinen Gast mit der dickflüssigen, gewöhnlich für das Frühstück seiner Frau Marion (Molly) reservierten Sahne in außergewöhnlichem, sich selbst aber in nur geringem Maße versorgte.

Wurde der Gast sich dieser Beweise der Gastfreundschaft bewußt und würdigte er dieselben?
Seine Aufmerksamkeit wurde vom Gastgeber selbst im Scherz auf sie gelenkt, und er nahm sie mit Ernst entgegen, indessen sie in schernster Stelle Epps' Maessenprodukt tranken, den sahnungsvollen Kakao.

Gab es weitere Beweise der Gastfreundschaft, welche er wohl in Erwägung zog, jedoch unterdrückte, indem er sie dem an-

deren wie sich selbst für künftige Gelegenheiten aufhob, das begonnene Werk zu vollenden?
Die Reparatur eines Risses von 1½ Zoll Länge an der rechten Seite von seines Gastes Rock. Die Schenkung eines der vier Damentaschentücher an seinen Gast, wenn und sobald sichergestellt war, daß dasselbe sich in einem geschenkfähigen Zustand befand.

Wer von den beiden trank schneller?
Bloom, da er bei Beginn einen Vorsprung von zehn Sekunden hatte und zudem mit Hilfe der konkaven Oberfläche eines Löffels, an dessen Stiel ein ständiger Wärmestrom entlanggeleitet wurde, drei, wenn sein Gegenüber einen, sechs, wenn dasselbe zwei, neun, wenn es drei Schluck zu sich nahm, zu sich nahm.

Welche Gehirntätigkeit begleitete seinen frequentativen Akt?
Der aus dem durch Inspektion, jedoch irrigerweise gewonnenen Schluß, sein schweigender Gefährte sei mit geistigen Konzeptionen beschäftigt, resultierende Gedanke an die Freuden, welche sich aus belehrender Literatur eher denn aus unterhaltender gewinnen ließen, da er selber mehr als einmal die Werke von William Shakespeare zur Lösung schwieriger Probleme im imaginären oder realen Leben herangezogen hatte.

Hatte er ihre Lösung gefunden?
Trotz sorgfältiger und wiederholter, zudem von einem Glossar unterstützter Lektüre gewisser klassischer Passagen hatte ihm der Text nur eine unvollkommene Überzeugung vermittelt, da die Antworten nicht zu allen Punkten in Bezug standen.

Welche Verse beschlossen sein erstes lyrisches Originalwerk, welches er als potentieller Dichter im Alter von 11 im Jahre 1877 bei Gelegenheit der Ausschreibung dreier Preise in Höhe von 10/- respektive 5/- respektive 2/6 durch den *Shamrock*, eine Wochenzeitung, in freiem Wettbewerb verfaßt hatte?

Wenn Ihr wertes Blatt
Vielleicht Platz hierfür hat,
So erhoff' ich mir baldigen Ruhm.
Bitte drucken Sie dann
Als Verfasser hintendran
Ihren hochachtungsvollen L. Bloom.

Stellte er vier trennende Kräfte fest zwischen seinem vorübergehenden Gast und sich selbst?
Namen, Alter, Rasse, Glauben.

Welche Anagramme hatte er aus seinem Namen in seiner Jugend gebildet?
Leopold Bloom
Ellpodbomool
Molldopeloob
Bollopedoom
Old Ollebo, M. P.

Welches Akrostichon auf die Kurzform seines Vornamens hatte er (kinetischer Dichter) an Miss Marion (Molly) Tweedy am 14. Februar 1888 geschickt?

P*reis und Lob die Dichter weihn*
O*ft der Schönheit, süß und rein.*
L*aß sie singen im Verein.*
D*u, die lieber mir als Wein*
I*st und Sang, oh, du bist mein!*

Was hatte ihn daran gehindert, ein Zeitstrophenlied (Musik von R. G. Johnston) auf die Ereignisse des vergangenen beziehungsweise die Fixturen des gegenwärtigen Jahrs, betitelt *Wenn Brian Boru nur wiederkäme und sähe Old Dublin jetzt*, zu vollenden, in Auftrag gegeben von Michael Gunn, Pächter des Gaiety Theatre, 46, 47, 48, 49 South King Street, und bestimmt, in die sechste Szene, das Diamantental, der zweiten Inszenierung (am 30. Januar 1893) der großen jährlichen Weihnachtspantomime *Sindbad der Seefahrer* (verfaßt von Greenleaf Whittier, Dekorationen von George A. Jackson und Cecil Hicks, Kostüme von Mrs. und Miss Whelan, herausgebracht von R. Shelton am 26. Dezember 1892 unter der persönlichen Spielleitung von Mrs. Michael Gunn, Ballette von Jessie Noir, Harlekinade von Thomas Otto) eingefügt und von der Hauptdarstellerin Nelly Bouverist gesungen zu werden?

Erstens, Schwanken zwischen Ereignissen von imperialem und von lokalem Interesse, dem antizipierten diamantenen Jubiläum der Königin Victoria (geboren 1820, zu Thron gekommen 1837) und der postizipierten Eröffnung des neuen städtischen Fischmarkts: zweitens, Furcht vor Opposition seitens extremer Kreise in der Frage der jeweiligen Besuche Ihrer Königlichen Hoheiten, des Herzogs und der Herzogin von York (wirklich), und Seiner Majestät, des Königs Brian Boru (imaginär): drittens, ein Konflikt zwischen beruflicher Etikette und beruflicher Konkurrenz im Hinblick auf die jüngst erfolgte Errichtung der Grand Lyric Hall am Burgh Quay und des Theatre Royal in der Hawkins Street: viertens, Unruhe, resultierend aus Mitleid mit Nelly Bouverists unintellektuellem, unpolitischem, unzeitkritischem Gesichtsausdruck, sowie aus sinnlicher Begierde, verursacht durch Nelly Bouverists Zurschaustellung weißer unintellektueller, unpolitischer, unzeitkritischer Unterwäsche, während dieselbe (Nelly Bouverist) in derselben (der Unterwäsche) steckte: fünftens, die Schwierigkeiten bei der Auswahl geeigneter Musik und geeigneter humoristischer Anspielungen aus *Witze für Jedermann* (1000 Seiten und auf jeder ein Lacher): sechstens, die homophonen und kakophonen Reime auf die Namen des neuen Lord Mayor, Daniel Tallon, des neuen High Sheriff, Thomas Pile, und des neuen Solicitor-General, Dunbar Plunket Barton.

Welche Relation bestand zwischen ihrer beider Alter?
Vor 16 Jahren, 1888, als Bloom sich in Stephens gegenwärtigem Alter befand, war Stephen 6. In 16 Jahren, 1920, wenn Stephen sich in Blooms gegenwärtigem Alter befinden würde, würde Bloom 54 sein. 1936, wenn Bloom 70 sein würde und Stephen 54, würde ihr ursprünglich in einem Verhältnis von 16 zu 0 gestandenes Alter in einem Verhältnis von 17½ zu 13½ stehen, da die Proportion sich vergrößerte und der Unterschied sich verkleinerte, je nachdem wie man willkürlich künftige Jahre hinzufügte, denn wenn die im Jahre 1883 bestandene Proportion unveränderlich fortgedauert hätte, einmal angenommen, es war das überhaupt möglich, dann wäre bis zum gegenwärtigen Jahr 1904, wo Stephen 22 war, Bloom 374 geworden, und 1920, wenn Stephen 38 sein würde, wie Bloom jetzt war, würde Bloom 646 geworden sein, während 1952, wenn Stephen das postdiluvianische Höchstalter von 70 erreicht haben würde, Bloom, dann 1190 Jahre am Leben, da im Jahre 714 geboren, das antediluvianische Höchstalter, das des Methusalem, 969 Jahre, um 221 Jahre überschritten haben würde, während, wenn Stephen so lange leben würde, bis er dieses nämliche Alter im Jahre 3072 A. D. erreicht hatte, Bloom dann 83 300 Jahre am Leben gewesen sein müßte und mithin im Jahre 81 396 v. Chr. geboren worden sein müssen würde.

Welche Eventualitäten könnten diese Berechnungen zunichte machen?
Das Aufhören der Existenz beider oder eines von beiden, die Inauguration einer neuen Ära oder eines neuen Kalenders, die Annihilierung der Welt und, daraus unvermeidlich, doch nicht vorhersagbar folgend, die Eliminierung der Menschenart.

Wie viele frühere Begegnungen bewiesen ihre präexistente Bekanntschaft?
Zwei. Die erste im Fliedergarten von Matthew Dillons Haus,

Medina Villa, Kimmage Road, Roundtown, im Jahre 1887, im Beisein von Stephens Mutter, wo Stephen im Alter von 5 Jahren gestanden und Widerstreben gezeigt hatte, zur Begrüßung die Hand zu geben. Die zweite im Café von Breslins Hotel an einem regnerischen Sonntag im Januar 1892, im Beisein von Stephens Vater und Stephens Großonkel, bei welcher Gelegenheit Stephen 5 Jahre älter war.

Nahm Bloom die damals vom Sohn ausgesprochene und hernach vom Vater unterstützte Einladung zum Mittagessen an?
Sehr dankbar, mit dankbarer Anerkennung, mit aufrichtiger anerkennender Dankbarkeit, in anerkenntlich dankbarer Aufrichtigkeit lehnte er zu seinem Bedauern ab.

Brachte ihre Konversation über das Thema dieser Reminiszenzen ein drittes Bindeglied zwischen ihnen zutage?
Mrs. Riordan, eine Witwe von unabhängigen Mitteln, hatte im Hause von Stephens Eltern vom 1. September 1888 bis zum 29. Dezember 1891 und insgleichen während der Jahre 1892, 1893 und 1894 im Elizabeth O'Dowd gehörigen City Arms Hotel, 54 Prussia Street, gewohnt, wo sie in den Jahren 1893 und 1894 zum Teil die ständige Informantin Blooms gewesen war, der ebenfalls im selben Hotel wohnte und zu der Zeit als kaufmännischer Angestellter im Beschäftigungsverhältnis bei Joseph Cuffe, 5 Smithfield, zur Oberbeaufsichtigung von Verkäufen auf dem nahegelegenen Dubliner Viehmarkt an der North Circular Road stand.

Hatte er für sie irgendein leibliches Werk der Barmherzigkeit getan?
Er hatte sie manchmal an warmen Sommerabenden, eine kränkelnde Witwe von unabhängigen, wenn auch begrenzten Mitteln, in ihrem Konvaleszentenrollstuhl mit langsamer Drehung von dessen Rädern bis an die Ecke der North Circular Road gegenüber Mr. Gavin Lows Geschäftsstelle gefahren, wo sie dann eine gewisse Zeit geblieben war und durch

seinen einlinsigen binokularen Feldstecher unerkennbare Mitbürger auf Trambahnen, Tourenrädern, die mit aufgepumpten pneumatischen Reifen ausgestattet waren, Mietskutschen, Tandems, privaten und gemieteten Landauern, Dogcarts, Ponywagen und Breaks beobachtet hatte, welche aus der Stadt zum Phoenix Park fuhren und *vice versa.*

Warum hatte er jene Vigilien mit um so größerem Gleichmut ertragen können?
Weil er in mittlerer Jugend selber oft gesessen und durch ein Rundstück gebuckelten Glases aus einer vielfarbigen Scheibe das sich ihm in fortwährendem Wechsel darbietende Schauspiel der Straße draußen beobachtet hatte, Fußgänger, Quadrupeden, Velozipede, Vehikel, die langsam, schnell, gleichmäßig vorüberzogen, rund und rund und rund um den Rand eines runden sich überstürzenden Planeten.

Welche ganz bestimmten, verschiedenen Erinnerungen hatte jeder von ihnen an sie, die jetzt bereits acht Jahre tot war?
Der Ältere Erinnerungen an ihre Bézigue-Karten und Spielmarken, ihren Skye-Terrier, ihren mutmaßlichen Reichtum, das Nachlassen ihrer Aufnahmefähigkeit und ihre beginnende katarrhalische Taubheit: der Jüngere Erinnerungen an ihre Lampe mit Rapsöl vor der Statue der Unbefleckten Empfängnis, ihre grünen und maronenbraunen Bürsten für Charles Stewart Parnell und für Michael Davitt, ihre Seidenpapiere.

Gab es keine ihm sonst noch verbleibenden Mittel, die Verjüngung zu erreichen, welche diese einem jüngeren Gefährten enthüllten Reminiszenzen nur um so wünschenswerter machten?
Die zu Hause ausführbaren, früher mit Unterbrechungen praktizierten, in der Folge dann aufgegebenen, in Eugen Sandows *Körperkraft und wie man sie erlangt* genau beschriebenen Übungen, welche, besonders für kaufmännisch tätige Menschen mit sitzender Lebensweise bestimmt, bei zugleich

geistiger Konzentration vor einem Spiegel auszuführen waren, und zwar mit dem Zweck, die verschiedenen Muskelfamilien in lockeres Spiel zu bringen und sukzessive eine angenehme Rigidität, eine noch angenehmere Entspannung sowie die allerangenehmste Wiederherstellung jugendlicher Spannkraft zu erzielen.

War ihm in seiner früheren Jugend eine besondere Spannkraft eigen gewesen?
Obwohl es ihm zum Gewichtheben an Kraft und zur Welle am Hochreck an Mut gebrochen hatte, war er doch als Schüler der High School in der flach gestreckten Ausführung des halben Aufschwungs am Barren infolge seiner abnorm entwickelten Abdominalmuskeln zu hervorragenden Leistungen gelangt.

Spielte einer von beiden offen auf den zwischen ihnen bestehenden Rassenunterschied an?
Keiner von beiden.

Was waren, auf ihre einfachste wechselseitige Form reduziert, Blooms Gedanken über Stephens Gedanken über Bloom und Blooms Gedanken über Stephens Gedanken über Blooms Gedanken über Stephen?
Er dachte, er dächte, er wäre Jude, wohingegen er wußte, daß er wußte, daß er wußte, daß er's nicht war.

Was ließ sich, nachdem die Barrieren der Zurückhaltung gefallen waren, über ihre beiderseitige elterliche Abstammung sagen?
Bloom war der einzige geborene männliche transsubstantielle Erbe des Rudolf Virag (nachmalig Rudolf Bloom) aus Szombathely, Wien, Budapest, Mailand, London und Dublin und der Ellen Higgins, zweiter Tochter des Julius Higgins (geb. Karoly) und der Fanny Higgins (geb. Hegarty); Stephen war der älteste überlebende männliche konsubstantielle Erbe des

Simon Dedalus aus Cork und Dublin und der Mary, Tochter des Richard und der Christina Goulding (geb. Grier).

Waren Bloom und Stephen getauft worden und, wenn ja, wo und von wem, einem Geistlichen oder Laien?
Bloom (dreimal) von Hochwürden Mr. Gilmer Johnston M. A. allein in der protestantischen Kirche St. Nicolas Without, Coombe; von James O'Connor, Philip Gilligan und James Fitzpatrick gemeinsam unter einer Pumpe im Dorf Swords; und von Hochwürden Charles Malone C. C. in der Church of the Three Patrons, Rathgar. Stephen (einmal) von Hochwürden Charles Malone C. C. allein in der Church of the Three Patrons, Rathgar.

Stellten sie Ähnlichkeiten in ihrem Bildungsgang fest?
Setzte man Stephen an Blooms Stelle, so hätte Stoom nacheinander eine private Elementarschule einer alten Dame sowie die High School durchlaufen. Setzte man Bloom an Stephens Stelle, so hätte Blephen nacheinander die Vor-, Unter-, Mittel- und Oberstufe der Mittelschule sowie die philosophische Fakultät der Königlichen Universität von der Immatrikulation bis zum Diplom-Abschluß durchlaufen.

Was ließ Bloom von der Feststellung Abstand nehmen, daß er die Universität des Lebens besucht habe?
Seine schwankende Unsicherheit, ob diese Bemerkung von ihm Stephen gegenüber oder von Stephen ihm gegenüber bereits gemacht oder nicht gemacht worden war.

Welche beiden Temperamente stellten sie beide jeder für sich dar?
Das wissenschaftliche. Das künstlerische.

Welche Beweise führte Bloom an, um darzutun, daß er eher zur angewandten als zur reinen Wissenschaft neigte?
Gewisse mögliche Erfindungen, über die er nachgedacht hatte,

wenn er im Zustande träger Sattigkeit zur Beförderung der Verdauung auf dem Rücken lag, angeregt durch seine Hochachtung vor bedeutenden Erfindungen, die jetzt alltäglich und selbstverständlich, einst aber revolutionär gewesen waren, wie z. B. der aeronautische Fallschirm, das Spiegelteleskop, der Spiralkorkenzieher, die Sicherheitsnadel, der Mineralwassersiphon, die Kanalschleuse mit Kurbel und Kammer, die Saugpumpe.

Waren diese Erfindungen hauptsächlich für ein verbessertes Erziehungssystem in Kindergärten gedacht?
Ja, indem sie Knallbüchsen, elastische Luftballons, Hasardspiele und Katapulte außer Kurs setzten. Sie umfaßten astronomische Kaleidoskope, welche die zwölf Sternbilder des Tierkreises vom Widder bis zu den Fischen zeigten, mechanische Miniaturplanetarien, arithmetische Gelatinebonbons, geometrische Plätzchen entsprechend den zoologischen, Spielbälle mit Abbildungen der Erdkugel, historisch kostümierte Puppen.

Was regte ihn sonst noch bei seinem diesbezüglichen Nachdenken an?
Der finanzielle Erfolg, den Ephraim Marks und Charles A. James errungen hatten, der erstere durch seinen 1d.-Basar, 42 George's Street, South, der letztere mit seinem $6^1/_2$/d.-Laden, dem Allerweltsbasar und dem Wachsfigurenkabinett, 30 Henry Street, Eintritt 2d., Kinder 1d.; und die unendlichen, bisher noch unausgeschöpften Möglichkeiten der modernen Kunst der Werbung, wenn man sie in triliteralen monoidealen Symbolen kondensierte, vertikal von maximaler Visibilität (was erraten wurde), horizontal von maximaler Legibilität (was entziffert wurde) und von magnetisierender Wirkung auf die unwillkürliche Aufmerksamkeit, das Interesse, die Überzeugung, den Entschluß.

Wie zum Beispiel?

K. 11. Kino's 11/- Hosen.
Haus der Schlüssel. Alexander J. Keyes.

Wie aber zum Beispiel nicht?
Beachten Sie diese Kerze. Berechnen Sie, wann sie abgebrannt ist, und Sie bekommen gratis ein Paar unserer Spezialstiefel aus Echt Leder, garantiert 1 Kerzenstärke. Adresse: Barclay & Cook, 18 Talbot Street.
Bazillex (Insektenpulver).
Glanzol (Stiefelwichse).
Patentoklapp (Kombiniertes Taschenmesser mit zwei Klingen, Korkenzieher, Nagelfeile und Pfeifenreiniger).

Wie zum Beispiel unter keinen Umständen?
Was ist Ihr Heim ohne Plumtrees Fleischkonserven?
Eine Last für die Nerven.
Mit ihnen aber das Paradies auf Erden.
Hergestellt von George Plumtree, 23 Merchants' Quay, Dublin, abgefüllt in Dosen zu 4 Unzen, und eingerückt von Stadtrat Joseph P. Nannetti, M. P., Rotunda Ward, 19 Hardwicke Street, unter den Todesanzeigen und Todesgedenktagen. Der Name auf dem Etikett ist Plumtree. Pflaumenbaum. Ein Pflaumenbaum ist eine Fleischkonservendose, eingetragenes Warenzeichen. Vor Nachahmungen wird gewarnt. Konservendose. Baumenpflaum. Pferdensoße. Pfleischkonsaumenvosendaum.

Welches Beispiel adduzierte er, um Stephen zu induzieren, zu deduzieren, daß Originalität, auch wenn sie ihren Lohn aus sich selbst produzierte, doch nicht unweigerlich zum Erfolg konduzierte?
Das von ihm selber konzipierte und wieder verworfene Projekt eines illuminierten, von einem Lasttier gezogenen Schauwagens, in dem zwei fesch gekleidete Mädchen sitzen sollten, mit Schreiben beschäftigt.

Welche hierdurch assoziierte Szene wurde daraufhin von Stephen rekonstruiert?
Einsames Hotel auf einem Gebirgspaß. Herbst. Dämmerung. Kaminfeuer. In dunkler Ecke sitzt junger Mann. Junge Frau tritt ein. Unruhig. Einsam. Sie setzt sich. Sie geht ans Fenster. Sie steht. Sie setzt sich. Dämmerung. Sie denkt. Schreibt etwas auf einsames Hotelpapier. Sie denkt. Sie schreibt. Sie seufzt. Räder und Hufe. Sie eilt hinaus. Er kommt aus seiner dunklen Ecke. Nimmt einsames Hotelpapier. Er hält es ans Feuer. Dämmerung. Er liest. Einsam.

Was?
In Schrägschrift, Steilschrift, Schiefschrift: Queen's Hotel, Queen's Hotel, Queen's Hotel, Queen's Ho . . .

Welche hierdurch assoziierte Szene wurde daraufhin von Bloom rekonstruiert?
Das Queen's Hotel, Ennis, County Clare, wo Rudolph Bloom (Rudolf Virag) am Abend des 27. Juni 1886 gestorben war, zu ungeklärter Stunde, infolge einer Überdosis Eisenhut (Akonit), selbst sich beigebracht in Form eines Linimentes gegen Neuralgie, zusammengesetzt aus 2 Teilen Akonit-Liniment und 1 Teil Chloroform-Liniment (käuflich von ihm erworben um 10.20 Uhr am Morgen des 27. Juni 1886 in der Arzneimittelhandlung von Francis Dennehy, 17 Church Street, Ennis), nachdem er, wenn auch nicht infolgedessen, um 3.15 Uhr am Nachmittag des 27. Juni 1886 einen neuen steifen Strohhut, einen sogenannten Boater, extra fesch (nachdem er, wenn auch nicht infolgedessen, zu obengenannter Stunde und an obengenanntem Ort das obengenannte Toxin käuflich erworben hatte), im Bekleidungsgeschäft von James Cullen, 4 Main Street, Ennis, käuflich erworben hatte.

Schrieb er diese Homonymität einer Information, einer Koinzidenz oder einer Intuition zu?
Einer Koinzidenz.

Gab er der Szene eine verbale Schilderung, damit sein Gast sie vor sich sehen konnte?
Er selber zog vor, eines anderen Gesicht zu sehen und eines anderen Worten zu lauschen, durch welche die potentielle Erzählung verwirklicht und kinetisches Temperament erleichtert wurde.

Sah er nur eine zweite Koinzidenz in der zweiten ihm erzählten Szene, die vom Erzähler als *Ein Blick vom Pisga auf Palästina* oder *Das Gleichnis von den Pflaumen* beschrieben wurde?
Sie, im Verein mit der vorangegangenen Szene und mit anderen, nicht erzählten, aber durch Implikation existenten Szenen, wozu noch Essays über verschiedene Themen oder moralische Sinnsprüche kamen (z. B. *Mein Lieblingsheld* oder *Zögern und Zaudern stehlen die Zeit*), die er während seiner Schuljahre verfaßt hatte, schien ihm sowohl an sich als auch in Verbindung mit der persönlichen Gleichung gewisse Möglichkeiten finanziellen, sozialen, personalen und sexuellen Erfolgs zu enthalten, ob sie nun als pädagogische Musterthemen (ein hundertprozentiges Verdienst) zum Gebrauch an Grund- und höheren Schulen speziell gesammelt und ausgewählt oder in gedruckter Form nach dem Präzedenzfall von Philip Beaufoy oder Doktor Dick oder Heblons *Studien in Blau* in einem Publikationsorgan von gesicherter Verbreitung und Zahlungsfähigkeit veröffentlicht oder rein verbal als intellektuelles Stimulans für seelenverwandte Zuhörer, die eine erfolgreiche Erzählung schweigend zu würdigen und ihrer erfolgreichen Vollendung vertrauensvoll entgegenzusehen wußten, während der nach der in vier Tagen, nämlich am kommenden Dienstag, dem 21. Juni (St. Aloysius Gonzaga), Sonnenaufgang 3.33 Uhr, Sonnenuntergang 20.29 Uhr, zu erwartenden Sommersonnenwende allmählich immer länger werdenden Abende verwendet wurden.

Welches häusliche Problem beschäftigte häufig seinen Geist in

ebenso starkem, wenn nicht gar stärkerem Maße als jedes andere?
Das Problem der Beschäftigung der Ehefrauen.

Was waren seine hypothetischen Einzellösungen gewesen?
Wohnzimmerspiele (Domino, Halma, Flohhüpfen, Geduldspiele, Fangbecherspiel, Schwarzer Peter, Rommé, Bézigue, Sechsundsechzig, Quartett, Dame, Schach oder Puffspiel): Sticken, Stopfen oder Stricken für die polizeilich geförderte Kleiderhilfe: musikalisches Duospiel, Mandoline und Gitarre, Klavier und Flöte, Gitarre und Klavier: Akten- oder Adressenschreiben: zweimal wöchentlich Besuch von Varieté-Veranstaltungen: kommerzielle Aktivität als freundlich befehlende und freundlichen Gehorsam findende Frau Chefin eines kühlen Milchladens oder warmen Rauchercafés: die heimliche Befriedigung erotischer Wallungen in staatlich inspizierten und ärztlich kontrollierten Männerbordellen: gesellschaftliche Besuche bei und von weiblichen Bekannten von anerkannt untadeligem Ruf in und aus der Nachbarschaft in regelmäßigen, unhäufigen, eingeschränkten Abständen und unter regelmäßiger, häufiger, einschränkender Beaufsichtigung: abendliche Unterrichtskurse, die speziell darauf angelegt waren, in angenehmer Form Allgemeinbildung zu vermitteln.

Welche Beispiele unzureichender geistiger Entwicklung bei seiner Frau ließen ihn vornehmlich zu der letzterwähnten (neunten) Lösung neigen?
In unbeschäftigten Augenblicken hatte sie mehr als einmal ein Blatt Papier mit Zeichen und Hieroglyphen bedeckt, von denen sie behauptete, daß es griechische, irische und hebräische Charaktere wären. Sie hatte immer wieder in wechselnden Abständen nach der korrekten Schreibweise des Anfangsbuchstabens des Namens einer Stadt in Kanada, Quebec, gefragt. Sie verstand wenig von politischen Verwicklungen im innenpolitischen oder vom Gleichgewicht der Kräfte im außenpolitischen Bereich. Beim Zusammenziehen von Rechnungsposten

nahm sie häufig die Finger zu Hilfe. Nach Fertigstellung lakonisch kurzer brieflicher Elaborate beließ sie das Werkzeug der Kalligraphie in dem enkaustischen Farbstoff und setzte es so der korrosiven Wirkung von Ferrosulfat, Eisenvitriol und Gallapfel aus. Ungewöhnliche mehrsilbige Worte fremden Ursprungs interpretierte sie phonetisch oder durch falsche Analogie oder durch beides: Metempsychose (mit ihm zig Hosen), *alias* (eine verlogene Person, die in der heiligen Schrift vorkommt).

Was kompensierte auf der unstimmigen Waage ihrer Intelligenz diese und ähnliche Unverständigkeiten im Urteil über Personen, Orte und Sachen?
Die Unstimmigkeit des augenscheinlichen Parallelismus aller perpendikularen Arme aller Waagen, erwiesen durch Konstruktion. Das Gegengewicht ihrer Verständigkeit im Urteil über eine bestimmte Person, erwiesen durch Experiment.

Wie hatte er versucht diesen Zustand relativer Unwissenheit zu heilen?
Auf verschiedenerlei Weise. Indem er an auffälligem Ort ein ganz bestimmtes, an ganz bestimmter Stelle aufgeschlagenes Buch liegen ließ: indem er bei ihr, wenn er explanatorisch zu Allusionen griff, latente Kenntnisse voraussetzte: indem er in ihrer Gegenwart eines abwesenden Anderen ignoranten Lapsus offen verlachte.

Mit welchem Erfolg hatte er es bei ihr mit direkter Belehrung versucht?
Sie folgte nicht allem, nur einem Teil des Ganzen, gab mit Interesse acht, begriff mit Erstaunen, wiederholte mit Sorgfalt, erinnerte sich mit größerer Mühe, vergaß mit Leichtigkeit, wiedererinnerte sich mit Zweifeln, wiederwiederholte mit Fehlern.

Welches System hatte sich als wirksamer erwiesen?

Indirekte, das Eigeninteresse einbeziehende Anregung.

Beispiel?
Sie mochte keinen Regenschirm bei Regen, er mochte Frau mit Regenschirm, sie mochte keinen neuen Hut bei Regen, er mochte Frau mit neuem Hut, er kaufte neuen Hut bei Regen, und sie trug Regenschirm mit neuem Hut.

Welche Beispiele postexilischer Größe führte er an, indem er der in seines Gastes Gleichnis enthaltenen Analogie zustimmte?
Drei Sucher nach der reinen Wahrheit, Moses von Ägypten, Moses Maimonides, Verfasser des *More Neubkim* (Führer der Verwirrten), und Moses Mendelssohn, von solcher Größe, daß von Moses (von Ägypten) bis zu Moses (Mendelssohn) keiner so groß wurde wie Moses (Maimonides).

Welche Feststellung wurde, unter Irrtumsvorbehalt, von Bloom hinsichtlich eines vierten Suchers nach der reinen Wahrheit namens Aristoteles getroffen, welcher, mit Verlaub, von Stephen erwähnt worden war?
Daß der erwähnte Sucher ein Schüler eines rabbinischen Philosophen ungewissen Namens gewesen sei.

Wurden noch andere anapokryphe berühmte Söhne des Gesetzes und Kinder einer auserwählten beziehungsweise verstoßenen Rasse erwähnt?
Felix Bartholdy Mendelssohn (Komponist), Baruch Spinoza (Philosoph), Mendoza (Faustkämpfer), Ferdinand Lassalle (Reformer, Duellant).

Welche Versfragmente aus der althebräischen und der altirischen Sprache wurden mit Modulationen der Stimme und Übersetzung der Texte vom Gast dem Gastgeber und vom Gastgeber dem Gast zitiert?
Von Stephen: *suil, suil, suil arun, suil go siocair agus, suil go*

cuin (geh, geh, geh deinen Weg, geh in Sicherheit, geh mit Vorsicht).
Von Bloom: *Kifeloch, harimon rakatejch m'baad l'zamatejch* (deine Wangen sind wie der Ritz am Granatapfel zwischen deinen Zöpfen).

Wie wurde ein glyphischer Vergleich der phonischen Symbole beider Sprachen zwecks Erhärtung des oralen Vergleichs angestellt?
Auf die vorletzte freie Seite eines Buches von geringem literarischen Rang, betitelt *Süße der Sünde* (von Bloom hervorgeholt und so gehandhabt, daß sein Vorderdeckel auf die Oberfläche des Tisches zu liegen kam), schrieb Stephen mit einem (von Stephen hervorgeholten) Bleistift die irischen Zeichen für ge, eh, de, em, einfach und modifiziert, und schrieb Bloom seinerseits die hebräischen Zeichen Gimel, Aleph, Daleth und (da ihm das Mem nicht zu Gebote stand) ersatzweise ein Koph, indem er zugleich ihre arithmetischen Werte als Grund- und Ordnungszahlen erläuterte, nämlich 3, 1, 4 und 100.

War die Kenntnis, welche sie beide von jeder dieser beiden Sprachen besaßen, der erloschenen und der wiederbelebten, eine theoretische oder eine praktische?
Eine theoretische, da sie sich auf bestimmte grammatische Regeln der Formenlehre und Syntax beschränkte und den Wortschatz praktisch ausschloß.

Welche Berührungspunkte bestanden zwischen diesen Sprachen und den Völkern, die sie sprachen?
Die Präsenz gutturaler Laute, diakritischer Aspirationen, epenthetischer sowie Hilfsbuchstaben in beiden Sprachen: ihr Alter, da beide in dem von Fenius Farsaigh, einem Nachfahren Noahs, des Erzeugers Israels, und Vorfahren Hebers und Heremons, der Erzeuger Irlands, gegründeten Seminar im ebenen Land im Lande Sinear 242 Jahre nach der Sintflut gelehrt worden waren: ihre riesige archäologische, genealogi-

sche, hagiographische, exegetische, homiletische, toponomastische, historische und religiöse Literatur, welche die Werke von Rabbis und Kuldeern umfaßte, Torah, Talmud (Mischna und Gemara), Massorah, Pentateuch, Book of the Dun Cow, Book of Ballymote, Garland of Howth, Book of Kells: ihre Verbreitung, ihre Verfolgung, ihr Überleben und ihre Wiederbelebung: die Isolation ihrer synagogischen und kirchlichen Riten in Ghetto (St. Mary's Abbey) und Bethaus (Adam and Eve's Tavern): die Ächtung ihrer Nationaltracht in Strafgesetzen und jüdischen Kleidungsvorschriften: die Erneuerung in Chanan David von Zion und die Möglichkeit irischer politischer Autonomie oder Devolution.

Welche Hymne sang Bloom in teilweiser Vorwegnahme dieser multiplen, ethnisch irreduktiblen Vollendung?

Kolod balejwaw pnimah
Nefesch, jehudi, homijah.

Warum wurde dem Gesange am Schluß dieses ersten Distichons Einhalt getan?
Infolge mangelhafter Mnemotechnik.

Wie kompensierte der Sänger diesen Mangel?
Durch eine periphrastische Version des allgemeinen Textes.

In welche Gegenstände versenkten sich ihre beiderseitigen Reflexionen zu gemeinsamem Studium?
Die zunehmende Vereinfachung, welche sich von den epigraphischen Hieroglyphen Ägyptens bis zu den Alphabeten Griechenlands und Roms verfolgen ließ, und die Vorwegnahme der modernen Stenographie und telegraphischen Kodierung in den Keilschriften (semitisch) und der virgularen fünfrippigen Ogham-Schrift (keltisch).

Kam der Gast seines Gastgebers Bitte nach?
Doppelt, indem er seine Signatur in irischen und römischen Charakteren beifügte.

Was war Stephens auditive Sensation?
Er hörte in einer dunklen alten männlichen ihm unvertrauten Melodie die Akkumulation der Vergangenheit.

Was war Blooms visuelle Sensation?
Er sah in einer hellen jungen männlichen ihm vertrauten Gestalt die Prädestination einer Zukunft.

Was waren Stephens und Blooms quasisimultane willensmäßige Quasisensationen von verborgenen Identitäten?
Visuell, Stephens: Die traditionelle Gestalt der Hypostase, beschrieben von Johannes Damascenus, Lentulus Romanus und Epiphanius Monachus als leukodermisch und sesquipedalisch mit weindunklem Haar.
Auditiv, Blooms: Der traditionelle Akzent der Ekstase der Katastrophe.

Welche Zukunftskarrieren waren für Bloom in der Vergangenheit möglich gewesen und nach welchen Vorbildern?
In der Kirche, der römischen, anglikanischen oder nonkonformistischen: Vorbilder Hochehrwürden John Conmee S. J., Hochwürden T. Salmon, D. D., Provost des Trinity College, Dr. Alexander J. Dowie. Vor den Schranken der Rechtssprechung, der englischen oder irischen: Vorbilder Seymour Bushe, K. C., Rufus Isaacs, K. C. Auf der Bühne, der modernen oder shakespeareschen: Vorbilder Charles Wyndham, Charakterkomiker, Osmond Tearle († 1901), Shakespearedarsteller.

Ermutigte der Gastgeber seinen Gast, mit modulierter Stimme eine wunderliche Legende über ein verwandtes Thema zu singen?
Darüber beruhigend, daß ihr gegenwärtiger Aufenthaltsort abgelegen sei und niemand sie reden hören könne, darüber beruhigt, daß die gebrauten Trünke, unter Berücksichtigung des bei mechanischer Mischung, Wasser plus Zucker plus Sahne plus Kakao, entstehenden subsoliden sedimentären Rückstandes, ihren natürlichen Weg gegangen waren.

Rezitiere den ersten (Maggiore-)Teil dieser nunmehr gesungenen Legende.

Harry Hughes, der Kleine, und seine Freunde all,
Die liefen los und spi-ielten Ball.
Und der allererste Ball, den klein Harry Hu-ughes warf,
I-in des Juden Ga-arten traf,
Und der zweite schnelle Ball, den klein Harry Hu-ughes warf,
Der brach des Juden Fe-enster all.

Wie nahm Rudolphs Sohn diesen ersten Teil auf?
Mit ungemischten Gefühlen. Lächelnd, selber Jude, hörte er mit Vergnügen und sah das unzerbrochene Küchenfenster.

Rezitiere den zweiten (Minore-)Teil der Legende.

Da trat heraus des Juden Tochter,
Sie trug 'nen grünen Schal.
‚Komm doch her, du kleiner Kerl,
Und wirf den Ball ein dri-ittes Mal.'

‚Ich komm' nicht her, ich will nicht kommen
Ohn' meine Freunde all.
Wenn der Lehrer das erfährt,
Dann nimmt er mir den schö-önen Ball.

Sie nahm ihn bei der weißen Ha-and,
Er folgt' ihr gar nicht gern,
Und führt' ihn in einen Raum,
Wo keiner ihn konnt' ru-ufen hörn.

Da zog sie raus ihr Federmesser
Und schnitt ihm ab den Kopf.
Und nun spielt er nie mehr Ball,
Denn er ist tot, der a-arme Tropf.

Wie nahm Millicents Vater diesen zweiten Teil auf?
Mit gemischten Gefühlen. Ohne Lächeln hörte er und sah eines Juden Tochter, die einen grünen Schal trug.

Fasse Stephens Kommentar gedrängt zusammen.
Einer von allen, der Geringste von allen, ist das prädestinierte Opfer. Einmal aus Unachtsamkeit, zweimal mit Absicht fordert er sein Schicksal heraus. Es kommt, wenn er verlassen ist, es fordert ihn, obwohl er widerwillig, heraus, und es hält ihn, als Erscheinung der Hoffnung und Jugend, ohne Widerstand in seinem Bann. Es führt ihn in eine wunderliche Behausung, in ein geheimes heidnisches Gemach, und dort opfert es ihn, den Fügsamen, unerbittlich.

Warum war der Gastgeber (prädestiniertes Opfer) traurig?
Er wünschte, daß die Geschichte einer Tat, einer Tat nicht von ihm, nicht von ihm erzählt werden sollte.

Warum war der Gastgeber (widerwillig, ohne Widerstand) ruhig?
In Übereinstimmung mit dem Gesetz der Erhaltung der Energie.

Warum war der Gastgeber (geheim heidnisch) still?
Er wog die möglichen Beweise für und gegen den Ritualmord ab: die Aufreizung seitens der Hierarchie, den Aberglauben des Pöbels, die Verbreitung von Gerüchten unter fortgesetztem Bruch der Wahrhaftigkeit, den Neid auf den Wohlstand, den Einfluß der Rachsucht, das sporadische Wiederauftreten atavistischer Verbrechensgelüste, die mildernden Umstände des Fanatismus, der hypnotischen Suggestion und des Som-

nambulismus.

Gegen welche (wenn überhaupt welche) dieser mentalen oder physischen Störungen war er selber nicht völlig immun?
Gegen hypnotische Suggestion: einmal, beim Erwachen, hatte er sein Schlafgemach nicht wiedererkannt: mehr als einmal war er, beim Erwachen, für unbestimmte Zeit außerstande gewesen, sich zu bewegen oder Laute von sich zu geben. Gegen Somnambulismus: einmal, im Schlaf, hatte sein Körper sich erhoben, war gebückt auf ein wärmeloses Feuer zugekrochen und hatte, nachdem er seinen Bestimmungsort erreicht, sich dort, zusammengerollt, ungewärmt, im Nachtgewand niedergelegt und weitergeschlafen.

Hatte dies letztere oder irgendein verwandtes Phänomen sich auch bei irgendeinem anderen Mitglied seiner Familie manifest gezeigt?
Zweimal, in der Holles Street und in der Ontario Terrace, hatte seine Tochter Millicent (Milly) im Alter von 6 und 8 Jahren im Schlaf einen Schreckensschrei ausgestoßen und auf die Befragungen seitens zweier Gestalten im Nachtgewand mit einem leeren stummen Ausdruck geantwortet.

Welche weiteren Erinnerungen an ihre Kindheit hatte er?
15. Juni 1889. Ein quengeliges neugeborenes weibliches Kind, das schrie, um Kongestion zu erzeugen und zu lindern. Ein Kind, gerufen Bätzchen klein, das schüttelt' fein sein Sparbüchslein: zählte seine drei freien Scheibchen Knopfgeld, ein, twei, dei: ein Püppchen, einen Jungen, einen Seemann warf sie fort: blond, von zwei Dunklen geboren, hatte sie blonde Vorfahren, vor langer Zeit, eine Vergewaltigung, Herr Hauptmann Hainau, österreichisches Heer, weniger weit zurückliegend, eine Halluzination, Leutnant Mulvey, Britische Marine.

Welche endemischen Charakteristika waren vorhanden?

Als Gegenstück dazu leiteten sich Nasen- und Stirnbildung in direkter Linie von einem Geschlechte her, welches, obschon fern einmal unterbrochen, bei ferneren Unterbrechungen fortdauern würde bis zu seinen fernsten Unterbrechungen.

Welche Erinnerungen hatte er an ihre Jugend?
Sie verbannte Reifen und Springseil in eine Abstellkammer. Auf dem Duke's Lawn von einem englischen Besucher gebeten, verweigerte sie ihm die Erlaubnis, von ihr eine photographische Aufnahme herzustellen und mitzunehmen (ohne Angabe ihrer Bedenken). Auf der South Circular Road, in Begleitung von Elsa Potter, verfolgt von einem Individuum von finsterem Aussehen, ging sie die halbe Stamer Street hinunter und kehrte dann abrupt um (ohne Angabe von Gründen). In der Vigilie des 15. Jahrestages ihrer Geburt schrieb sie einen Brief aus Mullingar, County Westmeath, und machte darin eine kurze Anspielung auf einen einheimischen Studenten (ohne Angabe von Fakultät und Alter).

Bekümmerte ihn jene erste Trennung, welche eine zweite Trennung vorherkündete?
Weniger als er gedacht, mehr als er gehofft hatte.

Welches zweite Scheiden wurde ihm gleichzeitig in ähnlicher, wenn auch verschiedener Weise bewußt?
Ein vorübergehendes Scheiden seiner Katze.

Warum in ähnlicher, warum in verschiedener Weise?
In ähnlicher, weil herbeigeführt von dem geheimen Zweck der Suche nach einem neuen Maskulinum (Student aus Mullingar) beziehungsweise einem Heilkraut (Baldrian). In verschiedener, aufgrund verschiedener Möglichkeiten der Rückkehr zu den Hausbewohnern beziehungsweise der Behausung.

In anderer Hinsicht aber waren ihre Verschiedenheiten einander ähnlich?

In ihrer Passivität, ihrer Ökonomie, ihrem Instinkt für Tradition, ihrer Unerwartetheit.

Wie zum Beispiel?
Insofern als sie ihm, sich bückend, ihr blondes Haar hinhielt, damit er es zusammenband (vgl. die Katze beim Buckelmachen). Ferner auf der glatten Oberfläche des Sees in Stephen's Green inmitten umgekehrter Baumspiegelungen, wo ihr kommentarloses, konzentrische Kreise von Wasserringen beschreibendes Spucken durch die Konstanz seiner Permanenz den Ort eines somnolent hingestreckten Fisches bezeichnete (vgl. die Katze beim Mäuselauern). Des weiteren: um sich Datum, Kombattanten, Ausgang und Folgen einer berühmten militärischen Kampfhandlung zu merken, zupfte sie an einer Strähne ihres Haars (vgl. die Katze beim Ohrenputzen). Überdies, die tolle Milly, träumte sie, daß sie eine stumme, ihr nicht mehr erinnerliche Unterredung mit einem Pferd gehabt hatte, dessen Name Joseph gewesen war, welchem (dem Pferd) sie ein Glas Limonade angeboten hatte, die es (das Pferd) auch angenommen zu haben schien (vgl. die Katze beim Herdträumen). Weswegen denn in ihrer Passivität, ihrer Ökonomie, ihrem Instinkt für Tradition, ihrer Unerwartetheit ihre Verschiedenheiten einander ähnlich waren.

In welcher Weise hatte er hochzeitlich vorbedeutende Geschenke, nämlich 1. eine Eule, 2. eine Uhr, dazu benutzt, sie zu interessieren und zu belehren?
Als Anschauungsmittel, um ihr zu erklären: 1. die Natur und die Gewohnheiten eierlegender Tiere, die Möglichkeit des Luftflugs, gewisse Abnormitäten des Sehvermögens, den säkularen Prozeß des Einbalsamierens: 2. das Prinzip des Pendels, exemplifiziert an Zuggewicht, Rädergetriebe und Regulator, die Übersetzung der verschiedenen Positionen beweglicher Uhrzeiger auf einem unbewegten Zifferblatt in Ausdrücke menschlicher oder sozialer Regulation, die Exaktheit der stündlichen Wiederkehr eines Augenblicks in jeder

Stunde, wenn der große und der kleine Zeiger denselben Neigungswinkel bildeten, *videlicet* $5^5/_{11}$ Minuten nach jeder Stunde stündlich in arithmetischer Progression.

In welcher Weise zeigte sie sich erkenntlich?
Sie erinnerte sich: anläßlich der 27. Wiederkehr seines Geburtstages schenkte sie ihm eine Frühstücks-Schnurrbarttasse aus imitiertem Crown-Derby-Porzellan. Sie war fürsorglich: am oder um den Quartalstag, falls oder wenn er nicht für sie bestimmte Einkäufe getätigt hatte, zeigte sie Aufmerksamkeit für seine Bedürfnisse und kam so seinen Wünschen zuvor. Sie bewunderte: wenn er ihr ein Naturphänomen nicht erklärt hatte, gab sie dem unmittelbaren Wunsch Ausdruck, ohne schrittweise Aneignung einen Bruchteil seines Wissens, die Hälfte, ein Viertel, ein Tausendstel, zu besitzen.

Welchen Vorschlag machte Bloom, der Diambulist, Vater Millys, der Somnambulistin, Stephen, dem Noktambulisten?
Zum Zweck der Ruhepflege die zwischen Donnerstag (eigentlich noch) und Freitag (regulär) liegenden Stunden auf einer extemporierten Schlafstatt im Zimmer unmittelbar über der Küche und unmittelbar neben dem Schlafgemach seines Gastgebers und seiner Gastgeberin zu verbringen.

Welche verschiedenen Vorteile hätte eine Prolongation solcher Extemporisation mit sich gebracht beziehungsweise mit sich bringen können?
Für den Gast: Sicherheit des Domizils und Abgeschlossenheit des Studiums. Für den Gastgeber: Wiederverjüngung der Intelligenz, vikarische Befriedigung. Für die Gastgeberin: Auflösung der Anfechtung, Erwerb einer korrekten italienischen Aussprache.

Warum hätten diese verschiedenen vorläufigen Kontingenzen zwischen einem Gast und einer Gastgeberin die permanente Eventualität einer versöhnenden Verbindung zwischen einem

Schulmanne und eines Juden Tochter nicht notwendigerweise ausschließen beziehungsweise von ihr ausgeschlossen werden müssen?
Weil der Weg zur Tochter über die Mutter, der Weg zur Mutter über die Tochter führte.

Auf welche inkonsequente polysyllabische Frage seines Gastgebers hin erteilte der Gast eine monosyllabische negative Antwort?
Ob er die verstorbene Mrs. Emily Sinico gekannt habe, die durch einen Unfall auf dem Bahnhof Sydney Parade am 14. Oktober 1903 ums Leben gekommen war.

Welche angebahnte korollarische Bemerkung wurde vom Gastgeber konsequenterweise unterdrückt?
Eine Bemerkung, die seine Abwesenheit bei der Beerdigung von Mrs. Mary Dedalus, geb. Goulding, am 26. Juni 1903, Vigilie des Jahrestages des Verscheidens von Rudolph Bloom (geb. Virag), erklären sollte.

Wurde der Vorschlag der Asylgewährung angenommen?
Er wurde prompt, unerklärlicherweise, auf liebenswürdige Art, mit Dank abgelehnt.

Welcher Geldaustausch fand zwischen Gastgeber und Gast statt?
Der erstere gab dem letzteren ohne Zinsen einen Geldbetrag (£ 1. 7s. 0.), in Worten ein Pfund sieben Schilling, zurück, welchen letzterer dem ersteren zuvor ausgehändigt hatte.

Welche Gegenvorschläge wurden wechselseitig vorgetragen, angenommen, modifiziert, abgelehnt, in anderen Worten neu vorgebracht, erneut angenommen, ratifiziert, bestätigt?
Einen vorher festgelegten Italienisch-Kurs ins Leben zu rufen, Ort die Wohnung der Unterrichteten. Einen Gesangs-Kurs ins Leben zu rufen, Ort die Wohnung der Unterrichtenden.

Eine Reihe von statischen, semistatischen und peripatetischen intellektuellen Dialogen ins Leben zu rufen, Ort die Wohnung beider Sprecher (wenn beide Sprecher dieselbe Wohnung hatten), das Ship Hotel mit Taverne, 6 Lower Abbey Street (Inhaber W. und E. Connery), die National Library of Ireland, 10 Kildare Street, das National Maternity Hospital, 29, 30 und 31 Holles Street, ein öffentlicher Garten, die Umgebung einer kirchlichen Weihestätte, die Kreuzung von zwei oder mehr öffentlichen Fahrstraßen, der Halbierungspunkt einer zwischen ihren Wohnungen gezogenen Geraden (wenn beide Sprecher verschiedene Wohnungen hatten).

Was machte für Bloom die Verwirklichung dieser einander ausschließenden Vorschläge problematisch?
Die Unwiderruflichkeit der Vergangenheit: einmal bei einer Vorstellung von Albert Henglers Zirkus in der Rotunda, Rutland Square, Dublin, war ein intuitionsreicher, bunt geschminkter Clown, der nach seinem Vater suchte, aus der Arena zu einem Platz im Auditorium vorgedrungen, wo Bloom, ganz einsam und allein, saß, und hatte öffentlich einem erheiterten Publikum erklärt, er (Bloom) wäre sein (des Clowns) Papa. Die Unvorhersehbarkeit der Zukunft: einmal im Sommer 1898 hatte er (Bloom) einen Florin (2s.) am gerändelten Rand mit drei Kerben markiert und ihn zur Bezahlung einer von J. und T. Davy, Hauslieferanten in Kolonialwaren, 1 Charlemont Mall, Grand Canal, empfangenen Rechnung verwendet, damit er (der Florin) auf den Wassern des bürgerlichen Finanzverkehrs zirkuliere und, möglicherweise, auf Umwegen oder direkt, einmal zu ihm zurückkehre.

War der Clown Blooms Sohn?
Nein.

War Blooms Münze zurückgekehrt?
Nie.

Warum würde ihn eine wiederkehrende Frustration um so mehr deprimieren?
Weil er am kritischen Wendepunkt der menschlichen Existenz den Wunsch verspürte, viele gesellschaftliche Bedingungen zu verbessern, das Produkt der Ungleichheit, der Habsucht und der internationalen Feindseligkeit.

Er glaubte also, das menschliche Leben sei unbegrenzt vervollkommnungsfähig, wenn man diese Bedingungen eliminierte?
Es blieben die generischen Bedingungen, die das Naturgesetz auferlegte, im Gegensatz zum Menschengesetz, als integrale Bestandteile des menschlichen Ganzen: die Notwendigkeit der Destruktion zur Beschaffung von Nahrungsunterhalt: der schmerzliche Charakter der äußersten Eckfunktionen der separaten Existenz, die Agonien von Geburt und Tod: die monotone Menstruation bei Affen- und (besonders) Menschenweibchen, die sich von der Pubertätszeit bis zum Klimakterium erstreckte: unvermeidliche Unfälle auf See, in Bergwerken und Fabriken: gewisse sehr schmerzhafte Krankheiten und die daraus folgenden chirurgischen Operationen, angeborener Schwachsinn und angeborene Kriminalität, verheerende Epidemien: katastrophale Überschwemmungen, welche den Schrecken zur Basis der menschlichen Mentalität machten: seismische Erhebungen, deren Epizentren in dicht besiedelten Gebieten lokalisiert waren: das Faktum des vitalen Wachsens, durch Konvulsionen von Metamorphose von der Kindheit durch die Reife zum Verfall.

Warum enthielt er sich der Spekulation?
Weil es eine Aufgabe für eine höhere Intelligenz denn die seine war, andere akzeptablere Phänomene an die Stelle der zu beseitigenden weniger akzeptablen Phänomene zu setzen.

Teilte Stephen seine Niedergeschlagenheit?
Er bekräftigte seine Signifikanz als die eines mit Bewußtsein

ausgestatteten, vernunftbegabten Lebewesens, das syllogistisch vom Bekannten zum Unbekannten fortschritt, und eines bewußten, vernünftigen Reagens zwischen einem Mikro- und einem Makrokosmos, die beide unausweichlich auf die Ungewißheit der Leere gegründet waren.

Wurde diese Bekräftigung von Bloom begriffen?
Nicht wörtlich. Aber im wesentlichen.

Was tröstete seine Begriffsstutzigkeit?
Daß er als tüchtiger schlüsselloser Bürger energisch vom Unbekannten zum Bekannten durch die Ungewißheit der Leere fortgeschritten war.

In welcher Reihenfolge, unter welcher begleitenden Zeremonie wurde der Auszug aus dem Hause der Knechtschaft in die Wildnis der Bewohnung vollzogen?

Angezündete Kerze in Halter, getragen von
BLOOM.
Diakonshut auf Eschenstock, getragen von
STEPHEN.

Welcher Gedenkpsalm wurde dabei *secreto* intoniert?
Der 113., *modus peregrinus: In exitu Israël de Egypto: domus Jacob de populo barbaro.*

Was tat ein jeglicher von ihnen an der Tür des Ausganges?
Bloom stellte den Kerzenhalter auf den Boden. Stephen setzte sich den Hut auf den Kopf.

Für welche Kreatur war die Tür des Ausganges eine Tür des Eingangs?
Für eine Katze.

Welches Schauspiel bot sich ihnen, als sie, zuerst der Gastgeber, dann der Gast, schweigend, doppelt dunkel, aus der

Finsternis eines hinter dem Haus herführenden Weges im Halbschatten des Gartens auftauchten?
Der Himmelsbaum der Sterne, behangen mit feuchter nachtblauer Frucht.

Mit welchen Meditationen begleitete Bloom gegenüber seinem Gefährten seine Demonstration der verschiedenen Konstellationen?
Mit Meditationen über die immer riesiger wachsende Evolution: über den Mond, der bei beginnender Lunation unsichtbar war, bei Annäherung ans Perigäum: über die unendliche lattiginöse funkelnde unkondensierte Milchstraße, die bei Tageslicht erkennbar war, wenn der Beobachter sich ans untere Ende eines vertikal zylindrischen, 5000 Fuß tiefen, von der Erdoberfläche auf den Erdmittelpunkt zu getriebenen Schachtes stellte: über den Sirius (Alpha im Canis Major), 10 Lichtjahre (57.000.000.000.000 Meilen) entfernt und an Volumen 900mal so groß wie unser Planet: über den Arkturus: über das Vorrücken der Äquinoktien: über den Orion mit Gürtel und sechsfachem Sonnentheta und Nebelfleck, in dem 100 unserer Solarsysteme Platz finden konnten: über moribunde und naszente Sterne wie die Nova von 1901: über unser dem Sternbild des Herkules zustürzendes System: über die Parallaxe beziehungsweise die parallaktische Derivation sogenannter Fixsterne, die sich in Wirklichkeit aus unermeßlich fernen Äonen in unendlich ferne Zukünfte ewig wandernd fortbewegten, im Vergleich wozu die Jahre, welche dem menschlichen Leben zugeteilt waren, siebzig und wenn es hochkam achtzig, eine Parenthese von infinitesimaler Kürze bildeten.

Gab es gegenentsprechend auch Meditationen über die weniger riesig wachsende Involution?
Über die Äonen geologischer Perioden, von denen die Schichtungen der Erde Zeugnis ablegten: über die Myriaden winziger entomologischer organischer Lebewesen, die in den Hohl-

räumen der Erde, unter entfernbaren Steinen, in Bienenkörben und Erdwällen verborgen waren, über Mikroben, Keime, Bakterien, Bazillen, Spermatozoen: über die unberechenbaren Trillionen von Billionen von Millionen unerkennbarer Moleküle, die durch Kohäsion molekularer Affinität in einem einzigen Stecknadelkopf enthalten waren: über das Universum des menschlichen Serums, bestirnt mit roten und weißen Körperchen, ihrerseits selber Universen leeren Raums, bestirnt mit anderen Körpern, davon ein jeder, in Kontinuität, sein Universum von teilbaren komponenten Körpern, von denen wiederum jeder wiederum teilbar war in wiederum teilbare komponente Körper, so daß sich denn Dividend und Divisor ohne eigentliche Division immer mehr verminderten, bis schließlich, wenn die Progression weit genug fortgeführt würde, nichts nirgends nie erreicht war.

Warum arbeitete er diese Berechnungen nicht zu einem präziseren Resultate aus?
Weil er vor einigen Jahren, 1886, als er mit dem Problem der Quadratur des Kreises beschäftigt gewesen war, Kenntnis von der Existenz einer Zahl erhalten hatte, welche, wenn man sie auch nur einigermaßen genau errechnete, von solcher Größe und Vielstelligkeit war, z. B. die 9. Potenz der 9. Potenz von 9, daß nach gewonnenem Ergebnis 33 eng bedruckte Bände von je 1000 Seiten mit unzähligen Lagen und Ries Dünndruckpapier erforderlich gewesen wären, um sie in ihrer kompletten Gänze mit sämtlichen Einern, Zehnern, Hundertern, Tausendern, Zehntausendern, Hunderttausendern, Millionern, Zehnmillionern, Hundertmillionern, Milliardern abzudrucken, wobei der Kern des Nebelflecks einer jeden Ziffer einer jeden Reihe in Kurzfassung die Potentialität enthielt, bis zur äußersten kinetischen Resultante einer jeden Potenz einer jeden seiner Potenzen gebracht zu werden.

War er der Auffassung, daß das Problem der Bewohnbarkeit der Planeten und ihrer Trabanten im Hinblick auf eine als

Species unveränderlich vorgegebene Rasse sowie das der möglichen sozialen und moralischen Erlösung besagter Rasse durch einen Erlöser leichter zu lösen sei?
Seiner Auffassung nach lagen die Schwierigkeiten hier anders. Der Tatsache bewußt, daß der menschliche Organismus, normalerweise befähigt, einen atmosphärischen Druck von 19 Tonnen auszuhalten, beim Aufstieg zu größeren Höhen innerhalb der terrestrischen Atmosphäre unweigerlich mit arithmetischer Intensitätsprogression gemäß dem Grade der Annäherung an die Demarkationslinie zwischen Troposphäre und Stratosphäre von Nasenbluten, Atembeschwerden und Schwindel befallen wurde, hatte er, als er sich dieses Problem zur Lösung vornahm, die nicht widerlegbare Arbeitshypothese aufgestellt, daß eine anpassungsfähigere und anatomisch anders konstruierte Rasse von Lebewesen unter sonst hinreichenden und äquivalenten martischen, merkurialen, veneralen, jovischen, saturnischen, neptunischen oder uranischen Bedingungen durchaus existieren könne, obwohl eine apogäische, in variierenden, begrenzt nur voneinander abweichenden, dem Ganzen und einander aber ähnlichen Formen erschaffene Menschheit von Wesen vermutlich dort wie hier unabänderlich und unveräußerlich den Eitelkeiten, den Eitelkeiten aller Eitelkeiten und allem, was ganz eitel ist, anhangen würde.

Und das Problem der möglichen Erlösung?
Das kleinere wurde durch das größere bewiesen.

Welche verschiedenen Merkmale der Sternbilder wurden abwechselnd betrachtet?
Die verschiedenen, verschiedene Grade der Vitalität bedeutenden Färbungen (weiß, gelb, karmesin, scharlach, zinnober): die Grade ihres Glanzes: ihre bis zur 7. einschließlich erkennbaren Größen: ihre Positionen: der Bärenreiter: die Walsingham-Straße: der Wagen Davids: die Ringgürtel des Saturn: die Kondensation von Spiralnebeln zu Sonnen: die interdependenten Kreisbewegungen von Doppelsonnen: die

independent synchronen Entdeckungen von Galileo, Simon Marius, Piazzi, Le Verrier, Herschel, Galle: die von Bode und Kepler versuchten Systematisierungen von Entfernungskuben und Umlaufszeitquadraten: die nahezu unbegrenzte Kompressibilität der beschweiften Kometen und ihre riesigen elliptischen aus- und wieder eintretenden Bahnen von Perihel zu Aphel: der siderische Ursprung der Meteorsteine: die libyschen Fluten auf dem Mars um die Zeit der Geburt des jüngeren Astroskopisten: das jährliche Wiederauftreten von Sternschnuppenschwärmen um die Zeit des Festes St. Laurentii (Märtyrer, 10. August): das monatliche Wiederauftreten der als Neumond mit dem Altmond im Arm bekannten Erscheinung: der postulierte Einfluß der Himmels- auf die Menschenkörper: die Erscheinung eines Sternes (1. Größe) von bei Tag und Nacht weithin strahlender Lichtstärke (einer neuen leuchtenden Sonne, entstanden durch Kollision und weißglühende Amalgamation zweier nichtleuchtender Ex-Sonnen) um die Zeit der Geburt von William Shakespeare über dem Delta-Stern im ruhenden, nie untergehenden Sternbild der Cassiopeia sowie diejenige eines Sternes (2. Größe) von ähnlichem Ursprung, doch geringerer Lichtstärke, der um die Zeit der Geburt von Leopold Bloom im Sternbild der Corona Septentrionalis erschienen und daraus wieder verschwunden war, sowie ferner diejenige anderer Sterne von (vermutlich) ähnlichem Ursprung, welche (tatsächlich oder vermutlich) im Sternbild der Andromeda um die Zeit der Geburt von Stephen Dedalus und im Sternbild der Auriga einige Jahre nach Geburt und Tod von Rudolph Bloom jun. und in anderen Sternbildern einige Jahre vor oder nach Geburt oder Tod anderer Personen erschienen und daraus wieder verschwunden waren: die begleitenden Phänomene der Sonnen- wie auch der Mondfinsternisse, von Immersion zu Emersion, das Nachlassen des Windes, der Durchgang des Schattens, das Schweigen der beschwingten Kreatur, das Auftauchen des Getiers der Nacht oder der Dämmerung, die Persistenz des Höllenlichts, die Dunkelheit der terrestrischen Wasser, die

Blässe der Menschenwesen.

Sein (Blooms) logischer Schluß, nachdem er den Umstand reiflich erwogen und einen möglichen Irrtum nicht ausgeschlossen hatte?
Daß es sich nicht um einen Himmelsbaum, nicht um eine Himmelsgrotte, nicht um ein Himmelstier, nicht um einen Himmelsmenschen handelte. Daß hier mangels Vorhandenseins einer bekannten Methode vom Bekannten zum Unbekannten ein Utopia vorlag: eine Infinität, die zugleich durch die hypothetisch wahrscheinliche Apposition eines oder mehrerer Körper von derselben oder verschiedener Größe zur Finität gemacht werden konnte: eine Mobilität illusorischer Formen, immobilisiert im Raum, remobilisiert in der Luft: eine Vergangenheit, welche möglicherweise als Gegenwart zu existieren aufgehört hatte, bevor ihre zukünftigen Betrachter in eine tatsächliche gegenwärtige Existenz eingetreten waren.

War er stärker vom ästhetischen Wert des Schauspiels überzeugt?
Ganz zweifellos, infolge der wiederholten Beispiele von Dichtern, welche im Delirium wahnwitziger Liebeszuneigung oder in der Niedergeschlagenheit des Abgewiesenseins feurig mitfühlende Sternbilder oder die Frigidität des Trabanten ihres Planeten angerufen hatten.

Akzeptierte er demnach die Theorie von den astrologischen Einflüssen auf sublunares Unglück als Glaubensartikel?
Sie schien ihm des Beweises ebenso wie der Widerlegung fähig zu sein, und die in ihren selenographischen Karten verwendete Nomenklatur dünkte ihn rückführbar auf verifizierbare Intuition ebenso wie auf trugschlüssige Analogie: der See der Träume, das Meer des Regens, der Golf des Taus, der Ozean der Fruchtbarkeit.

Welche speziellen Affinitäten schienen ihm zwischen dem

Mond und der Frau als solcher zu bestehen?
Sein Alter, insofern er älter war als die sukzessiven tellurischen Generationen und dieselben alle überlebt hatte: seine nächtliche Prädominanz: seine Abhängigkeit als Trabant: seine luminare Reflexion: seine Beständigkeit in allen seinen Phasen, indem er zu feststehenden Zeiten auf- und niederging, zunahm und abnahm: die erzwungene Invariabilität seines Anblicks: sein unbestimmtes Antworten auf inaffirmative Befragung: seine Macht über flutende und ebbende Wasser: seine Kraft, verliebt zu machen, zu kränken, mit Schönheit zu bekleiden, den Verstand zu benehmen, zum Verbrechen zu verleiten und demselben Vorschub zu leisten: die ruhige Undurchdringlichkeit seines Gesichts: die Schrecklichkeit seiner einsamen, herrschenden, unversöhnlichen, gleißenden Nähe: seine Omina für Sturm und Windstille: die Stimulation seines Lichtes, seiner Bewegung und seiner Gegenwart: die Warnung seiner Krater, seiner trockenen Meere, seines Schweigens: sein Glanz, wenn er sichtbar war: seine Anziehungskraft, wenn er unsichtbar war.

Welches war das sichtbare Leuchtzeichen, durch das Blooms, durch den Stephens Aufmerksamkeit angezogen wurde?
Im zweiten Stock (Rückseite) seines (Blooms) Hauses das Licht einer Paraffinöllampe mit schiefem Schirm, das auf die Projektionsfläche eines von Frank O'Hara, Fenstervorhänge, Gardinenstangen und Rolljalousien, 16 Aungier Street, gelieferten Rouleaus fiel.

Wie erläuterte er das Geheimnis einer unsichtbaren anziehenden Person, seiner Frau Marion (Molly) Bloom, bezeichnet durch ein sichtbares Glanzzeichen, eine Lampe?
Durch indirekte und direkte verbale Allusionen oder Affirmationen: durch unterdrückte Liebeszuneigung und Bewunderung: durch Beschreibung: durch Verlegenheit: durch Suggestion.

Beide waren dann still?
Still, indem ein jeder den anderen in den beiden Spiegeln des jeweils gegenseitigen Fleisches ihrerseinesnichtseines Mitgesichter betrachtete.

Waren sie unbegrenzt inaktiv?
Auf Stephens Anregung, auf Blooms Anstiften urinierten sie beide, erst Stephen, dann Bloom, im Halbdunkel dicht nebeneinander, wobei ihre Harnorgane vermittels manueller Abdeckung gegenseitig unsichtbar gemacht und ihre Blicke, zuerst der Blooms, dann der Stephens, zu dem projizierten leuchtenden und halbleuchtenden Schatten erhoben waren.

Geschah es in ähnlicher Weise?
Die Trajektorien ihrer einander erst folgenden, dann simultanen Urinstrahlen waren unähnlich: derjenige Blooms war länger, weniger irruent, und zeigte die unvollständige Form des gegabelten vorletzten Buchstabens des Alphabets, welcher (Bloom) in seinem letzten Jahre auf der High School (1880) imstande gewesen war, gegen den gesamten konkurrenten Bestand des Instituts, 210 Zöglinge, den allerhöchsten Punkt überhaupt zu erreichen: derjenige Stephens war höher, sibilanter, welcher (Stephen) in den letzten Stunden des gerade vergangenen Tages durch diuresefördernden Verzehr seinen kräftigen Blasendruck noch verstärkt hatte.

Welche verschiedenen Probleme stellten sich einem jeden von ihnen im Hinblick auf das unsichtbare, hörbare, kollaterale Organ des anderen?
Bloom: die Probleme der Irritabilität, Tumeszenz, Rigidität, Reaktivität, Dimension, Sanitärität, Pelosität. Stephen: das Problem der sazerdotalen Integrität des beschnittenen Jesus (1. Januar, Feiertag mit der Verpflichtung, die Messe zu hören und sich jeder unnötigen dienenden Arbeit zu enthalten) sowie das Problem, ob die göttliche Vorhaut, der fleischliche Brautring der heiligen römisch-katholischen und apostolischen

Kirche, aufbewahrt in Calcata, die einfache Verehrung im Sinne der Dulia oder den vierten Grad der Latria verdiene, der den Abschneidseln solcher göttlichen Auswüchse wie Haar und Zehennägel zugewiesen ist.

Welches Himmelszeichen wurde von beiden simultan beobachtet?
Ein Stern stürzte mit offenbar großer Geschwindigkeit über das Firmament von der Vega in der Leier über den Zenit jenseits der Sterngruppe des Haars der Berenice auf das Zodiakalzeichen des Leo zu.

Wie verschaffte der zentripetale Bleiber dem zentrifugalen Scheidenden Ausgang?
Indem er die Kanone eines angefeilten männlichen Schlüssels in das Loch eines unstabilen weiblichen Schlosses einführte, sich einen Hebelpunkt am Ring des Schlüssels verschaffte und den Bart desselben von rechts nach links drehte, hierdurch einen Bolzen aus der Schließkappe zog, ruckweise eine altersschwache, aus den Angeln gehobene Tür nach innen holte und eine Öffnung zu freiem Ausgang und freiem Eintritt freigab.

Wie nahmen sie, einer vom andern, Abschied bei ihrer Trennung?
Sie standen perpendikulär an derselben Tür und auf verschiedenen Seiten ihrer Basis, und die Linien ihrer einander Valet gebenden Arme trafen sich an irgendeinem Punkt und bildeten irgendeinen Winkel, kleiner als die Summe zweier rechter Winkel.

Welches Geräusch begleitete die Vereinigung ihrer einander tangierenden, die Enteinigung ihrer zentrifugalen und (respektive) zentripetalen Hände?
Das Geräusch des Schlagens der Stunde der Nacht vonseiten des Glockenspiels in der Kirche St. George.

Welches Echo dieses Geräusches wurde von beiden jeweils vernommen?
Von Stephen:

Liliata rutilantium. Turma circumdet.
Iubilantium te virginum. Chorus excipiat.

Von Bloom:

Hoiho, hoiho,
Hoiho, hoiho.

Wo waren die verschiedenen Mitglieder der Gesellschaft, mit welcher Bloom an diesem Tage auf das Geheiß dieses Glokkenschlags hin von Sandymount im Süden nach Glasnevin im Norden gefahren war?
Martin Cunningham (im Bett), Jack Power (im Bett), Simon Dedalus (im Bett), Tom Kernan (im Bett), Ned Lambert (im Bett), Joe Hynes (im Bett), John Henry Menton (im Bett), Bernard Corrigan (im Bett), Patsy Dignam (im Bett), Paddy Dignam (im Grab).

Nunmehr allein, was hörte Bloom?
Den doppelten Widerhall sich entfernender Füße auf der himmelgeborenen Erde, die doppelte Vibration einer Maultrommel in der resonanten Gasse.

Nunmehr allein, was fühlte Bloom?
Die Kälte des interstellaren Raums, tausende von Graden unter dem Gefrier- beziehungsweise dem absoluten Nullpunkt von Fahrenheit, Celsius oder Réaumur: die ersten Anzeichen der nahenden Dämmerung.

Woran erinnerten ihn Glockenklang und Handschlag, Schritthall und Alleinseinsschauer?
An Gefährten, die auf verschiedene Weise an verschiedenen Orten verschieden waren: Percy Apjohn (im Kampf gefallen, Modder River), Philip Gilligan (Schwindsucht, Jervis Street Hospital), Matthew F. Kane (Unfall, ertrunken, Dub-

lin Bay), Philip Moisel (Pyämie, Heytesbury Street), Michael Hart (Schwindsucht, Mater Misericordiae Hospital,) Patrick Dignam (Schlaganfall, Sandymount).

Welche Aussicht auf welche Phänomene machte ihn zu bleiben geneigt?
Das Verschwinden der drei letzten Sterne, die Ausbreitung des Tagesanbruchs, das Erscheinen einer neuen Sonnenscheibe.

Hatte er diese Phänomene je beobachtet?
Einmal, 1887, nach einer in die Länge gezogenen Scharadenaufführung im Haus von Luke Doyle, Kimmage, hatte er mit Geduld das Erscheinen des Tagesphänomens erwartet, auf einer Mauer sitzend und den Blick in Richtung Mizrach gewandt, nach Osten.

Waren ihm auch die initialen Paraphänomene erinnerlich?
Bewegtere Luft, ein morgendlicher ferner Hahn, kirchliche Glocken an verschiedenen Punkten, ornithogene Musik, der einsame Schritt eines frühen Wanderers, die sichtbare Ausbreitung des Lichts eines unsichtbaren Leuchtkörpers, der tief am Horizont erkennbare erste goldene Rand der sich wieder erhebenden Sonne.

Blieb er?
Tief einatmend ging er zurück, durchquerte wieder den Garten, betrat wieder den Weg, schloß wieder die Tür. Kurz aufatmend nahm er die Kerze wieder, stieg wieder die Treppe empor, näherte sich wieder der Tür des Vorderzimmers, Wohnungsflur, und trat wieder ein.

Was hielt seinen Eintritt jählich auf?
Der rechte Schläfenlappen der Hohlkugel seines Schädels kam mit einer festen Holzecke in Berührung, an welcher Stelle sich, den infinitesimalen, doch durchaus spürbaren Bruchteil einer Sekunde später, infolge vorangegangener, transmittier-

ter und registrierter, Empfindungen eine schmerzvolle Empfindung lokalisierte.

Beschreibe die Veränderungen, welche in der Disposition der einzelnen Möblierungsgegenstände vorgenommen worden waren.
Ein mit pflaumenblauem Plüsch bezogenes Sofa war von gegenüber der Tür auf die Kaminseite neben den straff aufgerollten Union Jack disloziert worden (eine Veränderung, die er häufig schon vorzunehmen beabsichtigt hatte): der Tisch mit den blauen und weißen Karoeinlagen aus Majolika war gegenüber der Tür an die durch das pflaumenblaue Plüschsofa freigewordene Stelle plaziert worden: dem Nußbaumbüfett (dessen vorspringende Ecke seinen Eintritt momentlang aufgehalten hatte) war von seinem Standort neben der Tür zu einem vorteilhafteren, doch gefährlicheren Standort direkt vor der Tür verholfen worden: zwei Sitzgelegenheiten waren von rechts und links des Kamins an die ursprünglich von dem Tisch mit den blauen und weißen Karoeinlagen aus Majolika eingenommene Stelle versetzt worden.

Beschreibe sie.
Der eine: ein gedrungener Polstersessel mit kräftigen ausladenden Armlehnen und einer nach hinten geschwungenen Rückenlehne, der, zurückprallend zurückgestoßen, die unregelmäßigen Fransen eines rechteckigen Teppichs hochgeschoben hatte und jetzt auf seiner reich gepolsterten Sitzfläche eine sich vom Mittelpunkt schwächer werdend ausbreitende Entfärbung aufwies. Der andere: ein schlanker Stuhl mit geschwungenen Beinen und aus glänzendem Rohr, dem ersten direkt gegenüber aufgestellt, das Gestell von oben bis zum Sitz und vom Sitz bis unten dunkelbraun lackiert, der Sitz ein heller Kreis aus weißen geflochtenen Binsen.

Welche Signifikanzen waren mit diesen beiden Stühlen verknüpft?

Signifikanzen der Ähnlichkeit, der Positur, des Symbolismus, des Indizienbeweises, der Beglaubigung der Supermanenz.

Was nahm die ursprünglich von dem Büfett eingenommene Position ein?
Ein Wandklavier (Cadby) mit aufgedeckter Tastatur, auf dessen geschlossenem Deckel ein Paar lange gelbe Damenhandschuhe sowie ein smaragdgrüner, vier abgebrannte Streichhölzer, eine halbgerauchte Zigarette und zwei verfärbte Zigarettenstummel enthaltender Aschbecher lagen respektive stand und dessen Notenpult die Noten von *Love's Old Sweet Song* trug, in G ohne Vorzeichen für Singstimme und Klavier gesetzt (Text von G. Clifton Bingham, komponiert von J. L. Molloy, gesungen von Madame Antoinette Sterling), aufgeschlagen auf der letzten Seite mit den finalen Vortragsbezeichnungen *ad libitum, forte*, Pedal, *animato*, getragen, Pedal, *ritirando*, Kadenz.

Mit welchen Empfindungen betrachtete Bloom der Reihe nach diese Gegenstände?
Mit Anstrengung, da er einen Kerzenleuchter hochhielt: mit Schmerz, da er an seiner rechten Schläfe eine tumeszente Prellung spürte: mit Aufmerksamkeit, da er seinen Blick auf einen großen dumpfen passiven und schlanken hellen aktiven richtete: mit strebender Bemühung, da er sich bückte und die hochgeschobenen Teppichfransen wieder glattstrich: mit Belustigung, da ihm Dr. Malachi Mulligans die Gradation Grün enthaltendes Farbensystem einfiel: mit Vergnügen, da er die Worte und den vorangegangenen Akt repetierte und durch verschiedene Kanäle innerer Sensibilität die konsequente und konkomitante lau angenehme Diffusion gradueller Diskoloration wahrnahm.

Seine nächste Verrichtung?
Aus einer offenen Schachtel auf dem Tisch mit den Majolikaeinlagen zog er einen winzigen, einen Zoll hohen schwarzen

Kegel, stellte ihn mit der kreisrunden Basis auf einen kleinen Zinnteller, stellte seinen Kerzenhalter auf die rechte Ecke des Kaminsimses, brachte aus seiner Westentasche ein gefaltetes Prospektblatt (illustriert) ans Licht, betitelt Agendath Netaim, entfaltete dasselbe, untersuchte es oberflächlich, rollte es zu einem dünnen Zylinder zusammen, entzündete es an der Kerzenflamme, hielt es, nachdem es Feuer gefangen, an den Apex des Kegels, bis der letztere das Stadium der Rotglut erreicht hatte, deponierte den Zylinder in der Schale des Kerzenleuchters, indem er dem unverbrannten Teil eine Lage gab, welche die totale Verbrennung erleichterte.

Was folgte dieser Operation?
Dem gestumpften konischen Kratergipfel des winzigen Vulkans entstieg in vertikaler Schlangenbewegung aromatisch orientalisch duftender Rauch.

Welche homothetischen Gegenstände standen, abgesehen von dem Kerzenleuchter, auf dem Kaminsims?
Eine Uhr aus geriefeltem Connemara-Marmor, stehen geblieben um 4.46 Uhr am 21. März 1896, Hochzeitsgeschenk von Matthew Dillon: ein Zwergbaum mit wie vereist wirkenden Formen unter einer transparenten Glasglocke, Hochzeitsgeschenk von Luke und Caroline Doyle: eine ausgestopfte Eule, Hochzeitsgeschenk von Alderman John Hooper.

Welcher Austausch von Blicken fand zwischen diesen drei Gegenständen und Bloom statt?
Im goldgerahmten Pfeilerspiegel betrachtete die ungeschmückte Rückseite des Zwergbaums den aufgerichteten Rücken der ausgestopften Eule. Vor dem Spiegel betrachtete das Hochzeitsgeschenk von Alderman John Hooper mit klarem melancholischem klugem hellem reglosem mitleidigem Blick Bloom, während Bloom mit dunklem ruhigem tiefem reglosem bemitleidetem Blick das Hochzeitsgeschenk von Luke und Caroline Doyle betrachtete.

Welches zusammengesetzte asymmetrische Bild im Spiegel zog dann seine Aufmerksamkeit an?
Das Bild eines einsamen (ipsorelativen) veränderlichen (aliorelativen) Mannes.

Warum einsam (ipsorelativ)?

Brüder und Schwestern hatte er nicht,
Doch des Mannes Vater war seines Großvaters Sohn.

Warum veränderlich (aliorelativ)?
Von der Kindheit zur Reife hatte er seiner mütterlichen Prokreatrix geglichen. Von der Reife zum Greisenalter würde er zunehmend seinem väterlichen Kreator gleichen.

Welcher letzte visuelle Eindruck wurde ihm durch den Spiegel vermittelt?
Das optische Widerbild verschiedener umgekehrter, unpassend und nicht nach dem Alphabet geordneter Bände mit funkelnden Titeln auf den beiden Bücherbrettern gegenüber.

Katalogisiere diese Bücher.
Thom's Dublin Post Office Directory, 1886.
Denis Florence M'Carthys *Poetical Works* (kupfernes Buchenblatt als Lesezeichen auf S. 5).
Shakespeares *Works* (dunkelrotes Maroquin mit Goldprägung).
The Useful Ready Reckoner (braunes Leinen).
The Secret History of the Court of Charles II (rotes Leinen, Einbandprägung).
The Child's Guide (blaues Leinen).
When We Were Boys von William O'Brien M. P. (grünes Leinen, leicht verblichen, Umschlag als Lesezeichen auf S. 217).
Thoughts from Spinoza (dunkelrotbraunes Leder).
The Story of the Heavens von Sir Robert Ball (blaues Leinen).
Ellis' *Three Trips to Madagascar* (braunes Leinen, Titel ver-

wischt).
The Stark-Munro Letters von A. Conan Doyle, Eigentum der City of Dublin Public Library, 106 Capel Street, entliehen am 21. Mai (Pfingstsamstag) 1904, fällig am 4. Juni 1904, 13 Tage überfällig (schwarzer Leinenband mit weißem Buchstaben- und Zahlenschild).
Voyages in China von ›Viator‹ (nachträglich mit Packpapier umschlagen, Titel mit roter Tinte).
Philosophy of the Talmud (geheftete Broschur).
Lockharts *Life of Napoleon* (Deckel nicht mehr vorhanden, Randbemerkungen, Siege der Hauptfigur verkleinernd, Niederlagen vergrößernd).
Soll und Haben von Gustav Freytag (schwarzer Pappband, Frakturschrift, Zigarettenbildchen als Lesezeichen auf S. 24).
Hoziers *History of the Russo-Turkish War* (braunes Leinen, 2 Bände, auf der linken Deckelseite Klebeschild, Garnisonsbibliothek, Governor's Parade, Gibraltar).
Laurence Bloomfield in Ireland von William Allingham (zweite Auflage, grünes Leinen, goldenes Kleeblattmuster, Name des Vorbesitzers auf der rechten Seite des Schmutztitels getilgt).
A Handbook of Astronomy (Schutzumschlag, braunes Leder, in den Gelenken locker, 5 Tafeln, ältlicher Druck in Korpus, Fußnoten des Autors in Nonpareille, Randverweise in Petit, Titelzeilen in kleiner Cicero).
The Hidden Life of Christ (schwarzer Pappband).
In the Track of the Sun (gelbes Leinen, Titelseite nicht mehr vorhanden, wiederkehrende Titelintestierung).
Physical Strength and How to Obtain It von Eugene Sandow (rotes Leinen).
Short but yet Plain Elements of Geometry, auf Franzöſiſch geſchrieben von F. Ignat. Pardies und ins Engliſche überſetzt von John Harris D. D. London, gedruckt für R. Knaplock auf der Biſhop's Head MDCCXI, mit Widmung an ſeinen verehrten Freund Charles Cox, Eſquire, Parlamentsabgeordneten für die Stadt Southwark, und auf dem Vorſatz mit

Tinte die kalligraphiſche Eintragung, daß dies Buch gehörte dem Michael Gallagher, bekundet an dieſem 10. Tage des Monats Mai 1822, und daß jedermann, der es ſollte finden, wenn das Buch ſollte verloren gehen oder abhanden kommen, gebeten ſei, es zurückzugeben an Michael Gallagher, Zimmermann, Dufery Gate, Enniſcorthy, County Wicklow, dem ſchönſten Ort der Welt.

Welche Reflexionen beschäftigten seinen Geist während der Vornahme der Rückumkehrung der umgekehrten Bände?
Die Notwendigkeit der Ordnung, einen Platz für alles und alles an seinen Platz: die fehlende Wertschätzung der Literatur beim weiblichen Geschlecht: die Unsinnigkeit eines in einen Becher gekeilten Apfels und eines in einen Nachtstuhl gesenkten Regenschirms: die Unsicherheit im Falle des Versteckens eines Geheimdokuments hinter, unter oder zwischen den Seiten eines Buches.

Welcher Band war der größte im Format?
Hoziers *History of the Russo-Turkish War*.

Welche Angabe enthielt unter anderem der zweite Band des in Rede stehenden Werkes?
Den Namen einer entscheidenden Schlacht (vergessen), an die häufig von einem entscheidenden Offizier, Major Brian Cooper Tweedy (erinnerlich), erinnert wurde.

Warum zog er, erstens und zweitens, das in Rede stehende Werk nicht zu Rate?
Erstens, um sich in der Mnemotechnik zu üben: zweitens, weil er sich nach einer Pause der Amnesie, als er sich an den Mitteltisch gesetzt hatte und eben im Begriff stand, das in Rede stehende Werk zu Rate zu ziehen, vermittels der Mnemotechnik des Namens der militärischen Kampfhandlung, Plevna, erinnerte.
Was brachte ihm Tröstung in seiner sitzenden Positur?

Die Reinheit, Nacktheit, Haltung, Ruhe, Jugend, Anmut, Geschlechtlichkeit, Klugheit einer in der Mitte des Tisches stehenden Statue, eines Narcissus-Bildes, auf der Auktion erworben bei P. A. Wren, 9 Bachelor's Walk.

Was brachte ihm Ärgernis in seiner sitzenden Positur?
Inhibitorischer Druck von Kragen (Größe 17) und Weste (5 Knöpfe), zweier Kleidungsstücke, welche in der Tracht reifer Männlichkeit überflüssig und gegenüber Veränderungen der Körpermasse durch Ausdehnung unelastisch waren.

Wie wurde dieses Ärgernis beschwichtigt?
Er entfernte den Kragen mitsamt schwarzer Krawatte und klappbarem Hemdknopf von seinem Halse und legte ihn links auf dem Tisch nieder. Er löste nacheinander in umgekehrter Richtung die Knöpfe von Weste, Hose, Hemd und Unterjacke entlang der Mittellinie unregelmäßig gekräuselten schwarzen Haars, das sich in dreieckiger Konvergenz von der Beckenregion über Bauchfläche und Nabelgrube erstreckte, entlang der Mittellinie von Knötchen zum Teilungspunkt des sechsten Brustwirbels führte, von dort nach beiden Seiten rechtwinklig abzweigte und in um zwei gleichweit entfernte Punkte beschriebenen Kreisen, rechts und links, auf den Spitzen der Brustwarzenerhöhungen endete. Er entspannte jeden der sechs minus eins Hosenträgerknöpfe, die in Paaren angeordnet waren, von denen eines sich als unvollständig erwies.

Welche unwillkürlichen Handlungen folgten?
Er komprimierte zwischen 2 Fingern das Fleisch um eine in der linken Infrakostalgegend unter dem Diaphragma liegende Narbe, welche von einem 2 Wochen und 3 Tage zuvor (23. Mai 1904) durch eine Biene empfangenen Stich herrührte. Er kratzte sich unbestimmt mit der rechten Hand, obwohl gegen Juckreiz unempfindlich, verschiedene Punkte und Flächen seiner teilweise bloßliegenden, vollkommen gereinigten Haut. Er führte die linke Hand in die linke untere Tasche

seiner Weste, zog eine dort (vermutlich) bei Gelegenheit der Beerdigung von Mrs. Emily Sinico, Sydney Parade (17. Oktober 1903) hingesteckte Silbermünze (1 Schilling) hervor und steckte sie wieder zurück.

Stelle das Budget für den 16. Juni 1904 zusammen.

Soll

		£ s.d.
1	Schweinsniere	0. 0.3
1	*Freeman's Journal*	0. 0.1
1	Bad und Trinkgeld	0. 1.6
	Trambahn	
1	In Memoriam Patrick Dignam	0. 5.0
2	Banbury-Kuchen	0. 0.1
1	Lunch	0. 0.7
1	Verlängerungsgebühr für Buch	0. 1.0
1	Paket Briefpapier und Umschläge	0. 0.2
1	Mittagessen und Trinkgeld	0. 2.0
1	Postanweisung und Marke	0. 2.8
	Trambahn	0. 0.1
1	Schweinsfuß	0. 0.4
1	Schafsfuß	0. 0.3
1	Tafel Fry's Schokolade	0. 0.1
1	Sodabrot	0. 0.4
1	Kaffee und Kuchen	0. 0.4
	Geliehenes (Stephen Dedalus) zurückerstattet	1. 7.0
	BESTAND	0.17.5
		£ 2.19.3

Haben

	£ s.d.
Vorhandene Barschaft	0. 4.9
Kommission erh. v. *Freeman's Journal*	1. 7.6
Geliehenes (Stephen Dedalus)	1. 7.0
	£ 2.19.3

Setzte sich der Vorgang der Entkleidung weiter fort?
Da er einen gelinden anhaltenden Schmerz in seinen Fußsohlen verspürte, streckte er den Fuß nach einer Seite aus und betrachtete die durch Fußdruck im Lauf seiner wiederholten Gänge in mehreren verschiedenen Richtungen entstandenen Falten, Protuberanzen und vorspringenden Punkte, entknotete dann, vorgebeugt, die Senkelknoten, enthakte und löste die Senkel, zog jeden seiner beiden Stiefel zum zweitenmal aus, löste die zum Teil durchfeuchtete rechte Socke, durch deren Spitze wieder der Nagel seiner großen Zehe gedrungen war, hob den rechten Fuß und zog, nachdem er einen purpurnen elastischen Sockenhalter davon abgehakt hatte, seine rechte Socke aus, stellte den unbekleideten rechten Fuß auf die Kante der Sitzfläche seines Stuhls, faßte den vorstehenden Teil des großen Zehennagels und riß ihn sanft ab, hob den abgerissenen Teil an seine Nüstern und inhalierte den Duft des Lebendigen, warf dann das abgerissene Nagelfragment mit Befriedigung fort.

Warum mit Befriedigung?
Weil der inhalierte Duft mit anderen inhalierten Düften von anderen Nagelfragmenten korrespondierte, welche der junge Master Bloom, als Schüler von Mrs. Ellis' Knabenschule, allabendlich voller Geduld während der Verrichtung kurzen Kniebeugens, des Nachtgebets und ehrgeiziger Meditation gefaßt und abgerissen hatte.

In welchem letztlichen Ehrgeiz waren sämtliche konkurrenten und konsequenten Ambitionen nunmehr verschmolzen?
Nicht durch Erstgeburts-, Erbteilungs- oder Letztgeburtsrecht ein ausgedehntes Landgut mit hinreichender Anzahl Acres, Roods und Perches, gesetzliches Landmaß (Taxwert £ 42), mit Weideland und Torfboden rund um ein freiherrliches Gutshaus mit Pförtnerloge und Wagenauffahrt zu erben oder lebenslänglich zu besitzen, so wenig wie andererseits ein Terrassenhaus oder eine halb freistehende Villa, die als *Rus in*

Urbe oder *Qui si Sana* bezeichnet wurde, sondern durch Privatvertrag als Allodialgut ein strohgedecktes zweistöckiges Wohnhaus in Bungalogestalt zu erwerben, in Südlage, überragt von Wetterhahn und Blitzableiter, welch letzterer gut geerdet sein mußte, mit von Schmarotzerpflanzen (Efeu oder wilder Wein) bewachsener Vorhalle, Haustür, olivgrün, mit eleganter Kutschenpolitur und blanken Messingbeschlägen, Stuckfassade mit vergoldetem Maßwerk an Traufen und Giebel, nach Möglichkeit auf einer sanften Anhöhe errichtet, mit angenehmer Aussicht vom Balkon mit Steinsäulenbrüstung über unbebautes und unbebaubares zwischenliegendes Weideland, und auf 5 oder 6 Acres eigenem Boden, von der nächsten öffentlichen Fahrstraße so weit entfernt, daß man die Hauslichter bei Nacht über und durch eine kunstvoll geschnittene lebende Weißbuchenhecke sehen konnte, jedoch an einem Punkt gelegen, nicht weiter als 1 Reichsmeile von der Peripherie der Metropole, nicht weiter auch als 15 Minuten von Tram- oder Eisenbahn (z. B. Dundrum im Süden oder Sutton im Norden, welche beiden Örtlichkeiten experimentell nachweislichermaßen bezüglich ihres für Lungenkranke günstigen Klimas den Erdpolen gleichen sollten), das ganze Anwesen in Erbpacht, auf 999 Jahre, im Haus selbst 1 Salon mit Erkerfenster (2 Spitzbögen), Thermometer gleich daneben, 1 Wohnzimmer, 4 Schlafzimmer, 2 Mägdezimmer, gekachelte Küche mit Herd und Spülküche separat, geräumige Halle mit Wandschränken für Wäsche, unterteiltem Bücherregal aus dunkler Eiche, in dem die Encyclopaedia Britannica und das New Century Dictionary standen, diagonal drapierten alten mittelalterlichen und orientalischen Waffen, Essensgong, Alabasterlampe, Schale hängend, automatischem Telephonempfangsapparat aus Hartgummi, das Adreßbuch direkt daneben, handgeknüpftem Axminster-Teppich mit cremefarbenem Grund und Spaliereinfassung, Loo-Tisch mit Standsäule und Klauenbeinen, Kamin mit Feuergerät aus massivem Messing und goldbronziertem Chronometer auf dem Sims, garantiert richtiggehend mit Kathedralgeläut,

Barometer mit hygrographischer Tabelle, bequemen Klubsesseln und Ecksofas aus rubinrotem Plüsch mit guter Federung und vertiefter Sitzmitte, dreiteiligem japanischem Schirm und Spucknäpfen (Klubstil, gediegenes weinrotes Leder, bei Anwendung von Leinsamenöl und Essig mit einem Minimum von Arbeitsaufwand wieder auf Hochglanz zu bringen), und zentralem pyramidal prismatischem Kristallkronleuchter, krummhölzerner Aufsitzstange mit fingerzahmem Papagei (salonfähige Sprache), gebosselter Wandtapete zu 10/- das Dutzend mit querlaufenden Blumengehängen in karminrotem Dessin und abschließender Kronenborte, Treppenhaus, dreimal rechtwinklig gewendeter Treppe aus lackierter hellgemaserter Eiche, Trittflächen wie auch Setzstufen, Spindel, Balustraden und Geländerstange, mit hochlaufender getäfelter Wandverkleidung, mit Kampferwachs appretiert, Badezimmer, fließend heiß und kalt Wasser, Wanne und Dusche: Wasserklosett auf Halbgeschoßhöhe mit länglichem Mattglasfenster aus einer Scheibe, Klappbrille, Wandlampe, Stützstange aus Messing, Armlehnen, Fußschemel und künstlerischem Öldruck auf der Innenseite der Tür: dito, schlicht: Mägdekammern mit getrennten sanitären und hygienischen Einrichtungen für Köchin, Dienstmädchen und Zugehfrau (Lohn, unabhängig von der Verdienstlichkeit alle zwei Jahre um £ 2 steigend, mit jährlichem Versicherungsbonus [£ 1] für treue Verdienste und Rentenberechtigung [auf der Grundlage von Tarif 65] nach 30 Dienstjahren), Speiseschrank, Speisekammer, Vorratsraum, Kühlraum, Außengelassen, Unterkellerung für Kohlen und Holz sowie Weinvorräte (einfache und moussierende Sorten) für distinguierte Gäste, wenn zum Diner geladen (Abendanzug), Kohlenmonoxydgasanschluß im ganzen Haus.

Welche zusätzlichen Attraktionen hätte das Grundstück aufweisen können?
Als *addenda* einen Tennis- und Ballplatz, Gebüsch und Sträucher, ein gläsernes Treibhaus mit tropischen Palmen, auf beste

botanische Art ausgestattet, ein Grottenwerk mit Wasserspielen, einen nach humanen Prinzipien angelegten Bienenstock, ovale Blumenbeete in rechtwinkligen Rasenflächen, darauf exzentrische Ellipsen aus scharlachroten und chromgelben Tulpen, blauen Meerzwiebeln, Krokussen, Tazetten, Büschelnelken, Wicken, Maiglöckchen (Zwiebeln erhältlich bei Sir James W. Mackey [G. m. b. H.] [Groß- und Kleinhandel], Samen- und Zwiebelgeschäft, Kunstgärtnerei, Kommissionär für chemische Düngemittel, 23 Sackville Street, Upper), einen Obstgarten, Küchengarten und Weinspaliere, gegen alle unbefugten Eindringlinge durch glasgespickte Mauern geschützt, einen Geräteschuppen mit Vorhängeschloß für verschiedene genau inventarisierte Gerätschaften.

Wie zum Beispiel?
Aalreusen, Hummerfallen, Angelruten, Handbeil, Balkenwaage, Schleifstein, Walze, Garbenwender, Fußsack, Teleskopleiter, 10-Zinken-Rechen, Holzschuhe, Heuwender, Drehharke, Hippe, Farbtopf, Pinsel, Hacke und so weiter.

Welche Verbesserungen hätten sich späterhin noch anbringen lassen?
Ein Kaninchenstall und Geflügelhof, ein Taubenschlag, ein botanisches Gewächshaus, 2 Hängematten (für Dame und Herrn), eine von Goldregen oder Flieder beschattete und geschützte Sonnenuhr, eine exotisch harmonisch abgestimmte japanische Torglocke, am linken Seitenpfosten des Tors angebracht, ein geräumiges Wasserfaß, eine Mähmaschine mit Seitenausstoß und Graskasten, ein Rasensprenger mit hydraulischem Schlauch.

Welche Verkehrserleichterungen waren wünschenswert?
Für Stadtfahrten häufige Verbindung durch Zug oder Trambahn von der jeweiligen Zwischen- oder Endstation aus. Für Landfahrten Velozipede, ein kettenloses Freilauf-Tourenrad mit Korbbeiwagen oder ein Zugfuhrwerk, ein Esel mit

leichtem Kutschwägelchen oder ein eleganter Phaethon mit kräftigem einhufigem Cob (rotgrauer Wallach, 14 Sp.).

Wie hätte dieses zu errichtende beziehungsweise errichtete Haus heißen können?
Bloom Cottage. Saint Leopold's. Flowerville.

Konnte der Bloom aus Eccles Street No. 7 den Bloom in Flowerville im Geiste vor sich sehen?
In lockerem reinwollenem Anzug mit Kappe aus Harris-Tweed, Preis 8/6, und praktischen Gartenschuhen mit elastischem Oberleder, in der Hand eine Gießkanne, wie er in gerader Reihe junge Föhren pflanzte, wässerte, stutzte, anpfählte, wie er Grassamen säte, eine unkrautbeladene Schubkarre ohne übermäßige Ermüdung vor sich herschob, bei Sonnenuntergang, umgeben vom Duft frischgemähten Heus, wie er den Boden kultivierte, sein Wissen vervielfachte, sich Langlebigkeit gewann.

Welches Programm von intellektuellen Beschäftigungen war gleichzeitig durchführbar?
Schnappschußphotographie, vergleichendes Religionsstudium, Folklore bezüglich verschiedener Liebesbräuche und abergläubischer Praktiken, Betrachtung der himmlischen Gestirne.

Welche leichteren Erholungen?
Draußen: Garten- und Feldarbeit, Radfahren auf glatten makadamisierten Chausseen, Besteigung mäßig hoher Hügel, Schwimmen in einsam gelegenem Frischwasser und ungestörtes Rudern in sicherem Kahn oder leichtem Faltboot mit Warpanker auf von Wehren und Strudeln freien Stromstrecken (Zeit des Sommerschlafs), abendliches Spazierengehen oder equestrisches Spazierenreiten mit Besichtigung kahler Landschaft und kontrastreich angenehmer Kätnerfeuer aus qualmenden Torfziegeln (Zeit des Winterschlafs). Drinnen Diskussionen in lauer Geborgenheit über ungelöste historische

und kriminalistische Probleme: Lektüre unbearbeiteter exotisch-erotischer Meisterwerke: Haustischlerei mit wohlausgerüstetem Werkzeugkasten, Hammer, Ahle, Nägel, Schrauben, Zinnstifte, Bohrer, Zange, Schlichthobel und Schraubenzieher.

Würde er Gutsbesitzer mit Feldertrag und Viehbestand werden können?
Möglicherweise durchaus, mit 1 oder 2 Milchkühen, 1 Schober Hochlandsheu und den erforderlichen landwirtschaftlichen Geräten, z. B. einer Buttermaschine, einer Rübenpresse usw.

Was würden seine bürgerlichen Funktionen und sein sozialer Status unter den alteingesessenen Familien und dem Landadel sein?
In der Reihenfolge des steigenden Einflusses innerhalb der hierarchischen Ordnung die beziehungsweise der eines Gärtners, Platzwarts, Landwirts, Viehzüchters und, im Zenit seiner Karriere, eines obrigkeitlichen Beamten oder Friedensrichters mit Familienwappen und -insignien sowie entsprechendem klassischen Wahlspruch *(Semper paratus)*, gebührend im Hofkalender verzeichnet (Bloom, Leopold P., M.P., P.C., K. P., L. L. D. *honoris causa*, Bloomville, Dundrum) und in den Nachrichten aus der Vornehmen Welt erwähnt (Mr. und Mrs. Bloom haben Kingstown verlassen und sich nach England begeben).

Welchen Weg zeichnete er sich für seine Tätigkeit im Fall einer solchen Stellung vor?
Einen Weg, der in der Mitte lag zwischen unangebrachter Milde und exzessiver Strenge: in einer heterogenen Gesellschaft arbiträrer Klassen, die unaufhörlich neue Umordnungen von größerer oder kleinerer sozialer Unzulänglichkeit erfuhr, würde er eine unparteiische homogene unanfechtbare Gerechtigkeit walten lassen, mild zwar im weitestgehenden Sinne und maßvoll, doch unerbittlich bis auf den letzten Hel-

ler, wenn es um die Durchführung ging, bei Konfiskation des Vermögens, Grund- sowohl wie persönlichen Besitzes, zugunsten der Krone. Loyal gegenüber der höchsten gesetzlichen Gewalt im Lande, getrieben zudem von einer angeborenen Liebe zur Rechtschaffenheit, würde er sich die strikte Aufrechterhaltung der öffentlichen Ordnung zum Ziel setzen, die Abstellung vieler, wenn auch nicht aller Mißstände zugleich (da jede Reform- oder Beschränkungsmaßnahme nur eine vorläufige Lösung darstellte, die fluxionsmäßig in der endgültigen Lösung enthalten sein mußte), die Hochhaltung des Buchstabens des Gesetzes (des Gewohnheitsrechts, des geschriebenen Rechts und des Handelsrechts) gegenüber allen, die dasselbe arglistig umgingen und durch Verletzung der Satzungen und Bestimmungen übertraten, gegenüber allen, die (durch Übertretung und kleinen Diebstahl von Anmachholz) die durch Außergebräuchlichkeit längst obsolet gewordenen Holzschlagrechte wiederbeleben wollten, gegenüber allen lautstarken Anstiftern zu internationaler Verfolgung, allen Vertiefern internationaler Feindseligkeiten, allen gemeinen Störern häuslicher Konvivialität, allen störrischen Verletzern häuslicher Konnubialität.

Beweise, daß er die Rechtschaffenheit von seiner frühesten Jugend an geliebt hatte.
Gegenüber Master Percy Apjohn auf der High School 1880 hatte er rückhaltslos seinen mangelnden Glauben an die Lehrsätze der Irischen (protestantischen) Kirche bekannt (zu welcher sein Vater Rudolf Virag, nachmals Rudolph Bloom, im Jahre 1865 nach Bekehrung durch die Gesellschaft zur Verbreitung des Christentums unter den Juden von der israelitischen Glaubensgemeinschaft übergetreten war), demselben in der Folge zugunsten des römischen Katholizismus im Jahre 1888 um die Zeit und unter Berücksichtigung seiner Eheschließung abgeschworen. Gegenüber Daniel Magrane und Francis Wade hatte er im Jahre 1882 während einer Jugendfreundschaft (welche durch die vorzeitige Auswanderung des ersteren

ein Ende nahm) im Verlaufe nächtlicher Spaziergänge die politische Theorie der kolonialen (z. B. kanadischen) Expansion sowie die Evolutionstheorien von Charles Darwin vertreten, wie sie in der *Abstammung des Menschen* und der *Enstehung der Arten* dargelegt waren. Im Jahre 1885 hatte er sich öffentlich als Anhänger des kollektiv- und nationalökonomischen Programms, wie es von James Fintan Lalor, John Fisher Murray, John Mitchel, J. F. X. O'Brien und anderen vertreten wurde, der Agrarpolitik von Michael Davitt, der Verfassungsagitation von Charles Stewart Parnell (M. P. für Cork City), des Friedens-, Beschränkungs- und Reformprogramms von William Ewart Gladstone (M. P. für Midlothian, N. B.) bekannt und war in Bekräftigung seiner politischen Überzeugungen auf einen sicheren Platz hoch in den Verzweigungen eines Baumes an der Northumberland Road geklettert, um von dort (am 2. Februar 1888) den Einmarsch eines Demonstrationsfackelzuges von 20.000 Mann, die in 120 ständische Verbände gegliedert waren und mit 2.000 Fackeln den Marquis of Ripon und John Morley (den Ehrlichen) eskortierten, in die Hauptstadt mit anzusehen.

Wieviel und wie gedachte er für diesen Landsitz zu bezahlen?
Nach dem Prospekt der Industrious Foreign Acclimatised Nationalised Friendly Stateaided Building Society (gegründet 1874) ein Maximum von £ 60 per annum, was $1/6$tel eines aus erstklassigen Wertpapieren bezogenen Einkommens ausmachte, bei 5% die einfachen Zinsen eines Kapitals von £ 1.200 (Schätzpreis bei 20 Jahren Abzahlung), wovon $1/3$ bei Erwerb und der Rest, nämlich £ 800 plus $2\,1/2\,\%$ Zinsen auf diese, in Gestalt einer jährlichen Miete zu zahlen war, vierteljährlich in jeweils gleichen Raten fällig, bis zur Tilgung des für den Kauf aufgenommenen Darlehens durch Amortisation in einem Zeitraum von 20 Jahren, womit sich das Ganze also auf eine Jahresmiete von £ 64 belief, den Hauptzins eingeschlossen, unter Verbleib des Besitztitels in den Händen des Geldgebers beziehungsweise der Geldgeber, mit einer Vor-

behaltsklausel in bezug auf Zwangsverkauf, Präklusion, gegenseitige Abrechnung im Fall längerer Zahlungsunfähigkeit zu den vereinbarten Terminen, während ansonsten das Anwesen bei Ablauf des verabredeten Zeitraums von Jahren ins unumschränkte Eigentum des Mieters überging.

Welche beschleunigten, doch unsicheren Wege zum Wohlstand hätten einen unmittelbaren Ankauf erleichtern können?
Ein privater drahtloser Telegraph, welcher mithilfe des Morse-Systems das Ergebnis eines nationalen Handikaps (Flach- oder Hindernisrennen) von 1 oder mehr Meilen und Achtelmeilen, gewonnen von einem Außenseiter mit 50 zu 1 in Ascot um 3 Uhr 8 Min. nachmittags (Greenwich-Zeit), übermittelte, welche Meldung in Dublin um 2.59 Uhr nachmittags (Dunsink-Zeit) empfangen wurde und zu Wettzwecken zur Verfügung stand. Die unerwartete Entdeckung eines Gegenstandes von hohem monetärem Wert: Edelstein, wertvolle aufgeklebte oder aufgedruckte Briefmarken (die malvenfarbene 7-Schilling, ungezahnt, Hamburg, 1866: die rosa 4-Pence, blaues Papier, gezahnt, Großbritannien, 1855: die steingraue 1-Franc, Amtsmarke, perforiert, diagonaler Überdruck, Luxemburg, 1878): antiker Herrscherring, einzigartige Reliquie in ungewöhnlichen Behältnissen oder auf ungewöhnlichem Wege: aus der Luft (von einem Adler im Flug fallengelassen), im Feuer (mitten unter den verkohlten Resten eines in Brand gesteckten Gebäudes), im Meer (mitten unter Strandgut, Wrackgut, versenktem Gut und herrenlosem Gut), auf der Erde (im Muskelmagen eines Suppenhuhns). Eines spanischen Gefangenen Schenkung eines fernen Schatzes aus Kostbarkeiten, Bargeld oder ungemünzten Barren, bei einer solventen Bank vor 100 Jahren zu 5% Zinseszins angelegt, mit einem Gesamtwert von £ 5.000.000 stg (fünf Millionen Pfund Sterling). Ein Kontrakt mit einem leichtsinnigen Kontrahenten über die Lieferung von 32 Posten irgendeiner Ware, und zwar mit dem Zahlungsmodus, daß der bei Lieferung in bar fällige Ratenbetrag von 1/4d. konstant in geometri-

scher Progression mit 2 wachsen solle (also 1/4d., 1/2d., 1d., 2d., 4d., 8d., 1s. 4d., 2s. 8d. usw. bis zur 32. Position). Ein auf dem Studium der Gesetze der Wahrscheinlichkeitsrechnung basierendes wohlausgearbeitetes System, die Bank von Monte Carlo zu sprengen. Eine Lösung des Säkularproblems der Quadratur des Kreises, Regierungsprämie £ 1.000.000 Sterling.

Ließ sich gewaltiger Reichtum auf industriellem Wege erwerben?
Durch Urbarmachung von Dunams von wüstem Sandboden, wie sie im Prospekt von Agendath Netaim, Bleibtreustraße, Berlin W 15, vorgeschlagen wurde, durch Anlage von Orangenplantagen und Melonenfeldern und durch Wiederaufforstung. Durch Nutzbarmachung von Altpapier, von Fellen von Kanalnagetieren, von menschlichen Exkrementen, welche ja chemische Eigenschaften besaßen, und zwar im Hinblick auf das riesige Vorkommen des ersten, die ungeheure Zahl der zweiten und die immense Menge der dritten, von welchen letzteren jedes normale menschliche Wesen mit durchschnittlicher Vitalität und durchschnittlichem Appetit jährlich, die Nebenprodukte in wässriger Form gar nicht einmal berücksichtigt, eine Gesamtmenge von 80 lbs. produzierte (tierische und pflanzliche Nahrung gemischt), was noch mit 4.386.035, der Gesamtbevölkerung von Irland nach dem amtlichen Zählungsergebnis von 1901, zu multiplizieren war.

Gab es noch weiterreichende Pläne?
Einen Plan, welcher formuliert und sodann der Hafenkommission zur Billigung vorgelegt werden sollte, zur Ausbeutung der weißen Kohle (hydraulische Kraft), gewinnbar durch eine hydroelektrische Anlage am Fluthochpunkt von Dublin Bar oder am Quellgefälle von Poulaphouca oder Powerscourt oder durch Staubecken für die Hauptströme zur wirtschaftlichen Erzeugung von 500.000 WPS Strom. Einen Plan, das Halbinseldelta des North Bull vor Dollymount einzuschließen und auf dem für Golf- und Schießplätze verwendeten

Vorland eine asphaltierte Esplanade zu errichten, mit Kasinos, Buden, Schießständen, Hotels, Pensionen, Leseräumen, Anstalten für gemischtes Baden. Einen Plan zur Verwendung von Hunde- und Ziegenwagen für die frühmorgendliche Milchbelieferung. Einen Plan zur Entwicklung des irischen Fremdenverkehrs in und um Dublin vermittels kraftstoffgetriebener Motorboote, die auf dem Flußfahrwasser zwischen Island Bridge und Ringsend verkehrten, Kremser, lokaler Eisenbahnen auf Schmalspurgeleis und Vergnügungsdampfer für Küstenfahrten (10/- pro Person und pro Tag, Reiseleiter [dreisprachig] inbegriffen). Einen Plan zur Wiederherstellung des Reise- und Güterverkehrs über die irischen Wasserwege nach durchgeführter Befreiung derselben von Tang und Schlingpflanzen. Einen Plan, den Viehmarkt (North Circular Road und Prussia Street) mit den Kais (Sheriff Street, Lower, und East Wall) durch eine Trambahnlinie zu verbinden, parallel zur Link-Bahnlinie (in Verbindung mit der Great Southern und Western Railway) zwischen dem Viehpark, Liffey Junction und der Endstation der Midland Great Western Railway, 43 bis 45 North Wall, in unmittelbarer Nähe der Kopfstationen oder Dubliner Zweiglinien der Great Central Railway, Midland Railway of England, City of Dublin Steam Packet Company, Lancashire Yorkshire Railway Company, Dublin and Glasgow Steam Packet Company, Glasgow Dublin and Londonderry Steam Packet Company (Laird-Linie), British and Irish Steam Packet Company, Dublin and Morecambe Steamers, London and North Western Railway Company, Dublin Port and Docks Board Landing Sheds und Transitlagerhallen von Palgrave, Murphy & Co., Reedern, Vertretern für Schiffahrtslinien aus dem Mittelmeer, Spanien, Portugal, Frankreich, Belgien und Holland und für die Liverpool Underwriters Association, wobei die Kosten des rollenden Materials wie der Viehtransporte und zusätzlich noch des ganzen von der Dublin United Tramways Company m. b. H. betriebenen Streckennetzes aus Viehzüchterabgaben bestritten werden konnten.

Unter der Voraussetzung welcher Protasis würde die Kontraktion über derartige verschiedentliche Pläne eine natürliche und notwendige Apodosis werden?
Wenn eine Garantie in Höhe der gesuchten Summe, d. h. der nötigen Mittel, geleistet wurde, durch einen Schenkungsakt und Zessionsurkunden zu Lebzeiten des Schenkers oder durch Erbvermächtnis nach des Schenkers sanftem Entschlafen, von seiten hervorragender Finanzgrößen (Blum Pascha, Rothschild, Guggenheim, Hirsch, Montefiore, Morgan, Rockefeller), welche sechsstellige Vermögen besaßen, im Lauf eines erfolgreichen Lebens aufgehäuft, und wenn sich zum Kapital noch die günstige Gelegenheit gesellte, dann war die Sache geschafft.

Was würde ihn letzten Endes von solchem Reichtum unabhängig machen?
Die unabhängige Entdeckung einer Goldader von unerschöpflicher Ergiebigkeit.

Aus welchem Grunde meditierte er über so schwer zu verwirklichende Pläne?
Es war eines seiner Axiome, daß solche und ähnliche Meditationen oder die automatische Beziehung einer ihn berührenden Erzählung auf die eigene Person oder ruhige Erinnerung an die Vergangenheit, wenn man dergleichen gewohnheitsmäßig übte, bevor man sich zur Ruhe begab, die Müdigkeit lösten und infolgedessen einen gesunden Schlaf und erneuerte Lebenskraft zeitigten.

Seine Rechtfertigungen hierfür?
Als Physiker hatte er die Erfahrung gemacht, daß von den 70 Jahren des gesamten menschlichen Lebens zumindest $^2/_7$, nämlich 20 Jahre, im Schlaf verbracht wurden. Als Philosoph wußte er, daß bei Beendigung des dem Menschen zugeteilten Lebens nur ein verschwindend kleiner Bruchteil der von demselben gehegten Wünsche in Erfüllung gegangen war. Als

Physiologe glaubte er an die künstliche Besänftigung böser Wirkungskräfte, welche hauptsächlich während der Schlafzeit ihr Wesen trieben.

Was befürchtete er?
Die Begehung von Homi- oder Suizid während des Schlafes aus Ursache einer Aberration des Lichtes der Vernunft, der inkommensurablen kategorischen Intelligenz, welche in den Gehirnwindungen ihren Sitz hatte.

Welchem Gegenstand wandten sich gewohnheitsmäßig seine abschließenden Meditationen zu?
Einer einzigartig einmaligen Reklameanzeige, welche die Leute voller Verwunderung stehen bleiben ließ, einer Neuheit auf dem Gebiete des Plakatwesens, ganz ohne äußerliches Beiwerk, reduziert auf ihre einfachste und wirksamste Form, mit dem kürzesten zufälligen Blick zu erfassen und voll entsprechend dem Tempo des modernen Lebens.

Was war in der ersten von ihm aufgeschlossenen Schublade enthalten?
Ein Vere-Foster-Schreibheft, Eigentum von Milly (Millicent) Bloom, in dem gewisse Seiten mit *Pappilein* bezeichnete graphische Darstellungen aufwiesen, welche einen kugelrunden Kopf mit 5 steil abstehenden Haaren und 2 Augen im Profil, einen voll frontal gesehenen Rumpf mit 3 großen Knöpfen sowie 1 dreieckigen Fuß zeigten: 2 verblassende Photographien von Königin Alexandra von England und Maud Branscombe, Schauspielerin und bekannte Schönheit: eine Weihnachtsglückwunschkarte, darauf die Abbildung einer Schmarotzerpflanze, die Legende *Mizpah*, das Datum Weihnachten 1892, der Name des Absenders, Mr. und Mrs. M. Comerford, das Verschen: *Bring' euch diese Festzeit allen / Freude, Frieden, Wohlgefallen:* ein Ende rotes, teilweise geschmolzenes Siegelwachs aus dem Warenhaus der Firma Hely, G.m.b.H., 89, 90 und 91 Dame Street: eine Schachtel

mit dem Rest eines Satzes vergoldeter ›J‹-Schreibfedern aus demselben Haus derselben Firma: eine alte Sanduhr mit Sand, der noch rann: eine versiegelte (nie entsiegelte) Prophezeiung, geschrieben von Leopold Bloom im Jahre 1886, betreffend die Folgen, die entstehen würden, falls William Ewart Gladstones Home Rule Bill von 1886 (die nie Gesetz wurde) Gesetz wurde: ein Basarbillett No. 2004 vom S. Kevin's Charity Fair, Preis 6d., 100 Preise: ein Kinderbrief, datiert montag mit kleinem Em, Text: Pappilein mit großem Pe Komma Wie großes We geht es Dir großes De Fragezeichen Mir groß geht es sehr gut Punkt Absatz Unterschrift mit Schnörkeln Milly großes Em kein Punkt: eine Kameen-Brosche, Eigentum der verstorbenen Ellen Bloom (geb. Higgins): eine Kameen-Krawattennadel, Eigentum des verstorbenen Rudolph Bloom (geb. Virag): 3 maschinegeschriebene Briefe, Adressat Henry Flower, c/o Postamt Westland Row, Absender Martha Clifford, c/o Postamt Dolphin's Barn: die Transkription von Name und Adresse des Absenders der 3 Briefe in umgekehrt alphabetischem boustrophedontischem punktiertem quadrilinearem Kryptogramm (Vokale ausgelassen): N. IGS./ WI. UU. OX/W. OKS. MH/Y. IM: ein Presseausschnitt aus der englischen Wochenzeitschrift *Modern Society* zum Thema körperlicher Züchtigung in Mädchenschulen: ein rosa Band, das ein Osterei im Jahre 1899 geschmückt hatte: zwei teilweise aufgerollte Gummipräservative mit Reservoir, auf dem Postwege gekauft von Box 32, Postamt Charing Cross, London, W. C.: 1 Dutzendpackung gelblich gefütterte Umschläge und dünnliniertes Briefpapier mit Wasserzeichen, von denen jetzt 3 fehlten: einige assortierte österreich-ungarische Münzen: 2 Lose der Königlich Privilegierten Ungarischen Lotterie: ein schwaches Vergrößerungsglas: 2 erotische Photo-Postkarten, worauf abgebildet: a) Mundkoitus zwischen nackter Señorita (von rückwärts zu sehen, obere Lage) und nacktem Torero (von vorn zu sehen, untere Lage): b) anale Vergewaltigung von weiblicher Ordensangehöriger (teilbekleidet, direkter Blick) durch männlichen Ordensangehörigen (vollbekleidet, gesenkter Blick), auf dem Postwege gekauft von Box 32, Postamt Charing Cross, London, W. C.: ein Presseausschnitt mit Rezept für Erneuerung alter brauner Stiefel: eine 1d. Briefmarke mit Gummierung, lavendellila, aus der Regierungszeit der Königin Victoria: eine Tabelle mit Messungen von Leopold Bloom, zusammengestellt vor, während und nach 2-monatigem Dauergebrauch von Sandow-Whiteleys Expander (Ausführung für Männer 15/-, für Sportler 20/-), nämlich Brust 28 Zoll und 29 1/2 Zoll, Bizeps 9 Zoll und 10 Zoll, Unterarm 8 1/2 und 9 Zoll, Schenkel 10 Zoll und 12 Zoll, Wade 11 Zoll und 12 Zoll: ein Prospekt über den Wunderwirker, der Welt großartigstes Heilmittel für Mastdarmbeschwerden, direkt vom Wunderwirker, Coventry House, South Place, London E. C., irrtümlich adressiert an Mrs. L. Bloom, mit kurzem Begleitschreiben und der irrtümlichen Anrede: Sehr geehrte gnädige Frau.

Nenne die textuellen Formulierungen, mit denen der Prospekt die beachtlichen Vorzüge dieses thaumaturgischen Mittels geltend machte.
Es heilt und lindert, während Sie schlafen, im Fall von Schwierigkeiten beim Windlassen, unterstützt die Natur in der gewaltigsten Weise, schafft prompte Erleichterung durch Abgang der Gase, hält die empfindlichen Teile sauber und frei für ihre natürliche Tätigkeit, eine einmalige Auslage von 7/6 macht einen neuen Menschen aus Ihnen und das Leben wieder lebenswert. Für Damen ist der Wunderwirker besonders nützlich, eine angenehme Überraschung, sobald sie das beglükkende Resultat bemerken, erquickend wie ein kühler Trunk frischen Quellwassers an einem schwülen Sommertag. Empfehlen Sie ihn Ihrer Freundin und Ihren Freunden, hält ein ganzes Leben lang. Das lange runde Ende einführen. Wunderwirker.

Lagen auch Dankschreiben vor?
Zahlreiche. Von einem Geistlichen, einem Offizier der Bri-

tischen Marine, einem bekannten Schriftsteller, einem Geschäftsmann, einer Krankenschwester, einer Lady, einer fünffachen Mutter, einem Burenkriegsveteranen.

Wie schloß das abschließende Dankschreiben des Burenkriegsveteranen ab?
Was für ein Jammer, daß die Regierung unsere Männer im Südafrikanischen Krieg nicht mit Wunderwirkern ausgestattet hat! Was für eine Erleichterung wäre das gewesen!

Welchen Gegenstand fügte Bloom dieser Sammlung von Gegenständen hinzu?
Einen 4. maschinegeschriebenen Brief, den Henry Flower (setze L. B. für H. F.) von Martha Clifford (finde M. C.) empfangen hatte.

Welcher angenehme Gedanke begleitete dieses Tun?
Der Gedanke, daß, von dem in Rede stehenden Brief ganz abgesehen, sein magnetisches Gesicht, seine Gestalt und seine Lebensart im Lauf des vergangenen Tages von einer verheirateten Frau (Mrs. Josephine Breen, geb. Josie Powell), einer Krankenschwester, Miss Callan (Vorname unbekannt), einem Mädchen, Gertrude (Gerty, Nachname unbekannt) günstig aufgenommen worden waren.

Welche Möglichkeit bot sich an?
Die Möglichkeit, bereits in allernächster Zukunft nach einer aufwendigen Mahlzeit in einer privaten Räumlichkeit in der Gesellschaft einer eleganten Kurtisane von körperlicher Schönheit, mäßiger Gewinnsucht, mannigfaltiger Bildung, einer der Herkunft nach wirklichen Dame, männliche Faszinationskraft zu entfalten.

Was war in der zweiten Schublade enthalten?
Dokumente: die Geburtsurkunde von Leopold Paula Bloom: eine Lebensversicherungspolice über £ 500 bei der Scottish

Widows' Assurance Society, Anspruchsberechtigte Millicent (Milly) Bloom, nach Laufzeit von 25 Jahren fällig, Versorgungskapital £ 430, £ 462-10-0 und £ 500 bei Erreichung des 60. Lebensjahrs oder Todesfall, bei Erreichung des 65. Lebensjahrs oder Todesfall und bei Todesfall, je nachdem, oder Überschußbeteiligung (ausgezahlt) in Höhe von £ 299-10-0 insgesamt bei Beitragseinzahlung von £ 133-10-0 insgesamt, ganz nach Wunsch: ein Sparkassenbuch, ausgegeben von der Ulster Bank, Filiale College Green, mit dem Kontostand bei Halbjahresabschluß zum 31. Dezember 1903 in Höhe von £ 18-14-6 (in Worten: achtzehn Pfund, vierzehn Schilling und Sixpence, Sterling) rein netto zugunsten des Kontoinhabers: ein Besitzzertifikat über £ 900 in 4%igen (eingetragenen) kanadischen Staatspapieren (stempelsteuerfrei): Quittungen des Catholic Cemeteries' (Glasnevin) Committee über den Erwerb einer Grabstätte: ein lokaler Presseausschnitt über eine Namensänderung durch einseitige Beurkundung.

Nenne den Wortlaut dieser Notiz.
Ich, Rudolph Virag, zurzeit wohnhaft No. 52 Clanbrassil Street, Dublin, vormals aus Szombathely im Königreich Ungarn, gebe hiermit bekannt, daß ich den Namen Rudolph Bloom angenommen habe und denselben in Zukunft dauernd und ausnahmslos zu tragen beabsichtige.

Welche weiteren auf Rudolph Bloom (geb. Virag) bezüglichen Gegenstände befanden sich in der 2. Schublade?
Eine unscharfe Daguerreotypie von Rudolph Virag und seinem Vater Leopold Virag, aufgenommen im Jahre 1852 im photographischen Atelier ihres Vetters 1. resp. 2. Grades Stefan Virag aus Szesfehervar, Ungarn. Ein altertümliches Hagadahbuch, in welchem eine eingelegte Hornbrille mit Konvexgläsern die Stelle bezeichnete, wo in den rituellen Gebeten für Pessach (Passah) die Danksagung stand: eine Ansichtskarte des Queen's Hotel, Ennis, Eigentümer Rudolph

Bloom: ein Umschlag, adressiert *An meinen lieben Sohn Leopold.*

Welche Bruchstücke von Sätzen rief die Lektüre dieser fünf ganzen Worte in seiner Erinnerung wach?
Morgen ist es eine Woche her, daß ich . . . es hat keinen Zweck mehr, Leopold noch weiter . . . bei Deiner lieben Mutter . . . das ist nicht mehr auszuhalten . . . zu ihr . . . für mich ist alles aus . . . sei gut zu Athos, Leopold . . . mein lieber Sohn . . . immer . . . an mich . . . *das Herz* . . . *Gott* . . . *dein* . . .

Welche Reminiszenzen an ein menschliches Wesen, welches an progressiver Melancholie litt, riefen diese Gegenstände in Bloom wach?
Ein alter Mann, Witwer, ungekämmtes Haar, im Bett, mit bedecktem Kopf, seufzend: ein kränkelnder Hund, Athos: Akonit, zu dem in immer stärkeren Dosen von Granen und Skrupeln als Palliativ gegen sich immer verschlimmernde Neuralgie Zuflucht genommen wurde: das Gesicht eines Siebzigjährigen im Tode, Giftsuizid.

Warum empfand Bloom so etwas wie Gewissensbisse?
Weil er in unreifer Ungeduld gewisse Glaubenssitten und -gebräuche mit mangelndem Respekt behandelt hatte.

Zum Beispiel welche?
Das Verbot des Genusses von Fleisch und Milch bei einer und derselben Mahlzeit, das wöchentliche Symposion von unkoordiniert abstrakten, glühend konkreten merkantilen coexreligionistischen Exkompatrioten: die Beschneidung der männlichen Kinder: den übernatürlichen Charakter der judaischen Heiligen Schrift: die Unaussprechlichkeit des Tetragramms: die Heiligkeit des Sabbats.

Wie kamen ihm diese Glaubenssitten und -gebräuche nunmehr vor?

Nicht vernünftiger, als sie ihm damals vorgekommen waren, nicht weniger vernünftig, als ihm andere Glaubenssitten und -gebräuche nunmehr vorkamen.

Welches war seine erste Erinnerung an Rudolph Bloom (verstorben)?
Rudolph Bloom (verstorben) erzählte seinem Sohn Leopold Bloom (sechsjährig) in retrospektivem Arrangement von Wanderungen und Niederlassungen in und zwischen Dublin, London, Florenz, Mailand, Wien, Budapest und Szombathely, verbunden mit Kundgebungen der Befriedigung (da sein Großvater noch Maria Theresia gesehen hatte, Kaiserin von Österreich, Königin von Ungarn), mit kaufmännischen Ratschlägen (da er den Penny geehrt hatte und des Pfundes wert geworden war). Leopold Bloom (sechsjährig) hatte diese Erzählungen mit fortwährenden Konsultationen einer Landkarte von Europa (politisch) sowie mit Anregungen zur Einrichtung affiliierter Geschäftsbetriebe in den diversen erwähnten Zentren begleitet.

Hatte die Zeit die Erinnerung an diese Wanderungen bei Erzähler und Zuhörer gleichermaßen, obschon in verschiedener Weise, getilgt?
Beim Erzähler durch die Zunahme an Jahren und infolge des Gebrauchs eines Narkotikums: beim Zuhörer durch die Zunahme an Jahren und infolge der Abnahme des Interesses, von Erfahrungen, welche andere gemacht, Gebrauch zu machen.

Welche Idiosynkrasien des Erzählers waren Begleiterscheinungen der Amnesie?
Gelegentlich aß er, ohne zuvor den Hut abgenommen zu haben. Gelegentlich trank er begierig den Saft der Stachelbeercreme vom geneigten Teller. Gelegentlich entfernte er von seinen Lippen die Speisereste mithilfe eines zerrissenen Briefumschlags oder eines anderen erreichbaren Stücks Papier

Welche beiden Alterserscheinungen waren noch häufiger?
Das myopische Fingerzählen von Münzen, das Aufstoßen nach fülligen Mahlzeiten.

Welche Gegenstände trösteten teilweise über diese Erinnerungen hinweg?
Die Lebensversicherungspolice, das Sparkassenbuch, das Zertifikat über den Besitz von Interimsaktien.

Mache Bloom durch kreuzweise Multiplikation von Schicksalsschlägen, vor denen diese Mittel ihn schützten, und durch Eliminierung aller positiven Werte zu einer negativen irrationalen unwirklichen *quantité négligeable*.
Nacheinander, in absteigender helotischer Ordnung: Armut: die des Straßenhausierers mit imitierten Bijouteriewaren, des Eintreibers schlechter und zweifelhafter Schulden, des Eintreibers der Armen- und Gemeindesteuer. Der Bettelstab: des betrügerischen Bankrotteurs mit ungenügender Schuldendekkung, der 1s. 4d. fürs £ zahlt, des Plakatträgers, des Verteilers von Flugblättern, des nächtlichen Vagabunden, des sich einschmeichelnden Sykophanten, des verkrüppelten Matrosen, des blinden Jünglings, des ausgedienten Amtsdieners, des Freudenstörers, des Schmarotzers, des Spielverderbers, des Liebedieners, des exzentrischen Sonderlings, der in öffentlichen Parks auf der Bank sitzt, unter einem löchrigen Regenschirm, und die Zielscheibe öffentlichen Spottes ist. Die Verlassenheit: des Insassen des Old Man's House (Royal Hospital), Kilmainham, des Insassen von Simpson's Hospital für verarmte, doch achtbare, durch Gicht oder Blindheit arbeitsunfähig gewordene Männer. Nadir des Elends: der betagte impotente entrechtete auf die Fürsorge angewiesene sterbenskranke schwachsinnige Arme.

Welche schimpflichen Behandlungen waren dann überdies zu erdulden?
Die teilnahmslose Gleichgültigkeit früher liebenswürdiger

Frauen, die Verachtung muskelstarker Männer, das Hinwerfen von Brotstücken, die gespielte Ahnungslosigkeit zufälliger Bekannter, das Gebell nicht gemeldeter unreinrassiger streunender Hunde, das kindliche Werfen mit faulen pflanzlichen Geschossen, welche wenig oder nichts oder weniger als nichts wert waren.

Wodurch ließ sich einer solchen Situation zuvorkommen?
Durch Hinscheiden (Wechsel des Zustandes), durch Weggang (Wechsel des Ortes).

Wodurch vorzugsweise?
Durch das letztere, im Zuge des geringsten Widerstandes.

Welche Erwägungen ließen dasselbe nicht ganz unwünschenswert erscheinen?
Beständige Kohabitation behinderte die beiderseitige Toleranz gegenüber persönlichen Schwächen. Die Gewohnheit unabhängigen Einkaufs wurde immer mehr gepflegt. Die Notwendigkeit, durch impermanenten Aufenthalt der Permanenz des Gebundenseins entgegenzuwirken, stand außerfrage.

Welche Erwägungen ließen es nicht unvernünftig erscheinen?
Die betreffenden Parteien hatten sich vereinigt, waren fruchtbar geworden und hatten sich gemehrt, und nachdem dies geschehen, nachdem für Nachzucht gesorgt und dieselbe zur Reife gebracht war, standen die Parteien, wenn nicht getrennt, vor der Verpflichtung, sich wiederum zum Zwecke des Fruchtbarwerdens und der Mehrung neu zu vereinigen, was absurd war, und durch Wiedervereinigung das ursprüngliche Paar der sich vereinigenden Parteien neu zu bilden, was unmöglich war.

Welche Erwägungen ließen es wünschenswert erscheinen?
Der anziehende Charakter gewisser Örtlichkeiten in Irland wie auch im Ausland, wie sie auf allgemeinen Landkarten in mehrfarbigem Druck oder auf speziellen Generalstabskarten

mit Maßzahlen und Schraffierungen dargestellt waren.

In Irland?
Die Klippen von Moher, die stürmischen Öden von Connemara, der Lough Neagh mit der untergegangenen versteinerten Stadt, der Giant's Causeway, Fort Camden und Fort Carlisle, das Golden Vale of Tipperary, die Aran Islands, die Weiden des Königlichen Meath, die Brigids-Ulme in Kildare, die Queen's-Island-Werft in Belfast, der Salmon Leap, die Seen von Killarney.

Im Ausland?
Ceylon (mit Gewürzgärten, welche Thomas Kernan, Vertreter von Pulbrook, Robertson & Co., 2 Mincing Lane, London, E.C., 5 Dame Street, Dublin, mit Tee belieferten), Jerusalem, die heilige Stadt (mit der Omar-Moschee und dem Damaskus-Tor, Ziel der Sehnsucht), die Straße von Gibraltar (der einzigartige Geburtsort von Marion Tweedy), der Parthenon (mit seinen Statuen, nackten griechischen Gottheiten), der Geldmarkt der Wall Street (der die internationale Finanz kontrollierte), die Plaza de Toros in La Linea, Spanien (wo O'Hara von den Camerons den Stier erlegt hatte), der Niagara (über welchen kein menschliches Wesen je ungestraft gelangt war), das Land der Eskimos (Seifenesser), das verbotene Land Tibet (aus dem kein Reisender je wiederkehrt), die Bucht von Neapel (die sehen sterben hieß), das Tote Meer.

Unter welcher Führung, welchen Zeichen folgend?
Auf See, septentrional, bei Nacht dem Polarstern, welcher am Schnittpunkt der verlängerten und bei Omega äußerlich geteilten Geraden von Beta zu Alpha im Großen Bären und der Hypothenuse des aus der so gegebenen Geraden Alpha-Omega und der Geraden Alpha-Delta im Großen Bären gebildeten rechtwinkligen Dreiecks stand. Zu Lande, meridional, einem in unvollkommenen wechselnden Lunationsphasen durch den rückwärtigen Schlitz des unvollkommen geschlos-

senen Rocks eines fleischigen verwahrlosten umherziehenden Weibes sichtbaren bisphärischen Mond, einer Wolkensäule bei Tag.

Welche öffentliche Annonce würde das Verschwinden des Weggegangenen bekannt machen?
£ 5 Belohnung! Verloren gegangen, gestohlen worden oder entlaufen ist aus seiner Wohnung No. 7 Eccles Street ein Herr um die 40, hört auf den Namen Bloom, Leopold (Poldy), Größe 5 Fuß $9^{1}/_{2}$ Zoll, volle Gestalt, olivengrüner Teint, hat sich inzwischen möglicherweise einen Bart wachsen lassen, trug, als er zuletzt gesehen wurde, einen schwarzen Anzug. Obige Summe erhält, wer sachdienliche Angaben machen kann, die zu seiner Auffindung führen.

Welche universellen binomischen Denominationen würde er als Entität und Nonentität führen?
Angenommen von jedem oder keinem bekannt. Jedermann oder Niemand.

Welche Tribute empfangen?
Ehre und Gaben von Fremden, den Freunden des Jedermann. Eine unsterbliche Nymphe, Schönheit, die Braut des Niemand.

Würde der Weggegangene niemals, nirgends, nirgendwie wiedererscheinen?
Ewig würde er wandern, selbstgetrieben, bis an die äußerste Grenze seiner Kometenbahn, jenseits der Fixsterne und variablen Sonnen und teleskopischen Planeten, der astronomischen Strolche und Vagabunden, bis an die äußerste Grenze des Raums, von Land zu Land, unter Völkern, unter Ereignissen. Irgendwo, kaum merklich, würde er die Rufe nach Rückkehr hören, und irgendwie, unwillens, würde er, sonnengetrieben, willfahrten. Von wannen er schwinden würde aus dem Sternbild der Nördlichen Krone und würde wieder-

erscheinen irgendwie neugeboren über Delta im Sternbild der Cassiopeia und wiederkehren nach unberechenbaren Äonen der Wanderung als ein entfremdeter Rächer, ein Ahnder der Übeltaten, ein geheimnisdunkler Kreuzfahrer, ein erweckter Schläfer, der über Geldquellen gebot, welche (nach allgemeiner Annahme) diejenigen Rothschilds oder des Silberkönigs noch übertrafen.

Was würde eine solche Rückkehr unvernünftig erscheinen lassen?
Eine unbefriedigende Gleichung zwischen einem Exodus samt Rückkehr in die Zeit durch reversiblen Raum und einem Exodus samt Rückkehr in den Raum durch irreversible Zeit.

Welches Trägheit bewirkende Kräftespiel ließ den Weggang unwünschenswert erscheinen?
Die Späte der Stunde, die denselben aufschubsbedürftig machte: die Dunkelheit der Nacht, die ihn unsichtbar machte: die Unsicherheit der Straßen, die ihn gefährlich machte: die Notwendigkeit der Schlafesruhe, die Bewegung erübrigte: die Nähe eines besetzten Bettes, die weiteres Suchen erübrigte: die Antizipation von mit Kühle (Leinen) temperierter Wärme (menschlicher), die weiteres Begehren erübrigte und sich selber begehrenswert machte: die Statue des Narcissus, Klang ohne Echo, begehrte Begierde.

Welche Vorteile besaß ein besetztes Bett im Unterschied zu einem unbesetzten Bett?
Den Wegfall nächtlicher Einsamkeit, die überlegene Qualität der menschlichen (reifes Weib) gegenüber der nichtmenschlichen (Wärmflasche) Erwärmung, die stimulierende Wirkung morgendlichen Kontaktes, die Kostenersparnis im Hinblick auf die Benutzung der Heißmangel des Wohnblocks, im Fall daß Hosen sorgsam gefaltet und der Länge nach zwischen die Sprungfedermatratze (gestreift) und das wollene Unterbett (hellbraun kariert) gelegt wurden.

Welche vergangenen, konsekutiven, vor dem Aufstehen bereits vorausgesehenen Ursachen akkumulierter Ermüdung rekapitulierte Bloom still, bevor er aufstand?
Die Bereitung des Frühstücks (Brandopfer): intestinale Kongestion und prämeditative Defäkation (Allerheiligstes): das Bad (Ritus des Johannes): die Beerdigung (Ritus des Samuel): die Annonce des Alexander Keyes (Urim und Thummim): der unsubstantielle Lunch (Ritus des Melchisedek): der Besuch von Museum und Nationalbibliothek (heilige Stätte): die Bücherjagd entlang Bedford Row, Merchants' Arch, Wellington Quay (Simchath Torah): die Musik im Ormond Hotel (Schira Schirim): die Kontroverse mit einem barbarischen Troglodyten in Bernard Kiernans Lokal (großes Brandopfer): eine leere Zeitspanne mit Droschkenfahrt, Besuch in einem Trauerhaus, Abschiednehmen (Wüste): der durch weiblichen Exhibitionismus hervorgerufene Erotizismus (Ritus des Onan): die langandauernde Entbindung von Mrs. Mina Purefoy (Keuchopfer): der Besuch im liederlichen Hause der Mrs. Bella Cohen, 82 Tyrone Street, untere, und anschließend die zufällig entstandene Auseinandersetzung mit Körperverletzung in der Beaver Street (Harmagedon): nächtliche Wanderung zur und von der Kutscherkneipe, Butt Bridge (Sühnopfer).

Welches sich selbst stellende Rätsel löste sich Bloom, als er im Begriff stand, sich zu erheben, um zu gehen, um zum Schluß zu kommen, aus Furcht, sonst nie zum Schluß zu kommen, unwillkürlich?
Die Ursache eines kurzen scharfen unerwartet vernommenen lauten einsamen Krachens, emittiert von dem empfindungslosen Material eines spannungsgespaltenen Holztisches.

Welches sich selbst erschwerende Rätsel löste sich Bloom, als er sich erhob, ging, vielfache vielfarbige vielformige Kleidungsstücke zusammenraffte, Rätsel unwillkürlich löste, nicht?

Wer war M'Intosh?

Welches sich selbst lösende Rätsel, 30 Jahre lang mit unsteter Beständigkeit überdacht, löste sich Bloom jetzt, als er vermittels Löschung des künstlichen Lichtes natürliche Dunkelheit hergestellt hatte, ganz plötzlich in aller Stille?
Wo war Moses, als die Kerze ausging?

Welche Unvollkommenheiten an einem vollkommenen Tage zählte sich Bloom im Gehen still nacheinander auf?
Vorläufige Mißerfolge in dem Bemühen, die Erneuerung einer Annonce zu erreichen, eine bestimmte Menge Tee von Thomas Kernan zu bekommen (Vertreter von Pulbrook, Robertson & Co., 5 Dame Street, Dublin, und 2 Mincing Lane, London, E. C.), das Vorhandensein oder Nichtvorhandensein einer rückwärtigen Rektalöffnung im Falle weiblicher hellenischer Gottheiten gesichert festzustellen, Zugang (gratis oder bezahlt) zur Aufführung der *Leah* mit Mrs. Bandman Palmer im Gaiety Theatre, 46, 47, 48, 49 South King Street, zu erlangen.

Welche Impression eines abwesenden Gesichtes tauchte still in der Erinnerung des darob stehenbleibenden Bloom auf?
Das Gesicht ihres Vaters, des verstorbenen Majors Brian Cooper Tweedy, Royal Dublin Fusiliers, Gibraltar und Rehoboth, Dolphin's Barn.

Welche rekurrenten Impressionen desselben waren unter dieser Voraussetzung möglich?
Wie es sich, am Bahnhof der Great Northern Railway, Amiens Street, mit konstanter gleichförmiger Beschleunigung, längs paralleler Linien, welche sich, falls verlängert, im Unendlichen schnitten, entfernte: wie es, längs paralleler Linien, welche sich aus dem Unendlichen rückverlängerten, mit konstanter gleichförmiger Verlangsamung, am Bahnhof der Great Northern Railway, Amiens Street, zurückkehrte.

Welche vermischten Effekten persönlicher weiblicher Leibwäsche wurden von ihm erblickt?
Ein Paar neue geruchlose halbseidene schwarze Damenstrümpfe, ein Paar neue violette Strumpfbänder, ein überlanger Damenschlüpfer von reichlich weitem Schnitt, aus indischem Mull, duftend nach Opoponax, Jasmin und Murattis Türkischen Zigaretten, mit langer funkelnder krummlinig gebogener Sicherheitsnadel aus Stahl, ein Kamisol aus Batist mit dünnem Spitzenbesatz, ein plissierter Unterrock aus blauseidenem Moirette, welche Gegenstände sämtlich in unregelmäßigem Durcheinander auf einem rechteckigen, vierfach leistenverstärkten Koffer mit Eckkappen lagen, der vielfarbige Klebeschilder aufwies und an der Vorderseite in weißer Schrift die Initialen B. C. T. (Brian Cooper Tweedy).

Welche unpersönlichen Gegenstände wurden erblickt?
Eine Kommode, deren einer Fuß gebrochen war, zur Gänze bedeckt mit einer viereckigen Cretonne-Decke, Apfelmuster, auf der ein schwarzer Damenstrohhut lag. Porzellan mit orangenem Muster, gekauft bei Henry Price, Korb-, Galanterie-, Porzellan- und Eisenwarenhandlung, 21, 22, 23 Moore Street, in unregelmäßigem Durcheinander auf Waschtisch und Fußboden, bestehend aus Schüssel, Seifenschale und Bürstenplatte (auf dem Waschtisch, beisammen), Kanne und Nachtgeschirr (auf dem Boden, getrennt).

Blooms Verrichtungen?
Er legte die Kleidungsstücke auf einen Stuhl, zog seine eigene noch verbliebene Kleidung aus, holte unter dem Keilkissen am Kopfende des Bettes ein zusammengefaltetes langes weißes Nachthemd hervor, steckte Kopf und Arme durch die dafür vorgesehenen Öffnungen des Nachthemds, legte ein Kissen vom Kopfende ans Fußende des Bettes, richtete entsprechend das Bettzeug und begab sich ins Bett.

Wie?

Mit Umsicht, wie stets, wenn er sich in eine Wohnstätte begab (seine eigene oder auch nicht seine eigene): mit Achtsamkeit, denn die schlangenspiraligen Sprungfedern der Matratze waren ausgeleiert, die Messingringe und freistehenden Vipernradien locker und wacklig geworden von Druck und Zug: bedächtig und klug, als betrete er ein Lager oder Versteck der Lust oder der Nattern: leicht, um so wenig wie möglich zu stören: ehrerbietig, ins Bett der Empfängnis und der Geburt, des Ehevollzugs und des Ehebruchs, des Schlafs und des Todes.

Was bekamen seine Glieder, als er sie nach und nach langsam ausstreckte, zu spüren?
Frische saubere Bettwäsche, zusätzliche Düfte, die Gegenwart einer menschlichen Gestalt, weiblich, ihrer, den Eindruck einer menschlichen Gestalt, männlich, nicht seiner, ein paar Krümel, ein paar Flocken des Inhalts von Fleischkonserven, aufgewärmt, die er entfernte.

Wenn er gelächelt hätte, warum hätte er gelächelt?
Bei dem Gedanken, daß jeder, der hereinkommt, sich einbildet, er sei der erste, der hereinkommt, während er doch immer der letzte einer vorangegangenen Reihe ist, selbst wenn er der erste einer nachfolgenden ist, insofern als sich jeder einbildet, der erste, letzte, einzige und alleinige zu sein, während er doch weder der erste noch der letzte noch der einzige und alleinige ist in einer Reihe, die im Unendlichen beginnt und ins Unendliche sich fortsetzt.

Welche vorangegangene Reihe?
Wenn man Mulvey einmal als ersten in seiner Reihe annahm, Penrose, Bartell d'Arcy, Professor Goodwin, Julius Mastiansky, John Henry Menton, Pater Bernard Corrigan, ein Bauer auf der Pferdeschau der Royal Dublin Society, Maggot O'Reilly, Matthew Dillon, Valentine Blake Dillon (Lord Mayor von Dublin), Christopher Callinan, Lenehan, ein ita-

lienischer Drehorgelspieler, ein unbekannter Herr im Gaiety Theatre, Benjamin Dollard, Simon Dedalus, Andrew (Pisser) Burke, Joseph Cuffe, Wisdom Hely, Alderman John Hooper, Dr. Francis Brady, Pater Sebastian vom Mount Argus, ein Stiefelwichser am Hauptpostamt, Hugh E. (Blazes) Boylan und so weiter und so fort bis zum nimmerletzten.

Was für Gedanken hegte er bezüglich des letzten Gliedes dieser Reihe und kürzlichen Inhabers des Bettes?
Gedanken an seine Kraft (ein Rabauke), Körperproportion (ein Plakatkleber), kaufmännische Fähigkeit (ein Schwindler), Erregbarkeit (ein Prahler).

Warum gesellte sich für den Beobachter Erregbarkeit zu Kraft, Körperproportion und kaufmännischer Fähigkeit?
Weil er mit zunehmender Häufigkeit bei den vorangegangenen Gliedern derselben Reihe dieselbe Konkupiszenz beobachtet hatte, die sich heftig fortpflanzte, zuerst mit Unruhe, dann mit Verständnis, dann mit Begierde, und schließlich mit Müdigkeit, wobei sich alternierend Symptome epizönischer Komprehension und Apprehension zeigten.

Mit welchen widerstreitenden Gefühlen waren seine nachfolgenden Überlegungen besetzt?
Mit Neid, Eifersucht, Entsagung, Gleichmut.

Neid?
Auf einen körperlich und geistig männlichen Organismus, der speziell für die Obenauf-Lage bei kraftvoller menschlicher Kopulation und kraftvoller Kolben- und Zylinderbewegung geeignet war, wie sie zur vollständigen Befriedigung einer konstanten, doch nicht akuten Konkupiszenz in einem passiven, doch nicht abgestumpften, körperlich und geistig weiblichen Organismus notwendigerweise gehörte.

Eifersucht?

Weil eine reife und in ihrem freien Zustand flüchtige Natur alternierend sowohl das Agens als auch das Reagens von Attraktion war. Weil die Aktion zwischen Agentien und Reagentien jeden Augenblick wechselte, und zwar indirekt proportional in bezug auf Zunahme und Abnahme, bei unaufhörlichem zirkularen Extendieren und radialem Wiedereintreten. Weil die kontrollierte Kontemplation der Fluktuation der Attraktion erwünschtenfalls eine Fluktuation des Vergnügens hervorrief.

Entsagung?
Kraft a) einer im September 1903 im Etablissement von George Mesias, Schneiderei und Herrenmoden, 5 Eden Quay, geschlossenen Bekanntschaft, b) einer in Naturalien erwiesenen und empfangenen, in Person erwiderten und rückaufgenommenen Gastfreundschaft, c) einer relativen, den Impulsen von Ehrgeiz und Großmut, kollegialem Altruismus und amourösem Egoismus unterworfenen Jugendlichkeit, d) außerrassischer Attraktion, innerrassischer Inhibition, überrassischen Prärogativs, e) einer bevorstehenden Konzerttournee durch die Provinz, gemeinsamer laufender Ausgaben, geteilter Nettoerträge.

Gleichmut?
Da ebenso natürlich wie alle und jede zu Ausdruck oder Verständnis gelangende natürliche Betätigung in natürlicher Natur vonseiten natürlicher Kreaturen von unähnlicher Ähnlichkeit nach Maßgabe der ihm, ihr und ihnen innewohnenden natürlichen Natur. Da nicht so katastrophal wie eine kataklysmische Vernichtung des Planeten infolge einer Kollision mit einer erloschenen Sonne. Da weniger sträflich als Diebstahl, Straßenraub, Grausamkeit gegenüber Kindern und Tieren, Erschwindelung von Geld vermittels falscher Angaben, Fälschung, Unterschlagung, Unterschleif öffentlicher Gelder, Täuschung des öffentlichen Vertrauens, Simulation, Verstümmelung, Verführung Minderjähriger, Verleumdung und üble

Nachrede, Erpressung, Mißachtung des Gerichts, Brandstiftung, Verrat, Kapitalverbrechen, Meuterei auf hoher See, Übertretung, Einbruch, Ausbruch aus dem Gefängnis, widernatürliche Unzucht, Entfernung von der Truppe im Felde, Meineid, Wilddieberei, Wucher, Konspiration mit den Feinden des Königs, Falschmeldung, tätlicher Angriff, Totschlag, vorsätzlicher und überlegter Mord. Da keine größere Abnormität als alle anderen veränderten Prozesse der Anpassung an veränderte Bedingungen der Existenz, welche in einem reziproken Gleichgewicht zwischen dem Körperorganismus und seinen Begleitumständen resultierten, Speisen, Getränken, angenommenen Gewohnheiten, besonderen Neigungen, bezeichnenden Krankheiten. Da mehr als unvermeidlich, irreparabel.

Warum mehr Entsagung als Eifersucht, weniger Neid als Gleichmut?
Von Gewalttat (Ehe) zu Gewalttat (Ehebruch) erhob sich nichts denn Gewalttat (Kopulation), doch dem ehelichen Vergewaltiger der ehelich Vergewaltigten war von dem ehebrecherischen Vergewaltiger der ehebrecherisch Vergewaltigten keine Gewalt geschehen.

Welche Vergeltung, wenn überhaupt?
Mord: niemals, da Unrecht plus Unrecht nicht Recht ergab. Duell: nein. Scheidung: nicht jetzt. Bloßstellung durch mechanische Vorrichtung (automatisches Bett) oder individuelles Zeugnis (versteckter Augenzeuge): noch nicht. Klage auf Schadenersatz auf dem Rechtswege oder simulierter Überfall mit erlittenen (selbstbeigebrachten) Körperverletzungen als Beweis: nicht unmöglich. Eintreibung von Schweigegeld vermittels verbaler Beeinflussung: möglich. Wenn überhaupt, schlechterdings, stillschweigende Duldung, Anbahnung von Konkurrenz (materiell durch ein blühendes Gegenunternehmen auf dem geschäftlichen Sektor: ideell durch eine erfolgreiche Gegenunternehmung im Intimbereich), abfällige Kritik, Abneigungsbekundung, Demütigung, Trennung, welche letztere den

einen getrennten Teil vor dem anderen schützte, den Trenner aber vor beiden.

Mit welchen Gedanken rechtfertigte er, ein bewußter Reaktor gegen die leere Ungewißheit, vor sich selbst seine Gefühle?
Die vorbestimmte Frangibilität des Hymens, die vorausgesetzte Intangibilität des Dings an sich: die Inkongruenz und Disproportion zwischen der sich selbst verlängernden Spannung genannten Dinges beim zu vollziehenden Akt und der sich selbst verkürzenden Erschlaffung desselben nach dem vollzogenen: die fälschlich gefolgerte Debilität des Weibes, die Muskulosität des Mannes: die Unterschiedlichkeit der ethischen Gesetze: der natürliche grammatikalische Übergang eines Satzes im Aorist (gegliedert in maskulines Subjekt, bisyllabisches onomatopoetisches transitives Verb mit direktem femininem Objekt) durch einfache, keine Sinnveränderung bewirkende Inversion aus dem Aktiv in das Korrelat eines Satzes im Aorist Passiv (gegliedert in feminines Subjekt, Hilfsverb und quasibisyllabisches onomatopoetisches Partizip Perfekt mit komplementärem maskulinem Agens): die fortgesetzte Produktion von Besamern durch Zeugung: die fortgesetzte Produktion von Samen durch Destillation: die Zwecklosigkeit von Triumph, Protest oder Ehrenrettung: die Sinnlosigkeit der hochgelobten Tugend: die Lethargie der unwissenden Materie: die Apathie der Sterne.

In welcher schließlichen Zufriedenheit liefen diese antagonistischen, auf ihre einfachste Form reduzierten Gefühle und Gedanken zusammen?
In Zufriedenheit über die Ubiquität, in der östlichen und westlichen Erdhemisphäre, in allen bewohnbaren Landen und Eilanden, ob erforscht oder unerforscht (dem Land der Mitternachtssonne, den Inseln der Seligen, den Inseln Griechenlands, dem Land der Verheißung), der fetten vorderen und hinteren weiblichen Hemisphären, die nach Milch und Honig dufteten und nach exkretorischer, sanguinischer und seminaler

Wärme, die an jahrhundertealte Familien üppig geschwungener Kurven erinnerten, die unempfänglich waren für die Launen der Impression oder die Widersprüchlichkeiten der Expression, die vielmehr Expression selber waren der stummen unwandelbaren reifen Animalität.

Die sichtbaren Zeichen von Vorzufriedenheit?
Eine approximative Erektion: eine sollizitante Adversion: eine graduelle Elevation: eine versuchsweise Revelation: eine stille Kontemplation.

Dann?
Küßte er die lieblichen leckeren gelblichen schmeckeren schmelzlichen Melonen ihres Leibes, schleckte die leiblich melonigen weiblichen Hmmisphären, schmeckte die honigmelonige Furche zwischen ihnen, in dunkler verlängerter aufreizender schlecklichleibleckliche Oskulation.

Die sichtbaren Zeichen von Nachzufriedenheit?
Eine stille Kontemplation: eine versuchsweise Velation: eine graduelle Delevation: eine sollizitante Aversion: eine proximative Erektion.

Was folgte dieser stillen Handlung?
Somnolente Invokation, weniger somnolente Rekognition, initiative Exzitation, katechetische Interrogation.

Mit welchen Modifikationen replizierte der Erzähler dieser Interrogation?
Negativ: er unterließ die Erwähnung der heimlichen Korrespondenz zwischen Martha Clifford und Henry Flower, der öffentlichen Kontroverse in, vor und bei dem lizensierten Schanklokal von Bernard Kiernan & Co., G.m.b.H., 8, 9 und 10 Little Britain Street, der erotischen Provokation sowie Reaktion darauf, verursacht durch den Exhibitionismus von Gertrude (Gerty), Nachname unbekannt. Positiv: er forcierte

die Erwähnung einer Aufführung der *Leah* mit Mrs. Bandman Palmer im Gaiety Theatre, 46, 47, 48, 49 South King Street, einer Einladung zum Abendessen in Wynns (Murphys) Hotel, 35, 36 und 37 Lower Abbey Street, eines Buches von sündhafter pornographischer Tendenz, betitelt *Süße der Sünde*, anonym, Autor ein Lebemann, einer temporären, durch eine falsch berechnete Bewegung im Zuge postzenaler gymnastischer Übungen verursachten Erschütterung, deren (inzwischen allerdings vollkommen wiederhergestelltes) Opfer Stephen Dedalus gewesen, Professor und Schriftsteller, ältester lebender Sohn von Simon Dedalus, ohne feste Beschäftigung, einer aeronautischen Heldentat, vollbracht von ihm (dem Erzähler) in Gegenwart eines Zeugen, nämlich vorgenannten Professors und Schriftstellers, in rascher Entschlossenheit und gymnastischer Flexibilität.

Wurde die Erzählung darüberhinaus noch durch irgendwelche Modifikationen verändert?
Durchaus nicht.

Welches Ereignis beziehungsweise welche Person trat als der springende Punkt seiner Erzählung hervor?
Stephen Dedalus, Professor und Schriftsteller.

Welche Limitationen der Aktivität sowie Inhibitionen der ehelichen Rechte wurden von Zuhörerin und Erzähler in bezug auf sich selbst im Verlauf dieser intermittierenden und zunehmend lakonischen Erzählung bemerkt?
Von der Zuhörerin eine Limitation der Fruchtbarkeit, insofern als die Ehe einen Kalendermonat nach der 18. Wiederkehr des Tages ihrer Geburt (8. September 1870), nämlich am 8. Oktober, hochzeitlich gefeiert und am selben Datum mit dem Ergebnis eines am 15. Juni 1889 geborenen weiblichen Nachkommen vollzogen worden war, nachdem sie antizipatorisch bereits am 10. September desselben Jahres vollzogen worden war, und da ein vollständiger fleischlicher Verkehr,

mit Ejakulation des Samens in das dafür naturbestimmte weibliche Organ, zum letztenmal am 27. November 1893, nämlich 5 Wochen vor der am 29. Dezember 1893 erfolgten Geburt des zweiten (und einzigen männlichen) Nachkommen, verstorben am 9. Januar 1894 im Alter von 11 Tagen, stattgefunden hatte, blieb mithin ein Zeitraum von 10 Jahren, 5 Monaten und 18 Tagen, während dessen der fleischliche Verkehr unvollständig gewesen war, ohne Ejakulation des Samens in das dafür naturbestimmte weibliche Organ. Vom Erzähler eine Limitation der Aktivität, geistig und körperlich, insofern als ein vollständiger geistiger Verkehr zwischen ihm und der Zuhörerin seit der durch eine katamenische Hämorrhagie angezeigten Vollendung der Pubertät des weiblichen Nachkommen von Erzähler und Zuhörerin am 15. September 1903 nicht mehr stattgefunden hatte, womit ein Zeitraum von 9 Monaten und 1 Tag blieb, während dessen infolge eines im Unverständnis verankerten natürlichen Verständnisses zwischen den zur Vollendung gelangten Weibern (Zuhörerin und Tochter) die vollständige körperliche Handlungsfreiheit eingeschränkt worden war.

Wie?
Durch verschiedentlich wiederholtes weibliches Fragenstellen nach dem Wohin der männlichen Bestimmung, dem Wo des Ortes, dem Wann der Zeit, dem Wielange der Dauer, dem Wer oder Was des Zwecks in Fällen zeitweiliger geplanter oder ins Werk gesetzter Abwesenheit.

Was bewegte sich sichtbar über den unsichtbaren Gedanken der Zuhörerin und des Erzählers?
Das emporgeworfene Widerbild einer Lampe samt Lampenschirm, eine inkonstante Reihe konzentrischer Kreise von unterschiedlichen Licht- und Schattengradationen.

In welchen Richtungen lagen Zuhörerin und Erzähler?
Zuhörerin Ost-Südost: Erzähler West-Nordwest: auf dem

53. Grad nördlicher Breite und dem 6. Grad westlicher Länge: in einem Winkel von 45 Grad zum Äquator der Erde.

In welchem Zustand der Ruhe oder Bewegung?
In dem der Ruhe bezüglich ihrer selbst und gegenüber einander. In dem der Bewegung, da sie beide von der unaufhörlichen Eigenbewegung der Erde westwärts, vorwärts beziehungsweise rückwärts, getragen wurden, auf immer sich ändernden Wegen durch nimmer sich wandelnden Raum.

In welcher Stellung?
Zuhörerin: halb auf der Seite, der linken, die linke Hand unterm Haupt, das rechte Bein geradeaus gestreckt und auf dem linken Bein ruhend, das gebeugt, in der Haltung der Gea-Tellus, erfüllt, entspannt, von Samen strotzend voll. Erzähler: ganz auf der Seite, der linken, das rechte wie linke Bein gebeugt, Zeigefinger und Daumen der rechten Hand auf dem Nasenrücken, in der Haltung, wie sie eine von Percy Apjohn gemachte Schnappschußphotographie wiedergab, der Kindmann müde, das Mannkind im Mutterschoß.

Mutterschoß? Müde?
Er ruht. Er ist gereist.

Mit?
Sindbad dem Seefahrer und Tindbad dem Teefahrer und Findbad dem Feefahrer und Rindbad dem Rehfahrer und Windbad dem Wehfahrer und Klindbad dem Kleefahrer und Flindbad dem Flehfahrer und Drindbad dem Drehfahrer und Schnindbad dem Schneefahrer und Gindbad dem Gehfahrer und Stindbad dem Stehfahrer und Zindbad dem Zehfahrer und Xindbad dem Ehfahrer und Yindbad dem Sehfahrer und Blindbad dem Phthefahrer.

Wann?
Es begab sich zu finsterem Bette ein vierschrötig rundes Sinn-

bad des Sehfragers Rock Alkes Ei in der Nacht des Bettes der Alke aller der Rocke von Finstbatt dem Helltagler.

Wohin?

●

Ja weil er sowas doch noch nie gemacht hat bis jetzt daß er sein Frühstück ans Bett haben will mit zwei Eiern seit dem *City Arms* Hotel wo er immer so tat wie wenn er wegen seiner kranken Stimme das Bett hüten müßte und den feinen Lackaffen spielte alles bloß um sich bei der alten Ziege interessant zu machen Mrs Riordan von der er dachte er hätte einen dicken Stein im Brett bei ihr und dabei hat sie uns keinen roten Heller hinterlassen alles für Messen weg für sie selber und ihre blöde Seele also sowas von Geizkragen das gibts nicht nochmal wieder wie die sich gesträubt hat die lumpigen 4d für ihren Brennspiritus rauszurücken und dann all ihre Wehwehchen die sie hatte und das ganze Gequatsche über Politik und Erdbeben und das Ende der Welt also erstmal wolln wir uns doch noch ein bißchen amüsieren guter Gott wenn alle Frauen derart rot sähen bei Badeanzügen und ausgeschnittenen Kleidern von ihr hat ja schließlich keiner verlangt daß sie sowas trägt ich nehme an sie war fromm weil die garantiert kein Mann ein zweitesmal anguckt hoffentlich werde ich nie so wie die glatt ein Wunder daß sie von uns nicht auch noch verlangt hat daß wir uns die Gesichter bedecken aber dafür war sie ja bestimmt gebildet und ihr ewiger Schnickschnack mit Mr Riordan hier und Mr Riordan da also ich weiß nicht wenn der nicht heilfroh war wie er abhauen konnte von ihr und ihr Hund der andauernd an meinem Pelz am schnüffeln war und mir ewig unter die Röcke wollte besonders wenn ich meine naja aber trotzdem irgendwie mag ich das an ihm wie er so höflich ist zu alten Frauen und zu Kellnern und Bettlern auch stolz ist er eigentlich gar nicht so einfach aus nichts aber auch nicht immer also wenn er ja mal was richtig ernstes kriegte das ist der Haken bei ihm dabei ist es viel besser wenn sie sich ins Krankenhaus legen wo alles sauber ist aber um ihn so weit zu kriegen müßt ich ihm das wahrscheinlich einen geschlagenen Monat lang einhämmern ja und dann käme als nächstes die Bescherung mit der Krankenschwester und er wäre nicht wieder wegzukriegen da bis sie ihn rausschmeißen täten oder vielleicht auch eine Nonne wie auf der dreckigen Photographie die er hat also wenn die eine Nonne ist dann bin ich keine ja wo sie sich doch derart anstellen wenn sie mal krank sind immer wollen sie eine Frau sonst werden sie einfach nicht wieder gesund zum Beispiel wenn er mal Nasenbluten hat könnte man glatt denken die Welt geht unter und die Jammermiene an der South Circular wie er sich den Fuß verstaucht hatte auf dem Chorausflug zum Sugarloaf Mountain an dem Tag wo ich das Kleid anhatte Miss Stack brachte ihm Blumen die schlechtesten und ältesten die sie bloß auftreiben konnte die würde werweißwas anstellen um bei einem Mann ins Schlafzimmer zu kommen die mit ihrer Altjungfernstimme und dann auch noch die Einbildung er stirbt wegen ihr soll ich denn nimmer dein Gesicht erblicken obwohl er ja eigentlich mehr aussah wie ein Mann der sich den Bart ein bißchen wachsen läßt im Bett das war bei Vater ganz genauso und außerdem find ich das bandagieren und medizingeben einfach zum davonlaufen wie er sich damals die Zehe geschnitten hatte mit dem Rasiermesser beim Hühneraugenschälen eine Heidenangst daß er Blutvergiftung kriegt aber wenn mal was wäre daß ich selber krank bin da könnte man sehn was seine ganze Aufmerksamkeit bloß daß die Frau sich ja immer zusammenreißt und kein derartiges Gedöhns macht wie die immer ja irgendwo ist er natürlich gewesen klarer Fall bei dem Appetit aber jedenfalls Liebe ists nicht sonst hätt er nichts anderes im Kopf als an sie denken also wars entweder eine von diesen Nachtweibern wenn es wirklich da unten war wo er war und die Hotelgeschichte die er da erzählt hat war ein dicker Packen Lügen bloß um das zu vertuschen warte mal Hynes hat mich aufgehalten und wer ist mir denn sonst noch über den Weg gelaufen ah ja ich traf noch entsinnst du dich Menton und dann warte mal dieses dicke Babygesicht hab ich gesehen und er obwohl er noch gar nicht lange verheiratet war mit einem jungen Mädchen am flirten bei Pooles Myriorama und ich hab ihm den Rücken gekehrt wie er Leine zog mit ganz schuldbewußter Miene so was blödes was solls aber er hatte doch die Schamlosigkeit mir selber mal nachzustellen ist ihm ganz recht geschehn so eine große Klappe und dann seine Glubschaugen also von allen Blödmännern die mir je begegnet sind ist der doch und sowas schimpft sich Rechtsanwalt bloß wegen also ich mag das nicht sich im Bett streiten oder wenns das nicht ist dann irgend so ein billiges Hürchen mit dem er sich eingelassen hat oder sich irgendwo heimlich aufgegabelt wenn die ihn bloß so gut kennen täten wie ich ja weil vorgestern da war er doch irgendwas am kritzeln einen Brief wie ich ins Vorderzimmer kam wegen den Streichhölzern um ihm Dignams Tod zu zeigen in der Zeitung also glatt wie wenn ich was geahnt hätte und er deckte gleich das Löschblatt drauf und tat so wie wenn er über Geschäftssachen am nachdenken wäre also todsicher war das an irgend so eine die sich einbildet da hat sie einen richtigen Deppen gefunden weil ja doch alle Männer ein bißchen so werden in seinem Alter besonders wenn sie auf die vierzig zugehen was er ja jetzt schon ist den sie so richtig melken kann es ist doch kein Narr so dämlich wie ein alter Narr und dann der übliche Kuß auf meinen Hintern war auch bloß zur Tarnung also mir ist das doch schnurzegal mit wem er was hat oder vorher amgange war obwohl ichs ja ganz gerne rauskriegen würde solange wie ich die beiden nicht die ganze Zeit direkt unter der Nase habe wie bei dieser Schlampe damals der Mary die wir in der Ontario Terrace hatten die sich immer den Hintern ausstopfte um ihn zu reizen schlimm genug den Geruch von diesen angemalten Weibern von ihm runterzukriegen so einmal oder zweimal hatt ich ja direkt einen Verdacht wo ich ihm dann gesagt hab er soll doch mal näher rankommen an mich wie ich das lange Haar fand auf seinem Rock und dann schon sowieso wie ich in die Küche kam und er so tat wie wenn er Wasser trinkt eine Frau allein bloß ist ihnen nicht genug es war alles seine Schuld natürlich erst die Dienstmädchen verderben und dann mit dem Vorschlag ankommen sie könnte doch mit an unserm Tisch essen zu Weihnachten wenn du nichts dagegen hast also nein vielen Dank nicht in meinem Hause stiehlt mir die Kartoffeln und die Austern weg 2/6 das Dutz und haut dann ab ihre Tante besuchen wenn du nichts dagegen hast glatter Diebstahl war das aber es war ja ganz klar daß er was hatte mit der sowas krieg ich raus da gibts nichts und was er nicht alles am reden war vonwegen du hast überhaupt keinen Beweis daß sie es war keinen Beweis mein lieber Mann ihre Tante war ganz versessen auf Austern wenn das kein aber ich hab ihr auch gesagt was ich von ihr denke dieses hinterfotzige Getue von ihm ich soll doch ruhig mal mehr spazieren gehen bloß damit er mit ihr allein sein konnte also nie würd ich mich ja so weit erniedrigen daß ich denen nachspioniere aber die Strumpfbänder die ich dann in ihrem Zimmer gefunden habe an dem Freitag wo sie Ausgang hatte das war mir genug das war ein bißchen zuviel für mich und ich hab ja auch gesehn wie sie knallrot wurde vor Wut innerlich wie ich ihr auf die Woche gekündigt habe am besten überhaupt man macht alles alleine und ohne sie mit den Zimmern werd ich selber viel schneller fertig wenn bloß nicht das verdammte Kochen wäre und den ganzen Dreck wegmachen ihm hab ich ja jedenfalls gehörig die Meinung gesteckt entweder sie verläßt das Haus oder ich nichtmal anfassen konnt ich ihn ja mehr wenn ich mir dachte er ist mit so einer dreckigen schamlosen Lügnerin und Schlampe wie der die mir doch glatt ins Gesicht hinein alles abstritt und dabei in der ganzen Wohnung dauernd am trällern und singen sogar noch auf dem Klo weil sie genau wußte viel kann ihr ja nicht passieren ja weil ers so lange ja doch nicht aushalten könnte muß ers eben irgendwo machen und das letztemal wie er mir an den Hintern kam wann war das doch an dem Abend wo Boylan mir so ganz toll die Hand gedrückt hat wie wir an der Tolka langgingen was stiehlt sich da in meine Hand ich hab ihm den Rücken von seiner gedrückt mit dem Daumen bloß um zu erwidern und dabei der junge Maiaienmond er schimmert mein Lieb gesungen weil ihm ja doch irgendwas dämmert vonwegen ihm und mir so ein Dummkopf ist er ja nun auch wieder nicht er sagte ich geh auswärts essen und dann noch ins Gaiety obwohl also das fällt mir jedenfalls im Traum nicht ein daß ich ihm die Genugtuung gebe weiß Gott in gewisser Hinsicht ist er eben mal eine Abwechslung daß man nicht immer und ewig denselben alten Hut tragen muß wenn ich mir nicht einen schicken Jungen kaufe daß ers mir macht wo ichs ja selber nicht hinkriege so ein junger Boy der würde mich schon mögen ich würd ihn ein bißchen aus der Fassung bringen alleine mit ihm und wenn wir das wären würd ich ihn meine Strumpfbänder sehen lassen die neuen und ihn so ansehn daß er rot wird und ihn verführen ich weiß doch was in so Jungens vorgeht wenn sie den ersten Flaum auf der Backe haben machen dauernd an sich selber rum stundenlang können sies hinziehen Frage und Antwort würdest du dies das und jenes mit dem Kohlenmann ja mit einem Bischof ja würd ich ohne weiteres machen weil ich hab ihm das doch auch erzählt wie irgend so ein Dekan oder Bischof neben mir gesessen hat im jüdischen Tempelgarten wie ich dies wollene Ding am stricken war fremd in Dublin was das da wäre und so weiter die ganzen Monumente und hat mir den Nerv getötet mit seinen Statuen sowas bringt ihn auf die Palme sowas macht ihn schlimmer als er ist an wen denkst du grade komm sag schon wer geht dir im Kopf rum wer ist es sag mir den Namen wer sags schon wer na schön der deutsche Kaiser ja stell dir vor ich bin er ich denk an ihn also da kann mans richtig spüren daß er versucht eine Hure aus mir zu machen was er aber nie im Leben schafft er sollte allmählich Schluß machen damit jetzt in seinem Alter es macht einen einfach kaputt jede Frau und Befriedigung ist auch keine mehr drin wenn man auch so tut wie wenn mans mag bis er kommt und dann selber zu Ende bringt irgendwie und man kriegt bleiche Lippen davon jedenfalls ist das jetzt ein für allemal vorbei egal was die Leute so alles quatschen darüber das ist bloß beim erstenmal so dann später ists bloß noch immer dieselbe alte Gewohnheitsleier und man denkt sich gar nichts mehr dabei wieso kann man eigentlich einen Mann nicht küssen ohne gleich erst mit ihm aufs Standesamt man liebt eben manchmal zu wild wenn man spürt wie einem das so richtig schön durch den ganzen Körper geht da kann man gar nicht anders ich wollte irgendein Mann egal wer nähme mich manchmal einfach wenn er da ist und küßte mich in seinen Armen es geht doch nichts über so einen Kuß lang und heiß geht einem runter bis in die Seele ja lähmt einen fast und dann kann ich diese ganze Beichterei auf den Tod nicht ausstehen wie ich immer zu Pater Corrigan gegangen bin er hat mich angefaßt Pater na wenn schon was ist denn dabei und er gleich wo und ich wie ein richtiges Doofchen als Antwort am Kanalufer aber ich meine doch wo an deinem Körper mein Kind am Bein hinten oben ja ziemlich hoch oben wars dort wo du sitzt etwa ja o mein Gott konnt er nicht einfach Hintern sagen und fertig was hat denn das damit zu tun und hast du etwa auch also wie er sich das abgequetscht hat mit was für Worten hab ich jetzt vergessen nein Pater und dabei denk ich die ganze Zeit an den richtigen Vater was braucht er das eigentlich noch wissen wenn ichs schon Gott gebeichtet hab er hatte eine hübsche fette Hand wo die Innenfläche immer feucht war ich hätt an sich gar nichts dagegen gehabt die mal zu fühlen und er bestimmt auch nicht das konnt ich an dem Stiernacken sehen in seinem Geschirr also das möcht ich doch gerne wissen ob er mich eigentlich erkannt das heißt ob er wußte wer ich war in dem Beichtstuhl ich konnte sein Gesicht ja sehen aber er meins nicht und natürlich hat er sich nie umgedreht oder sich was merken lassen aber seine Augen waren ganz rot wie sein Vater starb für eine Frau sind die natürlich verloren muß was schreckliches sein wenn ein Mann heult ach die sind doch alle also das möcht ich doch eigentlich ganz gerne mal umarmt werden von einem wenn er seine Meßgewänder anhat und der Weihrauchduft an ihm wie der Papst und außerdem ist ja gar keine Gefahr dabei mit einem Priester wenn man verheiratet ist dazu nimmt er sich viel zu sehr in acht gibt dann bloß irgendwas an SH den Papst ab als Buße also das möcht ich doch wissen ob er richtig befriedigt war bei mir bloß eins konnt ich ja nicht ausstehn wenn er mir immer im Flur so vertraulich hintendrauf klatschte beim weggehn obwohl ich ja gelacht hab also ich bin doch kein Pferd oder Esel bin ich doch nicht wahrscheinlich ja hat er an seinen Vater gedacht das möcht ich ja doch auch wissen ob er an mich denkt wenn er aufwacht oder wenn er am träumen ist ob ich da mit drin bin wer ihm wohl die Blume geschenkt hat wo er sagte er hat sie gekauft er roch auch irgendwie nach daß er was getrunken hat aber nicht Whisky oder Stout vielleicht dieser süße Kleister wo sie ihre Plakate mit ankleben irgendwas wie Likör also da hätt ich auch mal wieder Lust drauf diese tollen teuren Getränke zu süffeln die so richtig saftig schillern grün und gelb wie die Kavaliere vom Bühneneingang sie immer in petto haben mit ihren Klappzylindern ich hab doch mal einen gekostet mit dem Finger aus diesem Amerikaner seinem Glas der die Nutte dabei hatte und mit Vater über Briefmarken am fachsimpeln war also der konnte doch kaum noch die Augen offenhalten nach dem letztenmal wie wir den Port und das Konservenfleisch zum Essen hatten delikat salzig schmeckte das ja weil ich mich selber ganz himmlisch fühlte und müde und ich hab dann auch geschlafen wie ein Murmeltier sobald wie ich ins Bett gehüpft bin bis der Donner mich geweckt hat also ein Krach war das wie wenn die ganze Welt einstürzen täte Gott sei uns gnädig ich dachte doch glatt der ganze Himmel kommt auf uns runter um uns zu bestrafen und hab mich bekreuzigt und ein Ave Maria gesagt wie diese schrecklichen Gewitterblitze in Gibraltar und da kommen sie und wollen einem erzählen es gibt keinen Gott was kann man denn noch machen wenn alles um einen herum zusammenkracht doch überhaupt nichts bloß daß man bittere Reue empfindet wie die Kerze zum Beispiel die ich an dem Abend in der Kapelle in der Whitefriars Street für die Maifeier angezündet hab die hat uns ja auch Glück gebracht obwohl er drüber spotten würde wenn er sowas hörte weil er ja nie zur Kirchenmesse geht oder zur Gemeindeversammlung er sagt deine Seele du hast gar keine Seele in dir drinnen bloß graue Zellen weil er nämlich überhaupt keine Ahnung hat wie das ist wenn man eine hat ja wie ich die Lampe angezündet hab ja weil er doch glatt seine 3 oder 4mal gekommen sein muß mit diesem gräßlich großen roten Vieh von einem Ding was er hat ich dachte doch glatt ihm platzt die Ader oder wie zum Teufel sie das nennen obwohl seine Nase an sich gar nicht so groß ist nachdem daß ich meine ganzen Sachen ausgezogen hatte bei runtergelassenen Jalousien und das nach dem stundenlangen Anziehn und Parfümieren und Kämmen also wie aus Eisen oder wie eine dicke Brechstange stand ihm die ganze Zeit er muß Austern gegessen haben glaub ich ein paar Dutzend er war ganz groß bei Stimme nein so einen hab ich mein Lebtag noch nicht gefühlt einen von dem Format daß man das Gefühl hatte er füllt einen total aus er muß ein ganzes Schaf verschlungen haben hinterher also was das wieder für ein Einfall war uns so zu erschaffen mit einem großen Loch in der Mitte wie die Zuchthengste rammen sies einem rein weil das ist ja überhaupt alles was sie von einem wollen und dazu diesen entschlossenen bösen Blick in seinem Auge ich mußte die Augen halb zumachen trotzdem so fürchterlich viel Saft hat er auch wieder nicht auf der Pfanne wie ich ihn zurückziehn ließ und auf mir zuende machen wenn man bedenkt wie groß das Ding ist aber um so besser falls irgendwas davon nicht richtig rausgewaschen war das letztemal wie ich ihn in mir zuende machen ließ überhaupt eine nette Erfindung die sie da gemacht haben für Frauen nur damit er das ganze Vergnügen hat aber wenn sie davon mal selber ein bißchen was zu spüren bekämen dann wüßten sie was ich durchgemacht hab mit Milly das würde so leicht keiner glauben wie die Zähnchen bei ihr kamen und Mina Purefoy ihr Mann der sie schwipp macht das Wippchen jedes Jahr wieder mit einem Kind oder mit Zwillingen versorgt so regelmäßig wie nach der Uhr andauernd hat die Kindergeruch an sich besonders das eine das sie Krusselköppchen nannten oder so ähnlich wie ein kleiner Nigger mit seinem Haarwuschel Jesusjegerl das Kind is a Negerl letztesmal wie ich da war da fiel die ganze Horde übereinander her und einen Krach haben die gemacht daß man sein eigenes Wort nicht mehr verstehn konnte soll ja angeblich gesund sein nicht eher zufrieden als bis sie uns dick gemacht haben wie Elefanten oder ich weiß nicht was mal angenommen ich riskier daß ich noch eins kriege nicht von ihm aber obwohl wenn er verheiratet wäre dann hätte er ja bestimmt ein schönes starkes Kind aber ich weiß nicht Poldy hat doch mehr Saft in sich ja also das wäre natürlich die Wucht wahrscheinlich liegt es daran daß er Josie Powell getroffen hat und die Beerdigung und daß er über mich und Boylan nachgedacht hat das hat ihn ganz schön in Fahrt gebracht also von mir aus kann er denken was er will jetzt wenn er was davon hat ich weiß doch genau daß die grad bißchen am techteln waren wie ich auf der Bildfläche erschienen bin er hat doch dauernd mit ihr getanzt und draußen gesessen an dem Abend von Georgina Simpson ihrem Einzugsschmaus und dann wollte er mir doch partout noch einreden er hätte bloß nicht mit ansehn können daß sie Mauerblümchen war das war auch der Grund daß wir uns dann nach Takt und Noten über Politik in die Haare geraten sind damit hat nämlich er angefangen nicht ich wie er das sagte wegen unserm Herrn Jesus daß der Tischler gewesen wäre am Schluß hatt er mich glatt so weit daß ich am heulen war natürlich Frauen sind ja so empfindlich in all den Sachen hinterher war ich stinkwütend auf mich selber daß ich nachgegeben hatte bloß weil ich wußte er war verknallt in mich und Er sagte er war der erste Sozialist also damit hat er mich derart geärgert daß mir einfach die Spucke wegblieb trotzdem er weiß ja eine Menge von lauter so Sachen besonders über den Körper und das Innere ich wollte das selber schon oft mal studieren was wir so alles in uns haben in dem ärztlichen Ratgeber für die Familie ich konnt ihn dauernd reden hörn seine Stimme wie das Zimmer gerappelt voll war und beobachten hinterher ich hab dann so getan wie wenn ich mit ihr überkreuz wäre wegen ihm weil er doch immer auf die eifersüchtige Tour kam etwa wenn er fragte wo gehst du hin und ich sagte zu Floey und da hat er mir dann Lord Byrons Gedichte geschenkt und die drei Paar Handschuhe und damit war das erledigt ich könnte ihn ja ganz leicht dazu bringen daß er sich wieder verträgt jederzeit ich weiß wie ich das anfangen würde sogar mal angenommen er ließe sich wieder mit ihr ein und verschwände gelegentlich um sich mit ihr zu treffen irgendwo das würd ich aber ja sofort merken wenn er plötzlich keine Zwiebeln essen wollte ich weiß eine Menge Tricks da zum Beispiel ihn fragen ob er mir nicht den Blusenkragen glattziehen will oder ihn mit dem Schleier streifen und mit den Handschuhen beim ausgehen 1 Kuß dann würde ihm gleich der Kopf schwirren obwohl na schön das werden wir dann ja sehen soll er doch ruhig hingehen zu ihr sie wäre natürlich hochentzückt darüber und würde so tun wie wenn sie unsterblich verliebt wäre in ihn das würde mir auch gar nicht so viel ausmachen ich ginge einfach zu ihr hin und fragte sie liebst du ihn und sähe ihr dabei direkt in die Augen also mir könnte sie nichts vormachen aber er könnte sich vielleicht einbilden er wär es tatsächlich und ihr eine Liebeserklärung machen auf seine plapprige Tour wie er mir gemacht hat obwohl ich mich ja mordsmäßig anstrengen mußte bis ich die aus ihm raus hatte obwohl ich ihn grad deswegen mochte daran sah man ja daß er sich beherrschen konnte und nicht so leicht rumzukriegen war zu einem Antrag obwohl so kurz davor daß er mich fragte war er ja auch schon an dem Abend in der Küche wie ich die Kartoffelpfannkuchen am ausrollen war übrigens was ich Sie noch fragen wollte bloß daß ich ihm da quergeschossen hab und so getan als hätt ich schlechte Laune wo ich doch die ganzen Arme und Hände voll Teig hatte und Mehl jedenfalls war mir auch zuviel rausgerutscht an dem Abend vorher so mit Träume erzählen und deshalb wollt ich nicht daß er mehr weiß als wie gut für ihn ist sie hatte sich das richtig angewöhnt mich immer zu umarmen Josie wenn er da war und meinte natürlich ihn wenn sie an mir rummachte und wie ich gesagt hab ich wasche mich von oben bis unten so weit wie möglich da fragte sie mich wäschst du dir auch deine also die Weiber müssen doch dauernd mit sowas reizen und noch derart dick aufgetragen wenn er dabei ist die wissen gleich bescheid wenn er das schlaue Blinzeln im Auge hat und dabei den Gleichgültigen spielt wenn sie mit irgendwas kommen in der Art was ihn fertig macht wundert mich auch nicht im geringsten weil er ja sehr hübsch war wirklich damals wo er versucht hat wie Lord Byron auszusehn ich hab gesagt ich mag das obwohl er fast zu schön war für einen Mann und ein bißchen sah er auch so aus bevor wir uns dann verlobt haben später obwohl ihr das ganz und gar nicht paßte an dem Tag damals wie ich von einem Lachkrampf in den andern fiel ich konnte einfach nicht aufhörn mit kichern wegen daß mir die ganzen Haarnadeln eine nach der andern rausgefallen sind bei der Masse Haar die ich hatte du bist ja jetzt immer blendend bei Laune sagte sie ja weil es sie wurmte weil sie genau wußte was es bedeutete weil ich ihr immer häppchenweise erzählt hab was so vorging zwischen uns nicht alles aber grad genug um ihr den Mund wässrig zu machen aber das war nicht meine Schuld sie ließ sich nicht mehr oft blicken wie wir dann verheiratet waren also das möcht ich wohl wissen wie sie jetzt so geworden ist nach dem Leben mit diesem Schwachkopf von Ehemann ihr Gesicht fing schon an ganz erschöpft und verhetzt auszusehn das letztemal wie ich sie sah da hatte sie sicher grad einen Krach mit ihm hinter sich weil ich das ja sofort gemerkt hab daß sie mich in ein Gespräch über Ehemänner verwickeln wollte und über ihn reden um ihn schlechtzumachen was war das doch was sie mir da erzählt hat ah ja daß er manchmal immer ins Bett geht mit seinen dreckigen Schuhen an wenn er seinen Rappel kriegt also das muß man sich mal bildlich vorstellen mit so einer Type ins Bett zu müssen der kann einen doch jeden Moment umbringen Mann oh Mann na schön es gibt auch andere aber eine Macke hat praktisch jeder Poldy jedenfalls also alles was recht ist der streift sich immer die Schuhe ab auf der Matte wenn er reinkommt egal ob Regen oder Sonnenschein und er putzt sich auch die Stiefel immer selber und immer nimmt er den Hut ab wenn er jemand auf der Straße begegnet und der aber jetzt der läuft in seinen Hausschlappen rum und ist scharf auf 10 000 Pfund wegen der Postkarte mit dem up up ach du grüne Neune bei sowas kriegt man doch das kalte Gähnen das würde einen doch zu Tode langweilen wahrhaftig noch zu blöd um sich die Stiefel auszuziehen also was sollte man mit so einem Mann wohl anfangen ich würd lieber gleich 20 mal sterben als wie einen andern von der Sorte heiraten natürlich würd er auch nie wieder so eine Frau finden wie mich die sich so alles gefallen läßt willst du mich kennenlernen komm mit mir schlafen ja und im hintersten Winkel seines Herzens weiß er das auch wie zum Beispiel diese Mrs Maybrick die ihren Mann vergiftet hat weshalb eigentlich möcht ich wohl wissen war wohl in irgendeinen andern Mann verliebt ja das haben sie rausgekriegt dann also Nerven muß die gehabt haben brrr daß sie einfach hingeht und sowas macht obwohl natürlich manche Männer die können einen schon auf die Palme bringen richtig zur Raserei treiben können die einen und immer das schlimmste Wort auf der Welt gleich dafür was fragen sie einen denn ob man sie heiraten will wenn wir so schlecht sind wie was dann alles kommt ja weil sie ohne uns eben nicht zurande kommen weißes Arsenik hat sie ihm in den Tee getan von Fliegenpapier glaub ich das möcht ich auch wohl wissen warum das so heißt wenn ich ihn fragen täte würde er sagen es kommt aus dem Griechischen da ist man dann so klug als wie zuvor sie muß ja ganz irre verliebt gewesen sein in den andern Kerl daß sie riskiert hat daß man sie hängt ah aber das war ihr ganz egal wenn das ihre Natur war was konnte sie da schon machen und derart viehisch brutal sind die doch nicht daß sie eine Frau hängen ja denkste klar sind sie das

sie sind ja alle so verschieden Boylan redete über wie mein Fuß gebaut wäre ist ihm sofort aufgefallen noch bevor er vorgestellt war wie ich mit Poldy in der D B C war und so gelacht habe und versucht zuzuhörn ich hab immer mit dem Fuß gewippt wir bestellten uns 2 mal Tee und trocken Brot und Butter ich sah wie er rüberguckte mit seinen beiden Schwestern den alten Jungfern wie ich aufstand und die Bedienung fragte wo es hier lang ginge ist mir doch schnurzegal wenns schon aus mir raustropft alles und dann diese geschlossenen schwarzen Hosen bloß wegen ihm gekauft weil er das wollte glatt eine halbe Stunde braucht man um die runterzukriegen hatte mich ganz naßgemacht andauernd irgendso eine brandneue modische Albernheit praktisch jede Woche so eine lange hatt ich und ja dann hatt ich auch noch meine Wildlederhandschuhe vergessen auf dem Sitz hinten die ich dann nie wiedergekriegt habe irgendeine elende Diebin und er wollte ja unbedingt noch daß ichs in die Irish Times setze verloren auf der Damentoilette D B C Dame Street Finderin bitte abgeben bei Mrs Marion Bloom jedenfalls hab ich gesehn wie er mir auf die Füße guckte wie ich durch die Drehtür rausging und er sah rüber wie ich rübersah und 2 Tage danach bin ich nochmal zum Tee hingegangen weil ich hoffte aber er war nicht da also wieso hat ihn das eigentlich erregt weil ich sie doch übereinandergeschlagen hatte wie wir in dem andern Zimmer waren zuerst meinte er die Schuhe daß die viel zu eng wären zum drin laufen und meine Hand wäre entzückend so die Tour also wenn ich doch bloß einen Ring hätte mit dem Stein gegen meine Tage einen hübschen Aquamarin mal sehn ob ich den aus ihm rausleiern kann und ein goldenes Armband ich find ja meine Füße gar nicht so besonders trotzdem einmal hab ich ihn einen ganzen Abend damit beschäftigt damals nach Goodwins verpfuschtem Konzert es war derart kalt und windig na schön wir hatten den Rum im Haus und Punsch gemacht und das Feuer war noch nicht ganz aus und da bat er mich ich soll doch die Strümpfe ausziehn auf dem Kaminvorleger in der Lombard Street hab ich gelegen na schön und ein andermal warn es meine dreckigen Stiefel also wenn es nach ihm ginge müßt ich durch sämtliche Pferdeäpfel laufen die ich nur auftreiben könnte aber natürlich ist er nicht ganz dicht auf dem Gebiet wie der ganze restliche Verein den ich was hat er gesagt ich könnte der Katty Lanner glatt 9 von 10 Punkten vorgeben und würde sie immer noch schlagen was das denn heißen sollte hab ich ihn gefragt hab vergessen was er sagte weil grad die Spätausgabe durchkam und der Mann mit dem krausen Haar in der Lucan Molkerei der so höflich ist ich glaube ich hab sein Gesicht schon früher mal irgendwo gesehen fiel mir auf wie ich grad die Butter am kosten war da hab ich gleich die Gelegenheit beim Schopf gepackt und auch Bartell dArcy über den er sich immer lustig gemacht hat wie er anfing mich auf den Chorstufen abzuküssen als ich Gounods *Ave Maria* gesungen hatte worauf noch warten holde Maide küß auf die Stirne mich und scheide haha das hat er natürlich großgeschrieben gemeint wo er so scharf drauf war bei mir und seine ganze metallische Stimme auch bei meinen tiefen Tönen war er immer ganz weg wenn man ihm glauben kann irgendwie mocht ich das ja wie sein Mund ging beim singen und jedenfalls da sagte er war das nicht schrecklich so etwas zu tun an einem Ort wie diesem also da seh ich nicht was da schreckliches dran sein sollte eines Tages werd ich ihm davon erzählen aber nicht jetzt und ihn überraschen jawoll und dann nehm ich ihn da mit hin und zeig ihm den Ort wo wir sowas gemacht haben na also jetzt weißt dus schlucks runter oder laß es bleiben er denkt ja doch immer daß nichts passieren kann ohne daß er es weiß dabei hat er keine blasse Ahnung gehabt vonwegen meiner Mutter bis wir verlobt waren sonst hätt er mich nie im Leben so billig gekriegt obwohl er ja selber noch 10mal schlimmer war wie er mich gebettelt hat zum Beispiel ich soll ihm doch ein ganz kleines Stückchen von meinen Schlüpfern abschneiden das war an dem Abend wie wir am Kenilworth Square langkamen er küßte mich in die Öffnung von meinem Handschuh und ich mußte ihn abziehn und stellte mir alle möglichen Fragen so etwa ist es erlaubt sich nach der Gestalt meines Schlafzimmers zu erkundigen und so hab ich ihn das Ding behalten lassen wie wenn ichs vergessen hätte daß er an mich denkt wie ich sah daß ers heimlich in die Tasche gleiten ließ natürlich hat er glatt eine Macke was Schlüpfer betrifft das sieht doch ein Blinder mit dem Krückstock wie er immer nach diesen unverschämten Dingern auf den Fahrrädern schielt die sich die Röcke bis zum Nabel hochwehen lassen sogar wie Milly und ich mit ihm aus waren zu dem Fest im Freien die eine in dem cremefarbenen Musselin die direkt gegen die Sonne stand so daß er jedes Atom sehen konnte was sie anhatte und auch wie er mich von hinten sah und mir nachging im Regen ich hatt ihn aber viel eher gesehn als er mich er stand an der Ecke Harolds Cross Road mit einem neuen Regenmantel an mit dem Halstuch mit den Zigeunerfarben um seinen Teint zur Geltung zu bringen und mit dem braunen Hut und das übliche Schlaubergergesicht dazu was machte er da bloß wo er doch gar nichts zu suchen hatte die können eben einfach losziehn und sich angeln was sie wollen wo eins überhaupt bloß einen Rock anhat und wir dürfen nichtmal Fragen stellen während sie aber alles genau wissen wollen wo warst du wo gehst du denn jetzt schon wieder hin ich konnt es direkt spüren wie er mir nachgeschlichen kam seine Augen in meinem Nacken er hatte sich vom Haus ferngehalten er spürte wohl daß es allmählich zu brenzlig wurde für ihn und deshalb bin ich stehen geblieben und hab mich halb umgedreht und dann hat er mich gelöchert ich soll doch ja sagen bis ich ganz langsam den Handschuh abgezogen hab und ihn dabei angesehn und er sagte meine durchbrochenen Ärmel wären viel zu kalt bei dem Regen alles bloß ein Vorwand um mit der Hand an meine Schlüpfer ranzukommen überhaupt die Schlüpfer das ging die ganze Zeit so bis ich ihm versprach ich schenke ihm die von meiner Puppe daß er sie in der Westentasche bei sich tragen kann O *Maria Santissima* sah er albern aus da so triefend im Regen aber seine Zähne die warn klasse ich hab richtig Hunger gekriegt von wie ich sie ansah und sein Gebettel ich soll doch den orangenen Unterrock hochheben den ich anhatte mit den Sonnenstrahlenfalten es wäre doch kein Mensch da sagte er und er würde sonst in der Pfütze niederknien vor mir wenn ichs nicht täte so ein Dickkopf der hätte das glatt gemacht und sich den neuen Regenmantel ruiniert man kann nie wissen auf was für Einfälle die kommen wenn sie mit einem allein sind derart scharf sind sie darauf aber wenn nun jemand vorbeikam also jedenfalls hab ich etwas hochgehoben dann und ihn außen an seiner Hose berührt genauso wie ich später dann immer bei Gardner mit meiner Ringhand bloß damit er mir nicht noch auf schlimmere Gedanken kam wo das da doch viel zu öffentlich war alles ich war aber mordsneugierig ob er wohl beschnitten war und er war am zittern wie ein Wabbelpudding am ganzen Leibe die wollen immer alles zu schnell machen holen die ganze Lust für sich alleine raus und Vater wartete die ganze Zeit auf sein Abendessen und er meinte ich soll doch einfach sagen ich hab mein Portemonnaie beim Fleischer liegen gelassen und mußte nochmal zurück deswegen also so ein Schwindler und dann schrieb er mir den Brief mit all den Wörtern drin also wie er dazu die Stirn haben konnte daß er sowas einer Frau wo er in Gesellschaft doch so feine Manieren hatte daß es hinterher richtig peinlich war dann wie wir uns wieder trafen fragte ob er mich vielleicht gekränkt hätte ich hab natürlich schön züchtig die Augen niedergeschlagen aber klar sah er daß ich nicht gekränkt war er war ja nicht blöd nicht so wie dieser andere Dummkopf Henny Doyle der in einer Tour irgendwas kaputt machte bei den Scharaden der Tölpel also ich kann solche Pechvögel einfach nicht ausstehen und jedenfalls ob ich auch wüßte was das bedeutet ich mußte natürlich nein sagen anstandshalber ich versteh Sie nicht hab ich gesagt und war das nicht ganz natürlich so was es doch auch ist wahrhaftig es stand immer zusammen mit einer Zeichnung von wie das bei Frauen ist an der Mauer da in Gibraltar mit dem Wort dabei was ich nirgends finden konnte daß bloß Kinder das nicht sehen in zu frühem Alter und dann schrieb er mir jeden Morgen einen Brief manchmal sogar 2 pro Tag irgendwie hat mir das sehr gefallen wie er mir so den Hof machte dann er verstand eine Frau zu nehmen wie er mir die 8 großen Mohnblumen schickte weil meiner doch am 8en war ich hab ihm dann auch geschrieben an dem Abend wie er mir das Herz geküßt hatte an der Dolphins Barn das war einfach nicht zu beschreiben man hat ein Gefühl wie überhaupt sonst nichts auf der Welt aber richtig umarmen das hat er nie gekonnt wie zum Beispiel Gardner also ich hoffe doch stark er kommt am Montag wie er gesagt hat um dieselbe Zeit wieder um vier ich finde das abscheulich wenn Leute so andauernd reingeschneit kommen man geht an die Tür man denkt es ist das Gemüse und dann ist es irgendwer und man ist überhaupt nicht angezogen oder die Tür zur dreckigen schlampigen Küche geht auf an dem Tag damals wie der alte Graukopf Goodwin vorbeikam wegen dem Konzert in der Lombard Street und ich knallrot und aus der Puste vom Abendessen noch wo ich Stew gekocht hatte sehn Sie mich ja nicht an Herr Professor mußt ich sagen ich schau schrecklich aus ja aber er war ein richtiger alter Gentleman in seiner Art höflicher als wie der konnte überhaupt kein Mensch sein und dann keiner da der sagt man ist nicht zu Hause man muß durch die Gardine sehen wie bei dem Botenjungen heute ich dachte zuerst es ist eine Ausrede daß er erst den Port schickte und die Pfirsiche und fast war ich schon so weit daß mir der Geduldsfaden riß weil ich dachte er versucht mich zum Narren zu halten aber da hab ich sein Tattarrattat an der Tür erkannt er muß sich einfach ein bißchen verspätet haben weil es schon 1/4 nach 3 war wie ich die 2 Dedalusmädchen von der Schule kommen sah ich weiß nie genau wie spät es ist sogar die Uhr die er mir geschenkt hat geht anscheinend nie richtig ich muß sie doch mal nachsehn lassen wie ich dem verkrüppelten Seemann den Penny runterwarf für sein England Heimat und Schönheit wie ich ein schönes Mädchen ist mein Schatz am pfeifen war und ich hatte nichtmal mein sauberes Hemd angezogen oder mich schon gepudert oder sonstwas heute in einer Woche gehn wir ja nach Belfast nur gut daß er dann auch nach Ennis muß zum Jahrestag von seinem Vater am 27sten Mann oh Mann das wäre gar nicht angenehm wenn er mal angenommen unsere Zimmer im Hotel lägen nebeneinander und irgendwelche Spielchen gingen los in dem neuen Bett dann könnt ich ihm doch nicht einfach sagen hör auf und laß mich in Ruhe wo doch er in dem andern Zimmer wäre oder vielleicht irgendein protestantischer Geistlicher mit einem Husten der an die Wand klopfte dann er würd es nicht glauben am nächsten Tag daß wir gar nichts gemacht hätten ein Ehemann das ist ja gut und schön aber einen Liebhaber kann man nicht an der Nase herumführen besonders wo ich ihm doch erzählt habe wir machen schon lange überhaupt nichts mehr aber das hat er mir natürlich sowieso nicht geglaubt nein besser er bleibt wo er ist und übrigens passiert ja auch immer irgendwas mit ihm damals wie wir zu dem Mallow Konzert in Maryborough fuhren er hatte kochendheiße Suppe bestellt für uns beide da läutet auf einmal die Glocke er stürzt raus auf den Bahnsteig die Tasse mit der schwappenden Suppe in der Hand und löffelt dabei dauernd weiter Mann hatte der Nerven und der Kellner hinter ihm her und macht einen Mordskrach und alles kreischt und läuft durcheinander weil der Zug abfahrn wollte aber er wollte partout nicht bezahlen bevor er nicht fertig damit war die beiden Herren in dem dritter Klasse Wagen sagten er hätte ganz recht und das hatte er auch er ist ja so eigensinnig manchmal wenn er sich was in den Kopf gesetzt hat bloß gut daß er die Abteiltür dann mit dem Messer aufkriegen konnte sonst hätten sie uns noch bis nach Cork mitgeschleppt ich nehm ja an das ganze war bloß ein Racheakt an ihm oh ich find das ja himmlisch so im Zug fahren oder in einem Wagen mit schönen weichen Polstern bin ja gespannt ob er erster Klasse für mich nimmt vielleicht kriegt er Lust und macht es im Abteil mit mir gibt dem Schaffner einfach ein Trinkgeld na schön aber wahrscheinlich sitzen da wieder die üblichen Idioten von Männern rum und gaffen uns an mit Augen derart stupide also schlimmer gehts gar nicht mehr das einemal das war eine Ausnahme der einfache Arbeiter der uns allein ließ im Abteil den Tag damals wie wir nach Howth fuhren über den hätt ich ganz gerne was näheres gewußt 1 oder 2 Tunnel vielleicht dann muß man aus dem Fenster sehn um so schöner dann wenn man wiederkommt also mal angenommen ich käme überhaupt nie wieder was würden die wohl sagen alle durchgebrannt mit ihm auf die Art macht man Karriere zum

Beispiel das letzte Konzert was ich in wo war das doch ist über ein Jahr her jetzt also wie ich war das nicht St Teresas Hall Clarendon St diese albernen kleinen Gänse die sie da jetzt singen lassen so Kathleen Kearney und die Sorte wegen weil Vater in der Armee war und ich den Burenkriegveteranen sang und eine Brosche trug für Lord Roberts wo ich die ganze Landkarte davon hatte und Poldy nicht genug irisch war er das eigentlich der das organisiert hatte damals also zutrauen würd ichs ihm wohl wie er mich da rangekriegt hat daß ich in dem *Stabat Mater* mitsinge indem daß er überall rumlief und erzählte er täte jetzt das Leite mich gütig Licht in Musik setzen und daß ich ihn dazu angeregt hätte bis die Jesuiten rauskriegten daß er Freimaurer war dabei konnte er bloß mit einem Finger das leite Du mich auf dem Klavier was aus irgendeiner alten Oper geklaut war ja und dann ist er doch kürzlich auch noch mit paar von diesen Sinnern Fein rumgezogen oder wie die Kerle sich nennen redet pausenlos seinen üblichen Quatsch sagt dieser kleine Mann den er mir gezeigt hat der gar keinen Hals hat der ist sehr intelligent ist der kommende Mann Griffith heißt er also aussehen tut er nicht danach mehr kann ich dazu nicht sagen trotzdem muß er das gewesen sein er wußte daß ein Boykott war ich finde dies ganze Gerede über denen ihre Politik einfach gräßlich nach dem Krieg dies ganze Pretoria und Ladysmith und Bloemfontein wo Gardner Lieut Stanley G 8e Bn 2tes East Lancs Rgt an Unterleibstyphus war ein reizender Junge in der Khakiuniform und grad das richtige bißchen größer als wie ich bestimmt war er auch tapfer er sagte ich wäre entzückend an dem Abend wie wir uns zum Abschied küßten an der Kanalschleuse meine irische Schönheit er war ganz bleich vor Erregung weil er weg mußte oder vielleicht auch weil wir von der Straße gesehn werden konnten er konnte überhaupt nicht richtig stehen und ich derart heiß wie mir das noch nie passiert war sie hätten wahrhaftig am Anfang gleich Frieden schließen können oder der alte Ohm Paul und die übrigen alten Krügers hätten die Sache unter sich selber ausfechten sollen anstatt alles jahrelang hinzuziehen und so viele hübsche Männer umzubringen die da waren mit ihrem Fieber wenn er nur wenigstens anständig erschossen worden wäre das wäre nicht so schlimm gewesen ich seh das ja gern wenn ein Regiment so vorbeizieht in Parade das erstemal hab ich das bei der spanischen Kavallerie gesehn in La Roque es war himmlisch hinterher der Blick über die Bucht von Algeciras die ganzen Lichter auf dem Felsen wie Leuchtkäfer oder diese Feldmanöver auf den 15 Acres die Black Watch mit ihren Kilts im Schritt beim Parademarsch das 10te Husaren des Prince of Wales oder die Lancers oh die Lancers die sind phantastisch oder die Dublins die bei Tugela gewonnen haben sein Vater hat sein Geld gemacht mit daß er Pferde verkauft hat an die Kavallerie also ob er mir wohl ein hübsches Geschenk kauft oben in Belfast könnte er eigentlich nach was ich ihm schon alles geschenkt hab es gibt da phantastische Wäsche oder einen von diesen hübschen Kimonodingern ich muß mir eine Mottenkugel kaufen wie ich früher schon mal hatte zum in die Schublade legen mit den Sachen es wär ja toll aufregend mit ihm einkaufen zu gehn lauter so Sachen zu kaufen in einer fremden Stadt am besten laß ich den Ring hier zuhause muß eine Ewigkeit drehen um ihn über den Knöchel zu kriegen sonst hängen sies womöglich noch an die große Glocke in ihren Zeitungen oder zeigen mich bei der Polizei an aber so denken sie bestimmt wir sind verheiratet ach solln sie doch alle ersticken mit ihrem Schandmaul einen feuchten Dreck schert mich das er hat nun mal viel Geld und zum heiraten keine Laune also ists nur recht wenn jemand es ihm rausquetscht wenn ich nur rauskriegen könnte ob er mich auch mag ich hab ein bißchen schwiemelig ausgesehn natürlich wie ich beim pudern genau in den Spiegel geguckt hab ein Spiegel zeigt ja aber doch nie genau wie man aussieht besonders wo er die ganze Zeit auf mir drauflag mit seinen groben Hüftknochen er ist auch viel zu schwer mit seiner haarigen Brust bei dieser Hitze immer muß man sich langlegen für sie dabei wär es viel besser er tät ihn mir von hinten rein die Art wie Mrs Mastiansky mir erzählt hat daß ihr Mann es macht mit ihr wie die Hunde es machen und sie dabei die Zunge rausgestreckt so weit wie sie bloß konnte und dabei ist er so still und lieb mit seiner Klingelingzither man erlebt doch immer wieder die tollsten Überraschungen bei Männern wenn es sie packt hübsches Zeug war das der blaue Anzug den er anhatte und die elegante Krawatte und die Socken mit den himmelblauen Seidendingern dran der ist bestimmt nicht schlecht gebettet das seh ich schon an dem Schnitt von seinen Sachen und die schwere Uhr noch die er hat aber paar Minuten später war er wie ein richtiggehender Teufel wie er wiederkam mit der Spätausgabe hat die Wettscheine zerrissen und wie ein Verrückter geflucht weil er 20 Pfund verloren hatte er sagte er hat sie mit diesem Außenseiter verloren der gewonnen hat und die Hälfte hatte er für mich gesetzt auf Lenehans Tip hin Mann hat er den in die tiefste Hölle verwünscht den Schmarotzer er hat sich bei mir ziemlich viel herausgenommen nach dem Glencree Dinner damals wie wir von der langen Ratterfahrt über den Featherbed Mountain zurückkamen wo mich der Lord Mayor mit seinen dreckigen Augen angestiert hatte Val Dillon der dicke Heide zuerst war er mir beim Dessert aufgefallen wie ich die Nüsse mit meinen Zähnen am knacken war also am liebsten hätt ich das Hühnchen ja einfach in die Finger genommen und so abgenagt es war derart lecker und rösch und so zart wie nur was bloß weil ich keine Lust hatte das ganze Zeug auf meinem Teller zu essen die Gabeln und Fischmesser da waren echt Silber alle gestempelt sowas möcht ich auch mal haben ich hätte ganz leicht paar davon in meinem Muff verschwinden lassen können wie ich am spielen war damit dieses ewige Rumhocken in Restaurants für Geld wegen dem bißchen was man sich da in den Magen schlingt wir müssen noch dankbar sein für unsere schäbige Tasse Tee als großes Kompliment daß man so richtig sieht wie die Welt eingeteilt ist jedenfalls wenn das so weitergeht brauch ich mindestens erstmal zwei neue gute Hemden und aber ich weiß nicht was für eine Sorte Schlüpfer er mag überhaupt keine glaub ich hat er das nicht gesagt ja und in Gibraltar die halben Mädchen die haben ebenfalls überhaupt nie welche getragen nackt wie Gott sie schuf diese Andalusierin die ihre Manola sang die machte kein großes Geheimnis aus was sie nicht hatte ja und das zweite Paar halbseidene Strümpfe hat nach einem Tag tragen schon Laufmaschen ich hätte sie zu Lewers zurückbringen können heute morgen und einen Heidenkrach schlagen und machen daß der Kerl sie mir umtauscht aber bloß weil ich mich nicht aufregen wollte und Gefahr laufen daß ich ihm begegne dabei und dann die ganze Sache verdorben wäre ja und eins von diesen knapp sitzenden Korsetts braucht ich eigentlich auch die so billig angeboten waren in der eleganten Frauenwelt mit elastischen Zwickeln auf den Hüften das eine was ich habe hat er mir ja wieder gemacht aber das taugt nichts was haben die da doch geschrieben verleiht eine entzückende Figur 11/6 beseitigt den unschönen breiten Wulst über dem verlängerten Rükken läßt Fettansatz verschwinden mein Bauch ist ein bißchen zu dick ich muß mir das Stout beim Essen verkneifen oder ich gewöhn mich zu sehr dran das letzte was sie von ORourke schickten war so flach wie ein Pfannkuchen der kriegt sein Geld auf leichte Art zusammen Larry nennen sie ihn das schäbige Paket was er zu Weihnachten geschickt hat ein billiger Landkuchen und eine Flasche Spülicht die er uns als Rotwein andrehen wollte wo er keinen gefunden hatte der das Zeug säuft o mein Gott der geht sogar mit seiner Spucke noch sparsam um aus Angst er könnte sonst mal verdursten oder ich müßte wieder paar Atemübungen machen möchte wissen ob dieser Schlankmacher wohl was taugt man kanns natürlich auch übertreiben Dünne sind gar nicht so sehr die Mode jetzt aber Strumpfbänder derart wie ich habe das violette Paar zum Beispiel was ich heute getragen hab das war alles was er mir gekauft hat von dem Scheck den er am ersten kriegte oh nein da war noch das Schönheitswasser wo ich gestern den letzten Rest verbraucht hab was meine Haut wie neu machte ich hab ihm immer und immer wieder gesagt laß mir das in demselben Geschäft noch einmal machen und vergiß es nicht

Gott weiß alleine ob ers überhaupt in Auftrag gegeben hat ich hab ihm gesagt ich erkenn es an der Flasche wenn nicht jedenfalls dann kann ich mich bloß noch in meiner Pisse waschen mit Kraftbrühe oder Hühnersuppe mit bißchen von diesem Opoponax und Veilchen ich dachte ja schon sie wird langsam rauh oder alt etwas die Haut da drunter ist viel feiner wo sie mir am Finger abgepellt war wie ich mich verbrannt hatte ist ein Jammer daß sie nicht überall so ist und die vier lumpigen Taschentücher für rund 6/- zusammen man kommt ja eben nicht voran auf dieser Welt ohne bißchen Aufwand alles geht für Essen und Miete drauf also wenn ich mal was in die Finger kriege dann haue ichs aber auf den Kopf das kann ich dir flüstern mit eleganten Sachen und so ich will immer eine handvoll Tee in den Topf werfen irgendwie dieses ewige lausige Knausern und Getue wenn ich mir ein Paar alte Latschen kaufe sogar gefallen dir meine neuen Schuhe ja was haben sie denn gekostet ich hab überhaupt nichts anzuziehn das braune Kostüm und den Rock und Jacke und das eine in der Reinigung 3 insgesamt was ist das schon für eine Frau den alten Hut hab ich auftrennen müssen und den andern damit flicken die Männer drehen sich nicht mehr nach einem um und von Frauen wird man geflissentlich übersehen weil sie wissen man hat keinen anständigen Mann und dann wo alles jeden Tag teurer wird bei den 4 Jahren noch die ich habe bis 35 nein ich bin was bin ich überhaupt ich werde im September 33 stimmt doch oder was also ach egal aber zum Beispiel diese Mrs Galbraith die ist doch viel älter wie ich hab sie gesehn wie ich letzte Woche aus war also der ihre Schönheit ist auch ziemlich im schwinden dabei war sie eine entzückende Frau mit dem prachtvollen Haar was sie hatte bis runter auf die Taille wie sie das immer zurückgeworfen hat wie Kitty OShea in der Grantham Street das war immer das erste was ich jeden Morgen gemacht hab daß ich rübergesehn hab wie sie es kämmt also glatt wie wenn sie verliebt darin wäre und ganz voll davon schade daß ich sie erst näher kennengelernt hab an dem Tag wo wir wegzogen und diese

Mrs Langtry die Lilie von Jersey in die sich der Prince of Wales verliebt hatte also ich finde ja sowas ist nichts anderes als wie der erstbeste Mann sonst auch der draußen rumläuft bloß daß er eben König heißt gebaut sind sie alle gleich bloß der von einem Schwarzen also den würd ich doch gerne mal probieren eine Schönheit bis was war sie eigentlich so 45 und es gab da doch irgendeine komische Geschichte über den eifersüchtigen alten Ehemann was war das doch noch alles und ein Austernmesser womit er nein er zwang sie irgend so ein Blechding untenrum zu tragen und der Prince of Wales dann ja der hatte das Austernmesser also das kann doch nicht wahr sein sowas genauso wie paar von diesen Büchern die er mir mitbringt die Werke von Meister François Sowieso der sogar Priester war glaub ich über wie sie ein Kind durch ihr Ohr zur Welt bringt weil ihr der Steißdarm verrutscht war also das ist ja wirklich reizend daß ein Priester solche Worte schreibt und auch ihren H-----n als wenn nicht jeder Blödmann sowieso wüßte was gemeint ist ich kann diese Heuchelei mit all diesen Sachen nicht ausstehn besonders nicht mit diesem gemeinen Gesicht dazu von ihm wo doch jeder sehen kann daß nichts davon wahr ist und dieses Ruby und Schöne Tyrannen das hat er mir sogar zweimal mitgebracht ich entsinn mich wie ich auf Seite 50 kam ungefähr wo sie ihn an einen Haken hängt und mit einem Strick flagelliert also bestimmt da ist doch nichts drin für eine Frau alles Erfindung und Mache über zum Beispiel wie er den Champagner aus ihrem Pantoffel trinkt wie der Ball vorbei war also ganz wie das Jesuskind in der Krippe von Inchicore in den Armen der Heiligen Jungfrau dabei kann doch keine Frau so ein großes Kind kriegen ich hab ja zuerst gedacht es käme auf der Seite bei ihr raus weil und wie soll die wohl aufs Klo gegangen sein wenn sie mal mußte und sie ist eine reiche Dame natürlich hat sich sehr geehrt gefühlt durch SKH er war in Gibraltar in dem Jahr wie ich geboren wurde also ich wette er hat da ebenfalls Lilien gefunden wo er den Baum gepflanzt hat hat mehr als den gepflanzt in seinem Leben von mir aus hätt er bei mir auch mal pflanzen können wenn er bißchen eher gekommen wäre dann wär ich heute nicht hier wo ich bin er sollte doch wahrhaftig diesen Freeman an den Nagel hängen mit den lumpigen paar Schilling die er da rausholt und in ein Büro gehen oder sonst was wo er regelmäßig Gehalt kriegt oder eine Bank wo er vielleicht dann auf einem Thron sitzen könnte und den ganzen Tag Geld zählen aber natürlich trödelt er viel lieber im Haus rum so daß man sich kaum noch rühren kann wenn er überall im Wege steht was hast du denn heute vor also wenn er doch wenigstens Pfeife rauchen würde wie Vater daß er ein bißchen wie Mann riecht oder dies Getue wie wenn er sich die Hacken abläuft wegen seinen Annoncen alles bloß Bummelei wo er doch immer noch bei Mr Cuffe sein könnte wenn er das nicht gemacht hätte damals und mich dann hingeschickt daß ich versuche wie ich alles wieder einrenke ich hätt es ja leicht so weit bringen können daß er befördert wurde da bis zum Geschäftsführer hätt ers bringen können ein oder zweimal hat er mich ganz schön angeblinzelt da obwohl zuerst war er steif und förmlich wie ein Nußknacker wirklich und wahrhaftig Mrs Bloom bloß ich fühlte mich einfach wie verschimmelt in dem alten Fetzen von Kleid wo ich die Bleischnüre aus dem Schleppsaum verloren hatte absolut kein Schnitt drin kommen jetzt aber wieder in Mode langsam ich hatt es nur gekauft um ihm einen Gefallen zu tun daß es nichts taugte das wußt ich gleich so wie das aufgemacht war ein Jammer daß ichs mir anders überlegt hab und nicht zu Todd und Burns gegangen bin wie ich erst gesagt hatte statt zu Lees es war genau so wie der Laden selber Ausverkauf ein einziger Haufen Plunder also diese reichen Geschäfte sind mir einfach verhaßt gehn einem auf die Nerven dabei haut mich an sich so leicht nichts um bloß er bildet sich ein er versteht werweißwas von Frauenkleidung und Kochen und kippt dabei alles rein was er bloß in den Schränken findet wenn ich mich jedesmal nach ihm richten täte also bei jedem verdammten Hut den ich aufsetze paßt mir der ja den nimm der ist genau richtig der eine der mir wie eine Hochzeitstorte auf dem Kopf saß und meterweit abstand von dem fand er auch daß er mir paßte oder der Pottdeckel der mir hinten bis auf den Hintern runterhing wie auf Kohlen wegen dem Ladenmädchen da in der Grafton Street und ich Unglücksrabe bring ihn da auch noch selber rein also so etwas Unverschämtes wie die mit ihrem affigen Grinsen sagte ich fürchte wir machen Ihnen viel zu viel Ungelegenheiten für was ist sie sonst denn wohl da aber das hab ich ihr mit einem einzigen Blick ausgetrieben ja er war ganz schrecklich steif und kein Wunder aber das änderte sich wie er das zweitemal hinsah Poldy so eigensinnig wie üblich wie bei der Suppe aber ich hab genau gesehn wie er nach meiner Brust schielte als er aufstand um mir die Tür aufzumachen das war auf jeden Fall nett von ihm daß er mich rausbrachte es tut mir wirklich furchtbar leid Mrs Bloom glauben Sie mir ohne daß ers gleich zu deutlich machte beim erstenmal wo ja doch er beleidigt worden war und er mich außerdem für seine Frau hielt ich hab bloß halb gelächelt hab gewußt meine Brust hat gewirkt da an der Tür wie er sagte tut mir wirklich furchtbar leid und ich bin sicher Sie waren

ja also ich glaube er hat sie direkt ein bißchen fester gemacht indem daß er sie immer so lange gesaugt hat ich bin richtig durstig geworden davon Titten nennt er sie da hab ich doch lachen müssen ja bei dieser einen jedenfalls wird der Nippel steif beim geringsten Anlaß das soll er doch unbedingt weitermachen und ich werd auch die geschlagenen Eier mit Marsala nehmen davon werden sie schön dick für ihn was doch diese Adern und Sachen so alles überhaupt komisch die Art wie sie gemacht sind 2mal genau dasselbe im Fall von Zwillingen angeblich stellen sie Schönheit dar wie sie da oben so sitzen wie bei den Statuen im Museum wo die eine so tut wie wenn sie die Hand davor hält sind sie eigentlich wirklich so schön natürlich im Vergleich zu wie ein Mann aussieht mit seinen zwei Säcken voll und dem andern Ding was da an ihm runterhängt oder einem entgegenragt wie ein Hutständer kein Wunder daß sies mit einem Kappesblatt bedecken richtig schön ich meine als Schönheit sind natürlich doch nur die Frauen das ist anerkannt wie er gesagt hat damals ich könnte nackt Modell stehen für ein Bild bei irgendeinem reichen Kerl in der Holles Street wie er den Job bei Hely verloren hatte und ich die Kleider verkaufen mußte und im Café klimpern gehn also ob ich wohl so wäre wie auf dem Bad der Nymphe wenn ich mir das Haar aufmache ja bloß daß sie jünger ist oder ich bin auch ein bißchen wie das Dreckstück auf dem spanischen Photo was er hat diese Nymphen ob die eigentlich immer so rumgelaufen sind wie da hab ich ihn mal gefragt nach ihr der ekelhafte Cameron Hochländer hinter dem Fleischmarkt oder dieser andere Lümmel mit dem roten Kopf hinter dem Baum wo immer die Statue mit dem Fisch stand wie ich vorbeikam tat er so wie wenn er am pissen wäre und dabei stand er so nach mir rüber daß ichs sehen mußte hatte sein Babykleidchen nach der einen Seite hochgehoben das Leibregiment der Königin das war ja eine reizende Bagage ein Glück daß die Surreys sie abgelöst haben dann versuchen es einem dauernd zu zeigen fast jedesmal wenn ich an dem Männerpissoir am Bahnhof Harcourt Street vorbeikam bloß um mal zu probieren ob so jemand versucht mich zum hingucken zu bringen wie wenn es eins von den 7 Weltwundern wäre oh und der Gestank da von diesen verrotteten Löchern die Nacht wie ich mit Poldy heim ging nach der Party bei Comerfords Orangen und Limonade wo man sich so richtig weich und wässrig von fühlt also da bin ich doch in eins von den Dingern gegangen es war so beißend kalt daß ichs einfach nicht mehr halten konnte wann war das doch 93 der Kanal war zugefroren ja es war ein paar Monate danach was für ein Jammer daß von den Camerons keine da waren um mich hocken zu sehn in dem Männerklo meadero ich hab versucht ein Bild davon zu malen bevor ichs aber zerrissen hab wie eine Wurst oder sowas ich wundere mich ja wirklich daß die keine Angst haben wenn sie so rumlaufen damit daß sie da einen Tritt abkriegen oder einen Schlag oder sonstwas und dieses Wort dann so ähnlich wie Mit fing es an und irgendwas mit Hosen und er kam mit seinen üblichen Zungenbrechern an über Inkarnation oder so er kann einem nie was einfach erklären daß man es auch versteht und dann geht er hin und brennt der Pfanne den Boden aus alles bloß wegen seiner Niere also diese ist nicht ganz so wie hier ist immer noch die Stelle von seinen Zähnen wo er versucht hat den Nippel zu beißen ich mußte laut schreien dabei sind sie nicht fürchterlich daß sie einem wehtun wollen bei Milly hatt ich eine große Milchbrust reichlich für zweie was da wohl der Grund für war er sagte ich hätte mir ein ganzes Pfund pro Woche verdienen können als Amme so aufgeschwollen war alles an dem Morgen dieser zart aussehende Student der in Nummer 28 bei den Citrons abgestiegen war Penrose der hätte mich fast beim waschen erwischt durchs Fenster bloß daß ich mir schnell noch das Handtuch vors Gesicht geschnappt hab das war dem sein studieren wehgetan haben sie mir ja dauernd wie ich Milly am abstillen war bis er Doktor Brady so weit gekriegt hat daß er mir das Belladonna verschreibt ich mußte ihn dran saugen lassen sie waren so hart er sagte es war aber süßer und dicker als wie von Kühen und dann wollte er mich in den Tee rein melken also wirklich manchmal ist er einfach sagenhaft da kann ich ein Lied von singen man sollte ihn in die Zeitung bringen eigentlich wenn ich mich bloß noch an die Hälfte von den Sachen erinnern könnte und ein Buch darüber schreiben Master Poldys Gesammelte Werke ja und sie ist aber auch soviel weicher dann die Haut eine gute Stunde war er dran das weiß ich bestimmt weil ich auf die Uhr wie ein ganz großes Kind was ich an mir hatte sie müssen unbedingt alles in den Mund haben die Männer die ganze Lust die sie aus einer Frau rausholen ich kann seinen Mund jetzt direkt wieder fühlen o mein Gott ich muß mich strecken ich wollte er wäre da jetzt oder irgendwer mit dem ich mich gehen lassen könnte und nochmal so kommen ganz wie Feuer ist mir innerlich oder wenn ich träumen könnte wie er mich das 2temal hochgebracht hat indem daß er mich hinten in einer Tour mit dem Finger gekitzelt ich bin glatt 5 Minuten lang gekommen meine Beine um ihn geschlungen ich mußte ihn mit der Hand hinterher o mein Gott ich wollte immerzu alle möglichen Sachen schreien Fikken oder Scheiße oder sonst so was bloß daß ich ja nicht häßlich aussehe mal oder die Falten von der Anstrengung wer weiß wie er das aufnehmen würde man will sich ja doch einfühlen mit einem Mann nicht alle sind so wie er Gott sei Dank paar von ihnen wollen daß man ganz zart und lieb dabei ist ich hab den Unterschied gemerkt er macht seine Sache und redet kein Wort dabei und ich hab den bestimmten Blick in meine Augen gebracht und das Haar bißchen aufgelöst von der Wälzerei und die Zunge zwischen den Lippen hoch zu ihm der wilde Kerl Donnerstag Freitag eins Samstag zwei Sonntag drei o mein Gott ich kann nicht mehr warten bis Montag

frsiiiiiiifronnnng ein Zug irgendwo der pfeift also was diese Lokomotiven für Kraft in sich haben wie große Riesen und das Wasser läuft auf allen Seiten über sie und aus ihnen raus wie am Schluß von Loves old sweet sonnnng die armen Männer die da draußen sein müssen die ganze Nacht weg von ihren Frauen und Familien in diesen Backöfen von Maschinen zum ersticken wars heute wieder ich bin froh daß ich die Hälfte der alten Freemans und Photo Bits verbrannt hab wo er die Sachen immer so rumliegen läßt er wird langsam richtig unordentlich und den Rest hab ich aufs WC geschafft er soll sie mir morgen kleinschneiden statt daß sie sich weiter stapeln da bis nächstes Jahr bloß daß dann paar Pence dafür rausspringen diese ewige Fragerei wo ist denn die Nummer vom letzten Januar und die ganzen alten Mäntel die ich zusammengepackt hab und vom Flur weggeschafft die machen doch alles bloß noch heißer als wie es schon ist der Regen war herrlich und erfrischend gleich nach meinem Schönheitsschlaf ich dachte schon es wird noch so wie in Gibraltar du meine Güte die Hitze da bevor der starke Ostwind kam schwarz wie die Nacht und der gleißende Felsen wie der dadrin stand wie ein großer Riese verglichen mit denen ihrem 3 Rock Mountain wo sie sich einbilden daß der so groß wäre mit den roten Schildwachen hier und da die Pappeln und alle weißglühend und der Geruch von dem Regenwasser in den Zisternen man beobachtete in einer Tour die Sonne die auf einen runterbrannte das ganze hübsche Kleid was mir Vaters Freundin Mrs Stanhope vom B Marche aus Paris schickte ist davon verblichen was für ein Jammer meine liebste Doggerina schrieb sie drauf sie war sehr nett wie hieß sie doch sonst noch bloß eine Postkarte um Ihnen mitzuteilen daß ich das kleine Geschenk abgeschickt habe ich habe grad ein schönes warmes Bad genommen und fühle mich pudelwohl jetzt war richtig eine Erholung der Scheich sie nannte ihn immer den Scheich würde werweißwas drum geben wieder in Gib zu sein und Sie in Old Madrid oder Erwartung singen zu hören Concone hießen diese Übungen er hat mir mal einen von diesen neuen irgendein Wort was ich nicht rauskriegen konnte Shawls gekauft ganz lustige Dinger aber reißen bei der geringsten Gelegenheit trotzdem hübsch sind sie bestimmt ich denke Sie werden sich auch immer noch gern unserer netten gemeinsamen Tees erinnern nicht wahr die köstlichen Korinthenscones und Himbeerwaffeln die ich so liebe nun liebste Doggerina schreiben Sie doch bestimmt bald einmal wieder mit vielen lieben sie ließ Grüßen aus an Ihren Vater auch Captain Grove mit herzl Gr Ihr xxxxx sie sah überhaupt kein bißchen verheiratet aus richtig noch wie ein Mädchen er war Jahre älter als wie ihr Scheich er mochte mich furchtbar gerne wie er den Draht runterhielt mit dem Fuß für mich daß ich rübertreten konnte bei dem Stierkampf in La Linea wie der Matador Gomez das Ohr des Stiers kriegte also Sachen muß unsereins tragen wer das wohl erfunden hat in sowas soll man dann den Killiney Hill rauflaufen zum Beispiel bei dem Picknick eingeschnürt bis zum Rand daß man kein bißchen was machen kann in einer Gruppe mitlaufen oder aus dem Weg springen deswegen hatt ich auch so Angst wie der andere wilde alte Stier anfing und die Banderilleros mit den Schärpen angriff und den 2 Dingern an ihren Hüten und diese Miststücke von Männern brüllten bravo toro aber klar die Frauen waren genau so schlimm in ihren hübschen weißen Mantillas wie er den armen Pferden die ganzen Innereien raus riß also sowas hab ich im ganzen Leben noch nicht gehört ja ihm ging das ja auch jedesmal furchtbar zu Herzen wenn ich das Geheul von dem Hund in der Bell Lane nachgemacht habe das arme Vieh und es war krank was aus ihnen wohl geworden ist ich vermute fast sie sind tot schon lange alle beide man sieht alles wie durch einen Nebel fühlt sich so alt davon ich hab die Scones natürlich gemacht ich hatte ja alles zur Verfügung damals ein Mädchen Hester wir haben immer unser Haar verglichen meins war dicker als ihrs sie zeigte mir wie man es hinten richtet wie ich es hochgesteckt hatte und was doch sonst noch wie man mit einer Hand einen Knoten in einen Faden macht wir waren wie Cousinen wie alt war ich eigentlich damals in der Nacht wo das Gewitter war hab ich in ihrem Bett geschlafen sie hatte die Arme um mich gelegt und dann morgens machten wir Kissenschlacht das war ein Spaß er war andauernd auf der Lauer nach mir wenn er nur eine Gelegenheit fand beim Konzert auf der Alameda Esplanade wie ich mit Vater und Captain Grove ich hab zuerst nach der Kirche hochgeschaut und dann nach den Fenstern und dann nach unten und unsere Augen trafen sich ich spürte wie mir etwas durch und durch ging wie lauter Nadeln es tanzte mir alles vor den Augen entsinn ich mich noch hinterher wie ich mich im Spiegel gesehn hab da hab ich mich kaum wiedererkannt derart verändert war ich er war anziehend für Mädchen trotzdem daß er schon bißchen kahl war sah intelligent aus enttäuscht und fröhlich zu gleicher Zeit er war wie der Thomas im Schatten des Ashlydyat ich hatte eine herrliche Haut von der Sonne und dann die Aufregung wie eine Rose ich konnte kein bißchen schlafen die Nacht es wäre aber nicht nett gewesen wegen ihr aber ich hätte auch rechtzeitig aufhörn können sie gab mir den Mondstein zu lesen war das erste was ich überhaupt las von Wilkie Collins East Lynne hab ich gelesen und den Schatten des Ashlydyat Mrs Henry Wood Henry Dunbar von dieser anderen Frau das hab ich ihm später mal geliehen mit Mulveys Photo drin daß er sehn konnte ich war auch nicht so ohne und Lord Lytton Eugene Aram Molly Bawn gab sie mir noch von Mrs Hungerford wegen dem Namen aber ich mag Bücher nicht mit einer Molly drin wie zum Beispiel das was er mir mitbrachte über die eine da aus Flandern eine Hure die in einer Tour Ladendiebstahl beging was sie nur kriegen konnte Tuch und Stoffe und alles gleich ellenweise also diese Decke ist zu schwer auf mir so ist es besser ich hab ja nichtmal ein einziges anständiges Nachthemd dieses Ding hier rollt sich immer unter mir auf neben ihm und wenn er seine Zicken macht so ists besser was hab ich mich immer gewälzt in der Hitze mein ganzes Hemd war naß von Schweiß klebte mir zwischen den Hinterbacken auf dem Stuhl wie ich aufstand sie waren derart prall und fest wie ich auf die Sofakissen gestiegen bin um nachzusehn und die Sachen alle hochgehoben hab und dann die Wanzen tonnenweise nachts und die Moskitonetze ich konnte keine Zeile lesen o mein Gott wie lange her einem das alles vorkommt Jahrhunderte und natürlich sind sie nie wieder zurückgekommen und sie hatte auch ihre Adresse nicht richtig draufgeschrieben vielleicht hatte sie gemerkt daß ihr Scheich immer sind die Leute weggegangen und wir nie ich erinnere mich noch an den Tag mit den ganzen Wellen und den Booten wie die schaukelten mit ihrem hohen Bug und das Schiff erst wie das rauf und runter ging von der Dünung diese Offiziersuniformen auf Landurlaub hat mich ganz seekrank gemacht er sagte überhaupt nichts er war sehr ernst ich hatte die hohen Knöpfschuhe an und mein Rock wehte sie küßte mich sechs oder sieben Mal hab ich eigentlich geweint ja ich glaube ich hab oder jedenfalls fast meine Lippen waren in einer Tour am zittern wie ich auf Wiedersehn sagte sie hatte ein umwerfendes Reisekleid an aus irgendeinem ganz besonderen Blau alles ganz merkwürdig nach der einen Seite hin gemacht und es stand ihr wahnsinnig gut es wurde schrecklich öde wie sie dann weg waren fast war ich so weit selber wegzulaufen hatte ganz den Kopf verloren irgendwohin raus wir fühlen uns nie wohl wo wir sind Vater oder Tante oder die Ehe man ist ewig am warten und warten Erwartung führ iiihn zu miiir und warten beflüüügle seine Schriiitte die mit ihrem verdammten Kanonengebumse und dem ganzen Krach überall besonders am Geburtstag der Königin daß alles wackelte und durcheinanderschepperte wenn man nicht die Fenster aufmachte wie General Ulysses Grant egal wer das war und was er gemacht hat galt jedenfalls als hohes Tier wie der vom Schiff an Land kam und der alte Sprague der Konsul der da schon seit vor der Sintflut war ganz groß in Schale der arme Mann er war doch in Trauer wegen seinem Sohn und dann immer dieselbe alte Reveille am Morgen und Trommelwirbel und die unglücklichen armen Teufel von Soldaten die mit ihren Kochgeschirren rumliefen es roch da auf dem Platz schlimmer als wie die alten langbärtigen Juden in ihren Kaftanen und langen Überröcken Sammelsignal und klar Deck überall und Böllerschüsse für die Mannschaften die Linien zu passieren und der Wächter auf seinem Rundgang mit den Schlüsseln um die Tore zu schließen und die Sackpfeifen alle und bloß Captain Groves und Vater am reden über Rorkes Drift und Plevna und Sir Garnet Wolseley und Gordon in Khartum hat ihnen immer die Pfeifen angezündet wenn sie ausgingen jedesmal der besoffene alte Teufel mit seinem Grog auf der Fensterbank da konnte man lange warten daß der mal was übrig ließ war sich ewig in der Nase am bohren und dachte sich eine neue dreckige Geschichte aus die er dann heimlich erzählen konnte aber wenn ich dabei war hat er sich nie vergessen schickte mich unter irgendeinem dämlichen Vorwand aus dem Zimmer machte mir Komplimente aus denen der Bushmills Whisky sprach aber das hätte er mit der nächstbesten Frau ebenfalls gemacht die daherkam wahrscheinlich ist er längst an der galoppierenden Trinksucht gestorben vor Ewigkeiten schon die Tage wie die Jahre kein Brief von einer lebenden Seele außer die paar die ich mir selber geschrieben hab mit Papierschnitzeln drin derart langweilig manchmal daß man aus der Haut fahren könnte wie ich dem alten Araber zugehört hab mit dem einen Auge bloß und seinem quietschigen Instrument der immer sein hüahoh ah hüahoha sang Kompriment für deine Quetschkommode Kerl alles so schlimm wie jetzt wo die Hände mir runterhingen und ich bloß aus dem Fenster sehn konnte wenn wenigstens irgendein netter Junge drüben im gegenüberliegenden Haus dieser Medizinstudent in der Holles Street hinter dem die Schwester her war wie ich mir am Fenster die Handschuhe angezogen hab und den Hut aufgesetzt um ihm zu zeigen daß ich ausgehe aber hat nichts kapiert was ich meinte sowas von Dickschädeligkeit verstehn überhaupt nie was man sagt man müßt es ihnen direkt auf ein großes Plakat drucken und unter die Nase halten nichtmal wenn man ihnen zweimal mit der Linken die Hand gibt er hat mich auch nicht erkannt wie ich ihm vor der Kapelle Westland Row halb zugeblinzelt hab wo bleibt da ihre hochgerühmte Intelligenz möcht ich mal wissen graue Zellen die haben sie allenfalls in ihrem Schwanz wenn du mich fragst diese Gannefs vom Lande da im City Arms Verstand hatten die weniger als wie die Bullen und Kühe wo sie das Fleisch von verkauften und der Kohlenmann mit seiner Bimmel dieser Lump von einem Krachmacher der mich mit der falschen Rechnung betrügen wollte die er aus seinem Hut zog also Klauen hatte der und die Pötte und Pfannen und Kessel zum flicken vielleicht ein paar alte Flaschen für einen armen Mann heute und keinerlei Besuch oder Post überhaupt außer bloß seine Schecks oder irgendeine Reklame wie dieser Wunderwirker die sie ihm geschickt haben mit der Anrede sehr geehrte gnädige Frau bloß sein Brief und die Karte von Milly heute morgen schau an aber ihm hat sie einen Brief geschrieben von wem hab eigentlich ich den letzten gekriegt oh Mrs Dwenn also was die wohl angekommen ist daß sie nach so vielen Jahren wieder schreibt aus Kanada bloß um das Rezept für pisto madrileno zu kriegen was ich hatte Floey Dillon seit sie damals schrieb um uns mitzuteilen daß sie einen sehr reichen Architekten geheiratet hätte also wenn ich alles glauben sollte was ich so höre mit einer Villa und acht Zimmern ihr Vater war ein schrecklich netter Mann war fast siebzig immer guter Laune na Miss Tweedy oder Miss Gillespie da steht der Klimperkasten und was er auch noch auf dem Mahagonibüfett stehn hatte das Kaffeeservice das war aus echt Silber und dann ist er so weit weg gestorben also ich finde das gräßlich wenn Leute immer ihre armselige Geschichte erzählen müssen jeder hat sein Päckchen zu tragen zum Beispiel die arme Nancy Blake die vor einem Monat an akuter Lungenentzündung gestorben ist na ja so genau hab ich sie natürlich nicht gekannt sie war mehr Floeys Freundin als wie meine die arme Nancy es ist lästig wenn man antworten muß er sagt mir immer die falschen Sachen und auch nie mit Punkten und so wie wenn er eine Rede hält der traurige Verlust den Sie und Symphatie also den Fehler mach ich doch immer wieder und Neffe mit bloß 1 Eff hoffentlich schreibt er mir das nächstemal einen etwas längeren Brief falls es stimmt daß er mich wirklich mag oh wie kann ich Gott danken daß ich jemand habe der mir endlich gibt was ich so dringend gebraucht hab daß er mir wieder etwas Mut macht man hat hier sonst ja überhaupt keine Chancen mehr wie ich früher immer hatte ich wollte jemand schriebe mir einen Liebesbrief seiner war ja nicht besonders und dabei hab ich ihm extra gesagt er kann ruhig schreiben was er so alles möchte immer Dein Hugh Boylan in Old Madrid blödes Zeug was die Weiber glauben die Liebe besteht aus Seufzen ach mein Herz welch ein Schmerz also wenn er das schriebe wäre wahrscheinlich irgendwie sogar was wahres dran aber egal wahr oder nicht es erfüllt einem jedenfalls den ganzen Tag und das ganze Leben immerzu hat man was wo man dran denken muß jeden Moment und was so um einen herum ist das sieht man wie eine neue Welt ich könnte die Antwort im Bett schreiben daß er das Gefühl hat davon ganz kurz angebunden bloß ein paar Worte nicht diese ellenlangen Briefe wie Atty Dillon die immer schrieb an diesen Burschen der irgendwas in den Four Courts war der sie dann später sitzengelassen hat alles aus dem Briefsteller für Damen wo ich ihr doch gesagt hatte sie soll bloß paar ganz einfache Worte sagen die könnte er sich dann zu-

rechtdrehen wie er wollte nicht mit überstürzter Überstürzung zu handeln bei beiderseitiger Aufrichtigkeit das größte irdische Glück eine bejahende Antwort auf den Antrag eines Gentleman ach du meine Güte wenn das alles ist das mag ja alles sehr schön sein für sie aber wenn man eine Frau ist dann täten sie einen sobald wie man nur alt wird täten sie einen dann womöglich am liebsten auf den Müll schmeißen
Mulvey seiner war der erste wie ich im Bett lag an dem Morgen und Mrs Rubio brachte ihn mit dem Kaffee rein stocksteif stand sie da wie ich sie bat sie soll mir doch und ich hab drauf gezeigt mir fiel das Wort nicht ein im Moment mir doch eine Haarnadel geben daß ich ihn aufmachen kann damit ah horquilla dieses ungefällige alte Ding und die lag auch noch direkt vor ihrer Nase mit ihrem Zopf aus falschem Haar den sie hatte und werweißwie eitel auch noch auf wie sie aussah wo sie doch derart häßlich war fast 80 schon oder 100 ihr Gesicht eine einzige Masse von Runzeln mit ihrem frommen Getue aber in einer Tour am tyrannisieren weil sie nie über die Atlantische Flotte wegkommen konnte wie die eingelaufen war die halben Schiffe von der Welt und der Union Jack wehte trotz all ihren Carabineros weil 4 besoffene englische Seeleute ihnen den ganzen Felsen weggenommen hatten und weil ich nicht oft genug zur Messe gelaufen bin in Santa Maria ihr zu Gefallen mit andauernd ihrem Schal um außer wenn eine Hochzeit war mit ihren ganzen Heiligenwundern und ihrer schwarzen heiligen Jungfrau mit dem Silberkleid und die Sonne täte 3 mal tanzen am Ostersonntag morgen und wenn der Priester vorbeiging mit dem Glöckchen um den Sterbenden das Vaticanum zu bringen dann bekreuzigte sie sich für Seine Majestad ein Bewunderer hatte er sich unterschrieben ich bin ja fast aus der Haut gefahren ich wollte ihn mir unbedingt an Land ziehen wie ich sah daß er mir folgte auf der Calle Real in dem Ladenschaufenster dann hat er mich ganz leicht berührt im Vorübergehen aber ich hätte ja nie gedacht daß er schreiben würde ein Stelldichein ausmachen ich hatt ihn den ganzen Tag im Mieder stecken mußt ihn

immer wieder lesen in jedem Winkel und jeder Ecke während Vater auf dem Exerzierplatz war um aus der Handschrift zu sehen oder der Sprache der Briefmarken und ich hab auch immerzu gesungen entsinn ich mich soll ich eine weiße Rose tragen und ich wollte die alte blöde Uhr vorstellen damit es nicht mehr so lange dauerte er war der erste Mann der mich geküßt hat unter der maurischen Mauer mein Schätzchen als er jung noch war erst da ist mir aufgegangen was küssen eigentlich hieß wie er mir die Zunge in den Mund steckte sein Mund war leckersüß und jung ich hab ein paarmal das Knie an ihn gedrückt bloß um zu sehn wie das ging bei ihm was hab ich ihm doch erzählt alles ich wäre verlobt bloß so aus Spaß mit dem Sohn von einem spanischen Edelmann namens Don Miguel de la Flora und er glaubte den sollte ich in 3 Jahren dann heiraten manch wahres Wort wird im Scherz gesprochen ein Blümelein ein Blümelein das blühet auf ein paar wahre Sachen hab ich ihm aber auch erzählt über mich bloß daß er was zum drüber nachdenken hat die spanischen Mädchen die mochte er gar nicht wahrscheinlich hat ihn mal eine nicht gewollt ich hab ihn richtig in Erregung gebracht er zerknautschte mir sämtliche Blumen auf dem Busen die er mir mitgebracht hatte er kam nie mit den pesetas und den perragordas zurecht bis ichs ihm beigebracht hatte aus Cappoquin wäre er sagte er am Blackwater aber es war zu kurz und dann der Tag bevor er wegging im Mai ja es war im Mai wie der Infant von Spanien geboren wurde ich bin jedesmal so im Frühling wenn ich doch bloß jedes Jahr einen neuen Jungen hätte dafür ganz oben auf dem Gipfel unter dem Rockgun in der Nähe von OHaras Turm hab ich ihm erzählt da wäre mal der Blitz eingeschlagen und alles über die alten Berberaffen die sie nach Clapham schickten ohne Schwanz die liefen immer einer auf dem andern seinem Rücken bei der ganzen Vorstellung sagte Mrs Rubio sie war ein waschechter Felsskorpion stahlen die Hühner auf Inces Farm und warfen mit Steinen wenn man in die Nähe kam er hat mich angestarrt ich hatte die weiße Bluse an die vorne offen war um ihm Mut zu machen so gut ich konnte aber nicht zu weit offen sie fingen grad an dick zu werden bei mir ich sagte ich bin müde wir lagen oberhalb der Föhrenbucht ein wildes Plätzchen ich glaube das ist überhaupt der höchste Felsen den es gibt die Galerien und Kasematten und die ganzen schrecklichen Felsen da und die St Michaelshöhle mit den Eiszapfen oder wie die heißen die da überall runterhängen und den Leitern ich hatte ganz dreckige Schuhe davon also bestimmt ist das der Weg runter wo die Affen unter dem Meer nach Afrika laufen wenn sie sterben und die Schiffe weit draußen wie kleine Holzspäne das war das Dampfboot nach Malta was vorbeifuhr da ja das Meer und der Himmel man konnte machen was man wollte ewig so daliegen er streichelte sie von außen bei mir das machen sie immer gerne ist wohl die Rundung und ich hatte mich über ihn gebeugt mit meinem weißen Reisstrohhut daß er nicht mehr so neu war die linke Seite von meinem Gesicht ist die bessere meine Bluse war offen weil es doch der letzte Tag für ihn war ein ganz durchsichtiges Hemd hatte er ich konnte das Rosa auf seiner Brust sehen er wollte meine berühren mit seiner bloß einen kurzen Moment aber ich hab ihn nicht lassen wollen er war ganz schrecklich böse deswegen zuerst aus Angst ich kriege man weiß ja nie vielleicht die Schwindsucht oder sitze auf einmal mit einem Kind da embarazada die alte Dienerin Ines hat mir erzählt daß schon ein einziger Tropfen wenn er in einen reinkommt daß der schon ich habs dann hinterher mit der Banane versucht aber ich hatte Angst sie bricht mir ab und irgendwo bleibt ein Stück stecken in mir ja weil einmal haben sie doch aus einer Frau sowas rausgeholt was jahrelang in ihr drin war ganz mit Kalksalzen überzogen wie versessen sind sie alle darauf daß sie da wieder reinkommen wo sie rausgekommen sind man könnte glatt meinen sie können gar nicht weit genug reinkommen und rauf und dann sind sie fertig mit einem bis zum nächstenmal ja weil man doch so ein wunderbares Gefühl da hat die ganze Zeit so zart wie haben wir dann eigentlich zuletzt alles oh ja ich habs ihm runtergeholt in mein Taschentuch hab dabei so getan wie wenn ich überhaupt nicht erregt bin aber ich hab die Beine auseinandergemacht ich wollte nicht daß er mich berührt innen in meinem Unterrock ich hatte einen Rock der an der Seite aufging eigentlich hab ich ihn ja höllisch gequält zuerst wie ich ihn gereizt hab bei dem Hund hab ich das auch immer gern gemacht im Hotel ihn auf die Palme bringen rrrsssst wackewackewack er hatte die Augen zu und ein Vogel flog unter uns er war ganz schüchtern aber trotzdem ich mochte ihn wie an dem Morgen wo er richtig ein bißchen rot wurde wie ich mich so über ihn gelegt hab wie ich die Knöpfe aufgemacht hab bei ihm und sein Ding rausgeholt und die Haut zurückgeschoben es hatte direkt so was wie ein Auge mittendrin also eigentlich sind sie alle richtige Hinternsmänner bloß auf der falschen Seite Molly mein Liebling nannte er mich wie hieß er doch selber genau Jack Joe Harry Mulvey ja und Leutnant war er glaub ich er war doch ziemlich blond hatte immer so ein Lachen in der Stimme ich war davon wieheißtdasdoch alles war wieheißtdasdoch einen Schnurrbart hatte er er sagte er kommt bestimmt wieder mein Gott das ist alles noch für mich wie wenns gestern gewesen wäre und wenn ich dann verheiratet wäre könnte ich was erleben und ich habs ihm versprochen ja treu und ehrlich wenn er jetzt da wäre ließe ich ihn ganz schnell zu mir rein vielleicht ist er ja schon tot oder gefallen oder Kapitän längst oder Admiral es ist fast 20 Jahre her wenn ich sagen würde Föhrenbucht dann würde er wenn er sich von hinten ranschliche an mich und mir die Augen zuhielte daß ich raten soll wer also dann würde ich ihn sofort erkennen er ist immer noch jung so um 40 vielleicht ist er verheiratet mit irgendeinem Mädchen am Blackwater und hat sich ganz verändert das tun sie alle ja sich verändern haben nicht halb so viel Charakter wie eine Frau hat wenn die ahnte was ich mit ihrem geliebten Gatten alles gemacht hab bevor daß er auch bloß im Traum an sie dachte und auch noch am hellichten Tag vor aller Welt Augen könnte man direkt sagen sie hätten glatt einen Artikel darüber im Chronicle bringen können ich war richtig wie toll hinterher wie ich die alte Tüte aufgeblasen habe wo die Kekse drin waren von Benady Bros und platzen lassen mein Gott was für ein Knall war das sämtliche Waldschnepfen und Tauben haben gekrischen wie wir denselben Weg zurückgingen den wir gekommen waren über den mittleren Berg beim alten Wachthaus vorbei und am Judenfriedhof wo wir so getan haben wie wenn wir das Hebräisch dadrauf lesen täten ich wollte so gern mal mit seiner Pistole schießen aber er sagte er hätte gar keine er wußte überhaupt nicht woran er eigentlich mit mir war mit seinem spitzen Käppchen das ihm immer schief auf dem Kopf saß egal wie oft ichs ihm gradegerückt hab H M S Calypso ich hab meinen Hut geschwenkt dieser alte Bischof der die lange Predigt hielt am Altar über die höheren Funktionen des Weibes über die Mädchen heutzutage die Fahrrad fahren und flotte Käppchen tragen und die neuen Frauenbloomer Gott schick ihm Verstand und mir mehr Geld also vielleicht sind die ja sogar nach ihm genannt ich hab ja nie im Traum daran gedacht daß das mal mein Name würde Bloom wie ich ihn in Druckbuchstaben geschrieben hab um zu sehen wie er sich ausnahm auf einer Visitenkarte oder für den Fleischer geübt wenn Sie bitte so freundlich sein wollen M Bloom du siehst richtig bloomig aus sagte Josie immer nachdem daß ich ihn geheiratet hatte na ja immer noch besser wie Breen oder Briggs oder diese gräßlichen Namen mit bottom zum Beispiel Mrs Ramsbottom oder irgendwas sonst mit bottom hinten Mulvey darauf wäre ich auch nicht besonders scharf oder mal angenommen ich ließe mich von ihm scheiden Mrs Boylan also meine Mutter egal wer sie war die hätte mir ruhig auch einen etwas hübscheren Namen geben können weiß Gott wo sie selber doch einen so schönen hatte Lunita Laredo wie lustig das war wie wir die Willis Road langgelaufen sind zum Europa Point im Zickzack hin und her ganz rum um die andere Seite von Jersey sie hüpften und tanzten mir in der Bluse wie Millys kleine Dinger jetzt wenn sie die Treppe raufläuft ich hab immer gern auf sie runtergesehen bin immer an den Pfefferbäumen hochgesprungen und den weißen Pappeln und hab die Blätter abgerissen und nach ihm geworfen er ist dann nach Indien gegangen wollte mir schreiben die Reisen die doch diese Männer immer machen müssen bis ans Ende der Welt und wieder zurück da ist es doch wirklich nicht zuviel wenn sie mal in die Arme einer Frau möchten solange sie noch können wo sie doch dann weggehen und irgendwo ertrinken oder in die Luft fliegen ich bin den Windmill Hill raufgestiegen zum Plateau an dem Sonntag morgen mit Captain Rubio seinem der gestorben war seinem Fernglas wie die Wache eins hatte er sagte er kriegte bestimmt eins oder zwei von Bord ich trug das Kleid vom B Marche Paris und die Halskette aus Korallen und die Meerenge leuchtete ich konnte rüber bis nach Marokko sehen fast bis zur Bucht von Tanger das ganz weiß war und das Atlasgebirge mit Schnee drauf und das Wasser war wie ein Fluß so klar Harry Molly Liebling ich hab immer an ihn gedacht auf dem Meer hinterher die ganze Zeit bei der Messe wie mein Unterrock auf einmal zu rutschen anfing bei der Wandlung wochenlang noch hatt ich das Taschentuch unter dem Kopfkissen wegen daß es nach ihm roch es war ja kein bißchen anständiges Parfüm aufzutreiben da in Gibraltar bloß dieses billige Peau despagne das ganz schnell fade war und wo man hinterher mehr stank als wie sonst was ich wollte ihm ja so gerne was zum Andenken schenken er gab mir diesen plumpen Claddagh Ring der Glück bringen sollte angeblich den ich dann Gardner geschenkt hab wie er nach Südafrika ging wo diese Buren ihn umgebracht haben mit ihrem Krieg und dem Fieber aber geschlagen worden sind sie dann trotzdem und nicht zu knapp wie wenn er direkt Unglück gebracht hätte wie ein Opal oder eine Perle aber was konnte man in so einem Land schon kriegen diese Sandstürme die immer von Afrika rüberkamen und das kaputte Schiff was in den Hafen einlief Marie die Marie sowieso nein er hatte gar keinen Schnurrbart das war Gardner ja muß aber 16 Karat echtes Gold gewesen sein weil er sehr schwer war ich seh sein Gesicht noch vor mir sauber rasiert Frsiiiiiiiiiiiiiiiiiifrong schon wieder dieser Zug so ein wimmernder Ton einst in jenen teuren tohoten Tagen die nimmerwie derkehrn ich mach die Augen zu atme die Lippen vorgewölbt Kuß trauriger Blick die Augen offen piano eh Nebel auf die Welt sich senkt also dieses ebelauf find ich blöd kommt loves sweet ssoooooong da dreh ich voll auf wenn ich noch mal wieder an die Rampe komme Kathleen Kearney und ihr Klumbatsch Schreihälse Miss Sowieso Miss Siewosie Miss Sowosiewieso nichts wie lauter Spatzenfürze mit ihrem ewigen Gestichel und dem Gequatsche über Politik wo sie so viel von verstehen wie mein Hintern am Abend über Gott und die Welt bloß um sich irgendwie interessant zu machen hausbackene irische Schönheiten ich bin eine Soldatentocher jawoll und was seid ihr Bälger von Schuhmachern und Kneipenwirten och Entschuldigung Miss Kutsche ich dachte Sie wären ein Bollerwagen die würden doch glatt sofort aus den Pantinen kippen wenn die mal die Chance kriegten am Arm eines Offiziers die Alameda runterzuspazieren wie ich an dem Abend wo das Konzert war meine Augen blitzten mein Busen vor was sie nicht haben Leidenschaft die armen Dummköpfchen helf ihnen Gott ich hab schon mehr über Männer gewußt und über Leben wie ich 15 war als wie die alle zusammen wissen werden wenn sie 50 sind die haben ja überhaupt keine Ahnung wie man so ein Lied singt Gardner sagte kein Mann könnte meinen Mund und meine Zähne ansehn wenn ich lächelte so ohne daß er sofort da dran denken müßte ich war immer in Sorge er mag vielleicht meinen Akzent nicht zuerst er war ja selber so englisch war alles was mir Vater hinterlassen hat trotz seinen Briefmarken ich hab aber jedenfalls von meiner Mutter die Augen und die Figur sagte er immer also manche von diesen Stoffeln die sind ja derart rotznäsig eingebildet man glaubt es nicht aber war er kein bißchen war einfach hin von meinen Lippen wie verrückt darauf die sollen sich erstmal einen Ehemann angeln den man auch ansehn kann und eine Tochter kriegen wie meine oder probieren ob sie bei einem stinkfeinen Lackel landen können der Geld hat und sich jede aussuchen kann die er will wie Boylan und der es 4 oder 5 mal schafft aber richtig so mit gegenseitig in den Armen oder auch die Stimme ich hätt ja ohne weiteres Primadonna werden können bloß daß ich ihn geheiratet habe dann kommt looooves old tief unten ansetzen und das Kinn zurück aber nicht zu sehr sonst kriegt man ein Doppel aber My Ladys Bower ist zu lang für ein encore über das Gutsschloß bei Dämmerung mit dem Wallgraben und alles und der Gemächer Wölbung ja ich werd Winde die von Süden wehn singen was er nach der Aufführung auf den Chorstufen gebracht hat ich werde den Spitzenbesatz an meinem schwarzen Kleid ändern daß die Peppen mehr zur Geltung kommen und ich ja bei Gott ich lasse den großen Fächer ausbessern die sollen alle platzen vor Neid mich juckt andauernd das Loch wenn ich an ihn bloß denke ich hab das Gefühl ich muß schon wieder dringend spür einen Wind in mir aber lieber leise machen daß er nicht aufwacht sonst schlabbert er mich gleich wieder voll wo ich mich doch von oben bis unten gewaschen hab hinten Bauch und an der Seite wenn wir doch wenigstens ein Bad hätten oder ich mein eigenes Zimmer jedenfalls ich wünschte er schliefe irgendwo in einem Bett alleine mit seinen kalten Füßen an mir dran dann hätte man wenigstens Platz mal einen Furz zu lassen mein Gott oder sonst was lieber ja vorsichtig halten so ein bißchen nach meiner Seite piano still sweet swiiiii da ist der Zug noch mal weit weg ganz pianissimo iiiiiii noch einen song

also das war ja doch eine Erleichterung fasse dich kurz laß einen Furz wer weiß vielleicht war das Schweinskotelett was ich gegessen hab mit der Tasse Tee hinterher nicht mehr ganz gut bei der Hitze gerochen hab ich an sich nichts also dieser Mann in dem Metzgerladen der immer so komisch guckt der ist bestimmt ein großer Gauner ich hoffe die Lampe da qualmt nicht krieg sonst die ganze Nase voll Ruß aber immer noch besser wie wenn er die ganze Nacht das Gas an läßt ich hab selbst in meinem Bett in Gibraltar nicht richtig schlafen können weil ich ewig aufstehn mußte um nachzusehn wieso bin ich bloß so verdammt nervös deswegen obwohl im Winter mag ichs eigentlich ganz gerne ist irgendwie gemütlicher oh mein Gott war das lausig kalt in dem Winter damals wie ich erst so zehn war oder war ich ja doch stimmt ich hatte die große Puppe damals mit all den komischen Kleidchen hab sie andauernd angezogen und wieder aus dieser eisige Wind der von den Bergen rüberkam von dieser Dingsbums Nevada Sierra Nevada ich stand immer am Feuer mit dem winzigen bißchen von kurzem Hemd was ich hochgezogen hatte um mich aufzuwärmen ich bin liebend gerne rumgetanzt darin damals und ins Bett zurück das war immer ein richtiges Rennen bestimmt war dieser Kerl von gegenüber jedesmal da die ganze Zeit und hat mich beobachtet bei Licht aus im Sommer und ich im Adamskostüm so rumgehopst ich hab mich immer selber geliebt damals hab nackig am Waschständer gestanden und mich gerieben und gekremt bloß wenn ich auf den Pott mußte bei der Szene hab ich das Licht ausgedreht ja so war das mit uns 2 beiden also mit schlafen ist es heute nacht wieder mal nichts mehr ich hoffe er läßt sich nicht mit diesen Medizinern ein die setzen ihm sonst noch einen Floh ins Ohr daß er sich einbildet er ist nochmal jung wieder also sowas kommt der um 4 am Morgen nach Hause soviel war es doch wenn nicht noch später trotzdem hat er immerhin noch Anstand genug gehabt mich nicht zu wecken was finden sie da eigentlich dran so die ganze Nacht Debatten zu führen Geld zu verplempern und immer betrunkener zu werden könnten sie nicht auch Wasser trinken dabei und dann fängt er an und bestellt großmächtig Eier und Tee und geräucherten Schellfisch aus Findon und heißen gebutterten Toast wahrscheinlich sitzt er eines schönen Tages noch da wie der König des Landes und stochert mit dem falschen Ende seines Löffels in seinem Ei rum also wo er das wohl gelernt hat und wie er dann die Treppe raufgefallen kommt am Morgen mit den klappernden Tassen auf dem Tablett wenn ich das schon höre und dann die Spielchen mit der Katze also die reibt sich an einem weil ihr das angenehm ist möchte wohl wissen ob sie Flöhe hat sie ist genau so schlimm wie eine Frau andauernd am lecken und schlecken aber die Krallen find ich widerlich die sie haben also ob die wohl irgendwas sehen was wir nicht können derart am starren wie sie immer sind wenn sie zum Beispiel so lange oben auf der Treppe sitzt und lauscht wie ich immer warte und was für ein Räuber auch die schöne frische Scholle die ich gekauft hatte ich glaub ich hol mir etwas Fisch morgen oder vielmehr heute es ist doch Freitag ja das mach ich mit etwas Blancmanger mit schwarzer Johannisbeermarmelade wie früher immer nicht diese 2 Pfd Dosen mit Pflaumen und Apfel gemischt von der London und Newcastle Williams und Woods reicht zweimal so lange wenn bloß die Gräten nicht wären deswegen sind mir auch Aale so widerlich Kabeljau ja ich werd mir ein schönes Stück Kabeljau holen passiert mir immer noch daß ich genug für 3 erwische vergess immer wieder das ewige Fleischerzeug von Buckley bin ich gründlich satt Lendenkotelett und Schlegel und Rippensteak und Halsstück vom Hammel und Geschlinge vom Kalb also allein der Name das reicht mir schon oder ein Picknick mal angenommen wir geben alle 5/- jeder und oder lassen ihn bezahlen und laden irgendeine andere Frau für ihn ein wen denn mal gleich Mrs Fleming und fahren raus zur Furry Glen oder zu den Erdbeerfeldern also da könnten wir ja was erleben sämtliche Hufnägel bei den Pferden würde er erstmal überprüfen wie ers auch mit den Briefen macht nein nicht mit Boylan dabei ja mit etwas kaltem Kalbfleisch und Schinken gemischt Butterbrote paar kleine Häuschen stehen da am hinteren Ufer zu dem Zweck aber es ist höllisch heiß da er sagt auf keinen Fall an einem Bankfeiertag ich hasse dies Gedrängel von zickigen Gesangvereinen die einen Ausflug ins Grüne machen der Pfingstmontag ist auch so ein Unglückstag kein Wunder daß diese Biene ihn gestochen hat lieber doch an die See aber nie im Leben steig ich nochmal in ein Boot mit ihm nach der Sache damals bei Bray wo er den Bootsleuten erzählt hat er kann prima rudern also wenn den jemand fragte ob er das Hindernisrennen um den Goldpokal reiten kann er würde ja sagen ja und dann gings los und wurde stürmisch und der alte Kahn hopste bloß so rum und lag schief mit dem ganzen Gewicht nach meiner Seite rüber und er rief mir zu ich soll die Zügel ziehn rechts jetzt links ziehn und das Wasser schwappte überall massenhaft rein auf der hinteren Seite und sein Ruder schlüpfte ihm aus der Zwinge ist ein wahres Wunder daß wir nicht ertrunken sind alle das heißt er kann natürlich schwimmen ich aber nicht absolut kein Grund zur Besorgnis immer schön die Ruhe bewahren er in seinen Flanellhosen ich hätt sie ihm am liebsten runtergefetzt vor allen Leuten und ihm das verabreicht was der Mann da in dem Buch flagellieren nennt bis er schwarz und blau war eine richtige Tracht das hätt ihm gefehlt wenn nicht diese Langnase da ich weiß nicht wer er ist mit dieser andern Schönheit Burke aus dem City Arms Hotel wenn die da nicht am rumspionieren gewesen wäre wie üblich immer auf der Schlipphelling wo er nichts zu suchen hatte ob nicht vielleicht ein Krach imgange war also wenn das Gesicht bloß halb so widerlich wäre müßte man schon brechen wir haben uns nie leiden können das ist wenigstens 1 Trost ich möchte doch wissen was das für ein Buch ist was er mir mitgebracht hat Süße der Sünde ist wohl von irgendeinem Lebemann dieser Mr de Kock wahrscheinlich haben die Leute ihm den Spitznamen gegeben weil er mit seiner Pfeife von einer Frau zur andern ist ich konnte nichtmal meine neuen weißen Schuhe wechseln alles ruiniert vom Salzwasser und der Hut den ich hatte mit der Feder total ramponiert und verbeult auf meinem Kopf wie ärgerlich und aufreizend auch weil der Geruch auf dem Meer mich natürlich erregt hat die Sardinen und Brassen in der Bucht von Catela im Rücken des Felsens die waren schön alle richtig silbern in den Fischerkörben der alte Luigi fast an die hundert hieß es stammte aus Genua und der lange alte Bursche mit den Ohrringen also ich mag ja Männer nicht an denen man hochklettern muß um dranzukommen wahrscheinlich sind die alle schon tot jetzt schon lange gestorben und verdorben also ich mag das gar nicht in dieser riesigen Kaserne alleine sein des nachts werd mich aber wohl damit abfinden müssen ich hab doch tatsächlich nie Salz mitgebracht kein bißchen wenn wir umzogen in dem ganzen Durcheinander eine Musikakademie wollte er aufziehen im ersten Stock im Wohnzimmer mit einem Messingschild oder Privatpension Bloom hat er mal überlegt will sich total ruinieren wie sein Vater gemacht hat unten in Ennis wie überhaupt die ganzen Sachen was er Vater erzählt hat die er alle machen wollte und auch mir aber ich hab ihn gleich durchschaut was er mir alles ausgemalt hat wo wir hinfahrn könnten in den Flitterwochen die ganzen schönen Gegenden Venedig bei Mondschein mit den Gondeln und der Comer See wo er ein Bild aus einer Zeitung ausgeschnitten hatte davon und Mandolinen und Laternen oh wie entzückend hab ich gesagt also wenn ich was gern mochte egal was dann hat er das immer gleich machen wollen wenn nicht noch eher willst du sein mein Mann mußt du feste ran er sollte einen ledernen Orden kriegen mit einem Rand aus Knetgummi für all die Pläne die er schmiedet und dann läßt er mich hier den ganzen Tag allein wo man doch nie weiß was für ein alter Bettler das sein kann da an der Tür der einen Kanten Brot haben will mit seiner langen Geschichte kann ja ein Landstreicher sein der dann den Fuß dazwischen stellt daß ich nicht zumachen kann wie dieses Bild von dem verstockten Verbrecher wie er in Lloyds Weekly News genannt wurde 20 Jahre im Zuchthaus und dann kommt er raus und ermordet eine alte Frau wegen ihrem Geld also man muß sich mal vorstellen was das für seine arme Frau bedeutet oder seine Mutter oder egal wen ein Gesicht derart daß man gleich meilenweit weglaufen möchte ich könnte nicht mehr ruhig schlafen bis ich nicht sämtliche Türen und Fenster verriegelt hätte um sicherzugehen aber so eingeschlossen sein wie in einem Gefängnis oder Irrenhaus ist auch wieder schlimm die sollten alle erschossen werden oder die neunschwänzige Katze so ein Unhold wie der der auf eine arme alte Frau losgeht und sie in ihrem Bett ermordet also ich würd sie ihm abschneiden das würd ich nicht daß er noch besonders von Nutzen wäre aber immerhin besser als gar nichts in der Nacht wo ich ganz bestimmt Einbrecher gehört hatte in der Küche und er im Hemd runterging mit einer Kerze und einem Schürhaken wie wenn er auf eine Maus lauern wollte so weiß wie ein Laken halb tot vor Angst und einen Lärm hat er dabei gemacht soviel er bloß konnte da konnten sich die Einbrecher schön bedanken aber viel gibts bei uns ja wahrhaftig nicht zu stehlen weiß Gott trotzdem man hat doch ein anderes Gefühl besonders jetzt wo Milly weg ist also das ist auch so eine Schnapsidee von ihm daß er das Mädel da runterschickt daß sie photographieren lernt alles bloß wegen seinem Großvater statt daß er sie auf Skerrys Akademie schickt wo sie richtig was lernen würde nicht wie ich die lauter Einser hatte auf der Schule aber das hat er sowieso bloß wegen mir und Boylan gemacht deswegen hat er das gemacht ganz bestimmt so wie er immer alles plant und ausbrütet ich konnte mich ja nicht mehr umdrehn hier in der Wohnung in letzter Zeit ohne daß ich vorher die Tür abgeschlossen hatte richtig kribbelig hat mich das gemacht wie sie immer reinkam ohne erst anzuklopfen wie ich den Stuhl gegen die Tür gestellt hab grad wie ich mich untenrum am waschen war mit dem Handschuh das geht einem ja doch auf die Nerven sowas und dann die gepflegte feine Dame spielen den ganzen Tag am besten in einen Glaskasten mit ihr wo man sie dann paarweise anschauen kann wenn er wüßte daß sie der kleinen Nippesstatue die Hand abgebrochen hat mit ihrer Tolpatschigkeit und Unvorsichtigkeit bevor sie wegging wo ich dann den kleinen Italienerjungen geholt hab daß er sie wieder flickt so daß man die Stelle überhaupt nicht sehen kann für 2 Schilling die wollte einem ja nichtmal die Kartoffeln abgießen aber natürlich hat sie ganz recht daß sie sich nicht die Hände ruiniert ich hab wohl gemerkt daß er andauernd mit ihr geredet hat in letzter Zeit bei Tisch und ihr so Sachen aus der Zeitung erklärt und sie tat ganz so wie wenn sie alles versteht ist durchaus schlau das kommt aus seiner Linie und wie er ihr in den Mantel geholfen hat aber wenn mal was nicht stimmte mit ihr dann hat sie das mir erzählt nicht ihm er kann nicht behaupten daß ich ihm was vormache das kann er wahrhaftig nicht ich bin einfach zu ehrlich dazu ist Tatsache wahrscheinlich denkt er womöglich ich bin schon total am Ende und sitzen geblieben also das bin ich bestimmt nicht nein kein Gedanke dran das wolln wir doch mal sehen das wolln wir doch wirklich mal sehen na und ganz schön aufs flirten ist sie ja auch aus mit Tom Devan seinen beiden Söhnen schlägt ganz nach mir macht alles genauso das Pfeifen zum Beispiel mit diesen Rangen den Murraymädchen die andauernd klingeln nach ihr kann Milly bitte mal rauskommen sie ist schon sehr gefragt die holen schon alles aus ihr raus was sie können drüben in der Nelson Street wo sie spät abends noch mit Harry Devan seinem Fahrrad gefahren ist also vielleicht ist es doch ganz gut daß er sie hingeschickt hat wo sie ist sie war ja allmählich kaum noch zu halten wollte andauernd auf die Schlittschuhbahn und dann daß die schon alle Zigaretten rauchen durch die Nase ich habs an ihrem Kleid gerochen wie ich den Faden abbiß von dem Knopf den ich ihr hinten an der Jacke angenäht hatte vor mir hat sie nicht viel verstecken können das wär ja noch schöner bloß ich hätt ihn ihr nicht anheften sollen während daß sie sie anhatte das bedeutet Trennung und der letzte Plumpudding ist auch in 2 Stücke gebrochen also es geht doch alles in Erfüllung egal was sie sagen ihre Zunge ist ein bißchen zu lang für meinen Geschmack und sowas sagt dann zu mir deine Bluse ist ein bißchen zu tief ausgeschnitten die Pfanne wirft dem Kessel seinen schwarzen Hintern vor und dann mußt ich ihr noch sagen sie soll doch nicht derart die Beine anziehn auf der Fensterbank daß jeder alles mögliche sehn kann sämtliche Leute die vorbeikommen die sehn sich ja alle nach ihr um wie bei mir damals wie ich in ihrem Alter war natürlich sieht man da auch in jedem alten Fetzen schick aus aber zur gleichen Zeit auch ein ganz großes Rührmichnichtan in ihrer Art zum Beispiel beim Only Way im Theatre Royal nehmen Sie gefälligst Ihren Fuß da weg also ich kann ja auch nicht ausstehn wenn Leute so an mir rummachen hatte eine Heidenangst ich könnte ihr den Plisseerock zerknautschen also was sich da so alles tun muß in den Theatern im Gedränge in der Dunkelheit die versuchen doch in einer Tour sich an einen ranzumachen zum Beispiel dieser Kerl hinten auf dem Parkett im Parkett im Gaiety wie ich wegen Beerbohm Tree in Trilby also das war absolut das letztemal daß ich da hingegangen bin ich laß mich doch nicht totquetschen wegen so einer Trilby oder ihrem Bohrbaum alle zwei Minuten hat mich der da angestoßen und dann jedesmal weggeguckt der kann doch nicht ganz bei Trost gewesen sein ich hab ihn dann später nochmal gesehen wie er versucht hat an zwei elegant angezogene Damen ranzukommen vor dem Schaufenster von Switzers genau dasselbe Spielchen ich hab ihn auf der Stelle erkannt wieder das Gesicht und alles aber er hat sich nicht mehr erinnert an mich ja und sie wollte nichtmal daß ich sie küsse am Broadstone wie sie wegfuhr na schön ich hoffe bloß sie findet jemand der um sie herumscharwenzelt wie damals ich wie sie mit Mumps lag die ganzen Drüsen geschwollen wo ist dies und wo ist das natürlich kann sie noch gar nichts richtig tief fühlen aber ich bin ja auch nie richtig gekommen bis ich wie alt eigentlich so um 22 war es ging alles immer daneben bloß die üblichen Mädchenalbernheiten und Kichereien diese Conny Connolly die ihr geschrieben hat mit weißer Tinte auf schwarzem Papier mit Siegelwachs versiegelt obwohl sie dann ja geklatscht hat wie der Vorhang fiel weil er doch gar so hübsch aussah wir hatten Martin Harvey dann zum Frühstück Mittag und Abendessen da ich hab hinterher noch gedacht daß das doch richtige Liebe sein müßte wenn ein Mann derart sein Leben aufgibt für eine so für nichts und wieder nichts solche Männer die gibts heute bloß noch ganz wenige an sich ist das ja auch schwer zu glauben so wenn das einem nicht mal selber passiert ist die Mehrzahl von ihnen hat doch kein Quentchen Liebe in sich so ihrer Natur nach daß man mal zwei Menschen findet heutzutage die so richtig ganz ineinander aufgehen die genau so empfinden wie man selber normalerweise sind die doch alle nicht ganz richtig im Kopf auch sein Vater also der muß doch auch ein bißchen komisch gewesen sein geht so einfach hin und bringt sich um mit Gift nachdem daß sie nicht mehr da war trotzdem der arme alte Mann er ist sich wahrscheinlich ganz verloren vorgekommen auf einmal und wie verliebt sie dann auch immer in meine Sachen war die paar alten Lumpen die ich habe wollte sich mit 15 schon das Haar hochstecken und dann auch meinen Puder der ihr doch bloß die Haut ruiniert für das alles hat sie später im Leben noch reichlich genug Zeit natürlich ist sie zapplig weiß ja genau daß sie hübsch ist mit den roten Lippen die sie hat ein Jammer daß die nicht so bleiben ich war ja auch so aber es hat keinen Zweck damit hausieren zu gehn also was sie mir für Antworten gegeben hat wie ein Fischweib wie ich sie gefragt hab ob sie mal schnell läuft und holt uns ein paar Pfund Kartoffeln an dem Tag wie wir Mrs Joe Gallaher beim Trabrennen trafen und sie so tat wie wenn sie uns gar nicht sieht in ihrer Kutsche mit Friery dem Rechtsanwalt wir waren ihr nicht vornehm genug bis ich ihr 2 saftige Ohrfeigen verpaßt hab die sich gewaschen hatten so die war für die Antwort die du mir gegeben hast und die für deine Unverschämtheit sie hatte mich derart in Rage gebracht mit ihren Widerworten und ich war auch schlechter Laune weil wie war das doch irgendwas schwamm im Tee oder ich hatte die Nacht vorher nicht richtig geschlafen hatte Käse gegessen das wars und ich hatte ihr immer und immer wieder gesagt sie soll die Messer nicht so quer liegen lassen weil sie doch überhaupt keinen hat der sie kommandiert wie sie ja auch selber gesagt hat also wenn er ihr nicht den Kopf zurechtsetzt dann werde ich das tun das war jedenfalls das letztemal daß sie auf die Tränentour durchgekommen ist obwohl ich an sich ja genau so war mir hat auch keiner zu befehlen gewagt im Haus es ist natürlich seine Schuld daß er uns zwei hier schuften ließ statt schon lange eine Frau anzuschaffen also ob ich wohl je noch wieder ein anständiges Dienstmädchen kriege aber dann würde die ihn natürlich sehen wenn er herkommt und ich müßte sie einweihen oder sie nützt es aus eine richtige Plage ist das mit denen die alte Mrs Fleming zum Beispiel bei der muß man ewig hinterherlaufen ihr alle Sachen direkt in die Hand geben und dann niest und furzt sie einem in einer Tour in die Töpfe na ja sie ist natürlich auch schon alt kann eigentlich nichts dafür ein Glück ja bloß daß ich das verrottete alte stinkige Wischtuch gefunden hab was hinter die Anrichte gerutscht war ich wußte doch da war irgendwas und hab das Fenster aufgemacht daß der Gestank abzog und da bringt er dann seine Freunde mit und bewirtet sie wie die Nacht damals wie er mit einem Hund nach Hause kam also man glaubt es nicht wo der doch ganz leicht hätte tollwütig sein können besonders Simon Dedalus sein Sohn dem sein Vater ist ja auch so ein ewiger Nörgler und Kritisierer wie dem schon die Brille auf der Nase sitzt oder der Zylinder den er aufhatte beim Kricketmatch und ein dickes großes Loch in der Socke eins kommt doch immer zum andern und sein Sohn der diese ganzen Preise gekriegt hat für was weiß ich auf der Mittelschule gewonnen also das muß man sich mal vorstellen klettert er da einfach über den Zaun da wenn ihn nun jemand gesehen hätte der uns kennt ich wundre mich bloß daß er sich nicht ein großes Loch in seine grandiosen Beerdigungshosen gerissen hat wie wenn das eine was die Natur uns mitgegeben hat nicht schon genügte schleift er ihn da runter in die dreckige alte Küche also ist der denn noch zu retten frag ich schade daß nicht noch Waschtag war und meine alten Schlüpfer groß und breit auf der Leine zurschau aber ihm wär das ja egal mit dem Fleck vom Bügeleisen den mir das alte Trampel da reingebrannt hat er hätte sich wohlmöglich werweißwas gedacht was das wäre und nichtmal die Talgflecken hat sie mir rausgemacht wie ich ihr gesagt hatte und jetzt geht sie einfach weg so eine wie sie war wegen ihrem gelähmten Mann weil es dem schlimmer geht irgendwas ist bei denen immer los Krankheit entweder oder sie müssen sich unter eine Operation ziehen oder wenns das nicht ist dann trinkt er und schlägt sie und ich kann jetzt wieder rumhetzen und zusehn wie ich eine andere kriege jeden Tag praktisch wenn ich aufstehe ist was neues los ach du guter Gott ach du guter Gott also wenn ich mal tot in meinem Grabe liege dann werd ich hoffentlich etwas mehr Ruhe haben ich muß doch mal einen Moment aufstehn wenn er mich läßt warte mal oh mein Jesus ja nun ist das auch schon wieder losgegangen bei mir ja soll man da nicht die Flöhe kriegen natürlich das ganze Bimsen und Rammeln und Rumsen in mir rum was er gemacht hat was soll ich denn jetzt bloß machen Freitag Samstag Sonntag da kann man doch wahrhaftig aus der Haut fahren falls ers nicht grade mag was ja manche Männer tun weiß Gott irgendwas ist doch immer bei uns 5 Tage lang alle 3 oder 4 Wochen die übliche monatliche Blutspende also da kann man doch wirklich die Krätze kriegen den Abend damals wie mirs genau so kam das erste und einzige mal wo wir in einer Loge saßen die Michael Gunn ihm geschenkt hatte um Mrs Kendal und ihren Mann im Gaiety zu sehen er hatte irgendwas wegen einer Versicherung gemacht für ihn bei Drimmie also da war ich total fertig aber wollte nicht aufgeben wo doch der Lebemann auf mich runterstarrte mit seinem Operngucker und er dabei auf der andern Seite von mir und in einer Tour am reden über Spinoza und seine Seele der doch schon Millionen Jahre tot war ich hab gelächelt so gut wie ich konnte klitschnaß überall und mich vorgebeugt wie wenn ich Interesse hätte dran mußte aushalten auf meinem Platz bis zum letzten Stichwort dann also das vergeß ich nicht Scarlis Frau in einer Hetze ging das war irgend so ein loses Stück über Ehebruch und dieser Idiot da auf der Galerie wie der gezischt hat schändliche Ehebrecherin brüllte er und hinterher ist der dann bestimmt losgezogen und hat sich irgendeine aufgegabelt auf der nächsten Straße rumgerannt in den Hintergassen um sich zu entschädigen also der hätte mal haben sollen was ich hatte damals dann hätte er erst richtig buhen können ich wette sogar die Katzen sind besser dran als unsereins ob wir eigentlich zuviel Blut in uns haben oder was oh du geduldiger Himmel es fließt aus mir raus wie ein Sturzbach aber immerhin hat er mich nicht schwanger gemacht derart stark wie er ist ich hab keine Lust die ganzen sauberen Laken zu versauen die ich aufgezogen hatte das saubere Zeug was ich anhatte das hats auch mit in Gang gebracht so ein Mist so ein verdammter Mist und die wollen immer einen Fleck auf dem Bett sehen um genau zu wissen daß man noch Jungfrau war bei ihnen was die für Sorgen haben die sind ja solche Narren man könnte Witwe sein oder 40mal geschieden schon ein Klecks rote Tinte wäre genug oder Brombeersaft nein der ist zu violettig ach herrjemine laß mich doch bloß da raus puh Süße der Sünde wer das den Frauen wohl eingebrockt hat so zwischen Kleiderflicken und Kochen und Kindern und dann auch noch dies verdammte alte Bett klingelt wie die Feuerwehr wahrscheinlich hat man uns noch auf der andern Seite vom Park hören können bis ich den Vorschlag gemacht hab wir legen die Steppdecke auf den Fußboden mit dem Kissen mir unter dem Hintern ich weiß gar nicht ob das eigentlich bei Tage schöner ist ich glaub eigentlich schon bloß leise jetzt also ich glaube ich rasier mir doch die ganzen Haare da unten ab machen mich bloß krätzig ich könnt wie ein junges Mädchen aussehen Mann oh Mann wär das ein Lutschbonbon für ihn nächstesmal wenn er mir die Röcke hochhebt ich gäb was drum wenn ich sein Gesicht sehn könnte dabei wo ist denn bloß der Topf wieder mal nicht da bloß leise also ich hab eine schaurige Angst das Ding kracht unter mir zusammen nach der Sache mit dem alten Nachtstuhl ich möcht doch wohl wissen ob ich zu schwer war wie ich auf seinem Knie gesesssen hab ich hab ihn ja mit Absicht auf dem Lehnstuhl sitzen lassen wie ich mir bloß die Bluse und den Rock ausgezogen hab zuerst in dem andern Zimmer er war ja derart amgange wo er eigentlich gar nicht sollte er hat mich nie richtig angefühlt ich hoff bloß mein Atem war auch schön süß nach dem Küßkonfekt leise bloß leise mein Gott ich entsinn mich noch früher mal da konnt ichs rauszischen wie nichts pfeifen wie ein Mann fast leise oh mein Gott macht das einen Krach hoffentlich sind Blasen drauf dann steht ein Haufen Geld ins Haus von irgendeinem Kerl ich muß es mir parfümieren morgen früh bloß nicht vergessen ich wette solche Schenkel was besseres hat er noch nie gesehen guck doch mal wie weiß sie sind die weichste Stelle ist grad mitten dazwischen dies Eckchen hier wie zart und weich grad wie ein Pfirsich bloß leise mein Gott ich hätt nicht viel dagegen wenn ich mal ein Mann wäre und könnte auf eine schöne Frau steigen oh mein Gott was machst du für einen Lärm wie die Jerseylilie etwa leise oh wie die Wasser brausen bei Lahore

wer weiß vielleicht ist irgendwas innerlich mit mir nicht in Ordnung oder ich hab ein Gewächs in mir wo ich die Sache doch praktisch jede Woche derart kriege wann war doch das letztemal daß ich Pfingstmontag ja das ist doch erst drei Wochen ungefähr ich muß wohl doch mal zum Doktor gehn bloß es ist vielleicht dasselbe wie bevor ich ihn geheiratet hab damals wie ich dies weiße Zeug immer am rauslaufen hatte bei mir und Floey mich zu diesem vertrockneten alten Lulatsch Dr Collins geschickt hat für Frauenleiden an der Pembroke Road Ihre Vagina nannte ers immer wahrscheinlich hat er deswegen die ganzen vergoldeten Spiegel und Teppiche gehabt weil er diese reichen Ziegen von Stephens Green alle ausgeplündert hat die in einer Tour zu ihm gerannt sind wegen jedem kleinen Wehwehchen ihre Vagina und ihr Kotschinchina natürlich haben sie Geld also liegen sie richtig den würd ich im Leben nicht heiraten und wenn er der letzte Mann auf der Welt wäre und außerdem stimmt irgendwas mit denen ihren Kindern nicht also wie der so den ganzen Tag an diesen dreckigen Schlampen rumschnüffelt fragt er mich doch ob was ich mache einen unangenehmen Geruch hat was der sich eigentlich gedacht hat was ich da machen soll als wie immer das gleiche etwa Gold das ist mir vielleicht mal eine Frage wenn ichs ihm über sein ganzes runzliges altes Gesicht schmierte ergebenstes Kompriment also dann wüßte er wahrscheinlich bescheid und geht es leicht durch bei Ihnen geht was also ich dachte doch glatt schon er stellt sich den Felsen von Gibraltar dabei vor so wie er das rausbrachte das ist auch so eine allerliebste Erfindung übrigens bloß ich hänge mich immer ganz tief in die Brille hinterher so weit wie ich mich quetschen kann und zieh dann die Strippe daß alles wegbraust ist so hübsch kühl wie prickelnde Nadeln aber irgendwas ist ja doch wohl dran wahrscheinlich an Milly ihrem wie sie noch ein Kind war hab ich immer gleich gemerkt ob sie Würmer hatte oder nicht aber dann auch noch Bezahlung dafür wieviel macht das Herr Doktor eine Guinee bitte und fragt mich tatsächlich ob ich oft Ausfluß habe wo nehmen diese alten Kerls bloß diese ganzen Worte her Ausfluß und wie er mich dabei mit seinen kurzsichtigen Augen angeschielt hat von der Seite also dem würd ich nicht so weit über den Weg trauen daß ich mich chloroformieren ließe von ihm oder Gott weiß was trotzdem irgendwie gefiel er mir dann auch wieder wie er sich dann hinsetzte und mir das Zeug ausschrieb so richtig streng die Stirn gerunzelt dabei und mit seiner intelligenten Nase verdammt sollst du sein du Lügenbeutel oh alles meinetwegen egal wer bloß kein Idiot er war natürlich schlau genug um draufzukommen das war alles weil ich an ihn dachte und an seine verrückten irren Briefe meine Teuerste alles was von Deinem alles unterstrichen herrlichen Körper ausgeht bringt Schönheit und Freude auf ewig hat er aus irgendeinem albernen Buch abgeschrieben was er hatte ich habs mir ja immer selber gemacht 4 oder 5 mal am Tag manchmal und sagte ich hätt es nicht sind Sie da auch ganz sicher oh ja hab ich gesagt da bin ich ganz sicher auf eine Art daß er nichts mehr sagen konnte ich wußte was als nächstes kam bloß eine natürliche Schwäche lag daran daß er mich so erregte ich weiß nicht wieso den ersten Abend schon wie wir uns begegnet sind wie ich in Rehoboth Terrace wohnte noch wir standen da und haben uns ungefähr 10 Minuten lang angestarrt wie wenn wir uns schon mal irgendwo begegnet wären wahrscheinlich wegen daß ich Jüdin bin und nach meiner Mutter aussehe er hat mich immer zum lachen gebracht mit was er so alles sagte mit dem verschmitzten Lächeln um den Mund und die Doyles sagten alle er will kandidieren daß er Parlamentsmitglied wird oh bin ich blöd gewesen damals daß ich sein ganzes Geschwätz geglaubt hab über Homerule und die Land League und wie er mir dieses ellenlange Lied aus den Hugenotten zum singen geschickt hat auf französisch weil das vornehmer wäre O beau pays de la Touraine was ich aber kein einzigesmal gesungen hab und dann dies ewige erklären und salbadern über Religion und Verfolgung er läßt einem doch partout an nichts seine natürliche Freude und dann aber dürfte er vielleicht als ganz große Gunst bei der allerersten Gelegenheit gleich die sich ihm bot in Brighton Square kam er in mein Schlafzimmer gelaufen behauptete er hat Tinte an die Finger gekriegt und wollte sie mit der Albionseife der mit Milch und Schwefel die ich immer nahm abwaschen und dabei war die Gelatine noch drum oh ich hab mich krank gelacht über ihn an dem Tag also ich sollte hier aber wirklich keine ganze Nachtsitzung halten auf diesem Ding wenn die Pötte doch wenigstens ein natürliches Format hätten daß man als Frau auch richtig drauf sitzen kann er kniet ja immer davor wenn er macht also ich glaube in der ganzen Schöpfung gibt es keinen 2ten Menschen mit so Gewohnheiten wie er hat nun seh sich einer doch bloß mal an wie er da schläft am Fußende vom Bett wie kann er das überhaupt so ohne Keilkissen ist ja bloß ein Glück daß er nicht um sich trampelt sonst würd er mir glatt sämtliche Zähne eintreten und wie er atmet überhaupt so mit der Hand auf der Nase wie dieser indische Gott den er mich mal mitgenommen hat mir zu zeigen an einem nassen Sonntag im Museum Kildare Street ganz gelb in so einem Kinderschürzchen lag der da auf der Seite auf der Hand alle zehn Zehen ausgestreckt wo er dann von sagte das wäre eine viel größere Religion als wie von den Juden und Unserm Herrn beides zusammen die ginge über ganz Asien und den macht er jetzt nach wie er überhaupt immer jeden nachmacht wahrscheinlich hat der auch immer am Fußende von seinem Bett geschlafen die riesigen Quanten bei seiner Frau im Gesicht verdammt dieser Stinkpott also jedenfalls wo ist denn wo sind denn also diese Tücher sind doch andauernd ah ja ich weiß na hoffentlich quietscht der alte Kleiderschrank nicht zu sehr ah aber natürlich ich wußt es doch er schläft aber wirklich fest muß sich ja gut amüsiert haben irgendwo das Luder hat was hergegeben für sein Geld weil klar muß er zahlen dafür bei ihr oh was für eine Plage dieses Ding ich kann bloß hoffen sie haben was besseres für uns in der anderen Welt verheddern uns hoffnunglos selber helf uns Gott also das reicht jetzt aber für diese Nacht dieses lumpige alte Klingelbett erinnert mich in einer Tour an den alten Cohen der hat sich wahrscheinlich oft genug einen abgekratzt da drin und er denkt Vater hat es von Lord Napier gekauft den ich immer so bewundert hab wie ich noch ein kleines Mädchen war weil ich ihm gesagt hab bloß leise piano oh ich mag mein Bett mein Gott das haben wir nun erreicht nach 16 Jahren in wieviel Häusern waren wir überhaupt Raymond Terrace und Ontario Terrace und Lombard Street und Holles Street und er läuft jedesmal fröhlich pfeifend durch die Gegend wenn wir wieder mal eine Rutschpartie machen seine Hugenotten oder den Froschmarsch und tut so wie wenn er den Männern groß hilft bei unsern paar Klamotten und Möbeln und dann das City Arms Hotel schlimmer immer schlimmer sagt Warden Daly das reizende Örtchen auf halber Treppe mit andauernd jemand drin ins Gebet vertieft der dann seinen ganzen Gestank hinterläßt man wußte jedesmal wer als letzter drauf gewesen war jedesmal wenn grad alles einigermaßen läuft mit uns passiert irgendwas oder er tritt wieder ganz groß ins Fettnäpfchen Thom und Hely und Mr Cuffe und Drimmie entweder bringt er sich mit Pauken und Trompeten an den Rand des Gefängnisses mit seinen alten Lotterielosen die für uns alle die Rettung sein sollten oder er kriegt die große Klappe und wird frech ich seh schon kommen bald fliegt er auch beim Freeman raus genau so wie früher wegen diesen Sinnern Fein oder den Freimaurern dann werden wir ja sehn ob der kleine Mann den er mir gezeigt hat der da so ganz alleine vor sich hin zockelte im Regen an der Coadys Lane ob der ihm dann viel Trost bringen wird wo er doch sagt daß der so echt irisch offenherzig und zugänglich wäre also das ist er ja bestimmt der Offenherzigkeit seiner Hosen nach zu urteilen die ich an ihm gesehn habe Moment da schlägts von der Georges Church Moment 3 Viertel vor Moment vor 2 also das ist ja eine schöne Zeit nachts nach Hause zu kommen und da klettert er auch noch über den Zaun wenn ihn nun einer gesehen hat also die kleine Angewohnheit werd ich ihm aber austreiben morgen werd mir zuerst mal sein Hemd vorknöpfen und nachsehn oder ich werd nachsehn ob er den Pariser noch hat in seiner Brieftasche wahrscheinlich bildet er sich ein ich weiß das nicht sowas Hinterfotziges die Männer ihre sämtlichen 20 Taschen reichen nicht aus für ihre Lügen wieso sollten wir denen wohl was erzählen eigentlich die glauben uns ja doch nicht selbst wenns die Wahrheit ist und dann wie er sich da eingewickelt hat im Bett wie diese Babys in dem Aristokrates seinem Meisterwerk was er mir ein anderesmal mitgebracht hat wie wenn wir davon nicht schon genügend hätten im wirklichen Leben auch ohne irgend so einen alten Aristokrates oder wie der heißt sowas ekelt einen bloß noch mehr mit diesen widerlichen Bildern drin Kinder mit zwei Köpfen und ohne Beine das sind so die Schweinereien wo die immer von am träumen sind mit nichts anderes in ihrem leeren Schädel die sollte man doch alle langsam vergiften die Hälfte von ihnen und dann aber Tee und Toast für ihn auf beiden Seiten gebuttert und frischgelegte Eier ich bin ja wohl gar nichts mehr wie ich mich nicht von ihm lecken lassen wollte in der Holles Street die eine Nacht Mann Mann Tyrann wie eh und je was das eine betrifft er schlief die halbe Nacht nackt auf dem Fußboden wie das die Juden immer machen wenn einer von ihren Angehörigen stirbt und wollte kein Frühstück essen und sprach kein einziges Wort wollte gehätschelt und getätschelt werden also hab ich gedacht für das eine Mal hab ich mich jetzt genug gesperrt und hab ihn gelassen dabei macht ers auch noch ganz falsch denkt bloß an seine eigene Lust dabei seine Zunge ist zu flach oder ich weiß nicht was jedenfalls vergißt er daß wir ich aber nicht ich werd es ihn nochmal machen lassen wenn er sich nicht selber sperrt dagegen und dann sperr ich ihn runter in den Kohlenkeller da kann er dann bei den Kellerasseln schlafen also das möcht ich doch wissen ob sie das war Josie na soll sie glücklich werden mit was ich abgelegt hab er ist ja auch der geborene Lügner aber nein den Mut hätt er doch nie und nimmer daß er mit einer verheirateten Frau deswegen will er ja grad daß ich und Boylan obwohl was ihren Denis betrifft wie sie ihn nennt also wie der aussieht so ein jämmerlicher Anblick als Ehemann kann man den ja doch überhaupt nicht bezeichnen ja nein irgendein kleines Hürchen ist es wo er sich mit eingelassen hat sogar wie ich dabei war mit Milly bei den Collegewettkämpfen dieser Hornblower mit dem Kinderkäppchen oben auf seinem Dummkopf drauf hat uns hintenrum eingelassen also da mußte er seine Schafsaugen auch gleich auf diese beiden da werfen Schürzenjäger auf Deubel komm raus zuerst hab ich ja noch versucht ihm mit den Augen einen Wink zu geben hatte aber natürlich keinen Zweck und auf die Tour bringt er nun sein Geld durch das sind die Folgen von Mr Paddy Dignam sowas kommt dann dabei heraus ja sie warn alle ganz groß in Schale auf der Prachtsbeerdigung in der Zeitung die Boylan mitbrachte wenn die mal eine richtige Offiziersbeerdigung sähen das wäre was mit umgekehrten Gewehren gedämpfte Trommeln das arme Pferd hinterher in schwarz L Boom und Tom Kernan das besoffene kleine Faß von einem Mann der sich ein Stück von der Zunge abgebissen hat wie er das Männerklo runtergefallen ist irgendwo in einem Lokal total betrunken und Martin Cunningham und die beiden Dedalusse und Fanny MCoy ihr Mann der weiße Kappskopp so ein dürres Ding die mit ihren verdrehten Augen wie sie immer versucht hat meine Lieder zu singen die sollte sich wünschen sie könnte nochmal ganz neu geboren werden und ihr altes grünes Kleid mit dem Ausschnitt ohne sowas täte sich ja auch kein Mensch mehr nach ihr umdrehen wie wenn man einen Rasen bei Regen sprengt ich seh da völlig klar jetzt und das nennen sie nun Freundschaft bringen sich um erst und begraben sich dann gegenseitig und dabei haben sie doch alle Frau und Familie zu Hause besonders Jack Power der sich dieses Barmädchen hält ganz besonders der aber natürlich ist seine Frau ewig krank oder wird grad wieder krank oder es geht ihr grad wieder etwas besser und er sieht ja eigentlich auch noch ganz gut aus als Mann obwohl er schon ein bißchen grau wird über den Ohren ein reizender Verein ist das aber die kriegen mir meinen Mann nicht wieder in die Klauen wenn ich da ein Wörtchen mitzureden habe machen sich ja doch nur über ihn lustig hinter seinem Rücken ich weiß bescheid wenn er loslegt mit seinem blöden Kram weil soviel Verstand hat er ja doch noch daß er ihnen nicht jeden Penny den er verdient durch die Gurgel rinnen läßt und sich um seine Frau und seine Familie kümmert Taugenichtse allesamt der arme Paddy Dignam genauso irgendwie tut es mir ja eigentlich leid für ihn was soll seine Frau nun machen und die 5 Kinder falls er nicht versichert war der komische kleine Brummkreisel hat ewig in irgendeiner Kneipenecke gehockt und sie oder ihr Sohn warn geduldig am warten will Väterchen wohl bittebitte nach Hause kommen jetzt mit ihrer Witwentrauer wird sie wohl auch kaum besser aussehen obwohl an sich steht einem die ja blendend wenn man einigermaßen aussieht was für Männer war er nicht auch ja klar er war auch bei dem Glencree Dinner und Ben Dollard die Baß-Baritonne an dem Abend wo er sich den Schwalbenschwanz geborgt hat um damit in der Holles Street zu singen richtig reinzwängen und quetschen mußt er sich und grinste dabei über sein ganzes dickes Gesicht der Dollkopp wie ein ausgehauener Kinderpopo sah er nicht aus wie ein übergeschnappter Pfaffe also das muß ja auch ein Schauspiel gewesen sein auf der Bühne das muß man sich mal vorstellen da zahlt man 5/– auf den präservierten Plätzen für sowas um ihn zu sehen und Simon Dedalus ebenfalls der kam immer halb besoffen angestolpert sang den zweiten Vers zuerst die alte Liebe rostet nicht war eines von seinen so lieblich klang des Mädchens Sang im Hagedorn er war auch immer zum Courschneiden aufgelegt wie ich Maritana mit ihm gesungen hab in Freddy Mayers Privatoper er hatte aber auch eine phantastische Stimme einfach herrlich Phoebe Liebste lebwohl mein *Sweet*heart so hat er das immer gesungen nicht wie Bartell dArcy Sweet*tart* lebwohl natürlich hatte er auch eine richtige Naturstimme wo gar keine Kunst drin war man kam sich vor dabei wie unter einer warmen Dusche O Maritana du wilde Blume das haben wir herrlich gesungen obwohl es ein bißchen zu hoch war für meine Lage sogar transponiert und er war damals mit May Goulding verheiratet aber dann hat er immer irgendwas gesagt oder getan was alles wieder kaputt machte er ist jetzt Witwer ich möchte wohl wissen was sein Sohn für einer ist er sagt er ist Schriftsteller und wird Universitätsprofessor für italienisch und ich soll Stunden bei ihm nehmen also worauf will er damit nun wieder hinaus daß er ihm auch noch meine Photographie zeigt es ist gar keine gute von mir ich hätt sie in Draperie aufnehmen lassen sollen das sieht nie altmodisch aus und ich seh auch immer noch jung aus darauf ein Wunder direkt daß er sie ihm nicht geschenkt hat und mich gleich dazu schließlich warum nicht ich hab ihn mal gesehn wie er zur Kingsbridge Station fuhr mit seinem Vater und seiner Mutter ich war in Trauer damals 11 Jahre her ist das jetzt ja er wäre jetzt 11 obwohl wozu war das überhaupt gut daß ich in Trauer ging damals für praktisch nichts und wieder nichts aber natürlich er bestand drauf er würde sogar wegen der Katze in Trauer gehn das erste Schreien hat mir schon gereicht und ich hab auch die Totenuhr klopfen hörn in der Wand jetzt dürfte er ein richtiger Mann sein um diese Zeit war ein unschuldiger Junge damals und ein allerliebster kleiner Bursch in seinem Lord Fauntleroy Anzug und mit dem Lockenkopf wie ein Prinz auf der Bühne wie ich ihn bei Mat Dillon sah mochte er mich auch ich entsinn mich das tun sie alle Moment bei Gott ja Moment ja halt mal er war doch sogar in den Karten heute morgen wie ich aufgelegt habe Verbindung mit einem jungen Fremden weder dunkel noch blond den Sie schon früher mal getroffen ich dachte eigentlich er wäre gemeint aber er ist ja doch kein junger Spunt mehr und ein Fremder auch nicht außerdem war mein Gesicht in der anderen Richtung was war denn die 7te Karte danach die Pik 10 das bringt eine Reise zu Lande und dann war noch ein Brief unterwegs und allerlei Skandal auch die 3 Damen und die Karo 8 Aufstieg in der Gesellschaft ja Moment es war tatsächlich alles schon drin und auch die 2 roten 8en die neue Kleider bedeuten schau mal einer an und hab ich nicht auch irgendsowas geträumt ja da war irgendwas mit Gedichten drin ich hoffe ja nur er hat keine so langen fettigen Haare die ihm ins Gesicht hängen oder ihm abstehn wie bei einem Indianer was laufen die eigentlich derart rum bloß daß man sie dann auslacht und ihre Gedichte auch ich hab ja Gedichte immer gemocht wie ich ein Mädchen war zuerst dachte ich auch er wäre ein Dichter wie Lord Byron ja Pustekuchen kein Quentchen davon in seiner Naturanlage ich dachte er wäre ganz anders möchte wohl wissen ob er noch zu jung ist er muß so um die Moment 88 hab ich geheiratet 88 ja und gestern ist Milly 15 geworden 89 wie alt war er denn damals bei Dillon 5 oder 6 so um 88 also ist er 20 oder noch mehr da bin ich nicht zu alt für ihn wenn er 23 oder 24 ist hoffentlich bloß ist er keiner von diesen blasierten Universitätsstudenten aber nein dann hätt er sich nicht in die alte Küche gesetzt mit ihm und Epps Kakao getrunken und geredet er hat natürlich so getan wie wenn er alles versteht wohlmöglich hat er ihm noch erzählt er wäre mal auf dem Trinity College gewesen also zum Professor werden ist er ja eigentlich noch sehr jung ich hoffe bloß er ist nicht so ein Professor wie Goodwin war der war Spezialprofessor für John Jameson die schreiben doch alle über irgendeine Frau in ihren Gedichten also da kann ich mich schon sehen lassen sowas wie mich findet er da nicht alle Tage wo leis von Liebe die Gitarre seufzt wo Poesie liegt in der Luft und das blaue Meer und wie der Mond so lieblich schien damals wie wir mit dem Nachtboot von Tarifa zurückkamen der Leuchtturm am Europa Point die Gitarre die der Bursche da spielte war so ausdrucksvoll ob ich da wohl je noch wieder hinkomme lauter neue Gesichter und hinterm Gitter zweier Augen Glanz das sing ich ihm vor das sind meine Augen wenn er nur ein bißchen ein Dichter ist zwei Augen dunkel glänzend wie der Liebe Stern sind das nicht herrliche Worte wie der jungen Liebe Stern weiß Gott das wird mal eine Abwechslung sein wenn man endlich mal einen intelligenten Menschen hat mit dem man über sich selber reden kann statt ewig ihm zuzuhören mit seinen Annoncen für Billy Prescott und Keyes und Tom den Deubel und dann wenn dann was schief geht im Geschäft bei ihnen dann müssen wir drunter leiden bestimmt ist er ja sehr vornehm so ein Mann käme mir schon recht mein Gott nicht wie dies ganze andere Gesocks und außerdem ist er jung wie diese schönen jungen Männer die ich unten in Margate gesehn hab von der Seite des Felsens am Badeplatz am Strand der eine stand hoch in der Sonne nackt wie ein Gott oder was und tauchte dann mit ihnen ins Meer warum sind nicht alle Männer so das wäre doch immerhin ein Trost für die Frauen wie zum Beispiel diese kleine Statue die er gekauft hat die könnte ich mir den ganzen Tag ansehn den Lockenkopf und die Schultern den Finger gehoben wie wenn man zuhören sollte was er sagt das ist doch mal wirkliche Schönheit und Poesie ich hab oft das Gefühl gehabt ich möcht ihn von oben bis unten abküssen auch seinen allerliebsten kleinen Pimmel da einfach nur so ja ich würd nicht mal was dagegen haben ihn in den Mund zu nehmen wenn grad keiner hinsieht wie wenn er einen am bitten wäre daß man dran saugt so sauber und weiß sah er aus mit seinem Jungengesicht ich würd ihn auch glatt in 1/2 Minute sogar wenn was rauskäme aber was macht das schon ist doch bloß wie Haferschleim oder wie der Tau und Gefahr ist auch keine dabei außerdem wäre er ja so sauber im Vergleich mit diesen Schweinen von Männern denen nicht mal im Traum einfällt daß sie das Ding waschen von 1 Jahresende zum andern die meisten wenigstens und davon kriegen die Frauen dann den Schnurrbart bloß davon also bestimmt ist das großartig wenn ich mich mit so einem hübschen jungen Dichter einlassen kann in meinem Alter noch gleich als erstes morgen früh werd ich auflegen bis ich sehe ob die Wunschkarte kommt oder ich versuchs und paare die Dame selbst und sehe ob er rauskommt dabei ich werd alles lesen und studieren was ich finden kann oder auch bißchen was auswendig lernen wenn ich bloß wüßte wen er so am liebsten hat daß er mich nicht für doof hält wenn er vielleicht denkt alle Frauen sind gleich und das andere das kann ich ihm dann beibringen er soll sich fühlen bei mir daß es ihm durch und durch geht bis er halb ohnmächtig ist unter mir und dann wird er über mich schreiben Liebhaber und Geliebte ganz öffentlich auch mit unsern 2 Photographien in allen Zeitungen wenn er berühmt wird oh aber was ist dann mit ihm was mach ich dann mit

nein das ist doch keine Art bei ihm er hat überhaupt keine Manieren und überhaupt kein Benehmen und überhaupt kein gar nichts in seiner Natur mir derart auf den Hintern zu klapsen bloß weil ich ihn nicht Hugh nennen wollte dieser Dummkopf der ein Gedicht nicht von einem Kohlkopf unterscheiden kann das hat man nun davon daß man ihnen ihre Freiheit läßt zieht er sich doch die Schuhe und Hosen da direkt vor mir auf dem Stuhl aus so ein Frechling fragt nichtmal um Erlaubnis und steht da so richtig ordinär in seinem halben Hemd was sie immer anhaben daß ich ihn wohlmöglich noch bewundere wie ein Priester oder ein Metzger oder diese alten scheinheiligen Heuchler zur Zeit von Julius Caesar natürlich hat er an sich ja ganz recht so wie ers macht daß er sich die Zeit so lustig wie möglich vertreibt klar aber da könnte man ja auch gleich mit einem ja was eigentlich ins Bett mit einem Löwen mein Gott also bestimmt wäre mit dem was besseres anzufangen so ein alter Löwe der würde na ja schön es lag wahrscheinlich daran daß sie so rund und zum anbeißen waren in meinem kurzen Unterrock daß er nicht widerstehen konnte sie regen mich selber manchmal auf die Männer habens doch gut soviel Lust wie sie aus einem Frauenkörper kriegen wir sind so schön rund und weiß für sie ich hab mir ja immer schon gewünscht ich wäre einer zur Abwechslung mal bloß um zu probieren wie das ist mit dem Ding was sie haben was derart hart anschwillt an einem und zur gleichen Zeit so weich ist wenn man es anfaßt mein Onkel John nicht bang der hat ein Ding sooo lang hab ich mal die Straßenjungen rufen hören wie ich an der Ecke Marrowbone Lane vorbeikam und meine Tante Marian die hat ein Ding mit Haaren dran weil es dunkel war nämlich und sie wußten es kommt ein Mädchen vorbei ich bin nichtmal rot geworden deswegen warum sollte ich auch ist doch bloß die Natur und er steckt sein Ding so lang in Tante Marians undsoweiter jedenfalls lief dann alles darauf hinaus daß der Besenstiel in eine Besenbürste gesteckt wird also das ist doch wieder typisch Männer die können sich raussuchen und auswählen was ihnen paßt eine verheiratete Frau oder eine lustige Witwe oder ein Mädchen jeweils ganz nach Geschmack wie diese Häuser hinter der Irish Street nein aber wir sollen ewig angekettet sein also mich legen sie nicht an die Kette bloß keine Angst wenn ich mal loslege das laßt euch gesagt sein wegen einem stumpfsinnigen Ehemann seiner Eifersucht wieso eigentlich können wir nicht alle Freunde dabei bleiben statt daß immer gleich Streit ausbricht ihr Mann hat rausgekriegt was sie gemacht haben zusammen na schön ganz natürlich und wenn schon kann ers denn ungeschehen machen coronado ist er sowieso egal was er macht und dann geht er ins andere verrückte Extrem wie bei der Frau in Schöne Tyrannen natürlich hat der Mann überhaupt keinen Blick für ob Ehemann oder Ehefrau oder wie es ist einfach die Frau die er will und die kriegt er auch wozu wären uns sonst wohl diese ganzen Wünsche mitgegeben also ich möchte doch wissen ich kann mir nicht helfen wenn ich noch jung bin genug es ist an sich ein Wunder daß ich kein altes runzeliges Reff geworden bin vor meiner Zeit so wie ich mit ihm lebe derart kalt wie er ist er umarmt mich ja überhaupt nicht mehr außer bloß manchmal wenn er im Schlaf ist das falsche Ende von mir weiß dann wahrscheinlich gar nicht wen er vor sich hat also ein Mann der eine Frau auf den Hintern küßt der kann mir gestohlen bleiben der bringt es wohlmöglich dann fertig hinterher und küßt alles mögliche andere Unnatürliche noch wo wir überhaupt keinen Ausdruck drin haben nicht 1 einziges Atom da sind wir doch alle genau gleich 2 Klumpen Speck also bevor ich sowas bei einem Mann täte pfui diese dreckigen Schweine schon der Gedanke daran reicht mir ich küsse Ihnen die Füße Señorita da ist doch irgendwie noch ein Sinn drin hat er nicht sogar die Flurtür bei uns geküßt ja hat er so ein Irrer kein Mensch versteht seine vertrackten Einfälle außer mir aber trotzdem natürlich eine Frau brauchts daß sie 20mal am Tag in die Arme genommen wird fast einfach daß sie jung bleibt egal von wem Hauptsache sie ist verliebt oder wird geliebt von jemand wenn der Bursche den man will nicht da ist manchmal bei Gott ja hab ich schon gedacht ich geh einfach zu den Kais runter an irgendeinem dunklen Abend mal wo keiner mich kennt und gable mir da einen Matrosen auf der grad eingelaufen ist und entsprechend scharf drauf und sich einen Furz schert wem seine ich bin bloß daß er seine Ladung loswird oben in einem Torbogen irgendwo oder einen von diesen Zigeunern in Rathfarnham mit den wilden Gesichtern die ihr Lager ganz nah bei der Bloomfield Wäscherei hatten um uns unsere Sachen zu klauen wenn sie konnten ich hab aber meine bloß paarmal hingeschickt wegen dem Namen weil das doch Musterwäscherei hieß aber jedesmal kamen bloß so alte Klotten zurück einzelne Strümpfe dieser Bursche zum Beispiel mit den schönen Augen der wie ein Gauner aussah der da so amgange war und eine Gerte abschälte so einer könnte mich mal im Dunkeln überfallen und mich gegen die Mauer drücken bloß so ohne ein Wort oder ein Mörder oder überhaupt jeder egal was sie machen die feinen Herren in ihren Zylindern zum Beispiel dieser K C der hier weiter oben irgendwo wohnt kam aus der Hardwicke Lane an dem Abend wo er das Fischessen für uns gab wegen weil er in dem Boxkampf gewonnen hatte natürlich war das nur wegen mir daß er das gab ich hab ihn an seinen Gamaschen erkannt und am Gang und wie ich mich dann mal rumdrehte grad eine Minute später bloß so um mal zu sehen da kam auch noch eine Frau raus hinterher irgend so eine schäbige Prostituierte und danach dann geht er nach Hause zu seiner Frau bloß ist wahrscheinlich wieder die Hälfte von diesen Matrosen krank und ansteckend oh schieb doch deinen fetten Kadaver aus dem Weg da Herrgottnochmal nun hör sich das einer an die Winde die mein Seufzen zu dir tragen jaja er hat gut pennen und seufzen der große Spinner Don Poldo de la Flora wenn er wüßte wie er heut morgen in den Karten rausgekommen ist dann hätt er einen Grund zum seufzen ein dunkler Mann irgendwie in der Patsche zwischen 2 7en auch noch im Gefängnis für weiß der Himmel was ich weiß nicht und da soll ich rumschlurfen unten in der Küche daß seine Lordschaft sein Frühstück kriegt während er da zusammengerollt rumliegt wie eine Mumie also soll ich das überhaupt hast du mich schon mal rennen sehn ich würd mich ja eigentlich ganz gerne mal selber dabei sehen wenn man aufmerksam ist gegen sie behandeln sie einen wie den letzten Dreck mir ist das doch schnurzegal was die Leute sagen jedenfalls wär es viel besser für die Welt wenn sie von den Frauen regiert würde von Frauen hat man noch nie gesehn daß sie sich gegenseitig umbringen und schlachten wann hat man überhaupt mal gesehen daß Frauen sich besoffen rumtreiben wie die das machen oder daß sie den letzten Penny den sie haben im Spiel riskieren und bei Pferdewetten verlieren ja weil nämlich eine Frau egal was sie macht weil die weiß wann sie aufhören muß und überhaupt die wären doch nichtmal auf der Welt wenn wir nicht wären die wissen ja gar nicht was das heißt Frau zu sein und Mutter wie sollten sie auch wo kämen sie alle wohl hin wenn sie keine Mutter hätten die sich um sie kümmert was ich ja nie gehabt hab das ist wahrscheinlich auch der Grund daß er jetzt immer wegrennt des Nachts von seinen Büchern und Studien und nicht zu Hause wohnt und lebt weil da wahrscheinlich der übliche Krach ist dauernd na ja es ist schon ein trauriger Fall das da haben Leute nun so einen schönen Sohn und sind nicht zufrieden und ich hab keinen ob er das wohl nicht fertiggebracht hat einen hinzukriegen an mir lag es jedenfalls nicht wir sind zusammengekommen damals wie ich die beiden Hunde beobachtet hab ihn hinten in ihr drin einfach so mitten auf der nackten Straße mich hat das ja doch total entmutigt ich glaube vielleicht hätt ich ihn doch nicht in dem kleinen Wolljäckchen beerdigen sollen wo ich so geweint hab beim Stricken sondern es irgendeinem armen Kind schenken aber ich hab gleich genau gewußt ich krieg nie wieder eins unser erster Todesfall war das auch es war nicht mehr wie früher mit uns seitdem oh ich will mich nicht mehr in trübsinnige Gedanken verlieren deswegen möchte wohl wissen wieso er eigentlich nicht über Nacht bleiben wollte ich hatte die ganze Zeit das Gefühl es ist jemand Fremdes den er mitgebracht hat statt durch die Straßen zu streifen wo ihm Gott weiß wer begegnen kann lichtscheues Gesindel und Taschendiebe seine arme Mutter sähe das gar nicht gern wenn sie noch am Leben wäre er kann sich ins Unglück stürzen für immer trotzdem an sich ist das eine schöne Tageszeit nachts wenn alles so still ist ich bin auch immer so gerne heimgelaufen nach dem Tanzen die schöne Nachtluft und alles die haben Freunde mit denen sie reden können wir haben keine entweder will er was er doch nicht kriegt oder es ist irgendeine Frau die einem jeden Moment das Messer in den Leib stoßen kann ich hasse das bei Frauen kein Wunder daß sie uns so behandeln wie sies tun wir sind schon gräßliche Luder wahrscheinlich kommt das von den ganzen Schwierigkeiten die wir haben die machen uns so böse und bissig aber ich bin ja gar nicht so er hätte ruhig auf dem Sofa drüben schlafen können in dem andern Zimmer aber wahrscheinlich war er schüchtern wie ein Junge wo er ja auch noch so jung ist kaum 20 wegen mir wo ich doch dann im Zimmer direkt nebenan wäre er hätte mich hören können auf dem Topf ach was wär auch nicht weiter schlimm Dedalus das klingt wie die Namen in Gibraltar immer Delapaz Delagracia ganz verteufelt komische Namen hatten sie da Pater Vilaplana von Santa Maria der mir den Rosenkranz geschenkt hat Rosales y OReilly in der Calle las Siete Revueltas und

Pisimbo und Mrs Opisso in der Governor Street oh weiowei was für ein Name ich würde sofort gehn und mich im nächstbesten Fluß ertränken wenn ich so hieße wie die nein sowas und dann die ganzen Straßen alle Paradise Ramp und Bedlam Ramp und Rodgers Ramp und Crutchetts Ramp und die Devils Gap Steps na jedenfalls eigentlich kann man mir nicht groß zum Vorwurf machen daß ich ein bißchen halsüberkopf bin doch doch ich weiß das bin ich ein bißchen aber ich erkläre vor Gott ich fühl mich noch keinen Tag älter als wie damals also das möcht ich jetzt direkt wissen ob ich das Spanisch wohl noch hinkriege ohne daß ich mir die Zunge zerbreche dabei como esta usted muy bien gracias y usted siehmalan alles hab ich doch noch nicht vergessen wie ich erst dachte wegen der Grammatik ein Dingwort bezeichnet eine Person einen Platz oder eine Sache schade daß ich nie versucht hab diesen Roman zu lesen den mir die rechthaberische Mrs Rubio lieh von Valera mit den Fragen drin alle verkehrtrum so und so ich wußte ja immer daß wir am Ende dann doch wieder weggehen würden aber ich kann ihm Spanisch beibringen und er mir Italienisch dann wird er schon sehen daß ich nicht so unwissend bin wie schade daß er nicht dageblieben ist der arme Kerl war ja bestimmt todmüde und brauchte ganz dringend einen festen Schlaf ich hätte ihm das Frühstück ans Bett bringen können mit ein bißchen Toast zum Beispiel das heißt solange wie ichs nicht am Messer gemacht hab weil das Unglück bringt oder wenn die Frau mit der Wasserkresse vorbeikam und irgendwas schönes und leckeres in der Küche sind noch paar Oliven die er vielleicht mag ich selber hab sie ja nie riechen können in Abrines ich könnte die criada machen das Zimmer sieht ja ganz ordentlich aus seit ich die Sachen umgestellt hab siehst du ich hab doch irgendwie was geahnt die ganze Zeit ich hätte mich vorstellen müssen weil er mich ja nicht schon seit Adam kennt das wär direkt lustig gewesen ich bin seine Frau oder so tun wie wenn wir in Spanien wären und er wird langsam wach und hat keinen blassen Schimmer wo er ist dos huevos estrellados señor mein Gott manchmal fallen mir wirklich die verrücktesten Sachen ein aber ein großer Spaß wär es schon mal angenommen er bliebe bei uns ja warum eigentlich nicht die Kammer oben steht leer und Millys Bett im Hinterzimmer er könnte was er so schreibt und seine Studien an dem Tisch drinnen machen alles was er so kritzeln muß und wenn er morgens im Bett lesen will wie ich also wenn er das Frühstück für 1 macht dann kann ers ebenso gut auch gleich für 2 machen ist doch klar ich nehm doch nicht irgendwelche Untermieter von der Straße auf wegen ihm wenn er so einen großen Kasten von Haus nimmt wie dieses ich würd mich gern mal mit einem richtig intelligenten gebildeten Menschen unterhalten ich müßte mir ein schönes Paar rote Pantoffeln anschaffen wie diese Türken mit dem Fez immer verkauft haben oder gelbe und einen schönen halbdurchsichtigen Morgenrock den ich ganz dringend brauche oder auch eine pfirsichblütene Matinee wie die damals bei Walpole für bloß 8/6 oder 18/6 also ich geb ihm sogar noch mehr Gelegenheit ich werd ganz früh aufstehn morgens das alte Bett von diesem Cohen bin ich sowieso satt ich könnte rüber auf den Markt gehen und mir das ganze Gemüse ansehn und den Kohl und Tomaten und Möhren und alle möglichen Sorten herrliches Obst was alles so schön frisch reinkommt da und wer weiß wer mir dann als erster Mann über den Weg liefe die liegen doch schon in aller Herrgottsfrühe auf der Lauer wie Mamy Dillon immer gesagt hat recht hat sie gehabt und bis spät in die Nacht das war ihr Kirchgang also jetzt gäb ich was drum wenn ich eine große saftige Birne hätte die einem auf der Zunge zergeht wie immer wenn ich in der Hoffnung war dann könnten mir seine Eier gestohlen bleiben und der Tee in der Schnurrbarttasse die sie ihm geschenkt hat wo ihm bloß das Maul immer größer von wird wahrscheinlich würd er auch meine Sahnecreme gern mögen ich weiß was ich tue ich werd immer ziemlich fröhlich rumlaufen nicht zu viel allerdings und ein bißchen singen von Zeit zu Zeit mi fa pietà Masetto und dann zieh ich mich langsam an zum Ausgehn presto non son più forte ich zieh mein bestes Hemd an und

Schlüpfer und seh zu daß er auch ordentlich was mitkriegt davon daß ihm sein Pimmel hübsch zum stehen kommt und das soll er dann auch ruhig alles erfahren wenn es das ist was er gewollt hat daß seine Frau gefickt wird jawohl und zwar verdammt gut gefickt bis rauf an den Hals nicht von ihm so 5 oder 6 mal in einer Tour da ist doch noch der Fleck von seinem Samen auf dem sauberen Bettuch wär mir viel zu viel Arbeit extra auszubügeln also das sollte ihn doch eigentlich befriedigen wenn du mir nicht glaubst fühl doch meinen Bauch an falls ich ihn nicht so weit gekriegt habe daß er steht und ihn mir reinschiebt ich hab direkt eine tolle Lust ihm alles haarklein zu erzählen und ihn dann vor mir machen zu lassen geschieht ihm nur recht ist alles seine eigene Schuld wenn ich eine schändliche Ehebrecherin bin wie dieser Doofmann auf der Galerie gerufen hat oh also wenn das alles ist an Schlimmem was wir in diesem Jammertal getan haben weiß Gott dann ist das nicht viel und sowieso tut das doch jeder bloß daß es alle bloß heimlich machen und nicht zugeben und wahrscheinlich ist es das ja auch wozu eine Frau überhaupt da ist sonst hätte Er uns ja wohl nicht so gemacht wie Er hat so anziehend für Männer und wenn er dann meinen Hintern küssen will dann zieh ich meine Schlüpfer auf und pflatsch es ihm direkt ins Gesicht in Lebensgröße und dann kann er mir seine Zunge 7 Meilen weit ins Loch stecken so wie er da ist mein Scheidegruß haha und dann werd ich ihm auch einfach sagen ich brauch £ 1 oder vielleicht 30/- ich sag ich muß mir dringend Unterwäsche kaufen und wenn er mir das dann gibt also ja dann wär er gar nicht so schlecht ich will ihm ja nicht alles aus dem Kreuz leiern wie andere Frauen das machen ich hätt mir schon oft für mich selber einen schönen Scheck ausstellen können und seinen Namen draufschreiben über ein paar Pfund mehrmals schon wo er vergessen hatte es einzuschließen außerdem würde ers ja gar nicht ausgeben von mir aus kann ers mir auch hinten drauf machen ich laß ihn das heißt wenn er mir nicht meine ganzen guten Schlüpfer vollschmiert oh aber wahrscheinlich geht das gar nicht anders ich werd einfach die Gleichgültige spielen so 1 oder 2 Fragen dann weiß ich schon aus den Antworten wenn ihm danach ist er kann ja doch nichts vor mir zurückhalten ich merk jeden noch so kleinen Stimmungswechsel bei ihm sofort ich klemm einfach die Backen fest zusammen und also na ja und laß ein paar schmutzige Worte raus so Arschschnüffler oder leck mir die Scheiße oder jedenfalls das erstbeste verrückte Zeug was mir in den Sinn kommt und dann aber dann komm ich mit meinem Vorschlag ja oh Moment mal jetzt Schätzchen jetzt komm ich erstmal an die Reihe ich werd ganz heiter und freundlich sein dabei oh aber jetzt hab ich ganz diese Blutsschweinerei vergessen pfui die ich habe man weiß wahrhaftig nicht ob man lachen oder weinen soll so ein Gemisch aus Scheiße und Reis was wir sind nein ich werd doch die alten Klamotten tragen müssen na umso besser das ist dann noch deutlicher und er weiß hinterher nicht ob er das da gemacht hat oder nicht ist noch immer gut genug für dich überhaupt jeder alte Fetzen und dann wisch ich ihn ab von mir ganz einfach so wie ein Geschäft seinen Ausfluß und dann geh ich aus und er kann dableiben und an die Decke starren wo ich wohl hingegangen bin das soll er das will ich ich will daß er mich braucht das ist die einzige Möglichkeit was Viertel nach schon was für eine unheimliche Zeit wahrscheinlich stehn sie in China jetzt grade auf kämmen sich ihre Zöpfe aus für den Tag bei uns läuten die Nonnen jetzt bald das Angelus die haben keinen der bei ihnen reingestolpert kommt und ihnen die Nachtruhe verdirbt außer bloß gelegentlich mal ein Priester oder zweie wegen seinem Nachtgottesdienst der Wecker nebenan bei Hahnenschrei schrillt sich einen ab wie wenn er sich selber um Sinn und Verstand bringen wollte laß mal sehn ob ich noch wieder etwas eindämmern kann 1 2 3 4 5 was sind das eigentlich für Blumen die sie da erfunden haben wie die Sterne die Tapete in der Lombard Street war viel schöner die Schürze die er mir geschenkt hat die war so ähnlich gemustert ich hab sie aber bloß zweimal getragen lieber die Lampe bißchen runterdrehn und nochmal versuchen daß ich früh auch aus den Federn komme ich werde zu Lambe gehn da neben Findlater daß sie uns paar Blumen schicken die ich in der Wohnung aufstellen kann für den Fall daß er ihn morgen mit nach Hause bringt heute meine ich nein nein Freitag ist ein Unglückstag zuerst will ich mal etwas saubermachen in der Wohnung ich glaube der Staub wächst sogar während ich am schlafen bin dann können wir etwas musizieren und Zigaretten rauchen ich kann ihn begleiten aber zuerst muß ich noch die Tasten vom Klavier säubern mit Milch was zieh ich denn an soll ich eine weiße Rose tragen oder haltmal diese schönen Kuchen bei Lipton also ich liebe ja diesen Duft in einem reichen großen Laden zu 7 1/2 d das Pfund oder die andern mit den Kirschen drin und der rosa Zucker 11d das Kilo und natürlich eine schöne Topfpflanze für mitten auf den Tisch die krieg ich doch billiger bei Moment wo war das doch ich hab sie doch kürzlich erst gesehn noch ich liebe ja Blumen am liebsten hätt ich die ganze Wohnung täte in Rosen schwimmen Gott im Himmel es geht doch nichts über die Natur die wilden Berge dann das Meer und die Wellen wie sie am rauschen sind und das schöne Land mit Hafer und Weizenfeldern und allen möglichen Sachen und das ganze schöne Vieh am weiden das täte einem so richtig gut mal wieder Flüsse zu sehen und Seen und Blumen alle möglichen Formen und Düfte und Farben sogar in den Gräben sprießen die überall Schlüsselblumen und Veilchen das ist die Natur und wenn die sagen es gibt keinen Gott dann kann ich bloß sagen ich pfeif auf ihre ganze Gelehrsamkeit wieso gehn sie nicht hin und schaffen selber mal was hab ich ihn oft schon gefragt diese Atheisten oder wie die sich nennen solln doch erstmal vor ihrer eigenen Haustür kehren aber dann heulen sie nach dem Priester wenns ans sterben geht und warum ja warum weil sie Angst vor der Hölle haben wegen ihrem schlechten Gewissen ah ja mir machen die nichts vor wer war denn das erste Wesen im Weltenraum bevor daß sonst jemand da war der alles geschaffen hat wer denn ah das wissen sie nicht genau so wenig wie ich da sitzen sie da sie könnten ebenso gut versuchen daß sie die Sonne am aufgehn hindern morgen früh die Sonne die scheint für dich allein hat er damals gesagt an dem Tag wo wir unter den Rhododendren lagen oben auf dem Howth in dem grauen Tweedanzug und mit dem Strohhut an dem Tag wo ich ihn so weit kriegte daß er mir den Antrag gemacht hat ja zuerst hab ich ihm ein bißchen von dem Mohnkuchen aus meinem Mund gegeben und es war Schaltjahr wie jetzt ja vor 16 Jahren mein Gott nach dem langen Kuß ist mir fast die Luft ausgegangen ja er sagte ich wäre eine Blume des Berges ja das sind wir alle Blumen ein Frauenkörper ja da hat er wirklich mal was Wahres gesagt in seinem Leben und die Sonne die scheint für dich allein heute ja deswegen hab ich ihn auch gemocht weil ich gesehn hab er versteht oder kann nachfühlen was eine Frau ist und ich hab auch gewußt ich kann ihn immer um den Finger wickeln und da hab ich ihm die ganze Lust gegeben die ich konnte und hab ihn so weit gebracht daß er mich gebeten hat ja zu sagen und zuerst hab ich gar keine Antwort gegeben hab bloß so rausgeschaut aufs Meer und über den Himmel ich mußte an so viele Sachen denken von denen er gar nichts wußte Mulvey und Mr Stanhope und Hester und Vater und der alte Captain Groves und die Matrosen die alle Vögel fliegen hoch und ich ruf bückt euch und Geschirrspülen wie sie das nannten spielten am Pier und die Wache vor dem Haus des Gouverneurs mit dem runden Ding um den weißen Helm der arme Teufel halb gebraten war er und die spanischen Mädchen wie sie immer am lachen waren in ihren Schals und mit den großen Kämmen und die Versteigerungen morgens immer die Griechen und Juden und Araber und weiß der Teufel wer sonst noch alles von allen Enden Europas und die Duke Street und der Geflügelmarkt wie da alles am gackern war vor Larby Sharon und die armen Eselchen wie die halb im Schlaf da langschlichen und die Gammelbrüder mit den Mänteln die auf den Treppenstufen schliefen im Schatten und die großen Räder der Ochsenkarren und das alte Schloß tausende von Jahren alt schon ja und die hübschen Mauren alle ganz in weiß und mit Turbanen wie Könige wie sie einen baten man soll doch Platz nehmen in ihren winzig kleinen Lädchen und Ronda mit den alten Fenstern der posadas hinterm Gitter zweier Augen Glanz für ihren Liebhaber daß er das Eisen küßt und die Weinhandlungen die immer halb offen hatten nachts und die Kastagnetten und an dem Abend wo wir das Fährschiff in Algeciras verpaßt hatten der Wächter wie er so heiter und alles in Ordnung herumging mit seiner Laterne und oh der reißend tiefe Strom oh und das Meer das Meer glührot manchmal wie Feuer und die herrlichen Sonnenuntergänge und die Feigenbäume in den Alamedagärten ja und die ganzen komischen kleinen Straßen und Gäßchen und rosa und blauen und gelben Häuser und die Rosengärten und der Jasmin und die Geranien und Kaktusse und Gibraltar als kleines Mädchen wo ich eine Blume des Berges war ja wie ich mir die Rose ins Haar gesteckt hab wie die andalusischen Mädchen immer machten oder soll ich eine rote tragen ja und wie er mich geküßt hat unter der maurischen Mauer und ich hab gedacht na schön er so gut wie jeder andere und hab ihn mit den Augen gebeten er soll doch nochmal fragen ja und dann hat er mich gefragt ob ich will ja sag ja meine Bergblume und ich hab ihm zuerst die Arme um den Hals gelegt und ihn zu mir niedergezogen daß er meine Brüste fühlen konnte wie sie dufteten ja und das Herz ging ihm wie verrückt und ich hab ja gesagt ja ich will Ja.

Triest-Zürich-Paris, 1914–1921

Nachbemerkung

Es gibt zur Zeit immer noch keinen zuverlässigen, fehlerfreien englischen Text des *Ulysses*: alle Ausgaben des Originals sind unverhältnismäßig korrupt. Die vorliegende Übersetzung stützt sich hauptsächlich auf den Text von Random House, New York 1961. Die Herausgeber haben aber alle ihnen bekannten, d. h. publizierten oder von Joyce-Forschern in Textstudien vorgelegten, Emendationen geprüft und nach Möglichkeit einbezogen, so daß der Text in Einzelheiten von anderen gängigen Texten abweicht. Besonders im letzten und vorletzten Kapitel konnten dadurch Ergänzungen gebracht werden.

An die Übersetzung und ihre Durchsicht sind rund fünf Jahre gewendet worden – der Sache gemäß mehr als an alle anderen Bände der Frankfurter Joyce-Ausgabe. Dem hohen Schwierigkeitsgrad des Buches glauben es allerdings Übersetzer und Herausgeber schuldig zu sein, weiter an der Übersetzung arbeiten zu sollen. Es ist denkbar, daß sie in einer späteren Auflage an einzelnen Stellen zu anderen Lösungsvorschlägen als den hier gemachten gekommen sein werden.

James Joyce. Werke

Frankfurter Ausgabe in sieben Bänden
Redaktion Klaus Reichert unter Mitwirkung von Fritz Senn

Band 1: Dubliner

Band 2: Stephen der Held. Ein Porträt des Künstlers als junger Mann

Band 3.1 und 3.2: Ulysses

Band 4.1: Kleine Schriften

Band 4.2: Sämtliche Gedichte
(Als letzter Band der Ausgabe in Vorbereitung)

Band 5: Briefe I
1900–1916

Band 6: Briefe II
1917–1930

Band 7: Briefe III
1931–1941

James Joyce in der Bibliothek Suhrkamp

Verbannte. Schauspiel
Aus dem Englischen von Klaus Reichert
Band 217

Giacomo Joyce
Aus dem Englischen von Klaus Reichert
Band 240

Anna Livia Plurabelle. Englisch/Deutsch
Aus dem Englischen von Wolfgang Hildesheimer
und Hans Wollschläger
Band 253

Briefe an Nora
Aus dem Englischen von Kurt Heinrich Hansen
und Fritz Senn
Band 280

Kritische Schriften
Aus dem Englischen von Hiltrud Marschall-Grimminger
Band 313

Stephen der Held
Aus dem Englischen von Klaus Reichert
Band 338

Ein Porträt des Künstlers als junger Mann
Aus dem Englischen von Klaus Reichert
Band 350

Dubliner. Erzählungen
Aus dem Englischen von Dieter E. Zimmer
Band 418

Die Toten / The Dead. Zweisprachig
Aus dem Englischen von Dieter E. Zimmer
Band 512

JAMES JOYCE IN DEN SUHRKAMP TASCHENBÜCHERN

Briefe
Ausgewählt von Rudolf Hartung
Deutsch von Kurt Heinrich Hansen
st 253

ÜBER JAMES JOYCE

Frank Budgen, James Joyce und die Entstehung des ›Ulysses‹
Aus dem Englischen von Werner Morlang

Richard Ellmann, James Joyce. Biographie
Aus dem Amerikanischen von Albert W. Hess, Klaus Reichert und Karl H. Reichert in Zusammenarbeit mit Fritz Senn

Richard Ellmann, Odysseus in Dublin
Aus dem Englischen von Claudia Dörmann

Stuart Gilbert, Das Rätsel Ulysses. Eine Studie
Aus dem Englischen von Georg Goyert
suhrkamp taschenbuch 367

Harry Levin, James Joyce. Eine kritische Einführung
Aus dem Englischen von Hiltrud Grimminger-Marschall
Bibliothek Suhrkamp 459

Jean-Jacques Mayoux, Joyce
Aus dem Französischen von Rudolf Wittkopf
Bibliothek Suhrkamp 205

Arthur Power, Gespräche mit James Joyce
Aus dem Englischen von Werner Morlang

Materialien zu James Joyces ›Dubliner‹
Herausgegeben von Klaus Reichert und Fritz Senn
edition suhrkamp 357

Materialien zu James Joyces ›Ein Porträt des Künstlers als junger Mann‹
Herausgegeben von Klaus Reichert und Fritz Senn
edition suhrkamp 776

James Joyce ›Ulysses‹ Neuere deutsche Aufsätze
Herausgegeben von Therese Fischer-Seidel
edition suhrkamp 826